潤德堂叢書全編 ⑦

中國歷代卜人傳（上）

[清] 袁樹珊 ◎ 撰

謝路軍 ◎ 主編

鄭同 ◎ 校

華齡出版社
HUALING PRESS

责任编辑：薛　治
责任印制：李未圻

图书在版编目（CIP）数据

润德堂丛书全编．7／（清）袁树珊撰；谢路军主编．
—北京：华龄出版社，2018.10
ISBN 978-7-5169-1316-1

Ⅰ．①润…　Ⅱ．①袁…②谢…　Ⅲ．①袁树珊—文集
Ⅳ．①Z424.9

中国版本图书馆CIP数据核字（2018）第252669号

书　　名：	润德堂丛书全编7：中国历代卜人传
作　　者：	（清）袁树珊 撰　郑同 校

出 版 人：	胡福君		
出版发行：	华龄出版社		
地　　址：	北京市东城区安定门外大街甲57号	邮　　编：	100011
电　　话：	(010) 58122246	传　　真：	(010) 84049572
网　　址：	http://www.hualingpress.com		

印　　刷：	三河市九洲财鑫印刷有限公司		
版　　次：	2019年11月第1版　2019年11月第1次印刷		
开　　本：	710×1020　1/16	印　　张：	73
字　　数：	1080千字	印　　数：	1～3000
定　　价：	168.00元(全三册)		

版权所有　翻印必究
本书如有破损、缺页、装订错误，请与本社联系调换

《中国历代卜人传》提要

本书三十九卷,表一卷,索引一卷。自上古羲农,至民国初先贤,凡三千八百余人。传虽名曰"卜人",实则举孝友、廉吏、儒林、文苑、清士、高士、贫士、逸民与夫乡贤、耆旧、畸人、印人、及列女、方外等于一帙。其所以冠伏羲、神农、轩辕于卷首者,盖谓其发宇宙之秘藏,先文武周孔而圣也。他不具论,观于伏羲之始画八卦,定天地之位,分阴阳之数,法乾坤,别男女,正姓氏,制嫁娶,而民始不渎。神农之因地相时,制耒清畎,为耜耒,教播谷,味草木,教医药,而农事兴,夭札无。轩辕之作衣裳,制文字,作《内经》,制货币,作井田,制兵法,权轻重,定民业,非惟为后世兵农之祖,实肇万古文明之化矣。至于"人心惟危,道心惟微,惟精惟一,允厥执中",此十六字,乃尧命舜,舜命禹,固为传心之要典。汤之祷雨,自责六事,曰:"政不节欤?民失职欤?宫室崇欤?女谒盛欤?苞苴行欤?谗夫昌欤?"尤为治国之箴言。而况周之丹书有曰:"敬胜怠者吉,怠胜敬者灭;义胜欲者从,欲胜义者凶。凡事不强则枉,弗敬则不正。枉者灭毁,敬者万世。"此数语,乃卜世卜年之大法,弥觉可贵。凡欲齐家治国者,首当知此。若再证以阴阳奇耦之数。进退存亡之理。未尝不可如子夏所云:"虽小道,必有可观。"然此惟善读者,能得之耳。

冒序

中国卜筮之学，远在仓颉造字之前。驯是而夏有《连山》，商有《归藏》，周有《周易》。三代盛时，凡卜世、卜年、卜都、卜宅，大之出师命将，小之至于嫁女买妾，无不以卜决其疑。《汉书·艺文志》，有五行三十一家，六百五十二卷。蓍龟十五家，四百一卷。杂占十八家，三百一十三卷。而阴阳家又有于长《天下忠臣》九篇。班固曰：平阴人，近世。师古曰：刘向《别录》云，传天下忠臣。寻刘向所言，则于长之书，后来史家传记之祖也。顾孟坚何以入之阴阳，而不入之春秋，或小说。其后读《吴越春秋》《越绝书》，诸书所载，有伍子胥、范蠡、文种等占验之术。疑长书所传，必为伍子胥、范蠡、文种诸人所采之术，必为金匮、玉门，及《周礼·占梦疏》所载黄帝天老事云："四月阳气建于巳、破于亥；阴建于未、破于癸。"《国语·周语》所载"武王伐殷，岁在鹑火，月在天驷，日在析木之津，辰在斗柄，星在天鼋"，及读《淮南·天文训》中所言"合午谋刑，合子谋德诸术"，而皆散见他忠臣传中也。惜其书不传，传则《史记·日者列传》，当不止司马季主一人已也。镇江袁君树珊，儒而隐于卜肆。余尝为序其《润德堂丛书》及所撰《命谱》矣。顷采诸经史地志，及名人撰述，凡关于方技艺术者，摘录编次，自古来帝王圣贤、儒林文苑，以至闺阁，得人三千有奇，成书三十八卷。视于长之书限于忠臣者，为洋洋乎大观也已。余尝叹卜筮之学，专家无通人，通人无专家。《颜氏家训·杂艺篇》云："近世无复佳师，多不能中。且十中六七，以为上手。粗知大义，又不委曲。"又云："阴阳之术，与天地俱生，其吉凶德刑，不可不信。但去圣既远，世传术书，皆出流俗，言辞鄙浅，验少妄多。如反支不行，竟以遇害。归忌寄宿，不免凶终。拘而多忌，亦无益也。"是之推但言世无佳师，而术书出之流俗耳；非谓吉凶德刑，为不可信。范蔚宗《后汉书·方术列传》云："仲尼称易有君子之道四焉，曰卜筮者尚其占。占也者，先王所以定祸福，决嫌疑，幽赞于神明，遂知来物者也。"《金史·宗望传》："大定十二年诏，自今宗室女有属籍者，及官职三品者，除占问嫁娶修造葬事，不得推算相命，违者徒二年。重者从重。"金世家可谓废除迷惑者矣，而其国祚乃不永长，此昧平民可使由之义者也。晚近殷墟所出龟甲，皆卜筮文字，学者视为拱璧，而于圣人精义入神之《易》，反唾弃之，此何异买其椟而还其珠，宝其康瓠而弃其周鼎耶。袁君覃精此学，四十余年，所著专书，不胫而走。此传颜曰"卜人"，而相命堪舆咸附，亦犹蔚宗所云："河洛之文，龟龙之图，箕子之术，师旷之书，纬候之部，钤决之符，皆所以探抽冥颐，参验人区。其流又有风角遁甲、七政元气、六日七分、逢占日者、挺专须臾、孤虚之术，及望云省气也。"桓温谓"人徒三十年读儒书，不如一诣习凿齿"，袁君盖今时之习凿齿也。

　　乙酉二月如皋冒广生，时年七十有三

卜序

《传》有之：卜以决疑，不疑何卜？卜之为义大矣哉。其见诸五经者，在诗则为卜云其吉，终焉允臧。在书则为三人占，从二人之言。在易则为圣人设卦，观象系辞焉，而明吉凶。在礼则为卜师掌开方龟之四兆。在春秋则为懿氏卜妻敬仲。他如汉书史记，及各类志所载，不可枚举。数由天定，命有人异，明哲保身，俊杰识时，趋吉避凶，胥于是乎在。孔子罕言利，而与命与仁。与者许也。论语记孔子五十而知天命。孟子云："知命者不立乎岩墙之下。"圣贤何尝不言命，特仅言命以为不过如此者，则自画。未必能达者则自弃。作善降祥，作不善降殃。人力胜天之谓何，尽信书不如无书矣。今王君启明，以镇江袁君树珊，所著《卜人传》自序见示。概世道人心之不古，逞其奇技淫巧，黩武穷兵，人无噍类。冀以孝弟忠信，礼义廉耻，挽回劫运。论断透切，博览群籍，考证详明，于以叹用心之深，取鉴之远也。古之兴亡，听民听神。准古酌今，是所望于有志之士。

岁次乙酉八月真州卞綍昌獯龛氏拜读敬注，时年七十有三

阮序

民国岁次乙酉秋八月，余因事过京口，识袁树珊先生于其寓庐。坐席未暖，言不逾晷，即钦为有道之士。盖其蕴于中者既厚且深，故其形于外者遂显而著，所谓盎于背见于面，不可以言语形容也。自是日相过从，所与言者，皆身心性命之学，盈虚消长之理，言之有物，婉而多讽。于经史子集无不窥，于词章典物无不备。勉为谦抑，自居小道，卑之不作高论，而舆世间寻常卜人，侈言祸福吉凶者，迥不可同日语。于余尤极有益，示我周行，喻以淡泊。余生平阅人亦非尟，其一见如故，直谅多闻，未有逾于树珊者，谓非有道之士乎哉。树珊既著有《命理探原》《六壬探原》《选吉探原》《述卜筮星相学》，暨《命谱》诸书，殆本言不出位之旨，以启后人，法乳心源，亦为天下后世寒士之衣钵计耳，其用心可谓厚矣。若谓为著述而著述，则犹浅之乎视树珊也。今树珊闭门却扫，亦既有年，惟日孜孜，博极群书，手辑《卜人传》一书，上自古圣先贤、帝王卿相，下至士农工商、贩夫走卒，凡言命言卜，以及与卜筮有关，一技之长者，胥罗列而网致之。由羲农迄近代，都三千余人。其间嘉言懿行，遗闻轶事，无不备载，阐潜发幽，厥业至伟，诚巨制也。抑树珊所以发愿为此巨制者，实以叔世浅薄者流，一孔之见，斥斯学为迷信；若六经所言，历史诸传，举可删者，树珊忧之，欲人晓然于圣贤治理，一本天道，庶人身心系于性命，所以昭示来兹，痛下针砭也。若谓为著述而著述，不更浅之乎视树珊耶。余尝赠句云："天人通窍奥，今古有心源。"证之于此，而益信焉。呜呼，树珊既传古今之卜人矣，则是书中之佳传，皆树珊之自传也。树珊自兹传矣，尚奚待后人为树珊作佳传哉。吾为此言，树珊其亦颔而许之耶。至树珊待人接物，劝孝劝忠，言信言义，其有裨于世道人心者，征于所著诸书，无待赘言。呜呼，谓非有道之士乎哉。余故序其卜人传，而并及其生平如此。

民国纪元三十有四年秋九月淮安陶盦甫阮毓麒拜序

陈序

岁在丁丑之夏，边愁横大江，盐兴之殁垂半载，而茔兆未卜。手郭景纯《葬经》自炫者，何尝不户限为穿，披榛莽，踏遍京郊，以求一穴之吉。然而门户不同，众说纷纭，客各有所见，言各百所私，主人亦各有所拘忌。日月荏苒，迟疑难决，即余亦勚力着屐、看遍山花之一人。于是乎杨耿光君杰，乃慨然以镇江袁树珊先生进。先生果不辞茧足，得地于秣陵凤凰村，厥名甚佳，吉壤斯定。余周旋其间，用是识袁先生。袁先生，弱冠即卖卜京口，及今四十余年，言无不中，蜚声江表，妇孺能识其姓名。《周官》卜人之职，《日者》龟筴之传，靡所不窥。而术语未发，必先与人父言慈，与人子言孝，尤足见其载道之大，青乌小术，特其绪余耳。余每与风檐接席，偶闻其庄言正论，并可以铭诸座右，息辟诬邪。

又尝斥资于里门，购置图书，兴办学校，其制行之足多，亦为社会有益有用之人。若仅以许负、唐举、严君平辈目之，实浅之乎测袁先生矣。余既读所持赠早年撰著之《命理探原》暨《述卜筮星相学》二书，已雅敬其学术之粹，用力之勤。其书早传播人海，镂版再三，允能牖启后学，沾溉术士。故余于丁丑夏，与先生握手言别，曾咏四绝句赠之。丙戌四月，复晤于部门，十年故旧，白头话雨。先生更以新著《卜人传》稿本见示，并嘱序焉。

藏山事业，老而弥笃。其著书本旨，立说大义，具载所为自序及后序文中，言之详矣。余虽欲有说，在含意未申之顷，忽检王仲任《论衡·卜筮篇》，重按之，遂觉余所欲言，古人之口，已先余言之，固不必窃取其意，亦勿烦引伸其说。惟先生是书，纂辑甚富，搜采甚宏，全编汇集，约三千八百余人。吾滇南一隅，收取卜者姓名，多至五十余人。皆录自典籍，确有依据。且云尚正在继续博访中，此则向来江左名人大著作，即不抛弃蛮荒，从未有如先生之广大者。皇皇巨编，是岂江湖鬻技者流，小利于南徐歇浦，与夫龌龊俗儒，妄窥述作之林者，所得与先生联辔而竞窣皇之驾哉。

嗟乎！银蒜山碧，岂无失路之英雄。北固江清，且待收帆之客子。千古钻龟揲蓍之旧文，虽圣贤不讳言，哲人不偏废，所有佐王业而翊霸功，觅锱铢而挂杖头者，得先生投袂高眄，坐拥而收之，此书一出，岂非有功于十人耶，先生亦自此传矣。

丙戌五月邻袁老人陈蘁湖

洪序

《周易·系辞》云："圣人设卦观象，系辞焉而明吉凶，刚柔相推而生变化。是故君子居则观其象而玩其辞，动则观其变而玩其占。是以自天佑之，吉无不利。"自三代以还，大则国家政事，小而私人出处，其见于经传者，往往卜之奇中。研寻其理，虽于近代科学中尚不能得所印证，但衡以历代哲人身心性命之学则多吻合。是其中固有精微之旨，惜未能广大阐明，发人深省，致其学不彰，而人皆以玄渺目之。袁先生树珊覃精坟典，广稽丘索，编次为《历代卜人传》，洵盛事也。如皋冒先生等，既序其耑，为论甚备，杀青有日，又以其稿问序于余。余识先生久，而又知先生明道济世之用心，不仅以卜决疑，更将发皇斯学，以释世人对卜筮之疑，使其学归于平淡，为人所易晓，与俗之玄秘自守者，大相迳庭焉。今读袁先生斯编，益知古代卜筮之士，或官于朝，或隐于肆，其事迹多见于正史，绝非神奇不测如稗官之所言。是其人大都读书学道有得，世故人情，谙之烂熟，鉴古观今，归纳演绎，则至诚前知，或非无因也。且忠孝仁爱信义和平，为吾国固有之美德；立身处世，尤尚撝谦。《周易》谦卦，六爻皆吉。谦谦君子，卑以自牧。故曰"鬼神害淫而福谦"，所以垂诫者深矣。数千年来维系社会秩序人心，所关实巨。先生论卜之时，与人父言慈，与人子言孝，犹可见贤者之用心。至其书采辑考证，至为精详，尤足供研究文史之助。博雅君子，当有与先生同好者，故乐为之序，而卜其传焉。

中华民国三十六年十月十日洪兰友拜序

自序一

考《周礼·春官》:"大卜下大夫二人,卜师上士四人,卜人中士八人,下士十有六人。府二人,史二人,胥四人,徒四十人。"疏云:大卜有卜师及卜人皆士官,而卜人无别职者,以其助太卜师行事故也。由是观之,卜人之名称,其渊源固远。卜人之地位,亦不同寻常。太史公作《日者列传》,述司马季主之言曰:"卜者必法天地,象四时,顺于仁义,分策定卦,旋式正棋,然后言天地之利害、事之成败。"呜呼,何其议论之伟哉。及检阅廿四史方技艺术,班班具载,且与儒林文苑,等量齐观。岂非以卜筮之学,散布于六经;而《周易·系辞》《说卦》,且为孔子所手定乎?卜筮之占席,于吾国之历史也如此。及检阅《四库提要·传记类》,有《孝友传》《廉吏传》《逸民传》,又有《清士》《高士》《贫士》,及《乡贤》《耆旧》《古列女》等传。其他又有《畴人传》《印人传》,少者数十人,多亦不过三百余人,莫不传之卓卓,而《卜人传》独付阙如,是不得不谓为文献中之一大遗憾也。阜为此不揣谫陋,谋食之余,辄将历代史传,有清《一统志》,及各省府厅州县志,并《图书集成·艺术典》,约略披览,摘录编次。凡与卜人有关,专精者,兼习者,都共三千余人。其中孝友、廉吏、逸民、清士、高士、贫士,与夫乡贤、耆旧、古列女及命妇、名媛等,统列于册内。惟大圣大贤,及历朝帝王,特尊居于卷首,此岂止方技艺术而已哉。或曰:书名卜人,今拉杂若此,毋乃名实相悖乎?曰:有先例焉。昔彭蕴璨之《画史汇传》,上自黄帝名臣,下及闺秀僧道,虽不鬻画自给,但能挥染寄情者,莫不具载。石琢《堂殿撰》,称之为广搜博采,未闻以拉杂病之。而况子云有云:通天地人谓之儒。语有云:一物不知,儒者之耻。世未有不读儒书,而能称为名流杰士者。名流杰士,既读儒书矣,即未有不读《周易》者。既读《周易》,即未有不知理数者。理数既明,则天地阴阳化生万物,与夫让益满损、刚中柔外之义,固可了然于胸中。至大而家国兴衰,小而人事安危,亦必洞若观火。又岂止明方技,精艺术,善卜筮,识星相,知进退存亡,吉凶悔吝而已乎?他不具论,观于孔子"之晚而学易,韦编三绝"。又尝曰,"不恒其德,或称之羞,不占而已矣"。是可知儒与卜通,殊途而同归,何名实相悖之有哉。阜所恨者,家鲜藏书,未能博考;草草完成,编摩少暇;挂一漏万,不能免于识者之讥弹。惟冀海内大雅,赐以纠补。不独阜获直谅之益,增炳烛之明。其诸地下先哲,亦当冥感于无穷也夫。

丁亥暮春戊寅日镇江袁阜树珊谨识,时年六十有七

自序二

　　《卜人传》稿觕写定，客有谓古之卜者，钻龟视纵横、揲蓍观奇耦而已。今子以天文地理，命相谳吉，甚至相字相物，一概列之，毋乃不可乎？余曰：天有日月星辰，地有山川原隰；命有旺相休囚，相有修短肥瘠，日有刚柔终始。或论其气，或论其质，悉本阴阳五行。与钻龟纵横，揲蓍奇耦，同为显著。陆龟蒙《笠泽丛书·杂说》云："季札以乐卜，赵孟以诗卜；襄仲归父以言卜，子游子夏以威仪卜；沈尹戌以政卜，孔成子以礼卜，其应也如响。无他，图在精诚而已。不精诚者，不能自卜，况吉凶他人乎？"盖乐有六律，诗有五音，言有顺逆，威仪有当否，政有治乱，礼有尊卑，此亦不过察其阴阳，消息盈虚，决其吉凶，而况今人有以意预测往事，亦曰卜者。如语云：定卜何如，未卜何如，安在卜之定限于钻龟与揲蓍哉。客又曰，子夏云：虽小道必有可观者焉。致远恐泥，是以君子不为也。朱注谓，小道为农圃医卜之属。今《卜人传》具载圣贤帝王，名臣高士，得毋近于僭妄乎？曰：此皆本之六经诸史，可以复按，非臆说者。且李颙所著《四书反身录》云：农圃所以资生，医以寄生死，卜以决嫌疑、定犹豫，未可目为小道，亦且不可言观。在当时不知小道何所指，在今日诗文字画皆是也。为之而工者，心悦神怡，击节称赏，其实内无益于身心，外无补于世道，致远恐泥，是以有道君子不为也。然则医卜之术，亦何辱于圣贤帝王，名臣高士乎？客又曰：当今之世，科学昌明，优胜劣败，弱肉强食，而子乃哓哓谈卜，其如潮流何。余曰：惟其如此，世界益纷扰，人心益险诈，干戈鼎沸，灭亡堪虞，安得有司马季主，言而鬼神或以享。忠臣以事其上。孝子以养其亲。慈父以畜其子。又安得有严君平，与臣言忠，与父言慈，与子言孝；及谢叠山卖卜桥亭，嶔奇全节。使天下之人，咸晓然于义利礼让之途，上能爱国，下能保家，岂不懿欤。西士穆尼阁，精于星算，著《天步真原》，预测人事吉凶。东士《高岛嘉右卫门》，亦著《高岛易断》，推崇我国羲皇尧舜之道，阐明进退存亡之理，惜其说未能普遍昌明，以致近日东西两半球，俱惨罹兵革屠戮之祸。阜欲与海内忧深思远之君子，共挽狂澜，潜消覆辙，俾世界各国得享和平之福。岂只证明卜学，为上古迄今，流传不坠之技艺耶。客既退，遂复缀斯语于此末。冀读者或谅余之苦心孤诣云尔。**袁阜又识。**

近据美国著名命相家，约翰墨克卜伦特宣称，美国现有职业命相家八万人。计其每年收获，共达二万万美元。可见卜学为当今学者所公认，详见本书卷末西洋附录。**树珊赘言。**

○敬题家大人《卜人传》自序后

壬午暑假，日长课简。家大人以手编《历代卜人传》，诏示德诚，命为详校，并命补编无多事实之卜人姓名表，及省地名，稍加附注生僻之字，略释昔义，以便观览。德诚赋性颛愚，未尝学问。骤观煌煌大集，但唯唯而已。究不解。家大人十数年来，劳精疲神，何所为而作此书也。及反复细绎之，始知羲农黄帝，唐虞夏商，文王孔子，画八卦，分五行，法乾坤，辨阴阳，别男女，定尊卑，明天人之理。识治乱之原。正君臣父子夫妇之义。又复推列三光，建分八节，以文应气，凡二十四。消息祸福，以制吉凶，垂范亿年，海宇承流，递相推衍。遂有风角遁甲，七政元气，六日七分，逢占日者，挺专孤虚，及望云省气，太乙六壬，星相堪舆之术，岂止卜筮尚占已哉。远者如周初之卜世卜年，卜都卜宅，及金縢穆卜，姑置不论。若太公望、史苏、范蠡之卜筮。姑布子卿、尉缭子、唐举之相人，卢生之"亡秦者胡"，南公之"楚虽三户，亡秦必楚"，樗里子之"后百年，当有天子之宫夹我墓"云云，事迹昭著，班班可考，此皆占候堪舆之权舆也。迨及汉晋，张子房良董仲舒东方曼倩朔、焦延寿赣、翼少君奉、京君明房、扬子云雄、刘子政向、刘子骏歆、班孟坚固、王仲任充、马季长融、郑康成玄、郭景纯璞、左太冲思、张茂先华，俱有撰述。有言阴阳五行、消息盈虚者，有言天文术数、卜筮星相者，大抵皆本于《易》。物生有象，象生有数，乘除推阐，务究造化之源。降及唐宋，李常容虚中、徐子平居易、袁天纲、李淳风、杨叔茂筠松、曾文迪、陈图南抟、邵尧夫雍、李挺之之才、司马君实光，博稽详考，不惮其烦。卜筮星相之学，益多发明。宋之周茂叔敦颐谓为"无极而太极，太极动而生阳，静而生阴"，又谓"惟人也，得其秀而最灵，形既生矣，神发知矣。五性感动而善恶分，万事出矣"。程伯淳颢谓"作易者自天地幽明，至于昆虫草木之微，无一不合"，又谓"知命者达理也，受命者得其应也。天之应，若影响然。自浅狭之所见，则谓其有差矣"。又谓"西北与东南，人材不同，气之厚薄异也"。或问："命与遇，异乎？"颢曰："遇不遇，即命也。""长平死者四十万，其命齐乎？"颢曰："遇白起，则命也。有

13

如四海九州之人，同日而死者，则亦常事尔，世之人以为是骇然耳，所见少也。"程正叔颐谓："《易》有圣人之道四焉。以言者尚其辞，以动者尚其变，以制器者尚其象，以卜筮者尚其占。吉凶消长之理，进退存亡之道，备于辞。推辞考卦，可以知变，象与占，在其中矣。"朱元晦熹答生徒问云："数只是算气之节候，大率只是一个气，阴阳播而为五行，五行中各有阴阳，年月日时，无有非五行之气。甲乙丙丁，又属阴属阳，只是二五之气，人之生适遇其气，有得清者，有得浊者，贵贱寿夭皆然，故有参差不齐如此。"张子厚载喜谈命，其学以《易》为宗。卜筮星相之学，得周程朱张四夫子而畅论之，其理愈显，其学益传。是以赵则平普、洪景庐迈、沈存中括、储文卿泳、徐东斋升、吕圣功蒙正、王伯厚应麟辈，莫不知人论世，各擅专长。至元明之王志道逵、陶九成宗仪、朱彦修震亨、刘伯温基、戚元敬继光，著为鸿编，尤多卓解。清之圣祖，《御定星历考原》与《选择通书》，一体颁行。又特召陈苞震云凤、钟式林之模、王振声兰生、刘石渠璐、胡沧晓煦分纂奇门、六壬、命书，及《卜筮精蕴》《卜筮汇义》等书。高宗又复钦定《协纪辨方书》，载明宜忌用事，发挥四时五行，生克衰旺之理。于百姓事事欲其趋利而远害，无微不至矣。有清一代，精斯学者，有贵如状元，官礼部尚书大学士，武进吕长音宫、归安姚秋农文田，有贵如探花，官翰林院编修御史侍郎，甘泉谢梦渔增、顺德李仲约文田、瑞安孙绍周希旦，其他鸿博之士，为海内所宗仰，如黄太冲宗羲、毛大可奇龄、张皋闻惠言、惠定宇栋、戴慎修震、陶企大成、吴及之鼐等其所撰著，均为《清史稿》载入艺文术数类。至于古今之究心斯学，裨益于国家者，东汉之公文义沙穆、襄公巨楷、晋之陈道元训、干令升宝，唐之桑道茂、贾敦诗耽、宋之徐希颜复、丘道源濬，元之田正卿忠良、陈梅湖，明之李必达、皇甫仲和，清之李晋卿光地、刘檠笙之镛是也。若夫身膺重任，而非卖卜，对此学术，具有深切探讨者，清孝感熊青岳赐履、海宁陈叔大诜、溧阳史胄司夔、开化戴金溪敦元、嘉定钱辛楣大昕、长洲嵇尚佐璜、仁和钱叔雅林、湘乡曾涤生国藩、无锡薛叔耘福成是也。又有始而卖卜，继而服官，有非常人所及知者，有苏季子秦、翟子超酺、蔡伯喈邕、耶仲绥宗、金梁凤、展钟秀毓金忠是也。又有品节清高，胸襟磊落，宁饥寒而乐道，视富贵如浮云者，如姜伯淮肱、范史云丹、武攸绪、谢叠山枋得、何了翁时、姚元仲世勋、黄公乾钟选、应嗣寅撝谦、王仲揭正中、刘德白公言、陆履常坦、张三明翼星、蒋用崇垣是也。更有诚孝养亲，尚义救主，拾金不昧，散财济贫，而乐于卖卜者，尤为人所难能。折伯式像、王成、张福同可寿、赵松泉良、王世英奇、毛正儒志道、袁丹丘学孔、秦书隐士钥、丁韵堂诗、陆文曾钧、周立璜，是也。夫卖卜为业，世人每贱简之，观于以上诸先贤之行藏不苟，取与有方，吾知贾谊宋忠复生，亦必见之伏轼低头，不能出气。而况清之王猷卖卜，董督师聘参戎机，竟能削平寇乱。程省卖卜，某商人感言息讼，居然营业复兴。即小见大，此亦未尝无补于国家社会者也。善夫前汉季卖卜，其旨在言而鬼神或以享，忠臣以事其上，孝子以养其亲，慈父以畜其子。东汉君平卖卜，其旨在与人子言依于孝，与人弟言依于顺，与人臣言依于忠，各因势道之以善。意美学纯，功溥效广。非惟祛邪弭乱，直可励俗移风。孔子曰，"虽小道，必有可观"者，良有以也。德诚敬读一过，乃恍然于家大人之苦心孤诣，孳孳不倦者，盖欲绵斯学于不坠，而窃望后贤之兴起也。何子贞太史绍基有句云："述者须知作者意，前人还赖后人传。"德诚不敏，用是恪遵家大人之命，参考类书字书，谨将省县地名，及生僻之字，附注音释，并将未列传之卜人姓名，列表补编。第恐手爪粗疏，匆匆检录，舛误挂漏，在所不免，博雅君子，幸纠正焉。编校讫，家大人以德诚所言，有一穴之明，命录出以附于序后。

德诚**薰沐谨识**。

次儿德诚，粗明家学，命之襄助编校。其所言颇可为提挈纲要之用，且足补《例言》所不及，故附于鄙人自序之后。若云父子互相标榜，阜虽污下，尚不敢出此。**袁阜识**。

致上海特别市市政府陈市长书

□□市长先生钧鉴,久仰德辉,末由请命。敬维力任艰巨,口尝苦辛,展知新温故之才,建利国福民之业。此固薄海人民,所共爱戴,而珊侧居治下,叨受䋈幪,尤为钦感。徒以云泥分隔,未敢尺素妄投。兹因兔死狐悲,不禁心酸胆怯。近阅报章,载有本市财政局取缔迷信事业物品捐征收处公告一则,珊意谓此不过征收香烛锡箔捐耳。近闻有指星卜为迷信事业,亦必须征百分之十,又必须价购牌照,否则将禁其自由营业云云。珊卖卜养亲,垂四十余载。近年避地沪江,差幸儿辈成立,饘粥有资。是以埋头纂述,不弹旧调久矣。夫以不弹旧调之人,而亦顾虑购照征捐之事,岂非至愚。然心所为危,难安缄默。人类互助,贤者宜然,而况此非较量当局拟收锱铢之财用,实欲为我国国学保存告朔之饩羊,并为我国有志之寒士,乞留一线之生机。何则?上古伏羲,画八卦,造书契,制嫁娶,教佃渔。文王衍卦辞,周公作爻辞,孔子撰十翼,无非言理言数,言天地阴阳,盈虚消长,言谦益满损,进退存亡。至于君臣、父子、夫妇、兄弟、朋友,吉凶悔吝之义,言之尤为綦详。此乃治国齐家、圣圣相传之要道,非迷信也。观于前汉之高祖识相,知刘濞必反。三国之吴范明数,事孙权封侯。晋之陈道元善风角,早卜孙皓败亡。隋之卢太翼知占候,预言黎阳兵气。唐之李嗣真,精研阴阳推算,大行风化。宋之仁宗帝,御制洪范政鉴,颁赐群臣。辽之王白精卜筮,军符节度。金之杜时升知世乱,嵩洛隐居。元之李国用,识赵松雪于微时。明之刘伯温,辅朱元璋成大业。清之圣祖、高宗,制《星历考原》,一制《协纪辨方》,趋吉避凶,利民前用,此皆裨益国家人民之明证,其为非迷信可知。他如司马季主、严君平、管公明、扈谦、侯生、韩凝理、谢叠山、郝大通、陈梅湖、刘兴汉、武纂等,要皆与父言慈,与子言孝,乐成人之美,不成人之恶,是以名垂竹帛,誉溢古今,更不得谓为迷信。今之海上星卜家,大都学识粗疏,衣食缺乏,若以前贤较之,直是泰山培塿,岂止龙蛇各别已哉。然夷考彼辈,学识虽粗疏,宗旨尚纯正;衣食虽缺乏,品行尚清高。假使如今之财政局之公告,加以取缔迷信之徽号,复从而敲其骨,吸其髓，其始也不过使海是星卜寒士，举家闭门饿毙；其继也我国二十八省之理财长官，以为有例可援，攫取极便，必尤而效之。则我国二十八省之星卜寒士，势必同归于尽。岂独告朔之饩羊，不能保存；即我国有志寒士，一线生机，亦将自此断送无余矣。秦始皇焚诗书百家言，人皆以为虐政，然以《周易》为卜筮书而独存。今之财政局，恐未必能明斯旨，为此不辞狂瞽，渎陈高明，倘荷怜悯而矜全之，即恳令饬该局，查明具覆。若传闻属实，务求我公发政施仁，迅采范文正公一笔钩之法，免致今日一路哭，而变为他年一国哭，则幸甚幸甚。临颖悚惶，还希亮宥，专肃敬请善安。

           治晚袁树珊九顿首
           年　月　日

《中国历代卜人传》例言

一、本书定名为《中国历代卜人传》，故所载自上古羲农以下，迄于民国初诸先贤，大都对于阴阳术数、卜筮星相，多所发明，或具特长；或大圣大贤，忠孝节义，儒林文苑，隐士方外，兼研此术。惟以见诸国史方志，及诸家杂著者为限。原文间有删节，并无褒贬。每传之末，必注所据某书，或参某书，以便检考。间有关于论学记事之语，亦附录于后，俾后来俊彦，知古今圣哲名儒，每多从事于此，庶几起其向慕之心。

一、清阮元《畴人传》，专取步算一家，其以占验吉凶；及太乙遁甲、卦气风角之流，涉于内学者，一概不收。然按诸其书《正编》，二百四十二人，《附录》二十八人，既明步算，又明占验者，竟有五十七人。罗士琳《续编》三十一人，《附录》十二人，明占验者固有二人。诸可宝《三编》六十四人，附录四十六人，明占验者又有十人。观其所载诸述斋，避地崇明县，乡居授徒，以训诂历算为之枞，又为人卜筮相地，有酬钱若米者，受之自给。又王贞仪女士，于学无不闻，"夜坐观天星，言晴雨丰歉，辄验，尤精壬遁"云云，具见明步算者，多明占验。本书只言卜筮占验，不涉步算，故与《畴人传》旨趣不同云。

一、本书体例，略仿明过庭训《分省人物考》，除羲农至圣及帝王，列之卷首，以示尊崇外；其他先贤各传，皆以省县区分。而一县之中，悉以时代为先后。查清《一统志》，以直隶、大兴、宛平两县为京城；自直隶盛京，至蒙古新疆，仅分二十四省。民国以江苏之南京市为国都，共为二十八省，即江苏、浙江、安徽、江西、湖北、湖南、四川、西康、河北、山东、山西、河南、陕西、甘肃、青海、福建、广东、广西、云南、贵州、辽宁、吉林、黑龙江、热河、察哈尔、绥远、宁夏、新疆是也。所以本书编次，谨遵国制。首列国都南京市及江苏省会，而以新疆省会殿焉。惟黑龙江、绥远两省，志书较少，记载阙如。就行政区域表观之，以省分县共一千四百有七，而阜所采仅过半数，遗憾殊多。若天假以年，北上燕京，当再谋补续。

一、本书所载各传，或具叙事实，或载其著述，都凡三千余人。其间亦有一艺片长，无事实著述之表现，然不忍湮没其名者，亦数百人。虽不列传，仍命次男德诚。以省县区分，记其姓名，列表于后，以示表彰潜德，并寓策励后进之意。

一、各县名称，沿革不同。旧有新无、新有旧无者，比比皆是。特命次男德诚，检查清《一统志》《历代地理沿革表》《历代地理韵编》，并参以《地名辞典》，择要补注。即《列传》中较为生僻之字，亦据字书音释，以期便览。

一、本书起年戊辰八月，至丙戌二月始告成。其所以迁延若是者，因寒家所藏志书甚少，仅凭《二十四史》《图书集成·艺术典》，断难完备。无已，乃函致北平图书馆袁守和先生（同礼）商量食宿问题，以便亲诣该馆钞阅。辱蒙惠书许可，欣慰异常。徒以俗冗蝟集，欲行又止者数年。及至丁丑事变，避地沪江，无心及此。忽于辛巳初夏，得陈君东生、胡君毓寅、谢君志英，先后介绍，谒见鸿英图书馆沈信卿馆长（恩孚）、南洋图书馆王培孙馆长（植善），始得多数省志，及多数府厅州县方志寓目。惟钞写不易，幸陈君东生，不惮烦劳，为我挥汗；严君名扬、方君德修，多方指道；而毛君云路、王君芷屏，亦有所协助。继又蒙傅东华先生，嘱东生偕余，往中华图书馆，借观各志，以补二馆所不足者。于是取材略丰，遂于每日谋食之暇，整理编次。今乃勉强藏事，兹特书此经——以志谢忱，并示不忘所自云。

一、本书所载各传，取材正史者，十仅二三；取材方志者，十至七八。且详于清人，而略于前代。疏略之处，无可讳言。倘荷海内贤达，复将正史各传、《一统志》名宦人物各类，及本书未引之方志，与诸家杂著，凡有关于卜人者，续著补充，尚友阐幽，亦是乐事。此又阜之企幸者已。

征引书目 九百廿八种

《易经》　　　　　　《周易集解》　　　　《书经》
《左传》　　　　　　《国语》　　　　　　《史记》
《前汉书》　　　　　《后汉书》　　　　　《三国志》
《晋书》　　　　　　《宋书》　　　　　　《南齐书》
《梁书》　　　　　　《陈书》　　　　　　《魏书》
《北齐书》　　　　　《周书》　　　　　　《隋书》
《南史》　　　　　　《北史》　　　　　　《唐书》
《旧唐书》　　　　　《五代史记》　　　　《旧五代史》
《宋史》　　　　　　《辽史》　　　　　　《金史》
《元史》　　　　　　《明史》　　　　　　《清史稿》
《路史》　　　　　　《纲鉴易知录》　　　《通鉴类纂》
《纪元考》　　　　　《明一统志》　　　　《清一统志》
《江南通志》　　　　《浙江通志》　　　　《安徽通志》
《江西通志》　　　　《湖北通志》　　　　《湖广通志》
《湖南通志》　　　　《四川通志》　　　　《畿辅通志》
《山东通志》　　　　《山西通志》　　　　《河南通志》
《陕西通志》　　　　《甘肃通志》　　　　《福建通志》
《福建续志》　　　　《广东通志》　　　　《广西通志》
《云南通志》　　　　《贵州通志》　　　　《盛京通志》
《全辽志》　　　　　《吉林通志》　　　　《河北通志》
《口北厅志》　　　　《朔方道志》　　　　《新疆图志》
《江宁府志》　　　　《松江府志》　　　　《苏州府志》
《淮安府志》　　　　《扬州府志》　　　　《杭州府志》
《嘉兴府志》　　　　《湖州府志》　　　　《会稽志》
《绍兴府志》　　　　《台州府志》　　　　《处州府志》
《泰顺分疆录》　　　《庐州府志》　　　　《太平府志》

《徽州府志》　《宁园府志》　《凤阳府志》
《颖州府志》　《南昌府志》　《建昌府志》
《抚州府志》　《邵武府志》　《广信府志》
《赣州府志》　《袁州府志》　《临江府志》
《瑞州府志》　《南安府志》　《九江府志》
《南康府志》　《饶州府志》　《黄州府志》
《德安府志》　《襄阳府志》　《郧阳府志》
《宜昌府志》　《长沙府志》　《宝庆府志》
《常德府志》　《衡州府志》　《辰州府志》
《广平府志》　《潼川府志》　《顺天府志》
《永平府志》　《济南府志》　《武定府志》
《青州府志》　《沂州府志》　《齐乘》
《泽州府志》　《卫辉府志》　《陈州府志》
《怀庆府志》　《河南府志》　《南阳府志》
《汝南府志》　《汝宁府志》　《同州府志》
《同州续志》　《凤翔府志》　《甘州府志》
《福州府志》　《福宁府志》　《兴化府志》
《泉州府志》　《汀州府志》　《延平府志》
《广州府志》　《惠州府志》　《潮州府志》
《师范滇系》　《滇南杂志》　《大理府志》
《贵阳府志》　《遵义府志》　《遵义续志》
《漳州府志》　《黎平府志》　《铜仁府志》
《思南府志》　《安顺府志》　《漳州府志》
《承德府志》　《宜化府志》　《丹徒县志》
《丹徒抚余》　《上江县合志》　《溧水县志》
《六合县志》　《丹阳县志》　《金坛县志》
《溧阳县志》　《上海县志》　《娄县志》
《青浦县志》　《奉贤县志》　《金山县志》
《太仓州志》　《嘉定县志》　《宝山县志》
《崇明县志》　《吴县志》　《常熟县志》

《常昭县合志》　《吴江县志》　《武阳县合志》
《宜荆县合志》　《锡金县合志》　《江阴县志》
《靖江县志》　《通州志》　《如皋县志》
《如皋续志》　《兴化县志》　《兴化续志》
《清河县志》　《山阳县志》　《泗阳县志》
《桃源县志》　《阜宁县志》　《盐城县志》
《江都县志》　《仪征县志》　《东台县志》
《泰州志》　《高邮州志》　《宝应县志》
《铜山县志》　《沛县志》　《睢宁县志》
《海州志》　《赣榆县志》　《海宁州志》
《富阳县志》　《余杭县志》　《临安县志》
《新登县志》　《嘉兴县志》　《海盐县志》
《石门县志》　《平湖县志》　《桐乡县志》
《长兴县志》　《德清县志》　《萧山县志》
《余姚县志》　《上虞县志》　《新昌县志》
《天台县志》　《宁海县志》　《太平县志》
《西安县志》　《龙游县志》　《常山县志》
《开化县志》　《金华县志》　《兰谿县志》
《东阳县志》　《浦江县志》　《建德县志》
《遂安县志》　《永嘉县志》　《缙云县志》
《龙泉县志》　《怀宁县志》　《宿松县志》
《太湖县志》　《潜山县志》　《合肥县志》
《舒城县志》　《巢县志》　《当涂县志》
《歙县志》　《黟县志》　《休宁县志》
《祁门县志》　《宣城县志》　《南陵县志》
《泾县志》　《贵池县志》　《建德县志》
《凤阳县志》　《凤台县志》　《寿州志》
《宿州志》　《太和县志》　《涡阳县志》
《五河县志》　《盱眙志稿》　《天长县志》
《滁州志》　《全椒县志》　《来安县志》

《新建县志》	《丰城县志》	《进贤县志》
《新城县志》	《南丰县志》	《泸溪县志》
《光泽县志》	《金谿县志》	《崇仁县志》
《玉山县志》	《弋阳县志》	《贵溪县志》
《广丰县志》	《兴安县志》	《庐陵县志》
《宜春县志》	《泰和县志》	《吉水县志》
《永丰县志》	《安福县志》	《万安县志》
《永兴县志》	《莲花厅志》	《万载县志》
《上高县志》	《新昌县志》	《兴国县志》
《会昌县志》	《南康县志》	《彭泽县志》
《星子县志》	《安义县志》	《余干县志》
《乐平县志》	《婺源县志》	《德兴县志》
《万年县志》	《靖安县志》	《义宁州志》
《夏口厅志》	《蒲圻县志》	《崇阳县志》
《大冶县志》	《兴国州志》	《汉阳县志》
《汉川县志》	《孝感县志》	《沔阳州志》
《麻城县志》	《罗田县志》	《英山县志》
《安陆县志》	《钟祥县志》	《京山县志》
《瀬江县志》	《南漳县志》	《公安县志》
《石首县志》	《监利县志》	《长阳县志》
《利川县志》	《咸丰县志》	《湘阴县志》
《益阳县志》	《邵阳县志》	《新化县志》
《临湘县志》	《华容县志》	《龙阳县志》
《澧州志》	《清泉县志》	《衡山县志》
《莱阳县志》	《常宁县志》	《鄞县志》
《宁远县志》	《永兴县志》	《汝城县志》
《郴州志》	《桂东县志》	《桂阳县志》
《沅陵县志》	《永顺县志》	《永绥县志》
《石门县志》	《成都县志》	《崇庆县志》
《什邡县志》	《新都县志》	《新繁县志》

《彭县志》	《绵州志》	《绵阳县志》
《绵竹县志》	《永川县志》	《南川县志》
《璧山县志》	《涪陵县志》	《合川县志》
《开县志》	《大宁县志》	《大竹县志》
《忠州志》	《会理县志》	《乐山县志》
《峨眉县志》	《犍为县志》	《荣县志》
《威远县志》	《富顺县志》	《隆昌县志》
《合江县志》	《资州志》	《井研县志》
《宁波厅志》	《阆中县志》	《南充县志》
《营山县志》	《南部县志》	《广安州志》
《清苑县志》	《固安县志》	《霸县志》
《涿州志》	《通州志》	《青县志》
《沧县志》	《庆云县志》	《南皮县志》
《静海县志》	《献县志》	《任丘县志》
《宁津县志》	《景州志》	《景县志》
《东光县志》	《昌黎县志》	《滦州志》
《乐亭县志》	《文安县志》	《定兴县志》
《新城县志》	《唐县志》	《完县志》
《雄县志》	《高阳县志》	《元氏县志》
《易州志》	《深州志》	《邢台县志》
《沙河县志》	《广宗县志》	《唐山县志》
《永年县志》	《曲周县志》	《邯郸县志》
《冀州志》	《南宫县志》	《新河县志》
《枣强县志》	《历城县志》	《章丘县志》
《邹平县志》	《长山县志》	《新城县志》
《齐河县志》	《齐阳县志》	《泰安县志》
《莱芜县志》	《肥城县志》	《惠民县志》
《阳信县志》	《无棣县志》	《滨州志》
《利津县志》	《沾化县志》	《商河县志》
《博山县志》	《济宁州志》	《滕县志》

《莒县志》
《高唐县志》
《德平县志》
《临邑县志》
《范县志》
《胶州志》
《益都县志》
《榆次县志》
《临县志》
《潞城县志》
《高平县志》
《沁州志》
《翼城县志》
《临晋县志》
《祥符县志》
《中牟县志》
《禹州志》
《淮宁县志》
《扶沟县志》
《汲县志》
《内黄县志》
《阳武县志》
《阌乡县志》
《南阳县志》
《汝宁县志》
《南靖县志》
《华阴县志》
《乾州志》
《横山县志》
《米脂县志》

《茌平县志》
《恩县志》
《平原县志》
《平阴县志》
《掖县志》
《潍县志》
《昌乐县志》
《文水县志》
《长子县志》
《壶关县志》
《陵川县志》
《朔州志》
《襄城县志》
《荣河县志》
《杞县志》
《兰阳县志》
《宁陵县志》
《淮阳县志》
《许州志》
《武陟县志》
《辉县志》
《济阳县志》
《伊阳县志》
《邓州志》
《确山县志》
《三原县志》
《商州志》
《宝鸡县志》
《定边县志》
《洛川县志》

《清平县志》
《德州志》
《陵县志》
《寿张县志》
《掖县续志》
《即墨县志》
《太原县志》
《介休县志》
《襄垣县志》
《晋城县志》
《和顺县志》
《洪洞县志》
《永济县志》
《霍州志》
《鄢陵县志》
《仪封县志》
《睢州志》
《西华县志》
《襄城县志》
《安阳县志》
《济源县志》
《渑池县志》
《信阳县志》
《汝阳县志》
《光州志》
《朝邑县志》
《蒲城县志》
《城固县志》
《靖边县志》
《中部县志》

《皋兰县志》	《漳县志》	《秦州志》
《伏羌县志》	《礼县志》	《武阶州志》
《崇信县志》	《原州志》	《镇番县志》
《西宁县志》	《闽县志》	《古田县志》
《长乐县志》	《连江县志》	《霞浦县志》
《莆田县志》	《仙游县志》	《安溪县志》
《马巷县志》	《同安县志》	《德化县志》
《龙岩县志》	《长汀县志》	《宁化县志》
《上杭县志》	《龙溪县志》	《漳浦县志》
《平和县志》	《韶安县志》	《海澄县志》
《南平县志》	《建阳县志》	《浦城县志》
《建宁县志》	《台湾县志》	《番禺县志》
《顺德县志》	《东莞县志》	《新宁县志》
《新会县志》	《三水县志》	《四会县志》
《开平县志》	《德庆州志》	《罗定县志》
《连州志》	《惠阳县志》	《长乐县志》
《石城县志》	《文昌县志》	《儋县志》
《昌化县志》	《宾州志》	《钟山县志》
《宜良县志》	《南宁州志》	《石屏州志》
《永昌县志》	《镇南州志》	《贵定县志》
《广顺州志》	《瓮安县志》	《湄潭县志》
《天柱县志》	《安平厅志》	《普安县志》
《兴义县志》	《辽中县志》	《盖平县志》
《海城县志》	《北镇县志》	《义县志》
《锦西县志》	《安东县志》	《凤城县志》
《复县志》	《庄河县志》	《双城县志》
《宁安县志》	《蔚州志》	《保安州志》
《艺术典》	《四库提要》	《地理沿革》
《方舆简览》	《舆览》	《太平御览》
《太平广记》	《通志略》	《广博物志》

《华阳国志》
《吴越春秋》
《碑传集补》
《汪中年谱》
《许氏宗谱》
《续高僧传》
《孔子家语》
《玄宗传象》
《九朝新语》
《崇川趣闻》
《宋稗类钞》
《清稗类钞》
《练兵实记》
《肯堂笔麈》
《国闻备乘》
《坚瓠八集》
《松窗梦话》
《帝王世纪》
《玄鸟杂志》
《梦溪笔谈》
《西阳杂俎》
《道统录》
《贫士传》
《黔书》
《遂昌杂录》
《渑水燕谈录》
《七修类稿》
《笠泽丛书》
《枕谈》
《涌幢小品》

《新京备乘》
《碑传集》
《吴星宇墓表》
《真氏族谱》
《吴霜行述》
《潜夫论》
《孊真子》
《大唐传载》
《四朝闻见录》
《文中子中说》
《二程粹语》
《毋欺录》
《小腆纪年》
《池上草堂》
《思旧录》
《汴京异记》
《搜神记》
《归潜志》
《夷坚志》
《辍耕录》
《东轩笔录》
《逸民传》
《续印人传》
《丁公谈录》
《云溪友议》
《祛疑说纂》
《异苑》
《诚斋杂记》
《老学庵笔记》
《魏公谈训》

《春秋后语》
《续碑传集》
《叶绍袁年谱》
《严氏宗谱》
《吴豫昶传》
《论衡》
《桯史》
《古今类事》
《锡金小录》
《绍兴遗书》
《耆旧类征》
《鹂砭质言》
《尾蕉丛谈》
《肇制尘余》
《欧陂余话》
《暌车志》
《制义科记》
《宣室志》
《夷坚续志》
《项氏家述》
《太平清话》
《畴人传》
《画史汇传》
《蜀梼杌》
《剧谈录》
《曲洧旧闻》
《虎黔经》
《茅亭客话》
《定命录》
《耳目记》

《鸡肋篇》　　　　《垄起杂事》　　　　《癸辛杂识》
《过庭录》　　　　《淡墨录》　　　　　《枣林杂俎》
《五杂俎》　　　　《吴闻见录》　　　　《茶余客话》
《此中人语》　　　《南漘桔语》　　　　《戎墓闲谈》
《秋灯录》　　　　《南中纪闻》　　　　《履园丛话》
《滦阳消夏》　　　《如是我闻》　　　　《医砭》
《见闻随笔》　　　《齐东野语》　　　　《耳新》
《野航史话》　　　《小隐书》　　　　　《滇行日录》
《龙城录》　　　　《说听》　　　　　　《泊宅编》
《本草纲目》　　　《微白偶存》　　　　《高坡异纂》
《雨窗消意录》　　《语新》　　　　　　《谈圃》
《锄经零墨》　　　《庚己编》　　　　　《青溪暇笔》
《塞斋琐录》　　　《天禄识余》　　　　《啸亭杂录》
《冷庐杂识》　　　《鸳湖求旧录》　　　《郎潜纪闻》
《月楼闻见录》　　《遁翁随笔》　　　　《天咫偶闻》
《金陵先正录》　　《蜕斋琐话》　　　　《考槃杂识》
《孟斋日日记》　　《清学者象传》　　　《畿辅先哲传》
《可书》　　　　　《思补斋笔记》　　　《援鹑堂笔记》
《春在堂随笔》　　《丛书书目汇编》　　《右台仙馆笔记》
《自怡轩腾话》　　《吴门琐语》　　　　《蕉轩续录》
《历算书目》　　　《两山墨谈》　　　　《舒艺室随笔》
《北轩笔记》　　　《闲处光阴》　　　　《熙朝新语》
《寄蜗残赘》　　　《梦厂杂著》　　　　《丁戊笔记》
《泮宫小志》　　　《旧京诗存》　　　　《史余萃览》
《鸿雪因缘》　　　《耐冷谈》　　　　　《桐阴清话》
《骨董琐记》　　　《蔗余偶笔》　　　　《金壶浪墨》
《庸闲斋笔记》　　《春秋占策》　　　　《焦氏类林》
《河洛精蕴》　　　《京氏易传》　　　　《京氏易表》
《六壬经纬》　　　《六壬纂要》　　　　《六壬辑略》
《六壬寻原》　　　《六壬玉连环》　　　《六壬大全》

《六壬心镜》	《六壬金口诀》	《六壬指南》
《六壬咔斯》	《六壬说约》	《毕法集览》
《六壬神应经》	《六壬粹言》	《六壬直指》
《六壬辨疑》	《六壬摘要》	《增删卜易》
《易隐》	《高岛易断》	《神相全篇》
《神相汇编》	《形神相法》	《神相证验》
《相理衡真》	《字触》	《测字秘牒》
《渊海子平》	《子平集腋》	《子平真诠》
《果老星宗》	《五星正传》	《乾元秘旨》
《万化仙禽》	《滴天髓阐微》	《命理约言》
《新命》	《协纪辨方书》	《选择正宗》
《通德类情》	《诹吉便览》	《崇正通书》
《象吉通书》	《地理入地眼》	《地理三字经》
《罗经顶门针》	《地理大全》	《山法全书》
《辨正直解》	《辨正续解》	《天心正运》
《辨正释窍钥》	《天机一贯》	《理气三诀》
《地学仁孝必读》	《罗经解》	《新周地学》
《地理录要》	《乾坤法窍》	《阳宅正宗》
《宅谱》	《阳宅撮要》	《上古三代文》
《蔡中郎集》	《文苑英华》	《陈思王集》
《朱文公集》	《真文忠集》	《谢叠山集》
《文信国集》	《会昌一品集》	《濂洛风雅》
《许鲁斋集》	《止止堂集》	《北山文集》
《青村遗稿》	《胡仲子集》	《凫藻集》
《姚牧庵集》	《苏东坡集》	《仪顾堂集》
《丁卯集》	《含薰室集》	《梅溪文集》
《黄晋卿集》	《魏了翁集》	《元丰类稿》
《絜太常集》	《颜光禄集》	《梁玄帝集》
《鲁文恪集》	《杨诚斋集》	《文与可集》
《司马文正集》	《虞道南集》	《许先天集》

《紫微集》　　　《李卫公集》　　　《戴九灵集》
《简斋集》　　　《渭南文集》　　　《郑所南集》
《雪山集》　　　《霏雪集》　　　　《剡源集》
《圭斋文集》　　《清容居士集》　　《周莲溪集》
《唐荆川集》　　《松荫堂集》　　　《陈伯玉集》
《苏平仲集》　　《梦泽集》　　　　《皇明文衡》
《汪双池集》　　《通艺堂集》　　　《曝书亭集》
《瘦石文钞》　　《江冷阁集》　　　《淮海英灵集》
《海虞文征》　　《觞松斋续集》　　《海隅集》
《怀仁堂遗稿》　《淮海集》　　　　《养一斋集》
《俞俞斋集》　　《崇百药斋集》　　《逊学斋文钞》
《春在堂集》　　《曲园自述诗》　　《植庵集》
《存秦轩集》　　《辨志文会集》　　《悔庐诗钞》

中国历代卜人传索引目录

镇江袁阜树珊编次

一画

乙三六

二画

丁三六　　　　　卜三七　　　　　刁三七

三画

大三七　　　　　于三七　　　　　子三七　　　　　兀三七
干三七

四画

太三七　　　　　文三八　　　　　孔三八　　　　　元三八
仁三八　　　　　王三八　　　　　方四六　　　　　毛四七
尹四八　　　　　公四八　　　　　牛四八　　　　　仇四八
日四八　　　　　五四八　　　　　勾四八　　　　　巴四八
卞四八

五画

世四九　　　　　史四九　　　　　田四九　　　　　白五〇
左五〇　　　　　任五〇　　　　　石五一　　　　　司五一
甘五一　　　　　申五一　　　　　平五二　　　　　令五二
古五二　　　　　布五二　　　　　玄五二　　　　　仝五二
弗五二　　　　　永五二　　　　　包五二　　　　　印五二
弘五二　　　　　主五二　　　　　尼五二

六画

朱五二　　　　　江五四　　　　　向五五　　　　　安五五
伊五五　　　　　艾五五　　　　　吉五六　　　　　伍五六
曲五六　　　　　池五六　　　　　仰五六　　　　　全五六
牟五六　　　　　危五六　　　　　西五六

七画

巫五六	吴五六	李五九	汪六五
何六六	沈六七	吕六八	余六九
杜七〇	宋七〇	车（車）七一	谷七一
辛七一	成七一	阮七一	步七一
吾七一	冷七一	束七一	冲七一
妙七一	折七一	岑七二	沃七二
汶七二	均七二	佟七二	兑七二
贝（貝）七二	况七二		

八画

炎七二	武七二	和七二	孟七二
周七三	金七六	林七七	丘七七
邵七八	服七八	季七八	岳七八
苗七八	屈七八	阿七九	青七九
东（東）七九	姑七九	京七九	来（來）七九
明七九	叔七九	尚七九	房七九
呼七九	宗七九	牧七九	易七九
底七九	卓七九	味七九	居七九
祁七九	杭七九	定八〇	松八〇

九画

帝八〇	禹八〇	即八〇	侯八〇
邢八〇	胡八〇	姜八二	姚八二
柳八三	施八三	范八四	皇八四
俞八四	洪八五	纪（紀）八五	段八五
查八五	柯八六	郎八六	耶八六
南八六	洛八六	郟八六	爰八六
星八六	信八六	垣八六	柴八六
相八六	咨八六	茹八六	英八六
柏八六	恒八六	春八六	种八六
宣八七			

十画

高八七	袁八八	徐八九	马（馬）九一
孙（孫）九二	倪九四	夏九四	秦九五
祝九五	唐九五	韦（韋）九六	郝九六
祖九六	容九六	耿九六	凌九六
殷九六	桑九六	索九六	毕（畢）九六
连（連）九六	涂九七	晁九七	时（時）九七
荆九七	师（師）九七	郤九七	班九七
荀九七	掌九七	党九七	真九七
浦九七	奚九七	展九七	敖九七
席九七	晏九七	衷九七	浙九八
海九八	桃九八	桂九八	

十一画

尧（堯）九八	陈（陳）九八	张（張）一〇一	曹一〇八
许（許）一〇九	郭一一〇	崔一一二	盛一一二
陆（陸）一一二	章一一三	康一一四	梅一一四
陶一一四	梁一一四	戚一一五	庚一一五
扈一一五	庄（莊）一一五	娄（婁）一一五	梓一一五
闭（閉）一一五	麻一一五	莫一一五	常一一六
野一一六	姬一一六	第一一六	鹿一一六
勒一一六	强一一六	屠一一六	商一一六
清一一六	尉一一六	淳一一六	眭一一六

十二画

黄一一六	华（華）一一八	程一一九	傅一二〇
曾一二〇	焦一二一	彭一二一	冯（馮）一二二
贺（賀）一二三	游一二三	汤（湯）一二三	舒一二四
费（費）一二四	温一二四	闵（閔）一二四	童一二五
单（單）一二五	富一二五	云（雲）一二五	劳（勞）一二五
乔（喬）一二五	敬一二五	喻一二五	喇一二五
椿一二六	景一二六	智一二六	无（無）一二六

阳（陽）一二六　　渠一二六　　　　辜一二六　　　　稽一二六
滑一二六　　　　　项（項）一二六　惠一二六　　　　掌一二六
揭一二六　　　　　逢一二六　　　　开（開）一二六

十三画

舜一二六　　　　　馯一二六　　　　圣（聖）一二六　杨（楊）一二六
董一二九　　　　　雷一三〇　　　　万（萬）一三〇　葛一三一
叶（葉）一三一　　邹（鄒）一三二　詹一三二　　　　贾（賈）一三三
楚一三三　　　　　虞一三三　　　　靳一三三　　　　路一三三
嵩一三四　　　　　隗一三四　　　　鸠（鳩）一三四　解一三四
睦一三四　　　　　裘一三四　　　　狮（獅）一三四　雍一三四
较（較）一三四　　裨一三四

十四画

赵（趙）一三四　　廖一三六　　　　熊一三七　　　　齐（齊）一三七
管一三八　　　　　裴一三八　　　　闻（聞）一三八　褚一三八
端一三八　　　　　厉（厲）一三八　台（臺）一三八　宾（賓）一三八
鄢一三八　　　　　斡一三八　　　　间（閒）一三八　宁（寧）一三八
荣（榮）一三八　　碧一三八　　　　翟一三九　　　　僧一三九

十五画

蒋（蔣）一四一　　蔡一四一　　　　刘（劉）一四二　郑（鄭）一四八
潘一四九　　　　　欧（歐）一五〇　邓（鄧）一五〇　卫（衛）一五〇
黎一五一　　　　　乐（樂）一五一　樊一五一　　　　鲁（魯）一五一
樗一五一　　　　　楼（樓）一五一　怀（懷）一五一　迟（遲）一五一
谈（談）一五一　　德一五一　　　　滕一五一　　　　臧一五一

十六画

诸（諸）一五一　　钱（錢）一五二　卢（盧）一五三　鲍（鮑）一五三
骆（駱）一五三　　龙（龍）一五四　阎（閻）一五四　赖（賴）一五四
燕一五四　　　　　暨一五四　　　　衡一五四　　　　篯一五四
霍一五四　　　　　橄一五四　　　　谌（諶）一五四　操一五四
穆一五四　　　　　桥（橋）一五四

十七画

義一五四	徽一五四	谢（謝）一五四	萧（蕭）一五六
应（應）一五六	钟（鐘）一五七	瞿一五七	薛一五七
翼一五八	襄一五八	豫一五八	鲜（鮮）一五八
缪（繆）一五八	矫（矯）一五八	萨（薩）一五八	蹇一五八
霞一五八	濮一五八		

十八画

颜（顔）一五八	颛（顓）一五八	戴一五八	魏一五九
韩（韓）一六〇	聂（聶）一六〇	丛（叢）一六〇	扩（擴）一六〇
关（關）一六一	临（臨）一六一	储（儲）一六一	瀛一六一
简（簡）一六一	鹅（鵝）一六一	蓝（藍）一六一	

十九画

| 谈（譚）一六一 | 罗（羅）一六一 | 谯（譙）一六二 | 庞（龐）一六二 |
| 镜（鏡）一六二 | 麹一六二 | 颠（顛）一六二 | 边（邊）一六二 |

二十画

| 严（嚴）一六二 | 苏（蘇）一六三 | 阚（闞）一六三 | 窦（竇）一六三 |
| 饶（饒）一六三 | 腾（騰）一六三 | | |

二十一画

| 顾（顧）一六四 | 兰（蘭）一六四 | 酆一六四 | 铁（鐵）一六四 |

二十二画

| 龚（龔）一六四 | 权（權）一六四 | | |

补遗：高晞远　葛天民　徐大椿　富开益　邹　彬　魏荔彤
　　　林希灏　谢小万　顾观光　张世宝　任铁樵

中国历代卜人传索引[①]

一画

（唐）乙弗宏礼（山东高唐）

二画

（唐）丁　宽（卷首附孔子）

（唐）丁　重（河南开封）

（宋）丁夫人（浙江余姚列女）

（宋）丁应之（江西宁波）表

（宋）丁碧眼（湖南湘潭）

（宋）丁文泰（四川彭县）

（明）丁　鹭（江苏昭文）

（明）丁先生（浙江石门）

（明）丁　垠（安徽怀宁）

（明）丁鹏鷟（湖北汉川）

（明）丁衍夏（福建晋江）

（清）丁时需（江苏丹徒）

（清）丁立中（江苏丹徒）

（清）丁廷杰（江苏丹徒）

（清）丁大椿（江苏上海）表

（清）丁　诗（江苏上海）

（清）丁山人（江苏无锡）表

（清）丁　学（江苏无锡）

（清）丁　晏（江苏山阳）

（清）丁曰增（安徽怀宁）

（清）丁养虚（安徽天长）

[①] 共得三千八百三十八。凡注有"表"字者，概不列传。至列女、方外，均于各姓名下载明。

（清）丁　焕（江西丰城）
（清）丁守存（山东日照）
（清）丁显鸿（辽宁盖平）
（清）丁半仙（辽宁盖平）表
（春秋）卜楚丘（山东诸城）
（春秋）卜　偃（山西太原）
（春秋）卜徒父（陕西咸阳）
（春秋）卜招父（陕西韩城）
（晋）卜　珝（察哈尔赤城）
（宋）卜则魏（江西赣县）
（明）卜梦熊（湖北江夏）表
（清）卜志尚（安徽宿州）
（北魏）刁　冲（湖北饶安）

三画

（上古）大　挠（卷首附黄帝）
（清）大不同（江苏武进）
（宋）于道士（江苏东海方外）
（明）于　茜（江苏金坛）
（清）于鸿仪（浙江临安）表
（清）于　楷（浙江秀水）
（清）于　琳（浙江平湖）表
（清）于葆中（辽宁盖平）
（清）于天墀（辽宁盖平附于葆中）
（清）于兆铎（辽宁盖平附于葆中）
（民国）于镇南（河北新城）
（春秋）子　顺（山西芮城）
（金）兀钦仄（吉林吉林）表
（晋）干　宝（河南新蔡）

四画

（上古）太昊伏羲（卷首）

（周）太公望（山东临淄）
（周）文　王（卷首）
（明）文　林（江苏长洲）
（明）文祖尧（云南呈贡）
（明）文　和（贵州桐梓）
（清）文之理（湖南衡山）
（周）孔　子（卷首）
（春秋）孔成子（河北濮阳）表
（刘宋）刘　恭（江苏丹徒）
（清）孔继廉（江苏句容）
（清）孔　璞（江苏武进）
（南齐）孔灵产（浙江山阴方外）
（清）孔庆南（安徽凤台）表
（清）孔星东（云南宜良）
（汉）元　菟（河南洛阳）表
（梁）元　帝（卷首）
（北魏）元　澄（河南洛阳）表
（清）元祝垚（河北静海）
（宋）仁宗帝（卷首）
（周）王孙说（河南洛阳）
（周）王　诩（河南阳城）
（汉）王　同（卷首附孔子）
（汉）王　充（浙江上虞）
（汉）王　仲（山东即墨）
（汉）王　远（四川忠州方外）
（汉）王　长（河南济阳）
（汉）王仲子（河南汝南附郭宪）
（汉）王　况（陕西长安）表
（汉）王　朔（陕西长安）
（汉）王　仲（辽宁辽阳）

（后汉）王　关（江苏无锡）表

（后汉）王　远（江苏东海）

（后汉）王　景（安徽庐江）

（后汉）王　成（山东沂州）

（后汉）王　辅（山东平陆）

（后汉）王君公（山东都昌附逄萌）

（后汉）王　宗（河南洛阳）

（后汉）王长文（河南洛阳）表

（后汉）王　符（甘肃临泾）

（魏）王　弼（河南偃师）

（吴）王　蕃（安徽庐江）

（晋）王长文（四川广汉）

（晋）王　堕（陕西缜城）

（刘宋）王　微（山东沂州）

（齐）王洪轨（江苏江宁）表

（梁）王　俭（江苏江宁）表

（梁）王先生（湖北江陵）

（北魏）王　早（河北南皮）

（北魏）王延业（山西太原）表

（北魏）王　叡（山西晋阳）

（北魏）王　桥（山西晋阳附王叡）

（北魏）王　彦（山西解州附关朗）

（北魏）王伯逵（陕西扶风）

（北齐）王　春（山西安邑）

（隋）王　隆（山西龙门）

（隋）王安康（山西龙门附王隆）

（唐）王居士（江苏丹徒）

（唐）王裕福（江苏金坛）表

（唐）王远知（江苏江都方外）

（唐）王　宁（江苏东台）

（唐）王应元（江西兴国）

（唐）王栖岩（湖北江陵）

（唐）王　生（湖南长沙附僧云涉）

（唐）王子贞（山西平定）

（唐）王　勃（山西绛州）

（唐）王　琚（河南河内）表

（唐）王　生（陕西长安）

（唐）王希明（陕西长安）

（五代）王处讷（河南洛阳）

（五代）王熙元（河南洛阳附王处讷）

（后周）王处士（湖北江陵）

（后周）王　朴（山东东平）

（后周）王寿昌（浙江余杭）表

（宋）王应麟（浙江鄞县）

（宋）王卿月（浙江台州）

（宋）王　伋（浙江龙泉）

（宋）王　升（浙江建德）表

（宋）王浪仙（浙江瑞安附温州隐者）表

（宋）王　生（浙江龙泉附严道者）

（宋）王　升（安徽建德）表

（宋）王孝友（江西新建）表

（宋）王无咎（江西庐陵）

（宋）王金斗（江西吉水）表

（宋）王禄道（江西会昌）表

（宋）王应元（江西兴国）表

（宋）王文卿（江西建昌）

（宋）王　鼎（湖北襄阳）

（宋）王　朴（四川成都）表

（宋）王立政（四川奉节）

（宋）王彦正（四川资中）

（宋）王　讷（山东阳信）

（宋）王老志（山东临濮）表

（宋）王俊明（河南开卦）表

（宋）王　青（河南淮阳）

（宋）王　洙（河南宋城）

（宋）王　勋（陕西长安）

（宋）王　湜（陕西同州）

（宋）王　白（河北冀州）

（金）王广道（山东平阴）

（元）王　迻（浙江钱塘）

（元）王昌世（浙江鄞县）

（元）王　毅（浙江黄严）表

（元）王振六（江西光泽）

（元）王谦道（江西崇仁附吴澄）

（元）王　恂（河北唐县）

（元）王　良（河北唐县附王恂）

（元）王　孚（河北完县）

（元）王大利（山西壶县）

（元）王履道（山西壶县附王大利）

（元）王宏道（山西壶县附王大利）

（元）王　翼（山西阳城）

（元）王　嘉（陕西长安附郝升）

（明）王　生（江苏江宁）表

（明）王明堂（江苏金坛）

（明）王　仙（江苏娄县）

（明）王仁美（江苏吴县）表

（明）王　沐（江苏常熟）表

（明）王若水（江苏无锡）表

（明）王　选（江苏无锡）

（明）王　璧（江苏山阳）

（明）王　鐟（浙江东台）
（明）王　坡（浙江鄞县）表
（明）王　贵（浙江奉化）表
（明）王　奇（浙江天台）
（明）王　梃（浙江东阳）
（明）王世荐（安徽潜山）表
（明）王玉章（江西南昌）
（明）王进臣（湖北蒲圻）
（明）王　儇（湖北孝感）
（明）王安所（湖北钟祥）
（明）王起岩（湖南华容）
（明）王府尹（河北清宛）
（明）王思理（山东齐河）
（明）王日瑾（山东长清）表
（明）王守分（山东无棣）
（明）王希哲（山东无棣附王守分）
（明）王　泰（山东济宁）
（明）王　贤（山东宁阳）
（明）王恭临（山东滕县）
（明）王仲懿（山东沂水）表
（明）王起阳（山东益都）
（明）王友古（山西高平）
（明）王　瑛（山西怀仁）
（明）王　敩（山西闻喜）
（明）王多宁（河南西华）表
（明）王干福（河南兰阳）
（明）王　巽（河南兰阳）
（明）王　相（河南光山）
（明）王文炜（陕西蒲城）
（明）王　锐（青海西宁）

（明）王　　祐（福建建阳）表
（清）王贞仪（江苏江宁列女）
（清）王恒钰（江苏丹徒）
（清）王恒锜（江苏丹徒附王恒钰）
（清）王寿山（江苏丹徒附王恒钰）
（清）王道纯（江苏丹徒附王恒钰）
（清）王延兴（江苏句容）表
（清）王周南（江苏句容）
（清）王长和（江苏高淳）
（清）王睿章（江苏上海）表
（清）王廷瑚（江苏上海）
（清）王陛良（江苏上海附王廷瑚）
（清）王子云（江苏太仓）
（清）王渭熊（江苏嘉定）
（清）王贞爵（江苏宝山）
（清）王渭熊（江苏宝山附王贞爵）
（清）王飞筠（江苏宝山附王贞爵）
（清）王维德（江苏吴县）
（清）王少泉（江苏吴县）表
（清）王有德（江苏常熟）表
（清）王光燮（江苏武进）
（清）王　　选（江苏无锡）
（清）王国桢（江苏无锡）表
（清）王　　逸（江苏无锡）
（清）王雪涯（江苏无锡）
（清）王公奭（江苏江阴）
（清）王之藩（江苏山阳）表
（清）王家弼（江苏盐城）
（清）王方魏（江苏江都）
（清）王而豫（江苏泰州）

（清）王孙驹（江苏泰州附王而豫）

（清）王九成（江苏邳州）

（清）王克靖（江苏赣榆）

（清）王　迟（浙江仁和）

（清）王兆正（浙江钱塘）表

（清）王宗垣（浙江嘉兴）表

（清）王先生（浙江会稽）

（清）王震泽（浙江萧山附宋锡兰）

（清）王　佺（浙江太平）

（清）王宗臣（浙江浦江）

（清）王盖臣（安徽宿松）表

（清）王延造（安徽潜山）

（清）王世瑗（安徽合肥）

（清）王星轸（安徽合肥）

（清）王荣怀（安徽舒城）表

（清）王克源（安徽舒城）表

（清）王　炜（安徽歙县）表

（清）王　猷（安徽宣城）

（清）王　鼎（安徽凤阳）

（清）王蔼轩（安徽寿州）表

（清）王　琯（安徽太和）

（清）王玉光（安徽五河）

（清）王　鏴（江西安福）

（清）王　灏（江西莲花）表

（清）王朝元（江西德兴）

（清）王梦麟（湖北南漳）

（清）王绩宏（湖南邵阳）

（清）王国宪（湖南衡山）

（清）王盛怡（湖南衡山附王国宪）

（清）王义宗（湖南衡山附王国宪）

（清）王绂麟（湖南衡山附王国宪）

（清）王仁杰（湖南衡山附王国宪）

（清）王万树（湖南常宁）

（清）王卜亨（湖南临武）

（清）王先标（湖南溆浦）表

（清）王华国（四川成都）

（清）王大鹏（四川绵竹）

（清）王　澡（四川资州）表

（清）王茂英（四川南充）表

（清）王应藻（河北通州）

（清）王晴溪（河北宝坻）

（清）王文锦（河北天津）

（清）王蘧亭（河北庆云）表

（清）王本固（河北东光）

（清）王兰生（河北光河）

（清）王一晋（北平滦州）

（清）王正中（河北保定）

（清）王　植（河北深泽）

（清）王钟玉（河北沙河）

（清）王天河（河北邯郸）

（清）王青田（河北邯郸附王天河）

（清）王朝清（河北邯郸）

（清）王松龄（河北南宫）

（清）王　昌（河北东强）

（清）王　恂（山东新城）

（清）王祖兰（山东浏阳）

（清）王德纯（山东平原）

（清）王老志（山东临濮）表

（清）王曰琅（山东昌乐）

（清）王彦之（山西榆社）

（清）王利人（山西左云）

（清）王宗炎（山西太平）

（清）王世魁（山西临晋）

（清）王恩魁（山西荣河）

（清）王锡五（河南淮阳）

（清）王文灏（河南河内）表

（清）王士熙（河南阌乡）表

（清）王子湘（河南温县）

（清）王　震（河南光州）表

（清）王宏撰（陕西华阴）

（清）王有会（陕西靖边）

（清）王　璠（陕西靖边附王有会）

（清）王　纲（陕西靖边附王有会）

（清）王允中（甘肃皋兰）表

（清）王世俊（甘肃张掖）

（清）王严龙（福建安溪）

（清）王凤九（福建莆田）表

（清）王博士（广东儋县）表

（清）王体元（云南琅盐）

（清）王日新（云南通海）表

（清）王兆兴（云南剑川）表

（清）王建极（贵州黎平）

（清）王锡臣（辽宁盖平）表

（清）王兆槐（辽宁庄河）

（清）王书文（辽宁庄河）表

（清）王觐光（宁夏宁夏）

（清）王生兰（宁夏宁夏）

（汉）方　储（安徽歙县）

（唐）方士七（浙江缙云）表

（吴越）方　生（浙江建德）表

（明）方　明（浙江龙游附朱晖）

（明）方拱之（浙江兰谿）

（明）方　智（安徽歙县附叶致远）

（明）方日中（河南汝阳）

（明）方　权（广东南海）

（清）方思名（江苏青浦）表

（清）方功载（江苏青浦）表

（清）方　七（江苏泰兴附陈达夫）

（清）方　申（江苏仪征）

（清）方尚节（浙江淳安）

（清）方　略（浙江太平）

（清）方迎报（安徽怀宁）

（清）方于济（安徽桐城）表

（清）方其义（安徽桐城）表

（清）方东树（安徽桐城）

（清）方正明（安徽贵氾）

（清）方苇川（河北濮阳）表

（清）方同岑（湖南临湘）

（明）毛　升（江苏武进）表

（明）毛　童（江西鄱阳）表

（明）毛伯时（河北元氏）表

（清）毛志道（江苏丹徒）

（清）毛一驹（江苏丹徒附毛志道）

（清）毛　矗（江苏丹徒附毛志道）

（清）毛　鲲（江苏丹徒附毛志道）

（清）毛在鹏（江苏太仓）

（清）毛　炜（江苏太仓附毛在鹏）

（清）毛绍武（江苏宜兴）

（清）毛奇龄（浙江萧山）

（清）毛书有（浙江常山）

（清）毛　节（江西广昌）

（清）尹　喜（陕西长安）

（周）尹　皋（山西晋阳）

（后汉）尹　轨（河南洛阳）

（唐）尹　崇（河南洛阳附僧一行）

（元）尹尧道（安徽和州）

（明）尹　直（江西泰河）

（明）尹宾商（河北汉川）

（明）君遂祁（广东东莞）

（清）尹良相（江西石城）

（清）尹自新（湖北罗山）

（清）尹金阳（湖南湘潭）

（清）尹一第（湖南茶陵）表

（清）尹汇瀛（山东肥城）

（清）尹克海（四川大宁）

（周）公孙圣（江苏吴县）

（汉）公孙昆邪（甘肃固原）表

（后汉）公沙穆（山东平度）

（明）公家臣（山东蒙阴）

（明）公孙彧（山西襄陵）

（宋）牛师德（山西夏县附司马光）

（明）牛东阳（河北迁安附梅如玉）

（清）牛秀山（河北南宫）

（梁）仇　殷（河南洛阳）表

（唐）日　者（四川成都）

（唐）五明道士（河南安阳）

（唐）勾龙生（河南洛阳）表

（清）巴见龙（安徽太和）

（清）卞　斌（浙江归安）

五画

（清）世祖帝（卷首）

（春秋）史　苏（山西太原）

（春秋）史　援（山西太原）

（春秋）史　赵（山西太原）

（春秋）史　墨（山西太原附史赵）

（春秋）史　龟（山西太原附史赵）

（春秋）史　朝（河南朝歌）表

（北周）史元华（陕西长安）表

（隋）史万岁（陕西杜陵）

（唐）史　良（陕西长安）表

（宋）史　博（浙江乌程）表

（宋）史弥远（浙江鄞县）表

（宋）史延寿（四川乐山）

（元）史春谷（江苏溧阳）表

（明）史仲宏（安徽桐城）

（清）史　夔（江苏溧阳）

（清）史以甲（江苏江都）

（清）史念祖（江苏江都）

（清）史景玉（陕西大荔）

（清）史□□（陕西华阴）

（清）史　易（辽宁辽中）

（汉）田王孙（卷首附孔子）

（汉）田　何（山东临淄）

（汉）田　文（陕西长安）

（后汉）田　戎（河南洛阳）表

（宋）田君右（浙江缙云）

（元）田忠良（河北赵城）

（明）田德润（江苏安东）

（清）田宏政（安徽歙县）

（清）田孔步（安徽歙县附田宏政）

　（清）田学臣（湖北汉川）

　（清）田嵩南（湖北东湖）表

　（清）田国芳（湖北公安）

　（清）田履斋（河南淮阳）表

　（清）田秉德（河南阌乡）

　（清）田泽霖（贵州晋安）

　（唐）白衣老人（陕西长安）

　（宋）白　羊（浙江临安）表

　（宋）白顾山人（江西吉永附朱元炳）

　（宋）白云鹤（陕西安塞方外）

　（明）白　鸥（安徽阜阳）

　（明）白都闾（福建闽侯）

　（清）白孝廉（江苏华亭附宋懋澄）

　（清）白美振（福建安溪）

　（汉）左　慈（浙江处州方外）

　（晋）左　思（山东临淄）

　（元）左　麒（江西余干）

　（明）左　激（安徽泾县）

　（清）左宗植（湖南湘阴）

　（汉）任文公（四川阆中）

　（汉）任文孙（四川阆中附任文公）

（后汉）任　安（四川绵竹）

（后汉）任玄智（河北赵州附耿玄）

　（宋）任　炳（奉化鄞县）

　（明）任　纲（福建闽县）

　（明）任　升（四川忠州）

　（清）任风子（安徽合肥）表

　（清）任开泰（贵州渭漳）

　（清）任元衷（福建建安）

（宋）石藏用（江苏江都）表

（宋）石　普（山西太原）

（宋）石汝砺（广东英德）

（元）石抹继祖（辽宁辽阳）

（清）石盘山（安徽宿松）

（清）石　鉴（安徽滁州）

（清）石敬台（湖北兴国）

（清）石蕴斋（四川南川附金大煜）

（上古）司　怪（卷首附黄帝）

（周）司空季子（山西太原）表

（汉）司马徽（湖北禹州）

（汉）司马季主（陕西长安）

（汉）司马谈（陕西夏阳）

（汉）司马迁（陕西艳阳附司马谈）

（唐）司马头陀（江西南昌方外）

（宋）司马武子（江西余干）

（宋）司马光（山西夏县）

（明）司马头陀（湖北公安方外）

（清）司元博（河北青州）表

（汉）甘　公（山东临淄）

（宋）甘　节（四川绵竹）

（明）左　霖（湖北黄冈）

（明）甘茂富（福建建宁）

（清）甘　熙（江苏江宁）表

（唐）申屠生（河南祥符）

（宋）申九宁（山西屯留）

（清）申之交（湖南石门）

（清）申中望（湖南石门）

（清）申维清（河南武陟）

（清）申会午（河南武陟）表

（周）平原君（山东平原）
（清）平　章（湖北元氏）
（春秋）令尹子上（湖北归州）
（宋）古　象（浙江钱塘）
（宋）布袍道者（浙江钱塘方外）
（明）玄谷子（湖北黄冈）
（明）仝　寅（山西安邑）表
（明）弗需山人（江西安福）
（明）永安相者（安徽凤阳）
（元）包容德（浙江丽水）表
（清）包世臣（江苏丹徒附睢秉衡）
（清）包　仪（河北邢台）
（清）印天吉（江苏丹徒）
（晋）弘景则（河南洛阳）表
（汉）主父偃（卷首附孔子）
（唐）尼范氏（陕西醴泉方外）
（隋）尼智山（山西永济）

六画

（后汉）朱　祐（河南南阳）
（魏）朱建平（江苏沛县）
（唐）朱　邯（江西新建）
（后梁）朱景璨（江苏吴县）
（宋）朱子美（江苏华亭附储泳）
（宋）朱晓容（浙江钱塘）表
（宋）朱相士（浙江平阳）
（宋）朱安国（安徽歙县）
（宋）朱元炳（江西吉水）
（宋）朱　熹（江西婺源）
（元）朱震亨（浙江义乌）
（明）朱良之（江苏溧水）

（明）朱玩泉（浙江钱塘）

（明）朱燮元（浙江山阴）

（明）朱行恕（浙江乌程）

（明）朱　晖（安徽龙游）

（明）朱谦斋（浙江龙游附朱晖）

（明）朱云成（安徽六安）

（明）朱国祥（安徽歙县）

（明）朱允升（安徽休宁附赵仿）

（明）朱　权（安徽凤阳）

（明）朱隐老（江西丰城）

（明）朱文煜（江西新城）

（明）朱书珍（江西金谿附何士泰）

（明）朱显绶（湖北广济）

（明）朱风子（湖北荆门）

（明）朱　生（湖南华容）

（明）朱　震（山西胶州）

（明）朱之相（福建建阳附徐之谟）

（明）朱永吉（广西临桂）

（清）朱　圻（江苏丹阳）

（清）朱安吉（江苏上海）表

（清）朱紫贵（江苏上海）表

（清）朱孔阳（江苏上海）

（清）朱　书（江苏上海）表

（清）朱景星（江苏南汇）

（清）朱清荣（江苏南汇）表

（清）朱凤笙（江苏南汇）表

（清）朱　某（江苏吴县）表

（清）朱明道（江苏睢宁）

（清）朱振玉（江苏睢宁附朱明道）

（清）朱福清（浙江嘉兴）表

（清）朱英武（浙江秀水）

（清）朱尔谟（浙江海盐附张心言）

（清）朱　轮（浙江石门）

（清）朱　尊（浙江桐乡）

（清）朱道备（浙江象山）表

（清）朱道揆（浙江象山）表

（清）朱家佐（浙江浦江）

（清）朱　寀（浙江浦江附朱家佐）

（清）朱　英（安徽舒城）

（清）朱观乾（安徽无为）

（清）朱鹏衢（江西赣县）

（清）朱心安（湖北黄冈）

（清）朱冠臣（湖南衡阳）

（清）朱廷铉（湖南归县）

（清）朱祖缨（辽宁汝城）

（清）朱卜者（四川健为）

（清）朱邦殿（四川井研）

（清）朱　绣（河北沧州）表

（清）朱昆龄（河北沧州）表

（清）朱丙书（山东肥城）表

（清）朱崇英（山东阳信）

（清）朱百揆（山东阳信附朱崇英）

（清）朱旺春（河南淮阳）

（清）朱承谟（云南马龙）

（民国）朱福全（江西汝城）

（清）朱应元（云南东川）

（宋）江神目（江西吉水）表

（宋）江心传（江西龙泉）

（宋）江　谧（河南考城）表

（明）江万纪（浙江太平）

（明）江　鼎（安徽歙县附叶致远）

（明）江　瑞（安徽歙县附叶致远）

（明）江　杏（安徽建德）表

（明）江　晓（江西婺源）

（明）江仲景（江西婺源）

（明）江抱一（江西婺源附江仲景）

（明）江东白（江西婺源附江仲景）

（明）江立本（江西婺源）表

（明）江　凤（江西婺源）表

（明）江仕从（江西婺源）表

（明）江天水（云南昆明）

（清）江　舟（安徽繁昌）表

（清）江云泰（安徽歙县）表

（清）江之翰（江西建德）

（清）江宗淇（江西信尽）

（清）江　永（江西婺源）表

（清）江　彦（江西婺源）

（清）江应元（广东石城）

（后汉）向　长（河南朝歌）

（唐）向　隐（湖北江陵）表

（清）向君试（湖南新宁）

（清）向昌国（贵州永从）

（后唐）安法尚（四川彭县）

（元）安仁甫（山东邹平）

（明）安大崀（湖北云梦）表

（唐）伊　慎（山东兖州）

（宋）伊宪文（山西永济）

（清）伊元复（福建宁化）

（宋）艾评事（河南开封）

（清）艾由兴（江苏桃源）

（清）艾友兰（湖北新化附邓林材）

（清）艾向荣（辽宁广宁）

（清）吉梦熊（江苏丹阳）

（清）吉世琛（江苏丹阳）

（清）吉钟颖（江苏丹阳）

（春秋）伍　员（湖北归州）

（晋）伍　振（安徽舒城附韩友）

（清）伍　纂（湖南武陵）

（清）伍永清（湖南武陵附伍纂）

（清）曲福厚（辽宁艺平）

（清）曲克文（辽宁复县）表

（宋）池惠师（福建延平）

（明）池　纪（江西赣州）

（宋）仰宗臣（浙江钱塘）

（清）仰思孝（浙江归安）

（元）全　真（河北大兴）

（明）牟康民（四川内江）

（明）危斗南（江西南丰）

（明）西潜子（江西鄱阳）

七画

（上古）巫　咸（卷首附黄帝）

（春秋）吴市吏（江苏吴县）表

（汉）吴　泰（江苏吴县）

（汉）吴　伉（山东甘陵）表

（吴）吴　范（浙江上虞）

（陈）吴明彻（江苏六合）

（北齐）吴遵世（河北宁津）

（北齐）吴　士（河南临漳）表

（唐）吴　峤（浙江乌程方外）

（唐）吴女士（浙江山阴列女）

（五代）吴　翁（福建建州）

（宋）吴先生（江苏石门）

（宋）吴德先（浙江浦江）

（宋）吴正叟（浙江括苍）

（宋）吴楚峰（江西弋阳）

（宋）吴景鸾（江西德兴）

（宋）吴法旺（江西德兴附吴景鸾）

（宋）吴克诚（江西德兴附吴景鸾）

（宋）吴山人（四川成都）

（元）吴钟山（江苏华亭）

（元）吴竹所（江苏华亭附吴钟山）

（元）吴一峰（江苏华亭附吴钟山）

（元）吴　方（江苏江阴）

（元）吴　澄（江西崇仁）

（明）吴宗德（江苏高淳）

（明）吴　杰（江苏武进）

（明）吴　邠（江苏昭文）表

（明）吴统持（浙江秀水）

（明）吴　琉（浙江长兴）

（明）吴国才（浙江奉化）

（明）吴觐光（浙江淳安）

（明）吴　鹏（安徽庐江）

（明）吴　英（江西临川）表

（明）吴　宁（安徽歙县）

（明）吴仲宽（安徽贵池）表

（明）吴　昊（江西临川）表

（明）吴从善（江西鄱阳方外）

（明）吴　豹（江西鄱阳）表

（明）吴　癹（江西浮梁）

（明）吴之皞（四川清江附牟康民）

（明）吴日章（河南滑县附吕明）

（明）吴　朴（福建诏安）

（清）吴相乾（江苏句容）

（清）吴古怀（江苏高淳）

（清）吴越彦（江苏高淳）

（清）吴　磐（江苏上海）表

（清）吴华山（江苏上海）

（清）吴伟业（江苏太仓）

（清）吴子卿（江苏吴县附俞归扑）

（清）吴礼后（江苏阳湖）表

（清）吴遹大（江苏阳湖附叶楷）

（清）吴雪江（江苏江都）

（清）吴明煌（江苏江都）

（清）吴恒宣（江苏东海）

（清）吴任臣（浙江仁明）

（清）吴沛霖（浙江嘉兴）

（清）吴庆奎（浙江长兴）

（清）吴龙章（浙江平湖）

（清）吴廷栋（安徽霍山）

（清）吴霞举（安徽歙县）

（清）吴起仍（安徽歙县）

（清）吴彦国（安徽歙县）表

（清）吴邦彦（安徽贵池）表

（清）吴涤江（安徽凤台）表

（清）吴　鼐（安徽全椒）

（清）吴襄侯（安徽来安）

（清）吴正蓉（湖南武陵）表

（清）吴继先（四川新繁）

（清）吴云亭（四川合州附周礼）

（清）吴镇川（四川荣县）

（清）吴集生（河北庆云附秦陆海）

（清）吴　续（河南光州）

（清）吴其泰（河南固始）

（清）吴寿贞（陕西兴平）

（清）吴可泮（福建霞浦）

（清）吴天民（福建莆田）

（清）吴邦基（福建海澄）

（清）吴显时（广东四会）

（清）吴叔骅（广东四会附吴显时）

（清）吴尔康（广东开平）

（清）吴桂良（云南会泽）

（清）吴观国（云南永昌）

（民国）吴　霜（江苏青浦）

（民国）吴豫昶（江苏无锡）

（汉）李　定（河北涿州）

（后汉）李　南（江苏句容）

（后汉）李子云（山东都昌附逢萌）

（后汉）李　休（湖南南阳）

（后汉）李　固（陕西南郑）

（后汉）李　邰（陕西南郑）

（北魏）李　光（河北定州）

（北魏）李兴业（山西长子）

（北魏）李顺兴（陕西长安）表

（北魏）李公绪（河北赵州）表

（北齐）李遵祖（山西长子）

（隋）李德林（河北安平）

（隋）李士谦（河北平棘）

（隋）李若虚（陕西梁州附梁虚舟）

（唐）李　该（江苏江都）表

（唐）李五姊（湖南长沙附僧云涉）

（唐）李　生（四川成都）
（唐）李鼎祚（四川资州）
（唐）李元凯（河北邢台）
（唐）李德裕（河北赞皋）
（唐）李嗣真（河北长垣）
（唐）李　杰（河北滏阳）
（唐）李夫人（山西祁县列女）
（唐）李　老（河南开封）
（唐）李仙药（河北洛阳）表
（唐）李　泌（陕西长安）
（唐）李参军（陕西长安）表
（唐）李弥乾（陕西长安）表
（唐）李　靖（陕西三原）
（唐）李淳风（陕西岐山）
（唐）李虚中（甘肃敦煌）
（吴越）李　咸（浙江钱塘）表
（宋）李常容（浙江浦江附吴德先）
（宋）李大川（江西临川）表
（宋）李一壶（江西吉水）
（宋）李蓬洲（江西雩都）表
（宋）李五牙（江西兴国）表
（宋）李普照（江西宁都）表
（宋）李鸦鹊（江西宁都）表
（宋）李相士（江西婺源）
（宋）李文和（湖南澧州）
（宋）李　峤（河北易州）表
（宋）李含章（河北大名）表
（宋）李之才（山东益都）
（宋）李端懿（河南开封）
（宋）李建中（河南洛阳）

（宋）李宗鲁（河南洛阳附李建中）

（金）李　懋（陕西韩城）表

（金）李　茂（陕西长安）

（元）李国用（浙江钱塘）

（元）李　存（江西安仁）

（元）李时茂（江西鄱阳）表

（元）李纯夫（河北蓟县）

（元）李　素（山东章丘）表

（元）李金姬（山东章丘列女）

（元）李　坚（山东长清）

（元）李俊民（山西凤台）

（元）李钦夫（陕西长安）

（明）李羹人（江苏江宁）

（明）李　槐（江苏上元）

（明）李魁春（江苏长洲）

（明）李允熙（江苏常熟）表

（明）李季富（江苏无锡）表

（明）李思聪（江苏江都）

（明）李犹龙（江苏仪征）

（明）李　木（江苏兴化附高燧）

（明）李　瀚（江苏兴化）

（明）李　复（江苏丰县）

（明）李　澄（江苏丰县附李馥）

（明）李德贞（安徽歙县）表

（明）李经纶（江西南丰）

（明）李　纲（江西新昌）

（明）李景溪（江西婺源）

（明）李邦祥（江西婺源）表

（明）李国木（湖北汉阳）

（明）李国林（湖北汉阳附李国木）

（明）李时珍（湖北蕲阳）

（明）李凤林（湖北郧县）

（明）李少泉（湖南临湘）

（明）李自雯（湖南澧州）

（明）李时复（湖南麻阳）

（明）李　第（山东长安）

（明）李登仙（山东利津）

（明）李诚明（山东德州）

（明）李淑通（河南开封）

（明）李　夔（河南开封）表

（明）车　阐（河南禹州）表

（明）李　绍（河南襄城）

（明）李承宝（河南新乡）

（明）李星井（河南温县）

（明）李必达（陕西城固）

（明）李挺秀（甘肃陇西）表

（明）李　坤（福建闽县附蔡璵）

（明）李　秩（广东香山）

（明）李在公（广东东莞）表

（清）李宗汇（江苏丹徒）

（清）李慎传（江苏丹徒）

（清）李　桐（江苏丹徒）

（清）李凤苞（江苏崇明）

（清）李自明（江苏长洲）

（清）李兆洛（江苏阳湖附赵地山）

（清）李新泉（江苏如皋）

（清）李世琏（江苏甘泉）

（清）李钟元（江苏甘泉）

（清）李　澣（江苏兴化）

（清）李殿扬（浙江仁和）

（清）李景芬（浙江秀水）

（清）李　铿（浙江嘉兴）

（清）李大珍（安徽巢县）

（清）李　钧（安徽凤台）

（清）李叔廉（安徽盱眙）

（清）李希彩（江西进贤）

（清）李一清（江西新城）

（清）李　灏（江西南丰）

（清）李凤来（江西临川）

（清）李士星（江西临川附李凤来）

（清）李光宬（江西万载）

（清）李慈受（江西新昌）

（清）李麟章（江西婺源）表

（清）李道士（湖北夏口方外）

（清）李芳春（湖北石首）

（清）李　坦（湖南长沙附野鹤老）

（清）李文辉（湖南长沙附野鹤老）

（清）李星科（湖南湘阴）表

（清）李光英（湖南湘乡）

（清）李楚源（湖南龙阳）

（清）李本善（湖南龙阳）

（清）李友龙（湖南永兴）

（清）李六名（湖南沅陵）

（清）李春显（湖南绥宁）表

（清）李　芳（湖南永绥）

（清）李继香（四川永川）

（清）李琼芳（四川永川）

（清）李允琢（四川隆昌）

（清）李见龙（四川南充）

（清）李维轩（河北沧州附迟廷荣）

（清）李　轸（河北宁津）

（清）李尚德（河北乐亭）

（清）张素贞（河北唐县列女）

（清）李太初（河北南皮）

（清）李寿渊（山东惠民）

（清）李神仙（山东利津）

（清）李怀敬（山东商河）

（清）李毓华（山东商河）

（清）李　爽（山东商河）

（清）李　源（山东德州）

（清）李至果（山东临邑）

（清）李腾龙（山西长治）

（清）李占魁（山西临汾）表

（清）李根畅（山西襄陵）

（清）李兴让（山西临普）

（清）李则星（山西临普）

（清）李定国（山西荣河）表

（清）李东平（山西荣河）表

（清）李友之（山西荣河）表

（清）李清溪（山西霍州）

（清）李英相（河南淮阳）

（清）李振文（河南安阳）

（清）李克岐（河南安阳）

（清）李元良（河南辉县）

（清）李士林（河南渑池）

（清）李律师（陕西凤关怀）

（清）李绍晟（甘肃皋兰）

（清）李　芬（甘肃皋兰）

（清）李钟麟（甘肃皋兰）

（清）李　璇（甘肃皋兰）

（清）李　珅（甘肃天水）表

（清）李绍菱（甘肃镇番）

（清）李光地（福建安溪）

（清）李清时（福建安溪）

（清）李兴禹（福建德化）

（清）李启南（福建长汀）表

（清）李忠征（福建长汀）表

（清）李文田（广东顺德）

（清）李文耀（广东新宁）

（清）李海鹏（广西开平）表

（清）李应麒（云南昆明）

（清）李维新（云南通海）

（清）李成英（云南永昌）表

（清）李应宣（云南永昌）

（清）李玄真（辽宁海城）

（清）李万春（辽宁广宁）

（清）李浩年（辽宁复县）

（清）李瑞昌（吉林宁安）

（民国）李桐音（河北昌黎）

（宋）汪　纲（安徽黟县）

（明）汪宏道（江苏常熟）

（明）汪　恩（安徽歙县）表

（明）汪庭训（浙江瑞安附郑希诚）

（明）汪　龙（安徽休宁）表

（明）汪先易（安徽休宁）

（明）汪良梦（安徽祁门）

（明）汪仕周（安徽祁门）

（明）汪九仞（安徽贵池）

（明）汪　梧（江西婺源）表

（明）汪朝邦（江西婺源附游遥）

（清）汪可爵（江苏丹阳）
（清）汪森增（江苏上海）表
（清）汪　杰（江苏无锡）
（清）汪　椿（江苏清河）
（清）汪一元（江苏江都）
（清）汪　渢（清江钱塘）
（清）汪承烈（浙江开化）
（清）汪起鳌（浙江遂安）
（清）汪　翰（浙江附汪起鳌）
（清）汪伯乐（安徽潜山）
（清）汪宗沂（安徽歙县）
（清）汪喆臣（安徽歙县）表
（清）汪兴椿（安徽金椒）
（清）汪楚真（江西弋阳）
（清）汪　钢（江西婺源）
（清）汪　绂（江西婺源）
（清）汪勋文（江西婺源）
（清）汪　瑚（湖北宜都）表
（清）汪　鹏（湖北东首）表
（清）汪文经（四川崇庆）
（汉）何　颙（湖北长沙）
（梁）何　点（安徽潜山）
（五代）何令通（安徽休宁）
（南唐）何　溥（江西宜春）
（前蜀）何　奎（四川夹江附孙雄）
（宋）何　生（浙江平阳）表
（宋）何臣源（浙江金华）
（宋）何　涉（安徽衮州）
（宋）何大圭（四川眉州附杨坤）
（宋）何蓑衣（河南淮阳）表

（宋）何　遁（陕西长安）

（宋）何　时（广东南海）

（元）何心传（浙江天台）表

（元）何绍祖（浙江平阳）表

（明）何　有（浙江富阳）

（明）何中立（安徽当涂）

（明）何冶云（江西丰城）

（明）何德宏（江西丰城附何冶云）

（明）何士泰（江西金谿）

（明）何栋如（湖北城附陈士元）

（明）何天衢（湖南道州）表

（明）何大川（河南襄城）表

（明）何弈家（河南信阳）

（明）何　洲（广东连州）

（清）何　素（安徽滁州）表

（清）何万年（江苏长洲）

（清）何识定（江西高安）

（清）何其昌（湖北东湖）

（清）何馥堂（四川绵州）

（清）何观光（山东新城）

（清）何一凤（山东高苑）

（清）何梦瑶（广东南海）

（清）何　彬（广东开平）

（清）何玉册（辽宁盖平附丁显鸿）

（东晋）沈　宗（安徽当涂）

（唐）沈　七（浙江山阴）

（宋）沈　括（浙江钱塘）

（宋）沈　野（浙江余杭）

（明）沈景旸（江苏娄县）表

（明）沈　晟（江苏长洲）

（明）沈　启（江苏吴江）表
（明）沈起潜（江苏兴化附高燧）
（明）沈祥正（浙江海宁）
（明）沈如封（浙江石门）
（明）沈渊鉴（浙江乌程）表
（明）沈　溥（湖南沅陵）
（清）沈大至（江苏上海）
（清）沈衡章（江苏上海）表
（清）沈上章（江苏华亭）表
（清）沈张坊（江苏新阳）
（清）沈家燮（江苏如皋）表
（清）沈凤鸣（江苏如皋）
（清）沈志言（浙江仁和）
（清）沈　度（江苏钱塘附张永祚）
（清）沈绍勋（浙江钱塘）
（清）沈　良（浙江嘉兴）表
（清）沈魁英（浙江秀水）
（清）沈又彭（浙江嘉善）表
（清）沈重华（浙江乌程）
（清）沈燡燔（浙江山阴）
（清）沈义方（浙江山阴）
（清）沈　镐（浙江望江）
（清）沈兆鸿（安徽舒城附瞿东海）
（清）沈　叟（湖北崇阳附叶峙山）
（清）沈文亨（湖北安陆）
（清）沈德全（云南赵州）
（清）沈葆桢（福建侯官）
（民国）沈镜堂（四川乐山）
（汉）吕　公（山东单父）
（唐）吕知隐（江苏吴县）表

（唐）吕元芳（附娄千宝列女）

（唐）吕　才（山东清平）

（宋）吕安世（安徽旌德）表

（宋）吕齐物（湖北东湖）表

（宋）吕蒙正（河南开封）

（宋）吕夷简（河南开封附吕蒙正）

（元）吕　义（山西平定）

（元）吕　豫（山西平定附吕义）

（元）吕祖尚（安徽休宁）

（明）吕　正（安徽滁州附刘定）

（明）吕　雯（河北安州）

（明）吕　朗（河北滑县）

（清）吕之楼（江苏丹徒）

（清）吕云峰（江苏丹徒）

（清）吕　宫（江苏武进）

（清）吕钦文（江苏宜兴）表

（清）吕相烈（江苏华亭附蒋平阶）

（清）吕　申（河北清苑）

（清）吕圣公（河北大兴）

（清）吕衍高（河南新安）

（晋）余自通（江苏江宁）表

（宋）余聪声（浙江衢州）

（宋）余月心（江西吉水）表

（明）余　德（浙江遂安）

（明）余温珠（浙江遂安）表

（明）余仲宇（湖南辰谿）

（明）余敬恒（四川富顺）

（清）余肇棋（浙江遂安）

（清）余礼方（安徽舒城）

（清）余　佐（安徽黟县）

（清）余树芝（江西德兴）

（清）余愉然（河南离州）

（清）余明升（福建建宁）

（清）余执中（广东辽海）

（晋）杜不愆（安徽庐江）

（梁）杜景豪（江苏江宁）表

（唐）杜　生（河南许州）表

（唐）杜　需（四川成都）

（宋）杜　生（河南许州）

（金）杜时升（河北文安）

（元）杜　本（浙江天台）表

（明）杜　璇（浙江括苍）

（明）杜　棠（陕西三原）表

（清）杜登春（江苏华亭）

（清）杜廷球（河北南宫）

（清）杜　会（河南临漳）

（清）杜宗甫（辽宁北镇）表

（汉）宋景清（山东恩县）

（北齐）宋景业（河北广宗）表

（南唐）宋齐丘（江西广宗）

（宋）宋相士（江西庐陵）

（宋）宋花师（江西会昌）表

（元）宋尹文（江苏崇明）

（明）宋　镇（浙江海宁）

（明）宋　徽（浙江海宁附宋镇）

（明）宋之韩（河南武安）

（明）宋　宾（陕西中部）

（清）宋绍景（江苏青浦）表

（清）宋一士（江苏奉贤）

（清）宋卧云（江苏奉贤附宋一士）

（清）宋懋澄（江苏华亭）

（清）宋思仁（江苏长洲）

（清）宋景洛（浙江平湖）表

（清）宋锡兰（浙江萧山）

（清）宋琴堂（安徽宿松）表

（清）宋自应（安徽太湖）

（清）宋兆璂（江西永丰）

（清）宋蓟龄（湖南衡阳）

（清）宋之韩（山东沂州）

（清）宋殿文（河南淮阳）

（清）宋之素（湖南衡阳附宋刘龄）

（清）宋义龄（湖南衡阳附宋刘龄）

（上古）车　区（卷首附黄帝）

（唐）车　三（陕西华阴）

（清）车洪德（四川绵阳）表

（清）车载文（山西大同）

（清）车龙光（陕西凤翔附李律师）

（汉）谷　永（陕西长安）

（明）谷宗纲（浙江永嘉）表

（明）谷　滨（安徽卢江）表

（周）辛　廖（山西太原）

（宋）成　倬（广东翁源）

（梁）阮孝绪（河南尉氏附张有道）

（晋）步　熊（山东堂邑）

（明）吾　谨（浙江开化）

（明）冷　谦（湖南武陵）表

（清）束　英（安徽舒城附朱英）

（唐）冲虚子（江苏东海附徐居易）

（宋）妙应方（江山江都）

（后汉）折　象（四川雒县）

（唐）岑文本（河南棘阳）

（明）沃士彦（江苏山阳）表

（晋）汶上老人（山东泰安）

（明）均　智（河北东安附周凤）

（晋）佟一峰（辽宁北镇）表

（清）兑裕庵（山东范县）

（明）具　琳（江苏江宁）表

（明）况鹤冈（江苏武进）表

八画

（上古）炎帝神农（卷首）

（周）武　王（卷首）

（梁）武　帝（卷首）

（唐）武攸绪（山西文水）

（金）武　祯（安徽宿州）

（金）武　亢（安徽宿州）表

（元）武　弁（江苏溧水）表

（明）武鼎升（江苏金坛）

（清）武　纂（湖南武陵）

（清）武永清（湖南武陵附武纂）

（清）武济川（河北邯郸）表

（清）武之烈（察哈尔蔚州）

（唐尧）和　仲（卷首附尧陶）

（唐尧）和　叔（卷首附尧陶）

（战国）孟　子（卷首附孔子）

（汉）孟　但（卷首附孔子）

（汉）孟　喜（卷首附孔子）

（晋）孟　观（河北东光）表

（唐）孟　羽（山西永济）

（宋）孟　诊（河南开封）表

（清）孟传宝（江苏沛县）

（清）孟　　浩（安徽宜城）
（清）孟必达（山西沁州）
（清）孟昭谦（辽宁广宁）
（周）周　　公（卷首）
（周）周　　丑（卷首附孔子）
（周）周　　霸（卷首附孔子）
（周）周太史（河南淮宁）
（汉）周王孙（卷首附孔子）
（汉）周　　腾（江西南昌）表
（后汉）周　　循（四川新都附杨统）
（蜀汉）周　　群（四川阆中）
（蜀汉）周　　巨（四川阆中附周群）
（蜀汉）周　　舒（四川阆中附周群）
（魏）周　　宣（山东乐安）
（晋）周　　浚（河南安城）
（北魏）周　　恃（河北赵州附耿玄）
（唐）周　　广（江苏吴县）表
（后唐）周元豹（河北冀州）
（后蜀）周仲明（四川成都）
（宋）周碧眼（江苏溧阳）
（宋）周　　生（浙江钱塘）
（宋）周　　觉（安徽宜城）表
（宋）周　　宽（江西德兴）
（宋）周敦颐（湖南道州）
（宋）周从龙（四川成都）表
（宋）周　　琮（河南开封）表
（宋）周克明（广东南海）
（宋）周茂元（江东南海附周克明）
（宋）周　　杰（江东南海附周克明）
（元）周　　相（江苏江宁）表

73

（元）周之翰（江苏华亭）

（元）周仙客（江苏华亭）表

（元）周颐真（浙江永嘉）表

（元）周云峰（湖南道州）

（明）周永年（江苏常熟）

（明）周仲高（江苏崐山）

（明）周柯峰（江苏无锡）表

（明）周　正（江苏山阳）

（明）周　昉（江苏铜山）

（明）周　佐（江苏铜山附周昉）

（明）周　儒（江苏铜山附周昉）

（明）周　瀹（江苏铜山附周昉）

（明）周述学（浙江山阴）

（明）周　瑾（浙江诸暨）

（明）周景一（浙江临海）

（明）周必达（浙江天台）表

（明）周　望（浙江遂安）

（明）周　行（安徽盱眙）表

（明）周际可（江西进贤）表

（明）周　诏（江西上饶）

（明）周骑龙（江西卢陵）

（明）周　浩（湖南耒阳）

（明）周文质（四川资州）

（明）周中立（河北大兴）

（明）周　凤（河北东安）

（明）周　继（山东历城）

（明）周文靖（福建莆田）表

（明）周　觉（广东东莞）

（明）周大行（贵州安顺）

（清）周子谦（江苏句容）

（清）周履琨（江苏句容附周子谦）

（清）周庭嘉（江苏高淳）表

（清）周白山（江苏上海）表

（清）周象乾（江苏奉贤附徐元音）

（清）周　南（江苏奉贤附徐元音）

（清）周朴安（江苏宜兴）

（清）周　娄（江苏兴化附高燧）

（清）周宗林（浙江海宁）

（清）周　霁（浙江昌化）表

（清）周思诚（浙江临安）表

（清）周梅梁（浙江余姚）

（清）周敏求（江苏兰谿）表

（清）周登瀛（安徽太平）表

（清）周　馥（安徽建德）

（清）周懋元（安徽涡阳）表

（清）周家相（安徽来安）

（清）周应骥（江西丰城）

（清）周明五（江西贵溪）

（清）周　熙（江西广丰）表

（清）周宗仁（湖北黄安）

（清）周文焕（河北蕲水）

（清）周立潢（湖北咸丰）

（清）周紫京（湖南长沙）表

（清）周凤仪（四川永川）

（清）周景衡（四川永川）

（清）周　俨（四川涪州）

（清）周　礼（四川合州）

（清）周昌豫（四川广安）

（清）周玉伟（四川广安附周昌豫）

（清）周玉僖（四川广安附周昌豫）

（清）周亮土（河南祥府）

（清）周廷琳（山东平原）

（清）周士长（福建安溪）

（清）周汝明（山西长治）

（清）周梦菱（广东顺德）

（民国）周步瀛（河北新城）

（唐）金梁凤（河北正定）

（宋）金钩相士（浙江临安）

（宋）金楼子（河北江陵）表

（金）金宣宗帝（辽宁广宁附耶律楚材）

（元）金履祥（浙江兰谿）

（明）金鬼谷（江苏吴县）

（明）金　嘉（江苏常熟）

（明）金松隐（江苏常熟）表

（明）金　丹（浙江嘉善）

（明）金碧峰（浙江宣城）

（明）金道人（四川璧山）

（明）金　忠（河北通州）

（明）金牌道人（甘肃武都附龙正）

（清）金文照（江苏奉贤附徐元普）

（清）金　兰（江苏阜宁）

（清）金文华（浙江鄞县附僧如玉）

（清）金　光（浙江义乌）

（清）金　马（安徽潜山）

（清）金　铎（安徽全椒）

（清）金道人（江西南昌）

（清）金士升（江西清江）

（清）金　鹏（湖北汉阳）

（清）金大煜（四川南川）

（清）金孝廉（河北大兴）

（清）金景珠（河南确山）
（清）金世鉴（辽宁铁岭）
（宋）林君奇（浙江温州）
（宋）林　霆（福建闽县）
（宋）林　霆（福建莆田）
（宋）林碧鉴（江西吉水）
（元）林璧卿（福建莆田）表
（元）林雷龙（福建仙游）
（明）林益道（浙江黄岩）表
（明）林　翘（安徽全椒）
（明）林存祥（福建龙溪）
（明）林廷擢（福建长泰）
（明）林　浤（福建建安）
（明）林　广（广东文昌）
（清）林　森（福建蜀县）
（清）林　翁（江苏清河）
（清）林桂枝（江苏宝应）
（清）林　澜（浙江钱塘）
（清）林心月（浙江黄岩）
（清）林乔材（福建古田）表
（清）林蒙亨（福建仙游）
（清）林　乾（福建安溪）表
（清）林贵远（福建建宁）表
（民国）林学衡（福建闽县）
（清）林　蒲（广东东莞）
（清）林启燊（广东罗定）
（清）林士者（广东文昌）
（唐）丘延翰（山西闻善）
（宋）丘　濬（安徽黟县）
（宋）丘公亮（江西南丰）表

（宋）丘　崇（福建晋江）表

（明）丘良仁（浙江台州）

（明）丘宏道（江西雩部）

（明）丘　耀（甘肃镇番）

（清）丘振声（江苏吴县）

（清）丘佐周（江西瑞金）表

（唐）邵庭监（江西赣县）表

（宋）邵彦和（江苏东海附徐道符）

（宋）邵　雍（河南洛阳）

（宋）邵伯温（河南洛阳附邵雍）

（清）邵曰洙（江苏窦山）表

（清）邵一庵（江苏武进）

（清）邵嗣尧（陕西郁阳）

（汉）服　生（卷首附孔子）

（明）季春煦（江苏丰县）

（明）季　本（浙江山阴）

（明）季　董（浙江龙泉）

（明）季宗舒（江西南昌）表

（清）季全仁（江苏泰兴）表

（清）季友贤（安徽合肥）

（宋）岳　珂（河南汤阴）

（清）岳所钟（河南中牟）

（清）岳明堂（安徽太和）表

（唐）苗夫人（山西壶关列女）

（宋）苗光义（山西潞城）

（宋）苗　训（山西永济）

（宋）苗守信（山西永济附苗训）

（宋）苗昌裔（河南开封）表

（北魏）屈　拔（辽宁徒河）

（明）屈　亨（湖北京山）

（清）屈元爔（浙江石门）

（清）屈天若（广东新会）表

（清）屈　杰（广东新会）

（唐）阿　畇（云南马龙）

（元）阿　荣（河北大兴）

（元）阿锡贡（新疆迪化）

（清）阿　吉（云南中甸）

（汉）青牛先生（陕西长安）表

（宋）青城老人（四川成都）表

（汉）东方朔（山东厌次）

（元）东谷子（浙江嘉兴）

（周）姑布子（山西太原）

（汉）京　房（河南滑县）

（隋）来　和（陕西长安）

（隋）明克让（山东平原）

（周）叔　服（河南洛阳）

（吴）尚　广（江苏江宁）

（唐）尚献甫（河南汲县）

（唐）房安禹（河南开封）表

（隋）呼拉布（辽宁辽阳）

（南燕）宗正谦（山东曹县）表

（宋）牧羊子（浙江乌程）表

（清）牧犊翁（河北灵寿）

（元）易　镜（四川成都）

（明）底　义（河南考城）

（明）卓晚春（福建平和）

（明）味元子（江苏丹阳）

（明）居文堂（安徽祁门）表

（清）祁　项（山西高平）

（清）杭辛斋（浙江海宁）

（清）定永桂（湖北沔阳）

（元）松　山（四川成都附易镜）

（清）松山人（浙江钱塘）

九画

（夏）禹　王（卷首）

（春秋）即墨成（卷首附孔子）

（隋）侯　生（山西荣河）

（清）侯　敞（江苏上海）

（清）侯宝一（江苏上海附侯敞）

（清）侯孔释（江苏上海）表

（清）侯　泓（江苏嘉定）

（清）侯朋元（四川南充）表

（清）侯于蓟（四川营田）

（清）侯静远（河北长垣）

（唐）邢和璞（河北河间）

（宋）邢　敦（河南杞县）

（明）邢　量（江苏长洲）

（明）邢元恺（浙江嵊县）表

（明）邢　让（河北清苑附胡宗）

（明）邢修业（山东清平）

（清）邢　昉（江苏高淳附吴古怀）

（清）邢步峦（安徽无为）

（清）邢崇阳（辽宁蓝平）

（前蜀）胡秀林（四川成都）表

（南汉）胡万顷（广东南海）

（后蜀）胡　韫（四川成都）表

（唐）胡卢生（河南洛阳）

（唐）胡芦生（陕西长安）表

（后唐）胡　恬（湖北安陆）表

（宋）胡舜生（江苏吴县）

（宋）胡从正（江苏兴国）

（宋）胡矮仙（江西宁都）表

（宋）胡　广（四川成都）

（宋）胡易鉴（河南开封）

（金）胡德新（河南南阳）

（元）胡　珙（浙江鄞县）表

（元）胡振卿（浙江天台）

（元）胡一桂（江西婺源）

（元）胡方平（江西婺源附胡一桂）

（明）胡静吾（江苏皇宁）表

（明）胡　斋（浙江嘉善）

（明）胡日章（浙江海盐）

（明）胡懋叔（浙江海盐）表

（明）胡　宏（浙江鄞县）

（明）胡朝礼（安徽黟县）

（明）胡女士（浙江黟县附胡朝礼）

（明）胡　俨（江西南昌）

（明）胡映日（江西南丰）

（明）胡献忠（江西婺源）

（明）胡　宗（河北清苑）

（明）胡学礼（贵州婺川）

（清）胡泌水（江苏溧阳）

（清）胡承高（江苏丹阳）表

（清）胡聿田（江苏上海）

（清）胡粹纯（江苏泗阳）

（清）胡　琦（江苏阜宁）表

（清）胡　焜（浙江山阴）表

（清）胡　辰（浙江宁海）表

（清）胡光龙（浙江宁海）表

（清）胡之珏（浙江宁海）表

（清）胡遵昭（安徽当涂）

（清）胡必龄（江西广丰）

（清）胡　艺（江西永丰）表

（清）胡邦达（江西婺源）

（清）胡星煌（江西义宁）

（清）胡秋根（湖北沔阳）表

（清）胡昌才（湖北蕲州）

（清）胡元静（湖北宜城）

（清）胡统虞（湖南武陵）

（清）胡泰征（江苏华亭附蒋平阶）

（清）胡明襄（河南光州附吴续）

（清）胡　煦（河南光山）

（清）胡官礼（云南南宁）

（后汉）姜　肱（江苏浦县）

（清）姜可正（江苏丹阳）

（清）姜　易（江苏上海）表

（清）姜书钦（江苏宝城）

（清）姜　垚（江苏华亭附蒋平阶）

（清）姜尚周（安徽贵池）表

（清）姜　高（四川绵州）

（清）姜云祥（辽宁盖平）表

（清）姜乐园（辽宁海城）

（清）姜永德（吉林双城）

（晋）姚　信（浙江乌程）表

（宋）姚　宽（浙江嵊县）

（明）姚广孝（江苏长洲方外）

（明）姚巽之（浙江仁和）表

（明）姚世勋（浙江平湖）

（清）姚承□（江苏六合）

（清）姚功立（江苏如皋）

（清）姚铭三（浙江桐乡附朱尊）

（清）姚承舆（浙江归安）

（清）姚文田（浙江归安）

（清）姚　典（江西贵溪）

（清）姚希伯（湖北黄冈）表

（清）姚本沔（湖北黄冈）表

（清）姚华瓒（湖南东安）

（清）姚宝善（甘肃皋兰）

（晋）柳休祖（河南洛阳）表

（南齐）柳世南（山西解州）

（北周）柳　敏（山西解州）

（元）柳　贯（江苏沛江）

（明）柳逢阳（云南易门）

（明）柳华岳（江苏吴县）表

（清）柳君行（江苏常熟）表

（清）柳栖霞（江西宜春）

（清）柳尔焕（湖南长沙）

（汉）施　雠（卷首附孔子）

（汉）施　延（安徽凤阳）

（明）施文会（江苏崇明）

（明）施仲达（江苏无锡）

（明）施　侃（浙江归安）

（清）施　伟（江苏高淳）

（清）施不矜（江苏上海）表

（清）施彦士（江苏崇明）

（清）施　源（江苏吴县）

（清）施御风（江苏无锡附蔡兴偕）

（清）施　参（安徽泾县）

（清）施　斌（安徽泾县附施参）

（清）施　晟（四川涪州）

83

（清）施　诰（河北临榆）

（清）施瑚琏（福建同安）

（清）施通一（广东鹤山）

（周）范　蠡（浙江仁和）

（汉）范　冉（江苏沛县）

（晋）范　隆（山西代州）

（唐）范越凤（浙江缙云）

（唐）范阳山人（河北涿州）

（唐）范希朝（陕西长安）表

（宋）范　畴（江苏吴县）

（宋）范居中（浙江钱塘）

（宋）范　儒（浙江钱塘附范居中）

（宋）范思齐（四川成都）

（明）范从烈（江苏华亭）

（明）范从勋（江苏华亭附范从烈）

（明）范守已（河南禹州附张翼）

（清）范　骙（浙江海临）

（清）范安国（浙江秀水）表

（清）范时行（浙江德清）

（清）范　峻（山东沾化）

（清）范宜宾（辽宁沈阳）

（清）皇甫嵩真（河南洛阳）

（北齐）皇甫玉（山西朔州）

（宋）皇甫坦（湖北江夏）

（明）皇甫焯（江苏吴江）

（明）皇甫仲和（察哈尔万全）

（宋）俞　直（江西玉山）

（元）俞竹心（浙江庆元）

（明）俞　寰（江苏上海）

（明）俞　瑶（浙江海盐）表

（明）俞文源（江西修水）表

（清）俞之壑（江苏句容）

（清）俞宗海（江苏上海）表

（清）俞朝宗（江苏上海）表

（清）俞　坚（江苏太仓）

（清）俞　琳（江苏太仓附俞坚）

（清）俞归璞（江苏吴县）

（清）俞　樾（浙江德清）

（清）俞正燮（安徽黟县）

（清）俞棣辉（江西广丰）表

（宋）洪德风（安徽广德）表

（宋）洪　迈（江西鄱阳）

（明）洪善祖（安徽歙县）表

（明）洪　莲（河北东安附周凤）

（清）洪世楷（江苏石门）

（清）洪腾蛟（江西婺源）

（清）洪伯寿（福建马巷）

（清）洪潮和（福建同安）

（清）洪彬海（福建同安附洪潮和）

（明）纪克扬（河北文安）

（清）纪大奎（江西临州）

（清）纪法程（山东茌平）

（清）纪　昭（河北献县）

（后汉）段　翳（四川成都）表

（清）段　长（湖北卢龙）表

（清）段巘生（湖南常宁）

（清）段文雅（四川广安）

（清）段神仙（山西翼城）表

（清）段　絜（云南安宁）

（明）查克元（江西浮渠）表

（明）查大宾（江西婺源）表

（清）查书翰（江苏青浦）

（明）柯　佩（江西万年）

（明）柯　望（广东海阳）

（清）柯达峰（江苏长洲）表

（清）柯仲炯（河北保定附王正中）

（后汉）郎　宗（山东安丘）

（后汉）郎　顗（山东安丘附郎宗）

（元）郎庆和（江西德兴）表

（辽）耶律乙不哥（辽宁绥中）

（辽）耶律屯（辽宁广宁）

（辽）耶律倍（辽宁广宁）

（辽）耶律楚材（辽宁北镇）

（秦）南　公（湖北江陵）

（汉）洛下闳（四川阆中）

（汉）郅　恽（河南西平）

（魏）爰　邵（河南洛阳）

（晋）星　人（四川成都）

（北齐）信都芳（河北献县）

（唐）垣下生（陕西长安）表

（明）柴定向（陕西泾阳）

（清）柴绍炳（浙江仁和）

（清）相　枚（江苏华亭）

（清）昝晚讷（安徽怀宁）

（清）茹　桂（山西沁州）

（清）英　年（河北大兴）

（清）柏松年（广东昌化）

（清）恒　裕（吉林长春）

（清）春秋笔（江西上饶）

（宋）种　放（山东益都附李之才）

（梁）宣修容（江苏江宁）表

十画

（汉）高祖帝（卷首）

（汉）高　相（江苏沛县）

（汉）高　康（江苏沛县附高相）

（汉）高　获（河南新息）

（晋）高堂隆（山东泰安）表

（北魏）高　允（河北长州）

（北魏）高道埏（河北赵州附耿玄）

（北魏）高日光（河北赵州附耿玄）

（北魏）高崇祖（山西恒州）

（北魏）高谦之（辽宁辽阳）

（唐）高　定（河南卫州）

（唐）高士廉（陕西长安）表

（宋）高宗帝（卷首）

（宋）高元善（江西卢陵）

（金）高仲振（吉林宁安）

（元）高侗（陕西高陵）

（明）高　燧（江苏兴化）

（明）高　岳（浙江嘉兴）表

（明）高　凤（福建闽县）

（明）高平川（福建永安）

（清）高宗帝（卷首）

（清）高鼎玉（江苏华亭）

（清）高　枢（江苏上海）表

（清）高述夫（江苏无锡）表

（清）高　昙（江苏桃源）

（清）高踊骈（江苏宿迁）

（清）高士奇（浙江钱塘）

（清）高序奎（湖北黄冈）

（清）高人鉴（湖南衡阳）

（清）高激扬（河北南乐）

（清）高　岚（河北景州）

（清）高德亮（河北邯郸）

（清）高思禹（山东昌乐）表

（清）高连魁（山东昌乐）表

（清）高培廉（山东昌乐）表

（清）高　桢（陕西米脂）

（清）高　徽（云南石屏）表

（清）高其倬（辽宁满洲）

（民国）高士林（河北完县）

（后汉）袁　艮（河南汝阳）

（后汉）袁满来（河南汝阳）

（隋）袁　充（河南太康）

（唐）袁天纲（四川成都）

（唐）袁客师（四川成都）

（唐）袁隐居（湖南长沙）

（宋）袁大韬（浙江山阴）表

（宋）袁　溉（安徽合肥）

（宋）袁　滋（四川富顺附薛翁）

（宋）袁惟正（四川阆中方外）

（元）袁　颢（安徽嘉兴）

（元）袁思义（陕西泾阳）

（明）袁景休（江苏长洲）

（明）袁　黄（江苏吴江）

（明）袁观海（江苏无锡）

（明）袁舜臣（江苏江阴）

（明）袁杞山（浙江嘉善附胡）

（明）袁　珙（浙江鄞县）

（明）袁忠彻（浙江鄞县）

（明）袁永基（河南汝阳）
（清）袁　桢（江苏丹徒）表
（清）袁　钺（江苏元和）
（清）袁永信（江苏常熟）
（清）袁学孔（江苏江都）
（清）袁洪范（江苏江都附袁学孔）
（清）袁承裕（湖南石门）
（清）袁绳武（河北沧州）
（清）袁　泉（山东齐河）
（清）袁尔梅（山西凤台）
（清）袁文桂（广东东莞）
（晋）徐　广（江苏丹徒）
（南齐）徐伯珍（浙江龙游）
（后魏）徐　路（河北容城）
（后晋）徐幼文（河南洛阳）
（宋）徐仲坚（江苏仪征）
（唐）徐居易（江苏东海）
（宋）徐彦升（江苏东海附徐居易）
（宋）徐道符（江苏东海）
（宋）徐渭礼（浙江钱塘）表
（宋）徐　复（浙江钱塘）
（宋）徐大升（浙江钱塘）
（宋）徐镜斋（浙江钱塘）
（宋）徐吉甫（浙江会稽）
（宋）徐端叔（安徽歙县）
（宋）徐仁旺（江西上饶）
（宋）徐次宾（湖南泸溪）
（元）徐仲达（浙江天台）
（元）徐　贵（山西陵川）
（明）徐　阶（江苏华亭）

（明）徐守中（江苏华亭）表
（明）徐有贞（江苏吴县）表
（明）徐　忠（江苏常熟）
（明）徐景容（江苏常熟附徐忠）
（明）徐　朐（江苏常熟附徐忠）
（明）徐　坚（江苏常熟附徐忠）
（明）徐　佐（江苏常熟附徐忠）
（明）徐　仪（江苏常熟附徐忠）
（明）徐师曾（江苏吴江）
（明）徐柏龄（浙江嘉兴）
（明）徐　均（浙江海盐）
（明）徐　琪（浙江西安）表
（明）徐体乾（安徽巢县）
（明）徐光代（安徽太和）
（明）徐善继（江西德兴）
（明）徐善述（江西德兴附徐善继）
（明）徐元吉（湖南临湘）
（明）徐　鸾（四川开县）
（明）徐之谟（福建建阳）
（明）徐宰六（贵州铜仁）
（清）徐良钰（江苏华亭）
（清）徐洪高（江苏华亭）
（清）徐以仁（江苏华亭）
（清）徐　杰（江苏青浦）
（清）徐　棠（江苏青浦）表
（清）徐元音（江苏奉贤）
（清）徐懋荣（江苏吴县）
（清）徐永铭（江苏吴县附徐懋荣）
（清）徐大衍（江苏吴县附徐懋荣）
（清）徐永镇（江苏吴县附徐懋荣）

（清）徐玉昭（江苏吴县附陆钧）
（徐）徐三雅（江苏泗阳附徐懋荣）
（清）徐　瑯（浙江临安）
（清）徐趾生（浙江嘉兴）
（徐）徐芝庭（安徽海盐附张心言）
（清）徐庚申（浙江石门）表
（清）徐念祖（浙江桐乡）
（清）徐　端（浙江德清）
（清）徐　泳（浙江东阳）表
（清）徐子苓（安徽合肥）
（清）徐　墉（安徽舒城）表
（清）徐登云（安徽无为）
（清）徐德镛（安徽无为附徐登云）
（清）徐　卓（安徽休宁）
（清）徐寿山（江西南昌）表
（清）徐习功（湖北黄冈）
（清）徐文源（湖南邵阳）
（清）徐隽甲（湖北威县）
（清）徐元吉（山东平原）
（清）徐光第（河南祥符）
（清）徐一奎（甘肃皋兰）
（清）徐家瑄（福建建宁）
（清）徐启隆（广东长乐）
（清）徐尔寿（察哈尔蔚州）
（后汉）马　融（陕西茂陵）
（隋）马　光（河南武安）
（唐）马　生（浙江东阳）表
（唐）马禄师（陕西武功）
（后唐）马处谦（湖北安陆）表
（后唐）马重绩（山西太原）

（宋）马　亮（安徽合肥）

（宋）马　韶（河北赵州）

（宋）马端临（山西乐平）

（金）马天来（山西介休）表

（明）马　轼（江苏嘉定）

（明）马天用（江苏昭文）

（明）马　九（浙江余姚）表

（明）马蓬瀛（河北昌黎列女）

（明）马尚宾（陕西三原）

（明）马神仙（陕西乾州）

（清）马进之（江苏上海）

（清）马　严（江苏上海）

（清）马斯才（江苏上海）

（清）马文植（江苏武进）

（清）马　治（江苏无锡）

（清）马守愚（安徽怀宁）

（清）马文秀（湖北长阳）

（清）马广谏（湖南永兴）

（清）马元榜（四川德阳）

（清）马茂才（四川绵州）

（清）马金西（河北深州）

（清）马素咸（山东阳信）表

（清）马百良（云南寻甸）

（清）马文贵（辽宁盖平附于葆中）

（春秋）孙　虞（卷首附孔子）

（汉）孙　宾（陕西长安）

（吴）孙　辅（江西卢陵附刘惇）

（北魏）孙　绍（河北昌象）

（六朝）孙僧化（山东东莞）

（唐）孙　晤（浙江建德）

（唐）孙　生（浙江建德）

（前蜀）孙　雄（四川夹江）

（宋）孙守荣（浙江富阳）

（唐）孙思邈（陕西华原）

（唐）孙世南（江西宁都）表

（宋）孙守中（四川临邛）表

（宋）孙　黯（河南开封）

（元）孙德昭（江苏华亭）表

（明）孙　怡（江苏江宁）表

（明）孙绍先（江苏无锡）表

（明）孙　升（浙江余姚）表

（明）孙　侃（安徽巢县）表

（明）孙一献（安徽滁州）表

（明）孙景耀（江西泸溪）

（明）孙伯刚（江西宁都）表

（明）孙孝本（洒浙宛平）

（清）孙守勋（江苏句容）

（清）孙苐棠（江苏吴县）表

（清）孙家驹（江苏泗阳附胡粹纯）

（清）孙　文（浙江会稽）

（清）孙光恳（浙江余姚）

（清）孙希旦（浙江瑞安）

（清）孙衣言（浙江瑞安）

（清）孙　蒙（安徽黟县）

（清）孙翼祖（安徽寿州）

（清）孙性存（山东寿张）

（清）孙尔周（山东昌乐）表

（清）孙梦祥（山西太平）

（清）孙　智（河北霸州）

（清）孙　译（湖北任丘）

（清）孙溯洇（河南淮宁）

（清）孙步云（辽宁盖平）

（明）倪　光（江苏鄞县）

（明）倪以端（浙江遂安）表

（明）倪　凯（浙江遂安）表

（明）倪　忠（浙江遂安）表

（明）倪元宾（浙江遂安）表

（明）倪以善（浙江遂安）表

（清）倪荣桂（江苏无锡）

（清）倪我端（浙江嘉兴）

（清）倪　正（安徽宣城）表

（清）倪象惇（四川威远）

（清）倪廷策（四川峡川）表

（清）倪上述（河北乐亭）表

（上古）夏禹王（卷首）

（唐）夏　荣（安徽宜城）

（唐）夏侯端（安徽寿州）

（唐）夏侯生（云南广南）

（宋）夏巨源（浙江临安）

（宋）夏　竦（江西德安）

（明）夏　升（江苏盐城）

（明）夏　泉（江西南城）

（明）夏洞源（江西分宜）

（清）夏和元（江苏上元）

（清）夏爱棠（江苏高淳）

（清）夏时用（江苏江阴）

（清）夏　鼎（浙江平湖）表

（清）夏　声（浙江上虞）

（清）夏炳南（安徽寿州）

（清）夏正邦（贵州湄潭）

（战国）秦越人（河北河间）

（唐）秦　䂍（广西柳州）

（唐）秦　调（甘肃天水）

（明）秦晓山（江苏江都）表

（明）秦　潮（河南汝阳）

（清）秦承业（江苏江宁）

（清）秦士钥（江苏无锡）

（清）秦　坚（安徽合肥）

（清）秦陆海（河北庆云）

（元）祝　泌（江西德兴）

（元）祝　泰（江西义宁）

（明）祝　懿（江苏娄县）

（明）祝宗元（浙江衢州）

（明）祝仲阳（江西德兴）

（清）祝懋正（浙江钱塘）表

（清）祝启丰（河南国乡）表

（清）祝　畴（福建浦城）

（汉）唐　都（陕西夏阳附司马谈）

（汉）唐　举（河南祥符）

（后汉）唐　檀（江西南昌）

（北魏）唐　文（陕西万年）

（唐）唐彬茂（山西太原）表

（明）唐　寅（江苏吴县）

（明）唐顺之（江苏武进）

（明）唐古风（江苏无锡）表

（明）唐　肃（浙江新登）

（清）唐绥祖（江苏江都）

（清）唐兆麟（江苏句容）

（清）唐本铨（江苏武进）表

（清）唐天木（湖南攸县）

（清）唐文锦（四川合州）
（刘宋）韦　叟（江苏武进）
　　（隋）韦　鼎（陕西杜陵）
　　（唐）韦　颛（陕西万年）
　　（唐）韦夏卿（陕西万年）
　　（金）郝大通（浙江宁海）
　　（元）郝　升（陕西长安）
　　（清）郝继堡（安徽怀宁）
　　（清）郝乐天（辽宁庄河附冯华国）
（北魏）祖　纤（山西安邑）
（北齐）祖　珽（河北涿州）
（上古）容　成（卷首附黄帝）
（北魏）耿　玄（河北赵州）
　　（宋）耿听声（浙江钱塘）表
　　（清）耿昭忠（辽宁盖平）
　　（宋）凌福之（江苏东海附徐道符）
　　（元）凌恒达（浙江嘉兴）
　　（清）凌吉人（江苏上海附盛钧）
　　（清）凌　堃（浙江归安）
　　（汉）殷　馗（辽宁辽阳）表
（后魏）殷　绍（河北冀州）
　　（唐）殷九霞（四川灌县方外）
　　（唐）桑道茂（陕西同州）
　　（清）桑既白（江苏吴县附徐懋荣）
　　（晋）索　紞（甘肃敦煌）
（前凉）索　袭（甘肃敦煌）
　　（明）毕宗羲（河南洛阳）
　　（清）毕世持（江苏华亭附蒋平阶）
　　（清）毕山人（云南石屏）
　　（明）连惟深（福建德化）表

（清）连卓琛（广东长乐）

（宋）涂内明（江西吉水）表

（清）涂建日（江西安义）

（后魏）晁　崇（辽宁襄平）

（宋）晁说之（山西夏县附司马光）

（宋）晁以道（浙江奉化）表

（清）时　铭（江苏嘉定）

（清）时　宁（江苏仪真）表

（北齐）荆次德（河北广宗附宋景业）表

（宋）荆大声（江苏江都）

（元）荆先生（山西凤台附李俊）

（春秋）师　旷（山西太原）

（晋）师　圭（江西鄱阳）

（春秋）裨　灶（河南郑州）

（汉）郤　巡（河南淮宁）

（隋）班　固（陕西安陵）

（南齐）荀伯玉（江苏广陵）

（宋）掌禹锡（河南郾城）

（元）党士善（山西榆次）

（明）真　中（察哈尔蔚州）

（清）真传元（江苏丹徒）

（清）真正培（江苏丹徒附真传元）

（明）浦心韦（湖北蕲忖州）

（明）奚月川（安徽太平）表

（明）展　毓（湖北大兴）

（明）敖　山（山东莘县）

（清）席应珍（江苏长州附姚广孝）

（清）席上锦（湖南东安）表

（清）晏寅清（四川会理）

（清）衷化远（江西万安）

（清）浙　士（河北清苑）

（清）海　痴（江苏宝山附陈艮）

（宋）桃文烈（湖北江陵）表

（清）桂继攀（河南汝阳）

十一画

（唐）尧陶唐氏（卷首）

（后汉）陈芳庆（四川峨眉）

（晋）陈　训（安徽和州）

（东晋）陈　晃（江苏江宁）表

（梁）陈　冕（江苏江宁）表

（北齐）陈　昭（河南临漳）表

（唐）陈　昭（浙江金华）表

（南汉）陈代仁（广东连州）表

（宋）陈际叔（浙江黄岩）

（宋）陈独步（浙江永嘉）表

（宋）陈执中（江西南昌）

（宋）陈　揭（江西临川）

（宋）陈同甫（江西婺源）

（宋）陈　纯（四川成都）

（宋）陈　彦（河南开封）

（宋）陈预知（河南开封）表

（宋）陈　抟（河南真源）

（宋）陈　朗（福建德化）

（元）陈梅湖（江苏环阳）

（元）陈　润（浙江奉化列女）

（元）陈应润（浙江大台）

（元）陈相心（浙江温州）

（元）陈云平（浙江乐清）

（元）陈雷山（徽州绩溪）

（明）陈　遇（江苏上元）

（明）陈允昌（江苏丹徒）

（明）陈　鲲（江苏娄县）

（明）陈三省（江苏娄县附陈鲲）

（明）陈　杰（江苏娄县附陈鲲）

（明）陈　让（江苏吴县）表

（明）陈　钥（江苏长洲）表

（明）陈君佐（江苏江都）

（明）陈　昂（浙江仁和）

（明）陈茂礼（浙江慈谿）

（明）陈子盛（浙江平阳）表

（明）陈伯齐（安徽祁门）表

（明）陈嘉宪（安徽祁门）

（明）陈　纪（江西南昌）

（明）陈继宋（江西上高）

（明）陈文显（江西上高附陈继宗）

（明）陈其锦（江西上高附陈继宗）

（明）陈士元（湖北应城）

（明）陈　俊（湖北翼州）

（明）陈　汉（河北冀州附陈俊）

（明）陈　鲁（山西高平）表

（明）陈善言（山西沁州）表

（明）陈　清（河南仪封）

（明）陈周史（河南永宁）

（明）陈　昂（福建莆田）

（明）陈士胄（福建同安）表

（明）陈邦修（文本临桂）

（清）陈茂桐（江苏上元）

（清）陈克修（江苏丹徒）

（清）陈厚宽（江苏句容）

（清）陈思鲁（江苏上海）

（清）陈　升（江苏上海附莫树埥）
（清）陈行人（江苏上海）表
（清）陈祖欣（江苏上海）表
（清）陈继鲁（江苏上海附陈思鲁）
（清）陈泽泰（江苏华亭）
（清）陈明远（江苏华亭）表
（清）陈希尹（江苏青浦）表
（清）陈大林（江苏奉贤附宋一世）
（清）陈　瑚（江苏太仓）
（清）陈　艮（江苏宝山）
（清）陈三恪（江苏常熟）
（清）陈达夫（江苏泰兴）
（清）陈我白（江苏江都）表
（清）陈素村（江苏江都）
（清）陈之遴（浙江海宁）
（清）陈　诜（浙江海宁）
（清）陈虚舟（浙江平湖）表
（清）陈昌泗（浙江鄞县）
（清）陈柳愚（安徽桐城）表
（清）陈云凤（浙江德清）
（清）陈　生（浙江萧山）表
（清）陈光瑞（浙江开化）
（清）陈光尧（浙江开化附陈光瑞）
（清）陈世镕（安徽怀远）
（清）陈夏声（安徽巢县）
（清）陈　雯（安徽新安）
（清）陈岐业（安徽寿州）
（清）陈兆鹏（安徽来安）
（清）陈宗禄（江西永新）
（清）陈鸿川（江西宗义）

（清）陈锡周（江西德兴）
（清）陈鹿章（江西靖安）
（清）陈　钊（江西义宁）
（清）陈辅公（湖北石首）表
（清）陈嘉润（湖北崇阳）表
（清）陈鹏年（湖南湘潭）
（清）陈怀玉（四川营山）
（清）陈子昂（四川射洪）
（清）陈源长（山东新城）
（清）陈　毅（山西辽州）表
（清）陈仲谦（山西临晋）表
（清）陈备恪（陕西宝鸡）
（清）陈翊运（甘肃天水）
（清）陈　清（甘肃张掖）
（清）陈志炳（甘肃山丹）
（清）陈逢尧（福建霞浦）
（清）陈应选（广东番禺）
（清）陈仲良（广东番禺）
（清）陈　寿（广东顺德）
（清）陈元力（广东新会）
（清）陈士彬（广东福定）表
（清）陈五云（广东福定）
（清）陈志灿（广东昌化）
（清）陈晃彪（广东昌化）表
（清）陈宏谋（广西临桂）
（清）陈文藻（云南通海）
（清）陈砺才（云南镇南）
（清）陈世隆（辽宁义县）
（清）陈真如（宁夏宁夏方外）
（汉）张　良（河南新郑）

（汉）张仲蔚（陕西平陵）

（汉）张　禹（陕西莲久）

（后汉）张　遐（江西余千）

（后汉）张　衡（河南西鄂）

（后汉）张巨君（河南平兴附许曼）

（蜀汉）张　裕（四川成都）

（魏）张囧母（河北邯郸）表

（晋）张　华（河北方城）

（晋）张　𨑋（河北方城附张华）

（晋）张　秀（甘肃西固）

（北魏）张　御（河北定州附李先）

（北魏）张　裕（河北清河附魏道虎）

（北齐）张子信（河南河内）

（五代）张　蒙（陕西岐州）表

（梁）张有道（河南尉氏附阮孝绪）

（隋）张永乐（陕西武乡附杨伯丑）

（隋）张　宾（陕西长安）表

（隋）张胄元（河北景州）

（唐）张五郎（浙江缙云）表

（唐）张　猷（河北江陵）

（唐）张道古（四川温州）

（唐）张　果（山西恒州）

（唐）张　諲（河南洛阳）

（唐）张　约（陕西长安）表

（唐）张初雒（陕西长安）

（唐）张憬藏（河南许州）

（宋）张登仕（江苏溧阳）表

（宋）张九万（浙江钱塘）表

（宋）张九午（江苏吴县附范畴）

（宋）张　介（浙江钱塘）

（宋）张鬼灵（浙江衢州）
（宋）张　允（浙江金华）表
（宋）张五星（浙江永嘉）表
（宋）张神鉴（浙江永嘉）表
（宋）张宗昌（浙江括苍）
（宋）张元显（浙江括苍）
（宋）张　扩（安徽歙县）表
（宋）张汝明（江西临川附陈揭）
（宋）张相士（江西婺源）
（宋）张　尉（江西婺源）
（宋）张岩电（四川成都）
（宋）张　煦（四川绵州）
（宋）张　栻（四川绵竹）
（宋）张行成（四川昭化）
（宋）张　昭（山东范县）
（宋）张　咏（山东益都附传霖）
（宋）张宗海（山西代州）
（宋）张虚白（河南邓州）
（宋）张　衍（陕西长安）
（宋）张　载（陕西郿县）
（宋）张谦光（广东三水）
（金）张行简（山东日照）
（元）张德元（浙江山阴）
（元）张去非（浙江东阳）
（元）张　庸（浙江温州）
（元）张梦庚（浙江松阳）
（元）张月梅（江西金谿）
（元）张留孙（江西贵溪方外）
（元）张　理（江西清江）
（元）张　康（湖南湘潭）

（元）张明远（山东章丘）表

（元）张公直（山东长山）

（元）张庭瑞（热河承德）

（元）张文谦（河北沙河）

（明）张　田（江苏丹阳）

（明）张　谊（江苏青浦）

（明）张希骞（江苏青浦）

（明）张凤翼（江苏长洲）

（明）张敏政（江苏常熟）表

（明）张正道（江苏武进）表

（明）张　素（江苏山阳）

（明）张　翱（浙江仁和）

（明）张　仑（浙江仁和）表

（明）张惠生（浙江海宁附沈祥正）

（明）张景岳（浙江山阴）

（明）张太极（浙江龙泉）

（明）张宗道（安徽祁门附汪仕周）

（明）张宗汉（安徽贵池）

（明）张　储（江西新建）

（明）张　楠（江西临川）

（明）张　中（江西临川）

（明）张思问（江西湖口）

（明）张竺庵（湖北京山）表

（明）张华清（湖北长乐）

（明）张汉卿（四川成都）

（明）张　绅（河北宁津）

（明）张九一（河北沪安附梅如玉）

（明）张可寿（山东章丘）

（明）张希儒（山东阳信）

（明）张继业（山东平阴）

（明）张宗鲁（河南禹州）
（明）张　冀（河南禹州）
（明）张若星（河南西华）
（明）张应斗（河南伊阳）
（明）张　儒（河南上蔡）
（明）张曰炳（陕西同州）
（明）张　铭（甘肃安定）
（明）张士楷（福建龙溪）
（明）张时杰（福建建宁）
（明）张　萱（广东博罗）
（明）张神卜（云南寻甸）
（明）张三丰（贵州平越方外）
（明）张太虚（贵州仁怀）
（明）张怀阳（贵州黄平）
（清）张誉星（江苏丹徒）
（明）张　崟（江苏丹徒）
（清）张　韶（江苏高淳）
（清）张仲馨（江苏丹阳）表
（清）张　鼎（江苏丹阳附朱圻）
（清）张莱娱（江苏丹阳）表
（清）张九仪（江苏丹阳附丁廷杰）
（清）张学宽（江苏上海）表
（清）张梦松（江苏上海）
（清）张采文（江苏上海附盛钧）
（清）张文彪（江苏上海）
（清）张维纲（江苏上海）表
（清）张受祺（江苏华亭）
（清）张文虎（江苏南汇）
（清）张　屯（江苏娄县列女）
（清）张惠泉（江苏奉贤附宋一十）

（清）张　旭（江苏宝山）
（清）张元治（江苏宝山）
（清）张世宝（江苏吴县）表
（清）张春山（江苏长洲）
（清）张锡祚（江苏武进）
（清）张惠言（江苏如皋）
（清）张云英（江苏武进）
（清）张云瞻（江苏无锡）表
（清）张　烜（江苏如皋）
（清）张丽金（浙江仁和）
（清）张水祚（浙江钱塘）
（清）张惠生（浙江海宁附沈祥正）
（清）张菊人（浙江嘉兴）表
（清）张纯照（浙江秀水）
（清）张心言（浙江海盐）
（清）张宿之（浙江桐乡）
（清）张　捷（浙江象山）表
（清）张凌云（浙江象山）表
（清）张凤藻（浙江建德）
（清）张官德（浙江寿昌）
（清）张绍照（浙江丽水）表
（清）张裕业（安徽桐城）
（清）张　斌（安徽桐城）表
（清）张祖房（安徽新安）
（清）张　轮（安徽贵池）
（清）张腾光（安徽休宁）表
（清）张允恭（安徽来安）
（清）张昌贵（江西瑞昌）
（清）张　宿（江西德兴附王朝元）
（清）张土旺（江西婺源）

（清）张利川（湖北黄冈）

（清）张凤鸣（湖北黄冈）

（清）张芝玉（湖北襄阳）表

（清）张心恒（湖南华容）

（清）张易微（四川绵竹）

（清）张友三（河北庆云附秦陆海）

（清）张严岭（河北庆云附秦陆海）

（清）张之洞（广东开平附吴尔康）

（清）张　鐊（河北景州）

（清）张成瀚（河北邢台）

（清）张希载（河北枣强）

（清）张尔岐（山东济阳）

（清）张永爵（山东泰安）

（清）张君胜（山东清平）

（清）张宝绅（山东高唐）表

（清）张春滋（山东平阴）

（清）张汝美（山东昌乐）

（清）张允诚（山东昌乐）

（清）张大亮（山西孟县）

（清）张永年（山西临汾）表

（清）张建斿（山西猗氏）

（清）张休复（河南仪封）

（清）张　蓉（河南考城）

（清）张四斗（河南温县）

（清）张世勋（河南阳武）

（清）张延已（陕西长安）

（清）张汉英（甘肃崇信）

（清）张登第（甘肃镇番）

（清）张登甲（甘肃镇番附张登地）

（清）张耀垣（福建古田）

（清）张德春（福建海澄）

（清）张文瑾（福建邵武）

（清）张发潜（云南昆明）

（清）张　璜（云南楚雄）

（清）张维焯（贵州铜仁）

（清）张潜光（辽宁锦西）

（清）张恒春（辽宁锦西）

（清）张　俸（辽宁复县）

（清）张映槐（宁夏宁夏）

（清）张翼星（热河大宁）

（清）张文衡（察哈赤城）

（民国）张光忻（江苏丹徒）

（民国）张　芬（江苏崐山）

（民国）张元杰（河北昌黎）

（民国）张其锽（广西临桂）

（汉）曹元理（河南洛阳）表

（魏）曹　植（河南洛阳）

（南齐）曹　武（江苏江宁）表

（唐）曹士蔿（陕西三原附鲍该）

（宋）曹子政（江西吉水）

（宋）曹　谷（湖南长沙）

（明）曹一江（江苏武进）

（明）曹永鼎（安徽阜阳）

（明）曹家甲（江西新建）表

（明）曹仪庭（湖北江陵）

（明）曹　平（湖南桂阳）

（清）曹　巨（江苏上海）表

（清）曹钟奭（江苏上海）表

（清）曹树淦（江苏上海）表

（清）曹　炳（江苏长洲）表

（清）曹应熊（江苏山阳）

（清）曹竹斋（江苏江都）

（清）曹佳应（浙江嘉善）

（清）曹锡珑（浙江嘉善附曹佳应）

（清）曹锡畴（浙江嘉善附曹佳应）

（清）曹庭栋（浙江嘉善）

（清）曹振麟（浙江石门）

（清）曹天宠（安徽怀宁）

（清）曹台珪（安徽当涂）表

（清）曹席珍（山西临县）

（清）曹更新（山西辽州）

（清）曹之让（山西辽州附曹更新）

（清）曹九锡（广东番禺）

（清）曹璿演（广东番禺附曹九锡）

（汉）许　负（河南温县）

（后汉）许　曼（河南平舆）

（后汉）许　峻（河南平舆附许曼）

（后汉）许　杨（河南平舆）

（后汉）许　虔（河南平舆）

（后汉）许　劭（河南平舆）

（北魏）许　彦（河北新城）

（北魏）许　谦（察哈尔蔚州）

（北齐）许　遵（河南杞县）

（北齐）许　晖（河南杞县附许遵）

（宋）许　洞（江苏吴县）

（宋）许志言（安徽寿州）

（宋）许季升（江西卢陵）

（元）许　谦（浙江金华）

（元）许　衡（河南河内）

（明）许其仁（江苏武进）表

（明）许　璋（浙江上虞）
（明）许国泰（安徽巢县）表
（清）许北文（江苏金坛）
（明）许肇篪（江苏宜兴）表
（清）许长龄（江苏丹徒）
（清）许高峰（江苏清河）
（清）许桂芬（江苏盐城）
（清）许敫伯（江苏盐城附许桂芬）
（清）许　焕（浙江嘉兴）
（清）许凤仪（安徽舒城附童超佐）
（清）许　荣（浙江黟县）
（清）许三礼（河南安阳）
（清）许尔超（云南腾越）
（清）许　超（云南赵州）
（汉）郭　宪（河南汝阳）
（后汉）郭　凤（山东滨州）
（后汉）郭　泰（山西介休）
（魏）郭　恩（山东平原附管辂）
（晋）郭　公（山西闻善附郭璞）
（晋）郭　琦（山西阳喜）
（晋）郭　璞（山西西闻）
（晋）郭　麐（河南西平）表
（东晋）郭大夫（山东益都）
（北魏）郭景尚（山西管阳）
（隋）郭弘道（陕西华阴）表
（宋）郭　京（浙江钱塘附徐复）
（宋）郭少仙（江西弋阳）
（宋）郭银河（湖北江陵）
（宋）郭长孺（四川成都）
（宋）郭　曩（四川涪州附谁定）

（宋）郭　灏（四川临邛）表

（宋）郭　绪（陕西蒲城）

（宋）郭小山（福建浦城）

（元）郭荣寿（江西卢陵）

（元）郭守敬（河北邢台）

（元）郭从周（四川成都）

（元）郭　翁（山东曹州）

（明）郭文显（江苏无锡）

（明）郭师古（江苏如皋）

（明）郭青螺（浙江仁和）

（明）郭修翰（江西永丰）

（明）郭山甫（安徽凤阳）表

（明）郭伯郁（陕西祁县）

（明）郭景夏（福建阎候）表

（清）郭　勋（江苏江阴）

（清）郭恩潘（江苏江都）

（清）郭嵩焘（湖南湘乡附曾国寿）

（清）郭存昌（湖南桂东）

（清）郭　卜（四川郑县）

（清）郭　纶（四川郑县附郭卜）

（清）郭景曜（山东沾化）

（清）郭一标（山东济宁）

（清）郭从风（山东郓城）

（清）郭载騋（山东泰安）

（清）郭　桂（山西大同）

（清）郭宗林（河南辉县）表

（清）郭伯苍（福建侯官）

（清）郭有经（广东儋县）

（清）郭元任（广东昌化）

（清）郭先生（云南姚州）

（清）郭玉杰（辽宁庄河附冯华国）

（汉）崔　瑗（河北涿州）

（汉）崔　篆（山西屯留）

（晋）崔懿之（河北武城）

（北魏）崔　浩（河北武城）

（北齐）崔　冏（河北武城）

（北魏）崔长谦（河北武城）

（宋）崔尊师（四川成都）

（明）崔　勉（山东东阿）

（唐）崔　巽（陕西长安）表

（明）崔自均（江苏江宁）

（清）崔止斋（浙江海盐）表

（清）崔运通（江西星子）

（清）崔景芬（山西临汾）表

（元）盛　舆（江苏吴江）

（明）盛如林（江苏丹阳）表

（明）盛　伦（江苏吴江）

（明）盛世鸣（安徽凤阳）

（明）盛应明（安徽全椒）

（清）盛邦直（江苏华亭附陈泽泰）

（清）盛凝之（江苏吴县）

（清）盛久肇（江苏阳湖）表

（清）盛久常（江苏阳湖）表

（汉）陆　瑄（江苏武进）

（吴）陆　绩（江苏吴县）

（吴）陆　凯（江苏吴县）

（北魏）陆　旭（山西代州）

（唐）陆　羽（浙江乌程）

（宋）陆惟忠（四川眉州附苏轼）

（元）陆德润（江苏崐山）表

（元）陆　森（江苏吴县）

（元）陆文圭（江苏江阴）

（元）陆华之（浙江钱塘）

（明）陆　海（江苏兴化附高燧）

（明）陆　位（浙江兰谿）

（明）陆其蒙（湖北长乐）

（清）陆学海（江苏上海附沈衡章）

（清）陆宗贽（江苏南汇）

（清）陆大鼎（江苏南汇）

（清）陆世仪（江苏太仓附陈瑚）

（清）陆　坦（江苏嘉定）

（清）陆嘉颖（江苏嘉定附陆垣）

（清）陆云高（江苏吴县）表

（清）陆　钧（江苏吴县）

（清）陆子云（江苏吴县）表

（清）陆守弘（江苏常熟）表

（清）陆心鉴（浙江萧山）

（清）陆应谷（江西新昌附刘韧吉）

（后魏）章　武（河北赵州附耿云）

（宋）章　登（四川双流）

（明）章星文（江苏溧水）

（明）章　潴（浙江龙游）

（明）章　懋（浙江兰谿）

（明）章佐圣（安徽祁门）

（明）章世纯（江西临川）

（明）章　润（广西永福）

（清）章仲山（江苏无锡）

（清）章君安（浙江山阴）表

（清）章西五（安徽桐城）

（清）章攀桂（安徽桐城）

（清）章　鼎（福建连江）

（清）章贡云（福建龙严）

（宋）康　庶（福建龙溪）

（明）康　融（山东陵县）

（明）康　海（陕西武功）

（清）康范生（江西南昌）表

（清）康文铎（山西兴县）

（清）康绳周（宁夏中卫）

（宋）梅　谷（江西吉水）表

（明）梅　玉（浙江嘉兴）

（明）梅如玉（河北迁安）

（清）梅长铃（浙江嘉兴附怀振熙）

（清）梅冬魁（浙江景宁）

（清）梅士铉（安徽宣城）

（清）梅文鼎（安徽宣城）

（清）梅自实（安徽宣城）

（晋）陶　侃（江西鄱阳）

（晋）陶　淡（江西德化）

（梁）陶弘景（江苏江宁）

（元）陶宗仪（浙江黄岩）

（明）陶　安（安徽当涂）

（清）陶　五（江苏宜兴）表

（清）陶　成（江西南城）

（清）陶世熙（四川仁郁）

（清）陶明儒（甘肃漳县）

（汉）梁丘贺（山东诸城）

（唐）梁知人（河南商丘）表

（唐）梁　凤（陕西长安）

（唐）梁虚舟（陕西梁州）

（元）梁　饶（江西德兴）

（清）梁少卿（江苏江都）
（清）梁　翁（江西南昌）表
（清）梁运昌（福建长乐）
（清）梁上宝（福建长福附梁运昌）
（清）梁斗焕（广东番禺附陈应选）
（清）梁锦里（广东顺德）表
（清）梁　爱（广西宾州附雷友兰）
（清）梁　桧（甘肃皋兰）
（明）戚继光（安徽定远）
（清）戚士升（辽宁海城）
（清）戚麟祥（吉林吉林）
（隋）庾季才（河南新野）
（隋）庾　质（河南新野）
（隋）庾　俭（河南新野附庾质）
（后晋）庾嘉德（河南许州）表
（宋）庾道敏（河南开封）表
（三国）扈　累（陕西长安）表
（晋）扈　谦（江苏江宁）
（明）庄从龙（江苏金坛）表
（清）庄　棫（江苏丹徒）
（清）庄述祖（江苏武进）
（清）庄肇汯（福建晋江）
（宋）娄千宝（浙江金华列女）
（宋）娄道者（河南开封）表
（清）娄　樾（湖北沔阳）
（清）娄联奎（湖北沔阳附娄樾）
（春秋）梓　慎（山东诸城）
（唐）闭珊居集（云南沾益）
（金）麻九畴（河北易州）
（明）莫遗贤（广西平乐）

（上古）常　仪（卷首附黄帝）

（晋）常法和（河南襄城）表

（清）野鹤老人（湖南长沙）

（清）姬　珩（江苏砀山）表

（清）姬南唐（山西永济）表

（汉）第五元先（山东高密附郑玄）

（宋）第子骧（江西会昌）表

（明）鹿　凤（江苏沛县）

（清）勒丰额（湖北江陵）

（清）强岳立（陕西韩城）

（清）屠西爽（江苏长洲）

（春秋）商　瞿（卷首附孔子）

（明）清道人（江苏丹阳附张白）

（战国）尉缭子（河南开封）

（汉）淳于意（山东临淄）

（晋）淳于智（山东长清）表

（清）眭秉衡（江苏丹徒）

十二画

（上古）黄帝轩辕（卷首）

（汉）黄石公（河南新郑附张良）

（汉）黄　子（陕西夏阳附司马谈）

（晋）黄　泓（河北斥丘）

（晋）黄　沈（河北斥丘附黄泓）

（五代）黄　丘（福建闽县）

（唐）黄　贺（河南巩县）

（唐）黄　矩（福建漳浦）

（宋）黄　朴（浙江临海）

（宋）黄山人（浙江建德）

（宋）黄景文（江西卢陵）

（宋）黄　生（江西吉水）

（宋）黄　璘（江西吉水）表

（宋）黄　生（江西建昌）表

（宋）黄　彻（福建闽侯）表

（宋）黄拨沙（福建闽县）

（宋）黄　晞（福建建安）

（宋）黄伯思（福建邵武）

（元）黄一清（安徽休宁）

（明）黄　鼎（浙江秀水）

（明）黄思忠（浙江太平）表

（明）黄　恒（安徽歙县附叶致远）

（明）黄　鉴（安徽伙县）

（明）黄　泽（安徽休宁附赵汸）

（明）黄端伯（江西新城）

（明）黄一凤（江西峡江）

（明）黄　恺（河南汤阴）表

（明）黄　礼（河南汤阴）表

（明）黄钟选（福建龙溪）

（明）黄道周（福建漳浦）

（明）黄　生（福建建安）

（明）黄　畿（广东香山）

（明）黄　慎（广东海阳）

（明）黄拱斗（云南晋峰）

（明）黄　凤（贵州贵定）

（清）黄怀英（江苏六合）表

（清）黄会昌（江苏华亭附相枚）

（清）黄炎松（江苏奉贤附徐元音）

（清）黄仍绪（江苏崇明）

（清）黄乙生（江苏武进）

（清）黄半仙（江苏兴化）

（清）黄　楷（浙江盐官）表

（清）黄德源（浙江鄞县）表

（清）黄宗羲（浙江余姚）

（清）黄宗炎（浙江余姚）

（清）黄炳垕（浙江余姚）

（清）黄宜之（安徽舒城）

（清）黄益斋（安徽无为）

（清）黄仕纶（安徽歙县）

（清）黄　恒（安徽歙县附叶致远）

（清）黄　堂（江西卢溪）

（清）黄宗三（江西光泽）

（清）黄卓诚（江西玉山）

（清）黄鼎伟（江西永丰）

（清）黄一桂（江西赣县）

（清）黄恒对（江西定南）

（清）黄启珠（江西南康）

（清）黄友石（湖北江夏）

（清）黄大猷（湖南武冈）

（清）黄定略（湖南绥宁）表

（清）黄配乾（湖南石门）

（清）黄景福（四川雷波）

（清）黄疯子（四川南充）

（清）黄明庄（福建连江）

（清）黄瑞鹤（福建霞浦）

（清）黄士炯（福建南安）

（清）黄怀人（福建海澄）

（清）黄雅林（辽宁辽阳）

（晋）华　佗（安徽亳县）

（魏）华　峤（山东高唐）

（宋）华仁仲（福建浦城）

（明）华继善（江苏无锡）

（明）华孝廉（河北涿州）

（清）华湛恩（江苏金匮）

（清）华尧宾（江西弋阳附汪楚真）

（清）华玉书（山东高唐）

（宋）程　迥（浙江余姚）

（宋）程惟象（江苏婺源）

（宋）程　杰（河南开封）

（宋）程　颢（河南雒阳）

（宋）程　颐（江西义临）

（元）程以临（浙江钱塘）表

（明）程山人（浙江海宁）表

（明）程道生（安徽歙县）

（明）程　玠（安徽歙县）

（明）程　雄（安徽歙县）

（明）程汝文（安徽新安）

（明）程仲本（安徽休宁附赵汸）

（明）程大中（安徽祁门）

（明）程天昭（江西德兴）

（明）程　金（江西婺源）表

（明）程　济（陕西朝邑）

（清）程　省（江苏江阴）

（清）程曾祺（江苏如皋）

（清）程容光（安徽怀宁）

（清）程珝文（安徽怀宁）

（清）程嗣立（安徽歙县）表

（清）程廷慕（安徽歙县）

（清）程树勋（安徽歙县）

（清）程恩潭（安徽歙县）

（清）程良玉（安徽新安）

（清）程　谦（安徽新安）

（清）程九圭（安徽祁门）

（清）程鹏飞（安徽寿州）

（清）程恩乐（湖北夏口）

（清）程定山（广东揭阳）

（唐）傅　弈（河南安阳）

（宋）傅伯通（江西德兴）

（宋）傅　霖（山东益都）

（宋）傅　珏（河南内黄）

（元）傅　立（江西德兴）

（明）傅　洋（江西南城）

（明）傅良册（湖北勋县）

（明）傅秉忠（云南南宁）

（明）傅秉安（云南南宁附傅秉忠）

（清）傅　清（江苏宜兴）

（清）傅之铉（湖北江夏）

（清）傅文霪（湖北石首）

（清）傅源溶（江西广丰）

（清）傅仲乾（江西德兴）

（清）傅鸿绅（江西德兴）表

（清）傅良辰（四川大竹）

（清）傅　山（山西阳曲）

（清）傅　姓（云南镇雄）

（清）傅瑶光（贵州兰安）

（唐）曾文通（江西雩都）

（唐）曾十七（江西雩都）表

（宋）曾道立（江西南丰）表

（宋）曾南翔（江西卢陵）

（宋）曾兰谷（江西吉水）表

（宋）曾正德（江西吉水）

（元）曾荣祖（江西崇仁）

（元）曾义山（江西上高）

（明）曾易明（江西金谿）

（明）曾鹤广（江西兴国）

（明）曾从政（江西兴国）

（明）曾邦旻（江西兴国）表

（明）曾日茂（江西兴国）表

（明）曾继烈（江西兴国）表

（清）曾　钊（安徽歙县附程恩泽）

（清）曾　震（江西万安）

（清）曾永章（江西兴国）表

（清）曾国瑞（江西兴国）表

（清）曾应国（江西万安）表

（清）曾尚镴（江西万安）表

（清）曾国藩（湖南湘乡）

（清）曾天极（湖南新化）

（清）曾道鲁（湖南沅陵）

（清）曾神仙（四川丰都）

（清）曾明训（台湾台湾）

（汉）焦延寿（河南宋城）

（隋）焦子顺（西安长安）表

（辽）焦西赟（辽宁义县）

（清）焦风雷（山西武乡）

（清）焦　焕（江苏甘泉）

（清）焦　葱（江苏江都）

（清）焦　循（江苏江都）

（清）焦日茂（河北新河）

（清）焦汝朗（山东章丘）表

（清）焦锡麟（山东茌平）表

（清）焦腾凤（山西翼城）

（唐）彭云构（江西宜春）表

（唐）彭克明（四川成都）

（宋）彭复之（江西南城附廖应淮）

（宋）彭神机（江西吉水）

（宋）彭别峰（江西吉水）

（宋）彭叔英（江西吉水）

（宋）彭仲元（江西安福）

（宋）彭师右（湖南长沙）表

（宋）彭宗茂（湖南湘阴）

（明）彭训明（安徽六安）

（明）彭敬昌（安徽全椒）表

（明）彭　容（江西万年附柯佩）

（明）彭临川（湖南茶陵）

（明）彭　谊（广东东莞）

（清）彭遇时（江苏长洲）

（清）彭昌旺（江西安义）

（清）彭太甲（湖南永顺）

（清）彭　銮（山西临汾）

（清）彭天纶（河南淮宁）

（唐）冯　七（河南开封）表

（唐）冯存澄（陕西长安）

（宋）冯一德（浙江温州）

（宋）冯　椿（江西卢陵）表

（宋）冯怀古（四川遂宁）

（明）冯　渊（江苏丹徒）

（明）冯鹤鹿（江苏句容）

（明）冯汝贤（浙江诸暨）

（明）冯时近（江西弋阳）表

（明）冯大椿（湖北京山）

（明）冯学恒（湖北京山附冯大椿）

（明）冯继功（福建永安）

（明）冯　明（广东琼山）

（清）冯　瑀（江苏丹徒）

（清）冯文耀（江苏丹徒）

（民国）冯土澂（江苏吴县）

（清）冯昌临（浙江嘉兴）

（清）冯蕴古（浙江秀水）表

（清）冯致中（河北邯郸）表

（清）冯华国（辽宁庄河）

（刘宋）贺道养（浙江山阴）表

（明）贺　确（江苏上元）

（明）贺　台（江苏海盐）表

（明）贺朝用（四川绵竹）表

（明）贺　永（四川泸州）

（明）贺良爵（山西陉州）

（清）贺廷劼（江西莲花）表

（清）贺登甲（陕西洛川）

（清）贺嘉祥（甘肃皋兰）

（宋）游大有（江西建昌）表

（宋）游克敬（江西婺源）

（宋）游朝宗（江西婺源附游克敬）

（明）游　暹（江西婺源）

（明）游登瀛（湖南澧州）表

（清）游席珍（云南石屏）

（清）游　苹（福建连江）

（商）汤　王（卷首）

（明）汤　铭（安徽滁州）表

（明）汤　序（安徽滁州）表

（清）汤　荣（江苏上元）

（清）汤道士（江苏溧阳）表

（清）汤洽名（江苏武进）表

（清）汤　临（江苏如皋）

（清）汤　澍（江苏如皋）

（清）汤惠元（江苏如皋附汤澍）

（清）汤玉琢（安徽凤台）

（清）汤　燅（江西两丰附李经纶）

（清）汤　第（江西永新）

（清）汤　昭（察哈尔保安）

（隋）舒　绰（浙江东阳）

（宋）舒片云（江西吉水）表

（清）舒继英（浙江钱塘）

（清）舒凤仪（安徽贵池）

（清）舒紫垣（四川合川附周礼）

（汉）费　直（山东掖县）

（宋）费孝先（四川成都）

（明）费　珍（安徽全椒）

（清）费大章（江苏江阴附夏时用）

（清）费　观（浙江仁和）表

（清）费国暄（浙江余杭）表

（清）费荫朴（河北青县）

（晋）温　峤（江苏相县附刘惔）

（宋）温州隐者（浙江瑞安）

（明）温体仁（浙江乌程）

（清）温葆深（江苏上元）

（清）温荣镳（江苏无锡）

（清）温其中（山东沾花）

（清）温锡生（广东显德）

（北魏）闵　宗（辽宁辽阳）

（明）闵　观（江西浮梁）

（清）闵学骞（江苏青浦附熊其昌）

（清）闵孝磋（江苏江都）表

（清）闵如愚（江苏嘉善）

（清）闵德裕（湖北广济）表

（晋）童彦兴（陕西韩城）表

（明）童　轩（江西鄱阳）

（清）童中模（浙江永嘉）

（清）童超佐（安徽舒城）

（后汉）单　扬（山东鱼台）

（后汉）单　甫（江苏江都附赵达）

（清）单德芬（江苏常熟）

（宋）富初庵（浙江钱塘）

（宋）富春子（江西鄱阳）

（清）富　生（江苏宝山）

（明）云陇耕夫（江西乐平）

（清）云　鼎（四川秀山）

（清）劳望龄（江苏石门）表

（清）劳　史（江苏余姚）

（清）劳　栱（广东南海）表

（明）乔中和（河北内丘）

（明）乔宏杞（河南宁陵）

（清）乔迪潛（江苏上海）表

（五代）敬涤心（山西榆次）

（明）敬以俭（安徽霍丘）

（明）敬　恩（安徽霍丘附敬以俭）

（明）喻有功（江西高安）

（清）喻鹤松（江西万载）

（清）喻野樵（江西安义）表

（清）喇　嘛（西康定乡）

（清）喇　麻（西康巴安）

（清）喇　嘛（西康盐井）

（清）喇　嘛（西康德格）

（汉）楛　生（陕西安陵）

（汉）景　鸾（四川梓潼）

（清）智思臻（河南淮宁）表

（宋）无名相士（江西高安）

（明）阳允贞（江西吉水）

（明）渠仲宁（山东滕县）表

（明）辜继杨（安徽怀宁附丁圫）

（清）嵇　璜（江苏长洲）

（清）滑　麟（江苏太仓附毛在鹏）

（清）宁榜高（江西莲花）

（汉）项　生（卷首附孔子）

（清）项　森（江苏武进）

（清）项安世（江苏松阳）

（清）项　淦（安徽太平）

（清）惠　栋（江苏元和）

（宋）掌禹锡（河南郾城）

（元）揭道孙（江西丰城）

（后汉）逢　萌（山东都昌）

（宋）开怀道民（山东泰安）

十三画

（虞）舜有虞式（卷首）

（春秋）斲　背（卷首附孔子）

（清）圣祖帝（卷首）

（秦）杨　硕（陕西华阴）

（汉）杨　何（陕西夏阳附司马谈）

（后汉）杨　由（四川成都）

（后汉）杨　雄（四川成都）

（后汉）杨　统（四川新都）

（后汉）杨春卿（四川新都附杨统）

（后汉）杨　厚（四川新都）

（隋）杨伯丑（陕西武乡）

（唐）杨　集（浙江建德附孙晤）

（唐）杨筠松（江西赣县）

（宋）杨桂岩（江苏钱塘）

（宋）杨希孟（江苏余杭附沈野）

（宋）杨守业（安徽合肥）

（宋）杨应炎（安徽青阳）

（宋）杨南川（江西弋阳）

（宋）杨叔方（江西吉水）

（宋）杨山人（江西卢陵）

（宋）杨　艮（四川成都）

（宋）杨　坤（四川眉州）

（宋）杨　知（山东阳信）

（宋）杨钦时（河南开封）

（宋）杨山人（河南淮宁）

（宋）杨可试（河南洛阳）

（宋）杨可弼（河南洛阳附杨可试）

（宋）杨可辅（河南洛阳附杨可试）

（宋）杨维德（陕西同州附王湜）

（宋）杨　亿（福建浦城）

（金）杨　谷（察哈尔蔚县）表

（元）杨继昭（江苏华亭）表

（元）杨　琬（浙江平阳）表

（元）杨朝元（安徽合肥附杨守业）

（元）杨谦德（四川成都附易镜）

（元）杨恭懿（陕西奉元）

（明）杨　艺（江苏吴江）

（明）杨　淙（浙江钱塘附徐大升）

（明）杨曰东（浙江余姚）

（明）杨宗敏（浙江新昌）

（明）杨子高（浙江兰谿）

（明）杨　源（江西南昌）

（明）杨应祥（江西翠城）

（明）杨院使者（江西金谿）表

（明）杨时乔（江西上饶）

（明）杨廷玉（山东胶州）

（明）杨　巨（山东胶州附杨廷玉）

（明）杨永昆（山东胶州附杨廷玉）

（明）杨沛生（甘肃合水）

（明）杨　元（云南永昌）

（明）杨体仁（云南云南）

（清）杨　庞（江苏丹徒）

（清）杨大铨（江苏丹徒）表

（清）杨骧天（江苏句容）表

（清）杨志逊（江苏上海）

（清）杨广含（江苏吴县附王维德）

（清）杨方达（江苏武进）

（清）杨翼亮（江苏宜兴）

（清）杨湛露（江苏宜兴）

（清）杨宫建（浙江盐官）表

（清）杨梦熊（安徽寿州）

（清）杨天爵（江西临川）

（清）杨　蘪（江西金谿）

（清）杨来谷（江西安义）

（清）杨　承（江西安义）

（清）汤懒散（湖北襄阳）

（清）杨自修（湖南泸溪）

（清）杨大兴（湖南绥宁）表

（清）杨茂仑（湖南绥宁）

（清）杨凤庭（四川新都）

（清）杨　展（四川乐山）表

（清）杨顺恩（四川广安）表

（清）杨建午（四川广安）表

（清）杨开基（河北乐亭）

（清）杨文衡（湖北唐县）

（清）杨上林（湖北邯郸）

（清）杨廷范（山东阳信）表

（清）杨映楷（山东济宁）表

（清）杨兰芳（山东恩县）

（清）杨瑞麟（山东昌乐）表

（清）杨岐正（山西荣河）表

（清）杨麟高（广东顺德）

（清）杨文晖（广东罗定）

（清）杨注可（云南安宁）表

（清）杨象震（云南石屏）表

（清）杨　增（云南太和）

（清）杨　纁（云南剑川）

（清）杨书台（贵州仁怀）

（周）董　因（山西太原）表

（汉）董仲道（河北广川）

（后汉）董　扶（四川绵竹）

（后汉）董彦兴（河南南顿）

（晋）董仲道（河南洛阳）

（隋）董子华（陕西长安）表

（宋）董元善（江西婺源）

（明）董　光（江苏高邮附刘鉴）

（明）董仲敬（浙江嘉兴）表

（明）董　说（江苏乌程）表

（明）董德彰（江西德兴）

（明）董　灿（江西德兴）

（明）董　从（山东莱芜）

（明）董　痴（河南开封）

（清）董　进（江苏上元）表

（清）董以宁（江苏武进）表

（清）董士锡（江苏武进）

（清）董达存（江苏武进）

（清）董友愈（江西弋阳）

（清）董军官（河北清苑附浙士）

（清）董捧日（福建长乐）表

（清）董　懿（云南禄劝）

（清）董以忠（云南太和）

（清）董　策（云南太和附董以忠）

（清）董崇德（察哈尔保安）

（民国）董晋良（河北昌黎）表

（晋）雷　焕（江西南昌）表

（宋）雷思齐（江西临川）

（元）雷德润（福建建安）

（明）雷　鸣（陕西三原）

（清）雷光仪（安徽全椒）

（清）雷起四（湖南东安）

（清）雷汉卿（河南淮阳）

（清）雷逢源（甘肃天水）

（清）雷友兰（广西宝州）

（明）万　祺（江西南昌）

（明）万玉山（湖北罗田）

（明）万民英（河北易州）

（明）万蓬头（山西芮城）

（清）万寿祺（江苏铜山方外）

（清）万育和（浙江海盐）

（清）万　惠（安徽泾县）

（清）万承纪（江西南昌）表

（清）万树华（江西南昌）表

（清）万长春（江西南昌）表

（清）万国宁（江西丰城）

（清）万吉士（江西安义）

（清）万金铎（河南中牟）

（三国）葛　衡（江苏吴县）表

（晋）葛　洪（江苏句容）

（宋）葛好问（浙江金华）

（明）葛乾孙（江苏长洲）

（明）葛启后（安徽怀宁）

（清）葛思旦（江苏宝山）表

（清）葛继常（浙江海宁）表

（清）葛天申（江西贵溪）

（清）葛传鏊（山东德平）

（唐）叶法善（江苏括苍）表

（唐）叶　七（江西赣县）表

（吴越）叶　简（江苏太和）

（宋）叶仕充（浙江兰豁）表

（宋）叶　容（浙江龙泉附王佽）

（宋）叶叔亮（江西上饶）

（宋）叶子仁（江西上饶）

（宋）叶宗山（江西吉水）表

（宋）叶大明（江西吉水）

（宋）叶秋水（江西吉水）

（宋）叶琇卿（福建龙岩）

（明）叶绍袁（江苏吴县方外）

（明）叶广彬（浙江乌程）

（明）叶　兑（浙江宁海）

（明）叶子奇（浙江龙泉）

（明）叶致远（安徽歙县）

（明）叶庭芝（湖南靖州）

（明）叶　森（福建福宁）

（清）叶彭年（江苏上海附盛钧）

（清）叶乘龙（江苏南汇）表

（清）叶　镐（江苏青浦）

（清）叶　痴（江苏金山）

（清）叶　楷（江苏阳湖）

（清）叶　鉏（江苏六安）

（清）叶　樵（江西婺源）表

（清）叶　泰（江西婺源）

（清）叶峙山（河北崇阳）

（清）叶传薪（湖北沔阳）

（清）叶德辉（湖南湘潭）

（清）叶莲溪（山西沁水附谈炳）

（清）叶文波（云南河阳）

（唐）邹　生（河南洛阳）表

（宋）邹　淮（浙江会稽）

（宋）邹元佐（江西新昌）

（元）邹子震（江西清江）

（元）邹公敢（四川江津）

（清）邹个廷（江苏青浦）表

（清）邹图南（江苏无锡附汪杰）

（清）邹亦凤（江苏通州）

（清）邹美中（湖北石首）表

（清）邹世英（湖北监别）

（清）邹式金（福建古田）

（明）詹永达（福建南靖）表

（明）詹　奇（福建浦城）

（明）詹　澯（福建浦城）

（清）詹明章（福建海澄）

（清）詹方桂（安徽歙县）

（清）詹汝震（安徽歙县）表

（清）詹天宠（江西婺源）表

（汉）贾　逵（湖北涿州附崔瑗）

（东魏）贾子儒（河南西华）表

（唐）贾　耽（河北南皮）

（宋）贾众妙（山西河北）

（宋）贾德升（河南真县附陈抟）

（明）贾　勋（河南滑县附吕朗）

（明）贾　颢（河南巩县附赵迎）

（清）贾振元（江苏上海）

（清）贾履上（江苏上海）

（清）贾步纬（江苏南汇）

（清）贾延龄（山东历城）

（清）贾　礑（广东香山）

（周）楚　丘（山东曲阜）

（宋）楚　丘（河南开封）

（宋）楚芝兰（河南襄城）

（宋）楚继芳（河南附楚芝兰）

（清）楚　裳（山东济宁）表

（吴）虞　翻（浙江余姚）

（梁）虞　履（浙江江宁）表

（明）虞世昌（浙江钱塘）

（清）虞兆陆（浙江嘉兴）

（清）虞春潭（湖北襄阳）

（元）靳德进（山西长治）

（清）靳鸿发（辽宁辽中）

（汉）路温舒（湖北巨鹿）

（唐）路　生（陕西长安）

（明）路可泰（江苏达县）

（汉）路　真（甘肃固原）

（晋）隗　炤（安徽合肥）

（晋）鸠摩罗什（陕西长安）表

（北齐）解法选（河南河内）

（北魏）睦　夸（河北高邑）

（明）裘鲁恭（浙江天台）

（清）狮道人（河北沧州）表

（宋）雍尧俞（四川临邛）表

（清）较　第（河南中牟）

（春秋）裨　灶（河南郑州）

十四画

（后汉）赵　彦（山东沂州）

（后汉）赵　典（四川江都）

（吴）赵　达（江苏江都）

（蜀汉）赵　直（四川成都）

（蜀汉）赵　正（四川成都）

（晋）赵仁美（甘肃天水）

（北魏）赵法逞（河北清河附魏道虔）

（北齐）赵　胡（河南鲁山）表

（北齐）赵辅和（河南临漳）

（北齐）赵　琼（河南临漳）表

（隋）赵　照（陕西长安）表

（前蜀）赵温珪（四川成都）

（前蜀）赵省躬（四川成都附赵ij温珪）

（前蜀）赵延义（甘肃天水）

（唐）赵山人（江西南昌）

（宋）赵　良（浙江余杭）

（宋）赵公衡（江西进贤）

（宋）赵　普（河北蓟州）

（宋）赵　棠（山东曹州）表
（宋）赵修己（河南祥符）
（宋）赵　进（河南中牟）
（元）赵元行（江苏常熟）
（元）赵友钦（江苏龙游）
（元）赵天泽（四川江津附邹公敢）
（明）赵缘督（浙江衢州附祝宗元）
（明）赵　仿（安徽休宁）
（明）赵　儒（安徽盱眙）
（明）赵　钧（安徽泾县）
（明）赵吉六（江西临川）
（明）赵子方（江西丰城附何冶云）
（明）赵　楷（湖北乐亭）
（明）赵　祐（山东博山）
（明）赵　同（山东莒州）
（明）赵见庚（山东平原）
（明）赵　迎（河南巩县）
（明）赵　毅（河南汝阳）
（明）赵天秩（陕西朝邑）
（清）赵　榦（江苏丹徒）
（清）赵风子（江苏丹徒）
（清）赵书禾（江苏丹徒）
（清）赵采臣（江苏丹徒）
（清）赵顺康（江苏丹徒）
（清）赵地山（江苏阳湖）
（清）赵　氏（江苏阜宁）表
（清）赵大川（浙江仁和）
（清）赵振芳（浙江山阴）
（清）赵廷栋（四川彭县）
（清）赵鲁元（河北静海）

（清）赵凤翔（河北雄县）

（清）赵云孙（河北深州）

（清）赵继芳（山东商河）表

（清）赵　旸（山东平原）表

（清）赵神仙（山东益都）表

（清）赵滋凤（山东昌乐）

（清）赵希谦（山东昌乐）

（清）赵兴仁（山西壶关）表

（清）赵云汉（山西高平）

（清）赵　铭（山西附彭銮）

（清）赵春熙（山西翼城）

（清）赵运兴（山西荣河）表

（清）赵舒翘（陕西长安）

（清）赵圣治（陕西定边）

（清）赵道士（甘肃皋兰）表

（清）赵守贞（甘肃皋兰）表

（清）赵东阳（甘肃礼县）

（清）赵东周（云南剑川）

（清）赵廷华（贵州尉义）

（清）赵占鳌（察哈尔蔚县）

（后汉）廖　扶（河南平兴）

（唐）廖　瑀（江西兴国）

（唐）廖三传（江西开国附谬瑀）

（宋）廖应淮（江西南城）

（宋）廖信甫（江西吉安）表

（宋）廖希说（江西吉水）

（宋）廖金精（江西德兴附周宽）

（明）廖绍定（江西兴国）

（明）廖绍宠（江西兴国）

（明）廖绍禄（江西兴国）表

（明）廖胜桀（江西兴国）表
（明）廖文政（江西兴国）表
（明）廖均卿（江西宁都）
（明）廖　翼（广东南海）表
（清）廖应国（江西兴国）表
（清）廖安民（江西兴国）
（清）廖尚鑐（江西兴国）表
（清）廖邦民（江西兴国）
（清）廖麟书（江西上饶）
（清）廖奇珍（湖南郴州）
（清）廖春山（福建闽县）
（清）廖鸿章（福建永定）
（清）廖翼亨（福建永定）
（清）廖笃坚（广西钟山）
（明）熊汝岳（福建建州）
（明）熊宗立（福建建阳）
（明）能士杰（四川新宁）
（明）熊　庠（陕西长安）
（清）熊其昌（江苏青浦）
（清）熊其光（江苏青浦）
（清）熊德卿（江西安义）
（清）熊占鳌（江西安义）表
（清）熊赐履（湖北孝感）
（清）熊　丙（湖南新化）
（清）熊六夔（湖南永兴）
（清）熊德谦（四川合州）
（清）熊应雄（四川忠州）
（清）熊　嵩（四川井研）表
（明）齐　琦（江西德兴）
（明）齐梦龙（江西德兴附齐琦）

（明）齐贵澄（江西德兴附齐琦）

（明）齐普渊（江西婺源）表

（清）齐克昌（山东新城）

（清）齐亮采（河南淮阳）

（魏）管　辂（山东平原）

（元）管玉衡（江苏崇明）表

（清）管志宁（江西瑞金）

（清）管文奎（辽宁凤城）

（晋）裴　秀（山西闻喜）

（唐）裴行俭（山西闻喜）

（明）裴　庆（江苏吴县）表

（明）裴世杰（江苏铜山）

（清）裴升明（河北沙河）

（清）闻　琴（江苏靖江）

（清）闻人镜晓（浙江会稽附钟之模）

（清）闻　焕（湖北英山）

（唐）褚老生（河北河间）

（清）褚秉中（四川会理）

（春秋）端木赐（河南朝歌）

（清）端木国瑚（浙江青田）

（唐）厉伯绍（江西宁都）表

（元）厉周卿（浙江金华）

（东晋）台　产（陕西商州）

（刘宋）宾　公（广西宾州）表

（南唐）鄢景翼（江西龙泉）

（宋）斡道冲（宁夏丽武）

（宋）闾　丘（江西吉水）表

（清）宁榜高（江西莲花）

（清）荣邦达（湖北霸县）

（宋）碧鉴居士（江西婺源）

（汉）翟　辅（四川雒县）
（明）翟　祥（江苏嘉定）
（明）翟　视（安徽泾县）表
（明）翟　珂（山东益都）
（东汉）僧左慈（浙江处州）
（晋）僧上蓝（浙江长兴）
（晋）僧法愿（浙江长兴）
（北齐）僧元畅（甘肃金城）
（北齐）僧昙迁（河北河间）
（北魏）僧法叡（河北新城附许彦）
（唐）僧道洪（江苏东海附徐居易）
（唐）僧子亩（江西南昌）
（唐）僧道泓（湖北黄冈）
（唐）僧处弘（湖北均州）
（唐）僧云涉（湖南长沙）
（唐）僧普满（山西凤台）
（唐）僧一行（河南洛阳）
（唐）僧神秀（陕西长安）
（唐）僧惟瑛（陕西长安）
（唐）僧泓师（陕西长安）
（后周）僧麻衣（山西襄垣）
（后周）僧麻衣（山西和顺）
（五代）僧祖肩（江苏江宁）
（五代）僧贯休（浙江兰豀）
（后梁）僧广微（陕西华州）
（吴）僧德韶（浙江龙泉）
（宋）僧妙应（江苏六合）
（宋）僧常泰（江苏吴县）
（宋）僧普明（江苏无锡）
（宋）僧　癫（浙江鄞县）

（宋）僧居简（浙江乌程）

（宋）僧智圆（湖北隋县）

（宋）僧　铎（江西南昌）

（宋）僧静道（江西南昌）

（宋）僧月洲（江西吉水）

（宋）僧刘达（江西安福）

（宋）僧超善（江西南康）

（宋）僧德光（江西新喻）

（宋）僧玉泉（四川峡川）

（宋）僧克慎（河北大名）

（宋）僧化成（河南开封）

（宋）僧完渊（河南洛阳）

（宋）僧麻衣（陕西大荔）

（宋）僧含晖（陕西凤翔）

（元）僧普穧（江西临川）

（明）僧道清（江苏江宁）

（明）僧如兰（浙江富阳）

（明）僧雪空（浙江嘉兴）

（明）僧目讲（浙江鄞县）

（明）僧非幻（浙江衢州）

（明）曾从任（安徽乐昌）

（明）僧枯木（江西南昌）

（明）僧慧月（江西南昌）

（明）僧普庵（江西南昌）

（明）僧玉峰（江西铅山）

（明）僧天如（湖北江夏）

（明）僧无碍（湖北黄冈附甘霖）

（明）僧铁笔（湖北利川）

（明）僧三休（湖南桃源）

（明）僧希径（山东历城）

（清）僧布袋（江苏吴江）

（清）僧广严（江苏吴县）

（清）僧如玉（浙江鄞县）

（清）僧傅钵（湖北英山）

（清）僧印梅（湖北江陵）

（清）僧通慧（湖南衡阳）

（清）曾依山（广东番禺）

（清）僧南愿（台湾台湾）

十五画

（梁）蒋光济（四川奉节）表

（周）蒋　升（湖北江夏）表

（唐）蒋　直（浙江永嘉）表

（宋）蒋逸堂（江西婺源）

（宋）蒋山人（四川眉州）

（宋）蒋明纪（福建晋江）表

（明）蒋　晓（江苏丹阳附味玄子）

（明）蒋景鸾（浙江象山）表

（明）蒋绍岐（安徽怀宁）

（清）蒋平阶（江苏华亭）

（清）蒋元益（江苏长洲）

（清）蒋中孚（江苏长洲）

（清）蒋地仙（江苏金匮）

（清）蒋星从（江苏清河）

（清）蒋一镗（安徽无为）

（清）蒋德高（湖北沔阳）

（清）蒋　国（湖南湘阴）

（清）蒋良佐（湖南耒阳）

（清）蒋士英（河南淮阳）表

（清）蒋　垣（福建长乐）

（汉）蔡　邕（湖南陈留）

（汉）蔡少公（湖南邓州）

（汉）蔡　父（河南汝南）

（唐）蔡微远（河南开封）表

（刘宋）蔡　铁（湖北江陵）表

（宋）蔡碧云（浙江金华）

（宋）蔡元定（福建建阳）

（宋）蔡　发（福建建阳附蔡元定）

（宋）蔡　渊（福建建阳附蔡元定）

（宋）蔡　沈（福建建阳）

（元）蔡槐（江苏江宁）

（明）蔡山人（浙江上虞）

（明）蔡星槎（浙江东阳附王梃）

（明）蔡福缘（江西鄱阳）表

（明）蔡　鼎（福建厦门）

（明）蔡德征（福建同安）表

（明）蔡呈图（安徽太湖）表

（清）蔡　翁（江苏溧阳）

（清）蔡景枚（浙江秀水）表

（清）蔡象显（江西南昌）

（清）蔡　璥（福建闽县）

（清）蔡承谦（福建长汀）

（汉）刘　邦（卷首）

（汉）刘　向（江苏沛县）

（汉）刘　歆（江苏沛县）

（汉）刘　瑜（江苏广陵）

（汉）刘　琬（河南附刘瑜）

（汉）刘　讽（河南许州）

（后汉）刘　辅（河南洛阳）

（后汉）刘　庄（河南洛阳附刘辅）

（吴）刘　惇（江西庐陵）

（魏）刘　良（河南洛阳）表

（魏）刘　邠（山东平原）表

（晋）刘　惔（江苏相县）

（晋）刘敏元（山东寿光）

（晋）刘耽女（河南南阳列女）

（东晋）刘　讷（江苏铜山）

（梁）刘　景（卷首附梁元帝）

（梁）刘　峻（山东平原）

（梁）刘　勰（山东莒州方外）

（南齐）刘　休（江苏相县）

（北魏）刘　弁（河北涿州）表

（隋）刘　祐（河南荥阳）

（隋）刘　辉（河南荥阳附刘祐）

（唐）刘晏女（河北南华列女）

（唐）刘　淼（江西赣县）表

（唐）刘江东（江西雩都）

（唐）刘　谦（江西雩都附刘江东）

（后唐）刘　叟（湖北成安）

（宋）刘虚白（江苏江宁）

（宋）刘梦求（浙江括苍）

（宋）刘用寅（浙江金谿）

（宋）刘碧云（浙江平阳附朱相士）

（宋）刘子南（江西南昌附铎长老）

（宋）刘　生（江西庐陵）

（宋）刘忠朴（江西吉水）

（宋）刘矮跛（江西吉水）表

（宋）刘德升（江西安福）

（宋）刘元宾（江西安福）

（宋）刘子猷（江西赣县）表

（宋）刘　谦（江西雩都）表

（宋）刘见道（江西雩都）表

（宋）刘元正（江西雩都）表

（宋）刘种桃（江西雩都）表

（宋）刘渊泽（江西雩都）

（宋）刘二郎（江西雩都）表

（宋）刘子仙（江西雩都）表

（宋）刘景明（江西雩都）表

（宋）刘景清（江西兴国）表

（宋）刘应宝（江西兴国）表

（宋）刘子仙（江西雩都）表

（宋）刘七碗（江西会昌）表

（宋）刘勾力（江西会昌）表

（宋）刘　雍（江西宁都）表

（宋）刘童子（湖北江陵）

（宋）刘羲叟（山西凤台）

（宋）刘　悟（河南开封）表

（宋）刘　神（河南开封）表

（宋）刘熙古（河南宁陵）

（宋）刘　烨（河南洛阳）

（宋）刘　允（广东海阳）

（宋）刘　遁（广东琼山）

（金）刘　述（河北容城）

（元）刘仲彬（浙江乐清）

（元）刘景儒（江西莲花）

（元）刘直章（江西宁都附濮都监）

（元）刘　因（河北定兴）

（元）刘秉忠（河北邢台）

（明）刘兆元（江苏上海）表

（明）刘　溥（江苏长洲）表

（明）刘　鉴（江苏高邮）

（明）刘太和（浙江长兴附吴琰）

（明）刘夫人（浙江长兴附吴琰列女）

（明）刘　端（浙江象山）

（明）刘日新（浙江金华）

（明）刘　基（浙江青田）

（明）刘　定（安徽滁州）

（明）刘伯龙（江西南昌）表

（明）刘孟逅（江西丰城附何冶云）

（明）刘子羽（江西泰和）

（明）刘伯完（江西吉水）

（明）刘子远（江西安福）

（明）刘　信（江西安福）表

（明）刘　偘（江西上高）

（明）刘玉渊（江西兴国）表

（明）刘　潜（江西南康）表

（明）刘原善（湖北竟陵）

（明）刘兴汉（湖南邵阳）

（明）刘　憦（四川富顺）

（明）刘　泌（四川富顺）

（明）刘　征（山西长治）

（明）刘桥东（山西大同）表

（明）刘　讦（河南鄢陵）

（清）刘一鹏（河南扶沟）

（明）刘志寿（甘肃灵台）表

（明）刘　剡（福建建阳附熊宗立）

（明）刘　杰（广东东莞）

（明）刘福成（云南宜良）

（明）刘　宽（宁夏中卫）

（清）刘梦升（江苏丹徒）

（清）刘梦震（江苏丹徒）

（清）刘　仁（江苏上海）表

（清）刘四公（江苏崇明）

（清）刘龙光（江苏吴县）

（清）刘毓松（江苏仪征）

（清）刘熙载（江苏兴化）

（清）刘元熙（江苏宝应）

（清）刘赤江（浙江镇海）

（清）刘崇潘（浙江泰顺）

（清）刘仕可（浙江怀宁）表

（清）刘　鋐（浙江太湖）表

（清）刘代成（安徽舒城）表

（清）刘世骏（安徽南陵）

（清）刘茂吉（安徽旌德）

（清）刘菘秀（安徽定远）表

（清）刘　钟（安徽凤台）

（清）刘大澜（安徽阜阳）

（清）刘延扬（安徽氵内阳）

（清）刘　丁（江西南昌）

（清）刘蹈仁（江西兴安）

（清）刘世衢（江西永新）

（清）刘　萼（江西上高）

（清）刘应对（江西新昌）

（清）刘韧吉（江西新昌）

（清）刘守昭（江西新昌）表

（清）刘丕烈（江西新昌）

（清）刘先甲（河北潜江）

（清）刘云峰（湖南益阳）

（清）刘之镛（湖南湘阴）

（清）刘诜迪（河南武冈）

（清）刘学艺（湖南华宁）

（清）刘琼彩（湖南清泉）

（清）刘灿然（湖南汝城）表

（清）刘鸣玉（湖南桂阳）

（清）刘之典（湖南叙相）表

（清）刘月亭（湖南永绥）表

（清）刘天文（四川成都）

（清）刘万超（四川合川）表

（清）刘纯杰（四川荣县）表

（清）刘八卦（四川井研）表

（清）刘神仙（四川阆中）

（清）刘子振（河北通州）

（清）刘桂林（湖北青州）表

（清）刘鸿逵（河北庆云）

（清）刘艺林（湖北庆云）

（清）刘元龙（河北饶阳）

（清）刘逢源（河北曲周）

（清）刘君佐（河北新河）

（清）刘　芳（河北南宫）

（清）刘宝璋（山东商河）

（清）刘有源（山东滕县）

（清）刘春台（山东恩县）表

（清）刘良田（山东平原）表

（清）刘公言（山东益都）

（清）刘　暾（山东昌乐）表

（清）刘天名（山西长治）

（清）刘绳武（山西屯留）

（清）刘德懋（山西屯留附刘绳武）

（清）刘　禄（河南开封）

（清）刘玉衡（河南淮阳）

（清）刘　潞（河南太康）

（清）刘　燃（河南滑县）

（清）刘　恭（河南洛阳）

（清）刘健庵（陕西兴平附吴寿贞）

（清）刘　涝（陕西三原）

（清）刘　泽（陕西横山）

（清）刘尚杰（甘肃皋兰）表

（清）刘士延（甘肃皋兰）表

（清）刘鹮举（甘肃皋兰）

（清）刘道士（甘肃固原）表

（清）刘日开（福建浦城）

（清）刘凤轩（福建浦城附刘日开）

（清）刘华宇（福建浦城附刘日开）

（清）刘前度（广东新丰）表

（清）刘　炘（广东归善）

（清）刘毓鳞（云南陆良）

（清）刘飞云（云南罗平）

（清）刘德厚（云南建水）

（清）刘腾蛟（云南石屏）

（清）刘子章（贵州贵筑）

（清）刘钟峤（贵州兴义）

（清）刘凤岐（辽宁盖平）表

（清）刘继荃（辽宁北镇）表

（民国）刘世铭（辽宁安东）

（民国）刘长甲（辽宁安东附刘世铭）

（民国）刘长连（辽宁安东附刘世铭）

（民国）刘长第（辽宁安东附刘世铭）

（周）郑詹尹（湖北江夏）

（后汉）郑　玄（山东高密）

（后汉）郑伯山（四川新都附杨统）

（北齐）郑道谦（河北宁津）表

（唐）郑相如（河北沧州）

（宋）郑彦渊（浙江金华）表

（宋）郑思肖（福建连江）

（宋）郑　樵（福建莆田）

（宋）郑　瑞（福建浦城）

（元）郑　谧（浙江金华）

（元）郑彦远（安徽宁都附濮都监）

（元）郑垄岩（山西沁水）

（明）郑毓凤（江苏兴化）

（明）郑秋泽（江苏昭文）

（明）郑若曾（江苏昆山）

（明）郑　葆（浙江缙云）

（明）郑希诚（浙江瑞安）

（明）郑英才（安徽祁门）

（明）郑　寅（江西安福）

（明）郑廷谦（江西义宁）表

（明）郑毓季（福建晋江）

（明）郑仰田（福建惠安）

（清）郑明遥（浙江淳安附方尚节）

（清）郑　铭（江西上饶）表

（清）郑青元（湖北石曾）

（清）郑文振（四川营山）

（清）郑　映（河北广宗）

（晋）潘　滔（河南洛阳）

（北魏）潘　捺（河北附耿玄）

（宋）潘　翼（江西景宁）

（元）潘碧山（江西安福）

（明）潘　弼（江苏兴化附高豫）

（明）潘　爵（浙江天台）表

（明）潘　荃（江西武宁）

（明）潘　銮（江西婺源）表

（清）潘柽章（浙江桐城）

（清）潘尔杲（浙江山阴）

（清）潘用清（安徽怀宁）

（清）潘廷庶（江西广丰）表

（清）潘掌纶（湖南湘乡）

（清）潘士权（湖南黔阳）

（清）潘　景（福建安溪）

（清）潘清逸（贵州广顺）

（宋）欧阳可夫（福建浦城）

（元）欧阳可山（浙江杭县附谢生）

（元）欧阳生（湖南长沙）

（明）欧阳方旦（湖北麻城）

（清）欧阳宗衡（江西万安）表

（清）欧阳振（湖南衡山）

（北魏）邓　渊（河北安定）

（宋）邓茂生（江西南城）表

（明）邓祥甫（江西高安）

（明）邓　权（湖北监利）表

（明）邓华山（福建永安）

（明）邓　容（广东乐昌）

（清）邓和尚（江苏金山方外）

（清）邓筠山（江西高安）

（清）邓林材（湖南新化）

（清）邓显鹍（湖南新化）

（清）邓天林（福建上杭）

（周）卫　平（河南洛阳）

（北周）卫元嵩（四川成都）表

（唐）卫大经（山西解梁）

（宋）卫　朴（江苏江都）表

（清）卫明发（湖北云梦）
（清）卫永耀（山西凤台）表
（清）卫仰瑶（山西洪洞）
（北周）黎景熙（河南新郑）
（宋）黎端吉（江西赣县）
（明）黎福荣（湖北监利）
（清）黎立贤（江西南丰）
（辽）乐先生（湖北冀州）
（清）乐嘉善（江西会昌）
（清）乐治贤（湖南宁远）
（清）乐　斌（福建南平）
（清）乐云鹗（福建南平附乐斌）
（后汉）樊　英（河南南阳）
（明）樊　让（甘肃武都）
（清）樊腾凤（河北唐山）
（北齐）鲁　祈（陕西扶风）表
（明）鲁　轲（福建宁化）
（秦）樗里子（陕西长安）
（明）楼　楷（浙江鄞县）
（清）怀振熙（浙江嘉兴）
（清）迟延燊（河北沧州）
（清）谈翀霄（广东德庆）
（清）德格勒（辽宁满洲）
（宋）滕　峻（福建建安）
（清）滕海峰（江苏江都）
（唐）臧　兢（江苏江都附王远知）

十六画

（蜀汉）诸葛亮（山东阳都）
（魏）诸葛原（山东平原）表
（宋）诸先生（浙江钱塘）

（明）诸伯远（浙江青田）

（明）诸彦宾（浙江青田附诸伯远）

（明）诸彦熊（浙江青田附诸伯远）

（清）诸可继（浙江钱塘）

（清）诸远之（浙江杭县）

（唐）钱知微（河南洛阳）

（宋）钱　弼（江苏金坛）表

（宋）钱　祐（浙江余姚）表

（宋）钱道人（浙江兰谿）表

（宋）钱若水（河南新安）

（明）钱　博（江苏华亭）

（明）钱陆灿（江苏常熟）

（明）钱　琪（江苏如皋）

（明）钱文则（江苏山阳）

（明）钱彭曾（浙江钱塘）

（清）钱邦韶（江苏丹徒）表

（清）钱　裕（江苏高淳）

（清）钱大昕（江苏嘉定）

（清）钱　塘（江苏嘉定）

（清）钱玉炯（江苏嘉定）

（清）钱陆灿（江苏常熟）

（清）钱荆山（江苏金匮）表

（清）钱　林（浙江仁和）

（清）钱彭曾（浙江钱塘）

（清）钱嘉钟（浙江嘉善）

（清）钱　廉（浙江鄞县）表

（清）钱曰濬（浙江上虞）

（清）钱爱莲（江苏上虞附钱曰濬）

（清）钱澄之（安徽桐城）

（清）钱景恂（安徽五河）

（战国）卢　生（河北大兴）
　（隋）卢太翼（河北河间）
　（唐）卢山人（湖北江陵）表
　（唐）卢齐卿（河北涿州）
　（唐）卢承业（河北涿州）
　（唐）卢承庆（河北涿州附卢承业）
　（唐）卢　母（河北涿州列女）
（后晋）卢　丘（山西太原）
（后周）卢　生（湖北大兴）
　（宋）庐　鸿（浙江金华）
　（明）卢　翰（安徽阜阳）
　（明）卢文燧（江西南昌）
　（明）卢　橘（河南阳武）表
　（清）卢元俊（江西武宁）
　（清）卢　昶（湖北大冶）
　（清）卢正常（四川雷波）
　（清）卢廷臣（河北邯郸）表
　（清）卢　政（甘肃皋兰）表
　（晋）鲍　玄（江苏附葛洪）
　（晋）鲍　靓（江苏东海）表
　（唐）鲍　该（陕西盩厔）
　（明）鲍栗之（浙江钱塘）
　（明）鲍清时（安徽歙县附叶致远）
　（明）鲍云凤（山东德州）
　（清）鲍文炤（江苏上海）表
　（唐）骆山人（河南济源）
　（明）骆用卿（浙江余姚）表
　（明）骆　斌（广东归善）
　（清）骆润玉（江苏句容）
　（清）骆士鹏（江苏丹徒）

（清）骆帅璟（安徽滁州）

（后汉）龙　渊（湖北枣阳）

（梁）龙溪老人（安徽当涂）

（唐）龙复本（河南开封）表

（元）龙广寒（江西新建）

（明）龙　正（甘肃武都）

（金）阎　生（山东平阴附王广道）

（明）阎子贵（山西祁县）

（明）阎大节（山西祁县附阎子贵）

（宋）赖文俊（浙江处州）

（宋）赖白须（江西宁都）表

（宋）赖先知（福建闽县）

（北魏）燕　凤（察哈尔蔚县）

（刘宋）暨　生（江苏武进）表

（汉）衡　胡（卷首附孔子）

（唐）衡　相（湖南衡山）

（宋）篾　叟（四川涪州附谯定）

（明）霍　昂（河南杞县）

（明）橄大经（河北广宗）

（清）谌会衔（湖南溆浦）

（宋）穆　修（山东益都附李之才）

（清）穆尼阁（西洋法国）

（元）操贵持（江西浮梁）表

（春秋）桥　庇（卷首附孔子）

十七画

（上古）羲　和（卷首附黄帝）

（唐尧）羲　仲（卷首附尧陶唐）

（唐尧）羲　叔（卷首附尧陶唐）

（宋）徽宗帝（卷首）

（后汉）谢夷吾（浙江山阴）

（后汉）谢　甄（河南召陵）

（唐）谢　玠（江西兴国）表

（宋）谢枋得（江西弋阳）

（宋）谢昔臣（江西赣县）

（宋）谢和卿（江西雩都附刘渊则）

（宋）谢世南（江西兴国）

（宋）谢永锡（江西兴国附谢世南）

（宋）谢　石（四川成都）

（元）谢　生（浙江杭县）

（明）谢常德（安徽祁门）

（明）谢作霖（江西分宜）表

（明）谢廷柱（福建长荣）表

（明）谢宪时（福建宁化）

（明）谢　纯（福建瓯宁）

（清）谢　增（江苏甘泉）

（清）谢应宽（安徽无为）

（清）谢玉临（安徽歙县）

（清）谢芝生（安徽歙县附谢玉临）

（清）谢体春（安徽宿州）

（清）谢天翱（湖北潜江）

（清）谢天翔（湖北潜江附谢天翱）

（清）谢心治（湖北潜江附谢天翱）

（清）谢允恭（湖南耒阳）

（清）谢献廷（湖南东安）

（清）谢盛中（湖南永兴）表

（清）谢大櫆（四川永川）表

（清）谢少晖（四川资州）

（清）谢　历（甘肃皋兰）

（清）谢廷窦（福建龙岩）表

（清）谢　震（福建侯官）

（清）谢　震（福建南平）
（清）谢　韶（云南宜良）
（清）谢礼耕（江苏阳湖）表
（清）谢　震（江苏阳湖）表
（清）谢　鸿（江苏宜兴）
（南齐）萧惠开（江苏武进）
（隋）萧　吉（山东曹州）
（宋）萧巽斋（江西吉水）
（宋）萧才夫（江西吉水）
（宋）萧　注（江西新喻）
（宋）萧才清（江西雩都）表
（金）萧汉杰（河北大兴）
（元）萧　斛（陕西奉化）
（明）萧鸣美（江苏丹徒）
（明）萧凤鸣（江苏昭文）表
（明）萧鸣凤（河北大兴）
（明）萧云山（贵州天柱）
（清）萧人官（江苏上元）表
（清）萧　引（江苏宜兴）
（清）萧云从（安徽芜湖）
（清）萧功海（湖北沔阳）
（清）萧三式（湖南当宁）
（清）萧致艮（湖南常平附萧三式）
（清）萧　珏（四川合川）表
（清）萧光汉（甘肃皋兰附谢历）
（清）萧云浓（辽宁广宁）
（宋）应　垕（江西宜黄）
（元）应　本（浙江钱塘）表
（清）应文烈（江苏上海）表
（清）应斗桥（江苏上海）表

（清）应撝谦（浙江仁和）
（唐）钟可朝（江西宁都）表
（元）钟继元（浙江桐乡）
（明）钟　调（浙江海宁）
（明）钟　志（福建闽县）
（清）钟之模（浙江会稽）
（清）钟承鼐（安徽舒城）表
（清）瞿兰谱（安徽舒城）
（清）瞿东海（安徽舒城）
（清）瞿运炎（安徽舒城附瞿东海）
（清）瞿运功（安徽舒城附瞿东海）
（清）瞿守明（安徽舒城附瞿东海）
（清）瞿守荣（安徽舒城附瞿东海）
（清）瞿守华（安徽舒城附瞿东海）
（清）瞿守富（安徽舒城附瞿东海）
（唐）薛　颐（河南潜县）
（宋）薛　亚（湖北江附）表
（宋）薛叔似（浙江温州）
（宋）薛化光（山西正平）
（宋）薛　奎（山西正平附薛化光）
（宋）薛　翁（四川富顺）
（元）薛如鉴（浙江嘉兴）
（元）薛月鉴（浙江嘉兴附薛如鉴）
（元）薛鉴心（浙江嘉兴附薛如鉴）
（元）薛白云（浙江嘉兴附薛如鉴）
（元）薛秋蟾（浙江嘉兴附薛如鉴）
（明）薛仲义（河北元氏）
（清）薛福成（江苏无锡）
（清）薛　嵋（山东滨州）
（清）薛凤祚（山东益都）

（清）薛德望（四川蒙山）表

（汉）翼　奉（江苏邳州）

（汉）襄　楷（山东临邑）

（唐）豫章术者（江西南昌）

（宋）鲜于天一（四川南都）

（明）缪元吉（江苏常熟）表

（明）缪希雍（江苏常熟）

（清）矫晨憘（辽宁海城）

（清）萨　弼（辽宁凤城）

（清）蹇逢泰（甘肃武乡）

（清）霞峰道人（湖北长乐）

（唐）濮都监（江西宁都）

（清）濮文暹（江苏溧水）

十八画

（周）颜　回（卷首附孔子）

（刘宋）颜延之（山东沂州）

（刘宋）颜　敬（江苏铜山）

（北魏）颜恶头（河北沧州）

（后梁）颜　规（江苏吴县）

（宋）颜鲁子（江西婺源附陈同甫）

（春秋）颛孙师（卷首附孔子）

（晋）戴　洋（浙江长兴）

（宋）戴厚甫（浙江钱塘）表

（宋）戴　生（广东番禺）

（元）戴　胄（浙江黄岩）

（元）戴士垚（浙江浦江）表

（明）戴　易（江苏长洲）

（明）戴　冠（江苏长洲）

（明）戴端蒙（安徽天长）

（明）戴　姓（安徽黟县）

（明）戴　绍（河南仪封）表

（明）戴　经（河南仪封）表

（清）戴　溱（江苏句容）表

（清）戴钦荣（江苏句容）表

（清）戴　鸿（江苏上海附盛钧）

（清）戴辅美（浙江嘉兴）

（清）戴敦元（浙江开化）

（清）戴　良（浙江浦江）

（清）戴　震（安徽休宁）

（清）戴　濬（江西永丰）

（清）戴国恩（江西婺源）表

（清）戴日焕（湖南衡山）

（清）戴尚文（湖南溆浦）

（清）戴泽同（河南祥符）

（清）戴泽溥（云南南宁）

（民国）戴姜福（江苏吴县）

（汉）魏伯阳（江苏吴县方外）

（汉）魏景卿（陕西平陵附张仲蔚）

（北魏）魏　宁（河北巨鹿）

（北魏）魏道虔（河北清河）

（隋）魏先生（山西代州）

（唐）魏　琮（陕西长安）表

（宋）魏易斋（江西弋阳）

（宋）魏山人（江西吉水）

（辽）魏　璘（河南开封）

（宋）魏汉津（四川成都）表

（元）魏文昌（山西壶关）表

（明）魏孟坚（福建松溪）

（清）魏企垂（江苏阳湖）表

（清）魏　端（江西澶溪）

（清）魏澄清（江西义亭）

（清）魏　麟（湖北沔阳）表

（清）魏　鉴（湖南芷江）

（清）魏文通（河北临榆）

（清）魏养志（河北南乐）

（汉）韩　说（浙江山阴）表

（晋）韩　友（安徽舒城）

（唐）韩　滉（陕西长安）

（唐）韩凝理（山西长治）

（宋）韩　恺（浙江临安）

（宋）韩东野（江西婺源）

（宋）韩显符（河南开封）

（元）韩　性（浙江会稽）

（明）韩先生（浙江山阴）表

（明）韩原善（河北庐龙）

（明）韩西元（河北迁安附梅如玉）

（明）韩　允（河北高阳）

（明）韩邦奇（陕西朝邑）

（清）韩寅秀（河北应云）

（清）韩达学（山西静乐）

（清）韩　光（山西稷山）

（清）韩鸣岐（河南滑县）

（清）韩应春（甘肃皋兰）表

（清）聂湘吟（江西永丰）

（清）聂　庭（山东长山）

（明）丛　兰（山东文登）

（清）丛立选（河北沧州）

（清）扩超凡（四川合州）

（清）扩安一（四川合州附扩超凡）

（清）扩鼎元（四川合州附扩超凡）

（魏）关　朗（山西解州）

（隋）临孝恭（陕西长安）

（宋）储　泳（江苏华亭）

（宋）瀛　洲（四川成都）

（明）简尧坡（福建闽县）

（明）鹅池翁（江西彭泽）

（明）蓝道衍（山东即墨）

（清）蓝　斌（福建龙溪）

（清）蓝道人（甘肃天水附雷逢源）

十九画后

（宋）谈　章（湖南长沙）

（宋）谈元谟（江西兴国）

（宋）谈仲简（江西兴国附谈元谟）

（元）谈友文（江苏嘉定）

（明）谈　明（广东南海）

（清）谈多济（湖南茶陵）

（清）谈学元（湖南清泉）

（清）谈德政（四川绵州）

（清）谈　炳（山西沁水）

（清）谈宗节（陕西宝鸡）表

（晋）罗　翁（湖南黔阳）

（后梁）罗尊师（陕西长安）

（宋）罗一新（浙江宁海）

（元）罗如意（四川南充）表

（明）罗道传（江西泰和）

（明）罗　珏（江西鄱阳）

（明）罗天佑（四川长宁）

（明）罗白头（贵州天柱）表

（清）罗　浩（江苏东海）

（清）罗捧日（安徽新安）表

（清）罗席珠（江西德化）

（清）罗登选（湖南衡山）

（清）罗金鉴（湖南新化）

（清）罗起凤（湖南新宁）表

（清）罗　亻（四川郫县）表

（清）罗文思（四川合江）

（清）罗世玪（四川合江）

（清）罗在公（四川营山）

（清）罗德龙（福建长汀）

（清）罗联章（福建长汀附罗德龙）

（清）罗万福（云南宜良）

（蜀汉）谯　周（四川西光）

（蜀汉）谯　岇（四川西光附谯周）

（宋）谯　定（四川赣州）

（后汉）庞德公（湖北襄阳）

（北齐）庞仓鹰（山西太原）表

（隋）庞晃如（湖北襄阳）表

（清）庞启鲸（浙江仁和）表

（清）庞　炳（河北雄县）

（宋）鹬　绍（河南荥阳）表

（宋）镜　湖（江西吉水）表

（明）边彦骆（河南杞县）

（清）颠道人（湖北关山）

二十画

（汉）严　丰（江西南昌）

（后汉）严　遵（四川成都）

（晋）严　卿（浙江会稽）表

（唐）严善思（陕西朝邑）

（宋）严道者（浙江龙泉）

（明）严正笏（湖北石首）表

（明）严　俊（贵州安平）

（清）严元燮（江苏丹徒）

（清）严　荣（江苏窦山）表

（清）严　逊（江苏如皋）

（清）严光裕（江苏清河）表

（清）严可均（浙江乌程）

（清）严守谟（江西广泽）

（清）严楚璧（湖北蕲文）

（清）严寅宾（湖北福田）

（清）严组璋（山东历城）

（清）严炳寰（河南扶沟）

（清）严　亨（广西灌阳）

（民国）严　煦（江苏丹徒）

（汉）苏　秦（河南雒阳）

（后汉）苏　文（河南洛阳）表

（唐）苏粹明（浙江缙云附范越凤）

（宋）苏　颂（江苏丹徒）

（宋）苏　轼（四川眉州）

（宋）苏　绎（福建同安）

（清）苏万汇（安徽合肥）

（清）苏云山（山东商河）

（清）苏于垣（云南赵州）

（吴）阚　泽（浙江山阴）

（汉）窦广国（河南宜阳）表

（宋）窦　俨（河北蓟州）

（清）饶之道（江西崇仁）

（清）饶懋猷（四川资州）

（清）饶时佐（云南景东）

（清）腾云龙（湖北沔阳）

二十一画

（南齐）顾　欢（浙江海宁）

（陈）顾野王（江苏吴县）

（宋）顾　泾（江西庐陵）

（明）顾　节（江苏无锡）

（明）顾朝升（江西嘉善）表

（明）顾乃德（江西贵溪）

（明）顾　璇（贵州贵筑）

（清）顾镇生（江苏丹徒）

（清）顾元辰（江苏青浦）表

（清）顾言远（江苏常熟）表

（清）顾钟秀（江苏华亭）

（清）顾礼琥（江苏吴县）

（清）顾天燧（江苏南通）

（清）顾汝玉（江苏如皋）

（清）顾凤威（浙江余姚）

（明）兰　茂（云南杨林）

（清）酆　宫（浙江盐官）表

（宋）铁龟山人（河南开封）表

二十二画

（晋）龚使者（安徽合肥附隗炤）

（宋）龚豫轩（江西吉水）

（宋）龚恢乙（四川临邛）表

（明）龚联秀（湖北长乐）

（明）龚尚德（河南淮阳）

（清）龚修贇（江苏华亭）表

（清）龚　布（云南石屏）

（北齐）权　会（河北河间）

目　录

《中国历代卜人传》提要	1
冒序	2
卞序	4
阮序	5
陈序	6
洪序	8
自序一	9
自序二	11
○敬题家大人《卜人传》自序后	13
致上海特别市市政府陈市长书	16
《中国历代卜人传》例言	18
征引书目 九百廿八种	20
中国历代卜人传索引目录	31
中国历代卜人传索引	36

中国历代卜人传卷首

太昊伏羲氏	1
炎帝神农氏 司怪　巫咸	5
黄帝轩辕氏 大挠　羲和　常仪　车区　容成	6
帝尧陶唐氏 羲仲　羲叔　和仲　和叔	9
帝舜有虞氏	12
夏禹王	14
商汤王	16

周文王 19

周武王 21

周公 23

孔子 商瞿 子贡 颜回 子张 孟子 26

汉高祖帝 33

梁武帝 34

梁元帝 刘景 35

宋仁宗帝 36

宋徽宗帝 37

宋高宗帝 38

清世祖帝 39

清圣祖帝 39

清高宗帝 41

中国历代卜人传卷一

江苏省【一】

1 江宁县 43

（东晋）扈谦（43） （梁）陶弘景（44） （宋）刘虚白（45）
（元）蔡槐（45） （明）李羲人（45） （明）崔自均（45）
（清）秦承业（46）

2 上元县 46

（明）陈遇（46） （清）李槐（46） （明）贺确（46）
（清）陈茂桐（47） （清）夏和元（47） （清）温葆深（47）
（清）汤荣（48）

3 丹徒县 48

（晋）徐广（48） （刘宋）孔恭（49） （唐）王居士（49）
（宋）苏颂（49） （明）冯渊（49） （明）陈允昌（50）
（明）萧鸣美（50） （清）印天吉（51） （清）张誉星（51）
（清）杨庞（51） （清）骆士鹏（51） （清）严元燮（51）
（清）刘梦升（51） （清）刘梦震（52） （清）庄忠棫（52）

（清）顾镇生（52）　　（清）吕之朴（52）　　（清）丁时霈（52）

（清）眭秉衡（52）　　（清）冯瑀（53）

（清）毛志道（连一驹　父鬻　叔鲲）（53）

（清）冯文耀（53）　　（清）张崟（53）　　（清）李宗汇（54）

（清）赵风子（54）　　（清）丁立中（54）　　（清）许长龄（54）

（清）李慎传（54）　　（清）王恒钰（弟恒镛　姪寿山　姪道纯）（55）

（清）赵采董（55）　　（清）赵榦（55）　　（清）李桐（55）

（清）赵书禾（56）　　（清）陈克修（56）　　（清）赵顺康（56）

（清）吕云峰（56）　　（清）真传元（子正培）（56）

（民国）严熙（56）　　（民国）张光忻（57）

4　句容县 …… 57

（后汉）李南（57）　　（晋）葛洪（鲍玄）（57）　（明）冯鹤鹿（58）

（清）周子谦（周履琨）（58）　　　　　　　　（清）唐兆麟（58）

（清）俞之墍（58）　　（清）陈厚宽（58）　　（清）孙守勋（59）

（清）王周南（59）　　（清）骆润玉（59）　　（清）吴相乾（59）

（清）孔继廉（59）

5　溧水县 …… 60

（明）章星文（60）　　（明）朱良知（60）　　（清）濮文暹（60）

中国历代卜人传卷二 …… 61

江苏省二 …… 61

6　高淳县 …… 61

（明）吴宗德（61）　　（清）钱裕（61）

（清）吴古怀（邢昉）（61）　　　　　　　　（清）吴越彦（61）

（清）王长和（62）　　（清）夏爱棠（62）　　（清）施伟（62）

（清）张韶（62）

7　六合县 …… 62

（陈）吴明彻（62）　　（清）姚承口（62）

8　丹阳县 …… 63

（明）张田（63）　　　　　　　　　　　　（清）朱圩（张鼎）（63）

（清）丁廷杰（张九仪）(63) 　　　　　　　　　（清）吉梦熊 (63)

（清）吉世琛 (63)　　　（清）吉钟颖 (64)　　　（清）姜可正 (65)

（清）汪可爵 (65)　　　（清）张仲馨 (65)

9　金坛县 ··· 66

（明）王肯堂 (66)　　　（明）武鼎升 (66)　　　（明）于茜 (66)

（清）许北文 (66)

10　溧阳县 ·· 66

（宋）周碧眼 (66)　　　（元）陈梅湖 (67)　　　（清）胡泌水 (67)

（清）蔡翁 (67)　　　　（清）史夔 (67)

11　上海县 ·· 67

（明）俞寰 (67)　　　　（清）马严 (68)　　　　（清）沈大至 (68)

（清）张梦松 (68)　　　（清）朱孔阳 (68)　　　（清）马斯才 (68)

（清）吴华山 (68)　　　（清）马进之 (68)　　　（清）丁诗 (69)

（清）陈思鲁（子继鲁）(69)

（清）盛钧（张梁文　凌吉人　叶彭年　戴鸿）(69)

（清）张文彪 (69)　　　（清）胡聿田 (69)　　　（清）贾振元 (69)

（清）杨志逊 (70)　　　（清）沈衡章（陆学海）(70)

（清）贾履上 (70)　　　（清）莫树堉（陈升）(70)

（清）王廷瑚（子陛良）(70)

（清）侯敞（子宝一）(70)

12　华亭县 ·· 71

（宋）储泳（朱子美）(71)

（元）吴钟山（祖竹所　父一峰）(72)

（元）周之翰 (73)　　　（明）钱博 (73)　　　　（明）徐阶 (73)

（明）范从烈（弟从勳）(73)

（清）宋懋澄（白孝廉）(73)

（清）蒋平阶（张仲馨　骆士鹏　吕相烈　姜垚　胡泰征　毕世持）(74)

（清）相枚（黄惠昌）(74)　　　　　　　　　　　（清）杜登春 (74)

（清）张受祺 (74)　　　（清）陈泽泰（盛邦直）(74)

（清）徐以仁 (75)　　　（清）高鼎玉 (75)　　　（清）顾钟秀 (75)

(清)徐洪高（75） 　　　(清)徐良钰（75）

13　娄县 ……………………………………………………………… 76
(明)陈鲲（子三省　孙杰）（76） 　　　(明)王仙（76）
(明)祝愨（76） 　　　(清)姚廷銮（76）

14　南汇县 …………………………………………………………… 77
(清)陆宗赟（77） 　　　(清)陆大鼎（77） 　　　(清)朱景星（77）
(清)贾步纬（77） 　　　(清)张文虎（77）

15　青浦县 …………………………………………………………… 78
(明)张谊（78） 　　　(明)张希骞（78） 　　　(清)叶镐（79）
(清)徐杰（79） 　　　(清)查书翰（79） 　　　(清)熊其光（79）
(清)熊其昌（闵学骞）（79） 　　　(民国)吴霜（79）

中国历代卜人传卷三 ………………………………………………… 81

江苏省三 …………………………………………………………… 81

16　奉贤县 …………………………………………………………… 81
(清)宋一士（子卧云　张惠泉　陈大林）（81）
(清)徐元音（黄炎松　周象干　周南　金文照）（81）

17　金山县 …………………………………………………………… 81
(清)叶痴（82） 　　　(清)何恒信（82）

18　太仓州 …………………………………………………………… 82
(清)陈瑚（陆世仪）（82） 　　　(清)吴伟业（82）
(清)毛在鹏（父炜　滑麟）（83）
(清)俞坚（父琳清）　王子云（83）

19　嘉定县 …………………………………………………………… 83
(元)谈友文（83） 　　　(明)翟祥（83） 　　　(明)马轼（83）
(清)陆坦（父嘉颖）（84） 　　　(清)王渭熊（84）
(清)侯泓（84） 　　　(清)钱玉烱（84） 　　　(清)钱大昕（84）
(清)钱塘（84） 　　　(清)时铭（85）

20　宝山县 …………………………………………………………… 85
(清)王贞爵（子飞筠　子渭熊）（85） 　　　(清)张元治（85）

（清）陈艮（海痴）（85） （清）富生（85）
（清）张旭（85）

21 崇明县 ································· 86
（元）宋尹文（86） （明）施文会（86） （清）刘四公（86）
（清）黄仍绪（86） （清）施彦士（87） （清）李凤苞（87）

22 吴县 ··································· 87
（周）公孙圣（88） （汉）吴泰（88） （吴）陆绩（88）
（吴）陆凯（89） （后梁）朱景璨（89） （后梁）颜规（89）
（陈）顾野王（89） （宋）许洞（89） （宋）胡舜申（90）
（宋）范畴（张九午）（90） （元）陆森（90）
（明）徐有贞（90） （明）金鬼谷（90） （明）唐寅（91）
（清）刘龙光（91） （清）顾礼琥（91）
（清）陆钧（徐玉昭）（91）
（清）俞归璞（吴子卿）（92）
（清）王维德（杨广含）（92）
（清）张春山（92）
（清）徐懋荣（子大衍　子永铭　子永镇　桑既白）（92）
（清）邱振声（92） （清）盛凝之（93） （清）施源（93）
（民国）冯士澂（93） （民国）戴姜福（93）

23 长洲县 ································· 93
（明）葛乾孙（93） （明）沈晟（94） （明）邢量（94）
（明）袁景休（94） （明）文林（94） （明）张凤翼（94）
（明）李魁春（94） （明）戴冠（94） （清）戴易（95）
（清）屠西爽（96） （清）嵇璜（96） （清）张锡祚（96）
（清）李自明（97） （清）何万年（97） （清）蒋元益（97）
（清）蒋中孚（97） （清）宋思仁（97） （清）彭遇时（97）

24 元和县 ································· 98
（清）惠栋（98） （清）袁钺（98）

中国历代卜人传卷四 ······················ 99
江苏省四 ······························· 99

25 常熟县 ················· 99

（元）赵元行（99）
（明）徐忠（子景容　孙朐　孙坚　曾孙佐　曾孙仪）（99）
（明）江宏道（99）　　（明）缪希雍（99）　　（明）周永年（100）
（明）金嘉元（100）　　（明）钱陆灿（100）　　（清）单德菜（100）
（清）陈三恪（100）　　（清）袁永信（100）　　（清）王有德（100）

26 昭文县 ··················· 101

（明）马天用（101）　　（明）郑秋泽（101）　　（清）丁鹭（101）

27 吴江县 ··················· 101

（元）盛舆（101）　　（明）袁黄（102）　　（明）杨艺（102）
（明）皇甫焯（102）　　（明）徐师曾（102）　　（明）盛伦（102）

28 崐山县 ··················· 103

（明）周仲高（103）　　（明）郑若曾（103）　　（民国）张芬（103）

29 新阳县 ··················· 103

（清）沈张坊（103）

30 武进县 ··················· 104

（汉）陆瑜（104）　　（南齐）萧惠开（104）　　（宋）韦叟（104）
（明）唐顺之（104）　　（明）吴杰（104）　　（明）曹一江（105）
（清）吕宫（105）　　（清）董达存（105）　　（清）庄述祖（105）
（清）杨方达（106）　　（清）王光燮（106）　　（清）张云英（106）
（清）邵一庵（107）　　（清）孔璞（107）　　（清）张惠言（107）
（清）黄乙生（107）　　（清）董士锡（108）　　（清）马文植（108）
（清）大不同（108）

31 阳湖县 ··················· 109

（清）叶楷（吴逌大）（109）
（清）赵地山（李兆洛）（109）

32 无锡县 ··················· 110

（明）郭文显（110）　　（明）袁观海（111）　　（明）顾节（111）
（明）华善继（111）　　（明）马治（111）
（清）王选（弟逸　孙雪涯）（112）　　　　（清）施仲达（112）

（清）汪杰（邹图南）（112）

（清）蔡与偕（施御风）（112）

（清）倪荣桂（112）　　（清）秦士钥（112）　　（清）章仲山（112）

（清）丁学（112）　　（清）薛福成（113）　　（清）温荣镰（114）

（民国）吴豫昶（114）

33　金匮县 ·· 114

（清）蒋地仙（114）　　（清）华湛恩（114）

中国历代卜人传卷五 ·· 115

江苏省 五 ·· 115

34　宜兴县 ·· 115

（清）杨湛露（115）　　（清）毛绍武（115）　　（清）傅清（115）

（清）杨翼亮（116）　　（清）谢鸿（116）　　（清）萧引（116）

（清）周朴庵（116）

35　江阴县 ·· 116

（元）陆文圭（116）　　（元）吴方（116）　　（明）袁舜臣（117）

（清）郭勋（117）　　（清）王公奭（117）

（清）夏时用（费大章）（117）　　（清）程省（117）

36　靖江县 ·· 118

（清）闻琴（118）

37　通州 ·· 118

（清）邹亦凤（119）　　（清）顾天燧（119）

38　如皋县 ·· 119

（明）郭师古（119）　　（清）钱琪（119）　　（清）程曾祺（119）

（清）严逊（119）　　（清）沈凤鸣（120）　　（清）汤临（120）

（清）张烜（120）　　（清）汤澍（子惠元）（120）

（清）顾汝玉（120）　　（清）李新泉（120）　　（清）姚功立（120）

39　泰兴县 ·· 121

（清）陈达夫（方七）（121）

40　清河县 ·· 122

（清）蒋星从（122） （清）汪椿（122） （清）林翁（123）

41 山阳县 ··· 123
（明）钱文则（123） （明）周正（123） （明）王璧（123）
（明）张素（124） （清）曹应熊（124） （清）丁晏（124）

42 泗阳县 ··· 124
（清）胡粹纯（孙家驹 徐三程）（124）

43 安东县 ··· 125
（明）田润（125）

44 桃源县 ··· 125
（清）高昙（125） （清）艾由兴（125）

45 阜宁县 ··· 125
（清）金兰（125）

46 盐城县 ··· 126
（明）夏升（126） （清）王家弼（126）
（清）许桂芬（孙歇伯）（126） （清）姜书钦（126）

47 广陵县 ··· 127
（后汉）刘瑜（子璇）（127） （南齐）荀伯玉（127）

48 江都县 ··· 127
（吴）赵达（单甫）（128） （宋）妙应方（128）
（宋）荆大声（128） （明）李思聪（128） （明）陈君佐（128）
（清）唐绥祖（129） （清）袁学孔（子洪范）（129）
（清）汪一元（129） （清）曹竹斋（129） （清）吴明煌（130）
（清）焦葱（130） （清）焦循（130） （清）陈素村（131）
（清）王方魏（132） （清）吴雪江（132） （清）滕海峰（132）
（清）梁少卿（133） （清）史念祖（133） （清）郭恩潘（134）

中国历代卜人传卷六 ··· 135

江苏省六 ··· 135

49 甘泉县 ··· 135
（清）焦焕（135） （清）谢增（135）

（清）李世琏（子钟源）(135)

50　仪征县 ……………………………………………………… 136

（宋）徐仲坚(136)　　（明）李犹龙(136)　　（清）方申(136)

（清）刘毓崧(137)

51　东台县 ……………………………………………………… 137

（唐）王宁(137)　　（明）王鏳(137)

52　兴化县 ……………………………………………………… 137

（明）高燧（周娄　李木　沈起潜　潘弼　陆海）(137)

（明）郑毓凤(138)　　（清）李瀚(138)　　（清）刘熙载(138)

53　泰州 ………………………………………………………… 138

（清）王而豫（父孙驹）(138)

54　高邮州 ……………………………………………………… 139

（明）刘鉴（重光）(139)

55　宝应县 ……………………………………………………… 139

（清）杨景涟(139)　　（清）林桂枝(139)　　（清）刘元熙(139)

56　铜山县 ……………………………………………………… 140

（东晋）刘讷(140)　　（刘宋）颜敬(140)　　（明）裴仕杰(140)

（明）周昉（子佐　孙渝　子儒）(140)

57　丰县 ………………………………………………………… 140

（明）李复（弟登）(140)　　　　　　　　　（明）季春煦(141)

58　沛县 ………………………………………………………… 141

（汉）刘向(141)　　（汉）刘歆(141)

（汉）高相（子康　丁将军）(142)　　　　　（后汉）姜肱(142)

（后汉）范冉(142)　　（魏）朱建平(143)　　（明）鹿凤(144)

（清）孟传宝(144)

59　相县 ………………………………………………………… 144

（晋）刘惔（温峤）(144)　　　　　　　　　（南齐）刘休(145)

60　萧县 ………………………………………………………… 145

（明）路可泰(145)

61　邳州 ………………………………………………………… 145

(汉) 翼奉 (145)　　　　　　　　　　　(清) 王九成 (146)

62　宿迁县 ·· 146

(清) 高踰骈 (146)

63　睢宁县 ·· 146

(清) 朱明道 (朱振玉) (146)

64　东海县 ·· 147

(唐) 徐居易 (冲虚子　徐彦升　僧道洪) (147)

(宋) 徐道符 (凌福之　邵彦和) (147)

(清) 罗浩 (148)　　　　　(清) 吴恒宣 (148)

65　赣榆县 ·· 148

(清) 王克靖 (148)

中国历代卜人传卷七 ··· 149

浙江省一 ··· 149

66　仁和县 ·· 149

(周) 范蠡 (149)　　　(明) 陈岊 (150)　　　(明) 张翱 (150)

(明) 郭青螺 (150)　　(清) 柴绍炳 (151)　　(清) 吴任臣 (151)

(清) 应撝谦 (151)　　(清) 赵大川 (151)　　(清) 李殿扬 (152)

(清) 钱林 (152)　　　(清) 沈志言 (152)　　(清) 王迟 (152)

67　钱塘县 ·· 152

(吴越) 叶简 (153)　　(宋) 诸先生 (153)　　(宋) 沈括 (153)

(宋) 古象 (154)　　　(宋) 范居中 (父儒) (154)

(宋) 徐大升 (杨淙) (154)　　　　　　　　(宋) 张介 (155)

(宋) 徐复 (郭京) (155)　　　　　　　　　(宋) 富初庵 (155)

(宋) 仰宗臣 (155)　　(宋) 徐镜斋 (156)　　(宋) 杨桂岩 (156)

(宋) 周生 (156)　　　(元) 陆华之 (156)　　(元) 王迕 (156)

(宋) 李国用 (158)　　(元) 王垚 (158)　　　(明) 鲍栗之 (158)

(明) 钱彭曾 (158)　　(明) 朱琼泉 (158)　　(清) 高士奇 (158)

(清) 汪渢 (159)　　　(清) 林澜 (159)

(清) 张永祚 (沈度) (159)　　　　　　　　(清) 舒继英 (160)

（清）松山人（160） （清）诸可继（160） （清）沈绍勋（160）

68　杭　县 ……………………………………………………………… 161

（元）谢生（欧阳可山）（162） （清）诸远之（162）

69　海宁州 ……………………………………………………………… 162

（南齐）顾欢（163） （明）宋镇（子微）（163）

（明）钟调（163） （明）程道生（163） （清）陈之遴（164）

（清）陈诜（165） （清）沈祥正（张惠生）（165）

（清）范骅（165） （清）周宗林（166） （清）杭辛斋（166）

70　富阳县 ……………………………………………………………… 167

（宋）孙守荣（167） （明）何有（167）

71　余杭县 ……………………………………………………………… 168

（宋）沈野（杨希孟）（168） （明）赵良（168）

中国历代卜人传卷八 …………………………………………………… 169

浙江省二 ………………………………………………………………… 169

72　临安县 ……………………………………………………………… 169

（宋）韩恺（169） （宋）夏巨源（169）

（宋）金钩相士（170） （元）徐瑯（170）

73　新登县 ……………………………………………………………… 170

（明）唐肃（170）

74　嘉兴县 ……………………………………………………………… 170

（明）凌恒达（171） （元）梅玉（171）

（元）袁颢（171） （元）东谷子（171）

（元）薛如鉴（子月鉴　孙鉴心　孙白云　孙秋蟾）（171）

（明）徐柏龄（171） （清）徐趾生（171） （清）许煐（172）

（清）怀振熙（梅长钤）（172） （清）李铿（172）

（清）戴黼美（172） （清）倪我端（172） （清）冯昌临（172）

（清）虞兆隆（172）

75　秀水县 ……………………………………………………………… 173

（明）吴统持（173） （明）黄鼎（173） （清）朱英武（173）

（清）于楷（174） （清）张纯照（174） （清）李景芬（174）
（清）沈魁英（174）

76　嘉善县 ··· 174
（明）金丹（174） （明）胡斋（袁杞山）（174）
（清）钱嘉钟（175） （清）曹佳应（子锡珑　子锡畴）（175）
（清）曹庭栋（175） （清）闵如愚（175）

77　海盐县 ··· 175
（明）胡日章（175） （明）徐均潮（176） （清）万育和（176）
（清）张心言（朱尔谟　徐芝庭　崔止斋）（176）

78　石门县 ··· 176
（宋）吴先生（176） （明）沈如封（177） （清）洪世楷（177）
（清）曹振鳞（177） （清）朱轮（177） （清）屈元燨（177）

79　平湖县 ··· 177
（明）姚世勋（177） （清）吴龙章（178）

80　桐乡县 ··· 178
（元）钟继元（178） （清）徐念祖（178） （清）潘柽章（178）
（清）张宿之（178） （清）朱尊（姚铭三）（178）

81　乌程县 ··· 179
（唐）陆羽（179） （明）温体仁（179）
（明）朱行恕（张星元）（179） （明）叶广彬（179）
（清）沈重华（180） （清）严可均（180）

82　归安县 ··· 181
（明）施侃（181） （清）姚文田（181） （清）仰思忠（181）
（清）卞斌（182） （清）凌堃（182） （清）姚承舆（182）

83　长兴县 ··· 183
（晋）戴洋（183） （明）吴琉（刘太和　刘夫人）（183）
（清）吴庆奎（183）

84　德清县 ··· 184
（清）陈云凤（184） （清）范时行（184） （清）徐端（184）
（清）俞樾（185）

85　鄞　县 ··· 185

（宋）任炳（186）　　（宋）王应麟（186）　　（元）王昌世（186）

（明）袁珙（别古崖）（187）（明）袁忠彻（187）　　（明）倪光（189）

（明）杨少坡（189）　　（明）胡宏（189）　　　（明）楼楷（190）

（清）陈昌泗（190）

86　慈谿县 ··· 190

（明）陈茂礼（190）

中国历代卜人传卷九 ··· 191

浙江省三 ··· 191

87　奉化县 ··· 191

（明）吴国才（191）

88　镇海县 ··· 191

（清）刘赤江（191）

89　象山县 ··· 192

（明）刘端（192）

90　山阴县 ··· 192

（汉）谢夷吾（192）　　（吴）阚泽（192）　　　（唐）沈七（193）

（元）张德元（193）　　（明）张景岳（193）　　（明）周述学（193）

（明）季本（194）　　　（明）朱燮元（194）　　（清）赵振芳（194）

（清）沈燡燔（194）　　（清）沈义方（194）　　（清）潘尔夰（195）

91　会稽县 ··· 195

（宋）邹淮（195）　　　（宋）徐吉甫（195）　　（元）韩性（196）

（清）孙文（196）　　　（清）钟之模（闻人镜晓）（196）

（清）王先生（197）

92　萧山县 ··· 197

（清）毛奇龄（197）　　（清）宋锡兰（王震泽）（198）

（清）陆心鉴（198）

93　诸暨县 ··· 198

（明）周瑾（198）　　　（明）冯汝贤（199）

94　余姚县 199

（吴）虞翻（199）　　（宋）程迥（199）　　（明）孙升（199）

（明）畅日东（200）　（清）黄宗羲（200）　（清）黄宗炎（201）

（清）孙光恩（201）　（清）劳史（201）　　（清）顾凤威（201）

（清）黄炳垕（202）　（清）周梅梁（202）

95　上虞县 202

（后汉）王充（202）　（吴）吴范（204）　　（明）蔡山人（205）

（明）许璋（205）　　（清）夏声（205）

（清）钱曰潐（孙爱莲）（206）

96　嵊县 206

（宋）姚宽（206）

97　新昌县 206

（明）杨宗敏（206）

中国历代卜人传卷十 207

浙江省四 207

98　临海县 207

（宋）黄朴（207）　　（明）周景一（207）

99　台州 208

（宋）王卿月（208）　（明）邱良仁（208）

100　黄岩县 208

（宋）陈际叔（208）　（元）戴胄（208）　　（明）林心月（209）

（明）陶宗仪（209）

101　天台县 209

（元）陈应润（209）　（元）胡振卿（209）　（元）徐仲远（210）

（明）王奇（210）　　（明）裴鲁恭（211）

102　宁海县 211

（宋）罗一新（211）　（金）郝大通（211）　（明）叶兑（211）

103　太平县 211

（明）江万纪（211）　（清）王佺（211）　　（清）方略（212）

104 衢州 ······ 212
（宋）张鬼灵（212） （宋）余听声（212）
（明）祝宗元（赵督）（212） （清）陈世对（213）

105 龙游县 ······ 213
（南齐）徐伯珍（213） （元）赵友钦（213）
（明）朱晖（子谦斋 方明）（213） （明）章瀞（214）

106 常山县 ······ 214
（清）毛书有（214）

107 开化县 ······ 214
（明）吾瑾（214） （清）戴敦元（214） （清）汪承烈（214）
（清）陈光瑞（弟光尧）（215）

108 金华县 ······ 215
（宋）蔡碧云（215） （宋）何巨源（215） （宋）庐鸿（215）
（宋）葛好问（215） （元）厉周卿（215） （元）许谦（216）
（元）郑谧（216） （明）刘日新（216）

109 兰谿县 ······ 216
（宋）叶容（216） （元）金履祥（216） （明）方拱之（217）
（明）陆位（217） （明）杨子高（217） （明）章懋（217）

110 东阳县 ······ 218
（隋）舒绰（218） （元）张去非（218）
（明）王烶（蔡星槎）（218）

中国历代卜人传卷十一 ······ 219

浙江省五 ······ 219

111 义乌县 ······ 219
（元）朱震亨（219） （清）金光（219）

112 浦江县 ······ 219
（宋）吴德先（李常容）（219） （元）柳贯（220）
（明）戴良（220） （清）朱家佐（子寀）（220）
（清）王宗臣（220）

| 113 建德县 | 220 |

（唐）孙晤（杨集）（221）　　　　　　（唐）孙生（221）
（宋）黄山人（221）　　　　　　　　　（清）张凤藻（222）

| 114 淳安县 | 222 |

（明）吴觐光（222）　（清）方尚节（郑明迟）（222）

| 115 遂安县 | 223 |

（明）余德（223）　　　　　　　　　　（明）周望（223）
（清）汪起鳌（祖瀚）（223）　　　　　（清）余肇棋（223）

| 116 寿昌县 | 224 |

（清）张官德（224）

| 117 温　州 | 224 |

（宋）薛叔似（224）　（宋）林君奇（224）　（宋）冯一德（225）
（元）陈相心（225）　（元）张庸（225）　　（清）童中模（225）

| 118 处　州 | 226 |

（宋）赖文俊（226）

| 119 括苍县 | 226 |

（宋）吴正叟（226）　（宋）刘梦求（226）　（宋）张宗昌（227）
（宋）张元显（227）　（明）杜璇（227）

| 120 青田县 | 227 |

（明）刘基（227）　　（明）诸伯远（子彦宾　子彦熊）（229）
（清）端木国瑚（229）

| 121 缙云县 | 229 |

（唐）范越凤（苏粹明）（229）　　　　（宋）田君右（229）
（明）郑葆（229）

| 122 松阳县 | 230 |

（宋）项安世（230）　　　　　　　　　（元）张梦庚（230）

| 123 龙泉县 | 230 |

（宋）王伋（叶叔亮）（230）
（宋）严道者（王生）（231）
（明）季董（231）　　（明）叶子奇（231）　（明）张太极（231）

124　庆元县 ……………………………………………………… 231

（元）俞竹心（231）

125　景宁县 ……………………………………………………… 232

（宋）潘翼（232）　　（清）梅冬魁（232）

126　瑞安县 ……………………………………………………… 232

（宋）温州隐者（王浪仙）（232）

（明）郑希诚（汪庭训）（233）　　　　（清）孙希旦（233）

（清）孙衣言（233）

127　乐清县 ……………………………………………………… 233

（元）刘仲彬（233）　　（元）陈云平（234）

128　平阳县 ……………………………………………………… 234

（宋）朱相士（刘碧云）（234）

129　泰顺县 ……………………………………………………… 234

（清）刘崇潘（234）

中国历代卜人传卷十二 …………………………………… 235

安徽省一 ……………………………………………………… 235

130　怀宁县 ……………………………………………………… 235

（明）葛启俊（235）　　（明）丁埙（辜继杨）（236）

（明）蒋绍岐（236）　　（清）郝继堡（236）　　（清）方迎报（236）

（清）丁曰曾（236）　　（清）马守愚（236）　　（清）潘用清（236）

（清）程珝文（237）　　（清）程容光（237）　　（清）昝晚讷（237）

（清）曹天宠（237）　　（清）陈世镕（237）

131　桐城县 ……………………………………………………… 238

（明）史仲宏（238）　　（清）章攀桂（238）　　（清）张裕业（238）

（清）钱澄之（239）　　（清）章西五（239）　　（清）方东树（239）

132　宿松县 ……………………………………………………… 239

（清）石盘山（239）

133　太湖县 ……………………………………………………… 240

（清）宋自应（240）

134 潜山县 ·················· 240

（梁）何点（240） （清）王延造（240） （清）刘若宜（240）

（清）金马（240） （清）汪伯乐（241）

135 望江县 ·················· 241

（清）沈镐（241）

136 合肥县 ·················· 241

（晋）隗炤（龚使者）（241） （宋）马亮（242）

（宋）袁溉（242） （元）杨守业（子朝元）（242）

（明）苏万汇（242） （清）季友贤（243） （清）王世瑗（243）

（清）王星軫（243） （清）秦坚（243） （清）徐子苓（243）

137 庐江县 ·················· 243

（后汉）王景（243） （吴）王蕃（244） （晋）杜不愆（244）

（明）吴鹏（244）

138 舒城县 ·················· 245

（晋）韩友（伍振）（245）

（清）瞿东海（子兰谱 孙运 运功 曾孙运明 守荣 守华 守富 沈兆鸿）（245）

（清）余礼方（245） （清）朱英（东英）（245）

（清）童超佐（许凤仪）（245） （清）黄宜之（245）

139 巢县 ·················· 246

（明）徐体乾（246） （清）陈夏声（246） （清）李大珍（246）

140 无为州 ·················· 246

（清）谢应宽（246） （清）黄益斋（246） （清）朱观乾（246）

（清）邢步峦（247） （清）徐登云（子德镛）（247）

（清）蒋一铛（247）

141 和州 ·················· 247

（晋）陈训（247） （元）尹尧道（247）

142 六安州 ·················· 248

（明）朱云成（248） （明）彭训民（248） （清）叶鉏（248）

143 霍山县 ·················· 248

（清）吴廷栋（248）

144 芜湖县 ... 249

（清）萧云从（249）

145 繁昌县 ... 249

（明）从任（249）

146 当涂县 ... 250

（东晋）沈宗（250）　（明）何中立（250）　（明）陶安（250）

（清）胡遵昭（250）

147 歙县 ... 251

（汉）方储（251）　（宋）朱安国（251）　（宋）徐端叔（251）

（明）吴宁（251）　（明）程玠（252）

（明）叶致远（饱清峙　江鼎　黄恒　方智　江瑞）（252）

（明）程璀（252）　（明）朱国祥（252）　（清）詹方桂（252）

（清）吴霞举（252）　（清）程恩泽（曾钊）（252）

（清）汪家沂（253）　（清）吴起仍（253）　（清）黄仕纶（253）

（清）程廷慕（253）　（清）田宏政（子步）（253）

（清）谢玉临（谢芝生）（253）　　　　（清）程树勋（253）

148 新安县 ... 253

（明）程汝文（254）　（清）程良玉（254）　（清）陈雯（254）

（清）张祖房（254）　（清）程谦（254）

中国历代卜人传卷十三 ... 255

安徽省二 ... 255

149 黟县 ... 255

（宋）邱濬（255）　（宋）江纲（255）

（明）胡朝礼（女胡氏戴姓）（255）　　　（明）黄鉴（256）

（清）余佐（256）　（清）许菜（256）　（清）孙蒙（256）

（清）俞正燮（256）

150 休宁县 ... 259

（五代）何令通（259）　（元）黄一清（259）

（明）赵汸（黄绎　朱允升　程仲本）(260)

（明）汪先易（260）　（明）吕祖尚（260）　（清）戴震（261）

（清）程九圭（261）　（清）徐卓（261）

151　祁门县 …………………………………………………………… 261

（明）程大中（261）　（明）章佐圣（262）

（明）汪仕周　眺惝憾（262）　　　　　（明）谢常德（262）

（明）汪良梦（262）　（明）陈嘉宪（262）　（明）郑英才（262）

152　绩溪县 …………………………………………………………… 262

（元）陈雷山（262）

153　宣城县 …………………………………………………………… 262

（唐）夏荣（263）　（明）金碧峰（263）

（清）梅文鼎（父士昌）(263)　　　　　（清）王猷（263）

（清）孟浩（263）　（清）梅自实（264）　（清）梅士铉（264）

154　南陵县 …………………………………………………………… 264

（清）刘世骏（264）

155　泾　县 …………………………………………………………… 264

（明）赵钧（264）　（明）万惠（265）　（明）左激（265）

（明）施参（子斌）(265)

156　太平县 …………………………………………………………… 265

（明）项淦（265）

157　旌德县 …………………………………………………………… 266

（清）刘茂吉（266）

158　贵池县 …………………………………………………………… 266

（明）张宗汉（266）　（明）汪九仞（266）　（清）方正明（266）

（清）张轮（266）　（清）胡凤仪（266）

159　建德县 …………………………………………………………… 267

（清）江之翰（267）　（清）周馥（267）

160　青阳县 …………………………………………………………… 267

（宋）杨应炎（267）

161　凤阳县 …………………………………………………………… 268

（后汉）施延（268） （明）永安相者（268） （明）朱权（268）
（明）盛世鸣（268） （清）王鼎（268）

162 定远县 ………………………………………………………………… 269
（明）戚继光（269）

163 凤台县 ………………………………………………………………… 269
（清）汤玉琢（269） （清）李钧（269） （清）刘钟（270）

164 寿　州 ………………………………………………………………… 270
（唐）夏侯端（270） （宋）许志言（270） （清）程鹏飞（270）
（清）汤梦熊（270） （清）夏炳南（270） （清）陈岐业（270）
（清）孙翼祖（271）

165 宿　州 ………………………………………………………………… 271
（金）武祯（271） （清）谢体春（271） （清）卜志尚（271）

166 阜阳县 ………………………………………………………………… 271
（明）曹永鼎（271） （明）白鸥（272） （明）卢翰（272）
（清）刘大澜（272）

167 太和县 ………………………………………………………………… 272
（明）徐光代（272） （清）巴见龙（272） （清）王瑄（273）

168 霍邱县 ………………………………………………………………… 273
（明）敬以俭（子恩）（273）

169 涡阳县 ………………………………………………………………… 273
（清）刘廷扬（273）

170 亳　州 ………………………………………………………………… 274
（魏）华陀（274）

171 五河县 ………………………………………………………………… 274
（清）钱景恂（274） （清）王玉光（274）

172 南兖州 ………………………………………………………………… 275
（宋）何涉（275）

173 盱眙县 ………………………………………………………………… 275
（明）赵儒（275） （清）李叔廉（275）

174 天长县 ………………………………………………………………… 276

（明）戴端蒙（276）　　（清）丁养虚（276）

175　滁　州 ……………………………………………………………… 276

（明）刘定（吕正）（276）　　　　　（清）石鉴（276）

（清）骆师璟（276）

176　全椒县 ……………………………………………………………… 277

（明）林翘（277）　　（明）费玠（277）　　（清）雷光仪（277）

（清）汪兴桥（277）　（清）金铎（277）　　（清）吴麛（277）

177　来安县 ……………………………………………………………… 278

（清）吴襄侯（278）　（清）张允恭（278）　（清）周家相（278）

（清）陈兆鹏（278）

中国历代卜人传卷十四 ……………………………………………… 279

江西省一 …………………………………………………………… 279

178　南昌县 ……………………………………………………………… 279

（汉）严丰（279）　　（后汉）唐檀（279）　（唐）赵山人（280）

（唐）豫章术者（280）（宋）陈执中（281）　（明）庐文燧（281）

（明）胡俨（281）　　（明）万祺（281）　　（明）陈纪（282）

（明）王玉章（282）　（明）杨源（282）　　（清）金道人（282）

（清）刘丁（283）　　（清）蔡象显（283）

179　新建县 ……………………………………………………………… 283

（唐）朱邶（283）　　（元）龙广寒（284）　（明）张储（284）

180　丰城县 ……………………………………………………………… 284

（元）揭道孙（284）　（明）朱隐老（284）

（明）何冶云（刘孟近　赵子方　族孙德宏）（285）

（明）杨应祥（285）　（清）周应骥（285）　（清）万国宁（285）

（清）丁焕（285）

181　进贤县 ……………………………………………………………… 285

（宋）赵公衡（285）　（清）李希彩（286）

182　南城县 ……………………………………………………………… 286

（宋）廖应淮（彭复之）（286）　　　（明）傅洋（286）

（明）夏泉（287） （清）陶成（287）

183　新城县 ·· 287

（明）朱文煜（287） （明）黄端伯（287） （清）李一清（287）

184　南丰县 ·· 288

（明）危斗南（288） （明）李经纶（汤俊）（288）
（明）胡映日（288） （清）李灏（288） （清）黎立贤（289）

185　广昌县 ·· 289

（清）毛节（289）

186　泸溪县 ·· 289

（明）孙景耀（289） （清）魏端（289） （清）黄堂（289）

187　临川县 ·· 290

（宋）陈揭（张汝明）（290） （宋）雷思齐（290）
（明）张中（290） （明）章世纯（291） （明）张楠（291）
（明）赵吉六（291） （清）纪大奎（292） （清）杨天爵（292）
（清）李奉来（父士星）（292）

188　光泽县 ·· 293

（元）王振六（293） （清）黄宗三（293） （清）严守谟（293）

189　金谿县 ·· 294

（宋）刘用寅（294） （元）张月梅（294）
（明）何士泰（朱鲁珍）（294） （明）曾易明（294）
（清）杨蒦（294）

190　崇仁县 ·· 295

（元）吴澄（王谦道）（295） （元）曾荣祖（296）
（清）饶之道（296）

191　宜黄县 ·· 296

（宋）应㢚（296）

192　安仁县 ·· 296

（元）李存（296）

193　上饶县 ·· 297

（宋）徐仁旺（297） （宋）叶子仁（297） （明）周诏（297）

（明）杨时乔（297） （清）廖麟书（297） （清）春秋笔（297）

194 玉山县 ··· 298

（宋）俞直（298） （清）黄卓诚（298）

中国历代卜人传卷十五 ··· 299

江西省二 ··· 299

195 弋阳县 ··· 299

（宋）谢枋得（299） （宋）魏易斋（303） （宋）吴楚峰（303）

（宋）杨南川（303） （宋）宋相士（304） （宋）郭少仙（304）

（清）汪楚真（华晓宾）（304） （清）董友愈（304）

196 贵溪县 ··· 304

（明）顾乃德（李元谷）（304） （清）葛天申（304）

（清）姚典（305） （清）周明五（305）

197 广丰县 ··· 305

（清）傅源溶（305） （清）胡必龄（305）

198 兴安县 ··· 306

（清）刘蹈仁（306）

199 庐陵县 ··· 306

（吴）刘惇（孙辅）（306） （南唐）宋齐丘（306）

（宋）顾泾（307） （宋）许季升（307） （宋）刘生（307）

（宋）高元善（307） （宋）杨山人（307） （宋）王无咎（307）

（宋）曾南翔（307） （宋）黄景文（308） （元）郭荣寿（308）

（明）周骑龙（308）

200 宜春县 ··· 309

（南唐）何溥（309） （清）柳栖霞（309）

201 泰和县 ··· 309

（明）尹直（309） （明）刘子羽（310） （明）罗道传（310）

202 吉水县 ··· 310

（宋）萧巽斋（310） （宋）朱元炳（白顾山人）（310）

（宋）黄璘（311） （宋）彭叔英（311） （宋）曹子政（312）

（宋）林碧鉴（312） （宋）刘忠朴（312） （宋）曾正德（312）
（宋）李一壶（313） （宋）龚豫轩（313） （宋）彭神机（313）
（宋）叶大明（313） （宋）彭别峰（313） （宋）黄生（313）
（宋）叶秋月（313） （宋）魏山人（313） （宋）廖希说（314）
（宋）萧才夫（314） （宋）杨叔方（314） （明）阳允贞（314）
（明）刘伯完（314）

203　永丰县 ·· 315
（明）郭修翰（315） （清）聂湘吟（315） （清）戴濬（315）
（清）宋兆璵（315） （清）黄鼎伟（315）

204　安福县 ·· 315
（宋）彭仲元（315） （宋）刘元宾（316） （宋）刘德升（316）
（元）潘碧山（316） （明）刘子远（316） （明）弗需山人（316）
（明）郑寅（316） （清）王鏞（316）

205　龙泉县 ·· 316
（南唐）鄢景翼（317） （宋）江心传（317）

206　万安县 ·· 317
（清）衷化远（317） （清）曾震（317）

207　永新县 ·· 317
（清）陈宗禄（317） （清）汤第（317） （清）刘世衢（318）

208　莲花厅 ·· 318
（元）刘景儒（318） （清）宁榜高（318）

209　清江县 ·· 318
（元）邹子震（318） （元）张理（318） （清）金士升（319）

210　新喻县 ·· 319
（宋）萧注（319）

211　峡江县 ·· 319
（明）黄一凤（319）

212　分宜县 ·· 319
（明）夏洞源（319）

213　万载县 ·· 320

（清）李光宬（320） （清）喻鹤松（320）

214 高安县 ……………………………………………………… 320

（宋）无名相士（320） （明）邓祥甫（321） （明）喻有功（321）

（清）何识定（321） （清）邓筠山（321）

215 上高县 ……………………………………………………… 321

（元）曾义山（321） （明）刘侃（321）

（明）陈继宗（子文显 孙其锦）（322） （清）刘萼（322）

216 新昌县 ……………………………………………………… 322

（宋）邹元佐（322） （明）李纲（322） （清）李慈受（322）

（清）刘訒吉（陆应谷）（322） （清）刘应对（323）

（清）刘丕烈（323）

217 赣 县 ……………………………………………………… 323

（唐）杨筠松（323） （宋）谢昔臣（323） （宋）黎端吉（323）

（宋）卜则巍（323） （明）池纪（324） （清）黄一桂（324）

（清）朱鹏衢（324）

中国历代卜人传卷十六 …………………………………… 325

江西省三 ……………………………………………………… 325

218 雩都县 ……………………………………………………… 325

（唐）曾文辿（325） （唐）刘江东（宝孙 蚕）（325）

（宋）刘渊则（谢和解）（325） （明）邱宏道（326）

219 信丰县 ……………………………………………………… 326

（清）江宗淇（326）

220 兴国县 ……………………………………………………… 326

（唐）廖瑀（父三传）（326） （宋）胡从正（326）

（宋）谭元谟（斋孙仲简）（326）

（宋）谢世南（子永锡）（326）

（明）曾从政（327） （明）廖绍定（327） （明）廖绍宠（327）

（清）廖邦明（327） （清）廖安民（327）

221 会昌县 ……………………………………………………… 327

（清）乐嘉善（327）

222 定南厅 ……………………………………………… 327

（清）黄恒对（327）

223 南康县 ……………………………………………… 328

（清）黄启珠（328）

224 崇义县 ……………………………………………… 328

（清）陈鸿川（328）

225 宁都县 ……………………………………………… 328

（唐）濮都监（刘明章　郑彦远）（328）　　（明）廖均卿（329）

226 瑞金县 ……………………………………………… 329

（清）管志宁（329）

227 石城县 ……………………………………………… 329

（清）尹良相（329）

228 德化县 ……………………………………………… 330

（晋）陶淡（330）　　　　　　　　　　　（清）罗席珠（330）

229 德安县 ……………………………………………… 330

（宋）夏竦（330）

230 瑞昌县 ……………………………………………… 331

（清）张昌贵（331）

231 湖口县 ……………………………………………… 331

（明）张思问（331）

232 彭泽县 ……………………………………………… 331

（明）鹅池翁（331）

233 星子县 ……………………………………………… 332

（清）崔运通（332）

234 建昌县 ……………………………………………… 332

（宋）王文卿（332）

235 安义县 ……………………………………………… 332

（清）熊德卿（333）　（清）万吉士（333）　（清）彭昌旺（333）
（清）杨承（333）　　（清）涂建日（333）　（清）杨来谷（333）

236 鄱阳县 ··· 333

（晋）陶侃（333） （晋）师圭（334） （宋）洪迈（334）
（宋）富春子（334） （明）西渚子（334） （明）童轩（334）
（明）罗珏（335）

237 余干县 ··· 335

（后汉）张遐（335） （宋）司马武子（335） （元）左麒（335）

238 乐平县 ··· 336

（明）云陇耕夫（336）

239 浮梁县 ··· 336

（明）吴弢（336） （明）闵观（336）

240 婺源县 ··· 337

（宋）程惟象（337） （宋）朱熹（337） （宋）陈同甫（338）
（宋）董元善（338） （宋）游克敬（族孙朝宗）（338）
（宋）李相士（338） （宋）碧鉴相士（339） （宋）韩东野（339）
（宋）张相士（339） （宋）张尉（339） （宋）蒋逸堂（339）
（元）胡一桂（父方平）（339） （明）胡献忠（339）
（明）江晓（340） （明）江仲京（兄抱一 兄东白）（340）
（明）李景溪（340） （明）游暹（汪朝邦）（340）
（清）张士旺（340） （清）汪钢（340） （清）汪勋文（340）
（清）江永（340） （清）胡邦达（341） （清）汪绂（341）
（清）江彦明（341） （清）叶泰（341） （清）洪腾蛟（341）

241 德兴县 ··· 342

（宋）吴景鸾（祖法旺 父克诚）（342） （宋）傅伯通（342）
（宋）周宽（廖金精）（342） （宋）祝泌（343）
（元）梁饶（343） （元）傅立（343）
（明）齐琦（从祖梦龙 从祖贵澄）（343） （明）徐善继（344）
（明）董德彰（344） （明）程天昭（344） （明）董灿（344）
（明）祝仲阳（344） （清）傅仲乾（344） （清）余树芝（344）
（清）王朝元（张宿）（344） （清）陈锡周（344）

242 万年县 ··· 345

（明）柯佩（廖容）（345）

243　靖安县 …………………………………………………………………… 345

（清）陈鹿章（345）

244　武宁县 …………………………………………………………………… 345

（明）潘荃（345）　（清）卢元俊（345）

245　义宁州 …………………………………………………………………… 345

（元）祝泰（346）　（清）魏澄清（346）　（清）胡星煌（346）

（清）陈钊（346）

中国历代卜人传卷十七 …………………………………………………… 347

湖北省 …………………………………………………………………… 347

246　江夏县 …………………………………………………………………… 347

（周）郑詹尹（347）　（宋）皇甫坦（347）　（清）傅之铉（347）

247　夏口厅 …………………………………………………………………… 348

（清）程田乐（348）　（清）黄友石（348）

248　蒲圻县 …………………………………………………………………… 348

（明）王进臣（349）

249　崇阳县 …………………………………………………………………… 349

（清）叶峙山（沈叟）（349）

250　大冶县 …………………………………………………………………… 349

（清）卢昶（349）

251　兴国州 …………………………………………………………………… 349

（清）石敬台（349）

252　汉阳县 …………………………………………………………………… 350

（明）李国木（弟国林）（350）　　　　（清）金鹏（350）

253　汉川县 …………………………………………………………………… 350

（明）尹宾商（350）　（清）丁鹏鷟（351）　（清）田学臣（351）

254　孝感县 …………………………………………………………………… 351

（明）王悦（351）　（清）熊赐履（351）

255　沔阳州 …………………………………………………………………… 352

（清）娄櫶（子联奎）（352） （清）叶传薪（352）
（清）腾云龙（352） （清）蒋德高（353） （清）定永桂（353）
（清）萧功海（353）

256 黄冈县 ……………………………………………………………… 353
（明）甘霖（僧无碍）（353） （明）玄谷子（353）
（清）高序奎（353） （清）张凤鸣（353） （清）朱心安（354）
（清）徐习功（354） （清）张利川（354）

257 黄安县 ……………………………………………………………… 354
（清）周宗仁（354）

258 蕲 州 ……………………………………………………………… 354
（明）浦心韦（354） （清）胡昌才（355）

259 蕲阳县 ……………………………………………………………… 355
（明）李时珍（355）

260 蕲水县 ……………………………………………………………… 355
（清）严楚璧（355） （明）周文焕（355）

261 麻城县 ……………………………………………………………… 356
（明）欧阳方旦（356）

262 罗田县 ……………………………………………………………… 356
（明）万玉山（356） （清）尹自新（356） （清）严寅宾（356）

263 英山县 ……………………………………………………………… 356
（清）闻焕（357）

264 广济县 ……………………………………………………………… 357
（明）朱显绶（357）

265 安陆县 ……………………………………………………………… 357
（清）沈文亨（357）

266 云梦县 ……………………………………………………………… 357
（清）卫明发（357）

267 应城县 ……………………………………………………………… 358
（明）陈士元（何栋如）（358）

268 襄阳县 ……………………………………………………………… 358

（后汉）庞德公（358）　（宋）王鼎　　（358）　　（清）杨懒散（359）
（清）虞春潭（359）

269　钟祥县 ………………………………………………………………… 359
（明）王安所（359）

270　京山县 ………………………………………………………………… 359
（明）冯大椿（子学恒）（360）　　　　　（明）屈亨（360）

271　潜江县 ………………………………………………………………… 360
（清）谢天翱（弟天祥　姪心治）（360）　（清）刘先甲（360）

272　竟陵县 ………………………………………………………………… 360
（明）刘原善（360）

273　荆门州 ………………………………………………………………… 361
（明）朱风子（361）　（清）吴文懋（361）　（清）余元吉（361）

274　宜城县 ………………………………………………………………… 361
（清）胡元静（361）

275　南漳县 ………………………………………………………………… 362
（清）王梦麟（362）

276　枣阳县 ………………………………………………………………… 362
（后汉）龙渊（362）

277　郧　县 ………………………………………………………………… 362
（明）傅良册（362）　（明）李凤林（363）

278　东湖县 ………………………………………………………………… 363
（清）何其昌（363）

279　江陵县 ………………………………………………………………… 363
（秦）南公（363）　　（梁）王先生（363）　（唐）王栖岩（363）
（唐）张猷（364）　　（后周）王处士（364）（宋）郭银河（364）
（宋）刘童子（364）　（明）曹仪庭（364）　（清）勒丰额（365）

280　公安县 ………………………………………………………………… 365
（清）田国芳（365）

281　石首县 ………………………………………………………………… 365
（清）傅文霪（365）　（清）李芳春（365）　（清）郑青元（365）

282 监利县 ································· 365

（明）黎福荣（365） （清）邹世英（365）

283 长阳县 ································· 366

（清）马文秀（366）

284 长乐县 ································· 366

（明）张华清（366） （明）龚联秀（366） （清）陆其蒙（366）

（清）霞峰道人（366）

285 归　州 ································· 367

（春秋）令尹子上（367）（春秋）伍员（367）

286 咸丰县 ································· 368

（清）周立璜（368）

中国历代卜人传卷十八 ················· 369

湖南省 ································· 369

287 长沙县 ································· 369

（汉）何颙（369） （唐）袁隐居（370） （宋）谭章（370）

（宋）曹谷（370） （元）欧阳生（370） （清）柳尔焕（371）

（清）野鹤老人（李坦　李文辉）（371） （附录）茅卜法（371）

288 湘阴县 ································· 372

（宋）彭宗茂（372） （清）蒋国（372） （清）左宗植（372）

（清）刘之镛（372）

289 湘潭县 ································· 372

（宋）丁碧眼（373） （元）张康（373） （清）尹金阳（373）

（清）陈鹏年（373） （清）叶德辉（373）

290 益阳县 ································· 374

（清）刘云峰（374）

291 湘乡县 ································· 374

（清）曾国藩（郭嵩焘）（374） （清）潘掌纶（375）

（清）李光英（375）

292 攸县 ································· 375

（清）唐天木（376）

293　茶陵州 ··· 376

（明）彭临川（376）　　（清）谭多济（376）

294　邵阳县 ··· 376

（明）刘兴汉（376）　　（清）徐文源（376）　　（清）王绩宏（376）

295　新化县 ··· 377

（清）罗金鉴（377）　　（清）熊丙（377）　　（清）曾天极（377）

（清）邓林材（艾友南）（377）　　（清）邓显鹏（378）

296　武冈州 ··· 378

（清）黄大猷（378）　　（清）刘诜迪（378）

297　新宁县 ··· 379

（清）向君试（379）

298　武陵县 ··· 379

（清）武纂（玄孙永清）（379）　　（清）胡统虞（379）

299　临湘县 ··· 379

（明）李少泉（380）　　（明）徐元吉（380）　　（清）方同岑（380）

300　华容县 ··· 380

（明）王起岩（380）　　（明）朱生（380）　　（清）张心恒（380）

（清）刘学艺（380）

301　龙阳县 ··· 381

（清）李楚源（381）　　（清）李本善（381）

302　澧州 ··· 381

（宋）李文和（381）　　（明）李自雯（382）

303　衡阳县 ··· 382

（清）宋蓟龄（父之素　兄义龄）（382）　　（清）朱冠臣（382）

（清）高人鉴（382）

304　清泉县 ··· 383

（清）谭学元（383）　　（清）刘琼彩（383）

305　衡山县 ··· 383

（唐）衡相（383）

（清）王国宪（孙盛怡　曾孙义宗　玄孙绐麟　玄孙人杰）（384）

（清）欧阳振（384）　　（清）罗登选（384）　　（清）戴日焕（384）

（清）文之理（384）

306　耒阳县 ··· 385

（明）周诰（385）　　（清）蒋艮佐（385）　　（清）谢允恭（385）

307　常宁县 ··· 385

（清）萧三式（子致良）（385）　　　　（清）段巘生（386）

（清）王万澍（386）

308　鄢县 ··· 386

（清）朱廷铉（387）

309　东安县 ··· 387

（明）雷起四（387）　　（清）谢献廷（387）　　（清）姚华瓒（387）

310　道　州 ··· 388

（宋）周敦颐（388）　　（元）周云峰（388）

311　宁远县 ··· 388

（清）乐治贤（389）

312　郴州 ··· 389

（清）廖奇珍（389）

313　永兴县 ··· 389

（清）熊六夔（389）　　（清）马广谏（389）　　（清）李友龙（389）

314　汝城县 ··· 390

（清）朱祖缨（390）　　（民国）朱福全（390）

315　桂阳县 ··· 390

（明）曹平（390）

316　桂东县 ··· 390

（清）郭存昌（391）

317　桂阳州 ··· 391

（清）刘鸣玉（391）

318　临武县 ··· 391

（清）王上亨（391）

319　芷江县 ……………………………………………………… 392

（清）魏　鉴（392）

320　沅陵县 ……………………………………………………… 392

（明）沈溥（392）　　（清）李六名（392）　　（清）曾道鲁（392）

321　泸溪县 ……………………………………………………… 392

（宋）徐次宾（393）　（清）杨自修（393）

322　辰谿县 ……………………………………………………… 393

（明）徐仲宇（393）

323　溆浦县 ……………………………………………………… 393

（清）谌会衔（393）　（清）戴尚文（393）

324　黔阳县 ……………………………………………………… 394

（晋）罗　翁（394）　（清）潘士权（394）

325　麻阳县 ……………………………………………………… 394

（明）李时复（394）

326　永顺县 ……………………………………………………… 395

（清）彭太甲（395）

327　靖　州 ……………………………………………………… 395

（明）叶庭芝（395）

328　绥宁县 ……………………………………………………… 395

（清）杨茂仑（395）

329　永绥厅 ……………………………………………………… 396

（清）李　芳（396）

330　石门县 ……………………………………………………… 396

（清）袁承裕（396）　（清）申之交（396）　（清）黄配干（396）

（清）申中望（396）

中国历代卜人传卷十九 ……………………………………… 397

四川省一 ………………………………………………………… 397

331　成都县 ……………………………………………………… 397

（汉）严遵（397）　　（汉）扬雄（401）　　（后汉）赵典（402）

（后汉）杨由（402） （蜀汉）张裕（403） （蜀汉）赵直（403）
（蜀汉）赵正（404） （晋）星人（404） （唐）袁天纲（404）
（唐）袁客师（406） （唐）日者（406） （唐）李生者（407）
（唐）彭克明（407） （唐）张野人（407）
（前蜀）赵温珪（祖省躬）（407） （后蜀）周仲明（408）
（宋）费孝先（408） （宋）崔尊师（408） （宋）谢石（409）
（宋）杨艮（410） （宋）郭从周（410） （宋）郭长孺（410）
（宋）张岩电（411） （宋）胡广（411） （宋）范思齐（411）
（宋）杜需（411） （宋）吴山人（411） （宋）瀛洲先生（411）
（宋）陈纯（411） （元）易镜（杨松山）（412）
（明）张汉卿（412） （清）刘天文（412） （清）王华国（412）

332 雒　县 ·· 413
（汉）翟酺（413） （汉）折像（413）

333 崇庆州 ·· 413
（清）汪文经（413）

334 什邡县 ·· 414
（清）陶世熙（414）

335 双流县 ·· 414
（宋）章登（414）

336 新都县 ·· 414
（后汉）杨统（父春鼎　周循　郑伯山）（415） （后汉）杨厚（415）
（清）杨凤庭（415）

337 温江县 ·· 415
（唐）张道古（416）

338 新繁县 ·· 416
（清）吴继先（416）

339 郫　县 ·· 416
（清）郭卜（兄纶）（417）

340 彭　县 ·· 417
（后唐）安法尚（417） （宋）丁文泰（418） （清）赵廷栋（418）

341　绵州 ·· 418

（清）马茂才（418）　　（清）何馥堂（419）　　（清）姜高（419）

（清）谭德政（419）

342　德阳县 ·· 419

（清）马元榜（419）

343　绵竹县 ·· 419

（后汉）董扶（419）　　（后汉）任安（420）　　（宋）甘节（420）

（宋）张煦（420）　　（宋）张栻（420）　　（清）张易微（420）

（清）王大鹏（420）

344　梓潼县 ·· 421

（后汉）景鸾（421）

345　江津县 ·· 421

（元）邹公敢（赵天泽）（421）

346　永川县 ·· 421

（清）周景衡（421）　　（清）李琼芳（421）　　（清）周凤仪（421）

（清）李继香（421）

347　南川县 ·· 422

（清）金大煜（石蕴斋）（422）

348　璧山县 ·· 422

（明）金道人（422）

中国历代卜人传卷二十 ··· 423

四川省二 ·· 423

349　涪州 ·· 423

（宋）谯定（郭曩）（423）　　　　　　　　（清）周俨（424）

（清）施晟（425）

350　合州 ·· 424

（清）唐文锦（424）

（清）周礼（吴云亭舒紫垣）（424）

（清）旷超凡（子安一　孙鼎元）（425）

（清）熊德谦（425）

351　奉节县 …………………………………………………… 426

（宋）王立政（426）

352　开　县 …………………………………………………… 426

（明）徐鸾（427）

353　大宁县 …………………………………………………… 427

（清）尹克海（427）

354　新宁县 …………………………………………………… 427

（明）熊士傑（427）

355　大竹县 …………………………………………………… 427

（清）傅良辰（427）

356　忠　州 …………………………………………………… 428

（明）任升（428）　　　（清）熊应雄（428）

357　酆都县 …………………………………………………… 428

（清）曾神仙（428）

358　秀山县 …………………………………………………… 429

（清）云鼎（429）

359　会理州 …………………………………………………… 429

（清）褚秉中（429）　　（清）晏寅清（429）

360　乐山县 …………………………………………………… 429

（宋）史延寿（430）　　（民国）沈镜堂（430）

361　峨眉县 …………………………………………………… 430

（后汉）陈芳庆（430）

362　夹江县 …………………………………………………… 430

（前蜀）孙雄（何奎）（430）

363　犍为县 …………………………………………………… 431

（清）朱卜者（431）

364　荣　县 …………………………………………………… 431

（清）吴镇川（431）

365　威远县 …………………………………………………… 431

（清）倪象惇（432）

366 眉州 …………………………………………………………………………… 432

（宋）杨坤（何大圭）（432）　　　　（宋）蒋山人（432）

（宋）苏轼（陆惟忠）（432）

367 邛州 …………………………………………………………………………… 433

（宋）张行成（433）

368 大邑县 ………………………………………………………………………… 434

（明）刘公（434）

369 富顺县 ………………………………………………………………………… 434

（宋）薛翁（袁滋）（434）　　　　　（明）刘愯（435）

（明）余敬恒（435）　　　　　　　　（明）刘泌（435）

370 长宁县 ………………………………………………………………………… 435

（明）罗天祐（435）

371 泸州 …………………………………………………………………………… 435

（明）贺永（435）

372 隆昌县 ………………………………………………………………………… 436

（清）李允琢（436）

373 合江县 ………………………………………………………………………… 436

（清）罗文思（436）　（清）罗世珩（436）

374 资中县 ………………………………………………………………………… 436

（宋）王彦正（437）

375 资州 …………………………………………………………………………… 437

（明）李鼎祚（437）　（唐）周文质（438）　（清）饶懋猷（438）

（清）谢少晖（438）

376 井研县 ………………………………………………………………………… 438

（清）朱邦殿（438）

377 内江县 ………………………………………………………………………… 438

（明）牟康民（吴之皥）（439）

378 雷波厅 ………………………………………………………………………… 439

（清）黄景福（439）　（清）卢正常（440）

379　阆中县 ·········· 440
（汉）洛下闳（440）　　（汉）任文公（父文孙）（440）
（蜀汉）周群（父舒子巨）（441）　　（清）刘神仙（441）

380　南充县 ·········· 441
（清）黄风子（441）　　（清）李见龙（442）

381　西充县 ·········· 442
（蜀汉）谯周（父𡸁）（442）

382　营山县 ·········· 443
（清）陈怀玉（443）　　（清）罗在公（443）　　（清）侯于蓟（443）
（清）郑文振（443）

383　南部县 ·········· 443
（宋）鲜于天一（443）

384　昭化县 ·········· 443
（宋）张求（444）

385　广安州 ·········· 444
（清）段文雅（444）　　（清）周昌豫（叔玉伟　叔玉僖）（444）

386　射洪县 ·········· 445
（唐）陈子昂（445）

387　遂宁县 ·········· 445
（宋）冯怀占（445）

388　广汉县 ·········· 446
（晋）王长文（446）

西康省 ·········· 446

389　巴安县 ·········· 446
（清）喇嘛（447）

390　定乡县 ·········· 447
（清）喇嘛（447）

391　盐井县 ·········· 447
（清）喇嘛（448）

392　德格县 ·········· 448

（清）喇嘛（448）

中国历代卜人传卷二十一 ··· 449

河北省一 ··· 449

393　清苑县 ··· 449

（明）胡宗（邢让）（449）　　　　　　（明）王府尹（450）

（清）吕申（450）　（清）浙士（窜军官）（450）

（清）文通（451）

394　大兴县 ··· 451

（战国）卢生（452）　（金）萧汉杰（452）　（元）阿荣（452）

（元）全真（453）　（明）展毓（453）　（明）萧鸣凤（453）

（明）周中立（453）　（清）吕圣功（454）　（清）金孝廉（454）

（清）英年（454）

395　宛平县 ··· 455

（明）孙孝本（455）

396　方城县 ··· 455

（晋）张华（子楚）（455）

397　东安县 ··· 456

（明）周凤（均智　洪莲）（456）

398　霸州 ··· 456

（清）荣邦达（456）　（清）孙智（457）

399　涿州 ··· 457

（后汉）崔篆（457）　（后汉）崔瑗（贾逵）（457）

（蜀汉）李定（457）　　　　　　　　　（北齐）祖珽（457）

（唐）卢承庆（弟承业）（458）　　　　（唐）范阳山人（458）

（唐）卢齐卿（458）　　　　　　　　　（明）华孝廉（458）

400　通州 ··· 459

（明）金忠（459）　（清）王应藻（459）　（清）刘子振（459）

401　蓟州 ··· 460

（宋）赵普（460）　（宋）窦俨（460）　（元）李纯夫（460）

402　宝坻县 …………………………………………… 460
　　（清）王晴溪（461）

403　天津县 …………………………………………… 461
　　（清）王文锦（461）

404　青县 ……………………………………………… 461
　　（清）费荫朴（461）

405　沧州 ……………………………………………… 462
　　（北魏）颜恶头（462）　（唐）郑相如（462）　（清）袁绳武（463）
　　（清）迟廷燊（李维轩）（463）　　　　　　（清）丛立选（463）

406　饶安县 …………………………………………… 463
　　（北魏）刁冲（463）

407　庆云县 …………………………………………… 463
　　（清）秦陆海（张严岭　张友三　吴集生）（464）
　　（清）刘艺林（464）　（清）刘鸿逵（464）　（清）韩寅秀（464）

408　南皮县 …………………………………………… 464
　　（北魏）王早（464）　（唐）贾耽（464）　（清）李太初（465）

409　静海县 …………………………………………… 465
　　（清）赵鲁源（465）　（清）元祝垚（465）

410　河间县 …………………………………………… 466
　　（战国）秦越人（466）　（北齐）权会（466）　（隋）卢太翼（466）
　　（唐）邢和璞（467）　（唐）褚老生（467）

411　献县 ……………………………………………… 467
　　（北齐）信都芳（468）　（清）纪昭（468）

412　任邱县 …………………………………………… 468
　　（清）孙译（468）

413　交河县 …………………………………………… 468
　　（清）王兰生（468）

414　宁津县 …………………………………………… 469
　　（北齐）吴遵世（469）　（明）张绅（469）　（清）李鉁（469）

415　景州 ……………………………………………… 469

（北魏）高允（470） （隋）张胄玄（470） （清）高岚（470）

（清）张鐏（470）

416 东光县 ……………………………………………………………… 470

（清）王本固（471）

417 卢龙县 ……………………………………………………………… 471

（明）韩原善（471）

418 迁安县 ……………………………………………………………… 471

（明）梅如玉（牛东阳 张九一 韩西元）（471）

419 昌黎县 ……………………………………………………………… 471

（北魏）孙绍（472） （民国）李桐音（472） （民国）张元杰（472）

420 滦州 ………………………………………………………………… 472

（清）王一晋（472）

421 乐亭县 ……………………………………………………………… 472

（明）赵楷（473） （清）杨开基（473） （清）李尚德（473）

422 临榆县 ……………………………………………………………… 473

（清）施诰（473） （清）魏文通（473）

423 文安县 ……………………………………………………………… 474

（金）杜时升（474） （明）纪克扬（474）

中国历代卜人传卷二十二 ………………………………………………… 475

河北省二 …………………………………………………………………… 475

424 保定县 ……………………………………………………………… 475

（清）王正中（柯仲炯）（475）

425 定兴县 ……………………………………………………………… 476

（元）刘因（476）

426 新城县 ……………………………………………………………… 476

（北魏）许彦（僧法叡）（476） （民国）于镇南（476）

（民国）周步瀛（477）

427 唐县 ………………………………………………………………… 477

（元）王恂（父良）（477） （清）杨文衡（477）

428 容城县 …………………………………… 477
（北魏）徐路（478） （金）刘述（478）

429 完县 ……………………………………… 478
（元）王孚（478） （民国）高士林（478）

430 雄县 ……………………………………… 478
（清）庞柄（479） （清）赵凤翔（479）

431 安州 ……………………………………… 479
（明）吕雯（479）

432 安定县 …………………………………… 479
（北魏）邓渊（479）

433 高阳县 …………………………………… 480
（明）韩允（480）

434 正定县 …………………………………… 480
（唐）金梁凤（480）

435 灵寿县 …………………………………… 481
（清）牧犉翁（481）

436 元氏县 …………………………………… 482
（明）薛仲义（482） （清）平章（482）

437 赞皇县 …………………………………… 482
（唐）李德裕（482）

438 易州 ……………………………………… 483
（金）麻九畴（483） （明）万民英（483）

439 定州 ……………………………………… 485
（北魏）李先　张御（485） （元）田忠良（486）

440 深泽县 …………………………………… 486
（清）王植（486）

441 深州 ……………………………………… 486
（清）马金西（486） （清）赵云孙（487）

442 安平县 …………………………………… 487
（隋）李德林（487）

· 45 ·

443 饶阳县 ……………………………………………………… 487

（清）刘元龙（487）

444 南乐县 ……………………………………………………… 488

（清）魏养志（488） （清）高激扬（488）

445 长垣县 ……………………………………………………… 488

（唐）李嗣真（488） （清）侯静远（489）

446 邢台县 ……………………………………………………… 489

（唐）李元凯（489） （元）刘秉忠（489） （清）张成瀚（490）

（清）包仪（490）

447 广宗县 ……………………………………………………… 490

（明）橄大经（490） （清）郑映（491）

448 沙河县 ……………………………………………………… 491

（元）张文谦（491） （清）裴升明（491） （清）王锺玉（491）

449 巨鹿县 ……………………………………………………… 491

（汉）路温舒（491） （北魏）魏宁（492）

450 唐山县 ……………………………………………………… 492

（清）樊腾凤（492）

451 内邱县 ……………………………………………………… 492

（明）乔中和（492）

452 曲周县 ……………………………………………………… 492

（清）刘逢源（493）

453 邯郸县 ……………………………………………………… 493

（清）杨上林（493） （清）高德亮（493）

（清）王天河（子青田）（493） （清）王朝清（493）

454 斥邱县 ……………………………………………………… 493

（晋）黄泓（父沈）（494）

455 成安县 ……………………………………………………… 494

（后唐）刘叟（494）

456 武城县 ……………………………………………………… 494

（北魏）崔长谦（494）（北魏）崔浩（495） （北齐）崔冏（495）

457 威县 ……………………………………………………………… 495

（清）徐寯甲（495）

458 清河县 …………………………………………………………… 496

（北魏）魏道虔（赵法逞　张裕）（496）

459 滏阳县 …………………………………………………………… 496

（唐）李傑（496）

460 冀州 ……………………………………………………………… 496

（后唐）周元豹（497）　（北魏）殷绍（497）　（辽）乐先生（497）

（辽）王白（498）　（明）陈后（子汉）（498）

461 南宫县 …………………………………………………………… 498

（清）牛秀山（498）　（清）杜廷球（498）　（清）刘芳（498）

（清）王松龄（499）

462 新河县 …………………………………………………………… 499

（清）焦日茂（499）　（清）刘君佑（499）

463 枣强县 …………………………………………………………… 499

（清）张希载（499）　（清）王昌（499）

464 广川县 …………………………………………………………… 500

（汉）董仲舒（500）

465 赵州 ……………………………………………………………… 500

（宋）马韶（500）

（北魏）耿玄（高道悦　周恃　任玄智　章武　高日光　潘捵）（500）

466 平棘县 …………………………………………………………… 501

（隋）李士谦（501）

467 高邑县 …………………………………………………………… 501

（北魏）睦 夸（502）

中国历代卜人传卷二十三 …………………………………… 503

山东省一 ……………………………………………………… 503

468 历城县 …………………………………………………………… 503

（明）周继（503）　（清）贾延龄（504）　（清）严祖章（504）

469 章邱县 …………………………………………………… 504
（明）张可寿（505）

470 邹平县 …………………………………………………… 505
（元）安仁甫（505）

471 长山县 …………………………………………………… 505
（元）张公直（505） （明）李第（505） （清）聂庭（505）

472 新城县 …………………………………………………… 506
（清）齐克昌（506） （清）陈源长（506） （清）何观光（506）
（清）王恂（506）

473 齐河县 …………………………………………………… 506
（明）王思理（507） （清）袁泉（507）

474 济阳县 …………………………………………………… 507
（清）张尔岐（507） （清）王祖兰（507）

475 长清县 …………………………………………………… 507
（元）李坚（507）

476 泰安县 …………………………………………………… 508
（晋）汶上老人（508）（宋）开怀道民（508） （清）郭载骙（508）
（清）张永爵（509）

477 莱芜县 …………………………………………………… 509
（明）董从（510）

478 肥城县 …………………………………………………… 510
（清）尹汇瀛（510）

479 惠民县 …………………………………………………… 510
（清）李寿渊（510）

480 阳信县 …………………………………………………… 510
（宋）王讷（510） （宋）杨知（511） （明）张希儒（511）
（清）朱崇英（父百揆）（511）

481 厌次县 …………………………………………………… 511
（汉）东方朔（511）

482 无棣县 …………………………………………………… 512

（明）王守分（子希哲）（512）

483 滨州 …… 512

（后汉）郭凤（512） （清）薛嵋（512）

484 利津县 …… 512

（明）李登仙（513） （清）李神仙（513）

485 沾化县 …… 513

（清）温其中（513） （清）范峻（513） （清）郭景曜（513）

486 商河县 …… 514

（清）苏云山（514） （清）李毓华（514） （清）李怀敬（514）
（清）刘宝玮（514） （清）李爽（514）

487 高苑县 …… 514

（清）何一凤（514）

488 博山县 …… 515

（明）赵祜（515）

489 济宁州 …… 515

（明）王泰（515） （清）郭一标（516）

490 兖州 …… 516

（唐）伊慎（516）

491 曲阜县 …… 516

（周）楚丘父（517）

492 宁阳县 …… 517

（明）王贤（517）

493 滕县 …… 517

（明）王恭临（517） （清）刘有源（517）

494 平陆县 …… 518

（后汉）王辅（518）

495 鱼台县 …… 518

（后汉）单扬（518）

496 沂州 …… 518

（后汉）赵彦（519） （后汉）王成（519） （刘宋）颜延之（519）

（刘宋）王微（519） （清）宋之韩（519）

497 蒙阴县 ……………………………………………… 520

（明）公家臣（520）

498 莒州 ……………………………………………… 520

（明）赵同（520）

499 东莞县 …………………………………………… 521

（北周）孙僧化（521）

500 阳都县 …………………………………………… 521

（蜀汉）诸葛亮（521）

501 曹州 ……………………………………………… 522

（隋）萧吉（522） （元）郭翁（522）

中国历代卜人传卷二十四 ……………………………… 523

山东省二 …………………………………………… 523

502 单父县 …………………………………………… 523

（汉）吕公（523）

503 聊城县 …………………………………………… 524

（清）郭从风（524）

504 堂邑县 …………………………………………… 524

（景）步熊（524）

505 茌平县 …………………………………………… 524

（清）纪法程（525）

506 清平县 …………………………………………… 525

（唐）吕才（525） （明）邢修业（525） （清）张君胜（525）

507 莘县 ……………………………………………… 526

（明）敖山（526）

508 高唐州 …………………………………………… 526

（晋）华峤（526） （唐）乙弗宏礼（526） （清）华玉书（527）

509 恩县 ……………………………………………… 527

（汉）宋景（527） （清）杨兰芳（527）

510 德州 …… 527
（明）李诚明（527）　（明）鲍云凤（527）　（清）李源（528）

511 德平县 …… 528
（清）葛传鳌（528）

512 平原县 …… 528
（周）平原君（528）　（魏）管辂（郭恩）（529）
（梁）刘峻（531）　（隋）明克让（532）　（明）赵见庚（533）
（清）周廷琳（533）　（清）徐元吉（533）　（清）王德纯（533）

513 陵县 …… 533
（明）康瀚（533）

514 临邑县 …… 534
（后汉）襄楷（534）　（清）李至果（534）

515 东平县 …… 534
（后晋）王朴（535）

516 东阿县 …… 535
（明）崔勉（535）

517 平阴县 …… 535
（金）王广道（暗生）（536）　　　（明）张继业（536）
（清）张春滋（536）

518 寿张县 …… 536
（清）孙性存（536）

519 范县 …… 536
（宋）张昭（536）　（清）兑裕庵（537）

520 文登县 …… 537
（明）丛兰（537）

521 掖县 …… 537
（汉）费直（537）

522 平度县 …… 538
（后汉）公沙穆（538）

523 都昌县 …… 538

（后汉）逄萌（徐房　李子云　王君公）(538)

524　胶州 ………………………………………………………… 539

（明）朱震(539)　　（明）杨廷玉（孙钜　玄孙永昆）(539)

525　高密县 ………………………………………………………… 539

（后汉）郑玄（第五元先）(540)

526　即墨县 ………………………………………………………… 541

（后汉）王仲(541)

527　益都县 ………………………………………………………… 541

（东晋）郭大夫(541)　　（宋）傅霖（张詠）(541)

（宋）李之才（穆修　种放）(541)　　（明）翟珂(542)

（明）王起阳(542)　　（清）刘公言(542)　　（清）薛凤祚(542)

528　临淄县 ………………………………………………………… 543

（周）太公望(543)　　（汉）甘公(545)　　（汉）田何(545)

（汉）淳于意(546)　　（晋）左思(546)

529　乐安县 ………………………………………………………… 546

（魏）周宣(546)

530　寿光县 ………………………………………………………… 547

（晋）刘敏元(547)

531　昌乐县 ………………………………………………………… 548

（清）赵希谦(548)　　（清）张汝美(548)　　（清）王曰琅(548)

（清）赵滋凤(548)　　（清）张允诚(548)

532　安丘县 ………………………………………………………… 548

（后汉）郎　宗（子顗）(549)

533　诸城县 ………………………………………………………… 549

（春秋）卜楚丘(549)　（春秋）梓慎(549)　　（汉）梁丘贺(549)

534　日照县 ………………………………………………………… 550

（金）张行简(550)　　（清）丁守存(550)

中国历代卜人传卷二十五 ……………………………………… 551

　　山西省一 ……………………………………………………… 551

535 阳曲县 ………………………………………………… 551
（清）傅山（551）

536 太原县 ………………………………………………… 552
（春秋）辛廖（552）　（春秋）史苏（552）　（春秋）卜偃（553）
（春秋）史援（553）　（春秋）史赵（史墨　史龟）（553）
（春秋）姑布子卿（553）　　　　　　（春秋）师旷（554）
（后晋）马重绩（554）　（后晋）卢岳（554）　（宋）石普（554）

537 晋阳县 ………………………………………………… 554
（周）尹皋（555）　（晋）郭琦（555）
（北魏）郭景尚（555）　（北魏）王叡（父桥）（555）

538 榆次县 ………………………………………………… 555
（五代）敬涤心（555）　（元）党志善（556）

539 祁县 …………………………………………………… 556
（明）阎子贵（阎大节）（556）

540 文水县 ………………………………………………… 556
（唐）武攸绪（556）

541 兴县 …………………………………………………… 556
（清）康文铎（557）

542 介休县 ………………………………………………… 557
（后汉）郭　泰（557）

543 临县 …………………………………………………… 558
（清）曹席珍（558）

544 长治县 ………………………………………………… 558
（唐）韩凝理（559）　（元）靳德进（559）　（明）刘征（559）
（清）刘天名（559）　（清）周汝明（559）　（清）李腾凤（559）

545 长子县 ………………………………………………… 560
（北魏）李兴业（560）　（北齐）李遵祖（560）

546 屯留县 ………………………………………………… 560
（晋）崔懿之（560）　（明）申九宁（560）
（清）刘绳武（子德懋）（560）

547 潞城县 ······ 561

（宋）苗光义（561）

548 壶关县 ······ 561

（元）王大利（子殷道　子宏道）（561）

549 凤台县 ······ 561

（宋）刘羲叟（561）　　（元）李俊民（荆先生）（561）

（清）袁尔梅（562）

550 高平县 ······ 562

（明）王友古（562）　　（清）赵云汉（562）　　（清）祁项（562）

551 阳城县 ······ 563

（元）王翼（563）

552 陵川县 ······ 563

（元）徐贵（563）

553 沁水县 ······ 563

（元）郑埜岩（563）

（清）谭炳（叶莲溪）

554 辽州 ······ 563

（清）曹更新（子之让）（564）

555 榆社县 ······ 564

（清）王彦之（564）

556 沁州 ······ 564

（清）茹桂（564）　　（清）孟必达（564）

557 武乡县 ······ 565

（唐）焦风雷（565）

558 平定县 ······ 565

（唐）王子贞（565）　　（元）吕义（子豫）（565）

559 乐平县 ······ 565

（宋）马端临（566）

560 盂县 ······ 566

（清）张大亮（566）

· 54 ·

561 大同县 ··· 566
（清）郭桂（566） （清）车载文（566）

中国历代卜人传卷二十六 ······································· 567
山西省二 ·· 567
562 代州 ··· 567
（晋）范隆（567） （北魏）陆旭（567） （隋）魏先生（567）
（宋）张宗诲（568）

563 怀仁县 ·· 568
（明）王瑛（568）

564 左云县 ·· 568
（清）王利仁（568）

565 朔州 ··· 568
（北齐）皇甫玉（568）

566 恒州 ··· 569
（北魏）高崇祖（568）（唐）张果（569）

567 静乐县 ·· 569
（清）韩达学（569）

568 临汾县 ·· 569
（清）彭銮（赵铭）（569）

569 洪洞县 ·· 570
（清）卫仰墦（570）

570 翼城县 ·· 570
（清）焦腾凤（570） （清）赵春曦（570）

571 太平县 ·· 570
（清）孙梦祥（570） （清）王宗炎（571）

572 襄陵县 ·· 571
（晋）公孙彧（571） （清）李根畅（571）

573 永济县 ·· 571
（唐）孟羽（571） （宋）伊宪文（572）

（宋）苗训（子守信）（572）

574 临晋县 ········· 573

（清）李则星（573） （清）李兴让（573） （清）王世魁（573）

575 解梁县 ········· 573

（唐）卫大经（573）

576 荣河县 ········· 574

（隋）侯生（574） （清）王恩奎（574）

577 猗氏县 ········· 574

（清）张建祚（574）

578 解州 ········· 574

（北魏）关朗（王彦）（575） （南齐）柳世隆（576）

（北周）柳敏（576）

579 夏县 ········· 577

（宋）司马光（晁说之牛师德）（577）

580 河北县 ········· 577

（宋）贾眾妙（578）

581 芮城县 ········· 578

（春秋）子顺（578） （明）万蓬头（578）

582 安邑县 ········· 578

（北魏）祖纤（578） （北齐）王春（579）

583 闻喜县 ········· 579

（晋）裴秀（579） （晋）郭璞（579） （唐）邱延翰（582）

（唐）裴行俭（583） （明）王敩（583）

584 绛州 ········· 583

（唐）王勃（584）

585 正平县 ········· 584

（宋）薛化光（子奎）（584）

586 稷山县 ········· 584

（清）韩光（584）

587 龙门县 ········· 585

（隋）王隆（父安康献公）（585）

588　霍州 585

（清）李清溪（585）

589　赵城县 586

（元）田忠良（586）

590　隰州 586

（明）贺良爵（586）

中国历代卜人传卷二十七 587

河南省一 587

591　开封县 587

（战国）尉缭子（587）　（唐）丁重（588）　（唐）李老（588）

（宋）吕蒙正（姪夷简）（589）　（宋）李端懿（589）

（宋）胡易鉴（589）　（宋）艾评事（589）　（宋）程杰（589）

（宋）杨钦时（590）　（宋）孙黯（590）　（宋）楚衍（590）

（宋）陈彦（590）　（宋）王俊明（590）　（宋）韩宪符（591）

（辽）魏璘（591）　（明）李淑通（591）　（明）董痴（591）

（清）刘禄（592）

592　祥符县 592

（战国）唐举（592）　（唐）申屠生（593）　（宋）赵修己（593）

（清）周亮工（593）　（清）徐光第（594）

（清）戴泽同（杜魁百）（594）

593　陈留县 595

（后汉）蔡邕（595）

594　杞县 596

（北齐）许遵（子晖）（596）　（宋）邢敦（596）

（明）边彦骆（596）　（明）霍昂（596）

595　尉氏县 597

（梁）阮孝绪（张有道）（597）

596　鄢陵县 598

（明）刘讷（598）

597　中牟县 ··· 598

（宋）赵进（598）　　（清）较第（599）　　（清）万金铎（599）

（清）岳所钟（599）

598　兰阳县 ··· 599

（明）土干福（600）　　（明）王巽（601）

599　济阳县 ··· 600

（后汉）王长（602）

600　仪封县 ··· 600

（明）陈清（600）　　（清）张休复（601）

601　禹州 ··· 601

（蜀汉）司马徽（561）　（明）张翼（范守己）（561）

（明）张宗鲁（561）

602　新郑县 ··· 602

（汉）张良（黄石公）（602）　　　（北周）黎景熙（603）

603　宋城县 ··· 603

（汉）焦廷寿（603）　　（宋）王洙（603）

604　宁陵县 ··· 603

（宋）刘熙古（604）　　（明）乔宏杞（604）

605　真源县 ··· 604

（宋）陈搏（贾德升）（604）

606　睢州 ··· 606

（清）余愉然（606）

607　考城县 ··· 606

（明）底义（606）　　（清）张蓉（606）

中国历代卜人传卷二十八 ······························ 607

河南省二 ·· 607

608　淮宁县 ··· 607

（周）周太史（607）　（后汉）郤巡（607）　（宋）杨山人（607）

（清）孙溯沔（608） （清）彭天纶（608）

609 淮阳县 …… 608

（明）龚尚德（608） （清）雷汉卿（608） （清）齐亮采（608）

（清）李英相（608） （清）刘玉衡（608） （清）朱旺春（608）

（清）宋殿文（608） （清）王锡五（608）

610 西华县 …… 609

（明）张若星（609）

611 南顿县 …… 609

（后汉）童彦兴（609）

612 太康县 …… 610

（隋）袁充（610） （清）刘璐（610）

613 扶沟县 …… 611

（清）刘一鹏（611） （清）严炳寰（611）

614 许州 …… 611

（汉）刘讽（612） （唐）张憬藏（612） （宋）杜生（612）

615 襄城县 …… 613

（宋）楚芝兰（子继芳）（613） （明）李绍（613）

616 郾城县 …… 613

（宋）掌禹锡（614）

617 召陵县 …… 614

（后汉）谢甄（614）

618 荥阳县 …… 614

（隋）刘祐（刘诨 马严）（614）

619 郑州 …… 615

（春秋）裨灶（615）

620 卫州 …… 615

（唐）高定（615）

621 汲县 …… 616

（唐）尚献甫（616）

622 武陟县 …… 616

（清）申维清（616）

623　安阳县 …………………………………………………………… 617

（唐）傅弈（617）　　（清）许三礼（617）　　（清）李振文（617）

（清）李克岐（617）

624　汤阴县 …………………………………………………………… 618

（宋）岳珂（618）

625　临漳县 …………………………………………………………… 618

（北齐）赵辅和（618）（清）杜会（618）

626　内黄县 …………………………………………………………… 619

（宋）傅珏（619）

627　武安县 …………………………………………………………… 619

（隋）马光（619）　　（明）宋之韩（619）

628　新乡县 …………………………………………………………… 620

（明）李承宝（620）

629　朝歌县 …………………………………………………………… 620

（春秋）端木赐（620）（后汉）向长（621）

630　辉县 ……………………………………………………………… 621

（清）李元良（621）

631　滑县 ……………………………………………………………… 622

（汉）京房（622）　　（唐）薛颐（622）

（明）吕朗（吴日章贾勋）（622）　　　　（清）刘燃（623）

（清）韩鸣岐（623）

632　河内县 …………………………………………………………… 623

（北齐）解法选（623）（北齐）张子信（623）（元）许衡（624）

633　济源县 …………………………………………………………… 624

（唐）骆山人（624）

634　温县 ……………………………………………………………… 625

（汉）许负（625）　　（明）李星井（626）　　（清）张四斗（626）

（清）王子湘（626）

635　阳武县 …………………………………………………………… 626

（清）张世勳（626）

636　雒阳县 ……………………………………………………………… 626

（东周）苏秦（626）　　（宋）程颢（627）　　（宋）程颐（627）

中国历代卜人传卷二十九 …………………………………………… 629

河南省三 …………………………………………………………… 629

637　洛阳县 ……………………………………………………………… 629

（周）叔服（629）　　（周）王孙说（629）　　（周）卫平（630）

（汉）皇甫嵩真（630）　（后汉）刘辅（明帝刘庄）（631）

（后汉）尹轨（631）　　（后汉）王宗（631）　　（魏）曹植（631）

（魏）爰邵（632）　　（晋）潘滔（632）　　（晋）董仲道（632）

（唐）张諲（632）　　（唐）胡卢生（632）　　（唐）钱知微（633）

（后晋）徐幼文（633）　（五代）王处讷（子熙元）（633）

（宋）邵雍（子伯温）（634）　　　　　　（宋）刘烨（635）

（宋）李建中（子宗鲁）（635）

（宋）杨可试（弟可㢸　可辅）（636）

（明）毕宗义（636）　　（清）刘恭（636）

638　阳城县 ……………………………………………………………… 636

（周）王诩（637）

639　偃师县 ……………………………………………………………… 637

（魏）王弼（637）

640　巩县 ………………………………………………………………… 638

（唐）黄贺（638）　　（明）赵迎（贾颢）（638）

641　永宁县 ……………………………………………………………… 639

（明）陈周史（639）

642　新安县 ……………………………………………………………… 639

（宋）钱若水（639）　　（清）吕衍高（639）

643　渑池县 ……………………………………………………………… 639

（清）李士林（640）

644　阌乡县 ……………………………………………………………… 640

（清）田秉德（640）

645 伊阳县 ……………………………………………………………… 640

（明）张应斗（640）

646 信阳州 ……………………………………………………………… 641

（明）何弈家（641）

647 南阳县 ……………………………………………………………… 641

（后汉）李休（641）　（后汉）朱祐（641）　（后汉）樊英（642）

（金）胡德新（642）

648 西鄂县 ……………………………………………………………… 643

（后汉）张衡（643）

649 邓州 ………………………………………………………………… 643

（汉）蔡少公（644）　（宋）张虚白（644）

650 棘阳县 ……………………………………………………………… 644

（唐）岑文本（644）

651 新野县 ……………………………………………………………… 644

（隋）庾季才（645）　（隋）庾质（子俭）（645）

652 汝阳县 ……………………………………………………………… 645

（后汉）袁良（645）　（后汉）袁满来（646）　（明）赵毅（646）

（明）方日中（646）　（明）秦潮（646）　（明）袁永基（646）

（清）桂继攀（647）

653 汝南县 ……………………………………………………………… 647

（汉）蔡父（647）　（后汉）郭宪（王仲子）（647）

654 平舆县 ……………………………………………………………… 648

（后汉）许杨（648）　（后汉）廖扶（648）

（后汉）许曼（祖父峻　张巨君）（649）

（后汉）许劭（许虔）（649）

655 安城县 ……………………………………………………………… 649

（晋）周浚（650）

656 上蔡县 ……………………………………………………………… 650

（明）张儒（650）

657 新蔡县 ……………………………………………… 650

（晋）干宝（650）

658 西平县 ……………………………………………… 650

（后汉）郅恽（651）

659 确山县 ……………………………………………… 651

（清）金景珠（651）

660 光州 ………………………………………………… 651

（清）吴续（胡明襄）（651）

661 光山县 ……………………………………………… 652

（明）王相（652）　（清）胡煦（652）

662 固始县 ……………………………………………… 653

（清）吴其泰（653）

663 新息县 ……………………………………………… 653

（后汉）高获（653）

中国历代卜人传卷三十 ……………………………… 655

陕西省一 ……………………………………………… 655

664 长安县 ……………………………………………… 655

（周）尹喜（655）　（秦）樗里子（656）　（汉）司马季主（656）

（汉）田文（660）　（汉）谷永（661）　（汉）王朔（661）

（汉）孙宾（661）　（隋）来和（662）　（隋）临孝恭（662）

（唐）王希明（662）　（唐）韩滉（662）　（唐）冯存澄（663）

（唐）李泌（663）　（唐）梁凤（663）　（唐）张初雠（663）

（唐）王生（663）　（唐）白衣老人（664）　（唐）路生（664）

（后汉）罗尊师（665）　（宋）张衍（665）　（宋）王勋（665）

（宋）何遁（665）　（金）李茂（666）　（元）李钦夫（666）

（元）郝升（王嘉）（666）　　　　　（明）熊庠（666）

（清）赵舒翘（666）　（清）张延已（667）

665 万年县 ……………………………………………… 667

（北魏）唐文（668）　（唐）韦夏卿（668）　（唐）韦颛（668）

666 奉元县 …………………………………………………………………… 668

（元）杨恭懿（669）

（元）萧斠（669）

667 杜陵县 …………………………………………………………………… 669

（隋）史万岁（669） （隋）韦鼎（669）

668 咸阳县 …………………………………………………………………… 670

（春秋）卜徒父（670）

669 平陵县 …………………………………………………………………… 670

（汉）苏竟（670） （汉）张仲蔚（魏景清）（670）

670 安陵县 …………………………………………………………………… 670

（汉）梧生（671） （后汉）班固（671）

671 茂陵县 …………………………………………………………………… 671

（后汉）马融（672）

672 兴平县 …………………………………………………………………… 672

（清）吴寿贞（刘健庵）（672）

673 高陵县 …………………………………………………………………… 672

（元）高侍（672）

中国历代卜人传卷三十一 …………………………………………………… 673

陕西省二 …………………………………………………………………… 673

674 泾阳县 …………………………………………………………………… 673

（元）袁思义（673） （明）柴定向（673）

675 三原县 …………………………………………………………………… 673

（唐）李靖（674） （明）马尚宾（674） （明）雷鸣（674）

（清）刘涝（674）

676 盩厔县 …………………………………………………………………… 674

（唐）鲍该（曹士荐）（675）

677 莲勺县 …………………………………………………………………… 675

（汉）张禹（675）

678 华原县 …………………………………………………………………… 675

（唐）孙思邈（675）

679 同州 ………………………………………………… 677

（唐）桑道茂（677） （宋）王湜（杨维德）（677）

（明）张曰炳（677）

680 大荔县 ………………………………………………… 678

（清）史景玉（678）

681 朝邑县 ………………………………………………… 678

（唐）严善思（678） （明）赵天秩（679） （明）程济（679）

（明）韩邦奇（679）

682 夏阳县 ………………………………………………… 680

（汉）司马谈（子迁　唐都　杨何　黄子）（680）

683 韩城县 ………………………………………………… 681

（春秋）卜招父（681）（清）强岳立（681）

684 华阴县 ………………………………………………… 681

（秦）杨硕（682） （唐）车三（682） （清）史口口（682）

（清）王宏撰（682）

685 商州 ………………………………………………… 682

（东晋）台产（682）

686 蒲城县 ………………………………………………… 683

（宋）郭绪（683） （清）王文炜（683）

687 凤翔县 ………………………………………………… 683

（明）李律师（车龙光）（683）

688 岐山县 ………………………………………………… 684

（唐）李淳风（684）

689 宝鸡县 ………………………………………………… 685

（清）陈备恪（685）

690 扶风县 ………………………………………………… 685

（北魏）王伯逵（685）

691 郿县 ………………………………………………… 686

（宋）张载（686） （明）郭伯郁（686）

692 乾州 ·· 686
（明）马神仙（686）

693 武功县 ··· 687
（唐）马禄师（687） （明）康海（687）

694 武乡县 ··· 687
（隋）杨伯丑（张永乐）（687）

695 梁　州 ··· 688
（唐）梁虚舟（李若虚）（689）

696 南郑县 ··· 689
（后汉）李郃（689） （后汉）李固（690）

697 洵阳县 ··· 690
（清）邵嗣尧（690）

698 城固县 ··· 690
（明）李必达（690）

699 横山县 ··· 691
（清）刘泽（691）

700 定边县 ··· 691
（清）赵圣治（691）

701 靖边县 ··· 691
（清）王有会（子璠　子网）（691）

702 米脂县 ··· 692
（清）高桢（692）

703 洛川县 ··· 692
（清）贺登甲（692）

704 中部县 ··· 692
（明）宋宾（692）

中国历代卜人传卷三十二 ································ 693

甘肃省 ·· 693

705 皋兰县 ··· 693

（清）李芬（693）　　（清）李璇（694）　　（清）李钟麟（694）

（清）贺嘉祥（694）　　（清）李绍晟（694）

（清）谢历（萧光汉）（694）　　　　　　　（清）徐一奎（695）

（清）梁桧（695）　　（清）姚宝善（695）　　（清）刘鷽举（695）

706　安定县 ·· 695

（明）张铭（695）

707　漳县 ·· 695

（清）陶明儒（695）

708　天水县 ·· 696

（晋）赵仁美（696）　　（唐）秦韬（696）

（前蜀）赵廷义（曾祖省躬父温珪）（697）　　（清）陈翊运（697）

（清）雷逢源（蓝道人）（697）

709　礼县 ·· 697

（清）赵东阳（698）

710　武都县 ·· 698

（明）龙正（金牌道人）（698）　　（明）樊让（698）

（明）塞逢泰（698）

711　合水县 ·· 698

（清）杨沛生（698）

712　崇信县 ·· 698

张汉英（698）

713　临泾县 ·· 699

（后汉）王符（699）

714　固原州 ·· 699

（后汉）嵩真（700）

715　镇番县 ·· 700

（明）邱耀（700）　　（清）张登第（弟登甲）（700）

（清）李绍菱（700）

716　张掖县 ·· 700

（清）陈清（700）　　（清）王世俊（701）

717　山丹县 ··· 701

（清）陈志炳（701）

718　燉煌县 ··· 701

（晋）索紞（701）　　（前凉）索龚（702）　　（唐）李虚中（702）

青海省 ··· 704

719　西宁县 ··· 704

（明）王锐（704）

中国历代卜人传卷三十三 ·· 705

福建省一 ··· 705

720　闽县 ··· 705

（五代）黄岳（705）　　（宋）林霆（705）　　（宋）赖先知（705）

（宋）黄拨沙（706）　　（明）任纲（706）　　（明）高凤（706）

（明）简尧坡（706）　　（明）白都闻（707）　　（明）锺志（707）

（清）林森（707）　　（清）廖春山（707）

（清）蔡璵（李坤）（707）　　　　　　（民国）林学衡（708）

721　侯官县 ··· 709

（清）谢震（709）　　（清）沈葆桢（709）　　（清）郭柏苍（709）

722　古田县 ··· 710

（清）邹式金（710）　　（清）张耀垣（710）

723　长乐县 ··· 710

（宋）赵以夫（710）　　（清）蒋垣（710）

（清）梁运昌（父上宝）（711）

724　连江县 ··· 711

（宋）郑思肖（711）　　（清）章鼎（712）　　（清）黄明庄（712）

（清）游萃（712）

725　福宁县 ··· 712

（明）叶森（712）

726　霞浦县 ··· 713

（清）黄瑞鹤（713）　　（清）陈逢尧（713）　　（清）吴可洋（713）

727　厦门厅 ··· 713
（明）蔡鼎（713）

728　莆田县 ··· 714
（宋）郑樵（714）　　（宋）林霆（714）　　（明）陈昂（714）
（清）吴天民（714）

729　仙游县 ··· 715
（元）林雷龙（715）　　（清）林蒙亨（715）

730　晋江县 ··· 715
（明）丁衍夏（715）　　（明）郑毓季（715）　　（清）庄肇汯（716）

731　南安县 ··· 716
（清）黄士炯（716）

732　惠安县 ··· 716
（明）郑仰田（716）

733　安溪县 ··· 717
（明）潘景（717）　　（清）李光地（717）　　（清）李清时（717）
（清）王严龙（717）　　（清）白美振（717）　　（清）周士长（717）

734　马巷厅 ··· 718
（清）洪伯寿（718）

735　同安县 ··· 718
（宋）苏绎（718）　　（清）洪潮和（子彬海）（718）
（清）施瑚琏（718）

736　德化县 ··· 718
（宋）陈朗（718）　　（清）李兴禹（719）

737　龙岩州 ··· 719
（宋）叶琇卿（719）　　（清）章贡云（719）

738　长汀县 ··· 719
（清）蔡承谦（719）　　（清）罗德龙（子联章）（719）

739　宁化县 ··· 720
（明）鲁柯（720）　　（清）谢宪时（720）　　（清）伊元复（720）

740　上杭县 ··· 720

（明）邓天林（720）

中国历代卜人传卷三十四 ……………………………………………… 721

福建省二 ……………………………………………………………… 721

741　永定县 ……………………………………………………… 721

（清）廖冀亨（721）　（清）廖鸿章（722）

742　龙溪县 ……………………………………………………… 723

（宋）康庶（723）　（明）林存祥（723）　（明）黄钟选（723）
（明）张士楷（723）　（清）蓝斌（723）

743　漳浦县 ……………………………………………………… 724

（唐）黄矩（724）　（明）黄道周（724）

744　长泰县 ……………………………………………………… 725

（明）林廷擢（725）

745　平和县 ……………………………………………………… 725

（明）卓晚春（725）

746　诏安县 ……………………………………………………… 725

（明）吴朴（725）

747　海澄县 ……………………………………………………… 726

（清）詹明章（726）　（清）张德春（726）　（清）吴邦基（726）
（清）黄怀人（726）

748　南平县 ……………………………………………………… 726

（清）乐斌（子云鹗）（726）　（清）谢震（727）

749　延平县 ……………………………………………………… 727

（宋）池惠师（727）

750　永安县 ……………………………………………………… 727

（明）邓华山（727）　（明）高平川（727）　（明）冯继功（728）

751　建州 ………………………………………………………… 728

（五代）吴翁（728）　（明）熊汝岳（728）

752　建安县 ……………………………………………………… 728

（宋）黄晞（728）　（宋）滕峻（729）　（元）雷德润（729）

（明）林浓（729） （明）黄生（730） （清）任元夷（730）

753 瓯宁县 ……………………………………………………………… 730

（明）谢纯（730）

754 建阳县 ……………………………………………………………… 730

（宋）蔡元定（父发）（730） （宋）蔡渊（731）

（宋）蔡沈（731） （明）徐之谟（朱之相）（731）

（明）熊宗立（刘剡）（731）

755 浦城县 ……………………………………………………………… 732

（宋）杨亿（732） （宋）郑瑞（732） （宋）欧阳可夫（732）

（宋）华仁仲（733） （宋）郭小山（733） （明）詹奇（734）

（明）詹溁（734） （清）刘日开（祖凤轩 父华宇）（734）

（清）祝畴（734）

756 松溪县 ……………………………………………………………… 735

（明）魏孟坚（735）

757 邵武县 ……………………………………………………………… 735

（宋）黄伯思（735） （清）张文瑾（735）

758 建宁县 ……………………………………………………………… 735

（明）张时杰（735） （明）甘茂富（736） （清）余明升（736）

（清）徐家瑄（736）

台湾省 ……………………………………………………………… 736

759 台湾县 ……………………………………………………………… 736

（清）曾明训（736）

中国历代卜人传卷三十五 …………………………………………… 737

广东省 ……………………………………………………………… 737

760 番禺县 ……………………………………………………………… 737

（宋）戴生（737） （清）陈仲良（737）

（清）陈应选（梁斗焕）（737）

（清）曹九锡（子璿演）（738）

761 香山县 ……………………………………………………………… 738

（明）李秩（738） （明）贾蕴（738） （明）黄畿（738）

762 南海县 ··· 738

（南汉）胡万顷（738） （宋）周克明（祖傑 父茂元）（739）

（宋）何时（739） （明）谭明（740） （明）方权（740）

（清）何梦瑶（740）

763 顺德县 ··· 740

（清）李文田（740） （清）陈寿（741） （清）温锡生（741）

（清）杨麟高（741） （清）周梦菱（741）

764 东莞县 ··· 742

（明）尹遂祈（742） （明）彭谊（742） （明）刘杰（742）

（明）周觉（742） （清）袁文桂（743） （清）林蒲（743）

765 新宁县 ··· 743

（清）李文曜（743）

766 新会县 ··· 743

（清）屈杰（743） （清）陈元力（744）

767 三水县 ··· 745

（宋）张谦光（745）

768 四会县 ··· 745

（清）吴显时（叔叔骅）（745）

769 开平县 ··· 746

（清）何彬（746） （清）吴尔康（张之洞）（746）

770 鹤山县 ··· 746

（清）施通一（746）

771 德庆州 ··· 747

（清）谈翀霄（747）

772 罗定县 ··· 747

（清）陈五云（747） （清）林启燊（747） （清）杨文晖（747）

773 乐昌县 ··· 747

（明）邓容（748）

774 翁源县 ··· 748

（宋）成倬（748）

775　英德县 …… 748

（宋）石汝砺（748）

776　连州 …… 748

（明）何洲（749）

777　澄海县 …… 749

（清）余执中（749）

778　归善县 …… 749

（明）骆斌（749）　（清）刘炘（749）

779　博罗县 …… 749

（明）张萱（749）

780　海阳县 …… 750

（宋）刘允（750）　（明）柯望（750）　（明）黄慎（750）

781　揭阳县 …… 750

（清）程定山（750）

782　长乐县 …… 751

（清）徐启隆（751）　（清）连卓琛（751）

783　石城县 …… 751

（清）江应元（751）

784　琼山县 …… 751

（宋）刘遁（751）　（明）冯明（752）

785　文昌县 …… 752

（明）林广（752）　（清）林士者（752）

786　儋县 …… 752

（清）郭有经（752）

787　昌化县 …… 752

（清）郭元任（752）　（清）柏松年（753）

广西省 …… 753

788　临桂县 …… 753

（明）朱永吉（753）　（明）陈邦修（753）　（清）陈宏谋（753）

（民国）张其（754）

789　灌阳县 …………………………………………………………… 754

（清）严亨（754）

790　永福县 …………………………………………………………… 754

（明）章润（755）

791　柳州 ……………………………………………………………… 755

（唐）秦䛁（755）

792　宾州 ……………………………………………………………… 755

（清）雷友兰（梁爱）（755）

793　平乐县 …………………………………………………………… 755

（明）莫遗贤（756）

794　钟山县 …………………………………………………………… 756

（清）廖笃坚（756）

中国历代卜人传卷三十六 ………………………………………… 757

云南省 …………………………………………………………… 757

795　昆明县 …………………………………………………………… 757

（明）江天水（757）　（清）张发潛（757）　（靖）李应麒（758）

796　宜良州 …………………………………………………………… 758

（明）刘福成（758）　（清）孔星东（758）　（清）谢诏（758）

（清）罗万福（758）

797　呈贡县 …………………………………………………………… 758

（明）文祖尧（758）

798　易门县 …………………………………………………………… 759

（明）柳逢阳（759）

799　杨林县 …………………………………………………………… 759

（明）兰茂（759）

800　晋宁州 …………………………………………………………… 760

（明）黄拱斗（760）

801　安宁州 …………………………………………………………… 760

（清）段 絷（760）

802 武定州 ………………………………………… 760
（清）张璜（760）

803 禄劝县 ………………………………………… 761
（清）董懿（761）

804 南宁县 ………………………………………… 761
（明）傅秉忠（弟秉安）（761） （清）胡官礼（761）
（清）戴泽溥（761）

805 沾益州 ………………………………………… 762
（唐）闭珊居集（762）

806 马龙州 ………………………………………… 762
（唐）阿畇（762） （清）朱承谟（762）

807 陆凉州 ………………………………………… 762
（清）刘毓麟（762）

808 罗平州 ………………………………………… 763
（清）刘飞云（763）

809 河阳县 ………………………………………… 763
（清）叶文波（763）

810 东川县 ………………………………………… 763
（清）朱应元（764）

811 会泽县 ………………………………………… 764
（清）吴桂良（764）

812 寻甸州 ………………………………………… 764
（明）张神卜（764） （清）马百良（764）

813 镇雄州 ………………………………………… 765
（清）傅姓（765）

814 楚雄县 ………………………………………… 765
（清）张维焯（765）

815 琅盐井 ………………………………………… 765
（清）王体元（765）

816　建水县 …………………………………………………………… 766

（清）刘德厚（766）

817　通海县 …………………………………………………………… 766

（清）陈文藻（766）　（清）李维新（766）

818　石屏州 …………………………………………………………… 766

（清）龚布（767）　（清）刘腾蛟（767）　（清）毕山人（767）

（清）游席珍（767）

819　广南县 …………………………………………………………… 767

（唐）夏侯生（767）

820　景东厅 …………………………………………………………… 767

（清）饶时佐（768）

821　腾越厅 …………………………………………………………… 768

（清）许尔超（768）

822　永昌县 …………………………………………………………… 768

（明）杨元（768）　（清）李应宣（768）　（清）吴观国（769）

823　太和县 …………………………………………………………… 769

（清）杨增（769）　（清）董以忠（父策）（769）

824　云南县 …………………………………………………………… 769

（明）杨体仁（769）

825　赵州 ……………………………………………………………… 770

（清）苏于垣（770）　（清）许超（770）　（清）沈德全（770）

826　剑川州 …………………………………………………………… 771

（清）杨繍（771）　（清）赵东周（771）

827　中甸厅 …………………………………………………………… 771

（清）阿吉（771）

828　姚州 ……………………………………………………………… 772

（清）郭先生（772）

829　镇南州 …………………………………………………………… 772

（清）陈砺才（772）

贵州省 ……………………………………………………………………… 772

830 贵筑县	773

（明）顾璇（773） （清）刘子章（773）

831 贵定县	773

（明）黄凤（773）

832 广顺州	774

（清）潘清逸（774）

833 瓮安县	774

（清）傅瑶光（774）

834 湄潭县	774

（清）任开泰（774） （清）夏正邦（774）

835 遵义县	775

（清）赵廷华（775）

836 桐梓县	775

（明）文和（775）

837 仁怀县	775

（清）杨书台（776） （清）张太虚（776）

838 天柱县	776

（明）萧云山（776）

839 黄平州	777

（明）张怀阳（777）

840 黎平县	777

（清）王建极（777）

841 永从县	777

（清）向昌国（777）

842 铜仁县	778

（明）徐宰六（778） （清）张潜光（778）

843 婺川县	779

（明）胡学礼（779）

844 安顺县	779

（明）周大行（779）

845 安平厅 ……………………………………………………… 779

（明）严俊（779）

846 普安县 ……………………………………………………… 780

（清）田泽霖（780）

847 兴义县 ……………………………………………………… 780

（清）刘锺峤（780）

中国历代卜人传卷三十七 ……………………………………… 781

辽宁省 ………………………………………………………… 781

848 满州 ………………………………………………………… 781

（清）德格勒（781）　（清）高其倬（781）

849 沈阳县 ……………………………………………………… 782

（清）范宜宾（782）

850 铁岭县 ……………………………………………………… 782

（清）金世鉴（782）

851 辽阳州 ……………………………………………………… 783

（汉）王仲（783）　（北魏）高谦之（783）　（北魏）闵宗（783）

（辽）呼拉布（783）　（元）石抹继祖（784）　（清）黄雅林（784）

852 襄平县 ……………………………………………………… 784

（后魏）晁崇（784）

853 辽中县 ……………………………………………………… 784

（清）史易（784）　（清）靳鸿发（785）

854 盖平县 ……………………………………………………… 785

（清）耿昭忠（785）　（清）于葆中（祖天墀　姪兆铎　马文贵）（785）

（清）丁显鸿（何玉册）（786）　　　　　（清）孙步云（786）

（清）邢崇阳（786）　（清）曲福厚（787）

855 海城县 ……………………………………………………… 787

（清）戚士升（787）　（清）矫晨薏（788）　（清）李玄真（788）

（清）姜乐园（788）

856 徒河县 ……………………………………………………… 788

（北魏）屈拔（788）

857 广宁县 ········· 788

（辽）耶律纯（788） （辽）耶律倍（789）

（元）耶律楚材（元太祖帝）（789） （清）艾向荣（790）

（清）李万春（790） （清）萧露浓（790） （清）孟昭谦（790）

858 义县 ········· 790

（辽）焦希贇（790） （清）陈世隆（791）

859 绥中县 ········· 791

（辽）耶律乙不哥（791）

860 锦西县 ········· 791

（清）张恆春（791）

861 安东县 ········· 791

（民国）刘世铭（子长甲　长连　长第）（792）

862 凤城县 ········· 792

（清）管文奎（792） （清）萨弼（792）

863 复县 ········· 793

（清）张　俸（793） （清）李浩年（793）

864 庄河县 ········· 793

（清）华华国（郝乐天　郭玉傑）（793） （清）王兆槐（793）

吉林省 ········· 793

865 吉林县 ········· 794

（清）戚麟祥（794）

866 双城县 ········· 794

（清）姜永德（794）

867 宁安县 ········· 795

（金）高仲振（795） （清）李瑞昌（795）

868 长春县 ········· 796

（清）恆裕（796）

热河省 ········· 796

869 承德县 ········· 797

（元）张庭瑞（797）

　　870　大宁县 ··· 797

（清）张翼星（797）

察哈尔省 ·· 798

　　871　万全县 ··· 798

（明）皇甫仲和（798）

　　872　赤城籐 ··· 799

（晋）卜珝（799）　（清）张文衡（800）

　　873　蔚州 ··· 800

（北魏）燕凤（800）　（北魏）许谦（800）　（明）真中（800）
（清）赵占鳌（800）　（清）徐尔寿（801）　（清）武之烈（801）

　　874　保安州 ··· 801

（清）汤昭（801）　（清）董崇德（801）

宁夏省 ·· 802

　　875　宁夏县 ··· 802

（清）王觐光（802）　（清）王生兰（802）

　　876　宁朔县 ··· 802

（清）张映槐（803）

　　877　中卫县 ··· 803

（明）刘宽（803）　（清）康绳周（803）

　　878　灵武县 ··· 803

（宋）斡道冲（803）

新疆省 ·· 804

　　879　迪化县 ··· 804

（元）阿锡贡（804）

中国历代卜人传卷三十八 ··· 805

列女 ·· 805

（晋）刘耽女（805）　（唐）李夫人（805）　（唐）刘晏女（805）
（唐）卢母（806）　（唐）苗夫人（806）

（唐）娄干宝（吕元芳）（806）　　　　　　　（唐）吴女士（807）

（宋）丁夫人（807）　（元）陈润（807）　（元）李金姬（807）

（明）马蓬瀛（808）　（清）王贞仪（808）　（清）张屯（809）

（清）张素贞（809）

方外 …… 809

（汉）魏伯阳（809）　（后汉）王远（809）　（后汉）左慈（810）

（晋）僧法愿（810）　（晋）僧上蓝（810）　（南齐）孔灵产（810）

（梁）刘勰（810）　（北齐）僧昙迁（810）　（北齐）僧元畅（811）

（五代）僧祖升（811）　（五代）僧贯休（811）　（隋）尼智山（811）

（唐）吴崿（812）　（唐）王远知（812）　（唐）尼范氏（812）

（唐）僧泓师（813）　（唐）普满（813）　（唐）五明（813）

（唐）云涉（814）　（唐）殷九霞（815）　（唐）僧一行（815）

（唐）僧处弘（816）　（唐）司马头陀（816）　（唐）僧道泓（816）

（唐）僧子亩（817）　（唐）僧神秀（817）　（唐）僧惟瑛（817）

（后梁）广微（817）　（后周）僧麻衣（817）

（后周）麻衣和尚（817）　　　　　　　（吴越）僧德韶（817）

（宋）麻衣道者（817）　（宋）僧含晖道人（818）（宋）僧化成（818）

（宋）袁惟正（818）　（宋）僧达（819）　（宋）铎长老（819）

（宋）僧宋渊（819）　（宋）僧克慎（819）　（宋）僧妙应（819）

（宋）僧智缘（820）　（宋）白云鹤（820）　（宋）僧超善（820）

（宋）僧德光（820）　（宋）僧普明（820）　（宋）于道士（820）

（宋）布袍道者（821）（宋）僧常泰（821）　（宋）僧居简（821）

（宋）僧癫（821）　（宋）僧月洲（821）　（元）张留孙（821）

（宋）玉泉（821）　（元）普称（822）　（明）僧目讲（822）

（明）张三丰（822）　（明）三休（823）　（明）司马头陀（823）

（明）姚广孝（823）　（明）非幻（824）　（明）僧如兰（824）

（明）玉峰（824）　（明）叶绍袁（824）　（明）吴从善（824）

（明）昧玄子（825）　（明）铁笔和尚（825）（明）僧希稷（825）

（明）僧天如（825）　（明）僧道清（825）　（明）僧雪空（825）

（明）僧普庵（825）　（明）僧枯木（825）　（明）僧慧月（825）

（明）僧通源（825）　　（清）李道士（826）　　（清）万寿祺（826）

（清）僧如玉（826）　　（清）邓和尚（826）　　（清）布袋和尚（826）

（清）颠道士（827）　　（清）僧通慧（827）　　（清）僧月山（827）

（清）僧依山（828）　　（清）僧志愿（828）　　（清）陈真如（828）

（清）僧广严（828）　　（清）僧印梅（828）　　（清）僧傅钵（828）

　附录 ……………………………………………………………… 828

　东洋 ……………………………………………………………… 828

　　高岛嘉卫门吞象（佐藤正道　高桥邦造　炳泽照觉）（828）

　西洋 ……………………………………………………………… 829

　　穆尼阁（披济达女士　亚丹姆女士　巴特女士　特诺女士　约旦麦克卜伦特　阿施托罗吉　富尔诺吉　阿利安　古萨哥喇斯　西施巴拿斯　历山大帝　亚里氏　卡尔大密斯氏　阿卡斯大施大帝　科布氏　布利尼氏　徐赛夫科尔博士　奥多来科博士　斯贝哈姆博士　昂多留科布博士　仑口罗孙氏　罗模乌惠尔氏　鼐尔森氏　该撒拿破伦　培根　麦尔保罗（829）

　补遗 ……………………………………………………………… 834

中国历代卜人表 ……………………………………………………… 837

　江苏省 ……………………………………………………………… 837

　浙江省 ……………………………………………………………… 844

　安徽省 ……………………………………………………………… 850

　江西省 ……………………………………………………………… 853

　湖北省 ……………………………………………………………… 859

　湖南省 ……………………………………………………………… 860

　四川省 ……………………………………………………………… 862

　河北省 ……………………………………………………………… 864

　山东省 ……………………………………………………………… 865

　山西省 ……………………………………………………………… 867

　河南省 ……………………………………………………………… 869

　陕西省 ……………………………………………………………… 872

　甘肃省 ……………………………………………………………… 873

福建省 …………………………………………………… 874

广东省 …………………………………………………… 875

广西省 …………………………………………………… 876

云南省 …………………………………………………… 876

贵州省 …………………………………………………… 877

辽宁省 …………………………………………………… 877

吉林省 …………………………………………………… 878

察哈尔省 ………………………………………………… 878

易数撷珠 ……………………………………………… 879

出版缘起 ……………………………………………… 894

《润德堂丛书全编》提要 …………………………… 895

中国历代卜人传卷首

太昊伏羲氏

上古 太昊伏羲氏，风姓。母华胥，生帝于成纪，① 有圣德，象日月之明，故曰太昊。承木德而王，② 作都于陈之宛丘。③ 帝生聪明睿智，德合上下，有龙马负图，出于河上。于是仰观象于天，俯察法于地，中观万物之宜，见阴阳，有奇耦之数，始画八卦：乾一，兑二，离三，震四，巽五，坎六，艮七，坤八。卦有三爻，因而重之，得卦六十有四。所谓"先天之易"也。④ 上古男女无别，帝始制嫁娶，以俪皮为礼，正其姓氏，通以媒妁，而民始不渎。法乾坤，以正君臣父子夫妇之义，而民始知人伦。又做甲历，以定岁时。起于甲寅，干支相配，岁以是纪而年不乱，月以是纪而时不易，昼夜以是纪而人知度，东西南北以是纪而方不惑，故曰"治历明时"，则敬天勤民之本也。⑤ 上古之世，茹毛饮血，帝乃作网罟，⑥ 教民佃鱼。⑦ 养六畜，以为牺牲；充庖厨，祀神祇。故后世称之曰"庖牺氏"，而其与也。有龙马之瑞，因而名官，故亦号"龙师"。飞龙氏，造书契者也。潜龙氏，造甲历

---

① 汉文帝时，黄龙见成纪，即汉置之成纪县，故城在今甘肃秦安县北三十里，隋徙置秦安县东，宋时移成纪之名于上邽，明省入秦州，即今甘肃天水县治。○邽，姑威切，音圭，齐韵，汉县名，陇西有上邽，在今甘肃秦州境。

② 《易知录》云："古之王者易代改号，取法五行更旺相生。先起于木，太昊首以木德王天下，盖木为四时之首也。"

③ 宛丘，今河南开封府陈州。

④ 《御览》引《春秋内事》曰："伏羲氏始画八卦，定天地之位，分阴阳之数，推列三光，建分八节，以文应气，凡二十四。消息祸福，以制吉凶。"《古史考》云："庖牺氏作卦始有筮，其后殷时巫咸善筮。"

⑤ 《路史注》云："伏羲有甲子元历，是太昊已有甲子，而《世本》皆谓黄帝令大挠作甲子，误也，挠持配甲子作纳音耳。"

⑥ 罟，五古切，麌韵，网也。

⑦ 佃，徒年切，先韵；又藻练切，霰韵。义同。一治田也，二代耕农也，三田猎也。

者也。居龙氏，治屋庐者也。降龙氏，驱民害者也。土龙氏，治田里者也。水龙氏，繁滋草木，以疏道泉流者也。又命五官：春官为青龙氏，夏官为赤龙氏，秋官为白龙氏，冬官为黑龙氏，中官为黄龙氏。于是共工为上相，柏皇为下相，朱襄昊英常居左右。栗陆居北，赫胥居南，昆吾居西，葛天居东，阴康居下。各明刑政，以怀四方。百令既举。万民化洽。帝乃断桐为琴，琴二十七弦，以通神明之贶，以合天下之和。緪桑为瑟。① 瑟三十六弦，以修身理性，返其天真，而乐亦由此起焉。帝生洪荒之后，开物成务，为后世制作祖，在位百六十四年，② 崩。葬于陈，今陈为大暤之墟。其后裔当春秋时，有任宿须句颛臾，皆风姓之胤也。③《补史记·三皇本纪》，清张伯行《道统录》。

○魏陈思王曹植《庖牺赞》曰："木德风姓，八卦创焉。龙瑞官名，法地象天。庖厨祭祀，罟网鱼畋。瑟以象时，神德通玄。"

○晋挚虞《太常集·庖牺赞》曰："昔在上古，惟德居位。庖牺作王，世尚醇懿。设卦分象，开物纪类。施罟设网，人用不匮。"

○乾隆《甘肃伏羌县志·人物》注云："帝之生，在今三阳州，汉时属冀城，后改为成纪县。今三阳州改属秦州，而以古论之，固为本县之地，则不妨两存云。"

○《清一统志·山东省·济宁州·陵墓》载："伏羲陵，在鱼台县东北七十里，兜山南，其前有庙。"《九域志》："兖单皆有伏羲陵。"《路史》又云："陵在山阳。今曲阜、邹、滕、嘉祥境内，俱有伏羲庙，以此故也。"《一统志》原按云："本朝遣官祭告伏羲陵，在河南陈州府淮宁县。"旧志沿《明一统志》，载入此，未免附会，姑存俟考。

○长白麟庆见亭《鸿雪因缘图记·羲陵调圣》云："太昊伏羲氏陵，在河南陈州府淮宁县西北三里许，隋以前无考。唐贞观时，始禁樵采。宋乾德四年立庙，祀以太牢，元明因之，国朝载入祀典。乾隆十年乙丑，奉旨重修。陵城墙高九尺，袤六百丈，规模壮丽。前有池，曰白龟，相传即蔡水得书处。有台曰八卦，《元和志》谓始画八卦处。道光丙戌孟夏，余赴鹿邑，查办教匪王会陇案，便道至陈州巡阅，爰偕邑令永云樵，恭谒陵庙，瞻仰灵著，肃然生敬。比回寓，有客谓：《史记注》称伏羲葬南郡，又称冢在山阳高平西，且疑龟书出洛，并非蔡水。八卦本于河图，何以舍图取书，而曰得龟书卦？遂皆指以为伪。余晓之曰：上古文字未立，一画开先。伏羲风姓，生于成纪，以木德王，而

---

① 緪，居曾切，音恒，蒸韵；古邓切，音亘，经韵。《说文》：緪，大索也。
② 或云百五十年。
③ 胤音孕，子孙相承续也。继也。嗣也。避太祖清世宗讳，亦作胤。

都于陈。开物成务，制器致用，为五帝首。今沧桑变迁，宛丘之陵，巍然独存。且圣人作《易》，幽赞生蓍，灵草挺翠，与龟池卦台，辉映高深，俾先圣遗迹，昭垂千古，不亦美乎？又何必固执考据家言，自矜渊博哉！因吟曰：'当时观象无先圣，万古鸿蒙孰划开。一自龟图悬日月，至今虫篆走风雷。灵蓍秀启三朝策，古柏香生八卦台。浑噩依然存太极，丰碑翻笑赘鸿才。'"

○阜按：观此可以证明羲圣之陵，确在河南淮宁县，非山东鱼台县也。《清一统志·河南省·陈州府·祠庙》又载"伏羲庙在淮宁县西北五里，明正统间重建"云云，证以麟见亭先生恭谒陵庙所记，更无疑义。惟陈州府陵墓，并无伏羲陵字样，此必遗漏之故，不足怪也。至伏羲庙不仅山东鱼台有之，据《统志》所载，安徽省庐江府合肥县浮槎山顶，有伏羲庙；山西省大宁县东门外，亦有伏羲庙，乃金大定三年建。甘肃省巩昌府治东郭内，又有伏羲庙；河南省河南府孟津县西五里，又有伏羲庙，相传为龙马负图处；河南省汝宁府上蔡县东三十里，湖北省安陆府天门县东北五华山，均有伏羲庙。可见陵只有一，而庙不妨遍立也。

○《左传·定四年》，《正义》引《易》云："伏羲作十言之教，乾、坤、震、巽、坎、离、艮、兑、消、息。"

○宋王十朋《梅溪文集》咏伏羲诗云："六画中含万象殊，洪荒一变遂归儒。河图不授庖牺氏，民到于今目尚涂。"

○《学易笔谈》云：西教士之《易说篇》云："西教士花之安氏，颇注意于中国之经籍，曾著《自西徂东》一书，谓画卦之伏羲，乃巴比伦人。巴比伦高原，为西洋文化发源地。伏羲八卦，以乾为天，以坤为地，至今巴比伦人，犹称天为乾，地为坤，此一证也。又巴比伦亦有十二属象，与中国之十二辰，大略相同，其证二也。"或因花氏之说，更加推求，谓伏羲画卦，以备万物之象。宇宙伟大之象，无不列举。如天、地、水、火、风、雷、山、泽，以配八卦，而海为天地间最大之象，独付阙如，而举泽以为山之对，则亦一疑问也。巴比伦介欧亚之间，四面皆大陆，距海最远，其间惟里海死海，为潴水最大之区，故称之为泽。亦足证花氏之说，不尽无因。花氏更称巴比伦古代之王，有号伏巨者，与伏羲二字，音亦相近，当即为始画八卦之人，亦可谓读书得间矣。但我国上古之史，虽无可稽考，然自伏羲而后，代有传人。一画开天，即文字所造始。俪皮为礼，已姓氏之足征。在中国之佚闻古迹，无有可为伏羲来自远方之证者。况伏羲之陵，犹在中州，至今无恙，其果否为伏羲埋骨之所，虽无从征实，但有一事，足以参证，有决非人力所能为者，则古圣揲以求卦之蓍草是也。孔子曰："昔者圣人之作易也，幽赞于神明而生蓍。"至今蓍草所产之地，厥惟伏羲文王周公孔子之墓，而他处无有也。惟近今所生之蓍，不及古时之长。余尝采蓍于孔林，最长者乃不满今尺三十寸，以合周尺仅四尺余。

所谓六尺及盈丈者，询之孔氏，云"久未得见矣"。夫文周与孔子之墓，固确为圣穴，决无可疑，则伏羲之陵而有蓍草，亦断然足证其非妄矣。其非巴比伦产，可不辨自明。或者当伏羲之时，西北之人物殷繁。（其时东南皆水，陆地不多。）治化流被于欧亚两州之交，故巴比伦得有伏羲之学说，（逮洪水为灾，地形改变，流沙阻隔，西道遂不复通，故禹域西限流沙。）未可知也。至八卦之象无海，则有说焉。夫江河海洋，皆后起之名辞。伏羲时，文字未兴，乌得有此析类之名。卦象水火山泽，皆以对举为文，海固无可对也。故以泽对山。洪荒之世，世界一泽国耳，举目所见，惟山与泽，则亦以山泽象之耳。《周易》为中古之书，取象较广。坎为大川，大川，亦即海也。焉得以数千年之名辞，而致疑于上古之世哉！

○又《化学之分剂与象数合篇》云：西人物质之化分，译之为化学者，乃近世纪所发明者也。不谓地隔三万里，时阅七千年，而吾《易》之象数，能与之一一吻合，无毫厘之差。呜呼，是所谓"范围天地而不过，曲成万物而不遗"者，岂空谈性理，所能悉其奥旨哉！张氏之锐《易象阐微》，取气之分剂性质，以卦位爻数，乘除推衍，无不妙合。尤奇者阳三而阴二，足证古圣参天两地之数，固俟之万世而不惑者也。

○又《五行化合篇》云：庖羲画卦，观变阴阳，分四时，播五行。至黄帝造甲子，以天干地支，分阴分阳，以经纬五运六气，符造化之大原，备人事之终始。易道之"范围天地，曲成万物"者，至此愈精愈密。后王制治，大而礼乐政刑，小而百工技艺，胥无能违其轨则；而药医卜筮，风鉴诸家之道源于此者，更无论矣。自西学东渐，趋重于物质之文明，斥阴阳为谬论，指五行为曲说，承学之士，皆吐弃而不屑道也。不知阴阳之道，实根于天地，盈天地之万物，不论其有形可见，无形可见，无一不具有一阴一阳性，即无一能出此阴阳轨道之外者。动植诸物无论矣，即矿物诸类，亦无不有阴阳。其他如数学之有乘除，有正负；化学之有分合，有加减；伦理有优劣胜败，有积极消极，有演绎，有归纳，何一非一阴一阳之义哉！至五行之说，以水火木金土概之，说者疑为不伦。不知水火木金土之五者，非仅以其质，乃所以代表阴阳之气与数。其不以四不以六而必以五者，则参天两地，阳常饶而阴常乏，阴阳之数，仅限以五。化合虽成六气，而实数仍不能出五以外。此中微妙之理，熟思当有所悟也。

○《易数偶得·六合三合篇》云：子与丑合，寅与亥合，卯与戌合，辰与酉合，巳与申合，午与未合，术家所谓六合，乃日与月合也。申子辰合水，亥卯未合木，寅午戌合火，巳酉丑合金，术家所谓三合，乃坎震离兑四正之位，各与左右相合也。《易》曰："日月合其明"，六合也；"四时合其序"，三合也。日月合明，子一丑二；四时合序，一三七十。天地合从，巽乾对峙，辰巳天门，戌亥地户也。"鬼神合吉凶"，谦艮称平，西南神枢，故神字从中；东北鬼藏，故斗魁鬼象。（丑斗宫。）术家天德、月德、禄马、刃煞、贵人诸名，均仿诸此，具有精义。如官居禄前，刃在禄后；官者职守，官居禄前者，先事后食之大义；刃者刑戮，刃随于禄者，利与害俱之微旨也。故四时之序，功成者退；阴阳之义，过盛则灾。衰病已见，而不急去；死期将至，授之以马，马动而不行，中寿之墓木拱矣。呜呼！名之所在，即义之所在。君子顾名思义，安而不忘危，存而不忘亡，治而不忘乱，是以身安而国家可保也。五行灾祥，本诸一身，其道皆出于《易》。孔子上下《系传》，取中孚、咸、履各卦，反覆丁宁，示人以立身立德之道，其精义皆合于天地日月之法象，无一字虚设者。后儒空言释之，致《十翼》尽等具文，无由征实其用之所在，反目五行家言为小道，斥言象数者为无稽。学者畏难而喜易，遂以空谈为易学之正轨，《易》于是乎不亡而亡矣。

○《韩诗外传》云：伏羲察六气，审阴阳，以养之身；而四时水火升降，得以有象；百病之理，得以有类。于是尝草治砭，以制民疾，而人滋信。《广博物志》按：世谓神农尝百草，而孔丛子《世纪》皆以为伏羲。盖本有其始，曷善其终？

炎帝神农氏 <small>司怪　巫咸</small>

上古　炎帝神农氏，名轨。一曰石年。少典君第二子也。母有蟜氏，登，感神而生帝于烈山，号曰烈山氏，亦为厉山氏。① 长于姜水，② 因姓姜。以火德王天下，都于曲阜。③ 古者茹草木之实，食禽兽之肉，未知稼穑之利也。帝求利民宜久食者，以为无易于谷。于是因地之时，相地之宜，制亩清畎。④ 为耒耜以教民播种，而农事兴焉。⑤ 又教之种树桑麻瓜果，所以厚民生而赡衣食也。凡民之生，器用是赖，帝始作粗耨钱镈，以资之耕。⑥ 杵臼

---

① 蟜，居夭切，音矫，篠韵，姓也。厉山，在湖北随县北四十里。一名烈山，亦名重山，又名丽山。《礼记注》：厉山氏，炎帝也，起于厉山。《荆州记》：随县北界有随山，山有一穴，云是神农所生处。

② 姜水，即岐水，在今陕西岐山县西。源出岐山，南流合横，流入于雍。《水经注》：岐水东迳姜氏城南，为姜水。

③ 曲阜在山东曲阜县治东。《风俗通》："阜者，茂也，言平地隆踊。不属于山陵也。"

④ 古泫切，音畎，铣韵。《汉书食货志》："水之广尺深尺曰甽，亦作畎。又一亩三甽。"注："䜭也，或作畎。"畎，举远切．音狷，铣韵。疏通流注曰畎。

⑤ 《易下系》曰："神农氏作斫木为耜，揉木为耒。耒耜之利，以教天下，盖取诸益。"

⑥ 耜，象齿切，音似，纸韵。耒，卢对切，音类，队韵，手耕曲木也。柄之曲木谓之耒，末端之刃谓之耜。粗，床鱼切，音鉏，鱼韵，耡省字。耨，乃豆切，音鎒，宥韵。奴沃切，音傉，沃韵。刺地除草之器，耘也。钮田也。钱，即浅切，音翦，铣韵，器名，锹属也。镈，补各切，音博，药韵，田器，锄类也。

井灶，以资之食。范金合土，大为埏埴，以资之用。① 衣食既足，器用不匮，农末相资，货贿相通，于是列廛于国，日中为市，使天下之民，交易而退，各得其所，是故民皆力耕而勤于织。三十一岁，而国有十一岁之储。每岁阳月，盍百种，率万民苇籥，士鼓，蜡祭以报成功焉。民有疾病，未知药石，帝乃味草木之滋，察以寒温平热之性，辨其君臣佐使之宜，以为医药，以救其疾病。尝一日而遇七十毒，而方书以兴。复察水泉甘苦，令人知所趋避。民无夭札，食力居安，悚身戴德，② 陶于至化，所谓黄农之世也。初庖牺既画八卦，帝乃命司怪主卜，巫咸主筮，以通天下之志，以定天下之业。以为终万物，始万物者，莫盛于艮。艮东北之卦也，故重艮以为始，命之曰《连山易》。③ 又作《太初历》以授时，作《穗书》以同文，④ 以火纪官，月省时考。时诸侯夙沙氏叛，不用帝命，其臣箕文谏而杀之。帝益修厥德，夙沙氏之民，自攻其君而归帝。于是南至南交，⑤ 北至幽都，⑥ 东至旸谷，⑦ 西至三危，⑧ 莫不从其化。作扶犁之乐，制丰年之咏，以雅琴瑶瑟，保合太和。⑨ 在位百四十年，崩，⑩ 葬长沙。⑪《补史记·三皇本纪》《道统录》。

　○乌程严可均云："《汉·艺文志·五行家》有《神农大幽五行》二十七卷，《杂占家》有《神农教田相士耕种》十四卷。仓颉造字，在黄帝时，前此未有文字。神农之言，皆后人追录。亦不过谓神农之法，相传如是，岂谓神农手撰之文哉！"

黄帝轩辕氏 大挠　羲和　常仪　车区　容成

　　上古　黄帝，姓公孙，名轩辕，有熊国君少典之子也。⑫ 母曰附宝，见

---

① 埏，尸连切，音羶，先韵，水和土也。埴，质力切，音直，职韵，黏土也。土黄而细密曰埴，抟土为坯也。
② 悚，息拱切，音悚。钟韵，敬也。
③ 帝王世纪曰：炎帝重八卦之数，究八八之体，为六十四卦。
④ 韦续《字源》云：炎帝神农氏，因上党嘉禾八穗，乃作《穗书》，颁时令。
⑤ 《书·尧典·传》：南方交卧之地。
⑥ 《书·尧典·疏》：居北方，名曰幽都之地。
⑦ 《书·尧典·释文》：旸谷，海嵎夷之地名。
⑧ 《书·禹贡》：道黑水于三危。
⑨ 《越绝书》曰：神农不贪，而天下共富之；不以其智自贵于人，而天下共尊之。
⑩ 或云百二十年。
⑪ 今为湖南省会及商埠地。城濒湘浏二水，交会之处，粤汉铁路北段经之。
⑫ 有熊，古地名，即今河南省新郑县治。

大电光绕北斗枢星,感而孕二十四月,生黄帝于寿丘。① 生而灵异,有圣德,长于姬水,居轩辕之丘。② 国于有熊,因名轩辕,号有熊氏,又以姬为姓焉。时神农氏衰,诸侯相侵伐,炎帝榆罔弗克征。轩辕乃习用干戈,以讨不庭,诸侯咸宾。及榆罔稍侵凌诸侯,诸侯益叛。轩辕修德治兵,与榆罔战于阪东之野。③ 三战然后胜之。④ 又禽杀其臣蚩尤于涿鹿。⑤ 于是诸侯咸尊轩辕为天子,代神农氏而有天下,以土德王都涿鹿。因云瑞,遂以云纪官。春官为青云,夏官为缙云,秋官为白云,冬官为黑云,中官为黄云。举风后、力牧、太山稽、常先、大鸿,为六相。以苍颉为左史,沮诵为右史。命苍颉制字,字有六义:一象形,二假借,三指事,四会意,五转注,六谐声。使天下义理必归文字,文字必归六书,是为万世文教之祖。作阵法,设旗麾,⑥ 有不顺者征之。披山通道,东至于海,西至崆峒。⑦ 南至于江,北至熏鬻,⑧ 迁徙无常处,以师兵为营卫。上古穴居而木栖,民未有宁处,轩辕乃立宫室栋宇之制,作合宫以祀上帝。见日月星辰之象,著《星官书》,命大挠作甲子。⑨ 羲和占日,常仪占月,车区占星象。容成总而兼之,造盖天仪,以象周天之形。作《调历》,以建寅春正月为岁首。是岁己酉朔,日南至,获神策宝鼎。迎日推策,作《十六神历》,精邪分以置闰,于是时惠而辰从矣。审阴阳,洞性命。咨岐伯而作《内经》,于是而人得以尽年矣。制裳衣,作

---

① 寿丘,在今山东省曲阜县东北六里。
② 轩辕丘,在今河南省郑县西北。
③ 阪泉,今名黄帝泉,在今河北省保安县东。
④ 《纪元考》云:帝榆罔,五十五年废。神农氏亡,
⑤ 《御览》引《归藏》曰:黄神与炎神,争斗涿鹿之野,将战,筮于巫咸。曰:"果哉,而有咎。"涿鹿山名,在今察哈尔省,涿鹿县东南。或云:即今宣化县东南之鸡鸣山,黄帝诛蚩尤于涿鹿,即此。今其地有土城。《明志》谓之"轩辕城",中有黄帝庙。○《广博物志》.引玄女法. 九天玄女。授帝以三宫五意。阴阳之略。太乙遁甲. 六壬步斗之术。阴符之机. 灵宝五符五胜之文. 遂克蚩尤于中冀。
⑥ 麾,呼逶切,音撝,支韵。旌旗之属,所以指撝也。
⑦ 崆峒,在甘肃省平凉县西,接化平县界,泾水发源于此。亦作空桐,又曰鸡头。《史记五帝纪》"黄帝西至空桐登鸡头",即此。
⑧ 熏鬻,即獯鬻。《汉书礼乐志》:"图匈虐,熏鬻殛。"
⑨ 《广博物志》云:黄帝命大挠,探五行之情,而定之纳音。风后释之,以致其用,而三命行矣。

冕，垂旒，充纩，①为青衣黄裳，象天地之正色。观翚翟草木之华，②染五采为文章，以表贵贱，而衮冕衣裳之制兴。③范金为货，制金刀，立五币，权轻重，以制国用，而货币行。命隶首作算数，伶伦造律吕，荣猨铸十二钟，④作云门大卷之乐，名曰咸池。⑤复制器用，命宁封为木正。挥，作弓。夷牟，作矢。歧伯，作鼓吹铙角灵鞞神钲。⑥共鼓、化胡，作舟楫，以济不通。邑夷，作车，以行四方。作杵臼而谷始舂，作釜甑而民始饭。以烹以炰，⑦以为醴酪。⑧泽有桥梁，行有扉履。⑨器用既备，乃画野分州，得百里之万区，营国邑，置左右大监，监于万国，万国以和。遂经土设井，以制兵法；置步制亩，⑩以定民业。八家为井，井开四道，而分八宅。井一为邻，邻三为朋，朋三为里，里五为邑，邑十为都，都十为师，师十为州。分之于井而计于州，则地著而数详。是为井田寓兵，为后世兵农之祖。当是时，草昧渐开，轩辕顺天地之纪，幽明之占，死生之说，存亡之难，肇万古文明之化，时播百谷草木；淳化鸟兽虫蛾，傍罗日月星辰，水波土石金玉；勤心力，节财用；由是民不习伪，官不怀私；人无夭札，物无疵厉。风雨时而休征至，屈轶生于庭，⑪凤凰巢于阁，麒麟游于郊。于是采首山之铜，铸三鼎

---

① 《易下系》曰："黄帝垂衣裳而天下治，盖取诸乾坤。"冕，米演切，音免，铣韵。旒，离尤切，音留，尤韵。冕旒，古天子诸侯及卿大夫之礼冠也。纩，库谤切，音旷，漾絮也，今之新绵也。
② 翚，呼威切，音晖，微韵，杂五采色曰翚。翟，第橄切，音狄，锡韵，山雉尾长者。
③ 衮，古稳切，音滚，阮韵，古者天子之礼服也。
④ 猨，于元切，音袁，元韵，猿本字。
⑤ 咸池，黄帝所作乐名也，尧增修而用之。咸，皆也。池之言施也。咸池，言包容浸润也。
⑥ 铙，尼肴切，音峱，肴韵。铙如铃，无舌有柄，执而鸣之，以止击鼓。鞞，蒲縻切，音枇，齐韵，骑鼓也。钲，支婴切，音征，庚韵，铙也。似铃，柄中上下通。
⑦ 炰，蒲肴切，音庖，肴韵，同炮，以火熟之也。
⑧ 醴，力米切，音礼，齐韵，酒一宿熟也。酪，勒鄂切，音落，药韵。酪，牛马乳所造，有干湿二种。
⑨ 扉，附胃切，音翡，末韵。扉，草履也。
⑩ 本作畮。畮，六尺为步，步百为畮。旧制量田法，以纵横各五尺。营造尺，即二十五方尺为方步，二百四十步为亩。一亩面积，凡六千方尺。
⑪ 屈轶，草名。黄帝轩辕氏，有屈轶佞人入朝，则草指之。《博物志》谓尧时有屈轶草，又名指佞草。

于荆山之阳。①八月既望，鼎成而轩辕崩。②在位百年，年百十有一岁，③葬于桥山。④其臣左彻，取衣冠几杖而庙祀之。⑤子二十五人，得姓者十有四人。元配西陵氏女，曰嫘。⑥教民蚕，后世祀为先蚕。生子昌意、玄嚣，后皆有天下。《史记·五帝本纪》《道统录》。

○张守节《史记正义》云：任用风后、力牧、常先、大鸿，四人皆帝臣也。皇甫谧《帝王世纪》云："黄帝梦大风，吹天下之尘垢皆去；又梦人执千钧之弩，驱羊数万群。帝寤而叹曰：风为号令，执政者也。垢去土，后在也。天下岂有姓风名后者哉？夫千钧之弩，异力能远者也。驱羊数万群，是能牧民为善者也。天下岂有姓力名牧者哉？于是依二梦之占而求之，得风后于海隅，登以为相；得力牧于大泽，进以为将。黄帝因著《占梦经》十一卷。"又云："幽明之占，数也。言阴阳五行，黄帝占数而知之。"《索隐·封禅书》曰："黄帝得宝鼎神策，于是推策迎日。"神策者，神蓍也。黄帝得蓍以推算历数，于是逆知节气日辰之将来，故曰"推策迎日"也。

○明包汝揖《南中纪闻》云：黄帝即位，丁巳八年甲子，因命大挠作甲子以纪元，此历家鼻祖也。考历代编年史，及康节《皇极经世》，挨次积算，自黄帝八年为一甲子起，至我明天启四年，仅七十三甲子。总七十三甲子计之，大略四千三百余年耳。

帝尧陶唐氏 羲仲 羲叔 和仲 和叔

唐 帝姓伊耆，名尧。帝喾高辛氏之子，帝挚之弟，黄帝轩辕氏之曾孙

---

① 荆山，在河南省闻乡县南三十五里，一名覆釜山。《史记·封禅书》："黄帝采首山之铜，铸鼎于荆下，故名其处曰鼎湖。"○魏陈思王曹植《黄帝三鼎赞》云："鼎质之清，古之神气。黄帝是铸，以象太乙。能轻能重，知凶识吉。世衰则隐，世和则出。"

② 轩辕自择亡日，与群臣辞别。
○《抱朴子》曰：黄帝生而能言，役使百灵，可谓天授自然之体者，犹复不敢端坐而得道。故陟王屋而受丹经，登崆峒而问广成，论道养则质元素二女，精推步则访山稽力牧，讲占候则询风后，著体诊则授雷岐，审攻战则纳五音之策，穷神奸则记白泽之乱，相地理则书青鸟之说。故能毕记秘要，穷尽道真。

③ 或言寿三百年。

④ 《御览》云："桥作乔。桥山在陕西中部县西北，以沮水穿山而过若桥然，故名。上有黄帝冢，亦曰子午山。"○《史记·封禅书》："汉武帝北逐巡狩，祭黄帝冢。曰：'吾闻黄帝不死，今有冢，何也。'或对曰：'黄帝已仙上天，群臣葬其衣冠耳。'"

⑤ 《抱朴子》曰：汲郡塚中竹书，言黄帝既仙去，其臣有左彻者，削木为黄帝之像，帅诸侯朝奉之。故司空张茂先撰《博物志》，亦云黄帝仙去，其臣思恋罔极，或刻木立像而朝之，或取其衣冠而葬之，或立庙而四时祀之。

⑥ 嫘音罗。

也。帝母陈锋氏女，曰庆都，为高辛氏妃，感赤龙之祥，孕十有四月而生尧于丹陵。育于母家伊侯之国，后徙耆，①故曰伊耆氏。②挚登帝位，受封于陶。③年十有五，复封于唐。④挚在位九年，政微弱而唐侯德盛，诸侯归之，挚乃率群臣造唐而致禅。年十有六，⑤践天子位于平阳。⑥史以为其仁如天，其知如神；就之如日，望之如云；克明峻德，以亲九族。⑦平章百姓，⑧协和万邦。黎民于变时雍，⑨乃命羲和氏顺天之道，历象日月星辰，分为四序，以授民时。羲仲居嵎夷，理东作以殷春中。羲叔居南交，理南讹以正夏至。和仲居昧谷，理西成以殷秋中。和叔居朔方，理朔易以正冬至。四时之气既正，日星之躔无爽，故人民之作息，鸟兽之孳乳，皆可得而理也。置闰法，定四时成岁。允厘百工，庶绩咸熙。南夷越裳氏来朝，献神龟。⑩庭有草曰蓂荚，⑪十五日之前，日生一叶；十五日之后，日落一叶；小余则一叶厌而不落，观之可以知旬朔。巡狩而周流五岳，存鳏寡，赈荒札。一民饥，曰我饥之；一民寒，曰我寒之；一民罹辜，曰我陷之。帝在位五十载，尝游于康衢，儿童歌曰："立我烝民，莫匪尔极。不识不知，顺帝之则。"又有老人击壤歌于路曰："日出而作，日入而息；凿井而饮，耕田而食，帝力何有于我哉！"及观于华，华封人祝曰：⑫"使圣人富寿多男子。"尧曰："辞。多男子则多惧，富则多事，寿则多辱。"封人曰："天生万民，必授之职。多男子而授之职，何惧之有？富而使人分之，何事之有？天下有道，与物皆昌。天下无道，修德就闲。千岁厌世，去而上仙。乘彼白云，至于帝乡。何辱之有？"

① 《易知录》云：耆，今山西省祁县。
② 《御览》：耆，作祁。
③ 陶，今山东省定陶县。
④ 唐，今河北省唐县。尧为唐侯，国于此。
⑤ 或云"年二十而登帝位"。
⑥ 平阳，故治在今山西省临汾县西南，古帝尧所都。孔丛子曰：尧身修十尺，眉乃八彩，实圣也。《尚书大传》曰：尧八眉，舜四童子。八者，如八字也。
⑦ 上自高祖，下至玄孙，凡九族。
⑧ 王先谦云：平章百姓，即定姓别族之义。
⑨ 时，是；雍，和也。言天下众民皆变化从上，是以风俗太和。
⑩ 神龟盖千岁，方三尺余，背有科斗纹。尧命录之，谓之龟历。
⑪ 蓂，莫经切，音冥，清韵。荚，吉协切，音夹，叶韵。蓂荚，瑞草，又名历草，尧时生于庭。
⑫ 华，地名也，即今华州，陕西省华县。封人者，谓华地守封疆之人也。

尧久于位，言："谁为我访问能顺时为治之人，而登用之？"放齐曰："嗣子丹诸开明。"尧曰："吁！嚚讼，可乎？"① 又言："谁可顺此事者？"驩兜曰："共工旁聚布功，可用。"尧曰："共工善言，其用僻。似恭漫天，不可。"是时龙门未开，吕梁未发，河出孟门，江淮通流，无有平原高阜，故洪水滔天，怀山襄陵。尧咨四岳，有能治水者，皆曰鯀可。② 尧曰："鯀，负命毁族，不可。"岳曰："异哉。试不可用，乃已。"尧于是听岳用鯀，九载，功用不成。尧曰嗟："四岳，朕在位七十载，汝能庸命，践朕位。"岳应曰："否。德忝帝位。"尧曰："悉举贵戚及疏远隐匿者。"众言于尧曰："有鳏民③曰虞舜。"④ 尧曰："然。朕闻之，其何如。"岳曰："瞽子父顽，⑤ 母嚚弟傲，能和以孝。烝烝治，不至奸。"⑥ 尧曰："我其试哉。"乃妻以二女，⑦ 观其德于二女。舜饬下二女妫汭，⑧ 如妇礼。遂历试诸艰，举八元八恺，流四凶。使禹平水土，益掌火，弃教民播种，契为司徒，敷五教。尧命舜位，舜让于德，尧不从，乃荐舜于天。正月上日，⑨ 舜受终于于文祖，⑩ 摄行天子之政，代尧巡狩方岳，作五刑。⑪ 七十有七载，作大章之乐。⑫ 以夔为乐正，击石坿石，象上帝石磬之音，而致凤仪兽舞焉。八十载，禹治水功成，定九州贡赋，秉元圭入觐，告成。肇十有二州，封十有二山。濬川，乃封伯禹于夏。封四岳于吕，加赐伯益。封契于商，封弃于邰。于时尧老矣，命舜曰："咨尔舜，天之历数在尔躬，允执厥中。四海困穷，天禄永终。"千圣一中之传，

---

① 嚚，鱼巾切，音银，真韵，愚也。口不道忠信之言，为嚚。
② 鯀，古本切，音衮，阮韵，禹父名。
③ 无妻曰鳏。
④ 虞，氏也。舜，名也。
⑤ 心不则德义之经。
⑥ 奸，古颜切，幽韵，私也，乱也，盗也，伪也，淫行也。
⑦ 长娥皇，次女英。
⑧ 妫，姑透切，音沩，支韵。汭，儒税切，音芮，霁韵。妫汭，谓妫水隈曲之处也，在今山西省永济县南。源出历山，西流入黄河。
⑨ 上日，朔日也。
⑩ 受终者，尧于是终帝位之事，而舜受之也。文祖，尧始祖之庙。
⑪ 五刑：墨，黥面；劓，音异，截鼻。剕，音废，刖足。宫，割势。辟，音辟，大辟死刑。
⑫ 大章，章之也，言尧德章明也。

发之自尧始。尧崩于阳城,① 百姓如丧考妣。三年,四海遏密八音。② 在位九十八年,通舜摄二十八年,凡一百一十七岁。③《史记·五帝本纪》《庄子》《道统录》

帝舜有虞氏

虞　帝名舜,父曰瞽瞍,系出虞幕,故为有虞氏。舜母握登,生舜于桃墟,④ 因以为姓。舜生有圣德,濬哲文名,温恭允塞。母死而瞍更娶,妻生象。瞍爱后妻子,欲杀舜,舜避逃,及有小过则受。事父母暨弟,日以笃谨。年二十,以孝闻。三十而帝尧问可用者,四岳咸荐,曰:"有鳏在下虞舜。父顽,母嚚,象傲,克谐以孝。烝烝乂,⑤ 不格奸。"帝乃妻之二女,以观其德。舜饬二女于妫汭,如妇礼。帝善之,使慎徽五典。⑥ 五典能从,纳于百揆。⑦ 宾于四门,⑧ 四门穆穆,诸侯远方宾客皆敬。昔高阳氏有才子八人,世谓之八恺。高辛氏有才子八人,世谓之八元。此十六族者,世济其美,不陨其名,舜举以佐尧。帝鸿氏有不才子,掩义隐贼,好行凶德,天下谓之浑沌。少皞氏有不才子,毁信恶忠,崇饰恶言,天下谓之穷奇。颛顼氏有不才子,⑨ 不可教训,不知话言,天下谓之梼杌。⑩ 此三族,世忧之。缙

---

① 在河南省登封县东北,俗名车岭。

② 遏,河葛切,音頞,曷韵。遏密,遏绝宁静也。帝尧死,百官感德思慕,三载之内,皆绝静八音,不复作乐也。

③《御览》"七"作"八"。

④ 桃墟,在山东省泗水县东南,亦鲁邑。《水经注》:"泗水出卞县,故城东南,桃墟西北。《春秋·庄公七年》:谢息纳季孙之言,以孟氏城邑与晋,而迁于桃。"杜注:"鲁国卞东南有桃墟,世谓之曰'陶墟',舜所陶处也。"

⑤ 烝,诸仍切,音蒸,蒸韵。烝烝,厚貌。乂,鱼肺切,队韵,治也,才德过人也。

⑥ 五典,五常之教,父义、母慈、兄友、弟恭、子孝也。

⑦ 百揆,官名,犹冢宰也。揆,度也。度百事,总百官。纳舜于此官。

⑧ 四门,四方之门。

⑨ 颛,朱穿切,音专,先韵。顼,虚曲切,音旭,沃韵。颛顼,古帝,黄帝孙,昌意子,在位七十八年。

⑩ 梼,驼敖切,音桃,豪韵。杌,吴滑切,音兀,月韵。梼杌,状如虎,毛长二尺,人面虎足猪牙,尾长一丈八尺,搅乱荒中。盖以人称梼杌,乃顽凶无畴匹也。

云氏有不才子，贪于饮食，冒于货贿，天下谓之饕餮，①比于三凶。舜流之四裔，以御魑魅。②时洪水未平，尧使舜入大麓，相视原隰。烈风雷雨，而舜行不迷。于是使禹治水，益掌火，弃播百谷，契司五教，皋陶为士师。三载，尧乃荐舜于天，使摄行天子事。正月上日，受终于文祖，察璿玑玉衡，以齐七政，③类上帝，禋六宗，望山川，遍群神，辑五瑞。既月乃日，觐四岳群牧；班瑞于群后，五载一巡守。群后四朝，敷奏以言，明试以功，车服以庸。肇州，封山，濬川，象以典刑。流宥五刑，鞭作官刑，扑作教刑，金作赎刑，眚灾肆赦，④怙终贼刑。钦哉钦哉，惟刑之恤哉！二十有八载，尧崩。三年丧毕，舜避尧之子于南河。朝觐讼狱者咸之舜，讴歌者亦讴歌舜，舜乃即天子位。正月元日，格于文祖。询四岳，辟四门，明四目，达四聪。咨十二牧，曰："食哉惟时，柔远能迩，惇德允元，而难任人，蛮夷率服。"复申命禹、益、稷、契、皋陶，使任旧职，以终其事。命垂作共工，伯夷典三礼，夔典乐，教胄子，龙作纳言，夙夜出入。朕命惟允，申锡群后。封尧子朱于丹，⑤以奉先祀，谓之虞宾。朝于瞽瞍，封象于有庳。⑥三载一考绩，三考黜陟幽明。分北三苗，庶绩咸熙。帝明于庶物，察于人伦，乐取于人以为善。立诽谤之木，设求善之旌，植敢谏之鼓，以广直言之路。养国老于上庠，养庶老于下庠，宪其行止，贵德而尚齿。作米廪以教于国，是以未施敬于民，而民敬之。作簫韶乐九成，⑦凤凰来仪。帝庸作歌曰："勑天之命，惟时惟几。"盖安不忘危也。帝又弹五弦之琴，作《南风之歌》，其词曰：南风

---

① 饕，他尘切，音滔，豪韵，贪也。餮，惕噎切，音铁，屑韵。饕餮，恶兽名。古代钟鼎汇器，多琢其形以为饰。《吕氏春秋》："先识周鼎著饕餮，有首无身，食人未咽，害及其身，以言报更也。"一云："贪财为饕，贪食为餮，盖喻凶人也。"

② 魑，敕伊切，音螭，支韵。魅，米肆切，音媚，寘韵。魑魅，山泽之神。

③ 美珠谓之璿。璿，音旋。玑，机也。以璿饰玑，所以象天体之转动也。衡，横也。谓横箫也。以玉为管横而设之，所以窥玑而齐七政之运行，犹后世之浑天仪也。七政，日月五星也。舜初即位，首察玑衡，以齐七政，岁首建寅，盖历象授时所当先也。又云："衡长八尺，玑径八尺，圆周二丈五尺强。"

④ 眚，音省，梗韵，误过也。

⑤ 丹水，俗称丹河，发源陕西商县西北冢岭山，东南流经商南县，又东入河南，经内乡淅川，东会浙水，又东南称均水，折西南至湖北均县，入于汉水，亦称丹渊，又称丹江，舜封尧子丹朱于丹水，即此。

⑥ 庳，弼肆切，音鼻，寘韵。有庳，古地名。舜弟象不仁，舜封之于此，故地在今湖南省道县北，接东安县界。

⑦ 节，疏渥切，音朔，觉韵。簫韶，即箫韶，虞舜乐也。言箫见细器之备。

·13·

之薰兮，可以解吾民之愠兮。南风之时兮，可以阜吾民之财兮。九叙惟歌，恭己南面，无为而天下治。初以孝升闻，及其为天子也，以天下养，故曰"大孝"。宅位三十有三载，子商均不肖，乃咨禹而巽位焉。正月朔日，受命于神宗，帅百官如帝之初，命之曰："人心惟危，道心惟微。惟精惟一，允厥执中。"此尧命舜，舜益以三言，因以命禹，为十六字传心之要典焉。舜荐禹于天，十有七年，舜崩于苍梧而终禅焉，① 是为零陵。② 舜生三十征庸，三十在位，又五十载，凡百一十岁。《史记·五帝本纪》《道统录》

夏禹王

夏 禹姓姒氏，黄帝之玄孙也。黄帝生昌意，昌意生颛顼，颛顼生鲧，鲧娶有莘氏女，曰"志"，是为修己，见流星贯昴，梦感而孕。岁有二月，生禹于石纽。③ 时洪水滔天，怀山襄陵，下民其忧。尧询治水于四岳，佥举鲧。尧试之，九载，绩不成。舜登庸摄政，以鲧负命毁族，殛诸羽山，④ 而使禹续父业。禹为人敏给克勤，其德不违，其仁可亲，其言可信。声为律，身为度。伤父功之弗克思盖前愆，祗承于帝，劳身焦思；纚风沐雨，为天下先。娶涂山女，名曰憍，⑤ 生子启。辛壬癸甲，启呱呱泣，禹弗子。惟荒度土功，⑥ 居外八年，过门不入。陆行乘车，水行乘船，泥行乘橇，⑦ 山行乘

---

① 苍梧，亦曰九疑。
② 零陵，帝舜所葬，即今湖南省宁远县东南之舜陵。
③ 石纽山，在四川省北川县南一里。《唐书·地理志》："石泉县有石纽山。"《清一统志》："旧志有二石结纽，因名。有大禹庙。"又谯周蜀中本纪："禹本汶山郡，广柔县人，生于石纽。广柔县废，在今四川省汶山县西北地，有石纽村。"
④ 殛，纪力切，音棘，职韵，诛也，谓诛责之也。《书·舜典》："羽山，在江苏省东海县西北九十里，接赣榆县，及山东郯城县界。"《禹贡》："徐州羽畎夏翟。"孔安国传："羽中旌旄，羽山之谷有之，郭璞《山海经注》谓'即舜殛鲧处'。"《清一统志》及孙星衍《尚书疏》，皆从此说。
⑤ 憍，基妖切，音骄，萧韵，同骄。
⑥ 辛壬癸甲，四日也。娶涂山甫及四日，即往治水也。呱呱，泣声。弗子，弗念子也。荒，大度相也。土功，治水土之功也。言娶妻生子，皆有所不暇，顾惟以大相水土之功为急也。
⑦ 橇，子劣切。音撮。又卒哕切，音蕝，皆屑韵。《集解》："他书或作蕝。"骃案："橇形如箕，樋行泥上。樋音直，谓以板置泥上以通行路也。"《正义》："橇形如船而短小，两头微起，人曲一脚，泥上橇进，用拾泥土之物，今杭州温州海边有之也。"

橇，①敷土随刊。奠高山大川，自冀州始。次兖，次青，次徐扬，次荆豫梁雍，周行宇内。东造绝域，②西延积石，③南踰赤岸，北过寒谷。徊昆仑，察六扈，脉地理，铭金石。泻流沙于西隅，决弱水于北汉。青泉赤渊，分入洞穴；通江东流，至于碣石。④疏九河于潜渊，⑤开五泉于东北。凿龙门，辟伊阙。⑥水土既宁，成赋中邦，则以三壤；任土作贡，九贡以定。由是六府孔修，弼成五服，声教讫四海。锡元圭，告成功于天下。舜受尧禅，以为司空，俾宅百揆。舜子商均不类，荐禹于天，命之曰："人心惟危，道心惟微。惟精惟一，允厥执中。历数在汝躬，终陟元后。"禹固辞，舜曰："毋。"乃受命神宗。是时有苗弗率，昏迷不恭，舜咨禹徂征，苗民逆舜。益曰："惟德动天，无远弗届。满招损，谦受益。至诚感神，矧兹有苗。"禹拜昌言曰："俞。"班师振旅，帝诞敷文德，舞干羽两阶，七旬而有苗格。征十七岁，舜崩。三年丧毕，禹避商均于阳城。天下朝觐讼狱讴歌者，不归商均。禹不得已，践天子位，以金德王，改载曰岁。⑦都安邑，⑧国号夏。定正朔，仍有虞。以建寅为岁首，色尚黑，牲用玄，作乐曰大夏，《易》曰《连山》。⑨定天下为九州，贡金九牧，铸鼎象物，使人识神奸。⑩因洛龟献图，演洪范

---

① 橇，居旭切，音揭，沃韵，一作桥。《集解》骃案："谓以铁如锥，头长半寸，施之屐下以上山，不蹉跌也。"《正义》："按上山前齿短，后齿长。下山前齿长，后齿短也。"

② 绝域，谓极远之地域。

③ 积石，山名。《读史方舆纪要》："积石，在西宁卫西南百七十里。《禹贡》'道河自积石'是也。"

④ 碣石，山名。《汉书·地理志》："大碣石山，在骊成县西南荞曰碣石。骊成故城，在今河北省乐亭县西南。"

⑤ 潜，呼温切，音昏，元韵，同溷，溷乱也。

⑥ 伊阙，山名，亦名阙塞山，龙门山，在河南省洛阳县南。昔大禹疏以通水，两山相对，望之若阙，伊水历其间北流，故谓之伊阙，《春秋》之阙塞也。

⑦ 唐虞曰载，夏曰岁，商曰祀，周曰年，盖载始一岁而终，岁以星一岁而周，祀以祭一岁而遍，年以禾一岁而熟，是四者名异而实同也。

⑧ 安邑，今县名，属山西省，在解县东北，汉置，即今夏县安邑两县地，至后魏分置南安邑、北安邑二县。北安邑寻改夏县，以地即夏禹所都之安邑，故名。

⑨ 《连山》，三《易》之一。《周礼·春官》："太卜掌三易之法，一曰《连山》，二曰《归藏》，三曰《周易》。《连山》夏易，以艮为首。《归藏》商易，以坤为首。《周易》以乾为首。"桓谭《新论》："连山八万言。"又曰："《连山》藏于兰台。"按《连山》于唐前已佚，今《玉函山房》及严可均有辑本，系采集《帝王世纪》《水经注》等书所引用者而成。郑玄《易赞》及《易论》云："夏曰《连山》，殷曰《归藏》，周曰《周易》。"郑玄又释云："连山者，象山之出云，连连不绝。归藏者，万物莫不归藏于其中。周易者，言易道周普，无所不备。"

⑩ 神奸，盖指鬼神怪异之物能害人者。

九畴，皇极居五，以一御八，盖建极居中之意。① 追王父鲧，封尧后于唐。舜后于虞，作宾王家，举皋陶，将畀以政，而皋陶卒。封其后于英六，任伯益以国政，荐之于天。命奚仲为车正，建旌旗旞旌。② 以别尊卑等级，恶旨酒而戒亡国。③ 好善言而悬鞀铎，④ 一馈十起，一沐三握发，以勤劳天下之民。尝适郊见罪人，下车泣之。左右曰："彼自不顺，何痛为。"禹曰："尧舜之民，皆以尧舜之心为心。吾为民辟，民各自以其心为心。乃吾德薄也，安能勿痛？"会于涂山，⑤ 执玉帛者万国，致群臣于会稽。防风氏后至，戮之。文命弘敷，一怀执中之训，故曰"祗台德先，不距朕行"云。在位二十七年，享年百有六岁，崩于会稽，因葬焉。⑥ 益宅相位十五载，乃避启于箕山。⑦ 天下之人，仍归启。启能敬承嗣位，家天下由此始。《史记·夏本纪》《道统录》

○《御览》引《黄帝元女兵法》曰："禹问于风后，曰：'吾闻黄帝有胜负之图，六甲阴阳之道，今安在乎？'风后对曰：'黄帝藏会稽之山下，其坎深千丈，广千丈，镇以盘石，致难得也。'禹北见六子，问海口所出，禹乃决江口鸣角。会稽龙神，为见玉匮浮，禹乃开而视之，中有《天下经》十二卷。禹未及持之，其四卷飞上天，禹不能得也。得四卷复下陂池，禹不能拯也。禹得中四卷，开而视之。"

商汤王

商　汤名履，一名天乙，⑧ 契之后也。契事唐虞为司徒，封于商，赐姓子氏。十三传至主癸，娶扶都氏，见白气贯月。感而生汤。商世八迁都，汤

---

① 天与禹神龟，负文而出，列于背，有数至九，禹第之，以为洪范九畴，治天下之大法。其类有九，一五行，二五事，三八政，四五纪，六三德，七稽疑，八度征，九五福六极。

② 旌，即婴切，音精，庚韵。析羽注旄于竿首，谓之旌。旗，勤怡切，音其，支韵。以竹木为梃，揭布帛等，用为标识号令者也。旞，离尤切，音留，尤韵，旌旗之旒也。旞，直抝切，音肇，篠韵，旗名。画龟蛇者，象其扞难避害也。

③ 禹时仪狄作酒，禹饮而甘之，遂疏仪狄，绝旨酒。曰："后世必有以酒亡其国者。"

④ 钟，鼓，磬，铎，鞀。鞀，音陶。鞀，有柄摇鼓，以待四方之士。曰：道以道者击鼓，谕以义者击钟，告以事者振铎，启以忧者击磬，有讼狱者摇鞀。

⑤ 涂山，在安徽省怀远县东南。

⑥ 会稽山，本名苗山。禹上苗山大会计，因而更名曰会稽。崩即葬此。山在今浙江省绍兴县东南，其脉自仙霞岭大盆山东北分支而出，北行迤逦曹娥、浦阳二江之间，而起顶于此。

⑦ 箕山，在河南省登封县东南，亦称崿岭，又名许由山。尧时巢父、许由，隐于箕山，其后伯益避禹之子于箕山，皆此。下有牵牛墟，即巢父牵牛所经之地。

⑧《御览》"天"作"帝"。

始居亳，①从先王居，作《帝诰》。亳与葛为邻，葛伯不祀，②汤始征之，作《汤征》。时夏桀昏淫无道，而汤圣敬日跻，聪明天纵，而检身若不及。尝曰："学圣王之道者，譬其如日。静思而独居，譬其若火。夫舍学圣之道，静思独居，譬去日之明于庭，而就火之光于室也。"又曰："致道者以言，入道者以忠，信道者以心，树道者以人。"闻伊尹耕于有莘之野，③使人往聘迎之。三反，然后肯往从汤，言素王及九王之事。④汤进尹于桀，桀不能用。尹丑有夏，复归于亳。汤出，见野张网四面，祝曰："自天下四方，皆入吾网。"汤曰："嘻，尽之矣。"乃去其三面。祝曰："欲左左，欲右右。不用命，乃入吾网。"诸侯闻之，曰："汤德至矣，泽及禽兽，况人乎？"归之者四十余国。桀杀直臣关逢龙，汤使人哭之，桀怒，囚之夏台。⑤已而得释，时桀恶益甚。诸侯昆吾氏，⑥党桀为乱。汤乃兴师，率诸侯以伐昆吾，遂伐桀，作《汤誓》，曰："格汝众庶，悉听朕言。匪台小子，敢行称乱。有夏多罪，天命殛之。今尔有众，汝曰：我君不恤我众，舍我穑事，而割正夏。予惟闻汝众言，夏氏有罪。予畏上帝，不敢不正。今汝其曰：夏罪其如我何。乃夏王率遏众力，率割夏邑。有众率怠弗协，疾视其君，曰：是日曷丧，予及汝偕亡。夏德若兹，今朕必往。尔尚辅予一人，致天之罚，予其大赉。尔无不信，朕不食言。尔不从誓言，予则孥戮汝，罔有攸赦。"桀败于有娀之墟，⑦奔于鸣条。⑧遂伐三朡。⑨汤既胜夏，欲迁其社不可，作夏社，放桀南巢。⑩惟有惭德，予恐来世以为口实。仲虺作诰，⑪言有夏昏德，民坠涂炭，

---

① 亳，步咢切，音薄，药韵。商汤所居之地，即今河南省商丘县。
② 葛，古国名，夏诸侯嬴姓之国，故城在今河南省葵丘县东北。
③ 有莘，或谓即今山东省曹县北之莘塚集，或谓即陕西省郃阳县东南之有莘里，或谓今河南省陈留县东之故莘城。
④ 《索隐》："素王者，太素上皇，其道质素，故称素王。九主者，三皇五帝及夏禹也。"
⑤ 夏台，即钧台狱名，在河南省禹县南，夏桀尝囚汤于此。
⑥ 昆吾，古国名，夏伯昆吾封此，后为成汤所灭。昆吾国，即帝丘，今直隶大名府开州，州治今改称濮阳，盖汉时旧名也。
⑦ 娀，胥邑切，音嵩，东韵。有娀，古国名。契母曰简狄，有娀氏之女。《史记正义》：有娀，当在蒲州，今为山西省永兴县。
⑧ 鸣条，古地名，今山西省安邑县北，有鸣条冈，即其地，一名高侯原。
⑨ 朡，子红切，音宗，东韵。三朡，古国名，在今山东省曹县西南。
⑩ 南巢，古地名。《清一统志》：南巢，在今安徽省巢县东北五里，即居巢故城。
⑪ 虺，羽鬼切，音卉，尾韵。仲虺，汤左相奚仲之后。

天乃锡王勇智，表正万邦，不迩声色，不殖货利，用人惟已，改过不吝，克宽克仁，兆民无不孚信。王其懋昭大德，立中道于天下。以义制事，以礼制心，垂诸后世，绰乎有余裕矣。盖德之日新，实有以顺天而应人也。时诸侯大会，汤取天子玺，置之于座，再拜从诸侯之位，曰："天下非一家之有也，惟有道者宜处之。"汤三让，诸侯固推，汤乃践天子位于亳都，作《汤诰》，诞告万方，曰："惟皇上帝，降衷下民。若有恒性，克绥厥猷惟后。"言君道之重如此。"爰戒侯邦，无从匪彝。① 无即慆淫，② 各守尔典，以承天休。"建国号曰商，改正朔，易服色，改岁曰祀，以建丑冬十二月为岁首。以水德王，色尚白。以伊尹为阿衡，仲虺为左相。发明德，作八政，制官刑，儆于有位，旁求俊乂，立贤无方。筑五库，藏五兵，以示不用，与民休息。立禹后与古圣贤有功者之后，封孤竹等国，各有差。以立天之道，先阴后阳。立地之道，先柔后刚。乃作《归藏》之易，③ 以坤为首。又作诸器用之铭，以为儆戒。其盘铭曰："苟日新，日日新，又日新。"时大旱七年，以身祷于桑林之野，祝曰："无以予一人之不敏，伤民之命。"以六事自责，曰："政不节欤？民失职欤？宫室崇欤？女谒盛欤？④ 苞苴行欤？⑤ 谗夫昌欤？⑥ 何不雨至斯极也！"言未已，大雨方数千里，岁则大熟，天下欢洽，作乐曰《大濩》。⑦ 在位十三年，寿百岁而崩，葬于征。⑧《史记·殷本纪》《道统录》

---

① 匪彝，谓违背典常之行为。
② 慆，他鏖切，音滔，台韵。慆淫，犹言荒怠。
③《归藏》，三《易》之一。《周礼·春官》："太卜掌三易之法……二曰归藏。"桓谭《新论》："《归藏》四千三百言，"又"《归藏》藏于太卜"。《隋书·经籍志》有"《归藏》十三卷"，晋太尉参军薛贞注："然《志》云'归藏汉初已亡'，晋《中经》有之，惟载卜筮。"《玉函山房》及严可均有辑本，系采集《山海经注》《北堂书钞》《太平御览》《西谿易说》等所引用者而成。○《续博物志》，按《乾凿度》曰，垂皇策者，盖伏羲用蓍卦已重矣，然而世质民淳，法惟用七八，六十四卦皆不动，若乾止于乾，坤止于坤，不能变出。夏商因之，皆以七八为占，连山归藏是已，后世浇薄，始用九六为占，不如是不足以应天下之变。
④ 女谒，谓妇人请托。
⑤ 裹曰苞，藉曰苴，以物相遗者，必苞苴之。
⑥ 昌，盛也。
⑦ 濩，胡误切，音护，遇韵。大濩，汤乐也。
⑧《韩诗内传》曰："汤崩葬于征，今扶风征陌是也。"

周文王

　　周　文王姬姓，名昌，后稷、公刘之后，立国于豳。① 后乃去豳，度漆沮，② 踰梁山，③ 止于岐下。④ 昌乃古公子孙公少子，季历子也。季历娶有邰之女，曰太任，端庄诚壹，维德之行。其妊文王也，以胎教，目不视邪色，耳不听淫声，口不出傲言。既而生昌，昌生而明圣。太任口教之，一而识百。其初诞，有赤爵衔丹书于鄷，⑤ 止于昌户，⑥ 古公知其圣瑞也，我世当有兴者，其在昌乎？季历之伯兄，曰太白，次曰虞仲，知古公意在昌。然非立季历，则无以及昌，相与托采药逃荆蛮，文身断发，示不可用，以让季历。古公卒，季历立，是为公季。公季卒，子昌立，是为西伯，曰文王。⑦ 娶有莘氏女太姒，有圣母德。昌为世子，朝于王季，日三，⑧ 鸡初鸣，衣冠至寝门，问内竖安否，内竖曰安则喜。日中及暮皆至，问如初。其有不安，则不脱衣冠，色忧，行不能正履。王季愈，复膳，乃复初。及嗣位，遵后稷、公刘之业，则古公、公季之法。尝出猎，卜之曰："所获非龙非彲，⑨ 非虎非熊，所获霸王之辅。"于是西伯猎，果遇吕尚于渭滨之阳，与语大悦。曰："自吾先君太公，曰，当有圣人适周，周以兴，子真是矣！"故号之曰

---

① 豳，卑因切，音彬，真韵。国名，亦作邠，周之先公刘所立，故豳城在今陕西省栒邑县西，或谓即今陕西邠州。

② 漆沮，本为二水名，源出陕西省同官县东北大神山。

③ 梁山，即今陕西省韩城县西，接郃阳县界。《括地志》：梁山在雍州好时县西北十八里。郑玄云：岐山西南。

④ 岐山，在陕西省歧山县东北。《国语·周语》："内史过曰，'周之兴也。鸑鷟鸣于岐山'。"鸑鷟，凤属也。

⑤ 鄷，周国名，姬姓，故城在今陕西省鄠县东，亦作丰。《括地志》云："鄠县东三十里有丰宫。"《清一统志》云："在鄠县东五里，文王作邑于丰时所居。"

⑥ 《丹书》云："敬胜怠者吉，怠胜敬者灭；义胜欲者从，欲胜义者凶。凡事不强则枉，不敬则不正。枉者废灭，敬者万世。以仁得之，以仁守之，其量百世。以不仁得之，以仁守之，其量十世。以不仁得之，不仁守之，不及其世。"此盖圣瑞。

⑦ 《帝王世纪》云："文王龙颜虎目，有四乳。"《雒书灵听》："姬昌日角鸟鼻，高长公尺二寸。"阜按：古之尺度，与今之尺度不同。

⑧ 王季，即季历。

⑨ 彲，勑伊切，音摛，支韵。与螭同，兽名，若龙而黄，一说无角螭。

"太公望"，载俱归，立为师，号尚父。① 相与讲求道德，笃仁，敬老，慈少。礼下贤者，日中不暇食，以延四方之士，士以此多归之。西伯善养老，伯夷叔齐在孤竹，② 往就其养。太颠、闳夭、散宜生、鬻子、辛甲之贤，悉归焉。尝行于野见枯骨，命吏瘗之，③ 吏以无主对。西伯曰："有天下者，天下之主。有一国者，一国之主。寡人非其主乎？为之更葬。"天下闻之，曰："西伯泽及枯骨，况生者乎？"于是归之者三十余国。是时纣方以沈湎淫荒，④ 峻法酷刑事；而西伯治岐，耕者九一，仕者世禄，关市讥而不征，⑤ 无禁泽梁，⑥ 无孥有罪。孤独鳏寡，谓之穷民，尤为轸念。⑦ 以此怙冒之德，日著四方。纣十一祀，以西伯九侯，及鄂侯为三公。九侯进女于纣，不喜淫，纣杀之，而醢九侯。⑧ 鄂侯争之，并杀鄂侯。西伯闻而叹息，崇侯虎恶之，潛于纣曰："西伯积善累仁，⑨ 诸侯皆向之，将不利于帝。"纣怒，乃拘西伯于羑里。⑩ 西伯艰贞晦明，以蒙大难。闳夭之徒患之，乃求有莘氏美女，骊戎之文马，有熊之九驷，及他珍奇物，因殷嬖臣费仲献之纣。纣大悦，曰："此一物足以释西伯，况其多乎？"乃赦之。且曰："潛西伯者，崇侯虎也。"西伯既出，尽献河西地，请纣除炮烙刑。纣许之，且赐弓矢斧钺，使得专征伐。昌退而修德，诸侯归者益众。虞芮争田，⑪ 久而未平，相与朝周。入其境，耕者让畔，行者让路。入其邑，男女异路，斑白不提挈。⑫ 入其朝，士

---

① 谯周曰：太公望，姓姜，名尚，字子牙。尚父官名。东海人，尝屠牛于朝歌，卖饭于孟津。武王号为师尚父。朝歌，地名，古沫邑。殷自帝乙以至纣，俱都此，世以为殷墟。周武王灭纣，以其地封康叔，是为卫国。秦末，项羽立司马卬为殷王，都此。汉置朝歌县，隋废，故城在今河南省洪县北。孟津，津名，在河南省孟县南。

② 孤竹，商时国名，亦作觚竹，汉属辽西郡，当今河北省卢龙县，至热河省朝阳县一带地。《正义》：孤竹故城，在平州卢龙县南十二里，殷时诸侯竹国也。孤竹君，姓墨胎。夷、齐，即孤竹君二子。

③ 瘗，壹计切，音翳，霁韵，幽霾也，谓埋藏也。

④ 湎，米演切，音缅，铣韵，沈于酒也。

⑤ 讥，吉衣切，音机，微韵，诘问也，伺察也。征，诸盈切，正，平声，庚韵，赋税也。

⑥ 泽梁，用泽鱼梁之所也。

⑦ 轸，止引切，音诊，轸韵，伤也，痛也。

⑧ 醢，黑改切，音海，贿韵，脔割也。

⑨ 絫，鲁矮切，纸韵，通作累。

⑩ 羑，矣九切，音酉，有韵。羑里，殷纣囚周文王处。《国策·赵策》作"牖里"，牖与羑通，今河南省汤阴县北，有牖城，即其地。

⑪ 《地理志》：虞在河东太阳县，芮在冯翊临晋县。

⑫ 挈，苦结切，音契，入声，悬持也，提也。

让为大夫，大夫让为卿。二君惭而相谓曰："吾之所争，周之所耻，何往为？只取辱耳。"遂还让其所争田以去。纣十五祀，西伯伐太戎。① 十六祀，伐密须氏。② 十七祀，败耆国。③ 十八祀，伐邘。④ 十九祀，伐崇。⑤ 作丰邑，自岐徙都焉。殷臣祖伊恐，自其邑奔告纣。纣曰："我不有命在天乎，是何能为？"是时西伯三分天下有其二，而率商畔国以事纣，终身不二也。立灵台，以侯日景，占星象，望云物。庶民子来，不日成之。纣二十祀，西伯寝疾笃，谓世子发曰："见善勿怠，时至勿疑，去非勿处，三者道之所以止也。"世子再拜受教命。丙寅，西伯昌崩，年九十七，凡即位五十年。其学以缉熙敬胜，上绍尧舜禹汤之心法。所著《易书》，演六十四卦，系以《象辞》。⑥ 则因羑里之因而示处忧患之道也。曰："吾以明天人之理，而顺受之耳。"葬于毕，⑦ 谥曰文。《史记·周本纪》《齐太公世家》《道统录》

周武王

周武王，名发，文王仲子也。文王长子伯邑考，早卒，故发为世子。娶吕尚女，曰邑姜。文王之为世子也，朝于王季，⑧ 问寝视膳，动有礼法。及武王为世子，率而行之，不敢有加。文王薨，嗣为西伯，以太公望为师，

---

① 太戎，古戎种族名，在陕西凤翔府北境。
② 密须，古国名，亦称曰密，周文王灭之，以封姬姓，故地在今甘肃省灵台县西。
③ 耆国，正义，即黎国也。孔安国云："黎在上党东北。"《括地志》："故黎城，在潞州黎城县东北十八里。"
④ 邘，云矩切，音于，虞韵，今河南省沁阳县西北有邘城。
⑤ 崇，国名，唐虞之际，封鲧于崇，舜殛鲧，以其国更封诸侯，至殷时，有崇侯虎，其国在今陕西省鄠县东，此为殛鲧之后，所别封也。
⑥ 《易正义》云：伏羲制卦，文王卦辞，周公爻辞，孔子十翼也。卦，《易》卦也，伏羲所作，卦有画无辞。卦辞，《易》卦下之辞也，亦云《彖辞》，文王所作，统论一卦之义者也。如乾卦下"元亨利贞"四字是。爻辞，《易》六爻下爻辞，旧说谓文王作，汉郑众、贾逵等，则谓周公所作。以升卦爻辞云"王用亨于岐山"，明夷卦爻辞云"箕子之明夷"，皆文王后事，故也。而皮锡瑞《易经通论》，则谓是孔子作。十翼，《易》之上下《彖》，上下《象》，上下《系》《文言》《说卦》《序卦》《杂卦》也。孔子所作。《乾凿度》：仲尼五十究《易》作十翼。《汉书·艺文志》，孔氏为《彖》《象》《系辞》《文言》《序卦》之属十篇。《易正义序》论十翼云："孔子所作，先儒更无异论。文王《易经》，本分上下二篇，则彖象释卦，亦当随经而分，故易家数十翼云，上彖一，下彖二，上象三，下象四，系五，下系六，文言七，说卦八，序卦九，杂卦十。郑学之徒，并同此说。"
⑦ 毕，周国名，姬姓，即今陕西省咸阳县北毕原，文武周公所葬之毕也。
⑧ 即季历。

周公旦为辅。召公、毕公,皆为左右。积公綦仁,一如服事之志。武王嗣位之十三年,纣恶日甚,微子去之,箕子囚,比干死。天下之人心,皆去纣而之周。于是武王曰:"是有重罪,不可不伐。"一月壬辰,以革车三百乘,虎贲三千人,东伐纣,至于孟津,① 诸侯会者八百,王乃作《泰誓》三篇,以誓戒军旅。甲子,师次商郊。纣率其众七十万人,拒武王,皆倒戈以北,罔有敌者。纣乃反走,登鹿台之上,衣其宝玉,遂自焚。商民筐筐壶浆迎武王。王入商,诛首恶,诸侯皆尊武王为天子。王即天子位,始改正朔。以建子月为岁首,改祀曰年。以木德王,色尚赤,服以冕。② 悉反商政,释箕子囚,封比干墓,式商容闾,散财发粟,而民皆悦服。兴灭继绝,以存先代之后。以殷之余民,封纣子武庚。③ 使弟管叔、蔡叔、霍叔,监其国。遂罢兵西归。王既渡河而西,乃偃武修文,归马华山之阳,④ 放牛桃林之野,⑤ 衅东甲而藏之,⑥ 倒载干戈,包以虎皮,天下知武王之不复用兵也。追王太王亶父,⑦ 王季历,文王昌,柴于上帝。⑧ 望于山川,以告武成。⑨ 乃大封诸侯同异姓者。当是之时,惇信明义,⑩ 崇德报功,垂拱而天下自治。于是迁都于镐,建学行礼。国中并立四代之学,辟雍居中,北虞学,东夏学,西殷学。养国老于东胶,养庶老于虞庠,兼用燕飨食之礼。《诗》曰:"镐京辟雍,⑪ 自西至东,自南至北,无思不服。"言心服也。箕子既释囚,朝见于王,王就而访道焉。箕子为洪范九畴,九畴即洛书之数也。初一曰五行,⑫

---

① 孟津,在河南省孟县南十八里。
② 夏以建寅月为正,平旦为朔。殷以建丑月为正,鸡鸣为朔。周以建子月为正,夜半为朔。
③ 武庚,商纣之子,名禄父。
④ 华山,在陕西省华阴县南,亦曰太华山,世以为五岳中之西岳。
⑤ 桃林,古地名,称为桃林塞,亦曰桃原,今河南省阌乡县以西,至陕西省潼关县以东,皆其地。
⑥ 衅,喜印切,震韵,同衅,礼乐记,东甲,衅而藏之府库,而弗复用。
⑦ 亶,多旱切,旦,上声,旱韵,信也。
⑧ 柴,疑为"宗"字。
⑨ 孔安国曰:武功成也。
⑩ 惇,都昆切,音敦,元韵,厚也。
⑪ 镐,何老切,音皓,皓韵。镐京,地名,本名曰镐,周武王营以为都,因称镐京。又称西都,故址在今陕西省长安县西南。辟雍即辟厂,周大学之名,见于《礼记》者则又有辟雍、上庠、东序、瞽宗。东序亦曰东胶,与成均为五学,皆大学也。三辅黄图,文王辟雍,在长安西北四十里,亦曰辟廱,如璧之圆,雍之以水,象教化流行也。
⑫ 九类以五行为始,水火木金土。

次二曰敬用五事，① 次三曰农用八政，② 次四曰协用五纪，③ 次五曰建用皇极，④ 次六曰乂用三德，⑤ 次七曰明用稽疑，⑥ 次八曰念用庶征，⑦ 次九曰向用五福，威用六极。⑧ 人君修己治人之道，莫有加焉。箕子既传道于武王，王乃封之朝鲜，以遂不臣之意。王又召师尚父，问黄帝颛顼之道。师尚父曰："在《丹书》。"王斋戒受书，其言曰："敬胜怠者吉，怠胜敬者灭。义胜欲者从，欲胜义者凶。凡事不强则枉，弗敬则不正。枉者灭毁，敬者万世。藏之约，行之得。可以为子孙常者，此之谓也。"王闻其言，惕若恐惧而为戒，书于席之四端。及诸衣服器用，各有铭。武王之学，反身修道，细行必矜，而威德远畅，浃于荒裔。九夷八蛮，咸通道致贡。十有四年，西旅贡獒一篇，⑨ 用训于王。十五年巡守方岳，祀百神，朝诸侯。十九年崩，寿九十三。武王殁后，周公相成王。乃象武王之功，为大武之乐。孔子与宾牟贾言曰："总干山立，武王之事也。发扬蹈厉，太公之志也。足以观武德云。"⑩
《史记·周本纪》《尚书·洪范》《道统录》

周公

周　周公，名旦，文王第四子也。笃仁孝，多材艺。食邑扶风雍县东北之周城，⑪ 号宰周公。武王十一年，东伐纣，渡孟津，陈师牧野。周公辅行，作《牧誓》，破殷诛纣，大告武成。武王封纣子武庚禄父，使管叔、蔡叔、

---

① 五事在身，貌言视听思，用之必敬，乃善。
② 农，厚也。厚用之，政乃成，食货，祀，司空，司徒，司寇，宾师。
③ 协，和也。和天时，使得正用，五纪，岁、月、日、星辰、历数。
④ 皇，太极中也。凡立事当用大中之道，行九畴之义。
⑤ 治民必用刚、柔、正直之三德，
⑥ 明用卜筮考疑之事，将举事，而汝有大疑，先尽汝心以谋虑之，次及卿士众民，然后卜筮以决之。
⑦ 雨、旸、燠、寒、风，五者各以其时，所以为众验。
⑧ 言天所以向，劝人用五福，寿、富、康宁、攸好德、考终命；所以威沮人用六极，凶短折、疾、忧、贫、恶、弱。
⑨ 《旅獒》，《尚书·周书》篇名。注：西戎远国，贡大犬。獒，音熬，豪韵。《尔雅》：狗四尺为獒。
⑩ 《太平御览·律历》，引童巴议曰：武王作周历，周公作鲁历。
⑪ 周城，在今陕西省岐山县东北，孟子梁惠王，太王去邠，踰梁山，邑于岐山下居焉，此即太王所邑之地。

霍叔监之。克殷二年，武王不豫，群臣惧。太公召公穆卜，① 周公曰："未可以戚我先王。"乃自以为质，设三坛，北面而立，戴璧秉圭，告于太王、王季、文王。令史策祝词，请以身代。纳册于金縢，诫守者勿敢言。翼日，王有瘳。② 又七年，王崩。成王幼，周公负扆以朝诸侯。③ 抗世子法于伯禽，④ 使与成王居。王有过则挞伯禽，以示成王知父子君臣长幼之道也。既而使伯禽代，就封于鲁，⑤ 诫之曰："我文王之子，武王之弟，王之叔父，吾于天下亦不贱矣。然一沐三握发，一饭三吐哺，起以待士，犹恐失天下之贤。子之鲁，慎无以国骄人。"管叔及蔡叔、霍叔，流言于国，曰："周公将不利于孺子。"公乃辟居东都。⑥ 取易之三百八十四爻，系以辞，⑦ 以承文考之志。二年，罪人斯得，作《鸱鸮》之诗以贻王。⑧ 王犹未悟，则天大雷电以风，禾尽偃，大木斯拔，邦人大恐。王与大夫尽弁，⑨ 以启金縢之书，⑩ 将卜天变，乃得周公册祝请命之说。王感悟，执书以泣，曰："其无穆卜。昔公勤劳王家，予冲人弗及知。今天动威，以彰公之德。惟朕小子其亲迎，我国家礼亦宜之。"王出郊，天乃雨，反风，禾尽起，岁则大熟。当管蔡挟武庚而率淮夷以叛也，⑪ 公奉王命，兴师征伐，作《大诰》，讨武庚，诛之，封微子于

---

① 穆，敬也。穆卜，言王疾，当敬卜吉凶。
② 瘳，敕优切，音抽，尤韵，疾瘉也。
③ 扆，于希切，音依，又上声，尾韵，义同。《淮南子·氾论》"负扆而朝诸侯"注："负，背也。扆，户牖之间，言南面也。负扆，亦作斧扆，其状如屏风，以绛为质，高八尺，东西当户牖之间，绣为斧文，故名。"
④ 伯禽，周公长子。
⑤ 鲁，国名，姬姓，侯爵，文王第四子，周公旦所封也。周公有大勋劳于天下，位冢宰，留相天子，乃封其长子伯禽为鲁侯，都于曲阜，即今山东曲阜县。
⑥ 辟，弼义切，音避，寘韵，通避。
⑦ 《易》六爻下之辞，曰爻辞。《易·系辞》："爻也者，宜乎变者也。"又云："爻也者，效天下之动者也。"盖交错则变动矣。
⑧ 鸱，尺伊切，音蚩，支韵，鸢也。鸢，音渊，先韵，猛禽也。鸮，希么切，音嚣，萧韵，与枭同，鸷鸟也。《鸱鸮》诗，《豳风》篇名，序谓周公救乱也。成王未知周公之志，公乃为诗以遗王，名"子曰鸱鸮"焉。或谓为周公悔诛管蔡之过，以儆成王之辞。
⑨ 弁，避彦切，音卞，霰韵，冠名，古吉礼之服用冕，通常礼服则用弁，状如两手相合抃时，故名。
⑩ 縢，徒登切，音腾，蒸韵，金縢者，以其匮用金绳也。
⑪ 淮夷，淮南北近海之夷。《姓纂》云："淮夷小国，入周因氏焉。"其地今淮甸。

宋。①作宾王家，以绍殷后。致辟管叔于商，②囚蔡叔于郭邻，③降霍叔为庶人。平淮夷践奄，收殷余民，以定东土。唐叔得禾，异母同颖，④献之王。王命馈周公于东。公既得命，作《嘉禾》，归报成王。东征凯还，后相王，免丧，朝先王庙，延访群臣，诸侯毕会，立制度，成《周礼》之书，⑤作武乐，颁量于天下。越裳氏来朝，⑥献白雉，曰："吾受命吾国之黄耇，曰：⑦天无烈风淫雨，海不扬波，三年矣，意者中国有圣人乎，盍往朝之。"周公归之王，王称先王神灵，致荐于宗庙。使者还，迷其归路，公作指南车锡之。七年，成王长，周公还政。恐王之壮而有所淫佚也，⑧乃作《无逸》，令王知稼穑之艰难；作《立政》，令王知任用之专官；作《豳风》，⑨令王知民俗之勤俭。王朝步自周，欲营居雒，使太保召公相所居之宅，以为天下之中，四方入贡，道里为均。命周公往营东部雒邑，⑩卜得吉，乃定鼎郏鄏。⑪公欲退休明农，王留公治雒。而已归镐京，又命迁殷顽民于雒。公传王命，以诰殷之多士，勉其宁居，故作《多士》。详叙官制，以授成王，王因而训迪百官，作《周官》。⑫公将殁，曰："必葬我成周，以明吾不敢离王。"及薨，王让公葬于毕，从文王，以明予小子不敢臣周公之意。赐鲁得郊祭文王，用天子礼乐，以褒周公之德云。《史纪·周本纪》《道统录》

---

① 微子，殷纣庶兄，名启。纣淫乱，数谏不听，遂去之宋，在今河南省商丘县。
② 辟，避绎切，音辟，陌韵，刑法也。商成汤代夏有天下，国号商，都亳，今河南省商丘县。
③ 郭邻，《逸周书》作虢邻，乡遂之地。《孔传》：郭邻，中国之外地名。
④ 唐叔，周成王封其弟叔虞于唐。今山西冀城县西，有古唐城。
⑤ 《周礼》旧传，为周公制作，书分《天官》《地官》《春官》《夏官》《秋官》《冬官》六篇。
⑥ 越裳，古国名，在安南南部。
⑦ 耇，歌欧切，音苟，有韵，亦作耇，老寿也。
⑧ 佚，移疾切，音逸，质韵，通作逸，安佚不劳也。
⑨ 《无逸》《立政》，皆《尚书·周书》篇名。《豳风》，《诗·国风》之一。
⑩ 雒，卢各切，音洛，药韵。洛邑，地名，古作雒，周武王迁殷民于洛水之滨，作洛邑，使周公筑城，谓之东都。其后成王欲宅于洛邑，尝使召公先相宅，传至平王，迁都于此，亦曰王城。战国以后，改为洛阳，故城在今河南省洛阳县西。
⑪ 郏，讫洽切，音夹，洽韵。鄏，如欲切，音辱，沃韵。郏鄏，即王城也。郏，山名，即北邙山，周营王城，北枕郏山。鄏，邑名，河南有郏鄏陌，其南为定鼎门，盖鼎所从出也。
⑫ 《多士》《周官》，《尚书·周书》篇名。

孔子 商瞿 子贡 颜回 子张 孟子

周 孔子，名丘，字仲尼。父叔梁纥，母颜氏，其先宋人也。① 宋自微子微仲，六传至弗父何。以有宋授厉公，而世为宋卿。及孔父嘉，别为公族，以孔为姓。又三传至防叔，畏华氏之逼而奔鲁，故孔氏为鲁人。防叔生伯夏，伯夏生叔梁纥，为鄹邑大夫。初，颜氏归，叔梁纥祷于尼丘，有麟吐玉书之祥。以鲁襄公二十二年庚戌之十一月庚子，② 生孔子于鲁昌平乡陬邑。③ 生而首上圩顶，因名丘。④ 方三岁，而叔梁纥卒，葬防山。⑤ 孔子为儿嬉戏，尝陈俎豆，⑥ 设礼容。⑦ 鲁大夫孟厘子病且死，诫其嗣懿子，曰："孔丘圣人之后，灭于宋。其祖正考父，佐戴武、宣公，三命兹益恭。故鼎铭云：'一命而偻。⑧ 再命而伛，⑨ 三命而俯，⑩ 循墙而走。'亦莫余敢侮。饘于是，鬻于是，以糊余口，其恭如是。吾闻圣人之后，虽不当世，必有达者。今孔丘年少好礼，其达者欤？吾即殁，若必师之。"孔子贫且贱，及长，尝为委吏，料量平；为司职吏，畜蕃息。年二十四，母颜氏卒，殡于五父之衢，⑪ 遂合葬于防。年二十七，问官于郯子。⑫ 二十九，学鼓琴于师襄。⑬ 三

---

① 宋，国名，周微子所封地，在今河南商丘县。孔广牧《生卒考》云：即夏历八月二十八日。
② 孔广牧《生卒考》云：即夏历八月二十八日。
③ 陬，咨讴切，音邹，尤韵，与鄹通。《论语》作鄹，即今山东省曲阜县之鄹城。
④ 圩，云劬切，音于，虞韵。俗读如围，亦读如墟。《索隐》："圩顶，言顶上窊也，故孔子顶如反宇。反宇者，若屋宇之反，中低而四旁高也。"
⑤ 防山，在曲阜县东二十五里。
⑥ 俎豆，礼器，古祭祀燕享，用以荐牲者，以木为架，而漆饰之。
⑦ 礼容，谓礼制仪容也。
⑧ 偻，落侯切，音楼，尤韵，偻屈也。
⑨ 伛，于武切，于上声，麌韵，背曲也。
⑩ 俯，方矩切，音府，麌韵，仰之反，身曲首垂，面向下也。五父，地名，在曲阜县东南。
⑪ 五父，地名，在曲阜县东南。
⑫ 春秋，郯子，郯国之君，昭公时朝鲁，尝与叔孙昭子，论少皞氏以鸟名官之故，仲尼师之。
⑬ 春秋，鲁师襄，以击磬为官，善鼓琴。《论语》谓之击磬襄，孔子尝从学琴。

十四，与南宫敬叔适周，问礼于老聃，① 访乐于苌弘。② 历郊社之所，考明堂之则，察庙朝之度，于是喟然曰："吾乃今知周公之圣，与周所以兴也。"既反，弟子益进。昭公二十五年甲申，孔子年三十五，鲁乱。孔子适齐，为高昭子家臣。③ 与齐太师语乐，闻韶音，三月不知肉味。景公问政，对曰："君君，臣臣，父父，子子。"景公善之。他日又问政，对曰："政在节财。"景公说。欲封以尼谿之田，晏婴以累世不能殚其学，穷年不能究其礼，不可。④ 公惑之。孔子遂行，反乎鲁。定公元年壬辰，孔子年四十二，阳虎执国政。故孔子不仕，退修诗书礼乐，弟子弥众。九年庚子，孔子年五十一。鲁以孔子为中都宰。一年，四方则之。遂为司空，又为大司寇。十四年乙巳，孔子年五十六，摄行相事。七日，诛乱政大夫少正卯，戮之两观之下，三月而鲁大治。粥羔豚者弗饰贾，男女行者别于涂，道不拾遗。齐人闻而惧曰："孔子为政必霸，霸则吾地近矣，我为先并矣。盍致地。"犁鉏曰："请沮之。沮之不可，致地庸迟乎？"于是选齐国中之女子八十人，皆衣文衣而舞康乐；文马三十驷，遗鲁君，陈鲁城南高门外。季桓子语鲁君，为周道游，往观终日，怠于政事。子路曰："夫子可以行矣。"孔子曰："鲁今且郊。如致膰于大夫，则吾犹可止。"桓子卒受齐女乐，郊又不致膰于大夫。孔子遂行，歌曰："彼妇之口，可以出走。彼妇之谒，可以死败。盖优哉游哉，维以卒岁。"适卫，⑤ 主颜浊邹家，卫人致粟六万石。顷之，或有谮者，孔子恐获罪，遂去卫。将适陈过匡，⑥ 匡人以为阳虎，止之。五日，然后得去。去之蒲，⑦ 月余，反乎卫，主蘧伯玉家。南子请见，孔子不得已见之。于是

---

① 周，李耳，楚之苦县人，字伯阳，一名重耳，外字聃，亦称老聃。相传母怀之八十一岁而生，故号为老子，为周守藏史，孔子往问礼焉。孔子退曰："鸟，吾知其能飞；鱼，吾知其能游；兽，吾知其能走；至于龙，吾不能知其乘风云而上天。今见老子，其犹龙乎！"后见周衰，乃西出函关隐去，著《道德经》五千余言，莫知所终。

② 周，苌弘，敬王时为大夫，孔子尝就问乐。

③ 仕于大夫者，谓之家臣。

④ 春秋，晏婴，齐大夫，字平仲，事灵公庄公，相景公，节俭力行，食不重肉，妾不衣帛，一狐裘三十年，名显诸侯。

⑤ 卫，国名，周武王封其弟康叔于卫，至秦二世始灭。今自直隶大名府，关州以西，至河南之卫辉怀庆，皆卫地也。

⑥ 陈，国名，周初封舜之后胡公于陈，春秋之季，为楚所灭。今河南省开封府以东，南至安徽省亳州以北，皆其地。匡，地名，春秋卫地，在今河北省长垣县西南。

⑦ 蒲，古地名，春秋，卫地，即今河北省长垣县治。

去卫过曹，去曹适宋，① 与弟子习礼大树下。宋司马桓魋，欲杀孔子，拔其树。孔子微服过宋适郑，② 遂至陈，主司城贞子家。居三岁，而反于卫。灵公不能用，将西见赵简子。至河，闻窦鸣犊、舜华之死也。临河叹曰："美哉水，洋洋乎；吾之不济此，命也夫！"子贡趋而进曰："何谓也。"窦鸣犊、舜华，晋之贤夫大也，而简子杀之。丘闻之也，刳胎杀夭，③ 则麒麟不至其郊；竭泽涸渔，则蛟龙不处其渊；覆巢毁卵，则凤凰不翔其邑，君子讳伤其类也。夫鸟兽于不义，尚知避之，况丘乎！"乃还，息陬乡，作《陬操》以哀之。而反乎卫，又主蘧伯玉家。灵公问陈，与孔子语，仰视蜚雁。④ 色不在孔子。孔子遂行，复如陈。明年，自陈迁蔡，⑤ 自蔡如叶，⑥ 复去反蔡。楚昭王使人聘孔子，孔子将往拜礼，陈蔡大夫谋曰："孔子贤者，所刺讥皆中诸侯之疾。诸大夫所设行，皆非仲尼意。今楚，大国也，来聘孔子。孔子用于楚，则陈蔡用事大夫危矣。"于是相与发徒役围孔子于野，绝粮七日，从者皆病。孔子讲诵弦歌不衰，召子路问曰："匪兕匪虎，⑦ 率彼旷野。吾道非耶，吾何为于此！"子路曰："意者吾未仁耶，人之不我信也。意者吾未智耶，人之不我行也。"孔子曰："有是乎？由，譬使仁者而必信，安有夷齐。使智者而必行，安有比干。夫君子博学深谋，而不遇时者众矣，何独丘哉！且芝兰生于幽林，不以无人而不芳。君子修道立德，不为穷困而改节。"子路出，召子贡，告如之。子贡曰："夫子之道至大，故天下莫能容，盍少贬焉。"孔子曰："赐，良农能稼而不能穑，良工能巧而不能顺。君子能修其道，而不能为容。今尔不修尔道，而求为容。赐，而志不远矣。"子贡出，颜回入，问亦如之。颜回曰："夫子之道大，故天下莫能容。虽然，不容何病，不容然后见君子。夫道之不修也，是吾丑也。夫道既大修而不用，是有

---

① 曹，国名，周文王子，曹叔振铎封于曹，春秋之季，为宋所灭，即今山东省曹州府之地。宋，国名，周微子所封地，在今河南省商丘县。

② 郑，国名，本周西都畿内地，宣王封弟桓公于此，在今陕西华州境，后迁于新郑，为春秋郑国，即今河南省新郑县，战国时为韩所灭。今自河南开封府以西，至成皋故关，皆春秋时郑地也。

③ 刳，苦胡切，音枯，虞韵，剖也。

④ 蜚，匪微切，与飞通。

⑤ 蔡，国名，周武王弟叔度之封地，是为上蔡，故城在今河南省上蔡县西南，传至平侯，地为楚夺。

⑥ 叶，春秋楚叶邑，今河南省叶县地。

⑦ 兕，徐姊切，音祀，纸韵，兽名，犀之雌者，顶止一角，文理细腻，其皮坚厚，可以制甲。

国者之丑也。"孔子欢然叹曰："颜氏之子，使尔多财，吾为尔宰。"① 于是使子贡至楚，楚昭王兴师迎孔子，乃得免。既，将以书社地七百里，封孔子。令尹子西沮之，乃止。于是孔子自楚反乎卫。先是季桓子病，辇而见鲁城，喟然叹曰："昔此国几兴矣，以吾获罪于孔子，故不兴也。"遗言语康子，必召仲尼。桓子卒，康子欲召仲尼，其臣止之。康子乃召冉求，至是冉求为季氏将，与齐战于郎，② 克之。季康子曰："于军旅学之乎，性之乎？"冉有曰："学之孔子。"康子曰："我欲召之，可乎？"对曰："欲召之，毋以小人间之则可矣。"季康子，逐公华、公宾、公林，以币迎孔子。孔子归鲁，实哀公之十一年丁巳，而孔子年六十八矣。鲁终不能用孔子，孔子亦不求仕。乃叙《书传》《礼记》，删《诗》，正《乐》。晚而喜《易》，序《易象》《系辞》《说卦》《文言》。③ 读之，韦编三绝。曰："假我数年。若是，我于易则彬彬矣。"弟子盖三千焉，身通六艺者，七十二人。颜回最贤，早死。后惟曾参，得传孔子之道。鲁哀公十四年庚申，春狩大野，④ 叔孙氏车子鉏商获兽，以为不祥。仲尼曰："麟也，胡为来哉！"反袂拭面，涕泣沾襟。子贡问曰："夫子何泣尔。"孔子曰："麟之至，为明王也。出非其时，吾是以伤焉。"乃因史记作《春秋》，上自隐公，下讫哀公十四年，辞约而指博。故吴楚自称王，而贬之曰子；践土之会，实召天子，而讳之曰天王狩于河阳。推此类，以绳当世，笔则笔，削则削。游夏不能赞一辞，曰："后世知丘者以《春秋》，罪丘者亦以《春秋》。"明年辛酉，子路死于卫。壬戌，孔子病，负手曳杖而歌，曰："泰山其颓乎，梁木其坏乎，哲人其萎乎！"子贡闻之，曰："泰山

---

① 宰，主也，活也，如言宰制。
② 郎，春秋，鲁地名，今山东省鱼台县境。
③ 《正义》云："序易，序卦也。夫子作十翼，谓《上彖》《下彖》《上象》《下象》《上系》《下系》《文言》《序卦》《说卦》《杂卦》也。"《正义》曰："文王既繇六十四卦，分为上下篇，先后之次不易。孔子就上下二经，各序其相次之义。"彖，夫子所作，统论一卦之义，或说其卦德，或说其卦义，或说其卦名。庄氏云：彖，断也，言断定一卦之义。系辞者，圣人系属此辞于爻卦之下，分为上下篇者，以简篇重大，是以分之。又云：系辞者，取纲系之义也。象，上象卦辞，下象爻辞，万物之体自然，各有形象，圣人设卦以写万物之象，今夫子释此卦之象也。说卦者，陈说八卦德业、变化德象所为也。文言者，夫子赞明易道，申说义理，释乾坤二卦，经文之言，故称文言。又杂卦者，六十四卦以为义，于序卦之外，别言圣人之兴，因时而作，随其事宜，不必相因袭，当有损益。又云：杂揉众卦，错综其义，或以同相类，或以异相明，故附之。
④ 狩，舒救切，音守，宥韵，冬猎为狩。

其颓,吾将安仰?梁木其坏,吾将安仗?哲人其萎,吾将安仿?夫子殆将病也。"遂趋而入。夫子叹曰:"赐,汝来何迟。予畴昔梦坐奠于两楹之间,夫夏后氏殡于东阶之上,① 则犹在阼。② 殷人殡于两楹之间,则与宾主夹之;周人殡于西阶之上,则犹宾之。而丘也,殷人也。夫明王不作,天下其孰能宗予。余殆将死。"寝病七日,以鲁哀公十六年四月己丑卒。③ 年七十三,葬鲁城北泗上,弟子皆服心丧三年而去。惟子贡庐于冢上凡六年,弟子及鲁人往从冢而家者,百有余室,因命曰孔里。孔子年十九,娶亓官氏,④ 暮年生鲤,字伯鱼,先孔子卒。伯鱼生伋,字子思。曾子曰:"江汉以濯之,秋阳以暴之,皜皜乎不可尚已。"《史记·孔子世家》《道统录》。

○《礼运》云:孔子曰,吾观殷礼,杞不足征也,吾得坤乾焉。

○《仪礼》引《演孔图》云:孔子修《春秋》,九月而成,卜之得阳豫之卦。

○《史记·仲尼弟子列传》《正义》引《中备》云:鲁人商瞿,字子木,孔子弟子,特好《易》,使向齐国,瞿年四十,今复使行远路,畏虑,恐绝无子。夫子正月与瞿母筮,告曰:后有五丈夫子。子贡姓端木,名赐,问曰:何以知之?子曰:卦遇大畜,艮之二世,九二甲寅木为世,六五景子水为应,世生外,象生象,来爻生互内象,艮别子,应有五子,一子短命。颜回⑤云:何以知之?内象是本子,一艮变为二丑,三阳爻五,于是五子。一子短命,何以知短命,他以故也。冒广生《京氏易表例言》云:今本《易纬辨中备》,此文佚。

○《史记仲尼弟子列传》又云:昔夫子当行,使弟子持雨具,已而果雨。弟子问曰:夫子何以知之?夫子曰:诗不云乎,"月离于毕,俾滂沱矣",昨暮月不宿毕乎?

○《京氏易传》下引《孔子易》云:有四易,一世二世为地易,三世四世为人易,五世六世为天易,游魂归魂为鬼易。八卦鬼为系爻,财为制爻,天地为义爻,福德为宝爻,同气为专爻。

○《京氏易》积算法,引夫子曰:"西伯夫子,研理穷通;上下囊括,推爻考象;配卦世应,加乎星宿。局于六十四所,二十四气,分天地之数,定人伦之理,寻五行之端,

---

① 殡,臂印切,音傧,震韵,停丧也。
② 阼,族误切,音胙,遇韵,主人所立之阶也。古者宾主相见,宾自西阶,主人自东阶,因答谢宾客,故曰阼。
③ 即夏历二月二十一日。○王充《论衡》云:"孔子病,商瞿卜期日中。孔子曰:'取书来。比至日中,何事乎?'圣人之好学也,且死不休,其为百世之圣,盖不虚矣。"
④ 亓官一作上官,亓,读若箕。
⑤ 字子渊,亦称颜渊。

灾祥进退，莫不因兹而兆矣。"

○《图书集成·艺术典·卜筮部》，引《家语》云：孔子常自筮，其卦得贲焉，愀然有不平之状。子张①进曰："师闻卜者得贲卦，吉也。而夫子之色，有不平，何也？"孔子对曰："以其离耶！在《周易》，山下有火谓之贲，非正色之卦也。夫质也，黑白宜正焉。今得贲，非吾之兆也。吾闻丹漆不文，白玉不雕，何也？质有余，不受饰，故也。"

○又引《诚斋杂记》云："孔子使子贡，久而不来，孔子命弟子占之，遇鼎，皆言无足，不来，颜回掩口而笑。子曰：'回也，哂，谓赐来乎？'对曰：'无足者，乘舟而至也。'果然。"

○汉王充《论衡·实知篇》云：圣人前知千岁，后知万世。孔子将死，遗书曰：有一男子，自云秦皇，上我之堂，踞我之床，颠倒我衣裳，至沙丘而亡。其后秦王兼吞天下，号始皇，巡狩至鲁，观孔子宅，乃至沙丘道病而崩。孔子又曰：董仲舒，乱我书。其后江都相董仲舒，论思春秋，造著传记。又曰：亡秦者胡也。其后二世胡亥，竟亡天下。此孔子后知万世也。不案图书，不闻人言，吹律精思，自知殷宋大夫子氏之后，此孔子前知千岁也。

○《史记·滑稽列传》，引孔子曰：六艺于治一也。《礼》以节人，《乐》以发和，《书》以道事，《诗》以达意，《易》以神化，《春秋》以道义。

○清萍乡文廷式《纯常子枝语》，引唐释湛然《法华玄义·释签第十六》云：天文者，如孔子有三备卜经，上知天文，中知人事，下知地理。按，《隋·经籍志·五行类》有《易三备》三卷，又《易三备》一卷，当即三备卜经。又有颜氏撰《孔子通覆诀》三卷。萧吉《五行大义》卷四，引孔子《元辰经》。

○山阴祁骏佳《遁翁随笔》，载邵康节云：孔子定书，以《秦誓》缀周鲁之后，知周之后，必为秦也。康节素通数学，又深知数之不妨于道，故为此的实之论也。儒之固而腐者，乃云数非圣贤所重，而不与康节之论，曰：特取其悔过云尔，非预识其继周也。试诘之曰：悔而不再作者，方谓之悔过。今彭衙令狐汾曲之师，贪而且忿，皆在作誓之后，果能悔过否乎？既非真能悔过，孔子奚取焉。且数百年之中，数百国之君，岂无一言之几道，可缀周鲁之末者，乃独取一夷狄君长之誓，岂理也哉！大抵圣至孔子，已集大成，凡六合内外，十世古今，皆如镜照物，特多有不欲明言者，亦存重道不重数之义耳。岂道之至者，而不知数者哉！道为其大无外之道，岂数独在道外哉！故当以康节之论为的。

○《前汉书·儒林传》：自鲁商瞿子木，受《易》孔子，以授鲁桥庇子庸，子庸授江

---

① 姓颛孙，名师。

东馯臂子弓，子弓授燕周丑子家，子家授东武孙虞子乘，子乘授齐田何子装。及秦禁学，易为筮卜之书独不禁，故传受者不绝也。汉兴，田何以齐田徙杜陵，号杜田生，授东武王同、子中、雒阳周王孙、丁宽、齐服生，皆著《易传》数篇。同授淄川杨何，字叔元，元光中征为大中大夫，齐即墨成，至城阳相；广川孟但，为太子门大夫。鲁周霸，莒衡胡，临淄主父偃，皆以《易》至大官。要言《易》者，本之田何。

○丁宽，字子襄，梁人也。初，梁项生，从田何受《易》，时宽为项生从者，读《易》精敏，材过项生，遂事何。学成，何谢宽，宽东归。何谓门人曰：易以东矣。宽至雒阳，复从周王孙，受古义，号周氏传。景帝时，宽为梁孝王将军，拒吴楚，号丁将军，作《易说》三万言，训故举大谊而已，今小章句是也。宽授同郡砀田王孙，王孙授施雠、孟喜、梁丘贺，由是《易》有施、孟、梁丘之学。

○《道统录》：尹和靖曰，赵岐谓孟子通《五经》，尤长于《诗》《书》，岐未为知孟子者，某谓孟子精通于《易》，孟子践履处，皆是《易》也。试读《易》一遍，然后看孟子便见。扬子谓孟子知言之要，知德之奥，非苟知之，亦允蹈之，此最善论孟子者。

○旧说秦焚诗书百家语，《周易》独以卜筮得存，故于诸经中，最为完善。郑玄有注已佚，魏有王弼注，唐孔颖达为之疏，唐有李鼎祚集解，所采子夏、孟喜等三十五家之说，补康成之逸象，盖发明汉学者也。宋有程子《易传》，经文用王弼本，大旨黜数崇理者。朱子《本义》，为折衷程子之说，而申明象传之义者。清有孙星衍《集解》，乃以《李氏集解》合于王注，又采集唐以后诸家之解易理者，裒为一帙，最为赅备。

○清俞正燮《癸巳类稿·原相上篇》云：《孔子三庙记·少闲篇》云，尧取人以状，舜取人以色，文王取人以度。文具《大戴礼》。

汉高祖帝

汉高祖，姓刘氏，名邦，字季，沛丰邑中阳里人。① 秦时，为泗上亭长。② 二世立，③ 帝起兵于沛，自立为沛公。④ 入咸阳，⑤ 降秦王子婴，除秦苛法，约法三章。⑥ 已而项羽攻破咸阳，立帝为汉王。以萧何为相，韩信为大将，还定三秦，破羽于垓下。⑦ 五年即皇帝位，国号汉，建都关中。⑧ 帝不修文学，然宽仁爱人，豁达大度，好谋能听，卒成帝业。在位十二年，崩于长乐宫。⑨ 无谥，以其功高，而为汉帝之太祖，故特称高祖。匹夫崛起而有天下者，自高祖始。当已定天下七年，曾立兄刘仲为代王，而匈奴攻代。⑩ 刘仲不能坚守，弃国亡。间行走雒阳，自归天子。天子为骨肉故，不忍致法，废以为郃阳侯。⑪ 高帝十一年，淮南王英布反，高帝自将往诛之。刘仲子沛侯鼻，⑫ 年二十，有气力，以骑将从破布军。布走，荆王刘贾为布所杀，

---

① 丰邑，本秦沛县之丰邑，汉高祖起兵于沛，收沛子弟还守丰，即此。汉置县。明嘉靖间，河决城陷，迁治于县东南华山，寻复还旧制，清属江苏徐州府。

② 泗水亭，在江苏沛县东一百步，汉高祖微时为亭长于此。亭有高帝碑，班固为文。《史记正义》："秦法，十里一亭，十亭一乡。"师古曰：亭长者，主亭之吏也。亭谓停留行旅宿食之馆。

③ 二世，秦始皇子，名胡亥。

④ 史记曰：秦二世元年秋，陈胜等起，沛令欲以沛召胜。沛父老皆曰：生平所闻刘季奇怪，当贵，且卜筮之，莫如刘季最吉，乃立为沛公。沛县秦置，高祖定天下，以沛为汤沐邑，后以属沛郡，亦谓之小沛。北齐时废，隋复置。故城在今江苏沛县东，明徙今治，清属江苏徐州府。

⑤ 咸阳，古秦地，今陕西长安县东之渭城故城。秦孝公始都咸阳，即此。始皇初并天下，收天下兵器，聚之咸阳，销以为镜，铸金人十二，徙天下豪富十二万户于咸阳，皆在此。《三秦记》："地在九峻之南，渭水之北，山水皆阳，故曰咸阳。"

⑥ 三章，杀人者死，伤人及盗抵罪。

⑦ 垓，歌哀切，音该，灰韵。或作畡。垓下，地名，是高冈绝岩，今犹高三四丈，在今安徽省灵璧县之东南。

⑧ 今陕西省之地，别称关中。《读史方舆纪要》："秦孝公徙都之，谓之秦川，亦曰关中。"注："潘岳《关中记》：东至函关，西至陇关，二关之间，谓之关中。徐广曰：东函谷关，南武关，西散关，北萧关，地居四关之中，亦曰四塞。"

⑨ 《史记集解》："皇甫谧曰，高祖以秦昭王五十一年生，至汉十二年，年六十三。"《前汉书》："臣瓒曰，帝年四十二即位，十三年寿五十五。"阜按：帝于乙未年即位，丙午年崩，瓒说较是。

⑩ 代，古国名，战国，赵灭代，置代郡，秦汉仍之，有今山西省东北部，及河北省蔚县附近地。治桑干县，在今山西省阳高县西北。晋移置代县，在今河北省蔚县东，东晋废。

⑪ 郃，曷阁切，音合，合韵。郃阳，今县名，属陕西省朝邑县北，梁山之南，东渡黄河，即山西省临晋县境。本战国魏合阳邑，汉始置郃阳县，清属同州府。

⑫ 鼻，披切，音备，实韵，水至声。

无后。上患吴会稽轻悍，无壮士以填之，诸子少，乃立濞于沛为吴王，① 王三郡五十三城。已拜受印，高祖召濞相之，谓曰："汝状有反相。"② 心独悔。业已拜，因附其背，告曰："汉后五十年，东南有乱者，岂汝耶！然天下同姓，为一家也，慎无反。"濞顿首曰："不敢。"景帝三年丁亥，濞果率吴楚七国反。濞兵败，渡江走丹徒，为人鏦杀，③ 葬丹徒县南，其地名相唐。《史记·高祖本纪》《前汉书·高帝纪》《图书集成·相术部》引《史记·吴王濞列传》

梁武帝

梁武帝，姓萧氏，名衍，字叔达，小字练儿，南兰陵人，④ 萧相国何之后也。⑤ 生而奇异，两胯骈骨，⑥ 顶上隆起，有文在右手，曰武帝。及长，博学多通，好筹略，有文武才干，与南齐同族。建武二年乙亥，初仕齐，为雍州刺史，都督军事，镇襄阳。⑦ 永元二年庚辰，其兄懿为嬖臣茹法真等，谗构而死，乃起兵围建康。⑧ 中兴二年壬午，四月，弑齐王宝卷，追废为东昏侯，遂篡帝位。时年三十九岁，纪元天监。帝孝慈恭俭，初政重，儒立学，设谤木，断贡献，甚有可观。后崇信佛教，三度舍身同泰寺。侯景以河南来降，纳之。魏来求成，又许之。景疑，遂反。太清三年己巳，三月丁卯，贼攻陷台城。⑨ 四月，帝以所求不供，忧愤寝疾。五月丙辰，崩于净居殿。在位四十八年，寿八十有六。追尊为武皇帝，庙号高祖。纪元七：天监、普通、大通、中大通、大同、中大同、太清。帝虽万几多务，犹卷不辍手，燃烛侧光，常至午夜。⑩ 身衣布衣，木绵皂帐；一冠三载，一被二年；

---

① 此商帝十二年丙午也。
② 应劭曰：高祖有聪略，反相径可知。至于东南有乱，克期五十，占者所知也。
③ 鏦，初江切，音总，江韵。小矛也，刺也，谓以戈刺之。
④ 南兰陵，晋时尝侨置兰陵县于今江苏省武进县治，并置南兰陵郡，隋时并废。
⑤ 以宋孝武大明八年甲辰岁，生于秣陵县同夏里三桥宅。
⑥ 胯，库化切，音跨，祃韵。股间也，腰骨也。
⑦ 襄阳，清为湖北襄阳府治，为自古攻守必争之地。
⑧ 建康，故城在今江苏江宁县南。
⑨ 台城，在江宁县治北，元武湖侧。本吴后苑城，晋咸和中，修缮为新宫，亦谓之宫城。宋齐梁陈皆因为宫，与鸡鸣山相接。
⑩ 午夜，谓夜半也。

膳无鲜腴，惟豆羹粝食而已。五十外，便断房室。不正容止，不与人相见。虽觌内坚小臣，①亦如遇大宾。凡阴阳纬候，卜筮占决，草隶尺牍，骑射弓马，莫不称妙。造制《旨孝经义》《周易讲疏》《六十四卦二系文言序卦》等义，乐《杜义》《毛诗》《春秋问答》《尚书大义》《中庸讲疏》《孔子正言》《孝经讲疏》《涅槃大品净名三慧诸经义》等书。历观古昔人君，恭俭庄敬，艺能博学，罕或有焉。《梁书·本纪》

梁元帝 刘景

梁元帝，姓萧氏，名绎，字世诚，小字七符，武帝第七子。天监七年戊子，八月丁巳生。初封湘东王。侯景既废简文帝，又废豫章王而自立。世祖命王僧辩平景。大宝三年壬申，世祖犹称太清六年，四方征镇王公卿士，劝进表三上。冬十一月丙子，世祖乃即位于江陵。②改太清六年，为承圣元年，时年四十五岁。州郡已大半入魏，诏令所行，千里而近；民户著籍，不盈三万。西魏遣于谨等，会萧詧伐梁。承圣三年甲戌，十一月辛卯，魏军大攻，城陷，世祖见执。十二月辛未，西魏害世祖，遂崩焉。在位三年，追尊为孝元皇帝，庙号世祖。世祖聪明俊朗，天才英发，凡百技术，无所不该。尝不得信，筮之，遇剥之艮，曰："南信已至，今当遣左右季心往看。"果如所说，宾客咸惊其妙。凡所占决皆然。初从刘景受相术，因讯以年，答曰："未至五十，当有小厄，禳之可免。"世祖自勉曰："苟有期会，禳之何益？"后果如景言，寿仅四十有七。著有《孝德传》《忠臣传》《周易讲疏》《老子讲疏筮经》《洞林文集》等书，都四百三十卷。《梁书·本纪》《南史·梁本纪》。

○梁玄帝《集洞林序》云：盖闻玄枵之野，鬼方难测；朱鸟之舍，神道莫知。而缇幔晓披，既辨黄钟之气；灵台夕望，便知玉井之色。复以谈乎天者，虽绝名言之外；存乎我者，还居称谓之中。余幼习星文，多历岁稔；海中之书，略皆寻究；巫咸之说，偏得研求。虽紫微迢递，如观掌握；青龙显晦，易乎窥览。羡门五将，巫经玩习；韩终六王，常所宝爱。至如周王白雉之筮，殷人飞燕之下；著名聚雪，非关地极之山；卦有密

---

① 觌音狄，锡韵，见也。
② 江陵县，清属湖北荆州府。

云,'能拥西郊之气。交通七圣,世经三古;山阳王氏,真解谈玄;河东郭生,终能射覆;彼而两之,窃自许矣。

宋仁宗帝

宋仁宗皇帝,姓赵氏,名祯,初名受益,真宗第六子。大中祥符三年庚戌,四月十四日生。乾兴元年壬戌,二月戊午,真宗崩。遗诏太子即皇帝位,时年十二岁,次年癸亥,纪元天圣。至嘉祐八年癸卯,二月辛未,帝崩于福宁殿,寿五十有四。遗制皇子曙,即皇帝位,谥曰明孝皇帝,庙号仁宗。纪元九:天圣、明道、景祐、宝元、康定、庆历、皇祐、至和、嘉祐。仁宗恭俭仁恕,出于天性。在位四十二年之间,吏治若媮惰,① 而任事蔑残刻之人;刑法似纵弛,② 而决狱多平允之士;国未尝无弊幸,而不足以累治世之体;朝未尝无小人,而不足以胜善类之气。君臣上下,恻怛之心,③ 忠厚之政,有以培壅宋三百余年之基。子孙一矫其所为,驯至于乱。④《传》曰:为人君,止于仁,帝诚无愧焉。仁宗撰有《洪范政鉴》十二卷,《御制序》曰:"宸宫余暇,记览史籍,洪范之说,缅然可寻。⑤ 而伏郑所编,靡闻全录。前则歆向所传,散布群篇;后则京夏诸儒,衍释证兆。简牍广纪,颠末弗齐;不有汇分,何从质信。亦尝取书林之奏,合日官之藏,参咨迩臣,覆究曩例;遂采五行六沴,前世蔡侯最稽应者,次为十二卷,名曰《洪范政鉴》。若语非典要,过涉怪谲,则略而不载。若占有差别,互存考验,则析而详言。君人者承天子民,必逆知未萌,前虑诸慝,⑥ 庶乎嗣祖宗之构,顺阴阳之权。故因题辞,兼以自励"云云。康定元年十一月丙辰,内出《御制洪范政鉴》十二卷,示辅臣,即此本也。其书以五行分类,自春秋以迄历代事应,采摭颇详。盖亦古帝王敬畏修省之意。《宋史·本纪》《四库提要·子部·术数存目二》

---

① 媮,音偷,尤韵,苟且侥幸也。
② 弛,音豕,纸韵,犹言放松。
③ 怛,音达,曷韵,悲惨也。
④ 驯,音旬,真韵,由渐而至曰驯。
⑤ 缅,音免,铣韵,思貌,藐远也。
⑥ 慝,音忒,职韵,恶之匿于心者也。

宋徽宗帝

宋徽宗皇帝，神宗第十一子，名佶。元丰五年壬戌，十月丁巳，生于宫中。元符三年庚辰，正月己卯，哲宗崩。皇太后垂帘，哭谓宰臣曰："家国不幸，大行皇帝无子，天下事须早定。"章惇厉声曰："在礼律当立母弟简王。"皇太后曰："神宗诸子，申王长，而有目疾。次则端王当立。"惇又曰："以年则申王长，以礼律则同母之弟简王当立。"皇太后曰："皆神宗子，莫难如此分别，于次端王当立。"知枢密院曾布曰："章惇未尝与臣等商议，如皇太后圣谕，极当。"尚书左丞蔡卞、中书门下侍郎许将，相继曰："合依圣旨。"于是惇为之默然。乃召端王入，即皇帝位，时年十九岁，皇太后权同处分军国事。① 明年辛巳，纪元建中靖国。至宣和七年乙巳十二月己酉，中山奏金人干离不粘罕分两道入攻，郭药师以燕山叛，北边诸郡皆陷，又陷忻、代等州，围太原府。太常少卿傅察，奉使不屈，死之。己未下诏罪己，令中外直言极谏，郡邑率师勤王。募草泽异才，有能出奇计及使疆外者。庚申，诏内禅皇太子桓，即皇帝位。② 尊帝为教主道君、太上皇帝，居于龙德宫，时年四十四岁。纪元六：建中靖国、崇宁、大观、政和、重和、宣和。次年丙午，纪元靖康。正月己巳，徽宗诣亳州太清宫，行恭谢礼，遂幸镇江府。四月己巳，还京师。二年丁未，二月丁卯，金人胁帝北行。绍兴五年乙卯，四月甲子，崩于五国城，寿五十有四。③ 七年丁巳，九月甲子，凶问至江南。十二年壬戌，八月己酉，梓宫还临安。④ 十月丙寅，权攒于永祐陵。谥上尊号，曰显孝皇帝，庙号徽宗。身通百艺，书画尤工。大观二年戊子，秋八月，曾卜以易数。一一口乂乂一。乃御制易运碑，刻之延福殿东壁。其

---

① 九月辛未，章惇罢。十月，贬章惇为武昌军节度副使。
② 皇太子时年二十六岁。
③ 五国城，辽五国部节度使所驻之地。《啸亭杂录》：五国城，古称五国头城，以据五国总路之首得名。乾隆中，筑伯都纳城，掘得宋徽宗国画鹰轴，又获古瓷器数十件，并得碑碣，录徽宗晚年日记，云于天会十三年，寄迹于此。知五国城即此地，今吉林扶余县。
④ 临安，今浙江杭县，宋高宗南渡，以为行在，称临安府。

略曰："始建元基,[1] 绍兴德寿。[2] 承太乙循运,尽在阳九之数。[3] 祖传甲庚吉,[4] 建炎炎共盛之势。[5] 奈何五行逆顺,天地之数,非由人致。朕尝闻易,孰善本基。庚子辛丑,祸起东南。[6] 肇动干戈,元冲立劫。壬寅癸卯,[7] 亦云哀哉。甲辰乙巳,[8] 丙午丁未,[9] 内有丙火,天下生灵,涂炭至半。[10] 江表之虞,[11] 莫知所辜。戊申己酉,[12] 时正灾劫。[13] 庚戌辛亥,偏重势轻。[14] 壬子癸丑,后成改建。[15] 甲寅乙卯,立应丰穰。[16] 丙辰丁巳,朕已何在。[17] 祖宗复有,中兴之后"云云。[18] 其后事皆历验。信乎圣哲先知之明,因往推来;在天数者,果不可逭。[19]《宋史·本纪》、宋赵夔《行营杂录》引《坦斋笔衡》

宋高宗帝

【南宋】 高宗皇帝,徽宗第九子,名构,字德基。大观元年丁亥,五月乙巳,生东京之大内。二十一岁靖康二年丁未,四月,即位。纪元建炎,时年二十五岁。辛亥,改元绍兴。至绍兴三十二年壬午六月,诏皇太子昚,[20] 即皇帝位。帝称太上皇帝,退处德寿宫。淳临十四年丁未,十月乙亥,崩于

---

[1] 高宗御字德基。
[2] 谓绍兴年,德寿宫。
[3] 高宗圣寿,八十一岁。
[4] 太祖子孙再传。
[5] 建炎年号。
[6] 谓方腊。
[7] 宣和闻,天下大乱。
[8] 与金虏夹攻燕山。
[9] 金虏入寇,二帝北狩。
[10] 是时天下大乱。
[11] 驾幸江表。
[12] 高宗初立。
[13] 金虏渡江,苗国内建。
[14] 高宗航海,刘豫称帝于汴。
[15] 改元绍兴。
[16] 是年大有。
[17] 徽宗以绍兴五年崩之。
[18] 是年孝宗以建国公,进封普安郡王,复绍太祖之后。
[19] 逭,音换,翰韵,逃避也。
[20] 昚,古慎字,见《说文·心部》。或作昚。《书》:益稷慎乃在位。《正义》:当谨慎汝所在之位也。

德寿殿，寿八十有一。谥曰宪考皇帝，庙号高宗。商宗资性朗悟，博学强记，读书日诵千余言，自能推步星命。或臣下不能仰副圣意，则曰吾奴仆宫陷故也。实则高宗恭俭仁厚，以之继体守文则有余，以之拨乱反正则非其才也。况时危势逼，兵弱财匮乎？君子于此，盖亦悯高宗之心，而重伤其所遭之不幸也。《宋史·本纪》《四朝闻见录》。

清世祖帝

清 世祖皇帝，姓爱新觉罗氏，名福临，尝自号臆庵道人，太宗第九子。崇德三年戊寅，正月三十日戌时生。癸未八月二十六日，袭父位，时年六岁。叔父睿亲王多尔衮，从叔父郑亲王济尔哈朗，同辅政。明年甲申，纪元顺治，实明之崇祯十七年也。四月，命多尔衮率师经略中原。五月得明天下，九月大驾自盛京迁都燕京。十月初一日，即皇帝位于武英殿，定有天下之号，仍曰清，纪元仍曰顺治，命多尔衮摄政。二年乙酉五月，灭明福王。六月下令薙发，旋灭流贼李自成。七月下令易服。三年丙戌十二月，灭明唐王，并灭张献忠。八年辛卯，正月十二日亲政。十八年辛丑，正月初七日子刻，因病痘，崩于养心殿，寿二十有四。上尊谥曰"孝章皇帝"，庙号世祖。世祖尝校猎遵化，① 至后为孝陵之地，② 停辔四顾，曰："此山王气郁葱非常，可为朕寿宫。"因自取佩韘掷之。③ 谕侍臣曰："韘落处定为穴，即可因以起工。"后有善青乌者视之，相惊以为吉壤也。丹阳唐邦治《清皇室四谱》《清稗类钞·方技》。

清圣祖帝

清 圣祖皇帝，名玄烨，④ 尝自号体元主人，世祖第三子。顺治十一年

---

① 遵化，清为直隶州，属直隶省，民国改县，今属河北省。
② 康熙二年六月，葬孝陵，在遵化州西北七十里之丰岭巅，一名凤台山，封曰昌瑞山。
③ 韘，式折切，音摄，叶韵。韘，射决也。所以拘弦，以象骨韦系，著右巨指。段注谓，韘，即今人之扳指；拘弦，即钩弦，韘为射时钩弦之用，故传云"能射御则佩韘"也。
④ 烨，音晔，火光貌。又音煜，义同。

甲午，三月十八日巳时，生于景仁宫。十八年辛丑正月，世祖大渐，特定汉字御名，即玄烨二字。清之避御名，立庙讳，自此始。旋遗诏立为皇太子，嗣大统。十九日，即皇帝位于太和殿。时年八岁，以内大臣索尼、苏克萨哈、遏必隆、鳌拜四人辅政。是年灭明桂王，天下混一。明年壬寅，纪元康熙。帝又定台湾，征厄鲁特，降西藏；又讨平台湾之朱一桂，及南方之苗乱，国事大定。在位南巡者六，皆道江苏，并幸浙江。东巡者一，特诣关里；西巡者一，幸太原西安。幸五台者四。至六十一年壬寅，十一月十三日戌刻，崩于畅春园，寿六十有九。上尊谥曰"仁皇帝"，庙号圣祖。雍正元年九月，葬景陵，在孝陵之东马兰峪。有御制诗文集。又御定《星历考原》六卷，凡分六目：一曰象数考原，二曰年神方位，三曰月事吉神，四曰月事凶神，五曰日时总类，六曰用事宜忌。考占者外事用刚日，内事用柔日，其日以卜不以择。赵岐《孟子注》谓天时为孤虚四相，则战国时已渐讲之。然神煞之说，则莫知所起。《易纬乾凿度》有太乙行九宫法，太乙天之贵神也。《汉志·兵家·阴阳类》，亦称顺时而发，推刑德，随斗击，因五胜，假鬼神而为助。又《阴阳家类》称出于羲和之官，拘者为之，则牵于禁忌，拘于小数，舍人事而任鬼神。则神煞之说，自汉代已盛行矣。夫鬼神本乎二气，二气化为五行，以相生相克为用。得其相生之气，则其神吉。得其相克之气，则其神凶。此亦自然之理。至其神各命以名，虽似乎无稽，然物本无名，凡名皆人之所加。如周天列宿，各有其名，亦人所加，非所本有。则所谓某神某神，不过假以托其各位，别其性情而已，不必以词害意也。历代方技之家，所传不一，展转附益，其说愈繁，要以不悖于阴阳五行之理近是。是书简汰诸家，删其鄙倍，而括其纲要。于顺天之道，宜民之用。大圣人之于百姓，事事欲其趋利而远害，无微不至矣。又御纂《周易折中》二十二卷，是编冠以《图说》，殿以《启蒙》，未尝不用数，而不以盛谈河洛，致晦玩占、观象之原。冠以《程传》，次以《本义》，未尝不主理，而不以屏斥谶纬，并废互体、变爻之用。其诸家训解，或不合于伊川紫阳，而实足发明经义者，皆兼收并采，不病异同。惟一切支离幻渺之说，咸斥不录，不使溷四圣之遗文。盖数百年分朋立异之见，至是而尽融。数千年画卦系辞之旨，乃至是而大彰矣。《清史稿·本纪》《清皇室四谱》《四库提要·子部术数类二》《经部易类六》

〇汲修主人《啸亭杂录》云：仁皇帝解《易》，占噶尔丹叛时，侵犯乌阑布通，其势甚急，上命李文贞公占《易》，得复之上六，文贞变色。上笑曰："今噶尔丹背天犯顺，自蹈危机，兆乃应彼，非应我也。"因立下亲征诏，果大捷焉。

○《浙江湖州府志》载：康熙乙酉，圣祖召德清陈云凤举人，至蒙养斋，纂修六壬书，复被旨纂修命书。《河南陈州府志》载：康熙庚子，圣祖又召太康县刘璐举人，纂定六壬书。《浙江山阴县志》载：庚子年，圣祖特旨，又命会稽钟之模举人，在御书房分纂奇门书。

○《畿辅通志》载：王兰生进士，受圣祖指示，凡校《周易折中》《卜筮精蕴》，兰生之力居多。《清史稿·本传》：胡煦，康熙壬辰进士，授检讨。甲午，命直南书房，寻命直蒙养斋，与修《卜筮精蕴》。戊戌，与修《卜筮汇义》，书成藏之秘符。

清高宗帝

清高宗皇帝，名弘历，尝自号信天主人。七十后，自称古稀天子，又自称十全老人。为世宗第四子。[①] 其初次序，实为第五。康熙五十年辛卯，八月十三日子时，生于雍亲王藩邸。雍正元年癸卯八月，世宗密建皇储，缄其名于乾清宫正大光明殿扁额后。十三年乙卯五月，命入值办理苗疆事务。八月遗诏，立为皇太子，嗣大统。九月初三日，即皇帝位于太和殿，时年二十五岁。明年丙辰，纪元乾隆。帝两平准噶尔，定回部，再定金川，靖台湾，服缅甸安南，再降廓尔喀。在位南巡者六，皆幸江苏浙江。东巡者六，皆登泰山谒曲阜。西巡者一，幸嵩洛。幸五台者五。岁乙卯即位，六十年既满，明年嘉庆元年丙辰，正月朔日，御太和殿内禅，遂称太上皇帝，退居宁寿宫，仍训政。四年己未，正月初三日辰刻，崩于养心殿，寿八十有九。上尊谥曰"纯皇帝"，庙号高宗。九月葬裕陵，在孝陵西胜水峪。有《乐善堂集》及御制诗文集。又勅撰《协纪辨方书》三十六卷，三年告成，进呈钦定。凡《本原》二卷，《义例》六卷，《立成》《宜忌》《用事》各一卷，《公规》二卷，《年表》六卷，《月表》十二卷，《日表》一卷，《利用》二卷，《附录》《辨讹》各一卷。举术家附会不经，繁碎多碍之说，一一订以四时五行、生克衰旺之理。盖钦天监旧有选择通书，体例猥杂，动多矛盾。我圣祖

[①] 世宗名胤禛，纪元雍正。

仁皇帝，尝纂《星历考原》一书，以纠其失，而于通书旧本，尚未改定。是书乃一一驳正，以祛群疑。于趋吉避凶之中，存崇正辟邪之义，于以破除拘忌，足以利用前民。御制序文，特标敬天之纪、敬地之方二义，而以人之祸福，决于敬不敬之间，因习俗而启导之，尤仰见圣人牖民觉世，开示以修吉悖凶之理者，至深切矣。又勅辑元赵友钦《原本革象新书》五卷，旧题老子《月波洞中记》二卷；周鬼谷子《命书》，唐李虚中注三卷；晋郭璞《玉照定真经》张颙注一卷；南唐宋齐丘《玉管照神局》三卷；后周王朴《太清神鉴》六卷；宋徐子平氏《珞琭子赋注》二卷；宋岳珂《三命指迷赋》一卷；辽耶律纯《星命总括》三卷；金张行简《人伦大统赋》一卷。《清史稿·本纪》《清皇室四谱》《四库提要·子部术数类二》《清史稿·艺文·天文算法推步之属》及《术数类·相书命书之属》

中国历代卜人传卷一

江苏省【一】

江苏省,在我国东南部,为沿海各省之一。春秋时,分属吴楚二国。秦置会稽、鄣诸郡。汉、晋俱为扬、徐二州。唐分属江南及淮南道。宋分属江南东路,及浙江淮西等路。元分属河南、江浙等处,行中书省。明初直隶京师,后为南京辖地。清初改置江南省,康熙六年,始析置江苏省,以江宁、苏州二府之首字得名。总督及江南布政使驻江宁,巡抚及江苏布政使驻苏州,民国仍之。其地东滨黄海及东海,东南界浙江,西邻安徽,西北连河南,北接山东,共辖六十一县,省会曰镇江。

1 江宁县

晋分秣陵立临江县,汉秣陵县地,史名江宁,故城在今江苏江宁县西南六十里,隋移于冶城,即今首都市。唐移治自下,寻又还治冶城,宋以后因之。清与上元县同为江苏省治,江宁府亦治此。光绪二十三年,于城北下关,开作商埠,为沪宁铁路之终点。三国吴、东晋、刘宋、齐、梁、陈皆都此,谓之六朝。南唐李氏、明太祖,又先后建都其地,民国临时政府,亦先设于此。遂并上元县入江南县,仍为江苏省治。十九年改称首都市,定为国都。首都市直隶行政院,江宁县仍属江苏省,十七年移江苏省政府治镇江县。

东晋 扈谦,精易卦。尝在建康筮,一卦百钱,日限钱五百,以三百供母，二百饮酒，并施贫乏。五百足，一卦千钱不为也。桓温妾，产桓玄时，至艰。谦筮曰："公第六间马垺①坏，竟便产，当是男儿，声气雄烈，震动四海。"温赠钱三十万，夫人亦赠钱三十万。谦辞无容钱处，温不听。后仍筮卦养母，钱日以醉客，不问识与不识。一日母亡，谦辞酒家许氏云："因缘尽矣。"安葬而去，不知所之。数日，许氏家人于落星路边，见谦卧地。始谓其醉，捉手引牵，惟空衣无尸云。②谦居金陵摄山，寺碑云："北望荒村，扈谦卜筮之宅是也。"《同治江宁县志·方技》

○《图书集成·卜筮部纪事》引《海西公本纪》云：初，桓温有不臣之志，欲先立功河朔，以收时望。及枋头之败，威名顿挫，遂潜谋废帝奕，而立简文帝，以长威权。然悼帝守道，恐招时议，以宫闱重阖，床笫易诬，乃言帝为阉，遂行废辱。初，帝平生每以为虑，尝召术人扈谦筮之，卦成，答曰："晋室有磐石之固，陛下有出宫之象。"竟如其言。

○《孝武文李太后传》云：后讳陵容，本自微贱。始简文帝为会稽王，有三子，俱夭。自道生废黜，献王早世，其后诸姬绝孕将十年。帝令卜者扈谦筮之，后房中有一女，当育二贵男，其一终盛晋室。时徐贵人生新安公主，以德美见宠，帝常冀之，有娠而弥年无子。会有道士许迈者，朝臣时望多称其得道，帝从容问焉。答曰："迈是好山水人，本无道术，斯事岂所能判？但殿下德厚庆深，宜隆奕世之绪，当从扈谦之言，以存广接之道。"帝然之，更加采纳，又数年无子。乃令善相者，召诸爱妾示之，皆云非其人。又悉以诸婢媵示焉，时后为宫人在织纺中，形藏面色黑，宫人皆谓之昆仑。既至，相者惊云："此其人也。"帝以大计，召之侍寝。后数梦两龙枕膝，日月入怀，意以为吉祥，向侪类说之，帝闻而异焉。遂生孝武帝，及会稽文孝王、鄱阳长公主。第，音滓，床簀也。

梁 陶弘景，字通明，秣陵人。幼得葛洪神仙传，昼夜研究，便有养生之志。读书万余卷，善琴棋，工草隶。建元壬戌，③齐高帝引为诸王侍读。虽在朱门，闭影不交外物，惟以披阅为务。永明壬申，④脱朝服，挂神武门，上表辞禄，隐居句容句曲山，自号"华阳隐居"，晚号"华阳真逸"，又曰"华阳真人"。性好著述，尚奇异，顾惜光景，老而弥笃。尤明阴阳五行，风角星算，山川地理，

---

① 垺，音劣，痹垣也。
② 修仙者死，谓之尸解，言将登仙，假托为尸以解化也。《集仙录》云：形如生人者，尸解也。足不青，皮不皱者，尸解也。目光不落，无异生人者，尸解也。有死而更生者，有未殓而失尸者，有发脱而形飞者，皆尸解也。白日解者为上，夜半解者为下。
③ 年二十七。
④ 年三十七。

方物图产，医术本草，又常造浑天象。梁武帝早与之游，及即位，征之不出，每有吉凶征讨大事，无不谘请，时人谓之山中宰相。大同癸丑，① 无病而卒。或传其仙去，谥贞白先生。著有《卜筮要略》《三命钞略》《相经》《梦记》《真诰》等书传于世。《南史·隐逸》《隋书·经籍志》

○弘景《相经序》云：相者盖性命之著乎形骨，吉凶之表乎气貌。亦犹事先谋而后动，心先动而后应；表里相感，莫知所以然。且富贵寿夭，各值其数。董贤甫在弱冠，便位过三公，赀半于国，而裁出三十，身推家破；冯唐跨穿郎署，扬雄壁立高阁，而并至白首，或垂老玉食，而官不过尉史。或颖慧若神，仅至龆龀；或不辨菽麦，更保黄耇，此又明其偏有得也。

宋 刘虚白，金陵人。善相。陈执中为某州通判，使者将劾之。虚白曰："无患，公当作宰相。"使者果被召，半道而去。王益知韶州日，几大拜。还金陵，召虚白问状。虚白曰："当得一都官止耳。"大不怿，② 以他事讼系之。已而益果终都官郎中。《同治上元江宁县志·方技》

元 蔡槐，字月湖，德兴人，侨居建康，工相术，莫知所师授。与人言，率肆意指陈，无所讳避，人信而畏之。至元丙戌，与学士傅立等偕召，诏问朕寿几何。对曰："仁者寿。陛下寿及八旬。"时春宫未建，尝赐见便殿，俾定储君于诸王孙中。对曰："某太孙龙凤之姿，天日之表，他日必为太平天子。"后七年登极，即成宗也。久之，大臣有为奸利者，请问休咎，槐拒不往。他日见于朝，辞色甚怒。槐曰："相公能忧国爱民，自可享期颐之福。何问为？"然亦惧其谗，授集贤学士，辞不拜，乞归田里，从之。已时相果败。元贞改元，复召不赴，隐居钟山。《同治上元江宁县志·方技》《光绪江西通志·方术》

明 李羲人，名尚志。一字何事，负经济才。兵农典礼，以及奇门遁甲之秘，无不深究，意不可一世。然韬光不露，泠然沉雄奇士也。尤究心《老》、《易》。孝廉王亦临，尝集多士开社中林堂，延羲人坐皋比，讲经义，四方来听者，履相错也。《图书集成·术数部·名流列传》

明 崔自均，江宁人，老学究，焦太史先生之亲也。善起观梅数，多奇

---

① 年八十一。
② 怿，音睪，陌韵，悦也。

中。焦镜川大尹，当岁考时，问以名次。崔占之曰："某日出案，则第二人。如出某日，则第一矣。"已而果第一。询之，则某日前原是第二；是日后，方置诸首也。先大夫，庚午秋闱后，往扣之。甫入门，值崔送客出。已入，向先大夫曰："得毋为科第事来乎？不必占，吾已得公数矣。必中无疑。第名次在榜后耳。"先大夫中一百三十名，不知崔所挟何术也。《客座赘语》

清 秦承业，字补之，号易堂，江宁人。天资超卓，所读经史，暗诵不遗一字。乾隆庚寅举于乡，辛丑成进士，廷试二甲第一，散馆授编修，官至侍讲学士，乞病归。生平性严冷，言真率，有睥睨一世之概。年四十，妻徐卒，遂终身不娶，亦不置妾媵。晚好形家言，日徘徊山水间，年八十四卒，谥文悫，著有《瑞芝轩文集》等。缪荃孙《续碑传集·翰詹》

2 上元县

汉，秣陵县地，三国吴改建业，晋改建康，隋改江宁，唐置上元。清与江宁县同为江苏省治，民国废入江宁县。

明 陈遇，上元人，字中行。元末，为温州教授。寻弃官，隐居乐道。工画山水，尤精象数。太祖下金陵，遣使聘至留幕中，参密议，优礼备至。既成帝业，累迁翰林学士，礼部侍郎，皆不受。帝终始敬信，称为先生而不名。学者称"静诚先生"。洪武甲子卒。赐葬钟山。《明史·列传》

明 李槐，善风鉴，居金陵。朱兰嵎太史为诸生时，槐决其必售。及试礼部，复遇。槐曰："精采殊常。鼻端已正，夺魁无疑。脚指甲如有楞，功名有万里之行。"榜发果验。后奉旨册封高丽，如其言。《图书集成·艺术典·相术部》《同治上江两县志·方技》

明 贺确，字存诚。居金陵，少事博士业，一不利，即弃去。肆力经史百家、天文地理、医卜之书，论古今事，如倒囊出物，闻者耸听。曾荐修宋辽金三史，辞不就。暇则纵寻山水间，优游以老，年九十三。所著《友菊诗集》一卷。《乾隆江南通志·隐逸》《光绪浙江通志·寓贤》

清 陈茂桐，字崯阳，① 上元监生，世居观音门。性慷慨，重义气，于堪舆一道最究心。尝慨然曰："形家诈人，率以一家利害立说，而陷人于停棺不葬之罪，何其愼也！"② 癸丑之难，桐戚友之柩，无为贼焚者，皆其素所规劝利道也。所居在燕子矶侧，出江为黄天荡，风涛汹涌，③ 舟楫多不测。桐激同志禀官，捐赀设局，置红船救生，购义塚，备施材，取生顺死安之义，额其堂曰"顺安"。周家山设局置船，至今不废，桐有力焉。以孙海仁官，貤赠奉直大夫。④ 子熙，亦能继父志。《同治上江两县志·流寓》

清 夏叟和元，卖卜洞神宫，所言多奇中。所藏石，不下数十种，皆米颠袖中物也。《同治上江两县志·摭佚》

清 温葆深，⑤ 字明叔，上元人。官侍郎，精星命学，著有《春树斋丛说》一卷，光绪丙子刊本，载在《清史稿·术数类》。其言曰："《汉书·艺文志·历谱家》曰：又以探知日月五星之会，凶厄之患，吉隆之喜，其术皆出焉。此圣人知命之术也，此实星命之学，明见于正史者，而《史记》有五星庙，《博物志》言'东方朔为岁星'，其说皆在隋唐以前，皆可为星命学之证。然若以近传之《果老正宗》《旋机抉微》《乾元秘旨》等书参考之，然日、月、五星三语，不符合也。惟国朝康熙间，⑥ 西士穆尼阁氏，著《天步真原》数种，隐然与《汉志》说合。其一曰性情部，则日月七政，与在天经星，性情成备。其二曰世界部，谓七政之会冲方，可以知寒暑晴雨也。其三为人命部、选择部，则此星命术之妙用。近与舒继英、于兰林不同，远亦与蒋大鸿氏有迳庭矣。原书北薛海风祚为叙刻之。"葆深又曰："《真原》之学，不论官魁，不取冞字，只论七政之性情燥湿寒热。蒙尝见万历间，武进徐常吉《诸家要旨》其引《西域回回天文》云：日所照物燥热，月所照物滋润，土所照寒，微燥木温，热多润少。火极燥热，金亦温和，热少润多。水性不定，遇寒则寒，遇热则热。"又曰："水属气生风，共五十三字。盖先尼阁而著之简编者，而尼阁术

---

① 崯，音亦，山名。
② 愼与颠同，狂也。
③ 汹，凶去声，肿韵，又音匈，冬韵，义同。汹涌，水之声势也。
④ 貤，音移，移也。凡本人应得封诰，移与他人，曰貤封，貤赠。
⑤ 深，一作琛。
⑥ 《畴人传》云"顺治中"。

实同此。然则此书实本回历，故其选择部原本，仍题曰《回回历选择》也。因考回历，昉于元时。明袁了凡《新书》，尝以其立成，通之大统。葆深谨阅《盛京通志》，载文殊所说《善恶宿曜经》曰：第五尾，四足箕，四足斗。一足在寅，岁星位焉。其神如弓，故曰人马。言岁星，言人马，证之，则确乎西域星术所本，盖惟西术以寅为人马宫也。则是真原之术，其来伊久。殆即隋唐《经籍志》，所谓《聿斯经》欤？"葆深又曰："造命以造葬二事为重。然如世俗忌葬，致忌数十年。钦天监奉刊《修造吉方立成》一书，计每年只三煞坐山值向，须忌避之；而太岁岁破，尤须谨避。三合前方，三合后方，宜修之。而奏书、博士，亦利兴修。谨细图之，一年利东西，一年利南北，如天造地设。诚以其例仿刊，传之海澨山陬，咸知趋避矣。"《春树斋丛说》

○萍乡文廷式《纯常子枝语》云：癸未十二月十四日，左宗棠代递温葆深遗折，辄为请谥，交部议处。注云：宗棠疏，惟言应否加恩予谥，出自圣裁，未尝竟请谥也。盖政府恶而倾之。

○又云：温明叔侍郎，乃宝文靖之师，尝为文靖推乎生休咎，无一字不验。然此事要关凤慧，侍郎之门人，有梅姓、甘姓者传之，皆不甚验。

清 汤荣，字沐之，上元人。少孤失学，性耽青乌之术。遍求名师，从之游览，竟窥其奥，觅得善地，以妥先灵。昔人云："获福仗佳城，安葬须吉日"。又旁搜择日诸书，著《择日便览》，光绪辛卯刊版行世。《便览·自序》

3 丹徒县

春秋吴朱方邑，后属楚为谷阳，汉置丹徒县，吴改武进，晋复曰丹徒。《南徐州记》云："秦时以其地有天子气，使赭衣徒三千人，凿京岘南坑，以败其势，故名为丹徒。"故城在今江苏丹徒县东南十八里，即今丹徒镇。宋齐梁陈因之，隋大业三年，废润州为延陵县。唐时复置，即今治。明清皆为江苏镇江府治。民国初，废府，存丹徒县。十七年国民政府改为镇江县，移江苏省政府治之。城西云台山下，清咸丰八年，开作通商港，《天津条约》订开三口之一也。城当运河长江之交，沪宁铁路经之，旧时商业甚盛，上海外以此为最。自沪宁铁路通行后，商业渐衰。

晋 徐广，字野民，邈弟也。学尤精纯，百家术数，无不研览。谢玄为兖州，辟从事。历文学祭酒。义熙初，诏撰车服仪注，封乐成侯。尚书奏请广撰国史，从之。累迁官，领史如故。勒成《晋纪》四十六卷，上之。初桓玄篡位，逼帝出宫，广陪列，悲动左右。及刘裕受禅，恭帝逊位，广独哀感，涕泗交流。谢晦见之，谓曰："徐公将无小过也。"广收泪而言曰："君为宋朝佐命，吾乃晋室遗老，忧喜之事，固不同时。"乃更献欷。因辞衰老，乞归桑梓。性好读书，老犹不倦。年七十四卒于家，著有《答礼问》行于世。《晋书·本传》

刘宋 孔恭，妙善占墓。宋武帝刘裕皇考墓在丹徒之侯山，其地秦史所谓"曲阿丹徒间有天子气"者也。帝常与孔恭经墓，欺之曰："此墓何如？"恭曰："非常地也。"《南史·宋武帝纪》

唐 王居士，丹徒人。善卜，垂帘都城，倦游归里。许浑赠以诗云："筇枝倚柴关，都城卖卜还。雨中耕白水，云外劚青山。有药身长健，无机心自闲。即应生羽翼，华表在人间。"唐许浑《丁卯集》

宋 苏颂，字子容，泉州南安人。父绅，葬润州丹阳，因徙居之。第进士，累迁集贤校理。英宗时，迁度支判官。元祐中，拜右仆射。后因贾易除知苏州，颂谏为不可，争论未决，颂遂上章辞位，以中太一宫使居京口。绍圣四年丁丑，拜太子少师，致仕。建中靖国元年辛巳夏至，自草遗表，明日卒，年八十二。颂器局闳远，不与人校短长，以礼法自持。虽贵，奉养如寒士。自书契以来，经史九流百家之说，至于图纬律吕，星官算法，山经本草，亡所不通。尤明典故，喜为人言，亹亹不绝。[1] 朝廷有所制作，必就而正焉。《宋史·本传》《光绪丹徒县志·名贤》

明 冯渊，字济川，仪征人。避地京口，精于占筮。洪武初，浙省赍白金解京，[2] 经郡境，为盗劫。明太祖震怒，捕甚急。府卫官巾服待罪，诣渊请卜。渊示所得《易繇》曰："犬吠月，满地血。二十八人扶棺来，便是此时节。"使捕者伏京岘山松林中以俟。夜半，月色满江，村犬皆吠，俄闻山巅有哭声。时盛暑，林甿乘夜凉，[3] 染绛色帛。闻哭，意为窃葬人也，急趋入户，避凶煞。偶触染器覆地，赤水横流如血。逻卒往视，[4] 其舁棺者，果

---

[1] 亹，音尾，亹亹，强勉也。
[2] 赍，音跻，同赍，齐韵，持以与人也。
[3] 甿，音萌，田民也。
[4] 逻，罗去声，巡也。巡察之兵，曰逻卒。

二十八人。① 遂悉就擒。斧其棺，白金见。所著有《海底眼索隐》。顾少圣有诗赠云："卖卜生涯薄，轻身远市朝。欲归盘谷隐，不受小山招。"《图书集成·艺术典·卜筮部·名流列传》《镇江府志》《嘉庆丹徒县志·方技》

明 陈允昌，字应期，晚号充彝，京口人。少聪颖，有奇志。读书求大意，雅不喜章句学。弱冠补博士弟子，家贫，为里塾师。及壮，踬于时，因喟然曰："余岂为一第厄哉。"乃尽斥其少时业，一意为古人诗歌。未几，秦陇间盗起，廷论悉泄泄，莫以为亟。允昌闻之，辄奋袂扼腕。既而曰："大丈夫立功业，此其时哉！"因去而更日揣摩经济有用之学，凡天文地志、韬钤兵食、边筹治乱，以及风角占验、六壬奇门诸书，莫不考微究变。迨中原鼎沸，江之左患之，允昌曰："余夜占乾象，天意有在，殆不可逭。以近地论，斗牛间多侵气，当在淮扬分。然扬为甚，其不免乎？"先是有辅臣负重望、荷推毂者，皆以为必殄寇。先生曰："无庸也，行且寇必滋炽。"已而悉验。又尝策郡之郭，不任兵。西一山高而隘，攻则敌必得志于斯，倘城之而犄角，可百世利也。图而上之兵守者，守不之善，后卒如所虑。及兵逼江之北，民惶惧其进，而卜允昌门者，盖踵相接也。允昌曰："幸无虑。非谓其不来，第无伤耳。"迄亦验。时自监司郡守以下，莫不隆礼宾师之，然从未闻一干以私。先后尚书管公绍宁、都御史张公国维、张公伯鲸聘荐，皆不应。吁，允昌虽不用，而其所论议谋谟，隐忧先识，皆一时之所不能及。使当日秉国成、膺寄命者，皆能如允昌，忧时料事，预为之防，亟为之虑，则明之天下，绸缪消祲，岂复有甲申之事哉！允昌著书甚富，悉毁于火，自是遂无志问世云。时已年七十，乃日下帘，为君平业。约得几百钱，即撤而归，盖不谋其羡也。一日忽无病卒，年八十三。一子。冷士嵋，字又湄，尝受业允昌门。诸所述，皆尝所目击。而承于允昌者，故具道之。丹徒冷士嵋《江泠阁文集·陈充彝传》

○阜按：《乾隆江南通志·文苑》载：明陈应昌，字克彝，与《江泠阁文集》所载陈允昌，晚号充彝微别，疑为传写之误。《光绪丹徒县志·书目》载，陈应昌著有《天文躔次》《岁时占验》《天文地理图说》。

明 萧鸣美，字虞扬，天启辛酉举人，知淳安县，擢御史，卒于官。鸣

---
① 舁，音余，又去声，义同，共举也。今谓扛抬曰舁。

美精易学，发明象数。与漳浦黄道周善，道周著《易象正》《三易洞玑》等书，鸣美著《周易说义》行世。《光绪丹徒县志·名贤》

清 印天吉，京口人。康熙戊寅，毛西河，年七十八，天吉为其推演命造。其八字为癸亥、壬戌、壬戌、庚戌，盖生于明之天启癸亥，十月初五日戌时也。天吉谓八十五不死，当享寿至九十一，[①] 然西河竟以是年卒。西河之姬人，年三十二，为康熙丙午，正月十六日子时生，其八字为丙午、庚寅、丁酉、庚子，盖即曼殊也。亦令天吉推命，而殷殷以子息为问。天吉谓今年不育，则终无子矣。《清稗类钞·方技》

清 张誉星，字阶平。丹徒人，郡增广生。祖玉裁，字礼存，丁未榜眼。父宏载，字壮舆，岁进士，候选司训。誉星生有至性，肆力于学，素敏捷强记。经史百家，暨有明先正制艺，靡不朗贯。凡礼乐河渠、兵农钱谷，以及阴阳医卜、九章释典稗志之说，睨视而不忘于心。然自抑损甚，人接之若无有者。至事关利义，辄鲠守忍狷，不毫发私。急人窘难，又务拯翼之乃快，以故声望溢隆。康熙己未卒，得年七十。《京江张氏家乘》，宜兴储兆丰撰传。

清 杨庞，字仁常，自号六鹤居士。幼聪慧，目甚异，能相人吉凶。值明亡，弃举业，游浙东，遇一异人，谓庞曰："子毋效江湖术士，从吾游，可识川岳钟灵之秀。"遂从游，足迹遍天下。相人术益工，善以气色定人穷通，以骨格定人夭寿，以声音定人贵贱，以举止定人生死，万无一失。尝曰："相人别有神会，不在五官六府间也。"其言如此。《民国丹徒县志·方技》

清 骆士鹏，康熙戊午举人，精堪舆，从云间蒋大鸿游，得其传。《蒋氏地理辨正·自序》《民国丹徒县志·方技》

清 严元燮，字理乾，号南岑，乾隆壬申进士，年六十始登第。秉铎池阳，在任十年，绝夤缘，日以课生为本。郡守宝公，出办公务，知其谨慎，托代理府事。士民均受其泽，化治六邑。七十致仕，以淡泊终其身，年八十三卒。著有《读易卮言》《下学痦言》等书。又善形家言，尝论郡城山水脉络甚允。邑志录之。《光绪丹徒县志·宦绩》

清 刘梦升，字与公，诸生。品端学博，内介外和，以不欺为主。穷极性命之理，旁通象数，不屑屑于章句。奖掖后进如不及，非礼不苟同，人以

[①] 阜按：《清史稿》载：毛奇龄，康熙癸巳，卒于家，年九十一。

是严惮而乐亲之。门下士成就甚多,编修张玉裁其一也。殁后门人私谥端文先生。《民国丹徒县志·儒林》

清 刘梦震,字长公,诸生。天资颖悟,幼承家学,品行端粹。博综群书,下笔成章,足迹遍天下。名公巨卿,争相礼敬。海内英隽之士,多及其门。平生著述甚富,有《太极通变图学》《相字心易》《诗文集》等。同上

清 庄忠棫,字中白。深思笃学,博览穷经。世业盐筴,鹾纲改,家中落。经粤寇,生产尽废,贫甚。囊笔走四方,读书不倦。少治《易》,通张惠言、焦循之学。好读纬,以为微言大义,非纬不能通。经乱平,曾文正公延致书局,与刘寿曾、袁昶诸人,为道义交,学益进。邑人柳兴恩,称其竭力著书,穷而不愁,更出虞卿之上。又晓星度阴阳之占候。居江淮间久,习于河漕盐三政兴废利弊之故,言之娓娓可听,可以觇其学识矣。著有《周易通义》《蒿庵诗文集》等书。《民国丹徒县志·儒林》误作庄械,兹从《县志摭余》作庄忠棫。

清 顾镇生,字苏人,吴县处士。父堃,官丹徒学教谕。镇生产于任所,遂流寓焉。性端介,讲求礼学,严义利之辨,绝意进取。寝馈诸大家,文有根柢,并精医及形家言。邑人柳兴恩、周伯义,皆心折之。《民国丹徒县志·文苑》

清 吕之朴,字抱经,世居焦东吕家圩。少继祖业,读吏治书,精心案牍。咸丰三年癸丑,粤寇犯境,当事知其能,召佐戎幕,旋入焦山营,委造军火,兼带兵船,竭力攻贼,江南底定。因功选授云南通海县知县,又署白盐井提举司事。下车即抚恤灾民,堆储仓谷,严定章程,剔除积弊,便耕弭讼,实心从公;学校桥梁,亦次第就理,至今士民仰颂之。朴生平笃志嗜古,博览诗书,兼通堪舆算学,工诗词,善书画。子四:熙、慕超、燊、承哲。《光绪丹徒县志·宦绩》

清 丁时需,字澍臣。博学能文,试辄高等。建春江草堂,延集名流讲学其中,为一沙之望。[①] 晚尤肆力于诗,兼精医卜舆算之学。卒年八十。《民国丹徒县志·文苑》

清 眭秉衡,字履平。好读书,试辄不得当,遂就贾,颇饶于资。喜交

---

① 需,时住开沙。

游，多四方名士。以豪侠轻财，日益困。善弈，于国手不及二碁。兼通太乙六壬奇门之术，尤精研杨筠松相墓法，与泾邑包世臣考论其法甚惬。包至京口，辄主其家，卒为卜兆表其墓。《民国丹徒县志·方技》

清 冯瑀，字石卿，太学生。年十四丧父，善事孀母。精《易》，攻奇门，其卜多奇中。赤手兴家业，凡所经营，皆先卜定，著有《卜筮要旨》四卷。《民国丹徒县志·方技》

清 毛志道，字正儒，号铁瓮子。祖一驹，字子千。父鬻，字际生。叔父鲲，并以术名。世居丹徒千秋桥畔。志道为人朴实，少文，性嗜学，凡阴阳卜筮诸书，无不通晓。尤精六壬数，有奇验。有武弁问数，毛云："半载中，位二品。"逾数月，骤升总兵官，弁奇之。雍正乙巳，著有《六壬经纬》六卷，曰演法，曰神煞，曰格局，曰断占，曰类相，曰定式，条分缕晰，皆其祖父所传。学六壬者，奉为指南。《嘉庆丹徒县志·方技》《六壬经纬·冯咏序》

清 冯文耀，字汉章，性直心敏。初业儒，与钱佳楠、王梦楼相友善。年十八，丧父，又值伯父丧，又承重大母服，三丧并举，时三弟皆幼，孀母在堂，家事日繁，未卒学业。文耀孝友兼至，年三十，游京师，为胡公印渚记室，又为程公沅幕宾，居心公正，与人无欺。最惜字纸，每出必携一囊，积七十年不倦。为先人卜葬地，寻师友，读地书，数十年，始获吉壤，故青乌一术至精。然不以此为业，非至契不为营度。有贫者无葬地，恒买古地送之。同邑延之定窀穸，① 子孙多昌炽。如张锡庚之祖、杨榮之父，皆所卜葬。锡庚父颉云，为之撰传。著有《地理摘要》四卷藏于家。《民国丹徒县志·方技》

清 张崟，② 字宝岩，号夕庵，又号且翁。自少颖异，好读书，虽匆剧中未尝去手。于诗书画外，兼善堪舆术。嘉庆时日记，屡言为人相地，有杨柳枝体、下元吉宅等语。《日记》：二月初九日，晴雾，定守二弟，约至磨笄山，为谢蔚廷看地，谢甥同去，地敷衍可用。又十六日晴，定之弟，邀同仇君，坐车诣丰城看地，龙身粗疲，杨柳枝体，入首不甚精神，结穴亦不甚的确。又十七日，乘车过姚姓等地，坏不可当，令深儿于是日，③ 将大门堂屏门前厅走路，俱改走下首。本宅系坤宅，下元

---

① 窀，音屯，穸，音夕，窀穸，墓穴也。长埋谓之窀，长夜谓之穸。
② 崟，音吟，高大貌。
③ 按：深，字淑渊，为先生长子，嘉庆庚午解元，选授山东博平知县。

吉宅也，艮气宜向之，走下首所以迎艮气。又十八日，坐车诣白兔山看地一丘，龙穴尚可，只案山顺水耳，罗列亦佳。○《夕庵年谱·附录》

清 李宗汇，字星聚，号上真，诸生。精濂洛六书之学，考取天文生。凡卜事，必奇中，名噪遐迩。都统额勒精额，廷致戎幕，赞襄军务。额公擢升江宁将军，宗汇以年老辞职。濒行，眷注甚殷，躬率僚属，赠以扁额。家藏堪舆书极富，著述数种，识者信为可传。

清 赵风子，大港镇人。神于望气，占宅多奇验。人以其出语近狂，称为风子。道光间，来城内，或寓城外。造屋营墓之家，争延致之。尝主袁氏杂货肆，楼居匝月，忽移往他所。语人曰："屏风街前，火将作矣。"不数日，果大火，焚袁肆，及邻屋多家。又尝闲步县学前，登清风桥，忽悼叹曰："下河上河，桥东桥西，煞好居宇，惜皆为白地。"闻之者引为笑谈。顾未十年，而粤匪踞城，县学及民屋全毁，果应其言。以上《丹徒县志·方技》

清 丁立中，字礼民，性孝友。同治甲子举人，历任靖江、江都、江宁教谕。好读书，于《易》通郑氏爻辰互变之义，于书精《禹贡》，尝考订胡胐明《禹贡锥指》之误。而算学尤精，步天占验、卜筮星命诸书，亦无不博览。著《怡云山馆诗文稿》等书，年七十八卒。

清 许长龄，字润之，号松樵，诸生，性仁孝。好读宋儒书，尤折衷程朱，手抄二子书十数卷。暇辄作文，不喜留稿。精堪舆，识天文，善观星斗，能预测风雨水旱，甚验。晚年著有《天文入门》二卷。年四十九卒。子孙蕃衍，今多特达者。以上《光绪丹徒县志·孝友》

清 李慎传，字子薪，丹徒人，翰林院侍讲学士承霖之长子。同治庚午科举人，官江宁县训导。读书稽古，凡经史疑义，必搜讨务求其是。以余力习子平术，亦精。著《植庵诗文钞》八卷，其卷一载有《子平五行说》，谓为春命属金，得气极薄，四柱无金土以助之，行运又无金土以救之，即谓之身弱可也。为贫为夭为不肖，胥决于此。其余四行，可以类推。故富贵、贫贱、贤不肖，命之寄于五行，非五行之寄于命也。不但此也，寻山择地，诚就土中言矣。得五行之秀者，子孙必盛。其或葬风地、水地、火地、石地，祸败立见。风即木也，石即金也，地中五行之气，人事因之，以先天为主，后天祸福，其应如响，奚独于子平疑之？《植庵集》《民国丹徒县志·文苑》

清 王恒钰,① 字天池。精卜筮术,名噪遐迩。弟恒锜,② 字宾来,侨邗上,习天文地理律历,旁及太乙六壬奇门诸书,与钰称二难,而志尤高尚,不轻卜,盖弗屑以占数名者。锜子寿山,字乔松,世其学,藉卜养亲,凡所卜无不奇验,士大夫争延致之。有李姓占貂褂,寿山嘱向西方质库侦查,便知某窃,但勿究。往果得物,其外包为某价件,失主如寿山嘱,善遣去,某竟怀惭自殉。寿山闻之,喟然曰:"以人命博名利,仁者不为。"遂矢于神前,凡占失物,不复为卜,其存心仁厚如此。长江流域,鲜有不知寿山名者。寿山弟道纯,善琴工绘,亦长于卜,时人谓家学渊源云。《民国丹徒县志·方技》

清 赵采董,字芝仙,丹徒大港人,有至性。见市人剖瓜美,求分购半,归奉母,父老咸刮眼视之。家贫,习韩康业,常夜燃灯帐中,苦读不倦。得异人传演遁甲,精兵学,凡太乙、奇门、六壬、堪舆悉通晓。粤乱时,冯军门子材,具书币敦请随军,以终养高年老母辞。隐江洲,年八十,犹好学如少年。子二:诚恒、玉森,均名诸生,亦励品节者。《丹徒县志·摭余·孝友》

清 赵榦,原名彦升,字又宜,又号柘山,丹徒县附监生,③ 貤赠奉政大夫。家世簪缨,彦升独视名利太淡。好医学及堪舆术,究两家群集,大有心得,著《三因简妙方》及《青乌法》数卷。每遇冬日,辄随众勘山相地,不厌其劳。有言酬金者,即反首顾。或以礼物相赠,亦谢绝。惟一二日居乡村时,必饮食起居精美而已。人极和霭,若干以非礼,则怒目相加。年未三十,妇姚病去,子女各一,后先均去。以兄有子承先人后,终身不再娶,人又以义夫多之,年五十七无疾而卒。《民国丹徒县志·方技》

清 李桐,字子琴,又字拙斋,丹徒人。以县丞选用,前明御史李一阳后。平居一时以绸为事,暇辄与茅恒、北山、蔡根、守愚数人,诗酒往还。精命理,言之多中,谓八字恒河沙数,须与相参观,方得准验。又善相地,每到冬日,山居时,多不厌其苦。其自葬凤皇山,即其在日所觅者。谓坟地不求富贵与奇险,只求无风与蚁及水,葬者能安便得。识者以是多之。鲍心

---

① 钰,音玉,宝也,坚金也。
② 锜,音奇,釜之有足者,又兵器架也。
③ 彦升,初入庠为附生,后更名榦,捐监生,故称附监生。

增《蜕斋琐语》

清 赵书禾，号穉农，丹徒人，福建臬司霖子。咸丰戊午科，顺天榜副举人，历官甘泉县、兴化县训导，升高邮州学正。工书法，能文章，此本书生事，无足轻重；尤精命理，为人所称奇。凡友朋戚族，长官同僚，咸以得其一推算为重。晚年京师某某王邸，[①] 不时南北邮筒往还。又以其工书法，莫不欲其亲笔推算，珍若拱璧。名重一时，称为校官命。年七十，卒于高邮官舍。同上

清 陈克修，字禊兰，后易名克铨，又字鉴堂，丹徒人。军功授承德郎，议叙六品。克修于公事之暇，好研究五行阴阳生克之理，言多奇中。里中胡君树棠，葺灶屋，克修为之布置，曰："是灶可必日日荐腥"，或非笑之，盖胡犹褰人也，后果然。故当时婚丧家，多有就正之者。克修从不以富贵之说，动人希冀之心，惟曰"能得生生之气"斯可矣。陈时若《存素轩文稿》

清 赵顺康，字炳南，原籍蒙古。清乾隆间，由南京迁润，遂占籍为丹徒人。幼孤，奉母及妹以居，家贫不能从师，父有遗书数卷，日夕攻读，居然通晓。有志于医卜星相诸道术，为袁公昌龄先生所心许。乃明以为友，暗奉为师。不数年，遂精外科，明命理，就肆设砚，户限为穿。其外甥苏涧宽，每称道之不绝于口云。

清 吕云峰，原籍山西。洪杨以后，避地京口，垂帘卖卜五六十载，谈言微中，颇为士大夫所信仰。且操守谨严，宅心仁厚，虽囊橐不丰，凡有道路之饥寒者，莫不尽力相助。是以名播四方，寿逾八秩，而子孙亦非常繁衍云。以上《考槃杂识》

清 真传元，字焕文，丹徒人，西山先生十八世孙。先生后裔，有名信斋者，宋元之际，由浦城之江西，而至镇江居焉。至传元，以精研子平术，名噪徒邑。晚年筑屋于东乡丹徒镇，藉避尘嚣，仍有不远数十里而来就教者。子六人，其四子正培，字子佳，号伯扬，好读书，性爽直，得乃翁之传。于星命之学，尤有独到。粤乱后，家中落，遂卖卜市廛。虽为治生，实亦醒世，故人多称之。《丹徒真氏族谱》

民国 严熙，字维新，丹徒人。徒邑梦溪严，多至人。嘉庆己卯解元，

---

① 音底，属国舍也，俗称王侯府第为邸。

由己丑庶常，官山东栖霞知县。善书画，工词曲，名噪都下保庸者。又光绪朝，以秀才倡办义赈，历有奉、冀、鲁、晋、皖、汴、湘、蜀、陕、桂十余省，约三十年，名达九重。号称善士作霖者，均其族祖。熙曾幕游广东儋州潮州等处，暇辄致力于李虚中命理，造幽入微，独得直解，为人推算，多奇验。迫其推算者，恒踵相接。辛亥后五年，年未五十，一病不起。时寓扬州，谈者都谓未罄其所学，惜之。《丹徒梦溪严氏宗谱》

民国 张光炘，① 原名廷燮，字小樵，邑庠生。通易理，善卜筮，推算每多奇中，然不轻为人言。居恒惟敦品力学，课徒养亲，晚年乐善，不惮烦劳。或任公益，或肩义举，若清心医院，若路政消防等，莫不手为擘划，俾垂久远，故人以端士称之。子六人，躬自教诲，俱蜚声商埠。孙曾振振，亦方兴未艾云。《张氏宗谱》

4 句容县

汉置，武帝封长沙定王子党为侯邑。章怀太子曰：县近句曲山，山有所容，故名。清属江苏江宁府。

后汉 李南，字少山，句容人。少笃学，明于风角。永元中，太守马棱，坐盗贼事，被征，当诣廷尉。吏民不宁，南特通谒贺，棱意恨之。谓曰："太守不德，今当即罪，而君反相贺邪？"南曰："旦有善风，明日中时，应有吉问，故来称庆耳。"旦日，棱延望景晏，以为妄。至晡，乃有驿使赍诏，原停棱事。南问其迟留之状。使者曰："向度宛陵浦里舡，② 马踠足。③ 是以不得速。"棱乃服焉。后举有道，辟公府，病不行，终于家。《后汉书·方术》《光绪江宁府志·技艺》

晋 葛洪，字稚川，句容人。博闻深洽，江左绝伦。师事南海太守，上党鲍玄。玄有内学，④ 逆占将来，见洪深重之，以女妻洪。咸和初，为散骑

---

① 炘，音欣，光盛貌。
② 宛陵县属，丹阳郡，舡，音杭，以舟清水也。
③ 踠，音宛，足屈也。
④ 内学谓图谶之书也。其事秘密，故称内。

常侍，领大著作，固辞不就。闻交趾出丹砂，求为句漏令，携子侄过广州，刺史邓岳留之，不听，乃止罗浮山炼丹。丹成尸解，时年八十一。著有《抱朴子》《周易杂占遁甲图》《方技杂事》《金匮药方》《肘后要急方》等书。《晋书·本传》《唐书·经籍志》

○《抱朴子·军卫篇》云：大将军当明案九宫，观年所在宫，常就三避五，五为死，三为生，能知三五，横行天下。又云：天冲方为生，天禽之位为死也。又云：有急则入生地而止，无患也。天下有生地，一郡有生地，一县有生地，一乡有生地，一里有生地，一宅有生地，一房有生地。或曰：一房有生地，不亦逼乎？《抱朴子》曰：《经》云"大急之极，隐于车轼"，如此，一车之中，亦有生地，亦有死地，况一房乎？

明 冯鹤鹿，句容人。早岁不识一丁，壮遇异人，遂精相术，且通义理。有陈某求其相，判云："宴罢琼林志气豪，洛阳新柳映宫袍。文章事业俱堪羡，不使霜飞上鬓毛。"其人竟发而不寿。又相兴化一人，戒其元止勿出户，恐有大灾，其人从之。至初五日，为妻所逼，出拜妇翁。行至桥上，值有弄狮戏者，为观者所排，殒于桥下。① 生平语多奇验如此。随李文定公门下，三十余年。数月之前，自言死日。果卒。《图书集成·艺术典·相术·名流列传》

清 周子谦，幼好学，博极群书。初受《毛诗》时，读至《公刘》篇"相其阴阳，观其流泉"句，辄三复不置。因悟古昔圣贤，于山川之形，阴阳之理，留心如此。于是日取河图洛书、洪范五行，讨论而贯通之，而堪舆之学，遂精绝一时。又：周履琨，字南溪，性聪颖，精于青乌卜筮之术，著有《舆地指南》。

清 唐兆麟，诸生。深通易理，善卜筮，有问辄相应如响。钱塘袁枚，耳其名，屏驺从造门，高谈三日，赠以诗，并《随园全集》而去。方公维甸，亦就问未来事，言无不中。

清 俞之珵，② 字之彝，邑增生，习堪舆之术。自云得杨公之秘，著有《地理裁伪》一书，力辟俗师之说。以上《图书集成术数部名流列传》《光绪句容县志·方技》

清 陈厚宽，字培一，性孝友。咸丰六年丙辰，粤逆陷句容，厚宽奉母

---

① 殒，音允，轸韵，义同坠也，落也。
② 珵，音仍，蒸韵，玉器。

及妻张氏，弟厚定，避乱苏州。庚申苏省陷，仓卒走避，遂失母，并家属所在。厚宽欲以身殉，友人孙益三，谓徒死无益，不如留此身缓缓踪迹之。遂与其友逃之雉皋，卖卜为生。有自贼中来者，遍访母之音耗，并誓行善事，以求母还。同治甲子，省城克复，偕友回金陵，兴办善后，凡放生惜字，掩埋施材，恤嫠赈粥诸善举，靡不实心筹画。乙丑秋，厚定从贼中逸出；庚午，忽有送其母至句者。母子重逢，相持大恸，人以为孝行所感云。《光绪句容县志·方技》

清 孙守勋，字铭常，诸生。于书无所不读，尤留心本邑掌故。遇忠孝节烈、可泣可歌事，随笔记之，久之成帙。诗工近体，然不轻作。堪舆医学皆精，四方以书币相迎者无虚日。意所不乐，虽千金不一顾。建北极阁于卢君观，以振东阳文风。时人谓之语曰："地理真，东阳孙。"其声望可想矣。著有《映雪堂集》，《金陵待征录》多采之。光绪句容县志文学

清 王周南，字诗正，别号修竹，由太学生捐职同知。生有异禀，好读书，所居之宅，饶水竹。乃筑室西偏，榜曰"修竹楼"，积书三万余卷，晨夕披玩，手录书等身。旁及青乌日者家言，无不洞悉原委。工诗，有《安钝吟稿》。中年丧偶，即独居，治家有法。子弟虽燕见，无惰容。吟诵外，雅好宾客，暇时与邑之老儒宿学，谈道德，论文章，考究古今得失。后进之士，仰如山斗。然处乡党间，谦和恭顺，了不异人。好善乐施，慷慨不吝。王氏旧有宗祠，岁久颓圮，周南出资数千金，为改建，焕然一新。又加置市房，以永祭费，不下数百金，族人至今赖之。《光绪句容县志·义行》

清 骆润玉，字蔗田，诸生，精堪舆术。文庙左，旧有奎文阁，嗣为踵修者，以私见易神座西向而南。润玉谓不利科名，偕族弟寿山，首倡捐修，仍复旧制。自是捷南闱、登甲榜者有人，论者谓有功一邑。同上

清 吴相乾，精堪舆星命之学，所得资旋分润宗党。或饔飧不给，晏如也。同上

清 孔继廉，字简卿。性宽厚寡言，精六壬算数。由国学生，逢临雍大典，以圣裔恩赏州吏目，援例为县丞。分发湖北，历署公安、监利等县县丞，调江宁武穴主簿。咸丰三年癸丑，武昌戒严，襄理军需，筹措有方，保升知县。署通山县知县，以兵后，请缓征，免茶贡，均允行。因疾乞归，卒年七十有二。《光绪句容续志·仕绩》

5 溧水县

汉,溧阳县地,隋改置溧水县,清属江苏江宁府。

明 章星文,字人龙,邑廪生。通生纬奇门之术,每试辄中,奇不胜书。富膂力,能直行壁上数步。尝游浙省,贼登其舟,星文徒手夺械,擎贼于顶,旋转数周掷岸上,群贼惊溃。年七十八,忽一日别亲友曰:某日吾逝矣。如斯而卒。

明 朱良知,号绳溪。崇祯辛巳,以方正授浙江仁和盐场大使。性亢爽,有气节。喜读异书,尤精于地理,著《堪舆掌镜》十二卷。以上《光绪溧水县志·方技》

清 濮文暹,字青士,晚号瘦梅子,初名守照,溧水人。咸丰己未举人,同治乙丑进士。得主事,签分刑部,官至河南南阳府知府。宣统己酉卒,寿八十。文暹以时方多事,宜务有用之学,举凡天文算数、地理壬遁诸术,以及刀稍击刺,靡不通晓。晚年研精内典,雅擅辨才,议论风生,听者忘倦。著见在《氙诗文集》《石话杂记》。《碑传集补·守令》

中国历代卜人传卷二

江苏省 二

6 高淳县

汉溧阳县地，隋溧水县地，宋置高淳镇，明分溧水置高淳县，清属浙江江宁府。

明 吴宗德，字恩塘。幼孤，能自立。性耿介，不逢时用。晚年闭户精研历数诸书，人咸资之。孙会暲，举于乡。《民国高淳县志·笃行》

清 钱裕，号永锡，国学生。幼习诗书，专攻地理，远近延请，名闻金陵。年九十四岁卒，子三俱入庠。《民国高淳县志·艺术》

清 吴古怀，字弗如，邑庠生。美须髯，善谈论。年二十二，始读书，师事邢昉，笃学无昼夜。自五经历史，及天文地理、占候兵法，无不精通。一时名流，如倪元璐、周镳、沈寿民辈，皆造访订交焉。岁乙酉，沈寿民被逮，门生故人，畏祸星散。古怀独潜舟迎其家属。周镳逮至京，羁萧寺，惟古怀在焉。镳曰："平生交友，乃得君于今日。"泣数行下。寻闻阮大铖罗织将及，走闽粤，后归卒。著有《边险图说》等书。

清 吴越彦，字季舒，古怀子。少肆力于古，而不与制举试。间或垂钓负锄，意绪萧然。母卒，庐于塚舍三载。康熙初，举隐逸学行之士，当轴以其名应，越彦固辨乃寝。丁丑，徐用锡约北上，旅寓鲜所晋接，惟卖卜萧寺，作《浮梗》《孕玉》诸赋，一时名流，咸枉驾过访焉。生平著有《巢轩

清 王长和，少贫寒，以勤俭起家。攻苦好学，知医兼通地理。性慈善，颇能济人。《高淳县志·艺术》

清 夏爱棠，号树屏。幼清贫，性孝友，且耕且读，有古人风。课徒精勤，补增生。后为亲择葬，习堪舆，颇多心得。

清 施伟，字卓斋，邑文生。父珍，兄仁，均岁贡。伟性朴实，不慕世俗荣利。素好学，兼通星算医卜奇门六壬等书，言多奇中。事亲孝谨，与人交，和厚中有介节。乡邻争曲直，多赴愬，而待解纷焉。以上《高淳县志·笃行》

清 张韶，字竹坡，自幼颖异，七八岁有神童之号，咸指将来腾达，竟以明经老。生平研究天文算学，尤善占天象。一日见星北流，告人曰：来岁某处，当有水灾。明岁，有逃难者至，询之，果其处。其神异多类此。《高淳县志·文学》

7　六合县

春秋楚堂邑，后属吴，汉置堂邑县，晋改堂邑为尉氏县，隋改尉氏曰六合，清属江苏江宁府。

陈 吴明彻，字通昭，秦郡人。[①] 幼孤，性至孝，微涉书史经传，就汝南周弘正学天文、孤虚遁甲，略通其妙，颇以英雄自许，高祖深奇之，以军功累迁安南将军。宣帝议北征，明彻决策请行，诏加侍中，总众军。进克仁州，擒王琳等。进攻彭城，又破齐军，位司空，都督南兖州刺史。卒年六十七。至德元年，诏赠开国侯。《陈书·本传》

清 姚承□，字月潭，六合诸生，居浦城。精六壬，所卜无不验，云有秘授。《光绪六合县志·方技》

[①] 秦郡，南朝宋置，并置县故治在今江苏六合县北。

8 丹阳县

战国楚云阳邑,秦曰曲阿,汉置曲阿县,三国吴复曰云阳,晋仍改曲阿,梁改兰陵,隋复名曲阿,唐改曰丹阳。清属江苏镇江府地,滨运河,沪宁铁路经之。

明 张田,工相术。一日与客语,邻舍儿有还其所负者,田反其金,而速之去。客怪之,田曰:"是儿当命尽此时。"因逆计曰:"不过太尉庙。"儿至太尉庙,果蹶死。偶晨起视镜,曰:"吾家居当及祸。"遂之九里庙避之,见神像即走出,曰:"神祸甚于我。"未三日而庙焚。田子故业贾,将渡江兴贩,田饮之酒。妇怪其珍美异平时,田曰:"儿去当堕水死。父子恩,宁不诀别耶!"妇曰:"盍止之。"田曰:"数也,可逃乎?"妇不听而止之,未几,失足水中溺死。其神异多此类。田相术得之清道人,约勿他授,其术不传。
《图书集成·艺术典·相术部·名流列传》

清 朱圻,[①] 少从外祖张鼎学《易》,尽窥秘奥,补邑庠,占事多奇中。一日占雨,遇观之否,曰:"日午有风自东南来,雨未久即止。"日向午,天晴无云,众讶之,圻曰:"坤,地也。地上加巽,巽,风也。巽属东南,非东南风而何。由四而变四,山也。山有材,而土培其根。乾上坤下,是为物各得所,非雨而何。巽变为乾,居地之上,声敛而光照,非即止而何。"其言果验。所解《易》多此类,著《易理存参》《皇极解》《大六壬心法》。

清 丁廷杰,字复阳,精青乌术,得严陵张九仪秘授。每谓地犹舟也,德犹水也,无水则舟不行,识者叹为知言。以上《光绪丹阳县志·方技》

清 吉梦熊,字渭厓,丹阳人,乾隆壬申进士,由翰林仕至通政使,事迹载入道光《大清一统志》。梦熊博涉于阴阳术数、六壬耶律之书,手录甚伙,著有《丹阳闻见录》《研经堂诗文集》。

清 吉世琛,字淡松。乾隆年间,收采天下书籍。父梦熊,奉命总阅《四库全书》。世琛考取校录,在四库处行走,辨讹订舛,千有余条。《四库全书》告成,世琛议叙高等,以布政使经历,分发云南,任琅盐井提举、景

[①] 圻,音祈,畍也。

东直隶厅同知，兴学惠民，咸歌召父。世琛公余精研医卜，手批《临证指南》及《绘图外科医学》，又辑《大六壬汇纂》三十本、《六壬荟要》五本。子钟颖，题其遗容，有句云："四库荣行走，滇南惠政留"，又云："壬课编勤校，医书注广搜"，盖纪实也。

清 吉钟颖，字秋丞，号芗畦，世琛子也。乾隆甲寅举人，嘉庆乙丑进士。历官湖北南漳知县，四川会理州知州。咸丰壬子卒，年八十有六。葬于丹阳朝阳门外，金家村西山洼之新阡。钟颖少时尝习六壬奇门遁甲星命之学，兼通堪舆家言，相宅占墓，谈休咎，多奇中，葬地乃自择也。所著《三才一贯》廿四卷，毕生精力，悉萃于斯。又著《含薰室文集》五卷、《诗集》二卷。以上《含薰室文集》

○吉钟颖撰《寿藏铭》云：堪舆家言，余闻之熟矣。昔齐柳世隆、朱文公，皆谙晓数术，自卜寿藏，达人知命，理或然也。邑之东北三十里而遥，有名西山洼者，山环水绕，形势颇佳，余相度鸠工，预营寿藏，爰集焦延寿《易林》语以为之铭，时辛丑仲秋月也。铭曰："愚与致仕，归隐五泉。"① 高山之巅，② 涌泉涓涓。③ 草木嘉茂，水过我前。盘纡九回，④ 无地不涉。⑤ 骑龙乘凤，⑥ 永得安康。依山倚地，相辅为强。三奇六耦，随时转行。深潜处匿，幽人利贞。东山西山，左辅右弼。⑦ 可以存身，可以安吉。法天则地，甲乙戊庚。北门有福，举首望城。⑧ 山林麓薮，朝阳梧桐。⑨ 一高一下，推车上山。三里往复，旦往暮还。⑩ 戴山崔嵬，⑪ 坤厚地德，与福相逢。⑫ 子孙蕃息。

○又撰《史颖生明府生圹记》云：史颖生明府，乃宫保大司寇之长君也。颖生延余

---

① 注：玉乳泉，出门直北。
② 注：经山为邑之胜境，形家以为最香国，余觅地屡宿寺中，所求必得。
③ 注：经山之东五里，褒头山，山顶有方池，积水四时不涸，余于方池之下，买地一区，形如华盖，龙脉极真，此腰结穴也。并立石穴心，以际来兹。
④ 注：骑龙山下诸水，俱汇于九曲河。
⑤ 注：余寻骑龙山砂水，遍历前后左右，和气所居，志快意惬。
⑥ 注：西山洼所买山地，八亩有奇，此骑龙格也。山下五里朝阳庵。
⑦ 注：左高峰在乙，右峰峦在辛，恰与穴心为辅弼。
⑧ 注：城东宝塔，登穴望之，宝塔在坤，最合元运，宜利止居。
⑨ 注：出朝阳门三十里而近，至朝阳庵，数里外皆望见寿藏，虽久无咎。
⑩ 注：张巷距骑龙三里，余携子正常，宿张氏宗祠，日往监工。
⑪ 注：褒头山之后，有大山，金星发脉。
⑫ 注：易盘三百八十四爻，余用以格龙乘气，癸山丁向兼子午分金，内方图，外圆图，皆坐益向恒，定穴分金，安在益之二爻变为中孚六二，以合九运元运。既祷揲灵蓍，恰遇"鸣阴在鹤，其子和之，我有好爵，吾与尔縻之"。以是卜之，殆有数存乎其间。

三渡扬子江，至甘泉阚家庄，为宫保相度佳城，凡平地筑墙，以及建造庐墓，一切事宜，皆余为之诹期，以次兴工襄事。己亥十二月壬申日，宫保暨一品夫人，合葬礼成，见颖生相视之劳，经营之费，屡历寒暑，事必躬亲，其孝思真挚，诚无异于庐墓三年矣。尝于谈论间，恒期身后依先垅，此孝子不能自已之情，但正穴墙内墙外，地虽极宽，别无可附穴处，其志将有不伸。余周视其地，然正穴墙外东方，尚有余气可乘，俾莹生圹。《周礼》："墓大夫掌邦之地域，令国民族葬，而掌其禁令，正其位，掌其度数。"郑康成注云："位为昭穆。"兹地限于形势，不得以昭穆论，势使之也。生圹既定，不可无以跻将来，况宜游在迩耶！颖生戊戌成进士，以知县签掣皖江。服阕后，发文章，为经济，移孝作忠，从兹居官日多，居家日少，宜预为如法筑圹，并刻石以垂久远。考生圹起于后汉，赵岐年九十余，先自为寿藏。唐卢照邻隐具茨山，预为墓区，仰卧其中。司空图筑生圹，每逢春秋佳日，邀宾友游咏其上，然未尝刻石也。《唐书》：姚崇自作寿藏于万安山，署兆曰寂居，穴坎曰复真堂，刻上为床曰化台，而刻石告后世。此生圹刻石所由昉乎！颖生夫人早卒，浮厝于甘泉山麓，今生圹既有定所，余为之择日移葬于生圹之右，遵古制也。按《檀弓》云"周公盖祔"，则合葬之制，起于周公。卫人之祔也离之，鲁人之祔也合之，而孔子独善鲁，谓同时合葬耳。《朱子语类》云："某当时葬亡室，只存东畔一位。"吴卿云："地道以右为尊，则男当于右。"今观地势左胜于右，则生圹从人道以左为上，可也。生圹与葬区中间，宜稍有所隔，不必如鲁人同穴也，亦势理所必然。余相定生圹，宜作乾山巽向兼亥巳分金。岁在庚子秋八月，营寿藏成，颖生曰：敢请笔之为记，爰叙述梗概，俾其子孙有所考焉。

○又阮芸台相国，属余至雷塘，相度先茔形势，并相国生圹。江都周石浦明府，延余至其署，相度厅事。有诗云："雷塘开胜境，邗上汇群流。相国垂青眼，归田感白头。琼花谁复醼，玉树不闻讴。更就江都约，维扬忆旧游。"蒋誉侯少司成元溥来书云："海内星学之精，无有如我夫子者。"夫子与先严交契数十年，某又忝列门下，故敢以葬期请。有句云："诹期敢说精星学，福地行看鹤又来。"

清 姜可正，善卜。尝闻卜于关圣帝前，筊掷入案下。①寻之，得异书一册，遂徒业焉。问以吉凶，无不响应。

清 汪可爵，字君锡，精易数，著有《易学骊珠》。道行京口，时号半仙。以上《光绪丹阳县志·方技》

清 张仲馨，精相地。云间蒋大鸿，著《地理辨正》，世所称蒋盘者也。其《自序》曰："丹阳张孝廉仲馨，甘以文行相师，因得略闻梗概。"其推重

---

① 筊，音条，筊帘也。

如此。《民国丹阳县志·补遗·方技》

9　金坛县

秦曲阿县之金山乡,隋析曲阿地置金山府,后因为县,唐改曰金坛。取邑有句曲山,金坛之陵为号。清属江苏镇江府。

明　王肯堂,字宇泰。举万历己丑进士,选庶吉士,授检讨,京察降调。家居久之,吏部侍郎杨时乔,荐补南京行人司副,终福建参政,年六十七。肯堂好读书,通星命六壬堪舆,尤精于医,著《六科准绳》《郁冈斋笔麈》《尚书要旨》等书。该博精粹,世竞传之。《明史·附王樵传》《郁冈斋笔麈》

明　武鼎升,原名际飞。字九翼。明崇祯庚午,举于乡,官新昌知县。思纬静深,通天文术数之秘。解职后,隐姓名,卖卜于郡城,人咸异之。张明弼为作《铁樵子传》。《乾隆金坛县志·方技》

明　于茜,① 字季鎏,金坛诸生。工山水,性好综览。膺岁荐不赴,惟教授生徒。兼通六壬地理,精选术,善行楷。晚年通禅学,翛然挥手而去。翛,音酉,疾貌。○《画史汇传》

清　许北文,金坛人。二岁而孤,发奋读书,为名诸生。著《地理纂要》书。金坛史震林《华阳散稿》

10　溧阳县

秦置,以在溧水之阳为名。故城在今江苏溧阳县西北四十五里,隋废,唐复置,徙今治,清属江苏镇江府。

宋　周碧眼,常州人,以善相游公卿间。刘侍郎致仕,寓居溧阳,周尝往从之,谈至薄暮。忽曰:"侍郎明日有陨坠败面之厄。"刘曰:"当来共食以验,不然当罚尔。"曰:"定矣。"旦未及食,邻家失火,刘仓卒避,碍于

---

① 茜音千,去声,草盛貌,鲜明貌。

户限，仆地面伤焉。其他大率类此。

元 陈梅湖，善皇极数，受知于元世祖。凡遇推卜，多以易数讽谏，朝臣咸敬之，官至江西宣慰司副使。或问："何不为诸子计？"曰："吾数非其所当传，且命贫贱，令其粗知农事足矣。"

清 胡泌水，谈星命，多奇中。陈名夏，试南宫时，访泌水于家，一见以第一人许之。甲戌、丁丑，连黜，胡窃叹其术谬不验。癸未，名夏至都，泌水喜迎曰："子今不为第一人，当下帘辍讲耳。"是科果举南宫第一，成进士第三，入翰林。都人士益称泌水胡先生云。

清 蔡翁，德清人，精子平之学。一日史胄司夔过访，蔡翁告以南中生一孙，推其命，颇富厚；若迟一时，则大贵。史叩其日时，大惊曰："予今岁得子，正其月日时也。"蔡曰："此儿必入阁。"即文靖公贻直也。京师相传，以为佳话。以上《光绪溧阳县续志·艺术》

清 史夔，字胄司，溧阳人。康熙进士，官至詹事。工诗，素精子平学。康熙辛酉，携眷入都，舟泊水驿，生相国文靖公。胄司取其造推算之，谓当大贵。时阻风，舟不得行，乃登岸纵步，见一冶工家，适生子，问时日正同，心识之。后二十余年，文靖已官清禁，胄司告归，复经其地，欲验旧事，自访之，则门宇如故。一白皙少年，持斤操作甚勤，问其家，即辛酉某日生者也。竟夕不寐，忽悟曰："四柱中惟火太盛，惜少水以制之。生于舟者得水之气，可补不足。若生于镕铸之所，则以火济火，全无调剂之妙矣。其贫贱固宜。"《茶余客话》《清稗类钞·方技》

11　上海县

本华亭县地，宋绍兴中，置市舶提举司，曰上海镇，以地居海之上洋，故名。元割华亭地置县，清属江苏松江府。县东北有水，曰沪渎。黄门江一名春申江，清道光二十二年，中英江宁议定条约，订开商埠，设江海关，为我国第一通商港也。旧有县城，已拆毁，改建广道，设环城电车。京沪、沪杭甬、淞沪三铁路，交点于租界之北，江海汽船，均以此为起点。交通发达，工商业极盛。

明 俞寰，字允宁。朴愿沈静，喜读书，工词赋。凡医药卜筮，无所不

通。然不求人知，终岁不入城府，故人亦少知之者。《同治上海县志·艺术》

清 马严，字敬六，国初人，居南邑之鹿溪镇，警慧绝伦。弱冠登贤书，研心六壬之学，颇著奇验。尝与其师唐柴溪先生，同应礼部试。将行，命之筮。卦成，曰："皆中也，且师必元。"及榜发，报捷者至敬六门，遍阅题名录，不见柴溪名，众咸让之，则毅然曰："中矣，且元矣，岂有不验之理。"众不信，及明日报果至，则竟以续榜，成第一人进士。一日偶过友人，斋友知其术，以琖覆一物试之。敬六倰指曰："此竹器也。长不及寸，腹空而头红。"友笑曰："子之术，可谓神矣。予所藏实笔帽。然头红之说，则恐未也。"及启琖，帽上果朱痕灿然，盖为举生所戏染，友亦未之知也。其神妙类如此。清黄协埙《锄经书舍零墨》

清 沈大至，字伯雍，号于三，邑庠生。阐濂洛之旨，而尤精于《易》。讲学五十余年，著《易经原》《系辞津》等书，又博通天文地理医药诸书。为人端方正直，人称大儒。自号一三居士。康熙乙巳，举乡饮宾。殁日，门人私谥为敬修先生。《乾隆上海县志·遗事》

清 张梦松，字仲熹，号芝堂。博学能文，中乾隆己亥副榜。游京师，先达咸器重之。后居家，问字者屡常满。兼精术数，为人相地，多获吉。《同治上海县志·人物》

清 朱孔阳，字寅谷，号邠裳，邠，音宾，古国名。庠生，诸翟人。授读吴中某氏，富藏书，得遍览。务为考据之学，通地理六壬数术，著《历朝陵寝备考》。同上

清 马斯才，字翰臣，荷巷桥人。博览星卜地理诸书，葬家延之，取酬不苟。恒语人曰："人死入土为安，祸福能预决耶。"人咸服其知言。著《蒋氏古镜歌句解》及《地理辨正浅释》，均未竟卒。《同治上海续志·艺术》

清 吴华山，精麻衣柳庄相术，决人祸福奇验，求相者踵相接。酬以金，则却之。曰："我无福相，非尔金所能致富。"有茶癖，或赠佳茗，则喜形于色云。同上

清 马进之，泗泾人。[①] 精《火珠林》易理，占验每出人意表。龙华港

---

① 泗泾，在松江县，东入上海县界。

之百步桥为湖水击圮，① 断石横江，水陆交阻，屡欲倡议重建，皆以经费浩繁而止。里人刘学廷，遂以桥事往问，筮得归妹之九，其爻曰："眇能视，跛能履，利幽人之贞。"马曰："眇能视，跛能履，不终废也。利幽人之贞，夷轨易遵也。卦直归妹，功其首以妇人乎？九二之爻，臣道也，亦妻道也，而位居中正，殆妇人而可专制者乎？"时问者以工巨惴惴而占，② 若不经意，遂笑置之。乃未几，而邑侯范廷杰，忽乘轻舸来勘形势，始知邑有周罗氏者，承其亡夫国桢志，出资三千金，牒县倡捐，③ 遂依吴郡万年桥式，中筑石梭磴二，两岸甃石，④ 大木亘中，鳞次铺甀，于面旁翼栏槛。始于乾隆四十五年春，越三载乃竣。于是功首妇人，竟符前筮，盖亦奇矣。《耆献类征初编》

清 丁诗，字韵堂。少孤贫，母竭十指入，教之读。穷治经史，于阴阳图纬、壬遁风角之术无不窥。为人卜，多奇中。每日尽卜赀，沽酒市脯，母子垂帘向酌，颓然皆醉，以是为欢。母卒，拊棺呕血，遂病狂。书其母奇节苦行，拉杂千言，授所知，遂走百步桥沈水死。《同治上海县志·艺术》

清 陈田鲁，山东人，尝寓洋泾市。精六壬数，占有奇验。子继鲁，传其业。《同治上海县志·游寓》

清 盛钧，字邦直。邃星命之学，尤精堪舆。为人择地葬亲，救贫决科，多奇中。同时张采文，凌吉人；叶彭年、戴鸿，均以术称。

清 张文彪，字景岳，号鹤青，三十保人，诸生。精堪舆术，远近辄以舟车来迎。兼明五星命理，著《星学秘要》七卷。

清 胡聿田，字锄非。以《周易》决六壬数，奇中。精堪舆，尤耽吟咏，著《正已居诗稿》四卷。同治间，充法华乡约生，妙语解颐，听者不倦。以上《民国上海县志·艺术》

清 贾振元，字新堂，号香江，邑诸生。性耽吟咏，尤喜考据。家贫不能购书，每见善本，必手自校录之。课徒之暇，旁涉堪舆，取酬不苟。有延之者，辄曰："佳地须有德福，非我所能助，但求入土为安耳。"乡人有赂之

---

① 圮，音否，左从戊己之己，毁也。
② 惴，锥去声，忧惧也。
③ 牒，音蝶，官，文书之一种。
④ 甃，酒去声，宥韵，井甃也。

者，屏弗纳；遇有惑于祸福者，以理折之，人皆感服。《同志上海县志·艺术》

清 杨志逊，上海人。貌清癯，终身不娶。博览星卜地理诸书，尤精六壬数，多奇中。晚好丹经，年八十，无疾卒。《嘉庆松江府志》《同志上海县志·艺术》

清 沈衡章，上海人，工拆字之术。乾嘉时，卖卜于邑庙，问休咎者趾相接。有犯越狱宵遁，捕役往问，拈一鹦字。沈曰："鹦鹉，能言之禽也，舌慧而身不自藏，卒为人所絷。[①] 且鸟而婴，羽毛未丰，其能远逸乎？去此当近，速捕可得。"问往何方，沈瞥见雀跨后簷，曰："可往后面坑厕中觅之。"如其言，果获。邑侯神其技，给"机测如神"扁额，悬庙园清芬堂之西偏，俗呼为董事厅者，盖沈所安砚处也。咸丰庚申，西兵驻园，其额始毁。少后又有陆学海者，五六岁时，父抱怀中，即能握管拆字，长遂以此为业，老而益精。有以求财问者，拈一也字，陆曰："无望也。地无土难栽楼凤竹，池无水难养化龙鱼。"矢口如此，而十中八九。沈躯颇伟，陆貌清癯，皆意致闲雅，无江湖习气。陆亦设砚于真君殿，惟素自矜贵，日不逾百字耳。《耆献类征初编》

清 贾履上，字季超，号云阶，上海人。岁贡生，就职训导。家贫力学，好宋儒家言。于阴阳堪舆之学，尤有独得。课徒三十年，造就多朴学士。著《地理水龙经注》《性理辑要》。《同志上海县志·艺术》

清 莫树堉，字在田，号云坛，道光甲午岁贡。家贫，善事老母。从陈莲塘升游，兼得《阴阳宅镜》之传，人竞延之。性疏散，善恢谐。嘉庆间，与修邑志。《同志上海县志·艺术》

清 王廷瑚，字仅光，号探微子，足迹半天下，有《苏松太山川考》。精地理，子陛良，继其业。同上

清 侯敞，号梅衫，侯家角人，增广生。淡泊不求闻达，于天文地理医卜之术，无所不窥；而诗书画，尤称三绝。晚号淞南居士，卒年七十有九。子宝一，号子衫，工画山水，精堪舆术。《同治上海县志·人物》

[①] 絷，音执，系也。

12 华亭县

汉娄，由秦，海盐三县地，唐置华亭县，清又析置娄县，并为江苏松江府治。民国初，废府，并废娄县入华亭，旋改华亭为松江县，沪杭甬铁路经之。县境产四鳃鲈，晋张翰因秋风起，思吴中菰菜莼羹鲈鱼脍。隋时吴郡献松鲈，谓之金齑玉脍，素以名产称。鱼状似土附，长仅五六寸，冬至前后最肥美，盖鲈鱼之别一种也。

宋 储泳，字文卿，又号华谷，华亭人，有诗名。精阴阳五行，著《祛疑说纂》，有《易占说》："筮易以蓍，古法也。近世以钱掷爻，欲其简便，要不能尽卜筮之道。自昔以钱之有字者为阴，无字者为阳，故两背为拆，二画也；两字为单，一画也。朱文公以钱之有字者为面，无字者为背；凡物面皆属阳，背皆属阴，反旧法而用之，故建安诸学者，悉主其说。或谓古者铸金为贝，曰刀曰泉。其阴或纪国号，如镜阴之有款识也。一以为阴，一以为阳，未知孰是。大抵筮必以蓍，求为简便，必尽其法。余尝以木为三弹丸，丸各六面，三面各刻三画，三面刻二画，呵而掷之，以尽老少阴阳之变。三丸各六面，十有八变之义也。三面为三，乾之九也。三面为二，坤之六也。此用九用六之义也。三者乾之一画，亟三也。二者坤之一画，分二也。此三天两地之说也。三丸掷之皆三则成九，老阳数也。三丸皆二则成六，老阴数也。两二一三则成七，少阳数也。两三一二则成八，少阴数也。所用者乾坤之画，以成八卦，是乾坤生六子之象也。丸象太极之一也。三三为乾，二二为坤，象两也。三丸者，象天地人之三才也。每丸得数十五，洛书皇极数也。合三丸之数，而为四十有五，河图九宫数也。上二则下三，上三则下二，动静皆五，故五藏于用。参以四十五数，大衍之数五十也。三丸成九于上，则上丸伏六于下，此老阳变阴之体也。三丸成六于上，则三丸伏九于下，此老阴变阳之体也。二三相对，每丸各具三五，此三五以变，错综其数之旨也。体圆而转，变动不居也。六位相乘，周流六虚也。三丸六掷而成卦，六十有八变之义也。既无钱背钱面阴阳之疑，又合阴阳老少之变。尝于舟中以语同志朱子美，大以为然。因著其法，与好事者同之。"又有《辩针说》："阴阳家之说，尚矣。其间得失是否，未易轻议。要亦验诸事，折诸理而已。地理之学，莫先于辩方，二十四山于焉取正。以百二十位分金言之，吉凶祸福，岂不大相远哉。此而不明，他亦奚取。曩者先君卜地，日者一以丙午中针为是，一以子午正针为是，各自执其师傅之学，世无先觉，何所取正；而两者之说，亦各有理。主丙午中针者，曰：狐首古者专明此事，所谓自子至丙，东南司阳；自午至壬，西北司阴。壬子丙午，天地之中。继之曰：针虽指南，本实恋北，其说盖有所本矣。又曰：十二支辰，以子为正。厥后以六十四卦，配为二十四位。丙实配午，是午一位，而丙共之。丙午之中，即十二支单午之中也，其说又有理矣。主子午正针者，曰：自伏羲以八卦定八方，坎离正南北之位，丙丁辅离，壬癸辅坎。以八方析为二十四位，南方得丙午丁，北方得壬子癸，子午实居其中。其说有理，亦不容废。又曰：日之躔度次丙位则为丙时。次午则为午时。今丙时前二定之位，良亦劳止。因著其说，与好事者共之。但用丙午中针。亦多有验，适占本位耳。"又《阴阳家拘忌说》："太史公言。阴阳家多拘忌。信哉斯言！则彼可此否，不胜其牵制。将尽弃之，则祸福显然，有不可诬者。然则何为而可？余曰：大而紧者避之，小而缓者略之，合于理者从之，背于理者去之。如太岁一星，[①]九梁会煞之类，此大而紧者，所当避忌。如蚕室、太阴、狼藉、流财之类，此小而缓者，可以略去，不必尽求合也。如岁位吉凶，九宫飞白，六壬之四杀没于四维，六神制于六道，遁甲之取三避，逼迫刑格，旨意玄微，立法深妙，皆万世不可刊者，所当遵用，夫复何说？如四冲所通忌，活曜则取以为吉；三方实死法，五符谓百无所忌，不通于理，乌可准凭？论阴阳者，既知去取，又当以胸中活法参之。如金神恶杀也，其权司秋，其位居兑，正秋作之，复值巳酉丑地，决不免祸。如作于夏，或值丙离，权去势衰，未为深害。即此而论，则活法可类推矣。"储华谷《祛疑说纂》《祛疑说跋》

元 吴钟山，不详其名，家钟贾山，遂以自号。善太乙九宫算术，自言其学得之祖父竹所。竹所传之其父一峰，秘不语人。杨维桢访之，钟山曰："先生弃官十年，数盈十必变，未有往而不复者，截自四十九而往。为下著曰：某年起某官，某年移某所，某年当调内，某年当致仕。"后一如其言，维桢作《数说》称述之。《乾隆江南通志·艺术》《嘉庆松江府志·艺术》

[①] 出《元经》，非岁建也。

元 周之翰，字申甫，华亭人。幼颖悟，博究群书，尤通象数之学，有乾坤阖辟、天地生成、阴阳变化、山川流峙四图并赞，以发明其奥。讲授于乡以终。《清一统志·江苏省松江府志·人物》

明 钱博，字原博，华亭人。正统进士，授南京刑部主事，擢四川按察，卒。博在刑曹，多所全活。工古文辞，善楷书行草，旁通医卜阴阳诸书。好急人患难，人乐与交焉。《松江府志·艺术》

明 徐阶，字子升，华亭人。嘉靖癸未进士第三人，历礼部尚书书，东阁大学士。万历甲戌卒，年八十一。赠大师，谥文贞。其《拆咏嘉靖二字》云："士本朝堂一丈夫，口称万寿与三呼。一横直亘乾坤大，两竖斜飞社稷扶。加官加禄加爵位，立纲立纪立皇图。主人幸有千秋岁，明月当天照五湖。"《明史·本传》清褚人获《坚瓠四集》

明 范从烈，字豫所。博文强记，凡天文地理历数之学，无不洞贯，著《二五秘旨》《山窗杂录所见》《水城记》诸书。弟从勋，字少峰，性颖异。舅氏陈大参应元，官江右，从勋在幕中，江右士大夫善地理家言，见从勋辄倾服。从勋亦虚心咨访，益括峦头、天星、水法之妙。以是艺益精，名日盛。方伯杜梅梁母穴，急宜迁，从勋奔告。梅梁时为诸生，岁试居三等。松俗延师，视学使者案。梅梁方失馆以窘对，从勋以二十金畀之。①卜日迁，决其父子，丙辛年当发甲，已而果应。又为桐庐邵士斗改阳宅，毁离位之山亭，数年双瞽复明。吴兴史存仁先生无子，为凿半月池于祖茔生方，三年举子二。其他不能殚述，年七十九卒。《嘉庆松江府志·艺术》

清 宋懋澄，字幼清，松江名孝廉。副都御史徵舆，直方父也，精数学。徵舆生时，预书一纸，缄付夫人。曰："是子中进士后乃启视之。"至顺治四年丁亥，捷南宫，开前缄，有一行字云："此儿三十年后，当事新朝，官至三品，寿止五十。"后果于康熙丙午，以宗人府丞，迁副都御史，至三品。明年丁未卒官，年正五十也。又尝与淮南白孝廉同年友善，白亦精数学。一日晨起，谓夫人曰："今年九月某日，白兄当死。渠无子，我当渡江取别，为治后事。"遂买舟渡江，比至，白已候门，迎笑曰："我固知兄今日必来相送。"遂闭门相对，痛饮数日。至期白无病而逝，懋澄为治后事毕，

---

① 畀，音比，赐也。与也。

乃归。归谓夫人曰："白兄事已完。吾明年三月，亦当逝矣。"如期而卒。清王士禛《池北偶谈》

清 蒋平阶，字大鸿，江南华亭人。少孤，其祖命习形家之学，十年始得其传。遍证之大江南北，古今名墓。又十年，始得其旨。又十年，始穷其变。自谓视天下山川土壤，虽大荒内地如一也。遂著《地理辨正》，取当世相传之书，订其纰缪，析其是非。惟尊唐杨筠松一人，曾文迪仅因筠松以传。① 其于廖瑀、赖文俊、何溥以下，视之蔑如。以世所惑溺者，莫甚于《平砂玉尺》一书，斥其伪尤力。自言事贵心授，非可言罄；古书充栋，半属伪造。其昌言救世，惟在《地理辨正》一书。后复自抒所得，作《天元五歌》，谓此皆糟粕，其精微亦不在此。他无秘本。从之学者，丹阳张仲馨、丹徒骆士鹏、山阴吕相烈、会稽姜垚、武陵胡泰征、淄州毕世持，② 他无所传授。姜垚注《青囊奥语》，及《平砂玉尺辨伪总括歌》，即附《地理辨正》中。平阶于明末，兼以诗鸣。清初诸老，多与唱和。地学为一代大宗，所造罗经后人多用之，称为蒋盘云。《清史稿·艺术》

清 相枚，字善园，华亭人。设卜肆，寒暑垂帘端坐。客请揲蓍，③ 必整衣冠而进。识钦善于少年，勉以读书，卒成名士。间为小诗以自娱。门人黄会昌，哀其诗，属姜皋序之。会昌字绘园，亦设卜肆，以孝称。《光绪松江府志·艺术》

清 杜登春，字九高，别号让水，华亭人。康熙间，由选拔贡生，仕至浙江处州府同知。曾遇异人，授以相术，能一见知其人吉凶邪正。著《尺五楼文集》。钱仪吉《碑传集·康熙朝守令·中之中》

清 张受祺，号式之，华亭人，精青乌家言。为洞庭山严氏择葬地，奇验。著《地理正义》六卷、《地理知新录》四卷、《易象略》一卷行世。

清 陈泽泰，字茹征，号云村，有经世才。为诸生时，所交多知名士。屡以诗赋受知学使，卒不售。遂习堪舆，与同郡盛邦直齐名，在吴中名噪甚。著《春柳草堂诗文集》四卷，别著《阴阳宅镜》六卷。以上《嘉庆松江府志·艺术》

---

① 迪，丑延切，音脡，先韵，缓步也。
② 淄，音枝，水名。
③ 揲，音舌，数蓍也。谓持而数之也。易经揲之以四，以象四时。

清 徐以仁，世居华亭北门，采花泾后徐家角。隐于农，兼善君平之术。一日有姻某无嗣卜妾，徐视课谓曰："不佳，不如不娶。"问其故，曰："以卦推之，女有隐疾，不生育也。不特此，面部亦有疵。"某素信徐，听之，心亦灰。居间乐于成事，极力耸恿，心动，竟娶之，始见面有瘢痕，小疵也，亦置之。去傅粉，始觉黄瘦，体亦屡弱。未几竟以腹痛偃卧，询乃宿疾。始悔之，不追其值，而还于母家。又壬子，属大比之年，其友向其卜中否。徐步卦，谓曰："君不能中。此中某爻发动，君有同舟属蛇者，当入彀也。"友人亦不甚信，既而黄孝廉仁报捷，盖即同舟者。叩其年，生于癸巳，发解仅二十一岁。徐之卦，可谓神矣。以上清钱学编《语新》

清 高鼎玉，字昧卿，云间人。攻歧黄，善风鉴。道光癸卯，辑《神相汇编》四卷。其自序有云："相术之所以不可废者。以之鉴己，能趋吉避凶。以之鉴人，可亲贤远佞。况明乎修心补相之说，则束身圭璧，而夭者可寿，贱者可贵，危者可安。自古及今，具有明证。相虽小道，岂非勉人为善之一端乎？"《神相汇编序》

清 顾钟秀，字筠庭，华亭人。善卜筮，精堪舆。光绪丙子，辑有《选择正宗》八卷。子翰，壬午顺天举人，户部云南司主事。张文虎撰《顾公墓志》《选择正宗序》

清 徐洪高，亦号安素老人，华亭人，住洞泾桥。其叔徐公良，为夔州太守时，尝一抵任所。初见，立而与语。公询在家何业，洪高叉手拱而对曰：阿叔知姪不材，惟恃其鲁朴，测字谈星度活，不敢谲诈取人间一文钱也。语未毕。徐公以指作圈不已，连声曰："好，好。吾作一任知府，日夜担忧，不似汝无拘束，少顾虑，亦免父母羞，真快乐也。"方命坐，留居署中，察之，果不诡。夔州故兼关权，因命佐理关务，经年不私一钱，归里囊橐如洗，依然卖卜为活。

清 徐良钰，字式如，松江人，孝廉。精青乌家言，尤长于推算之学。顾多作隐语，不欲明以示人。其里人潘兆芙，方以明经应秋试，踵门求推命造。式如不语，惟书"和"字示之，人皆不解所谓。后潘落第，始恍然曰："此所谓名利两不成也。"自此，遂屏弃帖括，一意为善，以终其身。《清稗类钞·方技》

13 娄县

汉旧县，唐入华亭，清析华亭县地，置娄县，与华亭县并为松江府治。民国初，废入华亭，旋改华亭为松江。

明 陈鲲，字悟泉，一字雨化。性强记，会倭乱，习数学，尤精六壬，决策奇中。徐文贞阶既谢政，值张博构狱，鲲占之，得六仪，曰："其兆太阳当位，群阴乃伏，有两贵人佐之。某日夜半，必获美信。"及期果报高拱被逐，夜漏二十刻也。张宫谕以诚，未遇时，鲲决数谓当大魁天下；徐文定光启，姚布政永济，皆于穷困中识之，后悉验。子三省，孙杰，能世其学。《同治娄县志·艺术》，参《同治上海县志·艺术》

明 王仙，佚其名。业卜筮术，奇验，人以仙目之。西林寺圆应墖，旧在殿前；有江右异僧遇松，相度形势，谓墖宜在殿后，立志募移，郡人无知者。有无赖子，与王有郄，①思败其术。往问卜，曰："我有一物，欲移置他所，何日而可？"王曰，即日可。无赖子笑曰："我所卜者墖也，君顾谓为可移耶？"王取卦覆阅，不易初辞。后数日，僧果呈请当事，涓吉移建矣。

明 祝懿，字双塘，世居古浦塘，后迁上洋。以相术邀游齐鲁燕赵间，多奇中，公卿皆折节下。交钱相国龙锡，未遇时，懿预决其科第，及仕宦升调岁月。上海顾斗英，有诗赠之。以上同治娄县志·艺术

清 姚廷銮，字瞻祈，自号餐霞道人，娄县人，诸生，精堪舆术。明太仆卿林景旸旧宅，子孙居之不安，延廷銮相之。曰：宅中有古帝王宝气，今已泄，宜撤去。以水针测其处，掘之，得古钱一瓮，古剑一口。凡测地中物，无不奇中。② 著《阴宅集要》《阳宅集成》二书行世。《嘉庆松江府志·艺术》

---

① 郄，与隙同。
② 乾隆甲子。

14 南汇县

本上海县地，清析置南汇县，属江苏松江府。

清 陆宗赟，宰南汇，顺治乙未夏，南汇震雷起西北，摧东门城墙一角。宗赟卜之，则云邑当有大魁天下者。命修葺时，凿"龙门"二字以识。及己亥会试，朱天襄锦，果以第一人捷南宫。《清稗类钞·方技》

清 陆大鼎，字元文，文旺九世孙，占华亭籍入学。食贫嗜古，尤好象纬堪舆，辑《天经纬考》十卷。《乾隆南汇县志·艺术》

清 朱景星，字菉汀，南汇县明经也。才兼八斗，学富五车，士林中俱服其博。因居新场，遂呼为新场才子。又精星学，然不以技名。求问者苟非亲友，则不之应也。一夕，与家人灯下闲话，述及命运等事，朱乃掐指推算，忽凄然曰："已矣。余不出此月矣。"遂得病，逾三日而死。闻者皆奇其有前知云。陈辚《此中人语》

清 贾步纬，字心九，南汇人。幼好书算，及长尽通其奥。同治中，冯观察竹儒，总办制造局务，延请繙译《航海通书》，辑《算学》十种。公余之暇，与其子文浩，搜讨群籍，又编《便用通书》行世，岁出一帙，所载每日宜用诸事，悉折衷于钦颁《时宪书》，其忌用者补所未备。遇日月交食，依书中时刻测候，历验不爽，官民便之。又著《辨正释窍钥》，阐明三元地理秘要。《释窍钥·刘麒祥序》

清 张文虎，字孟彪，又字啸山，自号天目山人。南汇人，诸生。于书无所不览，过目辄记。所著《舒艺室随笔》，详考六壬源流，广证旁引，丝丝入扣。又长于校勘，馆金山钱熙祚家三十年，所校《守山阁丛书》《指海珠丛别录》《熙辅续辑》《艺海珠尘》《小万卷楼丛书》，无虑数百种，时称善本。光绪乙酉卒，年七十有八。《续碑传集·儒学》

○《舒艺随笔》云：《龟策列传》：卫平乃援式而起。仰天而视月之光，观斗所指，定日处乡；规矩为辅，副以权衡；四维已定，八卦相望，视其吉凶，介虫先见，乃对元王曰：今昔壬子，宿在牵牛，河水大会，鬼神相谋；汉正南北，江河固期，南风新至，江使先来；白云壅汉，万物尽留，斗柄指日，使者当囚。玄服而乘辎车，其名为龟。案：

援式而起，谓地盘也。仰天而视月之光者，定时也。观斗所指者，正月令也。定日处乡者，正日躔也。规矩权衡，四维八卦者，左规右矩，前衡右权，[1] 谓天盘所加十二辰之位也。介虫先见者，谓初传玄武发用也。令昔壬子者，日辰也。宿在牵牛者，日宿在丑也。河水大会者，仲冬水王，又日时干支皆水至一阳生也。斗柄指日者，月建在壬位也。使者当囚者，白虎乘子加壬也。汉正南北者，夜半时，箕斗在子，天汉正当南北，南风新至者，冬又玄武乘功曹寅也。今列氏如左，钱氏《养心录》以为奇门之式，未然。

```
        子  丑
        時  將
     寅 武
     卯 陰
     辰 后

   武 常 常 虎
   寅 丑 丑 子
   丑 子 子 壬

          雀 合
      蛇 午 未 申 陳
      乙 巳   酉 龍
      后 辰   戌 空
      陰 卯 寅 丑 子
             武 常
```

15 青浦县

明嘉靖间，析置上海华亭二县地，治青龙镇，寻废，万历初，复置，治唐行镇，即今治，清属江苏松江府。

明 张谊，字履道。青浦人，好谈《易》，善占气候。倭寇入境，适至袁式山庄，出望云气，拉主人疾走。亡何，贼突入，见空庐乃去。时有友留啖槟榔，力辞曰："菁逆，不敢泊也。"解维不十里，友果被创。《乾隆江南通志·艺术》

明 张希骞，字伯尊，青浦人，性颖悟，习青乌家言。万历末，自钱塘至珠家里，曰："天下兵起，卜地莫如此间。"遂家焉，子孙世其业。《嘉庆松

---

[1] 义见《淮南天文训》，及《汉书律历志》。

江府志·艺术》

清 叶镐，字贵京，青浦人。诸生，精《易》。贫而兀傲，终身不娶，晚年境益困，尝为人决休咎于曲水园。暇辄吟诗，多佳句，盖隐于卜云。《光绪松江府志·艺术》

清 徐杰，字元杰，监生。六壬卜筮，多验。卒年八十有二。《光绪青浦县志·艺术》

清 查书翰，字访平，诸生。精星术，尝卖卜于曲水园。占人休咎多验，人谓有叶镐遗风云。《民国青浦县志·艺术》

清 熊其光，字韬之。号苏林，青浦人。道光丙午举于乡，明年成进士，改户部主事。后用防勦上海会匪功，加员外衔。咸丰乙卯，积劳病卒，年三十有九。其光为学好博辨，凡天文历算舆地河渠星卜壬遁之属，蕲至无不通晓。所为诗出入苏黄间，有《杂著》一卷藏于家。闵尔昌《碑传集·捕曹司》

清 熊其昌，字九如，其光族弟。少通敏，喜参玄学。其光旁通青乌禽遁之术，尝谓云间蒋大鸿《辨正》文字得华严之妙。其昌习其传，术甚精，顾不轻为人相度。闵学骞，字闇如，行止端谨，习形家言，有声于时。皆诸生，居小西门外。《民国青浦县志·艺术》

民国 吴霜，字人麟，后更字灵园，青浦朱家角人。家贫，幼失怙恃，九岁就外傅，聪俊冠其曹。后就读省立松江中学，家益落。不能资办严，贷于族人，始得行，霜以是益发愤自励。岁终，师审其贫，许免费，霜艴然勿欲。翌岁，为中华民国甲寅，试上海商务印书馆附设之商业学校，及卒业，录任馆职。馆有涵芬楼藏书数万卷，霜暇辄假读，学大进。是时始治小说家言，文笔简古，涉想新奇，大为读者称赏，遂斐然有声于文坛。壬戌，膺《时报》馆聘，任编辑，日必取一二社会琐事，契其旨，大书列篇首，曰："事虽琐，亦有系乎时政。"书此，将以为执政者之鉴焉。其于编校排比，不为定式，其后各报遂争效之。丙寅春，鸠资设商店于杭州，试为贸迁，规模为全市最，自此大赢。霜为人强毅，多智计。操断举措，通乎细大；洁廉俭守，形于造次；役人千万，悉与同苦乐，故众乐为之尽力。霜常引计然之说，曰"财币欲其行如流水"，故于戚友寒畯，多所施与，人多服其度。霜好谈术数，颇究星命之学，判事往往有奇验。细至人事之札瘥休咎，大至世运之升沉理乱，罔不当机立断。及患肿疡，霜自推其造不利。没后家人检遗籍，则某物藏某处，某事了，某事未了，胪举凡十余条，井然不紊。末署某年月日，盖没前之一月也。癸未年卒，寿仅四十有六。子五，俱敦品力学，继志述事。上海邓钝铁撰《行状》

中国历代卜人传卷三

江苏省 三

16 奉贤县

本华亭县地,清析置,以县东南有奉贤泾,故名,属江苏松江府。故治在今县东二十里,民国移治南桥镇。

清 宋一士,萧家库人,① 诸生。精易理,占断如神。又擅堪舆,不轻择地,曰:"凶人得吉地,吉可为凶。吉人遇凶地,凶可为吉。"子卧云,克承父业。张惠泉,子书田。新塘人,布衣,精堪舆,决休咎悉验。陈大林,字豫庵,世居青村港。精卜易,有奇验。卒年七十。

清 徐元音,字松史,阮巷人,诸生。善卜,屡中,一宗朱子《本义》。门人黄炎松,亦有名。周南,字二诗,青村港人。父象乾,精堪舆,南能世其业。同里金文照,字励斋,精地理星命。尝独办营葬戚某,抚立遗孤,人称其义。以上《光绪奉贤县志·人物》

17 金山县

本故小官镇,南濒海,西连乍浦,东接青村。明建金山卫,清改置金山县,治卫城,

---

① 库音舍。

后移置朱泾镇，属江苏松江府。

清 叶痴，不传其名，卫城人。善风鉴，决人富贵寿夭，多奇中。得酒，其术愈神。曾相王侍御广心，决其乡举登第，筮仕年月，一一不爽。《民国金山县志·艺术》

清 何恒信，号逐庐，张堰人，习青乌家言，著《周易汇萃》《理气发凡》《水法备考》等书。《光绪金山县志·艺术》

18 太仓州

今崐山县东，地名太仓。元至元二十九年，宣慰朱清张瑄等，建议海漕，置海运仓于此，是时海外诸番，交通市场，谓之六国马头。明初置太仓县，弘治间，始割崐山常熟嘉定三县地，置太仓州。清雍正二年，直隶州属江苏省。民国改县。

清 陈瑚，字言夏，号确庵，太仓人。年十六，受学于赵尊匏先生。二十一，补府学生，馆同志陆桴亭世仪家。两人忧天下多故，乃讲求天文地理、兵农礼乐之书，旁及奇门六壬之术，将以为用世具也。明崇祯壬午，举于乡。癸未会试，策中规切时政，遇黄陶庵京邸，感愤时事不可为，抚膺长号。陶庵曰："试若不售，受国恩浅，犹是草野一介耳，则窜伏于荒江寂寞之滨，著书传道，以毕余生，亦中道也。"既而陶庵捷，瑚下第，闻京师陷，痛哭焚衣冠。顺治乙酉，大兵渡江，奉父迁徙无常，丙戌移居任阳，秋迁蔚林，在昆城东北三十里，水道纡折，有潭七十二，陈顽潭其宅址也。有田数亩，躬自荷锸，父亦安之。丁亥复与诸子讲学，以孝弟力田行善，为蔚村三约。己丑饥，创周急法。虞山毛子晋聘为子弟师，乃奉父移居隐湖。庚寅，自隐湖归，筑村堤。乙未诏征隐逸，辞以疾。康熙壬寅秋，父卒。辛亥，移家海滨朱氏。壬子，哭桴亭于其家。乙卯十月二十日，卒于蔚村，年六十三。门人私谥安道先生。著《天文书辨疑》《菊窗随笔》，俱亡。所传《讲义》六篇，感人尤痛切云。《碑传集·理学上》

清 吴伟业，字骏公，一字梅村，太仓人。崇祯辛未进士，顺康间，累官国子祭酒，康熙辛亥卒。伟业学问博赡，尤长于诗，著有《梅村集》等书。晚年精星命学，连举十三女，而子暻始生。时唐东江、孙华，为名诸生，年已强仕，赴汤饼会，居上座。梅村戏云："是子当与君为同年。"唐意怫然。及康熙戊辰，暎举礼部，东江果与同榜。或赠梅村五十生子诗云："九子将雏未白头，明珠老蚌正相求。兰闱自唱河中曲，十六生儿字阿候。"盖少妾所出也。暎后官兵部科给事中。梅村出山，陈素庵相国实为推毂，盖将虚左以待。比至京师，素庵事已决裂，尽室迁谪塞外。梅村拙政园山歌，感慨惋惜，盖有不能明言之情也。《《清史稿·文苑》》阮葵生《茶余客话》

清 毛在鹏，字万程，父炜。工诗文，明形家言。在鹏以病弃举子业，复得滑麟指授，益精其术。晚年考律吕，究声韵，工翰墨。卒年七十有七，著有《地理举一》。

清 俞坚，字心一。父琳，字林仲。精堪舆术，兼通壬奇之学。品行方正，少学于隐士金汝铉，常起危疾，每虑药性多偏，小不谨，辄致害人，著学慎术，以发明其旨。以上《嘉庆太仓州志·艺术》

清 王子云，太仓人。于成童时，买得六壬课书一册，朝夕推究，竟通神妙。应童子试第一，补庠生。后盗犯越狱，州牧夜叩其门，问能弋获否。子云曰："其人已出南门，离城十里外，在草中潜伏。右手持铁器，左手执一活物。路旁有大树，明日午刻必获。"果如言而得。盖一手握薙发刀，一手窃一鸡耳。《寄蜗残赘》

19 嘉定县

汉娄县地，隋唐为崐山县，疁城乡，宋析置嘉定县，元升嘉定州，明复为县。清雍正二年，改属江苏太仓州。民国十三年，江浙战争剧战于此。

元 谈友文，字士元，精阴阳家术，仕至朝散大夫，判太史局。居官廉谨，虽见知权要，未尝以干请自溷。《光绪嘉定县志·艺术》《光绪太仓州志》

明 翟祥，字君瑞，嘉定人。避讳，以字行。少通易学，为明高祖占候皆验，赐以勑命为训术。所著《希微子》《简易录》。宋濂有传。尝汇邑人所为诗，并记其人之性行名位刻之，为练音。《图书集成·卜筮部·名流列传》

明 马轼，字敬瞻，嘉定人。精于占验。正统间，以天文生从征粤中。时贼势猖獗，督师董兴犹豫，欲请益兵。轼见大星夜陨，言贼平不过四旬之

内，宜速战。卒如其言。《乾隆江南通志·艺术》

清 陆坦，字履常，嘉定人，崇祯庚午举人。明末尝著《乡兵议》，条画甚悉。会逢甲申之变，与父嘉颖偕隐，卖卜金阊。《乾隆江南通志·隐逸》

清 王渭熊，字汝师，居虬江滨。①善六壬，吉凶立验。自比严君平，日得百钱给薪水，即闭肆不见客。游京师，诸公贵人神其术，欲引进之，辞归。自刻死日，无疾而逝。《光绪嘉定县志·艺术》

清 侯泓，字研德，晚更名涵，自号掌亭。嘉定人，明诸生。入清后，以事被捕，后得释。博览强记，凡经史百家、天文地理、医药卜筮之书，无所不通。著有《掌亭集》《玉台金镜文》。《碑传集·逸民》

清 钱玉炯，字青文，嘉定人。少颖敏，好读书。年三十三，始补学官弟子。家贫，以教授自给。于百家书，无不研究，兼通卜筮禄命诸术，辄有奇验。晚岁邑令举为乡饮宾，因问何以致寿，答曰："某生平不知导引服饵。但文字外，别无嗜好。未尝轻易喜怒。中年以后，从不露处耳。"卒年九十有二。著有《字学海珠》《星命琐言》。宜兴吴德旋《初月楼续闻见录》

清 钱大昕，玉炯孙，字晓微，号辛楣，又号竹汀居士，嘉定人。乾隆甲戌进士，累官少詹事，督学广东。丁艰归，不复出。大昕幼慧，善读书，精研群籍，兼通中西历算，著述极多。卒年七十有七。其《十驾斋养新录》一书，论阴阳五行太乙壬遁星命卜筮等法，尤多发明。有一仆服役多年，体魁梧而勤干，大昕恒倚重之。为推生造，谓必以军功保举，官至三品武职。久之不验，疑之。因以其造录寄钦天监，属为之推算。覆曰："某命果佳，如君言，然必生长北方。若生于南方，仅能近贵而已。此所以给事君邸也。"《清史稿·儒林》《养新录》《清稗类钞·方技》

清 钱塘，大昕族子。字学，一字禹美，号溉亭。乾隆庚午进士，改教职，选江宁府学教授。塘少大昕七岁，相与共学，又与大昕弟大昭及弟坫相切磋，为实事求是之举，于声音文字、律吕推步、阴阳五行、壬奇禄命，尤有神解。著《律吕古义》六卷，于律历天官家言，皆究其原本，而以他书疏通证明之。又著《淮南天文训补注》三卷。卒年五十六。《清史稿·儒林附大昕传》

---

① 虬，音求，龙子有角者。

清 时铭,字佩西,号香雪,嘉定人。乾隆己酉中省试,嘉庆乙丑成进士,历官山东齐东县知县。道光辛巳,以催科劾罢,实不名一钱,讼系之,不得归。丁亥三月,卒于济南寓邸,年六十有一。身后以官逋,尽没其田庐。所著有《六壬录要》十卷,诗文稿若干卷,藏于家。钱塘诸可宝《畴人传三编》

20 宝山县

本嘉定县地,明置宝山千户所。清雍正二年,析置宝山县,属江苏太仓州。民国十六年,国民政府划县属吴淞、高桥、闵行、江湾、引翔、闸北、真如等区,入上海市。地当江海之交,为沿海要地,惟城小屋卑,繁盛远不如吴淞。

清 王贞爵,字士修,居真如,能诗工书。精六壬术,多奇中。子渭熊,字汝师;飞筠,字翼师,俱克绍家学。《嘉庆宝山县志·艺术》

清 张元治,字其远,居大场,喜作韵语。植盆树百本,苍松古桧,自具画意。后以葬亲营兆,精堪舆。注释九家,纂述四十二篇。又以《玉尺经》讹舛,多所订正;壬奇星平,皆有心得。善别物性,虽昆虫小草,不经见者,能辨形色,知臭味。《光绪宝山县志·艺补》

清 陈艮,字耕山,好究心象数,夜常仰察星曜,步行原野。值沙水相遭处,必以经纬仪,徘徊测望。人有延其相墓者,则自谢不能。或预言兵凶水旱事,往往存验。有卖卜者名曰海痴,不知其所自来,艮与之倾谈,或相视狂笑,人莫能测,而终身不以术自炫。《民国宝山县志·艺术》

清 富生,字香吏,诸生,浙江海盐人。天资颖异,过目不忘。经史以外,各种丛书,靡不浏览。精究地理及六壬奇门之学,占验往往奇中。道光初,至镇,里中绅富延请择穴者甚众,时来时去,约二十年。咸丰初,遍游公卿间。苏抚徐有壬,尤为赏识,留之署中。咸丰辛酉,复至镇。同治乙丑,去时年已七旬,遂不复来。其人面貌古怪,冬夏常赤脚,故人称为赤脚地仙。

清 张旭,字西江,自号张痴人,竟称张怪,嘉定外冈人。精青乌术,每相阴阳二宅,多奇验,故又呼为张仙。与之说易理,玄妙无穷,且自首至尾，连注背诵无一字差误，盖其专心于《易》者有年矣。人即以重币聘，未必往，愿往则不招自往。即往矣，主人再四留之不得，或数阅月不言去。月浦多故交，常宿于张氏家。以上《宝山县月浦里志·游寓》

21 崇明县

在长江入海之口，为江口淤沙所积而成沙洲，为唐时所涌出，分东西二沙。后积渐高广，渔樵者依之，遂成田庐。宋时又涌一沙，三沙鼎立海中。五代杨吴置崇明镇于西沙，元置州于姚刘沙，嗣因水患而迁东沙。明改为县，始属苏州，后属太仓州，清因之。治所因水患屡迁，今治在岛之西南端。辖境分内沙外沙，内沙即崇明本岛，外沙为清乾嘉间所涌现，初本十余沙，今已联成一片，东西一百八十余里，南北约五十里，面积大于内沙，北与海门毗连南与崇明本岛隔江相望。外沙人民，屡请设县，与内沙分治；内沙人民，又反对之，久而不决。今由内外沙代表议决，设行政分署于外沙之汇龙镇西一里，于民国十年实行。本岛处江海间，有鱼盐之利，农产物以棉稻豆麦为主，棉质尤良，所产棉布颇著名。内外沙均有织布厂，工役达数千人。

元 宋尹文，字文璧，崇明人，元明威将军海漕千户佑子也。少从许衡学，荐为翰林院典籍承事郎。尝学琴于秋山徐氏，指法精妙。大德间，鲁国公主闻其名，召至，奏筘十八拍，公主嘉叹，赐金。至元初，归老于家。益精六壬遁甲诸术，推测休咎，亦多奇中。《乾隆江南通志·艺术》《光绪太仓州志》《民国崇明县志·艺术》

明 施文会，字志学，崇明人。少为诸生，寻以病废学。旁通潜虚术，善聆人声音，以定吉凶，历历不爽。《乾隆江南通志·艺术》

清 刘四公，明遗老也，相传仕于鲁王。鼎革后寓崇，穷巷一廛，仅蔽风雨。清吟妙绘，时时间作，但不著名。又精六壬奇门风角之术，言无不验。与邑人张隆纯善，隆纯周之终身。及殁，葬之祖茔侧。《光绪崇明县志·寓贤》

清 黄仍绪，字继武，崇明人，康熙丁未进士。居乡时，尝亲冒矢石以御海寇，而不自言其功。平居自奉甚约，而性好施予。读书自经史百家，以及六壬遁甲之术，无所不通。仕至内阁中书舍人。《乾隆江南通志·文苑》

清 施彦士，字楚珍，道光举人。沈毅有胆识。历任万全、南皮、正定，皆有治绩。晚年手不释卷，于星命之学，尤有心得。著有《星命书》《求己堂诗文集》。《崇明县志·文苑》

清 李凤苞，字海客，号丹崖，崇明县学生，幼慧异常。儿时读至"维参与昴"及"定之方中"，即究心天象，取《甘石星经》及《丹元子步天歌》诸书读之。稍长，读《数理精蕴》，博考《畴人家言》，研究泰西新法，遂通天算之学。乃益泛览诸史，凡地理兵法，下至风角壬遁医药卜筮，靡不通晓。光绪丁丑，以候选道，率员弁赴各国学习文艺战阵之法，旋署出使法国大臣。丁亥年卒，寿五十四。著有《四裔年表》《泰西日记》《海防新义》《自怡轩算书》等。德清俞樾《春在堂文集·李君墓志铭》

22 吴 县

周初太伯邑，春秋吴国都，秦置吴县，为会稽郡治。后汉于县置吴郡，陈为吴州治，隋开皇初为苏州治，大业初复为吴郡治，唐仍为苏州治，宋为平江府治，元为平江路治，明为苏州府治。清与长洲、元和，同为江苏省。民国废长洲元和入吴县，太湖、靖湖两厅亦并入焉。城周四十五重，有六门，阊门内外，商业最繁盛，沪宁铁路经之。盘门外之青阳隄，清光绪二十一年《中日马关条约》订定开放之商港也。

周 公孙圣，善六壬。吴王夫差，兴兵与齐战，道出胥门，假寐姑胥之台，梦入章明宫。见两鑸蒸而不炊，① 两黑犬，嗥以南，嗥以北。嗥，音蒙野兽声也。两鋘殖宫墙。② 流水汤汤，越其宫堂。后房鼓震箧箧，有锻工。前园横生梧桐。命太宰嚭占之，嚭曰：③ "美哉，王之伐齐也。章者，德锵锵也。明者，破声闻，昭明也。两鑸蒸而不炊者，圣德气有余也。两黑犬嗥以南嗥以北者，四夸服，朝诸侯也。两鋘殖宫墙者，农夫就成，田夫耕也。流水汤汤，越宫堂者。邻国贡献，财有余也。后房鼓震箧箧，有锻工者，宫女悦乐，琴瑟和也。前园横生梧桐者，乐府鼓声也。"吴王大悦，而心不已，复

---

① 鑸与镬同，鼎属。
② 鋘，音华，两刃耜也。
③ 嚭，音否，纸韵，大也。

召王孙骆问之。骆曰："臣图浅，不能占。东掖门，帝长公孙圣，多见博观，愿王问之。"王乃召公孙圣，圣伏地而泣。其妻谓曰："子何性鄙？王急召，乃泣涕乎？"圣曰："悲哉！子焉知？今日壬午，时加南方，命属上天，不得逃亡。非但自哀，诚伤吴王。吾受道十年，隐身避害，欲绍寿命；不意急召，中世自弃，故悲与子相离耳。"遂诣姑胥台，吴王告其梦，圣曰："臣不言身命全，言之必死于王前。臣闻章者战不胜，败走偟惶也。明者去昭昭，就冥冥也。入门见鑮，蒸而不炊者，不得火食也。两黑犬，嗥以南，嗥以北，黑阴也。北者，匿也。两鋘殖宫墙者，越军入吴，伐宗庙，掘社稷也。流水汤汤，越宫堂者，宫室墟也。后房鼓震箧箧者，坐太息也。前园横生梧桐者，梧桐心空，不为用器，但为育僮，与死人俱葬也。愿大王按兵修德。遣下吏肉袒徒跣，稽首谢于勾践，国可安存，身可不死。"吴王怒，顾力士石番以铁槌击杀之。《越绝书》《图书集成·艺术典·术数类·名流列传》《苏州府志》

汉 吴泰吴郡人，能筮。会稽卢氏，失博山香炉，使筮之。泰曰："此物质虽为金，其象宝山；有树非林，有孔非泉；闾阖风至，遂发青烟，此香炉也。语其主处求即得。"《民国吴县志·艺术》

吴 陆绩，字公纪，吴人也。父康，汉末为庐江太守。绩年六岁，于九江见袁术。术出橘，绩怀三枚去，拜辞堕地。术谓曰："陆郎作宾客，而怀橘乎？"绩跪答曰："欲归遗母。"术大奇之。孙策在吴，张昭、张纮、秦松为上宾，[①] 共论四海未泰，须当用武治而平之。绩年少末坐，遥，大声言曰："昔管夷吾相齐桓公，九合诸侯，一匡天下，不用兵车。孔子曰：'远人不服，则修文德以来之。'今论者不务道德怀柔之术，而惟尚武绩，虽童蒙窃所未安也。"昭等异焉。绩容貌雄壮，博学多识，星历算数，无不该览。虞翻旧齿名盛，庞统荆州令士，年亦差长，皆与绩友善。孙权统事，辟为奏曹掾，以直道见惮。出为郁林太守，加偏将军，给兵二千人。绩既有躄疾，又意在儒雅，非其志也。虽有军事，著述不废。作《浑天图》，注《易》释《玄》，皆传于世。预自知亡日，乃为辞曰："有汉志士，吴郡陆绩。幼敦诗书，长玩礼易。受命南征，遘疾遇厄。遭命不幸，呜呼悲隔！"又曰："从今已去六十年之外，车同轨，书同文，恨不及见也。"年三十二卒。《三国志·吴

[①] 纮，音宏，纲也，宏也。

书·本传》《清一统志·江苏省松江府志·人物》

吴 陆凯，存敬风。吴人丞相逊族子。黄武初，为永兴诸暨长。所在有治迹。拜建武都尉领兵。虽统军众。手不释书。好太玄论。演其意其筮辄验。累官征北将军。封嘉兴侯。左丞相。卒年七十二。《三国志·吴书·本传》

后梁 朱景瓒，算术精妙，设肆盘门驿。贞明中，广陵王钱元璙镇吴。景瓒上书云："到任当三十年安宁。"元璙命烛焚之，谓其说尚远，未之敬也。至天福庚子辛丑间，忽记其事，召景瓒问之，曰："算数定矣。"及期薨。《图书集成·术数部·名流列传》

后梁 颜规，本玉工。钱元璙尝召朱景瓒，问算术遁甲事。规适解玉，便厅熟闻其说，他日质于景瓒，遂精其术。忠献王尝欲享庙，规上书言翌日利五鼓之前。如寅时，则杜门在南，不可出入。不听，果寅时车出南门，镣以钥坏，久不能启，遂破镣而出。王信其神验，遂以为军师。《艺术典》引《苏州府志》

陈 顾野王，吴郡人，字希冯。七岁读五经，略知大旨。九岁能属文，长而遍观经史，精记默，识天文地理，筮龟占候、虫篆奇字，无所不通。又善丹青，与王褒同为梁宣城王宾客。梁亡，入陈。天嘉元年庚辰，补撰史学士，仕终黄门侍郎光禄卿。著有《玉篇》《舆地志》《符瑞图》《分野枢要》《玄象表文集》。《陈书·列传》

宋 许洞，吴县人，咸平庚子进士。解褐，雄武军推官。以狂狷不逊，忤知州马知节。会辄用公钱，奏除名归。越数年，当景德乙巳，洞应识韬略，运筹决策科，献所著《虎钤经》于朝。是时真宗皇帝方厌兵，思休养天下，岁不惜三十万币，输契丹，定和议，洞以是报罢，除均州参军，终乌江主簿，卒年四十二。有集一百卷，其《虎钤经》自序云："上采孙子李筌之要，明演其术；下撮天时人事之变，备兴其占。"又云："六壬遁甲，星辰日月，风云气候，风角鸟情，虽远于人事，亦不敢遗漏焉。至于医药之用，人马之相，得有补于军中者，莫不具载。"其书二百一十篇，分为二十卷；相人一篇，尤为简切。洞曰："凡欲擢用，先须辨人形神肌骨之贵贱。且人神隐于中，形藏于身，气发于外，先观其形。夫山有美玉，草木滋茂；人有贵相，气色丰润。人虽处下品，颜色形神，器度动止，与众殊也。相有七等：一曰看骨，二曰看神，三曰看肉，四曰看色，五曰看文理、黑子赤子，六曰看毛发，七曰看星文。人相有十成：一曰神气清，二曰五岳齐，三曰笑语美媚，四曰声色深沉，五曰须发无间，六曰词语稳重，七曰接对无伪，八曰不欺信行，九曰为事正直，十曰风骨合度，此为十成之相。《经》曰：七成八成，臣子尊贵，位极人臣也。"《宋史·附黄夷简传》《虎铃经》

宋 胡舜申，绍兴间自绩溪徙于吴，通风土、阴阳之术。世所传江西地理新法，出于舜申。尝以术行四郭而相之，以为蛇门不当塞，作《吴门忠告》一篇。《图书集成·堪舆部·堪舆名流列传》

宋 范畴，字复初，本金华人，尝为洞霄宫道士，得江西张九午蓍易之占，神妙莫测。杭有无籍子胡婆寿，负罪而逃，官督捕甚严。捕者即畴求筮，爻成，畴曰："可于北方树中得之。"如言迹至临平，果获于空杨树中，遂系狱。后会赦出，欲报畴，持刀晨叩畴门。始以卜，欲杀之。畴决以占，知其将不利于己，隔门谓之曰："欲问卜，可掷下手中刀。"胡闻之骇服，犹以刀画其门而去。畴由是来苏避之，寓乘鱼桥设肆。有疑来问者，莫不神验。年八十三卒。《乾隆苏州府志·艺术》

元 陆森，字茂林，平江路人，今江苏吴县治。官阴阳教谕。撰《玉灵聚义》五卷，天历二年刊，所述皆龟卜之法。其曰玉灵者，按《史记龟策传》，祝龟之词，有"玉灵夫子"语。司马贞《索隐》谓尊神龟而玉之，其名当取此义也。《四库·子部术数类存目二》

明 徐有贞，字元玉，初名珵，吴人。宣德进士，选庶吉士，授编修。为人短小精悍，多智数，喜功名。凡天官地理、兵法水利、阴阳方术之书，无不谙究。官至兵部尚书，华盖殿大学士。以复辟勋，封武功伯。致仕十数年，卒于家。《明史·本传》

〇明陆灿《庚巳编》云：武功伯徐公有贞，天才绝世，其学自天文地理、释老方技，无所不通。甲申春，茂陵嗣统，公推运造，当得二十四年。以成化改元，并嗣统之岁数之，正得二纪。辛卯岁，偕太守林公入郡学，指大成殿鸱吻曰："此有青气，上彻重霄，乃文明之祥也。来年吴士，其有魁天下者乎？"明年吴文定公及第，长洲薛副使英，祖墓在夷亭，公舟过之，指为人曰："此地当出一系金带人。"时薛犹未达，后竟举进士第，至今官金齿。卫学旧鲜成名者，公谪居，相其地，谓植树木其西以为障，当有益。有司从之，科第由是遂盛。其他巧发奇中者尚多，不能悉记。

明 金鬼谷，家于郡城中醋库巷。尝有富商谈命肆中，适一贫者负薪而来，告曰："我四柱适与同，何彼富而我贫也？"鬼谷曰："汝虽生于此，当于南方千里之外，亦与富者相埒。"① 贫者告其母，母曰："汝有姊在闽中，当往求之。"他日诣姊家，姊亦甚贫，不能容。姊知邻舍有隙所，但一宿必见鬼物，乃使暂宿之。贫者入，夜寝，果见鬼物入穴中，遂得黄金百镒，上有金鼓覆其上。贫者得金，致富而归，以金鼓报之。鬼谷因署其门曰："吴中名术，金鼓传家。"《图书集成·星命部·名流列传》

明 唐寅，字子畏，吴县人，中弘治戊午乡试第一。坐同舍举子事，发为吏。不就，筑圃桃花坞，游息其中。其学务研穷造化，寻究律历，旁及风鸟壬遁太乙，出入天人之间。其于应世诗文，不甚措意，曰："后世知我不在此。"奇趣时发，或寄于画，下笔直追唐宋名匠。虽遭放废，坐客常满；文章风采，照耀江表。宁藩以厚币聘，甫至，即佯狂以归。《乾隆江南通志·文苑》

清 刘龙光，字梦萧，吴县人。万里寻亲，人称孝子。龙光好古学。精《尔雅》虫鱼之义，旁及方书卜筮、风色地辰、奇壬遁甲之说，皆能通之。康熙壬子正月朔日，筮得大过之蹇，叹曰："过涉灭顶，吾其不免乎？"其年十一日果卒。清宜兴吴德旋《初月楼闻见录》

清 顾礼琥，出身进士。乾隆间，以举业雄于吴中，从游者常百人。善相士，尝贻书京师故人，谓其所授业二生，为吴门双璧，后起之隽。后两人先后通籍，均以第一人及第，盖即潘文恭公世恩及吴廷琛也。《清稗类钞·方技》《郎潜纪闻》

清 陆钧，字文曾。幼失恃，依于舅氏徐玉昭学卜筮，悟其精微，兼通子平斗首、五星律数。玉昭，明观察徐道登之孙，邃于数学，后以星卜擅名吴中，非其志也。钧尽得其秘。有产子者就钧卜男女，钧曰："男也，且孪生，生今日晡时。"已而果然。一妇以夫久出不归，将祝发为尼，叩钧决去就。钧曰："而夫归矣，若安得为尼乎？"忽见门外火光荧荧，有数人排闼而入，奔告其妇，曰："夫顷抵家矣。"妇惊异而去。又赵某者，缘家累被诬，数千金方就，钧占曰："朝廷宥汝，未几恩诏至。"竟免。钧之卜多类此。郡守卢腾龙，颜其室曰："通儒卜隐"，然未尝矜其能，性谨厚，事亲以孝闻。

---

① 埒，音力，屑韵等也。

卒年七十。《民国吴县志·艺术》

清 俞归璞，姑苏人，嗜青囊学，与山阴吴子卿，共事甬城，道同志合。遂将旧藏明钞木，周景一所著《山洋指迷》，反覆参详，逐篇增注，乾隆丁未刊行。姚雨方序其为简明扼要，与他本不同。究心地理者，莫不家奉南车。《山洋指迷·姚序》

清 王维德，字洪绪，自号林屋山人，吴县洞庭山人。从新安杨广含游，通阴阳家言，遂于金阊卫前卖卜，据理直陈，门庭若市；决人休咎，应验为神，著有《卜筮正宗》《永宁通书》行世。又传其曾祖若谷医学，著《外科全生集》，谓痈疽无死症，痈乃阳实，气血热而毒滞；疽乃阴虚，气血寒而毒凝，皆以开腠理为要，治者但当论阴阳虚实。初起色红为痈，色白为疽，截然两途，世人以痈疽连呼并治，误矣。其论为前人所未发，凡治新起，以消为贵，以托为畏，尤戒刀针毒药。医者宗之。《清史稿·艺术》《同治苏州府志·艺术》

清 张春山，逸其名，洞庭西山人。通星命之术，兼读相人书，决人生死无或爽。有某，素短视，知张能相人，就问之。张言其月内必盲一目，果然。《同治苏州府志·艺术》

清 徐懋荣，字野云，武功伯有贞四世孙。性聪颖，总角即能文。因相具五偏，人鄙其貌。遂弃举子业，发先世所遗青乌家书读之，未甚省。有道士桑既曰：自江西至，一见如旧识。因出所读书，相与剖析疑义，遂精堪舆，年七十一卒。子大衍，传其术，更习天官星纬之学。崇祯时，夜观天象，谓北斗中权星暗小，知吴中必多故。命仲子永铭，预入浙东括苍山，为避世计。先是大衍尝偕友杨某，往江北访一道人，至山峻处，仰望柴扉，已预书"今日有徐某、杨某到此"，因师事之，从受六壬秘要。年七十一，偶感微疾，语家人曰："顷占六壬课得从革，用神入墓，吾将逝矣。"果卒。季子永镇传其业，著《堪舆汇纂》八卷，卒年亦七十一。《同治苏州府志·艺术》

清 丘振声，洞庭东山人，神于卜筮。邻有失盗者，询其赃可获否。振声曰："于三里外大树上，鹊巢中求之。"如言往，原赃具在。后为建阳巡检。台湾林爽文反，福康安督兵征剿，闻振声名，檄之随军。问以乱首何日就擒，断以时日不爽。福大奇之，呼以丘神仙。欲荐之，固辞。厚赠遣归，以巡检终。《寄蜗残赘》

清 盛凝之，苏州人，少孤贫，而性甚慧。十四岁时，《十三经》已卒业，其季父命之学贾于钱店中。一日其主，使持金赴某所，道出隘巷，见一小家，数人聚哭甚哀。问其故，邻人曰："是家某人，死三日矣。遗儿女三四，贫不能敛。"盛所持，适有此数，悉以与之。遂不敢归店，至素所熟识之僧寺宿焉。店主待久不至。乃与季父侦探三日，始遇之僧寺，诘之以告，征之死者之家而信，季父痛殴之。盛既失业，遂留居寺中，仍读书。越三年，补博士弟子员，始归其家。至咸丰庚申岁，为贼劫至扬州，流寓仪征一破庙，卖卜自活。旋病死，庙僧谋藁葬之野。忽有洪君至庙，问知其姓氏里居，曰："此吾同乡也。"少顷，请其母偕来。母曰："昔年为汝父营葬者，与此人姓名正同，未知果是否。"乃以银三十两治其丧，属僧善视之。及乱平，洪已官参将，亲至苏州访盛氏，乃知恩人盛凝之，乱时为贼劫去，今不知存亡。遂挈盛妻子至仪征，以其枢归葬，且厚恤其家。清俞樾《右台仙馆笔记》

清 施源，吴中孝廉也，文名籍甚，从游者甚众。素善六壬，时有奇验。自占命中无进士，不赴礼闱，课徒以终。《寄蜗残赘》

民国 冯士澂，字含青，吴县人。好读书，能安贫。宦游归来，遂卖卜于玄妙观。凡有就教者，莫不据理直陈，引人入胜。晚年犹手不释卷，索隐探微。张绅敬敷，尝赞美之。卒年六十余。《吴门琐语》

民国 戴姜福，字绥之，吴县人。历官州县，而占课颇有奇验。丁卯端午节前，常熟孙师郑太史雄，因事多拂逆，乞其占流午吉凶。绥之谓孟秋之月，白虎星动，恐有危险之事，宜先期戒慎。果于孟秋十日，而元配杨恭人病逝。师郑悼亡有句云："虎尾涉冰机早肇，鸳针穿叶老犹工"，盖纪实也。郑雄《旧京诗存》

23 长洲县

汉为吴县地，唐析吴县为长洲，明清皆为江苏苏州府治，民国废入吴县。

明 葛乾孙，字可久，长洲人。父应雷，以医名。时北方刘守真、张洁古之学，未行于南。有李姓者，中州名医，官吴下，与应雷谈论，大骇叹，因授以刘、张书，自是江南有二家学。乾孙体貌魁硕，好击刺战阵法，后折节读书。①兼通阴阳律历星命之术。屡试不偶，乃传父业。然不肯为人治疾，或施之辄著奇效，名与金华朱丹溪埒。《明史·方技》

明　沈晟，②字景旸，吴中卜者。永乐末，驿取至京。命午门上布卦，问英国公征交南事。占曰："明日正午，当得捷音。"至期果飞骑报捷，生擒黎贼。上大悦，赐钞币，遣旋。《图书集成·卜筮部·名流列传》

明　邢量，字用理，长洲人。隐居葑门，以卜自给。陋室三间，读书不辍，尤工诗。吴少宰宽极重之，郡守或请其诗。量曰："古有采诗，无献诗，吾岂以为羔鴈哉！"因削其稿。

明　袁景休，孟逸，吴人，善为歌诗。芒鞵竹笠，遍游吴越山水。归而受一廛于吴市，以卖卜终老。诗多不属草。林若抚口授其遗诗，存二百余首。以上《乾隆江南通志·隐逸》

明　文林，字宗儒，征明父，长洲人，成化进士，历太仆寺丞。建言时政十四事，告病归。后复守温州，卒于官林。文学该博，虽堪舆卜筮，皆能通其说，尤精于易数。著有《瑯琊漫钞》《文温州集》。《明史·文苑·文征明传》

明　张凤翼，字伯起，长洲人，嘉靖甲子举人。《明史·文苑传》附，见《皇甫涍传》末。撰有《梦占类考》十二卷，是编取六经子史，及稗官野乘，所言梦兆之事，排比成书，分为三十四类。大抵撫集原文，略采后人之论，及以己见附之。《四库提要·子部术数类存目二》

明　李魁春，字元英，晚号筼叟，长洲人，明末诸生。国变后，高隐不仕，逍遥林壑间。喜种竹，方曲屏障，悉画竹，名其斋曰竹隐。生平纂述甚富，经史子集，及阴阳卜筮之书，多钩纂注释，鼎革后，委诸烬。今存《春秋三传订疑》《痘科合璧》，皆属晚年删定者。钱仪吉《碑传集·逸民上之下》

明　戴冠，字章甫，长洲人，生而颖异，笃学过人。其学自经史外，若诸子百家、山经地志、阴阳历律，与夫稗官小说，莫不贯综；而搜弥刳剔，必求缘起而会之。以理为文，必以古人为师，汪洋澄湛，夺迅辚轹，而议论

---

① 折节，言顿改其旧所为，屈已下人也。
② 晟，音成，日光充盛也。

高远，务出人意。诗尤清丽，多寓讽刺，尚书王恕雅重之。尝访以时务，大学士李东阳，亦深爱其文。弘治初，以选贡授绍兴府训导，罢归，著《礼记辨疑》《气候集解》《濯缨亭笔记》等书。卒年七十有一。文征明《甫田集·戴先生传》

  清 戴山人易，字南枝，不详其世系出处。语操越音，数称述刘念台先生，及甲戌间事，盖越之遗民。云："来游吴门，年七十余矣。"苍颜古貌，幅巾方袍，谈论娓娓。喜吟咏，能作径寸八分书，吴人传宝之。先师徐俟斋，① 性行高峻，平居阖户，不见一人，特与山人相得，称老友。先师暮年丧子，欲自营葬地，以告山人。山人曰："堪舆家言人人殊，且君无力延致。吾粗明此术，当为君求之。"先师言先文靖公葬阳山，吾不欲离其侧，子勿求诸他所。山人乃芒鞋箬笠，循阳山左右求之，久乃得一地，属诸大姓，购之不得。而先师没，仅一嫠妇，一孤孙，饘粥不继，谋葬先师于祖茔，而族人不可。山人曰："吾已为俟斋任此事，不得地一日不了。"于是弃绝百事，买小舟，遍历诸山村。舟所不至，徒步跋涉；高山荒谷，无不穷探；风餐水宿，无间寒暑。山人素不为人相地，人亦无以是烦山人者，独为先师营度，费皆自办之。经年乃得地于邓尉之西真如坞，以告耒曰："地甚佳，又在梅花深处，与高士相宜。地价须三十余金，无所出。"耒先以十金成券，余将徐图之。会耒有黄庐之游，山人募于人无应者，乃矢愿卖字以买地。初求山人八分书者，非其人多不应，得者必厚酬。至是榜于门，"书一幅，止受银一钱"，人乐购之，赀稍稍集。又相旁地，当买者并买之，凡四十余金，而地毕入。耒远游归，惊喜过望。盖吴下营葬，惟卜地最难。地师既鲜良者，薄有名即高自标置。丧家具舟舆，备饮馔，同相视三四年，或不能得一善地。先师既憖遗孤孙，② 族党无相关者。耒又远隔百余里，于何求之，则葬费虽重犹易举，耒于是力任之，义故间有助者，又费七十余金，而先师竟葬矣。既葬，山人复为之培土栽树，伐石立表，又费三十余金，意犹未已。山人酷贫，寓无隔宿炊，冬月常衣绤。③ 其求地也，目之所营，神之所驰，无

---

  ① 徐枋，字昭发，号俟斋，明崇祯举人，以父殉难，隐居不出，守约固穷。有《居易堂集》《俟斋集》，乃潘耒之师也。
  ② 憖，鱼觐切，凝去声，震韵，且也。发语词。
  ③ 绤，音隙，粗葛也。

往不在是。鳖面茧足，徬徨山谷中，不知疲悴。其卖字也，铢积寸累，悉归之地，不妄费一钱。一苍头不能忍饥，辄辞去。寄食僧舍中，语及徐先生，必流涕。人多笑其迂，讥其愚，终不为悔。至诚感人，事竟以集。呜呼！先师簪缨世家，亲族故旧甚众，身后鲜过而问焉者。山人非有葭莩之亲，簦笠之雅，① 徒以片言心许，不惜倾身命以践之，无所为而为，岂非天下之高义哉？允是类也。豫让之吞炭，婴杵之藏孤，桃哀之并衣，保安之积绢，何所不可为？山人不言其生平，然大略可知矣。山人作钓台诗，至数百首，有家不归，年八十，避贺寿者之钓台，旬月及返焉。清吴江潘耒《遂初堂稿》

清 屠西爽，以卜筮名吴中。韩菼以内阁学士，予假归。康熙乙亥，奉召入京，韩问之，曰："公此行，官至尚书。然癸未即当南归，过此不能归矣。"韩入都，累迁礼部尚书，超拜大宗伯。至癸未，始婴疾，乞假未允。甲申病增剧，卒于位。王大司空鸿绪，时同被召命，闻屠语人曰："韩公此行不归矣。"果验。屠亦以癸未年卒。王士祯《香祖笔记》

清 嵇璜，字尚佐，长洲人，雍正己酉赐举人，庚戌成进士，选庶吉士。乾隆间，历南河东河河道总督，擢兵部尚书。卒年八十四，谥文恭。璜善风鉴，百不失一。尝主乾隆乙未会试，揭晓中式者，初见即鉴别无爽。分两日谳之，前一日皆丹毫简用者，内有二人不符，由途即选；次日所延，则尽归班矣。尝言乙未一榜无宰辅，惟许紫垣、孙寄圃，一内一外，禄位崇厚。后果然。又尝言金兰溪必为枭司，后果由枭司，官大司寇。曹顾崖城，病右手，屡大考，不能作字，欲乞假。文恭曰："不出三年，当至二品，岂可去耶？"曹后以学士督学山左，洊擢少宰。②《清史稿·曾筠传》《清稗类钞·方技》。

清 张锡祚，字永夫，长洲人。性好诗，无他嗜。始居横山，从叶燮游。移往葑门南园，再徙木渎下沙塘，颜其居曰"啖蔗轩"，课徒卖卜，食贫厉节，数日不举火，或采杞菊以食，而吟声出老屋，晏如也。性耿介，不事交游。与沈归愚，同为叶横山高弟。何义门太史闻其名，同陆元公积亟访

---

① 簦，音登，笠之有柄，可手执以行者，为今之伞。
② 洊，音荐，再也。

之。有悯其困者，欲稍润泽之，先生夷然不屑。形似野鹤，又如瞿昙，① 不戴帽，好著屐。虽妇人女子见之，莫不知张先生而起敬焉。著有《鉏茅集》，高淡淳古，不减陶韦。其后益无聊赖，卒穷饿以死。年五十二，无子女。友人谋葬于灵岩山麓，陆稹②题其碣曰："诗人张永夫之墓"，好事者每携酒酹之。③《长洲县木渎镇志·逸民》

清 李自明，著有《太乙统宗神数》四十卷，乾隆乙卯刊。《统宗序》

清 何万年，字永锡，长洲人。善推星命，决人休咎得失，多奇中。韩荚为作传。

清 蒋元益，字希元，一字汉卿，号时庵，长洲人。少有夙慧，于书无所不窥。自推禄命，利东南木火之乡。果于丙运乙年，乾隆中进士第一。官至兵部右侍郎，年八十一卒。著有《周易精义》《志雅斋诗钞》。《淡墨录》

清 蒋中孚，长洲人，以拆字著名。一人问生理，拈子字，中孚曰："大佳。"一人继至，问词讼。亦拈子字，中孚曰："受克太甚，不速避，将有性命之虞。"人问其故。曰："前拈子字，适一女子走过，子旁著女，乃好字也。后拈子字，一猫在屋上跃去，子属鼠，遇猫必伤，当即逃避耳。"后中孚于中夜，闻砉然一声，④ 如重物堕庭中，起视一五十两元宝也。取以易钱，被捕快擒获到案，乃富室被盗原赃。官询得其故，自书一字令拆之，盗果如言而得，即以元宝赏之。中孚自后，不复设肆矣。《寄蜗残赘》

清 宋思仁，字蔼若，号汝和，长洲人。为山东粮道，居官廉惠，勇于兴革。听讼如家人，反覆推求，必得其境；有古迹，必访求而表彰之。在粤西撰《太平便览》，在山东撰《泰山记》，皆志古今文献。兼通星卜堪舆，能决人穷通休咎，有验。引疾归，十余年，其疾也，仿谢石测字之术以自卜。座客或举蘭字，曰："吾病殆不起。蘭字有十二月之象，中从东，十八日也。已而果然。"卒年七十八。《苏州府志》

清 彭遇时，苏州人。垂帘卖卜，尤精于推命。自将命造细算，晚岁应享富厚之乐，而生平止有一运最佳，逐年逐月细校，止有一时为极佳，但在

---

① 昙，音罩，昙布也。
② 旧作陈炳，误。
③ 酹，音类，以酒祭地也。
④ 砉，音划，陌韵。砉然，皮骨相离声也。

冬夜子时，自念莫非应得藏镪乎？届期明烛俟之，屋瓦砉然，一罪犯赭衣铁链，发长尺许，叩头求救。遇时自思正在佳运，救之当亦无碍，代去其发，取敝衣易之，复将银数两助其行。其人详问姓名，叩谢而去。十余年后，忽有人邀往官舫，遇时疑欲算命，随之往。一贵官迎待甚恭，叩谢恩人不绝。彭茫然，乃自述当年相救事。脱逃后，更易姓名，投效军营，累积战功，现授浙省总兵，赠银万两而别。遇时由是安乐余年，不复设肆矣。《寄蜗残赘》

24 元和县

清雍正二年，析长洲置元和，与吴县长洲，并为江苏苏州府治，民国废入吴县。

清 惠栋，字定宇，号松崖，元和学生员。自幼笃志向学，于经史诸子、稗官野乘及七经谶纬之学，无所不通。家贫，课徒自给，行义至高。乾隆庚午，召举经明行修之士，所著书未及呈进，罢归。戊寅五月卒，年六十二。栋四世传经，恐日久失句读，成《九经古义》二十二卷。于《易》尤精，著《易汉学》八卷、《周易述》二十三卷。凡康成之爻辰，虞翻之纳甲，荀谞之升降，京房之世应飞伏暨六日七分，世轨之说，悉为疏通证明。由李氏之《集解》，以及其余，而汉代易学灿然。又撰《易微言》二卷、《易例》二卷，以阐明之。别有《九曜斋笔记》《松崖文钞》《竹南漫录》诸书。《清史稿·儒林》附《惠周惕传》《碑传集·经学下之上》

清 袁钺，字震业，号清谿，又号匏隐，元和人，诸生。性拗僻，不谐于俗。工书画，通歧黄，精命理。杜门教授，生徒甚众。卒年八十有三。彭文灿《画史汇传》

中国历代卜人传卷四

江苏省(四)

25 常熟县

晋海虞县,南朝梁析置常熟县,治南沙,城在今江苏常熟县西北,唐徙海虞城,在今县东,宋徙今治,元升为州,明仍降为县,清属江苏苏州府。

元 赵元行,精于星命。取人之生年月日,转数至时,得五行之数,并以安命所属,水一,火二,木三,金四,土五,日六,月七,总之,过七五除,过九七除,用零数所配一星为用,断人寿夭休咎,多奇验。《光绪常昭合志·术数》

明 徐忠,字铭理,精于推测占候之法,官钦天监中官正。子景容,字景福;孙朐,① 字存一;坚,字伯温,习天文,兼通阴阳地理之学。洪武初,征入钦天监。曾孙佐,字朝卿;弟仪,字朝端,并承家学。佐有士行,慎取舍,尝浚井得钱盈万,以为妻家所藏也;召妻弟至,尽以归之。仪善词章,教授里中,礼于有司。《光绪常昭合志·术数》

明 汪宏道,字阆宾。游金华,以阴阳五行,推人性情气质,知其太过不及者,而谆谆道之于正,不专言前定之吉凶寿夭,使人废人事不修。年九十八卒。《常熟县志·隐逸》

明 缪希雍,字仲醇,常熟人。故宦家子,孤贫刻励。初教授里中,裹

---

① 朐,音劬,脯也。

足读书，里中人莫之识也。久之揣摩成，出游贤豪间，规画世务，所至倾动；与东林诸人，尤为友善。兼通《青乌》、《肘后》诸书，即专门皆逊让之。而公所重在气节，曰："此吾之余绪耳。"初移家阳羡，又徙长兴，又徙金坛，岁必两度还里，祭扫先墓。著有《先醒斋广笔记》《本草经疏》《本草单方》诸书。明常熟龚立本《烟艇永怀》

明 周永年，字修斋，善天文阴阳历算。王时敏赠以诗云："已超象数盈虚外，小试经纶爕理中。"《康熙常熟县志·隐逸》《光绪常昭合志·术数》

明 金嘉元，字维岳，诸生。幼喜读易，好五行卜筮之学，多奇验，著《占说》二篇。《光绪常昭合志·术数》

清 钱陆灿，字湘灵，号圆沙，常熟举人，生明季，为诸生，已有名于时。陆灿治经，长于言《易》，每月筮一卦，以六日主一爻，占动静休咎，征辄有验。为诗古文皆工，以其学教授，出游扬州、金陵、常州。晚而归里，弟子著录者数百人。所著有《调运斋集》。

清 单德棻，字孔昭，常熟人，资器英异。家贫，好读书，狂简不偶于俗。年十三，应县试，见侪辈杂处堂下，县吏抱牍呼名序进，便却走疾出，自此不复为举子业。至如经传子史之文，钟律星朔之旨，不由师授，而能强记。乾隆丙子年卒，年三十有四。著有《天文占验》《易图说》等书。以上宜兴吴德旋《初月楼闻见录》

清 陈三恪，字象贤，常熟人。年十八，代其父士介教授，早夜力学。旁通堪舆卜筮壬遁风角家言，捃摭成书，[①] 名曰《海虞别乘》。《同治苏州府志·艺术》

清 袁永信，字季达，居堰门泾，善青乌术，为人质直，年九十六卒。《光绪常昭合志·艺术》

清 王有德，常熟人，善卜，决人祸福不爽，古之蜀庄也。少时贫甚，除夕几不能举火，谓其妇曰："吾闻城隍神甚灵，元旦第一人入庙焚香者，必获福。我明日有此意，而无香与烛，奈何？"妇曰："君无忧，我囊中尚有五文在，可以办此。"既寝，梦神谓曰："尔勿患贫，庙中香炉下有钱三文，尔其往取之，衣食在是矣。"有德觉而异之，天未明，即起盥漱，急趋至城

---

① 捃，君，去声，摭，音只，陌韵，捃摭，拾取也。

隍庙，人犹寂然也。适有卖香烛者至，即以五文买之。未几而庙门启，乃燃香烛入拜。拜既毕，因梦中神语，试从炉足觅之，果得光背钱三文。后世占者以钱代蓍，必用光背，盖命之以卜也。有德归而习之，垂帘市门，日获钱数百，遂植其产。后其孙，曰俞，中崇祯癸未科进士；而曾孙澧，与之同榜，父子连镳，邑人称为"双王"云。清常熟王应奎《柳南随笔》

26　昭文县

本常熟县地，清雍正二年，析置昭文县，属江苏苏州府，民国废入常熟县。

明　马天用，字遂良，精青乌术。洪武初，荐入京试艺，居天下第一。成祖在藩邸，天用进见，应对称旨，赐以睿翰。《光绪常昭合志·艺术》

明　郑秋泽，以星命行长洲。有二吏欲谒选，就郑卜。郑曰："勿问功名。一月之内，能全首领，幸矣。"二吏愕骇，郑又曰："数也。"二吏惙惙不乐，谋往茅山避之。舟至无锡，邂逅一人，拉往杭州，留连半月。迹其人，乃宿盗也。忽被逻卒掩捕，二吏亦混执论死。久之，诉冤上官，方得减戍。《光绪常昭县志·术数》

清　丁鹭，字鹭洲顺治间诸生，精堪舆之学，注阳宅、斗首书。雍正《昭文县志·术数》

27　吴江县

汉吴县地，唐松陵镇，五代吴越置吴江县，元升为州，明仍降为县，清属江苏苏州府。

元　盛舆，字敬之，吴江人。初为震泽教谕，升锦州学正。兵兴，参谋浙省军政，擢崇德州判官。好古，博识医卜地理之书，靡不通究，著《滴露斋稿》。《吴江县志·艺术》

明 袁黄,字坤仪,一字了凡,吴江人,万历丙戌进士。授宝坻知县,[①]省重役,裁苛派,筑堤扞海水,辟旷土。擢兵部职方主事,时有援鲜之师,黄疏请赴军前赞画。遣奇士冯仲缨金相,往说倭将,约盟解甲,事垂成,为阃帅所忌,遂落职。天启改元,追叙东征功,赠尚宝司少卿。黄博学尚奇,凡河洛象纬、律吕水利农政,旁及勾股堪舆星命之学,莫不究涉。著有《皇都水利》《祈嗣真诠》《评注八代文宗》《两行斋集》《历法新书》《群书备考》。尝导人持功过格,乡里称为愿人。《乾隆江南通志·宦绩》《康熙吴江县志·宦绩》

○珊按:彭绍升撰《了凡先生传》,谓为江南吴江人。了凡之先,赘嘉善殳氏,遂补嘉善县学生,隆庆四年庚午举于乡,万历十四年丙戌成进士,授宝坻知县,是以《光绪浙江通志·循吏》,亦载黄为嘉善人也。

明 杨艺,字硕甫,吴江人,其师松仙鬼谷子之流。艺以数行常熟。人有问焉,辄书隐语以答,后必奇中。或匿其所问事,不使知,对亦如响。从瞿式耜于广西,式耜殉国,艺收尸付其孙归葬。人谓艺非卫士,盖义士也。《同治苏州府志·艺术》

明 皇甫焯,字文含,少聪敏。博学能文,旁究六壬遁甲之术。崇祯十年丁丑,以明经对策京师。有试其术者,叩以本日休咎。焯占之曰:"今日主马惊。"其人哂曰:"吾此马服之二十年,骋高凌阻,如履康庄,何致泛驾为哉!"将归,谓御者曰:"善控之,毋令皇甫先生笑也。"行未二里,马遇驼,骇而奔,其人仅免,心服焯之奇中。自此名震京师。《康熙吴江县志·艺术》○珊按:《同治苏州府志》载皇甫焯为清人,非是。

明 徐师曾,字伯曾,吴江人。年十二,能为诗古文。长博学,兼通阴阳律历、医卜篆籀之说。嘉靖间,举进士,选庶吉士,历吏科给事中,颇有建白。世宗方杀僇谏臣,言官缄口。师曾遂乞休,著《周易演义》《大明文钞》等书。《康熙吴江县志·儒林》

明 盛伦,字文叙,寅姪,性明敏。少传医学,又遇异人,授堪舆家书,尤精其术。人以疾求疗及相地者,门无虚日。以上《康熙吴江县志·艺术》

[①] 今属河南省。坻,音迟。

28 崐山县

汉娄县,南朝梁分娄县置信义,又置崐山。元升为州,明复为县,清属江苏苏州府。沪宁铁路经之。《苏州府志》云:"旧治在崐山北,后迁马鞍山下。"故称马鞍为崐山。

明 周仲高,精天文地理之学,足迹半天下,善征休咎。时方承平,自钱塘来昆山,曰:"天下兵且起,吾卜地莫如娄江善。"遂居焉。已而钱塘毁于兵,昆果无恙。洪武初,郡邑建署及神宅宇,相方定位,卜日选辰,皆出其手。县令呼文瞻,为画像赞之。《图书集成·堪舆部·名流列传》

明 郑若曾,字伯鲁,昆山人,幼有经世之志,凡天文地理,山经海籍,靡不周览。嘉靖中,岛寇扰东南,总制胡宗宪、大帅戚继光,皆重若曾才,事多谘决。后以倭平议功,论授锦衣职,辞弗受。所著有《筹海》等书。《乾隆江南通志·武功》

民国 张芬,字敬敷,号仲芳,昆山人,廪贡生。历任阜宁、江宁县学训导。研经铸史之余,笃好卜医。对于地理、女科,尤多卓识。辛亥后,侨寓苏州,精神矍铄,犹复以医济世。己未重游泮宫,友人戏谓之曰:"泮水重游张敬敷,昆山不住住姑苏。佳儿佳妇同兴学,独自悬壶号大夫。"其旨趣可见。甲子年卒,寿八十有四,所著《诗文集》等书藏于家。《苏绅重游泮宫小志》

29 新阳县

本崐山县地,清雍正二年折置,属江苏苏州府,民国废入崐山。

清 沈张坊,字组佩,新阳人,庠生,善堪舆,居嘉定。一日,谓钱竹汀之尊人曰:"汝家房门不利,是以年逾三十,尚未得子,当闭之而别启户焉。"如其言,期年而竹汀居士生。《钱辛楣年谱》

30　武进县

春秋吴延陵邑，汉置毗陵县，晋分置武进县，梁废，故城在今江苏武进县西北七十里。唐复置，即今治。清与阳湖县，并为江苏常州府治。民国废府，以阳湖并入武进。地当运河之滨，沪宁铁路之中心点，水陆四通之地也。土沃宜农，蚕丝亦盛，豆米为出产大宗。

汉　陆璠，字仲芳，毗陵人，① 操履清正。明《京氏易》、《尚书》，尤精风角星算。辟主簿，谢病去，隐会稽山，以典籍自娱。公车再征，皆以病辞。《乾隆江南通志·隐逸》《光绪武进阳湖县志·隐逸》

南齐　萧惠开，南兰陵人，② 少有风气，涉猎文史。初为秘书郎，累官都督益宁二州刺史，卒年四十九。惠开雅有知人鉴，谓人曰："昔魏武为洛阳北部，时人服其英；今看萧建康，③ 但当过之耳。"《宋书·本传》《南史·齐本纪上》《太平御览·方术部·相中》

南宋　韦叟，晋陵人，善相术。宋武帝始为镇军将军，桓修令相帝当得州否。叟曰："当得边州刺史。"退而私于帝曰："君相贵不可言。"帝笑曰："若相中，当用为司马。"其后受晋禅，叟诣之曰："成王不负桐叶之信，公亦应不忘司马之言。今不敢希镇军司马，愿得领军佐足矣。"卒与之。《南史·宋武帝纪》《光绪武阳合志·艺术》

明　唐顺之，字应德，武进人。嘉靖己丑，会试第一，官至右都御史。庚申年卒，年五十四。崇祯中，追谥襄文。顺之于学，无所不窥。自天文乐律、地理兵法、弧矢勾股、壬奇禽乙，莫不究极原委。尽取古今载籍，剖裂补缀，区分部居，为左、右、文、武、儒、稗六编传于世，学者不能测其奥也。《明史·本传》

明　吴杰，字士奇，自号旸谷，武进人。其为医，始杰之高祖肇。父宁，赠太医院判。杰之学，自青乌氏书、风角云气占经等，李虚中子平之

---

① 毗陵，即今武进县治。
② 兰陵晋置，故城在今江苏武进县西北九十里，南齐未废。
③ 时齐太祖萧道成，为建康令，有能名。

术、金丹内外秘诀，无所不通，医特其一技耳，然竟以医致大官。年七十八，卒。《唐荆川文集·旸谷吴公传》

明 曹一江，武进人，善星命，负盛名。唐翰林荆川赠诗有云："春雨兰陵江草生，江流恰与道心清。门前车马日来往，闲坐江城说子平。少读阴符耻未工，青山偃仰渐成翁。人间炎冷都忘尽，听话流年一笑中。"《荆川文集·赠曹星士一江》

清 吕宫，字长音，一字苍忱，号金门，武进人，明崇祯癸酉举乡。宫邃于易，筮得否之泰，晓然于"小往大来"之运，遂不赴公车，独深求体用经济之举。游扬州，尝晦迹谢交游，独居僧寺。迨国朝定鼎，宫复筮《易》，遇乾九二，遂趋京师。顺治丁亥，擢一甲一名进士，授秘书院修撰，累官弘文院大学士、太子太保，康熙甲辰卒。宫立朝矜尚气节，虽持大体，不立异同，独辨流品，于前明阉党，屏之尤严。著撰甚富，授门人吴侗校理，遂失之。《清史稿·列传》，钱仪吉《碑传集·开国宰辅》

清 董达存，字华星，或作化星，武进人。乾隆壬申进士，授国子监助教。告养归里，家传有青囊书，达存精其业，决休咎奇验，人争迎致之。遇所不可，夷然不屑。所得馈赠，建宗祠，置祭产，余以济贫乏。时东郊建普济堂，达存捐金倡焉。初壬申，将会试，须僦屋贡院前，赵瓯北与约同寓。时赵客汪文端第，文端为其赁一宅，赵不敢却，乃嘱妻弟刘敬舆与董偕，董所亲择者也，符天藻亦与焉。二场后，赵诣董，私询以寓内当中几人，答曰："三人俱隽，恐符或失之。"盖夜卧须按本命定方位，而符怀疑不我从也。出榜，董、刘果成进士，赵与符落第。江苏巡抚庄有恭，尝延董相衙署，董为改葺数处。既落成，庄将出堂视事，董止之，为择一吉日时而出。届期坐甫定，辕门外忽传鼓报喜，则加宫保之信适至。康文伯基田，令昭文时，以家有子弟应秋试，预叩董。董询其先茔何向，教之某方立一灯竿，子弟之某年生者当发解。已而果然。《武进县志·艺术》《清稗类钞·方技》钱塘诸可宝《畴人传三编》

清 庄述祖，字葆琛，武进人。乾隆庚子进士，官山东汇县知县。遂辞官养亲，譔《古人甲乙篇》，谓许氏始作偏旁条例，以序文字，始于一，终于十，日十二辰，此六书之条例所从出，合于《尔雅》岁阳岁名，以明十二支藏遁之法，有归藏之义焉。凡天地之数，日辰干支，在黄帝世大挠作之，隶首纪之，沮诵仓颉名之，以书契易结绳。故伏羲画八卦之后，以此三十二类，为正名百物之本，故《归藏》黄帝易也。故籀条例，皆由此出。又谓归藏首坤，坤辟亥，亥，壬甲之所藏也，则六壬六甲之占，皆本于《归藏》也。另著《明堂阴阳》《夏小正》《经传考》《释明堂阴阳记》《长编校正》《白虎通别录》《天官书补考》《诗文集》等书。《清史稿·儒林》钱仪吉《碑传集·乾隆朝守令下之下》

清 杨方达，字符苍，一字扶苍，武进人，撰《易学图说会通》八卷。自序云："寻绎宋元经解，及近代名家纂述，见其精研象数，或著为图，或著为说，有裨易学者，类而录之；左图右说，集成八卷。一曰太极探原，二曰图书测微，三曰卦画明德，四曰变互广演，五曰筮法考占，六曰律吕指要，七曰外传附证，八曰杂识备参。大旨以《朱子本义》九图为主，而博采诸家，间附己见。"盖专讲先天之学，故前列《周子太极图说》，后论《律吕八阵图》，而不及乎辞占云。《四库·经部·易类存目四》

清 王光燮，号艺山，武进人。乾隆丙辰，以五经举顺天试，明年丁巳科成进士。历任广东博罗、定安；直隶鸡泽、广平、邯郸；江西安远、广丰、宜黄；福建莆田、将乐等县，颇著政声。光燮素善子平术，常言吾行年六十九，恐不利。每叹曰："仲翁知止，薛公悬车，吾虽百不及二子，又可默墨长违首丘之义。"及补连江，竟不就，循粤东归。以乾隆庚子二月卒，年果六十有九。钱仪吉《碑传集·乾隆朝守令中之下》

清 张云英，字杨烈，武进之湋溪人。乾隆戊申举人，嘉庆戊寅，大挑二等。[①] 凡为举人三十年，年六十有六矣。君少孤酷贫，自为诸生，始设家塾，招集邻里子弟为之师。所居既湫隘，童子数十人，联袂接席，时时嬉笑诟谇，君呵叱声与童子诵读声相间，终日不得息。已而岁歉收，童子稍稍谢去，君益无以为养，乃于宜兴之和桥，假一椽为卜肆，卜颇中，日或得数百钱。和桥距湋溪数十里，君晨往暮归，为太夫人言是日所卜中否，因陈说古今星算之术，以为笑乐。非甚风雨，太夫人必开门待君，母子相顾欣然，不自知其贫而将老也。[②] 云英四与大挑，始得列二等。二等都若干人，君次第

[①] 清乾隆十七年（1752）定制，三科（原为四科，嘉庆五年改三科）不中的举人，由吏部据其形貌应对挑选，一等以知县用，二等以教职用。每六年举行一次，意在使举人出身的士人有较宽的出路，名曰大挑。

[②] 阜按：云英先生，固是孝子，其太夫人亦真贤母也，佩甚。

五。四人者，同日选教谕去，而君以肺疾发，卒于寓舍，不及选期者二十日。呜呼，可哀也已！君之将入都也，自卜之，语其家人曰："吾此行当得官，然不及选也。"至是疾发，里人有述其言者，然亦不虞其果验也。阳湖陆继辂祁孙撰《候选教谕张君家传》

清 邵一庵，毘陵人，治形家言，不忍以地诳人，道吉凶无讹。与苍如上人善，游孟河必主之。有以百金延一庵卜穴者，主人曰吉，一庵曰不吉。或曰："厚利也，姑顺之。"一庵戚然曰："奈何重百金之利，而轻五世之泽乎？天下有三无耻，世每以神明事之。谋馆如鼠，得馆如虎，鄙主人而薄弟子者，塾师之无耻也。卖药如仙，用药如颠，贼人命而委天数者，医师之无耻也。觅地如瞽，谈地如舞，矜异传而谤同道者，地师之无耻也。其误人也易，而其自罚也速，天之所弗宥也。虽其误无心，然逞无本之学，以恣无心之毒，有心则可以悔而不为，无心则终于为而不悔，自以为是，而无所忌惮，乃小人之尤者耳。奈何重百金之利，而轻五世之泽乎？"一庵谓苍如曰："祖塔有水，盍迁之。"既迁，一庵推以遁甲，岁壬子，土木大举。是年果建北楼，陈星野题曰"梧月"。明年复建祖堂，废室皆整。著献《类徵初编》

清 孔璞，字岂凡。游庠后，不与科岁试。通晓历算，准步天歌，取经纬星度，依十二月为十二图，又以五夜躔次，分为五图，中夜觇察。尤精奇门遁甲之术，尝途遇一人，谓曰："子有大祸，速归毋出户。"其人归，忧惧，潜至璞所求救。璞见惊曰："子毋来，祸且立见。"是日为仇家杀于途。璞兼习孙吴书，酒酣放言，满屋倾动。《光绪武阳合志·艺术》

清 张惠言，字皋闻，武进人。少受《易经》，即通大义。年十四，为童子师。修学力行，敦礼自守，人皆称敬。嘉庆己未进士。时大学士朱珪，为吏部尚书，以惠言学行，特奏改庶吉士，充实录馆纂修官。辛酉散馆，改部属，珪复特奏授翰林院编修。壬戌卒，年四十二。惠言生平精思绝人，尝从歙县金榜问故。其学要归六经，而尤深《易》《礼》，著《周易虞氏义》九卷、《虞氏消息》二卷、《虞氏易礼》二卷、《虞氏易侯》一卷、《虞氏易言》二卷、《茗柯诗文》五卷、词一卷，又著《青囊天玉通义》五卷，《清史稿》载入《术数类·相宅相墓之属》。《清史稿·儒林》

清 黄乙生，字小仲，景仁子。少孤，刻苦于学。幕游广东，为巡抚朱珪所重。道光辛巳，诏举孝廉方正，未赴，卒。乙生治《郑氏礼》，贯穿诸经，如壑趋海；又好杨曾之书，凡庝词隐语。① 彼术中所谓秘而不泄者，皆发其蒙。尝以语世之号为知地者，知地者不能解也。唯董士锡晋卿善之。《续碑传集·文学》

清 董士锡，字晋卿，一字损甫，武进人，嘉庆副榜贡生，候选直隶州州判。从其舅张惠言学，工古文诗赋。河督黎世序，聘修续行水金鉴。士锡又精虞氏易，好治阴阳五行家言，殚心者数十载。尝曰："世之言奇门六壬相墓者，皆各自为学，吾独求其原于《易》，一以贯之。然求之愈深，闻者且骇，恐世之卒莫予知也。"著《齐物论斋集赋》二卷、文六卷、家谱一卷、诗八卷、词一卷、《遁甲因是录》二卷。未成者《遁甲通变录》、《形气正宗赋》。家谱、词已刻，余未刻，藏于家。《续碑传集·文学》

清 马文植，字培之，武进人，世业医，尤精外科。同光间，负盛名，尝奉诏入诊，奄人索贿急，遂辞归。于堪舆学颇有研究，尝谓地理之学，理气峦头，二者不可阙一。舍峦头专言理气，则易涉渺茫；舍理气第讲峦头，则难窥奥窔。理气无形，领悟已深，必验之峦头，庶所学有据；峦头有形，游历既久，必证以理气，庶所见皆真。盖理气与峦头，实相因而成。议论透辟，人每服其言。著有《医略存真》。《地理辨正续解序》

清 大不同，某拆字者之别号也。光宣间，寓常州城隍庙，设摊营业，名噪一时。有某店伙之纱帐被窃，薄暮始觉，往求拆，时大不同已收摊矣，因令随举一字以拆。店伙写四字，大不同曰："无妨。君所失为纱帐，今已有人悬于他处。君观四字之形，因悬挂之象也。速觅，或可得。"店伙曰："否，否。君所拆者，为真体四字；而余所举者，为草体四字，无乃误乎？"大不同曰："若然，则赃已难觅。仅可购备蚊烟一圈，以御蚊矣。蚊烟一圈，亦象草体四字之形也。"又有一尼姑，拈青字，令拆之。问何事，曰："终身。"大不同曰："清不清，静不静，出家恐不利。若立定主意，择人而事，则尚有生育之望。盖青字之上截似'生'字，而下半截则'育'字之底也。"尼忸怩而去。有知其事者，则谓尼固不守清规，久有还俗之意也。《清稗类钞·方技》

---

① 庝，叟，平声，与廋通，匿也。

31 阳湖县

本武进县地，清雍正二年，析置阳湖县，以县有阳湖名，与武进并为江苏常州府治。民国废入武进。县人在清时，多谕古文名，世称阳湖派。

清 叶楷，字荫初。弱冠，补弟子员，习堪舆家言。吉凶言人人殊，惟楷通究原委。当众家聚语，从容答辨，终莫能穷。同时吴逋大，① 字公求，为人孝友直谅，亦精堪舆之学，言休咎辄验。著有《地理心传》及《出向分金法纂论》。《光绪武阳合志·艺术》

清 赵地山，精青乌家言，著有《地学源流》。李申耆太史兆洛，序其书曰："天曰文，地曰理，人曰事。天不可以实求，即恒星七政之经纬错综者著之。人不可以虚立，即视听言动之日用行习者范之。地据质而仪天，山川原隰，曲直起伏，有脉络条缕，以绾贯于其中。如人之四肢百骸，浑然块然，而气之流行分布，自有径隧。即所见以求其理，而阴阳向背，开阖行止，动静盛衰，生死之变效焉，故又曰脉，亦曰阞。② 观文以象，治事以礼，别理以形，形者所以形理也。理不可见，形而后实，形而后定。今之言地理者，多杂五行家言。五行者言其行于天地入之间，天地人之所共也。天之五行在象，人之五行在礼，地之五行在形。舍形而空言干支方位之五行则无实，无实则无定，是离本也。地山赵君，专精青乌家言，荟萃昔人论说，门分而类别之，一以山川流峙、聚散之实为宗，诸家气运轮转控制之术，亦博采焉。说必赅备，语必易晓。成书二十一卷，题曰《地学源流》，盖问途者之指南也。夫藏伏之理，见于有据之形。形百变，理亦百变。或形变而理不变，或形不变而理变。依形以求理，未必其悉中也，而况以无形求无形乎？"地山又著《宅经宝鉴》，太史序之曰："墓不徙而宅可徙，死幽而生明，死静而生动也。明故知向，动故乘时，即太乙之不常厥居也。天子法之为明堂，百姓法之为户牖，禽兽法之为巢窟，昆虫法之为蛰振。九宫者五行之散布，阴阳之错综。圣人不出户，知天道，用

---

① 逋，音律，循也。述也。
② 阞，音勒，地理也。殷注《考工记》曰：凡沟逆地阞，谓之不行。注谓脉理，凡理之学皆从力，防者地理也，朸者木理也，泐者水理也。

此也。都邑之人达而漓，野鄙之人僿而愿，山谷之人朴而悍，江湖之人剽而肆，地使然也。入其家，门院洞达者，子弟多轩昂；居处幽闲者，子弟多秀美；庭宇厄塞者，子弟多暗陋；房户窅曲者，① 子弟多邪私；庐舍散碎者，子弟多乖分，宅使然也。或始盛而中衰，或前沈而后扬，或彼福而此祸，或乍微而乍显，数使然也。明乎往来伸缩之故，则阴阳五行之用，可穷本而知变矣。故精义以致用，利用以安身。谚曰：'制宅命子，足以观士。'辨方正位者，天子之事也。辨物居方者，君子之事也。五行九宫，所以辨物也。盈虚消息，所以居方也。地山既成《地学源流》，又为《宅经宝鉴》，问序于余。余不能数白道黑，而于天人之际，窃尝闻之矣，故举其所知者以复焉。"地山又著《选择宝鉴》，太史序之曰："古人诹日以卜，而用刚用柔，惟戊惟午，厥有故常。褚先生《补日者传》，称有五行家、堪舆家、建除家、丛辰家、历家、天人家、太乙家，皆日者也。堪舆即今之造宅造葬，建除即今通书，丛辰即今星煞禁忌，历家、天人家即今推命，五行太乙则其本法也。自唐以降，其说日繁，局于术而不务大道，迷真背本，苟哗众以取利。地山病其然，罗列众家，旁及外国之说，辟其非，纠其舛。衷诸是，可谓劳心济人者欤。"《养一斋文集》《地学源流》《宅经宝鉴》《选择宝鉴序》

〇阜按《清史稿》载：李兆洛，字申耆，嘉庆乙丑进士，选庶吉士，改令凤台，在县七年，以父忧去，遂不出。主讲江阴书院，以实学课士。其治经学、音韵、训诂，订舆图考、天官历术，自著《养一斋文集》。吾观其集，载有为赵地山三书之序，本本原原，不偏不倚，知先生于阴阳卜筮堪舆选择之学，亦必具有深切之研究也。

32 无锡县

汉置，封东越降将多军为侯邑，三国吴省，晋复置，元升为州，明复为县，清属江苏常州府。地当运河之滨，沪宁铁路经之，商业甚盛，江南米市多粹于此，新工业亦颇发达。民国十一年，自辟为商埠。

明 郭文显，卖卜锡山，推人祸福，神验异常。倪云林先生赠诗有云：

---

① 窅，音杳，深也。

"昔者马季主,卖卜如有神。郭君言祸福,奇中季之伦。顾我年衰野而赣,尚复纷纷婴世网。为卜明年春水生,欲问桃源刺渔榜。"①《倪云林诗集·卷二》

明 袁观海,字天恩。嘉靖庚戌贡,入都,阻风济上,纵步入村落,抵小山,衡门曲径,烟霞蔚然。有老叟映竹观书,谓观海曰:"君禀殊秀,其柳庄后乎?吾将授子天地之秘矣。"乃以《柳庄遗秘》半卷授袁,因为讲解微奥。日昃,出饮食共餐,又讲至日没而别。问其姓名,不告。观海入都,阴察诸贵人形色,无不验者。任学博六年归。家人谓曰:"邻人孙雪窗,庚戌八月生儿,光怪极多,月华满巷。"袁请见,时少宰七龄矣。一见加额曰:"耳眼鼻额,俱合大臣贵局。特清甚,稍薄,无高贵耳。"复观其手,柔纤莹白,掌文透甲,益大喜。曰:"相传唐学士皋之掌如是,后必有大名。"时少宰本名承宗,因袁言,改名继皋。唐皋正德甲戌状元,少宰万历二年状元亦甲戌,若前定者然。《锡金识小录·方技》

明 顾节,字公理,无锡人。性伉质,好面折人过。常减息缓急于人,然晚年所殖益厚。善许负术,自谓其女当大贵。时邵文庄宝,② 三岁丧父,家甚贫,无肯以女妻者。节一见之,喜曰:"吾女之贵,乃在此子也。"即许字焉,且抚视备至。后人以此服之。《图书集成·相术部·名流列传》

明 华善继,字孟达,精星术,著有《三命珠铃》《璿玑抉微》《五星元珠》等书,其学直抉躔度岁差之秘,时为天文学者不能及也。《嘉庆无锡金匮县志·方技》

明 马治,字孝常,宜兴人。后定居无锡,工诗文,善书画,兼通风角地理医术。以避张士诚辟,遁于缁流,名元行。洪武中,搜访士人避匿者,囚入都,诏愿仕者释之,治涕泣受命。除内江令,擢建昌路同知,摄守事。值寇乱,缮城池,厉兵坚守,身立埤堄间,不舍昼夜,寇解去。岁余,以末疾免归。淡泊寡营,独好吟咏,有《荆南集》。其诗如:"意缘多病懒,诗是苦吟迟。孤柳风难定,丛篁雨不敧。""渔人自泊门前柳,野老来瓯沙际田。性懒边韶惟有睡,忧深王粲自多才。"题小像云:"自叹乘驴碧山里,也胜立马阵云横。虚名付与悠悠者,风雨荒冈独自行。"俱清雅可诵。《锡金识小录·方技》

---

① 剌,音辣,鱼跃曰跋剌,亦曰泼剌,与刺字别。
② 阜按:邵宝,字国贤,无锡人,成化进士,官礼部尚书,卒谥文庄,著《容春集》等书。

清 王选，字众举，晚号同樗，学士达善族孙也。通经，尤精《周易》，间为人占，多奇验，季主君平不过也。有从弟名逸，得《五灵经》而究之，龟卜最灵。逸之孙雪涯，成宏中有声，传其术。御史朱直斋未第时，于辛酉元旦请占。曰："不特君捷，必族有一人同捷。"别去，行数武，龟复有声，再问之。曰："联捷兆也。"援笔志之。是年御史与从子成斋同举，明年壬戌成进士。《锡金识小录·方技》

清 施仲达，通易理，善卜筮。乾隆时，河督高晋，延诸幕中，使决休咎，皆奇验。后游于都，益有名。子孙传其学。《光绪无锡金匮县志·艺术》

清 汪杰，南昌人，善堪舆术。邑冯美涵者，家贫好客，杰尝寓其家，指一地曰："葬此子孙发祥，以报十年厚意。"美涵买其地。时有诸生邹图南者，亦精此术。冯将治窆，①邹为之审视，曰："特可发一代耳，然富贵寿三者俱全也。"冯葬后，生子有年，号补斋，榷税归，人号十万，年七十卒。子孙不能守。《锡金识小录·堪舆》

清 蔡与偕，字维亨，称秀才异等。家甚贫，习星命于施御风，尽得其秘。客或悼其郁滞，笑曰："吾年近艾，乃获奏捷。三年中，当致万金。"客诮其迂，答曰："富贵逼人，不可强也。"至癸酉、甲戌联捷，任支郎，榷阴九江，赀财逾万，愉适十年而卒。《锡金识小录·星相》

清 倪荣桂，字月培，诸生。嗜学能文，究心天文象数诸书，及青乌家言，有《中西星要》二卷。《光绪无锡金匮县志·艺术》

清 秦士钥，字书隐，原名德涯，无锡人，占籍吴县为诸生，马君常先生弟子也。家贫，垂帘卖卜，日得百钱养继母，人称其孝，著《书隐集》。吴德旋《初月楼续闻见录》

清 章仲山，自号无心道人，无锡人。于蒋大鸿《地理辨正》一书，独悟真诠，熟推生克制化之用、吉凶消长之理，神明其道于大江南北，已三十年。爰依《辨正》，引伸其说，成《直解》若干卷，殆深有得天地造化之所以然；而于元空之秘，则几乎泄矣。《辨正直解·李述来序》

清 丁学，号玉泉，精星理，多奇中。方杨应文为诸生时，困于讼；玉泉谓君当于乙酉宾荐，己丑成名，与侯少芝当同官，时侯已为给谏。应文果

---

① 窆，音砭，葬下棺也。

于乙酉己丑捷两闱,不三年与少芝同列谏垣矣。唐丽环举乡科,决其不寿三年,唐果卒。清黄印《锡金识小录·邑志补遗》

清 薛福成,字叔耘,号庸庵,无锡人。性孝友,喜观先儒性理书。稍长,纵览经史,好为经世之学,中式同治丁卯副贡。光绪间,参曾文正、李文忠幕府,除湖南按察使,内擢卿寺,出使英法义比诸国。尝争于英廷,创设南洋各岛领事,归升左副都御史。光绪丙申,殁于上海行台,年五十有七。福成初私淑姚江王氏,以收敛身心为主;自师事曾文正同,学识日大,凡历史掌故、山川险要,以至兵机天文、阴阳奇遁之书,靡不钩稽讲贯,洞然于心。故遇事立应,略无窒碍。近世士大夫。谓本理学而谈洋务者,先生一人而已。著《庸庵文编笔记》《海外文编》《出使英法义比日记》《浙东筹防录》。《清史稿·本传》《碑传集补·使臣》

○《庸盦笔记》云:占验家谓五星同在一次曰"合",同带一宿曰"聚"。咸丰十一年八月丁巳朔,有"日月合璧,五星联珠"之瑞,从填星也。考是日卯正,日月同在张八度,岁星荧惑在张五度,太白在轸三度,填星在张九度,辰星在张七度。盖日月与木火土水四星同聚一宿,惟太白在轸,然与日月及水土二星,相距不满三十度,则犹可谓之合也。尤难遇者,五星皆顺行,而无迟留退逆之愆,且皆晨见而不伏匿,斯所以为盛瑞也。是岁官军即以八月朔日卯刻克复安庆,由此各路大帅相继奏捷。甫逾一纪,而粤捻苗回诸巨寇,以次荡平,中兴之功,何其伟也。占验家又谓自张至轸,为楚分野,是时辅翊中兴者,如曾文正公、胡文忠公、江忠烈公、罗忠节公、李忠武公、李勇毅公,以及今相国恪靖侯左公、巡抚威毅伯曾公、陕甘总督杨公、兵部侍郎彭公,皆系楚材,可云极盛。惟今相国肃毅伯李公,所属淮部诸将,皆系皖人。然春秋时,皖北安庐凤颍六郡,本皆楚地,则分野占地之说,似不诬矣。沈约《宋志》谓,周将代殷,五星聚房;齐桓将霸,五星聚箕;汉高入关,五星聚东井,大抵皆降盛治平之象,然则中兴景运,尚未艾也。天文家又谓,岁星所在之分野,其国有福,伐之者败。春秋时,越得岁而吴伐之,史墨以为必受其殃,既而吴果为越所来灭。同治丁卯四五月间,捻首任柱、赖汶光等,窜入山东登莱青一带,官军依胶莱河筑墙而守,盖欲拘之海隅,而以劲兵驱殄之也。余于五月抄,夜观岁星作危宿,光甚明亮,夫虚危齐之分野,乃济东泰武登莱青诸郡也。登莱青得岁而贼扰之,理当败灭。余谓论地势,则如兽入阱中;论天时,则彼自犯岁星,不灭何待?俄而贼乘胶莱河尾海滩干涸,尚有数十里营墙未筑,溃防而出,余拊髀惊叹,以为天时地利,究难尽恃也。幸今伯相李公,早依运河筑墙,以防贼之窜逸;贼猛扑河墙,不能逞志,迨九月间,铭军会合,诸军击之,安丘潍县之间,枪毙任日,竟奸巨股，乃在虚危分野也。余乃信天时地利，实有可凭云。

清 温荣镰，字明远，无锡人著《地理辨正续解》四卷，无义不晰，无语不畅。凡八卦九宫，元空五行，流动变化，顺逆错综，颠倒之法，一一推阐尽致，学者得此开卷了然。从天运无形之气，求龙穴砂水之所在，后指龙穴砂水之处，悟天运无形之真机，消息自通，取用自合，不致有多歧之叹。非荣镰讨论之深，领会之神，亲历之遍，访道之殷，鲜克有此至精且审之论。《辨正续解·马文植序》

民国 吴豫昶，字日永，别号惠思道人，无锡人。天性纯孝，驯谨好学。肄业上海约翰，精研格致，成绩优越，为校长卜芳济博士所器重。毕业后，忽政忽商，克尽厥职，人皆称之。先后居父母丧，哀毁尽礼。每岁元旦，必徒步省墓，以展孝思。齐卢之役，黄渡、安亭，蹂躏最甚，豫昶与杨绅翰西，拨款急赈，全活无算。又喜表彰文献，迭刊其外王父侯子勤公遗者，《古杍秋馆诗钞》《禹贡古今通释》，圈点《孝经集注》及《弟子规》《张端甫先生遗稿》，以广流传。至兴办辅仁实业两中学，亦慨捐巨资。豫昶固多材多艺，于星命堪舆之道，尤得神奥。公余为人谈相批命卜地，莫不奇验，故请求者户限为穿。著有《星相地理丛书》。卒年五十六。子九人，皆绩学敦品，有负笈中外者。杨钟钰撰《家传》

33 金匮县

本无锡县地，清雍正二年，析置金匮县，属江苏常州府，民国并入无锡县，金匮山在无锡县城中，邑之镇也。清置金匮县以此名。

清 蒋地仙，燕人也。善观玄象，嗅地气，定他日之荣瘁。顾诚轩厚与结纳，为择地作庐，以授三子，三子各树万金产，各教一子登第。尝言锡邑山浅水薄，居墓发福，仅可百年。若泰山东西，已发圣贤帝王，其地至今尚可荫数百年也。《锡金识小录·堪舆》

清 华湛恩，金匮人，精堪舆，明理气。道光乙未，著《天心正运》四卷行世。《天心正运序》

中国历代卜人传卷五

江苏省五

34 宜兴县

吴荆溪地,汉阳羡县,隋改曰义兴,宋避讳改曰宜兴。元升宜兴府,兼置县,又改为宜兴州。明复曰宜兴县,清属江苏常州府。县境产紫泥器,甚有名。

清 杨湛露,字燕侯,宜兴人,学者称西山先生。幼奇慧,儿时嬉戏,拾炭画地,作张桓侯像,绝肖。及长,通《五经》,旁及子史释老、星历阴阳卜筮之书,靡所不究。弱冠饩于庠。年四十,以次当贡京师。会遭甲申之变,弃诸生,绝意进取,葛巾白袍,隐居教授。康熙间,中丞赵公檄郡县讲学,令欲得湛露主讲席,博士徒步造请至再。湛露仰天叹曰:"士故有志,何至相迫!南山之南,北山之北,岂遂无法高卿耶!"言已,涕泗交颐。令知不可强,乃已。晚颇好导引五禽之术,亦喜堪舆家言,然家益贫,或日晏未炊。子孙至并日而食,处之怡然。后以寿终,年九十。钱仪吉《碑传集·逸下之下》

清 毛绍武,少读书,屡试不售,专精卜筮,人称毛半仙。《光绪宜兴荆溪县志·艺术》

清 傅清,字晓湖,精天文易数。道光时,尝谓人曰:"吴楚当有兵灾",人嗤其妄。岁壬寅,海疆不靖。或问曰:"汝所云,得毋是乎?"曰:"未也。十数年后,当知之。"及粤逆陷金陵,言始验。《光绪宜兴荆溪县志·艺术》

清 杨翼亮，字尧门，官庄里人。少颖悟，博学能文，通晓易理，于堪舆河洛之秘、奇门元运之法，皆能探索奥旨，发明义蕴。著有《译古含奇》六卷，寿九十有一。《民国宜荆续志·艺术》

清 谢鸿，字顾清，周铁乡傍杏村人，附贡生。精于易理，通天算壬遁诸术，而于堪舆之学尤长。性高洁，不屑为人役。同县显官某，延葬其母，不应。创建竺西书院，斥田得百金为倡。殁后，其子搜辑遗文，汇订《顾清賸稿》一卷。《民国宜荆新志·艺术》

清 萧引，字楚良，府学生，事亲尽孝，守正安贫，不随流俗波靡。顾才高，试辄不第。同学有袭其文登第者，引知之，叹曰："命也。"不与校。尝演奇门一千八百局，思欲见用于世，卒偃蹇不遇，死，所著奇门书两册存于家。《光绪宜荆续志·艺术》

清 周朴庵，喜治形家言，著《堪舆约旨》，略谓气之附土而行者，有支陇可辨；其伏行而仰出者，则不可得而见也。又曰，地之理以形著，而为支干喜忌之说者，此非地之所自有也。宜兴吴德旋《初月楼闻见录》

35　江阴县

秦为暨阳县，汉毗陵县地，梁置江阴县，唐置暨州，五代南唐置江阴军，元升江阴路，后降为州。明初改曰连洋州，寻复为江阴州，嗣又改州为县。清属江苏常州府。地滨长江，为江防要地，今辟为起卸货口岸。

元 陆文圭，字子方，江阴人。幼而颖悟，读书过目成诵，终身不忘。博通经史百家，及天文地理、律历医药、算数之学。宋咸淳初，年十八，中乡选。宋亡，隐居城东，学者称之曰"墙东先生"。延祐时，朝廷数遣使驰币聘之，以老疾不果行。卒年五十八，先属纩一日，语门人曰："以数考之，吾州二十年后，必有兵变，惨于五代建炎。吾死当葬不食之地，勿封勿树，使人不知吾墓，庶无暴骨之患。"其后江阴之乱，冢墓尽发，人乃服其先知。有《墙东类稿》二十卷。《元史·儒学》

元 吴方，字孝仁，江阴人。少受经于乡先生陆子方，而于诸子百氏医药卜筮数术之书，无所不知。作诗尚理致，不事雕饰，然未始自以为高。教其子，率能有所成立。能奖掖后进，虽小善弗遗。延祐中，故人有知君者，荐为处州儒学录，辞不就。自号孏庵居士，① 以示绝意仕进。至元戊辰卒，享年五十有二。《元黄学士文集·吴君墓志铭》

明 袁舜臣，字承华，江阴人，嘉靖甲子举人。学问该洽，自天文地理、历律兵刑，无不精究。疾革，握其兄手，以古乐不复作为叹。著有《天文四季图》。《乾隆江南通志·文苑》

明 郭勋，别号希旸，江阴人。生而沈深温雅，好称形家言。与真常王子，相阴阳，观流泉，朝夕不倦。龚立本之祖物故，勋特垂唁，立本恳而留之。今官荡新阡，勋所鉴定也。明常熟龚立本《烟艇永怀》

清 王公奭，喜堪舆家言，行道于丹阳金坛，及江以北。著书多订前人疑误，其言龙法，谓杨氏"龙分两片"之说最确，宋人云"三支并出"者误也。沈进士《地学》一书，② 实出其指授，今盛行于世。而公奭自撰书，惜无为之刊布者。

清 夏时用，字赓扬。究心青乌之术，以郭璞葬乘生气为主，遍质于之精堪舆者，而得其真积二十年。术益精，语无不验。性矫矫，不与流俗伍，卒以穷愁老。时有费大章，字承烈，家华墅，亦以堪舆名。以上《光绪江阴县志·艺林》

清 程省，字以三，江阴人，善六书测字。一人书火字，问出门与在家孰利。省曰："出门利。此字中间有开脚之人，自宜行动。若在家中，有灾害也。"时旁一人，即指此字问曰："有一儿欲随贵人上京，今在姑苏，一儿作伴同行，利否？"省曰："大利。"问何故，曰："火字叠见，乃炎字也。北方水乡，此去有既济之义，故利耳。"其人曰："北方水旺，炎旁加水，乃淡字也，财气不亦淡泊乎？"省曰："否。非此之论也。两儿皆南人，南方是火地，跟官之人，势必炎炎。炎字中又有两重火现，据理断之，嫌其太过。所幸者远游北方水旺之乡，得水制之，则火不猖狂，而两相为用矣。乌有忘其美，而反谓之淡泊也哉！"其人复问二儿高下，省曰："二火一上一下，自有高低。但子之儿高，彼之儿不及也。"请厥理，曰："先一位以火字问事已

---

① 孏，同嬾。
② 康熙朝，沈镐，字六圃，望江人。

过，乃退时之火。君乃以火字问事，乃方兴之火。以此较之，是以知此儿后来高于彼儿也。"一人又以公字问事，久不不与断，盖先来者先测，而后至者次序应之，故不得即断也。至临测时，问之曰："何事？"客曰："忘之矣。"转身即走。省曰："来，且勿行。尔非真忘之也，不过因我之迟而生恚耳。"① 其人请说，省曰："字虽公字，却有一团私心；况分字头，去字脚，汝必与人共事，今欲分头而去矣。"其人曰："诚如所言，我与表兄合伙，开一银店，将及三载，今欲分帐自开，不知凶吉何居？"省曰："一言成讼，此话可谓难讲矣。末笔更带元武，其中必主小人刁唆，不日将见官司，宜止之。"其人叹服。后旬日复来测字，自言承指教归，并不言及分帐之事，而表兄与我近甚相得，亲许来岁分店各开矣。省撰有《测字秘牒》盛行于世。
《秘牒》

36 靖江县

汉海宁县地，元为江阴县，明析置靖江县，清属江苏常州府。地当大江北岸，与江阴县隔江相接。

清　闻琴，字云和，邑诸生。熟读诸经传，《易》义尤精，兼通泰西天文之学。道光壬寅秋，夷船逼境，琴尝语人曰："岁星临吴越，非特弭兵，谷且大熟。"盖本《春秋传》说，越得岁而吴伐之，有大咎也。未几，船退而谷大熟，其言果验。又勾股算法，琴亦索娴之。他如星命堪舆家言，特其余技耳。《光绪靖江县志·艺术》

37 通州

五代周置，宋曰通州静海郡，元为通州路，寻复为通州治静海，明省静海入州，清直隶江苏省，世称南通州，民国改为南通县。

---

①　恚，音惠，恨也，怒也。

清 邹亦凤,字振先,精青乌家言。每披棘榛,检荒塚,评休咎,多奇中。有顾氏墓,葬已久。凤谓穴有地风,棺已攲侧,启视之,果然。《光绪通州志·方技》

清 顾天璲,字惠佩,例贡。少弃举业,以拳勇名。间通堪舆之学,兼知医,所试著奇效,出时师意外。璲有大志,不获售,乃托于百家众技以自见,论者惜之。《南通州志·方技》

38 如皋县

晋置,隋省,五代南唐复置,清属江苏通州。

明 郭师古,字时用,号中宇。幼习举子业,家贫无书,从人假读,一过终身不忘,尤善奇门遁甲之书。身伟长有力,善驰射。嘉靖末,倭数内寇,薄皋城,师古为当事谋画,辄奇中。万历丙子举乡试,丁丑成进士,留户曹主政,累官甘肃兵备镇酒泉,兼辖宁夏平凉诸州事,后以他事罢归。著有《百将传》《筹遏纪略》《八阵图说》诸书行世。卒年八十七。

清 钱珙,字拱玉。自少沈静,敦行不息,事母以孝闻。为文原本经术,斥浮艳。三荐不售,筮之,遇履之无妄,谓门人曰:"履以兑遇乾,乾为君,兑悦之。五不应变而从木,木遇金,为悔克贞,不售矣。互而得家人,家食之义也。且其辞曰:履道坦坦,幽人贞吉。我以功名故,荒兹岁月。曷若尽吾分内事,履道而贞乎?"遂绝意进取,键户著书。尝晨起默坐,对《周易》或长歌,歌竟起立,日夕忘食。枝上禽鸣,帘前花落倪仰之间,油然陶然也。壬寅以疾卒。著有《周易一得》《尚书会意》。以上《道光如皋县志·列传》

清 程曾祺,字芳竹,庠生。喜青乌家言,博览精研,遂工其术。皋邑南带江,东滨海,广袤数百里,筍舆迎迓,游历殆遍,然神解超脱,不泥古法。尝谓地理以天理为主,此语的当不易。晚年尤矍烁。

清 严逊,字时敏,国学生,精堪舆命理卜相等术,不轻语人。每占一课,悉奇中。年四十,精医,四方请者无虚日。少尝习儒,见里中读书子弟,钦慕如不及。年六十一卒。孙宪章,庠生。

清 沈凤鸣，字斗山，国学生，精堪舆学。著有《堪舆辑要》。寿七十五。以上《同治如皋县续志·方技》

清 汤临，字穆堂，善事亲。父性严毅，未尝少拂。素习形家言。母在殡，与兄跋履田间，经旬始得地窆之。道光初元，独修大成殿。邑令宁书"翊赞宫墙"额赠之。设义舍，病予药，殁给椊，① 成梁甃道，岁以为常。而功尤巨者，为乙亥之赈，多方称贷，独力蒇事，全活万计。寿八十五。长子俊，字敬亭，贡生，官至广西梧州知府。次子伊，字华岩，廪生。《同治如皋县续志·义行》

清 张烜，字春晖，居丰利。博学多才，登寿庆庚午贤书。攻苦弥笃，侍亲色养备至。天文地理书画岐黄揲蓍，无不精通，不屑以多能名。为人敦厚谦知，赈饥恤贫，人受隐德焉。年七十二卒。

清 汤澍，字仙舟，踰冠以诗赋受知学使，大比屡荐不第，自是绝意进取。乃聚子姪，讲习一庠，推为祭酒云。澍于书无所不览，尤精医理，间博涉星家青乌家言。性刚毅，能当大事。尝割沃壤入于庠，范廉泉明府，书"名行高洁"额赠之。子惠元，字玉成，内行完备。幼习经生家言，试屡被乙。重辑家乘，著《地理真诀》。孙第，庠生。

清 顾汝玉，字吟石，壬子顺天举人。幼慧，年十二补弟子员。于书无不究，天文地理阵法勾股，下至医卜奇门、命相阴阳家言，咸涉猎通晓。刘太史熙载，称为文坛飞将。下第留都，以教习例用知县。不就，归里，杜门不出，益肆力于古。著《崇礼论》以维世，后学宗焉。以上《同治如皋县续志·文苑》

清 李新泉，字井香，静海人。举明经，善诗赋，旁通周髀风角、堪舆医卜等术。诸子皆读书，世其家。

清 姚功立，字麓桥，泰兴人。工诗画，通六壬堪舆家言，书法瘦劲。卒于皋。以上《同治如皋县续志·寓贤》

---

① 椊，音会，小棺也。

39 泰兴县

本海宁县济南镇,南唐置泰兴县,故治在今江苏泰兴县北。宋徙柴墟镇,又徙今治,清属江苏通州。

清 陈翁达夫,故泰兴旧族,美须髯,貌伟岸,声如洪钟。善导引,工技击,以拳勇枪法闻。于太乙壬遁、九宫风角,无不精验。晚年家扬州,先子因族祖绩园先生,与达夫交。时先子年四十,未有子,达夫为推之,曰:"勿忧。郎君不马驼来,且羊负来矣。"癸未二月余生,先子神其言。未弥月,即以余生日干枝,乞为推修短贵贱。达夫迟之又久,以一纸遗,朱墨识别,当时迂阔其言,以为非珞琭家体,置之神椟中。① 余稍长,意气锐发,自期既不细,亦不知以机变侜张逆人,② 以为其说不经,颇厌置之。别求精此术者,不下数十辈。历三十许年,余已五十矣。既病,卧里中,每夜坐,思达夫之言,始觉其无不验。而向者神椟中之纸,已付诸鼠螙,③ 莫可踪迹。乃忆其说述之如左。余干癸乙辛壬,枝未卯卯辰,壬癸辛为三奇,辛加卯为魁星,宜以文章得科第。然日金也,四辰马也,兄弟皆马也,一夫执策,五蹴决奔,怠矣。神智上升,印绶下伏,害系于福,誉胎于毒。且夫壬癸者,木之母也;辰未者,印而财也。禄我之乡,反以羸我;我生之家,朋以睽我。鬼在黄泉,身以铸焉;巧赟于天,权出于墓;将官愈张,而害愈起;其郁郁于生,而斤斤于死乎?焦子曰:达夫以李青莲、苏玉局相比拟,余不敢当也。然谓我生者累我,诚不爽矣。屈指数之,盖数十事,每思达夫之言,则我生之初,有与性俱来者矣,又何却焉?达夫谓庚午辛未间,当得好官,然衡古人知命之学,自癸亥至今九年,④ 闭户不出,著书成一家言,庶几郁郁者可以已乎?江都方七善相人,谓余四十五当死,不死必得官。余丁卯三月死,七日复活,是年适四十五。方七从黄君春谷,官粤西,殁于恭城县署

---

① 椟,音独,柜也。
② 侜,音舟,诳也。
③ 螙,古文蠹字。
④ 阜按:癸亥乃焦先生四十一岁也。

中。《崇州咫闻录·方技》江都焦循《雕菰集》

40 清河县

宋置清河军,并置县曰清河,故城在今江苏淮阴县东十里,大清河口,元河决城圯,迁治于甘罗城,又迁小清河西北。明崇祯末,复迁甘罗城。清初复旧治,乾隆间,移治清江浦运河南岸,属江苏淮安府。民国改为淮阴。

清 蒋星从,字耕云,号月波,廪贡生。父麟图,诸生,早逝,母吴殉节。星从幼育于外家,天才颖敏,而跅弛不规绳墨。[①] 于书无不窥,顾略观大意,不意沾沾于章句。自经史音韵以及小说家言,下至医卜博弈丝竹之属,皆涉其藩篱。晚欲从事撰述,以占验之学出于《周易》,作《易臆》。《民国清河县志·人物》

清 汪椿,字春园,初名光大;晚岁潜心三式,号式斋。祖汲,修学好古,著书满家。椿幼能强记,十行并下。贡成均,累试辄罢,于学无所不窥,尤明积算推步之术。中岁以后,究心太乙壬遁,研精覃思,键户二十余年,著《周秦三式疏证》数十卷。会河督黎世序,笃好此学,深敬礼之。嘉庆庚辰,河大涨。椿曰:"夜观水星之次,非此地也,其在豫省乎?"未几,果验。及世序卒,椿痛哭,尽毁所著,谓世无知者。今所存者,《三式序目》一帙。其序略曰:"三式之道,即三易之道。三易之道,即三才之道也。其见于书者,仲康十一年,闰四月朔,日食。后人以授时法,推而得之者。岂知授时,即太一之法乎?武王十三年,二月四日,以无射之上宫毕陈。后人以三统法,推而得之者;岂知三统,即壬遁之法乎?由是观之,三代曷尝无三式哉!春秋时,梓慎、裨灶、史墨之徒,皆深明此术。迨仲尼没而微言绝,七十子丧而大义乖。史官失职,典籍无征,复以謏闻窜乱其间。如风角、七政、元气、六日七分,日者逢占,挺专须臾、孤虚等术,流为禨祥小数,而谶纬兴焉。东汉张子平上书,郑君注《乾凿度》,独契太乙九宫之旨,盖至是而晦者复明,绝者复续。厥后精太乙者,有三国之刘惇、赵达;精通

[①] 跅,音托,跅弛,不自检束也。

甲者，有陈武帝吴明彻；精六壬者，有晋戴洋、五代之梁祖；兼通三式者，有伪蜀之赵延义、元之刘秉忠，著于史传。至如《南齐·高帝纪》《宋史·礼志》《律志》《金史·选举志》，以及晋唐宋元《艺术》《方技》《列传》，不可枚举。而《唐六典》，且掌之大卜令焉。岂非郁之既久，发之弥耀者乎？窃谓太乙明天数，奇门明地数，六壬明人数，备乎三才，通乎三易。要为周秦以上，古圣神之所创造，非汉以下曲士短书所能拟也。"其目凡四十有四篇，文多不传。其他著述，多稿藏于家；世所行者，十一而已。椿在都时，有四川僧心荞者，一见惊拜，诧为老师降生；出其像逼肖，其死之日，则椿之生日也。椿不之信，曰："安有是哉！"殁之前一月，筮得明夷之卦，曰："夷者伤也。七月夷则，弗过此矣。"果以是月卒。年六十有六，椿孤心绝学，少所推许，独与苏征君秉国，谈《易》最合。《清河县志·人物》《山阳县志·流寓》

清 林翁者，闽人，不知其名，人皆曰"林翁"云。翁善数，多奇中，人不能学。常垂帘卖卜龙王闸下，及得钱，不再卜。卒死于浦。或曰：翁盖类有道者。《光绪县志·流寓》

41 山阳县

晋置，宋改为淮安，元仍为山阳，明清皆为淮安府治，民国改为淮安县。

明 钱文则，山阳人，精推星命，以言人之祸福，无不奇中，士大夫多称道之。文则好读书，修善鼓琴，斯术其余事云。高侍郎启曾作序赠之。《皇明文衡高启凫藻集》

明 周正，字元贞，少游郡庠，长袭祖职，官归德守备。著有《皇极经纬》《六壬秘集》等书。《乾隆淮安府志·将略》

明 王璧，自称九华山人，洞晓阴阳术数，明末游山阳，卖卜于市。尝曰："天下且大乱，从吾术者，兵戈不能加其身。"人未之信也。后挈家旅食彭城，[①] 流寇破城，璧从乱军中出，贼不能害。返山阳，以郭璞葬法，为人

---

① 挈，音结，悬持也。提也。

占休咎，人皆敬信之。后买田，卜相以终。《乾隆淮安府志·方技》

明 张素，字元卿，其先吴人。父景仪，寓居邑之清江浦，遂占籍焉。景仪工楷篆，有名于时。素少博，通五经，尤长于书，旁彻阴阳医卜之说。成化元年举人。授知河阴县。适岁大祲，简狱讼，罢追呼，饰厨传，停榷税，平市价，与民休息，岁余大治。归卧林下三十年，踪迹未尝至城市。卒年八十九，祀乡贤。子雍，正德中以经明行修征，不就。乡人称淮川先生，卒年八十余。《同治山阳县志·人物》

清 曹应熊，字西园。少有声庠序，客授南北。挟青乌术，遨游公卿间。晚登贤书，无所试而卒。《民国山阳县续志·人物》

清 丁晏，字俭卿，一字柘堂，山阳人。阮元为漕督，以汉易十五家发策，晏条对万余言，精奥为当世冠。道光辛巳举人，咸丰中以在籍办团练功，由内阁中书，加三品衔。光绪乙亥卒，年八十二。晏早岁治经，笃好郑学，辑《康成年谱》，署其堂曰"六艺"，取康成六艺论，以申仰止之思。然晏治经学，不掊击宋儒，^① 尝谓汉学宋学之分，门户之见也。汉儒正其诂，诂正而义以显；宋儒析其理，理明而诂以精，二者不可偏废。晏所著书，四十七种，凡一百三十六卷。已刊者为《颐志斋丛书》二十二种。其于《易》，撰《易经述传》，《周易讼卦浅说》，《周易解诂》一卷，《易经象类》一卷，《清史稿》载入《艺文·易类》；又《易林释文》一卷，载入《术数类·数学之属》。《清史稿·儒林》

42 泗阳县

唐宋后，宿迁县地。金于桃园镇置淮滨县，寻废，元复置，改曰桃园。明曰桃源，清因之。民国改为泗阳，以县为汉泗阳地也。

清 胡梓纯，字锦完，著《周易便览》三卷、《穷理省身集》三十卷。孙家驹，字里千，廪监生，博极群书，精易数，善风鉴。与家驹同时，有岁贡生徐三雅者，亦能为占验及堪舆之说。《民国泗阳县志·乡贤》

---

① 掊，音剖，击也。

43　安东县

宋安东州，明为县，清属淮安府，民国改为涟水县。

明　田润，字德润，安东人。谦谨和厚，制行不苟，博通众艺，最精于琴，占验尤无不应。隐居教授，虽结庐陋巷，而门多长者车辙，人皆高之。《明正德安东县志·乡彦》《清乾隆淮安府志·隐逸》

44　桃源县

汉泗阳县地，金于宿迁县之桃园镇置淮滨县，寻废。元复置改，曰桃园县。明曰桃源，清属江苏淮安府，民国改为泗阳。

清　高昙，诸生，善龟卜。天文地理人事物产，占无不验。《道光桃源县志·方技》

清　艾由兴，湛经术，能文章，通龟筮星相堪舆之法，后亦渐悟《皇极经世》之旨。惜早世，无得其传者。以上《道光桃源县志·方技》

45　阜宁县

本山阳及盐城县地，清雍正九年析置阜宁县，属江苏淮安府。

清　金兰，字斐章。少能文，府试优取未售，遂寄情花木。知星卜，试之屡应。其占朱姓失金器，曰："金伏戌下，戌为火库，宁媚灶神，无寻岐路。"因出釜底灰，扬而得之。郭幼象占女归宁，曰："游子方旋，载迍载邅。须于木落，乃羡临渊。"至秋，买舟而来。湾张氏占失男，曰："出自东方，再迁于沙。送我舅氏，得返厥家。"亦奇中。《光绪阜宁县志·方技》

46 盐城县

县汉盐渎县，魏废。晋复置，后改曰盐城，在今盐城县西北。宋徙今治，清属江苏淮安府。

明 夏升，字景高，盐城人。幼颖悟过人，吏治天算医卜之书，靡不研究。洪武壬申，以人才举授阴阳官。委以鞫狱，人无异议。寻以事，谪戍湘乡。居无何，鸿胪寺典仪，许君祐荐之，授浙江开化知县，有政绩。升衢州知府，尽去宿弊。籍丁粮之数，定为等则，赋役均平，民咸戴之。《明史·循吏》《盐城县志·人物》

清 王家粥，字右卿，号云岩，酷嗜问学。行市中，遇古书，辄解衣入质库易钱以购，虽风雪祁寒不顾。以此博览群集，凡天算律吕韬钤壬遁堪舆河渠盐法诸书，无不窥其奥窔，而尤邃于经算之学。《光绪盐城县志·人物》

清 许桂芬，字金粟，盐城许家巷人。同治庚午举人，辛未进士。以即用知县，分发山东，历任费县、栖霞、招远、临清直隶州等缺。平生以居敬安命，为立身之要旨。除潜心经史及百家诸子精华外，对于天文地理医卜星相等学，尤多卓识。凡寅僚省以命运休咎，及疑难大事求教者，无不片言解决，奇验若神。光绪丙申丁酉间，黄河决口多处，淹没十数县，大吏奉旨严谴，待罪抢堵。鲁抚李公秉冲，忧劳万分，闻桂芬多才多艺，特派为上中下三游河工督办。桂芬驻工筹画，昕夕不遑，于是仰观天文，俯察地理，谨选土星旺相、水星休囚日时，严督兵伕，指挥抢堵，一举合龙，从不再决。李公奇之，奏保安澜有功，洊升道员，自此政声益著。宣统辛亥卒，寿享七十有八。孙骏伯，本名福赓，字让翁，历官粤皖知事，因传其祖之术，倦游卖卜，亦名动公卿。《盐城许氏宗谱》

清 姜书钦，字子敬，同治癸酉举人。天资颖异，读书过目不忘；群经注疏，悉能暗诵，于学无所不窥。自经史声韵，天算医药，旁逮阴阳术数家言，靡不通晓。《民国盐城县志·人物》

47 广陵县

六国时楚地,楚怀王十年城广陵,秦置广陵县,晋为广陵郡治。故城昔在江苏江都县东北,后移今江都县治。隋改邗江,又改江阳,南唐复名广陵,宋省入江都。

后汉 刘瑜,字季节,广陵人。少好经学,尤善图谶天文历算之术,官至侍中。子琬,传瑜学,明占候,能著灾异。汉以孙策远修职贡,遣使者刘琬加锡命。琬语人曰:"吾观孙氏兄弟,虽各才秀明达,然皆禄祚不终。惟中弟孝廉,①形貌奇伟,骨体不恒,②有大贵之表,年又最寿,尔其识之。③"《后汉书·刘瑜传》《吴志·孙权传》《图书集成·相术纪事》

南齐 荀伯玉,字弄璋,广陵人,少为柳元景抚军板行参军、南徐州祭酒。泰始初,④晋安王子勋失败,伯玉还都卖卜自业。元徽末,建平王景素闻而招之,伯玉不往。太祖镇淮阴,⑤伯玉归身结事,为太祖冠军刑狱参军。太祖为明帝所疑,及征为黄门郎,深怀忧虑。伯玉劝太祖遣数十骑入房界,安置标榜,于是房游骑数百,履行界上。太祖以闻,犹惧不得留,令伯玉卜。伯玉断卦,不成行,而明帝诏,果复太祖本任。由是更见亲待。《南齐书·列传》

48 江都县

战国时,楚广陵邑,汉置县,三国时废,晋复置,故城在今江苏江都县西南四十六里。唐城圮⑥于江,徙今所。清与甘泉县并为江苏扬州府治,民国废甘泉入江都县。地

---

① 孙权郡察孝廉,州举茂才,行奉义孝尉。
② 《江表传》曰:孙坚为下邳丞时,权生,方颐大口,目有精光,坚异之,以为有贵象。及坚亡,策起事江东,权常随从,性度弘朗,仁而多断,好侠养士,始有知名,俦于父兄矣。
③ 权,壬寅改元,己酉称帝,在位三十一年,壬申殂,寿七十一。
④ 乃刘宋也。
⑤ 南齐,萧道成也。
⑥ 圮音否,左从戊巳之巳,毁也。

当长江北岸四十里，运河西岸，昔为有名繁华之地，今南力疲惫，迥非昔比，幸有长途汽车，直达江岸。

吴 赵达，河南人，① 少从汉侍中单甫受学，用思精密，善卜筮。谓东南有王者气，可以避难，故脱身渡江。时魏主丕大举南侵，吴王孙权命达筮之。达布算曰："吴衰在庚子，魏无他为也。"问其远近，曰："后五十年。"权笑曰："孤忧及身，不在孙也。"至孙皓吴亡，果以天纪四年，庚子之岁。②《三国·吴志·本传》《乾隆江都县志·方技》《民国吴县志·艺术》

宋 妙应方，善相，名闻天下。高宗驻维扬，应方馆于张浚家。一日自外归，语浚，适见城中人，有死气十七八，必金兵将至之兆，宜劝上南渡。浚素神其术，即入奏。上欲留元夜观灯，未决，俄粘罕寇至，车驾亟行，城中死者无数。《图书集成·艺术典·相术部·名流列传》

宋 荆大声，江都人，③ 以贫去乡里，卖卜于临安。以精晓天文，入太史局，赐金紫。绍兴中，洪迈被命北使，大声随之。次盱眙，见大星去月三寸，曰："此木星也。"迈问其兆，大声密言曰："当有易主之事。"至临淮，见月外有晕四色，曰："太阴极盛，非太阳之利。"末越月，而高宗逊位。乾道二年丙戌，见北极前，星之左，有小星。曰："惧为东宫祸。"而其言皆验。所著有《二十四气》《中星日月宿度》一卷。《嘉庆扬州府志·艺林》

明 李思聪，江都人，精形家言，著《地理总索》，固是简括明显。又著《堪舆杂著》，尤为切实足征。二书均为《图书集成·艺术典·堪舆部》备采之。《艺术典·堪舆部》

○阜按：《堪舆杂著》，载有"先文定公，葬扬州句城塘"云云，据此，思聪先生当是江都人。《光绪句容县志·书目》，引《金陵诗征》，载"李思聪著堪舆十二种"，又似句容人也。

明 陈君佐，江都人，善方脉。洪武初，为御医。永乐间，弃官，著黄冠服，市药武当山中。以易卜人吉凶，多奇中。《乾隆江南通志·艺术》

---

① 《吴县志》载达为吴人。
② 吴太平二年丁丑，长沙大饥，杀人不可胜数，孙权使达占之，曰："天地川泽相通，如人四体，鼻衄灸脚而愈。今余干水口暴起一洲，形如鼍，食彼郡风气，可祀而掘之。"权乃遣人祭以太牢，断其背，长沙饥遂止。
③ 一作高邮。

清 唐绥祖，字孺怀，号莪村，江都人。举康熙丁酉科，宰封丘。乾隆时，官至陕西布政使。操守清白，能文章，又能知人用人，能得人死力。在朝卿贰，在外岳牧州郡，其贤者有意气者，靡不通缟纻，序慭慭。婓人子，苟有才，必折节下之。嘘枯吹生，悱恻肫挚。未几所目色提挈辈，云蒸豹变，百不失一。虽日者筮人，皆自愧不及，而绥祖亦颇以相士为己任。早出田文镜之门，而遇事不阿。坐事落职者四，然卒起用，以功名终。钱仪吉《碑传集·乾隆朝督抚上之上》

清 袁学孔，字丹丘。母蔡氏，乙酉城陷，死义甚烈。时学孔年十一，痛欲殉母，引刃自刺。父曰："吾一线视尔，义不可死。"长而事父者极孝，人称袁孝子。精于易卜，多奇中。有叩其术者，笑曰："此非世俗所能解也。"垂帘于市，所得供薪外，即以周贫乏。操履甚介，屡为当事所引重，绝不有私请，盖方技而能守道者。子洪范，亦敦行，以善卜闻。《乾隆江都县志·方技》

清 汪一元，字兆初，歙古唐人，侨古扬州旧城缸巷，占籍江都，补增广生。事二亲，顺于其志。亲没四时之食，未祭不敢尝。矜名负气，学殖行修。星历卜筮声乐，皆究其微。① 步日月食，五星留逆，皆与台官密合。逆推岁实节气微，讫于乾隆十四年四月，而一元实以是月卒，盖以数知之也。卒年四十二。子中，字容甫，乾隆丁酉拔贡生，治经宗汉学。《清史稿·儒林》有传。

《扬州府志·艺术》《道光安徽府志·方技》《民国甘泉续志·祠祀考》，载汪氏两孝子祠，在扬州北来寺山麓，祀孝子汪一元、汪一崧。道光十四年，户部主事汪喜孙建，一元喜孙祖，一崧喜孙族伯祖也，皆以孝旌表如例。喜孙买北来寺僧隙地建祠，与僧立约，复呈请有司立案，有"寺存与存，永永无极"语。仪征刘文淇有《江都汪氏两孝子祠记》，载《续修府志》并《光绪江都县志》。

清 曹竹斋，以字行，佚其名，福建人。老而贫，卖卜扬州市。江湖间健者，莫能当其一拳，故称曹一拳。少年以重币请其术，不可。或怪之，则曰："此皆无赖子，岂当授艺以助虐哉！"竹斋以嘉庆庚午，没于扬，年八十余。《清史稿·艺术》《碑传集补·艺术》

---

① 汪中撰《先考灵表》有云：尝使中握粟一溢，君以著画几算之，即得其数。

清 吴明煌，字星宇，世居江宁，始迁扬州。精堪舆，善相人术。子熙载，[①]为仪征诸生，博学多能，从包世臣学书，篆分工力尤深。后纵笔作画，亦有士气。咸丰中卒。《清史稿·艺术》

○《清故处士吴君星宇墓表》云：君讳明煌，字星宇，始吴式，籍仪征，而家扬郡之运司前街，就家设相肆。余尝避雨肆中，与君谈相人术，君大都依部位说为人邪正，依气色说行事是非，吉凶祸福率依于此。余诘其术之所受，君笑曰：是君平卖卜术也。吾受之，移以相人，不可乎？吾先世望徽，迁白门四世，至吾父游扬州，遂不能归其故。然吾父虽穷士，侨人尝有假人白金五百两者，请吾父居间，金已偿而券未退，金主据券索金，已偿金者曰：若但问吴君，果某君言未偿，即如命。金主意吾父困甚，议以半为酬，乞为一妄语，吾父不可，券遂废。先人自守之严，而见信重于人如此。吾无他技，能恃相人为生，言吉凶祸福，能必中乎即尽中，或且以长邪遂非，唯依是非邪正以为说，虽不中不为人害，庶不辱先人，异日得面目以上丘墓矣。余乃叹君非市中人，又高君行谊，亰其名籍则□□县学生员，名文相，字志书者也。以询扬城耆旧，尚有能言其事者。君娶同邑汪氏，亦源于徽，故醵贯，家业落而归君，相夫育子，备极艰辛，没齿无怨，为闾间所称美。以嘉庆戊寅五月二十五日卒，年六十。君以道光辛巳九月四日卒，年七十四。合葬甘泉县西山南，都天庙西，君所自卜也。君前葬文学君于司徒庙之收鸡滩，地隘不可祔，君常以无力省祖以上墓田为憾，故自卜兆域，使子孙来省者，必取道收鸡滩，先省文学君墓，盖君之用心如此。子廷扬，仪征县学生员，博学多能，书法尤卓越。君家单传三世矣，廷飚年甫壮，文行为侪辈所推，又已举歧嶷子三。君承文学君教，两世皆有隐德，将于是乎食其报。逯飚葬君，阅十有八年，以余薄宦西江，远来襄助，具状乞文。余雅重君，又厚廷扬，不可以无言，故为表其墓道焉。道光二十年春二月二十六日。署江西新喻县知县，泾包世臣撰书。

清 焦葱，字佩士，江都人，国子监生，循父。得外祖王氏《易说》，并熟《焦氏易林》、郭璞《葬法》，论学于家，一以躬行实践为主。性和易，好周人之急。有乐生者，善相人，尝谓葱两目如蚕眠，法无子。越十余年，乐生相之，曰："君两目之蚕，化为红色，此厚德之证，当得子。"已而果然。自筮将终，取贫人债券焚之，负人者尽偿之，曰："不可使吾子孙失忠厚意也。"《焦循事略》《九朝新语》

清 焦循，字理堂，一字里堂，晚号里堂老人。世居江都北湖黄珏桥，

[①] 初名廷飚，又字让之。

分县为甘泉人，江都县学生。祖镜，父葱，皆方正有阳德，世传易学。循嘉庆辛酉举人，不应礼部试，闭户著书，于经无所不治。治经之外，如诗词医学形家九流之书，无不贯通。又力彰家乡先哲，勤求故友遗书，孜孜不倦。嘉庆庚辰卒，得年五十八。有《雕菰楼全集》《焦氏遗书》数百卷行世。《清史稿·儒林》《碑传集·经学》

○焦琥虎玉撰《先府君事略》云：府君穷经之暇，旁及九流之书，必造其微，而精妙实便于用。壬申癸酉间，汪掌廷先生，问府君形法家十二长生，或主向上消纳，或主坐山消纳，当何从？府君曰："十二长生，皆从胎起，胎属子，复也。坐胎向旺，即坐复向姤。坐则阳生，向则阴生；阴阳交姤，天地合德；葬乘生气，莫此为宜。三合之名，见于《春秋谷梁传》，云：'独阴不生，独阳不长，独天不生，三合而后生。'谷梁赤为子夏之门人，其说必有所授。是三合者，孔氏之遗言也。子午卯酉属阳，阳左旋，故胎养自左而右；寅申巳亥属阴，阴右旋，故胎养自右而左。无论左旋右旋，皆从坐胎起数。如坐子向午，即胎加子左旋，长生当寅，帝旺当午，墓当戌。如坐寅向申，则胎加寅右旋，长生当子，帝旺当申，墓当辰，皆从坐山取之也。术士不识十二辟卦，而仅知其三，则或山或向，哓哓不已，皆盲说也。"治八五之术者，多请问府君，府君引而申之，作《八五偶谈》一卷。

清 陈素村，邘上人，精于易卜，著有《易林考正》。阳湖李兆洛申耆，序其书曰：《汉书·儒林传》，焦延寿尝从孟喜问易。予谓孟喜既得阴阳灾变书，托之田生，则延寿之得于孟喜，似可信。秦之禁学，以易为卜筮之书独不禁，故传受者不绝。则当时卜筮之法，必有口授传指者。迨既立博士，以隆其名，则以卜筮为贱，而避其名，而专求义理。焦氏偶得卜筮家递相承传之法，遂附田孟以自重焉。顾予以为卜筮尚占，《易》之本也。孟焦之获传，天下不亡《易》也。汉治《易》诸博士，明章句，说义理者，其书皆亡，独焦氏京氏存；今之治《易》者，或推本田氏费氏，而其书无存，特从荀谞，郑康成之遗文，约略推数耳。焦京之法，术家承用，学者乃往往不肯道，何耶？京氏冲合世应飞伏之说，传自焦氏，而焦氏所传惟《易林》，则以京氏之法，推焦氏之繇，必有其确然而不可易者。此邘上陈君素村《考正》之所为作也。夫圣人神谋鬼谋，问焉以言，设词揲方，惟变所适。阴阳消长之理，具于三百八十四爻之中，演而为四千九十六，以穷三百八十四爻之动，则其象益备，其变益赜，其理亦益显著，此参伍错综，极天下至神之大端也。先生所注释者，仅十之三四，盖起其端，而举其隅云耳。有志之士，推而明之，则所谓刚柔杂居，吉凶可识，以弥纶天地，极诸幽明死生鬼神情状，曲成万物，归诸易简，当有异于虚言义理，而不别其实；凿言象数，而不衷诸变者焉。亦治是经者，未辟之康庄也。《养一斋文集·易林考正序》

清 王方魏，字大名，江都人。隐扬之北湖，闭户著书，四十年不入郡城。精研易理，著《周易广义》十卷，纂《周易解》一卷。《广义》毁于火。《纂解》分太极、两仪、四象、图书、卦义，凡六篇。其说太极云："太者大之义，即大哉乾元；极者至之义，即至哉坤元。"又云："卵中包含黄白，内黄为阳，外白为阴，草木之实，核以藏仁；人物之胞胎，血以裹气，是时阳在内，生机业已亭毒。阴在外，意象犹然杳冥，太极之象也。周之太极图中分黑白，而又黑交于白，白交于黑，此则太极已判，非复阴含阳之象。太极以阳为主，故其体圆，其数一。凡爻近阳者利，远阳者穷，向阳者荣，背阳者辱；承阳辅阳者吉，乘阴蹈阴者凶。"卒葬北胡诵芬庄之右。子祖修，字俊士，康熙乙未岁贡生。传其父学，以《易》教授其外孙同里焦葱。清宜兴吴德旋《初月楼闻见录》

清 吴雪江，后改号春江，江都人，曾为休宁典史，挂误去职，而隐于宪幕。善奇门数学，能知过去未来。访学裴于吴门，因以订交。时陈姬病剧，问其休咎。吴曰："恭喜老兄，得一贵子。如嫂非病，是怀娠耳。"逾十日，病愈笃，复问之。吴曰："勿尔。如嫂非病，硬派是病，何耶？倘有不测，为弟者娶一美姬奉偿，何如？"一笑而去。是年十一月果生一子，即功成也。庚申二月，雪江老病，坐一孤舟，飘泊江湖。至木渎镇，访周韬甫茂才。舟泊韬甫门外，写书一封留别，付托后事，书罢而逝。韬甫得书，为具衣棺，遣人送棺还扬州，代筹窀穸云。婺源齐学裘《见闻随笔》

清 滕海峰，江都人，精风鉴。因母老不能远出，设肆东关街，未甚知名。适前荆溪令梁研溪、前句容令于滨来，及毕小亭、张新溪两参军，梁某、于芝厓两丞簿，游平山堂回，入肆小坐，请遍相之。时梁心芳选拔年最少，瘦削如不胜衣，随之行。海峰观气色，谈部位，各言官爵，无大差谬。指末坐曰："此何人？"梁研溪曰："舍弟将赴举，相其能中否。"海峰曰："今日幸会，诸公皆道府厅县，惟此君贵显逾伦辈。十五年后入词林，出为督抚，诸公皆叨其惠。芝厓公位在四品，财运独丰，至时当专谒索相金也。"梁某问曰："我何？"如海峰曰："亦官也，特卑甚。幸有好弟兄，可庇荫。"

后心芳以庚辰翰林，由浙臬抚山西，其兄浡升宁池太广道；于滨来、毕小亭、张新溪，各以县令终；于芝厓筮仕河南，由通判升知府，署淮扬道；惟梁某浮沈下僚，终仪征巡检司任，尽如海峰言，术亦可谓神矣。芝厓管河扬州，曾以二百金为滕母寿。滕未受，遂延至幕中，以终其世。婺源齐学裘《见闻随笔》

　　清　梁少卿，乃史中丞绳之受业师也。好道家言，精堪舆奇遁之术。嗣天下用兵，节钺争罗致之，使其略出所蕴，致通显，非难也。少卿独辞菀就枯，甘以司铎终。晚于二氏说益精，非知音不妄与谈。面貌常如四十许人，卒年八十三。史念祖《俞俞斋诗集注》

　　清　史念祖，字绳之，江都人，刑部尚书致俨孙。念祖幼颖异，好读书，官至广西巡抚，罢归后，以副都统衔，在东三省办事。宣统二年卒，年六十八。赵尔巽先后上其功，复巡抚原官，恤如制。著有《俞俞斋文稿》，谓为动植矿三物，皆可为五行生克合冲之佐证。盖彼于经籍百家、兵刑医卜之书无不窥，是以言皆有物。其论术数曰："阴阳五行向背生克之说，君子不溺而信之，其理直宜参也。自来诋其说者，以宋仁宗'东家之西，即西家之东'二语，称极智，实至愚之论耳。天地之大也，万类处其中，方无定向，向各为方。虱不南，磁石之针不东西。然而南行之人虱不死，挟针而驰东西针不变。朝于东墙而避日，问诸东邻之西墙，有呆呆而已。苟必欲统大地远近而合论之，则泰山未必东，太华未必西；祀事不必南郊，投畀亦无所谓有北也。国朝袁简斋，以干支无义理，无殊一二三四之代数。诚代数也，羲卦亦代数，数成而义理见，义理见而吉凶生。祷子而得一三，求偶而遇二四，能谓其非征乎？且夫五行之气母万类，纯雄厚薄，则变化而难穷矣。积油自然，积水自苔，积火自灰。水贮金则不涸，金入土则自行。五金蕴而高山童，草种落而坚城崩。湿虫避燥土，木虫僵西风。鸡以冲而鸣卵，鼠以合而动丑，再胎之豕食赤蛇。猥獏惧火，蛟螭之属畏金。或强而慑弱，大而畏小，柔而破坚。大抵得气纯而厚者其征专，得气杂而薄者其征错。有难言之理，无无理之物，非博学不能知，徒博学不能尽知。吾尝浏览术数之书矣，未始不叹自古日星相卜堪舆奇遁诸家，其至神奇者，亦仅得阴阳五行之蹊泾，而更不能无欲无尤乎？翩通华陀郭璞郭馨李虚中辈，往往以用非其道而祸身。苟有人焉，静观万有，由万返一，超离乎吉凶祸福，而参阴阳五行自然之奥,则数不外道,固亦格致天人之学也。君子惟当鉴其所得小,而所用不正。若以筝琶媚人,而疑五音之不能通神;文章欺世,而诋经传不足致治,不亦慎哉!"①《清史稿·本传》《俞俞斋文稿》《民国江都续志·名宦》

清 郭恩瀞,字沁泉,兴化人。洪杨乱后,移家郡城北门外,面城临水,破屋数间,萧然自得。少负才略,喜谈兵。尝参戎幕不得志,遂隐于卜。生平治易最力,兼精壬奇之学,及形家言。能以象数证兴废,以孤虚王相证兵事之得失。往往于盃酒间,指陈历代山川形势,以明战守所系,然非其人,不轻与言。晚年客游金陵,庚子之役,当道尝就占国事,恩瀞所言,若有豫知。宣统辛亥卒,年七十有一。著有《惕山逸民遗集》,② 并诗稿待梓。子四人,钟琦,宣统己酉贡,河南知县。《民国江都县志·方技》

---

① 猰,音轧。猰貐,类貙,虎爪,食人,迅走。貘,音陌,兽名,体小于驴,皮厚似犀,毛短颈粗,眼小,鼻突出,长于下唇,屈伸自由,常食木芽果实之属,性柔易驯。螭,音痴,旧说若龙而黄无角,亦作彲。踶,音题,蹄本字。涔,音岑,多水也。踶涔,谓小水也。《淮南子俶真》:"半蹄之涔,无尺之鲤。"

② 惕,音羊,直疾貌。

润德堂丛书全编 ⑦

中国历代卜人传
（中）

[清]袁树珊 ◎ 撰
谢路军 ◎ 主编
郑同 ◎ 校

中国历代卜人传卷六

江苏省 六

49 甘泉县

本江都县地,清雍正九年析置甘泉县,与江都并为江苏扬州府治,民国废入江都。

清 焦焕,字炳文,甘泉人,诸生。博学强记,善卜精医,四方以难字问者甚多。惜中年逝世。吴伦体茂才,哭之以诗云:不信斯人竟若斯,花前赌酒记常时。榻留几两青山屐,壁挂一囊秋雨诗。湖上小亭梅间柳,胸中余技卜兼医。玉楼夜召无人晓,尚有书来问字奇。《淮海英灵集·乙集》

清 谢增,号梦渔,甘泉人。道光庚戌探花,官至御史,品学皆为人推重。精命理,吉凶祸福,不爽毫纤;尤以事先预测,谈言微中称奇。疑者谓语多难解,类病疯颠;而誉者则谓实有自来,是以能知休咎。要知乃易学精深,有以致此。如咸丰壬子科,同乡京官,宴士子于会馆,增亦与焉。席间闻天空有雅一鸣,增忽叹曰:"今科吾扬,仅得中式一人。"人初莫之信。及榜发,果只方鼎锐一人。一日偶见侍郎青麐,谓恐不得其死。或谓侍郎将外任封圻,乌足患。增曰:"外任愈恐不得其死。"后侍郎抚鄂,坐粤乱失城伏法。增后卒于京师,宦囊空空,丧葬悉知交为之料理,并教养其子成人。《孟斋日日记》

清 李世琏,号紫峰,精李虚中之术。其先淮安人,卖卜扬州市,遂为甘泉人。紫峰多隐德,尝曰:"吾生子宜有兴者。"及生次子钟泗,而世琏卒。长子钟源,字嵩泉,承父业,日得钱以养老母,及幼弟钟泗。钟泗因得读书，师事同邑黄先生依宣，刻苦自励。于《经》长于《左氏春秋》，而又工为歌诗赋颂，箴诔杂文，用是入学为生员，嘉庆辛酉举于乡。明年下第归，丁母忧。服除入京师，拣选知县，名教自守，为时所称。闵尔昌《碑传集补·经学》

50　仪征县

汉为广陵江都二县地，唐析江都置扬子县，地为扬子县白沙镇。五代时，杨吴以白沙为迎銮镇，南唐改曰永贞县，宋升迎銮镇为建安军，以永贞县属之，后改曰扬子。宋升军为真州，移扬子于州郭，赐名仪真郡，后废为县，旋升州。元亦曰真州，明改为仪真县，以扬子县省入。清改仪征县，属江苏扬州府。宣统间改为扬子，民国复为仪征。

宋　徐仲坚，真州人，忠信笃实，遇人至谨。家贫，寓于卜。虽疾病，召之筮，不正衣巾不见。日得百数十钱则止。能为诗，亦好属文，多为贤士大夫所知。有集若干卷。《图书集成·艺术典·卜筮部·名流列传》《乾隆江南通志·艺术》

明　李犹龙，字震卿，真诸生。幼警敏异常，十二岁即淹通经史。辞赋书篆，靡不精诣。又通天文遁甲奇门太乙六壬诸家秘，决未来事如响。遂弃诸生，游京师。时奢酉窃发，郧抚杨述中，[①] 闻其名，延为上客，为赞画一切。会刘兴治倡乱东方，东抚沈珣[②] 聘之入海抚安。顾卒以依人为耻，即归里，杜门著述，卜益奇中。壬午流寇猖披，龙占之曰："兹徒碌碌无为，天命已有归，惜予不及见矣。"不肯尽言。前一月自言死，奋笔作律诗二十首，阅月卒，年七十有五，无嗣。著《敦复堂集》尺许。所积多奇书，皆散逸。《康熙仪征县志·艺术》

清　方申，字瑞斋，仪征人。少不治举子业，年逾四十，始应童子试，屡见黜于有司，而学益进。道光戊戌，督学祈公。按试扬郡。始以经解见知。拔置阖郡第一。补仪征县学生员。庚子秋赴试江宁，积疾成，疾归而益剧，卒年仅五十有四。申自悔晚学，故致力綦勤，其最精者尤在《周易》。

[①] 郧，音云。郧，即湖北安陆县境。
[②] 珣，音旬，五属。

又以春秋时，列国卜筮，必据互卦，以与正卦相参，因寻绎汉儒之所言者，及覆求其条理，而知互卦之法，正例有七，附例有二，成书一卷，名之曰《周易互体语述》。又以卦变之法，传之已久，言人人殊，无所统贯，因参伍考订，以深求其义例之所在，成书一卷，名之曰《周易卦变举要》。又著《诸家易象别录》《虞氏易象汇编》《周易卦象集证》。是为易学五书。怀庆汪孟慈太守，为之梓传。《续碑传集·儒学》

清 刘毓崧，字伯山。一字松崖。文淇子。道光优贡。传父左氏学，旁通经史诸子百家。所著《通义堂文集》，载有推算八字考，证明古人推算星命者，本兼用时，历历有据。又载《何祯元寿赐名考证》及《苏文忠公八字考》，对于星命之学，尤多发明，足破俗士陋儒之惑。《通义堂文集·卷十二》

51 东台县

本泰州地，清乾隆三十三年析置东台县，属江苏扬州府。

唐 王宁，字九龄，西溪人。少有异术，能占阴阳吉凶，屡中如神。唐太宗尝召入禁中，官灵台司少监。

明 王鎗,① 安丰人。长于风角，精推步。以六壬数卜吉凶，多奇应。寿八十三。以上《嘉庆东台县志·方技》

52 兴化县

战国楚府昭阳食邑，五代时，杨吴置兴化县，清属江苏扬州府。

明 高燧，精易学。才补邑庠，以瞍废，遂精天文、《范围易数》。姪文义谷，将生时，燧袖课之，曰："如得辰，他日必宰相。"及生，果及辰。② 其他卜筮征应类如此。周娄，精术数。以瘘废。伏枕四十余年，洞究元微，

---

① 鎗，音争，金玉声。
② 阜按：高谷，字世用，永乐进士。景泰中，选庶吉士，累进谨身殿大学士，卒谥文义。

安贫励节。前县陈洪范，遗之粟，不受。著《渔村集》。李木，精命理，自知死期。沈起潜，精地理。潘彌，字梦征，精医学，及《太乙》《洪范》诸书，著《运气考正》。陆海，字宽夫，琴棋星卜，皆出人右。《咸丰兴化县志·方技》

清 郑毓凤，字君翔，一字象六。博学，善属文。会鼎革，弃制举业，躬耕海上。初习《毛诗》，既而学《易》，兼穷理数之奥。晚年寓盐城授徒，孙学士一致，出其门。尝寄诗云："少年文誉擅江都，晚探河洛师尧夫。"盖纪实也。同上

清 李瀚，[①] 字士翔，一字籀史，兴化人。明末贡生，后弃帖括。喜读书，谈名理，于释典、道藏及阴阳医卜家，靡不该览。与人论文艺，娓娓不倦。遇俗士则睥睨不屑，意泊如也。著《严庵集》。《咸丰兴化县志·隐逸》吴德旋《初月楼闻见录》

清 刘熙载，字融斋。道光甲辰进士，选庶吉士，官至国子司业。历迁左春坊左中允，督学广东，乞病归。主上海龙门书院讲席。熙载治经，无汉宋门户见，不好考据。熟于周秦诸子书，他如天象地舆、六书九数、钟律方术，皆研通其意。所著有《刘氏六种》《古桐书屋续刻三种》。卒年六十九。《民国兴化续志·人物列传》

53 泰州

楚，海阳地；汉，海陵县。南唐置泰州，宋因之，治海陵。明省海陵县入州，清属江苏扬州府，民国改为泰县。

清 王而豫，字天如。其父孙驹，受青乌术于隐者。豫传其学，兼通易理。尝为从弟晋原葬母，许以寅葬卯发，其言竟验。豫多子孙，筮之，曰："长孙凝，可读书。"后为诸生，他事亦多奇中云。《光绪泰州志·艺术》

[①] 一作瀚。

54 高邮州

汉置，本秦之高邮亭，因以立名，三国时荒废，晋复立，宋置高邮军于此，元改军为府，明改州省县入焉，清因之，属江苏扬州府，民国改县。

明 刘鉴，高邮人，永乐丙戌进士。为诸生时，有训导董光善相，以鉴目有神，遂授以相法，言人贵贱生死，无不验。有江湘三举子就鉴相，熟视良久，云："一伙进士。"既去告人曰："伙者火也，是当皆有火厄。"已而春闱灾，三人皆焚死。见农家子，方六七龄，曰："此子当登科第，为执法官。"乃御史葛萱也。《集成·艺术典·相术部·名流列传》

55 宝应县

唐置，清属江苏扬州府，民国废府存县

清 杨景涟，字清兮，诸生。世居东决溪村，修竹数亩，中构草亭。性孤介，攻苦力学，自经史百家，旁及堪舆星卜之学，靡不研究。意所欲吐，纚纚千言；[①] 所不可者，虽古人弗屑也。具金求文者，挥不纳。兴化任大椿，铭其墓曰："淮海传人"。《道光宝应县志·艺术文苑》

清 林桂枝，字一斋，射阳镇人，廪贡生。家贫劬学，博闻强记，凡天文舆地、术数医卜之属，莫不条举贯澈。尤尽心性理格物，夙夜惺惺。晚年境益困，饘粥恒不给。偶得钱，或值有急者，悉以与之。归而忍饥，怡然自得。

清 刘元熙，字南征。孝子煜子，诸生。精世舆。性耿介，好施与。每岁抄，罄一年所节，购米济贫。家有喜寿，庆贺赀所入，悉以振饥。邑令徐，欲以育婴事付之，元熙重其事，谢弗应。年七十余卒。以上《民国宝应县志·笃行》

---

① 纚，音履，连也。

56　铜山县

春秋宋彭城邑，秦置彭城县，汉为楚国，后汉为彭城国，唐为徐州治，元省彭城县入州。清雍正十一年，升州为府，置铜山县，为江苏徐州府治，徐州镇总兵亦驻此。民国十一年，自辟为商埠，津浦铁路，与陇秦豫海铁路，交点于此。

东晋　刘讷，字令言，彭城人，有人伦识鉴。初入洛，见诸名士，叹曰："王夷甫，太鲜明。乐彦辅，我所敬。张茂先，我所不解。周宏武，巧于用短。杜方叔，拙于用长。"后皆如其言。讷终于司隶校尉。《晋书·刘隗传》

刘宋　颜敬，彭城人，喜卜筮。初蔡兴宗为郢州府参军，[①] 敬以式卜曰："亥年当作公。官有大字者，不可受也。"及兴宗有开府之授，而太岁在亥，果薨于光禄大夫云。《南史·蔡兴宗传》《图书集成·卜筮部·名流列传》

明　裴仕杰，徐州人，通儒书，习阴阳之术。永乐初，征天下儒硕，纂修古今大典，仕杰以阴阳家预焉。《乾隆徐州府志·方技》

明　周昉，[②] 字彦华，徐州人，通天文阴阳之术。景泰庚午，从征福建，以占候有功，授钦天监灵台郎，迁监副，卒。子佐，历官光禄寺少卿。儒，历官应天府丞。佐子瀹，钦天监冬官正。皆世其业。《乾隆徐州府志·方技》《民国铜山县志·艺术》

57　丰县

本秦沛县之丰邑，汉高祖起兵于沛，收沛子弟还守丰，即此。汉置县。明嘉靖间，河决城陷，迁治于县东南华山，寻复还旧治。清属江苏徐州府。

明　李复，字明善，丰人，通阴阳算数之学，官南京钦天监副。弟登，字从善，为夏官正，后迁监副。《同治徐州府志·艺术》

[①] 郢，音颖，郢州，即今湖北武昌县。
[②] 昉，音仿，适也。

明 季春煦，字景温，由岁贡官常州府训导。好学博古，有知人之鉴，常识周延儒于寒素。著《丰邑古今考》《今古时务议》等书。《徐州府志·人物》

58 沛县

秦置，故城在江苏沛县东，明徙今治，清属江苏徐州府。

汉 刘向，字子政，本名更生，楚元王交元孙也。初为谏大夫，宣帝招选名儒俊材，向以通达能属文与焉。为人简易，无威仪，专积思于经术。昼诵书传，夜观星宿，或不寐达旦。成帝即位，召拜中郎，迁光禄大夫。是时帝元舅阳平侯王凤，为大将军秉政，倚太后，专国权，兄弟七人皆封为列侯。时数有大异，向以为外戚贵盛，兄弟用事之咎。而上方精于诗书，观览古文，诏向领校中五经秘书。向见《尚书·洪范》箕子为武王陈五行阴阳休咎之应，向乃集合上古以来，历春秋六国，至秦汉符瑞灾异之记，连传祸福，著其占验，比类相从，各有条目，凡十一篇，号曰《洪范五行传》论奏之。上心知向忠精，故为凤兄弟起此论也，然终不能夺王氏权。向每召见，数言公族者国之枝叶，枝叶落则本根无所庇廕。方今同姓疏远，母党专政，禄去公室，权在外家，非所以强汉宗，卑私门，保守社稷，安固后嗣也。其言多痛切，发于至诚。上数欲用为九卿，为王氏及诸大臣所持，故终不迁。居列大夫官，前后三十余年，年七十二卒。卒后十三年，而王氏代汉。所著有《七略别录》《洪范五行传》《列女传》《列仙传》《新序》《说苑》等书。《前汉书·附楚元王交传》

汉 刘歆，① 字子骏，向之少子也，少为黄门郎。和平中，受诏与父向领校秘书，数术方技，无所不究。乃集六艺群书，种别为《七略》七卷，《经籍志·唐志》《隋书》同。经籍目录之学自歆始。哀帝即位，大司马王莽，举歆为侍中太中大夫，出为河内太守，复为安定属国都尉。王莽持政，歆为右曹太中大夫，迁羲和京兆尹，封红休侯，典儒林史卜之官，作《三统历》及

---

① 歆，读如欣。

谱，以说《春秋》，曰："夫历春秋者，天时也，列人事而目以天时。《传》曰：民受天地之中以生，所谓命也。是故有礼谊勤作威仪之则，以定命也。能者养之以福，不能者败以取祸。故列十二公，二百四十二年之事，以阴阳之中，制其礼。故春为阳中，万物以生；秋为阴中，万物以成。是以事举其中，礼取其和，历数以闰。正天地之中，以作事厚生，皆所以定命也。"及王莽篡位，歆为国师，封嘉新公。著有《三统历》三卷、《汉书律历志》一卷。《前汉书·附楚元王传》《律历志》《王莽传》《隋书·经籍志》《唐书·艺文志》

汉 高相，沛人，治《易》。其学亡章句，专说阴阳灾异，自言出于丁将军宽，传至相。相授子康，康以明《易》为郎。《前汉书·儒林》

后汉 姜肱，① 字伯淮，广戚人，② 家世名族。肱与二弟仲海、季江，俱以孝行著闻，其友爱天至。③ 及各娶妻，兄弟相恋，不能别寝。以系嗣当立，乃递往就室。肱博通五经，兼明星纬。④ 士之远来就学者，三千余人。诸公争加辟命，皆不就。二弟名声相次，亦不应征聘。时人慕之。肱尝与季江谒郡，夜于道遇盗，欲杀之。肱兄弟更相争死，贼遂两释焉，但掠夺衣资而已。既至郡中，见肱无衣服，怪问其故，肱托以他辞，终不言盗。盗闻而感悔，后乃就精庐求见，皆叩头谢罪，还所略物。肱不受，劳以酒食而遣之。后与徐穉等，俱征不至。桓帝乃下彭城，使画工图其形状，肱卧于幽暗，以被韬面，言感眩疾，不欲出风，工竟不得见之。中常侍曹节等专执朝事，新诛太傅陈蕃、大将军窦武，欲藉宠贤德，以释众望，乃白征肱为太守，肱隐遁海滨。再拜太中大夫，诏书至门，肱使家人对云："久病就医。"遂羸服间行，窜伏青州界中，卖卜给食。召命得断，家亦不知其处，历年乃还。年七十七，熹平二年癸丑，终于家。弟子陈留刘操，追慕肱德，共刊石颂之。《后汉书·本传》《宣统山东通志·流寓》

后汉 范冉，字史云，⑤ 外黄人，⑥ 少为县小吏。年十八，奉檄迎督邮，

---

① 肱，读如觥，蒸韵，臂也。
② 广戚，故城今徐州沛县东。
③ 谢承书曰：肱性笃孝，事继母恪勤。母既年少，又严厉，肱感《凯风》之孝，兄弟同㦬而寝不入房屋，以慰母心也。
④ 蔡邕撰《姜肱碑》云：肱，俯仰占候，推步阴阳，有名物定事之能，独见先睹之效。
⑤ 冉，或作丹。
⑥ 外黄古城，在今河南杞县东六十里。

冉耻之，乃遁去，到南阳，受业于樊英。又游三辅，就马融通经，历年乃还。桓帝时以冉为莱芜长，①遭母忧，不到官。后辟太尉府，以狷疾不能从俗，常佩韦于朝。议者欲以为侍御史，因遁身逃命于梁沛之间，徒行敝服，卖卜于市。或寓息客庐，或依宿树荫，如此十余年，乃结草屋而居焉。所居单陋，有时绝粒。闾里歌曰："甑中生尘范史云，釜中生鱼范莱芜。"三府累辟不就。中平二年乙丑，年七十四卒于家。大将军何进，移书陈留太守累行论谥，佥曰宜为"贞节先生"。会葬者二千余人，刺史郡守各为立碑表墓焉。

《后汉书·义行》《太平御览·方术》《乾隆江南通志·流寓》

魏 朱建平，沛国人，善相术。于闾巷之间，效验非一。太祖为魏公，闻之召为郎。文帝曹丕为五官将，坐上会客三十余人，文帝问己年寿，又令遍相众宾。建平曰："将军当寿八十。至四十时，当有小厄，愿谨护之。"谓夏侯威曰："君四十九，位为州牧，而当有厄。厄若得过，可年致七十，致位公辅。"谓应璩曰："君六十二，位为常伯，而当有厄。先此一年，当独见一白狗，而旁人不见也。"谓曹彪曰："君据藩国，至五十七，当厄于兵，宜善防之。"初，颍川荀攸、钟繇，相与亲善，攸先亡，子幼，繇经纪其门户，欲嫁其妾，与人书曰："吾与公达，曾共使朱建平相。建平曰：荀君虽少，然当以后事付钟君。吾时啁之曰：②惟当嫁卿阿骛耳。何意此子，竟早陨没，戏言遂验乎？今欲嫁阿骛，使得善处。追思建平之妙，虽唐举许负，何以复加也。"文帝黄初七年丙午，年四十，病困，谓左右曰："建平所言八十，谓昼夜也，吾其决矣。"顷之，果崩。夏侯威为兖州刺史，年四十九，十二月上旬，得疾，念建平之言，自分必死，豫作遗令及送丧之备，咸使素办。至下旬转差，垂以平复。三十日日昃，请纪纲大吏，设酒，曰："吾所苦渐平。明日鸡鸣，年便五十。建平之戒，真必过矣。"威罢客之后，合瞑疾动，夜半遂卒。璩六十一为侍中，直省内，欻见白狗，③问之众人，悉无见者。于是数聚会，并急游观田里，饮宴自娱。过期一年，六十三卒。曹彪封楚王，年五十七，坐与王凌通谋，赐死。凡说此辈，无不如言。惟相司空王昶、征

---

① 莱芜故城，在今山东淄川县东南。
② 啁，音嘲，诙谐也。
③ 欻，音忽，忽也。

北将军程喜、中领军王肃，有蹉跌，云："建平相我逾七十，位至三公，今皆未也，将何虑乎？"而肃竟卒。建平又善相马，文帝将出，取马外入，建平道遇之，语曰："此马之相，今日死矣。"帝将乘，马恶衣香，惊啮文帝膝。帝大怒，即便杀之。建平黄初中，卒。《三国·魏志·方技》《乾隆江南通志·艺术》

明 鹿凤，沛人。幼习百家阴阳杂书，尤善法术。尝寓凤阳，岁旱，郡守延之，祷于坛，果得大雨，由是知名。后沛邑遇旱，众即延凤祷之辄应《同治徐州府志·艺术》

清 孟传宝，字怀珍，廪生。精数学，尤善大六壬。常有人袖一物，使射覆。占曰："外圆内方，文字中藏。上有污秽，磨之始彰。"出其物，果是粪堆中拾得一钱，一时颂为神明。《民国沛县志·方技》

59 相县

沛郡，汉置相县，后汉为沛国，晋因之，在今安徽宿县西北。东晋徙治萧，在今江苏萧县西北。宋齐后魏置之，北齐废。

晋 刘惔，[①] 字真长，沛国相人。少清远，有标奇。与母任氏，寓居京口。家贫，织芒屩以为养。[②] 虽筚门陋巷，晏如也。人未之识，惟王道深器之。后稍知名，尚明帝女庐陵公主，官丹阳尹。为政清整，门无杂宾。惔与桓温善，尝称之曰："温眼如紫石棱，须作猬毛磔，[③] 孙仲谋、晋宣王之流亚也。"惔虽奇温才，而知其有不臣之迹。及温为荆州，惔言于帝曰："温，不可使居形胜地，其位号常宜抑之。"帝不纳。及温伐蜀时，咸谓未易可制，惟惔以为必克，恐自此专制朝廷，及后竟如其言。《晋书·本传》

○《晋书·叛逆传》：桓温，字元子，宣城太守彝之子也。生未暮，而太原温峤见之，曰："此儿有奇骨，可试使啼。"及闻其声，曰："真英物也。"彝以峤所赏，故遂名之曰温，峤笑曰：果尔后将易吾姓也。

[①] 惔，音覃，燔也。
[②] 屩，音脚，履也。木曰屐，麻曰屩。
[③] 磔，音摘，开也。剔也。

○《晋书·叛逆传》：初温自以雄姿风气，是宣帝刘琨之俦，有以其比王敦者，意甚不平。及征还北方，得一巧作老婢，访之，乃琨妓女也。一见温，便潸然而泣，温问其故，答曰："公甚是刘司空。"温大悦，出外整理衣冠，又呼婢问，婢曰："面甚似恨薄，眼甚似恨小，须甚似恨赤。形甚似恨短，声甚似恨雌。"温于是褫衣解带，昏然而睡，不怡者数日，后果不竟其志而卒。

南齐 刘休，字弘明，沛郡相人。泰始初，诸州反。休素能筮，知明帝当胜，静处不预异谋，数年还投吴喜，为辅师府录事参军。喜称其才，进之明帝，得在左右。板桂阳王征北参军，休多艺多能，问无不解，遂见亲赏，长直殿内。后宫孕者，帝使筮其男女，无不如占。累官豫章内史，加冠将军。卒年五十四。《南齐书》参《南史·本传》《图书集成·卜筮部·名流列传》

60　萧县

春秋宋萧邑，秦置萧县，北齐改曰承高。隋初改龙城，又改临沛，寻复为萧县。其城一名黄杨城，或谓之北城。宋时河决，乃改筑南徙治焉，在今江苏萧县西北。明万历间，没于水，迁今治。清属江苏徐州府。

明 路可泰，萧人，五岁即习术数，为人推星度，多奇中。尤精《易》，言祸福，无不验。晚年修道于果老洞中。《江南通志·方技》《乾隆徐州府志·方技》《嘉庆萧县县志·艺术》

61　邳州

古邳国，秦下邳县，北周置邳州，宋为淮阳军，金仍为邳州，明省下邳县入州，清属江苏徐州府，民国改州为县。

汉 翼奉，字少君，下邳人，治《齐诗》，好律历阴阳之占。元帝时待诏，宦者署数言事，宴见，天子敬焉，必采究经史，穷极阴阳，以寓法戒。论祭天地于云阳汾阴，及诸寝庙，不以亲疏迭毁，皆烦费违古制，后定迭毁礼。徙南北郊，其议皆自奉发之。以中郎为博士谏议大夫，年老以寿终。子

孙皆以学为儒官，著《风角要候》《风角杂占》《风角乌情》等书。《前汉书·儒林》《乾隆江西通志·儒林》《隋书·经籍志》

清 王九成，济宁人，父官下邳，遂家焉。性孝友，博涉群书。妻殉，不再娶。尝教授乡里，以赡兄弟之不足。后乃弃去，单身远游，名山绝壑，足迹殆遍。明河洛之学，旁通术数书画。晚嗣一子，构草庐，谢客静坐。年近八十，风采熌然如壮人。《咸丰邳州志·人物》

62　宿迁县

汉各犹①县，后汉省，晋置宿预县，唐改为宿县。故治在今江苏宿迁县南二里，明徙今治，清属江苏徐州府。

清 高瑀骈，字特聘，宿迁诸生。甲申弃家去，其兄求之数年不得。久之，海上卖卜奇中，兄往卜之云。当即相见，察其情状，即特聘也，强之归。生一子尚友，一日短衣持雨盖出，不知所之。尚友长成，数十年无消息，遂筑望亲楼于县北钟吾山中，立位奉之。每遇过客，辄询访，声泪俱下。盐城宋滋庵恭贻，有诗才，经其地，异之，纪其事。绘《高孝子望亲庐图》，遍征诗以褒之。阮葵生《茶余客话》

○阜按《碑传集》：陈鹏年撰《高士瑀骈传》云："一夕语邻僧曰，吾占六壬，尚有一子，当归了此事。"僧笑之，明年果生子，命之曰晤，盖与其妇仅一晤者然。观此，是其子名晤，字尚友也。钟吾山，又作峒峿。

63　睢宁县

汉置睢陵、取虑二县，金分宿迁，置睢宁县，清属江苏徐州府。

清 朱明道，精易理，晓奇门之术，能知未来事。有自注《周易》一卷，存于家。朱振玉，亦通卜筮星学，屡有奇验。《光绪睢宁县志·方技》

---

① 各，音求，与厹同。厹由，狄国名，见《国策》。

64 东海县

秦置朐县，东魏于县置海州，北周改曰朐山，隋改州为东海郡，唐复曰海州。明省朐山县入州，清直隶江苏省。民国改州为东海县，十一年自辟为商埠，陇秦豫海铁路，由此西贯河南陕西，以达甘肃之皋兰。

唐 徐居易，字子平，别号沙涤先生，又称蓬莱叟，东海人。隐于太华西棠峰洞，精于星学，撰《珞琭子三命消息赋注》二卷。其法本之李虚中，专以人生年月日时八字，推衍吉凶祸福，无有不中。子平殁后，宋孝宗淳熙时，有冲虚子者，精于此术，当世重之。僧道洪，密受其传，后入钱塘，传之徐大升，《四库提要》谓宋末徐彦升，今世所传《玄理赋》等，皆其所著。今人推命之术，乃元人复由子平、大升二家演绎而出，故简称子平。《四库全书提要·子部·艺术》参《三命通会》所引《濯缨笔记》

○阜按：《三命通会》谓徐子平为五代时人，又谓徐大升上距子平已三百余年。查五代后梁纪丁卯起，至后周纪庚申止，共五十四年；北宋纪庚申起至丁未止，共一百六十八年，南宋纪丁未起至孝宗癸未降兴元年，不过三十七年。自五代丁卯，至南宋癸未，连新陈递禅，虚算三年计之，不过二百五十九年。当孝宗时冲虚子传之道洪，道洪又传之徐大升，时期必不过远，今既云上距子平已三百余年，即可证明子平非五代时人，乃唐人也。

宋 徐道符，自号无欲子，东海人，著有《六壬心镜要》三卷、《后集》一卷。上卷九门，中卷十七门，皆论课象，及一切日用事物占断。下卷十六门，皆军占。其杂占及二十神将论，凡十三篇，别为《后集》。立说简该，使读者昭然易晓，在壬书中最为善本。[①] 凌福之撰《六壬毕法赋》一卷。福之履贯未详，核其自序，盖理宗宝庆间人也。始徐道符，作《六壬心镜》。建炎中，又有邵彦和者，著书名曰《口鉴》，以阐明徐式之说，后多为俗学所窜乱，福之因用彦和法作七言百句注释之，以成此书。融贯旧说，而缀以心得，独为精当。自序谓虽言词鄙拙，实决断之幽微，可为定论。世之言壬

---

① 阜按：余家藏《六壬心镜》，载徐道符为唐肃宗时人。

术者，多奉为秘钥。《四库·子部·术数类存目二》

清 罗浩，字养斋，侨居海州之板浦场，与凌仲子廷堪为戚。经史书数，无不涉猎，尤精星命之学。尝曰："自李虚中以来，均以富贵贫贱寿夭，定命之高下。吾则以贤不肖为之经，贫富寿夭为之纬。贤者虽贫，天命为上。不肖者虽富，寿命为下。"人多迂之。《清稗类钞·方技》

清 吴恒宣，字来旬，山阳人，居板浦，或曰海州人也。幼称神童，读书目数行下。长游太学，睥睨公卿间，人呼为狂生。居无何，忽精六壬奇门术，多奇中。《嘉庆海州志·方技》

65 赣榆县

汉置，三国时废。故城在今江苏赣榆县东北，一名盐仓城。晋移赣榆县治艾不城。北齐省，在今东海县北。金改怀仁县为赣榆，即今治。清属江苏海州。

清 王克靖，孝子士元、士宁之后。幼隽颖，博涉经史，尤精山经地理。尝著《海角经》，阐发曾杨不传之秘，为时所重。所居有竹溪，自号竹溪清隐。国子学录曾忠辅为之记。《光绪赣榆县志·艺术》

中国历代卜人传卷七

浙江省

浙江省，在我国东南部，为沿海各省之一。境内有浙江，因名。《禹贡》扬州东部地，春秋为越地。秦汉迄晋，历为会稽、丹阳等郡地。唐为江南东道，后分浙江东西道。宋两浙路，后分浙东浙西两路。元置江浙等处行中书省。明置浙江布政使司。清置浙江省，民国仍之。其地东滨东海，南通福建，西邻江西、安徽，北接江苏，省会为杭州市。

66 仁和县

汉钱塘地，五代时吴越置钱江县，宋改曰仁和，明清时与钱塘并为杭州府治，浙江省亦治此，民国并仁和钱塘为杭县。

周 范蠡，字少伯，楚宛三户人。事越王句践，苦身戮力，与句践深谋，二十余年灭吴，报会稽之耻；北渡兵于淮，以临齐晋，号令中国。周元王赐句践，胙命为伯，诸侯毕贺，号称霸王。蠡以大名之下，难以久居，乃乘舟浮海以行，自号鸱夷子皮。[①] 并遗大夫种书曰："蜚鸟尽，良弓藏。狡兔死，走狗烹。越王为人长颈鸟喙，可与共患难，不可与共安乐，子何不去？"种见书，称病不朝。人或谗种，且作乱。越王乃赐种剑，曰："子教寡人伐吴七术，寡人用其三而败吴。其四在子，子为我从先王试之。"种遂自杀。

《史记·越王句践世家》《光绪浙江通志》

[①] 鸱，音摛，支韵，鸢也。

〇《吴越春秋》云：吴王欲择吉日赦越王，越王闻之，召范蠡告之，曰："孤闻于外，心独喜之，又恐其不卒也。"范蠡曰："大王安心，事将有意，在玉门第一，今年十二月戊寅之日，时加日出，①戊，囚日也；寅，阴后之辰也；合庚辰，岁后会也。夫以戊寅日闻喜，不以其罪罚日也。时加卯而贼戊，功曹为腾蛇而临戊，谋利事在青龙，青龙在胜光而临酉，死气也，而克寅，是时克其日，用又助之，所求之事，上下有忧，此岂'非天网四张，万物尽伤'者乎，王何喜焉？"果以子胥谏而复囚之石室，越王谓范蠡曰："今三月甲辰，时加日昳，孤蒙上天之命，还归故乡，得无后患乎？"范蠡曰："大王勿疑，直贶道行，越将有福，吴当有忧。"

〇《四库全书提要·子部术数类》论《六壬大全》有云：惟是六壬所重，莫过于天乙贵神，阴阳顺逆，为吉凶所自出，如匠者之准绳榘蠖。而先天之德起于子，后天之德起于未，以五乾德合神取贵，承学之士，多未究其源。我圣祖仁皇帝《御定星历考原》一书，贯串玑衡，权与圭臬，以订曹震圭昼丑夜未之伪，实足立千古之标准。皇上御纂《协纪辨方书》，复申畅斯旨。谨案《吴越春秋》所载子胥之占：三月甲戌，时加鸡鸣，而以为青龙在酉，是甲日丑为阴贵也。范蠡石室之占，十二月戊寅，时加日出，而亦以为青龙临酉，功曹为腾蛇，是戊日丑为阳贵也。沿溯古义，皆与圣谟垂示，先后同符。《大全》所取天乙，尚沿俗例，卷中仅载先天贵人一图而不用，未免失之舛错，

明 陈邑，②仁和人，居竹竿巷，以星命为业，言事历历有验。一日与邻老游郊外，欲回，陈强之弗得，云尔去必遭官杖，其人不信。偶冲郡守节级，果遭杖。又常见郭颜色门首竖幡，欲为醮事。陈曰："此日不宜作醮。"道士云："文奏已定。不可改矣。"竟于是日行之，后果遭官事。邑足跛性傲，虽富贵人亦慢薄之，终无求于人，以贫死。

明 张翱，仁和人，精推步占候。宣德间，潘中丞将往南粤视师，翱感知已，强与行。一日坐帐中，见片云隐隐起离震间，谓潘曰："事济矣，有顷烈风南来，此捷音也。"已而果然。会潘欲疏荐，翱逃去，易名晦迹，以终其身。尝赋诗云："有意欲尝千日酒，无心去傍五侯烟。"盖其志也。以上《光绪浙江通志·方技》

明 郭青螺中丞，善拆字，与蔡见麓冢宰，同官于浙。是时冢宰为右方伯，有引去意。一日坐弘济堂，冢宰曰："子为我拆一字。"指堂匾弘字，郭

---

① 时谓月将之子。日出谓卯时也。
② 邑音节，山曲也。

曰："公为何事？"曰："子只拆字，不必问事。"郭曰："公意将引去，而数未能。"公曰："何也？"郭曰："弘字左为弓而无丨，是未能引；右为厶而无土，是未能去。"公笑曰："奇哉！"郭又曰："非徒如此也。堂匾有济字，公将开府齐鲁，或操江。又不徒如此也，堂字尚书而后归土。"公笑曰："是太穿凿。"后其言一一验。明朱国祯《涌幢小品》

○阜按：郭子章，字相奎，号青螺，泰和人，隆庆进士，累官贵州巡抚，以功进太子少保，兵部尚书，著述甚富，有《易解》等书。

清 柴绍炳，字虎臣，明遗民也。少有至性，生计清寒。父亡于官，求商人附载东去，迎棺归葬，躬自负土成丘，时节祭奠，涕泪迸涌，松草为之萎绝。里中有避父笞出亡者，绍炳遇之，问得其故，大悲曰："尔有父笞非苦，我无父笞乃苦耳。"为赋《游子遇孤儿行》，其人垂泣自恨，卒为孝子。入国朝居仁和南屏山，贫甚，屏绝馈馕，卖药自给。绍炳于阴阳象纬，律历舆地，农田水利，戎兵赋役，莫不研讲。康熙八年己酉，敕举山林隐逸之士，浙抚范忠贞公亲诣之，请以应诏，固辞。卓卓乎东京人物也。鄞陈康祺《郎潜二笔》

清 吴任臣，字志伊，一字尔器，初字征鸣，号托园，仁和人，诸生。康熙己未，召试博学鸿词，授翰林院检讨。志行端懿，博学而深思，兼精天官奇壬之学，射事多中，时人比之管郭。撰有《十国春秋》《山海经广注》《春秋正朔考辨》《托园诗文集》等书。钱塘诸可宝《畴人传三编》

清 应撝谦，字嗣寅，一字潜斋。仁和人。[1] 事母至孝。殚心理学，以不欺为本。自以故国诸生，绝意进取。康熙戊午，诏征博学鸿儒。大臣项景襄、张天馥，交章荐之，称病不出。性介特，家贫，尝卖卜临平，[2] 授徒自给。癸亥年卒，年六十九。学者称潜斋先生。撝谦于《易》《书》《诗》《礼》《乐》《春秋》《孝经》《四书》各有著述，又撰《教养全书》《性理大全》《潜斋文集》，凡十余种。《清史稿·儒林》《仁和县志·列传》

清 赵大川，仁和人，测字吴山。乾隆己卯，姚米山䎲，拈得死字，大骇。大川曰："君问何事？"曰："功名。"大川曰："必中。一画是第一名。

---

[1] 《清史稿》载钱塘人。
[2] 临平镇，在浙江杭县四十里，自昔为浙西要地。

下夕已各具己卯之形，可预贺。"姚果于是年领荐。有问婚姻者，亦拈死字，大川曰："吉。下夕已有夗央之形；上一画，乃一对夗央同到老也。"又有拈一字问疾者，大川曰："必亡。一乃生字末笔，死字起笔也。"其人果不久病卒。

清 李殿扬，仁和人，测字吴山，亦极灵验。有某欲娶妾者，就李问之，拈得一苗字，心颇不怿；又举一物，乃烛台一事。李曰："即刻就成。汝欲娶二人耶？以即上有两个字也。此必是偏房，以洞房花烛，只得一枝耳。"又有问之者，亦得一苗字；复举一物，乃镜一事。李曰："汝欲娶再醮妾耶？以两个俱不成郎也。此必汝旧御之婢，弃之，而今复收之，所谓破镜重圆也。"又有问功名者，拈得困字，复举一物，乃弓一张。李曰："不佳。木塞口内，如何说得出好来。有弓无矢，如何命中得来。"其机巧多类是。以上《绍兴先正遗书·文斋笔录》

清 钱林，字叔雅，号金粟，初名福林，仁和人。嘉庆庚申举于乡，戊辰成进士，官至侍读学士。学问渊博，深于经史，旁及天文地理律历河渠、兵法刑名，罔不通览究微。久于吏者，咸拱手谢不敏。其余奇门遁甲六壬、灵枢素问、伤寒金匮之事，无所不通。道光戊子卒，年六十七。著有《文献征存》《玉山草堂集》。闵尔昌《碑传补·翰詹》

清 沈志言，以半仙称。仁和人，故贵公子，精子平术，著《子罕言》二卷行世。《光绪杭州府志·艺术》

清 王迟，字伯舒，仁和人。广文，规行矩步。道光时，历为郡邑记室，无丝毫干请，长吏皆贤之。家在杭州一亩田，背郭面河，门多野趣。晚岁归来，萧然一室，人罕接其面。独好青乌家言，寻山问水，乐而忘倦。《清稗类钞·方技》

67　钱塘县

秦置钱唐县，后汉省入余杭，吴复置。陈置钱唐郡，隋仍废为县。唐以唐为国号，加土为钱塘。明清皆为杭州府治，浙江省亦治此。民国废府，改钱塘及仁和为杭县，仍为省治。《浙江通志》谓宋以前之钱塘故城有四：一在灵隐山麓，一在钱塘门外，皆汉魏时治也。一在钱塘门内,今为教场地,唐县治也。一在纪家桥华严寺故址,宋县治也。《清一统志》则谓灵隐山下,并无钱塘之迹。钱塘故城,实止有三,今皆不存。

吴越 叶简,钱塘人,善卜筮。一日武肃王坐衙,忽旋风南来绕案。简曰:"此淮帅扬渥薨,当遣吊祭。"王曰:"贺生辰使方去,奈何?"简曰:"但语以贵国动静,皆预知之。"王遣吊,渥果死,一军皆惊。《光绪杭州府志·艺术》

宋 诸先生,失其名,杭人,举进士,当赴礼部,遇异僧传以易数,云:"易有三术:上者不可言;中者犹足了死生,证心地;下者知象数休咎。子当传吾术,足以资生,不必仕官,子命薄也。"遂尽受其术,不复就省试。又以授其子,亦验。其书号三宫易、六遇易,晁说之得之,不能用。《光绪杭州县志·艺术》

宋 沈括,字存中,钱塘人,擢进士第。神宗时,为河北西路察访使。辽萧禧来理河东黄嵬地,遣括往聘,凡六会契丹,知不可夺,遂舍黄嵬。历知延州。文祐中,以光禄分司居润八年。卒年六十五。括博学善文,于天文方志,律历音乐,医药卜算,无所不通,皆有所论著。又纪平日与宾客言者,为笔谈。多载朝廷故实,耆旧出处,传于世。《宋史·附遗传》《梦溪笔谈》

〇《象数篇》云:六壬,天十二辰之名。古人释其义曰:"正月阳气始建,呼召万物,故曰登明;二月物生根魁,故曰天魁"云云,极无义理。予按登明者,正月三阳始兆于地上,见龙在田,天下文明,故曰登明。天魁者,斗魁第一星也。斗魁第一星抵于戌,故曰天魁。从魁者,斗魁第二星也。斗魁第二星抵于酉,故曰从魁。① 传送者,四月阳极将退,一阴欲生,故传阴而送阳也。小吉,夏至之气,大往小来,小人道长,小人之吉也。故为婚姻酒食之事。胜先者,王者向明而治,万物相见乎此,莫胜莫先也。太一者,太微垣所在,太一所居也。天罡者,斗刚之所建也。② 太冲者,日月五星所出之门户,天之冲也。功曹者,十月岁功成而会计也。大吉者,冬至之气,小往大来,君子道长,大人之吉也,故主文武大臣之事。十二月子位,北方之中,上帝所居也,神后帝君之称也,天十二辰也,故皆以天事名之。又云:事以辰名者为多,皆本于辰巳之辰。今略举数事:十二支谓之十二辰,一时谓之一辰,一日谓之一辰,日月星谓之三辰,北极谓之北辰,大火谓之大辰,五星中有辰星,皆谓之辰。今考子丑至于戌亥,谓之十二

---

① 斗杓一星建方,斗魁二星建方,一星抵戌,一星抵酉。
② 斗杓谓之刚,苍龙第一星亦谓之亢,与斗刚相直。

辰者,《左传》云:"日月之会是谓辰",一岁日月十二会于东方,苍龙角亢之舍起于辰,故以所首者名之。子丑戌亥,既谓之辰,则十二支十二时,皆子丑戌亥,则谓之辰无疑也。一日谓之一辰者,以十二支言也。以十干言之,谓之今日;以十二支言之,谓之今辰。故支干谓之日辰,日月星谓之三辰者,日月星至于辰而毕见,以其所首者名之,故皆谓之辰。① 星有三类,一经星,北极为之长;二舍星,大火为之长;三行星,辰星谓之长,故皆谓之辰。② 又云:今之卜筮,皆用古书,工拙系乎用之者,惟其寂然不动,乃能通天下之故。人未能至乎无心也,则凭物之无心者而言之。如灼龟甓③瓦,皆取其无心,则不随理而震,此近乎无心也。又云:吕才为卜宅禄命卜葬之说,皆以术为无验,术之不可恃,信然,而不知彼皆寓也。神而明之,存乎其人,故一术二人用之,则所占各异。人之心本神,以其不能无累,而寓之以无心之物,而以吾之所以神者言之,此术之微,难可以俗人论也。才又论人姓,或因官,或因邑族,岂可配以官商,此亦是也。如今敬者或更姓文,或更姓苟,以文考之皆非也。敬本从苟,④ 从支,今乃谓之苟与文,五音安在哉!此为无义,不待远求而知也。然既谓之寓,则苟以为字,皆寓也。凡视听思虑所及,无不可寓者,若以此为妄,则凡祸福吉凶,死生变化,孰为非妄者?能齐乎此,然后可与论先知之神矣。

宋 古象,杭瓦子下卜者。休宁程珌往杭都,求牒,漕试不遂,谒象问休咎。象列蓍布卦,曰:"若遇会稽康仲颖,定知名誉达朝绅。"珌不晓所谓,亟还应乡举,行至近城三十里,已八月二十日,问本郡试官何人,曰:"建康府教谕康仲颖也。"珌大喜,是年领乡荐。明年仲颖赴班,改为省试官,其卷又出本房。《光绪杭州府志·艺术》

宋 范居中,字子正,钱塘人。父儒,假卜术为业,居三元楼前。每元夕必题时事于灯纸,郡人聚观,远近皆知名。父子俱善琴能书。大德间,被旨赴都。⑤ 有南乐府,及南北曲行世。钟嗣成为之传。《光绪杭州府志·艺术》

宋 徐大升,⑥ 字东斋,钱塘人。以人所生日主之干支五行,分作六事,作《渊海子平》。至明杨淙,字竹亭,清江人,又增校之。《渊海子平序》

---

① 四时所见有早晚,至辰则四时毕见,故日加辰为晨,谓日始出之时也。
② 北辰居其所,而众星拱之,故为经星之长。大火天王之座,故为舍星之长。辰星日之近辅,远乎日不过一辰,故为行星之长。
③ 甓,务奋切,音问,裂也。玉之坼也。
④ 音亟。
⑤ 阜按,大德二字疑误。
⑥ 一作徐升。

宋 张介，以命术游公卿间，居钱塘西湖上。常自京师南归，士大夫率为诗赠之。《光绪浙江通志·方技》

宋 徐复，字复之，又字希颜，建州人。初游京师，举进士不中，退而学《易》。通流衍卦气，自筮知无禄，遂无进取意，游学淮浙间。数年，益通阴阳天文地理遁甲占射诸家之说。范仲淹过润州，见复，问曰："今以衍卦占之，四陲无变异乎？"①复："克西方当用兵。"推其月日。后无少差。庆历初，与布衣郭京，俱召见。②帝问天时人事。复对曰："以京房易卦推之，今年所配年月日时，当小过也。刚失位而不中，其在强君德乎？"帝又问明年主何卦，复曰："乾卦用事。"说至九五尽而止。明日命为大理评事，固以疾辞。乃赐号冲晦处士，补其子发，试秘书省校书郎。复性高洁，而处世未尝自异。后居杭州万松岭十数年，卒年七十余。时林和靖尚无恙，并称二处士。③《宋史·隐逸》《光绪浙江通志·寓贤》

宋 富初庵，国初以占筮起东南。时钱唐初内附，以故都生聚既繁，赀力殷盛，世皇占其后来如何？既成卦，而富犹未之知也。世皇曰："我占宋故都。"富对曰："诚如所占。其他五六十年后，会见城市生荆棘，不如今多也。"今杭州连厄于火，又复困于科繇，视昔果不逮。富之占亦神矣。宋郑元佑德明《遂昌山人书》。

宋 仰宗臣，字颠峰，善以字卜休咎。文信国公赠以序云："颠峰仰宗臣，以拆字之术行京师。诸公赠言陈往验甚悉，予未即信。试之且数年，每言辄酬，奇矣哉。予问颠峰曰：祸福将至，必先知之，吾圣人则有教矣。就字而言，字心画也。得于心，应于手，夫固动乎四体之一也，由此而推资禀之强弱，操术之正邪，生死寿夭、贫贱富贵之理。于其字画之大体，而夫人之平生，可一言而尽，是则予固能知之。今夫卒然而遇人曰：请所欲书。夫人者亦倘然应之，曾不经意，而子于其偏旁上下之间，紬绎解说。④曰：某宜祸，某宜福。则其临书之际，岂亦有鬼神压乎其上，诱其中，而运之肘欤？不然，字而字耳，何灵之有？"颠峰曰："未也。天下祸福之占，于其动

---

① 陲，音垂，边疆也。
② 郭京，亦通术艺。
③ 《元丰类稿·徐复溥》：复死十余年，而沈遘知杭州，牓其居曰"高士坊"云。
④ 紬，音抽，绎，音亦，紬绎，谓引其端绪也。

而已。木之荣枯，康节不能索之于其静。一叶之坠，算法生焉。世人见坠叶多矣，谁知大化寄此眇末。子之观字也于其心，予之观字也于其心之动。是法也，得之异人，异人诚勿言。君退思之，予推其理不可得，而又动于颠峰之异，则思夫圣人之于事，其存而弗论者不少矣。相视一笑，就用其言赠焉。"《文山全集·赠仰颠峰拆字序》

宋 徐镜斋，相士，居京师，负盛名。文山先生以诗送之："邹忌不如徐公美，引镜自窥得真是。门下食客才有求，昏昏便与妻妾比。徐家耳孙却不然，自名一镜京师市。世人无用看青铜，此君双眼明秋水。君以无求游公卿，勿令此镜生瑕滓。碟子大面何难知，从今光照二百里。"《文山全集·赠镜斋徐相士》

宋 杨桂岩，相士，文信国公尝与之友。其所赠七律诗云："荣悴纷纷未可期，夕多未振已朝披。得刚难免于今世，行好须看有验时。萱昼堂前惟有母，槐阴庭下岂无儿。好官要做无难做，身后生前是两岐。"又诗云："贫贱元无富贵思，泥涂滑滑总危机。世无徐庶不如卧，见到渊明便合归。流落丹心天肯未，峥嵘青眼古来稀。西风为语岩前桂，若更多言却又非。"又诗云："此别重逢又几时，赠君此是第三诗。众人皆醉从教酒，独我无争且看棋。凡事谁能随物觑，①此心只要有天知。自知自有天知得，切莫逢人说项斯。"同上《赠桂岩杨相士》

宋 周生，钱塘人善相字建炎间，车驾至杭，时金骑惊扰之余，人心危疑。执政呼周生，偶书"杭"字示之。周曰："俱有惊报。"乃拆其字，以右边一点配木上，即为兀术，不旬日果传兀术南侵。当赵秦庙谟不协，各欲引退，二公各书退字示之。周曰："赵必去，秦必留。日者君象，赵书'退'字，'人'去'日'远，秦书'人'字密附'日'下。'日'字左笔下连，而'人'字左笔斜贯之，踪迹固矣，欲退得乎？"既而皆验。《宋稗类钞·方技》

元 陆华之，钱塘人。以卖卜驰名。且通文学。缙绅多与之友。《光绪浙江通志·方技》

元 王逵，字志道。钱塘人。足一跛，家极贫，无以朝夕。因卖药，不继，又市卜。博究子史百家，客至辄谈今古不休。人知其辨博，每以疑难质

---

① 觑，字典无此字。

之，矢口辄应。著《蠡海集》行世。《光绪浙江通志·隐逸》

〇明吴郡黄姬水《贫士传》赞曰：跛者王生，外歉内足。山袖秦方，市帘楚卜。学必穷年，谈唯稽牍。奥义隐词，质皆彰暴。

〇《蠡海集》云：夫阴阳者，气聚成形，形成为质；形成犹柔，至质方刚；形未能动，质其方动。海沫之结，石乳之凝，皆先柔而后刚；含胎之腹，抱伏之卵，皆先静而后动。此天一生水，地二生火之义也。魄始聚而魂随之，形质具而魂魄交，然后各得其所以生，此天三生木，地四生金之义也。体全以成性，理具以为物，此天五生土之义也。是以太极未分之前，万事万物一源，故曰"阴阳一太极也"。干有十，支有十二，干不配肖属而支配者，天赋气，地成形。人所以称肖属及支，而不及干者，父施气，母有形也。身依母而生，然人姓独称父者，原其受气之本也。天一生水，地二生火，天三生木，地四生金，天五生土。一二水火之生，形具而质未全，故水有干涸，火有灰烬，其耗速；三四金木之生，形质始具，故木枯朽，金之剥蚀，其耗也迟；至五土而形质全备，故亘古而无耗也。五行惟火无定著，由木而见形，依土而附质，因金而显性，遇水而作声。或问：五行相生，惟金生水难明。盖金者气也，水生于气聚，故金生水也。又云：天者金之体，星者金之精，气降于天则为雨，气出于地则为泉。天为阳变化，故或雨旸；地为阴守常，故泉流不息。阳为奇，阴为耦，昼属阳得奇，夜属阴得耦。奇单，故日得一；耦折，故夜得二。是以上半夜为今日，下半夜为明日，是夜得二也。夜子时，只是在夜半之前，故称夜子。适在亥时之后，故只有初刻，而无正刻；子时却只有正刻，而无初刻，其意可见也。生克制化，古今脍炙人口，然生克化皆易见，独制字则难明。盖制缘生中有克，克中有用也。凡生中有克者，谓如木生火，火尽则木为灰烬；火生土，土盛则火被遏灭；土生金，土盛则遭其埋没；金生水，水盛则必沉溺；水生木，水盛则又漂流。盖虽生而反忌，此所谓生中有克。凡克中有生者，谓如木克土，土厚则喜木克，是为秀草山林；土克水，水盛则喜土克，是为撙节隄防；水克火，火盛则喜水克，是为既济成功；火克金，金盛则喜火克，是为煆炼成材；金克木，木盛则喜金克，是为斧斤斫削。盖因克以为美，此所谓克中有用。故称之曰制者，乃不拘于生克之中也。戊己两干寄禄巳午，子寓母家之义。虽然戊见午刃，则不可一途而取；戊既依母，而禄刃乃一气火也，俱有生土之意，故戊日得火多则为印也。己则否，己禄于午，午前则未为刃，未已连属土，则非戊午之比也。月忌之说，术家以为廉贞独火，故为忌者，谬也。此乃以洛书九宫推之，初一起一宫，二日二宫，三日三宫，四日四宫，五日则入中宫，为星极之位，至尊之地，在臣民当忌避，故曰月忌。至于六日六宫，七月七宫，八日八宫，九日九宫，初十日复至一宫，如此循环数去，十四日又入中宫，二十三日又入中宫，是以初五，十四，二十三日，为月忌也。天以五气育万物，故雨露霜雪之自天降者皆无味；

地以五味养万物，故自地生者，皆具五味焉。月为阴，主乎水；日为阳，主乎气。月行至于子午之位具极盛，故潮汐生焉；日行至于子午之位则极盛，故寒暑甚焉。夏为阳，夏之日午为酷暑；冬为阴，冬之夜半为严寒。

宋 李国用，字信卿，登州人，尝为卒，自北来杭。能望气，占休咎，世称神相。其人崖岸倨傲，而时贵咸敬之。谢后诸孙，字退乐者，设早馔延致，至即据中位，省幕官皆坐下坐，不得其一言，以及祸福。时赵文敏公，谓之七司户，与谢渊戚，屈来同饭。文敏公风疮满面，李遥见即起迎，谓坐客曰："我过江仅见此人耳，疮愈即面君。公辈记取，异日官至一品，名闻四海。"方襄阳未破时，世皇命其即军中望气，行逾三两舍，遣还。奏曰："臣见卒伍中，往往有台辅器。襄阳不破，江南不平，置此人于何地？"噫，李之术亦神矣。元陶宗仪《辍耕录》《图书集成·艺术典·相术部·名流列传》

元 王垚，字乐天，其先汴人，宋丞相溥十世孙，由番阳徙京口。工诗文，尤长于康节《经世》之学。至大改元，沈阳王引见，奏充说书。从王使高丽还，陈便利三十余事。时初用铜钱，以才授资国院判官。《光绪丹徒县志·文苑》

明 鲍栗之，编辑《神相全编》十二卷，备采古籍，有为今世所罕见者。钱塘倪岳，字舜咨，天顺进士，授编修。弘治中，累官礼部尚书，序其书云："同守淮扬东兖鲍君栗之，政事之暇，留意相人之书，首著麻衣之说，复会诸说之宗麻衣者，类辑成编。"由是观之，栗之籍贯未详，殆亦由科第而从政者。其书已载入清代《图书集成·相术部》。《神相全编·倪岳序》

明 钱彭曾，号觉龛，钱塘人，撰《易参》五卷。首为图说，旁及历法推步、奇门九宫、干支纳音。又推及五岳地形，《禹贡》水道，堪舆律吕，井田兵法，选择六壬，《提要》谓为泛滥庞杂，无所纪极。《四库·经部·易类存目二》

明 朱玑泉，居太平门外，善课命。正德辛未，有花市朱子，得疾甚剧。父闻玑泉名，往问子病。时三月半后也，算其子难过八九月。其父又以己命与之推，托言亲戚之命。朱推云："此人立夏日死矣。"时去立夏止十数日耳，朱父未之信，归告其妻。妻曰："此妄言也。"已而皆如其言。《光绪浙江通志·方技》

清 高士奇，字澹人，号江村，钱塘人，原籍平湖。幼好学能文，家贫，以国学生就试京闱不利，乃卖字鬻文糊口。新岁为人作春帖子，自为句书之。偶为圣祖所见，旬日中，三试皆第一，命供奉内廷，官至礼部侍郎，卒谥文悟。著有《江村销夏录》《北墅抱瓮录》《天禄识余》等书。《清史稿·本传》

○《天禄识余》载：洪容斋云，易乾坤之下，六卦皆有坎，此圣人防患备险之意也。余谓屯蒙未出险者也，讼师方履险者也，戒之宜矣。若夫需者宴乐之象，比者亲附之象，乃亦有险焉，盖斧斤鸩毒，每在于衽席杯觞之间，而谢诩笑语，未必非关弓下石者也。于此二卦，尤不可不严焉。

清 汪渢，字魏美，钱塘人。少孤贫，力学。举崇祯己卯乡试，甲申后，遂弃科举。渢党欲强之试礼部，出千金赆其妻，俾劝驾。妻曰："吾夫子不可劝，吾亦不屑此金也。"徙居孤山，匡床布被外，残书数卷。键户出，或返或不返，莫可踪迹。晚好道，夜观天象，昼习壬遁，能数日不食，了不问世事。康熙四年乙巳秋，终于宝石山僧舍，年四十有八。《清史稿·遗逸》

清 林澜，字观子，杭州人。鼎革之际，以成童冠博士弟子员，便弃去。遍读诸藏书，好孤虚之学，讨练有年，遂繙演禽、六壬、奇门、太乙、遁甲、占候、风角。以逆刺诸物，通验若神。每曰："数虽小道，能探精研微，可以补造物不全之憾，发生民未见之隐，所系岂细？若夫君平布算，激贪励俗，亦在人为之耳。"又仿玑衡旧轨，按其图目，分躔别气。其言灾祥晷漏，可以时应。人或以西学难之，澜曰："使吾为五官正者，吾能讲太乙五纪、八象三统诸历，以折取于中，吾甘与西学较尺寸哉！"杭俗好相地，中外姻亚多灵柩，澜过而咨嗟。觅《海角神经》，唐世所秘为《金匮玉匣》、《回元天机》者，搜讨其论说，登山临水，躬验诸吉凶离合。即以五行生克，二气王衰，推诸地道，周亲归葬者，多得效去。于是葬者日以告，即邻人柩室，皆为之空。乃复痛夭札疵疠，无由拯救。以元滑寿《素问钞》，分类汰冗，为《灵素合钞》。又为《伤寒折中》，镂版行世。一时名流如张卿子、沈亮宸、卢子由、陈易园、潘夔师辈，皆互相发明，以昌大其说。澜为人沈默，而说理侃侃，著书等身。康熙三十年辛未卒，年六十五。《耆献类征初编》《光绪杭州府志·艺术》

清 张永祚，字景韶，浙江钱塘人。幼即喜仰观五纬，通晓星学，究悉天象。年近三十，督学王兰生稔其学，录为诸生。闽浙总督嵇曾筠，求通知星象者，试永祚策，立成数千言，荐于朝，授钦天监博士。屡引见，占候悉验。诏刊二十二史，永祚校勘《天文》《律历》两志。及书成告归，著书曰《天象源委》。卒后，有女传其学。婿沈度，亦善推步，守其书。《清史稿·艺术》

清 舒继英，字偶王，钱塘人。著有《乾元秘旨》，详论五星与五行至理，及鉴别双生之造，尤多卓见。不独辨别富贵寿夭，独多特少之异同己也。《乾元秘旨序》

清 松山人者，隐居武林南高峰下，不衣不食，有道术，能前知。吾邑魏叔子冲，曾以"甲子年家"四字，寄请一决。踰年，以原字寄还，傍批四不字。后叔子，果不登甲榜，又无子，死时年未六十，家贫甚，几无敛，一一如松仙所决。清虞山王应奎《柳南随笔》

清 诸可继，字述斋，号小塍，① 自号潜安。未冠，补博士弟子员，附钱塘县学第一。秋试频踬，以输饷议叙。初得江苏试用知县，后改官都察院额外都事。庚申间，避地崇明县，乡居授徒，以训诂历算为之枘。又为人卜筮相地，有酬金若米者受之自给。伏处四年，海上学者称潜安先生。同治三年甲子六月，就选人，且应京兆试，附轮船行。中道感时疾，海舶乏医，仓猝而卒。年仅二十有九，闻者多伤之。诸可宝《畴人传三编》

清 沈绍勋，字竹礽，钱塘人，资禀绝人。学易之外，兼精术数，尤善形法家言。于京焦、子云、伯阳、仲翔、康节诸书，皆沈思孤往，锐入芴微。② 含咀经旨，刊落笺注，自辟径蹊。括象举数，独造理解，灼破累疑。③盖举明清两朝，学易而有创见者，如来知德、胡煦、焦循、端木国瑚之伦，未有能盖之者也。光绪丙午卒。年五十八。所著有《周易易解》十卷、《周易示儿录》三编、《周易说余》一卷。子祖绵，字豃民，精堪舆，承家学，著述甚富，为世推重。《周易易解·金天羽序》

○《周易示儿录》云：医之五运六气，见《素问·运范》七篇。寒暑燥湿风，出于天地生成之数，即五运也。太阳、厥阴、少阴、少阳、太阴、阳明，出于支辰十二次舍，是为月令之气，年年定局不易，以南政北政轮布，气相得为和，不相得为害，即六数也。

---

① 塍，神陵切，蒸韵，稻田畦也。
② 芴，音物，致密也。
③ 累，侧立切，音戢，缉麓覼，水盛貌。

以天地造化之机，与人身相应，其理皆出于《易》。卜筮者，龟主卜，蓍主筮，今龟卜已佚，蓍筮人犹能为之，朝鲜日本，均以蓍先，蓍易以竹。蓍草，伏羲文王二陵、周公墓、孔林皆产之。汉易中言筮理，首推京氏房，严氏可均辑《京氏易》八卷，尚可读。后世以钱代蓍，出《火珠林》，人以为出于京氏，误也。且通行本之《火珠林》，非旧法也。筮之变相为六壬，《吴越春秋》谓伍员范蠡皆精此术。太史公曰："勾践仿文王八卦，以破敌国，霸天下，即六壬也。"《国语》冷州鸠之对，七律亦即六壬。又有风角奇门，风角今多不用，奇门较筮为简易，且占断亦较筮为易。遁式二百十六局，今云百八局，仅得其半耳。惜术士杜撰名目，将卦名窜改，又增设神煞名目，以炫世人，实可鄙也。又有《太玄经》占、《邵子皇极经世》占，皆筮之流也，惟起数略有不同尔。星命推人命之荣枯，皆出于《易》，分演卦、演禽、纳甲、纳音四种。演卦者即今之河洛经数，将年月日时之数，分奇耦数各若干。奇数与天数相加减，耦数与地数相加减，所得之数，演成一卦是也。惟支之起数，如子为一六之类，是凑合生成之数，于义有所未妥。演禽即用易之爻辰，洵古法也。韩退之《三星行》："我生之辰，月宿南斗。牛奋其角，箕张其口。牛不见服箱，斗不挹酒浆。箕独有神灵，无时停簸扬。"东坡亦谓生时与退之相似，吾命在斗牛间，而身宫亦复在焉，即演禽也。纳音取年月日时，五行生克，推人休咎，纳甲即今之子平法，相人之术，一切名词，皆出于爻辰宫度，气色合五运六气。堪舆，堪天道与地道，最古之书为《青囊经》，共百有八句，其法全出于《易》。堪舆者天地之气，合而为一而已。其法以三白为吉，三白者乾六白，坎一白，艮八白是也。其所以吉者，天南地北，三白在北，人得地气故言。有清言《易》者，如胡氏煦、江氏永、纪氏大奎、张氏惠言、端木氏国瑚，所著堪舆诸书，咸与《易》相悖，是经生之于《易》，知其体而不知其用，故有此弊。律吕，其源出于隔八相生及爻辰，故十二律合十二次舍，自子至巳，为阳律阳吕；自午至亥，为阴律阴吕。六十甲子有纳音，盖六十律，旋相为宫之法也。一律合五音，十二律含六十音也。

68 杭县

汉钱唐县，唐加土为钱塘，五代时，吴越分置钱江县，宋改钱江为仁和，明清时，为浙江杭州府治。民国废府，并仁钱二县为杭县，为浙江省治。地居钱塘江下游，北岸当运河终点，为全浙扼要地。城垣甚广，旧分内外二城，开十门，内包吴山，西临西湖，风光明媚，灵秀甲于全国。沪杭甬铁路以此为中心，北达上海，东通甬县，交通便利，商贾云集，内城旧为驻防旗人所居，今拆去其城，辟为新市场，街衢宽广，商业亦盛，有商埠在城外拱辰桥,《中日马关条约》所订开放也。物产以绸缎为最著,杭菊、杭芍及龙井茶、西湖莼菜、藕粉等,亦均有名。

元 谢生,善推,星命效法欧阳可山。戴帅初表元赠序云:余十八九时游杭,杭故多技术家。其用星历躔度,去来逆顺,言人灾祥贵贱,以徼名逐利者甚众。大抵重帷复肆,业愈售,则愈贵重不可亵。有欧阳可山栖栖自江西来,白昼侍官塾,设案席,夜即篝灯露谈市中。余间往听之,术与众星翁异,往往杂取五行生克制化之说。士大夫既相骇惑,而众星翁亦共排斥之,以为何必乃尔。可山翁曰:"我术诚不能强人,然不出三十年,必当如我说也。"余游戏,犹记其语。越十年去杭,又二十年再过之,旧所接识人物,一一无复存者。况于可山之徒,复何从物色?于是后一辈谈星家,无高下,例以五行生克制化为断,如兵法吏律。从之则合于算,违之则谬于测,虽不识可山翁者,靡不悉然。余惊叹错愕,竟不知可山翁之语,何以如斯之验也。东山谢生,亦学可山翁之术,加精审。初听似任心辄发,及揣摩某祸后当如彼,某福后当如此,无不应。其屦舄所经,橐囊握券以候之,叩门恐后。噫,可异哉!谢生之父,于余为同产兄弟,本业儒。儒无所售,而出于此。其意若以余为覆车之戒,独感可山翁之自信,不以劳娄废阻。卒能使人尊用其道不疑,非近于古之身死言立者耶,而吾党何为,乃独不然。因为遂书所见励生,且以自励云。元戴表元《剡源集》

清 诸远之,相士,武林人。[①] 朱柏庐先生赠诗云:"寂寞穷村老鹖冠,客窗与子共盘桓。烟霞骨相逢姑布,冰雪襟怀许伯鸾。山寺落梅伤别易,天涯芳草寄愁难。西陵南浦应记忆,月满中庭各倚阑。"朱用纯《毋欺录》

69 海宁州

汉海盐县之盐官地,三国吴置盐官县,陈舫县置海宁郡,寻废。元置海宁州,明降为县,清复为州,属浙江杭州府。民国仍为县。县境南滨大海,往来潮汐,冲击不常。沿海有塘,自唐以来,历代修筑,糜帑甚巨。沪杭甬铁路,贯其西境。

---

① 浙江杭县,古称武林,以县西有武林山而名。

南齐 顾欢，字景怡，盐官人。家世寒贱，父祖并为农。欢独好学，年六七岁，画甲子有简三篇，欢析计遂知六甲。乡中有学舍，欢贫，无以受业，于舍壁后倚听，无遗忘者。八岁诵《孝经》《诗论》。及长，笃志好学。母年老，躬耕诵书，夜则燃糠自照。同郡顾觊之临县，见而异之，遣诸子与游，及孙宪之，并受经句。欢年二十余，更从豫章雷次宗，谘玄儒诸义。母亡，水浆不入口六七日。庐于墓次，遂隐遁不仕。于剡天台山开馆聚徒，受业者常近百人。欢早孤，每读《诗》，至"哀哀父母"，辄执书恸泣，学者由是废《蓼莪篇》不复讲。太祖辅政，悦欢风教，征为扬州主簿，遣中使迎欢，及践阼乃至。欢称山谷臣顾欢上表，中有"臣志尽幽深，无与荣势，自足云霞，不须禄养。陛下既远见寻求，敢不尽言。言既尽矣，请从此退"。永明元年癸亥，诏征欢为太学博士，亦不就。欢晚节服食，不与人通。每旦出户，山鸟集其掌取食。事黄老道，解阴阳书，为数术，多效验。初元嘉末出都，寄住东府，忽题柱云："三十年二月二十一日"，因东归。后太祖弑逆，果是此年月。自知将终，赋诗言志云："精气因天行，游魂随物化。"克死日，卒于剡山，时年六十四。还葬旧墓，木连理出墓侧。县令江山图表状，世祖诏欢诸子，撰欢《文议》三十卷。《南齐书·高逸》

明 宋镇，明于天文。洪武丁丑以荐，累官钦天监挈壶正。子徽，字仲和，正统间为保章正。纂《捷法》数书，占奏奇中，屡被优赏。后归里，赐第承恩堂。子孙世官钦天监博士，迄于明终。其在硖者，今尚世为阴阳家。《康熙县志·艺术》参《民国海宁州志·方技》

明 钟调，字彝叙，诸生。生长阛阓，而耽嗜天文，所居蓬户颓垣，尝累几至十余。中秋独坐其上，以观象纬，躔舍经纪，历历能言其处。又按杜式《通典》之文，求诸葛公木牛遗制，造一小牛，高广二尺余，于一室中引之，牛能自跃过槛。惜名不出里巷，其技终于无施。

明 程道生，字可生，海宁人，撰有《遁甲演义》二卷。旨约词该，于用奇置闰之要颇为详具。至论本命行年，谓欲乘本局中吉星生旺，其说亦他书所未及也。《四库提要·子部术数类二》

○又云：言遁甲者皆祖洛书，然河图以图名，当有奇偶之象；洛书以书名，当有文字之形。故班固以为六十五字，见《汉书·五行志》；刘向以为三十八字，刘歆以为二十字，并见《尚书正义·洪范篇》。是皆先汉以来，洛书无图之明证。若如宋以后，所传四十五点之状，与河图不殊，则当名洛图，不名洛书矣。考《大戴礼》载明堂古制，有二、九、四、七、五、三、六、一、八之文，此九宫之法所自昉；而《易纬》《乾凿度》载太乙行九宫尤详，遁甲之法，实从此起。其法以九宫为本，纬以三奇六仪八门九星，视其加临之吉凶，以为趋避。以日生于乙，月明于丙丁，为南极，为星精，故乙丙丁皆谓之奇；而甲本诸阳首，戊己以下，六仪分丽焉，以配九宫，而起符使，故号遁甲。其离坎分宫，正授超神，闰奇接气，与历律通；开休生之取北方三向，与太乙通；龙虎蛇雀，刑囚旺墓之义，不外于乘承生克，与六壬星命通。至风云纬候，无不赅备。故神其说者，以为出自黄帝风后及九天玄女，皆依托，固不待辨。而要于方技之中，最有理致。考《汉志》所列，惟风后六甲、风后孤虚而已，于奇遁尚无明文。至梁简文帝乐府，始有"三门应遁甲"语。《陈书·武帝纪》，遁甲之名，遂见于史，则其学殆盛于南北朝。《隋志》载有《伍子胥遁甲文》《信都芳遁甲经》《葛秘三元遁甲图》等十三家，其遗文世不概见。唐李靖有《遁甲万一诀》，胡乾有《遁甲经》，俱见于史志。至宋而传其说者愈多，仁宗时，尝命修《景祐乐髓新经》，述七宗二变，合古今之乐，参以六壬遁甲。又令司天正杨维德，撰《遁甲玉函符应经》，亲为制序，故当时壬遁之学最盛，谈数者至今多援引之。究之遁通于壬，壬于人事为切迫，遁于天文为优，世所传《五总龟》《烟波钓叟诀》，稍存梗概。

清 陈之遴，字彦升，别号素庵老人，海宁人。明崇祯丁丑榜眼，官中允。顺治二年丁酉，授秘书院侍读学士，洊迁礼部尚书。① 九年乙未，授弘文院大学士。十五年辛丑，被谪。康熙五年丙午，卒于盛京。② 之遴贯彻儒宗，旁通百子，于命学尤有心得。著有《命理约言》《命理辑要》《滴天髓辑要》，对于诸家利弊，各集异同言之綦详。别有《浮云集》行世。《清史稿·本传》《命理约言》

○清董潮《东皋杂抄》云：海昌陈相国素庵，继配徐夫人名灿，字湘蘋，工词善画，吴人也。崇祯中，相国春闱下第，南还，舟泊吴门，遇雨闷甚，觅散步处，闻徐氏饶花石，因独诣之。先一夕，徐翁梦黑龙碎其金鲫鱼缸，是日相国至，方徘徊花竹间，误触一盆堕，适碎其缸。相国方局蹐致不安，拟奉价偿之，而徐翁欣然问姓名，因留小酌，藉极款曲。酒酣，自言有二女，俱有才色，愿奉箕帚。时相国适丧偶，闻之心动，素善子平，遂索其二女干支，归身推之，则皆贵。惟长女微带桃花星，因纳其次，即夫人也。抵家后，相国乃翁以其不第娶妾，大怒，欲立遣之。太夫人闻之，曰："此女果佳，即当

---

① 洊，音荐，再也。
② 即今辽宁省会，沈阳县。

告之家庙，以妇礼处之，不然遣未晚也。"及至，见其端丽庄重，即以新妇呼之，后与相国偕老云。相国既仕本朝，一日过良乡，邂逅一妓，其貌宛与夫人相似，询之，则涕泣，自言姓氏，并遭乱失身故，即徐翁长女也。因赎归，携至京师。后归一满洲武臣，其人后至八座，亦为命妇云。

清 陈诜，字叔大，号实斋，海宁人。康熙壬子举人，官至礼部尚书。著有《四书诗易述》《义学训规》，及《通鉴述》《通鉴辑要》等书。其余律历地理星卜诸家言，无不各有成书，昭垂不朽。康熙壬寅卒，享年八十岁，谥文恪。《清史稿·列传》钱仪吉《碑传集·康熙朝部院大臣之中》

○海昌陈其元《庸闲斋笔记》云：清恪公诜，精堪舆之术。抚贵州日，猺獞屡窃发为患。公周鉴其城郭，曰：阴阳向背，均失其宜，祸害所由来也。遂奏请筑而更之，既成，曰：从此百年，可无兵燹。至道光末年，贼始蠢动，距筑城时已百五十年矣。公尝于海宁相得一地，以重价购之而不用，暮年官礼卿在京邸，次子卒于籍，家人求葬地，查夫人以所购地与之。公闻之怒，遽请告归，归而诸宗戚迎之，公不还家，先诣宗祠，于祖父无为公神主下，取一函示宗戚，敝之，则内书一行曰：某年月日时，改葬无为公于某处，即所葬次子之地也。公愀然曰：余半生涉历，乃得此地，地之吉与檀树坟等，不敢自私，而留以葬吾祖，思与伯叔弟兄共之，今乃以葬吾子，负初意矣。然年月日时皆未至，恐不能善，则又诣葬处视之。顿足曰：葬师无识，偏上丈许，坏此佳城，可为惋惜。因指其傍一大树，令掘之，掘下三尺，得石匣，中有书曰："某年月日时，葬无为公于此。"公因叹家门祚薄，不能得此吉壤。众曰："何不再移葬之。"曰："地气已泄，不可用矣。"众曰："然则此地遂无用乎？"曰："后六七十年，孙当有武官至一品者。"至嘉庆初元，公曾孙体斋公用敷，官安徽巡抚兼提督，授一品，封为振威将军。

○又云：公左足下有赤痣，每自诩为贵征。黄夫人者，公配查夫人之侍婢也。尝为公濯足，手捧足而视其痣。公笑曰："婢子何知，我所以官极品者，此痣之相也。"夫人亦笑曰："公欺我，公足只一痣，已贵为公卿；我两足心均有赤痣，何以贱为婢女。"公闻之惊，使跣而视之，信然。遂纳为簉室，生二子。长文勤公世倌，官宰相；次暗斋公世侃，官翰林。查夫人亦生三子，皆登科第膴仕，世目公门为五子登科云。

清 沈祥正，海宁人，居北秧田庙，精易数，得京氏火珠林术，占判吉凶，言多奇验。同时有张惠生者，居邑之西门，术亦精。人呼两神卜。以上《民国海宁州志·方技》

清 范骙，字文园，别号右髻道人，海宁人，以孝义闻于郡邑。善相人，尝谓武进周清原、吴江徐釚，①皆当不由科甲入翰林。至康熙己未，周吴果皆以宏博及第，授检讨。海宁邑城有隙地，或塑太岁像以祠之。范以为威仪具足，应享巍峨，未几遂成巨刹。又谓嘉兴千佛阁之肖型，其貌惨戚，当厄于火，已而果然。康熙庚申，著《水镜集》四卷，姚江黄宗羲为之序，至今行世，究心相术者多宗之。《光绪浙江通志·方技》《清稗类钞·方技》

清　周宗林，字明上，海宁人，著有《六壬纂要》一卷。雍正甲寅刊行。《六壬纂要序》

清　杭辛斋，海宁人，得异人传授，博极诸家传注。故能于易学，竟委穷源，独见其大。于书无所不读，故能探赜索隐。钩贯于新旧之学，而独得其通。尝言曰：《易》始于包牺氏，备于神农黄帝，大明于文王周公孔子。汉人去古未远，其卦气飞伏、阴阳消息，皆有所授受，非能自创。孔子赞《易》，专重人道，以明立教之旨。故三陈九德，以人合天，而筮法仅略言及之。朱子乃谓圣人教人卜筮之书，岂知言耶。然河洛为易象所取，则汉学诋为伪造，朱子独取以冠经首，是其卓识，亦有不可及者。又曰：道家祖黄老，渊源悉出于《易》。其七返九还、六归八居度数。与卦象悉合无论矣。所异者佛产印度。耶稣生于犹太。而华严之乘数、金刚之相数，一八三六，百零八之数，及七日来复十三见凶之数，亦无不与卦象悉合。而释言地水火风，西谓水火土气，即《易》之乾坤坎离，更为明显。时之先后，地之远近，皆略不相蒙；而数理之大原，乃无不与《易》相合。然则《易》之所以为《易》，不从可识乎？又曰：《易》如大明镜，无论何物映之，莫不适如其本来之象。如君主立宪，义取亲民，为同人象；民主立宪，主权在民，为大有象；社会政治，无君民上下之分，为随象。乃至日光七色见象于白贲，微生虫变化物质见象于蛊，凡近世所矜为创获者，而《易》皆备其象，明其理，于数千年之前。盖理本一原，数无二致，时无古今，地无中外，有偏重而无偏废。中土文明，理重于数，而西国则数胜于理。重理而流于空谈，而鲜实际。泥数或偏于物质，而遗精神。惟《易》则理数兼赅，形上道而形下器，乃足以调剂中西末流之偏，以会其通而宏其用，此则今日学者之责任也。著有《易楔》《学易笔谈》《易学偶得》《读易杂识》及《诗文集》行世。

---

① 釚，音求，弩牙。

狄楼海《学易笔谈序》

70 富阳县

秦置富春县，晋改曰富阳。五代吴越时，复曰富春。宋仍曰富阳，明清皆属浙江杭州府。

宋 孙守荣，一名高荣，富阳人。后徙居京口。七岁病瞽，遇异人授风角鸟占之术，其法以音律推五数，播五行，以知休咎。复授以铁笛，守荣因号富春子，吹笛市中，人初不异也。周坦未第时，坐市肆，厉声诟其仆。守荣揖曰："状元何怒也？"周以绐己，不答。① 后果廷试第一。尝寓广陵，造者如市。有龚某者，偶过稠人中，伸一臂授之。守荣执其手，曰："龚朝奉，别十年，何乃抵此。"众皆惊叹，盖一揣其骨，终身不忘。或持金玉，请辨其色；摩挲之顷，美恶立判，其神奇多类此。《宋史·方技》《光绪浙江通志·方技》《嘉庆江苏丹徒县志·方技》

〇《县志·陆墓》又云：富春子孙守荣墓，在招隐山洞之南。

明 何有，一字复有，坊郭里人檵长子也。② 少读书，知文义，能诗。为人迂古质直，胸无机智，鲜俗情。因读《易》，留心数学，见康节邵先生梅花数悦之，玩月余，忽觉有悟。一日鸦鸣，占之，云："夜坐主夫妻相争见血。"已而更尽，时仆夫与其妻斗于室，急往禁之，已抔妇额流血，因名老鸦数，所占无不立应。四明桂茂枝，馆于周美家，督学使者业行檄试宁波矣，桂书去字，令有占之，曰："字虽云去，而画直下笔，俱有钩搭，勿去也。"桂不之信，又书壬字，曰："督学去任矣。三日内，即有征，必丁艰也。"至三日，果然。叩其故，曰："土上一撇，是撇却士子去也。壬字三画，故三日。督学任甫一年，不可云升。政声甚美，未可云罢。故知丁艰。此断以理也。"隆庆丁卯，邵继稷之姻好某者。以录考，指柱间三字，令占之。有曰："幸甚，一等二名。首名故旧廪也，即受饩矣。"已而果验。问

---

① 绐，音殆，欺也。诳也。
② 檵，音计，枸杞也。

之。曰:"三字上画浓而正,下二画淡而轻,是一之二也。首画方严,故知上一名为旧知名士也。"是时首名为何春畿云。万历丙子,陆文宰应试请卜,书當字,曰:"高等首食廪矣。當字上截为赏头,下为田字,诸生以廪为田也。"所决事应,皆有意理,而于世俗多落落不相入。久之卒。《光绪富阳县志·方技》

71 余杭县

秦置,始皇舍舟杭于此,故名。隋开皇中,尝置杭州于此。明清皆属浙江杭州府。

宋 沈野,字醇仲,余杭人,权智之士也。喜蓄书画,颇有精识。尝于钱塘与一道士杨希孟醇叟相遇,喜其开爽善谈,既延与同邸而居。沈善谈人伦,而不知醇叟妙于此术也。时蔡元长,自翰长斥居西湖,日遣人邀致醇叟。一日晚归,沈语杨曰:"余尝观翰林风骨,气宇皆足以贵,而定不入相。"杨徐曰:"子目力未至。此人要如美玉琢成,百体完就,无一不佳者。是人当作二十年太平宰相,但其终未可尽谈也。"《图书集成·相术部·纪事》

○阜按:蔡京,字元长,仙游人,熙宁进士。绍圣初,官户部尚书。徽宗时,进司空,拜太师,封魏国公,屡罢屡起。钦宗立,侍御史孙觌疏其奸,贬衡州,行至潭州死。

明 赵良,字松泉,其《家谱》载宋礼部尚书赵公汝谈之后也。好学,能诗歌,兼善日者言,往往奇中。以久困诸生,即弃去,游京师,士大夫多客礼之。久之,知其深沈有谋,即机事亦与谋焉。嘉靖中,内阁华亭徐公,与都御史邹公,持正议,除权族,良往来二公门。有密语,虽至亲不得与闻者,间呼良以星卜参决之,已而前后悉验。于是二公爱良数学,有断才,又厚重,可与语。欲荐用之,良辞不就。寻以例授江南湾头巡检,缺称腴,任满有可以得千金者,良又不肯久居也。尝曰:"盈则覆,谦则安。吾历都门,为他人谋多矣,乃不能自为谋乎?"归之日,著有《松泉诗集》藏于家。《旧志》洪武中,别有赵良,以明经官参议;此则官巡检,而隐于星卜者嘉靖时人也。后曾孙最昕,先后成进士。《民国余杭县志·艺术》

中国历代卜人传卷八

浙江省 二

72 临安县

后汉临水县，晋改曰临安，宋齐因之，后省。唐复置，吴越改曰安国，宋复曰临安。明清皆属浙江杭州府。临安旧治在今县北四里，宋移西墅，明移治东市太庙山右，即吴越衣锦军治也。

宋 韩慥，绍兴末，卖卜于临安之三桥，多奇中。庚辰春，曾侍郎仲躬、吕太史伯恭，至其肆，则先一人在焉。问其姓，宗子也。次第推命，首言赵可至郡守，却多贵子，不达者亦卿郎。次及曾，则曰命甚佳，有家世，有文学，有政事，亦有官职，只欠一事，终身无科第。次至吕，问何干至此。吕曰："赴试。"曰："去年不合发解，今安得省试。"曰："赴词科。"曰："却是词科人，但不在今年。今年词科，则有人矣。后三年两试皆得之，且不失甲科。"复叩，其何所至，沈吟久之，曰："名满天下，可惜无福。"已而其言皆验。

宋 夏巨源，精于卜筮，居临安。每来卜者，一卦率五百钱。绍兴三十年庚辰，洪禹之自赣倅受代，造朝，其子价侍行。既至，点检勅造文书，遗其一。遣仆还家访寻，终不能自释。乃自诣夏肆，夏书纸上，曰："事在千里外。"继书一食字，一尧字，合之则饶字也。曰："文书见在，系一多口人收得，而鸳鸯为看守，无足忧也。"既而仆从饶州至，持所遗返。盖向者打并行李时，忘在外，小妾福安见之，收寘鸳箧内。既悟鸳鸯看守之语，而福

字有口，田字有四口，所谓多口人也。以上《光绪浙江通志·方技》

宋 金钩相士，朝省会，日挤于厅。吏辈入省中，编阅识馆职。文时学昔为秘书郎，每尝叩之，云："左偏坐二人，一月皆当补外。"潘墀、王世杰也。"末坐一少年，最不佳。官虽极穹，然当受极刑。"叩其何以知之，云："顶有拳发，此受刑之相也。凡人若具此相，无得免者。"盖文宋瑞，[①] 时为正字，居末坐也。未几，潘、王补出；而宋瑞之事，乃验于两纪之后，可谓神矣。又尝见宋瑞自云："平生凡十余次，梦中见髑髅游前后无数，此何祥也。"然则异时之事，岂偶然哉。《图书集成·艺术典·相术部纪事》

明 徐瑯，字子山，临安人，精象纬六壬诸书。戴布冠，踽踽市中，夜则露坐山顶，以测躔次。论者谓古石隐之流。《光绪浙江通志·方技》《宣统临安县志·隐逸》

73　新登县

秦富春县地，三国吴置新城县，寻省，晋复置。五代时吴越改曰新登，宋复名新城，民国改为新登。

明 唐肃，字处敬，先世家新城，迁于山阴。肃博通经史，旁究阴阳医卜书数之学，兼工篆楷。元至正己亥，中浙江乡试，历嘉兴路儒学正。洪武庚戌，诏修礼乐书，擢应奉翰林文字，兼国史院编修。以疾失朝，免官。谪佃濠之瞿相山，岁余卒。《民国新登县志》

74　嘉兴县

春秋吴檇李地，秦置由拳县，三国吴改曰禾兴，又改嘉兴，晋以后因之。隋省，故城在今浙江嘉兴县南。唐复置，徙今所。明与秀水，并为嘉兴府治。清因之。民国废府，并以秀水并入。沪杭甬铁路经之。

---

① 名天祥，号文山。

元 凌恒达，字纯一。其先高邮人，五世祖次英，徙嘉兴，登庆元五年进士。① 恒达年二十，弃科举业，入山学道，历游茅山、匡卢、衡岳而归。为人强记，虽星历占相推术小数，亦所阐究。左丞王守诚、博士张翥、危素，数从问卫生之要。其言曰："形骸者，气血也。金丹者，草木金石也。气血有时衰耗，形骸焉能久而不枯。形骸既枯，草木金石，其能延驻之耶。"又曰："虚静恬淡，寂寞无为；天地清宁，万物化育，是谓大药上丹，卫生之要也。"丞相托克托闻之，欲见而穷其微，而恒达南返矣。恒达修髯广颡。翛然山泽，瓢笠外无他物。尝暮归遇虎，从者僵死，独植立叱之，虎拖尾逝。

元 梅玉，元季尝来县之殳山贝琼㪽，② 称系其精五行之术，告人吉凶祸福，咸可征，盖贤而隐于卜筮者。

元 袁颢，字孟常，一字杞山，魏塘镇人。少能文，读书洞见阃奥。自象纬舆图，以及九流家言，无不综贯。业医，精皇极太素之术，悬断祸福无爽。以上《光绪嘉兴县志·艺术》

元 东谷子，嘉兴人，居春波门。用五星躔度、迟留伏逆法，推人生年月日时，所值贵贱祸福，毫分缕析，无有不验。

元 薛如鉴，嘉兴永安乡人，挟相术，游江湖，一时名士，多与交往。杨廉夫、高季迪，皆有诗赠之。子月鉴，孙鉴心，白云秋蟾，皆能世其术。以上《光绪浙江通志·方技》

明 徐柏龄，字节之，嘉兴人。五试礼部不利，署永嘉县儒学教谕。岁乙酉，间道入闽，一官转徙，出入江海中，寻匿罗阳之天阙山，乱定始归里。或劝其仍与计吏偕，柏龄笑不应也。柏龄于学务博，经史之外，旁及三乘九篇，以及方书命诀穴法，靡不研究。著有《竹浪斋集》。钱仪吉《碑传集·逸民上之上》

清 徐趾生，字朱草，嘉兴县学生。既以嗣父吏部尚书讳石麒公恩荫，入太学，改名桂臣，字贞侯。自负其学，取一第如拾，未几国变，遂谢去。惟博览古籍，自六经子史，及二氏天官地理，百家之书，无不究焉。尝以

---

① 阜按：庆元二字必误，盖金元皆无庆元年号也。
② 㪽，音殊。

《李虚中书》自占,曰:"吾之生,岁在甲寅,庚午之月,丙寅之日,时维戊子。大运丙为比,子冲午;流年丙为比,为劫财,帮日辰太甚。丁又为帮,虽阴火不及阳火之刚烈,然非佳兆也。丙丁之岁,吾其殆乎?"丙辰冬病,丁巳五月五日果卒,享年六十有四。钱仪吉《碑传集·逸民上之下》

清 许煐,字牧堂,灿从兄。少有心疾,弃举子业,放情诗酒,精大六壬术,卖卜茶亭,家无儋石,① 不以累人,竟致穷死。

清 怀振熙,熟壬遁,善占候。赁居古张沙里俞富安家,晨必占课。每晴行忽带雨具,果无愆期。某年腊,为富安米肆筑水椿,按方位正值年煞。同邑风鉴梅长铃,闻匠邪许声,怪询其故。曰:"日干与富安年庚均气旺,能克制,决无恙。"厥后隆兴桥市集兴旺,阅二十年。著作皆谈象纬,惜未成书。

清 李铿,字韶钧,诸生。性伉爽,能诗,兼精堪舆家言。著有《天机妙诀》。

清 戴黼美,字德兴,鸳湖人,② 著有《六壬辑要》。

清 倪我端,字郢客,嘉兴人。康熙中,以岁贡入国子监。诸城李侍读澄中,读其廷试卷,亟荐之。榜发,以儒学训导待铨。授经宣武门内,弟子著录者日众,乃避迹西山。我端精于易卜,又善形家言,偶为主人相度,闻者造诣日繁。我端曰:"吾术期避祸耳,诸公欲以化灾邀福,不可得也。"故事选人入赀者,得先除;我端念亲老思为禄养,计东脩之入,悉输之官,名当注除目矣。或紊其籍,历数岁,名反居后,遂引归。归逾年,痛其弟夭,无子,遂成痼疾。岁在丙子六月,自筮得乾之同人,曰:"此六月之卦也,吾其以是月终乎?"壬辰昳果卒,年六十一。清宜兴吴德旋《初月楼闻见录》

清 冯昌临,字与肩,嘉兴人。撰《易学参述》,分内外二编。内编为说六篇,自先天八卦图,以至八卦纳甲;外编亦六篇,自天干化气五行,以至七政四余。盖欲从汉学而敷衍之也。《四库·经部·易类存目三》

清 虞兆隆,字虹升,著《天香楼偶存》。云:日月之食,宜为之贺,不必为之护也。又云:葬法审向,一说自昔从向上起长生,如葬穴坐北朝

---

① 儋,通作担。
② 鸳鸯湖,在浙江嘉兴县南三里,一名南湖,湖中有烟雨楼。

南，则向属南方离火，火生于寅，旺于午，墓于戌。葬穴坐南朝北，则向属北方坎水，水生于申，旺于子，墓于辰。葬穴坐西朝东，则向属东方震木，木生于亥，旺于卯，墓于未。葬穴坐东朝西，则向属西方兑金，金生于巳，旺于酉，墓于丑。生旺墓三方砂水合局则吉，此一定之法也。① 近来忽有于坐山起长生者，谓坐北向南，则当作坎局；坐南向北，则当作离局；坐西朝东，则当作兑局；坐东朝西，则当作震局，而生旺墓三方，皆随之移动矣。如用此说，则不论向而论山，将审向一说尽废，与旧说若冰炭之不相侔矣。

《天香阁偶存》

75 秀水县

汉由拳县地，三国吴以后，为嘉兴县地。明析嘉兴县置，与嘉兴同为浙工嘉兴府治。清因之，民国废。

明 吴统持，字巨手，秀水人。弱冠饩于庠，文名籍甚。崇祯中，与妻项，偕隐鸳湖。焚香读《易》，饘粥不继。尝卖卜于四方，遍历齐鲁燕赵之墟，或称胥山樵子。所著《典林》《明月楼集》。项名佩，淑且才，著有《藕花楼集》。《光绪浙江通志·文苑》

○清朱彝尊《长安卖卜行》，赠吴三统持，集杜句云：翻手为云覆手雨，长安布衣谁比数。天涯涕泪一身遥，避地何时免愁苦。男儿性命绝可怜，实藉君子卖卜钱。身上须缯腹中实，长安市上酒家眠。

明 黄鼎，字云公，性颖异，博涉群书。遇道人与讲羲经秘旨，遂精钱卜，多奇中。羽衣篛冠，② 翛然自适。著有《占验录》《五行总裁》。《光绪嘉兴府志·艺术》

清 朱英武，名德昌，以字行。③ 年十六，不知所往。数载归，精太乙壬遁之术。尝授徒陈氏。盗夕至，英武以术御之，盗自相杀而退。后夜遇盗于荒冢间，突出，戮以鎗伤鼻，人因呼为朱烂鼻。居新塍镇，不娶，不茹

---

① 阜按：江都焦理堂先生，有坐胎向旺之说，与此不同，宜参阅之。
② 篛，音托，筍壳也。
③ 《新塍镇志》载英武为明人。

荦，灌园圃终其身。英武与人谈，必劝以孝友。求其术，不答。年八十，无病卒。卒之顷，出白金三十两，付其邻。曰："待我嗣子来与之。"翼日未殁，嗣子至，邻出所付金，而匿其三之一，忽张目曰："何不尽与之。"及举棺，棺若空，人以为尸解云。《伊志》

清 于楷，字兰林。因亲垄未卜，从事堪舆，编阅坊刻诸本，浅陋无稽，未有一及河洛之旨。迨得古本《归厚录》《天元歌》及骥江郑氏《蕉窗问答》、沈阳范氏《乾坤法窍》等书，谓为于峦头理气，悉阐正宗。爰特编次成帙，以公同好，颜曰《地理录要》，嘉庆壬戌刊行。《地理录要序》

清 张纯照，著有《六壬寻原》，嘉庆庚午刊行《六壬寻原序》

清 李景芬，字雨村，秀水人，附贡生，居闻川。攻制艺，善写墨兰。旁通六壬奇门之学，卜休咎辄中。晚寓吴门，造自行木马，亦能负重。又造自动织绸机，灵妙异常，共称有公输之巧。乃十战秋闱，荐而未售。遂郁郁家居，咏诗遣闷，偶得佳句，喜而不寐，达旦无倦容云。

清 沈魁英，字可石，秀水人，增贡生，居红墩浜。幼聪敏，善读书。经史外，于杂家诸子，名人诗古文，并岐黄堪舆之术，无不精究。游关辅，人咸目为迂，遂襆被归。性拘谨谦抑，有时唯唯诺诺，似不能达其辞。若遇知己，一言契合，则又言泉滚滚，不能自已。以故媚软之流，辄望望然去之。以上嘉兴朱福清《鸳湖求旧录》

76 嘉善县

汉由拳县地，三国吴以后，为嘉兴县地。明析置嘉善县，属浙江嘉兴府，清因之。沪杭甬铁路经之。

明 金丹，嘉善人，居秀水。少为诸生，喜谈淮阴睢阳事。龙韬虎钤，无所不窥，尤精蓍数。倭寇内犯，制府檄为间谍，尝从戚继光行间，多所俘获。累功官至参将。已而家居，人不知其为故帅云。《光绪浙江通志·武功》

明 胡瀹，[①] 初名浚，字元海，陶庄人，徙居魏塘。卖卜于市，言多奇

---

① 瀹，音氲，水深广貌。

中。与同邑袁杞山相约，游金陵，寓神乐观。提点姚一山，偶失金杯，酷责其徒，二人怜之。占得剥之颐，曰："金在土中，未亡也。汝第从居西南隅，掘下五寸则得矣。"如其言果得杯。永乐庚寅，一山荐二人于上，袁称疾不行；胡至京，卜无不验，赐今名，授钦天监漏刻博士。《图书集成·艺术典·卜筮部·名流传列传》

清 钱嘉钟，号云庵，邑庠生。为人诚笃谦和，精轩岐甘石家言。习青乌术者，多从之游。著《有禾郡七县海塘图》《六壬兵占》《奇经八脉考》《奇门汇考》《药性分经》《农闲摭笔》。

清 曹佳应，号子瑞，习堪舆家言，著有《地理入门》二卷。传子锡珑，号声和；锡畴，号佐房，均宗元法，兼参三合。珑著《征验图考》一卷，殉粤匪难。畴著《地学摘锦》《地理枕秘》《选择简要》，并精算术。以上《光绪嘉兴府志·艺术》

清 曹庭栋，字六吉，嘉善人。撰《易准》四卷，一卷河图，二卷洛书，三卷大衍图，四卷蓍法。其于河图，改中宫十点之旧；于洛书，信凤来道士之传，通洛书大衍之说于《易》，更分挂扐揲之法于蓍，又皆图学中后起之说矣。《四库·经部·易类存目四》

清 闵如愚，字眉卿，诸生。精天文地理，有奇验，名振一时。著有《地理盘针图说》《地理玄空说》《干支卦爻说》。《光绪嘉兴府志·艺术》

77　海盐县

春秋越武原乡，汉置海盐县，顺帝时陷为湖，其地在今浙江平湖县东南，晋徙置今治，宋齐以后因之。梁末，侯景置武原郡。陈废，寻省海盐，入盐官县。唐复置，元升为州，明复为县，属浙江嘉兴府，清因之。

明 胡日章，海盐澉所人。① 少学禄命术，遇异人海上，授之诀，因益精。每作绝句诗，判人一生，事无不验。与人言必孝友忠信，有后母者谆切戒勉之，盖有道而隐于术者，年九十余卒。其判虞氏女命云："只愁水涸春

---

① 澉，音敢，洗涤也。

归早，香冷帘栊淡月黄。"后适董湄两月而湄死，以节终。判沈氏命云："年午空佩宜男草，不见金盆浴凤雏。"竟无子。杭州一人问命，判云："自是豪华多乐事，元宵灯下蹴鞦韆。"果于明年元夕，止妻观灯不从，相殴缢死。如是甚多。《光绪浙江通志·方技》

明 徐均潮，字鲸波，国学生。砥砺有大志，屡试棘闱不售，究心青乌之术，著有《地理撷华》《地理辨非》行世。《光绪海盐县志·艺术》

清 万育和，精青乌子术，为人相墓，其持论与俗师异。谓出忠臣孝子者为上，出文人学士者为中，出富贵者为下。著有《形家五要补编》，海昌查慎行为之序。《光绪嘉兴府志·艺术》

清 张心言，字绮石，海盐人。幼孤，欲营两世窀穸，从事峦头二十年。地之真伪，可以立辨；而定穴立向，觉此中有捉摸不定处。遂遍游八闽、江西、江南诸省，历验各墓，兼访诸山林隐逸，得其绪余，始悟真诠。返而与朱尔谟、徐芝庭、崔止斋，因端竟委，日加研究，深信地理不外易理。方圆两图、邵子《皇极经世》，由此而推也。覆按《天玉》诸经，说玄说妙，无非阐发易理。蒋子传注，旁引曲喻，都所发明，亦复一字一珠。心言既得真传，惧后世之久而失传，撰《地理辨正疏》五卷。称疏者，所以疏蒋氏传注，发明经旨也。《辨正疏自序》

78 石门县

春秋时越崇德地，汉由拳县地，三国吴以后，为嘉兴县地，五代时吴越析置崇德县，清康熙元年，改曰石门，民国仍改为崇德。

宋 吴先生，居崇德市中，善易筮，日惟一课。鹑衣箬笠，[①] 扃一屋于邸，逼邻圊溷，[②] 上穿下漏。惟一竹箦为床，[③] 下积败瓶故甓，虫鼠遁走戛戛然。风雪阴雨，则终日闭户。得钱米衣肉，共置一窟中。时为人窃去，不问也。无锡戴士先母病挛，不能行七八年矣，百计求愈不得。士先过崇德，

---

① 箬，音若，同箬。
② 圊，音青，溷音患，厕也。
③ 箦，音责，席也。

携百钱访之，吴为揲卦，卦成，曰："当得有道之士治之。姑苏呆道人，[①] 不为势利所诱，君纯孝往求，必得如志。然其人无定居，当以百日为期，日历一巷寻觅，庶可见。"士先喜，持书抵苏，行求不倦。仅五旬，果逢呆道人，投以书，欣然至无锡，为戴母诊视。数日，即能移步，母拔金钗谢之。笑曰："且寄夫人处，他时要用当取之。但馆我于外足矣。"馆之岁余，忽言曰："我且死，幸鬻所寄钗以办棺窆。"明日果死，戴氏奉其教，及将窆，中已空矣。盖异人也。《光绪浙江通志·方技》

明 沈如封，字慰先，石门人。工诗，善属文，精八法，通晓太乙六壬遁甲演禽九流家言。构楼黄墩，觞咏其中。有《见山集》《北游稿》。《光绪浙江通志·文苑》

清 洪世楷，字士端，庠生。精命理，兼善壬遁之术，卜休咎如神。

清 曹振鳞，字月琪，号可观，府学廪生，博通经史，屡试高等。早年丧偶，义不再娶。家贫，以馆为业，及门甚众。生平深于易学，理数兼通，与人占休咎多奇中，终不以售卜取利。著有《知来宝鉴》，门人郑柟为之序。以上《光绪石门县志》

清 朱轮，字香一，石门人，为处州教官。植品端方，明医理，尤精青乌之术。著有《筑台集》。仁和宋咸熙《耐冷谈》

清 屈元熺，字祉堂，石门人。少孤，酷嗜书籍，不惜为制举文。咸同间，奉母避地甬东，益泛滥天文算术、壬遁风角诸书。寇平还里，以时艺鸣于时。虽为学使者所重，然非其志也，暇则日为诗古文自娱。又采辑元明以来，石门乡先辈诗，为《石门诗存》八卷。陆心源《仪顾堂集·祉堂屈君墓志铭》

79 平湖县

本海盐县地，明析置平湖县，属浙江嘉兴府，清因之，有小火轮达嘉兴，与沪杭甬铁路连接。

明 姚世勋，字元仲，天启甲子举人。甲申后，隐居读《易》，卖卜邨

[①] 呆，与保同，俗以为痴獃字。

寺，著有《易膦讲义》。《光绪嘉兴府志·隐逸》

清 吴龙章，字云蒸。髫年好学，精堪舆术。父母早逝，遗弟麟章，未周岁。抚育婚娶，皆龙章力也。妻贾氏，中年卒，誓不再娶。《光绪平湖县志·方技》

80　桐乡县

汉由拳县地，三国吴以后，为嘉兴县地。五代晋以后，为崇德县地。明析置桐乡县，属浙江嘉兴府，清因之。

元 钟继元，字仁卿，桐乡人。嘉靖壬戌进士，任安福令。著有《易窾》《易准》《易考》《易占》《易原》《子史杂著》《道德要览》《群书选要》《京房康节启蒙》《画前录》《浑象析观》等书。《光绪浙江通志·儒林》

清 徐念祖，桐乡人，通壬遁术。乾隆乙丑二月，钱屿沙方伯，问以得与春闱分校否。徐曰："魁罡并到，喜气非凡，意元卷出公房乎？"会元蒋元益、状元钱维城，果皆出其门。后徐宰蒙阴，有犯越狱逸，课之，谓当在治东三十里外，水草之交。乃率役追捕，行经小村，令役具餐，自憩柳下，遥见一池中有丛草，回顾有老妪立篱间，注目向池，若意喻者。饬役投入池觅之，果获。盖犯在池中，手擎众草，覆其顶也。《清稗类钞·方技》

清 潘柽章，字圣木，一字力田。年十五，补桐乡弟子员，乱后弃去。隐居韭溪，肆力于学，综贯百家。天文地理、皇极太乙之学，无不通晓。已乃专精史事，与友人吴炎，共撰《明史记》未成。适乌程庄氏史狱起，参阅有柽章名，遂及于难。所著自《史稿》外，有《松陵文献》《杜诗博议》《星名考》《壬林韭溪集》，凡者千卷。《碑传集补·逸民》

清 张宿之，濮镇人。精于卜筮，多奇中，所著有《河洛图书纂记》。当时名士，咸赠以诗。《光绪桐乡县志》

清 朱葊，[①] 号小鹤，诸生，精堪舆家言。嘉庆庚午，著《地理辨正补》行世。姚铭三，嘉庆壬申，亦著有《地理辨正合编》。《光绪嘉兴府志·艺术合

[①] 葊，音纯，蔬类植物。

编·自序》

81 乌程县

秦置乌程县，宋析其东南为归安县，明清并为浙江湖州府治，民国废府并二县为吴兴县。县产绉绸及纱，茧丝之盛，冠于苏浙二省。又善制笔，世有湖笔之称。

唐 陆羽，字鸿渐；一名疾，字季疵，复州竟陵人。不知所生，或言有僧得诸水滨，畜之。既长，以易自筮，得蹇之渐，曰："鸿渐于陆，其羽可用为仪，乃以陆为氏，名而字之。"上元初，隐苕溪，自称桑苎翁，阖门著书。或独行野中，诵诗击木，徘徊不得意，时谓今接舆也。贞元末卒。羽嗜茶，著《经》三篇，言茶之原之法之具尤备。鬻茶者至陶羽形置炀突间，祀为茶神。《光绪浙江通志·寓贤》

明 温体仁，字祥卿，大同人，精通阴阳术数之学。元末避兵，家于长兴。耿炳文初下湖州，民心未附，祥卿杖策，以布衣进谒。炳文与语，奇之，遂留赞军事，为炳文画策。据要害，设战具，为守御计。未几，吴平。以画赞功，累官兵部尚书。《光绪浙江通志·寓贤》

明 朱行恕，字化凡。幼失明，天资敏慧。明万历中，浙士张星元最有名，行恕从之学卜筮及李虚中术，尽得其传，推占多奇中。邻郡县大姓，尝越境来问，家以大饶。乃徙居苏州，日来决疑者盈门。每晨起，至日昃不得食。自是朱行恕之名闻天下。行恕好学问，精神强固，日酬答来问者，夜则精思易理。有所疑，必穷夜思索，得其解乃已。天明属人书之，所著有《天机会集》《星学删正》及《参订星元》，所撰《易林补遗》行于世。清宜兴吴德旋《初月楼闻见录》

明 叶广彬，字大宜，号月窗，湖上人。少聪慧，日记万言，为举子业甚精。以亲老，兄为诸生，遂辍业，治田园杂事，然诵读自如。经史百家下及阴阳算术，无不淹贯。貌甚谨朴，若无能者。见人疾言遽色，应之益恭。或有詈者，即走匿帷中，戒家人急闭户，毋外窥，俟其人去乃听出。家大小皆笑其怯，恬然安之。父贾闽，清邑有谢生贷百金，计息当倍，而谢生亡，父怜其孤，蠲予之。后次子往征，尽得其数，分半归公。广彬曰："父蠲之，子受之耶？违亲获利，其失多矣。"坚不受。事父母甚孝，妻没，尚未艾，竟不再娶。有郑士者，尝贷金不偿；更贷其子，复不偿。往征，有谩语，心不能无少望，欲讼之官。已思曰："彼贫故负金，急征鬻田宅，是祸之也。"检券还之。郑与妻子，泣且拜。曰："我无以谢公。闻公未孙，此乡有九天一炁真人祠，其神灵甚。我夫妇朔望为公祷，以此谢公。"逾年生孙，名台山，大贵显。广彬晚年结社谈诗，自题月窗，曰："天光清浅夜如练，桂影高低月卜明。坐向中宵犹白昼，却疑月窟在灵扃。"喜熟寝。一日其子桂山问曰："寝安乎？"曰："安，殆将还造化矣。"又曰："世人谓将死有鬼物，甚妄。我但觉气尽，如五谷黄熟自归。"因自诵曰："八十年来识更真，深知言行切脩身。谨言慎行无些过，细数吾乡有几人。"已复泣下。子曰："怛化乎？"怛，音但，惊愕也。曰："非也。吾今安坐待往，思吾父母没时苦，故悲耳。"遂起拜天地祖先，复卧。忽曰："吾逝矣。"遂终，年八十二。居家俭素，课仆力耕，躬自饭牛，至老犹然。一日为牛触僵仆，子奎谓大人何不自爱，作此细事。广彬曰："百里奚饭牛而牛肥，此细事耶？汝试使仆往，牛必饥。牛饥则无以耕，是废农也，可不慎欤！"明湖上朱国祯《涌幢小品》

清 沈重华，字亮功，吴兴人。为其先大父卜兆，遂究心于堪舆选择诸书。凡藏书家善本，靡不藉观。顾地之臧否，按图覆旧。前人之遗迹犹存，学者潜心考验，师资系焉。独选择一途，假捏之神煞，载在《通书》，不啻什居五六，后世鲜不为其所惑。乾隆辛卯，爰遵《协纪辨方书》，详查考订，辑《通德类情》十三卷行世。《通德类情序》

清 严可均，字景文，号铁桥，乌程人。嘉庆庚申举人，官建德县教谕，引疾归。可均博闻强识，嘉庆戊辰，诏开全唐文馆，可均以越在草茅，无能为役，慨然曰："唐之文，盛矣哉。唐以前，要当有总集。"乃辑上古三代秦汉三国六朝人文，使与《全唐文》相接，多至三千余人，成书若干卷。有子初堕地，可均自卜，六龄当孤，命曰六孤。六孤嗜博，可均卒，图书金石率偿博进，乱后不知所终。《清史稿·儒林》《续碑传集·儒学》

82 归安县

宋析乌程东南境置，与乌程俱渝州郭下。明清为浙江湖州府治，民国废，并为吴兴县。

明 施侃，字邦直，归安人，肆力于学。经史之余，凡阴阳律吕兵卜奇秘无不钩勘，有得辑书于册。为古文雄浑深懋，诗先气格，意兴清远。与山人孙太初游，其诗才亦相当。嘉靖丙戌成进士，有《菁山集》。《光绪浙江通志·文苑》

清 姚文田，字秋农，归安人，乾隆己酉举于乡。甲寅高宗幸天津，召试第一，授内阁中书。嘉庆己未，一甲一名进士，授修撰。迭典广东、福建、山东、顺天乡试，提督广东、河南、江苏学政。癸酉入直南书房，丁丑充会试总裁，历户兵工三部侍郎。道光丁亥七月，擢礼部尚书，十月卒于官，年七十。依尚书例赐恤，谥文僖。文田裕学识，负人伦鉴，屡典文衡皆得士，以学行受知两朝特达之知。持己方严洁，官勤慎。学者盛谈考据，往往尊汉儒，诋宋儒，文田特持正议，谓五代后，人道不致陵夷者，皆宋儒之力。至著述小差，先儒皆有，未足为诟病，作《宋儒论》以诏学者。虽宗法宋儒，然汉学未尝不究心，所著《易原》《春秋日月表》《说文声系》《说文考异》《四声易知录》《邃雅堂文集》诸书，皆入许郑之室。同时言汉学者，未能或之先焉。旁及天文五行杂占医经，著《内经脉法》一卷、《疑龙撼龙经注》二卷、《相宅》一卷。嘉庆癸酉，林清之变未起，彗横入紫微垣；道光辛巳，彗见南斗下，主外夷兵事，皆先事言之，人服其精识。《清史稿·本传》缪荃孙《续碑传集·道光朝部院大臣》叶恭绰《清代学者象传》

清 仰思忠，归安人，精堪舆家术。闽故方伯何公，先为湖州守。其婿六合尹林克正，知思忠，乃延之入闽，为方伯择葬地；而其姻某，亦欲葬父，因聘仰，为得一地甚佳。方点穴，而雨至，约天晴再往。是夜思忠梦一老者问曰："今日之地佳否。"曰："佳。"曰："切勿与之。此人为考官黜三举子，当有阴祸。若葬此地，法当荣其子孙，非天意矣。"遂觉。明日，思忠问克正曰："昨大尹公，先为何官，宦业如何？"曰："先为某县教谕，转此官不久,遽卒。闻为考官时,通关节,得贿甚多。乡评以此少之"。思忠惕然,遂托故辞归。越三年,遇其乡人,问某大尹葬何所。人曰:"因与势家争地,官事牵连,至今未葬,家业亦凋落矣。"思忠益叹异之。清褚人获《坚瓠秘集》

清 卞斌,字叔均,号雅堂,归安人。弱冠,以古学受知阮文达公,补弟子员。嘉庆戊午举于乡,辛酉成进士,改主事,出为江苏常州知府,转广西左江道,擢光禄寺少卿,所至有声绩。斌治经之余,复兼及天文五行壬遁医筮堪舆,著《易经通解》《尚书集解》《纬雅》《诗文赋》若干卷。《续碑传集·内阁九卿》

清 凌堃,字厚堂,归安人,道光辛卯举人。大挑,选授金华教谕。工古文,兼奇门医卜星相,无所不能,一望即能决人贵贱寿夭。何宫保桂清,辛卯同年也。抚浙时,凌以教职考验,一见惧然握手,曰:"君昔相我当封疆,今封疆矣。请再视我异日何若?"对曰:"昔观公相甚善,今所留下部髯甚恶矣,于法当斩首。"何大怒,挥之出。越六年,何果以失守罪伏法。此外相虽间有不中者,然后来应验者居多。尝谓先大夫曰:"大劫将临,浙江无一片干净土。吾所相人多横死者,独公祖孙父子相皆善,不遭此劫,当是公厚德所致。"又尝昌言年届庚申,京城有急,兵入而杭州亦破,数俱前定,莫可挽回。至己未岁,遂弃官归。时余①为富阳教谕,舟遇城下,不入,贻书先大夫决别,语甚惨,而犹以子孙无害之说,慰先大夫焉。次年庚申,夷人果入京师,而杭城于二月间,为粤匪所陷,皆如其言。自是余奔走兵间,无从得其消息。至乙丑岁,在盛泽,过其乡人问之,乃知其归后,居晟舍镇,杜门不出。湖州陷之月,自卜贼匪当于某日到镇,若过巳时则无害。届日,开门延友饮酒以待。至巳时,贼果至,执之以归。伪王闻其名,将以为军师,大骂不肯,命之跪不肯。有贼帅为之缓颊,曰:"一揖,即纵汝出矣。亦不肯。"伪王怒,挥去杀之。延颈受刃,颜色不变而死。噫,厚堂亦可谓非常人矣。海昌陈其元《庸闲斋笔记》

清 姚承舆,字正甫,应举京师,肆其余力,兼精众技,著有《阳宅正宗》,以气为纲,以宅水路空、峤形门向为目,言简法备,文浅义深,人人

---

① 即陈其元。

可晓；而前人未发之秘，即具于是。知相宅者，乐其平易，大都惊为创获。道光己酉刊行。《阳宅正宗·季芝昌序》

83 长兴县

晋分乌程县地，置长城县。五代吴越，避梁讳，改曰长兴。宋升为长兴州，明改曰长安州，寻复为长兴县，属浙江湖州府。清因之。

晋 戴洋，字国流，吴兴长城人，妙解占候卜数，吴末为台吏。知吴将亡，托病不仕。人问洋曰："或言江南当有贵人，顾彦先、周宣佩当是否？"洋曰："顾不及腊，周不见来年八月。"顾果以是年十二月十七日卒，十九日腊。周以明年七月晦日亡。时司马扬为乌程令，坐吏免官，洋曰："卿虽免官，更十一月当作郡，加将军。"至期为太山太守振武将，扬卖宅将行，洋止之，曰："君不得至当还，不可无宅。"扬果为徐龛所逼，不得之郡。其它占验甚多，年八十余卒，具见本传。今止取周顾之死，司马之迁，以见一死一生，一官一职，一行一止，莫不先有定数，人力区区，皆无益也。使奔竞进者观此，而稍安义命，不亦善乎！《晋书·艺术》《光绪浙江通志·方技》《古今类事·卜兆门》

明 吴琇，字汝琇，世居吕山，宅傍有井泉甚甘，因自号甘泉。琇所出微，少孤，颖异绝伦，而不习举子业。藏书数屋，建环山楼于董陉，键户冥搜，积十年不下，遂精《皇极经世》之学，抉邵子阃奥。郡守刘太和，北面受业；刘之夫人，亦妙解推测，亲执弟子礼，析义质疑，若柳恽之于道蕴也。宸濠以币交，峻却之。尝游白门，涂遇舆榇累累，占有异，启逻者发之，则逆瑾所贮兵器也，瑾谋自是折焉。其知几如神类此。武宗诏征，至中途遇归卒。所著有《元元集》《皇极经世钤解》《太乙统宗》《太乙淘金》《六壬金锁匙》《天文要义》等书，又《三才广志》三百卷，《史类》六百卷，《环山集》六卷。《光绪浙江通志·文苑》

清 吴庆奎，字聚之，道光丙午举人。少承家学，通十三经，及天官河渠六壬奇遁诸书,而尤邃于《易》。尝取汉唐诸家说,槪言釮义,[①]演畅妙旨,为李鼎祚《周易集解正》若干卷。已藁,毁于兵。又著《若谿櫂歌》百首,其书尚存。《光绪长兴县志·人物》

84 德清县

晋武康县地,唐析置武源县,寻改临溪,又改德清。明清皆属浙江湖州府。

清 陈云凤,字苞雯,德清人,康熙乙酉举人。以何国宗荐,召至蒙养斋纂修六壬书。又修《周易兑宫卦》,凡三百八十四篇。复被旨纂修《命书》。子廷炎,甥李赓臣,皆精算法。《同治湖州府志·艺术》

清 范时行,《县志》作自行,苏州人,善文章,隐于相字。乾隆间,寓于邑之紫阳观,所言不多,而义理明彻;吉凶祸福,指示若神。每日以得钱六百为率,过此财垂帘谢客,颇有君平、谢石气度。一营兵拈棋字,问终身休咎。范曰:"凡围棋之子,愈著愈多。象棋之子,愈著愈少。今所拈是棋字,非碁字,从木不从石,则是象棋子,非围碁子也,恐家中人口日益凋零矣。"其人曰:是也。然此非所问,问日后何如耳。"范曰:"观尔服装,是行伍中人,乃象棋中之卒也。卒在本界,止行一步。若过河,纵横皆可行。以是言之,尔外出方可得志。然卒过河,亦止行一步。亦不能大得志也。"又有拈義字以问者,范问年若干,告之。范曰:"然则生年属羊也。義字从羊从我,是只一属羊之我耳。终身孤隻,不能有妻子也。妻子且不能有,他何望焉。"又有一人以風字,问妻所孕,为男为女?范曰:"移中间虫字于右旁,则似虺字。《诗》曰:惟虺惟蛇,女子之祥。所孕必女矣。"又有一业理发者,盛冠服而往,拈村字问之。范曰:"木以长材为贵,一寸之木,亦何所用。"其人以为道其剃刀之柄也,惊而失色。范曰:"凡事若能努力,则方寸之木,可使高于岑楼,君何必自堕其志乎!"后其人果发迹致富。*德清俞樾《右台仙馆笔记》《民国德清县志·艺术》*

清 徐端,字肇之,一字心如,德清人。乾隆间以通判,官东河河工。

[①] 槪,音规,釮,音霹,槪釮,裁也。

嘉庆间，累官江南河道总督。明习河事，授吏程功，赢绌必如所计。民为建立生祠，馨香俎豆以奉之。端姿性过人，弱冠下笔成文，著《迴澜纪要》《安澜纪要》二书。生平笃嗜壬课之学，以数十年之研求探讨。又著《六壬直指》八卷。大学士彭公蕴章序其，谓洵发古人之秘，而为后学心传之师也。《直指·彭序》

清 俞樾，字荫甫，号曲园，德清人。道光庚戌进士，咸丰壬子授编修，乙卯简散河南学政，丁巳罢官归，侨居苏州，著述不倦。主讲杭州诂经精舍，至三十一年，为一时朴学之宗。光绪丙午卒，年八十有六。著有《春在堂全集》，凡五百卷。而《游艺录》一书，言简法备，尤为治星命六壬及奇门相宅家所必读。《清史稿·儒林》《春在堂集》○《春在堂随笔》云：金石文字，例不书初一初二，而书甲子乙丑。余案头每置万年书，以便检寻。惟坊间所行小本万年书，率多错误。余偶观论合婚之法，以生气天医福德为上婚，绝命游魂归魂为中婚，五鬼绝命为下婚。托之吕才，未知然否。但以一三，三一，二七，七二，四九，九四，六八，八六为福德，则误以天医为福德；以一七，七一，二三，三二，四六，六四，八九，九八为五鬼，则误以绝体为五鬼；此于吉凶尚未悬殊，至一八，八一，二四，四二，三六，六三，七九，九七为天医，则误以五鬼为天医；以一九，九一，二六，六二，三四，四三，七八，八七为绝体，则误以福德为绝体，吉凶不亦谬乎？总之，此数即八卦九宫之数，坎一，坤二，震三，巽四，坤五，乾六，兑七，艮八，离九是也。而八卦以坎离震巽为东四宫，乾坤艮兑为西四宫，凡两数同宫者吉，生气福德大吉，天医归魂次吉，两数异宫者凶，绝命五鬼大凶，绝体游魂次凶，今以坎一艮八等为天医，则异宫者反吉矣；以坎一离九等为绝体，则同宫者反凶矣。特此校正之，其理易见。余恐浅人为小本万年书所误，故书之于此。其详见余所撰《游艺录·相宅篇》。

85 鄞县

春秋越，东界鄞邑地，秦置鄞县，晋又徙置句章县。隋平陈，并鄞鄮二县入句章。唐于句章县置鄞州，寻废，复改置鄞县。五代梁改鄞县曰鄮，宋为庆元府治，元为庆元路治，明清皆为浙江宁波府治，清时浙江提督驻此。沪杭甬铁路南段起点于此，城外甬江之岸，清道光二十三年，开作商埠，《南京条约》订开沿海五口之一也。与日本葡萄牙通商最早，唐时日本使人于此登陆。

宋 任炳，鄞县人，精阴阳五行之学，言多中肯。真文忠公德秀为文赠之，有云："以理论气者，濂溪先生之学也。以理论数者，安乐先生之学也。鄮山①任兄炳，推演五行，必本于理，其殆有闻于二先生之学乎？识者毋以阴阳者流例目之。"《真文忠公文集·赠五行任君炳》

宋 王应麟，字伯厚，庆元府人。②自署浚仪，盖其祖籍也。淳祐辛丑进士，宝祐丙辰，复中博学鸿词科。官至礼部尚书，撰有《六经天文编》二卷。是编裒六经之言天文者，以《易》《书》《诗》所载为上卷，《周礼》《礼记》《春秋》所载为下卷。虽以天文为名，而不专主于星象。凡阴阳五行风雨，以及卦义，悉汇集之。采录先儒经说为多，义有未备，则旁涉史志以明之，亦推步家所当考证也。《四库·子部·天文算法类一》

元 王昌世，字昭甫，尚书应麟子，以恩补承务郎，未及禄而宋亡。尚书杜门不出，取经史诸书，讲解论辨，昌世听受无倦。自是于名理经制，治道之体，统古今礼典之因革，殊闻异见，靡不究悉。蓄书万余卷，毁于火；露钞雪纂，至忘寝食，书以复完。为文一发于本实，尤精于易筮占验，如前知云。当世诸公荐章交上，昌世力辞曰：："士之大节，嗣守为难。敬身所以敬亲，得读父书，求己志，以毕此生足矣，不愿外也。"性孝友。与友人交。重然诺。亦不苟为阿附。卒年六十一。以上《光绪浙江通志·儒林》

明 袁珙，字廷玉，其先南昌人，后家于鄞。常游普陀洛伽山，遇异僧别古崖，授以相人术。因令仰视赤日，待两目尽眩，潜布黑赤豆于暗处，俾辨之。又夜悬五彩绒线，窗外映月，使别其色，皆无讹。然后相人，其法以夜中燃两炬，视人形状气色，而参以所生年月，百无一谬。珙在元时已有名，所相士大夫数十百，其于死生祸福迟速大小，并刻时日，无不奇中。在鄞，南台大夫普化帖禾儿，由闽海道见珙。珙曰："公神气严肃，举动风生，大贵验也。但印堂司空有赤气，到官一百四十日，当夺印。然守正秉忠，名垂后世，愿自勉。"普署台事于越，果为张士诚逼取印授，抗节而死。见江西宪副程徐曰："君帝座上黄紫气见，千日内有二美除，但冷笑无情，非忠节相也。"徐于二年后，拜兵部侍郎，擢尚书。又二年，降于明，为吏部侍

---

① 鄮，音茂，山在浙江鄞县东三十里。
② 庆元府，即今之鄞县。

郎。尝相陶凯曰:"君五岳朝揖,而气色未开;五星分明,而光泽未见,宜藏器待时。不十年以文进,为异代臣,官二品,其在荆扬间乎?"凯后为礼部尚书,其精类如此。洪武中,遇姚广孝于嵩山寺,谓之曰:"公目有三角,形如病虎,性必嗜杀,刘乘忠之俦也。幸自爱。"后广孝荐于燕王,召至北平,令使者与饮于酒肆,王杂类己者九人,操弓矢入肆。珙一见即趋拜,曰:"殿下何轻身至此。"九人笑其谬,珙言益切。王乃起去,召珙宫中谛视,曰:"龙行虎步,日角插天,太平天子也。年四十,须过脐,即登大宝矣。"已见藩邸诸校卒,皆许以公侯将帅。王虑语泄,遣之还。及即位,召拜太常寺丞,赐冠服鞍马、文绮宝钞及居第。帝将建东宫,而意有所属,故久不决。珙相仁宗曰:"天子也。"相宣宗曰:"万岁。"天子储位乃定。珙相人即知其心术善恶,人不畏义而畏祸,往往因其不善,导之于善,从而改行者甚多。为人孝友端厚,待族党有恩。所居鄞城西,绕舍种柳,自号柳庄居士,有《柳庄集》。永乐八年庚寅卒,年七十有六。赐祭葬,赠太常少卿。

《明史·方技》《光绪浙江通志·方技》

明 袁忠彻,字静思,柳庄子,能世其业。从父谒燕王,王宴北平诸文武,使忠彻相之,谓都督宋忠,面方耳大,身短气浮;布政使张昺,面方五小,行步如蛇;都指挥谢贵,拥肿早肥而气短;都督耿瓛,颧骨插鬓,色如飞火;佥都御史景清,身短声雄,于法皆当刑死。王大喜,起兵意益决。及为帝,即召授鸿胪寺序班,赐赉甚厚。迁尚宝寺丞,已改中书舍人,扈驾北巡。驾旋,仁宗监国,为谗言所中。帝怒,榜午门,凡东宫所处分事,悉不行。太子忧惧成疾,帝命蹇义、金忠偕忠彻视之,还奏,东宫面色青蓝,惊忧象也,收午门榜可愈。帝从之,太子疾果已。帝尝屏左右,密问武臣朱福、朱能、张辅、李远;文臣姚广孝、夏元吉、蹇义、金忠等祸福,后皆验。九载秩满,复为尚宝司丞,进少卿。礼部郎周讷,自福建还,言闽人祀南唐徐知谔知海,其神最灵。帝命往迎其像,遂建灵济宫于都城祀之。帝每遘疾,辄遣使问神,庙祝诡为仙方以进。药性多热,服之疾壅气逆,多暴怒,至失音,中外不敢谏。忠彻一日入侍进谏,曰:"此痰火虚逆之症,实灵济宫符药所致。"帝怒曰:"仙药不服,服凡药耶。"忠彻叩首哭,内侍二人亦哭,帝益怒,命二内侍杖之。且曰:"忠彻哭我,我遂死耶?"忠彻惶惧,趋伏阶下,良久始解。帝识忠彻于藩邸,故待之异于外臣。忠彻亦以帝遇己厚，敢进谠言。尝谏外国取宝之非，武臣宜许行服，衍圣公诰宜改赐玉轴，闻者韪之。宣德初，睹帝容色，曰："七日内，宗室当有谋叛者。"汉王果反。尝坐事下吏，罚赎。正统中，复坐事下吏，休致二十余年。卒年八十三。世所传轶事甚多。其相王文，谓面无人色，法曰沥血头。相于谦，谓目尝上视，法曰望刀眼，后果如其言。忠彻著有《古今识鉴》四卷，乃宣宗命采古来相人有验者，裒为一书。至景泰二年辛未，始奏进。所录上自三皇，下迄明代，又自作《象人赋》一首附之。又有《人相大成》《凤池吟稿》《符台外集》等书。《明史·方技》《问中今古录》《四库·子部·术数类存目一》

○明吴兴陈霆雨《山墨谈》云：晋陈训相甘卓，曰："头低视仰，相名盼刀。"后为王敦所杀。景泰中，袁忠彻尝谓人曰："少保于公，何不早退？"人询其故，曰："于头下而视上，在法名望刀眼。"未几被戮，人咸神之，今观训之相卓如此，知袁之本于旧法耳。谚云："父命推于子禄，夫寿可以妻延"。永乐中，顺天尹王公骥，患伤寒，忠彻往视其疾，神色俱变，不可入目，巫请其妻出视之，云："疾虽云甚，大事无妨。夫人之貌，直到一品命妇。"已而疾果愈，后王公以征麓川功，封靖远伯，是则一品命妇之言不爽，而"夫寿而以妻延"之谚不诬矣。

○清南昌彭配堂《闲处光阴》云：明永乐间，尚宝卿袁忠彻侍上，观历代帝王像，至宋太祖曰：果然面方耳大，英武之主。其真宗而下，则曰诸像清癯，如今时太医样一般，皆秀才皇帝。见元世祖像曰：北人南相，其他诸帝，皆是吃绵羊肉郎主。末及顺帝，曰：此又如太医样，何也？忠彻不能对，乃备述于《符台外集》。窃以顺帝非明宗子，文宗诏旨，已直言之，宋《遗民录》所载，亦必确有见闻。是其语朝野相传，由来已久，意明宗取帝于瀛国，年当少壮，或不即以为嗣，故不深秘其事，而帝乃利于继袭，甘心背本，痛恨人言，讵知貌与心殊，清癯似祖，使之然者，得非天耶！文宗后，忍舍己子而立帝，岂亦天假之耶？《水东日记》载余应诗曰："皇宋帝十六飞龙，元朝降封瀛国公。元君召公尚公主，时承赐宴明光宫。酒酣伸手扪金柱，化为龙爪惊天容。元君舍笑语群臣，凤雏岂与凡禽同。侍臣献谋将见除，公主泣泪沾酥胸。幸脱虎口走方外，易名合尊沙漠中。是时明宗在沙漠，缔交合尊情颇浓。合尊之妻夜生子，明宗隔帐闻笙镛。乞归行宫养为嗣，皇考崩时年甫童。元君降诏移南海，五年乃归居九重。忆昔宋主受周禅，仁义绰有三代风。至今儿孙主沙漠，呼嗟赵氏何其隆。"

○海昌陈其元《庸闲斋笔记》云：夏考功彝仲，谥忠节，曾举天下清官第一。子舍人完淳，谥节愍，年十六，遭国难，作《大哀赋》，论者谓不减庾信之《哀江南》。先后与公抗节死，公豹目螗发，双目上视，为盼刀眼，与于忠肃同。居恒揽镜曰："此头终当为谁砍?"于顺治丁亥,筮得明夷,五月遂遇难。

明 倪光,字应奎。少受《易》,时时沈玩先天,忽朗然内觉,若有神授。自知不良于功名,遂悉弃去。观消息盈虚,辄能前知。遨游二京,名动诸公卿,皆争致说《易》。一日在杨公文懿所,忽中贵使至,光见一雀自庭树集于地,已复还集树,即谓其使曰:"汝来得非失马乎?六日当复。"使大惊。文懿问故,光曰:"雀踊跃,物也。去树而集于地,舍所依也。已还集树,复归其所也。其集树也,自北而南,水数六也。故曰马失而六日复。"因复问马色,光曰:"以北水克南火当赤,而近于黑。"皆悉验,人咸以小康节呼之。后阁老万安,欲荐官之,光遽辞归。旅宿临清,中夜闻叩户声,棘而辞哀。光厉声曰:"汝作歹,将匄生耶。"其人吐实,光谩曰:"南北东西,皆汝路也。"旦起,市已获盗。有产子者至而伞裂,其人失色。光曰:"伞裂而小人见,汝细君已育子,可喜矣。"年八十,生而举殡,拟渊明自祭、杜牧志墓事,为诗自挽,其达生委命如此。人皆称为味易先生,所著有《味易诗集》,凡十二卷。《光绪浙江通志·方技》

明 杨少坡,忘其名,鄞人,善唐举术。万历辛丑,张肆于京师长安西街。为人落拓,无威仪。常衣敝衣,曳无跟履,躐躐造人家,故京师人称为杨风子。是年廷试过,尚未殿唱,外哗传太仓王辰玉衡状元。虽王亦有所闻,自以为状元也。杨适过余邸,余,即徐福祚。偶问,状元王公乎?杨曰:"否,那得两状元。状元为华亭张公以诚,王公父子榜眼也。"余戏之曰:"莫风,若无耳耶?不闻外人传语耶。我今报汝,若见王公,莫作是言。"杨曰:"我已与王公言之矣。渠赠我一扇,言验后,持此索谢。"余索扇展玩,乃题诗二句云:"杨君许我为榜眼,未卜何人作状元。"余笑语之曰:"此诗微示不足汝意。胪唱后,何面目见之。"次日放榜,张果状元,王榜眼。独杨在京不甚知名,何以奇中如此。明徐福祚《花当阁丛谈》

明 胡宏,字任之,宁波人。少时,受术于日者张生,力学勤苦不厌。正统初游杭,遇老翁自称汴人,深于易理,宏从之游,尽得其秘,由此以卜筮名。景泰初,从张都御使楷,征闽寇邓茂七,在军中所言多奇中。后与苏士大夫游,多从问休咎。儒士杜琼,年暮数失子,筮得鼎初爻,云:"子爻逢旺,当有二男。"赵御使忠,筮得坤之师,云:"当发策决科,司风宪。至某年月罢官,且生子。"祝参政灏,筮得比二五爻动,云:"君臣庆会,必居黄门近侍，转任大藩。"后皆验。杨尚书翥，筮得复之六二，言公至中年，方有奇遇。若官至三品，寿九十。官二品，则差减四五年。有子，亦沾禄。未几，果以潜邸旧恩，累进大宗伯，卒年八十五，子亦以荫授吴县主簿。如此千百皆中。宏尤善相字，尝有士人应试，书"串"字，宏云："君不惟中举，兼中进士。串字者，二中也。"别一士闻其语，亦书"串"字以问，宏云："君且勿言科名，当忧疾病。"其后二人一联捷，一得重疾，几不起。或曰："所问者字同，而吉凶何以相反？"宏曰："问者出于偶尔，从而效之则有心矣。串下加心，故应得患也。"常著筮书，曰《黄金尺》。明陆灿《庚己编》《光绪浙江通志·方技》

明 楼楷，号南沙，鄞县人，撰《通书捷径》。是书成于嘉靖癸亥，以世行《选择通书》，有彼此背驰，弃取违戾者，故作此以正之；其似吉而有犯，本凶而有解者，咸为辨析。盖亦当时坊行之本。《四库提要·子部·术数存目二》

清 陈昌泗，字孔塘，鄞人。少即有志洛闽之学，奋然思承其绪。与宗人裕斋互相讨论，时时以正议扶末俗。家贫甚，教授所入泉粟，不足以给家人之衣食，乃以《京房易传》卖卜，巧发神中。其持论如蜀庄，必依于孝弟忠信，不徒以休咎祸福动人。兼通方书，时亦应人之求，不谋利，鹑衣藿食终其身。吴德旋《初月楼续闻见录》

86 慈谿县

唐析鄞县地，置慈溪县，明改溪曰谿，属浙江宁波府，清因之，沪杭甬铁路经之。

明 陈茂礼，字履卿，慈谿人。博综坟典，至太乙奇门，无不通晓。嘉靖进士，授工部主事。倭蹂江南，改兵部郎，参谋军务。以功擢江西兵备副使，改备兵琼州，卒。《光绪浙江通志·武功》

中国历代卜人传卷九

浙江省 三

87　奉化县

唐析县地置，元升为州，明改州为县，属浙江宁波府，清因之。

明　吴国才，奉化白岩人，悉心唐举之术，言屡巧中。远游归，访县中故旧某不值，其孙开肆，乃索纸笔为书，缄别而去。某归，孙曰："顷有吴叟留书。"启视之，曰："此吴国才先生也，风鉴入神。书中云，相汝色，汝妇当有粉骨碎身之灾，其慎之。"及期，俾妇宴坐新室，竟日不出。抵暮，食既，至厨，启槛取水，虎爪之，入山以食。门人袁廷玉尝侍太宗。一日问其受业之自，以国才对。召至试之果验，将宠赐以官。国才以福薄辞。亡何，果卒。《光绪浙江通志·方技》

88　镇海县

唐鄮县地，五代梁时吴越置望海县，宋改曰定海。清康熙二十六年，于舟山别置定海县，改故定海为镇海，属浙江宁波府。

清　刘赤江，字慕农，蛟门人。[①]　著有《六壬粹言》六卷，道光丙戌刊

---

①　蛟门山，在浙江镇海县东海中，去岸约十五里，古称蛟门虎蹲。

行。《六壬粹言序》

89　象山县

唐析宁海及鄞县地置,以县有象山名。明清皆属浙江宁波府,其地为半岛,深入海中,外宽阔而内曲屈,内与大陆相连处,有狭长形之地颈。县治所在,即半岛之宽阔处也。

明　刘端,泗州人。景泰丙子,由选贡丞象山,以节爱称。令缺,署篆久,民甚德之。雅善堪舆,象山仁里也,遂卜居城北入籍焉。《光绪浙江通志·寓贤》

90　山阴县

汉置山阴县,后汉为会稽郡治,隋又析置会稽县,宋置绍兴府治此,元为绍兴路治,明清皆为浙江绍兴府治。民国废府,并山阴会稽为绍兴县。其地居民善制酒,有名于世。

汉　谢夷吾,夷,一作彝。字尧卿,会稽山阴人。少为郡吏,学风角占候。太守第五伦,擢为督邮。时乌程长,有赃衅,伦使收,案其罪。夷吾到县无所验,但望阁伏哭,一县惊怪,不知所为。及还,白伦曰:"窃以占候,知长当死,游魂假息,非刑所加,故不收之。"月余,果有驿马赍长印绶,上言暴卒。伦以此益礼重之,举孝廉,为寿张令。稍迁荆州刺史,迁巨鹿太守。所在爱育人物,有善绩。及伦作司徒,令班固为文荐夷吾。曰:"推考星度,综校图录。探赜圣秘,观变历征。占天知地,与神合契。"豫克死日,如期果卒。敕其子曰:"汉末当乱,必有发掘露骸之祸。使悬棺下葬,墓不起坟。"《后汉书·方术》《光绪浙江通志·方技》

吴　阚泽,字德润,山阴人,家世农夫。至泽好学,居贫无资,为人佣书,所写既毕,诵读亦遍,追师论讲,究览群籍,兼通历数,由是显名。察孝廉,除钱塘长。嘉禾中为中书令,加侍中。晋拜太子太傅。每朝廷大议,经典所疑,辄谘访之。以儒学勤劳,封都乡侯。初魏文帝即位,权尝从容问群臣，曰："曹丕以盛年即位，恐孤不能及之，诸卿以为何如？"群臣未对，泽曰："不及十年，丕其没矣，大王勿忧也。"权曰："何以知之？"泽曰："以字言之，不十为丕，此其数也。"文帝果七年而崩。魏黄初元年庚子，七年丙午。《三国志·吴书·本传》及注

唐 沈七，越州人，越州，即今绍兴县。善卜。天宝乙未，王诸应举，欲入京，于七处卜得纯阳卦，下四位动变观卦。沈云："公今应举得此卦，'观国之光，利用宾于王'，本是嘉兆。然爻动群阴，咸阳下成，乾卦上变，至四又不至五。五是君位，未得利见大人，恐此行不至京而回。"果至东京，属安禄山反，奔走却归江东。《光绪浙江通志·方技》

元 张德元，号乘槎。至正间尝为诸暨州吏目，避乱居山阴，有奇术，善观字，知吉凶。生一子，名之曰槐。忽谓友人云："是儿必死，槐字木傍鬼，非死兆耶。"未几儿果卒。其友病，以豐字示之，德元曰："死矣。"明日讣至。或问其故，德元曰："丰字，山墓所也。两丰，封树也。豆，祭器也。墓既成矣，尚欲生乎？"或以命字揖德元，使占人病。德元曰："已死。君持命字以揖，垂命之兆也。"已而果然。尝饮刘彦昭曰："今夕复有客。"已而客至。问之德元，曰："吾闻涤器声，故知耳。"《康熙绍兴府志·方技》

明 张景岳，名介宾，别号通一子，父为定西侯客。介宾年十四，从游京师。时金梦石工医，介宾从之学，尽得其传。为人治病，沈思病原，单方重剂，莫不应手霍然，一时谒请者辐辏。沿边大帅，皆遣金币致之。其所著《类经》，综核百家，剖析微义，凡数十万言，历四十年而后成。著《景岳全书》六十四卷。于医之外，象数星纬堪舆律吕，皆能究其底蕴。在辽阳道中，闻御马者歌声聒耳，介宾曰："不出五年，辽其亡矣。"介宾返越，年五十八，又二十年卒。《嘉庆山阴县志·艺术》

明 周述学，字继志，号云渊子，山阴人。素负经济，尤邃于易、历。南游楚，北抵燕赵。遍谘天官氏之术。闻郭太史弧矢法，以圆求圆。循弦宛转。极与天肖。名曰《弧矢经》。时荆川唐太史博研古算。箬溪顾司马，精演例法，欲求弧矢不可得，述学竭其心思，撰《补弧矢》。又续《中经》，纂《历议》《历学》，而历法遂为完书。尝著图书，较理论，以彰易之体；极爻象，著易义，以达易之用。集京邵之文，谐元韵之声，用占经世，象识吉凶。其他辑会占而参以命法，纂通志而征以世纪，准皇极而定道里之数，本

山河而叙流峙之支。水陆远近有程，以备行兵；都省区域有界，以表形胜。星命砂水，太乙六壬，遁甲演禽，风角鸟占，靡不洞其元微。合所纂拟凡千余卷，总题曰《神道大编》。嘉靖中，锦衣陆炳，礼聘述学至京，荐之兵部尚书赵锦。锦就访边事，述学曰："今岁主有边兵，应在乾艮。艮为辽东，乾则宣大二镇，京师可无虞也。"已而果然。锦将荐诸朝，仇鸾闻其名，欲致之。述学识其必败，乃还里以布衣终。《明史·方技》《光绪浙江通志·方技》

明 季本，字明德，山阴人。正德丁丑进士，官至长沙府知府。撰《易学别录》四卷，分内外二篇。外篇杂论术数之数，如《皇极经世》《易林》《京房易传》《火珠林》《太元》《潜虚》《洪范九九数》《参同契》之类，皆辨之。又发明蓍法，大旨定为占辨、占例、占戒、占断，合《卜筮论》为内篇。《四库·经部·易类存目一》

明 朱燮元，字懋和，山阴人。万历壬辰进士，历官四川左布政使。天启中，以永宁奢崇明。及贵州安邦彦反，加燮元兵部尚书，兼督贵州云南广西诸军务，移镇遵义。以平贼功，加少保。崇祯戊寅，卒于官，年七十三。燮元长八尺，腹大十围，饮啖兼二十人。治事明果，行军务持重，不妄杀人，苗民怀之。卒谥襄毅。燮元初官陕西时，遇一老叟，载与归，尽得其风角占候遁甲诸术。将别，语燮元曰："幸自爱，他日西南有事，公当之矣。"《明史·本传》《图书集成·艺术典·术数部·纪事》

清 赵振芳，字香山，山阴人。撰有《易原》。列《古本易经》为首卷，列诸图与说为次卷。所载图说，自河洛蓍法、五行卦气而外，并及天行地势之类。《四库·经部·易类存目三》

清 沈燡燔，① 字孝瞻，山阴人，乾隆己未进士。天资颖悟，学业渊邃。著有《子平真诠》，长安赵展如中丞舒翘为之序刊行世。谓为发挥命理，文畅识确。其论阴阳生克，及干支异同，用神宜忌，外格用舍，尤为綦详。从事斯学者，莫不奉为圭臬。《清赵中丞展如序》

清 沈义方，字涂山，古越人，著有《星平大成》。对于夜子时，与子时之推法不同，叙述详明，足补其他星命书之不逮。至论五行、五星，虽多陈言，尚属简括可观。《星平大成序》

---

① 燡，音亦，燔，音烦。

清 潘尔杲,① 字旭初,山阴人。精于易占,卜无不验。隐居教授,著《竹斋卜筮要旨》。卒无子。《乾隆绍兴府志·方技》

91 会稽县

隋置,明清时与山阴并为浙江绍兴府治,民国改并为绍兴县。

宋 邹淮,绍兴人,长于星历,官太史,著有《百中经》。临邛邛,音巩,冬韵,州名,秦置临邛县,即今四川邛崃县治。魏了翁序其书曰:《百中经》者,所以纪七政四曜之躔次也。七政之说,既见于上古之书,暗曜者何。人之生也,岁月日时,各有所直之休咎,而以是推测焉耳。或曰:古所谓"六物吉凶,我辰安在"者,疑即此类,然恐不若是之拘拘也。越人邹淮,长于星历,以其能食太史氏之禄有年矣。其续此书,自绍兴十四年甲子始,每岁加以太阴入宿入宫度分,视旧行《百中经》,精密有加焉。虽然古人之为是星历也,亦曰天命不已,物生无穷,不为之品节裁正焉,则混沦茫昧,靡所端倪。于是仰以观于日星寒暑之度,俯以察诸草木鸟兽之变,以气命律,以律起历,以历正时,以时授事,凡以建两仪而命万物,尽吾之职分焉耳。尧舜相授。禹箕子相传,夫孰非是道;而中世以降,乃有假之以为推验人生通塞之术者。人与天地,一本而生,是身也,为阴阳之会,为五行之端,则吉凶之义,验诸祲祥,关诸风气,见乎蓍龟,亦理之所当有。然星历之初,意为不止是也。程正公尝言:三命是律,五星是历。前辈大儒,似亦不废其说,然亦即其末流以逆其源,非谓律历之果见乎此也。今是书断自绍兴甲子以下存之,以其他别为一书,而听用者之所择,则是书之行,庶几不混于末流之说,而余亦有辞于学者焉,故更愿与邹君商之。《鹤山文集·百中经序》

宋 徐吉甫,会稽人,世精克择,奇验颇多。文山先生,曾赠诗赞之:"东望会稽山,穆陵郁岧荛。卜壤藏剑履,伯也昭其劳。昔者游仙人,龙耳致君王。君家世其传,芳躅畴可量。青囊落君手,辩语如流河。寻云履高阜,汤汤俯长波。朔风渺天垂,万里草离离。安得接芳轨,为君起遐思。"

---

① 杲,音缟,明也。

《文信国公集·赠克择徐吉甫》

元 韩性，字明善，绍兴人。博综群籍，自经史至诸子百家，靡不极其津涯，究其根柢；而于天文地理医药卜筮、浮图老子之书，亦无所不通。平居不问家有无，自奉简约，而好周人之穷。买地数百亩于山阴岩谷中，死无所归者，结以棺椁，聚瘗其处。完颜公贞，分持使节，出按属部，闻性名，举为慈湖书院山长。性谢曰："幸有先人之敝庐可庇风雨，薄田可具饘粥。读书砥行，无愧古人足矣，禄仕非所愿也。"受而不赴。暮年愈自韬晦，而未尝忘情斯世。张公升、王公克敬、于公九思，前后为郡，皆良二千石，政事有所未达，辄虚已咨访。性从容开道，洞中肯綮，多所裨益，有阴被其赐者矣。天历中，平章政事赵凉公，首以先生名闻于上。后十余岁，门人季齐，以进士第一，为御史南台。又力举其行义，而性于至正元年辛巳逝矣。享年七十有六。著有《五云漫稿》等书。《元黄潜文集·韩先生墓志铭》

清 孙文，字文若，号水月老人，会稽人，明末诸生。入国朝，隐于杭。所居为梅园，在艮山门外之百步塘。老人性简静，一介不取，间为歌辞以自娱。问其年，辄曰九十。以其发尽秃。故呼之为僧。康熙初，范忠贞公承谟抚浙，老人固预知之。盖老人与其大父雅故，忠贞幼时，尝抚其顶，曰："儿当建节吾土。"至是忠贞奉母命物色而得之，屏驺从往谒，寻为出俸修塘。时浙西多虎，老人辄语之，曰："山上大虫任打，门内大虫休惹。"忠贞寻奉命督闽，濒行，老人诫之曰："耳后火发时，须有主意。"门内虫，闽也；耳后火，耿也，盖指闽藩耿精忠也。康熙甲寅，闽藩变作，忠贞死焉，人遂以老人为能前知，争趋之。老人避去，不知所终。土人乃改其居为水月庵，肖其像若僧，募僧奉之。《清稗类钞·方技》

清 钟之模，字式林，会稽人。自少博极群书，天文地理，以及阴阳象数，无不通晓。康熙丁酉科，举于乡。己亥岁，以通明历法，奉圣祖特旨，应补五官正，候催主政。其明年，更以奇门，膺特荐，分纂御书房。书成，藏之秘府。又明年，成进士。数年来，出入禁近，极深研几。乃复偕同邑闻人镜晓先生，两次奉命往外藩，相度形势。归来林下优游，出其绪余，雍正甲辰，著为《宅谱》等书，并有《相地戒约》八则。妥先意轻利，后念重为不孝；拘执官位，利己为先，不顾同气为不悌；力小图大，非分干求为不忠；以耳为目，忸于成心为不信；不送关约，专务虚文，妄邀情面为无礼；

越祖迁坟，盗葬谋占，欺天理，违王法为无义。贪得无厌，或妄图而停柩，或既葬而轻移为寡廉；不力行善事，培植根本，辄思善地，以求富贵为鲜耻。《宅谱·董靡涯序》《嘉庆山阴县志·艺术》

○阜按：《县志》仅载钟之模为康熙诸生，并不知其丁酉举于乡，辛丑成进士，其为未见《宅谱》原书可知。

清 王先生，绍兴人，精于占课，幕中人敬信之。时王文端公未第时，馆于山西某中丞幕府，秋间将归应试，意未决，请先生定行止。先生占毕起贺，手书一纸，封固藏之，曰："他日请验。"公必欲得之，不许。正相持间，主人至，问何事，告之故。主人曰："如此我当代为收之。"及归就试，榜发，中副车。仍至馆责先生曰："何以诳我。"先生曰："息壤在彼，可验也。"因向主人索观，及拆封，有"中式副榜第八名"七字，公奇之。庚辰秋试，又问卜于先生，曰："今科正榜无疑。但似元非元，得魁为妙。"榜发，中第七名。是科解元，则雷尔杰也。辛巳春，至京会试。甫下车，先生亦至，问中式名次，甚喜。因令占会试若何，曰："断不可得会元。如中第十名，则大魁可必。从此前程远大，福寿无量。"公曰："吾年非少壮，得一京职，已为万幸，敢妄想耶。"先生曰："此理数自然，不可强也。"是年公会试中式第十名，廷试第一，官至东阁大学士。省厓同年相国，为予言之。吴县潘世恩芝《轩思补斋笔记》

92　萧山县

秦置余暨县，三国吴改永兴，唐改萧山县，明清皆属浙江绍兴府。

清 毛奇龄，一名甡，字大可，号秋晴，一曰初晴，又以郡望称西河，萧山人。康熙己未，以廪监生，召试博学鸿词，授检讨。乙丑充会试同考官，寻假归，遂不复出。卒年九十一。撰《春秋占筮书》三卷，其曰"春秋"者，摭《春秋传》所载占筮。以明古人之易学实为《易》作，不为《春秋》作也。自汉以来，言占筮者不一家，而取象玩占，存于世而可验者，莫先于《春秋传》。奇龄既于所著《仲氏易》三十卷、《推易始末》四卷诸书，发明其义，因复举《春秋内外传》中，凡有得于筮占者，汇记成书；而汉晋以下，占筮有合于古法者，亦随类附见焉。《易》本卜筮之书，圣人推究天下之理，而即数以立象；后人推究《周易》之象，而即数以明理，羲文周孔之本旨如是而已。厥后象、数、理歧为三家，而数又歧为数派。孟喜、焦赣、京房以下，其法不可殚举，而《易》于是乎愈杂。《春秋内外传》所纪，虽未必无所附会，而要其占法，则固古人之遗轨。譬之史书所载，是非褒贬，或未尽可凭。至其一代之制度，则固无伪撰者也。奇龄因《春秋》诸占，以推三代之筮法，可谓能探其本，而足关诸家之喙者矣。《清史稿》《四库提要·经部·易类六》《春秋占筮书》

清 宋锡兰，字德交，少颖悟，于方术诸书，靡不穷览。明季隐士，王震泽，精天文兵法从之学，益有所得。康熙中，客闽中永春县幕，见飞鱼悬署后槐树上。惊曰："此兵象也。"不数日，昏夜贼兵数千临城，锡兰募壮士突围告急。援兵至，内外夹击破贼。当事上其功，荐为县令，以亲老辞。后客镇国将军马三奇帐中，偶步舍外，见白气自西南来。曰："不数月当有兵变。"未几，果有大岚山妖僧一念之乱。性嗜游览，足迹遍历秦粤黔燕蜀之郊。又精星学，谓太岁在申当死，遂归里，果以是年卒。能诗，著有《素庵诗草》。《民国萧山县志·方技》

清 陆心鉴，萧山人，精子平命理，并善占六壬。在都中琉璃厂，设卜肆，冠盖云集；谈休咎，每多奇中。《寄蜗残赘》

93 诸暨县

秦置，越王允常所居，境有诸山暨浦，因名，五代初改名暨阳，寻复故名，明清皆属浙江绍兴府。

明 周瑾，字孟瑾。诸暨人。自号守一道人。生有异质。于星历筮卜。杂算音律。儒释异国之书。无不通究。前知如神。每言吉凶祸福多奇中。人拟之临川张铁冠。然深自晦匿，缜密不言。当建文帝时，或劝之仕。瑾曰："俟三年后，当更议之。"及靖难兵起，瑾遂决意不仕。永乐元年癸未，诏令内外诸司，各举所知。郡县交辟之，不就。以青囊隐，夜分辄登高处观天，昼则入深山中，竟日不出。同邑王釭欲荐之，固辞。瑾终以地理成名，其所著《地理指迷》一书未梓，购得者必手录之，珍为枕秘。俗传瑾初投陈友谅，既而宁王聘之。皆大谬不然。考《周氏谱牒》，瑾以洪武庚申生，永乐辛卯卒，[1] 寿仅三十二岁。前后皆不同时，焉可诬也。《乾隆绍兴府志·方技》

明 冯汝贤，诸暨人。永乐中，任蒲台县丞。善观字之形体，参伍错综，以知人之休咎，所言无不奇验。《光绪浙江通志·方技》《绍兴府志·方技》

94 余姚县

秦置，舜支庶所封，舜姚姓，故曰余姚。隋省入句章，唐复置，元升州。明复为县，属浙江绍兴府，清因之。

吴 虞翻，字仲翔，余姚人。少好学，有高气。为孙策功曹，出为富春长。曹操辟不就，孙权以为骑都尉。尝与孔融书，示以所著《易注》。融答书曰："闻延陵之理乐，睹吾子之治《易》。乃知东南之美者，非徒会稽之竹箭也。"又观云物，察应寒温，原其祸福，与神合契，可谓探赜穷通矣。关羽既败，权使翻筮之，得兑下坎上节，五爻变之临。翻曰："不出三日，必当断头。"果如翻言。权曰："卿不及伏羲，可与东方朔为比矣。"[2] 翻数犯颜谏争，权不悦，多见谤毁，遂徙翻交州。虽处罪放，而讲学不倦，门徒常数百人。在南十余年，年七十卒，归葬旧墓，妻子得还。著有《易注》《老子》《论语》《国语》训注，皆传于世。《三国·吴志·本传》

宋 程迥，[3] 字可久，初家宁陵之沙随，后徙余姚，受经于嘉兴闻人茂德、严陵喻樗，隆兴癸未进士，尝为德兴丞，事迹见《宋史·儒林传》，撰《周易古占法》一卷、《古周易章句外编》一卷。前卷周易古占法，凡十一篇；后卷杂论易说，及记古今占验。其说本邵子加一倍法，据《系辞》《说卦》，发明其义，用逆数以尚占知来。后朱子作《启蒙》，多用其例。吴澄谓迥于朱子为丈人行，朱子以师礼事之云。《四库·经部·易类三》

明 孙升，字志高，余姚人，都御史燧季子也。嘉靖乙未进士及第，授

---

[1] 《永乐府志》误作成化。
[2] 阜按：本书卷首载伏羲氏，卷九载东方朔，今以孙权二语证之，吾似不为妄矣。
[3] 迥，音炯，寥远也。

编修，累官礼部侍郎。严嵩枋国，升其门生也，独无所附丽，会南京礼部尚书缺，众不欲行，升独请往。卒赠太子少保，谥文恪。升尝念父死宸濠之难，终身不书宁字，亦不为人作寿文。居官不言人过，时称笃行君子。《明史·附子镠传》

〇明张瀚《松窗梦话》云：季泉孙公升，忠烈季子也。乙未岁，余上春官，孙邀乡人同事者饮。饮中，各问生辰，孙一一座算不言，顷之众起离席，孙私语余曰："吾与兄为同年友，在坐只吾二人也。但中年运限不利，未知究竟若何耳。"寻为余细推，复云："无妨于身命，第西方二十年，宦途淹滞；行至南方，辄通显矣。"夫以数十年之迟速显晦，决于八字之间，公之精于术数如此。孙是岁登一甲，余附二甲。孙先十余年为宗伯，余后十余年为冢宰。

明 畅日东，字子升。少业儒，凡阴阳医卜，兵家攻守之术，无不毕窥。里有余某，精堪舆术，多奇验，日东悦之，遂尽其术。后又遇异人于玉笥山中，口授地理秘诀数篇，豁然大悟。以营寿宫，宰相余有丁荐日东，征为钦天监博士主其事。寿宫成，例当增秩，日东谢病乞归。士大夫高之。时越有三相，余有丁、沈一贯、朱赓，其父兆皆日东所占云。《光绪余姚县志·方技》

清 黄宗羲字太冲，余姚人，明御史尊素长子。康熙初，荐修明史，以老疾未赴。宗羲之学，出于蕺山，闻诚意慎独之说，缜密平实。尝谓明人讲学，袭《语录》之糟粕，不以《六经》为根柢，束书而从事于游谈。故问学者必先穷经，经术所以经世。不为迂儒，必兼读史。读史不多，无以证理之变化。多而不求于心，则为俗学。故上下古今，穴穿群言。自天官地志，九流百家之教，无不精研。学者称为梨州先生，年八十六卒。著有《南雷文定》等书。其《易学象数论》六卷，前三卷论河图洛书、先天方位、纳甲纳音、月建卦气、卦变互卦、筮法占法，而附以所著之《原象》为内篇，皆象也。后三卷论《外玄》、《乾凿度》、《元包》、《潜虚》、《洞极》、《洪范数》、《皇极数》以及《六壬》、《太乙》、《遁甲》为外篇，皆数也。大旨谓圣人以象示人，有八卦之象，六爻之象，象形之象，爻位之象，反对之象，方位之象，互体之象，七者备而象穷矣。后儒之为伪象者，纳甲也，动爻也，卦变也，先天也，四者杂而七者晦矣。故是遍崇七象而斥四象，而七者之中，又必须求其合于古，以辨象学之讹。又遁甲、太乙、六壬三书，世谓之三式，皆主九宫，以参详人事。是遍以郑康成之太乙行九宫法，证太乙。以《吴越春秋》之占法，《国语》冷州鸠之对证六壬，而云后世皆失其传，以订数学之失。其持论皆有依据，盖宗羲究心象数，故一一能洞晓其始末，因而尽得其瑕疵。非但据理空谈，不中窍要者比也。《清史稿·儒林传》《四部提要·经部·易类六》《光绪浙江通志·儒林》

清 黄宗炎，字晦木，余姚人，忠端公第二子。常偕其伯兄梨州，受业戢山刘忠正公之门，明崇祯中贡生。明亡后，以卖药自给，不足则以古篆为人镌花乳印石，又不足则以季恩训、赵伯驹二家画法为人作画，又不足则为人制砚，贾值皆有定。世传其卖艺文，语多玩世。宗炎于象纬律吕轨革壬遁之学，皆有密授。既自放，乃著《周易象辞》三十一卷，《寻门余论》二卷，《图书辨惑》一卷。力辟陈抟之学，谓《周易》未经秦火，不应独禁其图，至为道家藏匿二千年始出。又著《六书会通》，以正小学，谓扬雄但知识奇字，不知识常字，不知常字乃奇字所自出也。又有《二晦山栖》诸集，以故居被火俱亡。康熙丙寅卒，年七十一。《清史稿·儒林·附黄宗羲传》吴德旋《初月楼续闻见录》

清 孙光恳，字丹扶，余姚人。顺治辛卯副榜贡生，官槀城县知县。撰有《画策图》一卷，《撼龙经》一卷，约取诸家之论气脉者，附以己说。起《原脉》，终《火耀》，为目二十有四，专论龙脉，非游谈无根者比。《四库·子部·术数类存目二》

清 劳史，字麟书，余姚人，世为农。少就傅读书，长躬耕，养父母。夜则披卷庄诵，读朱子《小学》《中庸序》，慨然发愤，以道自任，举动必依于礼。继读朱子《近思录》，立起，设香案，北首稽首，曰："吾师在是矣。"其论学始于不妄语，不妄动，而极诸至诚无息，接后学委曲尽诚，学者称余山先生。得寿五十有九，实康熙癸巳正月三十日也。麟书三年前，即知全归之期。至期从容饬家政，别亲旧，无疾而终。平素觇机占事，无不奇中，数根于理，非若京房、管辂、郭璞等专精数学可比。盖从源头贯彻，故百家支流，如纳音纳甲星经葬经医卜之类，一览而晓。门人桑调元，为刻其《遗书》十卷。其书谓《易》之为道，细无不赅，远无不届。故多本易理以推人物之性，无穿凿之弊也。《清史稿·儒林》《碑传集·理学中》

清 顾凤威，余姚人。于市上买得抄本书一帙，乃算命诀也，后云万历六年戊寅零阳道人手录，得于嵩山僧者。顾朝夕推究，竟得不传之秘，所谈无不奇验。曾云："人生富贵贫贱，悉由于命。即身后荣辱，亦命中所注。世人群尊关帝，设丁在曹之日，或遇害，或病殁，后人谁亮其心，乌知其忠肝义胆，冠绝古今哉！至秦桧之恶，万世唾骂。然上书二帅千余言，慷慨激烈，必欲立赵氏之后。即令李若水辈执笔为之，亦不过如此。设当时触怒被杀，得不指为宋室忠臣乎！关帝不死于曹，以成其忠；秦桧不死于金，以成其奸。命中早定，人自不知耳。"其持论可谓奇辟。后至常州，推刘文定命造，踌躇再四，似不能解。刘询其故曰："异哉子造也。当以翰林入仕，官至一品。然细较生平，竟无科第之分，殆不由举人进士出身乎？"后果以博学鸿词授编修，官至大学士，其言始验。顾殁，后其书不传。纪昀《阅微草堂笔记》

清 黄炳垕，号蔚亭，余姚人，同治举人。幼凝静，有神解，精历算星命堪舆之学。左宗棠抚浙时，为测造沿海经纬舆图，一时当道争延致，辄辞不往。惟就宁波辨志精舍之聘，遂开浙东算学。光绪中，续修《会典》，炳垕已老，尚为之参定条例。著有《黄忠端年谱》《黄梨洲年谱》《诵芬诗略》《交食捷算》《五纬捷术》《测地志要》等书。《清史稿》载入《天文算法类·推步之属》。《余姚县志》

清 周梅梁，字会极，余姚人。得外祖范公真传，精研堪舆，著《地学仁孝必读》六卷。首载发凡数则，尤为明白。光绪丁丑刊行。《地学必读序》

95 上虞县

秦置，本汉司盐都尉治，地名虞宾，舜避丹朱于此，故以名县。隋省入会稽，唐复置，明清皆属浙江绍兴府。

后汉 王充，字仲任，上虞人。少孤，乡里称孝。后到京师，受业太学，师事扶风班彪，好博览而不守章句。家贫无书，常游洛阳肆，阅所卖书，一见辄能诵忆，遂博通众流百家之言。后归乡里，屏居教授，好讲说，始若诡异，终有理实。以为俗儒守文，多失其真，乃闭门潜思，绝庆吊之礼，户牖墙壁，各置刀笔，著《论衡》八十五篇，二十余万言。刺史董勤，辟为从事，转治中，自免还家，永元中卒。《论衡·命禄篇》云：凡人遇偶及遭累害，皆由命也。有死生寿夭之命，亦有贵贱贫富之命。自王公逮庶人，圣贤及下愚，凡有首目之类，含血之属，莫不有命。命当贫贱，虽富贵之，犹涉祸患。命当富贵，虽贫贱之，犹逢福善。故命贵从贱地自达，命贱从富位自危。故夫富贵若有神助，贫贱若有鬼祸。命贵之人，俱学独达，并仕独迁。命富之人，俱求独得，并为独成。贫贱反此，难达，难迁，难成。获过受罪，疾病亡遗，失其富贵贫贱矣。孔子曰：死生有命，富贵在天。鲁平公欲见孟子，嬖人臧仓毁孟子而止。孟子曰：天也。孔子圣人，孟子贤者，诲人安道，不失是非，称言命者，有命审也。《淮南书》曰：仁鄙在时不在行，利害在命不在智。贾生曰：天不可与期，道不可与谋。迟速有命，焉识其时。高祖击黥布，为流矢所中，疾甚。吕后迎良医，医曰可治。高祖骂之曰：吾以布衣，提三尺剑取天下，此非天命乎？命乃在天，虽扁鹊何益。韩信与帝论兵，谓高祖曰：陛下所谓天授，非智力所得。扬子云曰：遇不遇，命也。太史公曰：富贵不违贫贱，贫贱不违富贵。是谓从富贵为贫贱，从贫贱为富贵也。春夏囚死，秋冬旺相，非能为之也。日朝出而暮入，非求之也。《命义篇》云：墨家之论，以为人死无命；儒家之议，以为人死有命。言有命者见子夏，言死生有命，富贵在天。言无命者，闻历阳之都，一宿沉而为湖。秦将白起坑赵降卒于长平之下四十万众，同时皆死。春秋之时，败绩之军，死者蔽草，尸且数万。饥馑之岁，饿者满道。温气疫疠，千户灭门。如必有命，何其秦齐同也。言有命者，夫天下之大，人民之众，一历阳之都，一长平之坑，同命俱死，未可怪也？命当溺死，故相聚于历阳；命当压死，故相积于长平。犹高祖初起，相工入丰沛之邦，多封侯之人矣，未必老少男女俱贵而有相也。卓砾时见，往往皆然。而历阳之都，男女俱没；长平之坑，老少并论，万数之中，必有长命未当死之人，遭时衰微，兵革并起，不得终其寿。人命有长短，时有盛衰，衰则疾病被灾蒙祸之验也。宋卫陈郑，同日并灾，四国之民，必有禄盛未当衰之人。然而俱灾，国祸陵之也。故国命胜人命，寿命胜禄命。人有寿夭之相，亦相贫富贵贱之法，俱见于体。故寿命修短，皆禀于天；骨法善恶，皆见于体。命当夭折，虽禀异行，终不得长；禄当贫贱，虽有善性，终不得遂。项羽且死，顾谓其徒曰："吾败乃命，非用兵之过。"此言实也。实者项羽用兵过于高祖，高祖之起，有天命焉。《卜筮篇》云：世人言卜筮者多，得实诚者寡。论者或谓蓍龟可以参事，不可纯用。夫钻龟蓍揲，兆数辄见；见无常占，占者生意。吉兆而占谓之凶，凶数而占谓之吉，吉凶不效，则谓卜筮不可信。周武王伐纣，卜之而龟㸿，占者曰凶。太公曰：龟㸿以祭则凶，[①] 以战则胜。武王从之，卒克纣焉。鲁将伐越，筮之，得鼎折足。子贡占之以为凶，何则？鼎而折足，行用足，故谓之凶。孔子占之以为吉，曰：越入水居，行用舟，不用足，故谓之吉。鲁伐越，果克之。夫子贡占鼎折足以为凶，犹周之占卜者谓之逆矣。逆中必有吉，犹折鼎足之占，宜以伐越矣。夫卜筮非不可用，卜筮之人，占之误也。《后汉书·本传》《论衡》

吴 吴范，字文则，上虞人。以治历数，知风气，闻于郡中，举有道。会孙权起于东南，范委身服事，每有灾祥，辄推数言状，其术多效。初权在吴，欲讨黄祖，范曰："今兹少利，不如明年。明年戊子，荆州刘表，亦身死国亡。"权不听，卒不克。明年军出，行及浔阳，范见风气，诣船贺，催兵急行。至即破祖，祖夜亡，权恐失之，范曰："未远，必生擒祖。"五更中，果得之。刘表竟死，荆州分割，范又尝言："岁在甲午，刘备当得益州。"后吕岱从蜀还，遇之白帝，备部众离落，死亡且半，事必不克。权以难范，范曰："臣所言者，天道也。而岱所见者，人事耳。"备卒得蜀。权与吕蒙谋袭关羽，议之，近臣多曰不可。权以问范，范曰得之。后权与魏为好，范曰："以风气言之，彼以貌来，其实有谋，宜为之备。"刘备盛兵西陵，范曰："终当和亲。"皆如其言。权以范为骑都尉，领太史令，数从访问，欲知其诀。范秘惜其术，不以至要语权，权恨之。初权为将军时，范尝言："江南有王气，应在亥子之间。"权曰："若终如言，以君为侯。"及立为吴王，范时侍宴，曰："昔在吴中，尝言此事，大王识之耶。"权曰："有之。"因呼左右，以侯绶带范。范知权欲以厌前言，推不受。及后论功行封，以范为都亭侯，诏当出，权恚其爱道于己也，削除其名。范为人刚直，与亲故交接有终始。素与魏滕同邑相善，滕尝有罪，权责怒甚严，敢有陈者死。范谓滕曰："与汝偕死。"滕曰："死而无益，何用死为？"范曰："安能虑此，

---

① 㸿，《字汇补》音未详。

坐观汝耶？"乃髡头①自缚诣门下，使铃下以闻。铃下不敢，曰："必死，不敢白。"范曰："汝有子耶。"曰："有。"曰："使汝为吴范死，子以属我。"铃下曰："诺。"乃排阁入，言未卒，权大怒。欲便投以戟，逡巡走出。范因突入，叩头流血，言与涕并，良久权意释，乃免滕。滕见范，谢曰："父母能生长我，不能免我于死。丈夫相知，如汝足矣，何用多为。"黄武五年丙午，范病卒，先知其死日。权追思之，募三州有能举知术数如范者，封千户侯，卒无所得《三国•吴志•本传》

明 蔡山人，上虞人。早尝习进士业，试不利，即委分田野，无竞于时。中年难于生事，乃以五行书，推人生年月日，所直日辰，而有以劝之。于其富贵者，劝其不溢不危；于其贫贱者，劝其不诏不滥；于其寿夭祸福，劝之以不偷活。不伤生。不足欲。不蹈险。为人言命。而所劝若是。非以君子之道。处己处人者欤？不然。何其不专尚乎术数之学也。余久处贫贱者也。今年春遇山人田野间。闻其言。知其有志乎君子之道。而心窃喜焉。故以序赠之。《皇明文衡•宋玄僖序》

明 许璋。字半圭。上虞人。淳质苦行。潜心性命之学。白袍草履。挟一衾而出。欲访白沙于岭南。至楚，见白沙之门人李承箕，质疑问难语之，以静坐观心，不至岭南而反。阳明自江右归越，每相访，菜羹麦饭，信宿不厌。璋殁，阳明题其墓，曰："处士许璋之墓"。于天文地理靡不究心，正德中，尝指乾象，谓阳明曰："帝星今在楚矣。"已而世宗起于兴邸。《光绪浙江通志•儒林》

清 夏声，字承韶。幼颖异，善读书，慷慨有大志。闻英夷构衅，投笔叹曰："习此雕虫技，腐儒耳。"遂弃举业，键户读韬略，旁涉星卜遁甲奇门、阴阳五行家言，惜终无有知之者。及宁郡陷，邻邑震恐，声告戚里曰："吾夜占星象，灾不及斗分。越，斗分也，惟余姚不免，然亦不为害。"后果如其言。尝夏夜枣桿为台，置胡床于上，坐观星，忽喟然曰："蚩尤已见，二十年后，天下当遭兵劫，盖应在粤贼也。"一日，游村外，有渔者举网过，请曰："先生善占，今将渔于河，所得几何。"声占之曰："今当得二鲤。然身必跌，且湿衣。"渔者至河岸，失足于水。不踰时，果得二鲤而归。

---

① 髡，音坤，去发也。古刑法之一种。

清 钱曰瀿，字心泉，邑诸生，善《易》，通奇门遁甲之学，推测如神，不轻语，晚年益秘默，尤精地理。宁郡士大夫，多从之游。有延之者，但劝以勿停葬，毋为吉兆所惑。尝语人曰："造福地易，造心地难。"著有《堪舆精言》等书。兵燹后，多散佚。孙爱莲，亦精地学 以上《上虞县志·方技》

96 嵊县

本汉剡县地，吴越改为赡县，宋更名嵊县，明清皆属浙江绍兴府。

宋 姚宽，字令成，嵊县人，以父舜明任补，官至枢密院编修。博学强记，于天文推算尤精。完颜亮入寇，中外以为忧，宽独推太乙荧惑所次，为贼必灭之兆，亮果自毙。上以其言验，召对移晷，疾作，仆于榻前。宽词章之外，颇工篆隶及工技之事，著有《五行秘记》《西溪叡话》等书。《光绪浙江通志·文苑》

97 新昌县

汉剡县地，五代时吴越析置新昌县。故城在今县东，后移今治。明清皆属浙江绍兴府。

明 杨宗敏，彩烟人。永乐靖难时，有异僧扣门，其父馆谷之。僧见宗敏聪慧，传以堪舆之术。登山隔十里许，即知结穴坐向及倒杖，毫厘不爽。决吉凶消长，若影响然。今邑中诸大家坟墓，发福绵远者，皆其所扦穴也，至今称为杨地仙云。《光绪浙江通志·方技》《康熙新昌县志·方技》

中国历代卜人传卷十

浙江省[四]

98 临县海

三国吴置，为临海郡治，寻徙郡治章安，以县属焉。隋省章安入临海，明清皆属浙江台州府治，民国废府。

宋 黄朴，临海人，自号白云山人，以艺游四方。推人始生岁月日辰，考步五行五星，知其性行气质，贵贱寿夭，辄奇中。尝谒孙应时，一日阅数十人，道往事悉验。应时友叶养源久困场屋，朴曰："是来岁必第进士。"及言陈用之亦然。至余人，或轻锐自负，或郡士所推许，明年皆如其言。朴为人疏野，喜面折，不顾忌，不伺人辞色为高下；或逢盛怒，终不改，久而皆信。又时时能切指心术行事得失为劝戒，不与他日者比。《民国台州府志·方技》

明 周景一，临海人，性耽山水，得青囊之秘，人以地仙称之。著有《地理指迷》，第一卷首论峦头为本，为全编立言大旨。分敛、仰覆、向背、合割四篇，概论开面；纵横、收放、偏全、聚散四篇，概论地步。二卷分论开面。三卷分论地步。后以开面、地步包括形势星辰，为山法诸篇结束；饶减、挨弃、倒杖、浅深四篇，为立穴定向之准绳，所以补葬法之未备。四卷专论平阳，承山龙开面说起，以山洋异同为总结全书。乾隆丁未刊行。《民国台州府志·方技》《山洋指迷序例》

99 台州

春秋越地，三国吴置临海郡，唐置海州，寻改曰台州，因天台山为名，寻复曰临海郡。五代又改曰台州，宋曰台州临海郡。明初改台州府，属浙江，清因之。民国废，治所即今临海县。

宋 王卿月，台州人。乾道己丑进士，常提刑蜀中。从邵雍后人，传其易学，通音律卜筮，论人穷达寿夭，甚中。初仕秘书郎，权中书舍人，直学士院，掌制诰，所草词百余篇，深得代言之体。尝草胡诠制云："吾宁深蹈东海，独鲁仲连不肯帝秦；至今名重泰山，微蔺相如何以存赵。"时论多之。除太府卿，卒。著有《醒庵集》。《光绪浙江通志·文苑》《台州府志·方技》

明 丘良仁，台州人。正德间，推命多奇中。百户陶炳，以命叩之。云："将星入命，御敌必得奇功。当陟二级，世袭千户。"时承平无虞，人笑之。八年癸酉，开化江西寇起，总制陶琰，举炳将才，从参帅李隆，勤寇有力，果陟二级，世袭。炳作《洞彻玄机》卷，求缙绅诗文以赠之。《光绪浙江通志·方技》

100 黄岩县

汉回浦县地，后汉为章安县地，隋为临海县地，唐置永宁县，寻改曰黄岩。元升为州，明仍为县，属浙江台州府。清因之，设海门镇总兵驻此。

宋 陈际叔，黄岩人，儒家子。少而喜游，能相人，其术亦奇。际叔为人倜傥，有直气，坐逢鄙夫俗子，瞠目拂衣不语，径起。虽大官贵人，盛气势邀致，欲其阳浮谀悦，不可得。孙应时撰序赠之。[①] 称其能不败于利欲，不陷于卑辱，故其术精明能过人。《民国台州府志·方技》

元 戴胄，字养和，黄岩人，通周易精推验测究之法。医药兵刑律历，皆习知之。自奇其才，走燕京，谒左丞帖木儿，一见语相投，留教其子。时以计干之帖木儿，辄称善，号之曰鹏飞先生，将荐于朝。胄以数推之，知中原将乱，遂以母老辞归。益攻其旧学，曰："吾非不欲闻达，吾才非不如人，

[①] 阜按：孙应时，字季和，鄞人，师事陆九渊，登进士第，朱熹重之，官常熟县，著烛湖集。

然而不得者有命也。"已而乱果起，至正二十三年癸卯卒，年七十三。《民国台州府志·方技》

明 林心月，黄岩人，年八十余，寓西桥。善易数，预知吉凶。洪武间，承方寇之后，黄岩顽敝殊甚，尝为人言："后此五十年，有周令者来，民始安。"果有周旭鉴者，贵溪人，以学行。三杨荐知县事，凡九年，县以大治。父老忆其岁月，正合，群诉请留。即升台州通判，仍县事。即升知台州府事，又加右参政，掌府事，前后凡三十余年，台人赖之，黄岩遂为善邑。明湖上朱国祯《涌幢小品》

明 陶宗仪，字九成，黄岩人。少举进士不第，即弃去，务古学，于书无所不窥，工诗文。家贫，教授自给。洪武初，屡征不就，晚年有司聘为教官。常客松江，躬亲稼穑，暇则休于树阴。有所得，摘叶书之，贮一破盎，[①] 久之取次成帙，名曰《南村辍耕录》，凡三十卷。所载安命法，以日月五星及罗计炁孛四余气，躔度过宫，迟留伏逆，推人之生年月日时，可以知休咎，定寿夭。又解释纳音所起，及遇龙则化，尤为明晰，学者多宗之。《辍耕录》《光绪浙江通志·文苑》

101 天台县

汉回浦县地，三国吴置始平县，晋曰始丰，隋省临海，唐复置始丰县，后改曰唐兴。吴越改曰天台，石晋改为台舆，宋复曰天台。明清皆属浙江台州府。

元 陈应润，字泽云，天台人。延祐间，由黄岩文学，起为郡曹掾。至正乙酉，调桐江宾幕。撰《周易爻变义蕴》四卷，是书所注，用王弼本。惟有上下经六十四卦，据《春秋传》之某卦例。如乾之姤曰潜龙勿用，乾之坤曰见群龙无首吉之类，故名曰爻变。其称一卦可变六十四卦，六爻可变三百八十四爻；即汉焦赣《易林》之类，盖亦因古占法而推原其变通之义，非臆说也。每爻多证以史事，虽不必其尽合，而因卦象以示吉凶，以决进退，于圣人作《易》垂训之旨，实有合焉。《四库·经部·易类四》

元 胡振卿，天台人。性聪敏，通阴阳术数之学，任本县阴阳学教谕。

---

① 盎，鸯，去声，瓦器盆也。

卒年九十。《民国台州府志·方技》

元 徐仲远，天台人，善推禄命。刘基赠以序言，曰：世之所谓祸福通塞者，果由于命耶。圣人罕言命，命果不足道耶。孔子曰：道之将行也与，命也。道之将废也与，命也。自古固有不仁而安荣，守道而戮辱者，庸非命乎？古之人以寿、富、康宁、攸好德、考终命为福，而不言贵。今之论命以官爵之大小品高下，岂古之所谓祸福与今异耶？好德无踰于仲尼，则厄穷而在下；颜渊亚圣，三十以死；曹孟德、司马仲达，位在人上而以寿终，且及其子与孙。祸耶，福耶？当何以断之哉。《易》曰：穷理尽性，以至于命。孔子曰：不知命，无以为君子也。今之言命者，其果有合于古人否乎？天以阴阳五行生为人也，阴阳五行之精，是为日月水火土金水之曜。七曜运乎上，而万形成于下。人也者，天地之分体，而日月水火土金水之分气也。理生气，气生数，由数以知气，由气以知理，今之言命者之所由起也。夫气，母也；人，子也，母子相感，显微相应，天人之理也，则亦何可废哉。日至而麋鹿解，月死而蠃蛤膲，[①]温风动而荠麦死，清霜降而丰钟鸣，物理相通，不可诬也。天台徐仲远，以七曜四余，推人生祸福，无不验，予甚异之，而赠以言。若夫吉凶利害之所趋避，则吾闻之孟子矣。《诚意伯文集》参《民国天台县志·方技》

明 王奇，字世英，天台人，为诸生，通天文星数卜筮之学。或曰，有异传焉。游金陵。成化中，三原王公，在兵部，方为权贵所尼，属奇筮之。曰："公归矣，越三载其起当铨衡乎？"已而果然。刑部逸重囚，奇筮之，遇恒之大过。曰："五为囹圄，贼入矣，其焉逃之。"计其获日与时，皆不爽。陈指挥妻死，将敛，其女病，问命于奇。奇曰："女固无恙，其母亦未死，后当生二子。即欲敛，其必越午。"至午时，妻复生。后果生二子。王郎中应奎问命。奇曰："是火气太盛。若官之南，所至必有火灾。"后守台州，郡中灾，十室九烬。尝游欢谷山中，仰见星象，叹曰："客星主急变，奈何？"越三日，复观焉，则喜曰："无事矣。"未几，逆瑾败。此数事，其尤异者。奇性至孝，有所得，付其弟以养母。母年九十余，奇为婴儿以悦之，有佳果必袖衣奉。然介甚，苟非义虽千金不顾也。终身不受室，以犹子宗元为之子。《光绪浙江通志·方技》

　○《集成·卜筮部·名流列传》云：王奇为邑庠生，以星命占筮之术称于人，言祸

[①] 蠃，音罗，蚌属，本作螺。蛤同蚌，武项切，音仙，石貌。

福辄应。年八十，于京师，时馆人以事坐诬系狱，奇为直之。其妻招夜饮，闭门不赴，明天徙去，人以为难。无锡邵尚书深爱重之，为志其墓。

明 裘鲁恭，天台人，通相术。言人生死寿夭祸福，富贵贫贱，数十年后多应，一时神之。至今父老犹能详言其事。《图书集成·相术部·名流列传》

102 宁海县

晋析鄞县地置，隋省入章安，故城在今浙江宁海县东北。唐初复置，治海游，寻省。永昌初复置，治广度里，即今县治。明清皆属浙江台州府。

宋 罗一新，宁海人，以星度之学，推人寿夭穷亨，如指诸掌。绍定时薄游闽浙，真德秀作叙赠之。《民国台州府志·方技》

金 郝大通，宁海人，隐于卜筮。后从王嘉学道，修真昆仑山，年七十三羽化。有《太古集》《太易图》《示教真言》。元至元中，赠广宁通玄太古真人。《宁海县志·方技》

明 叶兑，字良仲，宁海人，得象孙。博通经史，尤精天文地理卜筮之书，以经济自负。元末，知天运有归，以布衣献书太祖，列一纲三目，言天下大计。时太祖已定宁越，规取张士诚、方国珍，而察罕兵势甚盛，遣使至金陵，召太祖，故兑书于三者筹之为详。太祖奇其言，欲留用之，力辞去，赐银币袭衣。后数岁，削平天下，规模次第，略如兑言。《明史·列传》《民国宁海县志·隐逸》

103 太平县

明析黄岩县地置，属浙江台州府，清因之，民国改为温岭县。

明 江万纪，本名麟台，字以明，松门人。性耽学，手不辍披。精堪舆，兼知天文象数，言多验，自号钩玄子。天台张侍郎太素，深奇之。或荐于时相马士英，笑曰："观彼所为，岂能作文天祥？江南且破矣。"挈妻子，遁琥溪山中。《嘉庆太平县志·隐逸》

清 王佺，字玉田，太平人。习星学，每为隐语，定人咎休，有奇验。尝推一朝贵云：明年更得君王宠，临行又赠一车斤。人以为误书金为斤，其人后竟被戮，始悟字意。其所推多类此。临殁，出一丸，属家人研灌，其尸香闻满室。或云：佺少习举业，出顾迥澜门。就试钱塘，见一人乘艖渡，佺揖之，遂授以书。所著《醉醒子集》《十段锦》之类，今星家皆祖之。

清 方略，字贤济，号筠溪，太平人。性颖敏，博览群籍，精六壬数，旁及地理诸技。尤长于画，品格在黄公望、倪瓒间。兴至自写意，不轻为人作，与同里沈及斋善。沈赠诗，有"立言皆见道，作画怕知名"之句。雍正间，捕妖党方济贤甚严，略误被逮至杭。沈为求杭人吴玉士白其冤，既出狱，沈吴交贺，略笑曰："未来尚有九日灾，过此无事矣。"已覆鞫，果如所言。吴留之遨游湖山，十余年，画益进。卒葬钱塘门外，沈为之传。以上《民国台州府志·方技》

104 衢州

春秋越姑蔑地，三国吴至隋，皆属东阳郡。唐置衢州，以州有三衢山而名。改曰信安郡，复曰衢州。元升衢州路，明初改龙游府，寻复曰衢州府。清因之，属浙江省，治西安县。民国废府，改西安曰衢县。

宋 张鬼灵，三衢人，其父使从里人学相墓术，忽自有悟见，因以鬼灵为名。蔡安世先墓，在富春白升岭，其兄宏延鬼灵至墓下视之，谓宏曰："此墓当出贵人，然必待君家麦瓮中飞出鹌鹑，[①] 为可贺也。"宏曰："前日某家卧房米瓮中，忽有此异，方有野鸟入室之忧。"鬼灵曰："此为克应也。君家兄弟有被魁荐者，即是贵人。"是秋安世，果为国学魁选。

宋 余听声，三衢余山人，善相气色，又工听器物声。尝至婺源，邑士李熙仲家试其术，使立户外，而自登廊上鼓梯，执两椎敲击数四，乃呼入，问之。曰："鼓有双声，当应二子弟喜庆事。"是岁淳熙十三年丙午，及秋试，二子皆荐名。以上《光绪浙江通志·方技》

明 祝宗元，西安厚川人，从赵缘督先生游，[②] 精象纬遁甲诸书。元季兵至，聚乡勇自保，寇来辄迷所向，皆遁去。行省以闻，授衢州府同知，不

[①] 鹌，音谙，鹑，音纯，鹌鹑，鸟名，形如鸡雏，色黑。
[②] 阜按：缘督，即龙游县所载之赵友钦也。

受。后以刘基、宋濂荐，召为司天监灵台郎，非其志也。乞归，赐五品服。年九十三卒。《嘉庆西安县志·方技》

清 赵世对，字襄臣，衢州人，撰《易学筮贞》四卷。兹编论《易》为卜筮之书，故经秦火而独存。命之曰"筮贞"，谓以筮而贞万世之变也。不载经文，惟采先儒议论，分类编辑。一卷曰缀集本旨，曰易学源流，曰图书节要。二卷曰蓍法指南。三卷曰占变详考。四卷曰易道同归。论筮法与占变，条理颇为详明，盖纯以数言易也。《四库提要·经部·易类存目三》

105 龙游县

春秋越姑蔑地，汉太末县，隋并入金华县，唐分信安金华二县地，改置龙丘县，吴越改曰龙游，明清皆属浙江衢州府。

南齐 徐伯珍，字文楚，太末人。少孤贫，学书无纸，尝以竹箭箬叶甘蕉学书。山水暴出，漂溺宅舍，村邻皆奔走，伯珍累床而坐，读书不辍。积十年，研精经史，游学者多依之。又好释氏老庄，兼明道术。岁尝旱，伯珍筮之，如期而雨。后移居九岩山，州郡礼辟，皆不就。兄弟四人，皆白首相对，时人呼为四皓。建武四年丁丑，卒年八十四，受业生凡千余人。《南齐书》《南史·隐逸》

元 赵友钦，宋宗室，鄱阳人。或曰名敬，字子恭。或曰友钦其名，弗能详也，世因其自号称为缘督先生，习天官遁甲钤式诸书。一日坐芝山酒肆中，逢修眉方瞳者，索酒饮，异而即之，相与谈玄。颇久，出囊中九还七返丹书遗之。临别，问姓名，曰：吾扶风石得之也。自是往东海上，独居十年，注《周易》数万言。复弃去，乘青骡，往来衢婺山水间，旅中之费，未尝乏绝，竟不知为何术。倦游而休，泊然而化，葬于龙游之鸡鸣山。宋濂、刘基，昔皆从之游。所著仅存《革象新书》，王祎手校传世。《清一统志·浙江省衢州府志·流寓》《浙江通志·仙释》

明 朱晖，字德明，善天官家。少从鄱阳赵友钦学，得其《革象新书》，日夜研究，业遂精。大将军胡大海取金华，晖献平天下三策，大海异之，命领兵从攻衢州。所撰有《三辰显异经》。子谦斋，尤精卜筮，以术授方明，明后以地理闻，所葬多验。《光绪浙江通志·方技》《康熙龙游县志》

明 章潊，字季明，精天文书，得赵朱源委，受知明太祖，擢任钦天监中官正，称职，有勅令宝诰之赐，后其裔世官司天。四代孙章怀珠，有志理学，辞司天荫，读书谈道，悠然自适。巡按吴公遵常，以诗贻之，嘉其高节。《康熙龙游县志·方技》

106 常山县

汉太末县地，后汉分置定阳县，隋废，唐改置常山县，以县南有常山名。故城在今浙江常山县东南，寻移今治。宋改曰信安，元复改曰常山，明清皆属浙江衢州府，产纸。

清 毛书有，邑庠生，精青乌术。年登耄耋，履高涉险，必穷其脉。二十一岁丧偶，终身不娶，尤人所难。《光绪常山县志·方技》

107 开化县

宋置开化场，寻升为县，明清皆属浙江衢州府。

明 吾谨，字惟可，开化人，正德丁丑进士。总角能吟诗，博综经传子史、天文地理、兵家阴阳、释道等书，过目不忘。李梦阳奇之，曰："今之李贺也。"志轻轩冕，得第后，归隐少华山，与何仲默、孙太初、李崆峒相颉颃。《光绪浙江通志·文苑》

清 戴敦元，字金溪，开化人，幼有神童之誉。乾隆进士，由刑部主事，累官刑部尚书。性廉洁，卒之日，笥无余衣，囷无余粟，庀其产不及百金，[①] 谥简恪。敦元喜天文历算，讨论有年，而星命之学尤精，为人推测恒多验。一日奇想天开，属玩具肆中人，制小泥孩若干，并记其捏成之年月日时于背，为之推算，以记于别纸。制成，携归，给家中小儿使佐嬉。及其碎坏，出别纸证之，验者乃十而八九。《清史稿·本传》《清稗类钞·方技》

清 汪承烈，字丕成，号耐圃，厚冈人。弱冠入庠，天姿英敏，淡于仕进，爱究心医卜星相之书，尤善测阴阳诹吉课。邑城附贡宋嗣僖，其姻戚也，年六旬，艰子嗣，烈为相宅于丁方，并择丁吉构造，嗣举丈夫子二，应

---

① 庀，音比，具也，治也。

验如响云。

清 陈光瑞，字华五，衫川儒童，颖敏淹通。两试岁科不售，遂习青乌，徜徉山水以自娱。凡《锦囊》《玉髓》诸经，靡不精探奥窍。故生平所攒吉壤，多发祥者。徽广陵郡诸巨族，来聘者屦恒满。年八十四。堂弟光尧，尤得其秘钥。以上《光绪开化县志·方技》

108 金华县

后汉置长山县，隋改曰吴宁，又改曰东阳，后改曰金华，唐改曰金山，寻复曰金华。明清皆属浙江金华府治。其地出醃豚蹄，俗名金华腿，又名南腿，为有名特产。

宋 蔡碧云善相，郑忠愍公刚中，赠序云：绍兴辛亥冬十月，有相士姓蔡者，自号碧云道人，访予于金华。予时已冒礼部，蔡道人云：廷试当在第三，春试当为第一。留小诗一绝，其末云：学馆色如蓝，不作鳌头亦第三。余不敢领，又坐贫，无以酬之。因其求诗，漫书以付之。俟道人术信，则持此书以见余。①《北山文集》。

宋 何巨源，善推禄命。王编修质赠以诗云：何君巨源，婺女人。②与范右史元卿有连，其谈五行，历历可听。自富川过蕲春，将之武陵尘埃中，试求公卿，当有雷霆一世者。自堕胞胎里，难逃造化中。一毫皆有数，三昧即无穷。消息深深见，机缄了了通。君能希八九，亦足问元功。宋王质《雪山集》

宋 卢鸿，字硕父，举进士，善仙卜。乡人周师锐，既中省，问之，曰："当魁多士。"且曰："须熟读《程易》师卦。"师锐从其言。已而廷对，问师律之旨，遂举第一人。《光绪浙江通志·方技》

宋 葛好问，精星度，卖卜于婺州衙前。③尝为苏子容推命，谓为全似杜祁公。今以行事观之，杜祁公为相，不及百日，以少师致仕，年八十而薨。子容在相位不及一年，以少师致仕，年八十有二，与祁公出处始终略同。好问之言，信不诬也。宋袁文《瓮牖闲评》苏颂《谈训》

元 厉周卿，婺州人，精卜术。天历间，游京师。一日杨瑀，写一

---

① 阜按：据公年谱云，绍兴二年壬子赐进士及第，蔡道人之豫言，诚不虚也。
② 即今浙江金华县。
③ 婺州，即今金华县治。

"上"字卜之。厉即对本钞录姓名出处之说,皆如所见。后一段云:"商量更改事,佳会喜金羊。寅巳同申至,好事喜非常。"其应果在十年后,岂非万事皆分也。《光绪浙江通志·方技》

元 许谦,字益之,其先京兆人,由平江徙金华。谦数岁而孤,甫能言,母陶氏,口授《孝经》《论语》,入耳辄不忘。稍长,立程自课,虽疾不废。既乃受业金履祥之门,居数年,尽得其奥。谓学以圣人为准的,然必得圣人之心,而后可学圣人之事。圣贤之心,具在《四书》。《四书》之义,备于朱子。顾其辞约意广,读者安可以易心求之乎?其他若天文地理典章制度、食货刑法、字学音韵、医经术数之说,亦靡不该贯。尝谓学者孰不曰:"辟异端,苟不深探其隐,而识其所以然,能辩其同异、别其是非也几希。"延祐初,谦居东阳八华山,学者翕然从之。尝曰:"已有知,使人亦知之,岂不快哉。"至元三年丁丑卒,年六十八。尝以白云山人自号,世称为白云先生。朝廷赐谥文献《元史·儒学》《光绪浙江通志·儒林》

元 郑谥,字彦渊,金华人。晦迹衡门,不求声誉。攻阴阳历数之学,尝注郭璞《葬书》,以为独诣。后闻其友叶仪、范祖干之论,方知正学,刻苦研穷,昼夜不辍。有《心学图说》,苏伯衡、胡平仲为之序。《光绪浙江通志·隐逸》

明 刘日新,金华星者,太祖下婺,召推命,曰:"极富极贵。"太祖怒其不言官职,刘请屏左右。曰:"极富者,富有四海。极贵者,贵为天子。"上喜。洪武四年辛亥,召至,问所欲富贵,皆对不欲,惟欲求一符遍游天下。太祖以手所挥白扇,题曰:"江南一老叟,腹内罗星斗。许朕作君王,果应神仙口。赐官官不要,赐金金不受。持此一握扇,横行天下走。"识以御宝,刘持之遍游焉。《光绪浙江通志·方技》《图书集成·星命部·名流列传》

109 兰豁县

唐分隋金华县地置,因兰溪为名,元升为州,明复为县,属浙江金华府,清因之。

宋 叶容,字可大,横山乡人。博通群书,贯穿史籍。尝从邓太史习天官之学,事之数十年,精于其业。言天象休咎,证应,毫厘无失。所著有《太乙三辰显异经》十卷。《浙江通志·方技》《光绪兰豁县志·艺术》

元 金履祥,字吉父,兰豁人。其先本刘氏,避钱武肃王嫌名,更为金氏。履祥幼而敏睿，比长，益自策励。凡天文地形，礼乐田乘，兵谋阴阳律历之书，靡不毕究。及壮，知向濂洛之学。事同郡王柏，登何基之门，自是造诣益邃。时宋之国事，已不可为，履祥遂绝意进取。德祐初，以迪功郎史馆编校起之，辞弗就，屏居金华山中。兵燹稍息，则寄情啸咏，视世故泊如也。至与物接，则蔼然和怿。训迪后学，谆切无倦。何基、王柏之丧，履祥以义制服，观者始知师弟子之系于常伦也。著有《通鉴前编》《大学疏义》等书，学者称为仁山先生。至正中，赐谥文安。《元史•儒学》《光绪浙江通志•儒林》

明 方拱之，善星命，得异人传先天之数，谈吉凶，定死生，往往奇中。足迹所至，人争叩之。学士吴公沈，赠以序文。《光绪兰谿县志•艺术》

明 陆位，字斗南，以汪云阳原本《果老星宗》辑刊行世。万历癸巳，南京户部尚书博罗韩擢序言有曰：陆生操季主之术，挟果老之奇，而游于世，恶所适而不可哉，庶几无负汪君意已。《果老星宗•韩擢序》

明 杨子高，兰谿人，跛一足，挟相人术，走天下。其辨人贵贱穷富，历历如见，名遂大噪，家致万金。尝至闽，一见朱中丞运昌，而谓其必死。一日至某斋中，坐客不期而集者二十许人，或文学，或布衣，或掾史赀郎，丹青地师，辨析无毫厘差谬。人疑其有它术，某间叩之，曰：此无它，但阅人多耳。《五杂俎》

明 章懋，字德懋，兰谿人，成化丙戌进士第一，授编修，疏谏元夕张灯，廷杖谪官。累迁福建按察司佥事，寻致仕归，屏迹不入城府。奉亲之暇，以读书讲学为事，世称枫山先生。每对诸生云："甲子以后天下必多事。"乙丑，孝宗皇帝宾天，[①] 果有刘瑾擅权之祸。岂心灵预识，抑别有术数致之耶。正德庚午，起为南京太常卿，皆力辞不就。晚年三子一孙尽死，年八十二，生少子接后，以廒为国子生。世宗嗣位，**嘉靖元年己酉**。即家进南京礼部尚书致仕。其冬遣行人存问，而懋已卒。年八十六，赠太子少保，谥文懿。著有《枫山语录》《枫山集》。《明史•本传》明朱国祯《涌幢小品》

○《西清笔纪》云：章枫山，位尚书，无子，抚二姪为嗣。日者推命云：公必有后，但稍迟耳。年八十适值迎春，僮仆俱往观，公独坐小斋，一婢名春香，送茶至，公不觉情动，遂与私通，因有孕。过三月，婢泣告公，恐二公子见疑，潜为所害。公启书匣，

---

① 弘治十八年。

得银一封,重八十两付之,今备日用,另移置密室中,属毋轻出。且书一绝云:八十新年遇看春,岂知弄假却成真。生女赔查来嫁出,生男家产合平分。书押印记,付婢执照。后果生子,名揖。公亡,二兄诬其来历不明,将逐之而吞其产。婢执公诗赴官,断令遵公治,命平分。后揖用恩荫,为中书舍人。枫山礼乐名臣,宜天下不靳其后,

110 东阳县

唐置,五代梁改曰东场,宋复曰东阳,明清皆属浙江金华府。

隋 舒绰,东阳人。相杨恭仁欲迁葬,会阴阳家五六辈,皆海内知名,恭仁未之决。遣人驰往取葬地四隅土,各一斗,方面形势,悉书于历,密缄之,出土示众,言人人殊。独绰定一土,泚笔识之。与恭仁所书之历,无毫发差。绰曰:此土五尺外有五谷,得其一即是福地,世为公侯。恭仁延绰至其处,掘地七尺,得一穴如五石瓮,贮粟七八斗。是地昔为粟田,蚁啄之入穴故然。时以绰为圣。《光绪浙江通志·方技》

元 张去非,东阳人,少警敏,有大志,任江浙官医提举。其为术深超经诣,精验如神。然不专于为人已疾,尤善太素脉,言人吉凶贵贱寿夭,率皆奇中。去非自号实堂,人罕用为其所称,而宜以艺配其姓,称之曰张太素云。天历元年戊辰卒,享年八十有三。《元黄学士文集·江浙官医提举张公墓志铭》

明 王烶,号鹤泉,三十八都人。为厝先计,殚心地理,未尝鬻术以取利。然偶一为之,其应如响。嵊邑则葬喻尚书养初祖地,永康则葬程农部开业祖地,本邑则葬上湖吕氏蜘蛛结网。嘉靖庚申,由丽川迁居金盘,又卜兆于南涧,皆验。著《地理纂要》行世,今其书采入《雪心赋》。后有蔡星槎,精堪舆术,有《元囊集》行世。《道光东阳县志·方技》

中国历代卜人传卷十一

浙江省五

111　义乌县

汉乌伤县，唐分置乌孝、华川二县，寻并改为义乌，明清皆属浙江金华府。

元　朱震亨，字彦修，乌城人。少读书，师事许谦为高第弟子。尝有志当世，充赋有司，不合，退而业医，犹幸濡沫及人也，著有《局方发挥》《金匮钩玄》《格致余论》，人多传之；而震亨之医，遂名海右，时称丹溪先生。震亨又以阴阳家多忌讳，不知稽诸古也。复著书数千言，曰《风水问答》，发明地理之学。金华胡翰序之颇详。《集成·艺术典·堪舆部·艺文》《胡仲子集》

清　金光，字公绚，义乌人。少好学，凡天文地理，及方术医卜等书，靡不穷究。客尚可喜幕，凡五十年。尚之信谋叛，胁光从，力拒被杀。生平好临海，解日出。尝属弟辉生，为写像，立吴山，望大江，观日出云。《义乌县志·方技》

112　浦江县

唐分义乌及兰谿、富阳三县地，置浦阳县，吴越改名浦江，明清皆属浙江金华府。

宋　吴德先，得李常容《命书》之法，善推禄命，著有《灾祥书》一卷。郑公刚中序其书曰：李常容于中卷论五行最密，浦江吴德先独得其传，言人贵贱贫富寿夭，如季咸之言死生也。前日来谓某曰："予欲为今年贡士为灾福书，既豫言逆料，可以验其术。又可取薄资，以周吾贫。如是可乎？"某曰："言人分定，恐好胜者怒。取人金资，恐爱财者鄙。公其审之。"德先曰："命系五行，自有定论。书取二缗，未为伤廉。子姑为我序之。"某曰："唯。"《北山文集》

元 柳贯，字道传，浦阳人。器局凝定，端严若神。尝受性理之学于兰谿金履祥，必见诸躬行，自幼至老，好学不倦。凡六经百氏，兵刑律历，数术方技书。靡所不通。作文沈郁舂容，涵肆演迤，人多传诵之。始为江山县教谕，仕至翰林待制。著有《文集》等书。年七十三卒。《元史·附黄潜传》《光绪浙江通志·儒林》

明 戴良，字叔能，浦江人。通经史百家，暨医卜释老之说。良岁除示侄诗，有云："卜卖遵公术，医钞陆姓方。暇仍研史册，间亦爱诗章。"初习科举业，已弃去。至正中，以荐擢儒学提举，公见事不可为，避地吴中，依张士诚。久之，知士诚不足与谋，挈家浮海至胶州，欲间道投扩廓军。会道梗不达，侨居昌乐数年。元亡，洪武六年癸丑，始南还。变姓名，隐四明山。明太祖物色得之，十五年壬戌，召至京师，欲官之，以老疾固辞，忤旨。踰年暴卒，盖自裁也。年六十有七。良世居金华九灵山下，自号九灵山人，有《九灵山房集》。《明史文苑·九灵山房集》

清 朱家佐，幼颖异，好读书。家贫垦艺负贩，以供甘旨。后父殁，未葬。母病目，力究青乌黄岐诸术，兼通星卜。尤精医，施治多效。长子寀，邑诸生，性孝友，承父业，卒年七十五。

清 王宗臣，字道辅，深溪人，邑廪生。通青乌术，详明理气，作《青囊心印》与《天玉经注》二书，藏于家。以上《光绪浦江县志·方技》

113 建德县

三国吴，分富春地置，孙皓初封建德侯，即此。隋废入金华县，唐复置，明清皆为浙江严州府治。

唐 孙晤，家于七里濑，善葬法，尤妙相坟，即知其家贵贱贫富，官禄人口数，亦知穴中男女老少，因某病而卒，兼精三奇。杨集统师收复睦州，① 至一岩下砦军次，② 忽一大石盘陊下。③ 杨占之，曰："此岩上有二十五人。" 点兵收之，获居民二十人，还。杨曰："合有二十五人，何欠五人也？"民曰："某等初闻大军将至，遂与二十五人，同避于此。内一人孙晤，善卜，到时立草舍毕，有双雉飞下。孙曰：军至此矣，宜往别处，不然遭擒。某等不顺其言，有信之者四人相随去矣。"杨曰："得此人可师事之。"新定平后，晤复在濑上渔。④《光绪浙江通志·方技》《建德县志·方技》

唐 孙生者，不载其名，善相人。因至睦州，郡守令遍相僚吏。时房琯为司户，崔涣为万年尉，贬桐庐县丞。孙生曰："此二公位至台辅。然房神器大宝，合在掌握中。崔后为杭州刺史，某虽不睹，然尚蒙其恩惠。"既后房以赍册文，自蜀至灵武，授肃宗。崔果为杭州刺史，下车访生，则已亡殁旬日矣。因署其子为牙将，以彩帛赠恤其家。《太平广记·相类》

宋 黄某，自号山人。赠太师叶助时为建德尉，年壮无子，问命于黄某。黄云："公嗣息甚贵，位至节度使，然当在三十岁以后。若速得之，亦非令器也。"助不乐。后官至拱州，黄又至，令以《周易》筮之，得贲卦。黄曰："今日辰属土，土加贲为坟字。君当生子，但必有悼亡之戚。"果生男，数岁而晁夫人卒，其子即少蕴也。既擢第，为淮东提刑周种婿。周尝延黄山人，少蕴命之筮，遇晋卦。黄曰："三年后，当孪生二女。晋之卦，坤下离上，二阴也。晋之字从两口，爻辞曰'昼日三接'，三年之象也。俟此事验，当以前程奉告。"少蕴深恶其说，已而果然。自维扬归吴兴，复见之，少蕴曰："君昔所言果中，异时休咎，盍以告我？"黄曰："公，贵人也。自此当遍议清要，登政府，终于节度使。宜善自爱。"少蕴异之，以白乃父。父曰："忆三十年前，有客亦姓黄，为吾言得汝之期，且谓当建节钺，岂非此人乎？"试使召之，真昔所见者，父子相视而笑，待黄生如神。建炎中，少蕴为尚书左丞。绍兴十六年，年七十，上章告老。自观文殿学士，除崇庆

---

① 睦州，即今建德县。
② 砦，音寨。藩落也。山居木栅为砦。
③ 陊，音舵，落也。
④ 濑，音赖，水流沙上也。

军节度使，致仕二年而薨，竟如黄言。

清 张凤藻，字九仪，廪生。博学多能，精青乌术。以毗陵高侣嵩，聘刻《铅弹子书》，乃携次子迁居无锡。年八十，授全州吏目。越五年，归锡山，卒。著有《四书插注》《河洛辨义》。康熙乙卯，《四弹子注》《砂水要诀》《增释琢玉斧》《仪度六壬》《穿透真传》等书行世。以上《民国建德县志·方技》

114 淳安县

汉歙县地，三国吴析置始新县，隋改曰新安，又改曰雉山。唐又改曰新安，寻改曰还淳，又以避讳，改曰青溪，五代因之。宋改曰淳化，又改曰淳安，明清皆属浙江严州府。

明 吴觐光，字文卿，号耿斋，晚更号贞一居士，世居淳安太平乡之云村。弱冠忾于庠，崇祯庚午中副榜。癸未以明经廷对，授刑部司务，迁福建司主政。时天下大乱，弃官归云峰山，不复出。觐光伟干丰髯，博涉经史，旁通堪舆家言。卜葬双亲，自茔寿藏，皆躬自审定。尤精于医，每岁施给方药，全活甚众。顺治庚子卒，享年七十四。所著《麟经衷旨》《青云轩笥草》《幼科心裁》《地理正印》《罗经奥旨》诸书藏于家。清遂安方象瑛《健松斋续集·外王父耿斋吴公墓志铭》

清 方翁尚节，字石卿，青溪人。即今淳安县治。少入家塾，受经书，时时睡，不听，语及卜筮则意解。有道士者，不知其所从来，一见翁即注目，曰："是子风骨，当得半仙。"授以郭璞《易洞林》，则喜心翻倒。嗣是遂学为卜，卜亦遂时得八尤。游郡城，依白山宋公维藩为东道主，连岁或不归。方春始和，白山必令翁卦，以占岁祥。一日卜毕，忽呼奇奇，语白山曰："今岁当有人自天子所，来召君者，谨识之。"白山轥然，曰："所以烦君卦者，姑以问安否何如耳。穷闾隘巷，与外间绝，孰为我翰音登于天者？而有命自天乎，君无乃为佞乎？"翁曰："书言之固然。谓予不信，则卦书不可用也。"是为康熙戊午，是岁也天子开制科，有刁公子者，豪举士也，旧与白山为硕交，方壮游时，糜白山金钱无算，已乃别去，阔焉不闻问者历年。会制科开,公子念白山厚意,久不报,自从其所属相知有气力者,以白山名上,遂登辟书。白山初不知也,辟至,乃叹翁神。远近好事者,争请得客舍养之。然翁非身力不以衣食,自垂帘肆中,约日可千钱许则下帘。翁不善作家,亦自卦命薄,不肯治生产业。岁中所得手满钱,即缘手散去。其殁也,至不能名一钱。翁卒,后有郑君明暹,能以六壬占,然时时失之,去翁远甚。耆献《类征初编》

115 遂安县

汉歙县地,三国吴置新定县,晋曰遂安。故城在今浙江遂安县西,唐徙今治,明清皆属浙江严州府。

明 余德,字懋之,方伯复高祖也。元末,负才不仕,遍游江淮,尤精堪舆之学。祖父孙曾,及衢严名墓,多其裁定,识见出人意表。

明 周望,一名俨。赠宁武知府观涛,嫡祖也。抱奇才,尤工廖、赖之术,性纯孝。明初,父显彰,远官卒。时望甫八龄,不克奔丧,哀欲绝。越四载,乃往归父骸,路遇异人,授以青囊,由是其术益精,涓地以葬其亲。① 又为亲族卜吉,语多奇中。亦能医,全活人甚众。惜早殁,未尽所长。然其后裔为遂邑巨族矣。

清 汪起鳌,字跃鳞,十八都人,幼通经史。明季时,因祖父未葬,遂弛儒,究心《青囊经》。先是祖商丘令瀚著有《杨郭集》,启奥揣摩。久之,乃得真诠。为先人卜兆,遍游苏松淮扬亳泗间。徐俞彭诸大家,争延堪舆。名重江左。晚年增编《四元妙诀》藏于家。

清 余肇棋,② 武山人,举人,余良厚冢孙。家世业儒,俱独善青乌术,深得赖氏秘传,著《地理要诀》,约万余言,藏于家。以上《乾隆遂安县志·方技》

---

① 涓,音娟,择也。
② 棋,音矩,果名。

116　寿昌县

汉富春县地，三国吴，分立新昌县，晋改曰寿昌，隋废，故城在今浙江寿昌县西，今名故城坂，唐复置，徙治郭邑里，寻徙治白艾里，在今县东北七里，后复还郭邑里，即今治。明清皆属浙江严州府。

清　张官德，字次功，寿昌人，著《六壬辨疑》四卷，咸丰辛亥刊行于世。《六壬辨疑序》

117　温州县

汉初为东瓯国，三国吴属临海郡，晋为永嘉郡，唐置温州，宋曰温州永嘉郡，元置温州路，明曰温州府，清因之，民国废。故治即今浙江永嘉县，清光绪二年，《烟台条约》订定开放，街市宽广，贸易未盛。

宋　薛叔似，字象先，永嘉人。游太学，解褐国子录，对论称旨，除枢密院编修。时仿唐制，置补阙拾遗。孝宗自除叔似左补阙，遂劾首相王淮去位。光宗受禅，历权户部侍郎。韩侂胄开边，除兵部尚书宣抚使，叔似亦以功业自期，而委任失当。侂胄诛，谪福州。久之，许自便。嘉定中卒，谥恭毅。叔似雅慕朱熹，穷道德性命之旨，谈天文地理，钟律象数之学，无所不通，有稿二十卷。《宋史·本传》

宋　林君奇，宁庙时，[1] 以风鉴名京师。即今浙江杭县。日阅十人，则卷帘撤肆而饮。穆陵在侧，微诣焉，君奇熟视不对。肆将撤，君奇延至所居，曰："某阅人多矣，未见有如官者，[2] 后五年当为天下主。今虽贫，去此六十日，必富且贵。"因征诗为他日证，穆陵拈笔书，曰："许负昔往矣，天纲今

---

[1]　宁庙，即宁宗朝。
[2]　时在嘉定十二年己卯。

何之。谁知千载后，复遇林君奇。"后果封成国公，① 以济王废，入继大统。② 君奇取诗，饰以龙锦，标诸肆。时相史弥远索诗，③ 给为入奏官之。明日，赠以钱二万，④ 放令归乡。《宋史·理宗本纪》《光绪永嘉县志·艺术》

宋 冯一德，字贯通，永嘉人，精研相术。暇辄涉猎书传，及唐人诗，诚斋在衡湘中识之。其言今湖南漕使者直阁郑公最奇中，以是名益闻。《杨诚斋集·送冯相士序》

元 陈相心，永嘉人，以拆字名于公卿间。推原祸福，考索成败，无不验。会稽杨维桢为文赠之，见《东维子文集》。《光绪浙江通志·方技》

元 张庸，字存中，温州人，性豪爽。精太乙数，会世乱，以策干经略使李国凤，承制，授庸福建行省员外郎，治兵杉关。顷之，计事赴京师，因进太乙数图，顺帝喜之，擢秘书少监。命庸团结房山，迁同佥将作院事。又除刑部尚书，仍领团结。会诸寨既降，庸守骆驼谷，遣同事段祯，请援于扩廓帖木儿，不报。庸独坚守拒战，众将溃，庸无去志。已而寨民李世杰，执庸出降，以见主将。庸不屈，与祯同被杀。《元史·附忠义·朴宝因不花传》

清 童中模，字哲初，号罗颠山人，嘉庆戊午岁贡。祖振声，举人。中模少习举业，凡诸子百家，靡不通晓，尤精勾股壬遁术。家贫，恒辟谷旬余，无所苦。好游山，不备刍粮。久而忘返。人咸以仙目之。巡道李公銮宣，延主东山书院讲席。嘉庆壬戌，夏大旱。銮宣问计于中模。乃于六月九日，设坛书院。祷三日。曰："十三日午时，当雨。"及期果大雷雨。四野沾足。酬以金不受。时处州亦大旱。知府王绩，著丽水令张吉安，礼聘往祷。中模闭门三日。曰："未申之日未申时。大雨滂沱雷电驰。莫道天公容易测，桑林且费七年思。"至七月初二未日未时，初三申日申时，皆验。酬以金，亦不受，归。二子冠伦、冠儒，皆诸生。《光绪永嘉县志·艺术》

---

① 时在嘉定十七年甲申八月。
② 阜按：此即理宗，在位四十年。于端平二年，诏议胡瑗、孙明复、邵雍、欧阳修、周敦颐、司马光、苏轼、张载、程颢、程颐等十人，从祀孔子庙庭，升孔伋十哲。
③ 阜按：史弥远，矫诏废皇子竑，立理宗，专任憸壬，贬斥君子，虽区区卜者，亦不见容，可叹孰甚。
④ 即今二十千文。

118　处州

隋置，治括苍，在今浙江丽水县东南七里，寻改曰括州，又改曰永嘉郡，唐初曰括州，改曰缙云郡，又改曰处州，唐末迁治小括山上，在丽水县西二里，宋治因之，元为处州路，移今丽水县治，明为处州府，清因之，民国废，清处州镇总兵驻此。

宋　赖文俊，字太素，处州人，尝宦于建阳。好相地之术，弃职浪游，自号布衣，故世称曰赖布衣。所著有《绍兴大地八钤》及《三十六钤》，今俱未见。惟《催官篇》二卷，通行于世。是书分龙、穴、砂、水四篇，各为之歌。于阴阳五行，生克制化，实能言之成理，视悠谬无根之侈言休咎，而不能明其所以然者，胜之多矣。《四库提要·子部·术数类二》

○阜按：《图书集成·艺术典·堪舆部·名流列传》引《地理正宗》云：赖文俊，宁都人，乃曾文迪之婿，与此稍异。

119　括苍县

隋置，唐更名丽水，故城在今浙江丽水县东南。

宋　吴正叟，括苍人，精研堪舆，善推禄命。真西山先生赠以序言，曰：《诗》云"卜云其吉，终然允藏"，此择地之说也；又曰"天之生我，我辰安在"，此论命之说也。然则二者盖谓有之矣，括苍吴正叟兼此二技，见称士林间。或云："命不可以力而移，地可以求而得。"是不然，天下万事，其孰非命？求地而获吉，与求而弗获，皆命也，人力乌乎与哉！谓命不可移是矣，谓地为可求，是不知命也。世间自有可移者存，而人莫之移；自有可求者存，而人莫之求，此圣贤之所以叹息也。《真西山文集》

宋　刘梦求，括苍人，未尝得邵氏先天数，而知人休咎，说冥昧中事，如烛照而面诘也。或曰有术，或曰是有神焉。刘术行于三衢，今遂为衢人。士大夫之过衢者，以不问梦求易卦为恨。刘亮撰文赠之。《光绪浙江通志·方技》

宋 张宗昌，字曜之，括苍人。精卜医，明地理。真文忠公，曾赠以序，其言曰：括苍张宗昌曜之，幼尝涉猎书传，以贫不得尽力；而于《洞林》之要旨，《锦囊》之秘诀，秦扁治疗之法，甘石巫咸之占，皆究心焉。甚哉！其富于技也。以吾道律之，固不免致远恐泥之讥；而究其长，亦有不可废者。绍定三年，庚寅冬，招捕使陈公，提师出剑汀间，曜之实从，用其推占之术，曰："某日出师，某日破贼。"其应若响答然。他如相地，如治疾，又皆余尝试而验者。然则曜之所能，其可以小道废之乎？虽然，以曜之之敏悟，使获毕力于学，其所就讵止于此，良可惜也。

宋 张元显，括苍人，善推禄命。真文忠公德秀，尝撰文赠之，有云："括苍张君元显，五行家之巨擘者也。予欲其勉人以毋命之恃，而惟命之安，故为之说如此。"以上《真文忠公集》

明 杜璇，精于星命，言祸福贵贱，无不验，名著远迩，当道士大夫皆信重之。《光绪处州府志》

120　青田县

唐析括苍县地置，明清皆属浙江处州府。县南方山有图书洞，产石可镌印章，世称青田石。

明 刘基，字伯温，青田人。幼颖异，博通经史，于书无不窥，尤精阴阳象纬风角之学。西蜀赵天泽论江左人物，首称基，以为诸葛孔明俦也。至顺庚，① 举进士，官高安丞，有廉直声。后弃官。至正庚子，② 太祖下金华，定括苍，闻基名，以币聘，基未应。总制孙炎再致书邀之，基始出。至金陵，陈时十八策，太祖大喜，筑礼贤馆处之。自是佐太祖，灭陈友谅，执张士诚，降方国珍，北伐中原，遂成帝业。授太史令，累迁御史中丞。诸大典制，皆基与李善长、宋濂计定，封诚意伯。洪武四年辛亥，③ 馆学士致仕。基佐定天下，料事如神，惟嫉恶，与物多忤，为胡惟庸所构，忧愤卒。时八

---

① 年二十。
② 年五十。
③ 年六十一。

年乙卯，年六十五。正德中，追谥文成。所著有《郁离子》《覆瓿集》《犁眉公集》《国初礼贤录》《堪舆漫兴》①《灵棋经解》《清类天文分野》《佐元直指赋》等书行世。其他占验象纬诸书，基启手足时，命其子献诸朝，具在金匮石室，靡可得窥云。《明史·本传》《四库·子部·术数类》

○明吴兴陈霆《两山墨谈》云：少闻之故老，刘基伯温初亡命吴中，岁久游杭，与客饭西湖，会有紫云起西北，照明水中，众以庆云见，将赋诗。刘候望良久，谓众曰："此天子气也。淮楚之分，当有真主出。"翌日具橐襆，托推星命，走淮泗，旁求遍访，遇太祖皇帝于濠州，遂倾心附之，与谋战伐之事。予考《开固功臣录》，基之出，乃由孙炎坚挽，其聘使往返至再至三而后就，盖有莘野三聘之风。《续纲目书》曰："大明克处州，以书币征刘基、章溢、叶琛、宋濂等至建康"，斯实录矣。

○明陆灿《庚巳编》云：鄱阳之役，两军接战方酣。太祖据胡床坐舟端，指挥将士，诚意伯刘公侍侧，忽变色发谩言，引手挤上入舟，上方愕然，俄一飞炮至，击胡床为寸断，上赖而免。战胜之前一日，上疲极，欲引退，公密奏曰："姑少须之，明日午时，吾气旺矣。"已而果以翌午克捷。

○《集成·选择部·纪事》云：诚意伯尝过吴门，中夜闻撞木声，以问左右，曰："某人上梁也。"又闻其家贫富，及屋之丰俭，曰："贫者数楹屋耳。"公叹曰："择日人，术精乃尔！"又曰："惜哉其不久也。"左右问故，公曰："此日此时，上梁最吉，家当大发，然必巨室乃可。若贫家骤富，则必更置此屋，旺气一去，其衰可待也。"后其家生计日裕，不数岁藏镪百万，果撤屋广之，未久，遂贫落如故。

○《集成·堪舆部·纪事》引《乐郊私语》：括苍刘伯温，多才多艺，能诗文，尤善形家言。尝以儒学提举，得相见于钱塘。后十年余，刘已解官，复见于海盐之横山，把臂道故，至于信宿，谓余曰："中国地脉，俱从昆仑来，北龙中龙，人皆知之。惟南龙一支，从峨嵋并江而东，竟不知其结局处。顷从通州泛海至此，乃知海盐诸山，是南龙尽处。"余问："何以知之？"刘曰："天目虽为浙江镇山，然势犹未止，蜿蜒而来，右束黟浙，左带苕霅，直至此州长墙秦驻之间而止。于是以平松诸山为龙，左抱以长江淮泗之水，以庆绍诸山为虎，右绕以浙江曹娥之水，率皆朝拱于此州；而后乘潮东出，前后以日本朝鲜为案，此南龙一最大地也。"余问此何人足以当之，曰："非周孔其人不可。然而无有乎尔？吾恐山川亦不肯自为寂寞若此也。"

○明姚福《清溪暇笔》云：本朝青田刘公、潜溪宋公，皆雄才博雅。宋公既出，当制作之任，故其篇章富赡。刘公在元末，幽忧悲愤，一寓于诗，且以术数称，故所作无

---

① 载入《图书集成·堪舆部·汇考》。

几。今观所著《郁离子》，广引曲譬，雄辩不可当，非宋公龙门子所及也。然其言则积年精思之可到，而龙门子则以八十八日而成，此其所以优劣欤。

○清诸人获《坚瓠八集》：刘伯温辞职自遣，作诗云："买个黄牛学种田，结间茅屋傍林泉。因思老去无多日，且向山中过几年。为吏为官皆是梦，能诗能酒即登仙。世间百事都增价，老了文章不值钱。"

明 诸伯远，十六都人，世业儒，通天文地理卜筮之学。洪武间，应荐任本县阴阳学训术。长子彦宾，初以天文生入钦天监，永乐间任本监主簿，升中官正，卒于官。次子彦熊，复举任训术。《光绪青田县志》

清 端木国瑚，青田人。青田故产鹤，国瑚生而清傲似鹤，其大父字之曰鹤田，阮元督学得之，恒夸示人曰："此青田一鹤也。"国瑚天才颖异，嘉庆时捷乡榜，官归安学博。后以精究地理，为禧尚书恩所荐，召相山陵叙劳官中书。道光癸巳成进士，选用知县。性不耐剧，投牒就原官。著有《周易指》《太鹤山人诗文集》，又著《杨氏地理元文》四卷，附《周易葬说》一卷。《清史稿》载入《术数类·相宅相墓之属》。《清史稿·文苑二·附宋大樽传》陆以湉《冷庐杂识》

121 缙云县

隋括苍县地，唐丽水永康二县地，寻析置缙云县，并置缙云郡。宋以后郡废，明清皆属浙江处州府。

唐 范越凤，字可仪，号洞微山人。缙云人杨筠，松高弟，精堪舆术。作《寻龙入式歌》。苏粹明，号灵一，师事越凤，著《地理指南》二卷。《艺术典·堪舆部·名流列传》

宋 田君右，字良臣，幼习举子业。尝一举，不合时文尺度，遂隐居著书。有《太极通书》《说易》《春秋管见》《性理七篇》《河图洛书》《大衍揲蓍》《太元准易说》《参同契辨》《律吕天文地理》《精考诸史类考》，共若干卷。《光绪浙江通志·文苑》

明 郑葆，字仁佑，善天文星纬之学。元季时，刘文成基，偕胡仲渊、叶景渊等，访仁佑于桑潭。酒酣，仁佑曰："五星躔北斗，将有圣人出矣。

公等宜速去。"文成遂谒太祖于金陵。耿再成镇黄龙，举为县尉，保障有功。后诸公交辟，不起。《道光缙云县志·隐逸》

122 松杨县

后汉治，县有大松，因取为名。故城在今浙江松阳县西二十里，唐徙今治。吴越改为长松县，石敬改为白龙县，宋复曰松阳，明清皆属浙江处州府。

宋 项安世，字平甫，松阳人。其先括苍人。淳熙乙未进士，除秘书正字，累官湖南转运判官，著有《周易玩辞》十六卷。自序谓易之道四，其实则二，象与辞是也。变则象之进退也，占则辞之吉凶也。不识其象，何以知其变？不通其辞，何以决其占？又著有《项氏家说》十二卷，其第一卷论揲蓍之法，尤为详尽。《宋史·本传》《四库总目·经部·易类三》《项氏家说》

元 张梦庚，松阳人，遇异人授《易》。元末召居将幕，推步有验，后复垂帘于市卖卜。一日有叶姓者无子，多娶妾，求卜。梦庚以诗二句授之，曰："不是桃花贪结子，更教人恨五更蜂。"持归，谓此老风字且不识，何谈理数乎？其人养蜂数十柜，一旦蜂逸，冒雨收之，忽集其面螫而死。[①] 人以为神。《图书集成·艺术典·卜筮部·名流列传》《浙江通志·方技》

123 龙泉县

唐析遂昌松阳之龙泉乡置，宋改曰剑川，寻复故。明清皆属浙江处州府。驰名中外之龙泉密瓷器，即产于此。其瓷青莹，纯粹无瑕如美玉，虽一瓶一钵，值数千金。又有一种，曰百圾碎，浅白断文，尤为名贵，今已不能多得。又县南龙渊，相传为欧冶子铸剑处。

宋 王汲，字肇卿，一字孔彰，其先汴人。祖讷，因议王朴《金鸡历》有差，众排之，贬居江西赣州。伋幼务举业，再举不利，浪游江湖。爱龙泉

[①] 螫，音释，蛇类，及昆虫类之含有毒腺者，用毒牙或尾针刺人，曰螫。

山水清胜，遂家于松泉。明管郭地理之学，纳交于何管鲍张诸家，为之卜葬。随有何太宰、管枢密、鲍制置、张谏议者出。卒后门人叶叔亮，传其所著《心经》及《问答语录》。范公纯仁跋之，略曰：先生通经博物，无愧古人，异乎太史公所谓阴阳家者矣。《浙江通志·方技》《光绪龙泉县志·艺术》

宋 严道者，受地理之术于王伋。他日尝为人点穴，拔竹簪插地。比伋至，抉土数寸，正插铜钱眼中。盖伋预埋以试之，术可谓精矣。

明 季董，龙泉清坑人，善星命。洪武末，游京师，见成祖于藩邸，即知天命有在。永乐初召见，授御史中丞。《光绪龙泉县志·艺术》

明 叶子奇，字世杰，号静斋，龙泉人，从王毅游。闻理一分殊之旨，知圣贤之学以静为主。明初以荐，官巴陵主簿，撰《太元本旨》九卷。元文艰涩，子奇能循文阐发，使读者易明。又著《草木子》《静斋集》。《四库·子部·术数类一》《龙泉县志·艺术》

明 张太极，号莘野。医理明澈，尤精堪舆，贫者不计酬直，抚院道府交奖之。邑令张赠以联云："为看好山因采药，每逢仙客便谈玄。"年八十卒。以上《光绪龙泉县志·艺术》

124　庆元县

唐龙泉县地，宋庆元三年，析龙泉之松源乡置，以纪元为名。明清皆属浙江处州府。

元 俞竹心，术士，居庆元，嗜酒落魄，与人寡合。顺其意者，即与推算，醉笔如飞，略不构思，顷刻千余言，道已往之事极验，时皆以为异人。至元己卯间，娄敬之为本路治中，尝以休咎叩之。答曰："公他日直至一品便休。"娄深信其说，弃职别进。值壬午更化，府就省掾，升除益都府判，改换押字再，宛然真书一品二字，未几卒于官所。元陶宗仪《辍耕录》《光绪浙江通志·方技》

125 景宁县

唐以后为青田县地，明析置景宁县，属浙江处州府，清因之。

宋 潘翼，字雄飞，治经史及天文地理之学。所著有《九域赋》《星图证验》《尔雅释补注韵略》，[①] 乐清王十朋出其门。后十朋知泉州，欲刊其著述，会召不果。《同治景宁县志·儒修》

清 梅冬魁，字梦云，底堡人。少好读书，以贫故，弃文就武，为县学武生。屡应乡试，卖卜以供资斧。中咸丰甲午举人，署本邑把总。历署温州、泰顺、管塘、存城各汛。《民国景宁县志·仕绩》

126 瑞安县

汉回浦县地，后汉为章安县地，三国吴析置罗阳县，孙皓改曰安阳，晋改曰固，隋省入永嘉，唐复置安固县，后改曰瑞安，元升为州，明复降为县，属浙江温州府，清因之。

宋 温州隐者某，居于瑞安之陶山，所处深寂，以耕稼种植自供，易筮如神。每岁一下山卖卜，卦直千钱，率十卦即止，尽买岁中所用之物以归。好事者或赍金帛，经月邀伺然。出十里，卦已满数，不复肯更占。郡人王浪仙，本书生，读书不成，决意往从学。值其出，再拜于涂，便追随入山，为执奴仆之役。稍稍白所求，隐者亦为说大概。又举是岁所占十卦，使演其义，王疲精竭虑，似若有得，彼殊不以为能，曰："汝天分止此，不可强进也。"遣出山。然王之学，固已绝人矣。有以墓域讼者，求决焉，其卦遇贲，曰："为坟欠土，此不胜之兆。"后踰月，前人复来，又筮之，遇蒙，曰："兆非先卦比，冢上有草，当即日得直。"既而尽然。西游钱塘，时杭守某喜方技，馆遇加礼，遂询前程休咎。对曰："今年某月某日午时，召命下。"守

[①] 一名《韵补》。

固笃信者，至期延幕僚会饭，王生预席。守曰："王先生谓吾今日忝召节，诸君试共证之。"食罢及午，寂无好音，坐客皆悚。既过四刻，王趋立庭下，观日影，贺曰："且至矣。"须臾邮筒到，发封见书，果召赴阙。守谢以钱百万，约与偕入京。王曰："俟送公上道，暂还乡，持所赐，与妻子，然后北上。"守许之，既行，或问其故，曰："使君虽被召，殆难面君。"守未至国门，乃别除郡，踰年而卒。王生不知所终。宋洪迈《夷坚志》

明 郑希诚，年十八，入山，遇异人与语，授以《果老五星》一秩为别。自此意见旋发，举五星推之辄验，求推者填门。其法问人生辰，即书所生之七政四余，及干支化曜于盘上，倒悬之，仰观至旬月，人之寿夭祸福穷通，历言之，锱铢不爽。尝与友对饮，谈及生命，郑曰："明日我与汝各有官刑，汝更倍之。"其友素信郑，乃拉避宝香山寺。郑曰："不可避也。"第为之，至期果有县尉诣寺，觅僧不至，索得两人，怒以为僧侣，各杖之。友私念奇验，顾郑而笑，尉奴倍杖之。其占应率类此。卒后书不传，所撰占词七十二张行世。永乐中，汪庭训效其术，亦多取验。《光绪浙江通志·方技》

清 孙希旦，字绍周，自号敬轩，瑞安人。学务博览，颖异绝人。自天文地舆历算卜筮之书，无不研究。年十二，补县学生。乾隆壬午举浙江乡试，戊戌科成进士，以一甲第三及第，授翰林院编修，充武英殿分校官。丙辰年卒，年仅四十有九。《逊学斋文钞·敬轩先生行状》

清 孙衣言，字邵闻，号琴西，瑞安人。道光进士，端雅好学，善谈经济。咸丰戊午，解《易》至明夷，而有出守安庆之命。反覆象辞，益信《易》可前知。自此人事日多，恐未能竟其业。后官至太仆寺卿，乞休归。著有《逊学斋诗文集》。《逊学斋诗钞》

127 乐清县

汉回浦县地，后汉永宁县地，晋析置乐成县，隋废，唐复置乐成县。五代梁时，吴越改曰乐清，明属浙江温州府，清因之。

元 刘仲彬，善数学，以年月日时推人吉凶，多中，后为玉环养真道院黄冠。平阳陈进士高，撰序赠之。

元 陈云平，以能相人称，林彦赠之以诗。以上《光绪乐清县志·杂艺》

128　平阳县

汉回浦县地，后汉章安县地，三国吴为安阳县地，晋置始阳县，寻改曰横阳。隋省入永嘉县，唐复置横阳县，元升为州，明复降为县，属浙江温州府，清因之。

宋　朱相士，杉桥人，朱黼族孙，云得刘碧云相法。永嘉叶忠定公适，赠以诗云："南荡书林长砌萝，碧云鞵底晒庭莎。① 从今湖海须行遍，眼法虽亲要看多。"《民国平阳县志》

129　泰顺县

明析瑞安平阳二县置，属浙江温州府，清因之。

清　刘崇潜，字禹川，邑诸生。沈潜简默，敏悟绝伦，通星历之学。尝自制浑天仪、窥曜管，以测天文，特为奇辟。以五星断人寿夭贵贱，无不验。精医理，旁及音律，靡不得其体要。晚受琴于林鹗，十日即能旁通，遂制琴自娱以终。《泰顺分强录·方技》

---

① 鞵，音谐，属也。

中国历代卜人传卷十二

安徽省一

安徽省，在我国中部偏东，《禹贡》扬州及徐、豫二州之域。春秋时，为皖国，故别称曰皖。后分属吴、楚。秦为九江、泗水、颍川等郡地。唐分属江南、淮南、河南诸道。宋为江南、淮南、京西北三路。元分属河南、江浙行中书省。明属南京。清初属江南省。康熙间，析置安徽省，以安庆、徽州二府之首字得名，民国仍之。其地跨长江及淮水，东北界江苏，东南接浙江，南邻江西，西南连湖北，西北毗河南，省会曰怀宁县。

130 怀宁县

汉皖县地，晋置怀宁县，南宋为安庆府治，即今安徽潜山县。端平三年，元兵入安庆，寻引去。时以城去江逮，控御为难，徙治罗刹州，在今贵池县界。又徙杨槎州，在今县西南。寻改筑宣城，即今治。南宋后，皆为安庆府治。清时兼为安徽省治，民国因之。城濒长江左岸，江水三面绕城，一遇淫潦，辄致暴涨，诸山水又从高地徒落，距江不远，一泻无余，其流易涸，不利舟楫。故虽于清光绪二十八年《中英续议通商行船条约》允开为商埠，而商业仍未发达。

明 葛启俊，字中谷，怀宁人。安贫力学，钞纂六经四书典义。居父母丧，泣血盲一目。学医，察色知病，处方辄效。善六壬占，甚验。《光绪安徽通志·方技》

明 丁埙,[①] 字孟章,孝友性成。少丧父母,茔兆未卜,研究青囊,精通秘奥。出览山川形势,凡龙性穴情、砂水作用之法,动与古会。其遗记藏之子孙,亦往往获吉壤焉。故丁氏世富厚,数百年簪绂绵延,于皖族称望云。所著有《地理奥旨》《家训》《诗词文集》。俗传"埙与江西术士辜继杨同时,相与商榷"云云,其实继杨晚出,与埙时势不相及也。

明 蒋绍岐,天资明敏,博学洽闻;尤精数学,贯穿太乙奇门六壬之书,于事多前知。时兵氛四炽,邻里避难,或请指所向方,如其言皆获免,由是人共神之。

清 郝继堡,明布衣,通天文术数之学,磊石为阵图辄有验。尤精堪舆术,遍游江淮、齐鲁间,所至皆有图说。明鼎革,杜门不出,终日偃卧,隐居山之宰相洼,洼,音蛙,低下地也。人以痴颠目之。著有《地理指南》一卷,遗稿藏邑人董自芳家,秘为至宝云。

清 方迎报,字振藻,诸生,观书领取大意。后厌弃举业,究心堪舆之学。凡形家著述,靡不研究,足迹遍大江南北,山谿阻绝,无所不达。于世家大族,先茔发祥者,必流连瞻眺,以为山川灵淑,与前贤图记相印合,一时推为绝技。为人笃实,无城府,所施不求报,遇童稺无失礼。乡有争者,出酒食召而解之。亲属子弟贫者,为延师教读,增置学舍,供其修膳。门内整齐严肃,既殁,而子弟犹守遗规焉。

清 丁曰曾,号镜然,精形家言,不自炫。间有知者求卜,多获奇验,著《天机类成》书。以上《民国怀宁县志·道艺》

清 马守愚,字古墟,怀宁人,少孤力学,实事求是。自坟籍以至国家掌故,及算数医卜星命堪舆,树艺畜牧,究心编录,而治经尤以《礼》为主。《光绪安徽通志·儒林》

清 潘用清,字潜庵,晚号荥阳笠叟,诸生。父慎生,举人。用清性真率,工诗,精医理,家无擔石储。日手一篇,过目辄不忘。年七十,忆少时所诵习者,犹能朗朗出诸口,以方剂活人无算。富者求,多不应,术数为当道所见许。然从不事干谒,以故终于贫。著有《双峰草堂诗稿》四卷,《札记》二卷,《六壬》一卷,《医学》十卷。

---

① 埙,与壎同,音暄,乐器也。

清 程玗文，①号健庵，诸生。喜读宋儒性理书，尤研究于《易》，并精堪舆学。尝与同邑杨銮坡、邓艺孙辈，游山水，纵谈彻夜，遇当意处辄购之。戚友中有以营葬求者，指示亦不吝，但不肯效形家之泛应云。

清 程容光，字葆堂，诸生。博览群书，尤精于《易》。远法程子，而近则焦氏。尝谓伏羲系《易》，其卦有八。文王演之为六十有四。周公孔子，不能增减其数。所谓"引而伸之，触类而长之，天下之能事毕矣"。朱子穷变卦之奇，略理而言数，虽发明进化之例，人心惟危，可惧哉。程子言《易》必折衷以理，至焦氏尤阐发其微，此易学之正宗也。著《周易平议》，都二十卷，即寓此意。晚岁默察世变，曰："某岁八月之交，清其沼乎？"以清之运，于《易》为临，临"至八月有凶"。辛亥之役，人皆服其先见。是容光之易言理，未尝不精于数，特不欲笔之于书，以炫世耳。工古文辞，以非所好，篇帙散乱，故不传。以上《民国怀宁县志·道艺》

清 咎晚讷，名某，怀宁人。徙桐城棕川之梅渚，晚结茅杏花村，筮之，得坤之萃，曰："括囊。无咎无誉。"因自号晚讷，书其壁曰："饱吾嬉焉尔，卧吾宁焉尔，目吾陶陶焉尔。"又曰："惟慎无忧，惟静长安，惟俭长足。"晚讷明季诸生，博综经史，旁及医药卜算诸书，老而爱释典，恒语其子曰："吾前身来自雪中，吾死亦必雪夜。"及卒，天果雪。清吴德旋《初月楼闻见录》

清 曹天宠，字蓼湑，②怀宁人，明季补诸生。精象纬之学，巡抚张国维闻其名，访之，引见，与语大悦，待以宾礼。蓼湑以家徙于乡，谓戚友曰："城内不可居也。"乙酉皖城，果溃于左良玉之师。蓼湑著有《春秋三传纂注》藏于家。吴德旋《初月楼续闻见录》

清 陈世镕，皖郡进士。以《易》推人生命，得某卦一爻以为之主，复以次推诸卦，每卦当三年，每二爻当一年，即以爻辞卜流年吉凶，自谓创造。

<small>桐城方东树《注援鹑堂笔记》云：《宋史·掌禹锡传》，"禹锡喜命术，自推其命，当易之归妹、困、震，初、中、末三卦"云云，其法与此大致相同。</small>

---

① 玗，音䚷，麌韵，石之次玉者。
② 湑，音諝，语韵，盛貌。

131　桐城县

春秋时桐国，汉置枞阳县，隋改县曰同安，唐改名曰桐城，清属安徽安庆府。清方苞、姚鼐，皆桐城人，其古文成一派，继起者宗之，世称桐城派。

明　史仲宏，桐城人，少习形家言，遇异人以青乌秘诀授之，遂臻其妙。曾卜投子山陡岭一穴，法当大贵，于除夜行衢巷，暗听之，有机杼声、读书声、婴儿声者，君即授之。惟方得益家兼此，即以畀之，① 而为之卜三峰山。葬三十年，科甲蝉联不绝。《光绪安徽通志·方技》

清　章攀桂，字淮树，安徽桐城人。乾隆中，官甘肃知县，累擢江苏松太兵备道，有吏才，多术艺，尤精形家言。谓近世形家诸书，理当辞显者，莫如明张宗道《地理全书》，为之作注，稍辨正其误失。大旨本元人《山阳指迷》之说，专主形势。攀桂既仕显，不以方技为业，自喜其术，每为亲族交友择地，贫者助之财以葬。妻吴，故农家，自恨门第微，攀桂为购佳壤葬其亲，择子弟秀异者抚教之，遂登进士第，为望族。高宗数南巡，自镇江至江宁，江行险，每由陆，诏改通水道，议凿句容故破冈渎。攀桂相其地势，谓茅山石巨势高，纵成渎，非设闸不可成储水，且多劳费。请从上元东北摄山下，凿金乌珠刀鎗河故道，以达丹徒，工省修易。遂监其役，渎成谓之新河，百年来赖其利便，攀桂亦因获优擢。晚年居江宁，耽禅理。殁时预知期日，兼通日者术。括《协纪辨方》精要为一书，曰《选择正宗》行于世。②《清史稿·艺术》

清　张裕业，字侍乔，桐城副贡，官歙县教谕、滁州学正。湛深经术，博综郑贾，旁及天文算术，射法医理，星相堪舆，莫不洞晓。著有《尔雅补注》《尔雅刊误》。又尝撰《开方捷法》一书，凡算中积求边者，不过一乘一加，而所得之边，与古法等，最为精妙。又尝以己意，创为燥湿表，能预知晴雨。学者称为华岩先生。《光绪安徽通志·文苑》

---

① 畀，音比，赐也，与也。
② 阜按：光绪朝华亭顾钟秀，亦辑有《选择正宗》八卷。

清 钱澄之，原名秉镫，字饮光，自号田间老人，桐城人。世学《易》，撰《田间易学》十二卷。其学初从京房邵康节入，故言数颇宗；后乃兼求义理，参取王弼注、孔颖达疏、程子传、朱子本义，而大旨以朱子为师。其说不废图，盖图中奇耦之数，乃揲蓍之法。持论平允，义尤明畅。《四库·经部·易类六》

清 章西五，桐城人，精星学，言多奇中，士大夫争延致之，无虚日。早岁丧父，事母以孝闻。日礼斗，祈母寿。一夕梦一白幡，自天垂下，书一糖字。西五喜曰："天赐我母八十八庚也。"后果然。宜兴吴德旋《初月楼续闻见录》

清 方东树，字植之，桐城人，诸生。博览经史，中岁研究义理，一宗朱子，著《汉学商兑》《书林扬觯》《一得拳膺录》《仪卫堂文集》等书。其撰《管异之墓志》有云："始余自推星命，不利卯年，君与姚君石甫，尝豫为之作挽诗。呜呼，孰知君竟先余而逝也。"《清史稿·文苑》《续碑传集·文学》《管异之墓志铭》

132 宿松县

汉初皖县地，后为松兹侯国，后汉省。南朝梁置高塘郡，隋废郡，改县曰高塘，又改为宿松，属安徽安庆府。

清 石盘山，通紫微斗数。光绪癸巳甲午间，客安庆，决科名得失无不验，名大噪。县人黄波顷，时为诸生，盘山推其命，当得六品京朝官，而不由科第，不由捐纳。黄果由陆军部录事，叙劳升科员，秩视六品。甲午乡闱前，为太湖余经权推算，断为丁酉举人。余不怿，既而喜曰："甲午之前有癸巳恩科，应甲午中者已提前一科，应丁酉中者亦然。予命本应丁酉中，提前一科，则今科必中。君所论者命之常，予所言者数之变也。"已而余果以甲午中式。《民国宿松县志·方技》

133　太湖县

南朝宋初置，县在龙山太湖水之侧，元嘉末，以县居山岭，移就平原，即今治。隋改曰晋熙，寻复故，清属安徽安庆府。

清　宋自应，字德孚，郡增生。敦品励行，博涉典坟，尤精于《易》。凡有占验，应如影响。尝通其意以论医，于阴阳刚柔、消息盈虚之理，无不阐发精微。遂以医名于世。所著有《妇科专门》，纂辑前人名方。又著《痰火七十二症》，名曰《医学折衷》，凡数卷，命其徒彭显周传于世。又闻其精演禽数，亦多奇验云。《民国太湖县志·方技》

134　潜山县

春秋时皖国，汉置皖县，晋改置怀宁县，元改置潜山县，清属安徽安庆府。

梁　何点，字子晳，灊人也。方雅真素，博通群书，善谈论，遨游人世。历宋及齐，与兄并绝婚宦，时人号为通隐。雅有人伦识鉴，多所甄拔。知吴兴丘迟于幼童，称济阳江淹于寒素，悉如其言。点与武帝有旧，及践阼，赐以鹿皮巾，欲拜为侍中，辞疾不赴。天监三年甲申卒，时年六十八。《梁书·处士》

清　王延造，字深之，潜山人。博习群书，工词赋。曾上六书于史可法，又游黄道周、谈贞默之门。晚筑博易斋，专事著述，有《周易讲义》《兼山堂集》《史学三笔》《医家图说》《星卜要诀》行世。《光绪安徽通志·文苑》

清　刘若宜，号泰斋，潜山人。闻滇南吴三桂之变，海内震动。时皖中大扰，民争避出城，城外骚然。刘筮之，得明夷初爻，笑曰："无能为也。其占不宜动，动必有灾。"邻人信之，皆不动，已而果无事。远徙者皆中途被掠夺，大困而还。由是阛阓之间，皆视刘为安危。《清稗类钞·方技》

清　金马，字玉堂，一字晓亭，幼聪颖过人，博览经籍，而尤邃于

《易》，数学名于省垣。副将某以吉凶问，晓亭据数以对，曰："明日午刻大凶，戒勿乘马。"某哂之。翌辰某以事至抚辕，回时届午刻矣，骑马经晓亭门，示以数之不灵也。忽辕门炮轰马逸，某坠而气绝，人惊为神。官民就占者，其门如市，判之无不验。《民国潜山县志·方技》

清　汪伯乐，字在中。刚方正直，才识过人。尤精堪舆之学，名山大川，罔不裹粮游遍。邑城南，文河奔溃，流破生方，言于学博潘及通庠老成者，详陈邑侯郑，力请濬河筑堤，捐赀为倡，身先督率，劳怨不避，不数月而河之淤者开，溃者巩。自是邑少回禄，居民安堵，官兹土者，先后迁擢。丙午己酉科，两有捷者，皆乐预决之也。事详河堤碑中。子世清，邑庠有声。《民国潜山县志·方技》

135　望江县

汉皖县地，东晋置新冶县，隋改县曰义乡，又改曰望江，清属安徽安庆府。

清　沈镐，字六圃，号新周，望江人。康熙己丑进士，耕经芸史之余，遍觅堪舆书，搜其堂奥；又赢粮蹑屩，穷幽胜，所见古迹既多。亦间遇山翁奇士，短长相劘切。① 久之，乃会群说而折其中，集众长以成一是，著《地学》二卷，康熙壬辰刊行。《地学自序》

136　合肥县

汉置，淮水与肥水合，故曰合肥。东晋更名汝阴，隋复名合肥。清属安徽庐州府。今县北有合肥故城，盖即汉县，今治或隋时移治也。

晋　隗炤，② 汝阴人，善于《易》。临终书版授其妻曰："后当大荒，虽穷慎勿卖宅。"后五年，有诏使龚姓来顿此亭，此人负吾金，即以此版责之。

---

① 劘，音剂，磋磨也。
② 隗，危上声，贿韵，高也。又音危，灰韵。

焰亡，其家大困，不敢卖宅。至期果有龚使者止亭中，妻赍版责金。使者惘然，沉吟良久，曰："汝夫何善？"曰："善《易》。"使曰："噫，我知之矣。"乃取蓍筮之，卦成抚掌叹曰："妙哉隗生，所谓含明隐迹者也。"因告其妻曰："吾不负若金，汝夫自有金耳。知亡后必暂穷，故藏金以待。所以不告儿妇者，恐金尽而困无以已也。知吾善《易》，故书版寄意。金有五斤，在堂屋东头，去壁一丈，入地九尺。"还掘之，皆如其卜。《晋书·艺术》《乾隆江南通志·艺术》

宋 马亮，字叔明，合肥人，举进士。仁宗时，官至工部尚书，以太子少保致仕，谥忠肃。亮善相人，为夔路监司日。吕文靖父为州职官，一见文靖，即许以女嫁之。妻刘恚曰："君尝以此女为国夫人，何为与选人子？"亮曰："非尔所知，此所以为国夫人也。"《宋史·本传》宋孙升《谈圃》

宋 袁溉，字道洁，汝阴人。① 尝问学于二程，举进士。建炎初，集乡民为保聚，抗金人，屡克其众，众谋奉之为主，乃逃于金房山谷间，寻移居富顺，从卖香薛翁学，所为益纯粹近古。后家荆州，病没于二圣寺。溉之学，自六经百氏，下至博弈小数方术兵书，无所不通，于《易》《礼》说尤邃，人称厚德君子。薛士龙《浪语集》

元 杨守业，字君爱，合肥人。少遇异人，授以占筮之学，言事辄验。世居枣香村，率其子弟耕凿自安，不入城市，而户履常满，子朝元，能传其业。王公大人，多往招之，谈言微中，其应如响，一时名士赠诗盈帙。寓公王蒙斋，有《赠枣香居士》四首云："高人卜筑爱林泉，鸡犬桑麻日晏然。闲坐藜床读周易，知君原是大罗仙。庭盖成阴屐破苔，人人尽问枣香来。乡庄不比成都市，只为先生姓似雷。纬繣心情费评量，② 每将爻象卜行藏。自从一睹灵氛后，龟筮何须论短长。乡关迢递信音乖，每望云山辄卦怀。两字平安君说与，始知矢道不安排。"观此，足见其生平矣。《图书集成·术数部·名流列传》

明 苏万汇，字敏生，合肥人，明季诸生。隐居读书，精于卜筮，尝言知三奇而不知六壬，虽得守贞之要，料事无剔奸发隐之能；知六壬而不知三

---

① 即今合肥县治。
② 繣，音卦，又音划，纬繣乖戾也。

奇，虽有知人之术，非难无全身远害之方。著有《遵古奇门》《阴阳正典》。《光绪庐州府志·艺术》

清 季友贤，字辅皇，合肥人。淹贯经史，兼精六甲。明末，大司马史可法罗致幕下。父艰归里，隐于黄山。《乾隆江南通志·隐逸》

清 王世瑗，字橘州，合肥人。性简易，究心甘石之术。① 中年得足疾，家贫耻干人，课徒卖卜以自给，贫贱寿夭言多验。晚岁客寿州，著有《六壬择要》。《光绪庐州府志·艺术》

清 王星軫，字柳湖，合肥人。性颖悟，研究经义，弱冠补诸生，陈白云大令深器重之，嗣屡试不第。旁通堪舆岐黄，不屑行其术。贫人求之，亦乐往治，不能具其药，给资购之。晚精六壬，所占多验。里有嫠人欲离婚者，出粟助钱止之。著尊《乐堂集》待梓。《民国合肥县志》

清 秦坚，字屹高，合肥人。习天官家言，尝入钦天监，得闻西洋利玛窦、汤若望诸星法，及天文诸书。后游江浙，言人祸福寿夭皆奇验。客苏州，自知死期，命子瑞麟具汤沐，至期无疾而逝。《光绪安徽通志·方技》

清 徐子苓，字西叔，合肥人，一字毅甫，晚号龙泉老牧。道光举人，工诗文，兼通医卜相人之术，以鬻文游公卿间。性介特，有能名。晚岁选授和州学正，闻学师争诸生贽金，曰："是尚可为耶？"迳走不顾。著《敦艮吉斋诗文存》。《光绪庐州府志·艺术》《续碑传集·文学》

137 庐江县

古庐子国，春秋时舒国，汉置舒县，隋改曰庐江，清属安徽庐州府。

后汉 王景，字仲通，乐浪誧邯人。② 少学《易》，又好天文术数之——深沈多技艺。明帝时，治水数有功，官终庐江太守。初景以为六经所载，皆有卜筮，作事举止，质于蓍龟，而众书杂糅，吉凶相反，乃参纪众家数术文

---

① 魏石中夫，与齐国甘公，皆掌天文之官。
② 誧，乃甘切，音聃，乐浪郡有誧邯县，汉武帝灭朝鲜所置，西晋之末为高句骊所并。

书，冢宅禁忌，①堪舆日相之属，②适于事用者，集为《大衍玄基》云。③《后汉书·循吏传》

吴 王蕃，字永元，庐江人，博览多闻，兼通术艺。始为尚书郎，孙休即景帝。即位，为散骑中常侍，加驸马都尉，时论清之。遣使至蜀，蜀人称焉，还为夏口监军，孙皓初复入为侍常。甘露二年丁丑，为嬖臣所潜毁。蕃气体高亮，不能承顺，以直忤被斩。丞相陆凯上疏曰："常侍王蕃，黄中通理，知天知物，处朝忠謇。斯社稷之重镇，大吴之龙逢也。昔事景皇，纳言左右，景皇钦嘉，叹为异伦；而陛下忿其苦辞，恶其直对，枭之殿堂，尸骸暴弃，郡内伤心，有识悲悼。"其痛蕃如此。死时年三十九。《三国志·吴书·本传》

晋 杜不愆，庐江人。少就外祖郭璞学《易》，卜屡有验。郗超年二十，④得重疾，试令筮之，不愆曰："案卦言之，君所苦寻除。然宜于东北三十里上官姓家，索其先养雄雉，笼盛置东檐下。却后九日，辰加午，必当有野雌雉飞来与交合，既毕，双飞去。若如此，不出二十日，病即愈。年且八十，位极人臣。若但雌逝雄留者，病一周方差。年半八十。名位亦失。"超时正羸笃，虑命在旦夕，笑而答曰："若保八十之半，便有余矣。"超依其言，索雉果得。至期果有雌雉飞入笼，与雄交而去，雄雉不动。超叹曰："虽管郭之奇，何以尚此？"超病踰年果起。年至四十，卒于中书郎。不愆后为桓嗣建威参军。《晋书·艺术》《光绪安徽通志·方技》《光绪庐州府志·艺术》

明 吴鹏，庐州人，习堪舆家言。万历时，矿税忽开，奸人欲遍发霍廖金斗诸山。中官暨禄率党数十人，入郡城，人心惶惶，鹏为危论动之，全庐得免发掘之扰。所著有《五宝经》。《光绪安徽通志·方技》

---

① 葬送造宅之法，若黄帝青乌之书也。
② 《前汉书·艺文志》：《堪舆金匮》十四卷。许慎云，堪，天道也。舆，地道也。日相，谓日辰王相之法也。
③ 《易》曰：大衍之数五十，其用四十有九也。
④ 郗，音隙，姓也。一作郄。

138 舒城县

春秋群舒地，汉龙舒县，唐置舒城县，清属安徽庐州府。

晋 韩友，字景先，庐江舒人，受《易》于会稽伍振，善占卜，能图宅相冢，亦行京、费厌胜之术，神效甚多，消殃转祸，无不皆验。干宝问其故，友曰："筮卜用五行相生杀，如按方投药治病，以冷热相救，其差与不差，不可必也。"友以元康五年乙卯举贤良，元帝渡江，以为广武将军。永嘉末癸酉卒。《晋书·艺术》《光绪安徽通志·方技》

清 瞿东海，习天官家言。曾得异传，卖卜于市。每于岁除，储水于釜，以红丝系瓢柄，置水中，占岁丰歉，多奇中。嘉庆中，岁久不雨。邑令熊载升，问卜于东海。断曰："明日午刻当风，未刻雨。"至期果验，熊赠以额。子兰谱，有父风。道光五年乙酉，为邑令栾坚卜疑狱，如言立剖，亦赠以匾。孙运炎、运功，曾孙守明、守荣、守华、守富，皆世其业。又沈兆鸿，亦善卜，多奇验。《光绪舒城县志·艺术》

清 余礼方，舒城人，善星象，天时旱涝，先期谕乡人预防屡验，人称之如神。《光绪庐州府志·艺术》

清 朱英、束英二人，俱精风水之说。朱著有《地理真传》十卷。束号济庵，庠生，工书法，著有《地理辨》二十四卷。大约以天地吉壤固难得，葬亲者只宅其心之安，假以邀福非孝也。

清 童超佐，习堪舆家言，手著《阴阳摘要》二集行世。国学生许凤仪，堪舆之术，亦与超佐等。邑中望族，多延请之。以上《光绪舒城县志·艺术》

清 黄宜之，字子君，一字义门，舒城人。年七十，应庐州府试第一，补博士弟子员。困于乡举，援例需次福建县丞，大吏器之。檄署诏安，题补惠安知县。咸丰丙辰，改官山西，檄署灵丘，旋补文水。光绪丁丑，卒，年七十有九。宜之少年雄视文坛，老益好学，尤熟于风鉴书，穷通寿夭，一望而知。郑亲王端华为侍郎时使闽，慕宜之名，使相焉。出而密告所亲，曰："是满面杀气，万无善终理。"五台徐松龛中丞继畬罢官，宜之谓之曰："公

必再起，年登大耋。"后皆验不爽。其他禽遁地理诸家，涉猎殆遍，非近世俗学所及。著书兵燹遗失。《续碑传集·守令》

139 巢县

夏商时，南巢地，周为巢伯国，后属楚，为居巢邑。秦置居巢县，晋改居巢，置蕲县。隋改蕲县曰襄安，唐改县曰巢。清属安徽庐州府。

明 徐体乾，巢县人，占《易》用左邵法，与《焦氏易林》相符契。其天文得之刘诚意，所著《易解》，焦竑序之。《光绪安徽通志·方技》

清 陈夏声，号禹门，巢县人，邑廪生。品学兼优，以授徒为业，门下多知名士。尤精易理，凡疑难请卜之吉凶，判断不爽，士林服之。《光绪庐州府志·艺术》

清 李大珍，通形家言，以县治水不绕城，著有《改河议》。《道光巢县志·方技》

140 无为州

本无为镇，曹操征孙权，筑城于此，攻吴无功，因号无为城，寻为无为监。宋建无为军，又析巢庐江二县地，置无为县为军治。元升军为无为路，寻降无为州。明洪武中，以州治无思县省入，属庐州府。清因之，属安徽省，民国改州为县。

清 谢应宽，无为人，尚孝友，崇信义，读书不倦。精堪舆，尤精卜筮星命之学，多奇验，人咸以君平目之。

清 黄益斋，无为人，少孤贫，壮游江浙。精术数，星命卜筮，往往多奇验。以上《光绪庐州府志·艺术》

清 朱观乾，[①] 无为人。清介端方，不营生产。衣荷食橡，援琴自适。博通今古，书画堪舆，理数诸秘，皆探微入奥。《光绪庐州府志·艺术》《光绪安

---

① 《通志》乾作象。

徽通志·方技》

清 邢步峦，无为人，庠生。素习六壬，尤精堪舆之术，通经史百家，乡里咸称为绩学之士。

清 徐登云，字忠斋，无为人。为人正直，精堪舆。子德镛，世其学，好义疏财，乡里德之。

清 蒋一铛，号半山，无为人，庠生。通经史，精堪舆，著有《地理备要》。以上《光绪庐州府志·艺术》

141 和州

汉置历阳县，晋置历阳郡。北齐以两国通和置和州，隋复改为历阳郡。唐曰和州，宋曰和州历阳郡。元升为和州路，寻复降为州。明初省历阳县入州，寻废州为历阳县，旋复为和州。清直隶安徽省，民国改州为县。

晋 陈训，字道元，历阳人。少好秘学，天文算数、阴阳占候，无不毕综。尤善风角，孙皓以为奉禁都尉。皓政严酷，训知其必败而不敢言。时钱塘湖开，或言天下当太平，皓以问训，训辞不知。退而告人，曰："非吉祥也。"吴亡入晋，随例内徙，拜谏议大夫。俄而去职还乡，知陈宏必败，周亢必贵。甘卓为历阳太守，训私谓所亲，曰："甘侯头低而视仰，名为盼刀。又目有赤脉，自外而入，不出十年，必以兵死。"卓果为王敦所害。丞相王道多病，每自忧虑以问训，训曰："公耳竖垂肩，必寿，亦大贵。子孙当兴于江东。"咸如其言。训年八十余卒。《晋书·艺术》《光绪安徽通志·方技》

元 尹尧道，字道夫，和州人。父京，字景山，咸淳乙丑进士。初仕尉兴化数年，平反疑狱，有政誉，迁庐州教授。入元朝，晦迹弗仕。尧道自卯岁即有志，欲以明经取上科。莆田周君、合肥汪君、夏君号名师儒，尧道悉从之游。习为诗，以袭家学。年甫十五，而场屋事废，遂绝意仕进，屏居黄山；率其弟舜道，事亲以孝，广田园以供伏腊。间出游江淮，操奇赢以自润，有余资则周其族姻里党，不以自丰殖也。尧道为人多材能，有干局，持身庄重，而遇事通敏。博涉群书，至于阴阳方技，无不通其说。以善自韬默，人鲜有能知之者。大德十一年丁未，卒。享年四十有六。《元黄学士文集

・赠承事郎尹公墓志铭》

142　六安州

隋为霍山、开化二县地，唐改霍山置盛唐县，宋改盛唐为六安县，元改为州，明废县入州，清直隶安徽省，民国改州为县。县境产茶极著，色香味俱佳，世称六安松萝。

明　朱云成，本徽州人，居六安，衣衫蓝缕。人与之言形家，即精形家言；言日者，即精日者言，人莫能测。酒后发狂，哭笑乱语，其后辄验。郝进士谒选，问之，云成诵曰："得仙人之旧馆。"及官，新建署内有亭曰仙人旧馆。郝尊生，少颖异，云成爱之，每见必哭曰："水仙子。"郝竟覆舟彭蠡死。崇祯壬午，献贼围城，令卜之，哭曰："我在数中。"后城陷，屠戮殆尽，云成遇害。《光绪安徽通志·方技》

明　彭训民，字化钦，号易庵，顺天庠生，后居六。性狷介寡合，与人言，侃侃有正气。精通易理卜筮之学，每有奇验。《同治六安州志·方技》

清　叶鉏，字耕云，六安岁贡。工诗，与程汝蘐①、胡焘等相唱和，著有《将就山房诗草》。旁通奇门之术，占验多中。《光绪安徽通志·文苑》

143　霍山县

春秋潜国，汉置潜县，南朝梁置岳安县，隋改曰霍山。宋省为镇，入六安。明复置县，属六安州，清因之。

清　吴廷栋，字彦甫，号竹如，晚号拙修老人，霍山人。道光乙酉拔贡，授刑部七品小京官。同治乙丑，官至刑部右侍郎。丙寅告归，遂寓金陵。日食不给，处之晏然。癸酉闰六月朔，卒，年八十有一。廷栋学务实践，清操绝俗，湛深宋五子书，由雒闽而上濂邹鲁，取诸家撰述，辨晰毫芒，求其性分所固有，职分所当为，期与古人相合。其他天文术数之学，靡

---

① 蘐，同萱。

不穷源竟委。于医则抉河间丹溪两家阃奥，于地理则合杨曾廖赖，而得其精微，著《拙修集》十卷，诗一卷《续碑传集·同治朝部院大臣》

144　芜湖县

汉置，后汉建安初，孙策破刘繇，太史慈遁芜湖山中，自称丹阳太守。晋咸和二年，苏峻陷姑孰，宣城内史桓彝，起兵进屯芜湖，实江津之要，唐武德以后为镇。故城在今安徽芜湖县东，南唐割宣城当涂二县复置，即今县也。清属安徽太平府，设皖南镇总兵驻之，地当本省东北江滨。清光绪二年中英《烟台会议条约》，允开为商埠，皖南北商货，咸以此为萃集之所，米市与茶市甚盛。湘赣木至此，必改编木筏，木市亦盛。商业之盛，为全省冠。拟筑之芜广铁路，即以此为起点。

清　萧云从，字尺木，芜湖人，明崇祯己卯副榜贡生。年八十时，撰有《易存》。是书以数言《易》，而其文乃以律吕历算为宗，旁及于三命六壬之术。前列《易存四学》一条，称学者先读易卦爻词，大传蓍法，次学卦气，以及支干阴阳，五行生克，气运衰旺；次学算归除因乘，次学词曲声调管弦，以及翻切诸法，方得其说也。《四库·经部·易类存目三》

145　繁昌县

东晋置，南朝梁废。故城在今安徽繁昌县东北，南唐复置，即今治。清属安徽太平府，县境有煤田铁田。

明　从任，字子重，以诸生入太学，授江西按察司照磨。二年，升湖广黄州府经历。负奇气，兼嗜异书。于天官律历、战阵医药、太乙奇门、遁甲六壬，皆探得其要。尝与太史焦竑，同舟至浔阳，暮有傍舟相尾，知为盗也，一舟皆惧。任占之，曰："漏下三刻，盗且去。"顷之，果如其占。在黄州，诸生薄试期，占者十七人，任独占方民昭、耿子健得隽，[①] 是科果登贤

---

① 隽，音晋，与儁、俊通，异也。

书。卜数之验多类是。焦竑叹曰：子重之技，嵩真隗照，不能称绝矣。《乾隆江南通志·艺术》参《光绪太平府志·方技》

146　当涂县

秦汉丹阳县地，隋徙置当涂县于此。明为太平府，清因之。属安徽省，长江水师提督驻此。

东晋　沈宗，丹阳人，[①]喜占卜。义熙中，左将军檀韶镇姑孰，[②]好猎，善格虎。一人皮鞲乘马，从数人，来占。云："向东求食好，向西求食好。"宗为作卦。曰："东去吉。"因索饮，以口纳甀中，若牛饮者。遂东去，数十步，人马皆化为虎。是岁虎暴非常。《光绪安徽通志·方技》《光绪太平府志·当涂县·方技》

○阜按：《通志》《府志》皆载沈宗为南宋人，非是。

明　何中立，采石镇人，善占卜，知休详。明祖初渡江，遇诸途，问曰：天下纷纷，究将谁属？中立曰：愿书字占之。帝掣刀画一字于地，立俯伏拜曰：土上一画，非王而何？亦如谢石答宋高宗意。后定鼎金陵，诏同刘基定皇城址向，授五官保章。

明　陶安，字主敬，当涂人，少敏悟，博涉经史，尤长于易筮，验若神。元至正初，举乡试，授明道书院山长，避乱家居。太祖渡江，安率父老出迎。太祖与语，善之，留参幕府。洪武初，命知制诰，兼修国史，历江西行省参知政事。太祖曾御制门帖子赐之，曰："国朝谋略无双士，翰苑文章第一家。"卒谥文宪。《明史·列传》

清　胡遵昭，字守亭，当涂举人。博通经学，兼精天文地理、音韵句股。著述甚伙，惜未竟所学而卒。《光绪安徽通志·方技》

[①]　始皇东巡，由丹阳至钱塘即此，故城在安徽当涂县东，今为镇。《晋志》作丹杨，以山多赤柳，故名。

[②]　姑孰城，今安徽当涂县治，东晋时，置城戍守。

147 歙县

汉置，隋废，寻复置。大业中为县人汪华所据，始自休宁移新安郡治于此，唐因之为歙州治，清为安徽徽州府治。

汉 方储，字圣公，歙人。讲孟氏易，精图谶，善天文，举贤良，为洛阳令。永元中郊祭，问以阴晴，劝帝毋往。是日晴，诏责其欺，储曰："咎时且至，愿乘舆亟还。"比驾还，雨雹大作。后传其仙去，庙祀之。《乾隆江南通志·方外》

宋 朱安国，新安人，善相字。绍兴三十二年六月，至鄱阳。是岁壬午，当举场开。士人多在州学，从之占问。段毅夫示以飞字。朱书其侧曰："二九而升。"扣其说，对曰："飛之为字从二从九从升，但据笔画言之，不能知其义，未可便决祸福。"及秋试以第十九名荐送，朋友贺之。曰："十九者，第二九也，君必正遇。"已而省试失利。乾道元年乙酉，再举，复中十九名，遂登第。始悟二九而升者，两次十九方成耳。《字触》

宋 徐端叔，读书知命。朱文公熹赠以序云：世以人生年月日时，所值支干纳音，推知其人吉凶寿夭穷达者，其术虽若浅近，然学之者，亦往往不能造其精微。盖天地所以生物之机，不越乎阴阳五行而已。其屈伸消息，错综变化，固已不可胜穷；而物之所赋，贤愚贵贱之不同，特昏明厚薄，毫厘之差耳。而可易知其说哉！徐君尝为儒，则尝知是说矣。其用志之密微，而言之多中也固宜。世之君子，傥一过而问焉，岂惟足以信徐君之术而振业之，亦足以知夫得于有生之初者，其赋与分量，固已如是。富贵荣显，固非贪慕所得致；而贫贱祸患，固非巧力所可醉也。直道而行，致命遂志，一变末俗，以复古人廉耻忠厚之余风，则或徐君之助也。虽然，与人子言依于孝，与人臣言依于忠，夭寿固不贰矣。必修身以俟之，乃可以立命。徐君其亦谨其所以言者哉！《朱文公全集》

明 吴宁，字永清，歙人，宣德进士，除兵部主事。正统中，再迁职方郎中。郕王监国，于谦荐擢本部右侍郎。景泰改元，以疾乞归，后不复出。家居三十余年，卒。宁方介有识鉴，尝为谦择婿，得千产朱骥。谦疑之，宁

曰："公他日当得其力。"谦被刑，骥果归其丧葬之。《明史·于谦本传》

明 程玠，字文玉，歙槐塘人，精于医卜星历之学。里有病瘵者，玠按脉曰："君必不起，顾有喜征。"时病者未有子，而居别业，玠趣之归，一宿而妇有娠，瘵竟死。宗人某，系廪生，以次将贡，面病甚，请玠视。玠入户，闻嗽声，问曰："此非病者与？无忧，行且为邑令。"后果登乡荐。玠能造木牛流马，可五步。筑室按八门遁甲术，夜户不闭，盗无敢入者。临殁，尽毁其书。曰："此不可以言传，恐反误人。"玠未官卒。丘文庄濬状其行实，称为一代异人。所著有《大定数》《太素脉诀》《松崖医径》行世。《乾隆江南通志·文苑》《道光徽州府志·方技》

明 叶致远，著《堪舆正论》。鲍清峙，著《地理举隅》。江鼎，著《一粒粟》。方智，著《堪舆浅注》。黄恒、江瑞皆有名。《民国歙县志·方技》

明 程璡，歙县人，诊脉知富贵贫贱寿夭。所著有《太素脉诀》《经验考》。《光绪安徽通志·方技》

明 朱国祥，字散叟。歙县人。专以二十八禽。演人之禄。命著万化仙禽八卷。引用古籍颇多。唐国达，字振吾，为之梓行于世。《万化仙禽序》

清 詹方桂，字天木。歙县人。精书画。凡天文风角六壬遁甲星医诸术。悉通晓。时四方犹未靖。避居松萝山。著有四家小品行世。《光绪安徽通志·方技》

清 吴霞举，字孟阳，歙县人，性孝友，尝领歙邑教事。所著有《易管见》《筮易》《太元潜虚图说》。《光绪安徽通志·儒林》

清 程恩泽，字春海，歙县人。嘉庆辛未进士，改翰林院庶吉士，官至户部右侍郎。道光丁酉薨于位，年五十三。恩泽博闻强识，于六艺九流，好学，皆深思，心知其意。天象地舆壬遁太乙脉经，莫不穷究。诗古文辞，皆深雅。时乾嘉宿儒多徂谢，惟大学士阮元，为士林尊仰，恩泽名位亚于元，为足继之。所欲著书多未成，惟《国策地名考》二十卷、《诗文遗集》十卷传于世。《清史稿·本传》

〇《畴人传三编》引陈康祺《郎潜纪闻》《南海县志》云：道光壬辰科，程侍郎恩泽，典试广东。榜后，粤中名士，饯于白云山云泉仙馆。酒酣，侍郎慨然，曰："粤东今日可云极盛，衰象将见，此后廿余年，乱从粤东起；再十余年，乱遍天下，不堪设想矣。"时曾拔贡钊，亦精于洪范五行之学者，相与问难，不觉郁悒。侍郎笑曰："子无为杞人忧，吾与子不及见。"随谛视座中人曰："都不及见矣，及见者谈君玉生耳。"后五年，侍郎卒。甲寅红巾起，曾拔贡卒。逮丁巳以后，内外交讧，几如阳九百六之期，而当日同席诸公，物故殆尽，惟谈独存，年至七十二始卒。

清 汪家忻，字仲伊，亦号弘庐处士，歙县人。光绪丙子举于乡，庚辰成进士，签分山西即用知县，告病在籍。丙午十月卒，年七十。宗沂精研《礼经》，洞悉乐吕，与顺德李仲约侍郎，同撰《撼龙经注》，雅瞻异常。《清史稿·艺文·术数类》，载入《相宅相墓之属》。萍乡文廷式《纯常子枝语》

○闵尔昌《碑传集补·经学》载《汪仲伊传》云：先生以孝闻，长侍亲病，因研医术，以张仲景之书汩于王叔和也，辑《伤寒杂病论合编》。又以葬亲之故，治形家言，病《葬经》《龙经》无善本，作《葬经校注》《龙经校注》若干卷。

清 吴起仍，字公远，城东人，居贫尽孝。性爱山水，研究青乌之术。尤精六壬学，就问卜，每多奇中，汪二尹给以"术精易数"额。《道光徽州府志·方技》

清 黄仕纶，古林人，精天文术数，祈雨辄应。太守罗公鉁①访延至郡，给额曰"法雨济时"。

清 程廷慕，黄茂坦人，庠生。力学嗜古，尤精堪舆星卜之学，著有《堪舆撮要》《星命撮要》《卜数撮要》诸书。以上《道光徽州府志·方技》

清 田宏政，郡城人，精选择之术，子孔步能继其学，传其曾玄。

清 谢玉临、谢芝生皆田干人，精通奇壬，长于选日，世守其业。以上《民国歙县志·方技》

清 程树勋，字爱函，歙县人，善六壬，著有《毕法集览》《壬学琐记》二书。嘉庆辛未稿，同治壬申刊行。《毕法集览序》

148 新安县

隋初置歙州，治黟，寻改为新安郡，治休宁，又移治歙，即今安徽歙县治。唐改歙州，寻改新安郡，旋复为歙州。

---

① 鉁，同珍。

明 程汝文，号和玉山人，新安人，撰《易数总断》。其书分一千八十局，立三奇八门，而上方则附以易卦爻词，盖以六壬奇门，假易义以立法也。《四库·子部·术数类存目二》

清 程良玉，字元如，新安人，善卜筮，隐居杭城西偏，车马阗骈如市，日既晡不得下帘休息，如是者二十余年以为常。至四十时，抱疴键户，忽忽机动于中，遂得数见兆，因而发愤著书，极深研几，盖三年，而成《易冒》十卷，皆论以钱代蓍之法。时康熙甲辰也。《四库·子部·术数类存目二》《易冒序》

清 陈雯，字畔山，新安人。丰神潇洒，议论宏深。明岐黄，精堪舆，诸子百家，靡不淹贯，著《三才发秘》十有六卷，康熙丁丑刊行。其天部曰《天星发秘》《选择正宗》，地部曰《理气元机》《形法采真》《阳宅秘诀》。人部曰《禄命归真》《五星泄秘》《河洛考正》《皇极数理》。观其立言大旨，则以天正为体，而以太阳为用，是故周天之度数无可考也，于太阳考之；天运之循环难以定也，于太阳定之。岁由仲冬而成，以太阳之来复也；时从子正而定，以太阳之始生也。十二支辰，太日行一转也。二十四气，太阳岁行一周也。即如子半阳生，皇历明分正夜而人不察，直以子全为一日之首，而不知其半居于夜终，实则子亦有阴，而甲子日有丙子时也。如此之类，发明颇多。《三才发秘·陈晋锡序》

清 张祖房，字又良，别号五岳山人，不知其所自来。顺治间，爱新安山水，捆载其所著书，至休宁，访吴怀英于还古书院，时年八十七矣。尽以所著《周易关键》《周易订伪》《一字春秋》《鲁论觉言》及《书诗礼诸经讲义》《八阵图说》，授之怀英。后怀英卒隐于黄山，卒年九十三，诸书亦渐流散。其存吴氏者，惟《周易》《鲁论》两书而已。其学甚博，兼精武技。于天文术数遁甲之学，尤所究心。时或一言奇中，善导引，未尝寝息，盖前代逸民云。《光绪安徽通志·流寓》

清 程谦，字抑若，徽州人。顺治中，徙居繁昌峨桥，于天文奇门堪舆精研其奥。尤工诗，著有《爨桐录》《黄山樵吟》《行野逸吟》《内外谐谐》书。《光绪安徽通志·流寓》

中国历代卜人传卷十三

安徽省二

149 黟县

汉置黝县，宋始名黟县，隋初废，寻复置，清属安徽徽州府，黝，师古曰音伊，字本作黝，其音同，字书云，黟，音医，支韵，山名，在安徽徽州府，黟县以此得名。

宋 丘濬，字道源，黟县人，天圣中进士，为句容令，历官殿中丞。读《易》悟损益二卦，能通数，知未来兴废。熙宁十年丁巳秋，翰林学士杨元素贬官荆州，过池阳，见之。濬曰："明年当改元，以《易》步之，乃丰卦用事，必以丰字纪年。"如期改元丰云。又尝谓家人曰："吾寿终九九。"果八十一卒。《明一统志》《艺术典·术数部·纪事》定远方濬师《蕉轩续录》

宋 汪纲，字仲举，黟县人。淳熙丁未，铨试，累除外任，所至有政声。尝知绍兴府，濬萧山运河，治诸暨水利，寻直龙图阁。理宗立，诏为右文殿修撰。绍定戊子，召赴行在，言臣下先利之心，过于徇义，为身之计，过于谋国，宜有以转移之。权户部侍郎。越数月，上章致仕，特畀二秩，仍赐金带，卒。纲学有本原，多闻博记，凡兵农医卜阴阳律历诸书，靡不研究。机神明锐，遇事立决。服用不喜奢丽，供帐车乘，虽敝不更。著《恕斋集》《左帑志》《漫存录》。《宋史·列传》

明 胡朝礼，黟县人，善相地。有女传其学，嫁汪辛。辛殁，先世多未葬，胡氏历览山川，获葬地并建祖祠，凿池厮渠，①消纳如法。嘉靖中，汪氏丁口数千，代有通显。辛之先有曰进者，精医，江西疫，作药饮之辄愈；又刻其方传之，所活益众，修德获报，理或然也。同村戴姓者，亦善相地，卜迁于太平县之戴家湾，今成著姓。《光绪安徽通志·方技》

明 黄鉴，幼孤，事母以孝闻，涉猎儒书，邃精于艺，著有《地理星形会》一篇、《医林摘粹》、《石山吟稿》等书。《道光黟县志·艺术》

清 余佐，字忠元，黟县人。精易学，隐于卜筮，吟诗作画，著《冬青居士诗》二卷。《光绪安徽通志·隐逸》

清 许棻，字广存，黟县附生，博览子史，旁及星卜奇遁壬式，尤熟精骚选韩杜诸家。著有《春及草庐诗文钞》《学诗小识》《学诗集证》。《光绪安徽通志·文苑》

清 孙蒙，字养正，黟县人。家贫，为人相宅墓，取钱以给家。好数学，皆穿穴之。其治《易》，喜言人事。其言《易》，分五门：一《易纬》，推《乾凿度》七书之数，及《易九厄》；二《易支》，曰《易林》，曰《京氏易传》，且《元苞》，曰《皇极经世》，曰《三易洞玑》，曰《九宫经》，附京氏后以《洞微数》；三《易流》，曰八阵，曰金丹，曰地理；四《易跂》，曰太玄，曰洞极，曰潜虚，曰皇极洪范，曰参两，曰范衍，曰太微，曰括奇，曰灵棋；五《易衍》，曰龟卜，曰脉法，曰太素脉，曰五运六气，曰太乙，曰奇门遁甲，曰六壬，曰演禽，曰玑衡，曰风角，皆究揲灼布推，加减飞行诊望之法，为采文补注附说，为作表捃摭奇胲。②总名《周易外传》，凡十五卷。又通音韵，有《易韵》一卷，《元音》二卷。俞正燮《癸巳存稿》《光绪安徽通志·儒林》

清 俞正燮，字理初，黟县人，道光辛巳举人。家贫性介，博学强识，实事求是。其读书常置巨册数十，分题疏记，积岁月，乃排比为文，断以己意。著有《癸巳类稿》《存稿》，率皆发明经史奥义，旁及诸子百家九流之说，剖晰疑似，若辨黑白。道光庚子卒，年六十六。《清史稿·文苑三》王藻《癸巳类稿序》

---

① 厮，音斯，厮役也。谓析薪养马者，亦作厮。
② 胲，音该，备也。

○《类稿·六壬古式考》及书跋：六壬之起，《道藏》谓自黄帝名六壬者，神机制胜。《太白阴经》云：元女式者，一名六壬式，元女所造，主北方万物之始，因六甲之壬，故曰六壬。《道藏》姜三至姜六，为《黄帝龙首经》二卷，《黄帝金匮玉衡经》一卷，《黄帝授三子元女经》一卷。《抱朴子·极言篇》云：案龙首记。《颜氏家训·杂艺篇》云：吾尝学六壬式，亦值世间好匠，聚得《龙首》《金匮》《玉軨》《五变》《玉历》十数种书，其书古雅也。又六壬式法，杂见《吴越春秋》《越绝书》，俱东汉人作，其语必有所受。《艺文志·阴阳家》有于长《天下忠臣》九篇，《别录》云：传天下忠臣，而入阴阳家，其中盖有若纣时太史，夫差时子胥、公孙圣等占验术。又《礼记·月令》"春行夏令秋令冬令"之占，及耕傩典礼，均依六壬月将法，求日辰星度之应，是秦汉相传古法。①

○《存稿》推生命古今不同说云：《魏志·高贵乡公纪》注，《帝集》载帝自叙始生祯祥云：惟正始三年，九月辛未朔，二十五日乙未直成予生。按九月建成，则午直成，弦二十五日立冬，故重一成日。高贵乡公以立冬日生，而自以直成为吉宿也。魏晋推算生命法，《抱朴子·塞难篇》云：命之修短，实由所值受气结胎，各有星宿，有命属生星死星者。《释滞篇》云：人生星宿，各有所值。《玉钤经主命原》曰：人之吉凶，制在结胎受气之日，皆上得列宿之精，有圣宿，贤宿，文宿，武宿，贵宿，富宿，贱宿，贫宿，寿宿，列仙宿，忠孝宿，凶恶宿，为人生本有定命，张车子之说是也。《艺文类聚》三十五载蔡邕《九推文》云：天之生我，星宿值贫。以张车子、蔡邕事言之，知汉即同此法。唐有以北斗九星及九宫推命者，《朝野佥载》云：开元二年，梁虚舟推张骞，五鬼加年，天罡临命。《闻奇录》云：贞元时，吉州刺史魏耽其，囤人，乃北斗本命星。其西域推法，与中土同者不空。译文殊师利菩萨及诸仙所说《吉凶时日善恶宿曜经》，以二十八宿，去牛宿为三九，秘要分十二宫，其磨蝎宫则牛女虚也。佛推去牛宿，回回推去室宿，皆三九。明刘基白猿化曜法，其推则以四七，以二十八宿为七元，以日月五星为精，二十八宿为魄，以十二佐神附二十八宿，六十甲子为空位。盖合古法佛法回回法，及三命四命五命法用之。自序以为圣人复起，不易之定法，然俗不行也。唐李虚中珞琭子，以人生太岁月建日干支三者合推，以太岁为命主，所谓三命法也。宋用五代徐居易子平术，用年月日时胎。又有林开《五命秘诀》，魏泰《东轩笔录》云：章郇公言生命年月日时胎，但有三处合者，不为宰相，必为枢密。梁适、吕公弼三处合，梁宰相，吕枢密，此所谓五命法也。宋时通用徐子平术，而减去胎，今所记宋人八字，曾布乙亥、丁亥、辛亥、己亥，萧注癸丑、乙丑、己丑、丁丑，南宋奄人则以初腐服药年月日时八字推算，

---

① 傩囊何切，音那，歌韵。

此皆雅记所书，所谓四命也。三命以岁为主，四命以日为主，五命以胎与时为主。四命亦或以岁与时为主，岳珂《桯史》用四命推韩八字，以岁为主。袁文《瓮牖闲评》，谓论命生时为最要。《诗·小弁》云：我辰安在，《笺》云，生所值之辰，谓六物之吉凶。《左传·昭七年》，伯瑕云，六物，岁时日星辰，太岁，四时，六十日，十二月，五星，十二辰。古法尤密，今不知矣。

　　○《类稿·原相上篇》云：《孔子三朝记·少闲篇》云，尧取人以状，舜取人以色，文王取人以度，文具《大戴礼》。《史记·儒林列传》云：太常择民年十八已上，仪状端正者，以补博士弟子，有古法也。《郑语》言"周王恶角犀丰盈，而近顽童穷固"；韦昭注云：角有伏犀，辅颊丰盈，皆贤明之相，周王不知相人法，不本尧舜文王以状色度取人之意，以致王道息绝，唐李揆亦有獐头鼠目之叹。儒者立论，不依据圣人，而徒传合荀卿，取悦穷固之人，岂有当哉！荀卿所举古圣贤，皆是异表，非谓其陋。其言美者，乃似妇人，失男子之道，其为不肖，正合相人之法。相人者《左传》有内史叔服，《荀子》、《史记》有姑布子卿、唐举，《史记》又有吕公、许负等，又有黥布、卫青，皆王侯。在《汉书·艺文志》相人法书，流传之前，固有验也。叔服称"叔孙谷丰下"，杜预注云，盖面方而必其有后，则古人出师命将，必取方面大耳，因天因人之意。儒而愚者，何足知此。姑布子卿，言天之所授，虽贱必贵。此言三代以后，由草茅而贵富者多矣。《周语》云：叔孙侨如，上方而下锐，宜其触冒人。《吕览·达郁》尹铎云：臣尝闻相人于师，敦颜而土色者忍丑，谓赵简子。《史记·赵世家》云："白起小头而锐上，断敢行也。童子黑白分明，见事明也。视瞻不转，执志强也。"则由相貌以知心术，盖孔子所述尧舜文王取人之法。荀卿非相，而孔丛子《执节篇》子慎曰：闻之荀卿，长目而豕视者，必体方而心圆。以其法相人，千百不失。与《左传》商臣蠭目、《国语》叔鱼虎目为不善之法同。是荀非相，而实传其正法也。《左传》称宋瘠美而狠，佐恶而婉，《晋语》称知瑶美鬓长大，狠在心，《史记》褚先生称，或丑恶而宜大官，或美好佳丽而为恶人，患其美恶，特以俗人言之；求之相法，则美恶定矣。历观古术皆有所出，古圣人或由之以致泰平，不容以己见非之。《艺文类聚》引《庄子》云：① 孔子舍于沙丘，见主人，曰：辨士也。其口穷踦，其鼻空大，其瞵流。尧舜文王孔子，皆用相人法，不可非也。汉黄宪以器宇胜人，天下后世莫能摘其非，虞翻通儒，而骨节不媚，《吴志》称其多见毁谤，独非以相哉！古之闻人多著非相，语止迂拙。皮日休立一难曰：类禽兽，反富贵，不悟人性至贵，物各得人一体，故还于物征之，类禽兽之谈，日休又何取于皮而氏之也哉！盖悍而拙矣。《原相篇》中云：舜为天子，项羽目与之同；孔子圣人，阳虎貌与之同。故龙

---

① 今《庄子》无。

有九，或司云雨，或为万物灾；凤有五，或为瑞，或为妖，圣人于相贵审也。古之相人书，不可得矣。今于人面分部限行年，亦古法也。象身具十二禽肉，正月胆在虎肉，二月兔肉，十二月牛肉。熊胆春首，夏腹，秋左足，冬右足，是有何理哉？古人积验数十象熊而始知之。故曰相法者，历考古之贤达形状，年岁事迹，而比合之，而非相者乃肆其无稽之辞也。《原相篇》下云，孔子之言曰：吾以貌取人，则失之子羽。郑之骰葰，①亦貌恶人也，著于经典。此少不得难多，暂不得难常也。孔子门人三千，独子羽以貌寝闻，然明之贤，不先于子美，又二人貌恶，非定为愚陋之状也。兀者德全，无与于七窍；刖而能武，宫而著书，是在神明也。

150 休宁县

汉歙县地，孙权分置黎阳、休阳二县。后避孙休讳，改休阳为海阳。晋改为海宁，隋改曰休宁。清属安徽徽州府。县境产绿茶。

五代 何令通，休宁人，赐号紫霞，南唐国师。精堪舆，以言牛头山不利，谪休宁，一坐四十年，大悟。宋天禧正席跌坐，火从心出，自烧而化。《乾隆江南通志·方外》

元 黄一清，字清夫，休宁人。父元珪，早卒。母吴氏，守节自誓，使为学。一清痛自策励，期无愧于古人。年逾四十，奉母命，始游京师。适李公以旧学相仁宗，贤才汇进，一清遂走谒之。公见其古貌长身，须髯如戟，宽衣高冠，容止简率，大为惊异。即下执其手，延之上座。时公门下皆名人显士，而一清以布衣居其间。恒与公亢礼，坐客莫出其右，隐然名动京师。一清以秋江自号，而李公自号秋谷，遗诗有"君钓秋江月，我耕秋谷云；逃名君笑我，伴食我惭君"之句，朝野传诵满口。内翰赵文敏公写以为图，且谓不宜使清时有遗才，力荐之。当路诸公，以君深于《易》，通阴阳家言，欲用为杭州教授。一清笑曰："吾以布衣缔交相国，荣孰大焉，持此足以复吾亲矣。"竟辞归，筑山房，摘李公诗语为扁名以见志。公欣然，遗以钱助之。宣徽王公，奉使江东，过一清山房，因图其隐居十景以去。其为当世所重如此。至元二年丁丑卒，寿七十有五。《元黄学士文集·秋江黄君墓志铭》

---

① 骰，音宗，总也。

明 赵汸，字子常，休宁人，生而姿禀卓绝。初就外傅，读朱子四书，多所疑难，乃尽取朱子书读之。闻九江黄泽有学行，往从之，得口授六十四卦大义，与学春秋之要。晚年屏迹东山著述，学者称东山先生。太祖既定天下，诏修《元史》，征汸预其事。书成辞归，未几卒，年五十一，有《东山存稿》等书。所著《葬书问对》《风水选择》尤精。其言曰：《葬书》所谓势来形止，地之全气者，诚未易言。若夫童断过独，空缺旷折，水泉砂砾，凶宅之速灭亡者，固有可避之道也。又言风水之说，必求山水之相向，以生地中之气，初未易以形迹指陈，所谓精光时露一分者也。若乃年月日时之择，又贵乎五行之生克制化。徐子平法，旺行官运，衰遇印乡，此即年月日时之泄强补弱也。又言风水之金圆而清，土方而浊，火尖而锐，木直而耸，水曲而柔，与选择之水成润下，火成炎上，木成曲直，金成从革，土成稼穑者，皆未可以优劣分焉。是阴阳统之，领乎百家也。予别为《地理问答》《倒杖秘诀》《周氏选择集要》《河洛占法》，俾可相参观。《明史·儒林》《图书集成·艺术典·堪舆部·艺文》

○《皇明文衡》载《葬书问对》，汸原注云：吾友程君仲本，最为留心斯事，学之十余岁矣，而审问明辨，弗得弗措，盖有志乎明理以择术者，非世俗凡近之为也，故书以遗之。仲本之师，则乡先生朱君允升其人也。朱君明达精博，于六经之蕴奥，文学之源委，邃古之初，万物之源，阴阳方位之本，昔贤开物致用，与其精神思虑之存乎艺事者，莫不心悟神解，诚穷乡晚近之蓍龟冰鉴也。于山川情性，宁有不得者哉！以仲本之善学，而卒业于朱先生，如王良造父，驾轻就熟，将有得夫天理之大全，岂曰游察而已。至正十三年十月既望，赵汸子常，书于东山精舍。

明 汪先易，号五源，上资人。精堪舆卜筮诸书，多奇中。手捧土，葬祖若父。年六十一，疾革，语子姬生，曰："家贫诚无所遗，汝祖南山培兆域佳，后当贵，顾终不免贫耳。虽然，贫何患。"遂卒。《嘉庆休宁县志·方技》

明 吕祖尚，字韫宇，号悟虚子，又号紫阳山人，休宁人，著有《命理真机》四卷。其看命纲领曰：子平之理，以日干为主，取年为根，为祖业，则知先世之盛衰；月为苗，为父母，则知亲荫之有无；日支为花，则知妻妾之贤否；时为实，为子息，则知嗣续之多寡。先观从化，从化不得，方论财官；财官无取，方论格局。法分月气浅深，日干与用神，得令不得令。妙在识其变通，不可执滞以断吉凶云云。要言不烦，诚论命之指南也。明刊本《命

理真机》

清 戴震，字东原，一字慎修，休宁人。雍正癸卯，生邑里之居第。乾隆辛未，补县学生。壬午举于乡。癸巳，奉召充四库全书馆纂修官。甲午，奉旨得与乙未贡士，一体殿试。乙未赐同进士出身，授翰林院庶吉士。丁酉五月卒于官，享年五十有五。震少从婺源江永游，礼经制度，名物象数，靡不穷源知变，而归于理道。著有《原象》一卷，《迎日推策记》一卷，《句股割圜记》三卷，《历间》一卷，《古历考》二卷，《续天文略》三卷，《策算》一卷，《气穴记》一卷，《藏府象经论》四卷，《葬法赘言》四卷。又有《毛郑诗考》《尚书义考》《水经注》《文集》等书。《清史稿·儒林》钱仪吉《碑传集·翰詹下之中》

清 程九圭，休宁人，以六壬占人体咎如响。尝自占一数，诧曰：是大凶兆，因语其弟，曰："四月中，我当伤额，汝以五月死于水。"至四月屏居不出。一日过檐下，有雀噪于上，瓦堕伤额，大骇，戒其弟五月不使出户。至六月初，弟以为无事，出饮于肆，忽大雷雨，山水暴涨。九圭心动，急使人迎之，已溺于沟中矣，盖时尚未小暑也。《光绪安徽通志·方技》

清 徐卓，字陶友，休宁人。孤贫服贾，佣书励学，通经术及地理星经数学。道光癸巳，成进士。归班铨选，主讲黟祁书院，著有《经义未详说》《更漏中星表》《萝雪卮言》《荒鹿遇谈》《休宁碎事》《白岳纪闻》。《光绪安徽通志·文苑》

151 祁门县

本古昌门地，汉黟县之南境，唐置祁门县，在今县西。以县东北有祁山，因名，后移今治。清属安徽徽州府，县境多植杉木为林，岁联为筏，自昌江入鄱县湖，以达于长江。又产红茶，甚有名。

明 程大中，字时卿，祁门人，工医及日者术。往来池州，得异人秘授，后至湖广卖卜，决人生死，问者如市。李方伯淑延与语，奇之。时尚忧无子，大中曰："公当得佳儿。请如夫人辈吾视之，谁为贵人母者。"方伯出诸姬见之，曰："皆非也。"一婢侍侧，大中睨视，呼而诊之，曰："儿贵必

矣。"方伯纳之，果生维桢。后维桢贵，凡事有疑难者，决于大中。所著有《太素脉要》二卷。《光绪安徽通志·方技》

明 章佐圣，字右臣，祁门人。弃诸生，卖卜于市。著有《麟经》，志在解《大易时义注》。《光绪安徽通志·隐逸》

明 汪仕周，居伦坑。洪武间，与同邑郑英才、陈伯齐，从青阳张宗道学青乌术，尽得其秘。阴阳二宅，制作精微，时师莫能测其妙。生平不以营利，村基祖茔，皆其手扦，邑人饶世恩有传。张宗道，名亘识，号蓉城子。永乐癸巳，著有《地理全书》行世。

明 谢常德，居旸源，善堪舆，著《地理辑要》。

明 汪良梦，号九元子，居彭坑，天启文生，善堪舆，刊有《珠神经》行世。

明 陈嘉宪，居文堂，精地学，著有《地理分合》二卷。

明 郑英才，字膺才，从青阳张宗道，[①] 学青囊之术，尽得其秘。生平不以此营利，惟积善之家，代为卜吉。邑中暨浮黟大族，阴阳二宅，多其手扦。以上《同治祁门县志·方技》

152　绩溪县

唐分歙县置。县北有乳溪水，与徽溪相去一里，并流，离而复合，有如绩焉，县以为名。县治即歙之华阳古镇，清属安徽徽州府。

元 陈雷山，绩溪灵山下人，精青乌术，为人择葬地，无不验者，人称地仙。《康熙道光徽州府两志·方技》

153　宣城县

汉宛陵县，晋为宣城郡治，隋初改县曰宣城，仍为宣城郡治。清为安徽宁国府治，

---

① 青阳，山名，在安徽合肥县东六十里，巢湖东北。

今有汽车路通芜湖。

唐 夏荣，宣州人，有相术。萧嵩、陆象先，为僚婿。象先时为洛阳尉，宰相子，门望甚高。嵩尚未入仕。荣谓象先曰："陆郎十年内，位极人臣。然不及萧郎一门，尽贵而且寿。"人未之信。天宝中，嵩兼中书令，年八十余。子华，历中书侍郎，同平章事。乃服其冰鉴云。《旧唐书·萧嵩传》《乾隆江南通志·艺术》《光绪宣城县志·方技》

明 金碧峰，有道行，善天文，栖敬亭石岩。太祖幸其地，趺坐不起，露刀临之，曰："汝知有杀人将军乎？"答曰："汝知有不惧死和尚乎？"异而谢之。问以向道决胜，皆如其言。《乾隆江南通志·方外》

清 梅文鼎，字定九，号勿庵，宣城人。父士昌，号繖眗。① 改革后，弃诸生服。尝以六十四卦爻，与春秋二百四十年行事相比附，成书，谓之《周易麟解》。经史而外，多所该洽，务求实用，尤精象数。文鼎儿时侍父，及塾师罗王宾，仰观星象，辄了然于星次运转大意。年二十七，师事前代逸民竹观道士倪观湖，受麻孟璇②所藏《台历交食法》，稍稍发明其所以立法之故，补其遗缺，著《历学骈枝》二卷，倪为首肯。自此遂有学历之志，于天学书之难读者，必求其说，至废寝食，著天算之书八十余种，皆前人所未发。柏乡魏荔彤纂刻者凡二十九种，后其孙毂成，③别为编次，更名《梅氏丛书》，总二十五种《清史稿》《畴人传》《碑传集·经学上之下》④

清 王猷，字肇宗，宣城人，知县文质裔，少业儒，博览强记。曾于河南道中，遇一操舟者，名季海，授以导引之术，自此遂隐居卖卜，占决无不奇中。康熙时，督师董公聘入幕，平诸寇，多资其卜，以决所向。自以日者之言多谬盭，⑤ 著有《九十四家年月考》，及算书、三式、切韵诸书。卒年八十七。《光绪安徽通志·方技》《嘉庆宁国府志·方技》

清 孟浩，字天其，居城东乡孟村，少负远志，倜傥不羁，笃学，好吟

---

① 眗，音句，遇韵，又音拘，虞韵，左右视也。
② 璇一作璿。
③ 毂，音觉，与珏同，谓二玉相合也。
④ 梅文鼎《历算书目自序》云：家世学《易》，亦颇旁及于诸家杂占，及三式诸术，以为皆太卜筮人遗意，而《易》之余也。然百家言休咎，往往依托象纬，以尊其旨，故惟详征之推步实理，其疑始断。
⑤ 盭，音丽，与戾同。

韵。寻弃诸生业，专精地理。于青乌、九星、宝镜家言，无不淹贯通洽，而其统会，则以《雪心赋》为主。垂三十年，殚精探索，极意伸引，凡七易春秋，始能因注见赋，因赋见意，汇成四卷，名曰《雪心赋辨讹正解》，刊行于世，实为地理诸书之冠。师婺源佘心得赞曰："此书有儒者格物之学，非比形家，专以方位天星杂术骇人。"《光绪宣城县志·方技》

清 梅自实，字有源，宣城人。撰《定穴立向》《开门放水》《坟宅便览》四卷，专以二十四山向，用正五行，辨每年旺气节候；又以年道方支，论纳音生克。每山下附《天符经》《金精鳌极》《天河转运》等书。所定吉凶日，又附阳宅开门放水诸诀于后，以备检阅。《四库·子部·术数类存目二》

清 梅士铉，字象先，宣城太学生。自周鼓秦碑，以逮虫鱼草木，地舆医卜之籍，靡不穷究，尤豪于诗。伯仲早世，抚诸孤如慈母。寻以兄子事，冤系五年。尽毁产以纾难，无几微见于词色。晚为潜山县丞，著《孤山八集》行世。《光绪安徽通志·文苑》

154 南陵县

汉置春谷县，晋改阳谷，唐移南陵县于此，清属安徽宁国府。

清 刘世骏，字千里，幼慧，就童子试未售，改习青乌术甚精。尝谓人曰："人子须知择地，以葬父母。否则父母之体魄未安，即人子之心未尽。陶侃遇老父，示以葬地，位极人臣，虽事出偶然，未始非人力所致也。"语颇近理，自与衒术者异。卒年八十余。《民国南陵县志·方技》

155 泾县

汉置，故城在今安徽泾县西，后移置赏溪之西。宋崇宁间，赏溪东徙，城为圮。嘉定间，移于溪东，去旧治二里，地名留村。元又移于旧治东门敬天坊，即今治也。清属安徽宁国府。

明 赵钧，东隅人，孝友，多隐德，最精堪舆术。尝葬其父于曹溪黄麻山，预言某科当捷乡举，某科当捷南宫，某岁当迁某官。少宰士登，其姪也。诗方孩，后登科迁官，皆如其言。又言其子孙几世几房兴衰，历历如响，世以为神。以子士际，赠奉直大夫、罗定州知州。

明 万惠，号德轩，震山乡人。初言学，主孟子性善之说。遇异人。授太乙神数，遂兼通象纬占步之术。每言军国大计，吉凶皆历验。崇祯初，尝语人云："今上聪明神武，然鼎命将沦，又卦遇'从，或戕之'，非令终兆也。"一日挟厚赀附舟，舟人夜砺斧，将加害。惠呼与谈星命，出龟板为卜，悉其生平休咎，舟子矍之，意其术家，遂获免。其权智如此。惠长身伟干，铁面剑眉，须髯如戟，善内养，尝元日脱衣就潭浴，水气蒸蒸如沸铛。年六十余，著《河洛图说》《易二传解注》及《数学精微》、天文星气形家理气诸书。既而谓秘书不当泄，悉焚之。以上《嘉庆泾县志·艺术》

明 左激，字有昂，泾县人。善医，为训科，旁通阴阳卜算之术。尤精地理，著有《家警录》，为堪舆家所珍。

清 施参，字景曾，泾县人，精六壬口诀，有奇验。尝卖卜金陵长干寺，八月朔日晨起，占本岁科名，无一爽者。年九十六，鹤发童颜，神仙中人也。子斌，亦继其术。次子世琦，幼子天爵，皆善医，官太医院。以上《光绪安徽通志·方技》

156 太平县

唐析泾县置，故城在今安徽太平县北，寻废，旋复置，后移今治，清属安徽宁国府。

明 项淦，字素澄。邑庠生。笃志力学。博极群书，尤邃于《易》，为族秋曹如皋高弟。尝夜观气象，知明祚将终，遂隐居养亲。性耿介，不妄交接。教人先德行，后文艺。故游其门者，多文行兼优士。所居迩县治，足迹不至。著有《六息斋文集》，殁后散佚。今存惟《手编字韵》《批注周易家训》二书。《乾隆太平县志·文苑》

157　旌德县

汉泾县地,唐置旌德县,清属安徽宁国府。

清　刘茂吉,字其晖,旌德人。读书过目辄了,旁搜天文地舆象数精推步。所著有《北极高度表》《天地经纬象数要略》《坤舆图说》《京省全图》。《光绪安徽通志·方技》

158　贵池县

汉置石城县,隋废,后复置,改曰秋浦。唐于县置池州,五代杨吴改名贵池,清为安徽池州府治。

明　张宗汉,[①] 天师张道陵之后也,精青囊之术。明初避陈友谅乱,改名,隐于青阳。洪武己未,应召。观行师山川形势,贵池葬地,经卜其宅者,多留谶焉。《图书集成·堪舆部·纪事》

明　汪九仞,侍郎珊之子,善风鉴,断人休咎,烛照如神。

清　方正明,号紫峰,精堪舆,善卜筮。光绪丙子,新建文昌宫,时日方向,皆所手定。待人诚笃,时行方便。年七十八,夫妇齐眉,眼观四代。子二,孙八,曾孙七。长子策,岁贡。人咸谓其积善有庆云。以上《光绪贵池县志·方技》

清　张轮,江西人,善阴阳风角。贵池令赵衍,建水德亭,以弭水灾。轮以为不利主祭者,因代令祭,即日死。后邑人为衍立祠,以轮配之。《光绪安徽通志·流寓》

清　舒凤仪,字虞廷,号梧冈,池东人。精堪舆,著《地理孝思集》。《光绪贵池县志·方技》

[①] 据《歙县志》,似名宗道。

159 建德县

汉石城县地，唐改至德县，五代杨吴改曰建德，清属安徽池州府，民国改曰秋浦。

清 江之翰，字羽白，邑之羽士也。工诗文，多才艺，尤精堪舆之术。相墓画地为图，即知休咎，人比之黄拨沙。著有《地理纂要》，王尔纲为之序。《光绪安徽通志·方技》《宣统建德县志·艺术》

清 周馥，初名福，字玉山，安徽建德人。家贫嗜读，工书能文，兼通阴阳术数之学。因不得志于乡里，遂往省城安庆城隍庙卖卜，藉资糊口。时李文忠公鸿章长子丹崖中堂，尚未入翰林，亦寄寓皖城，与馥颇洽。越数年，文忠由鄂督调任直督，过皖城小住，见馥亦契重之，乃邀同北上，司文牍，累保道员。光绪丁丑，署永定河道。癸未，真除津海关道。文忠之督畿辅也，先后垂三十年，创立海军，用西法制造械器，输电路矿，万端并举，尤加意海陆军学校，北洋新政，称盛一时，馥赞画为多。醇亲王校阅海军，嘉其劳，擢按察使，再署布政使。俄擢山东巡抚，署两江总督，移督两广。丁未请告归，越十四年卒，谥悫慎。直隶、山东、江南士民，皆祠祀之。《清史稿·本传》《玄乌杂志》

○阜按：苏君硕人，曾见《悫慎公全集》石印本，附自订年谱，亦载及皖城卖卜事，容当访求拜读，俾再详叙。

160 青阳县

汉陵阳泾二县地，三国吴分置临城县，隋废。唐置青阳县，以在青山之阳为名。清属安徽池州府。

宋 杨应炎，字樵隐，精星命之学。文文山先生赠诗有云："莘郊一介，尧舜君民。薇山二难，百世忠清。富春耕叟，涕洟云台。终南道士，仕宦梯

媒。是数公者，俱以隐名。木石一迹，霄渊异情。九华山人，① 卖樵江湖。请算世间，几种樵夫。"《文山全集·赠樵隐应炎谈命》

161　凤阳县

本钟离县地，明初为临淮县，寻分置凤阳县，为安徽凤阳府治。清因之，裁临淮县入焉，津浦铁路经其北。

东汉　施延，字君予，沛国蕲人，明五经，星官风角，靡有不综。家贫，常任作由拳半路亭，食其力以养母，人不识也。时山阴冯敷，为吴郡督邮，过亭，延持帚往，敷望而知其贤者，下车谢之，推食解衣，与之钱不受。举有道高第，为侍中。顺帝阳嘉二年癸酉，以大鸿胪代庞参为太尉。《光绪安徽通志·儒林》《光绪浙江通志·寓贤》《乾隆凤阳县志·方技》

明　永安桥相者，不知姓名，仪状甚伟人。太祖微时，异之，因敶已处世变，② 故身历艰危，求其后来之否泰。相者曰："汝今大通矣。"言讫别去。及即位，改桥名为大通桥。在今凤阳府东南十里。《光绪凤阳府志·方技》

明　朱权，太祖第十六子，封宁王，国大宁。永乐初，改封南昌，恃靖难功，颇骄恣。晚年日与文学士相往还，托志冲举，自号臞仙。群书有秘本，莫不刊布之。著《肘后神经大全》《汉唐秘史》等书数十种，自经子九流，星历医卜，黄冶诸术皆具。正统十三年戊辰，薨。《明史·太祖诸子二》《四库·子部·术数类存目二》

明　盛世鸣，字太古，凤阳人，俶傥有蕴藉，嗜古文奇字，尝寓泗州，隐于卜。无锡孙少宰继高闻其贤，荐之叶相国向高，公卿皆爱而客之。世鸣意不怿，③ 退而隐居。所著有《空谷居士集》。《光绪凤阳府志·隐逸》

清　王鼎，字禹夫，凤阳岁贡，好学敦品，工籀篆，精壬式。著有《四书诠解》《淮河源流》《江南水利》诸书。《光绪安徽通志·文苑》

---

① 山在安徽青阳县西南四十里。
② 敶，音尘，古文，陈久也。
③ 怿，羊益切，音绎，戈灼切，音药，悦也。

162　定远县

南朝梁置，兼置定远郡，北齐改郡曰广安，隋废郡，改县曰临濠，故城在今安徽定远县东南。唐复为定远县，移今治，清属安徽凤阳府。

明　戚继光，字元敬，号南塘，晚号孟诸，定远人。幼倜傥，负奇气，好读书，通经史大义。世袭登州卫指挥佥事，累官少保，都督南粤诸事，卒谥武毅。著《练兵实纪》《莅戎要略》《武备新书》《止止堂集》。又著《纪效新书》，载有《将官到任宝鉴》。其提要云："将者三军司命，惟悔吝固人事所召。然时日吉凶，所以定众志而作气，拟之他任不同。今将紧要应验、用忌日辰，开略于左。"至《止止堂集》，又云："尝观琥珀系草、磁石引针而怪之。夫琥珀磁石，无知之物也。草既枯死，而针经火煅炼，生意何在？一被引系，则举跃动荡如生，而针则锋锋相连，可引数个而复跃。即此则风水之说，信乎其有；而枯骨无知，未敢以为尽然。琥珀磁石，其山川乎？针草，其遗骸乎？谓风水不可信者，盖以世人不修厥德，惟以是为务，至有倾人身家，忍心害理，专谋风水，以昌子孙者。却不知地理与天理相为流通，兹一等人，当在天理处责他，而非地理之不验也。"于此可见继光，不独究心择日，即堪舆一道，亦未尝不加意也。《明史·本传》《纪效新书》《止止堂集》

163　凤台县

即春秋州来，汉置下蔡县，明废。清雍正十一年，析寿州东北境，置凤台县，与寿州同城。同治间，徙下蔡，即今治，属安徽凤阳府。

清　杨玉琢，字其章。端方勤俭，精堪舆。母病侍奉不懈，祷于神，愿终身食素。母遂愈。乱年，立圩保卫一方。生平息争和讼，修桥补路。寿八十二，无疾而终，孙曾满堂。

清　李钧，善地理，为人相度，分毫不取。即馈以礼仪者，亦正色拒之。子春昆、春岑，皆入学。年八十四卒。以上《光绪凤台县志·方技》

清 刘钟，字元音，凤台人。少读书，讲朱子主静之学。遭乱，绝意进取。晚年邃于《易》，兼通医卜星相。乡人有危疾，惟钟能愈之，不受谢。少丧耦，不娶。得导引之术，年八十，颜如婴儿。《光绪凤阳府志·方技》

164 寿州

春秋六蓼国地，战国楚寿春邑，隋始置寿州，明初为寿春府，寻降为寿州，属凤阳府。清因之，寿春镇总兵驻此。民国改为寿县。

唐 夏侯端，寿春人，知玄象，善相人。仕隋，为大理司直。高祖龙潜时，与其结交。义师兴，擢秘书监。李密降，关东地未有所属，拜端大将军、河南道招慰使。会亳、汴已降王世充，道塞，无所归，粮尽遇贼，麾下存者仅三十余人。世充遣人以淮南郡公印召端，端不屈，间道走宜阳。入谒帝，帝悯之，复拜秘书监，俄出为梓州刺史。所得禄廪，皆散施孤寡，不为子孙计。贞观元年病卒。新旧《唐书·本传》

宋 志言，姓许，寿春人，落发东京景德寺，能前知。或卜休咎，书纸挥翰甚疾，初不可晓，其后多验。海客遇风且没，见僧操緺①引舶而济。客至都下，遇言，忽谓之曰："非我汝奈何。"客记其貌，真引舟者也。《宋史·方技》《光绪安徽通志·方技》

清 程鹏飞，字海峤，寿州人，性颖悟，究心六壬、占候之书，尤邃于医，济人不以为利。著《医方宝筏》二十四卷，署巡抚李孟为之序。卒年七十九。《光绪凤阳府志·方技》

清 杨梦熊，文生，善子平之术，决吉凶无不应。

清 夏炳南，字绍庐。少时卜地葬亲，屡为地师愚，遂立志研青囊学。遇熊某，授以秘旨，涉历三十余年，爱精其术。相墓门，言休咎，立应。著《堪舆要诀》《名茔图记》各一卷。

清 陈岐业，精医术，屡治奇疮异症，活人甚多。善星卜子平，决以吉凶无不应。卒年八十余。

---

① 緺，音亘，本作緪。《说文》：緪，大索也。

清 孙翼祖，号蕉圃，工诗，嗜饮，善演禽，兼精青乌术。著有《周易通》数卷。以姪家醵贵。以上《光绪寿州志·方技》

165 宿州

唐置，治符离，即古竹邑，在今安徽宿县北。后移置古符离城，即今宿县治。宋曰宿州符离郡，金复为宿州，元省符离入州。清属安徽凤阳府，民国改为宿县。

金 武祯，宿州临涣人，精数学。祖官太史，靖康后，弃官业农。是时州境入金，贞祐间，元帅仆散贞，以上客礼之。军事必谘，其应如响。正大初，征至汴京，待诏东华门。其友王铉问祯曰："朝廷若问国祚修短，子何以对之？"祯曰："当以实告之。但更言周过其历，秦不及期，亦在修法尔。"时久旱，朝廷为忧，祯忽谓铉曰："子须早归，恐为雨阻。"铉谓万里无云，赤日如此，安得有雨。祯笑曰："若是，则天不诚也。天何尝不诚？"既而东南有云气，须臾蔽天，平地雨注二尺，众皆惊叹。寻除司天监勾管。《光绪宿州志·方技》

清 谢体春，宿州岁贡，性淡泊，能诗文，博通典籍，尤精六壬卜筮。隐居不仕，年七十余终。《光绪凤阳府志·方技》

清 卜志尚，字辅周，性颖异。读书目，见群书，即通晓大意。长承父训，善青乌术，为人卜地茔葬，形家观之，皆嘉其术之精。又通命理，决富贵贫贱多奇中。八十余，无疾而终。《光绪宿州志·方技》

166 阜阳县

汉置汝阴县，明为颍州地。清雍正十三年，升州为府，置阜阳县为府治。

明 曹永鼎，字真陵，颍州人，善天文壬甲之学，能诗善射。夜步中庭，语友人曰："火在斗，主兵，大臣当之。"大司马陈新甲，果于是月死。

李翊[1]起兵杀贼，永鼎常居幕中，出奇制胜。后贼袁时中诈降，翊欲往抚，永鼎力阻不听，遂为贼所害。鼎革后，茅屋数椽，意恬如也。忽一日尽焚图谶书，独留琴谱，付侍者曰："刘孝廉公勇来，以此贻之。"遂卒。

明 白鸥，颍州卫人，通数学，能断人生死。岁疫，死者枕籍，乃潜心医理，卖田施药，家以是落。以上《光绪安徽通志·方技》《乾隆颍州府志·方技》

明 卢翰，字子羽，颍州人，嘉靖甲午举人，官兖州府推官。撰《易经中说》四十四卷。其讲《易》专主人事，而证以卜筮。每爻皆列变卦之图，而杂引经语史事之近似者，类附于下。《提要·经部·易类存目一》。又撰《筮易》一卷，是书以六十四卦，加太极两仪四象，进退离合，大小远近，衍为七十九数，易蓍策而用竹签，每签有辞，又各赘以赞释，以拟《易林》《太玄》《元包》《潜虚》诸书，实则以钱代蓍之变法耳。《四库提要·子部·术数类存目二》

清 刘大澜，字迥狂，颍州明经，博学善文，尤邃于数。其门下生，有以进士选令丹阳者，将之官。澜时卧病，推其必败，罹奇祸，戒家人曰："设某来，切不可以疾辞。"及见某，力止其行，并继以泣。某不能用，后果有祸。《光绪安徽通志·方技》《乾隆颍州府志·方技》

167 太和县

宋分汝阴置万寿县，宣和后，改曰太和，在今安徽太和县北，元省，后复置，移今治，清属安徽颍州府。

明 徐光代，太和人，精六壬数。周王闻其名，召汴，数决大疑。当汴被围时，屡劝王作筏以待，而水果突至，因获免。后江抚吴，聘至官署，值新得虎皮，内实以草，暗令卜之。徐曰："有猛兽之形而无气，当为假虎。"其验类如此。《乾隆颍州府志·方技》

清 巴见龙，字在田，增生，以帖括闻于时，尤精天文奇门兵阵之学。咸丰间，捻匪乱，襄刘存诚捍卫乡里，其所画策，无不中。

---

[1] 翊，音弋，飞貌，文辅也。

清 王琯，字献瑞，善卜筮。吉凶祸福，推数必参以理，所决断，多奇中。以上《民国太和县志·艺术》

168 霍丘县

春秋时蓼园地，汉置安凤县，属六安国，后汉曰安凤侯国，晋为安丰县地，南朝梁置霍丘戍，隋改置霍丘县。唐改曰武昌，寻复故。清属安徽颍州府。

明 敬以俭，霍丘人，精太乙数，人以为神。子恩，任大尹。亦以数学称。《乾隆颍州府志·方技》

169 涡阳县

明为蒙城县，及寿宿颍亳四州地。清割阜阳亳州蒙城宿州地，置涡阳县，设治于雉河集，属安徽颍州府。

清 刘廷扬，字海臣，蒙城刘氏后，徙居涡河北岸之刘家楼。曾祖乐水，庠生。祖怀义，廪膳生。授徒太清宫，不慕荣利。父纯修，性循谨，称长者。廷扬少聪颖，长溺苦于学，慷慨自喜，不屑屑章句贴括之习。清咸同间，天下大乱，粤匪初平，而捻首余孽，犹纵横于大河南北各行省，拥众辄百万，过无噍类，屠无坚城。时果敏公英翰，治军宿州，廷扬上书陈方略，果敏壮之，立委以招抚事宜。廷扬遂收服悍匪曹金荣等三千人，马二千匹，于曹州城下。厥后秦晋畿辅之战，糜役不从。以勇迁都司，加游击衔。在军中手不释卷，尤好《史记》《通鉴》。人或疑廷扬行装之多，发之，累累然皆册籍也。迨中俄失欢，廷扬率皖马队赴山海关，媾成，廷扬按诸营累，叹曰："兵气不扬，国其不振矣乎？"遂乞养归林下，绝口不言兵事。晚年尊师训子，尤致力《周易》，悟理数合一之旨，旁及堪舆星卜之学，皆粹然一归于正。子二，长鸿庆，前国会议员，安徽财政厅长。次鸿儒。《民国涡阳县志·人物》

170　亳州

春秋陈焦邑，秦置谯县，北周于县置亳州，明省谯县入州，清属安徽凤阳府，民国改州为县。

魏　华陀，一名旉，字元化，沛国谯人，游学徐土，① 兼通数经。举辟，皆不就。晓养性之术，年且百岁，犹有壮容。精方药针灸，善观气色。盐渎严昕，与数人共候陀。适至，陀谓昕曰："君身中佳否。"昕曰："自如常。"陀曰："急病见于面，② 莫多饮酒。"坐毕，归行数里，昕卒头眩堕车，人扶将还，载归家中，宿死。《魏志·本传》

171　五河县

汉虹县，宋于五河口置浍，使屯田，复置县，以淮浵浍沱潼五河合流而名。故城在今安徽五河县南，明圮，徙治西北界，后又迁浍河北，即今治。洪武初，属凤阳府。清雍正三年，改属泗州。

清　钱景恂，号少泉，邑庠生，北乡人也。善卜筮，精岐黄，性情古峭。恒静坐焚香，读《周易》，终日不出户。里党或有争端，辄以吉凶悔吝之辞晓之，而人意遂解。

清　朱玉光，字鉴若，庠生，貌古朴，性严毅。学精《周易》，论吉凶祸福多微中。西坝之役，贼氛甚恶，钟廷抡请卜之。卦成，庆曰："繇辞言利用御寇，是当必获利也。"果以捷闻。以上《光绪五河县志·方技》

---

① 徐，古国名，伯益之后，故城在今安徽泗县北。春秋昭公十三年，吴灭徐，迁徐于夷，今安徽亳县东南七十里，废城父城是。

② 《难经》云：望而知之谓之神。

172　南兖州

晋南渡后侨置，兖州治广陵，在今江苏江都县东北，南朝宋改曰南兖，后移镇盱眙，今安徽盱眙县治。

宋　何涉，字济川，南充人，父祖皆业农。涉始读书，昼夜刻苦，汎览博古。上自六经诸子百家，旁及山经地理、医卜之术，无所不学。仁宗时，登进士第。范仲淹一见奇之，辟彰武军节度推官，用庞籍奏，迁著作佐郎，管勾鄜延等路招讨使，机宜文字。① 时元昊扰边，② 军中经画，涉预有力，累官司封员外郎。涉长厚，有操行，事亲至孝，平居未尝谈人过恶。所至多建学馆，劝诲诸生。虽在军中，亦尝为诸将讲《左氏春秋》。狄青之徒，皆横经以听。著有《治道中术》《春秋本旨》《庐江集》七十卷。《宋史·儒林》

173　盱眙县

春秋时吴善通邑，秦置盱眙县，二世二年，项梁立楚怀王孙心为义帝，都盱眙。许慎曰："张目为盱，举目为眙，可以眺远，故名。"晋义熙中，置盱眙郡，南朝宋以后因之，隋时郡废，故治在今安徽盱眙县东北，宋升昭信军，元改临淮府，寻罢府复县，徙今治，清属安徽泗州。

明　赵儒，盱眙人，著有《性学源流篇》及《易学宾淮遗老文集》、卜筮医数等书。《乾隆盱眙县志·人物》

清　李叔廉，字星泉，盱眙廪生，通经史，精星卜之术。咸丰三年癸丑，登第一山，夜览星象。时粤逆踞金陵，云："须十年克复。"又云："盱眙有百四十里血劫。"后九年，捻匪陷城。其言皆验。《同治盱眙县志·人物》《光绪安徽通志·方技》

---

① 鄜，音孚，地名，在陕西西安府北。
② 昊，音皓，言元气博大也。

174 天长县

唐割江都、六合、高邮三县地，置千秋县，改曰天长。宋升天长军，寻复为县，清属安徽泗州。

明 戴端蒙，号圣所，为诸生。后弃去，恣意游览，归而著书，精水道、堪舆、医药。《嘉庆天长县志·技艺》

清 丁养虚，天长人，善琴棋，能文章，尤精奇门禽遁堪舆之学。其妻父朱氏，为邑名医。子四人，或继业，或设肆，因此起家。无赖之徒，觊其有，肆欺讹诈，四子苦累，教子读书，应试，凡入庠者，可支门户，盼望綦切。时朱翁考终将葬，舅以葬期谋于养虚，曰："姊夫明晰阴阳，能为人福，使我子侄一人入泮，举家感甚。"养虚敬诺，择冬月某日未时，应天微雨，二狗衔花戏墓侧，一男子戴铁帽，一孝妇索取石炭，此正时也。举棺封壤，孙必游庠。至日，果小雨，舆榇入茔，届时安穴，忽见两小狗，争芦花一枝，来墓前。有农夫头戴新锅，以代雨具。孝妇亦至。诸舅大悦。次年一孙入泮。天长宣瘦梅《夜雨秋灯录》

175 滁州

东魏置南谯州，隋改置滁州，唐改曰永阳郡，治清汉，寻复曰滁州，宋曰滁州永阳郡，元升为滁州路，寻复为州，明省清流县入州，清直隶安徽省，民国改为滁县。

明 刘定，字安道，滁州人，知医，精堪舆家言，口不言利。同州吕正，善绘事，晓医卜地理，人礼重之。《光绪安徽通志·方技》

清 石鉴，字汝正，号梅轩，读书好善，精于数学，决疑如响，居家孝友。《光绪滁州志·方技》

清 骆师璟，滁州人。某科进士，善卜，时在陕司书记。福文襄郡王督师经陕，途中奏折已拜，欲得卜者以决之。县令某，以师璟荐，卜得晋卦。王欣然曰："我名福康，安晋康侯，大吉之兆。"后果悉如其言。定远方士淦

《蔗余偶笔》

176　全椒县

汉置，晋永嘉后废，南朝陈，侨置南谯州，梁曰北谯，隋置县，改曰滁水，又改曰全椒，明初省入州，寻复置，清属安徽滁州。

明　林翘，字蔚起，莆田人，官中书，弃而隐于全椒。爱神山之胜，遂卜筑焉。博学，精象纬风鉴诸书。《光绪安徽通志·流寓》

明　费玠，字子藩，全椒人，嘉靖戊午举人。知建昌县，以忤直归。精青乌家言，著有《窥天管见》行于世。卒年八十。《光绪安徽通志·方技》

清　雷光仪，字子山，先世闽人，因商于椒。遂家焉。幼从耆儒朱亮弼学，以客籍，未与试。遂致力于《易经》，并研究《易林》等书。粤乱，避地卖卜资生。返里后，构屋积玉桥头，设卦肆，籍以口舌劝世，推演卦理，尤多奇中。又善堪舆，不以术炫。年八十四，卒。易箦前一夕，亲检出债券十数纸，焚之，惟以为善勖其孙启霖云。

清　汪兴桥，字友松，精歧黄，兼通堪舆六壬等术。性和易，人咸乐与交。有延诊者，虽寒暑必往。子大涛，孙同扬，皆能传其业。县令吴以敬，以"三世良医"额旌之。

清　金铎，字木公，增广生。少灵悟，弱冠习举业，长于诗赋，兼通堪舆歧伯之书，父卒尽哀，著有《在疚草》。事寡母廿余年。出入惟命。以上《民国全椒县志·艺术》

清　吴鼒，[①] 字及之，又字山尊，号抑庵，晚号西神山樵，全椒人。嘉庆进士，官侍讲学士，骈体文沉博绝丽，诗以孟韩皮陆为宗。归田后，艺专术数，主讲扬州书院最久。著《夕葵书屋集》，又有《阳宅撮要》，载入《清史稿·艺文·术数类·相宅相墓之属》。《小腆纪年》《阳宅撮要序》

[①]　鼒，音兹，鼎之敛上而小口者。

177　来安县

<small>唐永阳县，五代南唐改曰来安，宋废县为镇，寻复为县，清属安徽滁州。</small>

清　吴襄侯，家贫亲老，以相字为业。日捧字匣游市肆，得钱供一日甘旨，即与文士清谈围棋象戏，随手应敌，皆出人意表。好读书，恒至夜分不辍，亦知医。

清　张允恭，字赓尧，庠生，读岐黄书，尤精卜易。为人道休咎，多奇中，其言必一衷于理。有余资，即制药济人，不责其报。《光绪安徽通志·方技》《道光来安县志·方技》

清　周家相，字睿全，[①]岁贡生。精六壬数，尝为本州守占越狱盗六人，卦成谓在西南方，当于端午日获七人。及期果获之于全椒某镇，其一亦邻省逸盗也。他占验皆类是。

清　陈兆鹏，字正功，精堪舆术。尝为周氏卜葬地，语人曰："此地佳，不出十年，必捷一武魁。然不克寿。"乾隆乙酉，周家宾果中武举。及北上，没于扬州运河。并如其言。以上《道光来安县志·方技》

---

① 睿，睿锐，深明也。通也。

中国历代卜人传卷十四

江西省

江西省在我国中部长江流域南，有江右之称。又因有赣江纵贯其间，故别称曰赣。《禹贡》扬州之域，春秋时为吴、越、楚三国之界。秦属九江郡，汉初置豫章郡，唐为江南西道，宋为江南东路及西路。元立江西等处行中书省，明置江西布政使司清为江西省，民国仍之。其地东界浙江、福建，南连广东，东邻湖南，西北接湖北，东北毗安徽。省会曰南昌市。

178 南昌县

汉置，故城在今江西南昌县东，灌婴所筑，亦曰灌婴城。其城凡三改五移，隋开皇中，自郡西南徙之城北；唐贞观中，徙附郡城；明初又移今治。隋改县曰豫章，唐改曰钟陵，寻复曰南昌。清时与新建同为江西省治，南昌府亦治此。民国废府，仍为省治。明武宗时，宁王宸濠反于此，今有南浔铁路，由此达于九江。

汉 严丰，字孟侯，豫章人，王莽时官郡主簿。莽既篡位，太守河东贾萌与安成侯张普约举兵。师兴之日，有蜂丛集萌车，丰晓占侯，以为不祥。萌进兵，不听。会张普负约，无援，遂战死。《光绪江西通志·方术》

后汉 唐檀，字子产，豫章南昌人。少游太学，习《京氏易》、《颜氏春秋》，尤好灾异星占。后还乡里教授，常百余人。元初七年庚申，郡界有芝草生，太守刘祗，欲上言之，① 以问檀。檀对曰："方今外戚豪盛，阳道微

---

① 祗，音支，敬也。

弱，斯岂嘉瑞乎？"祗乃止。永宁元年，①南昌有妇人生四子，祗复问檀，变异之应。檀以为京师当有兵气，其祸发于萧墙。②至延光四年乙丑，中黄门孙程，扬兵殿省，诛皇后兄车骑将军阎显等，立济阴王为天子，果如所占。永建五年庚午，举孝廉，除郎中。是时白虹贯日，檀因上便宜三事，陈其咎征。书奏，弃官去。著书二十八篇，名为《唐子》，卒于家。《后汉书·方术》《光绪江西通志·方术》

唐 赵山人，洪州人。③崔丞相左迁，在洪州。时师曹王，将辟为副。时德宗在兴元，曹王有功，且亲奏无不允。山人既言事多中，崔问之。曰："地主奏某为副使，且得过否？"对曰："不过。"崔曰："以时以事，必合得过也。"山人曰："却得一刺史。不久敕到，更远于此。"崔不信，更问。对曰："必定耳。州名某亦知之，不可先言。"且曰："今月某日敕到，必先吊而后贺。"崔心瞿久之，盖言某日即崔之忌日也。谓山人曰："言中，奉百千。不中，轻挞五下。可乎？"山人笑曰："不合得员外百千，只合得员外起一间竹屋。"又问之，曰："我有宰相分无？"曰："有。"崔曰："远近？"曰："只隔一两政官，不至三年矣。"及某日私忌，洪州诸僚，悉之江亭慰崔。众皆北望信，至酉时，见一人从北岸袒而招舟，急使人问之，乃曰州之脚力。将及岸，问曰："有何除授。"崔员外奏副使过否，曰："不过。却得虔州刺史，敕牒在此。"诸公惊笑，果先吊而后贺焉。明日说于曹王，予锡百千不受。崔为起竹屋一间，欣然徙居之。又谓崔曰："到虔州后，须经大段惊惧，即必得入京也。"既而崔舅源休与朱泚为宰相，崔复闻堂帖追入，甚忧惕。时故人窦参作相，拜兵部郎中，俄迁给事中、平章事。

唐 豫章术者，不知其姓名，尝望牛斗间有王气，因游钱唐，以相法隐临安市上，阴求其人。临安县录事钟起，有子数人，与钱镠饮博。④起尝禁诸子，诸子多窃从之游。起与术者善，乃私谓起曰："占君县有贵人，求之市中不可得。视君之相，贵矣，然不足当之。"起乃为置酒，悉召县中贤豪

---

① 庚申四月改元。
② 萧，肃也，谓屏墙也。
③ 洪州，即今南昌县。
④ 钱镠，字具美，沆州人，不喜事生业，贩盐为盗，后为吴越国王，卒年八十一，谥武肃。镠音留，黄金之美者。

为会，阴令术者遍视之，皆不足当。一日术者过起家，镠适在外来，见起反走。术者望见之，大惊曰："此真贵人也。"起笑曰："此吾旁舍钱生耳。"术者召镠至。熟视之，顾起曰："君之贵，因此人也。"乃慰镠曰："子骨相非常，愿自爱。"因与起诀，曰："吾求其人者，非有所欲也，直欲质吾术耳。"明日乃去。起始纵其子等与镠游，时时贷其穷乏。①《五代史·吴越世家》《光绪江西通志·方术》

宋 陈执中，字昭誉，南昌人，好阅人，而解宾王最受知。初为登州黄县令，素不相识，执中一见，即大用，勅举京官。及后作相，又荐馆职。宾王仕至工部侍郎，致政，家雄富，诸子皆京秩，年七十余卒。宾王为人方颐大口，敦庞重厚，左足下有黑子，甚明大。《图书集成·相术部·纪事》

○阜按《宋史·本传》：陈执中，官吏部尚书，复拜同平章事，昭文馆大学士。

明 庐文燧，字火甫，南昌人，府学生。时宜春藩邸重其名，延为诸子塾师，寻以女弟妻之。国变后，不复应试，精研《周易》，著《读史心编》。尤善推测，其于天文地舆、星命卜筮等书，皆贯彻通晓。年九十后，乃坌诸家术数书为巢，日坐其内。间为人决死生穷达，辄能奇中。《同治南昌府志·方技》

明 胡俨，字若思，号颐庵，南昌人。少嗜学，于天文地理律历医卜，无不究览。洪武中，以举人授华亭教谕。永乐初，荐入翰林，历官国子祭酒。朝廷大著作，多出其手。居国学久，以身率教，动有师法。洪熙改元，以疾乞休。进太子宾客，仍兼祭酒，致仕，归闲二十余年卒，年八十三，有《颐庵集》。《明史·列传》《光绪江西通志·列传》

明 万祺，字维寿，南昌人，精禄命，言多奇中，士大夫异其术，以掾史办事吏部。正统间，除鸿胪主簿，景帝不豫，时有议召襄王者，石亨诣祺问休咎，对曰："皇帝在南宫，奚俟他求。"亨悟，率众迓英庙复辟。久之，亨以祺名奏，历升部郎，会曹钦反，执尚书王翱、学士李贤，欲加害，祺陈利害，力救得免。钦诛，擢太常卿。成化末，累官工部尚书，以功名终。《图书集成·星命·名流列传》《光绪江西通志·列传》

---

① 豫章术者，旧志列五代，今改附唐末。

明 陈纪，字空山，豫章人。① 善堪舆，工诗文。黄冈王翰林廷陈，赠以诗云："汝擅青乌术，频为黄鹤游。山川委情状，岁月傍穷愁。善补神功就，能令鬼福酬。高踪何所似，漂泊一虚舟。"《梦泽集》

明 王玉章，江西南昌人，精子平术。夏阁老言少时，以壬寅、丁未、丙寅、壬辰八字乞其推算，玉章批其命书云："如今还是一书生，位至三公决不轻。莫道老来无好处，君王还赠一车斤。"阁老后为严嵩所妒，诬为复河套事，受曾铣贿金，卒坐弃市。后嵩败，其家讼冤，复其官，追谥文愍。
明徐复祚《花当阁丛谈》

明 杨源，字贵洁。② 瑄之子，初位太仆主簿。宏治乙卯，各省奏地震，天鼓鸣，源应诏陈言，坐出位，谪铜仁长官司吏目，徙钦天监五官监候。正德元年丙寅，刘瑾典兵柄，源奏："自八月初，大角及心宿中星，动摇不止。大角天王之座，心宿中星，天王正位也，俱宜安静，而今乃动摇，意者皇上轻举嬉戏，游猎无度，以致然也。伏望祗畏天威，安居深宫，绝游嬉，罢弓马，毋轻出入，远斥宠幸，节赏赐，止工役，亲元老大臣，日事讲习。"章上，不报，十月复奏："连日雾露交作，为众邪之气，阴冒阳，臣欺君，小人擅权，为下叛上。"瑾怒，矫旨廷杖三十。明年又奏："火星入太微垣，帝座之前，或东或西，往来不定，宜思患预防。"意在瑾也。疏留中，瑾召源，面叱之，曰："尔何等官，亦欲为忠臣邪。"源厉声曰："官大小异，忠一也。"复杖六十，谪戍肃州。③ 以伤重，卒于河阳驿。④ 妻皮氏，斩芦荻覆尸，葬之古城。万历间，河南抚按，奏请建祠于河阳，赐额"忠愍"。天启初，谥忠怀。《明史·杨瑄传》《光绪江西通志·列传》

清 金道人，江右人，善相，百不失一。郑参知迨未第时，偕诸名士访之，历历如向，独不顾郑。郑时自负才名，恚之。⑤ 道人曰："毋怒也。秋榜后，当奉告。"至期果下第，复问道人，道人曰："君相法在丁酉，当魁省试。"郑问："何以为验？"曰："至年发当长尺许，是其兆也。"遂去，郑心

---

① 豫章，即今江西南昌县。
② 《明史》作本清。
③ 肃州，今甘肃酒泉县。
④ 河阳驿，今河南孟县。
⑤ 恚，音惠，恨也，怒也。

记之。洎丁酉春，发果暴长尺许，益自负。秋初，道人复至，告之故，曰："未也。"入试之后，额当隆起如赘然，登第后始消耳。已而果然。既又问春榜消息，良久弹指曰："尚远，吾不及见也。"郑不怿，遂不终问。越十四年庚戌，始成进士，访道人则已死矣。《五杂俎》

○阜按：此与四川省《璧山县志》所载金道人不同。

清 刘丁，字先庚，南昌人。少失怙恃，年十三，即知向学。《五经》《史》《汉》诸书，皆手抄录，深思默识，期于有得，曰："学非徒论说也。"为诸生五十年，未尝一日去书。凡天文地理典制音律医卜，皆洞晰源流，尤邃于《易》，每曰："三才万物，一理应感；眼前日用，便是图象，此不得以传注拘也。"居乡笃行，尝兵乱遇盗，询知姓名，卒不敢犯，有患读书成疾者，答曰："予年十八，得血疾，痛自惩治，二年而平复，三十而壮，五十精神倍少时，今七十故如，此节欲效也。"康熙壬申卒，享年七十有二，著有《家居便览》《历代典略》《正学粹言》藏于家。《碑传集·文学上之下》

清 蔡象显，南昌县学生，精数学，里人有母暴死者，就象显乞牛黄丸，象显曰："丸无矣，测以数，可也。"卜曰："吉，尔毋已起饲豕矣。"里人归，视之果然。耿逆判兵掠抚州，里中卢某，方起义兵，象显占之，遽执卢手曰："慎之，兵将不利于火。"后卢出师当火日，敌营炮发，全军覆焉。邑先辈尝称象显推测神妙，为尧夫后一人。《同治南昌府志·方技》

179　新建县

本南昌县地，宋析置新建县，明清时与南昌县，并为江西省及南昌府治，民国亦为江西省治。

唐 朱邯，豫章人，精于《周易》，得京管之遗法。唐建中初，游楚卖卜，青山人董元范，母患奇病，至夜即发，邯为筮之，得解之上六，曰："君今于日昃，具衫服于道侧，伺有执弓挟矢而过者，君向求之。"时邑人李楚宾喜猎，其时果至，元范邀之至家，设酒馔，留宿。是夜月明如昼，楚宾出户徘徊，见一大鸟飞集舍上，引噱啄屋，喙，音诲，坠韵，口也。啄，竹角切，屋韵，鸟食也。即闻堂内叫痛苦声。楚宾引弓射之，两发皆中，其鸟飞去，痛声亦止。明日与元范四索于败屋中，得碓捏古阯，两箭著其上，皆有血光，遂取焚之，母患果平。《图书集成·艺术典·卜筮部·名流列传》《光绪江西通志·方术》

元 龙广寒，江西人，寓居钱塘，挟预知之术，游湖海间，咸推为异人。又行服导引之法，常佩小龟数十于身，至晚仍解饲之。事母至孝，六月一日，母生辰，方举觞为寿，忽见北窗外梅花一枝盛开，遂称之曰"孝梅"。赠诗者甚多，惟张菊存一篇，最可脍炙，曰："南风吹南枝，一白点万绿。岁寒谁知心，孟宗林下竹。"至治初，广寒卒，年百有八岁，犹童颜绿发云。《图书集成·术数部·名流列传》《杭州府志》《道光新建县志·方技》

明 张储，字曼胥，大学士位之弟，多才艺，医卜星相堪舆风角之术，无不通晓。万历间，游辽东，归语人云："吾观王气在辽左。又观人家葬地，三十年后，当大贵。行伍间巷中，儿童走卒，往往多王侯将相。天下其有所归乎？"人以为狂，既而其言果验，储年七十余卒。《同治南昌府志·方技》《道光新建县志·方技》

180 丰城县

三国吴富城县，晋改置丰城，移于丰水之西，故城在今江西丰城县西南，即雷焕得宝剑处也。唐迁县于章水东，始为今治，后改曰吴岸，五代时南唐复故名，明清皆属江西南昌府。①

元 揭道孙，字志道，世居丰城，少笃学，为文章，通阴阳卜筮方药之说。亲疾，常再剔股肉，和药进之而愈。中乃力穑灌园，教授乡里，晚又手写佛书，出钱建寺。延祐甲寅卒，年六十八。元虞集撰《揭志道墓志铭》

明 朱隐老，字子方，号灉峰，丰城人，以邵子《皇极经世》义趣深奥，学者猝不能得其说，因以己意训解，凡邵子所未及者，皆折中而论定之；若邵子所自为说者，则又姑取最浅近之理，以为之指示，欲令读者易得其津涯也。《四库·术数类存目一》

---

① 吴岸，一本作吴臬。

明 何冶云，号半溪，斗溪人，精青乌术，尝游吴越间，为人相地，与刘孟迈、① 赵子方齐名，所著书载入铜板馆《古今图书集成》。族孙德宏，亦善地理，著《何氏沙法》，为堪舆所宗。

明 杨应祥，乌柏上点人。崇祯时，以地理受上知，历官尚宝寺卿。里有古井，忽发翰墨香，氤氲十余日，时应祥在京，召对称旨，膺殊礼，乡人异之，名曰香泉。

清 周应骥，字天庆，花园人，善星卜。至京师，司农裘文达，为延誉，朝贵卜宅，言祸福多验。諴亲王闻其名。② 召相园寝，亦奇中，王书"剑气文光"四字赐之。后援例选万县丞，署县事。

清 万国宁，斗溪人，顺治间，两召至京，试龙穴沙水论，进呈第一。

清 丁焕，字淇清，一字云门，沙湖人，邑庠。自幼纯谨朴质，刻苦自励，事亲孝，亲没哀痛迫切，卧殡侧，数月不踰阈，③ 族人以齿德推。晚年不求闻达，博览群书，兼通星命相法地理，尤善卜易，多奇中，至今有服其前知者。邑侯华，慕其名，馈金屡辞不受，侯嘉其节操，赠以"正直之儒"额，寿九十余而终。子六，长揆丰，邑庠；次揆谦，业儒；孙蓬，邑庠。以上《同治丰城县志·方技》。

181 进贤县

汉南昌县地，晋分置钟陵县，寻省，唐复析置钟陵县，复废。宋初置进贤镇，升为县。明清皆属江西南昌府。

宋 赵公衡，字平仲，自号淡然居士，魏悼王之六世贤孙也。嗜读书，喜赋诗，而不肯一试于有司，有官而终不就一列。外至黄老星家，医卜百工之技，靡不解。年未冠，父疾亟，公衡夜犯涛江，跣足数百里，迎医之良者，而拜之如父兄。及父丧，上无诸父，下无同产兄弟，以只影童子，而堋

---

① 一子子南。
② 諴，音咸，和也，诚也。
③ 阈，音域，门限也。

大事。① 母寡己孤，母耄己槥，乃饘己以饭母，寒己以暖母，劬己以妥母，母子同命者，四十年如一日。其居豫章之进贤，急人之急忧，药人之疾，或托之以死，或寄之以孤者，累累也。庆元二年丙辰卒，寿享五十有九。《诚斋集·赵公平仲墓表》

清 李希彩，一都人，善风鉴，凡相人富贵贫贱，后俱应验。尝言人有阴隲纹现，则寿增一纪，富贵随之，其存心劝善如此。每游仕宦家，或假扮人试之，无不立辨。新建裘文达公，尤敬礼之。《光绪进贤县志·方技》

182 南城县

汉分豫章南境立，以在郡城之南，故名。明清皆为江西建昌府治，今县东南有南城故城，为汉县，今县为宋时移治也。

宋 廖应淮，字学海，自号溟涬生，② 南城人，宋末布衣，抱负奇气，好研磨运气推移，及方技诸家。年三十，游杭，上疏言丁大全乱政状，中以法，配汉阳军，应淮荷校行歌出国门，道傍人啧啧壮之。遇蜀人杜可久于汉江滨，为祷营将，脱其戍籍，授以邵子《先天易数》，其算由先天起数，应淮神警，一问辄了。尝坐临安市楼卖卜，卜已，辄闭楼危坐，取一环按剑自锻之，当火少休，则危坐以为常。曾过曾渊子家索酒，饮酣抵掌放歌，坐者皆诧。见贾似道，直言宋鼎将移，语毕亦径出。国子监簿吴浚，以《先天易笺》《阴符经》《六花陈法》质之，应淮掷其稿于地，曰："误天下国家者，此书也。"浚欲从之受《易》，骂曰："敷，若黄口儿语此，人皆邵子矣。"后以其数学授进士彭复之，以传鄱阳傅立。③ 著有《元元集》《历髓》《星野指南》《象滋说会补》《画前妙旨》，约十万言。《图书集成·艺术典·术数部·名流列传》《光绪江西通志·列传》

明 傅洋，字元盛，南城人，少负奇气，好读书，尤精易学。有寇伺夜至，洋占《易》，得"暮夜有戎"，遂遁免。事母至孝，待寡嫂深加礼敬。乡

---

① 塴，音烹，崩也。
② 溟涬，《淮南子·本经》：江海通流，四海溟涬。
③ 傅立，另有传。

人有以贫故鬻地者，捐金赎之。岁大饥，出谷赈济以千数，与兄泺、瀔，并称三俊。① 而洋尤知名，人称南坡先生。②

明 夏泉，南城人，精于天文之学，官苏州府通判，弘治甲子，署昆山事，云："夜观乾象，明年状元当出此。"其语闻于人，贡士十余辈，往问，夏云："状元只在城中，第未知为谁。"顾未斋以家于城，欣然自任，曰："乙丑状元属我矣。"已而果然。明陆延枝《说听》

清 陶成，字企大，南城人，康熙己丑进士，官翰林院编修，著《皇极数钞》二卷，其书以洛书印合河图，而推其数以占卜。上卷采掇蔡沈之说，下卷采掇李经纶之说，而推衍以己意。大旨重一为三，重三为九，九复合一为十，以通河洛之数。《四库提要·子部·术数存目一》

183 新城县

汉南城县地，三国吴改永城，隋省入南城，唐复置永城，寻又省入南城，宋置新城县，明清皆属江西建昌府，民国改为黎川县。

明 朱文煜，新城入学《易》，通流衍卦气法，自筮知无禄，遂亡进取意。读书不为章句训诂，务探精义；为文尚理致，不为绮靡。书法宗柳氏，年未三十，乡人争致为师。笃孝友，以善人称，年八十卒。《同治建昌府志·方技》

明 黄端伯，字元公，新城人，崇祯戊辰进士。福王时，官礼部仪制司郎中。南京破，死难，事迹附见《明史·高倬传》。撰《易疏》五卷，首列诸图，皆以发明京氏卦变之义，旁及《阴符》《乾凿度》《握奇》《遁甲》等书。《四库·经部·易类存目二》

清 李一清，字圣池，诸生，宜黄人。少习形家青囊诸书，为人卜葬地，无不吉者。游新城，中溪陈元，请为谋父葬地，获吉壤于南城九柏山，谓元曰："葬此后必昌，然不利于君身，且不利于我，必瞽目。虽然，我当

---

① 泺，音历，药草也。瀔，音冯，水声。
② 同治建昌府志·方技

成君孝,愿附婚姻,以子孙为托。"元唯之,既葬,果如其言。元卒,年仅三十耳。一清瞽后,以女妻元弟允恭,遂家于中溪,与陈氏世为婚好,陈氏科甲蔚兴自此始。一清为人谦和诚笃,与鲁进士仕骥相友善,虽精技术,然非孳孳弋利者可比。年七十余卒,著有《地理浅说》一卷。《同治新城县志·方技》

184 南丰县

三国吴置,其故址在今江西广昌县东十五里,地名士屯者。隋唐间再经废置,益徙而东,开元间以废。南丰县田地丰饶,川谷重深,时多剽劫,乃复置县,继而徙县治于今县东一里嘉禾驿,又徙治西理坊,即今南丰县治,明清皆属江西建昌府。

明 危斗南,佚其名,南丰人,少游吴越访道,凡象纬舆图,韬略奇遁,独获秘授。萧然委里,同里闇者轻之,独刘冠寰一见执弟子礼。斗南精于太乙,自断没期不爽,又尝言明祚止于甲申,南丰祸于乙酉。至期,斗南已先二年卒。《光绪江西通志·方术》

明 李经纶,字大经,号寅清,南丰人,正嘉间诸生,注有《范数观通》。清汤倓,[①] 号漫湖,亦南丰人,增注此书,改名《洪范皇极注》四卷。其书首卷,著揲法筮占说辨诸条,以下则分内外篇,末缀以范数之分,而每卷皆系以图,盖专为占筮而作也。《四库提要·子部·术数存目一》

明 胡映日,字心仲,南昌人,弱冠颖异绝人。父海定,以氾水令殉难,映日遂器处不仕。顺治甲午来南丰,及谢约斋门,其学博而能精,所著天文地理,医卜等书甚富,尤深于象数、《周易参同契》,贯通有独得。妇翁彭躬庵,称其文奇崛嵌崎,如拗山愚水,海内名宿推许,年四十余卒。平生重节义,砺廉隅,晚年尤纯粹不杂云。《同治南丰县志·流寓》

清 李灏,字柱文,南丰人,著有《易范同宗录》,其说取刘歆河图洛书,相为经纬之义。以《易》与《洪范》,合而一之,分三篇,曰河洛,曰易卦,曰范数,终以揲法占法,附以所作数词。《四库提要·子部·术数类存目

---

① 倓,音谈,安然不疑也。

一》

清 黎立贤，字坤仲，素嗜青囊术，尤善卜筮。己卯春，为邑中卜科第，有云"东赵西汤，林在其中"，秋榜后，姓字俱不爽。咸丰间，粤寇窜丰，有王姓子六人被掳去，父母几晕绝。① 立贤为之卜，判定六子于五日内可逃归，至期悉应。间为乡农课晴雨，皆占验如神，时人以黎仙称之。②

185　广昌县

唐南丰县地，宋析置广昌县，明清皆属江西建昌府。

清 毛节，字季先，广昌人，性倜傥，风角占验术奇中。太保许贞镇粤东，延入幕，参赞机谋，多所擘画。暇则以诗古文自娱，自号懒墨老人。《同治建昌府志·方技》

186　泸溪县

明置，属江西建昌府，民国改为资溪县。

明 孙景耀，字震阳，学贯诸家，耐清贫，于世味泊如也。著有《易旨问义》《地理真诠》《奇门秘要》诸书。

清 魏端，字端子，生平好奇，于天文地理风角之书，靡不究览。当崇祯之季，性好游，北极雁门，南踰柳州，足迹常万里。晚岁家居，指所居曰："某日当圮。"至期果然，盖异人也。弃诸生服，著书自娱，见者多不能解云。以上《道光泸溪县志·方术》

清 黄堂，字雨椽，号秋水，泸溪人。乾隆丙子举于乡，辛巳成进士，官安徽宿松知县。博闻强记，贯穿经史，旁及音律星命医卜诸书，而性冲淡，于人世一切穷通得丧，泊如也。罢官归，主讲省城友教书院，著诗古文

---

① 晕，音运，俗谓昏厥曰晕。
② 民国南丰县志·方技

十余卷，年六十六卒。《碑传集·守令》

187 临川县

后汉改汝县，隋改为临川，故城在今江西临川县西，唐徙今治，明清皆为江西抚州府治。宋王安石为临川人，世称王临川。

宋 陈撝，临川人，周益公必大，赠以《正易心法》及《易索》两书，谓《心法》出麻衣道者，传自希夷先生，可以求天理；《易索》，吉之太和名士张汝明所作，可以知人事。撝得之，遂以精易卜名。《光绪江西通志·方术》《咸丰抚州府志·方技》

宋 雷思齐，字齐贤，临川人，于书无所不读。宋亡之后，弃儒服，为道士，居乌石观，晚讲授广信山中。暨终也，复归乌石，卒年七十有二。思齐撰《易图通变》五卷，《易筮通变》三卷。其《易图通变》，自序谓河图之数，以八卦成列，相荡相错，参天两地，参伍以变，其数实为四十，而以其十五，会通于中。所述河图洛书、参天两地倚数之图、错综会变等图，及河图遗论，大旨以天一为坎，地二为坤，天三为震，地四为巽，天七为兑，地六为乾，天九为离，地八为艮，而五十则为虚数。其说虽与先儒不同，而案其出震齐巽之义，亦颇相吻合。其《易筮通变》，凡五篇，一曰卜筮，二曰立卦，三曰九六，四曰衍数，五曰命著，亦多自出新意，不主旧法。白云霁《道藏目录》，载二书于《太元部·若字号》中，盖图书之学，实出道家，思齐又本道家衍说之，以附于《易》，固亦有由云。宋袁桷《清容居士集·雷道士墓志铭》《四库提要·经部·易类三》

明 张中，字景华，临川人，元末举进士不第，遂放情山水。少遇异人，授以太极数学，谈祸福奇中，好戴铁冠，人呼为铁冠道人。明太祖下南昌，以邓愈荐中，召至赐坐，问曰："余定豫章，兵不血刃，生民自此苏息否。"曰："未也。旦夕此地当流血，庐舍焚毁殆尽。"及指挥康泰反，一如中言。又言国中大臣有变，宜豫防。至秋，平章邵荣、参政赵维祖，伏甲北门为乱，事觉伏诛。鄱湖之战，陈友谅中流矢死，两军皆未觉，密奏曰："友谅死矣，请遣死囚，持祭文往哭之，则彼气夺而吾事济矣。"从之，降其众五万。居都下数年，一日无故自投于大中桥水，求其尸不获。建文时，复见于金陵，歌曰："莫逐燕，逐燕自高飞，高飞下帝畿。"遂有靖难之事，后不知所终。《明史·方技》《清一统志·抚州府·仙释》《同治上江两县志·方技》

明 章世纯，字大力，临川人，天启举人，著有《己未留书》及《章子留书》，凡天文律历，以至五行禽遁、阴阳星卜之言，一见即能剖微摘谬。授翰林孔目，有旨召对，以口吃辞。条上兵事，极言禁旅边镇，及召募客兵之弊，出为柳州知府，时年已七十矣。闻京师变，悲愤发疾，卒于柳州。《同治临川县志·方技》

明 张楠，字神峰，号西溪逸叟，临川上官里人，精星学，以五行禄命诸书，沿习讹舛，著《命理正宗》，尊崇正理，辟诸谬说，万历乙亥刊行于世，海内星平家多宗之。《光绪江西通志·方术》《同治临川县志·方技》及《正宗序言》

明 赵吉六，江右抚州人，善谢石拆字术，卖卜于京师。人有所叩，随意书一字，则随字解拆，吉凶甚验，名甚噪。余偕邑中两春元①往叩之，时辛丑会场才毕，两春元一姓陈，一姓张，俱问前程事，余则欲得家报耳。入其门，赵方课一童子读《学》《庸》，见我辈去，叱童子去，收书置几上。余指示之曰："此两春元，俱大才，赴罢会场，中固其所必然，所不知者名次耳。"陈春元即指其书签上庸字，赵曰："庸字上半为庚，庚者更也，更者化也，今庚不能更，何能化乎？且公登第便当用世，以不成之庚，压于用上，恐无所用耳，莫怪直言。"次至张春元，亦指书签曰："大字。"赵嚬蹙不言，张曰："但据理直言，何必忌讳。"赵曰："依此大字，公亦尚须有待。"余曰："试言其故。"曰："移大字上一直置下中，成一不字，故沈吟也。"两春元大笑。次至余，写"贝"字，曰："欲得家信耳。"赵曰："尚远，以贝字上目字横转，则为四字，其四月初八乎？然四八成三十二，三月二十外，当有信。"余深信其言，归即书而粘之壁后。三月且尽，家信茫然，时从兄廷珍初第，观工部政，过余，酒中，见壁间所识，方共讶家信之难到，忽一人突入，乃兄纪纲名祥者也。相对一笑，余问家信，云在蒋侍御船，我于德州从陆先行，计其程，来月初旬，必当抵湾，至初八，余不待问至，先往湾中

---

① 余即徐复祚。

候之，蒋船初十始到，则在天津马堂处担阁两日也。两春元，亦下第，后于郡人杨春元玉苍名大润座中谈及，杨亦闻其名，欲往叩。杨时留京就选，应得有司，而李大冢宰，对予名戴与杨之尊人，大司马震淮公名成有旧，已拟湖州司理缺矣。玉苍书一"湖"字，曰："就选得此地否。"赵曰："水中捞月，岂能就乎？且君十口在水月之间，水月阴象也，当必有不定之耗，君不应久留此矣。"玉苍又书一柄字，问曰："此人在家安否？"盖时已闻长郎有病，故问也。赵曰："移木傍右一点置左，显是病字。"玉苍又书一席字，问曰："即病无大妨碍乎？"赵曰："此麻巾也，兆甚凶。"玉苍不乐起，甫欲出门，而一人阗入，余识其为常州薛廷州，徐仪制峄阳名希孟客也。时峄阳偶有小疴，使之来问，薛书一徐字，赵曰："众人倚一木，不吉孰甚焉。"薛愠见于色，大声吒曰："小小风寒耳，便不起耶。"赵呵之曰："毋怒，当为君再缴一字。"则书孟字，赵前贺曰："幸甚，无大害。"薛曰："君言展转，惑人法也。"拂衣去，不留谢钱。既去，语余辈曰："此人性急，不与实言，移子一画置皿，上为了，下为血，其人血已了矣。不死何待。"峄阳果三日不汗死。玉苍家问至，则长郎病剧矣，不及选而归。其余所闻，甚多奇中。后以占右营佐击孙光前病，恶其直，以妄言祸福，嗾内刑厂监逮之，递归江右。光前，承运库太监孙顺姪也，未几亦死。明徐复祚《花当阁丛谈》

清 纪大奎，字慎斋，号向辰，临川人，少习易学，尽通阴阳历算壬遁之术，乾隆己亥举人，历官昌乐、什邡等知县，[①] 所至有政声。什邡奸民，据山聚众，大奎率干役寻破之，邑遂安，擢知合州。道光壬午，引疾归，年八十，卒祀合州名宦，著有《地理末学》六卷，《水法要诀》五卷，《河洛理数便览》一卷，《六壬类聚》四卷，《清史稿·艺文·术数类》，载入数学相宅相墓占卜之属。又著有《观易外编》《古律经传附考》《老子约说》《仕学备余》《笔算便览》《双桂堂稿》等书。《清史稿·循吏·附刘大绅传》，诸可宝《畴人传三编》

清 杨天爵，临川瑶湖乡人，精历法，作《七政台历书》，颇解讹错，谈星平者悉用之。《同治临川县志·方技》

清 李奉来，字侨宣，号归淳子，临川人。父士星，字文昭，号觉山，

---

① 邡，音方，什邡县名，汉置，属四川省。

乾隆癸酉举人，精堪舆选择。奉来禀承家学，谓为地脉钟山川之秀，佳期夺日月之精。乾隆辛卯，辑有《崇正辟谬通书》十四卷行世。惟地理书未作，盖恐峦头理气，不可方拟，非具有灵心慧目者，莫能有悟，至选择惟求一是而已。《崇正通书序》

188 光泽县

晋邵武县地，宋分置光泽县，明清皆属福建邵武府，民国二十三年，划属江西省。

元 王振六，字伊平，遇徐州杨伯宗授秘术，遂精青乌家言。初居王湛，后游下山坑，乐其山水，卜徙焉。下山坑旧无人居，自振六迁此，子姓繁衍，世为衣冠之族。所居面七峰，如北斗倚天，尝谓后世必有立功异域者。其孙崇，当明初从役鄱湖，夜凿陈友谅舟有功，盖即振六所谓立功异域者，其术亦神矣。

清 黄宗三，字参两，号倚数，二十都人，家县治，精星卜之学，言人休咎多验。尝临试为人卜等第，曰："必列高等，然明年四月，当以磨勘降三等末，子其慎诸。"人谓无隔年降等事，阴唾之，后竟如宗三言，故邑人神之，因其号称曰"倚数先生"云。而宗三故非术者，遇事岳岳，时以公愤与令争抗，辞气慷慨，令为之屈。有持金要其事者，笑曰："五十年老寡妇，肯蒙耻嫁人耶，子休矣。"其人逡巡袖金退。为诸生五十七年，累赐翰林院检讨，又九年乃卒，年九十一。以上《光绪光泽县志·方技》

清 严守谟，邑诸生，负相人术，里人析其名曰"莫言先生"，谓言必中也。有丘氏子求相，不答，但曰次月来，人不解其故，而丘氏子未出月竟死。一日与友人倚门语，见有华衣扬长过市者，曰："此大骗也。"问何由知之，曰："趾高而视下，肉厚而骨轻，相书不载，余以意得之也。"未移晷，而追者至，问有衣某服人过否，为述昨骗上屯曾氏事，令急迹之，已遁去，其言多中类此。《光绪邵武府志·艺术》

189 金谿县

隋唐临川县地，五代南唐，析临川县之上幕镇，立金谿场，宋升为县，明清皆属江西抚州府，宋陆九渊为此县人。

宋 刘用寅，以进士令金谿，修祖翱之德。① 多惠政，而善相地脉。金谿有晁氏九经堂遗址，庞秀可居，用寅欲留家焉，会病笃，命子买之，寻卒，其子遂以用寅葬其右。初用寅语子曰："卜居此址，将来福泽绵长。但异日倘有令索此址，宜亟还之，而邑东北鹧鸪山下，曰戴坊巷者，其地没于官，亦旺地，可易而居也。"后王衡仲令金谿，果欲迁学宫于晁氏九经堂址，用寅墓相去百步，以故令不得徙，用寅子即遗址于官，而请所谓戴坊巷者，衡仲许而易之，刘氏世家焉。今用寅十七世孙启元，登进士，任刑部员外；十八世孙先春，登进士，由翰林升太常寺卿。若子明，允铨，翼泰，廷实，章彝，俱领乡荐，先后贡举者五人，他途入仕者十余人，为金谿著姓，皆用寅惠政之报云。《图书集成堪舆部·堪舆列传》

元 张月梅，工相人术，决人贵贱死生、祸福迟速，无不奇中。吴学士澄尝称之，特赠以叙。《同治金谿县志·方技》

明 何士泰，金谿人，撰《景祥历法》，朱鲁珍，临江人，② 撰《辉山通书》，所载选择之要，皆术家常法。《四库·子部·术数类存目二》

明 曾易明，金谿人，景泰中，遇异僧，授以堪舆家术，为人卜地，衰旺兴废，辄先定其年月日时，皆奇中。临川饶氏，馆易明于家者三年，事之特谨，然终不敢以地请，最后易明乃指示曰："某可坟，某可宅。"卒赖其力。或以富贵傲，即有重贿，辄拂衣去。不娶妻，无子，渐能辟谷，不知所终。《光绪山西通志·方术》

清 杨馥，字迈功，金谿人，乾隆甲辰成进士，官至浙江巡抚，道光乙酉卒，年八十五。馥精相术，甲辰科胪唱前一日，新进士会集乾清门外，乃

---

① 祖翱以阴隲闻，后入明朝永乐，为刻《阴隲书》，族多显人，在宋谥忠者五，谥文者四。
② 临江，即今江西省清江县。

遍相诸同年，谓友人曰："今科榜眼探花，当是南北二邵。"谓余姚邵瑛，天津邵玉清，第一人未见，何欤？嗣见一人脱帽箕踞，独坐金缸旁，乃拱手贺之曰："龙头在是矣。"亟询姓名，则会稽茹芬古香也。少顷，传前十卷引见，以次唱名，鼎甲皆如其言。是年护既通籍，旋告归，尝自言十年不甚佳，遂家居十年。既出，即补郎中，旋擢道员至开府。护甲辰之捷，出纪文达公门，曾语文达曰："师入阁愈迟偷佳。"文达年八十二，始拜协揆之命，仅十七日，即捐馆矣。钱塘许文恪公乃普，少时谒护，护曰："尔一甲一品相也。"文恪忧不寿，护曰："若骨法苍老，必享大年。"后文恪果一甲第二人，仕至吏部尚书，太子太保。《清史稿·本传》《思补斋笔记》《清稗类钞·方技》

190 崇仁县

隋并新建、巴山、西宁三县置，明清皆属江西抚州府，明吴与弼为崇仁人，传其学者为崇仁学派。

元 吴澄，字幼清，崇仁人，幼颖悟，既长，用力圣贤之学。至大初，为国子监司业，迁翰林学士。泰定初，开经筵，以澄为讲官，会修《英宗实录》，命总其事。《实录》成，即移疾，诏加资善大夫。澄答问亹亹，以斯文自任，四方之士，负笈从学者，不下千数百人。暇辄著书，于《易》《书》《春秋》《礼记》，各有纂言，尤有得于邵子之学，校定《皇极经世书》，又校正《老子》《庄子》《太玄经》《乐律》及《八阵图》《郭璞葬书》。所居草庐，程巨夫题曰"草庐"，故称"草庐先生"。至顺辛未卒，年八十五，谥文正。《元史·本传》

〇吴草庐《地理真论序》云：《汉·艺文志》"宫宅地形二十卷"，盖相地之书也。然官有其书，民间无之，无其书亦无其术，通于其术，如晋郭景纯辈，旷代一见，岂人人能哉！杨翁给使唐宫禁书中，得此禁术，后避巢寇至赣，为赣人言，地理术盛于江西自此始。余评诸家地理书，《郭氏葬书》虽不敢必其为郭景纯之作，而最为简当。俗本亦复乱之以伪，余黜其伪，存其真本千余字。吾里王谦道，于诸书中去所可去，取所可取，辑《地理真诠》三卷，衍者十无一二，择之不亦精乎？以此而相地必不苟，以此而授人必不惑矣。谦道游四方四十年，工于诗，前辈巨公皆许可之。儒家之术，术家之儒，书之精也宜哉！

元 曾荣祖，字圣弼，邑人，善陈卦爻，察形色，推算支干及七政躔度，析决休咎，巧发奇中。虞邵庵称为儒家之胄，故非技术之流。

清 饶之道，四十八都人，国学生，幼读书，谈禄命者，谓年不过二十，饶信之，因挟赀游西湖，意图一快，以了此生。谒湖中一老僧，问何以远来，饶具以告。僧掐指推曰："八十老叟也。"饶乞其术，既得归，谈人祸福无不中。袁孝廉文暾，自诸生至通籍，数十年中，小得失，皆先示之，且曰："吾子异时来署，可谢之金。"寻死，子出亡，不知所之，袁官浙且老，笑曰："饶某言我无不验，独其子来署，恐妄语耳。"适以事往邻邑，侔人中，闻有崇仁语者，呼至前，其子也。益服其神。以上《同治崇仁县志·方技》

191　宜黄县

三国吴置，以在宜黄水侧，故名。隋省，故城在今江西宜黄县东。宋复置，初在水东，又移水西，即今治。明清皆属江西抚州府，县产苎布，颇有名。

宋 应垕，宜黄人，通经史，尤精天文，著天象书，有图，有说，有赋，名曰《义府》，于象数之外，独得精义。又有《混天左右全体星图》，黄幹为之立石。《光绪江西通志·列传》

192　安仁县

汉余汗县地，晋析置晋兴，又改兴安，寻废。陈天嘉中，改安仁。隋并入余干，宋复置安仁县。明清皆属江西饶州府，民国改为余江县。

元 李存，字明远，一字仲公，安仁人，师事陈苑。弱冠慕古人，无所不通。及为大儒，慨然致心于天文地理、医药卜筮释道之书，从游者满斋舍。中丞御史交章荐，不就学者称俟庵先生，有《俟庵集》。《安仁县志·方技》

193　上饶县

　　三国吴置，故城在今江西上饶县西北，天津桥之原。明徙今治，为江西广信府治，清因之。

　　宋　徐仁旺，上饶白云山人。尝与丁晋公议迁陵寝事，仁旺欲用牛头山前地，晋公必用山后地。仁旺言山后地之害，坤水长流，灾在丙午，丁风直射，祸在丁未，闻者不以为然，其后所言皆验。《同治广信府志·方技》

　　宋　叶子仁，上饶人，推算筮占，往往如破的。岁乙酉，真德秀方在班，子仁以书劝补外甚力，未几，果去国。子仁每推论五行，辄以善道勉人，如孝弟忠信、清心寡欲等语，未尝不恳切言之。真赠以绝句云："易象推占妙入神，劝人忠孝更谆谆。只今谁似君平术，惟有南阳卖卜人。"

　　明　周诏，字天章，上饶人，为人俊雅出尘，轻财好义。尝于江湖中遇异人，授以《地理指掌图》，尽得山川源委脉络之详，以是邃于地理。蔡虚斋称其谈论，符经义，脱世味，有近道之资，欲论荐之，未果，因为序以见意。以上《光绪江西通志·方术》

　　明　杨时乔，字宜迁，号止庵，上饶人，嘉靖乙丑进士，官至吏部侍郎，谥端洁，事迹具《明史·本传》。撰《周易古今文全书》二十一卷，此书凡分六部，曰论例二卷，古文二卷，今文九卷，《易学启蒙》五卷，《传易考》二卷，附《龟卜考》一卷，每部皆有自序，其大意在荟萃古今，以辟心学说《易》之谬也。《四库·经部·易类存目一》

　　清　廖麟书，号恭默，增贡生，潜心经史，通晓堪舆日家言，尤精究灵素，著《医学偶纂》凡四编，为人亦恪守绳墨，言貌恂恂如。《同治上饶县志·方技》

　　清　春秋笔者，孑然一贫儒，不知何许人，亦不详其姓氏，以测字为业，遨游至信州，①僦屋以居，榜门拆字，求卜者多踵庐求教。其人年四十余，颇知书，吐属风雅，论字多妙解，多奇验，士大夫咸乐与之游。籍籍负

---

① 今江西上饶县西北。

时名，每拆一字，受钱二百文，日以十字为限，过此则闭门谢客。于是趋就占卜者，皆争先恐后，朝暾初上，门庭已若市矣。《清稗类钞·方技》

194　玉山县

唐置，以有怀玉山，故名。明清俱属江西广信府，《清一统志》云：今玉山县东，有玉山故城。何时移治，不可考。

宋　俞直，玉山人，通素问玉册之书，内外常变之辨。至河洛易象，太元之数，三统九经，五行纳音之旨，无不求其义，而为之说。秦桧为相时，欲馆置直，谢不肯就。绍兴辛巳，金人犯淮，用事者遣使问以兵退之期，言皆切中。《光绪江西通志·方术》

清　黄卓诚，字海峰，幼具夙慧，五岁时，述未诞前母归舅氏家举止，及舅氏家房屋仓箱安顿，一一不爽。九岁习楷书，爱率更体。比长，梦巨人授以椽笔，书法大进。弱冠蒙家难，弃制举业，遨游山水，栖闽地，遇高人秘授青乌术。既归，不轻泄。为人葬，不言富贵，第云积善俟之。比卒前一月，整理故编，付焚如，语诸子曰："某月日时，我殆将谢世矣。"至期果无疾卒，时年八十有四。《同治玉山县志·方技》

中国历代卜人传卷十五

江西省 二

195 弋阳县

三国吴置葛阳县,隋移于弋阳江之滨,改曰弋阳县,明清皆属江西广信府。

宋 谢枋得,字君直,其先贵溪人,侨寓弋阳新政乡,为人豪爽。每观书五行俱下,一览终身不忘。性好直言,一与人论古今治乱国家事,必掀髯抵几,跳跃自奋,以忠义自任。徐霖称其如惊鹤摩霄,不可笼縶。宝佑丙辰,试中礼部高等,比对,力诋时宰阁宦,抑置二甲第一。召试教官,调建宁府教授。开庆已未,应吴潜辟,① 团结民兵万余人,以扞饶信。暨兵退,朝廷核诸军费,几至不免。景定甲子,枋得考试建康,摘似道政事为问,因言兵必至,国必亡,语侵似道,乃诬以居乡不法,镌两级,谪居新国军安置,因谪所之山,自命叠山。咸淳丁卯赦归,以史馆召不赴。德佑乙亥,授江东提刑,知信州,累迁江西招谕使。元兵东下,信州不守,乃变姓名入建宁唐石山,转蔡坂,② 寓逆旅中,日麻衣蹑履东向哭。已而设卜肆于建阳驿桥,榜曰"伊斋易卜",久之,小儿贱卒,莫不知为谢侍郎。宋亡,遂居闽中。阜按:文节自丙子至戊子,十三年间,皆卖卜于建阳市中,拙句《咏史》有云:"自古砚田无恶税,方今日者要输捐。叠山犹幸生亡宋,卖卜建阳十数年。"盖慨乎今之财政当局,拟征卜筮捐也。元至元丙戌,留梦炎荐之,不起,遗书有曰:"吾年六十余,所欠一死耳,岂有它哉!"戊子,召宋故臣,福建参政魏天佑,强

---

① 《神道碑》谓赵葵辟为属。
② 蔡坂,一作茶坂,在建阳县西北。

之而北。己丑四月，至京师，遂不食死，年六十四。门人私谥文节，世称叠山先生。妻李氏，守节自缢于建康狱中。男三，义勇早卒；熙之归自广陵，亦卒；定之贤而甚文，累荐不起。孙男二，信孙、仁孙。所著有《诗传注疏》《易说十三卦取象》《选唐诗》《文章轨范》《碧湖杂纪》《叠山集》《批点檀弓解》《陆宣公奏议》行于世。枋得死后二十四年，至皇庆癸丑，门人虞舜臣率其徒，筑室买田，祠于弋阳之东，江浙行省请于朝，为叠山书院。《宋史·本传》《同治广信府志·列传》《叠山集》

○元李源道《谢公神道碑》，白志原案：《宋史·本传》，与源道所撰碑，不同者数处。传云"吴潜宣抚江东西"，碑以为"赵葵"；传云"程文海荐宋臣二十八人"，碑以为"三十人"；传云"二十六年四月至京师"，碑以为"二十五年"；碑云"信之守将，悉捕公妻子弟姪送建康，夫人李氏自经死。弟姪及一女二婢，皆死狱中。又其弟禹在九江，亦不屈，斩于市。所著易书诗三传杂著诗文六十四卷，史传皆不载"，窃疑作《元史》时，未考此碑也。今悉以碑文为据。又引郭子章言文节谥，集以为私谥。郑汝璧《臣谥类钞》，以为景泰年谥，未知孰是。谨案《贵溪县志》，据《宝祐登科录》，称枋得贵溪人，《明会典》亦称贵溪，旧志其先贵溪人，枋得实侨寓弋阳新政乡。

○元盛如梓《庶斋老学丛谈》云：天兵南下时，叠山谢先生，率众勤王，溃散而遁。兵至上饶，拘谢母，必欲得其子。母曰："老妇今日当死，不合教子读书，识得三纲五常，是以有今日患难。若不知书，不知礼义，不识三纲五常，那得许多事？老妇愿得早死。"且语言雍容，略无愁叹之意，主者无如之何，遂释之。叠山先生行实，谢枋得，君直，号叠山，信州弋阳人，登宋宝祐丙辰第。甲子，校文江东，发策十问，抵时政，安置兴国军。乙亥，除江东提刑，累迁至江东制置使。土军攻饶拒战，安仁败。宋德祐元年乙亥，冬十一月，任江西招谕使，知信州，又败，弃家入闽。丙子二年，春正月，元兵入信，镂银榜根捕，执枋得之妻李氏，二子一女，送江淮行省，拘于扬州狱中，母夫人以老疾得免。李氏不屈，死于狱中。惟二子熙之、定之得还。至元戊子二十五年，夏四月，召宋故臣谢枋得，力辞不至。时帝访求南人有才者甚急，御史程文海、承旨留梦炎，交章荐之，寻有书上程雪楼。秋九月，参政魏天祐，执枋得北去。先是枋得由建阳唐石山，转入苍山等处，朝廷暮徙，崎岖山谷间，竟得脱。至元甲申，黄华平，大赦，枋得乃出得还，自寓于茶坂，设卜肆于建阳驿桥，榜曰"依斋易卦"，小儿贱卒，亦知其为谢侍郎也。至是天祐朝京，将载枋得后车，遣建宁总管撒的迷失，佯召枋得入城卜易，逼以北行，以死自誓，知不可免，即不食，有上魏容斋书。己丑二十六年夏四月，故宋江西招谕使，知信州谢枋得至燕死之。初，参政魏天祐，逼枋得之北行也，与之言，坐而不对；或嫚言无礼，天祐自甚容忍，久不能堪，乃让曰："封疆之臣，当死封疆，安仁之败，何不死？"枋得曰："程婴、公孙杵臼二人，皆忠于赵；一存孤，一死节；一死于十五年之前，一死于十五年之后；万世之下，皆不失为忠臣。王莽篡汉十四年，龚胜乃饿死，亦不失为忠臣。司马子长云：死有重于泰山，轻于鸿毛。韩退之云：盖棺事始定。参政岂足知此？"天祐曰："强辞！"枋得曰："昔张仪语苏秦舍人云，当苏君时，仪何敢言。今日乃参政之时，枋得百口不能自辨，复何言？"枋得不食二十余日，不死，乃复食。将行，士友饯诗盈几。张子惠诗云："此去好凭三寸舌，再来不直一文钱。"枋得会其意，甚称之，遂卧眠轿中而去，渡采石，复不食，自是只茹少蔬果，积数月，困殆，四月初一日至燕京，初五日死于驿。子定之，护骸骨归葬于州。枋得平生无书不读，为文章高迈奇绝，汪洋演迤，自成一家，学者师尊之。所著有《诗传注疏》《易说十三卦取象》《批点陆宣公奏议》并《文章轨范》行于世。

○褒崇忠节奏词：山东道监察御史臣李奎谨题，为褒崇忠节事。臣闻忠节乃万世之大闲，褒崇实朝廷之盛典。自三代以迄宋元，忠臣烈士，清风伟节，足以感发人心。千万载昭昭如一日者，皆由英君谊辟，举褒崇之典，或立嗣致祭，或定谥追封，不忍使之泯没无闻于后。皆所以正人心，厚风俗，扶植纲常，激劝士类，为世道计也。今考得宋忠臣谢枋得，字君直，号叠山，系臣原籍江西广信府弋阳县人，按《宋史·列传》及集贤李道源所撰墓碑，称其学通六经，淹贯百氏。宝祐丙辰举进士，以直言忤权奸贾似道，由架阁令，谪居兴国军，连以史馆秘书，召不赴。元兵至江南，宋赵蘖宣抚江东西，辟为属，寻授江东提刑，江西招谕使，督义兵守饶信，抚三郡，屡与元兵战甚力，以兵少弗支。宋运既革，往隐于闽。① 元侍御史程巨夫，荐宋遗臣三十人，以枋得为首。承旨留梦炎，累章荐之。江西行省丞相管如德、浙江行省左丞蒙古台，将旨召之，俱不起，累致书力辞，忠义之语，出自肺腑。后福建行省参政魏天祐，欲以执枋得为功。枋得见天祐，傲慢不为礼，被拘执北行，至大都，乃不食而死。妻李氏，守节自缢于建康狱中。长弟禹，在九江，以不屈斩于市。季弟君烈、君泽，俱死于国事。伯父徽明，为当阳尉，与元兵战死。二子趱、进，抱父尸死。子定之，贤而文，累荐不起。一门之内，秉忠守节，视死如归，皆由枋得身教于家使然也。为文章史称高迈奇绝，汪洋演迤，动关世教，所著易诗书三传及著解四书、杂著诗文六十四卷，节操孤峭，微见于菖蒲之歌；言论激烈，复形于漕运之策。尝自诵曰："清明正大之心，不可以利回；英华果锐之气，不可以威夺。"其自信率类此。昔胡一桂尝称之曰："斯文以之为命脉，衣冠赖之以纲维。义夫节妇，得所矜式而益坚；乱臣贼子，有所观望而羞愧。道德之兴废，关系于先生一身。"然臣弋阳自历代以来，擅道学忠节之名，耸后学之景慕者，独枋得一人而已。及求诸天

---

① 此桥亭卖卜时也。

下，稽诸往古，能如谢氏夫妇伯弟，死忠死节，萃于一门，亦不多见。妻李氏，永乐初癸未，已蒙朝廷登载《烈女传》，足以垂耀不朽。奈枋得祠宇未立，封谥未加，后人无所称仰，实为缺点。钦惟皇上以节义风厉天下，以忠孝植立纲常，凡古今忠臣烈士，义夫节妇，有关于世教者，悉蒙旌褒；况枋得为近代忠臣，忠肝义胆，与金石同坚；高名峻节，与文天祥相表里；著书立言，皆足发明正学，羽翼六经。推其道足以隆治而善俗，闻其风可以立懦而廉贪，诚一代忠节之表表最著者。如蒙准言，乞饬礼部，照例将已故谢枋得定谥褒赠，仍行原籍有司，创立祠宇，岁时致祭。如是，非特慰忠义之魂于九泉，原冥漠之中，尤见圣朝旌忠显良之盛典，超越千古。使海内之士，得以瞻拜祠下，景仰风节，莫不有所激劝兴起，其于世教，岂不有补哉！臣与枋得，生同乡邑，每廑景慕，今幸职居言路，不容缄默，干冒天威，无任战慄屏营之至。

　　○《洪北江集·宋谢文节公桥亭卜卦砚歌·序》云：研歙材，修九寸七分，广五寸六分，厚九分，额篆桥亭卜卦研五字，面左右草书云：此吾石友也，不食而坚。语有之：人心如石，不如石坚，谁似当年采薇不食守义贤也。转背左题程文海铭，又右题大明永乐丙申七月，洪水去，桥亭易为先生祠，相地得之。①闻后学赵元，砚中正书"题宋侍郎研"五字，旧藏天津城西海潮庵。雍正初癸卯，周上舍月东焯，以米易得之。今湖南巡抚查公礼，最所心赏。岁丁卯，月东构疾，时巡抚公官广西太平府知府，月东临殁，语其子，持书抱研行万里，至太平以赠。嗣后公官于四川十年，会皇师平金川，公莅其事，常与研偕。岁壬寅，公有湖南巡抚之命，自四川入觐，予得谒公于陕西巡抚毕公之座，因属为歌，以纪其事，云：卜卦研，随忠臣，六十四日反覆陈，早识宋运终庚申。桥亭边，卜卦所，一片赵家干净土。有时米尽卜亦闲，读易无声饮泉苦。集贤铭后处士铭，六十八字兼元明。桥亭东西流水清，此研欲出铿然惊。建阳城，砚易米，得钱即挥得米喜。海潮庵，米易研，瞻研如见昔贤面。谁云石一方，重乃抵璞玉。故人欲之心已诺，研得所归方瞑目。呜呼研兮，前身不从谢信州，后亦不殉程赵周。物经百劫后得主，光彩早历天西头。臣忠友信兼生死，抱研来还知孝子。携经万里越百川，研兮得完人足齿。君不见，研兮随公不离侧，军中十年尤著绩，飞符四调粮草橄，屡杀贼。三爻六爻有时卜，一咏一吟随所适。平生亦闻周月东，今不见研先交公。研修九寸一寸厚，聊成一卦卜研寿。书繇辞，作研赞，海水枯，石不烂。

　　○《清一统志》：谢枋得墓，在江西广信府弋阳县南二十五里玉亭乡。先葬京师文明门外，其子定之，奉柩归葬于此。

　　○又云：谢文节祠有二，一在上饶县叠山书院，一在弋阳县东二里，祀宋谢枋得；

---

① 殆即朝天桥也。

又有显忠祠，在贵溪县东门内，亦祀枋得，配以部将张孝忠。

○又云：谢叠山祠，在福建建宁府建阳县南朝天桥，①旧名濯锦南桥，宋绍兴中建，横跨南溪，石址木梁，酾水十三道，覆以屋七十三间。

○又云：谢叠山祠有二，一在湖北兴国州东谢公墩，一在湖北通山县学宫内。

○清德清俞樾《乙甲编·谢文节祠诗》云：首阳薇蕨老，高卧又先生。虫臂身原寄，鸿毛死肻轻。起兵虚翟义，卖卜学君平。南八何曾屈，皇天眼自明。瀛国归朝日，崖山致命秋。空亡三寸舌，莫挽五更愁。裹表陈情上，书曾却聘修。不因亲尚在，朱鸟久同游。富贵留承旨，风流赵子昂。如何忘节义，知否有伦常。孝女碑三尺，孤臣泪万行。由来名教重，何敢叅冠裳。冰霜无折挫，香火有因缘。碧血哀丘畔，青灯古佛前。②墓碑仍署宋，庙貌仍留燕。我到抠衣谒，灵风起肃然。③

宋 魏易斋，善卜，谢文节公赠诗有云：伯阳曾著易参同，夺尽阴阳造化功。白玉五城人可到，黄金一鼎道无穷。先生救世心良苦，后派多才命必通。魏本大名名易显，子明且为筮江东。

宋 吴楚峰，识相知人，与叠山先生极契合，尝赠之以诗：世乱异人出，高者为神仙。方术皆救世，可知愚与贤。喜君风鉴别，妙处不可传。著眼看福人，要识太平年。

宋 杨南川，精堪舆术，为谢文节公枋得所最心折，其赠序曰：杨君南川，挟风水之术，游富贵家，老而不倦，诵杨救贫所著三龙经极熟，听者欣然，想其术之精也。富贵家用其术，不能去其贫，杨君不色怨，冲炎风，濡梅雨，杖筇竹，④行数百里，鸣于人曰：吾术能使贫者富，贱者贵，忧患者逸乐。及遇富贵人家，又不合而去，何也？合不合，无益损于杨君，心勤而身困，艺精而道穷，世变使之然邪？杨君之命，固当然邪？嗟乎！古有负超世绝伦之才，怀回天入神之技，不为当时所尚，徒有来世之名者，多矣，独杨君乎哉！吾闻南唐范太史游浙东，三年不遇，露香请命于穹昊，⑤愿救贫民积善者十家。至今两浙名公卿，数百年松楸郁郁，有佳气者，皆范公所卜也。杨君亦能有范公之心乎？人不知之，天必知之，何忧乎不遇！

---

① 朝天桥，在建阳县南门外。
② 祠在悯忠寺后。
③ 衺，表本字。肻，古肯字。抠，丘于切，音区，提也。《礼记·曲礼》：抠衣趋隅。
④ 筇，音巩，竹名杖也。
⑤ 昊，音皓，凡称天曰昊天。

宋 宋相士，颇知名，弋阳叠山先生，赠诗有云：堕甑看无益，乘轩计亦疏。忍贫吾自解，过论子姑徐。但得耆而艾，饱观诗与书。时乎一盃酒，此外尽从渠。同上《赠宋相士》

宋 郭少仙，精相术，负盛名，谢先生枋得，以诗赠之：崇兰生深林，淡泊一点芳。江梅倚修竹，酝藉万斛香。气骨抱金玉，精神贮冰霜。若以色见我，照红还海棠。以上《叠山集》

清 汪楚真，弋阳人，精青乌术，与乐平华尧宾齐名。偶为乐平朱氏卜葬，云是地当起科名，惜脉气降自奎娄，福恐不全。后子孙成进士，皆补官，遽卒。又尝偶憩汪姓，见其家婆甚，指一洼地为葬，约三年后，可酬我白金三百，闻者咸笑其诞。年余，汪三获藏窖，竟成巨富。《光绪江西通志·方技》《同治弋阳县志·方技》

清 董友愈，字南仲，弋阳人，诸生，工相地，最有名誉。尝曰："吾不恃其所知，以贪天工；亦不自欺其所不知，以速人祸。"早丧偶，鳏居四十年，勤于所学，萧然无俗累。《光绪江西通志·方术》

196　贵溪县

唐割余干、弋阳二县地置，在贵溪口，因名。故址在江西贵溪县治西一里，今名旧教场，元移今所。明清皆属江西广信府。

明 顾乃德，字陵岗，幼习儒业，与李元谷，共学李淳风遗术，娴天文，精地理，著有《法微通书》行世。《同治贵溪县志·方技》

清 葛天申，字仁山，贵溪人，乾隆壬戌进士，河南原武知县。幼孤，刻苦勤学，十七八时，即酷嗜形家书。江右谈青乌学者最众，天申以是皆拙工，非拘则诞，于是购地理书数十种，涉猎紬绎者有年，更穷览疆域，极攀跻跋涉之苦又有年，归而取简编辨论异同者折衷之，纰缪不经者芟除之又有年，乃哑然笑曰：吾学成矣。既而出与讲郭璞浤师伎者游，[①] 则无有过之者，

---

① 浤，音宏，海水腾涌貌。

客吴越间最久。尚书彭芝庭，为天申座主，极重之，篚篮曰舫，① 琴酒相对，偶为指某壑当有若何塚，其家盛衰当若何，使人验之，辄不爽，吴人以是神之。汪文端既没，长子农部郎，延礼四方堪舆家，先为其祖考赠公营葬毕，天申故文端门下士，千里往吊。农部属相赠公新塚，天申蹙额曰："弗迁。将不利长孙，君或当之。"闻者以为妄，于是为文端指吉壤，众非之，天申坚持不相下，且为言土中灵异，众诋之益甚。窆日数十人，将以相窘，及发土按之皆验，众愧服而去。明年农部果卒。天申资极高，文亦豪岩，坎坷宦途，旅食京华，绘《长林小憩图》以见志。一时名公卿，如金海住、王白斋、彭芸楣、张乐泉，皆为题跋。《同治广信府志·方技》

清 姚典，字训亭，庠生，天才超越，多材艺，尤精于医，善推拿法。尝有小儿濒死，置诸地，适典自外归，为之推拿即活。又有受重湿者，令坐地上，围之以火，汗出，不药而愈。著有《推拿秘诀》，及风鉴演禽奇门六壬等书，兵燹后皆失其稿，识者莫不惜之。

清 周明五，字惇庸，号典庵，习儒业，尤究心形家言，于景纯《葬经》及杨曾廖赖诸书，无不旁窥博览而穷其奥。挟术游览名山大川，为人营葬卜宅，决休咎多验，所至人争延致，著有《增补理气图说》四卷。饶州太守，南部曲公阜昌，前宰芗溪时，深知明五精于青乌说，见其书以为可以按图参稽，选吉以安兆域，择向以定宅居，便于世之通晓文义，无力延师者，为之序初，劝其梓以行之。以上《同治贵溪县志·方技》

197 广丰县

隋为弋阳县地，唐置永丰县，雍正九年，改名广丰，属江西广信府。

清 傅源溶，字鹤年，广丰人，诸生，善相地，尝移广丰学宫，功既成，人文蔚起。《光绪江西通志·方术》

清 胡必龄，号应千，读书未售，习青乌经。群伯铭修文庙，令七邑撰课，皆未妥。后令龄撰，览曰：此真吉课也。至今群文庙，镌石勒名。辛巳

---

① 篚，音鞭，竹舆也。

岁凶，曾某朱某，贫将鬻妻，龄特弃产以济，完其婚。及卒，两姓率妻子哭其家。在乡党多排难解纷焉。《光绪广丰县志·方技》

198　兴安县

明析上饶、弋阳、贵溪三县地置，属江西广信府，清因之。民国改曰横峰，即今江西横峰县治。

清　刘蹈仁，名叔荣，好游，能占旺气，术专堪舆家，不纯用曾杨法，每占人家气数，知其后将兴者为卜，否则与之钱必却。时人谓占旺气，皆验。《同治兴安县志·方技》

199　庐陵县

汉置庐陵县，三国吴改置高昌县，故城在今江西吉安县南。隋改石阳为庐陵，故城在今江西吉水县东。唐始移今吉安县治，明清皆为江西吉安府治，民国改为吉安县。境内多佳山水，学士大夫好称之，宋欧阳修生长于此。

吴　刘惇，字子仁，平原人，遭乱，避地客游庐陵，事孙辅。以明天官，达占数，显于南土。每有水旱寇贼，皆先时处期，无不中者。辅异焉，以为军师，军中咸敬事之，号曰神明。建安中，孙权在豫章，时有星变，以问惇，惇曰：灾在丹阳。权曰：何如？曰：客胜主人，到某日当得闻。是时边鸿作乱，卒如惇言。惇于诸术皆善，尤明太乙，皆能推演其事，穷尽要妙，著书百余篇，名儒刁玄，称以为奇。惇亦宝爱其术，不以告人，故世莫得而明也。《三国·吴志》《光绪江西通志·寓贤》

南唐　宋齐丘，字超回，改字子嵩，庐陵人。初以布衣事李升，官至尚书，李璟嗣立，以太傅领剑南节度使，封楚国公。齐丘生五季俶扰之世，以权谲自喜，尤好术数，凡挟象纬青乌姑布壬遁之术居门下者，常数十辈，皆厚以资之。著有《玉管照神局》三卷，是书专论相术大旨，以形状立论，颇为精晰，而所取各书，尤多世所未睹。《四库提要·子部·术数类二》

宋 顾泾，庐陵人，精星相，善堪舆，真文忠公德秀赠序有云：庐陵顾君泾，邃于阴阳五行之学。以之占天则神，以之相地则不苟。凡今之以术名者，未有能过之者也。予乙酉趋朝，遇之于衢，顾君见谓曰：公之此行，不满百日当归。继而果然，盖其验如此，非神而能知乎？后四年，谒予粤山之下，相与论考卜冈阜之法，终日洒洒不穷，又知其非苟于求售者也。予老矣，方将从君求藏骨之地，属其有东浙之役，故书此遗之，且坚其再至之约云。《真文忠公文集》

宋 许季升，善谈星命，乐道安贫，杨文节公赠诗有云：许子儒冠怨误身，如今投笔说星辰。未须道我何时贵，且道何时子脱贫。连珠合璧转璇霄，也被星家不见饶。灾曜元来怯梼杌，① 福星不是背箪瓢。《诚斋集·送谈星辰许季升》

宋 刘生，直言谈命，人皆敬之，学士杨公赠其诗云：学兵先学策，谈命先谈格。君看前辈富贵人，岂与寒士校日辰。星家者流有刘子，进人退人若翻水。谈何容易验他年，却是直言差可喜。同上《送刘生谈命》

宋 高元善，学究建平，名符管辂，杨诚斋先生万里，尝与之谈天，并携诸公子请其品评，特赠以诗：选官选佛两悠悠，元不关人浪自愁。洙泗生涯久春草，老夫作么晚回头。穉子烦君一一看，丁宁莫道好求官。老来正要团乐坐，伴我秋风把钓竿。《庐陵杨诚斋集·送相士高元善》

宋 杨山人，善相法，精地理，文节公赠以诗云：相人何似相山难，惭愧渠侬眼不寒。木末凉风无半点，如何又欲跨归鞍。《诚斋集·送杨山人善谈相及地理》

宋 王无咎，善邵康节皇极数，杨学士赠诗有云：安乐窝中书一编，君从何许得真传。我无杜曲桑麻在，也道此生休问天。识尽江淮诸贵人，归来卢水一番新。问渠福将今谁子，容我升平作伟民。《杨诚斋集·送王无咎善皇极数》

宋 曾南翔，善谈命相，名播遐迩，杨学士赠之诗云：官职牵人也可怜，老来那更问行年。渠侬解事无它语，道我慈亲寿八千。今年见说也无锥，政坐谈天泄密机。举世近来憎直语，贵人剩许未为痴。富贵真成一聚

---

① 梼，音涛，梼杌，顽凶无俦匹之貌。

尘，饥寒选得万年名。心知那有扬州鹤，更问侬当作么生。抛了儒书读相书，却将冷眼看诸儒。曾生肯伴诚斋否，共个渔舟入五湖。同上《送曾南翔谈命又赠曾相士》

宋 黄景文，字焕甫，乃祖赣风水名术也。予里大家祖地，多出其手，而焕甫以术世其家。前十三四年，予尝以诗送之；又数年，觉焕甫小异，亟取诗更其辞，而实未深知焕甫也。焕甫游从日以秘，讲辨日以多，今也而后探其胸中之所存，果有大异乎时人者。噫，知焕甫晚矣。焕甫尝与予上下阡陇，凡予动心骇目，以为奇诡雄特，辄掉头不谓然；至淡然平夷，漫不起人意，往往称不容口。予始甚讶之，久而服其为名言也。大概焕甫之术，以为崇冈复岭，则伤于急；平原旷野，则病于散。观其变化，审其融结，意则取其静，势则收其和，地在是矣。舍是而求地，亦固有之，而非焕甫之所谓地也。山人之献地者，日至吾门，予使焕甫往观，常不满一笑；焕甫旷数年，始献一地，所献真如其说。予为山人所欺者多矣，若焕甫真不欺我者惜也。焕甫汲汲糊口，以奔走于四方，以予之近且久，几不相知，卒然使人一见，使人爱其术而不疑，斯亦难矣。予尝谓能为焕甫百指计，使焕甫安居一年，必能时发天地之藏，以使予欣然而不厌。予方煮石山中，计必不能及此，姑遂其说，庶几有因予而信焕甫，焕甫必能出所学，以报所知。是楚人亡弓，楚人得之，予又何幸焉！《文山全集·赠景文黄焕甫序》《道光赣州府志·方技》

元 郭荣寿，庐陵人，善风鉴，又喜谈地理，吴文正公澄，尝作序赠之，谓：相地相人，汉志并属形法家，后之人各专其一，遂析为二术。若荣寿，庶乎二术而一之者。《同治庐陵县志·方技》

明 周骑龙，庐陵人。成化间，以善谈禄命，著名豫章，尤精《范围数》，御史赵敔按江右，敔，音语，乐器名。威望甚著，及瓜代，当还朝，骑龙曰："不然，行有西北之调。"敔颇疑之，未几调晋臬。敔问之，骑龙曰："公元数一六六四，会数一七四，数有'从臣清要捧天书，乌台青琐迁藩臬'之句，何可逃也。"敔始服其术，因求范围歌诀，为之序而梓之，以广其传。《光绪江西通志·方术》

200 宜春县

汉置，后为侯邑，晋太康初，以太后讳春，改为宜阳县。隋仍改为宜春，明清皆属江西袁州府治。

南唐 何溥，字会通，宜春人，天资颖异，习形家言。元宗闻其贤，累诏起之，擢国子祭酒。保太中，邹廷翊相皇陵于牛头山，溥言不利，极表谏诤，忤旨，谪休宁令。溥至邑，即改县基于吴王墓后，倚松萝山前，名真武下坛形。未几，卜地县东南隅居焉。舍前削石，按太极八卦诸图，茂林修竹，时时披襟啸傲其间。后主时，复征不起，隐芙蓉山，削发为头陀，虽假迹禅门，绝不谈释语，每诵《道德经》，必叹曰："真圣人也，孔子岂欺我哉！"由是专修长生炼化之术，更名慕真，所著《论气正诀》《灵城精义》《地理元机》，今名《铁弹子》传世。《四库提要·子部·术数类二》《光绪江西通志·方术》《同治宜春县志·方技》

清 柳栖霞，善相，尝过防里，时欧阳予石，幼从叔钦，读书家塾。霞相钦，谓六十后必发。钦曰："君见我龙钟，揶揄我乎？"已而予石至，霞目视之，语钦曰："此子功名过先生远矣。"予石后果少年成进士，历官台阁；钦年七十，中辛巳会试，悉符其言。《同治袁州府志·方技》

201 泰和县

汉庐陵县地，三国吴置西昌，隋改曰泰和，唐曰太和，元升为太和州，明初复为县，改太和曰泰和，属江西吉安府，清因之。

明 尹直，字正言，泰和人，景泰甲戌进士，成化中积官兵部尚书，正德中卒，谥文和。直明敏博学，练习朝章，著《謇斋琐缀录》，载成化甲午秋八月二十六日戊申，予计江西乡试，当以是日揭晓，第未审嘉言弟中否，因命卜者占之，初内卦得离，九三白虎发，窃意五爻坐青龙，若再发则是龙虎榜动，有中之兆，至是，爻果发，盖外卦得坤，明夷卦也。二爻发者，皆兄弟，《海底眼》云："兄弟雷同难上榜。"卜者嗫嚅不敢决，予曰："予意已卜之，盖予以兄问弟，兄弟发者，弟当动而来，况在龙虎爻，龙虎榜动也。一中何疑？予即批卦揭诸壁以俟。"九月晦，小录至京，嘉言果有名矣。然则占书岂可泥哉！《明史·本传》《寋斋琐缀录》

明 刘子羽，精堪舆术，每为人作穴，预言兴废岁时，无不应者。尝为南坑萧氏迁虎额穴，云："葬时当有虎鸣。"及葬山鸣如虎，其后少师诸公，科第官禄继起，萧氏祀其主于祖祠右。

明 罗道传，邑人，号罗浮老翁，精星命术，尹昌隆尝赠之歌曰：罗浮老翁人不识，星斗包涵满胸臆。独骑孤鹤过山东，笑指梅花吹铁笛。又曰：老翁真是人间仙，谈天有口如河悬。图成不用青蚨钱，但觅琳瑯金薤篇。以上《同治泰和县志·方技》

202 吉水县

南唐析庐陵置，元升为州，明复为县，属江西吉安府，清因之。

宋 萧巽斋，知命善卜，文信国公天祥，赠诗有云：未有大挠书，先有伏羲易。古人尚卜筮，今人信命术。八卦与五行，皆自河图出。易中原有命，道一万事毕。卦义六十四，萧君得其一。江湖旅琐琐，谈命以巽人。①人情爱委曲，喉舌嫌棘棘。②言言依忠孝，君平意未失。我生独肮脏，动取无妄疾。是有命流行，虽陨复谁诎。安能从儿女，朝夕谈昵昵。若卦有人买，不妨君卖直。《文信国公集》

宋 朱元炳，字斗南，号月窗，吉水文昌乡人，拔起田间，谈星命，多奇中，尽得白顾山人秘传书一卷，其法专以十干十二支五行二十七字，旁施午竖，错综交互，论其屈伸，刑冲六害；察其变动，生旺官印空，而为衰败死绝破；衰败死绝破，而为生旺官印；禄马不害为贫贱，孤劫未尝不富贵；盈虚消息，观其所归；和平者为福，反是为祸而已。《文信国公集·赠谈命朱斗

---

① 巽，与逊通，卑顺也。
② 棘，急也。

南序》《同治吉水县志·方技》

○文信国公《又赠朱斗南序》云：甲巳之年，生月丙寅；甲巳之日，生时甲子。以六十位类推之，其数极于七百二十而尽。以七百二十之年月，加七百二十之日时，则命之四柱，其数极于五十一万八千四百，而无以复加矣。考天下盛时，凡州主客户，有至千四五百万，或千七八百万，而荒服之外不与焉。天地之间，生人之数，殆未可量也。生人之数如此，而其所得四柱者，皆不能越于五十一万八千四百之外。今人间巷间，固有四柱皆同，而祸福全不相似者。以耳目所接推之，常有一二；则耳目之所不接者，安知其非千非百，而命亦虽乎断矣。且夫五十一万八千四百之数，散在百二十期中，人生固以百岁为率，是百岁内生人，其所受命，止当六分之四有奇，则命愈加少，而其难断亦可知矣。尝试思之，宇宙民物之众，谓一日止于生十二人，岂不厚诬？而星辰之向背，日月之远近，东西南北，天地之气所受，各有浅深，则命之布于十二时者，不害其同；而吉凶寿夭变化交错，正自不等。譬之生物，松一类也，竹一本也，或千焉，或万焉，同时而受气也。然其后荣者枯者，长者短者，曲者直者，被斧斤者，历落而傲岁年者，其所遭遇，了然不侔，夫命之同有矣；而其所到，岂必尽同者？然则参天地之运，关盛衰之数，此其间气，或数百年，或百年，或数十年，而后一大发泄，必非常人所得与者，于五十余万造化之中，不知几何，可以当此。而天地宝之不常出，鬼神秘之不使世人可测知也。呜呼，论至此，则命书可废也。因书于欧阳先生赠《月窗说》后。

宋 黄璘，字翠微，吉水人，善堪舆，文信国公赠以序曰：黄璘吾邻人，得祖父风水之学，问与之登山，铺张造化，口角澜翻，亦可爱，吾馆人议以翠微名之。翠微山之腰，苍苍郁郁之象，山人所得称，抑微乎微哉！地理书所谓隐隐隆隆，吉在其中，此则粗心者，所不能得此仿佛。黄生齿新而意锐，更下入细工夫，以庶几吾所谓微者。《文山全集·赠黄璘翠微序》

宋 彭叔英，著《谈命录》一书，文信国公跋云：命者令也，天下之事，至于不得不然，若天实使我为之，此之谓令，而自然之命也。自古忠臣志士，立大功业于当世，往往适相解后，而计其平生，有非梦想所及，盖不幸而国有大灾大患，不容不出身扞御，天实驱之，而非夫人之所欲为也。当天下无事，仕于是时者，不见兵端，岂非命之至顺？盖至于不得已而用兵，犯危涉险，以身当之，则命之参差，为可闵矣。士大夫喜言兵，非也；讳言兵，亦非也。如以为讳，则均是臣子也。彼有王事鞅掌，不遑启居，至于杀身而不避，果是何辜，吾独何为而取其便；如以为喜，则是以功业为可愿。鳃鳃然，利天下乖有变，是诚何心哉！是故士大夫不当以为讳，亦不当以为喜，委质于君，惟君命所使。君命即天命，惟无所苟而已。星翁历家之说，以金火罗计字，皆为主兵之象，遇之者即以功业许人。十一曜之行于天，无日无有，无时不然；人物之生，亦无一日可息，事适相值者，亦时而有之也。治乱本于世道，而功业之显晦，关于人之一身；审如其说，则人之一身，常足为世道之轩轾，① 有是理哉！圣贤所谓知命、俟命、致命，皆指天理之当然者而言，是故非甘石所晓。彭叔英儒者也，而星翁历家之说，尚不免胶固；欧阳巽斋先生，既具为之辨，予复备论之，叔英持以复于先生。

宋 曹子政，吉水人，卖卜于市，自号江西剑客，文信国公赠其序云：江西剑客，吾乡曹子政，算命标榜也。予曰："子卜也。而取剑何居？"曰："世人卖卜，事谄媚，捐苦口，皇皇于一食之末，予恨其道之不直也。如是而福，如是而祸，一无所回护，故予刚者之为也。予言必刚者而后能听，剑是以得名。"予曰："嘻嘻，昔人有学字观公孙大娘舞剑而神，剑无与于字，而迴朔赴仆之间，乃足以相发。今子虽为卜，而有取于剑之刚者，亦诳曰不宜哉。"或曰："然则是腹剑也。"予曰："恶，子政岂口如蜜者耶！"或人语塞，因书以遗之。《文山全集•赠曹子政剑客序》

宋 林碧鉴，善风鉴，文文山先生赠诗有云：咸阳宫中四尺镜，昭人五脏何炯炯。桑田沧海千余年，白鍊依然化为矿。君从何处得此物，铸就双瞳敌秋月。向未照心今照形，不事澜翻三寸舌。远冲风雪肯我过，看来犹未深知我。我方簑笠立钓矶，万事浮云都勘破。噫嘻吁，只今神目鬼眼分道途，暗中许负应卢胡。试问何如林家老碧鉴，不知天津桥上，复有龙钟无？《文山全集•赠林碧鉴相士》

宋 刘忠朴，精阴阳术数，识善恶忠奸，文信国公，尝与之接谈，为诗赠之云：楹何为折剑何藉，须肯为拂粪肯尝。马公布袋王公饭，石家锦障丁家香。忠邪佞邪两无定，一雕一璞异其性。② 忠朴先生躔法高，古今四者岂关命。五九四余能善恶，铁算不是并州错。便从忠朴问如今，忠果谁忠朴谁朴。《文山全集•赠刘忠朴》

宋 曾正德，字一轩，探讨阴阳，精研星命，文山先生，尝赞美之，赠

---

① 轩，音掀，车前高曰轩，轾，音智，车后低曰轾。
② 雕，音刁，治玉也。

诗有云：磨蝎之宫星见斗，簸之扬之箕有口。昌黎安身坡立命，谤毁平生无不有。我有斗度限所经，适然天尾来临丑。虽非终身事干涉，一年贝锦纷杂糅。吾家禄书成巨编，往往日者迷几先。惟有一轩曾正德，其说已在五年前。阴阳造化荡昼夜，世间利钝非偶然。未来不必更臆度，我自存我谓之天。《文山全集·赠曾一轩》

宋 李一壶，卖卜文水，座客盈庭，观文信国公之赠诗，可以觇其旨趣矣。汝南市人眼，壶小天地大。谁知卖药翁，壶宽天地隘。李君血肉身，大化中一芥。天度三百余，满腔粲菁蔡。仙翁以过谪，长房以术败。造化多漏泄，鬼神争讶恠。君归视斯壶，口匏深覆盖。得钱且沽酒，日晚便罢卖。《文山全集·赠一壶李日者》

宋 龚豫轩，善数术，决犹疑，文山先生曾赠以五古一章：挟筴考休咎，巫甘迈何追。加亦布灵草，乃复探其微。载观河洛书，今也休明时。天高凤乌翔，击拊遨以嬉。《文山全集·赠龚豫轩数术》

宋 彭神机，直言谈命，乐道安贫，文信国公曾诗以勉之：挽强三石徒碌碌，学到穿杨精艺熟。百发百中无虚弦，百中一跌前功辱。彭君绝识透黄间，不师逢羿师琭琭。天度三百六十强，一算不容失正鹄。吾闻天机难语人，往来了了拈众镞。君姑藏用凝于神，矢口莫轻谈祸福。《文山全集·赠彭神机》

宋 叶大明，卖卜市廛，颇负时誉，文山先生，素相识之，其赠诗有云：大明标榜叶氏子，自称后村门下士。误言木吉亨为灾，后村曾发一笑来。其师流传说如此，宁知祸福乃不尔。犀腰貂首徒劳人，甘藜豢藿无苦辛。我生有命殊六六，木字循环相起伏。袖中莫出将相图，尽洗旧学读吾书。同上《赠叶大明》

宋 彭别峰，精太极数，文山先生，曾赠以诗：手把先天已后书，当来一画得全无。白云山下冷冷水，自在人间太极图。《文山全集·赠彭别峰太极数》

宋 黄生，善银河数，文信国公赠以诗云：乘槎人从天上来，天上知有君平术。黄生能谈君平书，不知曾认支机石。同上《赠黄生银河数》

宋 叶秋月，相人有法，出言尤奇，文信国公，曾以六言诗送之：急流勇退神仙，跛鳖龙钟将相。藉问华山山中，何似天津桥上。同上《赠秋月叶相士》

宋 魏山人，精堪舆之学，文信国公，曾邀其相宅相墓，赋诗赠之云：君不见而家直臣犯天怒，身死未寒碑已仆；又不见而家处士承天渥，闭门水

竹以自乐。云仍妙参曾杨诀，谓予地宅谁优劣。小烦稳作子午针，灵于己则灵于人。同上《赠山人》

宋 廖希说，字老庵，善观风水，不惮烦劳，虽年登耄耋，而健步如飞，文文山先生之赠诗，真堪为希说写照：短屐平生几两穿，锦囊真得当家传。山中老去称庵主，天上将来说地仙。面皱不妨筋骨健，舌存何必齿牙全。金精深处苓堪饭，更住人间八百年。同上《赠老庵廖希说》

宋 萧才夫，字人鉴善谈命，岁单阏，才夫过予，以予命推之，言颇悉，是秋迄次年，予所遭，无有不与其言相符。噫，人鉴其神已，为之辞曰：眇阴阳之大化兮，布濩垓埏；出王游衍之度思兮，曾浅浅乎为天。自青紫食穷经之心兮，怪诡乘之而相挺；窃掠五纬之胈兮，斑其愚以自贤。方疾其拂耳骚心兮，羌作炳于眇绵；将事实与行会兮，抑抉幽而钩玄。予将窥前灵之逸迹兮，就有道而正焉。《文信国公集》《图书集成·星命部·名流列传》

宋 杨叔方，吉水人，博通经史，天文历数，尤极研精，著《五经辨历法》《五行论》，在太学与诸生上书，斥贾似道之奸。四方学者，争造其门。以经学授清江范德机，以历法授宁都习吉翁，习历至今用之。《光绪江西通志·方术》

明 阳允贞，吉水人，精易卜，成化末，其县有商人将贸易蜀中，求卜于允贞，允贞曰："是行也，遇不测之险，获无穷之利。"商人素熟西南诸夷，囊中有利剑，以药淬之，佩以自卫。所经蜀中一山，多丰蛇猛兽，百二十余里无居民，行且半，见一巨象伏大树下，若有所甚畏者，遥窥之，树上有巨蟒，张口吐舌，舌长数尺，将下吞象，商人惧甚，自度进退无所据，乃挺剑直走树下，仰斫蟒数刀，急趋避之，蟒初若不知，须臾闻有声，若山摧谷应，林木皆震，心丧力殚，颓然倚石，顾盼间，则蟒舍象来逐，仅隔数十步，药发而毙。良久又见象来渐近，商人计莫能脱，遥指叱象曰："汝厄巨蟒，吾脱汝蟒口，而顾困我耶？"象进伏商人前，双泪迸落，若有叩谢之状。商人会其意，坐象背上，象即走山谷中，以鼻掘地，有蜕牙无算。商人尽取以归，遂成富翁。明杨仪《高坡异纂》

明 刘伯完，字观静，吉水人，洪武初，举茂才，通占卜课候术数之学。里中何监正奇其技，荐于御史台刘连，值朝廷雅重天文诸儒，诏授阴阳学正，历钦天监，兼回回监副，迨靖难兵起，遂变姓名远遁，后不知其所终。《光绪江西通志·方术》

203　永丰县

宋析吉水县置，明清皆属江西吉安府。

明　郭修翰，永丰人，父益懋，为诸生，侨寓惠州兴宁，生修翰。读易读史，手不释卷。母盲废，自谓采给行佣，吾不如江次翁，遂穷天文七政诸书，卖卜于市，得钱供母。星学名一时，自知死期，卒年六旬有六。《光绪江西通志·方术》

清　聂湘吟，字既庭，双溪人，邑庠生，工诗，尤精卜筮。乾隆己酉乡试，占本邑中式事，爻象四金发动，判云："今年欲悉登科事，不是金钟便是刘。"是科获中者阆溪钟贻銮，湖头金世銮，二人名姓，果符四金之象。

清　戴濬，字禹刊，泂溪人，邑庠生，幼好学，博览群书，凡遁甲六壬卜筮诸方伎，靡不研究，断事多奇验。

清　宋兆璜，吉江人，岁贡生，耽医卜星相之书，尤精堪舆，断阴阳宅，悉本河洛，而参以卦象，靡不奇验。名播吉临南抚间，延请无虚日，惜抱痰癥疾，不能遍赴，年五十八卒。

清　黄鼎伟，字嗣英，下庄人，精形家术，庞眉修躯，气温语直，所学一出于正。客赣州，桐城张曾敞闻其贤，乞卢明楷作书，走赣延请，主于其家，三年而归。曾敞作序送之，其弟曾敟、曾敩①亦赠以诗。以上《同治永丰县志·方技》

204　安福县

汉置安平县，又置安成县，后汉改安平曰平都，晋改安成曰安复县，隋改平都曰安成，省安复入之，又改安成曰安复。唐改曰安福，元升为州，明仍为县，属江西吉安府，清因之。

宋　彭仲元，安福人，得星禽之术，善占候风云。太平兴国初，郡守王

---

①　敟，音典，主也。敩，音班，分也。

延范，署为防城，温仲舒、向敏中倅庐陵，①仲元言其当大贵，不数年，二人果登辅相。大中祥符中，诏入署北御园指挥，使言国家事，颇奇中。《光绪江西通志·方术》《同治安福县志·方技》

宋 刘元宾，连举于乡，任潭州司理，通阴阳医药术数，真宗试之验，赐名通真子。所著有《集正历》《横天卦图》《神巧万金方注解》《叔和脉诀》《伤寒论》《洞天针灸经》。《光绪江西通志·方术》

宋 刘德升，遇异人授大衍数，能于掌中知未来事，王泸溪尝赠以文。《光绪江西通志·方术》

元 潘碧山，安城人，②善风鉴。傅与砺赠以诗，有"直言往往惊四座，乃使世人畏其口"七句。《光绪江西通志·方术》

明 刘子远，明初，以易数为胡惟庸所知，荐授钦天监正，辞不就，赐宴光禄，给第宅，日承召问，知胡必败，托疾归。

明 弗需山人，姓周，精星纬之学，适大比，群聚决科，弗需曰：某当前茅，某当中权，某当后劲。皆验。崇祯癸未，游扬州，有举子汤某问科第，弗需语以二月不第八月第，是年改试八月，汤果第。

明 郑寅，善星术。荣府长史王选与赵璜同里，每谈命，寅谓赵必失官，王曰："旦夕若殊擢，汝百中经当烧。"寅请以经为质，赵随转顺天府丞，王遣仆索经，寅曰："留此且待。"未数日，即有拿问之事，王奇之。寅又贺曰："四五年后，赵当拥高车。"王乃追饯述寅言慰之，后璜果累官至尚书。

清 王鏞，少孤，事孀母，色养备至，通易数，卜无不验，足迹不履城市。邑令程先鄂，廉其贤，造门一见，亦不复谢，有卜事应之而已。年七十五，始举一子，寿八十一终。以上《同治安福县志·方技》

205 龙泉县

五代时，杨吴立龙泉场，南唐升为县，宋改曰泉江，寻复曰龙泉，明清皆属江西吉

---

① 倅，取内切，队韵，副也。今佐贰官曰丞倅。
② 安成，在今安福县东南。

安府，民国改曰遂川县。

南唐 鄢景翼，字淡宁，龙泉人，留心阴阳术数之学，与赣州曾文迪、刘江东，俱师事杨筠松，得其青囊天府之秘，世称鄢地仙。开县武陵拢要道，① 有鄢公岩并庙祀。

宋 江心传，名赐，龙泉人，世号神目，善术数地学，尤精风鉴。性豪迈嗜酒，文天祥因忤贾似道归，寓妹婿孙倮家。② 心传一见奇之，曰："骨秀神清，大贵人也。当为一代柱石。"天祥赠以诗云："道茂数遁甲，长房得役鬼。风鉴麻衣仙，地理青乌子。择术患不精，精义本无二。奇哉梦笔生，熊鱼掩前氏。"以上《光绪吉安府志·方技》

206　万安县

汉庐陵县地，晋改遂兴，隋省，唐置万安镇，宋升为县，明清皆属江西吉安府。

清 衷化远，万安人，康熙甲寅，负母避寇，匿山谷中，与弟相失，出觅弟，得之归，而失其母。化远大恸，托医卜走四方，凡十年，得母于郴州，③ 奉以归。《光绪江西通志·方术》

清 曾震，湖洲人，附贡，读书明易理善卜，尤精岐黄，且好善，常备药济人，著有《杂病歌》《痧证论》行世。《同治万安县志·方技》

207　永新县

三国吴置，隋废，故城在今江西永新县西三十五里，唐复置，寻废，后又别置县于禾山东南六十七里，即今治也。元升为州，明复为县，属江西吉安府，清因之。

清 陈宗禄，字在中，永新人，博极群书，尤邃于《易》。明末，揲蓍得渐之上九，遂一意隐遁，以裁成后学为己任，学者称文节先生。《光绪江西通志·方术》

清 汤第，字眉山，幼嗜学，旁及天官地理、岐黄历律等书，才略优

---

① 泷，音双，奔湍也。
② 倮，古栗字，见《玉篇》。
③ 郴，丑森切，音琛，地名，今属湖南。

清 刘世衢，字何甫，永新人，著有《洪范皇极补》六卷，是书成于康熙甲子，以蔡沈《洪范数》为未竟之书，谢无梾之注释亦未详备，因补《图数释》二篇，《序数释》三篇，《对数释》一篇，所阙注释，一一补之。凡书中低其格者，皆世衢所绩也。《四库提要·子部·术数类存目》

208　莲花厅

明安福永兴二县地，清乾隆八年，析置莲花厅，属江西吉安府，民国改县。

元 刘景儒，字士修，砻西乡第十一都人。精星术，得子平真谛，断决多奇中。士大夫重之，至有命非景儒不谈之语，惜后人无有继其业者。

清 宁榜高，字君起，性醇谨，素嗜学，曾从异人授秘府书。精天文，谙勾股律历。尝观星象，作提规浑仪图，推测屡有奇验。其决湘城之陷、庚寅之变，又事之发于机先者。年六十九卒。以上《道光莲花厅志·方技》

209　清江县

汉新淦县地，南唐始置清江县，明清皆为江西临江府治。

元 邹子震，号云隐，父伯恭，为卫军百户。子震，独慕高尚，好遨游山水间，于荣利漠然，不以动其中。洞究阴阳形家诸书，间为人相坟垄，卜第宅，于吉凶休咎，灼乎如鉴之明，卓乎如臬之定日影，① 不可以移易。梁寅称其恬于势利，妙于术而非拘拘于术者。《同治清江县志·方技》

元 张理，字仲纯，清江人，延祐中，官福建儒学提举，撰《易象图说》，内篇三卷，外篇三卷。内篇凡三：曰本图书，曰原卦画，曰明蓍策；外篇亦三：曰象数，曰卦爻，曰度数。其于元会运世之升降，岁时寒暑之进退，日月行度之盈缩，以及治乱之所以，倚伏理欲之所以消长，先王制礼作乐，画井封疆，一切推本于图书。盖与张行成《易通变》相类，皆《皇极经世》之支流也。《四库·子部·术数类一》

---

① 臬，音孽，法也。

清 金士升，字初允，少从杨廷麟游，有志靖乱。麟死节，后遂弃诸生，箬冠道服，以卜筮隐，所著有《周易内外传史略》，学者称阳溪先生。《同治临江府志·隐逸》

210 新喻县

三国吴置，故城在今江西新喻县南，唐迁今治，明清皆属江西临江府。按《唐书·地理志》，新喻本作渝，天宝后相承作喻，元和志本因渝水为名，今日新喻，因声变也。

宋 萧注，字岩夫，新喻人，能相人。熙宁初，以礼宾使，知宁州，自陕西还。帝问注："韩绛为安抚使，施设何如？"对曰："庙算深远，臣不能窥，然知绛当位极将相。"帝喜曰："果如卿言，绛必成功。"问王安石，曰："安石牛目虎顾，视物如射，意行直前，敢当天下大事。然不如绛得和气为多，惟气和能养万物尔。"王诏为建昌参军，注曰："君他日类孙沔，[①] 但寿不及。"后皆如其言。《宋史·本传》

211 峡江县

隋唐新淦县地，明初置峡江巡司，后升为县，属江西临江府，清因之。

明 黄一凤，字时鸣，峡江人，万历庚戌进士。以术家通书，多改窜古人成法，以致选择谬误，因取杨救贫《造命千金歌》为主，而以吴景鸾、郭景纯、曾文辿诸说，参考成书，撰《选择集要》六卷，词意简明，颇为得法。前有一凤序，清雍正中，余朝相为之重刊，并附其所作《齐安堂辨疑》及《续补》于末。《四库提要·子部·术数类存目二》

212 分宜县

宋析宜春置，以分自宜春，故名。明清皆属江西袁州府。

明 夏洞源，分宜庠生，素精占卜。万历丁酉，司寇张公承诏，字寅

---

① 沔，音缅，铣韵，水名，流满也。

宾，与其族吉宇、冲吾三人，同应乡试，洞源各赠一锦囊，嘱以场后开视。其卜司寇词云："寅宾至秋，鹿鸣呦呦。滕王风送，名播九州。"是科果中乡试，吉宇词云："吉宇公，吉宇公，土难结为凶。收利器，再屠龙，庚子一枝红。"后至庚子，膺拔贡。冲吾词云："冲吾冲吾，运好星墓。三场已毕，几乎几乎。"是年中副车第一，语俱奇验。《同治袁州府志·方技》

213 万载县

汉建成县地，三国吴置阳乐县，唐省，五代南唐置万载县，宋改曰建成，寻复曰万载。明清皆属江西袁州府。县境产苎布，幅广丝圆，坚致耐用，俗称万载夏布。江宜之宁都宜黄，皆产夏布，然不如万载之有名。

清 李光宬，① 字晋之，万载人，性端重，敦孝友，精堪舆。尝曰："形家执理气说，徒乱人意，造化之大，安能以径寸法求之哉。"随父荣阶，宦游湘湖滇黔，及金齿苍山洱海皆遍，② 颇得山川融结大概。平时论说滔滔，及与人卜宅兆，矜持慎重，从不轻泄。《同治袁州府志·方技》

清 喻鹤松，字鸣皋，藏溪人，少孤贫，兄课之读书，昼夜不辍，兼通医卜星命家言。既长，贫益甚，无以养，因专于医，活人无虑数百。所酬资，储半以供母，尝有急需，笥中尚余钱若干，不敢用，典衣以应，终母之世少变。乾隆年间，县举医学，众推之，受冠带，卒后辛绍业为之传。《同治万载县志·方技》

214 高安县

汉建城县，唐改曰高安，明清皆为江西瑞州府治。

宋 无名相士，精风鉴，筠州太守闻之，③ 为遍召宾僚试其术。时曹利用为巡检，同王务本在座，相者言利用，后当极贵，坐客皆笑。复问务本何时登第，曰："须巡检入两府时耳。"客皆曰："乌有是。"后利用以使契丹有

---

① 宬，音成，屋所容受也。
② 洱，音耳，水名，在云南大理府城东。
③ 筠州，即今高安县治。

功，为阁门使，十年间，列位枢府，而务本适登第，后为海州推官。《光绪江西通志·方术》

明 邓祥甫，高安隐士也。尝遇异人，授象纬韬钤之秘，避世不仕。刘基来丞高，安详甫见而奇之，基与游，尽得其蕴，论者比之圮上老人。《光绪江西通志·方术》

明 喻有功，字若无，又字混初，高安人，撰《周易悬镜》十卷，专言轨策之数，大旨以《皇极经世》为宗，而杂及占卜之法，末纂《左氏传舔象》并《郭氏洞林》，皆主占验之学者也。《四库·子部·术数类存目二》

清 何识定，字静先号，觉斋，伍桥人，中雍正丙午副车，以先人窀穸未卜，日求葬地，遂精堪舆，著有《高安山引形势图说》。《同治高安县志·方技》

清 邓筠山，高安人，叔象先，真元观道士。赣人某，病于观，不能起，筠山来省其叔，善视之。某病愈，授以形家术，能视地于五尺以下，辨其质色。《光绪江西通志·方术》

215　上高县

后汉置上蔡县，晋改望蔡，南唐改置上高县，明清皆属江西瑞州府。

元 曾义山，一名法兴，上高人，善占术。至正间，尝开卜肆于县南之桥埠，青田刘基丞高安，法兴遇之，语曰："相公聪明绝世，而器识宏远，当为一代伟人，吾书尽以相赠。"基藉观乾象诸书，法兴以原本畀之，曰："吾不欲留此以为家祸也。"后明太祖尝问基，授受所从，基以实对，乃令有司，为法兴营居室，表其坟墓，① 明杨慎《升庵集》《光绪江西通志·方术》《同治瑞州府志·隐逸》

明 刘偘，② 字豫甫，上高人，元季瑞州路学正，与高安丞刘基、奉新胡泰为友，精于易卜，世乱弃官家居，悬棹为识，③ 号"银河棹"，与人言吉

---

① 旧注《诚意伯祠记》，载"僧法典，善占术，以书付公"云云，疑即曾法兴之讹，附识于此。
② 偘，同侃，见《玉篇》。
③ 棹，直教切，同櫂，效韵，櫂，行舟也。

凶，无不立验。凡上高业阴阳术者，悉祖之。洪武初，以荐举复任本学训导，著有《银河棹外编》。《光绪江西通志·方术》

明 陈继宗，号见峰，少机颖，善奇门，精堪舆，挟其术游公卿间，时称郭杨再世。子文显，孙其锦，俱究心父祖之术，业益显。南瑞袁临四郡，凡有兴作，必取正焉。《同治瑞州府志·方术》《同治上高县志·技术》

清 刘荨，号棣楼，耽视典籍，尤善堪舆术，阴阳水法，深得古人奥窍。长于诹日，相宅营兆，一时名公，延为上客。《同治上高县志·技术》

216 新昌县

汉建城县地，三国吴置宜丰县，宋齐省，唐复置，宋改置新昌县，元升为新昌州，明复为县，属江西瑞州府，清因之，民国改为宜丰县。

宋 邹元佐，新昌人，涉猎书传，精通五行。尝以人之年月日时，分配金木水火土，而推其生旺休囚，附以官贵禄马刑杀，考其寿夭祸福，贵贱贫富，万不差一。京师诸贵人，争造其门而问焉，因致家大富。尝自言凡看命须随所见即谈，无不奇中；若稍涉思虑，则相去遂远矣。乃知技术，亦必纯乎天乃神，著有《洪范福极彝伦奥旨》五卷、《贵命四十九格》行于世，时号新昌三奇，谓洪觉范奇于诗，彭渊材奇于药，邹元佐奇于命。《图书集成·星命部·名流列传》

明 李纲，少恢奇，好与从心坦谈地理，坦与江藩、陆杰有旧，荐纲，陆大喜。世宗将茔寿陵，敕选术士，陆以纲应。会驾幸天寿山，偶驻跸，诸术士以龙穴献，纲独否。问之，曰："穴在龙足下。"上曰："如案低何？"纲进曰："至尊无对。"上喜甚，叹曰："术士出南方，信然。"特授钦天监博士。

清 李慈受，字三素，宜丰人，善堪舆，敦品行，康熙癸酉，著《天机一贯》行世。《天机一贯序》

清 刘韶吉，以字行，幼攻举业，与同县邢廷尉福山相友善，精青乌家术，言休咎若烛照数计，声名籍甚。咸丰间，特召江西巡抚陆应谷，相度万年吉地，韶吉随应谷入都。登山时，寒雪初霁，人多滑跌不可持，韶吉寻龙抄穴，蹻健无匹，上嘉叹不置。自是名震都下，时年七十有四。

清 刘应对，字德言，博极群书，精于选择，著有《造命衍义》《阳宅修方》《奥义允藏差谷》行世。以上《同治瑞州府志·方技》

清 刘丕烈，字树勋，郡庠生，太平乡人，博极群书，精于选择，著有《选择易知》，家贫未付梓。《同治新昌县志·方技》

217 赣县

汉置，高帝时使灌英略定江南，始为赣县，立城以防赵佗。今江西赣县西南，盖浆溪故城是也。东晋徙葛姥城，南朝宋徙赣水东，梁又迁赣水南，唐徙今治。明清皆为江西赣州府治，清南赣缜总兵驻此。章贡二水，于此合流，故名赣。地当赣江上游，抱赣粤二省交通之冲。清道光二十三年以前，海禁未开，外国通商港，惟广州黄浦一埠，货物之输入输出，皆以此为要道，其繁盛十倍今日。海禁既开，赣关之收入，虽远不如前，然犹不失为繁盛之区也。

唐 杨筠松，窦州人。① 僖宗朝，掌灵台地理事，官至金紫光禄大夫。黄巢破京城，乃断发入昆仑山步龙。后至虔州，② 以地理术，授曾文辿、刘江东，世称救贫仙人是也。卒于虔，葬雩都药口坝，著有《青囊奥语》《撼龙经》《天玉经》。③《四库提要·子部·术数类二》《光绪江西通志·方术》

宋 谢昔臣，一云晋臣。虔州术士，苏轼过虔，赠诗云：蜀国新从海外归，君平且莫下帘帷。前生恐是卢行者，后学还呼韩退之。死后人传戒定慧，生时宿直斗牛箕。凭君为算行年看，便数生时到死时。《光绪江西通志·方技》

宋 黎端吉，业堪舆三代矣。文文山先生赠序有云：与痴儿说梦，终日闷闷，使人欲索枕僵卧；明者了了，不踰顷刻，能解人数百年中事，恨相见晚矣。山人黎端吉客吾门，旬日风雨，旦稍霁，入吾山，一瞬而还，若有德色，问之，则山川巨细，情状变态，信手图画，如山中生长然者，何其敏也。黎氏祖为吾乡罗氏葬地，百年效验，翁不见，端吉食其报，又能以术世

---

① 窦州，唐置南扶州，改为窦州，取罗窦洞为名，故治在今广东信宜县南二里教场左。
② 虔州，即今江西赣县。
③ 清萍乡文廷式《纯常子枝语》云：杨筠松，名益，字叔茂，窦州人。

其家，翁信未死哉！端吉遗予地，予方撰履出郊，而端吉又泝十八滩上矣。①临别叙其说，其归也，为予复来乎？《文山全集·与山人黎瑞吉序》《道光赣州府志·方技》

宋 卜则巍，字应天，赣县人，精形家言，著作甚当，所传《雪心》一赋，旨约而该，业地理者咸宗之。《光绪江西通志·方术》

明 池纪，字本理，赣州人，著有《禽星易见》一卷，于一切人事，得失趋避，无所不占。所论禽星性情喜好，进退取化之理，较他书为简明，尤为可采。《四库提要·子部·术数类》

〇阜按，《奇门五总龟》四卷，采辑众说，非一家言，其序谓"池本理先生，潜心精究，以发其秘。先生乃咸淳释褐状元，梦鲤公之裔，灵山县尹，成器公之嗣，诗礼家传，洽闻博物，尤精星历阴阳地理等学"。乡贡进士四川彭山县儒学教谕罗昭为作像赞云：天资高遇，器宇渊宏。学宗羲孔，道契周程。阴阳造化，惟公愈明。著书垂训，千载芳名。

清 黄一桂，学博，字樨坪，虔州人。耽奇好古，挟青乌术以游粤东。阮文达公督广，重修省志，与校雠之役，稍出其著述以示人，晚年学业大进，大书楹联曰："读史渐知心学误，莅官益觉理儒疏。"江郑堂学博亟称之，谓非阅历世事，不能作此精语。《自怡轩楹联賸话》

清 朱鹏衢，四会人，精堪舆，至老研究不懈，著有《易简集》。《同治赣县志·方技》

---

① 赣江，在赣县万安之境，有滩十八，在赣县者九，曰白洞，天柱，小湖，鳖滩，大湖，铜盆，落濑，青州，梁口；在万安县者亦九，曰崑仑，晓滩，武朔，昂邦，小蓼，大蓼，绵滩，漂神，惶恐。水性湍险，惶恐滩尤甚。本名黄公，后讹作惶恐也。

中国历代卜人传卷十六

江西省 三

218 雩都县

汉置，梁陈间废，故城在今江西雩都县东北，地名古田坪，隋复置，唐初迁治，故城在今县东南，地名大昌村，后又迁今治，明清皆属江西赣州府。

唐 曾文𬨎，[①] 雩都贤里人，师事杨筠松，凡天文谶纬、黄庭内景之书，靡不根究，尤精地理。梁贞明间，至袁州万载，爱西山之胜，谓其徒曰："死葬我于此。"卒如其言，后其徒忽见于豫章，归启其柩，无有也。所著有《八分歌》二卷。《光绪江西通志·方术》

○元浏阳欧阳文公《玄圭斋文集·曾文𬨎像赞》云：先生之学，吾谁与稽？吾有源委，润㴑东西。先生之书，吾读未遑；吾有征信，季通紫阳。大道无形，公独有像；神仙不死，公独有葬。葬留仙诀，像驭仙风；止乎观丘，池水澄融。魂月魄水，息虑艮止；鹤鸣长空，腾化震起。遗钤记传，严密谨言；感发人心，何日已焉。

唐 刘江东，雩都人。杨筠松在虔州江东，因曾文𬨎传其术。初，杨与曾并不著文字，江东稍有口诀，其裔孙谦，为宋吏部郎中，知袁州事，乃著《青囊经》七篇，曰星龙、穴窍、案应、曜证、罗城、明堂、水口，词旨明畅，其术始显。[②]《光绪江西通志·方术》《同治赣州府志》

宋 刘渊则，字见道，号叔云，雩都人，善堪舆，著《乘生秘宝经》。谢和卿，字玉斋，号玉元子，与渊则同时，著《神宝》《天宝》二经，具载《艺术典》中。《图书集成·堪舆部·名流列传》

[①] 𬨎，音延，缓步也。
[②] 原注旧志刘江东列宋代，传称与杨筠松同时，则唐末人也。今改正。

明 丘宏道，雩都人，博学能文，得《郭璞葬经》，究心三十年，遂精其术，浅深去就皆有法，与人言必以忠孝为本。

《光绪江西通志·方术》

219 信丰县

汉南埜县地，唐置南安县，寻改信丰，以人信物丰为名，明清皆属江西赣州府。

清 江宗淇，字筠友，信丰人，武生，耽吟咏，精岐黄青乌术，著有《天符星曜趋避义例》《六壬辑要》《造命发微》《造命千金》《列宿分度》《挨星师真编》《七十二图》《航江一苇》《丸丹膏方》《痘科善本》诸书。《道光赣州府志·方技》

220 兴国县

汉赣县地，三国吴置平阳县，晋改平固，隋省，宋太平兴国间，析赣县置兴国，以年号为名，明清皆属江西赣州府。

唐 廖瑀，字伯禹，[1] 生于宁都。年十五，通《五经》，人称廖五经。宋建炎中，以茂异荐，不第。父三传，得地理之术于杨筠松，瑀尤精其术，号金精，以宁都有金精山也。所著有《怀玉经》，堪舆家至今宗之。后子孙徙居三寮，与曾文辿之后，同其繁盛。盖两家塚宅，皆筠松所卜而贻之谶云。著有《九星穴法》四卷，又著《十六葬法》，《图书集成·堪舆部》详载之。《四库提要·子部·术数类存目二》《同治兴国县志·方技》

宋 胡从正，精青乌家言，主杨曾之说，为人卜葬，安便详审，无依违欺蔽之病，不特其术之过人已也。以上《同治兴国县志·方技》

宋 谈元谟，[2] 全播江东婿也。精堪舆术，著有《司马头陀天元一炁论》，词旨精微，深得江东肯綮。裔孙仲简，得其传。

宋 谢世南，兴国人，得青乌术于廖瑀。世南，瑀之婿也。后传其子永

---

[1] 《光绪江西通志·方术》，载宋廖瑀，字伯玉。
[2] 旧县志作文谟。

锡，为武功大夫，惠州巡检使。以上《道光赣州府志·方技》

明 曾从政，文迪之后，与廖均卿同时，相度皇陵有功，授钦天监博士，学士解缙为之赞。《同治兴国县志·方技》

明 廖绍定，善谈名理，所著有《地理指迷》，不下万言。大要推本于太极，而数演二气、五行、八卦，其说甚精。

明 廖绍宠，著有《阳宅简要书》，福清叶相国为之序。

清 廖邦明，字睿堂，以堪舆术著名，所著《峦理心得》《向水指南》藏于家。以上《同治兴国县志·方技》

清 廖安民。字觉生，兴国人，诸生，世传堪舆，安民尤有神解、尝坐冤系，太守郎永清雪之、方修府廨，召之相度，曰甚吉，然不日有迁移之事，未几以兄子巡抚江西，遂调汾州。又为郎氏先世营宅兆，经历塞外，至红罗山，过逆藩吴三桂祖茔，极山川环抱之胜，安民私语同行曰："此不臣之心见矣。然觊觎非分，白虎衔尸，十年外，当覆族。"后如其言。《光绪江西通志·方术》

221 会昌县

汉至唐，皆为雩都县地，宋析置会昌县，元升为会昌州，明仍为县，属江西赣州府，清因之。

清 乐嘉善，字以贞，进贤人，精堪舆术。康熙乙酉间，来游会昌，适有修学之举，集众地师，论说形势，独嘉善为最；其指画规模，亦合众心，遂用之。由是远近敦请，其术大行。《同治会昌县志·方技》

222 定南厅

唐宋以来，为龙南安远信丰三县地，明置定南县，属江西赣州府，清初因之，至乾隆三十八年改厅，民国仍为县。

清 黄恒对，字廷扬，定南人，国子生，工诗，尤精术数。《道光赣州府志·方技》

223　南康县

汉南㙻县地,三国吴析置南安县,晋更名南康,故城在今江西南康县西南隅一里,后迁今治。南朝宋改曰赣县,隋复为南康,明清皆属江西安南府。

清　黄启珠,号海门,凤冈堡人,举人,鲠直敢言,喜为有益人事,精习青乌家言,拯人每多奇验,而不因以为利。《同治南康县志·人物》

224　崇义县

隋唐南康县地,宋以后为上犹县地,明析置崇义县,属江西南安府,清因之。县东北有大挖补地、小挖补地,大挖补地在上犹县东北,东界南康县,北界遂川县,广乌道三十六里,纵乌道五十九里;小挖补地在南康县治北条,西山峨山暨锦山之间。二地孤悬在外,不与县境相接。

清　陈鸿川,崇义人,廪贡生,四十日而孤。少颖悟,读书目数行并下,淹贯经史,旁及星卜医理阴阳诸家。性刚介,不苟合,教人以植学立品为务,著有诗文杂藁待梓。《光绪南安府志·文苑》

225　宁都县

三国吴阳都县,故治在今江西宁都县南五十里白鹿营。晋太康初,徙县北杨田营,或以为即故揭阳县。刘宋徙县东北三十里太平里,地名徐观。今治地名雪坪,隋所徙也。隋初改县曰庆化,宋复曰宁都,元升为州,明仍为县,清升州,直隶江西,民国又改为县。清时魏禧及兄祥弟礼,皆州人,世称宁都三魏。

唐　濮都监,逸其名,善青乌术,与杨筠松俱官司天监都监,因黄巢之变,避地宁都县怀德乡,以其术传中坝廖三传。宋濂曰:《葬书》始于郭景纯,唐末杨筠松与濮都监,窃秘书中禁术,自长安至宁都,遂定居焉。后以其术传廖三传,廖传其子瑀,瑀传其婿谢世南,世南传其子永锡,遂秘而不授。世之言地形者,其盛无踰此数人。今其书世多行之,皆与郭氏合。世不信地理之术则已,信之,舍此将何从求之欤?元新喻刘则章,有《葬书注

释》。金华郑彦远，复校而刻之。《道光赣州府志·方技》

明 廖均卿，瑀之裔，成祖卜寿陵，久不得吉壤。永乐七年己丑，仁孝皇后未葬，礼部尚书赵羾①引均卿至昌平，②得县东黄土山最吉，车驾即日临视，定议，封为天寿山，命武义伯王通等董役，授均卿官。《光绪江西通志·方术》

226　瑞金县

唐置瑞金监，本淘金之地也。南唐升为县，清属江西宁都州，地居黄水上游，东南水行四十里，至古城司；又踰隘岭，陆行五十里至汀州，为通关要道。

清 管志宁，字一士，瑞金人，诸生，好学工诗，兼善形家之术。尝负笈出游，遍历吴越山水，与诸名流互相赠答。雍正元年癸卯，应诏入都，相视吉地，奏对称旨，授户部主事，迁陕西司员外郎，改礼部主客司员外郎。忧归，以劳瘁感疾卒。《光绪江西通志·方术》

227　石城县

汉雩都县地，三国吴分置揭阳县，隋省入宁都，名石城场。五代时南唐始置县，以四山多石，耸峙如城而名。清属江西宁都州。

清 尹良相，字玉辉，石城人，少好读《易》，为壬遁之学。即另筑一室，不设户，只留小窦，以通饮食，精研默探，遂契玄妙。康熙初，寇警，保聚石笋寨，为邑犄角，时贼据北郭，旦夕攻击，城危累卵。权县事李德明，集士民迎良相，良相至，请克日冲贼营，人颇疑之。良相以家口质县官，期必胜。先以计去贼炮，继出健丁，率乡勇攻，贼败走。转据西关厨岭，乘高瞰城，飞矢集城中，良相复破之。贼又薄攀桂坊南关，几陷，良相屡出奇计，战无不利。忽一夕卜五更城不吉，乃令更柝缓之，转四更，天已黎明，贼大惊诧，毕佛援师至，遂解围去，城赖以全。《光绪江西通志·方术》

---

① 羾，音贡，至也。
② 昌平，今县名，属河北省，在北平市之北，地当居庸关南口，为北平北面第一要隘，平绥铁路经此。

228 德化县

汉柴桑寻阳二县地,三国吴至梁陈,均曰柴桑,隋改曰湓城,唐改曰浔阳县,五代时南唐改曰德化。明清为江西九江府治,民国废府,改德化曰九江县。

晋 陶淡,字处静,太尉侃之孙。幼孤,好道养之术,谓仙道可祈,年十五六,便服食绝谷,不婚娶。家累千金,僮客百数,淡终日端拱,曾不营问。颇好读《易》,善卜筮,于长沙临湘山中结庐,养一白鹿以自偶。亲故有候之者,辄移渡涧水,莫得近之。州举秀才,淡闻转逃罗县埤山中,终身不返,莫知所终。《晋书·列传》参《光绪江西通志·列传》

清 罗席珠,监生,为信子,性孝友,善星学,凡先天太乙六壬演禽诸课,皆精习。道光年,邑令吴正纬,因逸要犯,占之,指向县西南五十里地,来春缉之必获。后果验。其占他事率类此。著有《六壬秘诀》四卷待刊。《同治九江府志·方技》

229 德安县

汉浔阳县地,五代杨吴置德安县,明清皆属江西九江府,南浔铁路经之。

宋 夏竦,字子乔,德安人,历仕太宗至仁宗朝,累官枢密使,封英国公,罢知河南府,迁武宁军节度使,进郑国公,卒谥文正,改文庄。竦资性明敏好学,自经史百家阴阳律历,外至佛老之书,无不通晓。为文章典雅藻丽,举贤良方正,著有文集百卷。竦谪黄州时,庞颖公为郡掾,竦识之,异礼优待;而庞尝有疾,以为不起,遂属竦后事,竦亲临之,曰:"异日管为贫宰相,亦有年寿,疾非其所忧。"庞语之曰:"已为宰相,岂得贫耶?"竦曰:"但于一等人中为贫耳。"故庞公晚年退老作诗述其事,曰:"田园贫宰相,图史富书生",为是故也。宋莒公庠与弟祁,尚皆布衣,竦亦异待,命作落花诗,莒公一联曰:"汉皋佩冷临江失,金谷楼危到地香。"子京一联曰:"将飞更作回风舞,已落犹成半面粧。"是岁诏下,兄弟将应举,竦曰:"咏落花而不言落,大宋君公序,当状元及第;又风骨秀重,异日当作宰相。小宋君非所及,然亦须登严近。"后皆如其言,故竦在河阳,莒公登庸,以

别纸贺曰："所喜有昔年安陆，① 已识苢光"，盖为是也。《宋史·本传》宋吴处厚《青箱杂记》

230　瑞昌县

汉柴桑县地，三国吴赤乌镇，又曰瑞昌镇，隋为湓城县地，唐为浔阳县地，后分浔阳县西偏，立赤乌场，南唐升为瑞昌县。明清皆属江西九江府。

清　张昌贵，武生，简静寡言，精易理，占验罔不中，邑令董，尝以疑狱就决，尤工雕镂，极精巧，有得心应手之妙。《同治九江府志·方技》

231　湖口县

汉彭泽县，唐分彭泽置湖口戍，南唐升为湖口县，明清皆属江西九江府，湖口镇总兵驻之，在鄱阳湖之口，故名，县当江湖之冲，有炮台及船厂，长江之要塞也。

明　张思问，字钟阳，湖口人，生平不慕荣利，惟究心先天理学，每有所得，则随书之。尝诵郡子之言曰："图虽无文，吾终日言而不离乎是。"著有理数卦气图书，声律等书，崇祯九年丙子，以孝廉贤能应辟，随卒。《光绪江西通志·列传》

232　彭泽县

汉置，故城在今江西湖口县东三十里，三国吴，尝置彭泽郡于此，晋陶潜为令理此城，隋改置龙城县于东界，后改龙城为彭泽。故城在今县东南四十里，五代南唐时，徙今治。明清皆属江西九江府。县因山为城，俯瞰小姑山，为采石以上江路之厄塞处。

明　鹅池翁，天启间卜者，不言姓名，自号鹅池翁，居邑西门，卖卜近二载，得钱即沽酒独饮，饮必尽醉，醉卒伸纸疾书，书罢辄去其稿，人欲物色之，不可得。有造访者，亦不答拜。最后于废纸中，得五七律诗各一首，云："落日残桥外，维舟兴不孤。春潮将满岸，江鸟下平芜。负笈才离楚，

---

① 二宋，安陆人也。

吹箫已入吴。千金轻一掷,漫自说呼庐。"又曰:"浪迹江湖老此身,绨袍谁念故人贫。沙汀逐鹤浑闲事,风雨看花又一春。抱玉几年终献楚,怀书垂老不干秦。明朝说有孤山约,短艇长歌任性真。"遂逸去。《嘉庆彭泽县志·侨寓》

233 星子县

汉柴桑县地,唐浔阳县地,五代时杨吴置星子镇,以落星石为名,宋改镇为县,明清为江西南康府治,城濒鄱阳湖西岸,形势便利。

清 崔运通,号德门,邑明经,能诗文,屡试不第,遂放情于技艺。善八分书,秦汉文,尤精堪舆术,远近相延者踵至。所著有《地理管窥一得》,未梓行,稿存于家,年八十余卒。《同治星子县志·方技》

234 建昌县

汉海昏县地,南朝宋省海昏,移建昌来治,元升为建昌州,明降为县,属江西南康府,清因之,民国改为永修县。

宋 王文卿,建昌道士也。在政和宣和间,不但以道术显,其相人亦妙入神。蔡京尝延至家,使子孙尽出见,王皆唯唯而已,独呼一小儿,谓曰:"异日能兴崇道教者,必尔也。"京最爱幼子,再询之,王捬所呼儿背曰:"俟此儿横金著紫,当赖其力,可复官。"京大不乐,小儿者陈桷元承也,[①]母冯氏,蔡之甥,故因以出入蔡府。绍兴间,诸蔡废绝,陈佐韩蕲王幕府,主徽猷阁待制,知池州。岁在辛酉,蔡京子孙见存者,特叙官,向所谓幼子者,适来池阳料理,陈为之保奏。陈行天心法,食素,真一黄冠耳。宋洪迈《夷坚志》

235 安义县

汉海昏县地,宋齐以后,为建昌县地,明析置安义县,属江西南康府,清因之。

---

① 桷,音角,觉韵。

清 熊德卿，号铁嘴，安义人，少孤，从兄习星卜，通天人河洛之旨，出入公卿间，积酬千金，悉以赈饥，全活无算。旋归，督课子孙，目见孙登乡举。后以曾孙官主政，受封侍郎，张廷璆为之序，布政使陈奉兹志其墓。《同治南康府志·人物》《同治安义县志·人物》

清 万吉士，字天锡，安义人，性瑰奇，忘怀得失。挟阴阳命数之学游京师，后以游击致政，归，卒于家。《同治南康府志·人物》

清 彭昌旺，安义人，精命数堪舆之学，著有《拿心赋》《四书评》等书，习形家言者，多奉其赋为丹诀云。《同治南康府志·人物》《同治安义县志·人物》

清 杨承，字祛思，安义人，性豪宕①。议论根据经史，以形家术游京师，以州判职归老于家。著有《地书今佚》，高安朱轼为之传以表之。《同治南康府志·人物》

清 涂建日，字致和，号南山，安义里人，幼聪颖，工诗文，能书画，挟技游大邑名区，善推算而通玄理，卜筮尤精，断吉凶，无或爽，著有《汉易指南法释》，未及梓而遭兵燹，人多惜之。《同治安义县志·人物》

清 杨来谷，号玩山，安义人，学识明通，书法秀润，以堪舆术游都门，晚年归，著有《玩山笔录》《地经约旨》等书。《同治南康府志·人物》

236　鄱阳县

春秋时楚番邑，秦置番阳县，即吴芮所居之城也。汉曰鄱阳，故城在今江西鄱阳县东，三国吴，复徙治吴芮故城，即今治，明清为江西饶州府治。

晋 陶侃，字士行，本鄱阳人，吴平，徙家庐江之寻阳。早孤贫，为县吏，庐江太守张夔，察侃为孝廉，刘弘辟为南蛮长史，先后讨平张昌，苏峻等，官至侍中太尉，封长沙郡公，拜大将军。侃性聪敏，勤于吏职，恭而近礼，爱好人伦，终日敛膝危坐，阃外多事，千绪万端，罔有遗漏；远近书疏，莫不手答，笔翰如流，未尝壅滞；引接疏远，门无停客。常语人曰："大圣人乃惜寸阴，至于众人，当惜分阴，岂可逸游荒醉，生无益于时，死

---

① 宕，与荡通，意气横佚也。

无闻于后，是自弃也。"卒年七十六，著有《地理捉脉赋》。《晋书·本传》《艺术典·堪舆部名流列传》

晋 师圭，善相术，尝相鄱阳陶侃字士行，谓曰："君左手中指有竖理，当为公，若彻于上，贵不可言。"侃以针决之，见血，洒壁而为公字，以纸裹手，[①] 公字愈明。侃果官至侍中太尉，封长沙郡公，拜大将军。《晋书·附陶侃传》

宋 洪迈，字景卢，鄱阳人，自幼过目成诵，博极载籍，虽稗官虞初，释老傍行，靡不涉猎。绍兴间，中词科，历官龙图阁学士，以端明殿学士致仕，卒年八十，谥文敏。所著《容斋续笔》有云："今之五行家学，凡男子小运起于寅，女子小运起于申，莫知何书所载。《淮南子·氾论训篇》云：礼三十而娶。许叔重注曰：三十而娶者，阴阳未分时，俱生于子，男从子数，左行三十年立于巳；女从子数，右行二十年亦立于巳，合夫妇，故圣人因是制礼。使男子三十而娶，女子二十而嫁。其男子自巳数，左行十得寅，故人十月而生于寅，故男子数从寅起。女自巳数，右行得申，亦十月而生于申，故女子数从申起。此说正为起运也。"其他论纳音五行等，尤多卓识。《宋史·附洪皓传》《容斋续笔》

宋 富春子，善推占，嘉熙丙申，客饶，语人曰："此州将出宰相，然未见其人也。"他日自饶还池州，又曰："何为宰相声？"复在此方，惊咤不自决。值国忌，提举段震午而下，群集报恩寺，富春子往候焉，一见池州教授马廷鸾，惊曰："此其人也。"后果验。

明 西渚子，鄱阳人，或谓其本孝廉，以卜隐，遇物起数甚验。有某仪宾，持象牙笏，问之，曰："簪笏之贵，却缘骨月。"后优人亦以簪笏往，曰："虽近簪笏，奈体轻微。"居鄱久，著名，寻游四方，各变名号，以显其术。以上《江西通志·方术》

明 童轩，字士昂，鄱阳人，景泰辛未进士，官至吏部尚书，撰《纪梦要览》三卷，是书一卷《梦论》，二卷《纪梦事实》，三卷《禳梦符》及《占梦法》。

---

① 裹，音邑，缠也。

明 罗珏,[①] 字世美,鄱阳人,著《地理总括》三卷,刻于万历二年甲戌。前二卷以二十四山分阴阳局,龙穴砂水,各为之图,又及造命分金躔度诸法。其第三卷,为平原三法,附以诸家杂论,一曰特生墩阜,二曰眠亘形局,三曰蓟水裁局,所引杨筠松之《遍地钤》,如"水边花发水中红,窗外月明窗内白"之句,寓言气感,颇具名理。以上《四库·子部·术数类存目二》

237 余干县

汉余汗县,隋曰余干,明清皆属江西饶州府。《旧唐书》《元和志》皆谓隋时去水为干,而《宋书·州郡志》已作余干,《汉书·严助传》亦作余干,盖传写之讹。

后汉 张遐,余干人,幼聪明,日记万言。年十九,从杨震,震语人曰:"张遐当为天下后世儒宗。"建宁间,召为五经博士,寻以疾还教授。著有《五经通义》《易传》《筮原》《龟原》《吴越春秋》等书。

宋 司马武子,福应乡土桥人,本姓何,隆兴间,以风鉴游武昌。会葬师司马头陀,拜为父,得相地术,龙穴砂水皆精造,时称小司马。里中赵七直阁,欲葬父,待武子以上宾礼,嘱曰:"吾得二地,一在某墓,一在某屋基上,当以金若干,缣帛马疋为谢。"武子观之,曰:"不可,请别图之。"明日辞去,或问之,曰:"吾以术为人求富贵,有德者验,否则不验。今直阁欲葬此二地,有害于人,是无德也。恐富贵不验,故不敢为。"后为李梅章氏葬地,富贵果验。《道光余干县志·方技》

元 左麒,字国祥,德化乡左桥人,少好学。宝定时,从谢枋得游,麒得风鉴之术,凡人贫贱富贵,寿夭祸福,言辄奇中,不责报。西隅赵孟济,少极贫,见曰:"尔年三十,当大富,勿与小人游。"西隅谢俊,美髭须,好讼,见曰:"尔狮子形,须白多事,幸慎之,不然,有缧绁之忧。"遇里之王宝曰:"汝急回,当溺水死。"后皆验。麒孤贫,尚忠节,与士大夫友,无诐诞,无徼羡。或以术家待之,则拂袖而去。《同治余干县志·方技》

---

① 珏,音觉,二玉相合为一珏。

238　乐平县

汉余汗县地，三国吴乐安县地。唐初以乐安废县，改置乐平县，在今江西德兴县界，南临乐安江，北接平林，因曰乐平。元升为州，明复为县，属江西饶州府，清因之。县境盛产靛青，为出口大宗。唐故治，在今县东南。《县志》云：唐乾符五年，为黄寇所毁，中和间，移今治，此臆说也。迁治若在唐时，《寰宇记》必详及之，而今不载，当是宋后所移。

明　云陇耕夫，华姓，逸其名，邑神溪人，好堪舆术，得古秘书，常游于江汉间，为人卜葬，无不奇验。兴献王祐杬母太妃薨，召之卜，乃择地于沔水西，许为催贵格。王曰："吾位藩王，贵已极，何用催为？"对曰："此地法当催一圣嗣，异日比殿下更出一头地，其应即在三十年中，山人犹及见之。"未几而世子厚熜生，即嘉靖帝也。嘉靖二年癸未，召入京，以钦天监五官正官之，辞曰："臣年逾七十，精力衰迈，且福命甚薄，不应沾禄位，愿赐早归，得躬耕陇上，以终天年足矣。"上大悦，于是酬以金帛而归，年至九十六。《同治乐平县志·方技》

239　浮梁县

汉鄱阳县地，唐析置新平县，寻改置新昌县，又改曰浮梁。明清皆属江西饶州府，故城在今县东北，民国移治景德镇。

明　吴弢，[①]号云樵，浮梁人，太学生，居京师，精于数学，论休咎多奇中。尝以角巾野服，游公卿间。张江陵兴之弈，忽飞燕入枰，江陵问弢，弢曰："师相将有楚行，江陵疑母疾。"默然。弢曰："往来三月耳。"顷报母逝，遂驰驿还，旋特旨起复，召归。未踰百日，成国府失一鹤，遣使询弢，弢谓在至尊无对之家，寻知鹤系于皇太后慈庆宫。然弢不欲为此，一日于所居门扉书曰："神仙牧子，瀛海渔夫。"遂去，竟无可迹。

明　闵观，浮梁人，精梅花数，又能以人事占。有人倚伞于桑，问母

[①] 弢，音叨，弓衣也。与韬通。

病，观曰："五人扶桑，不治矣。"归果然。邻有出而占酒食者，观曰："得食有雉无首。"邻果有留饮者，久而曰："汝雉可出。"主人惊曰："果烹雉，以无首不献也。"乃出焉，因告之数，共嗟叹久之。以上《同治饶州府志·方技》

240 婺源县

唐置，以婺水绕城三面，因名。故城在今安徽婺源县北二十五里，即清化镇，后移治绒高，即今城也。清属安徽徽州府，民国二十三年，划属江西省。县境山多田少，民多植杉木为林，以供赋税。婺人岁联为筏，下婺江，以达于浙江。亦产茶，绿茶颇著。

宋 程惟象，婺源人，以占算游京师，言人贵贱祸福如神。英宗在潜邸时，惟象预言其兆，既贵，得赐书。王安石赠诗云："占见地灵非卜筮，算知人贵因陶渔。"梅圣俞之属，皆有诗送之，故老犹见家有御书。《光绪安徽通志·方技》《婺源县志·方技》

宋 朱熹，字元晦，一字仲晦，婺源人。父松，字乔年，中进士第，官司勋吏部郎，出知饶州，未上，卒。熹颖悟，甫能言，父指天示之曰："天也。"熹问曰："天上何物？"松异之，就傅，授以孝经，一阅，题其上曰："不若是，非人也。"尝从群儿戏沙上，独端坐，以指画沙，视之八卦也。年十八，贡于乡，绍兴戊辰进士第，主泉州同安簿，累官焕章阁待制，谥文公，追封信国公，从祀孔子庙庭。所著有《易本义》《启蒙》《蓍卦考误》《诗集传》《大学中庸章句或问》《论语孟子集注》《太极图通书》《西铭解》《楚辞集注辨证》《河南程氏遗书》《伊洛渊源录》，皆行于世。平生为文凡一百卷，《生徒问答》凡八十卷，《别录》十卷。《宋史·道学》

○《朱子语类辑略·答生徒问》有云：数只是算气之节候，大率只是一个气。阴阳播而为五行，五行中各有阴阳，甲乙木，丙丁火，春属木，夏属火，年月日时，无有非五行之气；甲乙丙丁，又属阴属阳，只是二五之气。人之生，适遇其气，有得清者，有得浊者，贵贱寿夭皆然，故有参差不齐如此。圣贤在上，则其气中和，不然则其气偏行。故有得其气清，聪明而无福禄者；亦有得其气浊，有福禄而无知者，皆其气数使然。尧舜禹皋、文武周召得其正，孔孟夷齐得其偏者也。至如极乱之后，五代之时，又却生许多圣贤，如祖宗诸臣者，是极而复者也。如大睡一觉，及醒时，却有精神。又问：天命谓性之命，与死生有命之命不同，何也？曰：死生有命之命，是带气言之，气便有禀得多少厚薄之不同。天命谓性之命，是纯乎理言之。然天之所命，毕竟皆不离乎气。但

《中庸》此句，乃是以理言之。孟子谓性也有命焉，此性是兼气禀食色言之；命也有性焉，此命是带气言之，性善又是超出气说。

○又问：子罕言命，若仁义礼智五常，皆是天所命，如贵贱死生寿夭之命，有不同，如何？曰：都是天所命，禀得精英之气，便为圣为贤，便是得理之全，得理之正。禀得清明者便英爽，禀得敦厚者便温和，禀得清高者便贵，禀得丰厚者便富，禀得久长者便寿，禀得衰颓薄弱者，便为愚不肖，为贫为贱。天有那气，生一个出来，便有许多物随他来。又曰：天之所命，固是均一；到气禀处，便有不齐，看其禀得来如何。

○又问：颜渊不幸短命，伯牛死，曰命矣夫，孔子得之不得曰有命？如此之命，与天命谓性之命，无分别否？曰：命之正者出于理，命之变者出于气质，要之皆天所付予，孟子曰：莫之致而至者命也。但当自尽其道，则所值之命，皆正命也。

○又问：得清明之气为圣贤，昏浊之气为愚不肖，气之厚者为富贵，薄者为贫贱，此固然也。然圣人得天地清明中和之气，宜无所亏欠，而夫子反贫贱，何也？岂时运使然耶？抑其所禀亦有不足耶？曰：便是禀得来有不足，他那清明，也只管得做圣贤，却管不得那富贵；禀得那高底则贵，禀得厚底则富，禀得长底则寿，贫贱夭者反是。夫子虽得清明者以为圣人，然禀得那低底薄底，所以贫贱；颜子又不如孔子，又禀得那短底，所以又夭。○明王鏊震泽《长语》云：程朱之学，一也。程子以凡百玩好皆夺志，诗文成诵，至于书札，皆以为玩物丧志。朱子则不然，天文历律度数，无不究悉。仍好为文，工于诗，工于笔札，如楚词韩文，亦皆注释；至五行阴阳风水之说，亦皆通晓。虽《参同契》《阴符经》之类，亦注之，亦好奇矣。视程子得无异乎？然通天人之谓儒，朱子有焉。

宋 陈同甫，善推禄命，朱子与同甫书云：震之九四，向来颜鲁子，以纳甲推贱命，以为正当此爻，常恨未晓其说。今同甫复以事略推配，与之暗合，然则此事固非人之所能为矣。清姚范援《鹈堂笔记》

宋 董元善，婺源人，精卜筮子平诸术，尝决程泌必过两府，乃未过府而卒，或戏其语不验，元善奋然曰："虽死亦当过府！"果累赠端明殿学士，得执政恩例。《光绪安徽通志·方技》

宋 游克敬，婺源人，精形家言，谓《狐首经》为地理之祖，为之笺释。族孙朝宗，字元礼，得其传。明永乐初，应诏卜天寿山陵，优赐还山。《光绪安徽通志·方技》

宋 李相士，颇著名，婺源许月卿先生赠其诗云：相心然后相人形，试相何时可太平。集思广益真宰相，开诚布公肝胆倾。先相君子与小人，小人柱了君子赢。见吾善者笑局局，眼明黄山峰六六。何者逆竖干天诛，衰汉生灵已鱼肉。安得重见无极翁，光风霁月黄山谷。又诗云：一年景让秋光奇，山水秋来皆有姿。君于何处相人物，谁为盗贼谁伯夷。伯夷海滨待时清，秋空无云正清时。相人不若相时好，相时而动谈笑麾。笑杀冯道五季时，兴亡不喜而不悲。相师试相冯道相，视国传舍如弈棋。许月卿《先天集·赠李相士》

宋 碧鉴相士，有道者也。许先生太空，赠以七绝一章：君如碧鉴照英雄，我镜清寒印太空。请向文昌桥上看，碧天提出碧流中。婺源许太空《先天集·赠碧鉴相士》

宋 韩东野，精子平术，遐迩知名，许宋士先生，赠以诗云：时来风送滕王阁，运去雷轰荐福碑。莫道去年曾算了，从知祸福逐年宜。许山屋《先天集·赠谈命韩东野》

宋 张相士，兼谈星命，婺源许山屋先生，赠诗有云：我生丙子自盘空，爱主忧时水注东。愿子相人无软语，莫教人唤密翁翁。《先天集·赠张相士》

宋 张尉，字梅隐，通阴阳术数之学，世人多称道之，许遗老赠之诗云：梅仙亦向市门隐，君去市门翻隐梅。贵贱穷通春梦觉，孤山依旧水边开。《先天集·赠梅隐术士张尉》

宋 蒋逸堂，精研星命，预识行藏，许宋士先生，赠以绝诗一章：星学精微蒋逸堂，濂溪一赋见行藏。楼高照眼银汉水，万籁无声月印窗。《先天集·赠星学》

元 胡一桂，字庭芳，号双湖，婺源人，景定甲子，领乡荐，试礼部不第，教授乡里以终，事迹具《元史·儒学传》，撰《易学启蒙翼传》四卷。一桂之父方平，尝作《易学启蒙通释》，一桂更推阐而辨明之。是书凡为内篇者三，一曰举要，以发辞变象占之义；二曰明筮，以考史传卜筮卦占之法；三曰辨疑，以辨河图洛书之同异，皆发明朱子之说者也。为外篇者一，则《易纬》《候》诸书，以及京房《飞候》，焦赣《易林》，杨雄《太元》，司马光《潜虚》，以至邵子《皇极经世》诸法，亦附录其概。以其皆易之支流，故别之曰外。《四库·经部·易经》

明 胡献忠，自号六六道人，婺源人，撰《大统皇历经世》三卷，其书以明代《大统历》所列九宫紫白图，俗师多有讹异，故特揭而明之。大旨推本洛书，弁以八卦法象，三十六宫序卦之图，并取丹书图象；而以敬与义为一白，急与欲为二黑，谓即九宫紫白之原；次及九星中宫款歌，黄黑道列宿，一切吉凶消息之要；中卷为十二月直日星煞之图，下卷为六甲直时星煞之图，盖当时选择通行之本也。《四库·子部·术数类子目二》

明 江晓，字东白，婺源人，精先天易数之学，屡著奇验，卜吉凶者，其门如市。

明 江仲京，字林泉，婺源人，得异授堪舆之学，卜地葬祖先，嘱佣者曰："下当有灵物，见时即止锄。"忽倦极思睡，锄果及水，有双金鱼飞去，亟醒京，京踏罗持剑诀招之，金鱼复飞入，遂封圹。后孙一桂举孝廉，建立奇绩。女家余文庄公，亦贵极一时，皆地脉所钟也。与兄抱一、东白，时称为婺东三仙。

明 李景溪，李坑人，精通易学，卜宅星日诸家，凡修造选择，捷应咸称神奇，有阳宅秘诀，雷霆心法。以上《光绪婺源县志·方技》

明 游暹，婺源人，精青乌术，婺源县治公署，皆其所定。同邑汪朝邦工医，著有《方书集说》，尤精形家言，得吉穴葬亲，自云葬后当有显著。越一纪，孙尚谊生，曰："此子应三品秩，但算促耳。"后成进士，官按察使，早卒。《光绪安徽通志·方技》

清 张士旺，字咸吉，沱川人，少颖悟，嗜易学。家贫不能专读，弃儒习星学，以养父母。久之益精，尝著有《形气指南》一卷。游休歙间，推验如响。汪文端公目之曰：此半仙也。遗以诗，命曰张伴仙。《光绪婺源县志·方技》

清 汪钢，字允坚，婺源举人，官盱眙教谕，所著有《周易夏殷易占法考》《读史记》《躬厚堂诗古文稿》。《光绪安徽通志·文苑》

清 汪勋文，号几先子，族叔双池，婺源人，长于卜，遨游四方，老而不厌。凡就卜者，皆因人随事，从容引策，而归之于仁义道德之途，侃侃正言，不杂之以诡怪虚传之说，有隐君子之风焉。《双池文集》

清 江永，字慎修，婺源人，康熙诸生，博古通今，著述极富。大而天文地理，中更人事，下及小道，如医卜之属，莫不考其源流，通其条贯。晚年归本河洛，撰为《精蕴》九卷。举凡形上形下，悉皆荟萃于内，发挥指趣，曲畅旁通。其自序有云："信乎天地之文章，万理于是乎根本；圣人之文章，万法于是乎权舆。河洛精蕴，蓄之心者有年，今耄矣。暮年岁月，弗忍虚掷，为先儒拾遗补阙，亦区区之心，爰黾勉成之。"乾隆壬午卒，年八

十二。《清史稿·儒林》《河洛精蕴序》

清 胡邦达，清华人，多才艺，卜筮星学俱贯穿，尤精于医，凡寒热虚实，似是而非，以及罕见怪症，人不能疗者，达俱著手成春。人神其术，不受谢，施药济贫。邑侯晏额以"保合太和"，所撰有《证治类案》，未成编而卒。《光绪婺源县志·方技》

清 汪绂，初名烜，字灿人，号双池，婺源人，诸生。少禀母教，八岁四子书、五经悉成诵，家贫，父淹滞江宁，侍母疾累年，十日未尝一饱。母殁，绂走诣父，劝之归。父曰："昔人言家徒四壁，吾壁亦属人，若持吾安还？"叱之去。绂乃之江西景德镇，为画碗之役，后飘泊至闽中，为童子师，馆枫岭浦城间，从游者日进。闻父殁，一恸几殆，即日奔丧迎榇归。绂自二十后，务博览，著书十余万言。三十后，尽烧之。自是凡有述作，凝神直书，自六经下逮乐律，天文地舆，阵法术数，无不究畅，而一以宋五子之学为归。著有《春秋集传》《礼记章句》《四书诠义》《易经如话》《戊笈谈兵》《六壬数论》《医林纂要》，及《律吕通解》《理学逢源》《双池诗文集》等书行世。绂初聘于江，比归娶，江年二十八矣。尝语诸弟子曰："吾归汝师三十年，未尝见一怒言，一怒色也。"乾隆己卯卒，年六十八，子思谦，增生，毁卒。《清史稿·儒林》《光绪安徽通志·儒林》

清 江彦明，字晏其，婺源副贡，著有《五经图考》《诗经笺疏》《四书约言》《诸史汇钞》及天文地理阴阳卜筮诸书，删订成编，加以疏论，共八十余卷。《光绪安徽通志·文苑》

清 叶泰，字九升，婺源人，撰《山法全书》十九卷。《自序》谓先辑《平阳全书》，复辑是编，皆哀集前人堪舆之说，而以己意评注之，亦间附以己作，大旨以杨筠松、吴景鸾二家为主。其论峦头阴阳，尤尊杨氏，而辟廖金精之说；其龙法，论九星，不取五星之说；其《凡例》谓山法流传既久，其正形正象，俱葬去无遗，故曰有遗穴，无遗龙，惟奇形怪穴，人所不能识，人所不敢下者耳。于今日而言山穴，舍奇怪无从也。《四库提要·子部·术数类存目二》

○阜按：《民国金华县志·艺术》亦载叶泰所著《地理大成》二十八卷云云。

清 洪腾蛟，字鳞雨，号寿山，婺源人。年十八，入邑庠，名第一。越七年，为乾隆庚午，领乡荐。乐道安贫，隐居教授，甑欲生尘，晏如也。辛亥夏四月四日，终于家，年六十有六。腾蛟研穷经训，旁通医筮，象纬堪舆，咸臻其妙。病中生徒致候，谈笑如常时，且告曰："吾病在伤肝，当以申日去。"及卒，果戊申日也。所著《寿山存稿》《稽年录》《郭麓常谈》诸书。《碑传集·文学下之下》

241 德兴县

汉余干县地，后汉建安中，孙权分置乐安县，陈废，唐为乐平县地，五代南唐，改置德兴县，明清皆属江西饶州府。

宋 吴景鸾，字仲翔，德兴人，汉长沙王芮裔孙。[①]祖法旺，喜天文地理之学，闻华山陈抟，洞彻秘奥，遣子克诚师之，得其肯綮。一日抟命之归，曰："汝子仙才，能绍业。"尽以青囊书授克诚。克诚子，即景鸾也，聪慧过人，得其书，精究有验。庆历辛巳，诏选精阴阳者，郡县举景鸾至京，入对称旨，授司天监正。未几，因论牛头山山陵，章奏过直，有"坤风侧射，厄当国母离宫，坎水直流，祸应至尊下殿"之语，上不悦，下狱，寻以帝晏驾遇赦。后徽钦二圣北狩，卒如其言。又进中余图，不报，知时不可为，遂佯狂髡发，修真于天门西岸白云山洞，往来饶信二州，数处同日皆有景鸾迹。治平初，一日，忽以遗书付其女，沐浴更衣，端坐而逝。所著有《理气心印》、《吴公解义》，《天玉经外传》一卷，《四十八局图》一卷。《图书集成·堪舆部·名流列传》《光绪江西通志·方技》及《四库提要·术数类存目二》

宋 傅伯通，德兴人，与邹仲容，[②]同师廖金精，金精得之吴景鸾。宋南迁，伯通拜诏往相临安，表略曰："顾此三吴之会，实为百粤之冲。钱氏以之，开数世之基；郭璞占之，有兴王之运。天目双峰，屹立乎斗牛之上；海门一点，横当乎翼轸之间。虽云自昔称雄，实乃形局两弱。只宜为一方之巨镇，不可作百禩之京畿。驻跸仅足偏安，建都难奄九有。"表上，竟升杭州为临安府，而称行在。

宋 周宽，字仲容，师廖金精，得其术。为汪伯彦卜地葬亲，乃藉堪舆

[①] 汉高帝立吴芮为长沙王，都临湘，即今湖南长沙县。
[②] 邹疑周之误。

家论，贻书以动之，末云："方今幽燕未还版籍，朝廷有意恢复；倘值此时，扬师整旅，当勿计名位高卑，昌言于朝，奋力请进，必立希世功各。若参之他意，微有更改，妄触一机，百关俱废。"汪是其言而不能用，丁未拜相，周术果奇；而书中之议，竟托空言。以上《光绪江西通志·方术》

宋 祝泌，字子泾，自号观物老人，德兴人，[1] 以进士授饶州路三司提干，传邵氏皇极之学于廖应淮。年老乞休，御书"观物楼"扁额赐之。元世祖诏征不赴，著有《观物篇解》《六壬大占》《祝氏秘钤》。《光绪江西通志·列传》《四库提要·子部·术数类一》

元 梁饶，德兴人，元季时，精堪舆术。一日过乐平大汾潭，遇雪，时岁暮，渡者李翁止宿，饮至酣，大呼曰："世上何人能识我，今日时师后代仙。"李恳求吉地，梁即指示穴处，属曰："贵从武功来，祸后福始应。"葬数年，李以罪戍定远，产黔宁王英，明祖育之军中，赐以国姓，复赐姓沐，追封三代皆为王。《图书集成·堪舆部·名流列传》《光绪江西通志·方技》

元 傅立，字权甫，德兴人，刻意学问，有文名。得里人祝泌[2]皇极数学，历官奉政大夫，致仕，卒谥文懿。立出入禁闼二十余年，眷遇加隆。尝建初庵书院，以惠后学。

明 齐琦，字仲圭，号易岩，德兴人，世以儒学名。从祖梦龙贵澄，皆精邵氏，贵澄常注《经世》《观物》等书。琦自幼领悟其旨。建昌廖应淮、同郡祝泌、傅立，皆传邵子学。琦既承家学，兼得祝氏、傅氏之传，由声色气味以起数，而推极乎元会运世。即其数之所见，天地气运之否泰，生人吉凶休咎之征，无不可预定。其言人未至之事，如在目前。尝语人曰："自今以往，天下多故。不十五年，京邑南迁千里矣。"未几，朝廷削弱，权臣挟皇嗣驻江南。又尝曰："南士行人风宪矣。"时省台摈南人不用已久，未几，果有诏，用南人。其精验类如此，然非可语者，虽贵人概不与通。尝署初庵书院山长，后屏居鄱阳山中。洪武初，授婺源教授，上遣使与语，奇之，征拜太史，卒于官。琦虽精于数学，然通经史大义，非以术数名家，立言必归

---

[1] 《四库提要》云：鄱阳人。
[2] 《四库提要》云：泌精皇极数，其甥傅立传其术，为元世祖占卜，尚能前知。《辍耕录》云：傅立，号初庵。

仁义，有关世教，士大夫用是尤尊慕之。

明 徐善继，德兴人，补邑庠生，以亲丧未厝，与孪生之弟善述究心堪舆之学，因得吴景鸾遗书于天门白云洞，遂深明其奥旨。迁县治，易学基，士大夫莫不钦其慧识。所著有《人子须知》，徐文贞阶序其书。

明 董德彰，名潜，德兴人，事寡母至孝。一日救白神龟，梦示仙书于石岩中，得之，遂精堪舆。不计利，不得葬者助之，或一葬未善，复为之迁，时称董半仙，著有《四神秘诀》《水法》等书。以上《光绪江西通志·方术》

明 程天昭，十九都人，神于堪舆，驰名衢徽饶信间，著《道法双谭》《撼龙疑龙二经注解》传世。

明 董灿，字光夫，八都人，博通经史律数，尤精堪舆。究心祖半仙《四神秘诀》《水法》等书，著有《续行要言》。族党间所指吉穴，不索谢，后皆神验，人谓小德彰云。

明 祝仲阳，字宣武，二十都人。金宪自明孙，精堪舆，吴廖传董之亚，远近名地，多其指示，著有《灯下授徒十八说》。

清 傅仲乾，字健生，邑侯施改名时际，二十七都人，聪明颖悟，技艺一见，了如指拿，尤精堪舆，著有《地理易知录》，藏于家。以上《同治德兴县志·方技》

清 余树芝，字怀封，在市人，监生。幼聪敏，习举子业不售，遂学堪舆。尝云："地学自明万历后，舛谬杂出，惟蒋氏《地理辨正》得其宗。"顾其言多隐，于是日夜精思，能发蒋氏不传之秘，撰罗经两盘，而元空大卦之义，无所不该，著有《元空真语》三卷，藏于家。《光绪江西通志·方术》《同治德兴县志·方技》

清 王朝元，字碧川，十八都人，郡庠。邑孝廉张宿，掌教白鹿洞，往从游焉。谈及地理，因举吴景鸾上谏迁牛头表、董德彰阴阳二宅秘书读之，遂悟其微，著有《地理晰疑》书。

清 陈锡周，字流芳，三十六都蔡家湾人，习举子业不售，遂究心方技，晚年精堪舆术，得星历之传，游技而不取值。咸丰初逆料难至，不出户庭者数年，著有《俗评地理》，藏于家。以上《同治德兴县志·方技》

242　万年县

明割鄱阳、余干、乐平、贵溪四邑地置，属江西饶州府，清因之。

明　柯佩，字月潭，精堪舆家言，万历间，著有《地理统汇大成》《金斗秘诀》行世，八闽门人彭容校刊。《同治万年县志·方技》

243　靖安县

汉海昏县地，后汉为建昌县地，唐置靖安镇，杨吴改为场，南唐升为县，明清皆属江西南昌府。

清　陈鹿章，字德辉，号听秋盆田人，邑增生。读书好古，性淡雅，不慕声华，居恒焚香默坐，旁搜博览，淹通时务风雪晴雨之占，决之如响。著有《六壬宝录》《璇玑捷览》《听秋遗稿》待刊。《同治靖安县志·隐逸》

244　武宁县

三国吴西安县，晋曰豫宁，隋废，唐又置武宁县，复曰豫宁，寻又改曰武宁，明清皆属江西南昌府。

明　潘荃，字芳谷，武宁人，通奇禽风角六壬诸数，亦精唐许之术，物色刘綎于未达时。后綎为将军，荃从征西南，参谋军事，多所裨益。綎欲荐于朝，固辞，乃以筇竹杖镌诗赠焉。

清　卢元俊，字黄耳，武宁人，为诸生，以易名家。后两目失明，仍研虑爻辞象象，会七十二家之旨，以究京焦之学，遂精于卜筮，吉凶休咎，唯其所命。居洪州十余年，一时有君平之目。所著《卜缉心解》《义类简要》，为世所宗。以上《同治南昌府志·方技》

245　义宁州

元置宁州，明因之，清初亦为宁州，后改为义宁州，属江西南昌府，民国改州为县，又改为修水，以县有修水名。

元 祝泰，字辅卿，吴仙里人，通《周易》，精于阴阳术数，所著有《奇门年月》行世。《同治义宁州志·方技》

清 魏澄清，字春湖，义宁人，博通青囊金匮奇门六壬诸秘。远近求医辄往视，贫者施以药饵，不取赀，活人甚众。著有《地理心印录》四卷，《春湖随谈诗钞》二卷。《同治南昌府志·方技》

清 胡星煌，字简勋，号南垣，武乡带溪人。性笃实端方，行止不踰礼法。清贫积学，屡困名场。旁精素问青乌家言，著有《医林治论》、《地理可观集》五十卷、《地学阴阳》十卷、《选择》十卷，卒年八十有六。子恩贡，克恭，号恪山，清修，有父风，叠荐未售，士林惜之。《同治义宁州志·方技》

清 陈钊，字淡埜，号虚虚子，性好奇书，讲求术数。谓为风鉴一书，由来尚矣，古王公大臣、士大夫、豪杰之士，无不究心此书。岂独泉石逸士，流览而潜玩已哉？于是精心探讨，触类旁通。道光癸巳，辑《相理衡真》十八卷。盖相法必揆其理，衡鉴必求其真也。《相理衡真序》

中国历代卜人传卷十七

湖北省

湖北省，在我国长江流域中部，以在洞庭湖之北得名。《禹贡》荆州之域，春秋时为楚鄂王封地，故别称曰鄂。汉置江夏、南郡二郡，自晋及隋，历为荆、襄诸州。唐分属淮安及山南道，寻又分属江南、淮南、山南东、黔中诸道。宋置湖北及京西路，寻改荆湖北路，分置京西南路，元置湖广等处，行中书省。明时与今湖南省，同为湖广布政使司所辖。清初属湖广省。康熙三年，始分置湖北省，民国仍之。其地东界安徽，东南界江西，南界湖南，西界四川，西北界陕西，北界河南，省会曰武昌县。

246 江夏县

汉置沙羡县，晋侨立汝南县，隋改口江夏，元为武昌路，明为武昌府治，清因之。湖北省亦治此。民国废府，改江夏曰武昌，仍为省治。地当江汉之交，与汉阳汉口成鼎足之势，为长江中部大都会。兵争之际，恒以此得失为轻重。中华民国之兴，亦首义于此。城中蛇山横亘南北，交通颇感不便。清张之洞督鄂时，曾议凿山通道，未成而止。民国成立，始实行沟通，名其隧道曰武昌路，行者便之。城北武胜门外，有自辟商埠，清光绪二十六年所开铁路，自此达于长沙，即粤汉之北线也。

周 郑詹尹，为楚太卜。屈原既放，三年不得复见，尝往见决疑，詹尹曰："用君之心，行君之意。"盖数有所不逮，神有所不通也。《艺术典·卜筮部·艺文》

宋 皇甫坦，道士，湖北人，善相术。李皇后乃庆远军节度使赠太尉李道之中女，初后生，有黑凤集道营前石上，道心异之，遂字后曰凤娘。道帅湖北，闻道士名，使相之，乃出诸女拜坦，坦见后，惊不敢受拜，曰："此女当母天下。"坦言于高宗，遂聘为恭王妃，封荣国夫人，进定国夫人。乾道四年生嘉王，七年立为皇太子妃，及太子即位，册为皇后。庆元六年崩，年五十六，谥慈懿。《宋史·光宗慈懿李皇后传》《图书集成·艺术典·相术部纪事》

清 傅之铉，江夏人，精太素脉。大理寺李昌祚，召傅诊之，曰："秋得春脉，弦且长，明年草青时，左胁痛，而不可治也。"布政使刘公，以事坐辟，傅诊其脉曰："无恐，当输鬼薪耳。"皆奇验。《湖北通志·方技》

247 夏口厅

今为汉口市，旧为汉阳县地。清置夏口厅分防同知，属湖北武昌府。民国改县治，治汉口镇，继又改为汉口市。地当汉水入江之口，亦曰沔口、鲁口，为中国四大镇之首。与武昌隔江相对，人烟稠密，户口殷繁，未开港以前，已成绝大市场。清咸丰八年，与英订《天津条约》，允各国通商建埠，为长江三口之一，贸易之盛，冠于沿江各埠，洵全国商业中心点也。西人以其位置优良，常称为东洋芝克哥。由此溯长江支流，可远达蜀滇黔诸省；溯汉水支流，可达秦汴二省，与湘赣皖苏诸省，又均有汽船相通，故有九省通衢之称。京汉铁路以此为终点，未成之川汉路，亦自四川而终于此。转瞬粤汉路成，则纵横全国之干线，均可接轨，繁盛更非今日可比。

清 程田乐，字前川，汉江诸生。授徒之暇，即喜观山水，每遇吉壤，留连不舍，一若山川之性情，与己之性情有默契焉者。迨后宦游太湖，依然笔墨生涯，公余即寻山问水，遂肆志堪舆之学，偿所夙好。乾隆乙卯，著《地理三字经》二卷，峦头理气，莫不撮要言之。《地理三字经序跋》

清 黄友石，字米公，江夏人，汉阳郡庠生，能文，善卜筮。《同治夏口厅志·方技》

248 蒲圻县

溪沙美地，三国吴置蒲圻县，故城在今湖北嘉鱼县西南。隋移县于鲍口，即今治。

清属湖北武昌府，粤汉铁路经之。

明 王进臣，字东洪，博极群籍，尤精易理，以岁贡授桃源县训导，力行劝士；转石门教谕，致仕归。方正自持，家规严肃，子弟不衣冠不敢见，所著若干卷。《同治蒲圻县志·儒林》

249 崇阳县

汉沙羡县地，晋以后为蒲圻县地，唐置唐年县，五代吴改崇阳。唐复曰唐年，宋仍曰崇阳，清属湖北武昌府。

清 叶峙山，居邑南，善火珠林易，多灵验，问者盈门。又邑东有沈叟，读易但记爻辞，其谈论类卖浆箍桶之流。善术数，或袖火纸令占，沈吟久之，曰："遇水而成，遇火而化。"《同治崇阳县志·艺术》

250 大冶县

汉为鄂县及下雉二县地，三国吴为阳新县地，隋为永兴县地，杨吴置大冶青山场院，南唐升为大冶县，清属湖北武昌府。县旧有铁山铁务二冶，故以大冶名县。

清 卢昶，号箬卿，长虹堡诸生，工草书，善画兰竹，精堪舆，诠注《金玉图地书》二卷梓行。《光绪大冶县志·艺术》

251 兴国州

宋置兴国军，治永兴县，元为路，明改为州，省永兴县入之。清属湖北武昌府，民国改为阳新县。

清 石敬台，字熙华，隐居读《易》，谙星理，捐资修半壁山江隄，水乡德之。官节相遣使辟，不就。晚年筑受书斋于阳辛石角山，著有《奇门化机》《太乙天文》行世。《同治兴国州志·隐逸》

· 349 ·

252　汉阳县

汉沙羡县地，后汉末尝为沙羡县治。晋置石阳县，后改名曲阳，南朝宋又改名曲陵。齐为沌阳，隋置汉津县，改曰汉阳。清为湖北汉阳府治，汉阳镇总兵驻此。民国废府存县。县城当江汉合流处，隔江东望武昌，隔汉北望汉口，古今用兵必争之地。城北龟山麓有炼铁厂、兵工制造厂，均清时张之洞所创设。铁厂即铁政局，为中国唯一之炼铁厂。兵工厂即枪炮局，规模较江南制造局尤胜。

明　李国木，字乔伯，庠生。生而颖异，通经史，博涉九流，与弟国林，究心堪舆之学。相传乡里之卜葬者，经其指挥，无不昌吉繁衍；即达官厅事，经其移改，亦莫不迁擢以去。南都旱西门，在石头之左，地有山脉，难筑易圮，乔伯相视规画，至今屹然。著有《地理大全》一书，虽荟萃郭杨曾赖之书，而国木所撰图说，居其大半；即所收《疑龙》《撼龙》诸经，亦与高文良所校不同，盖国木多所删改焉。《四库提要·子部·术数类存目二》《民国湖北通志·方技》[①]

清　金鹏，字选士，汉阳人，少倜傥能文，精堪舆选择风鉴诸术。金坛许振，布衣时，游楚，鹏见之，曰："鼎元也。"越五年，果魁天下。周太史天佑，少时就之相，曰："起家翰苑，以郡守终。"武昌太守章培基，敬礼之，一旦谈次，问生平，对曰："且勿远求，十日内，谨防火警。"未几厅事灾，章以为神。《民国湖北通志·方技》

253　汉川县

唐析置汉阳县，置汉川县，宋初改义川，后避讳，改汉川。故城在今湖北汉川县北，元徙今治。清属湖北汉阳府。

明　尹宾商，字亦庚，汉川人，有隽才，喜谈兵。以选贡授屯留知县，

[①] 《同治汉阳县志·艺术》以国木为清人，误矣。

调祁县，忤上官，免归，杜门著书。其学长于术数，释遁甲曰："遁者隐也，大衍虚一，太乙虚三之义也。甲为十干之首，常隐于六仪之下，所以变化无穷，谓之遁甲。六仪，戊己庚辛壬癸也。甲为天之贵神，虽不用，而潜伏于戊己庚辛壬癸之间，因名曰遁。或曰遁者循也，当云循甲，取六甲循环之义，非其本旨矣。"他著述诗文甚伙，有《小书簏集》《艾衲阿藏稿》《焦螟子兵霤记》。《湖北通志·文学》

清 丁鹏鷟，大赤乡人，少读书，不遇，弃制艺，究心易数，决休咎不爽，远迩争延之，年七十五卒。

清 田学臣，字玉林，增生，家贫好善，潜心易学，善卜筮。咸丰辛亥，邑有案匪越狱逃，缉之不得，学臣卜之，断以某月日时，后果获，年九十卒。以上《同治汉川县志·艺术》

254　孝感县

汉安陆县地，南朝宋析置孝昌县，以孝子董黯立名。后唐避讳，曰孝感。宋时移治县北紫资寨，元复还旧治。清属湖北汉阳府，京汉铁路经之。

明 王傥，字廷丘，泾诸生，以株累，谪戍赣州之兴国。会唐希皋宰是邑，询其故，悯之，与语大奇之，引为友。唐致仕，遂偕归孝感终焉。傥邃于《易》，兼工青乌，术崇理而绌数，言吉凶奇中。游览邑山川殆遍，遇善地，辄识数语，后术家奉为鸿宝，曰《陇章》。黠者以赝作篡其中，荧富豪焉。傥著有《地理书》数十篇，中书屠乔建刊之，今颇有存者。《光绪孝感县志·流寓》

清 熊赐履，字青岳，又字敬修，号素九，别号愚斋，孝感人。顺治戊戌进士，选庶吉士，官至武英殿大学士，卒年七十五，谥文端。赐履年十五，学已有成，自经史以及外氏六通五觉、十秘九府之书，罔不心摹手写，穿穴贯串。故凡星经地志、六甲五纬、测算钩稽诸术，无不手绘为图，口勒成书；而后由博反约，归源濂洛，如天地左海，百派统汇，是以学有本原，所著有《学统闲道录》《下学堂箚记》《经义斋诸集》。《清史稿·列传》钱仪吉《碑传集·康熙朝宰辅上》

255 沔阳州

汉云杜县，南朝梁置沔阳郡，西魏改置建兴县，为郡治。隋改县为沔阳，唐废郡，宋省县入玉沙，元徙玉沙为沔府治，明降府为州，省玉沙入之。清属湖北汉阳府，民国改州为县。

清 娄樨，① 字英圃，刚方廉介，善诗文，工小楷，屡踬名场。② 因改习堪舆，以寻龙点穴为主。为母卜葬华容县墨山前，数年始成，备尝辛苦。其伯叔兄弟，多赖樨出资卜葬，屡以所买穴场赠送友人。尝为谢姓卜地荆州草山，系星斗灵脉，开穴见碗大白土七枚，如北斗状，斗柄指案，皆极自然。同里庠生周琛鉴，赠诗有"倒杖独寻金盏地"之句。著有《四书补义》六卷，《地理统宗》四卷。子联奎，邑庠生，亦以地理世其家。

清 叶传薪，字训斋，少英俊，从其叔庠生观海学，勤苦攻经，尤研《易》，遂精卜筮，无不验者。时州牧姚震荣，有逸犯，请其占，断以某日某时，于某方可获，后果然，由是名益噪。

清 腾云龙，相士也。不详其姓氏里居，工翰墨，善风鉴，语言娴雅，有儒者风。壮年从粤寇洪秀全游，才识迈众，颇倚之。洪败，家室遇害，遂隐于相以终老，浪迹江湖，自号曰腾云龙，盖自喻也。腾初至沔溪，日卖技乡村间，所言吉凶祸福，多不期而中，名噪于时。有富商某就之相，或语之曰："某封翁也，性悭吝，非面谀不能获厚报。"相士笑领之，及某入座，猝然曰："君寿不踰颜子，能舍家之半，行慈善事，或可中寿。"某怏怏去，论者责其戆直，则曰："相形不如论心，非古语乎？相恶而心术善，无害为君子；相善而心术恶，终必为小人。君子之谓吉，小人之谓凶，荀卿之至论也。吾矫某之吝，而使之舍私济公，相其心耳，流俗人乌足以语此？"时知名士王鉴林耳其言，不类江湖客，揖而叩其术，谦逊不答。间且造其室，访问家事，则顾而之他，绝不一言，旋亦去沔溪而他适。越十载复来，已祝发

---

① 樨，音西，积火燎之也。
② 踬，音致，跆也。沔，音夹，颠蹶也。

为浮屠，驻锡于杜浦寺，未几，遂云游，不知所终。《清稗类钞·方技》

清 蒋德高，朱家坊人，精谈命理，多奇中，名噪江汉。

清 定永桂，字绍燕，监生，专习《周易》，精卜筮，每有占断，出人意表，年七十终。

清 萧功海，字性庵，沧浪里儒士，笃实好学，老而不倦；喜吟咏，尤精地理，著有《周易图》《地理正宗》。以上《光绪沔阳州志·方技》

256　黄冈县

战国时楚迁都国于此，汉置西陵西阳邾三县，南齐置齐安县，隋为黄州治，改曰黄冈县。故城在今湖北黄冈县西北一百二十里，唐移今治，清属湖北黄州府治。

明 甘霖，字时望，少嗜河洛奇门禽星之学，遇奇人授以太乙六壬皇极范围周易大定诸数。后谒武当，宿紫霄宫，又得终南无碍师元养接命之秘、形家之术。常聘赞幕府，平播酋，平岛夷，屡犯虎口，卒获全。陈继儒谓霖忠孝填胸，精神满腹。关中张仪仲，刻其所著《五种秘窍》全书，谓根柢儒理，非杨曾廖赖所能颉顽云。[①]《光绪黄州府志·艺术》

明 玄谷子，垂帘卖卜，黄冈王翰林廷陈赠诗有云："日者在昔多隐贤，年来似子称通玄。予今五十岂知命，汝困湖海空谈天。闭肆潜窥斗宿外，被褐长揖公卿前。吾乡名流颇气岸，往往卷内留诗篇。"《梦泽集》

清 高序奎，黄冈人，以占易自活，不多受人钱。手《周易》一卷，暇则遍书其上，凡数十易而不止。所居门侧，一日晨起，自掘小渠容斗水，人问故，曰："偶作剧耳。"数日邻舍火，奎得无恙，乃知其神。又尝入乡人家曰："起！起！"众方卧，惊出，梁崩而床碎矣。晚年去其乡，不知所终。

清 张凤鸣，湖北黄冈人，为邯郸令，善筮。乾隆戊子，上以缅事未平，命阿公桂定边，昶得旨随行，掌管书记。十月初十日启程，十六日抵邯郸，凤鸣来见为阿公蓍之，遇离，云："离为南，于象为文明，为兵戈甲胄。今六爻不动，未必克也。"后果历久乃平。清王昶《滇行日录》

[①] 皋按：甘霖，又著《奇门一得》二卷，崇祯癸亥刊行，时年已七旬有九矣。

清 朱心安，黄岗人，明季避乱扬州，求卜遇异人，曰："子以吾术终，可得中富，然当病一足。"心安师之五年，尽得其秘，归以善卜名，占验奇中，终身一如异人言。以上《民国湖北通志·方技》

清 徐习功，号敬夫，喜读书明易理，旁通风角壬遁诸术，语人祸福有先几之哲。时粤贼窜黄，知县翁汝瀛、葛致远，先后练勇勦贼，闻习功名，聘襄军务，出奇谋，占胜负，多奇中，人惊为神。《光绪黄冈县志·方技》

清 张利川，号星槎，国子生，少秉异资，屡困场屋，遂弃举子业，留心图史，旁及杂流。善草书，得米南宫笔意。尤精卜筮，占验多奇中。晚客吴下，求书者坌集。① 年九十余，归老于家。《光绪黄州府志·艺术》

257 黄安县

汉西阳及鄳县地，唐以后为黄冈、黄陂、麻城三县地，明析置黄安县，清属湖北黄州府治。

清 周宗仁，黄安人，家贫而目瞽，卖卜肆中，言人休咎奇验。自推命，叹曰："天下汹汹，奈何余受其难乎？"同治元年壬戌，贼警至，乡里求卜，周惊曰："死期至矣。诸君无虑，咎独在予。"既而曰："人事不可不尽也。"率妻子及两弟，避之乡道，遇贼缚之，周怒骂不屈，遇害。《民国湖北通志·方技》

258 蕲州

北周置，隋改为蕲春郡，唐复置，寻仍为蕲州治蕲春，在今湖北蕲春县西北，宋曰蕲州蕲春郡，元为蕲州路，省蕲春县入之。明初为府，旋降为州，属湖北黄州府。清因之，民国改州为蕲春县。

明 浦心韦，蕲州人，为荆藩医官，精太素脉，能知人穷通寿夭，百不爽一。尝谓顾黄公曰："吾意子少年科第，将有所托，今科第虽不可得，而心脉

---

① 坌，笨去声，聚也。并也。

起一峰,将来必以文章名世,寿考亦不待言。惟萧生脉七断八截,恐不令终耳。"萧名霁,后果死贼难。心韦又通风角鸟占,有奇验。《民国湖北通志·方技》

清 胡昌才,上庠生,号云岩,为人悫实端方,有治理才。性嗜山水,精地理,著有《地理要言》二卷、《谷应草诗文集》梓行。《光绪蕲州志·方技》

259 蕲阳县

汉蕲春县,南朝宋改名蕲阳,故城在今湖北蕲春县西北,后虽复旧,并得蕲阳之称。

明 李时珍,字东璧,蕲阳人。父言闻,业医。时珍年十四,补诸生,幼多羸疾,长好读书,凡子史经传、声韵农圃、医卜星相、乐府诸家,稍有得处,辄著数言。古有《本草》一书,品类既烦,名称多杂,时珍病之,著《本草纲目》五十二卷。弇州王世贞,谓为"博而不繁,详而有要,实性理之精微,格物之通典,故辨专车之骨,必竢鲁儒;博支机之石,必访卖卜"云云。时珍晚年自号濒湖山人,又著《医案》《濒湖脉学》《脉诀考正》《奇经八脉考》各一卷。《明史·方技》《湖北通志·方技》《本草纲目王序》

260 蕲水县

汉蕲春县地,南朝析置希水县,南齐曰希水左县,梁曰浠水,唐改曰兰溪,又改曰蕲水,清属湖北黄州府。

清 严楚璧,蕲水人,以星卜名。巡抚某夫人将产,卜其男女,楚璧布指而算曰:"璋亦弄,瓦亦弄。"既而产,果孪也。大奇之。《民国湖北通志·方技》

清 周文焕,精易数,卜筮多奇中。晚年过英邑,遇异人,所言益不测。同治甲子,年七十三,函诗与诸子,有"清风明月任遨游"之句,遂长往,不知所终。《光绪黄州府志·艺术》

261 麻城县

汉西陵县地,南朝梁置信安县,隋改曰麻城,城为后赵将麻秋所筑,故名。故城在今湖北麻城县东十五里,宋末徙什子山。元初还故治,元末又移今治。清属湖北黄州府。

明 欧阳方旦,字旭之,生员。幼好学,遇高人授以太乙数,遂弃举子业,精通数学,每课吉凶,无毫发爽,不三年,而名扬海内。赴南宁侯左良玉幕,欲授以官,辞不就。后就武昌学官,国初执政亦迎置都中,欲荐之,仍坚辞。《光绪麻城县志·方技》

262 罗田县

汉蕲春县地,南朝宋蕲阳县地,南朝梁置罗田,唐省,故城在今湖北罗田县东六十里。宋于石桥镇置县,在今县东二十里。宋末省,元复置,移置官渡河,即今治。清属湖北黄州府。

明 万玉山,初名福敦,罗田人,尝弃儒出家,释名道玑。邑令某器之,与为方外交,且劝其蓄发为羽士,于是自号玉山,深味丹经,旁通风角堪舆奇门,而尤精于医。绘竹兰,清逸有韵,语人祸福多奇中。嘉靖中,赠号青微神霄演法真人。《湖广通志》参《海隅集》

清 尹自新,例捐县丞,分发江西,素善星家言,谈休咎悉中。侨居鄂渚数载,问字者日盈于门,一时有媲美君平之誉。

清 严寅宾,读书,好施与,于阴阳卜筮之学无不通,尤精卢扁术,活人无算,尝鬻产以施药饵,远近德之。以上《光绪罗田县志·方技》

263 英山县

宋立广山寨,寻更名英山,因立为县,寻废,后重立为县,明移治县西北章山,又移治县北添楼乡，清初始还旧治，属安徽六安州，民国二十一年，划属湖北省。

清 闻焕，字海峰，少工书，尤精画理喜堪舆。每恣览形胜，临水登山，徜徉忘返，归则布纸作图，效宗悫卧游故事，殁年七十六。《民国英山县志·方技》

264　广济县

汉蕲春寻阳二县地，唐析置永宁县，改曰广济，清属湖北黄州府。

明 朱显绶，字熙庵，广济人，尝学丹术于王云鹄，登楼设榻，足不履地，精卜筮，解观天象，避乱江滨，里人依之者多获免。《民国湖北通志·方技》

265　安陆县

本春秋郧国，汉置安陆县，故城在今湖北安陆县北，何时徙今治，旧志皆不详，清为湖北德安府治。

清 沈文亨，字身元，举人筹也之子。饥寒勤学，旁精六壬术数。乾隆壬申进士，河南浙县知县。洁己爱民，不事贪缘，以循卓迁云南云龙知州。善画工诗，所著若干卷。《道光安陆县志·人物》

266　云梦县

汉安陆县地，西魏置云梦县，宋省为镇，寻复置，清属湖北德安府。

清 卫明发，云梦诸生，究心易数，能知未来事。巡抚某，延为从子师，已而其人患弱疾，展转床蓐间，明发就其侧与之讲《易》，久之愈。或问其故，曰："惟理可以克欲耳。"阅二年，自知死期，遂辞出，且约巡抚于某日至寓宅一别，及期巡抚至，一笑而逝。《雍正湖广通志·方技》

267 应城县

南朝宋置,隋改曰应阳,唐复曰应城,五代梁改曰应阳,唐复故,清属湖北德安府。

明 陈士元,字心叔,应城人,嘉靖甲辰进士,官至滦州知州,撰《易象钩解》四卷。是编专阐经文取象之义,其自序称"朱晦庵、张南轩善谈《易》者,皆谓互体、五行、纳甲、飞伏之类,皆不可废。盖文周象爻,虽非后世纬数,琐碎而道,则无不冒焉。传注者惟以虚玄之旨例之,有遗论矣"。其履卦注又曰:"京房之学,授受有自。今之学士大夫,摈斥不取,使圣人不因卜筮而作《易》,惟欲立言垂训,则画卦揲蓍何为哉!朱子曰:《易》之取象,固必有所自来,而其为说必已具于太卜之官,今不可复考,亦不可谓象为假设,然则京氏之学,安知非太卜所藏者耶!"《四库提要·经部·易类五》士元又撰《梦林元解》三十四卷,何栋如重辑。士元初作《梦书元解》,栋如因而广之,分梦占二十六卷,梦禳二卷,梦原一卷,梦征五卷。前有凡例,称是书在宋景祐间,名《圆梦秘策》,为晋葛洪原本,而宋邵雍辑之者。《四库提要·子部·术数类存目二》

268 襄阳县

汉置,历代因之,清为湖北襄阳府治。城当汉水之曲,与樊城隔汉相望,东出武汉,北通南阳,西控商洛,南制江陵,为自古攻守必争之地,商业甚盛。

汉 庞德公,字山民,襄阳人,娶诸葛孔明小姊,为魏黄门吏部郎,早卒,负令名,有知人鉴。谓诸葛孔明为卧龙,庞士元为凤雏,司马德操为水镜,皆德公语也。《蜀志·庞统传注》

宋 王鼎,襄阳人,初寄身医卜,后遇钟离,得仙术,自号王风子,不见其饮食。尝行江干,人见水中有二鼎影,怪问其故,曰:"若更欲见之乎?"须臾见十影,众皆惊异。真宗召至禁中,长揖不拜,后辞去,不知所之。①《明一统志》《嘉庆湖北通志·仙释》《乾隆襄阳府志·释老》

宋 杨懒散,祝发为僧,善风鉴,襄阳张待制崏,诗以赠行:邂逅湖傍寺,翻然还语离。春风飞锡远,暮雨渡杯迟。渺渺孤云意,翩翩野鹤姿。百年堪几别,何处重相期。《紫微集》

清 虞春潭,星士,为人推算多奇中。偶薄游襄汉,与一士人同舟,论颇款洽,久而怪其不眠不食,疑为仙鬼,夜中密诘之。士人曰:"我非仙非鬼,文吕司禄之神也。有事诣南岳,与君有缘,故得数日周旋耳。"虞因问之曰:"吾于命理,自谓颇深,尝推某当大贵,而竟无验;君司禄籍,当知其由。"士人曰:"是命本贵,以热中削减十之七矣。"虞曰:"仕宦热中,是亦常情,何冥谪若是之重?"士人曰:"仕宦热中,其强悍者必怙权,怙权者必狠而愎,其孱弱者必固位,固位者必险而深。且怙权固位,是必躁竞躁竞相轧,是必排挤,至于排挤,则不问人之贤否,而问党之异同;不计事之可否,而计已之胜负,流弊不可胜言矣。是其恶在贪酷上,寿且削,减何止于禄乎?"虞阴记其语,越两岁余,某果卒。清纪昀《滦阳消夏录》

269 钟祥县

汉竟陵县地,南朝宋置长寿县,明初省,寻置钟祥县,为承天府治,清为湖北安陆府治。

明 王安所,平生相人辄奇中。明末,有令遍相当事者,叹曰:"何皆亡国之器也。"人笑其狂,癸未城陷,果如所言。《同治钟祥县志·方技》

270 京山县

汉竟陵县地,晋末析置新阳县,西魏改为角陵,隋改曰京山,清属湖北安陆府。

① 阜按:此乃宋之王鼎,与安徽凤阳县清之王鼎有别。

明 冯大椿，刑部司务冯士禄裔孙，精数学，卖卜鄂垣黄鹤楼，多奇验。道光年间，已伏法之教匪，默默居等，先问卜于椿，椿廉得其隐，即约同绅士出首，尽获匪党，按问如法。子学恒，知医，尤通地理，人颇朴素。《光绪京山县志·方技》

明 屈亨，京山人，解康节梅花数，为诸生时，以此著名。正德中，山东大盗刘六、刘七、齐彦辈，自北方来，已达应山，逼近县境，有就亨卟者，词毕倚柱而立，亨曰："无忧，以人倚木，休字也。"后贼果败去，他类此。《图书集成·艺术典·术数部·名流列传》

271　潜江县

汉竟陵江陵二县地，唐置白袄巡院，宋置潜江县，故城在今湖北潜江县西北，元徙今治，清属湖北安陆府。

清 谢天翱，潜江人，幼知孙吴兵法，旁通奇门。嘉庆戊午，邑人朱诚练勇堵教匪，翱为之主，性深沈，与人言不及兵事，事定不言功。弟天翔，骁勇善战，助诚勦匪有功。翔子心治，发逆之乱，练勇捍御，皆以奇门制胜，多天翱之教云。《民国湖北通志·方技》

清 刘先甲，字殿三，邑庠生，植品端廉，喜周贫乏。丙子乡试，房荐未售，博览群书，会通大义，精岐黄，尤精堪舆，有求卜地者不之拒，但喻以不如心地之说，绝不染阴阳家断验陋习，著有《一罈诗草》。《光绪潜江县志·人物》

272　竟陵县

本楚地，秦置县，南齐置竟陵郡于此，梁末废，故城在今湖北天门县西北。

明 刘原善，号新亭，竟陵人，弘治壬戌进士，户部郎中，邦直之父也。原善少颖敏，早读书，既得大义，遂复究老佛阴阳星命之说，善卜筮，有奇验。孝友勤俭，出于天性，性尤寡欲，年逾五十，即异寝处。其妻没，遂不续弦，寿八十余。《明鲁文恪公集·寿序》

273　荆门州

唐置，五代高氏于此置荆门军，后移军治当阳，元升为荆门府，还故治，降为州，明因之。清为直隶州，属湖北省，民国改州为县。

明　朱风子，不知何许人，类颠者，问辄曰："我天潢也。"因称朱风子云。天启间，居青谿，[①] 言人祸福多奇中。时行乞，有余咸给众乞，蓬首垢面，人亦以此忽之。或有饮酒者，风子至，命之坐，即坐，而谈笑自若，或卧数日不食，亦无异也。一日酣卧滩上，俄而水涨，人以为随阳侯去矣，水退而风子起，众益奇之。竟陵谭元春闻之，[②] 不远百里，来问前程，风子以两手围而示之，后谭中元。一日风子，谓士人曰，吾且死，幸瘗吾，众允之。居岁余，复见风子荷担而行，众大骇，共发塚，空穴而已。《同治荆门州志·仙释》

清　吴文懋，字申之，吴县附贡生，精奇门数学，乾隆四十三年戊戌，任荆门吏目，以爱民为心，深为上官所倚重，历护州同篆，均著循声。《同治荆门州志·循良》

清　余元吉，邑诸生，每试高等，善吟咏，留心山水，天文形家诸书皆博涉焉。《同治荆门州志·文学》

274　宜城县

本楚鄢地，秦置鄢县，汉改宜城，南朝宋废，故城在今湖北宜城县，南汉时期出酒，名宜城醪，曹植《酒赋》"宜城醴醪"指此。

清　胡元静，字子仁，宛平人，乾隆间，往来襄汉，爱其山水，因流寓焉。后至宜城，馆李得中家，李于竹林中起茅屋数椽居之。元静娴韬略，言事多奇中，当教匪末乱时，预知其兆，而决其必灭，著有《林下星占》四十

---

① 青谿山，在湖北南漳县南六十里，接当阳远安二县界。
② 竟陵，县名，秦置，故城在今湖北天门县西北。

余卷,及奇门六壬战略诸书。临殁指以授李曰:"幸善藏之。"汉水溢,李氏遭漂没,其书亦荡然无存。《民国湖北通志·方技》

275　南漳县

汉晋为中庐临沮二县地,北周置沮州,改县曰思安,隋改县曰南漳,唐宋移治中庐镇,元还旧治,清属湖北襄阳府。

清　王梦麟,字玉书,南漳人,善易学精六壬,幼习岐黄脉理精通医之即效,乾隆间,授医学训科,邑之学医者,颇宗其传,惜寿不永,至今人多称扬。《嘉庆南漳县志·方技》

276　枣阳县

汉置蔡阳县,光武帝为南阳蔡阳人,后汉为蔡阳侯国,分置襄乡县。晋省襄乡,南朝宋仍置襄乡,后省蔡阳。北周改襄乡为广昌县,隋改曰枣阳,宋升为枣阳军。元军废,仍为县,清属湖北襄阳府。

后汉　龙渊,善相。刘宏造渊,渊闻宏声,乃起迎曰:"公当极位也。"宏曰:"家贫负债,何得贵乎?"渊曰:"公相然也。"张济就相,渊曰:"事刘宏可至三公。"济事宏,宏后为解渎亭侯,既去南阳,桓帝崩,迎解渎亭侯为天子,是为灵帝,济为司空。《太平御览·方术·相上》《图书集成·相术部·纪事》

277　郧县

汉长利县地,晋置郧乡县,元废,寻复置,改曰郧县,清为湖北郧阳府治,郧阳镇总兵驻北。

明　傅良册,[①] 贡生,官蕲州训导,转教谕。博学多识,兼通术数。每

---

① 册,一作策。

试决士子之名次，无不奇中，升永州教授。《嘉庆郧阳府志·人物》

明 李凤林，郧人，万历间以星学名。尝与人言帝座庶星多动，当有藩封，寻福瑞诸王出阁。又论五星与《洪范》合，五星之变，皆足致祸，人主视明听聪，无失德失言，则能转祸为祥。荧惑太白，为执法之官，司天下过失，其应尤速。于占步中寓规箴意，与星家言迥别。《湖北通志·方技》

278 东湖县

汉置夷陵县，三国吴，改曰西陵，晋以后，皆曰夷陵。清雍正十三年，改设东湖县，为湖北宜昌府治，民国废府，改县为宜昌。

清 何其昌，字凤五，读书为文，不由师承，别有心悟。自经史外，岐黄青乌佛老杂家之学，靡不涉猎，而皆有所得，据其所见，穷年研钻，至老不辍。官房县教谕，老归林下，卒年八十余。《同治宜昌府志·士女》

279 江陵县

春秋楚郢地，汉置江陵县，梁元帝平建康，定都于此。后梁萧詧，亦都之。唐江陵府，宋江陵府皆治此，清时为湖北荆州府治。城在长江左岸，有新旧二城，东为新城，清时为驻防旗人所居；西为旧城，汉人居之。

秦 南公，楚人，善言阴阳，识兴废之数，楚虽三户，亡秦者必楚也。《汉·艺文志》载南宫十三篇，在阴阳家流。《雍正湖广通志·方技》

梁 王先生，江陵人，卖卜于市。莲勺吉士瞻，字梁容。少有志气，不事生业，年逾四十，忽忽不得志，乃就王先生计禄命，王曰："君拥旄杖节非一州，当得戎马大郡。"及梁武帝起兵，义阳王抚之，天门王智逊等，并不从命，萧颖胄遣士瞻讨平之，以功历巴东相，后为梁秦二州刺史，入为太子卫率，迁南阳武昌太守，在郡清约，家无余资，一如王言。《南史·吉士瞻传》

唐 王栖岩，自湘川寓江陵白鹭湖，善治《易》，穷律候阴阳之术。所居手植桃，行成数十列，四藩其宇，时比之董奉，栖岩笑曰："吾独利其花核，祛风导气耳。"每清旦筮著，为人决事，取赀足一日生计，则闭斋治园。大历中，尝有老父持百钱求筮，卦成，栖岩惊曰："家去几何？老父往矣。不然，将仆于道。"老父出，栖顾百钱乃纸也。因悟其所验之辰，系栖岩甲子，乃叹曰："吾虽少而治《易》，不意能幽人鬼鉴，死复何恨？"至期即沐浴更新衣而终。《艺术典·卜筮部·名流列传》《荆州府志·艺术》

唐 张猷，荆州筮人。薛季昶为荆州长史，梦猫儿伏卧于堂限上，头向外，以问猷，猷曰："猫者爪牙，伏门限者，阃外之事，君必知军马之要。"未旬月，除桂州都督、岭南招讨使。

后周 王处士，江陵人，通筮法。周世宗微时，与邺商贸易，尝至江陵诣处士筮之，方布卦，一著跃出，卓立不仆，处士起立曰："吾家筮法，十余世相传，筮而著跃者，其人大贵。今卓立不仆，足下岂非天下主乎？"遂再拜称贺。以上《民国湖北通志·方技》

宋 郭银河，妙于数，其谈祸福多奇中。其言杉溪先生尚书刘公，又其奇中之尤者也。乾道戊子十一月二十日，来谒予，貌甚古，辞甚辩，如轩辕弥明之长颈楚语也。于十月十二子，五运六气言之，如汉廷诸老生之论治也。如秦医和，汉太仓公之知病也。予惊且奇之，与旧所闻，无所不及，而有加焉，予问之，曰："子之技前于人，而子之贫亦前于人，独何与？"银河仰而笑，俯而叹曰："技不负予也，予惟恐负技也。惟恐负技，故以人徇技，而不以技徇人。其于人也，不有所迎，而有所攫，以至于斯也。然予之贫可守，而予之守不可悔。"予益奇之，如银河者，其隐于技者欤？挟技者必有求，求不得，则罪其技；自技而之贫，自贫而悔，自悔而无所不之也，不为此者希矣。如银河者，其隐于技者与？《杨诚斋集·送郭银河序》

宋 刘童子，善相及命术，游荆南，① 谓夏侯嘉正曰："君将来须及第，亦有官职，唯须清贵。已俸外，有百金横入，不病则死。"后嘉正为正言直馆，充益王生辰使，稍有金帛，方辇归家，忽一缕自地起，立久方仆，遂感疾卒。

明 曹仪庭，江陵人，诸生，巡迹田间，究心术数，每读书，彻夜不辍。语人曰："荆州空，陈执中。"人莫有喻者，及贼陷荆州，时知府乃陈执中也。事继母王，曲尽孝养，训孤姪如子，乡人有不义者，咸畏其知。以上

---

① 荆南，今为湖北旧荆州府之地。

《民国湖北通志·方技》

清 勒丰额，满洲镶红旗人，道光辛巳举人，好读书，精天文术，由大挑二等，洊升东陵员外郎，公余手不释卷，著有《天文易解》。《荆州府志·驻防文苑》

280 公安县

三国蜀置，晋改曰江安，陈复旧名，故城在今湖北公安县东北油江口，明末迁今治，清属湖北荆州府。

清 田国芳，字经畬，庠生，乡闱不售，遂辍举子业，务实行，于星象形家医卜诸书，靡不通晓，年七十二卒。《荆州府志·文苑》

281 石首县

汉华容县地，晋析置石首县，南朝宋省，唐复置，清属湖北荆州府。

清 傅文霪，岁贡生，究心医卜，手辑《医方便览》《六壬占验》《分类字说》，俱藏于家。《荆州府志·孝义》

清 李芳春，诸生，质鲁苦学，兼精风鉴，相人一一不爽。尝云："同里某妇，某日必遭雷殛。"妇闻而衔之，未几果验，自悔不幸言中，后竟不复相人矣。《石首县志·方技》

清 郑青元，字长人，性至孝，为母卜兆域，精青乌术，著有《地理正经》四卷，待梓。《同治石首县志·方技》

282 监利县

春秋楚华容地，汉置华容县，三国吴，析置监利县，寻省，复立。故城在今湖北监利县北上坊东村，今曰旧县。南宋徙今治，清属湖北荆州府。

明 黎福荣，监利人，洪武初，以善风角召见，卜事甚验，上呼为袁天纲，更赐名天纲，以其子为鸿胪寺序班。《民国湖北通志·方技》

清 邹世英，监生，尚习《周易》，精于卜筮，每有占断，出人意外，

无不灵验。《同治监利县志·方技》

283 长阳县

汉置佷山县，晋改曰奥山，寻复曰佷山，隋改置长杨县，唐曰长阳县，宋复曰长杨，元又为长阳，清属湖北宜昌府。

清 马文秀，寓邑之南乡，善星命学。咸丰三年癸丑，学使者当按试宜郡，某生使占之，秀谓获隽，当在五年，众以不合按试年分，弗之信。后因粤匪猖獗，果改试期五年，生售焉。其奇中多此类。《康熙长阳县志·方技》

284 长乐县

元以前为蛮地，明洪武置五峰石宝长官司，寻废。永乐复置容美宣抚司，寻又废。清雍正十三年，改置长乐县，属湖北宜昌府，民国改为五峰县。

明 张华清，菖蒲溪人，幼习诗书，老而不遇晓堪舆，晚年惟以寻龙点穴为业，乐阳二邑，卜葬甚多。子辉德，有足疾，早卒，媳李氏，守节抚其二孙。长祖升，捐输得官；次祖文，邑庠生。

明 龚联秀，邑庠生，幼敏慧，早年游泮，贫甚，晏如也。好读书，目数行下，旁览奇门遁甲，及星医卜筮之书，皆有奇悟。尝效避谷法，辄数日不食，年七十卒。以上《咸丰长乐县志·方技》

清 陆其蒙，邑庠生，初攻举子业，甚勤苦，家贫无以自赡，遂挟堪舆星学，术游澧沅间，决人生死，言多奇中。或戏问，先生亦能自知寿何日终乎？陆曰："某当于某年月日时，自高坠下殁，不死于道路，幸耳。"后养静家中，一日忽下阶，一颠而陨，正其所言年月日时也。《同治宜昌府志·士女》[①]

清 霞峰道人，武昌人，善岐黄，尤善堪舆，因负债莫偿，与其子慧庵，托姓孙，易装为道人，假作师徒来乐，知卸甲寨山水佳甚，遂住持于庙间。及将卒，瞩其子曰："死必葬我于殿中，葬后钟鼓当不声响，庙宇将为火所焚，当速去。"及卒，慧庵如其言，葬之于殿中，撞钟击鼓，果不响，

---

① 《咸丰县志·方技》误载其蒙为明人。

遂去之巴东。后庙亦果焚，独霞峰坟墓在耳。今之祖师殿，为邑人钟姓所重修。《咸丰长乐县志·方技》

285 归州

唐置，治秭归县，寻改州曰巴东郡，复曰归州，宋曰归州巴东郡，元升为归州路，复降为州。明州废，寻复置，省秭归县入州。清属湖北宜昌府，民国改州为秭归县。

春秋 令尹子上，善相人。初，楚子将以商臣为太子，访诸令尹子上。子上曰："君之齿未也，而又多爱，黜乃乱也。楚国之举，恒在少者。且是人也，蠭目而豺声，忍人也，不可立也。"弗听。既又欲立王子职，而黜太子商臣，商臣闻之，以宫甲围成王，王请食熊蹯而死，弗听。丁未王缢，谥之曰灵，不瞑；曰成，乃瞑。《左传·文公元年》

春秋 伍员，字子胥，楚人，楚，战国时初都丹阳，故城在今湖北秭归县东，○《清一统志》：伍员宅在监利县西北。奢子，尚弟。楚平王有太子，名曰建，使伍奢为太傅，费无忌为少傅。无忌不忠于太子，建平王使无忌为太子，取妇于秦，秦女好，无忌驰归报平王，曰："秦女绝美，王可自取，而更为太子取妇。"平王遂自取秦女，而绝爱幸之，生子轸。无忌因去太子而事平，生恐一旦平王卒而太子立，杀己，乃因谮太子建。平王乃召其太傅伍奢问之，伍奢知无忌谮太子，因曰："王独奈何以谗言而疏骨肉乎？"于是平王怒，囚伍奢，而使司马奋扬往杀太子，太子建亡奔宋。无忌言于平王曰："伍奢有二子贤，不诛且为楚忧。"王使伍奢召二子，并遣使者驾驷马，封函印绶往，许召子尚、子胥，令曰："贺二子，父奢以忠信慈仁，去难就免。平王内惭囚系忠臣，外愧诸侯之耻，反进奢为国相，封二子为侯。尚赐鸿都侯，胥赐盖侯，相去不远三百余里。奢久囚系，忧思二子，故遣臣来奏印绶。"尚曰："父系三年，中心忉怛，切，音刀，忧心貌，怛，音笪，悲惨也。食不甘味，尝苦饥渴，昼夜感思，忧父不活，惟父获免，何敢贪印绶哉？"使者曰："父囚三年，王今幸赦，无以赏赐，封二子为侯，一言当至，何所陈哉！"尚乃入报子胥曰："父幸免死，二子为侯，使者在门，兼封印绶，汝可见使。"子胥曰："尚且安坐，为兄卦之。今日甲子，时加于巳，支伤日下，当为干字。气不相受。君欺其臣，父欺其子，今往方死，何侯之有？"尚曰："岂贪于侯，思见父耳。一面而别，虽死犹生。"子胥曰："尚且无往，父当我活。楚畏我勇，势不敢杀。兄若误往，必死不脱。"尚曰："父子之爱，恩从中出，徼幸相见，以自济达。"于是子胥叹曰："与父俱诛，何明于世？冤仇不除，耻辱日大。尚从是往，我从是决。"《史记列传》《吴越春秋》。昔者吴王阖闾始得子胥之时，甘心贤之，以为上客，曰："圣人前知乎？千岁后，睹万世，深问其国，世何昧昧，得毋哀极。子其精焉，寡人垂意，听子之言。"子胥唯唯不对，王曰："子其明之。"子胥曰："对而不明，恐获其咎。"王曰："愿一言之，以试直士。夫仁者好，知者乐，诚秉礼者，探幽索隐，明告寡人。"子胥曰："难乎言哉！邦其不长，王其图之；存无忘倾，安无忘亡。臣始入邦，伏见衰亡之证，当霸吴厄会之际，后王复空。"王曰："何以言之。"子胥曰："后必将失道，王食禽肉，坐而待死；佞谄之臣，将至不久。安危之兆，各有明纪。虹蜺牵牛其异女，黄气在上，青黑于下，太岁八会，壬子数九，王相之气，自十一倍，死由无气，如法而止，太子无气，其异三世，日月光明，历南斗，吴越为邻，同俗井土，西州大江，东绝大海，两邦同城，相亚门户，忧在于斯，必将为咎。越有神山，难与为邻。愿王定之，无泄臣言。"《图书集成·术数部·纪事》

○明王肯堂《笔麈》引《吴越春秋》云：子胥曰：今年三月甲戌，时加鸡鸣，甲戌岁位之会将也。青龙在西，德在土，刑在金，是日贼其德也。知父将有不顺之子，君有逆节之臣。①

286 咸丰县

本蛮地，宋为羁縻柔远州，元时名散毛峒，明置散毛千户所，隶施州卫，清雍正十三年改设咸丰县，属湖北施南府。

清 周立璜，卖卜供母，母病，刲股作羹以进，母病遂愈。《同治咸丰县志·孝友》

---

① 按：越王归日，是三月甲辰，则此当是二月，乃传写讹耳。

中国历代卜人传卷十八

湖南省

湖南省，在我国长江流域中部，以大部在洞庭湖南，故名。有湘水纵贯其境，故别称湘省。《禹贡》荆州之域，春秋属楚，秦、汉历置长沙、桂阳、武陵、零陵等郡。晋及南北朝，均置湘州，唐分属江南西、山南东、黔中诸道，宋分置湖南路，改荆湖南路，元属湖广等处，行中书省。明时与今湖北省地，同为湖广布政使司所辖。清初属湖广省，康熙三年分置湖南省，民国仍之。其地东界江西，南界广东、广西，西界贵州，北界湖北，西北界四川，省会曰长沙县。

287 长沙县

汉临湘县地，为长沙国都，后汉为长沙郡治，隋初改口长沙，仍为长沙郡治。清时移偏沅巡抚于此，与善化县并为湖南省治，长沙府亦治此。民国废府，并善化入长沙，仍为湖南省治。城滨湘、浏二水交会地，形势雄壮，北之岳阳，南之衡阳，视此为中枢。隔江有岳麓山，乃衡岳之足。商埠在西门外，清光绪二十八年，中英续议《通商行船条约》；光绪二十九年，《中日通商行船续约》，允许开放，商旅辐辏，贸易之盛，为全省冠，粤汉铁路经之。

汉 何颙，妙有知人之鉴。初，张仲景总角造颙，颙谓曰："君用思精密，而韵不能高，将为良医矣。"仲景后果有奇术。王仲宣年十七，时过仲景，仲景谓之曰："君体有病，宜服五石汤，若不治，年及三十当眉落。"仲宣以其赊远不治，后至三十，果觉眉落，其精如此。《广博物志·方技》

唐 袁隐居，家湘楚间，善《阴阳占诀歌》一百二十章。时故相国李公吉甫，自尚书郎谪官东南，一日隐居来谒公，公久闻其名，即延与语。公命算己之禄仕，隐居曰："公之禄，真将相也。公之寿，九十三矣。"李公曰："吾之先，未尝有及七十者，吾何敢望九十三乎？"隐居曰："运算举数，乃九十三耳。"其后李公果相宪宗皇帝，节制淮南，再入相而薨，年五十六，时元和九年十月三日也。校其年月日，亦符九十三之数，岂非悬解之妙乎？隐居著《阴阳占诀歌》，李公序其首。《光绪湖南通志·技术》唐张读《宣室记》

宋 谈章，字焕之，长沙人，隐居昭潭六十余年，专以求志为事。孝于亲，诚于物，视听起居，必依于礼。平居读书，自六经诸子百家，与夫天文地理星历山经释老之学，务求其义，不为循诵习传，故历代治乱兴衰之由，人才善恶忠邪之判，祖宗以来因革罢行之政，悉贯穿商榷，亹亹牙颊间。稠人广众，纵谈极辨，听者忘倦。发为诗文，高古精深，根于义理。无补于世者，未尝落笔。寿八十六，无疾而终。《道光湖南通志·人物》

宋 曹谷，善星历数术，言事如神，为王钦若作《知命书》云："七十年中一一加，弄珠滩上贵堪夸。碧油幢下闻呢鸟，千日征还上汉槎。"钦若果七十二岁，建节知襄州，正得一千日召还，又云："周市将临壬戌岁。市，续如札，通作匝，环绕一周曰一市。定鼎门前春色异。一千日上少三鐶，再入和羹宜尽瘁。"其后钦若判西京，得七百日再入，卒于政府，尽瘁乃壬戌岁也。又云："临去尚犹闻禁漏，异姓嘉名在史书。"钦若死在京，是时夜漏将尽，无子，女婿张怀玉主后事。又与冯拯作书云："太常乐阕，都门遇雪。"拯葬在刘太后丧中，不结卤簿，是日大雪。《光绪湖南通志·技术》

元 欧阳生，善相，戴帅初表元赠序云："壬戌岁，余始自杭归鄞，识长沙欧阳生，于鄞候刘朝奉席中。欧阳生善相人，人之欲问欧阳生者，争慕先得之，越疆而招，排闼而迎，幸且至，则修衣冠，振容颜，候其一言，以为穷达。当是时，欧阳生之装未解，而他候其门者，已若干人矣。既而亦从刘侯来谒予，予惊而问焉，欧阳生曰：'不然，吾技人也。吾之技以达许人，而心之所不贤，多于术之所取者，不可胜道也。以穷许人而心之所贤，多于术之所黜者，亦不可胜道也。'用此虽屡许人，人不以为夸，而术常不败，余深异之，以为生非技人也，其言近于有道之言也。自是相阔十五年，余以忧患困绝，佣书于鄞，而生适复来。当是时，鄞之人旧识生者皆无存，存者往往病废先业，求昔之所依，以为光华如刘侯之徒，安可得哉！人皆为生悲，而生夷然不伤于怀，不惟言谈趣尚若有得，乃其旅力趣锵釁铄，比于刘侯之席，轻健似复过之。嗟夫，欧阳生真非技人乎哉！吾所谓近于有道者乎哉！"《剡源集》

清 柳尔焕，字子旦，长沙人，诸生，性肮脏，与人寡合，精太乙奇门六壬之术，言事多奇中。吴逆犯长沙，势颇炽，尔焕曰："此浮云过太虚尔。"安亲王招致幕中，旋辞归。川滇官军有以重币迓者，皆不赴。年七十余，预书时日而卒。《耆献类征初编》《道光湖南通志·人物》

清 野鹤老人，垂帘卖卜四十余年，康熙朝，著有《卜易》四卷。楚江李坦，字我平，为之鉴定；湖南李文辉，字觉子，又复增删，至今犹盛传也。《增删卜易序》

附录

岭外代答云南，人茅卜法卜：人信手摘茅取，占者左手自，肘量至中指尖而断之以授占者，使祷所求，即中折之，祝曰"奉请茅将军、茅小娘，上知天纲，下知地理"云云，遂祷所卜之事，口且祷，手且掐，自茅之中，掐至尾；又自茅中掐自首，乃各以四数之，余一为料，余二为伤，余三为疾，余四为厚。料者雀也，谓如占行人，早占遇料，行人当在路，此时雀已出巢故也。日中占遇料，则行人当晚至，时雀至暮当归尔。晚占遇料，则雀已入巢，不归矣。伤者声也，谓之笑面猫，其卦甚吉，百事欢欣和合。疾者黑面猫也，其卦不吉，所在不和合。厚者滞也，凡事迟滞。茅首余二，名曰料贯伤；首余三，名曰料贯疾，余皆仿此。南人卜此最验，精者能以时辰，与茅折之委曲，分别五行而详说之。大抵不越上四余，而四余之中各有吉凶，又系乎所占之事。当卜之时，或遇人来，则必别卜，曰：外人踏断卦矣。余以为此法，即易卦之世应揲蓍也。尝闻楚人篝卜，今见之。[1] 以上《光绪湖南通志·技术》

---

[1] 篝，行专声。楚人名结，长沙府明曰篝。

288　湘阴县

春秋楚罗汭地，汉置罗县，南朝宋分置湘阴县，故城在今湖南县北五十里，梁分置岳阳县，隋废湘阴入岳阳，寻改岳阳曰湘阴。在今县南二十五里白乌泽，五代周迁今治，宋迁治亦竹城。

宋　彭宗，茂字尚英，隐居好学，读《易》三十年，作《易解》，敷文阁学士吴猎为之序，称其始于屯，终于复，而其要著于乾坤。赵汝谠提举湖南常平，置之学宫。《光绪湘阴县志·人物》

清　蒋国，字宗城，号云庵，辑有《地理正宗》十二卷，论峦头，究理气，以及选时择日，法明义实，谓为得《地理辨正》之旨为真，不合《地理辨正》之旨为伪《地理正宗序例》

清　左宗植，字仲基，湘阴人，道光乙酉拔贡，壬辰解元，选桂东县教谕，候补内阁中书。宗植少以古文自豪，有湖南四杰之称，尤精于天文，考订《开元占经》行世。宗植任中书，时祁寯藻掌军机，深信其言。大学士赛尚阿，视师广西，宗植独以为非宜，而言曾国藩足当大任；江忠源朴干，任军旅，可倚信。其后皆以功名显，宗植实知之最先。

清　刘之镛，字檃笙，嘉庆庚午举人，官国子监典簿，年几九十，神明聪强，精于京房易课。胡林翼围武昌三年，日夜忧盼，闻之镛名，召问之，之镛视课，贺曰："期不远矣。"问何时，曰："不出此月。"已而克复武汉，时日皆验。以上《光绪湖南通志·人物》

289　湘潭县

汉置湘南县，三国吴分置湘西县，南齐省湘南，隋改湘西曰衡山，唐又改曰湘潭，元升湘潭州，明复降为县，清属湖南长沙府。地当湘水之曲，水量足而利于泊舟，为水陆要冲，商业兴盛，以米市著名。清光绪三十一年，自开为商埠，湘水北岸之株州，为粤汉、株萍两铁路之交叉点。

宋 丁碧眼，湘潭人，工相术，文信国公赠诗有云：自诡衡山道士孙，至今句法有轩辕。世人未见题尧庙，竟把昌黎作寓言。收拾衡云作羽衣，便如屈子远游归。离骚忘却题天柱，为立斜阳问翠微。又诗云：苍苍垂天云，灵照行下土。秋江侵草木，鱼虾历可数。眉山老麻衣，偷入此阿堵。色界只点头，从人道吾瞽。《文山全集·湘潭道中赠丁碧眼相士》①

元 张康，字汝安，号明远，湘潭人。康早孤力学，旁通术数。宋吕文德、江万里、留梦炎，皆推重之，辟置幕下。宋亡，隐衡山。至元十四年丁丑，世祖遣中丞崔彧祀南岳，就访隐逸，彧兄湖南行省参政崔斌，言康隐衡山，学通天文地理，彧还，具以闻，遣使召康，与斌偕至京师。十五年戊寅夏四月，至上都，见帝，亲试所学，大验，授著作佐郎，乃以内嫔松夫人妻之。凡召对礼遇殊厚，呼以明远而不名，尝面谕凡有所问，使极言之。十八年辛巳，康上奏："岁壬午，太一理艮宫，主大将客参将囚，直符治事，正属燕分。明年春，京城当有盗兵，事干将相。"十九年三月，盗果起京师，杀阿哈马特等。帝欲征日本，命康以太一推之，康奏曰："南国甫定，民力未苏，且今年太乙无算，举兵不利。"从之。尝赐太史院钱，分千贯以与，康不受，众服其廉。久之，乞归田里，优诏不许，迁奉直大夫、秘书监丞，年六十五卒。子天祐。《元史·方伎》《光绪湖南通志·技术》

清 尹金阳，字和白，湘潭人，喜谈堪舆，谓古所传《疑龙》《撼龙》之经确有是理。每春秋佳节日，辄与友人徒步走数百里，不以为劳。《清稗类钞·方技》

清 陈鹏年，字北溟，又字沧洲，湘潭人。康熙甲子领乡荐，越七年成进士，累擢江宁知府，以清廉著，有陈青天之称。为总督阿山诬劾下狱，江宁人痛哭罢市，事白，起为苏州知府，官至漕运总督，卒谥恪勤。鹏年至性孝友，于书无不窥，凡天官河渠兵农钱谷星相卜筮，皆穷其原本。其在官，辑《宋金元明全诗》《月令辑要》《物类辑古略》，自著有《道荣堂文集》等书。钱仪吉《碑传集·河臣上》

清 叶德辉，字奂份，号直山，一号郋园，② 湘潭人。光绪乙酉举于乡，

---

① 《衡山县志·方技》载碧眼为唐道士，轩辕弥明之后。

② 郋，音奚。

壬辰成进士，观政吏部，年裁三十，谒归里居，奉亲读书，遗置荣利。生平邃于治经，尤精小学及目录学。家富藏书，多海内善本，是以对于阴阳五行星命之学，亦复研究有素，独标新异。尝谓"凡文章家命造多金水相生及木火通明之局，然金水气柔而秀美，木火气旺而雄奇，以此例之，百不失一"云云。民国丁卯三月初十日加申，在长沙遇难卒，春秋六十有四。著有《六书古微》《书林清话》《观古堂所著书》等。闵尔昌《碑传集补·文学》夏剑丞《禄命篇》

290　益阳县

汉置，故城在今湖南益阳县西。后建安二十年，孙权与蜀争荆州，遣鲁肃将兵，拒关羽于益阳，即此城也。唐移今治，元升益阳州，明复为县，清属湖南长沙府。

清　刘云峰，少时异人传授，精奇门六壬之术。尝有改瘗先墓者扣之，具言冢中形状，启圹果验。又有人失马已数月，一日问之，曰："当于某月某日，向东方溪边得之。"果于是日获马。后更习导引，卖卜衡湘间，取供朝夕。稍得赍，垂帘静坐，不妄与人一言。道光壬辰，忽只身归，体如少壮，所亲问行囊，曰：无有。问：何不以其余哺子妇？曰：贫穷有命，与无益也。问：何故归？曰：死归故土耳。问：何不禳之？曰：苟往豫章某处，可延寿一纪，然水灾兵戈，相踵而至，死亦乐耳。《同治益阳县志·方技》

291　湘乡县

汉连道县地，后汉分置湘乡县。南朝宋，省连道入湘乡。隋并省湘乡入衡山，唐复析衡山置湘乡。元升为州，明复为县，清属湖南长沙府。

清　曾国藩，初名子城，字涤生，湘乡人。道光进士，授检讨，累官礼部侍郎，丁忧归。会洪杨事起，在籍督办团练，遂编制湘勇，连复沿江各省，封毅勇侯，为同治中兴功臣第一。以大学士任两江总督，卒于官，谥文正。国藩论学，谓义理、考据、词章，三者阙一不可。所为古文，为世所宗。尤好相术，尝谓昔年求观人之法，作一口诀云："邪正看眼鼻，真假看嘴唇；功名看气概，富贵看精神；主意看指爪，风波看脚筋；若要看条理，全在语言中。"又云："端庄厚重是贵相，谦卑含容是贵相；事有归著是富相，心存济物是富相。"国藩官京师时，郭筠仙侍郎嵩焘主其家，亦喜谈相，国藩诮之曰："君好谈相，相人乎，自相乎？"捻寇初平，淮军驻徐州，国藩往阅操，诸将入谒，中一人形貌魁梧，衣冠整洁，注视良久，入谓幕客曰："某弁体气充实，无夭折之理。时方承平无战事，何其神气若将死之人乎？"后不十日，某弁果以坠马殒命。《清史稿·本传》《清稗类钞·方技》

○德清俞樾《春在堂随笔》云：湘乡出入将相，手定东南，勋业之盛，一时无两。尤善相士，其所识拔者，名臣名将，指不胜屈。独余无状，累吾师知人之明。

○牛应之《雨窗消意录》云：湘乡相国，尝谓吴南屏先生敏树，郭筠仙先生嵩焘曰："我身后碑铭，当属公等，揩饰铭辞，一任点缀，惟结句须用吾言，曰：不信书，信运气。公之言，告万世也。"

清 潘掌纶，字龙田，湘乡人，诸生，幼孤，事继母孝，读书善悟，兼通韬符壬遁诸术，而尤精于医。尝马上见人卧道旁，视之毙，察其状，曰："尚可苏也。"为刺尾闾穴，嗷然呼痛，① 目炯炯立起。又谌姓子，② 病垂绝，掌纶过其门，闻哭声．诊之，用灸三壮，楔齿，少注药，须臾呱呱泣，索乳，人惊为神。著有《龙田心方》藏于家。《耆献类征初编》

清 李光英，字俊斋，湘乡人，勇毅公续宜之子也，候选直隶州知州，柔而能立，浑而有辨，精奇门之学，与丹徒李孝廉子薪颇为契合，其金台感旧诗有句云："一篇遁甲图，上参阴符旨。奇书幸韬秘，莫被俗人訾。"李慎传《植庵诗集》

292　攸县

汉置，梁陈间，改曰攸水，隋省，唐复置攸县，故城在今湖南攸县东，五代梁时徙今治，元升为攸州，明复降为县，清属湖南长沙府。

---

① 嗷，音叫，号呼声也。
② 谌，其平声，信也，诚也。

清　唐天木，字琼石，攸县人，善京房术，巧发奇中，好事者载酒叩之，无不验。《乾隆长沙府志·方技》

293　茶陵州

古茶王城，汉茶陵候所筑，汉置县，隋省入湘潭，故城在今湖南茶陵县东五十里，唐复置，即今治，宋升为茶陵军，元复为县，寻升为州，清属湖南长沙府，民国复改为县。

明　彭临川，茶陵人，精推步术言多奇中，有人以生命支干试之者，川曰：三十年前有一殃，双双燕子入池塘，慌忙走出门前看，回首家人在画梁，盖其人二子曾被溺，而妻回自缢也。《乾隆长沙府志·方技》

清　谈多济，字仁庵，茶陵人，淹贯经史，殚心《皇极经世》，阐发天人理数，著《大易文约》。易箦前一日，犹坐乐山书屋，授诸孙《中庸》，自署曰："弟友子臣多憾事，诗书易礼待传人。"就榻少顷卒，年八十四。《湖南通志·人物》

294　邵阳县

汉置昭陵县，晋改曰邵陵，隋又改邵阳，唐为邵州治。宋至清，为宝庆府治，清属湖南省。

明　刘兴汉，字思吾，邵阳人，工日者术，士大夫多喜与之游。然其言必本于修德造命，尝识某于贫贱时，后某官清要，未尝有所干请，及败，依附者多株累，而兴汉独脱然。惟雅好读书，督课二子，不少姑息。后先俱游泮，寿八十余，考终。《图书集成·星命部·名流列传》《光绪湖南通志·技术》

清　徐文源，字仁山，家贫好学，凡经史六艺，靡不淹通，自名其居为黄金斋。日以医卜自赡，襟怀高旷，与物无忤，有严君平风度。少年游历滇蜀名山大川，老而归隐，作升平乐填词，以纪其生平，卒年七十有八。

清　王绩宏，江西人，顺治年间来邵阳，以青乌术游绅庶家，凡营葬经其阡择者，屡有奇验。尝择吉穴以葬其先人，预课至某年，子当领解，已而果然，今土人呼其地为解元洲。性坦率，不喜强聒，人以是多忽之。其学别有传授，大抵于奇门独参奥窍，今术无传之者。以上《嘉庆邵阳县志·方技》

295　新化县

汉益阳县地，三国吴，分置高平县，晋改曰南高平，后复故。南朝梁以后省，隋唐为蛮地，宋收复，置新化县。绍圣初，迁治今县北八十里白溪白石坪，寻还今治。清属湖南宝庆府。

清　罗金鉴，字玉田，读书喜博览，尤好治《葬经》。与邵阳魏源为戚好，尝为源择地于西洞庭邓尉山，及栖霞龙潭诸名胜地，葬其先人。著《支陇承气论》四卷，《地理纲目》六卷，源俱为之序行。金鉴尝以道光改元，应孝廉方正举未就。家小裕，好义举，与同县邓显鹤亦戚好也。闻显鹤言，将纠邑人举行宾兴会，以资士子乡会试费，金鉴亟从臾之，屡以书促显鹤。议未即行，而金鉴病，临革以私租七十担，捐入其境文昌社，为宾兴费。凡其境之赴乡会试者，皆得与焉，其仗义乐善如此。子承志，云南试用从九；元达，邑廪生。

清　熊丙，新化人，治形家言最验。尝为安化陶文毅澍择地，葬其祖母。时澍方数龄，丙指而语其父必铨曰："后三十年，必有兴者，当以戌年入翰林，其应在此子乎？"澍果以嘉庆壬戌馆选，其奇验如此。文毅贵后，访得其孙某，厚资之，且求其书传世，而其家无以应也。

清　曾天极，字懋建，性恬静，精奇门术，尝应童子试，已被黜，其友促之归，不应，曰："此科予当为弟子员，姑俟之。"咸笑其痴，已而有以府试卷不符除名者，以天极补之。或从之学，天极曰："此河洛自然之理，恬静则知，非可传授得也。"家居不言休咎，然每遇未来事，无不验者。将死，预知其时日。以上《同治新化县志·隐逸》

清　邓林材，字卉生，新化人，明季诸生。精天文步算，善占候，喜言休咎辄奇中。从弟文材，每戒之，使自晦。癸未之变，兄弟露坐庭中，林材仰视，绝叫曰："长沙城陷矣！将奈何？"已而果然，乃相约行遁。鼎革后，隐于农。吴逆踞衡州，林材为伪将军某所迹，胁以官，以计免归，终于家。文材，字圣楚，入国朝，年六十，始生子，卒时近百岁，及见曾孙。时同县有艾友南者，亦诸生也。居县东小溪，山水最深僻处。通百家言，夜观星象，知世将乱，不复应试。薙发令下，逃入万山中，家人迹得之，劝归，不从，乃结茅棚盖覆之，而自种薯蓣，拾橡粟野蔬为食，终身不出山。《湖南通志·人物》

清 邓显鹤。[①] 字子振，号云渠，新化人，嘉庆时诸生。于书无不窥，博洽能文，旁及阴阳卜筮之学，亦罔不研究。终身不仕，著书自娱，有《春秋目论》《说诗讥呓语》《听雨山房文钞》《续碑传集·文学》

296 武冈州

汉都梁侯国，后汉为都梁县，晋分置武冈县，南朝梁改武冈为武强，隋省，唐复置武冈县，宋升为武冈军，元升武冈路，明初曰武冈府，降为州，以州治武冈县，省入。清属湖南宝庆府，民国改县。

清 黄大猷，武冈人，习卜筮占候之术。父早卒，三兄皆客滇，大猷独留养母，一日以卜推测，知其兄当死，乃卖卜往省，既至，伯叔两兄果没，因留滇，易仲兄归。居无何，感异梦，晨起卜之惊曰："吾母当病。"即日促装归，母果患痈，治之而愈。大猷事母孝，凡为人占，每以仁孝相感动，所言亦多征验。

清 刘诜迪，武冈人，少习天文，于遁甲风角诸术，多所宣究。尝以其学谒陈文恭宏谋，宏谋深信之，凡莅官处，必与俱。在湖北时，汉上多火灾，诜迪教于离位别开一哄制之，[②] 火患遂息。最后宏谋家居，诜迪已老，犹遣人舁至桂林，[③] 为营生圹。著有《地理辨疑》诸书。以上《光绪湖南通志·技术》

---

① 鹍，音昌，凤凰属。
② 哄，音巷，重中道也。
③ 舁，音余，又去声，义同，共举也。今谓扛抬曰舁。

297　新宁县

汉置夫彝侯国，东晋改曰扶县，南朝梁改为扶阳，后仍曰扶彝，隋省入邵阳，唐为武冈县地，宋复分置新宁县。故城在今湖南新宁县东二里，明迁今治。清属湖南宝庆府。

清 向君试，字伯恭，新宁人。少为诸生，貌奇古，性敏而朴，通术数，于天文壬遁诸书，皆有心得，年七十九卒。《道光宝庆府志·隐逸》

298　武陵县

汉临沅县，隋改为武陵，清为湖南长德府治，民国废府，改县为长德。

清 武纂，武陵人，精易理，卜休咎如响，求卜者无虚日，皆依卦义爻辞决之，非有秘术也。提督黄士简署，失金二百，延使卜，曰：金未出署，明午必见。翌日果得于书室东北隅。提督欲令物色其人，曰：法不可也。兼通医术，年九十二。元孙永清传其术，占事亦多中。《嘉庆常德府志·方技》

清 胡统虞，字孝绪，号此庵，武陵人，甫成童，下笔万言，潜心理学，通兵法，旁及神仙方技，莫不贯穿精微，荟撮成书。年十八，父应斗卒，统虞栾毁柴立，杖而后起，以形家言人人殊，取其书读之，钩深抉隐，至捐寝食，则又蹒茧走数千里，遇公卿贵人冢墓，考其吉凶兴废之由，无不验，曰："吾知所以葬吾亲矣。"今城北石公桥，有阜巍然佳哉，气郁葱葱，郭璞书所谓"金星贯珠"者，统虞所自卜地也。统虞明崇祯癸未登进士第，踰年甲申，京师失守，被执不屈。顺治初起用，官至内秘书院大学士，著有《此庵语录》《明善堂集》行世。钱仪吉《碑传集·翰詹上之上》

299　临湘县

古如城，汉下隽县地，晋以后为巴陵县地，五代唐置王朝场，宋升为王朝县，改临湘县，清属湖南岳州府。地滨大江，隔江即湖北监利县治。

明 李少泉，精星家言，谈休咎如响。晚客京师，名公巨卿，舆马填门，争乞一言，以决行止。得以李少泉星理，徐元吉地理，僧宝方医理，为临湘三绝。

明 徐元吉，精堪舆术，决墓宅吉凶，验如神，著有《钳记》《地理扼要》等书。

清 方同岑，字蔚林，博通天官家书，推衍星命，亦多奇中，邑人举以为阴阳训术。以上《同治临湘县志·方技》

300　华容县

春秋许容城地，汉志华容县，南齐废。故治在今湖南监利县西北，曹操赤壁兵败走此，又古云梦地。三国吴置南安县，南朝宋曰安南，隋改曰华容，唐更名容城，寻复曰华容，清属湖南岳州府。

明 王起岩，华容人，少博学，善占步，得石首王司寇所藏六壬书，遂精其术，比为许州丞。有颖桥人，亡其子三年，遍求不得，泣诉起岩，起岩乃为占云："子在某县某村某家。"如言迹之，不谬，老人夫妇哭谢庭下，刻像祀焉。《光绪湖南通志·技术》

明 朱生，善星，家言，石首袁宗皋，初以进士授兴王府长史，朱独以入相奇之，已而果然。比以书抵朱生，生笑曰："吾言偶验耳，岂望报乎？"竟不为动，皋寻卒，朱曰："吾已知之矣。"其奇中有如此者。

清 张心恒，号庭槐，其母夜梦庭生大槐，旁有女，授槐实一粒吞之，遂诞，恒因号焉。有凤慧，年甫七岁，遇一道服人，授以书，遂精六壬遁甲之术，谈休咎奇中，人叩之，曰："吾不过稍明易理耳。"游京师，王公争礼焉，子孙皆列仕籍。

清 刘学艺，字九嶷，精先后天易学，得邵康节、刘文成之传，著有《元元合璧》《梅花数序》。以上《光绪华容县志·方技》

301 龙阳县

三国吴置，宋改名辰阳，寻复故。元升为州，明复为县，属湖南常德府。民国改为汉寿。按龙阳宋绍兴五年，尝移置黄城砦，在今汉寿县西，后复还故治。

清 李楚源，军山人，业星卜，卜尤精，事无巨细，所言辄验，晚益强健，寿九十有七。

清 李本善，字人初，邑县洙总人，善风鉴。一日倚门独立，有丐来索米，本善大异，其相当极富贵，乃以手抵其鼻，曰："呼吸无俗气，真上界仙也。"丐急去以手，摹本须，须顿有五色波纹，自是人皆号为花胡子。又相传康熙初，游武陵郑公庙，见死囚三，本善谓囚皆生气满面，断不致死。过二日，囚果逃于宁乡道中，本善被牵至院。抚部令之相，因言其生子、升迁及其子已中会试，三事俱验，院乃厚赏得归。没于康熙末年，寿九十余，死后其须香竟三昼夜。《同治龙阳县志·方技》

302 澧州

汉孱陵县地，东晋置义阳郡，隋废郡，置松州，兼置澧阳县为治，寻改州为澧州，又曰澧阳郡。唐复为澧州，宋曰澧阳郡，元立澧州路。至正中，尝移治新城，在今湖南澧县东南三十里；明初还旧治，改曰澧州府，又改作岳州府。清改为直隶州，属湖南省，民国改为澧州。①

宋 李文和，澧州人，能诊太素脉，知人吉凶，虽心性隐微，皆可推测。尝诊司法孙评云："据脉当作僧道，然细审之，却有名无实；幼年须曾出家，不尔，亦见于小字也。"问之果尔，以多病尝舍于释氏，小名行者。人颇疑其别有他术，云："法中脉出寸口者，当为僧道。今所出不多，又或见或隐，故以有名无实断之。"后得其书，以十二经配十二辰，如五行分宫

---

① 孱，音栈，澧，音礼。

之法，身命运限，亦各有术，逐日随支轮脉直事，故目下灾福，纤悉皆可具。其书序云："本唐隐者董威辇，以授张太素，太素始行其术，故以为名。"宋庄绰裕《鸡肋编》

明 李自雯，字斋岭，诸生，工文善书，尤通天官家言，吉凶祸福奇中。《同治澧州志·隐逸》

303 衡阳县

汉置郫县，三国吴析置临蒸县，晋省郫县入临蒸，隋改曰衡阳，唐复曰临蒸，寻复曰衡阳。清与清泉县并为湖南衡州府治，民国废府，并清泉入衡阳。城当湘蒸合流之地，由粤入湘，此为冲道，亦历史兵事上之要区也。

清 宋蓟龄，字席云，衡阳举人，初学于父之素，父殁，师其伯兄羲龄，于天文地理诸子，百无不究其底蕴，穷年著述，有《四书诸儒会纂》《诗经寻源》《耕心堂》等集。居常敦笃孝友，训饬子孙，皆可师法。《乾隆衡州府志·方技》

清 朱冠臣，字益垣，衡阳人，精研堪舆，著有《地理真诠》，《地理八窍》，善化瞿鸿机为之序，曰："就八法论，曩《真诠》譬金钱散地，此则牟尼一串珠也。就八法之窍论，曩《真诠》譬瀛海搜珍，此则壶天一粒粟也。"《地理八窍序》

清 高人鉴，官衡州知府，[①] 善相士，得彭刚直公玉麟，避祸入城，投协标，充书识，支月饷，视马兵，人鉴见公奇之，使入署读书。衡阳一邑，应童试者千人，入学不易，是岁县试，群拟公必第一，案发乃第三。越数日，召入见，曰："以文学汝宜第一，今乃太守意也。"太守曰："彭某异日名位未可量，然在吾署中读书，若县试第一，人必谓明府推屋乌之爱，是其终身之玷矣。"公闻而感之，是岁竟不入学，又二年始隶诸生之籍云。《续碑传集·光绪朝部院大臣》《彭刚直公神道碑文》

---

① 衡州府，故治即今湖南衡阳县。

304　清泉县

元分衡阳之东乡，置新城县，明省入衡阳，清又析置清泉县，与衡阳并为湖南衡州府治，民国并入衡阳。

清　谈学元，字少微，清泉人，幼有异禀，读书目数行下；通群籍，不喜举业家言；善书画，皆能以指头为之；尤工琴，不拘守旧谱，而指法独绝。偶得诸葛武侯遗书，用木牛流马法而变通之，所制浑天仪、窥远镜及木鸡木犬之类，见者诧为天授。晚年益殚心于步算占验六壬奇遁诸数，著述甚富。《光绪湖南通志·技术》

清　刘琼彩，字拙夫，习医，并善堪舆星卜诸术，谈休咎多中，然不肯因以为利，有权贵啗以重资，① 峻却弗往，士论高之。《同治清泉县志·方技》

305　衡山县

三国吴置衡阳县，晋改曰衡山，故城在今湖南衡山县东北。隋废，别改湘西曰衡山，在今湖南湘潭县南。唐移湘潭之名于隋衡山县，因又移衡山之名于晋故县。以水患，又移治白茅镇，即今治。清属湖南衡州府。

唐　衡相，开元中，有相者不知姓名，自言衡山来，人谓之衡相。在京，舍宣平里，时李林甫为太子谕德，往见之，入门则郑少微、严杲已在中庭，② 相者引坐，谓李公曰："自仆至此，见人众矣，未有如公也。且国家以刑法为重，则公典司寇之职；朝廷以铨管为先，则公居冢宰之任。然又秉丹青之笔，当节制之选，加以列茅分土，穷荣极盛，主恩绸缪，人望浃洽；兼南省之官，秩增数四；握中枢之务，载盈二九；缙绅仰威，黎庶瞻惠，将古所未有也。"顾严郑曰："预闻此者，非不幸也。公二人宜加礼奉，否则悔吝

---

①　啗，音淡，感韵诳诱也。
②　杲，音缟，明也。杲杲出日。

生矣。"时严郑各负才名，李犹声誉未达，二公有轥轢之心，[①] 及闻相者言，以为甚不然，唯唯而起，更不复问。李公辞去，后李公拜中书，郑时已为刑部侍郎，因述往事，谓郑曰："曩者宣平相人，咸以荒唐之说，乃微有中者。"无何，郑出为岐州刺史，与所亲话其事，未期，又贬为万州司马；严自郎中，亦牧远郡。《光绪湖南通志·技术》

清 王国宪，为台湾参将，游竹溪寺，遇异人与谈《易》，因得卜筮之秘，试之神验，以授其孙盛怡，时称管郭。曾孙义宗，玄孙绐麟、人杰，世精其技。以上《光绪衡山县志·方技》

清 欧阳振，字文斋，衡山人，性直朴，摆脱尘俗。尝于南岳遇一人，著赤衣缚袴，负巨石，累岳庙基，异之，与语颇洽，因自号话仙，善卜易，占人休咎多奇中，喜画山水，出入米黄之间，年八十三，灯下犹能作蝇头楷。巡抚范时绥见之，谘以养生之诀，振曰："山人无他秘术，但不作机械事耳。"时绥善之。《光绪湖南通志·技术》

清 罗登选，衡山人，字升之，号谦斋，乾隆时诸生，少溺苦于学，闭户读书者五十余年，自经史百家、律算医卜老释之书，无所不通。卒年八十五，有《京房易传解》《律吕新书笺义》《敦本堂诗文集》。《衡山县志·方技》

清 戴日焕，字晋元，衡山人，将冠，乃就学，时避兵岳寺，贫不能具膏火，夜执书就佛前灯读之。翌早寺僧执书试之，朗诵不遗一字。其学尤精于《易》，兼通理数，至子史诸书，靡不涉猎。后游王夫之之门，益有所得。其著述发先贤秘奥，年三十始补诸生，初乏嗣，八十举一子，垂九十乃卒。《湖南通志·人物》

清 文之理，字一殊，衡山人，家贫力学，五经性理，及律吕皇极诸书，莫不潜心备览。生平道气迎人，遇人有过，援义理开陈，靡不感悟。《湖南通志·人物》

---

① 轥，音吝。轢，音历。轥轢，车所践也。

306　耒阳县

汉置，隋改曰耒阴，唐复曰耒阳，元升为耒阳州，明复为县，清属湖南衡州府。○梁陈间移治于鹜山口，在今县东北四十五里，唐复还汉晋故治，即今治也。

明　周诰，字仰廉，隆庆年间贡生，精于地理，往来京都，见知于王锡爵、申时行两相国。

清　蒋艮佐，字元辅，跛一足，卖卜营生。一日闲行，遇一老人，授以册，嘱尚习之。开册乃关西夫子马前课，展玩得其意，术遂神，言无不应，由是见知于当事，杨中丞、董观察咸推许之。以上《光绪耒阳县志·方技》

清　谢允恭，字静山，耒阳人，诸生，家贫嗜学，手抄《周易解数》十卷，附自辨论数卷。著《河图观化说》一卷，《得心录》三卷。兼明堪舆，著有《地理统宗》一卷，通彻本原，非术家可及。《湖南通志·人物》

307　常宁县

汉耒阳县地，三国吴析置新宁县，唐改曰常宁，元升为常宁州，明复为县，清属湖南衡州府。

清　萧三式，本名洪治，字自本，郴州宜章人，祖由庐陵徙郴，[①] 至洪治再徙常宁。身通天地人三式，因以号焉。年十六，为诸生，睨章句末学，[②] 不足以济乱，于是越九嶷，[③] 涉五湖，攀峨嵋之巅，破沧海之浪，遨历名区，拓其经济，侃侃有大志，亟欲试之。及鼎革，三式闻知，喜曰："天下太平矣，今而后我可无事。"更号伞屐主人，[④] 隐于形家。方是时，三式之声，藉

---

① 郴，音深。
② 睨，音诣，霓韵，邪视也。
③ 嶷，音宜，九嶷山名，在湖南省。
④ 屐，音剧，木屐也。

藉于江淮湖川闽粤间。① 先是闽寇掳掠粤东，粤人携妻儿，保山谷，倚险为寨，有凉伞、金髻、斗蓬三寨，寨可容数十万人，戒非粤产者毋得入。闽骁将一只虎，帅众攻凉伞，寨人大怖，三式出于俦伍中，曰："我在此，人无怖也。"贼百道俱攻，应机设械，技穷，乃大呼我知有天上人在此，齐之。去攻金髻、斗蓬，三式为书纸鸢移二寨，寨人得其法，贼不能攻，全活百万，粤人勒石纪德。吴逆三桂之叛也，遣其党范，造庐相访，三式深夜出指乾象以示之，曰："天意有主，若等徒自辱耳。"其友人有欲应聘者，怒曰："尔见范某有头颅耶？"晚年著《周易复古》《明易图》《学易图》，衡郴二州之士从之游，皆得娴于《易》。又著有《金玉图传》《字字金略解》《罗针解》，凡七十余种。乾隆癸酉，有安南贡使过衡，至书肆，求三式所著书，其名动外夷如此。子致良，字法和，文学，亦善形家，为人卜迁，言休咎，无不验。《湖南通志·人物》《嘉庆常宁县志·方技》

清 段巘生，字相山，常宁人，康熙乙酉丙戌联捷进士，官福建上杭、广东新安知县，坐条陈言事，削籍归里，十余年卒。巘生负经济略，雅欲以经术经世务，如天文星历之书，地理堪舆之术，与夫本草医药句股算法，靡不原原本本，坐而言，起而可行，古称通儒，惟其有之；顾不肯以身之察察，受物之汶汶，秋戒白露，冬申严霜，坎壈缠身，终忧才畏讥以死，将所谓鸳翩可铩，② 龙性难驯者非耶。钱仪吉《碑传集·康熙朝守令中之下》

清 王万树，字霍霖，常宁人，诸生。少时喜读汤盘周诰，爱其聱牙佶倔，遂弃举子业，肆意经史百家。恒叹湖以南文献湮没，乃假形家言，遍游列郡故迹，孜孜讲求，爰自炎农迄周昭，著《衡湘稽古》，继采正史自秦以来有涉湖南沿革者，纲举目张，编年纪之，为《湖南春秋》十六卷，子国牧续成之。《湖南通志·人物》

308　酃县

汉置，晋省，故城在今湖南衡阳县东十二里。○汉茶陵县地，宋析置酃县，清属湖

---

① 藉，集夜切，吗韵，汉书，国中口语，藉藉，谓言语雄乱也。亦作籍。
② 铩，音杀，残也。铩翮，不能飞。

南衡州府。

清 朱廷铉，字黄耳，世居常平乡，善卜筮。顺治年间，寇未至，占有变兆，先携家避耒阳，后邑果为红贼所扰，及平乃归。笃宗戚，有族弟某，及妻弟谢某，家贫，铉为出金娶妻，割田安之，人称其厚。《同治郫县志·方技》

309 东安县

汉零陵郡地，晋置应阳县，隋省，五代时马殷置东安场，宋置东安县，清属湖南永州府。

明 雷起四，字九华，得异书，解风角占验。天启初，泝湘至桂林，①途中与舟人夜坐，指西南间曰："贵州乱至矣。"邻船有总督某公，方从云贵来，异其言，召问其期，对在此月。未几，安邦彦围贵阳，总督遂留起四幕府。广西镇道有兵事，辄请至军中。广西总兵官黎国柄、②杨德、③守道史启元、④桂平守道朱朋时、⑤检讨桂林王启元，皆以管葛夷吾拟之。盖起四不专以术数，其谋军有才略，故为时所推尚如此。《光绪湖南通志·技术》

清 谢献廷，字致庵，东安人。幼慧，家贫，其塾师自以为不如献廷，然贫困不能竟其业，于是献廷日出耕田，夜入塾读，数年，入县学，补增生，然于进取泊如也。父病，侍汤药谨，母晚年目眚，又患噎病，饭必粥，则粥以进；梨必汁，则汁以进，卧不可而坐，坐又不可则负之出入寝榻，以为恒。生平于技艺星命相墓之术无不能，将卒，告家人曰："某山形势雄壮，下可坐千人，以葬我，必有大吾门者。"后三十年，某子兰阶，从征洪寇，平黔苗有功，以己官赠献廷一品阶。《湖南通志·人物》

清 姚华瓒，字瑟莘，东安人，世居浦市，性爽直，好读书，尤邃于

---

① 泝，与溯同，逆流而上曰泝。
② 天启七年丁卯。
③ 崇祯七年甲戌。
④ 崇祯六年。
⑤ 崇祯七年。

《易》，著有《六壬续集》《卜易正断》诸书，言休咎无不验，亦一时奇人也。《光绪湖南通志·技术》

310 道州

唐置营州，寻曰南营州，改曰道州，又曰江华郡，寻复为道州，宋曰道州江华郡，元为道州路，明为道州府，寻复为道州，清属湖南永州府，民国改为道县。

宋 周敦颐，字茂叔，道州营道人，博学力行，闻道甚早。历官广东转运判官，提典刑狱，以疾求知南康军。因家庐山莲花峰下，取营道所居濂溪以名之。熙宁六年癸丑卒，年五十七，谥元公，封汝南伯，从祀孔子庙庭。尝作《太极图通书》、《易通》数十篇，其《太极图说》有云：无极而太极。太极动而生阳，动极而静；静而生阴，静极复动。一动一静，互为其根；分阴分阳，两仪立焉。阳变阴合，而生水火木金土，五气顺布，四时行焉。五行一阴阳也，阴阳一太极也。太极本无极也，五行之生也，各一其性；无极之真，二五之精，妙合而凝。乾道成男，坤道成女；二气交感，化生万物；万物生生，而变化无穷焉。惟人也，得其秀而最灵。形既生矣，神发知矣，五性感动，而善恶分，万事出矣。圣人定之以中正仁义而主静，立人极焉，故圣人与天地合其德，日月合其明，四时合其序，鬼神合其吉凶。君子修之吉，小人悖之凶。故曰立天之道，曰阴与阳；立地之道，曰柔与刚；立人之道，曰仁与义。又曰：原始反终，故知死生之说。大哉易也！斯其至矣。《宋史·道学》《周濂溪集》

元 周云峰，精星命，金别驾德原涓赠诗有云：元是濂溪别一峰，苍寒高卓五云中。中藏月窟无人到，试蹑天根有路通。绝顶阴晴分上下，半空星斗绕西东。我来欲问玄玄理，吹起浮摇九万风。《青村遗稿》

311 宁远县

汉置冷道营道二县，晋改舂陵，隋省冷道入营道，唐改置唐兴县，改曰武盛，寻复故，又改曰延唐。五代时属楚，改曰延昌，后唐复故。晋改曰延喜，宋始曰宁远，清属湖南永州府。

清 乐治贤，幼积学，淹贯经史，尤精于《易》，年二十，自筮得遁，慨然曰："肥遁无不利，圣人教我矣。"乃绝意进取，隐居鹅婆，并依山为屋，朝夕诵《易》，自题其室，曰："寡过未能怀伯玉，养生有主学庄周。"中年习导引，八十余卒，颜色如少年。《湖南通志·人物》①

312 郴州

南朝梁于桂阳郡置，寻废；隋复置，寻亦废。唐复置，改曰桂阳郡，寻复曰郴州，宋曰郴桂阳郡，治郴县。元为郴州路，改郴县曰郴阳县，明省郴阳县入州，清直隶湖南省，民国改郴州为郴县。②

清 廖奇珍，字庸之，晚号含虚，郴州人，力学笃行，不由师传。自灵枢遁甲形家言，至于丹青琴奕、诗古文词靡不通。课子若孙以忠孝，盖隐君子也。卒年七十有五，邵阳魏源为作墓志。《耆献类征初编》

313 永兴县

汉置便县，南朝宋省，陈复置，隋又省，唐置安陵县，改曰高亭，宋改曰永兴，清属湖南郴州。

清 熊六夔，专卜筮，判断不爽，问卜者辐辏其门。

清 马广谏，善楷书，尤精卜筮，晚年惮于酬应，常托疾闭门，意致亦殊高雅。

清 李友龙，举人，梦兰父，精堪舆，谈休咎多验。道光初，邑建南塔，力争不利文风，当事者疑之。后数十年，循其说拆毁，而科名乃盛。以上《光绪永兴县志·方技》

---

① 《康熙宁远县志·隐逸》载乐治贤为明人，与《通志》不同。
② 郴，敕音切，音琛，侵韵。楚项羽徙义帝都此，见《史记》。

314　汝城县

东晋置，陈改为卢阳，故城在今湖南汝城县西南，唐改曰义昌，五代后唐改曰彬义，宋又改曰桂阳，清属湖南郴州，民国改为汝城。

清　朱祖缨，字腾芳，恩贡生。性颖悟，貌修伟。少家贫苦学，喜博览，兼通奇门。清咸丰五年乙卯，红寇入县，家居，闻鸦鸣，卜之，语人曰："定损大将。"已而果于是日赵启玉阵亡。邑侯黄，知祖缨有奇略，委办乡团，训练有纪，寇不敢犯。以功由恩贡保授训导，寿八十余，子二，邑廪生。《民国汝城县志·方技》

民国　朱福全，字弼丞，清翰林，总统府秘书，左绍佐为之传，曰：公体貌魁颀，丰神俊爽，[①]善阴阳星卜之术，负经济特达之才，往往拊掌轩眉，喜谈天下事，闻者争相结纳。宦粤十余年，安民靖匪，虔韶人士，为立长生禄位牌于九成台，崇功也。庚申夏，以疾终沪滨寓次，年五十八。《民国汝城县志·武略》

315　桂阳县

宋置，清属湖南郴州，民国改为汝城县。

明　曹平，读书好古，长律诗精星卜，有问皆应，行事淳朴，乡人称之。遇恩诏，授冠带，年八十三而终。《光绪郴州志·隐逸》《民国汝城县志·方技》

316　桂东县

宋初桂阳县地，寻析置桂东县，清属湖南郴州。

[①] 颀，音祈，长貌，丰音冯，容色美好貌。

清 郭存昌，字君盛，善青乌术，断吉凶验如神。尝筑室堡下，藏石庭中，盛夏无蚊，环门有塘，存昌置石水间，为禁制法，小儿嬉戏在侧，将失溺，辄有觉者，历久不爽，子孙甚盛。初有相者遇存昌于途，惊指曰："子左目仙眼也。"《同治桂东县志·方技》

317 桂阳州

东晋置平阳县，唐于县置桂阳监，宋升为桂阳军，元升桂阳路，明降为桂阳州，省平阳县入州，清升为直隶州，属湖南省，民国改县。地当赣粤之交，地势积高，山水之秀，甲于全省。

清 刘鸣玉，桂阳州人，精六壬遁甲之学，与人言未来事辄验。性廉洁，不苟取。尝晚铺乏蔬，取旁舍豇豆充羹，旦如数买系诸篱。偶暑行，渴取道旁王瓜啖之，亦系钱竿上，其耿介率类此。《光绪湖南通志·技术》

318 临武县

战国楚临武邑，汉置临武县，唐改曰隆武，寻复曰临武。五代晋省，宋复置，清属湖南桂阳州。

清 王上亨，临武人，号长松，不事诗书，好占墓之术。臆卜休咎，奇中，人神之，争问以事，则默不复言。与刘尧诲友善，尧诲在官，辄招上亨；既为尚书，总督闽广，上亨于广坐呼凝斋云云。尧诲稍不乐，笑曰："君不当为他称邪。"上亨即起辞去，尧诲愧谢乃已。从征洞獠，望气占雨霁，胜负多验，颇与兵谋。入都，公卿闻王长松名，争延致之。吏部尚书尹台，负重望归，讲学永新，上亨为相墓，居数月，台赠之文曰："临武人，王长松，顷访余于山中，怪其古貌朴状，睢睢然，如见葛天无怀之民。年垂四十，尚未娶，事继母至孝，出必告，告必以还期，期至辄趋行。人或留之，则泪潸然下，曰：母约顾可违乎？其至性类此。素不知书，与之谈理道，则井井有条，若尝从事于学者然。间或望气占墓，相人祸福，往往奇中,其殆古之所谓畸人者与?"久之,尧诲责以无后不孝,强上亨娶,娶二岁,告妻曰:吾行矣。遂死,传以为尸解云。《同治桂阳州志·方技》

319 芷江县

汉置无阳县,后汉省,晋复置舞阳县,梁为龙标县地,唐为龙标夜郎县地,五代时没于蛮,楚置潭阳县,明省入沅州,清置县曰芷江,为湖南沅州府治。

清 魏鉴,字明远,潭阳人,博学弘文。于举业外,若星命堪舆卜医风鉴,皆所洞悉。康熙辛丑,著有《象吉备要通书》二十九卷行世。《象吉书序》

320 沅陵县

汉置,故城在今湖南沅陵县西南,陈徙今治,清为湖南辰州府治,地当酉沅之会,山多水清,矿产甚饶,朱砂尤著。

明 沈溥,字大霖,性刚直,博学善谈,凡天文地理,阴阳医术,历律刑名,罔弗穷究。景泰丙子领乡荐,授广西灵川知县,在任十一年,致仕,寿九十终。

清 李六名,邑二都人,善风鉴,以气色卜人吉凶,每谈言微中。以上《同治沅陵县志·方技》

清 曾道鲁,沅州人,[①] 性孝友,生子相,妻亡不再娶。好为义举,不事家人产。知音乐,弹筝入妙。通易数,善卜筮,演策如神。年至七十五,示其子曰:"某月日吾卒。"至期沐浴更衣,焚香而逝。《耆献类征初编》

321 泸溪县

汉沅陵县地,南朝梁置卢州,寻废。隋末萧铣析置卢溪县,故城在今湖南泸溪县西

---

① 沅州,今沅陵县治。

南，宋徙今治。清改卢为泸，属湖南辰州府。

宋 徐次宾，卢溪人，著有《六壬一字玉连环》一卷，至今学六壬者每视为枕秘云。《六壬玉连环序》

清 杨自修，泸溪人，精于推算，康熙己丑，藩司董昭祚，被劾去官，延自修问祸福，自修曰："月内即当膺显擢，勿虞其黜也。"既而果验，名遂著。《乾隆辰州府志·方技》

322　辰谿县

汉置辰阳县，隋改曰辰谿，清属湖南辰州府。

明 余仲宇，不知何许人。万历初，至辰谿，精风鉴，善针灸，能起人危证。性嗜酒，谈未来，事多奇中。后坐化，具棺葬之。数日后，有人见于他所卖药。《光绪湖南通志·技术》

323　溆浦县

汉置义陵县，后汉省，唐置溆浦县，清属湖南辰州府。

清 谌会衔，邑庠生，通星卜，并风角鸟占之术。年七十，病痹，不出户庭，能推知门外事。一日告家人曰："某君将死矣。"阅日，又曰："寺僧某死。"家人询之，皆如其言。临终，遍召戚属与诀，更衣端坐而逝，莫不叹为有道。《溆浦县志·技术》

清 戴尚文，溆浦人，诸生，从鸿胪卿罗典学，凡天官星卜诸书，无不究览。尝曰："吾治经师罗先生，吾术数未知，孰可吾师者？"闻江南某僧，精六壬奇门，往师焉，尽得其秘。归应乡试，长沙同舍生失金，尚文为占，曰："君金若干，盗者青衣，手鱼肉前行，后一白衣随之。肩荷重物，君以某时候驿步门外，可获也。"如其言往，果验。嘉庆初，三厅苗变，福康安公督师剿办，招致奇才异能之士，罗典荐溆浦两生，一严如煜，一即尚文，谓曰："严生负经济才，固应禄仕；汝性疏散，为幕客，则进退自如，慎勿官职自羁也。"戴唯唯，往见福，长揖不拜，福待以军师之礼，凡事必谘。时苗甚猖獗，恒夜扑营，尚文辄预卜知之，有备无患。尝五月进攻旗鼓寨，占有大冰雹，贼伏林莽甚伙，师出不利，福公偶惑人言，弗听。及日午，师将抵寨，忽阴云四合，大风雷雨，冰雹交下，如拳，如卵，如砖，击伤士卒，伏苗乘之四起，兵力莫支，方悔不从尚文言，军中呼曰神仙。又大军在乾州，偶营龙头，为兵家所忌，苗围之，断水，军不得食，危甚。尚文请设坛凿池，以剑劚地，清泉瀹出，军心遂安。嘉庆四年己未，驻师天心寨，尚文夜观天象，知将星有咎，乃作书暗置幕府，辞归。不数日，福公方坐帐中，忽为苗寨炮子所中薨，众乃悟其归意。尚文归未几，亦病，自知死日。卒后其母伤之，焚所传书。《清史稿·艺术》《光绪湖南通志·技术》

324 黔阳县

汉锋成县，晋省，移舞阳县治此，南齐改曰㵲阳，梁改为龙标，隋废，唐复置龙标县，五代没于蛮，宋置黔江城，寻并镇江砦入为黔阳县，清属湖南沅州府。

晋 罗翁，黔阳人，隐居洪山中，有道术，能知人吉凶休咎，历历不爽，后人因名其山曰罗翁。《乾隆沅州府志·仙释》

清 潘士权，号龙庵，黔阳人，官太常博士，有《洪范补注》五卷，是编增补蔡沈之书，而于原书之外，复多附益，其大旨合蓍龟卜筮、五行卦气、声音律吕交互言之。《四库提要·子部·术数类存目一》

325 麻阳县

汉沅陵辰阳二县地，陈置麻阳戍，唐置麻阳县，故城在今湖南麻阳县东，宋移今治，清属湖南沅州府。

明 李时复，麻阳人，万历间，读书西郊，有异人乞新制衣，时复慨然与之。异人曰：子有诚心，当以星学授子。遂竟夜与谈，尽其术，言命多中。后以岁荐，授紫阳令，致仕归。《光绪湖南通志·技术》

326　永顺县

汉酉阳县地，南朝梁以后为大乡县，五代时蛮置永顺州，宋为羁縻州，元为永顺安抚司治，明为永顺宣慰司治，清改置永顺县，移治于旧司治。西北三十里，为湖南永顺府治，民国废府存县。

清 彭太甲，内塔卧保人，得异人传授，占卜如神，太守张曾敩，常留之署中，以质休咎。继任徐培元，丁忧去，次朱世杰将至，太甲曰："不能越猫子坪，必死。"第三吕近阳，由古丈同知署府事，太甲曰："此虽能视事，然不半年，亦必死也。"后皆验。《同治永顺县志·技艺》

327　靖州

唐叙州朗溪解南獠地，五代时为蛮地，称诚徽二州，宋初为羁縻州，后收复，复置诚州，改靖州。元改靖州路，明升靖州府，复降思州，以州治永平县省入。清因之，直隶湖南省，民国改为靖县。

明 叶庭芝，字无心，号竹庄，靖州人，少业儒，未就，遂有志术数之学。凡先天后天之图，岐黄孙卢之书，不待探索而得其奥，所著有《索性旨要》《金丝镫笼》《神针简要赋》，士君子多重之，年八十余卒。《光绪湖南通志·技术》

328　绥宁县

唐武冈县西境，五代时蛮置徽州，宋改置莳竹县，寻废，又置绥宁县，清属湖南靖州。

清 杨茂仑，生平积德，精心堪舆，著有《地理会元》篇博世。《同治绥宁县志·方技》

329 永绥厅

汉五溪蛮地，唐锦州地，后为六里生苗地，宋以后不通声教。清雍正八年，招徕生苗，建吉多营，设永绥协副将都司同知等，辖红苗二百二十八寨。故治在今湖南永绥县东南吉多坪，后升为厅，直隶湖南省，移治花园砦，即今治，民国改厅为县。

清 李芳，厅诸生，熟精易理，为人卜多中。有问卜者，则借卜与言孝友睦婣任恤事，而犹拳拳于息讼消争。芳尝言："人之偶有争讼者，心有所不平也。因其问而导之使平，平则争讼化矣。"若芳者，其殆严君平之流亚欤。《乾隆永绥厅志·方技》

330 石门县

汉零阳县地，晋置澧阳县，南朝陈改曰石门，清属湖南澧州。

清 袁承裕，号儒门，诚静寡言，客游宝庆，遇人传授善医卜之术。县狱中，有要犯在逃，邑侯某，延请卜课，遣人往侦即获，侯深为诧异，款洽有加礼，名誉由是大噪，造门请问者，四方踵至，所言无不奇中。子德彰，号半霞，增生。《同治石门县志·方技》

清 申之交，字肇修，石门人，精《易林》诸书，占问辄有验。然与人言，皆道以忠信，守己不涉玄妙，年九十四，预示家人死期，诵《金刚经》而逝。

清 黄配乾，家贫，屡蹶童子试，遂攻地理星卜诸书，尤精医，远近延请无虚日，族人某赠之有"诗博兼众技书千卷，救活群生纸半张"之句。

清 甲中望，字念太，石门人，性沈静，强记多闻，精奇门。尝于馆后置坐櫈数枚，盗陷其中，诘朝爨夫往就，盗迷不出，主人继往亦然，中望道之始出。问于案上列豆，置蠡蚁于中为戏，人来辄乱其局，问之不言。临终取所抄胡麻细字书半簏焚之，子请留示后人，不许，诏之曰："但读圣贤书，此不足学，学亦难精，不慎且贾祸。"卒焚之。以上《光绪湖南通志·技术》

中国历代卜人传卷十九

四川省

四川省，在我国长江流域西部，境内有岷、雒、泸、巴四大川，故名。《禹贡》梁州之域，周为巴蜀诸国地，秦为巴蜀二郡，故别称蜀省，又称巴蜀。汉为益州部，晋为梁益二州，唐置剑南、山南、黔中诸道，宋置四川路，元置四川等处，行中书省。明置四川布政使司，清置四川省，民国仍之。其地东界湖北，南界贵州、云南，西界西康，北界陕西、甘肃，省会曰成都县。

331　成都县

古蜀山氏国，战国张仪与张若城成都，即此。秦置县，三国蜀汉都之。唐玄宗幸蜀，建为南京。五代，王氏、孟氏皆为国都，明清皆为四川省治，四川提督驻之，成都府亦治此。民国废府，仍为四川省治。城分二部，东为太城，西为少城。太城之西偏有皇城，明蜀藩故宫也。境内土地平旷，沟渠四达，五谷繁殖，兼治蚕桑，商业亦发达。未成之川汉路，及拟筑之川藏成嘉成灌等路，均发轫于此。拟筑之同成路，亦以此为终点。城内东隅局厂林立，城西南之簇桥，为近城一带贸易之所，每届场期，摩肩辇毂，行人塞途。

汉　严遵，字君平，蜀人，卜筮于成都市，以为卜筮者，贱业而可以惠众。人有邪恶非正之问，则依蓍龟为言利害。与人子言依于孝，与人弟言依于顺，与人臣言依于忠，各因势导之，以善从吾言者已过半矣。裁日阅数人，① 得百钱，足自养，则闭肆下帘，而授老子。② 博览无不通。依老子严周之旨，著书十万余言。③ 扬雄少时从游学，已而仕京师显名，数为朝廷在位贤者，称君平德。杜陵李强素善雄，④ 久之为益州牧，喜谓雄曰：吾真得严君平矣。雄曰："君备礼以待之，彼人可见而不可得诎也。"疆心以为不然，及至蜀，致礼与相见，卒不敢言以为从事，乃叹曰："扬子云诚知人也。"蜀有富人罗冲者，问君平曰："君何以不仕？"君平曰："无以自发。"冲为君平具车马衣粮，君平曰："吾病耳，非不足也。我有余而子不足，奈何以不足奉有余。"冲曰："吾有万金，子无儋石。⑤ 乃云有余，不亦谬乎？"君平曰："不然，吾前宿君家，人定而役未息，昼夜汲汲，未尝有足。今我以卜为业，不下床而钱自至，犹余数百，尘埃厚寸，不知所用。此非我有余而子不足耶？"冲大惭，君平叹曰："益我货者损我神，加我名者杀我身，故不仕。"遂以其业终，享年九十余，蜀人爱敬，至今称焉。《前汉书·王贡两龚鲍传序》《嘉庆四川通志·类说》

○汉严遵座右铭云：夫疾形不能遁影，大音不能掩响。默然托荫则影响无因，常体卑弱则祸患无萌。口舌者祸患之门，灭身之斧；言语者天命之属，形骸之部。出失则患入，言失则亡身。是以圣人当言而果，发言而忧，如赴水火，履危临深，有不得已，当而后言。嗜欲者溃腹之矛，货利者丧身之仇；嫉妒者亡躯之窖，谮佞者割颈之兵；残酷者绝世之殃，陷害者灭嗣之场；淫戏者殚家之堑，嗜酒者穷馁之薮；忠孝者富贵之阶，节俭者不竭之源。吾人之传告后嗣，万世无遗。

○祝穆《方舆胜览》云：龟城水中出金雁，因谓之雁桥也。《锦里耆旧传》曰：严君子宅，卜肆之井犹存，今为严真观，中有支机石。《道教丽验记》云：成都卜肆支机石，即海客携来，自天河所得，织女令问严君平者也。太尉燉煌公好奇尚异，命工人镌取支机石一片，欲为器用，椎琢之际，忽若风臀，坠于石侧，如此者三，公知其灵物，乃已之，至今所刻之迹在焉。复令穿掘其下，则风雷震惊，咫尺昏眩，遂不敢犯。

○《水经注》云：李固与弟圄书曰：昔严夫子尝言经有五，涉其四；州有九，游

---

① 师故曰：裁与才同，阅历也。
② 师古曰：肆者，市也。列所坐之处也。
③ 师古曰：严周，即庄周。
④ 杜陵，在长安南五十里。
⑤ 儋，担平声，贾韵，负荷也。通作担。

其八。

○《华阳国志》云：汉林间，字翁孺，临邛人，善古学。古者天子有辎车之使，自汉兴以来，刘向之徒，但闻其官，不详其职，惟间与君平知之。使考八方之风雅，通九州之异同，主海内之音韵，使人主居高堂知天下风俗也。扬雄闻而师之，因作《方言》。间隐遁，世莫闻也。《广博物志》引《湖广志》云：鸿安丘，成都人，与严君平友善。君平卒，安诔之曰：无营无欲，淡然渊清。

○《茶香室续钞》云：庄君平宋时尚在，蜀八仙中君平列焉。

○明杨慎《升庵集》有蜀八仙云：谯秀《蜀记》载蜀之八仙，首容成公，云即鬼容区，隐于鸿冢，今青城山也。次李耳，生于蜀，今之青羊宫也。三曰董仲舒，亦青城山隐士，非三策之仲舒也。四曰张道陵，今大邑鹤鸣观。五曰庄君平，卜肆在成都。六曰李八百，龙门洞在新都。七曰范长生，在青城山。八曰尔朱先生，在雅州，有手书石刻五经在洞中。

○宋洪迈《夷坚乙志》云：福州有道人，尝于市中见老叟须发如雪，而两脸红润，瞳子深碧，迹其所往，执弟子礼甚谨。凡岁余，邈然无所契。一夕寒甚，叟起将便，旋为捧溺器以进，叟讶其暖，答曰："惧冷气伤先生，寘诸被中耳。"叟大感异，曰："吾乃汉庄君子也，行天下千岁矣，未见有如子者。"取一书授之，曰："读此可得道。"天明叟出，遂不归。其书乃五言诗百篇，皆修身度世之说，李季言纶，颇能诵之，今但记其语云："事业与功名，不值一杯水"，又云："独立秋江水"，三句而已。按庄君平汉人，避明帝讳，故改庄为严耳，使此人自称严君平则伪矣。今自称庄君平，疑其不妄。

○清张潮《幽梦隐》云：严君平以卜讲学者也，孙思邈以医讲学者也，诸葛武侯以出师讲学者也。

○成都府《汉州志·古迹》载：君平卜台，在州东一里，一名卜卦台。宋郭印《卦台记》云：按《益州记》云，汉州雁桥东，有真君卜台，高丈余。又故老相传，州治形势南高而北下，多火灾，真君凿井廛间，上究七星，杓指南方，以厌胜之；则真君之德，阴被广汉尤厚。自昔至今，越千百年，卜台既已隳落，井之应辅星者，堙塞久矣。比岁郡人往往逢灾应，或疑焉。今太守王公，忧民之忧，乃如其说，汰故堙井，于是灾孽不作，民皆安堵。一日过卜台下，顾其陋甚，寻加修筑，绘真君像其上，前临通道，蔽以短垣，盖使邦人无忘真君之德也。既成，嘱某记之。

○《成都县志·古迹》：益州西一里，严君平宅，卜肆之井犹存，今为严真观，喻汝砺游严真观诗云：古木共幽意，长廊亦肃如。于焉步逍遥，亦复散衣裾。尘虑俗已空，道心颇闲舒。不知世人，去此岁几徂。云何有丹砂，尚尔留庭隅。支机亦悠哉，谁后计有无。我知此公意，慨然元鼎初。继之五凤间，斯民毙刀锯。聊欲谢尘网，欷以道自娱。抱独理自会，旷怀遗所居。初非逃世人，而世自我疏。含默念斯理，起我忧患余。

○《邛州志·古迹》：严君子故里，在州东十五里，地名万石坝，《名胜》云万户坝。

○《成都府·崇宁县·陵墓》载：汉严君平墓，县西南二十里。《元和志》云：在唐昌县西南十里。

○《广舆记》云：严君平墓在成都西北八十里之崇宁县。

○清郫县孙锜《瘦石文钞·平乐山馆义学记》云：平乐在崇宁西南一隅，灌木平林，高台佛刹，山田秀错，农屋云连，严君平遗墓在焉。由君子墓道而南五里，为泷口堋。堋东迤，群障交送，有山龙崒，如天马卓立，曰崇冈，则予家入蜀三世祖崇公之墓田也。

○阜按：孙锜《文钞》刊于道光乙未，距今才百余年，其叙述"君平遗墓"云云，较他书为详，堪为景贤谒墓者之指南，故特记之。

○《蜀雅》载费锡璜赠严子诗云：欲就严遵话，闲中负酒过。花君君自种，春早意如何。卷幔青山见，梳头白发多。已忘挂瓢累，时咏采芝歌。

○晋王右军《十七帖》云：严君子，司马相如，扬子云，皆有后否。

○晋左思《蜀都赋》有云：近则江汉炳灵，世载其英；蔚若相如，瞱若君平。王褒韡晔而发秀，扬雄含章而挺生。

○晋皇甫谧《高士传·严遵赞》云：君平卖卜，子云所师。聘文是阐，乃作指归。牧不可屈，钱尝有余。真人淡泊，壹哉匪虚。

○晋张俞《蜀三贤画像赞》云：益州中兴寺，有墨池院，院有前汉扬子云、庄君平、李仲元三贤画像，因各赞之。来者观像读赞，知三贤之道至焉。子云潜真，与圣合神；龙隐其德，凤耀其文。讱法著玄，统贯天人；道德之首，谈称绝伦。渊渊蜀庄，至人之貌；心通蓍龟，言必慈孝。推道衍德，穷神入庙；子云之师，孰洞其妙。仲元何如，貌人心天；出方其隐，默喻于言。道兼夷惠，质妙云渊；屈伸犹龙，物无累焉。

○刘宋鲍照参军咏严君平诗云：君平因世闲，得还守寂寞。闭帘著道德，开卦说天府。

○唐李华赞严君平云：先生冥冥，隐于卜肆。宗师老氏，精究易义。爱衣爱食，止足非利。垂帘燕居，默养真气。诲人不倦，人悦其风。暧昧柔刚，在我域中。心与世远，事与人同。不臣大君，不友上公。在贵友贱，齐明若蒙。辽哉远哉，微妙玄通。弋者何为，仰慕飞鸿。

○唐张九龄送姚评事入蜀，赋得卜肆诗云：蜀严化已久，沈冥空所思。尝闻卖卜处，犹忆下帘时。驱传应经此，怀贤倪问之。归来说往事，历历偶心期。

○岑参卜肆诗云：君平会卖卜，卜肆芜已久。至今杖头钱，时时地上有。不知支机石，还在人间否。

○郑世翼君平古井诗云：严平本高尚，远蹈古人风。卖卜成都市，流名大汉中。旧井改人事，寒泉久不通。年多既罢汲，无禽乃遂空。如何属秋气，惟见落双桐。

○宋吕光弼诗云：卜筮垂帘地，依然门径开。沈冥时已往，思慕客犹来。鸟啄虚詹坏，狐穿古井摧。空余支机石，岁岁长春苔。

○宋郑所南君平像赞云：多是垂帘自养神，仅能了日即安贫。不离忠孝谈玄妙，岂是寻常卖卜人。

○清长洲褚人获学稼《坚瓠补集》载吕洞宾诗云：时当海晏河清日，白鹿闲骑下翠台。本为君平川里去，不妨却到锦屏来。

○清南皮张文襄公诗集云：西蜀严君平，下帘玩道德。襄阳司马徽，善鉴仍守默。褐衣卖卜人，治乱若黑白。抒之不可既，閟之亦自得。士不羞贫贱，有道处岩穴。

○阜景仰君平，拙句有云："扬雄师事蜀君平，教孝劝忠各尽情。真观卜台千古在，罗冲尚义也成名。"阜于丙子春，曾函托成都友人，调查君子遗迹，据覆，今犹有街名君平云。

○清鄞县全祖望《鲒埼亭集外编·读道德指归》云：张南漪语予曰，《道德指归》前有谷神子序，其云严君平，姓庄氏，故称庄子。班史避明帝讳，更之为严。然则篇中所称庄子者，皆君平自称也。故卷首即称庄子曰：老子之作，上经象天，下经象地。其发明宗旨，几二百言。此后每设为问答，必曰何以言之，何以言之，何以效之，或曰敢问，而后以庄子曰答之，盖皆君平自称之言无疑也。阎潜丘乃以为庄周逸篇之文，以补王厚斋之漏，何其牻也。其所引亦不完，南漪之言，覆而笃矣。

汉 扬雄，字子云，成都人，① 世以农桑为业。好学博览，无所不见。口吃不能剧谈，不汲汲于富贵，不戚戚于贫贱，不修廉隅，以徼名当世。家产不过十金，乏无儋石之储，晏如也。年四十余，自蜀来游京师，大司马王音，奇其文雅，召为门下史，荐雄待诏。岁余奏《羽猎赋》，除为郎，给事黄门，卒年七十一。雄少时尝从严君平游学，得其奥旨，是以恬于势利，非其意虽富贵不事，非圣哲之书不好。以为经莫大于《易》，故作《太玄》，摛之三策。② 开之以休咎，絣之以象类；③ 播之以人事，文之以五行，擩之以道德仁义礼知。《传》莫大于《论语》，故又作《法言》，观其解，有"炎炎者灭，隆隆者绝；位极者宗危，自守者身全；知玄知默，守道之极；爱清爱

---

① 一云郫县人，郫县秦置，明清皆属四川成都府，县北五十里，有故郫城。
② 摛，食列切，同揲。
③ 絣，杂也。并也。

静，游神之廷；及高明之家，鬼瞰其室"云云，诚与君平所谓"益我货者损我神，生我名者杀我身"，如出一辙。《前汉书·本传》皇甫谧《高士传》

○唐陆龟蒙《蒙笠泽丛书》云：龟蒙读扬雄所谓书，知《太玄》准《易》，《法言》准《论语》。子云事于西汉末，属莽贤用事，时皆进符命取宠，雄独默默。以贫愁著书，病不得免，人希至其门，止一侯巴从之受《太玄》《法言》而已。

○明张燧《千百年眼》云：扬子云古以比孟荀，紫阳氏著《通鉴纲目》，直书之曰：莽大夫扬雄死，盖举市国之褚渊，历姓之冯道，所未尝加者而加之。不知雄至京，见成帝，年四十余矣。自成帝建始改元，至天凤五年，计五十有二岁，以五十二，合四十余，已近百年，则与所谓年七十一者，又相抵牾矣。又考雄至京，大司马王音奇其文，而音薨永始初年，则雄来必在永始之前无疑，然则谓雄延于莽年者妄也。其云媚莽，妄可知矣。按：雄，郫县人，郫人简公绍常，辨证尤悉。简引《桓谈新语》曰：雄作《甘泉赋》一首，梦肠出，收而内之，明日遂卒；而祠甘泉在永始四年，雄卒永始四年，去莽篡尚远；而剧秦美新，或出于谷子云。然考之《法言》云："汉兴二百一十载，爰自高帝至平帝末，盖其数矣"，而谓雄卒永始，亦未必然。计雄之终，或在平帝末，则其年正七十余矣。因雄历成哀平，故称三世不徙官。若复仕莽，讵止三世哉！由是知雄决无仕莽投阁美新之事，紫阳亦未可为实录也。

○清陈宗起《丁戊笔记》云：汉书扬雄传，据雄自序，谓其先出自周伯侨者，以支庶食采于杨，因氏焉。杨在河汾之间，周衰而杨氏或称侯，曰杨侯。又杨修《答临淄侯笺》称"修家子云"，又云"述衰宗之过言"，或以扬与杨两字，疑是文人牵合之过。今按《班书》于《雄传》称杨雄、杨子、杨子云，及其祖杨季，字皆作木旁昜，惟篇首作手旁昜，盖形近通写之字。《左氏·襄二十九年》，霍阳韩魏，其字正作手旁昜。应劭、杜预，皆以为即平阳杨县，即所谓杨在河汾之间者是也。应氏注《雄传》，引《左传》即作木旁昜，则扬为杨之通用字明矣。汉隶字源载《熊君碑》，称治欧羊尚书，阳羊尚可假借，亦何疑于扬之于扬乎？

后汉 赵典，字仲经，成都人，少笃行隐约，学孔子七经，河图洛书，内外艺术，靡不贯综，受业者百有余人。桓帝时为大鸿胪，迁太常，以谏争违旨，免官。再迁卫尉，公卿表典，笃学博闻，宜备国师，会病卒，谥献。《后汉书·本传》

后汉 杨由，字哀侯，蜀郡成都人，少习《易》，并七政元气、风云占候，为郡文学掾。时有大雀夜集于库楼上，太守廉范以问由，由对曰："此占郡内当有小兵，然不为害。"后二十余日，广柔县蛮夷反，杀伤长吏，郡发库兵击之。又有风吹削哺,太守以问由,由对曰:"方当有荐木实者,其色黄赤。"顷之,五官掾献橘数包。大将军窦宪,从太守索《云气图》,由谏莫与,寻宪受诛。由尝从人饮,敕御者曰:"酒若三行,便宜严驾。"既而趣去,后主人舍有斗相杀者。人请问,何以知之,由曰:"向社中木上有鸠斗,此兵贼之象也。"其言多验,著书十余篇,名曰《其平》,终于家。《后汉书·方术》《嘉庆四川通志·艺术》

蜀汉 张裕,字南和,蜀郡人,明州后部司马,晓占候,具天才,先主欲与曹公争汉中,裕谏曰:"得地而不得民,军必不利。"先主不用裕言,竟遣将吴兰雷铜等,入武都,皆没不还。裕又私语人曰:"岁在庚子,天下当易代,刘氏祚尽矣。主公得益州,九年之后,寅卯之间,当失之。"人密白其言。初先主与刘璋会涪时,① 裕为璋从事,侍坐,其人饶须,先主嘲之曰:"昔吾居涿县,特多毛姓,东西南北,皆诸毛也。涿令称曰:诸毛绕涿居乎?"裕即答曰:"昔有作上党潞长,迁为涿令者,去官还家,时人与书,欲署潞则失涿,欲署涿则失潞,乃署曰潞涿君。"先主无须,故裕以此及之。先生常衔其不逊,加忿其漏言,乃显裕谏争汉中不验,下狱,将诛之。诸葛亮表请其罪,先主答曰:"芳兰生门,不得不锄。"裕遂弃市。后魏氏之立,先主之薨,皆如裕所刻。又晓相术,每举镜视面,自知刑死,未尝不扑之于地也。汉末,邓芝入蜀,未见知,益州从事张裕善相,往从之,裕谓芝曰:"君年过七十,位至大将军封侯。"芝后封阳武亭侯,为大将军二十余年。《三国·蜀志·附周群传》《嘉庆四川通志·艺术》

蜀汉 赵直,善占梦,何祗尝梦井中生菜,以问赵直,直曰:"菜非井中之物,会当移植。然菜字四十下八,君寿恐不过此。"祗笑言得此足矣。祗为犍为太守,年四十八卒,如直所言。建兴十二年甲寅,丞相出北谷口,延为前锋,梦头上生角,以问直,直诈延曰:"麒麟有角而不用,此不战而贼自破之象也。"退而告人曰:"角之为字,刀下用也。头上用刀,其凶甚矣。"秋亮卒,延叛,马岱斩之。《三国·蜀志·杨洪传注》及《魏延传》参《嘉庆四川通志·艺术》

---

① 涪,音浮,水名,今曰涪江。

蜀汉 赵正，精易筮，官都尉，建兴十二年甲寅，杨仪①随诸葛亮出屯谷口，亮卒于敌场，仪既领军还，又诛讨魏延，自以为功勋至大，宜当代亮秉政，呼都尉正，以《周易》筮之，卦得家人，默然不悦。而亮平生密指，以仪性狷狭，意在蒋琬，琬遂为尚书令、益州刺史，仪至拜为中军师，无所统领，从容而已。初仪为先主尚书，琬为尚书郎，后虽俱为丞相参军长史，仪每从行，当其劳剧，自为年官先琬，才能踰之，于是怨愤形于声色，叹咤之音发于五内，时人畏其言语不节，莫敢从也。为后军师费祎往慰省之，仪对祎恨望前后云云，又语祎曰："往者丞相亡没之际，吾若举军以就魏氏，处世宁当落度如此耶？令人追悔不可复及。"祎密表其言，十三年乙卯，废仪为民，徙汉嘉郡。②仪至徙所，复上书诽谤，辞旨急切，遂下郡收仪。仪自杀，其妻子还蜀。《三国·蜀志·杨仪传》《图书集成·艺术典·卜筮部纪事》

晋 星人，乃蜀人知天文者。时习凿齿为荆州刺史，桓温辟为从事，温有大志，特延星人观之，至夜，执其手问曰："国家祚运，修短何如？"答云："世祀方永。"温疑其难言，乃饰辞云："如君言，岂独吾福，乃苍生之幸。然今日之语，自可令尽，必有小小厄运，亦宜说之。"星人曰："太微紫微文昌三宫，气候如此，决无忧虞，至五十年外不论耳。"温不悦，乃止。异日送绢一疋，钱五千文以与之。星人乃驰诣凿齿曰："家在益州，被命远下，今受旨自裁，无由致其骸骨，缘君仁厚，乞为标碣棺木耳。"凿齿间其故，星人曰："赐绢一疋，令仆自裁，惠钱五千，以买棺耳。"凿齿曰："君几误死，君尝闻前知星宿，有不覆之义乎？此以绢戏君，以钱供道中资，是听君去耳。"星人大喜，明便诣温别，温问去意，以凿齿言答，温笑曰："凿齿忧君误死，君定是误活。然徒三十年看儒书，不如一诣习主簿。"《晋书·习凿齿传》《嘉庆四川通志·艺术》

唐 袁天纲，益州成都人，父玑，梁州司仓；祖嵩，周朝历犍为蒲阳蒲江二郡守，车骑将军；曾祖达，梁朝江黄二州刺史，周朝历天水怀仁二郡守。天纲少孤贫，好道艺，精相术，仕隋为资官令。③武德初戊寅，蜀道使

---

① 字威公，襄阳人。
② 汉嘉，故城在今四川安雅县北。
③ 《唐书》资官作盐官。

詹俊，赤牒授火井令。初，天纲以大业元年乙丑至洛阳，与杜淹、王珪、韦挺游，天纲谓淹曰："公兰台成就，学堂宽博，将以文章显，必得纠察之官。"谓珪曰："公三停合度，天地相临，不十年，官五品。"谓挺曰："公面如虎形，交友极诚，必得知己接携，当以武处官。然三君久皆得谴，暂去即还，吾且见之。"淹以侍御史，为天策府兵曹、文学馆学士，珪为太子中允。挺隋末与隐太子友善，荐为左卫率。武德六年癸未，俱以事流巂州。①淹等至益州，见天纲曰："袁公洛邑之言则信矣，未知今后何如？"天纲曰："公等骨法大胜往时，终当俱受荣贵，杜位三品，难与言寿。"王、韦亦三品，后于杜而寿过之，但晚节困，韦尤甚。淹至京，拜御史大夫，检校吏部尚书；王珪寻授侍中，出为同知刺史；韦挺历御史大夫、太常职卿，贬象州刺史，皆如天纲之言。大业末丙子，窦轨客游德阳，尝问天纲，天纲曰："君额上伏犀贯玉枕，辅骨完成，十年且显，其在梁益间耶？"轨后为益州行台仆射，引天纲深礼之，天纲又谓轨曰："赤脉干瞳，语浮面赤，公为将，必多杀，愿深自诫慎。"武德九年丙戌，轨果坐事见召，天纲曰："公毋忧，辅角右畔，光泽可喜，不久必还。"其年果重授益州都督，贞观初丁亥，太宗召见曰："古有君平，朕今得尔何如？"对曰："彼不逢时，臣固胜之。"武后之幼，天纲见其母曰："夫人法生贵子。"及见二子元广、元爽，曰："官三品，保家主也。"见韩国夫人曰："此女亦大贵，然不利其夫。"后最幼，姆抱以见，绐以男，天纲视其步与目，惊曰："龙瞳凤颈，极贵验也。若为女，当作天子。"②贞观八年甲午，帝在九成宫，召见天纲，令视岑文本，曰："学堂莹夷，眉复过目，故文章振天下。首生骨未成，自前而视，法三品。惜肉不称骨，非寿兆也。"文本官至中书令，寻卒。其年侍御史张行成、马周，同问天纲，天纲曰："马君伏犀贯脑，兼有玉枕，背如负物，富贵验也。近古君臣相遇，未有及公者。然面色泽赤，命门晦暗，而耳无根，后骨不隆，寿恐不长。"周后位至中书令，兼吏部尚书，年四十八卒。谓张君曰："公五岳四渎成就，下停丰满，得官虽晚，终居宰辅之地。"行成后至尚书右仆射，其术精类如此。申国公高士廉，尝谓曰："君终作何官？"天纲谢曰：

① 巂，音髓，今四川宁远府境。
② 皁携句有云：天纲远祖胜君平，凤颈龙瞳到眼明。赤脉贯睛诚妄杀，引人入胜化群英。

"仆自知相命,今年夏四月,数将尽矣。"如期果以火山令卒。著有《太乙命诀》《相笏经》《射覆诗》《元成子》等书。新旧《唐书·方技》唐吕道生《定命录·天纲外传》《嘉庆四川通志·艺术》

○宋吴曾能《改斋漫录》云:袁天纲本蜀郡人,隋末于阆州蟠龙山前筑宅居,① 岐阳李淳风事以师礼。二人郊行,见一牛迹,袁曰:"牝而有孕,又左目必伤,当产一犊。"寻问之皆然。未几果产一犊,李曰:"从学久矣,未闻此术。"袁曰:"非术也,牛之有孕,左重牝也,右重牝也。吾视牛迹右足深,必产牡也。惟食右边草,必左目伤也。"李叹曰:"师之术可及,其智不可及也。"孟子谓"大匠能诲人以规矩,不能使人巧",以袁之于李,孟言益可信矣。

○《四川通志·顺庆府·仙释》:唐袁天纲,居凤凰山修炼,丹井尚存。《清一统志》凤凰山作大凤山。

○《光绪浙江通志·仙释》:天纲之师,乃浙江霄溪道士也。

○《清一统志·陵墓》载:袁天纲墓在直隶省顺天府涿州东北浮落冈。

○《夷坚续志》云:袁氏以天纲为祖。《唐书》曰:天纲益州成都人也。温江县西二十里,曰淘霸镇,有井号天纲井,其裔环居井侧。有名芝者,于镇建寺,有异应。费元量、杨徽、胡叔豹,皆蜀贤大夫,为之记载。芝子孙蕃衍,镇莫能容,四世子昌年,遂徙温江。鸿为广文馆生,试中上游县,为立擢秀坊,子孙遂连取名第,自省、大才、大明、大声、伸、午、桂,凡七人,乡举中选者又过倍之。

唐 袁客师,天纲子,亦传其术,为廪牺令。顺庆中,与贾文通同供奉,客师尝度江叩舟而还,左右请故。曰:"舟中人鼻下气皆墨,不可以济。"俄有一男子,跛而负,直就舟,客师曰:"贵人在,吾可以济。"江中风忽起,几覆而免。跛男子乃娄师德也,后位至纳言焉。新旧《唐书·方技》唐吕道生《定命录·天纲外传》《嘉庆四川通志·艺术》

唐 日者,房元龄来买卜,成都日者,笑而掩鼻,曰:"公知名当世,为时贤相,奈无继嗣何?"时遗直已三岁在侧,日者顾指曰:"此儿此儿,是绝房氏者也。"公怅然而退,后皆信然。②《旧唐书·房玄龄传》《嘉庆四川通志·艺术》

---

① 蟠龙山在县东北三里,以形得名。
② 阜按:玄龄殁,有二子,遗直、遗爱。永徽中,遗爱诬告遗直,高宗令长孙无忌鞫其事,因得遗爱谋反之状,遗爱伏诛,遗直除名为庶人,诸子配流岭表,停玄龄配享。

唐 李生者，杜悰门下术士也，悰待之甚厚。① 悰任西川节度使，时马植罢黔南赴阙，道出成都，李见之，谓悰曰："受恩久，思有以效答，今得之矣。黔南马中丞，非常人也。且公将有大祸，非马丞不得救，宜厚遇而结之。"悰悰信其言，植将发，悰以厚币赠之，仍令邸吏为植于阙下买宅，所用之费无阙焉、植至阙，但知感悰，而不知其旨，寻除光禄卿，报状至蜀，悰谓李生曰："贵人至阙也，作光禄勋而已。"生曰："姑待之。"俄进大理卿，又迁刑部侍郎，充盐铁使，悰始惊忧。俄而作相，懿安皇后，宣宗幽崩。② 悰，懿安子婿也。忽一日，内榜子索检，责宰臣元载故事，植谕旨。翌日延英上前，万端营救，植素辩博，能迴上意，事遂寝，悰乃安。其事与窦廷芝、桑道茂差类，故备录之，以见祸福前定，惟深于数者得而知之。《唐书列传·后妃下》《杜悰本传》《古今类事·卜兆门》

唐 彭克明，号彭钉筯，精相术，言事多验，人以其必中，是以有钉筯之名。九陇村民唐氏子，家富，彭谓曰："唐郎即世，不挂一缕。"唐曰："我家粗有田陇，衣食且丰，可能裸露而终哉！"一日江涨，有一兔在水中央，唐谓必致之，乃脱衣，泅水，为波漂没而卒，其他皆类此。《嘉庆四川通志·艺术》

唐 张野人，在蜀，见贵妃杨氏云："当大富贵，何以在此。"或问至三品夫人否？张云不是。一品否？曰：不是。然则皇后耶？曰：亦不是，然贵盛与皇后同。见杨国忠，云："公亦富贵，位当秉天下权势，惟望小心翼翼。"数年后，皆如其言。《太平广记·相类》

前蜀 赵温珪，秦州人，曾祖省躬，通数术，避乱于蜀。温珪善相人，兼精三式，成都谓之赵圣人，官司天少监。永平元年辛未，蜀主与歧交恶，王宗侃请统师前进，温珪谏曰："李茂贞未犯边，诸将贪功深入，粮道阻远，恐非国家之利。"蜀主不听，果有青泥岭之败。武人王晖者，一日遇温珪于朝门，温珪屏人语之曰："君面有杀气，得毋怀兵刃以图人邪？然君自是晚达，三为邵守，一为节制，不宜害人以取殃祸。"晖大骇，探怀出匕首掷地，

---

① 杜悰，祖祐，父式方，悰后为相，未尝荐士，不如祐之素风。
② 懿安皇后郭氏，乃宪宗东宫元妃，事顺宗为妇，历五朝，母天下。宣宗立，而母郑氏，故侍儿，有曩怨。帝奉养礼稍薄，后郁郁不聊，与一二侍人登勤政楼，将自陨，左右共持之，帝闻不喜，是夕后暴崩。

泣曰："晖为此子所挤，今日不胜其愤，欲刺杀之，便尔引决，不期逢公为开释，请从此止。"拜谢而退，晖寻为刺史，迁秦州节度，一如温珪之言。

后蜀 周仲明，居成都，以术数擅名。明德元年甲午，孟蜀先生病且危，司空赵季良，召仲明，问蜀主寿几何，对曰："合为真主，食蜀中二十年。既登九五，于寿无益。"季良曰："可为金縢乎？"① 曰："此天数也，非人力可为。"季良又问，国祚修短，仲明曰："二纪外，有真人出，天下一统。"其言后皆验。

宋 费孝先，蜀人，善轨革，② 世皆知名。有贾人王旻，因殖货之成都，③ 求为卜筮，孝先曰："教住莫住，教洗莫洗。一石谷，捣得三斗米。遇明即活，遇暗即死。"再三戒之，令诵此数言足矣，旻志之。及行，涂中遇大雨，憩一屋下，路人盈塞，乃思曰："教住莫住，得非此耶？"遂冒雨行，未几屋圮，独得免焉。旻之妻，已私邻，比欲讲终身之好，俟旋归，将致毒谋，既至，妻约其私人曰："今夕新沐者乃夫也。"日欲晡，呼旻洗沐，重易巾栉。旻悟曰："教洗莫洗，得非此耶？"坚不从，妇怒，自沐，昏夜反被害，既觉惊，邻里共视，皆罔测其由，遂被囚系拷讯，狱就，不能置辩，郡守录状，旻泣言："死即死耳，但孝先所言，终无验。"左右以是语达郡守，守呼旻，问曰："汝比邻，何人也？"曰："康七。"遂遣人捕至，一讯而服，旻得脱囹圄，僚佐问故，守曰："一石谷，捣得三斗米，非康七乎？"由是辩雪，所谓遇明即活也。以上《嘉庆四川通志·艺术》

〇宋高文虎《蓼花洲闲录》云：四川费孝先，善轨革，世皆知名。然轨革之术，初作始于费氏。《宋史·艺文志·五行类》，有《轨革秘宝》一卷，《轨革指迷照胆诀》一卷，又蓍龟类有《易通子》、《周易蓍蒙》《璇玑轨革》一卷，《轨革金庭玉鉴》七卷，《轨革传道录》一卷，则知轨革之术，由来久矣。以上高氏说。清德清俞樾《茶香室三钞》按：余尝谓轨革之术，即《易纬稽览图》，推轨推析之遗。观《易通子》《周易蓍蒙》《璇玑轨革》，益信矣。蓍，即析也。

宋 崔尊师，名无斁。④ 王氏据蜀，由江夏而来，托以聋瞶，诚有道之

---

① 縢，音腾，缄也。金縢谓缄之以金也。
② 取年月日时成卦，谓之轨。
③ 旻，闵平声，秋为旻天。
④ 斁，音亦败坏也。

士也。每观人书字,而知其休咎,能察隐伏逃亡,山藏地秘,生期死限,千里之外,骨肉安否,未尝遗策。时朝贤士庶,奉之如神明。龙兴观道士唐洞卿,令童子以器藏萝卜,送杜天师光庭,值崔在院门坐,遂乞射覆。崔令童子于地上划一个字,童子划一"此"字,崔曰:"萝卜耳。"童子送回,拾一片损梳,置于器中,再乞射覆,崔曰:"划字于地。"童子指前来此字,崔曰:"梳尔。"洞卿怪童子来迟,童子具以崔射覆为对。洞卿久知崔有道,令童子握空拳,再指此字,崔曰:"空拳耳。"洞卿亲诣崔云:"一字而射覆者三,皆不同,非有道讵能及此?"崔曰:"皆是童子先言,非老夫能知尔。此字象萝卜,亦象梳,亦象空拳,何有道耶?"崔相字,托意指事,皆如此类。

宋江夏黄休复《茅亭客话》

宋 谢石,字润夫,成都人,宣和间,至京师,以相字言人祸福。求相者但随意书一字,即就其字离拆而言,无不奇中,名闻九重。上皇因书一"朝"字,令中贵人持往试之,石见字,即端视中贵人曰:"此非观察所书也。石据字而言,今日遭遇,即因此字;黥配远行,亦此字也。但未敢遽言之耳。"中贵人愕然,且谓之曰:"但有所据,尽言无惧也。"石以手加额曰:"朝字离之为十月十日字,非此月此日所生之天人,当谁书也。"一座尽惊,中贵驰奏,翌日召至后苑,令左右及宫嫔书字示之,皆据字论说祸福,俱有精理,锡赉甚厚,并补授承信郎。缘此四方求相者,其门如市。有朝士其室怀妊过月,手书一"也"字,令其夫持问于石,是日座客甚众,石详视之,谓朝士曰:"此阁中所书否?"曰:"何以言之?"曰:"也语助辞,因知是公内助所书。尊阁盛年三十一否?"曰:"是也。以也字上为三十,下为一字也。然君官于此,当力谋迁动,而不可得否?"曰:"正以此挠耳,盖'也'著水则为池,有马则为驰,今池边无水,陆驰无马,安可动也?又尊阁父母兄弟亲人,当无一存者,以'也'字著人则是他字,今独见也字,而不见人,故也。又尊阁其家物产,亦荡尽否?以'也'著土则为地字,今又不见土也。"朝士曰:"诚如所言,但此皆非所问者。今贱室以怀妊过月,方窃忧之,所以问耳。"石曰:"是必十三个月也。以'也'字中有十字,并两旁二竖,下一画,为十三也。"石熟视朝士曰:"有一事似涉奇怪,固欲不言,则君所问正决此事,可尽言否。"朝士因请其说,石曰:"'也'字著虫,则为虵字。① 今尊阁所姓，殆虵妖也。石亦有薄术可为，以药验之无苦也。"朝士大异其说，因请至家，以药投之，果下虵百数而体平，都人益神之，而不知其究挟何术也。秦桧当国时，高宗书一"春"字命测之，其上半体墨重，石奏曰："秦头太重，压日无光。"桧闻而衔之，中以危法，编管远州，道遇一老人于山下，亦善测字，石就之，书一"谢"字求测，老人曰："子于寸言之中立身，术士也。"举掌令更书，以卜所终，石书一"石"字，老人曰："凶哉，石遇皮必破，遇卒必碎矣。"时押石之卒在傍，而书字在掌中，故云，石大叹服，请老人作字，测为何如人，老人曰："即以我为字可也。"石曰："夫人而立山傍，子殆仙哉！"乃下拜，愿执弟子礼，请益，曰："吾术似无减先生，乃先生裒然仙矣。而兹吾不免尘网，何也？"老人曰："子以字为字，吾以身为字也。"《嘉庆四川通志·艺术》

宋　杨艮，蜀人，善议命，游东南公卿间，言颇不碌碌，其得失多以五行为主，不深信珞琭诸书。时韩平原侂胄得君权，震天下，艮曰："是不能令终，夫年壬申金也。且曰剑锋，不复畏他火，惟丙寅能制之。盖干支纳音俱为火，而履于木，木实生火，凡人生时主末，今乃遇之，兆已成矣。且其月辛亥，其日巳巳，四孟全备，二气交战，虽以致大受之福，亦以挺冲击之灾，年运于卯，火为沐浴，气微而败，灰烬镕竭，不能支矣。然受物也大，非尽其用弗可，一阳将萌，亶其时乎？"② 既而艮言大验，乃叹其神。宋岳珂《桯史》《嘉庆四川通志·艺术》

宋　郭从周，西川人，精于卜筮，何龙图中立，初登第，特备缣素求之，从周诗以赠之云："三字从来月正圆，一麾从此出秦阙。钱塘春色浓如酒，贪醉花间卧不还。"公后八月十五日，改知制诰，以言边事，出知秦州，移之杭，乃捐馆。何郭君卜筮之明若此？抑亦以前定而知之也。《古今类事·卜兆门》《同治成都县志·艺术》

宋　郭长孺，成都人，风致闲逸，遇人无贵贱，悉礼下之。然挺拔不倚，终日剧谈无戏语。惟好书，丹铅点勘不去手，自经史诸子，浮屠黄老，阴阳医卜之术，皆究其妙。有《易解》、《书解》、《道德经解》、《蔬食诸歌》、

---

① 虵，蛇俗字，见广韵。
② 亶，旦上声，信也。

诗、杂文等书，又作《孝行图》《高逸图》《阴阳杂证图》，各为论述焉。《同治成都县志·高士》

宋 张岩电，施药说相，不受人一钱，乃自称姓钱，以滑稽玩世。忽来告放翁，言将西入蜀，乃书以遗之。他日到青城、大峨、雾中、鹄鸣诸名山，见孙思邈、朱桃椎、张四郎、尔朱先生、姚小太尉、谯天授、尹先觉辈，有问放翁安否者，可出此卷，相与一笑。宋陆游《渭南文集》

宋 胡广，蜀中士人也，善相术。韩魏公琦父谏议大夫国华，尝仕于蜀，广见国华而奇之，曰："是必生贵子，请纳女焉。"后国华出守泉州，祥符元年戊申岁七月二日，生魏公于泉州。州宅仆与韩氏交游，尝见谏议胡夫人画像皆奇伟，宜其生贵子也。世言魏公世居河朔，故其状貌奇伟，而有厚重之德，然生于泉州，故为人亦微任术数，深不可测，有闽之风，皆其土风然也。闻者以为然。宋马永卿《懒真子》

宋 范思齐，成都人，精相人术，将有全州之行。杨文节公万里，以诗赠之云："两脚那解上金銮，两手只合把钓竿。比身管乐儿时态，已翻九河洗我肝。范生来自浣花里，眼中之人定谁贵。百炼未必贤绕指，贵人正要老于事。斜风细雨又春休，落花啼鸟总春愁。试问谈间立封侯，何如百钱挂杖头。"《宋杨诚斋集·赠蜀中相士范思齐》

宋 杜需，别号簑衣道人，善风鉴，判吉凶如响斯应。杨诚斋万里赠以诗云："与子生疏有底仇，谈闲容易说封侯。病身更遣冰山倚，野鹤孤云也替愁。坐来小歇过眉拄，客里那能满眼酬。肯脱簑衣藉依作，鸥边雨外且江湖。"《诚斋集·赠相士簑衣道人》

宋 吴山人，谈星辰，决人祸福。杨文节公送其诗云："牙筹入手风前快，玉李行天镜里看。紫闼青规吾不梦，子言欲试故应难。"然杨公后以宝文阁待制致仕，进宝谟阁学士，终应吴山人之言。《诚斋集·送谈星辰吴山人》

宋 瀛洲先生，谈命郡城，士大夫多信仰之。元举叔，亦往就教，赠诗有云："谁遣谈天太逼真，取憎造物得辞贫。不妨小隐君平肆，戏与人间阅贵人。"《诚斋集·送瀛洲先生谈命》

宋 陈纯，成都人，明太素脉，知人吉凶。魏了翁赠序有云："察脉以知吉凶，则于人之血气经络，往来消息之度而得之，较诸他术，最为切近。如医缓，识二竖子，犹是易事；至医和，遂能以君之疾，知而觇其臣若社稷，况一生之近者乎？陈生挟此以游诸公间，数有奇中，其术不为不精矣。今自遂而归成都也，① 书此以勉之。"《鹤山全集·赠太素陈纯序》

元 易镜，西蜀人，撰《寸金易鉴》，后有洪武十七年甲子跋语，称其书为日者松山，得异人所授，世传类多舛讹。此本乃杨谦德补注，发明不少。书中以月令为提纲，案其四柱之五行，配其阴阳，取为用神，分官财印杀食神伤官六格，察其生旺死绝，定其强弱贵贱，说理颇明，在术家为平正通达之本也。《四库·子部·术数类·存目二》

明 张汉卿，四川人，精于紫微数，游京师，推人休咎辄奇中，夏阁老尤重之。时礼部侍郎缺，吏部推翰林余姚谢公丕、石首张公璧，夏问二公谁有点，对曰："皆有点。五日后旨下，当自见。"夏公笑曰："焉有是事！"果如期得旨，谢升礼部侍郎，张升太常卿，仍兼学士，各转一官，若皆有点云。遂宁席公春，以礼侍转少宰，汉卿谓人曰："不出两旬，席必去位。"既而与汪冢宰鋐有隙，为其劾奏免归，才十八日也。费铅山赴召，复登首揆，李任丘位其次，从张叩之，云："三月阁老，岂久压公者耶。"费一夕暴卒，计入阁至死，九十有一日耳。夏每问征兰之期，汉卿依违而已，私语人曰："身且不保，奚啻无儿？"后果遭戮。明陆延枝《说听》

清 刘天文，应都人，字全真，精于堪舆，为人觅地，价逾五十金，即不买，安葬后，不计谢赀。家极贫，然不趋势利，不为夸大之语以惊人，而所葬之地，卒无有议其非者。《同治成都县志·艺术》

清 王华国，字珍羽，灌邑人，性至孝，有远识。虽贫，不废学，兼习阴阳家言，从不以风水之说惑人，且隐助其贫不能葬者。尝拾遗金，仍返其人。曾有贫窭欲轻生者，劝解而周恤之。晚年笃于行谊，为善益力。年三十丧偶，即不娶。子盖臣，前泸州训导候选知县，入籍成都。孙乃斌，安徽同知。曾孙求炘，候选教谕。《同治成都县志·流寓》

---

① 遂，即今四川遂宁县。

332 雒县

汉置，明省，即今四川广汉县治。

汉 翟酺，字子超，四世传诗，好《老子》，尤善图纬天文历算，以报舅仇，当徙日南亡于交安，为卜相工，后牧羊凉州。遇赦还，征拜议郎，迁侍中，试策第一，拜尚书。时安帝任用列戚，酺上疏谏，宠臣咸畏恶之，出为酒泉太守，击斩叛羌，威名大震，迁京兆尹。顺帝即位，迁将作大匠，损省经用，岁息四五千万，屡因灾异，多所匡正；又因酺言，更起太学，开拓房室，学者为酺立碑。著《授神钩命解诂》十二篇。《后汉书·列传》

汉 折像，字伯式，广汉雒人也。其先张江者，封折侯，曾孙国，为郁林太守，徙广汉，因封氏焉。国生像，国有赀财二亿，家僮八百人；像幼有仁心，不杀昆虫，不折萌芽，能通京氏易，好黄老言。及国卒，感多藏厚亡之义，乃散金帛资产，周施亲疏。或谏像曰："君三男两女，孙息盈前，当增益产业，何为坐致殚竭乎？"像曰："昔斗子文有言，我乃逃祸，非避富也。吾门户殖财日久，盈满之咎，道家所忌。今世将衰，子又不才，不仁而富，谓之不幸；墙隙而高，其崩必疾也。"智者闻之咸服焉。自知亡日，召宾客九族饮食辞诀，忽然而终，时年八十四，家无余资，诸子衰劣如其言云。《后汉书·方术传》

333 崇庆州

汉置江原县，晋于县置晋原郡，南朝梁改江源郡，北周废郡，改县曰晋原，唐于县置蜀州，改唐安郡，宋曰蜀州唐安郡，元曰崇庆州，明初省晋原县入州，属四川成都府，清因之，民国改县。

清 汪文经，字建封，灌县庠生，徙居县北味江，弃举子业，专攻天文地舆数学，颇娴推步。知州柴作舟重之，丁艰回黔江，约文经往游相度山川形势，往返数千里。《民国崇庆县志·流寓》

334　什邡县

汉置，高帝封雍齿为什防侯，[①] 即此。故城在今四川什邡县南，俗呼雍齿城，周改曰方亭，寻省。唐复置，移今治，明清皆属四川成都府。

清　陶世熙，明末入贡，熟于《春秋》，好日者家言。崇祯甲申，献忠寇蜀，逃遵义，后遇一海兵，授以星盘图，遂精奇门，多奇中。居十二年归，李廉、杨藩，会执经受《春秋》业，尝语人曰："陶先生学问宏博，克应奇门，特土苴耳。"先生没，术亦无传。《嘉庆什邡县志·方技》

335　双流县

汉广都县地，隋改置双流县，唐复分置广都县，元省广都入双流，明因之。清并入新津，寻复置，属四川成都府。左思《蜀都赋》"带二川之双流"，县名以此。

宋　章登，[②] 字隐之，双流人。博通经学，尤长《易》《太玄》，著《发隐》三篇，明用蓍索易之法，知以数寓道之用，三摹九据，始终之变。蜀守以逸民荐，命为州助教，不就。嘉祐中，赐号冲退居士，后益以道自裕，尊生养气，忧喜是非，一不以挠其心形，年七十六卒。王素为州，更其所居曰"处士里"，曰"通儒坊"。子禩，亦好古学，世有隐德。《清一统志·四川省·成都府·人物·逸民传》

336　新都县

汉置，隋改曰兴乐，寻省。唐复置新都县，明清皆四川成都府。县东有故城，盖汉时旧治。

---

① 什音十。
② 《清一统志》登，作誉。

后汉 杨统，字仲统，广汉新都人。父春卿，善图谶学，临命戒子统曰："吾绨袭中，有先祖所传秘记，[1] 为汉家用，尔其修之。"统感父遗言，服阕，辞家，从犍为周循，学习先法；又就同郡郑伯山，受河洛及天文推步之术。建初中，为彭城令，一州大旱，统推阴阳消伏，县界蒙泽。太守宗湛，使统为郡求雨，亦即降澍。自是朝廷灾异，多以访之。统作《家法章句》及《内谶解说》，位至光禄大夫，为国三老，年九十卒。《后汉书·附杨厚传》《嘉志庆四川通志·艺术》

后汉 杨厚，字仲桓，统子。厚母与前妻子不相安，厚年九岁，托疾不言不食，母知其旨，瞿然改意，恩养加笃。厚少学统业，精力思述，安帝永初二年戊申，厚随统在京师，邓太后使中常侍承制问以时政，除为中郎，寻免归。顺帝时，特诏征厚，因陈蠲法改宪之道，及消伏灾异，凡五事，制书褒美，拜议郎，三迁为侍中。时大将军梁冀，威权倾朝，以车马珍玩遗厚，欲与相见，厚不答，称病归家，屡征不就，修养黄老，教授门生，上名录者三千，年八十二卒。《后汉书·本传》《清一统志·四川省·成都府·人物》

清 杨凤庭，字瑞虞，号西山，幼负奇姿，读书过目不忘。六岁就塾，端谨如成人，爱玩周子《太极图说》，于阴阳化生万物之旨，一一皆如夙悟。乾隆丙辰举于乡，丁巳会试不第，奋志研经，并究天文地理、医卜星象、奇门遁甲诸书，为之穷源溯委，以晰其阃奥。精岐黄术，与人治病，应手辄愈。黄廷桂任川督时，极为推重，始列荐剡，[2] 力辞乃止。晚年习静，喜谈玄，著有《易经解》、《道德经注》、医学诸书。卜地青城山中，年七十余卒，学者称西山先生。《民国新都县志·人物》

337 温江县

汉郫县与江原县地，西魏分置温江县，隋省，改置万春县，寻又省。唐复置万春县，改曰温江，明清皆属四川成都府。

---

[1] 袭，音秩，与帙同，书函也。
[2] 剡，炎上声，锐利也。

唐 张道古，临淄人，① 少有文词，慕朱云、梅福之节。景福中，举进士，释褐为著作郎，进右拾遗，上疏言五危二乱七事，责授施州司户参军。未几，以补阙征，由蜀赴阙。陈田之变，乃变姓名卖卜于温江，王建闻其名，奏为节度判官。又上建诗，序二乱五危七事，为同寮所嫉，送茂州安置。开国召为武部郎中，至玉垒关，谓所亲曰："吾唐室谏臣，终不能拳跼与鸡犬同食。今虽召还，必须再贬于此。死之日，葬吾于关东不毛之地，题曰'唐左补阙张道古墓'。"至蜀，果不为时所容，复贬茂州，卒于路，有《易》数卷行世。《嘉庆四川通志·流寓》

〇阜按：张道古既于景福中举进士，其为唐人可知，《通志》载作宋人，非是。何光远《鉴戒录》云：及太祖登极，后梁朱晃，每思其贤，② 遣使召之，屡征不起，复上疏，词旨非是，帝遂诛之，瘗于五墓之地。郑云叟在华山闻之，吟诗哭曰：曾陈章疏忤昭皇，扑落西南事可伤。岂使谏臣终屈辱，直疑天道恶忠良。生前卖卜居三蜀，死后驰名遍大唐。谁是乱来修史者，说君须到笔头忙。又西岳僧贯休哭之曰：清河游水太忽忽，东观无人失至公。天上君恩三载隔，镜中鸾影一时空。③ 尘生苦雾苍茫外，门掩诸孤寂寞中。惆怅斯人又如此，一声羌笛满江风。

338　新繁县

汉置繁县，北周改新繁，隋省，唐复置，明清皆属四川成都府。

清 吴继先，新繁人，通阴阳占验之学。年七十余，容色不衰，须长五尺许，都统永公传见，嗟异，给履袜归。《同治新繁县志·方技》

339　郫县

秦置，明清皆属四川成都府，县北有故郫城，《华阳国志》云：秦张仪与张若城郫城。

---

① 临淄县，明清皆属山东青州府，胶济铁路经之。
② 贤谓道古也。
③ 妻亦寻卒。

清 郭卜，郫东里檬子园人，五世以筮传，卜与兄纶，尤神异。纶曰："异人岂可共处一隅，乃徒宇重庆。"乡邻童子有病者，无他苦，惟时狂发，则冯水就其深不濡，缘木凌其杪不坠，入戏园则陟而趾人肩，搏之转踵他肩，观场者哄而骇，益跃然，转不已，百治不效。一日往问卜，卜曰："是腰有骨如璧，乃上世墟墓间神物，去当无恙。"执而索之，有佩如象环焉。自是愈，卜名噪甚。会邑有重囚逸，捕弗能得，限逾，令当免，邀卜入问，卜灼龟讫，曰："某术浅，不足以知之。官遣干役至渝，问卜兄纶，且有验。"令以其谬，遣出，然无可谋者，不得已如所戒，及役至渝，日已暝，趋往问纶，纶曰："若以吾弟之命来问卜乎？卜不宜夕，诘朝其可耳。"役宿寓，展转不能寐，黎明即往候纶，纶出曰："予尚未沐也，若可暂至朝天门外，[①] 路南酒家，有少女当鑪者，酒甘美，卯饮来，予为汝卜。"再问，纶色然怒，乃之酒家，果有少女，方涤器，男子㸑煤于煺，役入，男子扬目视，骇而起，役遽前搏执之。盖囚前逸至渝，变姓易名，娶人嫠妇，并有其女，列肆行沽，已三年矣。遂以囚归，卜神异类如此。蜀郫孙锓《瘦石文钞·郭卜与其兄纶传》

340 彭县

汉晋繁县地，南朝宋置南晋寿郡，及晋寿县，梁置东益州，北周废州改郡县，俱曰九陇，隋废郡，唐置彭州，改蒙阳郡，寻复曰彭州。元省九陇县入州，明初降州为县，属四川成都府，清并入新繁县，寻复置。

后唐 安法尚，道士，善相。时有彭门范禹偁，少不检，以飞走为事。法尚访之，曰："子国家名器也，何不读书以取禄位？须是改易姓名，必及第焉。候至戌年，后归本姓，善自保爱。"范感其言，因入丹景山读书，乃改姓张，旧名锷，改禹偁。时蜀无科场，遂赍书入洛。长兴二年辛卯，于考功卢华下及第，归蜀，授监察御史。果于戌年复归旧姓，上蜀丞相状云："昔遇至人，令易本姓，往年金榜，徒误张禄之名；今日玉除，元是范增之裔。"禹偁后终于翰林学士。《古今类事·相兆门》引《该闻录》

---

① 渝城南门。

宋 丁文泰，彭门人，[1] 司天春官正，精陶隐居三命，言灾福多验。李虞部畋，[2] 景祐二年乙亥，赴南省试，访询之，丁曰："子之命，金水正在高强，金水必主文学，然凡五星虽得位，以时占之，则有顺有伏有逆。子之命，水在日前为伏，但有声无实，若顺则有科名也。"畋问："逆又何如？"曰："虽在宫分得力，而多患难。"又谓畋曰："子虽无科名，而官至五品，寿仅百年。"畋后南省试，《天得一以清赋》，破题云："冲者道之用也，气者一之本焉。一既生于无体，清亦出于先天。"是年过省，至御前试，后切闻复考官，将畋家状，与彼亲之家状，互黏于卷上，[3] 彼亲寻及第一，命授职官卒。畋今员外郎致仕，爵上护军，年已耄期矣。丁生之言，何神验如是。《古今类事·卜兆门》

清 赵廷栋，字玉材，直隶磁州人，精堪舆之术。乾隆四十二年丁酉，官四川天全州州判，会丁母忧，养疴避喧于彭。邑令谢生晋，延请详阅县治，改修衙署，移南城门，开小北门。先是彭邑数科无中式者，迨改造毕，顿见科第联翩，[4] 岂风水之说信欤！乾隆丙午，著有《阳宅三要》《地理五诀》二书。《嘉庆彭县志·艺术》《光绪河北广平府志·艺术》

341 绵州

西魏置潼州巴西郡，隋初废郡，改潼州曰绵州，后为金山郡。唐复曰绵州，改为巴西郡，后复为绵州，宋元明仍之。清乾隆三十五年，移州治于罗江县，寻复旧，直隶四川省，民国又改绵州为绵阳县。城滨涪江西岸，为水陆之冲，自剑阁而南至此，地势始平。

清 马茂才，乾腜子。[5] 孝泉人，庠生，精京房易占卜奇验，人以半仙称之。《同治绵州志·方技》

---

[1] 在四川彭县西北。
[2] 畋，音田，治田也。
[3] 其年未有弥封之制。
[4] 翩，音篇，翩翩，鸟飞轻疾之貌。
[5] 腜，音损，阮韵。

清 何馥堂，清儒士，隐于卜，居绵彰接壤之苏溪沟，人莫能知。光绪中，彰明狱系一囚，法当斩，典守者不慎，其囚越狱潜逃。县令张协曾延何于署，使卜之，何曰："使君勿忧，七日内其囚必获。"后果验。

清 姜高，教谕新伯子，庠生，习堪舆，精选择。嘉庆五年庚申，修复州城，度基址，定方位，悉以委生；旁及庙坛衙署诸兴作，相宅稽疑，始终其事。刺史刘慕陉，甚礼敬之。

清 谈德政，字子惠，三台人，善风鉴，尤善书法，性恬淡，不慕荣利。酷嗜酒，醉后辄肆讥弹，不为里党所容，遂迁于绵，顿改前辙，性复和蔼，里党之卜宅兆求文联者，日踵其门，所获润赀，毫不存储。居数十年，家徒四壁，卒后，里人助赀厚葬之。以上《民国绵阳县志·方技》

342 德阳县

汉置绵竹县，北周废，唐改置德阳县，元升为德州，清属四川绵州。

清 马元榜，德阳诸生，精京房易，有奇验。乾隆戊寅三月朔，张沛霖家失一牛，卜曰："牛乃走失，非被窃也。越五日，向东行于板桥头候之。见有持伞妇，与其夫同行，后随一犬，由板桥渡河而北者，汝急询其妇，有内戚王监生者，至其家问之，牛可得也。"张如其说，往候之，果有持伞夫妇，犬随之而来，遂蹑之，问内戚王监生，妇答曰："沿河行，约二里即是也。"张往谒，备述所以，王诧曰："牛未见也，何前验而后不验也？"怃然而返，数日，王使人来曰："吾有田畴在中江，今佃人来告，陇畔得一牛。"试往视之，果已所失牛也，佃遂归之。《嘉庆四川通志·艺术》

343 绵竹县

汉置，北周废，故城在今四川德阳县北，《清一统志》云："自古为由涪入成都，必经之要道。"又为涪江所经，当在今绵州德阳之间。隋改雒县为绵竹，后又改晋熙为绵竹，皆非故地也。清属四川绵州。

后汉 董扶，字茂安，绵竹人，少游太学，与任安齐名，俱事同郡杨厚学图谶。前后宰府十辟，公车三征，再举贤良方正，博士有道，皆称疾不就。灵帝时，大将军何进荐扶，征拜侍中，甚见器重。扶私谓太常刘焉曰："京师将乱，益州分野，有天子气。"焉信之，遂求为益州牧，扶亦为蜀郡属国都尉，相与入蜀。后一岁，帝崩，天下大乱，乃去官还家，年八十二卒。后刘备称天子于蜀，皆如扶言。蜀丞相诸葛亮，问广汉秦宓、董扶及任安所长，宓曰："董扶褒秋毫之善，贬纤介之恶；任安记人之善，忘人之过"云。《后汉书·方术》《嘉庆四川通志·艺术》

后汉 任安，字定祖，绵竹人，少游太学，受《孟氏易》，兼通数经，又从同郡杨厚学图纬，究极其术，时人称曰："欲知仲桓问任安"，又曰："居今行古任定祖"。学终，还家教授，诸生自远而至。初仕州郡，后太尉再辟，除博士，公车征，皆称疾不就。年七十九，建安七年壬午卒于家。《后汉书·儒林》

宋 甘节，绵竹县人，精于数，言无不中。常恐荐人于台，每见人辄以乡音接之。贼乱，雷太尉召使随军，一日忽言曰："太尉少避，有贼出。"雷走避良久，贼果自地道出，微节言，几不免。《嘉庆四川通志·艺术》

宋 张煦，字辅旸，开封人，能明术数，善相宅，时称其精妙。天禧三年己未，拜西上阁门使，徙并代黔辖，以老疾，求近郡，得知磁州。四年卒，年七十三。《宋史·列传》《嘉庆四川通志·艺术》

宋 张栻，字敬夫，一字乐斋，绵竹人，迁居衡阳，丞相浚子也。颖悟夙成，浚爱之，自幼学所教，莫非仁义忠孝之实。长师胡宏，宏一见即以孔门论仁爱亲切之旨告之，栻退而思，若有得焉。宏称之曰："圣门有人矣。"栻益自奋厉，以古圣贤自期，累官吏部侍郎，右文殿修撰。卒时，年四十有八，谥宣公，学者称南轩先生，著有《南轩易说》等书。《宋史·道学》

○《太平清话》云：张南轩知星命，乃判朱晦翁"官多禄少"四字，晦翁点首云："老汉生平辞官文字甚多。"

清 张易微，字润生，幼贫孤，为寺僧写经，恒终夜读，潜心易学。后弃书佣，卖卜东郊，多奇验，然颇借卜筮，警劝人善恶。罗江计恬尝称之，著有《卜余偶钞》。

清 王大鹏，邑北箔箕滩人，业星命堪舆。咸丰庚申，李逆迹得之，问有帝王命否，鹏曰："帝王自有真，贼胡可望？"又嘱与死者求葬地，鹏曰："贼也，何葬为？"遂遇害。以上《民国绵竹县志·人物》

344　梓潼县

汉置，以县东倚梓林，西枕潼水，为名。西魏移县于梓橦郡南三十里，改为安寿县，隋移县复旧治，犹以安寿为名，寻还名梓潼，清属四川绵州。

后汉　景鸾，字汉伯，梓潼人，少随师学，涉七州之地，能理《齐诗》《施氏易》，兼受河洛图纬。作《易说》及《诗解》文句，兼取河洛，以类相从，名为《交集》。又撰《礼内外记》，号曰《礼略》。又抄风角杂书，列其占验，作《兴道》一篇，及作《月令章句》，所著述五十余万言，数上书陈救灾变之术。州郡辟命不就，以寿终。《后汉书·儒林》

345　江津县

汉江州县地，西魏分置江阳县，隋改曰江津，以江之津为名。故治在今江津县西南，宋徙今治，明清皆属四川重庆府。

元　邹公敢，江津人，博学，通天文。元末，与赵天泽、刘伯温友善，每观天象，三人共长叹。及伯温佐命，公敢南归，易名公瑾，居真州，号保全居士，晚号知命翁，有《保全》《知命》二集。《嘉庆四川通志·隐逸》

346　永川县

本唐壁山县地，唐分置永川县，元省入大足，明复置，属四川重庆府，清因之。

清　周景衡，宿儒，精青乌术，相地吉凶不爽。耄年撰《地理集成》三卷，以授生徒，今多传其术者。

清　李琼芳，增生，精习堪舆，通天星六壬奇门遁甲诸书，多著奇验。

清　周凤仪，幼业儒，厄于进取，遂笃志堪舆，汇诸家说，折衷一是。足迹所至，即一丘一壑，靡不得其真趣，远近求卜地者，日应接不暇。年八十，犹能健步穷幽。

清　李继香，积学未遇，精堪舆。同治初，元邑修衙署，定方位，及选年月日时，悉出其手，舆论翕然，盖天文历象诸书独得秘旨故也。以上《光绪

永川县志·技艺》

347　南川县

周隋巴县地，唐分置隆化县，改曰宾化，宋初复曰降化，元改置南川县，明清皆属四川重庆府。

清　金大煜，綦江人，尝在万盛场演禽课法，以竹签二十八根书二十八宿名；以一签书甲子，又以多数纸卷，各书一字，令人各拈其一，以占所欲问之事，无不应验。其术传自石蕴斋，蕴斋得自某，其人先在石达开军中，卜石当败，逃出。《民国南川县志·占验》

348　璧山县

汉江州县地，隋为江津巴二县，唐分置璧山县，宋因之，元省入巴县，明复置，清属四川重庆府。

明　金道人，字凤彩，号阳纯，楚黄人，本姓张，名经一。乾隆间，来游于蜀，寓璧邑侬里李姓家，遂馆焉。形质古朴，淹通经史，学者多从之游。尤精于数，人有以吉凶祸福询者悉验，年九十六卒。《同治璧山县志·流寓》

中国历代卜人传卷二十

四川省二

349 涪州

战国楚枳邑，汉置枳县，隋改曰涪陵县，唐于县置涪州，寻曰涪陵郡，宋曰涪州涪陵郡，元以州治涪陵县，省入，明属四川重庆府，清因之，民国改州为涪陵县。①

宋 谯定，字天授，涪陵人，学《易》于郭曩氏。郭曩氏世家南平，②始祖在汉，为君平师，世传易学，盖象数之学也。定闻程颐讲《易》于洛，往学焉，遂得闻精义而归。初颐与兄颢，依父珦，③宦游成都，见治篾箍桶者挟册，视之《易》也。欲致诘，篾者先曰："若尝学此乎？"因指"未济男之穷"发问，二程逊而问之，则曰："三阳皆失位，兄弟涣然有省。"其后闽人袁滋问《易》，颐曰："易学在蜀。"滋入蜀，见卖酱薛翁于眉邛间，④与语，大有所得。郭曩氏、篾叟酱翁，皆蜀之隐君子也。《宋史·隐逸》

○明西村畸人敬虚子《小隐书》曰："甚矣，易道之大也！虽圣人亦有所不知焉。仲尼所以五十而学《易》，兹何历取《易》于蜀之隐人也？岂以学《易》者，往往而不得其门，尚训诂则穿凿其意，好文章则支离其词，致使天地之义不立，作者之心俱晦而然耶？《传》曰："礼失求诸野"，盖言世之行礼者太文而失真，反不若野虽质朴，而古意犹存

---

① 涪，音浮。
② 即今四川巴县治。
③ 珦，音扃，青韵，郊野也。
④ 邛，音蛩，冬韵，眉州，今为眉山县，邛州，今为邛崃县。

也。然则历取《易》于蜀之隐人者，无乃求礼于野之谓欤。"

清 周俨，举人，入祀忠义孝友祠，本不以方技之学重，然于堪舆家言实有神悟，应验如响，至今崇拜不衰。

清 施晟，① 字克昌，博通星象堪舆之学，尤邃于医理，以施诊济人，不受资。知州李炘，有老亲病殆，闻其名，延治得愈，自书"神乎其技"匾额以赠。以上《民国涪陵县志·方技》

350 合州

汉置垫江县，西魏改曰石镜，于县置合州，隋改合州曰涪州，唐复曰合州，宋改曰石照，元复为合州，明初以州治石照县，省入，属四川重庆府，清因之，民国改州为合川县。

清 唐文锦，字纯斋，州东里狮滩场人，幼读书，能属文，弱冠应童子试，垂老不售。一夕梦入场，题为"君子之道者三"，揭晓获隽，报至而醒，自是屡试不辍。光绪六年庚辰，陈懋侯督川学，文锦入试，坐号为"道三"，心窃自喜，榜出见取入州庠，为附生，年六十矣。家无儋石储，而精通星卜之术，尤长于堪舆学。尝卖卜州城城隍庙，百无一爽，闻者帖然。北城陈永耀，旧家也，其妻周死，葬某所。既窆，而永耀病风，行止语言俱狂妄不可思议，其家为谒医巫，十数易人，讫无效。或以文锦荐，既至其，相之，曰："是有杀而受风，宜及此也。"为改卜地葬之，即日永耀病愈，旋亲赍重金花红扁联以谢，② 一时轰传文锦为地仙矣。后卒穷悴以死，年七十余。

清 周礼，字制宜，原名定礼，州城内青竹湾人，幼慧能读，年十八，故废学，理家政，特留心堪舆，得吴云亭授以形家学。后又得涪州舒紫垣法，于是博稽往籍，覆验名坟，足迹所至，上而广岳顺庆，下而重庆酆涪，旁及铜安定远，参访实证，一旦豁然，乃知寻龙点穴，当以《撼龙》《疑龙》，山水性情形势为主，而喝形象，辨星体，五行生克，在所不取也。有

---

① 晟，音盛，敬韵，音成，庚韵，明也，日光充盛也。
② 赍，音跻，持以与人也。

生成之山，自有生成之向；罗经为定方位，便选择，就地剪裁之用，而理气卦气，谈玄说空，在所必斥也。造命补龙；扶山相主，一遵前清《协纪辨方》，扶择精审，而七政斗首、乌兔太阳，亦所不用也。崇正辟谬，久而愈精。著《仁知格言》，稿多散失，今存首卷，有自叙及涪州贺守典序言在焉。后坿《格物说》一篇，亦见其学有本源也。

清 旷超凡，字相山，州永里南津街人，本贯湖南衡山县，以性爱山水之故，闻胜迹名区，必往从寻览，因究心堪舆学，别有冥契。嘉庆间，迁川之大足县未久，来州卜居，遂定家焉。超凡学术杂博，不名一家，凡医卜星相，幽经怪牒之属，靡不阅览而擎究之，往往得其菁华，贯串成书，自秘为枕中鸿宝，不轻以示人。惟堪舆之学，请业者众，仅有传抄之本，不足供授受，特就平生足迹所到，心目所明，撰为《相山撮要》二卷，寻龙点穴，图绘灿然，讲堪舆者，多南针奉之。大足举人梁庆远，尤相钦重，赠以诗云："踏破芒鞋老眼穿，饱看山水足前缘。日光到处灵光露，不是天仙是地仙。为访真源万里游，东南佳气一囊收。金丹若遂初来意，知住三山知十州。"其倾倒可想也。超凡年七十四终于家，子安一，字吉堂；孙鼎元，字良村，武生，并以地理名其家。

清 熊德谦，字自牧，一字吉士，幼警敏，有大志，读经史，识机要，不屑屑于词章训诂，视科第蔑如也。然卒困于童子军，乃绝志名场，专肆力于天文地理、兵学禽遁诸书，闻有奇人可师友者，虽千里必造访之。不十年，洞识源委，谈古今得失成败，如数家珍，颇思得一当以显其用，而时方承平，无所事事，遂以课蒙自晦。无何粤逆煽乱，蹂躏遍海内，蔓及川中，德谦曰："吾志可展矣。"遂投笔从戎去，以白衣参水师某军，无所知名；后还办渝防，有以发逆窜乱为虑者，德谦卜曰："无虑，不久当自败。"果验。南漕地邻铜壁两界，土匪张五麻子扰八塘，漕人大恐，谋迁徙，德谦曰："卦吉，勿恐。"贼果不及漕境。同治辛未春，有戚某来贺岁，德谦曰："汝居滨水乎？"曰："然。"曰："谨备之，今岁有大水，麦禾皆宜早收获盖藏，勿近水家，辎重亦稍稍逯远之，[①] 否则损失矣。"某戚信之，得无害；亦有妄其言者，晚禾无收，物畜存不及半焉。德谦尝谓数者天定胜人者也，而人定

---

① 逯与移同。

亦可胜天。圣贤学问，举不外此，泥数违理，事反无成，唯以理消息之而已。以上《民国合川县志·方术》

351　奉节县

春秋时，庸国之鱼邑，汉置鱼复县，三国蜀，改曰永安，晋复曰鱼复，西魏改曰人复，唐改曰奉节。故城在今四川奉节县东北，宋徙今治，明清皆为四川夔州府治。地当川鄂交通要冲，扼三峡之西口，为全蜀第一重门户。城依山建筑，登岸者历二百余级，始达城门，街衢洞达，繁富稍逊于巴县。

宋　王立政，为夔州太守，善风鉴，杨旬①仅作夔州推官，心慈好善，处事正直，立政见其五岳朝拱，四水深秀；须长及腹，毫光露彩；两眉过眼，照映地阁，阴隲纹现于子宫，主子贵孙荣，询以何修得此？旬曰："予奉公守法，四十余年，不积赀产，惟积阴德。"遂出示三个锦囊，第一锦囊，积得九十九文大钱；第二锦囊，积得百余文中钱；第三锦囊，积万余文小钱。立政问故，旬曰："每讯罪囚案件，或被诬枉，或吏役受贿，以轻作重，故入人罪，必小心平反，斟酌尽善。无罪者即行开释，或至死罪，情有可矜者，改为远流，投一大钱；或致流罪，情有可原者，改为徒杖，投一中钱；或罪至徒杖，情少可恕者，即薄责示儆，投一小钱。如情真罪确，按律办详，总以不使枉死鬼含冤为主。其他济人利物之事，量力为之，别无他善。"立政闻之，肃然起敬。后其子杨椿，大魁天下。②生孙三人，两入词林，一作县令。《相法证验》

352　开县

后汉置汉丰县，晋废，后复置。西魏改曰永宁，隋改曰盛山，于县置万州，唐改曰

---

①　眉州人。
②　杨椿，累官宪节，后以不附秦桧，罢政家居。绍兴末，始自兵部尚书，兼权翰林学士，除参加政事，卒谥文安。

开州，明改州为县，属四川夔州府，清因之。

明 徐鸢，开县人，幼业儒，深明易理，居茆村，善卜。林大中丞征入幕府，占休咎，无不应验，每出师，因以制胜。治家有礼，余财济贫，乡人德之。《咸丰开县志·隐逸》

353 大宁县

宋置大宁监，元为州，明改县，属四川夔州府，民国改为巫溪县。

清 尹克海，居邑之青庄坪，苦心学《易》，遂通医卜，为人治疾决疑，常有奇验。其妇尤贤而好善，尝手制褛衣履，以遗贫乏。后夫妇偕臻上寿，父子相承，专以医学世其家。《光绪大宁县志·隐逸》

354 新宁县

西魏置，故城在今四川开江县西北。隋废，唐复置，移今开江县东三十里。宋徙新安市，即今开江县治。清属四川绥定府，民国改为开江县。

明 熊士杰，新宁人，幼嗜学，通晓经史，及百家医卜诸书，隐居高尚，著有吟稿。《嘉庆四川通志·隐逸》

355 大竹县

汉宕渠县地，南朝梁置邻山县，隋废，唐置潾山县，元并入大竹，移大竹县来治，即今县也。

清 傅良辰，字潜斋，楚汉阳人，少从关中李二曲先生游，得性中之学，喜读《易》，善卜筮推步之术，所著有《困学录》《大学解》。游至竹，庠生朱经、徐开来，延之讲学，数年而返。《民国大竹县志·流寓》

356　忠州

汉置临江县，南朝梁置临江郡，西魏置临州，隋州郡并废，寻复置临州，唐改曰忠州，以地边巴徼，意怀忠信为名。宋曰忠州南宾郡，升为咸淳府。元明复曰忠州，直隶四川省，民国改为忠县。

明　任升，号长祥居士，咸淳府尹任忠言，远孙好学，精于星术，不求仕进。

清　熊应雄，字际可，郡诸生，幼精袁天纲、李虚中术。康熙初年，佐杭中丞，平定吴逆余烬，议叙功，贡任青田县知县，迁西隆州知州。以上《同治忠州志·方技》

357　酆都县

后汉置平都县，三国蜀省，隋置丰都县，明初改丰曰酆，清属四川忠州。

清　曾神仙，酆都农家子，逸其名，以其善卜，人称为神仙。自言四十岁后，游峨眉，病卧山麓，有道人视之，曰："汝有道根，可教也。"出丸药疗之，口授以医卜术。医不尽效，独神于卜，必引《周易》为断，能解卦德、卦体、卦义，口举其词，而字不甚识也。又能以卦配人生命，决其富贵寿夭，高家镇有女子遗其簪，母挞之，将投江，曾卜之云："簪在陶人家。"索之弗得，咸咎曾，曾径往陶人家，指一瓮曰："簪在是耳。"探之果得。甲与乙，共贸易，失钱八千，甲诣曾卜之，曾曰："吾言之，则恐妨人命。"甲固请，更曰："能救盗，吾乃言。"甲诺之，且矢誓，曾曰："盗钱者乙之第三子也，钱在某庙空棺中，仅去四百枚耳。"迹之，果得七千六百枚。乙怒其子，縶诸室，夜将杀之，甲赂邻媪，穴壁使逋。其占验多类此。年八十余，步履如飞，秘其术，不传于人，至九十余岁而卒。《嘉庆四川通志·艺术》

358　秀山县

三国蜀为酉阳县地，后没于蛮。元为酉阳州地，明酉阳宣慰司地。清置秀山县，属四川酉阳州。酉有高秀山，县因以名。

清　云鼎，秀山崇林寺僧，尝以药济人，通知数术，凡乞药者，能知其病之吉凶，其予药者服之无不效。或不起，即不予药。孩提有疾者，遇之，以手摩其顶辄愈。后集众说偈而逝。《嘉庆四川通志·艺术》

359　会理州

汉置会无县，萧齐时，没于獠蛮。唐改置会川县，后没于南诏，置会川都督府，又号清宁郡。宋时属大理，仍曰会川府。元内附，置会川路，又置会理州属之，寻于路治置武安州。明仍曰会川府，后废会理州，改置会川卫。清复分卫地，置会理州，寻省卫，改会理州来治，属四川宁远府，民国改为县。

清　褚秉中，号春山，直隶人，云南盐井渡巡检，精堪舆之学，凡选择修造，如其言辄奇验，滇人有褚半仙之目。

清　晏寅清，号东臣，云南昆明布衣，能诗古文，工草书，作尺幅大字，善画菊竹梅兰石，雪竹雪梅，更增精妙。其余天文地理、卜蓍卦命，靡不通晓。家贫耳聋，性落落寡交，惟以书画自娱。年七十余，性如野鹤，貌若寒松，箪瓢屡空，晏如也。临终，自题挽联云："这回来的忙，今日去的好，生既无所乐，死亦何所忧。"惜无子，一女绝慧，女工精巧绝伦，适同乡燕氏子。以上《同治会理县志·流寓》

360　乐山县

北周置平羌县，隋改曰峨眉，又改名青衣，又改曰龙游。宋改曰嘉祥，后复为龙游，明省。清雍正十二年，复置乐山县，为四川嘉定府治。地当青衣江大渡河，与岷江合流处，水路交通，至为便利，由青衣江握雅安一带之贸易，自岷江舌吐上下流之货物，商业之盛，居岷江流域第一位，白蜡及丝绸为输出货之大宗。清光绪二十九年，英法浅水兵舰，曾由岷江口上驶，直抵城下。

宋 史延寿，嘉州人，[1] 以善相游京师，贵人争延之，视贵贱如一，坐辄箕踞尔我，人号曰史不拘，又曰史我。吕文靖公尝邀之，延寿至，怒阍者不开门，批之，阍者曰："此相公宅，虽侍臣亦就客次。"延寿曰："彼来者皆有求于相公，我无求于相公，相公自欲见我耳，不开门，我竟还矣。"阍者走白公，开门迎之。延寿挟术以游，无心于用舍，故能自重如此。《嘉庆四川通志·艺术》

民国 沈镜堂，峨眉龙池人，前清千总，晓数术，能识晴雨及未来事之吉凶，惜其术不传。年五十一卒，葬于洛都山西坡。《民国乐山县志·技术》

361 峨眉县

汉南安县地，隋置峨眉县。县枕峨眉山东麓，故名。清属四川嘉定府。

汉 陈芳庆，乃白玉远祖，好术数，得墨子五行秘书及白虎七变之法，由东武入峨嵋山，不知所终。后玉有感遇诗，载《山志》内。《乾隆峨嵋县志·隐逸》

362 夹江县

汉南安县地，隋于泾上置夹江县，在今县北八十里，临江水，故号夹江。唐徙今治，清属四川嘉定府。

前蜀 孙雄，字卯斋，夹江人，言事多验，亚于何奎。后主归唐，时宦者宋愈昭，暨诸从人，叩往洛吉凶，雄俛首曰："诸官识之，此去无灾无福，

---

[1] 即今乐山县。

但行及野狐泉，新旧使头，皆不见矣。"逮后主罹秦川之祸，庄宗亦遇邺都之变，皆其地也。悉如雄所言。《嘉庆四川通志·艺术》

363 犍为县

北周置武阳县，隋改为犍为。旧治大鹿山下武阳故城，五代晋獠叛，移于江西岸，宋徙今治，清属四川嘉定府。

清 朱姓卜者，隐其名，犍之南乡人也。清咸丰中，滇氛起，避兵来城，卖卜度日，决人休咎颇验，自号不奉承，喜谈诗。邑人士问卜，以诗抵值则甚喜。邑庠袁新琨，诗人也。往问卜，给之贽，不受，笑曰："君不能诗耶？"袁即口占一律酬之，两情甚洽，后不知所终，诗云："不住山林住市廛，疏帘隐隐隔炉烟。考亭毕竟遗风远，卜肆公然绝技传。我爱支机才问石，君贪注易肯停编。满城多少新诗句，都当先生润笔钱。"《嘉庆犍为县志·外纪》

364 荣县

唐置旭川县，移荣州治此，宋改旭川曰荣德，升荣州为绍熙府，后废，元末复置荣州，明降州为荣县，清属四川嘉定府。

清 吴镇川，字北华，设教三十余年，终日危坐，昼不寝，暑不袒。家不中资，而贫乏者辄鯛恤，力不给，则醵资助之。兼习医及青乌家言，穷者助之药，葬亲者为之相地。光绪中，诏举孝廉方正，或谓宜执贽于官，镇川曰："曾是孝廉方正，而可贽取乎？"《光绪荣县志·人物》

365 威远县

汉资中县地，隋置威远戍，后改为县。元明清皆省而复置，旧属四川嘉定府。

清 倪象惇，字厚庵，邑庠生，潜心天文易象之学，绝意仕进。胞兄象恺，任福建台湾道，惇独家居养母，友教一方，著《易象传说》。《乾隆咸远县志·隐逸》

366 眉州

南朝梁置青州，后魏改曰眉，北周又曰嘉州，隋改曰眉州，唐改为通义郡，元曰眉州，明降州为眉县，复升为州，清因之。直隶四川省，民国改州为眉山县。

宋 杨坤，眉州人，通阴阳之学，垂帘卖卜。临邛魏了翁，为文赠之，曰："开禧二年丙寅，余自馆职补外，普人①何大圭，善论太乙数，谓余曰：'子姑待之，蜀且有乱。'余行至巴峡间，而大圭之言验，追安公以戮曦闻，余始还里。蜀人往往能道曦未授首时事，谓眉人有杨坤者，能先事言之，今观安公所题，果信前闻之不诬也。②天下之生久矣，一治一乱，盖气数屈信之变使然。有不容己者，虽天之爱人，不能使之常治而无乱，然必为之生才以拟其乱。国虽靡止，或圣或否；民虽靡膴，或哲或谋，或肃或艾，是理之在世间，盖瞭然若此，而士之瞶瞶者往一术士之不若，其至辱身丧节吁，其可叹矣夫！抚卷慨然，书而归诸绅。"宋魏了翁《鹤山全集·赠术士杨坤序》

宋 蒋山人，善堪舆，苏老泉之祖。白莲道人，遇蒋山人示葬地，命取灯一盏，然于其所，虽四面风来，此灯凝然不动，曰："此正穴也。"《嘉庆四川通志·艺术》

宋 苏轼，字子瞻，眉山人，博通经史，嘉祐中试礼部，欧阳修擢置第二，曰："吾当避此人出一头地。"元祐中，累官翰林学士兼侍读。绍圣中，累贬琼州别驾，敕还，提举玉局观，复朝奉郎。建中靖国初，卒于常州，年六十六谥文忠。著《苏氏易传》《论语说》《仇池笔记》《东坡志林》《东坡全集》，凡数百卷。

○《志林》云：陆道士惟忠，字子厚，眉山人，好丹药，通术数，能诗，萧然有出

---

① 宋曰剑州普安郡，即今四川剑阁县治。
② 吴曦为四川宣抚副使，曦受金人诏，僭号建官，称臣于金，以安丙为丞相长史，丙阴图之，遂与杨巨源等，谋诛曦，曦潜位凡四十一日，详见《宋史·安丙传》。

尘之表。久客江南，无知之者。予昔在齐安，盖相从游，因是调子由高安，子由大赏其诗，会吴远之过彼，遂与俱来惠州。又云：戊寅十月五日，以久不得子山书，忧不去心，以《周易》筮之，遇涣之三爻，初六变中孚，其繇曰："用拯马壮吉。"中孚之九二变为益，其繇曰："鸣鹤在阴，其子和之，我有好爵，吾与尔靡之。"益之初六，变为家人，其繇曰："益之用凶，事无咎，有中孚行，告公用圭。"家人之繇曰："家人利女贞。"象曰："风自火出，家人君子，以言有物而行有常也。"吾考此卦极精详，口以授过，又书而藏之。珊按：过即公之第三子。

○清全祖《望年华录》载：东坡在岭外，是年六十五岁，为徽宗初即位，岁庚辰，正月朔日，记养黄中曰：岁次庚辰，朔日戊辰，朔日戊辰，是日时辰，则丙辰也。三辰一戊，四上会焉。丙土母而庚其子也，土之富，未有过斯时。吾当以斯时，肇养黄中之法，非谪居岭外，安得此庆耶！珊按：观此二则，公不独明卜筮之学，且精星命术也。

367 邛州

南朝梁置邛州，魏置临邛郡，隋州郡俱废，唐复置邛州，在今四川邛崃县东南，宋元皆曰邛州，明降州为邛县，清因之，属四川省，民国改州为邛崃县。①

宋 张行成，字文饶，一作子饶，临邛人。由成都路钤辖司，干办公事，丐祠归，杜门十年，著书七十九卷。乾道中，表进其书，除直徽猷阁，官至兵部郎中。汪应辰帅蜀，荐其有捐躯殉国之忠，而又善于理财，学者称为观物先生，撰《皇极经世索隐》二卷。行成于邵子之学，用力颇深，以伯温之解，于象数未详，复为推衍其义，故曰索隐。又撰《皇极经世观物外篇衍义》九卷，上三篇皆言数，中三篇皆言象，下三篇皆言理。又撰《易通变》四十卷，其说取陈抟至邵子，所传先天卦数等十四图，敷衍解释，以通其变，故谓之通变。其自序谓康节之学，主于交泰既济二图，而二图尤以占气为根柢，参伍错综以求之，而运世之否泰，人物之盛衰，皆莫能外。又有《翼元》等书。《四库·子部·术数类一》《邛州志·方技》

---

① 邛音茕，冬韵。

368　大邑县

汉江原县地，晋以后为晋原县地，唐析置大邑县，县在鹤鸣山东，其邑广大，遂以为名，清属四川邛州。

明　刘公失名，蜀邛大邑人，崇祯辛未进士，由司理累官兵部郎中，尝识大狱，陈时事，再忤庄烈帝，特命谪官。甲申年春三月丙午，贼李自成陷京师，庄烈帝死社稷，越日出殡东华门外，刘公擘踊号呼以前，哭三日，无停声，仆丘文，求索数日以归，昏然迷人事，越日而苏，卧疾数月。常忽忽自恨，卖卜燕市，居六年，病且革，泣书遗令，示其子孟易曰："吾者擘踊东华，见大行皇帝，短衣短裆，先后继以小床载至，鼻有伤痕，易棺再敛，藉灰掩纸而已。我死用灰数斗，纸覆之。加于此者，子为不孝，戚友为不仁。"初葬京师某原，又十年而孟易改葬公于金陵某原，从遗命也。钱仪吉《碑传集·逸民上之上》

369　富顺县

宋置监，元改州，明为县，属四川叙州府，清因之，今仍为县。

宋　薛翁，宋史伊川程子，与袁滋曰："易学在蜀，盍往求之？"滋游蜀，无所遇，久之，于眉邛间，见卖酱薛翁，与之语，大有所得。又吕东莱撰《薛常州志》云：袁道洁，闻蜀隐者薛叟名，晚游蜀，物色求之，至一郡，有叟，旦荷笈之市，午辄扃扉户，问诸邻，则曰"卖香薛翁"，道洁以弟子礼见，且陈所学，叟曰："经以载道，圣人作经以明道，子何博而寡要也？"与语，未几复去。乾隆丙申，署知县段玉裁，据王伯厚《困学纪闻》云："袁道洁之《易》，得于富顺监卖香薛翁。"知为富顺人，立祠城西门外，有记。段玉裁《乾隆富顺县志·乡贤》

○阜按：《县志·坛庙》，薛翁祠在西门外，乾隆丙申，署县令段玉裁建，碑记叙甚详。参看涪州谯定益明。

明 刘愭,[①] 性正直刚明,不干仕进,以圣贤自期。同时内江赵文肃贞吉、督学术蒋信、司马蔡汝楠,均与往来,研究程朱之学。于康节先天之说,尤得不传之秘,遗书惜未有能受之者。所著有《明道录》。同上

明 余敬恒,字昆五,天敛辛酉副榜,官至宁州守,多惠政,著有《地理心法》《宁州政略》。《乾隆富顺县志·乡贤》

明 刘泌,字晋仲,崇祯丙子解元,性颖慧,才识过人。六岁能诗,十岁入泮,日记数千言。学究天人,博涉诸子百家,著有《蜀省图》。刘子长庵集,官都察院右俞都御史、大理寺正卿,卒署檥归,从祀荣邑乡贤。同上

370 长宁县

汉汉阳江安二地,唐置羁縻长宁淯二州,五代时没于蛮,宋夷人献地,置淯井监,寻建为长宁军,明初改军为县,属四川叙州府,清因之。

明 罗天祐,长宁人,尝游市中,若颠若狂,善言人得失。尝隐语书乡试榜,封以寄人,撤棘无不验。后入成都,于司户薛瑗坐上化去。《清一统志·四川省·叙州府·仙释》

371 泸州

春秋时巴国地,汉置江阳县,汉末置江阳郡,南朝宋曰东江阳郡,时改江阳于武阳,故改东。梁于郡置泸州,隋郡废,改曰泸川郡,又改郡,治江阳县,曰泸川。唐复曰泸州,宋曰江安州,元仍曰泸州,以州治泸川县,省入。明清时州直隶四川,民国改州为县。

明 贺永,泸州人,精河洛数,家贫卖卜以自给。与人言论,辄规之以正义,诗人拟之严君平。《嘉庆四川通志·艺术》

[①] 音耆,支韵,恭敬也。

372　隆昌县

明割荣昌富顺二县地置，属四川叙州府，清因之。

清　李允琢，幼随父自楚入蜀，性孝友，读书至孟子中止。晚乃笃志典坟，研求性理地理，及命相之理，颇得其奥。立身制行，悉遵四子六经之旨，尝述董子以仁爱人，以义正我之言以自警，里党为赠"孝友可风"匾额。卒年八十有九，孙辉斗，辛未进士，内阁中书；曾孙秉樾，咸丰壬子亚元。《咸丰隆昌县志·处士》

373　合江县

汉置符县，后汉改曰符节，晋仍曰符县，南齐置安乐县，梁置安乐戍，北周改置合江县。故城在今四川合江县西，唐徙至北沙镇，宋还故治，元徙神臂山，明又安乐山麓，即今治，清因之，属四川泸州。

清　罗文思，邑解元，历任石阡知府，平生善习六壬，所占辄验。归田后，文制军尝延致之，人有疑事，一叩即决，无不符合。年九十岁，无疾而逝，先期亦自知之，人比之如谢石云。

清　罗世珩，① 邑庠生，秉性刚直，兄弟五人，珩孝友夙敦，事母先志承迎，得堂上欢。其弟三人，均列成均，析居日，辞多受少，初无矫异。技艺卓绝，精岐黄明星卜，后人有继其志者，前邑侯叶赠"孝友圭璋"匾以荣之。以上《同治合江县志·方技》

374　资中县

汉置，北周改为资阳，故城在今四川资阳县北，清为四川资州，民国改为资中县。

---

① 珩，音行，佩上玉也。

地滨沱江，人民殷富，自巴县遵陆入成都，此为第一繁地。

宋 王彦正，字直夫，资中人，本以风水名家，而心目旷远，善识统体，且能传诸卦义，裁之以理，非史巫纷若之比。余一见而知其有识，会离忧患，俾营兆域，主宾一语乃决，不数月乃克襄事。王生辞去，余乃书风水说以遗之，以见夫王生善发山川之閟，而人之得王生以发之，而俾死者有所归，皆非偶然也。生乎，其敬之重之，毋忽。宋魏了翁《鹤山全集·赠资中王彦正风水说》

○又赠王彦正序云：嘉定二年己巳，全以心制里居，宅兆未卜，闻资中王直夫雅善青囊之术，即具书币致之。居三日，余表兄高南叔，拉与登隈支山，过蟠鳌镇，历马鞍山，未至山数里，直夫顿足而言曰："由长秋山而下乾冈数里，其下当有坤申朝甲乙之水。子之先君子，其当葬此乎？"下而卜之，果如所云，遂为今长宁阡。既又为余言，子未有室居，子之先庐被山带江，其上有山，与马鞍之朝向若相似，然隈支为巽，巳峰实当其前，傥知之乎？余曰："而未尝涉吾地，而恶乎知之？"曰："余以气势之所萃知之，卜之又如其所云。"由是即其地成室，是为今白鹤书院。直夫又曰："书院气势之所钟，当有以文字发祥者。"余乃约十余士之当赴类省试者，会文其上，是岁自类元王万里而下，凡得七人；其不在得中者，后亦接踵科第，或以恩得官，莫有遗者。又曰："白鹤书院，虽得江山之要，然此地埋郁已久，今一旦开豁呈露，则家于是山之下者，其余气所钟，亦当有科级之应。"是岁余弟嘉甫与邻居谯仲甫同登，即七人之选也。先是贡士题名于浮屠，以问直夫，直夫曰："若在七级，则当七士。"后皆如其言。凡此皆余一岁间身履而目击者，自余类此者不可胜数，恐岁浸久而忘之，姑随笔书此以记。

375 资州

汉资中县地，西魏置资州，治阳安，在今四川简阳县东北，北周移州治资阳。隋又自资阳移州治盘石县，在今资中县北，寻又改州为资阳郡。唐复曰资州，又曰资阳郡，复改资州，徙治内江，寻复故。宋曰资州资阳郡，元州县俱废，明玉珍复置资州，即今资中县治。明改州为县，清复升为州，直隶四川省，民国改州为资中县。

唐 李鼎祚，资州人，官著作郎、秘阁学士。尝集子夏、孟喜、京房、马融、荀爽、郑康成、刘表、何晏、宋衷、虞翻、陆绩、干宝、王肃、王辅嗣、姚信、王廙、张璠、向秀、王凯冲、侯果、蜀才、翟元、韩康伯、刘

璟、何妥、崔憬、沈驎士、卢士、崔觐、孔颖达等，凡三十余家，撰为《周易集解》十卷，以经术称于时。清孙星衍《集解》序并注

明 周文质，资州庠生，通《春秋》，尤精青乌术。时议迁学宫，文质请开泮池，以疏地脉，嗣后代有步蟾宫者。《嘉庆四川通志·艺术》

清 饶懋猷，资州人，善方技，精医卜堪舆之术，大吏咸驿致之，人呼为饶仙。《嘉庆资州志·方技》

清 谢少晖，字乡瘅，晚号一园，资中人，博通群籍，贯串百家，所作诗古文词，传播士林，久已脍炙人口，旁涉堪舆家言。同治甲戌，著有《选择辨正》八卷。同上

376 井研县

汉武阳县井研镇，晋置江阳郡，宋齐因之，西魏置蒲亭县，后废。隋置井研县，故城在今四川井研县南。唐徙今治，元省，后明玉珍复置，清属四川资州。

清 朱邦殿，字镇廷，金井坝人，初业儒，再蹶场屋，改习青乌术。先是县人言堪舆者，法家主三合，祖《玉尺经》；形家主呼形，祖《哑婆经》。邦殿于旧法究极精深，于形家详求气脉、星体穴法，主《天宝》《至宝》，龙法始主廖氏九星，继主筠松杨公九星，谓二家各有妙理，大旨正龙结局则从杨，支龙小结则用廖，至胎伏孕育之法，分合交止之微，辨之尤慎。罗经之学，远宗蒋氏，近宗张疏；课主造命选时，则参用西法，以求日躔星度真到。邦殿长身秾髯，顾寡言笑，而好深沉之思，自谓于蒋氏书丹黄百遍，理气方位，得天然之妙。年七十余卒，子四。子贵、丹皆廪生，子孙能世其家。《光绪井研州志·方技》

377 内江县

汉资中县地，北周改为中江县，故治在今四川内江县西，隋避讳，改中为内，徙汉江故城，即今治。

明 牟康民，内江人，少年抱异术，不知所从授。万历庚申正月，投牒于巡按御史黄陂吴之皥云："明年辛酉九月，蜀变方作，方伯朱公能平之。今闻其入贺万寿，乞留任待拯，以拯我西人，其另择捧赍者。"方伯朱公，盖右辖山阴燮元也。之皥故好数学，年十四，补诸生高等，累举不第，从豫章术士游，年四十五联第，至是，览牒而异之。方伯当入贺，见之皥于夔州，勉留之不得，盖朱母夫人，明年八十，便道兼寿也。之皥叹曰："蜀人无福，请后期。"朱曰："今秋入贺，还因归省，明年正月进觞，三月当看花锦城矣。"之皥许之，濒别，以叱驭是望。明年春，朱转左辖，赴蜀，出黄陂，访之皥里第，时之皥按蜀竣，过其里，饯朱于郊，出康民所投牒授之，曰："事甚异，君至蜀，当物色其人。"而朱未即信，迨九月重庆之变，亟遣使报刘养鲲、武声华，驰访康民山中，距内江邑三十里，茆舍三楹，不受征，第曰："有朱使君在，何患？成都百日之围，可坚守也。"及围解，又征之，辞曰："牟生不是今朝人。"凡警辄遣使叩，叩辄验，朱进巡抚，后忧去。己巳三月，总拜督之命，开府黔中，康民先寄札云："使君重莅黔蜀，诚地方之幸。八月安奢俱靖，从此造福十年。但乙丙年，罡星正照燕都，仲冬金人内入，畿南白骨如麻，天下渐扰。"又云："燕京黄气已尽，戊寅人大劫，侘傺三十五年，民不聊生。"丙子十月，又札云："康民已心厌凡世，远遁深山，不复再候。明年丁丑八月，使君刻度不佳，当乞休绿野，以保余龄。否则戊寅之变，将返朴还真耳。"少师疾，迹康民，不知所往。先是秦抚刘汉儒，学使何阎中，招康民署中，补诸生廪食，日长卧，语多不效，乃放归。康民自称又呆子，所著《兵机纂》等书。《明史·附朱燮元传》明谈迁《枣林杂俎·技余》

378　雷波厅

三国蜀置马湖县，晋初省，唐宋为马湖蛮部，元时内附，明置雷波长官司，寻省为雷坡乡，属屏山县。清雍正六年，改置雷波卫，升为厅，属四川叙州府，清末改属永宁州，民国改县。

清 黄景福，字建安，六壬奇门术，无不验。有占失物者，来时形色匆遽，初未言，景福迎谓之曰："汝问失物耶？此小事，无足深求，汝可急归，迟则汝妻不救矣。"其人惶惧奔归，妻果就缢，急救之乃苏。盖其妻以失物见疑，愤而自缢，微景福言，几不救。咸丰八年戊午，挟术游于外，至叙郡，宿逆旅中，见二鼠画卧于庭，逾时不去，人咸怪之，景福曰："非吉征也。以我法论，当主兵乱，并此屋亦毁于火，其九月十月之交乎？"已而李逆至，悉如所言。由是遍游川东北，逾年乃归，所亲密叩之，曰："子以术遨游，思佐当世立功名，何归之遽也。"景福喟然曰："斯术也，五百年而后兴，不当其时则不验，吾道穷矣。"由此家居不出。

清 卢正常，东关外夷民，幼好读书，习奇门遁甲六壬术。邻有兄弟争产者，久而不决，弟忿甚，怀刃往刺其兄，适正常在座，不敢发，乃潜伺于门外；兄惧欲逃，虑不能脱，以问正常，曰："汝踰东角墙出，急折而南，向大路，遇妇人，负幼孩，手持一鸡，随之急走，出保无恙。"如其言，果免于难，由是人争奇之。以上《光绪雷波厅志·艺术》

379 阆中县

古巴国别都，秦置阆中县。刘璋时巴西郡治，为三巴之一。阆水迂曲，经其三面，故城在今四川阆中县西。隋改阆内，唐徙治张仪城，在今县东二十里。宋徙大获山，在今四川苍溪县东南。元还故县，改治江北，即今县也。明清皆为四川保宁府治，清设川北镇总兵驻此，地滨嘉陵江，为川北重镇。四川与陕甘二省之交通，以此为枢纽。

汉 洛下闳，字长公，邑郡人，明晓天文，武帝征拜待诏太史，定浑天仪，改颛顼历为太初历，迁侍中不受。《嘉庆四川通志·艺术》

汉 任文公，阆中人，父文孙，明晓天官风星秘要。文公少修父术，州辟从事，哀帝时，有言越嶲太守欲反，刺史大惧，遣文公等五从事，检行郡界，潜伺虚实。共止传舍，暴风卒至，文公遽起，白诸从事，促去，因起驾速驱，诸从事未能自发，郡果使兵杀之，文公独得免。后为治中从事，时大旱，白刺史曰："五月一日，当有大水，其变已至，不可防救，宜令吏人预为其备。"刺史不听，文公独储大舩，百姓或闻，颇有为防者。到其日旱烈，文公急命促载，使白刺史，刺史笑之。日将中天，北云起，须臾大雨，至晡时，湔水涌起十余丈，突坏庐舍，所害数千人。文公遂以占术驰名，辟司空掾。平帝即位，称疾归家。王莽篡后，文公推数知当大乱，乃课家人负物百斤，环舍趋走，日数十倒，时人莫知其故。后兵寇并起，其逃亡者少能自脱，惟文公大小，负粮捷步，悉得完免。遂奔子公山十余年，不被兵革。公孙述时，蜀武担石折，①文公曰："噫，西州智士死，我乃当之。"自是常会聚子孙，设酒食，后三月果卒，故益部为之语曰："任文公，智无双。"《后汉书·方术传》《嘉庆四川通志·艺术》

蜀汉 周群，字仲直，阆中人。父舒，字叔布，少学术于广凑杨厚，名亚董扶任安，数被征，终不诣。时人有问《春秋谶》曰："代汉者当涂高，此何谓也？"舒曰："当涂高者，魏也。"乡党学者，私传其语。群少受学于舒，专心候业，于庭中作小楼，家富多奴，常令奴更直于楼上视天灾，才见一气，即白群，群自上楼观之，不避晨夜，故凡有气候无不见之，是以所言多中。州牧刘璋，辟为师友从事。先主定蜀，署儒林校尉。先主欲与曹一争汉中，问群，群对曰："当得其地，不得其民。若出偏师，必不利，当戒慎之。"后果如群言，于是举群茂才。群卒，子巨颇传其术。《三国·蜀志·本传》

清 刘神仙，清咸同时人，常往来于阆之柏垭场、刘家湾等地，好谈因果占验，言必有中，群因以神仙呼之。其审休咎法，问卜者索一烧饼，即据饼之面背痕文决吉凶，无或爽者，殆用古人灼龟占事之法欤。《民国阆中县志·方技》

380 南充县

汉置安汉县，隋改曰南充，唐置南充郡于此。故治在今四川南充县北，明移今治，为四川顺庆府治，清因之。

清 黄风子，设卜肆于黉墙侧，用古筮法，以竹代蓍，每日只占数课，每课只取数钱，卖卜数十年，寒暑不辍也。凡决吉凶悔吝，必取所习京房易传以示。黄为人颀而黑，望之俨然，决事多验，人呼之神仙。黄曰："我名

---

① 武担山，在今成都县北，百二十步。

乘先，非神仙。"又言论行事迂拙，故人又以风子目之，有识之者曰："此西充楼地人，世家子也。"家多精刻旧书，卖卜时，贮书败篾中，时取出与人辩论；又一篾杂贮金石竹木物，皆有名义。好事者取卵石以问，答曰："此名最精，因论玄黄剖判以来，天一生水，淘漱此石，不知经若干劫，乃如此圆莹，故名最精。"又取一木楔，① 则曰木凿，柄弗密合者，得此弥固，是名谨慎，为人心不细者，当加楔耳。其触物纳诲，多此类也。

清 李见龙，字云从，治东龙门场人，业儒不售，研数学，通风角，谙天文。人以疑难事问，能道休咎，教以趋吉避凶之法多中。投笔入云南提督马如龙麾下，随从戎幕立功。会夏旱，滇督岑毓英与马提督立坛祈雨，一日将往，见龙语提督曰："今出宜携雨具，午刻当雨。"马与岑同往雩，祭毕果雨，将归，马驺从雨具无缺，岑问马曰："奚以知有雨而预备耶？"马以见龙之言对，岑试而异之，以军功奏保六品顶翎，留滇补用知县。后淡于仕途，归里家居，癸卯年顺庆大水，先数月见水星入井鬼之次，谓人曰："今岁有大水，不出六月矣。"后果验，惜卒后无能继其业者。以上《民国南充县志·方技》

381 西充县

隋南充县地，唐分置西充县，明清皆属四川顺庆府。

蜀汉 谯周，字允南，西充人，父𬘡，字荣始，治《尚书》，兼通诸经及图纬，州郡辟请，皆不应。周幼孤，与母兄同居，既长，耽古笃学，家贫未尝问产业，诵读典籍，欣然独笑，以忘寝食；研精六经，尤善书札，颇晓天文。建兴中，诸葛亮命为劝学从事，亮卒于敌庭，周在家闻问，即便奔赴，寻有诏书禁断，惟周以速行得达。后主立太子，以周为家令，徙中散大夫，迁光禄大夫，位亚九列。周虽不与政事，以儒行见礼，时与大议，辄据经以对，所著述百余篇，寿七十外。《三国志蜀书·本传》

---

① 楔音屑，又音结，櫼也。木工于凿柄相入处，有不固则斫木札楔入固之。

382 营山县

南朝梁置安固县,唐又置朗池县,改安固曰良山,宋改朗池曰营山。元又省良山,入营山。清属四川顺庆府。

清 陈怀玉,进士,官夔州府教授,善堪舆,著有《挨星水法秘篇》。

清 罗在公,举人,任刑部主事,精易学,每决休咎不爽。

清 侯于蓟,进士,官同知,善堪舆,子孙世得其传。以上《嘉庆营山县志·方技》

清 郑文振,江南泾县庠生,顺治中游蜀,建南道汪,慕其学术,延入幕。后寓营邑,善卜筮,遂家于邑之响溪。《嘉庆营山县志·流寓》

383 南部县

汉置充国县,后汉分置南充国县。南朝宋,改南充国曰南国县。梁改曰南部县,明清俱属四川保宁府。

宋 鲜于天一,康定时举人,幼能日诵千言,通天文地理方技之书。其学甚博,文物精粹,志术雄洁,一时名儒皆宗之,卒入乡贤。《道光南部县志·方技》

○阜按:《同治剑州志·人士》载鲜于天一,登嘉定中乡荐,而《道光南部县志·方技》,载为康定时举人,与此稍异。

384 昭化县

汉置葭县,三国蜀,改曰汉寿,晋改曰晋寿。南朝宋分置益昌县,后魏改益昌曰京兆。北周省晋寿,复改京兆曰益昌。五代后唐改曰益光,宋初复曰益昌,又改曰昭化,明清皆属四川保宁府。

宋 张求，昭化人，善卜筮。唐庚赠诗云：张求一老兵，著帽如破斗。卖卜益昌市，性命寄杯酒。骑马好事人，金钱投瓮牖。一语不假借，意自有臧否。鸡肋乃安拳，末省怕嗔殴。坐此益寒酸，饿理将入口。未死且强项，那暇顾炙手。士节久凋丧，舐痔甜不呕。求岂知道者，议论无所苟。吾宁从之游，聊以激衰朽。《嘉庆四川通志·艺术》

385 广安州

南朝梁置始安县，隋改曰宾城，唐复曰始安，改曰渠江。宋于县置广安军，元军废，升为广安府，明改为广安州。以州治渠江县，省入，属四改顺庆府，清因之，民国改州为县。

清 段文雅，字茂斋，禹山人，州庠生，善占候，尤神于邵子观梅数，其占但指一物，或信口出二一字，即可布卦，物视其色目动静，字别其笔画义理，以定生克，辨吉凶，迎机立断，往往奇中。其族兄润之媳，秋病痢甚危，造雅以"痢症"二字为卜，雅曰："二字皆病体，利从禾从刀，今适秋日，禾遇收获，无复生矣。"病者竟不起。其同砚友某，试取经古，恐正场未利，指市中招牌字，求雅决之，雅曰："可贺，名高悬也。"榜出果然。又一邻人方薙发，求卜其亲病，雅曰："去黑见白，亲已殁矣。"言未毕而讣者至。又其妹倩某问毕生名位，取案上试卷令占，雅见卷有印文，曰："必食官禄，此其兆也。"后果掇科得县令，其他占晴雨失物、卜讼狱胜负，一言直决，皆此类也。

清 周昌豫，号立之，沙溪人，父玉伟，宿儒，素善形家言。咸丰初，族弟玉振葬母，伟为立期，属曰："将葬日，必阴云微雨，如闻小儿讴歌，即下圹时也，主大吉。"时夏五月，炎暑烈日，届葬果如其言。豫守父业，青乌葬经，无不详究。然处贫，有傲骨，不屑以术售。族兄骧，光绪戊子卒，其长子绍暄，官铨曹，闻讣未归，家用俗师易良仁之言，定地于祖茔侧，未葬，豫闻之曰："此地葬后，必主长子不利，未知暄之名位，能否厌胜也。"其家不从豫言，竟葬之，及暄服阕，甫入京月余，卒于官；其孺人段氏扶柩归里，踰年亦殁，人始服其艺之精，有先见焉。豫之叔玉僖，亦受

伟之葬术，以艺鸣，而识不及豫。以上《光绪广安州志·方技》

386　射洪县

汉郪县及广汉县地，西魏置射江县，北周改曰射洪，明省，寻复置。清属四川潼川府，县境产石油，由黄英普济公司开采。

唐　陈子昂，字伯玉，射洪县人。年十八，未知书，入乡校，感悔修饬，文明初，举进士。武后朝，为麟台正字，数上书言事，迁右拾遗。武攸宜北讨，表为管记，以父老，解官归侍。县令段简，闻其富欲害之，捕送狱中。子昂见捕，因命蓍自筮，卦成，仰而号曰："天命不祐，吾其死矣。"果死狱中，年四十二。[①] 唐兴，文章承徐庾余风，子昂始归雅正，李杜以下，咸推宗之，著有诗文集。《唐书·本传》

○《陈伯玉集》载有赠严仓曹乞《推命录》诗：少学纵横术，游楚复游燕。栖遑长委命，富贵未知天。闻道沈溟客，青囊有秘篇。九宫探万象，三算极重玄。愿奉唐生口，将知跃马年。非因墨翟问，空滞至龙川。

387　遂宁县

汉置广汉县，南齐改曰小汉，梁改曰小溪，西魏改曰方义，宋复改曰小溪。明省县，入遂宁府，降府为县。清属四川潼川府。

宋　冯山人，怀占，字德淳，遂宁人，善风鉴，精堪舆术。太平兴国中，于青城山三蹊路牛心山前，看花山后，因卜居焉。筑三大阁，偃息其中，其所论皆丹石之旨，以吐纳导引为事，博采方诀，歌颂图记，丹经通书，无不研考。咸平中，成都一豪家葬父，遍访能地理者，选山卜穴，数年乃得之。葬后大凶，延冯观之，冯曰："陵迴阜转，山高垅长，水出分明，甚奇绝也。"主人曰："自葬以来，财散人亡，奇绝地固如是耶？"冯曰："愿

----
① 《唐书》云四十三。

妄言之：凡万物中，人为最灵，受命于天，贵贱各得其位，如鸟有巢栖，兽有穴处，故无互相夺，此山乃公侯之地，岂常人可处，所以亡者不得存，安者不得宁。《易》曰：负且乘，致寇至。小人而乘君子之器，其是之谓乎？"宋黄休复《茅亭客话》《光绪潼川府志·轶事》

388 广汉县

汉置，属广汉郡，郦道元谓之小广汉，南齐改名小汉，故城在今四川遂宁县东北。

晋　王长文，字德郁，① 广汉人，少以才学知名，放荡不羁。州郡辟为别驾，乃微服窃出，举州不知所之，后于成都市中，蹲踞而坐，啮胡饼食之，刺史知其不屈，乃礼遣之。于是闭门自守，不交人世。著书四卷拟易，名曰《通玄经》，有文言卦象，可用以为卜筮。时人比之扬雄《太玄》，惟桓谭以为必传后世。晚遭陆绩，玄道遂明。长文《通玄经》，未遭陆绩君山耳。《晋书·本传》《太平传御览·逸民》

西康省

西康省，在我国西部南境，本为四川省打箭炉之西边一部，及西藏康全部，卫东边一部地。清光绪间，归督办川滇边务大臣统治，曾奏准建立行省而未果。民国初，划为川边特别区域。十三年改名为西康特别区域，十七年国民政府又议决，改建为省。其地东界四川，南界云南及英属缅甸印度，西界西藏，北界青海。

389 巴安县

省会。○古之白狼国，后为巴塘土司，清光绪三十二年改流，置巴安县，寻升为巴

---

① 郁，一作叡，一作售。

安府，民国复改巴安县。属川边道，位于宁静大朔之间，滨金沙江东岸，为一小平原，西康中权之地也。气候温和，农产饶裕，人口亦较他处为繁。

清 光绪年间，巴塘正土司，罗进宝塞内，有一小花池，土司欲于花池处造房，以为讽诵梵经之室，求喇嘛卜之，喇嘛曰：[①]"毁花池而造经堂，不利于土司。"土司弗信，鸠工庀材而造室。庀，音庇，具也。治也。喇嘛曰："后有乘红马者至，则巴塘土司亡矣。"土司曰："黄马黑马，紫马乌马，各色均有，惟红马无之，紫马可谓红马乎？"喇嘛曰："红马非紫马也。"土司曰："马有红色乎？"喇嘛不复言，迄屋落成，尚未涂丹䗪，[②] 光绪三十一年，巴塘即有戕害凤大臣之事，土司伏诛，康人以土司亲戚，立为土司，嗣建昌道赵尔丰至，遂将巴塘改流，土司至此灭焉。康人屡以喇嘛之卜为言，惟不知乘马者为谁，嗣闻赵以甲午生，即谓丙属火，火色红，午属马，即红马也，人皆以为卜之验焉。

390　定乡县

原系里塘土司乡城地，清光绪三十二年改流，置定乡县，属川滇边务大臣，今属西康省。

清 光绪三十一年冬，官兵由巴塘往攻乡城，令康人应催乌拉，康人问卜于喇嘛，喇嘛曰："官兵胜，但须明年夏间乃可。"乡城稻坝之喇嘛亦自卜，则曰"官兵不胜，远来粮绝，难久持，必退去"。嗣于光绪三十二年闰四月十八日，官兵始克乡城，所卜夏间胜者验也，而卜官兵不胜者不验。

391　盐井县

原系巴塘土司地，清光绪三十一年，改流征粮，寻设盐井县，属川滇边务大臣，今

[①] 喇，郎达切，音辣。喇嘛，僧之别称。蒙古西藏称僧为喇嘛，俗皆读若拉。
[②] 䗪音蜇，药韵，赤石脂之类，如油漆所用颜料，以为宫室之饰者也。

属西康省。

清 光绪三十四年，藏人率兵，来占西康盐井地方，驻藏大臣联豫，饬察木多粮员李方惠，同藏兵往盐井，人民惊惶。康地文武官吏，电禀护川督赵尔丰，谓李粮员，率藏兵占盐井，赵电饬将李押候参办。有一喇嘛，持一梵字书往问李曰："剖本①属狗乎？"李曰："然，汝何以知之。"喇嘛曰："前代喇嘛遗书，谓属猴之年，藏兵至盐井，有属狗之汉官同来必罢职。本年戊申属猴，此乃数定，请勿怪。"李索书而阅，确系旧书，惟不识梵字，未考其详。

392　德格县

原系德尔格忞，宣慰司中部地，清宣统元年改流，设德化州，属川滇边务大臣，民国初改德化县，寻改今名，旧属西康川边道。

清 宣统元年，德格土司，欲献地改流，遣人往登科所属地方，问于坐静喇嘛。② 喇嘛回书曰："献地改流，土司可得汉官。康地之人，惟德格土司之官，可得大者。前代喇嘛遗书云：属猪之年，土司地方，皆为大皇上收去。不待收而即献之，必得官；若俟收去，则官不能得也。"德格土司从之，得二品衔，世袭都司。迄宣统三年春，民政部奏准，将各省土司，改流设官；西康土司，均改流焉，而是年辛亥，即属猪也。术数之学，岂得谓之诬欤？以上《民国西康建省记》

---

① 　康人称汉官曰剖本。
② 　居无人处，名曰坐静喇嘛。

中国历代卜人传卷二十一

河北省

河北省，在我国中部北境，渤海湾之西，以大部分在黄河之北，故名。别称曰冀，曰幽，曰燕，古冀兖二州之域。舜分冀州为幽州，春秋时为燕、晋、卫、齐诸国地，战国时为燕、赵、魏、齐四国地，汉为幽、冀、燕三州，隋置幽州总管府，唐属河北道，宋分河北为东西两路，元置大都，永平等八路，谓之腹里。明洪武间置北平等处布政使司，永乐十九年改北平为京师，置顺天府，各府州直隶京师，称北直隶。清置直隶省，民国初仍之。十七年国民政府定都南京，改直隶省曰河北省。其地东濒渤海，与辽宁接壤，南界山东、河南，西界山西，北界热河、察哈尔。省治清时在清苑，民国时尝移天津及北平，二十四年仍还清苑。

393 清苑县

汉樊舆、广望二县，晋乐乡，后魏分新城置清苑，北齐省入永宁，改曰乐乡，隋又改曰清苑，以县界清苑河为名。宋改曰保塞，金复曰清苑，元为保定路治，清为直隶治，保定府亦治此，京汉铁路经之。又有岔道，直达南门外府河滨。

明 胡宗，星士也。成化间游京师，谒吏部侍郎尹旻，漫戏曰："以诳人者将何之？"胡曰："明公未试以为诳，试一人，存为验，当知小子神术耳。"因出翰林邢让干支示之，曰："明年八月，此公必死。"邢亦闻之，明年六月，以祭酒升礼部侍郎矣。会馈钱事发，念其言，引罪坐除名。过漷县，①见岳蒙泉，岳问何以不深辨至此，曰："术者谓吾今年当死，今但失官，薄同事者罪，所谓阴功者不死，正此类也。"至八月朔，拈《易》自占，得临卦，投策叹曰："讵谓胡宗验乃至此，盖卦辞'八月有凶'故也。"至十八日果卒。明朱国祯《涌潼小品》

明 王府尹，忘其名，亦不知何许人也。尝梦人授之书，曰："读吾书可衣绯，不读吾书止衣绿。"觉而异之，他日于路得一书，视之，青乌家言也。潜玩读久之，乃以善地理闻，为钧州佐。②汉王有异志，购求之不往，曰："欲得予，非诏旨不可。"王以名闻，会太宗方有事寿陵，③曰："吾方求其人不得。"遂召以往，今长陵乃其所定也。前有小阜，劝上去之，曰："恐有妨于皇嗣。"上问："无后乎？"曰："非也，但自偏出耳。"上曰："偏出亦可。"遂不复去。后累世皆验，其人官至顺天尹。明王鏊《震泽纪闻》

清 吕申，字文甫，清苑人，原名牙兴，才姿雄俊，弱冠食廪饩，试辄冠其曹。学使姜太史元衡，为更名申，曰岳降也。屡试不第，遂辍举子业，博求天官舆地，及壬奇太乙、孤虚风角诸书，手录成卷，悉能背诵，占玩卜筮，什不失一，尤精堪舆家言，名公巨卿，竞延致之，岁无虚旬，动赴千里约，所至人倾倒，为文奇肆，不屑屑绳墨，为人谈休咎，质奥不易解，久之乃验，从之游者，无虑百十人，分其一长，即可名世，远近呼为吕先生，或曰吕仙而不字。年五十五卒，所著书甚伙，藏于家。《图书集成·卜筮部·名流列传》《清一统志·保定府·人物》《民国清苑县志·隐逸》

清 浙士，善测字，乾隆十九年甲戌，纪昀晓岚，在京会试，尚未传胪，适在董文达公邦达家见之。昀书一墨字，浙士曰："龙头不属君矣。墨字，拆之为二甲，下作四点，其二甲第四乎？然必入翰林。四点庶字脚，土，吉字头，是庶吉士矣。"榜后果然，丁丑散馆授编修，历官至翰林院侍读学士，庚辰主试山西，戊子秋，以两淮盐运使卢见曾侵帑事发，奉旨籍没家旨，中书徐蒸远在军机行走，闻信密书以告，搜出诸信，有昀往来书札，

---

① 漷，音郭，漷县，清初废入通州。
② 即今河南禹县治。
③ 成祖庙谥，初曰太宗。

牵连革职入狱，谳实，坐徙遣戍，遣发遣乌鲁木齐。不四年，以辛卯六月，释放还京。先是获谴时，狱颇急，以一军官伴守，一董姓军官，云："能拆字。"昀即画董字使拆，曰："公远戍矣，是千里万里也。"昀又书名字，董曰："下为口字，上为外字偏傍，是口外矣。日在西为夕，其西域乎？"问将来得归否？曰："字形类君，亦类召，必赐还也。"问在何年乎？曰："今年为戊子，至四年为辛卯，夕字卯之偏傍，亦相合也。"至是果验。《淡墨录》

○纪昀《如是我闻》云：亥有二首六身，是拆字之权舆矣。汉代图谶多离合点画，至宋谢石辈，始以是术专门，然亦往往有奇验。盖精神所动，鬼神通之；气机所萌，形象兆之，与揲蓍灼龟，事同一理，似神异而非神异也。

清 文通，字梦荪，满洲侍卫，荐修清书，充纂修官；后官总兵，精于象数，谓为《水浒》亦由易象参入。余讶未之前闻，因举宋江、李逵、刘唐相质，答曰："宋江，讼也。天水讼，故号及时雨。刀笔吏出身，取讼象。人事起于讼，故以之为首。李逵，升也。水风升，故号黑旋风。访柴进入井，迎母入井，取井象。刘唐鼎也，故号赤发鬼。缚之供桌，取鼎象。"又问水浒只三女，扈三娘号一丈青何义？答曰："卦止三阴，故以顾大嫂、孙二娘、扈三娘象之。三娘，归妹也。雷泽归妹，震三兑七，合成一丈。震居东方，其色属青，扈成之妹，归于王英，取卦象耳。"再问则笑而不答，时族兄蔗圃[①]方应童试，戏书"他"字请占，答曰："人立半池，进矣。"寻果验。梦荪盖深于邵子之学，而以武职自韬其光者。凡所占验，得出新颖，尤令人解颐云。长白麟庆见亭《鸿雪因缘图记·梦荪谈易》

394 大兴县

周初苏国，春秋时为燕国都，秦置蓟县，辽初改曰蓟北，又改曰析津，金始改曰大兴，为大兴府治，在今河北大兴县西南。元移治今北平，明洪武初为北平府治，永乐中至清，皆为顺天府治。民国十七年，划县城及附近地，入北平市，县治移黄村。

---

① 名双保，诸生，后官卫千总。

战国 卢生,燕人,① 秦录图书曰:"亡秦者胡也。"始皇乃使蒙恬发兵三十万人,北击胡,略取河南地。其实亡秦者,乃二世胡亥。二世三年甲午,秦遂亡矣。《史记·本纪·秦始皇》

金 萧汉杰,大兴人,金国初尝赐姓奥里氏。汉杰父仲宽,字居之,飞龙榜登科,同知青州军州事,致仕。有子六人,皆使宦学,独汉杰不乐,遂作举子。为人慷慨有志胆,好读书,究古兵法,及阴阳孤虚禄命之术。从军二十年,积官从三品,领虢州倅关陕总帅府提控,佩金符。元好问赠汉杰诗云:"射虎将军在北平,短衣憔悴宿长亭。雷轰宝剑无留迹,火藉青囊为乞灵。四壁不知贫作祟,一瓢谁识醉中醒。相逢莫话楮机石,② 自省枯槎是客星。"《畿辅通志·列传》

元 阿荣,字存初,怯烈氏,父按摊,中书右丞。阿荣幼事武宗,备宿卫,累迁官为湖南道宣慰副使。会列郡岁饥,阿荣分其廪禄为粥,以食饿者,仍发粟赈之,所活甚众。泰定初甲子,出为湖南宣慰使,改浙东宣慰使都元帅,以疾辞。天历初戊辰,复起,为吏部尚书;二年,拜中书,参知政事,进奎章阁大学士。文宗眷遇固甚,而阿荣亦尽心国政,知无不言。久之,心忽郁郁不乐,谒告,南归武昌,至元元年乙亥,卒。初阿荣闲居,以文翰自娱,博究前代治乱得失,见其会心者,则扼腕曰:"忠臣孝子国家之宝,为奇男子,烈丈夫者,固不当如是耶!"日与韦布之士游,所至山水佳处,鸣琴赋诗,日夕忘返,尤深于数学,逆推事成败利不利及人祸福寿夭贵贱,多奇中。天历三年庚午春,策士于廷,阿荣与虞集,会于直庐,慨然兴叹,语集曰:"更一科后,科举当辍,辍两科而复,复则人材彬彬大出矣。君犹及见之。"集应曰:"是士之多,幸如存初言。今文治方兴,未必有中辍之理。存初国家世臣,妙于文学,以盛年登朝,在上左右,斯文属望,集老且衰,见亦何补耶?"阿荣又叹曰:"数当然耳。"集问何以知之,弗答。后三年卒,元统三年乙亥,科举果罢;至正元年辛巳,始复,如其言。《元史·本传》《图书集成·艺术典·卜筮部·纪事》

---

① 燕,周国名,姬姓伯爵,武王封其弟召公奭于北燕,即今河北大兴县,战国时易王,始称王,为七雄之一,灭于秦。

② 楮,音支,柱也。

元 全真先生，年五十余，相貌魁伟，尝坐省东茶肆中，所言辄有验。元统间，省椽李孟容度在都门，访其寓所，乃在五门外第二桥民家，遂以出处叩之。全真曰："汝仕不在北方，且宜南归。四十后方可食禄。"临别偶问及时事，全真曰："此后当改至元，至元后改至贞，天下乱矣。"李曰："国初已有至元。"全真曰："汝第识之。"李南还至关河，闻改至元，心益信之；及改至正，则知贞者正也。四十后，方补饶州府史，全真之言，如烛照数计，岂非至人者乎！明陶宗仪《辍耕录》

明 展毓，字钟秀，自凤翔之岐山，徙京师，家故贫，卖卜以自给。已而事举子业，游顺天府学。天顺元年丁丑，举进士，擢河南道御史，两按藩镇，皆有誉。大同万全之间，有牧地数百里，析两地兵民居之，众侵敓混乱，①至相杀害，有司莫能制。毓掘地为堑数里，②抵南北山麓，中分之，戒不得过，乃已。毓风义凝重，嶷然不挫于物，其有不合者，虽贵势必与之抗，人皆以为能御史。《畿辅通志·列传》

明 萧鸣凤，顺天解元，精于星学，推算休咎如神。官郡守，以不职罢归，舟次，遇比部郎张永嘉璁。③张素闻萧术神，试以己命扣之，步置良久，不言，固问之，曰："禄命书从此可焚矣。"问何故，萧曰："仆平生阅人多矣，无不中者，独于仆与君而失之。"张曰："何也。"曰："仆自揣爵位，应至方伯，而今止于二千石；观君之命，不出三年，便当作相，而君犹然郎署也。岂吾术有未至耶？"遂别去。张公入京，仅三载，以议大礼中上意，遂拜相。既贵，忆萧言，辄为起之。十余年，果至方伯而卒。明郎仲夔《耳新》 谢肇淛《尘余》

明 周中立，以禄命之说，知名都下。刘尚书缨，为都御史时，为逆瑾所中，下制狱，事已白，犹未复官，造问休咎。先以亡儿徹命试之，中立曰："此命大佳，然厄于三十三，能过此则善矣。"徹没之年，正如所云，刘公心服之，乃示以己命，中立喑喑，④曰："此大贵人，目下虽有忧厄，然已出险就夷。异时官至八座，福履甚盛，未可量也。"时乡人陆坦，为礼部主

---

① 敓，音夺，强取也。
② 堑，音茜，艳韵，坑也。
③ 璁，音怱，石之似玉者。
④ 喑，音积，喑喑，鸣也，叹声也。

事，以公事被系，当坐重辟，会有内援得解。命未下，公方遣吏为诇其事，①因以坦庚甲示之，中立云："此亦贵人也。但比日方有官事，其忧甚大，然亦解矣，犹可食禄数年。"问何时，曰："不出今日中，当有佳报。"适所遣吏，跪白曰："已有旨，陆止降外任。"公殊骇，视日中矣。坦寻出为知县，稍迁郡倅以卒。② 刑部吴主事，尝从问命，中立为写一通授之，吴以视囚入狱，二子尚幼，戏水滨失足，妻惊痛，且恐夫归被谴，遂自经，吴出狱方知，往咎中立曰："此大事，何不素告我。"中立曰："吾固言之矣，第归视吾书。"吴检其书中有两语云："双双燕子入池塘，红粉佳人上画堂。"乃惊服。明陆延枝《说听》

清 吕圣功，顺天人，善卜筮，设庵于阜成门大街，四十余年，家赖之小康。善与人息讼事，其爻辞一本《易经》，而多别解，为经传所未备。于道光辛巳冬始卒，亦术士中之立品者。《光绪畿辅通志·方技》

清 金孝廉某，四川人，善风鉴，名动京师。定远方士淦莲舫，道光丙子就之相，金曰："科名中人，行将方面矣。"费新桥太史丙章亦至，金曰："此翰林也。且胜君，外台亦速，官至方伯，子仅一点。"后历历皆验。方士淦《蔗余偶笔》

清 英年，兵部侍郎，善堪舆术。一日扈驾游醇园，令相视园地吉凶，英年骇曰："是气尚旺，再世为帝者，当仍在王家。"时光绪己亥九月，已立溥儁为皇子矣。③ 孝钦曰："天下已有所归，得毋言之妄乎？诚如卿说，当用何法破之？"英年顾视墓旁，有老楸一株，夭矫盘挐，且百年物，因指树奏曰："伐此则气泄，是或可破也。"孝钦还宫，即遣使伐树，树坚如铁，斧锯交施，终日不能入寸，而血从树中迸出，次早趋视，断痕复合如故，监工者惧而请止。孝钦大怒，自诣园，督数十工人，尽一日之力仆之，中毙一巨蛇，小蛇蟠蟠盘伏无数，急聚薪焚之，臭达数里。后德宗薨，今上仍由醇邸入承大统，英年之言果验。《国闻备乘》

---

① 诇，音迥，迥韵，刺探也。
② 倅，音淬，副也。
③ 儁与俊同，卓特也。

395　宛平县

本汉蓟县地，唐析置幽都县，辽改曰宛平。明时与大兴并为顺天府治，清因之。民国有移县治芦沟桥之议，未实行。

明　孙孝本，字子乌，宛平人，少流落河间，壮还乡里，以耕织为业。性尤嗜书，其才婉密精耨，① 长于纂述，尤好术数，著有《桄易》一编，② 年七十卒。王伯俞题其所居曰"逸人坊"。《畿辅通志·列传》

396　方城县

本燕方城邑，汉置县，北齐废。隋自今易州涞水县，移固安县于此，取汉固安县为名，故城在今京兆固安县南。

晋　张华，字茂先，方城人，父平，魏渔阳郡守。华少孤贫，自牧羊，同郡卢钦器之。乡人刘方，亦奇其才，以女妻焉。华学业优博，辞藻温丽，朗瞻多通，图纬方伎之书，莫不详览，而造次必以礼度，勇于赴义，笃于周急，器识弘旷，时人罕能测之。著《鹪鹩赋》以自寄，陈留阮籍见之，叹曰："王佐才也。"由是声名始著，历官司空，领著作，封壮武郡公。赵王伦之变被害，朝野莫不悲痛之，时年六十九。有《博物志》十篇，及文章并行于世。子祎，博晓天文，为散骑侍郎，与华同时遇害。《晋书·本传》《光绪畿辅通志·杂传》《咸丰固安县志·文翰》

○张华《博物志》云：有山者采，有水者渔；山气多男，泽气多女。平衍气仁，高凌气犯；丛林气躄，故择其所居，居在高中之平，下中之高，则产好人。又云：山居之民多瘿肿疾，由于饮泉之不流者。今荆南诸山郡东多此疾，肿由践土之无卤者，今江外诸山县偏多此病也。

○晋干宝《搜神记》：张华为豫章太守，善易卦，明于政刑，下吏罪人畏之，不敢犯

---

① 耨，音鎒，宥韵，除草之器。
② 桄，同挽，辕端横木也。

令。或当死者，悉放归，辞父母。时有一人犯盗，处死，克日欲诛，放归辞别，限满赴州就刑，其人在路号哭。经赵朔家，赵朔问何故哭？答曰："某拙谋为盗，犯法当死，昨蒙太守给假辞父母，限满赴州就刑，所以悲泣。"朔曰："何不避去？"答曰："使君明于易筮，前后避者皆获得，是以不敢违日。"朔曰："汝不用哭，吾令汝生，但用吾计，自当获免，汝可取之。避到行渡河，即取竹筒盛水，三尺长，安于腹上，仍黄沙中卧，经三日，然后可还，终始擒汝不得也。"其人一依朔言，至假满，法司怪久违限，乃以名闻，华乃观《易》，六卦成，断曰："何故腹上水深三尺，背卧黄沙，此人必投水死，更不用寻也。"此谓之善《易》。其人经一年，改名姓，处于乡里，既脱其死，即赍重赂酬于朔，朔一无受焉。

○《晋书·慕容廆载记》：廆幼而魁岸雄杰，有大度。安北将军张华，雅有知人之鉴，廆童少中时，往谒之，华甚叹异，谓曰："君至长，必为命世之器，匡难救时者也。"因以所服簪帻遗廆，结殷勤而别。

397　东安县

本汉安次县，后魏改安城，元升为东安州，故城在今直隶安次县西北四十五里。明降为东安县，徙今治，属顺天府。清因之，民国改为安次县。

明　周凤，东安人，以农为业，居常与洪莲为友，授以抚病之法，抚处即愈。又授以数术，算人生死无失。凤自言某月日当死，至日阖户以谨避之，忽下床一跌而殁。其时有均智者，曾授数术于凤，亦能知生死，不爽毫发云。《光绪顺天府志·方技》

398　霸州

汉置益昌县，后汉废，五代周置霸州，置永清县为州治，宋废永清县，金复置益津县，明省益津入州，民国改州为县，今属河北省。宋时杨延朗修葺霸州城，以控辽人，当时为北方重镇。

清　荣邦达，字海樵，堂二里人，少失怙，天资英敏，过目成诵。十八岁入邑庠，家贫甚，课徒自给。博通经史子集，所为诗文，均渊源于李杜韩欧，不屑为时文，一时出其门者多名士。荣姓本巨族，富于财者甚伙，邦达一无所称贷，惟恃束脩以自奉。精于《易》，卜筮多奇中，注有《易说》若干卷。晚年失明，日卖卜于市，得钱三百文即止。家徒四壁，而啸歌不辍；夫妇相安淡泊，敬礼如宾。偶有造庐请教者，则高谈雄辩，终日不倦，其诱掖后进每如此。年八十七岁卒，无子，所著有《鬼瞰堂文集》，散佚无传。

清 孙智，字鉴堂，号炳然，北岸村人，生有异秉，性孝友，好慈善，精风鉴，有知人之明。读书过目成诵，经史以外，兼精壬奇战阵之学。智家素富，后以施济值荒年，家遂中落。云南鹤丽镇高公，姻戚也，招赴任，参赞军务，屡平苗匪，歼魁释从，全活者不下数万众，时人有活佛之目。以上《民国霸县志·文献》

399 涿州

秦上谷，汉涿县，魏范阳，唐析置涿州，宋曰涿水郡，金曰涿州治范阳。明省范阳入州，属顺天府，清因之，民国改为涿县。

后汉 崔篆，涿郡安平人，王莽时，为郡文学，以明经征诣公车。太保甄丰举为步兵校尉，篆辞曰："吾闻伐国不问仁人，战阵不访儒士，此举奚为至哉！"遂投劾归。① 客居荥阳，闭门潜思，著《周易林》六十四篇，用决吉凶多占验。临终作《慰志赋》以自悼。子毅，隐身不仕。毅生骃。《后汉书·附崔骃传》《乾隆涿州志·方技》

后汉 崔瑗，字子玉，篆孙，骃子。早孤，锐志好学，尽能传其父业。年十八，至京师，从侍中贾逵，质正大义，遂明天官历数、京房易传，诸儒宗之。《后汉书·附崔骃传》《同治涿州志·方技》

蜀汉 李定，涿人有相术。刘先主少孤，与母贩履织席为业。舍东南角篱上有桑树，生高五丈余，遥望见童童如小车盖，往来者皆怪此树非凡，定云此家必出贵人。《蜀志·先主本纪》《光绪畿辅通志·方技》

北齐 祖珽，字孝征，莹子，天性聪明，事无难学，凡诸伎艺，莫不措

---

① 投辞自劾，有过不合应举。

怀。文章之外，又善音律，解四夷语及阴阳占候医药之术，尤是所长。《乾隆涿州志·方技》

唐 卢承庆，字子余，涿人，官户部尚书。有兄子将笄而嫁之，谓弟尚书左丞承业曰："吾为此女，择得一婿。"乃曰："裴居道，其相位极人臣，然恐其非命破家，不可嫁也。"承业曰："不知此女相命，终他富贵否？"因呼其姪女出，兄弟熟视之，承业又曰："裴郎位至郎官，其女即合丧逝。纵后遭事，不相及也。"卒嫁与之，居道官至郎中，其妻果殁。后居道竟拜中书令，被诛籍没，久而方雪。《唐书·本传》唐吕道生《定命录》

唐 范阳山人，不知其姓字，李叔詹常识之，停于私第，时语休咎，必中兼善推步。《光绪顺天府志·方技》

唐 卢齐卿，涿州人，承庆弟，承泰子，有知人之鉴，长安初，为雍州参军。武后诏长史薛季昶，择僚吏堪御史者，季昶访于齐卿，齐卿曰："长安尉卢怀慎、李休光，万年尉李乂、崔湜，咸阳丞倪若水，鳌屋尉田崇璧，新丰尉崔日用、季昶用其言，后皆为通显巨人。"及拜幽州刺史，而张守珪从军，为幽州一果毅。[①] 齐卿常引对坐云："公后当富贵，秉节钺。"守珪踧踖，不意如此，下阶拜。齐卿未离幽州，而守珪竟为将军节度矣。张嘉贞之任宰相也，有人诉之，自虑左贬，命齐卿相之，不为决定。因其入朝，乃书笏上作"台"字，令张见之，张以为不离台座，及敕出，贬台州刺史。齐卿喜饮酒，踰斗不乱，宽厚乐易，士友以此亲之。终太子詹事，广阳庆公。《唐书·附承庆传》唐吕道生《定命录》

明 华孝廉，扬州如皋人，失其名，正德初，侨寓房山之元元观，见承座上置一册，惊叹曰："此书吾访遍天下，何意得之于此。"由是言吉凶皆奇中。邑令曹俊，夜梦大蛇蟠树，其首下垂，问之，华曰："君迁矣。"私语人曰："迁则迁矣，死且近，其死必首下。"未几曹果迁州守，以匿丧事觉，卫尉逮捕，投井死。华后举进士，授户曹司，分潞河，一日同寮宴饮，风吹瓦堕，华曰："宸濠败矣。"数日得露布，宁藩果已授首。后因奏天象忤旨，被谪，趣装南下，不知所终。《乾隆涿州志》《宣统山东通志》均载《流寓》

[①] 一果毅，职务名称也。

400 通州

汉潞县，唐元州，金改通州治潞县，明省潞县入州，属顺天府，清因之，世称北通州，民国改为通县。

明 金忠，其先浙江鄞人，少读书，善易卜。兄成通州亡，忠补戍，贫不能行，相者袁珙资之。既至，乃编卒伍，卖卜北平市多中，市人神之。僧道衍，荐诸成祖，成祖将起兵，托疾召忠卜，得铸印乘轩之卦，曰："此象贵不可言。"自是出入燕府，劝举大事。燕兵起，授忠王府纪善，守通州，南兵数攻城不克，有功，已召置左右，有疑辄问，术益验。且时进谋画，拜右长史，赞戎务，为谋臣矣。成祖称帝，擢工部右侍郎，赞世子，守北京；寻召还，进兵部尚书。次子高煦，从战有功，许以太子，至是淇国公丘福等，党高煦，劝帝立之。独忠以为不可，历数古适孽事，帝不能夺，密以告解缙、黄淮等，皆以忠言为是，于是立世子皇为太子，而忠为东宫辅导官，以兵部尚书兼詹事府詹事。六年戊子，帝北征，留忠与黄淮等，辅太子监国。是时高煦夺嫡谋愈急，蜚语潜太子，十二年甲午，北征还，悉征东宫官下狱，以忠勋旧不问。密令审察太子事，忠言无有，帝怒，忠免冠顿首流涕，愿连坐以保之。以故太子得不废，宫僚黄淮等亦获全。忠由卒伍至大位，甚见亲倚，每承顾问，知无不言，然慎密不泄，处僚友不持两端，能出以让。十三年乙未卒，给驿归葬，命有司治祠墓，复其家。洪熙元年乙巳，追赠荣禄大夫，谥忠襄。官子达翰林检讨，达刚直敢言，仕至长芦都转运使。忠有兄华，负志节，忠守通州有功，欲推恩官之，辞不就；尝召赐金绮，亦不受，成祖目为迂叟，放还。一日读《宋史》至王伦附秦桧事，放声长叹而逝，里中称为白云先生。《明史·列传》《光绪通州志·流寓》

清 王应藻，字耕石，通州人，读书不乐仕进，忠厚孝友，乡里称之。通地理，善星学，州有大兴作，暨戚党中卜葬相宅者，咸资考镜焉。讲求精细，至老不倦，年六十一卒。《光绪畿辅通志·方技》

清 刘子振，字麟长，州廪贡生，以善事父母著，读书务究理学，为文不屑作经生语。屡蹶棘闱，益留意天文地理占验诸书，靡不通。晚或劝援例筮仕，答曰："读书所以明道，奚必沾沾升斗乎？"抚诸侄，为之婚娶，周亲朋困乏者。凡里中有义举，辄以身先之。《光绪通州志·文学》

401 蓟州

春秋，山戎无终子国，秦置无终县，隋改曰渔阳，唐于县置蓟州，宋又改曰广川，明省县入州，清因之，属属顺天府，民国改州为县，今隶河北省。

宋 赵普，字则平，蓟人，相太祖太宗，拜太师，封魏国公，谥忠献，追封韩王，昔冯拯之父，为普家内知，内知，即勾管本宅事者也。一日普下帘独坐，拯方十余岁，弹雀于帘前，普熟视之，召坐与语，其父遽至，惶恐谢，普曰：吾视汝之子，乃至贵人也。因指其所坐榻，曰：此子他日当至吾位，冯后相真宗仁宗，位至侍中。《艺术典·相术纪事》

宋 窦俨，字望之，蓟州人，幼能属文，性夷旷，好贤乐善，于昆弟中，尤号才俊晋，天福进士，周显德中，拜翰林学士，宋初转礼部侍郎，当时祀事乐章，宗庙谥号，多所撰定，尤善推步星历，逆知吉凶，卢多逊、杨徽之，同任谏官，时俨尝谓之曰：丁卯岁，五星聚奎，自此天下太平，二拾遗见之，俨不与也。又曰：俨家昆弟五人，皆登进士第，可谓盛矣。然无及相辅者，惟称稍近之，亦不久居其位，卒如其言。《宋史·附窦仪传》

元 李纯夫，燕山人。① 弱冠登进士，不乐仕进，弃官为黄冠，卜隐王官谷，构了了庵于贻溪之上，庵后建白云洞，自号孤云子。《雍正山西通志·仙释》

402 宝坻县

五代唐置榷盐院于此，谓之新仓，辽置新仓镇，金析香河改为县，谓盐乃国之宝，取如坻如京之义，命之曰宝坻，清属顺天府，民国属河北府。

---

① 燕山，在河北蓟县东南。

清 王晴溪，宝坻人，工打盘术，卜人休咎，术用罗盘置木尺，问者预书事覆盘下，令人持尺拨盘，视尺押何度，当作何字，毕集诸字偏旁凑合之，文诗词不一格，间有似古谣谚谶之事，后历历应，晴溪素不甚晰文义，以此知非伪托，尝挟其术走京师，四方所至倾动，争延致之，当和相盛时，或决其必败，当问在何时，书一绝，中有句云：玉猴授首在羊年，玉猴隐坤字后和，果以已未午伏法，其奇巾皆类此也。性警敏，髯长尺余，貌伟甚，如世所绘钟离权状，欲试其术者，饮以酒，尽数升许，乃欣然为之，否虽王公不顾也。卒年七十余。《光绪顺天府志·方技》

403　天津县

汉章武县，晋泉州，隋瀛州长芦县，唐沧州，元为静海县地，置海滨镇，明永乐间，置天津卫，天津左右卫于此，清初因之，雍正间，改卫为州，又改设天津府，置天津县为府治，后移直隶总督驻其地，天津镇总兵亦驻此，民国废府留县，省长及津海道皆驻此，清咸丰十年，中英续约，订开商埠，地当五大河合流处，汽船畅通，铁路四达，北部冲要繁盛之区，而京师之门户也。光绪二十六年，拳匪之乱，为各国联军所据，毁其城垣，立约不得复筑。

清 王文锦，字云舫，天津人，精天官家言，同治辛未进士，官左侍郎，光绪十一二年，密陈两宫，将有西狩之兆，且请移跸西苑以禳之，因诏修仪鸾殿而迁，居焉，及光绪二十六年庚子事变，文锦已前卒矣。震钧《天咫偶闻》

404　青县

汉置参户县，后汉省，隋为长芦鲁城二县地，五代周置永安县，宋改永安县曰乾宁，金仍曰清州，改县曰会川，元改州曰清宁府，明省会川入州，改清州为青县，清属直隶天津府，津浦铁路经之。

清 费荫朴，字仲璋，府学增广生，品行端方，学问渊博，从游诸士，

游庠领乡荐者数人尤精地理星相，多所经验。《民国青县志·艺术》

405 沧州

秦上谷，汉渤海郡，后魏分置沧州，隋隶州漳河郡，唐改景城郡，寻复曰沧州，宋曰沧州景城郡，金复为沧州，治清池，在今直隶沧县东南四十里，金元因之，明初省清池入州，移州治长芦故县，明清时州。①

北魏 颜恶头，章武郡人，妙于易筮，游州市观卜，有妇人负囊粟来卜，历七人，皆不中，而强索其粟，恶头尤之，卜者曰：君若能中，何不为卜，恶头因筮之，曰：登高临下水洞沿。② 唯闻人声不见形，妇人曰：妊身已七月矣。向井上吸水，忽闻胎声故卜，恶头曰：吉，十月三十日，有一男子，诣卜者，乃惊服曰：是颜生邪，相与具羊酒谢焉，有人以三月十三日，诣恶头求卜，遇兑之履，恶头占曰：君卜父，父已亡，当上天，闻哭声，忽复苏，而有言，其人曰：父卧疾三年矣。昨日鸡鸣时气尽，举家大哭，父忽惊寤云：我死有三尺人来迎，欲升天，闻哭声，遂堕地，恶头曰：更三日当永去，果如言，问其故，恶头曰：兑上天下土，是今日庚辛本宫金，故知卜父，今三月土入墓，又见宗庙爻发，故知死，变见生气，故知苏，兑为口，主音声，故知哭，兑变为乾，乾天也。故升天，兑为言，故知父有言，未化，入戌为土，三月土墓戌，又是本宫鬼墓，未后三日至戌，故知三日复死。《北史·艺术》《民国沧县志·方技》

唐 郑相如，自沧州来，师事郑虔，虔未之礼问，问何所业，相如曰：闻孔子称继周者，百世可知，仆亦能知之，虔骇然，即曰：开元尽三十年，当改元，尽十五年，天下乱，贼臣僭位，公当汙伪官，愿守节可以免，虔又问，自问云何，答曰：相如有官三年，死衢州，是年及进士第，调信安尉，既三年，虔询吏部，则相如果死，故虔念其言，终不附贼。《新唐书·文艺·附郑虔列传》

---

① 属直隶河间府，民国改为沧县。
② 洞，音炯，深广貌。

清 袁绳武，以岁饥远游，遇异人授书二册，遂精于卜筮，挟术走京师，来卜者无不曲中，逢恶人辄发其阴私，令畏而知改，一人来问卜，不之答，其人甫出户，即厉声曰：因一婢而乖伉俪之好，尚可与言耶，坐中无不悚然，遇贫士辄倾囊赠之，值已无资，即云尔某亲某友，有藏镪若干，可往贷也。其人如其言求之，无不验。《民国沧县志·方技》

清 迟廷燊。① 字从贤，又号明远道人，乡人呼为迟半仙，幼多奇悟，长游京师，遇山东李维轩，有异术，尽传其学归，遂精占验，景州于姓，墓没于水，求之不得，廷燊为指其处，掘地尺许，碑志具在，亦精堪舆术，有愿从学者不许，曰：传非其人，徒滋流弊。

清 丛立选，性聪敏，热心公益，居乡治事，人咸服其公明，善针灸，尤精奇门六壬谶纬诸书，能自知生死，于死前数日，称已将远游，折柬遍邀诸戚友话别，及客至，高谈阔论，人咸不知其何往，俟至日中，自著衣冠，曰：吾别矣。升床瞑目而逝，寿六十一岁。以上《民国沧县志·方技》

406 饶安县

汉置千章县，后汉改置饶安县，后魏置沧州治之，故治在今河北盐山县南五十里，今名旧县镇。

北魏 刁冲，字文朗，痈曾孙，饶安人，十三而孤，孝慕过人，家世贵达，从师于外，自同诸生，学通诸经，阴阳图纬算数天文风气之书，当世服其精博，性壮烈，不畏强御，延昌中，司徒高肇擅恣威权，冲抗表极言，辞旨肯直，神龟末，袭爵东安侯，卒谥安宪先生。

407 庆云县

春秋齐北境，汉信阳县地，隋分置无棣县，宋徙治东界，元初分无棣之半，置西无

---

① 燊，音莘，炽也。盛也。

棣县，后并入乐陵，寻复置，明永乐避讳，改曰庆云，属沧州，清属直隶天津府。

清 秦陆海，字珍坡，幼读书，即喜阴阳术数等学，尤好游名山大川，至京北昌平十三陵，遇张友三，系著透地真传，张严岭之后，一见如故，畅谈数日，临行赠家传口诀一卷，旋里后，细心潜玩，尽得其真诀秘旨，并与吴集生等，互助切磋，遂以堪舆之学，擅誉津南，著有地理秘窍四册，凡有所求，莫不慨诺，从无丝毫索谢，邻近村庄，则不使劳车马，甚贫乏者，则不令具茶酒，本邑自道光至同治，四十余年，科第否塞，先生苦之，因暗窥城关地势，极费心血，得其受病原因，遂与邑绅公议，重修圣庙，文昌阁，奎星楼，考棚书院，高低有法，远近合度，由此文武两科，蒸蒸日上，至今尤盛，人皆谓文运之开，先生与有功焉。

清 刘艺林，字漱芳，清道光间文生，为人端谨，因葬亲习堪舆，博观群书，能综其纲要，取龙真穴真向真，著三真集行世，其所定吉莹，至今人多称之。

清 刘鸿逵，字渐于，清贡生，工诗文，兼精堪舆，随事观理，而不墨守成规，常自为其先人择地，葬后数年，长子统畴，中辛卯科举人，大挑知县，签掣河南，次子惠畴，优级师范毕业，奖励举人，加中书衔，顾先生以数理深奥，不肯轻出为人相地，故知之者少。

清 韩寅秀，字义宾，附生，工诗，幼时贫不能读，常挟经耘田，后卒得成名，学由程朱入手，立心制行，不枉已循人，毅然独求其是，晚年尤精医卜堪舆诸学，著有静存斋诗稿藏于家。以上《民国庆云县志·堪舆》

408 南皮县

秦置，故城在今直隶南皮县东，东魏移县于今治，清属直隶天津府，津浦铁路，贯其西境。

北魏 王早，渤海南皮人，明阴阳九宫及兵法，尤善风角魏太宗时，邑中丧乱，多相杀害，或诣早求问胜术，早为设法，令各无咎，由是州里称之。《魏书·艺术》《光绪畿辅通志·杂传》

唐 贾耽，字敦诗，南皮人，以明经登第，官至相国，直道事君，有未萌之祸，必能制除，至于阴阳象纬，地理杂数，无不洞晓，有村叟失牛，诣桑国师卜之，卦成，师曰：尔之牛，是贾相国偷，将置之于巾笥中，尔但候朝时，突前告之，叟乃如其言以请，公诘之，具以卜者语告公，公于马上笑为发巾笥，取式盘，据鞍运转以视之，良久谓叟曰：相公不偷牛，相公知牛去处耳，可于安国观，三门后，大槐树之梢鹊巢，探取之，叟遂诣三门，见槐梢果有鹊巢，却无所获，乃下树低头，见失牛在树根，系之食草，草次，是盗者家。《旧唐书·本传》《光绪畿辅通志·识余》

清 李太初，精通六壬遁甲术，能前知，言皆奇验，时功令严峻，事涉人命者，往往邻里株连，追呼不休，一日忽自塞其门，禁绝炊烟，戒家人勿轻出入，惟使老仆，于壁间一门，出取薪水而已，未几，邻妇与人口角，雉经死，吏胥驿骚，喧阗里巷，独李居阒无人声，用免于祸，偶为姻家祝寿，备物三种，命子偕往，子虑奇数不恭，勉行数里，适值兔为犬逐，乃捕获以耦其数，同邑候公幼钰，家有藏金，岁久而迷其处，往请卜之，李指所居楼下，令启户限，得白锃二百，其神于推测如此，李家故贫，子劝入都，当得重赀，李不应，屡以为言，勉从之，至京卜于某王府，奇验，获三十金，付子藏之，即旋里，子谏不从，曰：是非尔所知也。去家七八里，子忽腹痛，入禾中遗，而金坠道左，至家采囊乌有，子悔恨自挞，李笑曰：福薄之人，三十金不能消受，乃妄规巨亿乎，吾固知此行之无益也。生平乂命自安，绝不炫奇骇俗，而乡人共呼为李神仙。《光绪南皮县志·艺术》

409 静海县

本汉章武东平舒二县地，宋置清州，金置靖海县，明改靖曰静，清因之，直隶天津府，今属河北省，津浦铁路经之，城濒运河，为水陆要冲，舟车辐辏。

清 赵鲁源，字唯曾，廪贡生，善堪舆，著有地理玄龙四卷。

清 元祝垚，字皞农。① 增生，工隶书，精堪舆，著有棣华地学五种行世。以上《同治静海县志·方技》

---

① 皞，音昊，明也。白也。

410 河间县

汉武垣县，隋置河间县，为河间郡治，省武垣入焉，唐改瀛州，明清仍曰河间，皆为直隶河间府治。

周 秦越人，勃海郡鄚人。① 家于卢，世号扁鹊，又称卢医，少时为人舍长。② 遇长桑君，传其术，视见垣一方人。③ 以此视病，尽见五藏症结，特以诊脉为名耳，④《史记·本传》

北齐 权会，字正理，鄚人，志尚沉雅，动遵礼制，少受郑易，妙尽幽微，诗书三礼文义该洽，兼明风角，仕齐，历国子博士，参掌虽繁，教授不阙，临机答难，酬报如响，为诸儒所推，而贵游子弟，慕其德义者，或就其宅，或寄宿邻家，昼夜承间，受其学业，会欣然演说，未尝懈怠，虽明风角玄象，至于私室，都不及言，学徒有请问者，终无所说，每云：此学可知不可言，诸君并贵游子弟，不由此进，何烦问也。唯有一子，亦不授此术，会曾遣家人远行，久而不反，其行还，将至，乃逢寒雪，寄息他舍，会方处学堂讲说，忽有旋风吹雪入户，会笑曰：行人至，何意中停，遂使追寻，果如其语，会每占筮大小必中，但用爻辞象象，以辨吉凶，易占之属，都不经口，子袭，聪敏精勤，幼有成人之量，先亡，临送者为其伤恸，会唯一哭而罢，时人尚其达命，武平末，自府还第，无故马倒，遂不得语，因暴亡，注易一部行于世，会生平畏马，位望既至，不得不乘，果以此终。《北齐书·儒林》《清一统志·河间府·人物》

隋 卢太翼，字协昭，河间人，本姓章仇氏，七岁诣学，日诵数千言，州里号曰神童，及长，博综群书，尤善占候算历之术，隐白鹿山，徙居林虑

---

① 鄚，音莫，徐广曰：鄚县名，属河间府，清一统志云：直隶任丘县北，废鄚州东门外，有扁鹊故宅。

② 刘氏曰：守客馆之师，号为舍长。

③ 索隐，方，犹边也。言能隔墙见彼边之人，则服通神也。

④ 阜按，望而知之谓之神，闻而知之谓之圣，问而知之谓之工，切脉而知之谓之巧，盖望而知者，望见其五色，以知其病，闻而知者，闻其五音，以别其病，问而知者，问其所欲五味，以知其病之所起及所在也。切脉而知之者，诊其寸口，视其虚实，以知其病属何藏府也。越人得长桑之传，精于望闻，故不待问切，尽见病之症结也。

山，茱萸涧，受业者踵至，乃逃于五台山，地多药物，与弟子数人庐岩下，隋太子勇，闻而召之，太翼知太子必不为嗣，谓所亲曰：吾拘逼而来，不知所税驾也。及太子废，坐法当死，文帝惜其才，配为官奴，久乃释，仁寿末，帝将避暑仁寿宫，太翼固谏，且曰恐是行銮舆不返，帝大怒，系之长安狱，期还斩之，帝至宫，寝疾，临崩，命皇太子释之，及炀帝即位，汉王谅反，帝问之，答曰：谅何能为，未几谅果败，帝从容言天下氏族，谓太翼曰：卿姓章仇，四岳之胄，与卢同源，于是赐姓卢氏，大业九年癸酉，从驾至辽东，言黎阳有兵气，后数日而杨玄感反，帝益异之，数加赏赐，太翼所言天文事，不可胜数，事甚秘密，时莫能知，后数岁，卒于雒阳。《北史·艺术》《隋书·艺术》《清一统志·河间府·人物》《光绪畿辅通志·杂传》

唐 邢和璞，不知何许人，隐于瀛海。[①] 善算心术凡人心之所计布算而知之。

天宝末，尝在瀛州守座，书笼字而去，及安禄山反，始悟其意，卜居嵩颖间，著颖阳书三篇，有算心旋空之诀，喜黄老，知人夭寿，尝推张果生死，憪然莫知其端。《新唐书·方技》《光绪畿辅通志·杂传》

唐 褚老生，瀛州人。[②] 三世业卜筮甚验，李惟岳拔扈河北，召使作卦，卦成，惟岳问，我作天子否，褚不应，怒甚，使武士抽刀挟之，褚方战悚，不觉遽呼，曰：作作，惟岳笑曰：汝今亦称作作耶，取卦辞观之，有两句云：武王黄钺，首登天阙，惟岳大喜，曰：只此语，我宁不当为周发耶，乃舍使去，褚出，潜语所亲云：贼不久凶死族灭矣。后惟岳果为人所杀，黄油囊裹头送京师。《光绪畿辅通志·识余》

411 献县

汉乐成县，东汉乐陵，晋曰乐城，隋改曰广成，又改曰乐寿，金升为寿州，改曰献州，元废州，仍为乐寿县，寻复为州，明省县入州，又降州为献县，属直隶河间府，清因之，今属河北省。

---

① 即今河北河间县治。
② 即今河间县。

北齐 信都芳，河间人，好学，善天文算数，甚为安丰王延明所知，延明家有群书，欲抄集五经算事，为五经宗，及古今乐事为乐书，又聚浑天欹器，地动铜乌，漏刻候风诸巧事，并图画为器准，并令芳算之，会延明南奔，芳乃自撰注，后隐于并州乐平之东山，慕容绍宗，荐之于高祖，为馆客，授中外府田曹参军，芳性清俭质朴，不与物和，绍宗给其羸马不肯乘骑，夜遣婢侍以试之，芳忿呼殴击，不听近已，狷奇自守，无求于物，后亦注重勾股，复撰史宗及乐书，遁甲经，灵显历，武定中卒。《魏书·艺术》《北齐书·方技》《清一统志·河间府·人物》《乾隆献县志·技术》

清 纪昭，字懋园，号悟轩，献县人，昀兄，中乾隆丁丑进士，官内阁中书，八年，会闻父疾，立请假归，居十二年卒，昭平生笃于事亲，敦睦亲旧，急人疾苦，少与弟昀，同以学问相砥砺，助喜词赋经学，攻汉唐训诂，昭为学以见诸实事为主，服膺宋五子书，能体验，而躬行之，撰古今嘉言懿行，为养知录，又于阴阳舆地医卜算数之书，靡不研究，晚岁益力学不倦。《畿辅通志·列传》

412　任丘县

汉鄚县地，北齐置任丘县，隋废，故城在今直隶任丘县，南唐复置，即今治，明清皆属直隶河间府。

清 孙译，字意圣，岁贡生，精大六壬，占每奇验，著大六壬铃十余卷。《乾隆任丘县志·方技》

413　交河县

汉建成成平景成三县，后汉省建成景成，后魏徙成平县，治景城，隋改曰景成，宋省入乐寿，金分乐寿治交河县，明清皆属直隶河间府。

清 王兰生，字振声，号坦斋，交河人，诸生康熙间，赐进士，乾隆时，官至刑部右侍郎，管礼部侍郎，兰生任陕西学政时，凡奇才孤学，通知阴阳历数者，必提掇奖成之，又出入禁闼十余年，受圣祖指示，故学无所不窥，凡校《周易折中》，纂辑《律吕正义》《数理精蕴》《卜筮精蕴》《音韵阐

微》诸种，兰生之力居多。及卒，私谥文诚，乾隆五年庚申，入祀乡贤。《畿辅通志·列传》

414 宁津县

本汉胡苏亭，隋置胡苏县，唐改名临津，宋省入南皮，金复置，改曰宁津，县初在今县西南二十五里保安镇，金圮于水，因移今治，明清皆属直隶河间府。

北齐 吴遵世，字季绪，渤海人。[①] 少学易，入恒山，从隐居道士游，处数年，遂明占候，后出游京洛，以卜筮知名，魏孝武帝，将即位，使筮之，遇否之萃，曰：先否后喜，帝曰：喜在何时，遵世曰：于象为刚决柔，其春末夏初乎，又筮遇明夷之贲，曰：初登于天，后入于地，若能敬始慎终，不失法度，庶无忧乎，竟皆如其言，齐文襄王，拔为大将军府墨曹参军，皇建中，武成以丞相守邺，频遭疑谤，内怀忧惧，谋起兵，屡令遵世筮，遵世言不劳起兵，自有大庆，事遂寝，及赵郡王等，奉太后令，以遗诏征武成，武成令更筮之，遵世言，比已占十余卦，必有天下，愿勿疑，及即位，除中书舍人，以老疾辞，授中散大夫著易林杂占百余卷。《北齐书》《北史》《光绪宁津县志》均《方技》《同治涿州续志》《光绪南皮县志·艺术》

明 张绅，字希贤，宁津人，正统间，以世业入为天文生，从太监某，占攻守，有奇验，后随总兵官石亨，征延绥，再随柳溥征甘凉，多异绩，历擢监副，乞休，掌监事，章轩言绅，善察玑衡，命绅教习，修改浑仪，在任致仕，留以待就问焉。

清 李鉁。[②] 字珍同，例贡生，中书科额外中书，精天算，善堪舆，凡甘石青乌，以及医药卜筮之书，无所不读。以上《光绪宁津县志·方技》

415 景州

汉修县，隋蓚县，元元州，金置景州，改名观州，治东光，即今直隶东光县，元复

---

① 《南皮志》作勃海临津人。
② 鉁，同珍。

改景州，徙治蓨明，省蓨县入州，清属直隶河间府，民国改为景县。

北魏 高允，字伯恭，蓨人。① 千里就业，博通经史天文术数，尤好春秋公羊，曾作塞上公诗，有混欣戚，遗得丧之致，世祖时，拜中书侍郎，使以经授中宫，二十七年，不徙官，时百官无禄，尤常使诸子樵薪自给，高宗时，拜中书令，恒呼令公而不名，显祖即位，引入禁中，参决大政，赞帝传位，高祖进爵咸阳公，允历事五帝，出入三省，五十余年，忠勤廉慎，随事匡谏，多所裨益，军国书檄旨，皆出其手，卒年九十八岁，赠侍中司空，谥曰文。《魏书·本传》《北史·本传》《清一统志·河间府·人物》

隋 张胄玄，渤海蓨人，博学多通，尤精术数，冀州刺史赵煚。② 荐之隋文帝，征授云骑尉，直太史参议律历事，时辈多出其下，太史令刘晖等，甚忌之，然晖言多不中，胄玄所推步甚精密，上令杨素，与术士数人，立议六十一事，皆旧法，久难通者，令晖与胄玄等，辨析之，晖一无所答，胄玄通者五十四焉，由是擢员外散骑侍郎，兼太史令，赐物千段，晖及其党八人，皆被黜，遂改定新历。《隋书·艺术》《北史·艺术》《光绪畿辅通志·杂传》《清一统志河间府·人物》《康熙景州志·文学》

清 高岚，字镇西，景州人，武生，事父母孝，读书观大义，精韬略风角占象医卜诸术，善射，发皆中，讲毂率者，至今称高氏焉。《畿辅通志·人物》

清 张鐏，字佩珩，康熙丙子举于乡，幼敏慧，善弓马，父早殁，奉母刘氏惟谨，精琴弈医卜诸艺事，所以承欢也。刘亡，哀动，若将终身不仕，亦不治生产，放怀高淡，筑柳亭为静室居之，自号余息闲人，兴至泼墨，仿米董画，作丈许大幅，所著有柳亭诗文集，烛夜编，雨笑编。《畿辅通志·列传》《民国景县志·文学》

416 东光县

汉置，后汉为侯国，故城在今直隶东光县东三十里，高齐移于今县东南三十里，隋

---

① 蓨，音条，地理志，蓨县属渤海郡，在今河北省景县境。
② 煚，音憬，火也。日光也。

移今治,清属直隶河间府,津浦铁路经之。

清 王本固,字竹村,东光邑庠生,其先以进士起家,世通儒术,性聪慧,承顺能得父母欢,王诗善书,兼精绘事,博学众技,用心之专,至忘寝食,故凡星相医卜,以及词曲武艺之类,无不通晓,独不理生产,惟性之适,虽饔飧不给,仍复陶然,有自得之乐,世以旷达称,年七十有三卒,著有竹村诗草。《光绪东光县志·隐逸》

417 卢龙县

南孤竹国,春秋为肥子国,汉置肥如县,后魏侨治新昌县,隋省肥如县,入新昌,改新昌县曰卢龙,隋末复改卢龙曰肥如,唐仍改卢龙,明清皆为直隶永平府治,民国属河北省。

明 韩原善,字继之,别号鹏南,卢龙人,生而颖悟,沉酣经史,旁及青乌黄石奇门遁甲诸书,登万历丁未进士,历任青浦长洲知县,累迁户部郎中,所著有诗文八卷,奏疏二卷,六壬指掌二卷,卒祀乡贤。《畿辅通志·列传》

418 迁安县

春秋山戎令支国,汉置令支县,后魏省为肥如县地,五代时入辽,置安喜县,金曰迁安,明清皆属直隶永平府,今属河北省。

明 梅如玉,迁安人,尝从遵化牛东阳。号了义。授三元通天照水经二卷,不著作者姓氏,云得之易水上异人,为人相宅,百无一失,其言休咎如指掌,嘉靖中,如玉为河内尹,以传邑人张九一,九一谨以付梓,卢龙韩西元详校厘为四卷。《光绪永平府志·方技》

419 昌黎县

汉絫县地,晋以后为海阳县地,隋唐为卢龙县地,五代时入辽,改县曰广宁,金又改曰昌黎,明清皆属直隶永平府,京奉铁路经之。

北魏 孙绍，字世庆，昌黎人，绍少好学，通涉经史，颇有文才，阴阳术数多所贯通，初为校书郎，累官右将军太中大夫，绍曾与百寮赴朝，东掖未开，守门候旦，绍于众中引吏部郎中辛雄于众外，窃谓之曰：此中诸人，寻当死尽，吾与卿犹享富贵，雄甚骇愕，不测所以，未几有河阴之难，绍善推禄命事验甚多，知者异之，太昌初壬子，迁左卫将军，右光禄大夫，永熙二年癸丑卒，时年六十九，谥曰宣。《魏书·本传》《图书集成·星命部·纪事》

民国 李桐音，字谱琴，光绪甲午举人，科举停，入巡警学堂，毕业归，创兴昌黎全县警务，南皮张相国司太学，令各行省，举经明行修之举贡五六人，充经学弟子，桐与焉，讲习周礼尔雅诸书，课余留心于星命卜筮堪舆之学，毕业后，伤心世变，愈从事于术数之学，又善针法，虽患，沈疴，著手病除，民国十六年丁卯，自批流年不利，思远出以禳之，乃应汤都统之聘，抵热河，月余病卒，年六十，子润嘉，中学毕业。

民国 张元杰，字景芳，事父母，色养无违，亲殁，每岁除瞻拜遗像，竟夜涕泣者四十年，为文不投时好，三应试而不售，遂绝意功名，博览地理星卜诸书，专于歧黄，而尤精于痘疹科，著有痘科条例，活人无算，日居矮屋，衣敝衣，著麻鞋，酒一壶，诗一卷，因酒成疾，年五十五卒，邑人齐乔年为之传。以上《民国昌黎县志·方技》

420 滦州

汉置海阳县，北齐省，隋唐为卢龙县地，五代时置滦州，又置义丰县为州治，元省义丰县入州，明清皆属直隶永平府，民国改州为县，属河北省，北宁铁路经之。

清 王一晋，字鹤山，天姿明敏，读书目数行下，过书不忘，道光乙未，应乡试，已中选，因策内讹一字，竟置副车，客召谈，李虚中数者，晋取其书读之，不半月竟通其奥，乃废书叹曰：吾于某年死矣。至期果卒，年未五十也。著有鹤山诗草。《嘉庆滦州志·方技》

421 乐亭县

汉置骊城县，后汉省，唐为石城县地，金置乐亭县，清属直隶永平府。

明 赵楷，乐亭人，补弟子员，幼聪明，得麻衣诀，然不欲轻以术售人，抚宁翟中丞鹏，家居时，楷望见，辄语人曰：翟当重用，第不终尔，已而果然，王司徒好问，未遇时，意殊郁郁，楷曰：君当清贵，可上卿，无忧不第，后亦验，又自知休咎，言如左券。《光绪永平府志·方技》

清 杨开基，字亦闻，一字复庵，生而聪颖读书，有奇悟，阴阳数术，无不旁通，乾隆戊子举于乡，家居讲学，衍姚江一派，远近问道者，翕然宗之，乙卯成进士，释褐，选奉天教授，将赴官，门人请撮论学大指，留备参考，乃著家塾问业一编，其纲领云：学者学为人而已，从中庸探原，而后人可识，以大学为则，而后人可为，于论语窥家风，于孟子看作手，约得七千言，到官作儒学明伦篇，著告四庠，以维世道，正人心，为己任，时比之苏湖教授焉。《光绪乐亭县志·文学》

清 李尚德，乐亭人，幼丧明，习日者术以糊口，昼则卖卜，暮归学纺绩，夜分不辍，以是小有赢余，奉亲必甘旨，而自食粗粝，有兄嗜饮博，不顾家事，春汲爨揾。① 尚德皆身任之，人谓之瞽孝子，尤敦任恤，兄女，家贫乏，不能自存，每斥所有以给，其天性恺恻如此。《畿辅通志·列传》

422　临榆县

汉阳乐海阳二县地，隋卢飞县地，辽置迁民县，金废为迁民镇，明置山海卫，清改卫为临榆县，属直隶永平府，今属河北省，北宁铁路经之。

清 施诰，临榆人，乾隆间庠生，善推验之术，占事奇中，与黄文焕、牛汇征诸君，为诗社交甚密。时将赴试永平，濒行，至诸君家告别行期，且与诀焉，诸君怪问之，则曰："此行不生归矣。"诸君阻使勿行，曰："数之所在，不可逃也。"相与歔欷而别。幼女未字，以择婿托于黄，遂携其子行，及试毕，其子请归，将就道，沐浴肃衣冠，登车遄行，至芦峰口，无疾而终。《光绪永平府志·方技》

清 魏文通，字畏斋，其先甘肃清远人。父永，官山永协把总。因家临榆，补弟子员，好读书，手不释卷，尤究心性理，遂于《易》，旁通医术堪

---

① 揾，音惇，拭也。两手相切摩也。

舆，病笃，自述其一生艰苦，作《孤孽余生记》，以示子孙。道光二十八年戊申，祀乡贤祠。《畿辅通志·列传》

423 文安县

汉置，故城在今直隶文安县东，唐徙今治，五代周属霸州，宋移入郭州，寻复回故地，清属顺天府。

金 杜时升，字进之，文安人，博学知天文，不肯仕进，承安泰和间，宰相数荐时升，可大用，时升谓所亲曰："吾观正北赤气如血，东西亘天。①天下当大乱，乱而南北当合为一，消息盈虚，循环无端，察往考来，孰能违之？"是时风俗侈靡，纪纲大坏，世宗之业遂衰，时升乃南渡河，隐居嵩洛山中，以伊洛之学教人，从学者甚众，正大末卒。《金史·隐逸》《清一统志·顺天府·人物》《康熙文安县志·隐逸》

明 纪克扬，字令闻，号六息，其先传自山左，移家文安，簪缨累世。公生而颖异，长而纯明，嗜读书，善属文，十岁时，即能制律吕，六艺备娴，棋登逸品，诸阴阳象纬卜筮占风歧黄之术，无不谙究。以至释典道家之言，多所训诂。诗寄少陵之思，琴传安道之法，尤其著也。《民国文安县志·艺文》

---

① 亘，古邓切，俗作亘，竟也。言物延长，自本端竟彼端也。

中国历代卜人传卷二十二

河北省二

424 保定县

汉易县，唐归义，宋置保定军，后废军为保定县，寻复改，金复为县，清属顺天府，民国改为新镇县。

清 王正中，字仲撝，保定人，崇祯丁丑进士。鲁王监国，以兵部职方司主事，摄余姚县事，时义军猝起，市魁里正，得一笳付，辄入民舍括金帛，郡县不敢谁何。正中既视事，令各营取饷必经县，否则以盗论。总兵陈梧，渡海掠余姚，正中遣民兵击杀之，诸营大哗，责正中擅杀大将。黄宗羲言于监国曰："梧借丧乱以济其私，致犯众怒，是贼也。正中守土，当为国保民，何罪之有？"议乃息。后张国柱从定海入，纵兵焚掠，正中单骑入其军，呵止之，国柱迄不得逞。寻擢监察御史，诸军从浙西来会，一听约束，众倚之若严城焉。寻以株连系狱，论死。狱中有闽人柯仲炯者，精星象，正中欲从受业，援黄霸从夏侯胜授经事，为说数年，讲习不息，洞悉天官律吕，度数诸书。后从黄宗羲，学壬遁孤虚之术，宗羲叹曰："传吾绝学者仲撝一人耳。"遂造监国《鲁元年丙戌大统历》以进。浙东亡，避窜山中，贫不能自存，傍鉴湖佃田五亩，卖卜续食。康熙六年丁未卒，年六十九，著有《周易注》《律吕详注》。《清史稿·遗逸》《黎洲思旧录》

425　定兴县

秦置范阳县，隋改曰遒县，唐废，金改置定兴县，明清皆属直隶保定府。①

元　刘因，字梦吉，保定容城人，通天文阴阳医学，娶本县进士杨勖女，正大癸卯，②尝徙居焉。③因高见远识，得周程邵朱诸子书，能发其微，曰："邵至大也，周至精也，程至正也，朱子极其大，尽其精，而贯之以正也。"弟子造门者，随才器教之；公卿闻名过谒，或避不见。至元二十八年辛卯，诏为集贤学士，固辞。三十年癸巳卒，年四十五，著《易系辞说》等书。《元史·本传》《光绪定兴县志·寓贤》

426　新城县

战国时燕督亢地，汉新昌县，唐析置新城县，五代晋入辽，宋时与辽分界于此。宣和四年归宋，赐名威城，寻入金，复曰新城。元改新泰州，寻复为新城，明清皆属直隶保定府。

北魏　许彦，字道谟，小字嘉屯，新城人。少孤贫，好读书，后从沙门法叡受《易》。世祖初，被征，以卜筮频验，遂在左右参与谋议，拜散骑常侍，赐爵博陵侯。彦质厚慎密，与人言不及内事，世祖以此益亲待之，进爵武昌公，拜安东将军，相州刺史。真君二年辛巳卒，谥曰宣公。《魏书·本传》《清一统志·保定府·人物》

民国　于镇南，字雁峰，力强村人，鸿胪寺序班，生而聪颖，弱冠入邑庠，屡试秋闱不第。家居授徒，酷好青乌术，覃思研精，屡得奇验。尝曰："理与数相辅而行，因理计数，非迷信也。"惟谓吉人自得吉地，寓劝惩大义，人服其论，争延致之。时乡里苦宵小窃禾稼，因联合邻村组织农林会，按章分职，依约处罚，一方农田，资保障焉。清季设县议会，被推为议员，多所建白，乡人争讼，往往得一言而解，即便讼者亦私相告戒，勿为于君知

---

① 遒与乃通，音犹，尤韵。
② 珊按：金正大朝，无癸卯岁。
③ 殆即徙居定兴。

也。民国十七年戊辰卒,年六十九。

民国 周步瀛,字仙舫,方中村人,岁贡生。生而英敏,多智略,喜读书,凡天文地理医卜星相之书,无不溜览,而尤精于数学,著有《天元初步》及《罗盘正误》各一卷。家居授徒,循循善诱,从游者众。晚年提倡自治,创办学校,尽心公益,邑令时倚重之。岁饥,出仓谷济里人之贫乏者,而自奉俭约,治家严肃和睦,里人以一乡善士榜其门,民国十九年庚午卒,年七十九。以上《民国新城县志·义行》

427 唐县

汉置,尧为唐侯国于此。春秋时,北燕之邑也。北齐县废,故城在今唐县东北,隋改置于左人城,唐时复移置,而汉时故城遂废。今有长古城,在县南八里,即唐时故县也。唐后又移今治,明清皆属直隶保定府。

元 王恂,字敬甫,唐县人,父良,潜心伊洛之学,又天文律历,无不精究。恂读书过目成诵,刘秉忠见而奇之,荐之世祖,命为太子赞善,每侍讲读,必发明纲常之道,及历代兴亡治忽之所以然;又以辽金之事,近接耳目者,区别其善恶上之。尝与许衡、郭守敬等,定《授时历》,官至太史令,卒赠司徒,追封定国公,谥文肃。《元史·本传》《清一统志·保定府·人物》

清 杨文衡,邑庠生,管家坨人,幼负文名,工书法,通乐律,兼精阴阳五行术,人以才子呼之,平生清心寡欲,不染俗尘,因自号曰"在家僧",后居山中,独处养性,足迹别嚣市者数十年,尝自吟云:"爱我山村远市嚣,好将无事养清高。草花拂砌红三面,茅竹缘墙绿一遭。不读旧书宗往哲,每裁新句悦诗毫。人情到处皆输眼,但愿长添酒兴豪。"一日备香汤沐浴,入静室中端坐而逝。《光绪唐县志·隐逸》

428 容城县

汉置,后汉省,晋复置,寻又废,后魏复置。北齐省入范阳,隋为道县地,唐初亦置道县,天宝初复汉故名,故城在今直隶容城县西北。五代晋初入辽,周移县于雄州城中,辽又侨置容城县于巨马河北,新城县界,自此容城之名,南北并置。金初省南容城入北容城，明复迁于巨马河南，即今治，清属直隶保定府。

北魏 徐路，善占候，官容城令。世宗时，坐事系冀州狱，别驾崔隆宗就禁慰问，路曰："昨夜驿马星流，计赦即时应至。"隆宗素信其言，遣人试出城候焉，俄而赦至，时人重之。《魏书·艺术·附张渊传》

金 刘述字继先，容城人，素有大志，颖悟绝人。十六七，弃举子业，金亡北渡，刻意问学，天文历数阴阳医方之书无不通。往来燕赵间，交游皆天下名士。元耶律中令某，执政翰林承旨，王百一以名士荐之，不就。至顺天，隐居教授，杜门绝交。至元五年己卯卒。《畿辅通志·列传》

429 完县

战国燕曲逆邑，汉曲逆县，后汉改曰蒲阴，北齐省蒲阴，置北平县，金改曰永平，升为完州，明废州为完县，属保定府，清因之。

元 王孚，字公信，永平人，幼失父母，卓然能自立。稍长，猎水滨，挽大蛇登岸，张弓射之，蛇跳踯死，人称其勇。尝独行过大树下，见石上有遗金，坐守之，日且暮，有妇人号而至，孚询其故，掷与之。从许衡游，通天文卜筮兵法，游学洙泗间，学益进，所至人师礼之。用宪台荐，教授冀州，以恩封从事郎。泰定四年丁卯卒，年七十有九。《畿辅通志·列传》

民国 高士林，字薰斋，县之新兴村人，孝友笃行，持躬醇谨。幼岁即嗜读，弱冠应童子试，辄列前茅，为县庠生，岁试考取一等，食廪饩焉。言笑不苟，有古人风，教授生徒，循循善诱，成就者甚众。性温厚谦和，无疾言厉色，与人无忤。生平无只字入公门，乡邻咸亲敬之。博极群书，尤通易理，每与人卜筮，预断如神。身驱魁伟，寡交游，闭户课生，终日不出门一步。民国十八年己巳，无疾而逝，寿七十余。卒之前，遍访戚友邻里，谈笑竟日始归，若预知其死而辞行者然。其虚灵不昧，有如此者。《民国完县志·劝学》

430 雄县

战国时燕易邑，汉置易县，晋易城县，唐改置归义县，五代周置雄州，宋改县曰归信，赐郡名曰易阳，金仍曰雄州。明初省归信县入州，改州为县，属直隶保定府，清因之。

清 庞柄，字斗枢，平居重然诺，喜读书，尤好兵家言，精奇门六圣五行类占诸术，人呼为庞神仙。与新城王余佑交最笃，后徙居寿州东村。① 有田二百亩，手种枣千株，结茅数间，见者呼为高士。其教以六行为先，六艺次之，文为末，一时从其化者甚众。既老，思归里，以所居之田，置为义学，留惠村人。五公山人为之记。《乾隆献县志·流寓》徐世昌《畿辅先哲传·高士》《民国雄县志·隐逸》

清 赵凤翔，字羽伯，别号丹崖，子律之曾孙也。年二十，有文名，读书会意，辄笔记之，有《广言》《观物》《听音》《纪异》四种笔记。尤精于《易》，著《易学指掌》六卷，深有得于京房康节，其卜筮故称神验。《民国雄县志·方技》

431 安州

宋顺安军，金升为安州治高阳，在今直隶高阳县东，后徙治葛城，明清皆属直隶保定府，民国改为安新县。

明 吕雯，字天章，景泰癸酉，举乡试。成化丙戌，吏部奉旨，简子生有才望能文者，授监察御史，雯居首选。既入台中，直谏有声，人所畏惮。精天文地理奇门六壬之术，诏监军征辽，指授方略，同总兵官赵辅，进战有功，升通政司参议。弘治初，拜兵部左侍郎，卒于官，赐祭葬，举祀于乡。《图书集成·艺术典·术数部·名流列传》

432 安定县

汉侯国，后汉初，马武从世祖，击尤来五幡等。进至安定，即此，寻废，故城在今河北东鹿县西北。

北魏 邓渊，字彦海，安定人，性贞素，言行可复，博览经书，长于易

---

① 一云流寓献县东，小过村。

筮。太祖①定中原,擢为著作郎。出为蒲丘令,诛剪奸猾,盗贼肃清。入为尚书吏部郎,渊明解制度,多识故事;与尚书崔宏参定朝仪,律令音乐,及军国文记诏策,多渊所为。从征平阳,以功赐爵汉昌子,加中垒将军。后因定陵侯叛,有罪诛。太祖疑渊知情,遂赐渊死,既而悔之,时人咸愍惜焉。

《魏书·本传》②

433 高阳县

汉置,县在高河之阳,故城在今直隶高阳县东二十五里,明迁丰家口,即今治,明清皆属直隶保定府。

明 韩允,号平斋,善形家言,忠谨不妄语,一时宦贵雅重之,而顾秘其术,不以语诸儿,曰:"是术以心受,诸儿心不肖我,终不以术祸吾儿。"尝为贾进士王父,茔两河西南来下合襟于濡,而地不至濡,尚未竟一舍,负癸抱丁,尝有所封识而去。后十年,欲有事而忘其处,他师下不可得,则走拉平斋于京师,走地上,立按其处,发甬而旧杙见。③为之记曰:"秋桂在酉,春榜在辰。昌于其子,大于其孙。"后一一符焉,其诸子若孙,以明经显。④

434 正定县

本战国时中山国,东垣邑,汉初置中垣县,高帝更名真定,宋金皆为真定府治,元为真定路治,明为真定府治,清改正定,仍为府治。今属河北省,城濒滹沱河北岸,京汉铁路经之。

唐 金梁凤,不知何许人。天宝甲午,客于河西,⑤善相人。时裴冕为河西留后在武威,⑥梁凤辄言不半岁兵起,君当以御史中丞除宰相。又言:

---

① 即道武帝。
② 《北史·本传》作彦海。
③ 杙,音弋,橜也。
④ 《雍正高阳县志·方技》
⑤ 今直隶正定县治。
⑥ 武威故城,在今甘肃镇番县北。

"一日向雟，① 一日向蜀，② 一日向朔方，③ 此时公应当国。"冕惧其言，深谢绝之。俄而禄山反，冕以御史中丞召，因问三日之兆，答曰："雟日即灭，蜀日不能久，朔方日愈明。"冕志之。肃宗即位，而冕遂相，荐梁凤于帝，拜都水使者。梁凤在河陇，谓吕諲曰：④"君且辅政，须受一大惊怖乃得。"諲后至驿，责让驿长，榜之。⑤ 驿吏武将，性粗猛，持弓矢雨发，几中，諲逾墙得免。明年知政事，李揆、卢允毁服绐谒梁凤，不许二人语以情。梁凤曰："李自舍人阅岁为相，卢不过郎官，揆已相，擢允吏部郎中。"其验多类此，尔后佯聋以自晦。新旧《唐书·方技·附袁天纲传》《图书集成·艺术典·相术部·名流列传》

435　灵寿县

战国时为中山国地，汉置灵寿县故城在今灵寿县西北十里，今名灵寿村，晋移今治，清属直隶正定府。

清 牧犊翁，灵寿人，逸其姓名，翁起于牧犊，故称焉。翁早孤，奇贫，为人牧，而性颖慧，闻见辄能识。八九龄时，驱犊至村塾傍，闻童子读书声，悉默诵之，然未解何书，问讯塾师，师曰："四子书也。"匃⑥其本，因以童子敝书授之，复为点次，翁且牧且读，遂悟四书奥义。既长，筑瓜庐自居，闻藏书者即婉转乞借，借未逾宿，已成诵。不数年，经史坟典，以及舆图谶纬周髀纵横医卜诸事，靡不博洽。于是缙绅士大夫，始知牧犊翁名，邀与游，亦不拒，皁帽芒屩，傲岸自适，或讽以儒冠，曰："我齐民也。奚借此。"又劝其著书，翁言六经而外，尽糟粕耳，闻者叹服。尝偕友朋，访华阳芜蒌雪浪剑石旧迹，扪古碑碣读之，有叹赏其文者，阅十余年，举以难翁，翁诵之不爽毫发，其强记若此。一日遍诣亲故，辞谓旦暮且死，皆哂其狂。翌晨携酒往候之，审死故，翁曰："《易》有之，天地盈虚，与时消息，

---

① 雟县，即今四川广汉县治。
② 四川省，古时为蜀地，故简称四川省为蜀。
③ 朔方郡，故治在今陕西横山县治西。
④ 諲，音因，敬也。
⑤ 榜，音邦，笞掠也。
⑥ 匃，音盖，求也。

而况人乎？余谙天官家言，间以律吕气候按之，一身呼吸，为数若干，届今午，数止矣。数止，安得不死？"乃尽出平日亲旧，赠遗图书笺篦之属，一一返之。洎午，翁入户不出，众视已死，年七十余。翁庐前一柏，为其父手植，日盘礴其下，落实辄拾之，久而数石，世称其至孝云。徐世昌《畿辅先哲传·高士》

436 元氏县

战国赵元氏邑，汉置元氏县，后汉因之。故城在今元氏县西北，北齐废，隋复置，移于今治。清属直隶正定府。

明 薛仲义，山西河津人，素善卜，子瑄，为元氏教谕。媳齐氏，一夕梦一峨冠紫衣人谒见，已而生瑄于学舍。仲义闻其啼声洪大，遂推之，曰："此儿必振吾宗矣。"时洪武乙巳八月初六日也。瑄自幼即能诗赋，人皆以天才目之。高陵吕氏，所谓"紫衣兆母氏之梦，泣声动祖义之卜"者是也。及长，瑄究心洛闽微源，至忘寝食，其修己治人，以复性为主，尝曰："自考亭以还，斯道大明，无烦著作，直须躬行耳。"由永乐辛丑进士，升礼部侍郎，兼翰林学士，以老归卒，年七十有二。赠礼部尚书，谥文清。隆庆壬申，允廷臣请，从祀先圣庙庭，元氏为立专祠。《明史·儒林》《光绪元氏县志·流寓》

清 平章，别号封麓老人，习堪舆，名公巨卿，交荐举焉。时衍圣公大母卒，奉谕旨，扩林建坊，厚币以迎，章为辨方正位而去，酬金帛不受，人咸称赞之。《光绪元氏县志·方技》

437 赞皇县

本汉房子县地，北齐为高邑县地，隋析置赞皇县，宋省入高邑，寻复置。清属直隶正定府，今为河北省。

唐 李德裕，字文饶，赞皇人，少力学，卓荦有大节。敬宗时，为浙西观察使；武宗时，由淮南节度使入相，当国六年，弭藩镇之祸，决策制胜，威权独重。宣宗立，为忌者所构，贬崖州司户，卒。著有《次柳旧闻》《会昌一品集》，集中载有《折群疑相论》，堪为论相之圭臬，其言曰："夫相之相，在乎清明；将之相，在乎雄杰。清明者，珠玉是也，为天下所宝；雄杰者，虎兕是也，[1]为百兽所伏。然清者必得大权，不能享丰富；雄者必当昌侈，不能为大柄；兼而有之者，在乎粹美而已。余顷岁莅淮海，属县有盱眙山，多珉玉，剖而为器，清莹洞澈，虽水晶明冰不如也；而价不及凡玉，终不得为至宝，以其不粹也。清而粹者天也，故高不可测；清而澈者泉也，故深亦不可察，此其大略也。余尝精而求之，多士以才为命，妇人以色为命，天赋是美者，必将有以贵之。才高者虽孟尝眇小，蔡泽折额，亦居万人之上；色美者，虽钩弋之拳，李夫人之贱，亦为万乘之偶。然不如清而粹者，必身名俱荣，福禄终泰，张良是也。择士能用此术，可以拔十得九，无所疑也。《唐书·本传》《会昌一品集·外集》

438 易 州

古燕之下都，隋移南营州，及昌黎郡于此，改曰易州。寻置易县为州治，改上谷郡，唐复曰易州。元初省口入州，寻复置易县，仍为州治。明初省县入州，清升直隶州，属直隶省，民国改州为县，俗称西易州。

金 麻九畴，字知几，易州人，幼有神童称，博通五经，尤长于《易》《春秋》。正大初，特赐进士，累迁应奉翰林文字，资性野逸，高骞自便，遂谢病去。元兵起，为军士所得，病死，年五十九。畴初因经义学《易》，后喜邵尧夫《皇极》书，因学算数，又喜卜筮射覆之术。晚更喜医，与名医张子和游，尽传其学，且为润饰其所著书。为文精密奇健，诗尤工致。《金史·艺文》《清一统志·易州·人物》《畿辅通志·列传》

明 万民英，字汝豪，号育吾，嘉靖己酉举人，庚戌三甲进士，授南直隶武进知县，迁河南道御史，巡皇城山海诸关，擢山东佥事，改福建兴泉兵备。以复崇武功，晋参议，寻以复兴化，晋俸一级。致仕归里，居三十年。著有《三命通会》《星学大成》《相字心学》诸书。《畿辅通志·列传》《乾隆易州志·方技》

---

[1] 兕，音祀，兽名，犀之雌者，顶只一角，文理细腻，其皮坚厚，可以制甲。

○阜按：囊纂《命谱》，目录中载有万民英造，谓民英为大宁都司，茂山卫右所军籍，湖广江夏人，所据之书，惜不记忆。今阅《四库提要·子部·术数类二》载有《星学大成》，明万民英撰。民英字育吾，大宁都司人，并无湖广江夏字样。查地名辞典，大宁路，明为大宁都指挥使司，封宁王权于此。大宁故城，在热河平泉县东北一百八十里；别有大宁新城，在平泉县北一百里。由是观之，民英虽是大宁卫军籍，其为湖广江夏人，仍无疑义。今《乾隆易州志》载民英者，盖彼历官河南道御史，此寓贤之通例也。

○郑同按：某年月日，访易县文物保管所，得赠《明宪使育吾万公墓志》全文如下：

明故朝议大夫，福建布政使司右参议兼金事，育吾万公墓志铭。

赐进士及第，翰林院儒林郎修撰，直起居注编纂，章奏管理诰敕，旧治荏平朱之蕃撰文。

赐进士出身，大中大夫，江西布政使司右参政，前户科都给事中，郡人眷生赵锵篆额。

赐进士出身，大中大夫，山西布政使司左参政，清苑眷生刘思中书丹。

万公讳民英，字子才，育吾其别号也。先世为湖广江夏人。永乐初，有祖义，为御史，以言事忤旨，谪戍于大宁都司茂山卫，遂于易州家焉。传五世，为公之父魁，任砀山主簿，娶于赵，以嘉靖壬午十二月十八日生公。公生而颖敏持重，不逐群儿嬉戏；长，肆力于学，每试冠其曹偶。己酉，举于乡；庚戌，成进士。授武进令，武进称岩邑公，莅政严明，吏民怀畏，迄今犹尸祝之。满考得赠，父如公官，封母为太孺人。丙辰行取，选授河南道监察御史，巡按山海关，上言边事凿凿，可垂久远。然语多切直，权贵思有以中公矣。己未，外迁公为山东佥事。未几，改升福建参议，公奉命驻泉州。自戊午岁，倭奴入犯，调麻阳、两广兵会剿，师久无功，公至，悉罢去，惟饬励士兵，身先士伍，奇正间出，战于康店、同安、安溪，皆捷。贼退保崇武所，追讨之，复其城，抚按以捷闻，因进阶宪付，留镇于泉。辛酉、壬戌，倭奴复结土贼，胁平民三十余万，势甚猖獗。公率所训练甲士奋击之，俘诸铎于绵亭，毙吕尚四、擒谢义全于浮美渠。魁既得，虑余党不可胜诛，乃白督抚，令杀倭自赎，倭奴闻之遁去，土贼犹负固弗悛。泉之喉吭地曰"双溪口"，贼众十万，列垒据之。公分檄诸路进兵，而身率锐卒，历破二十余垒，追迫之于八尺岭，黄元爵、谢受夫引类归降，以累万计。斩其酋江玺、李五诸拒命者，纵归无辜复数万人，泉贼悉平，功有底绩。赵孺人即世，公哀毁骨立，几不欲生，扶榇归里，已绝意于人间事已；而台使者修往怨诬诋，公益坚意不起。督府张峪峡公欲列荐剡，公贻书力阻之。里居凡四十有余年，天之所宜厚公者，不以功名以寿考，活数万人命，其所食报宜尔矣。

公性亢爽，不容人过，然语脱于口，辄能冰释。有以私语公者，必不为庇，尝谓

"吾忘机以游世,安用固我为"。公性至孝,侍母疾,昕夕不去侧;恤昆弟子姪,惟恐不周至,以伤吾先人之贻也。每岁时,置粥饧,饥年给,贫之赖以存活者甚众。建家庙于宅西,奉先祀,督诸子,课读于其中,从游谈艺者,李时新辈二十余人,公悉心为之剖示,各有所抵。树置别墅于城隅山,莳花种果,盘桓啸咏,闲则延纳子羽客,为物外之谈,一切尘纷,无少滓也。性喜读书,每至中夜有所得,辄笔记之。所著释有《易经会解》、《三命通会》、《星学大成》、《兰台妙选》、《文始真经》、《阴符经》、《相字心易》行于世,《道德经解》、《宗教易简录》、《言志漫稿》、《菊花谱》藏于家。亦可证公之学,无所不窥,而年愈大耋,聪明不衰,其所亦非浅鲜者矣。

公卒于万历癸卯三月六日,距生享年八十有二,娶封孺人岳氏,次殷氏,俱以辛丑先公卒;次金氏。子男五人;景淳,廪例太学生,娶魏主政女,继郭;景熙,实授礼部儒士,娶沈主政女,继吴;景韶,府学生,娶刘大参女,俱金出。景新,礼部儒士,娶宋文学女;景昌,承差,娶赵大参女;俱殷出。女七人,一适高尚书子员外坦,一适赵大参子太学生源澄,一适宋都督子武举良弼,俱岳孺人出。一适颜二守子惟重,一适高尚书子堪,俱殷出;一适郭廉宪子杞,一适刘大参子庠生逸,俱金出。孙男三人,礼乾、礼谦、礼震;孙女二人,长受茂山卫王万户子聘,一尚幼。

景淳等将以公卒之年季冬二十一日,合葬公及两孺人于高村山之阳,属蕃纪述志石,而系之以铭。蕃惟士君子负慷慨正直之气,类少容容,而以愤怼自戕者,如长沙、淮阳,往往而是若;公出为良县令,入为名御史,平寇甦民,贻以永利,而见挫于俗,辄远引避之,以天年终,可谓达人,不系于世累,而超然与造物游者矣,是宜为之铭。铭曰:"天实生材,不究厥施。泽留棠野,直著赤墀。海波式平,释柱奸魁。功成忌生,三迳遄归。投闲四纪,童颜庞眉。遗编深索,道奥指迷。乘化归全,亢志靡违。高村嵯峨,新阡郁而。千秋令范,视此铭词。"

万历三十一年,岁次癸卯,季冬吉旦。

439 定州

定州,战国中山国地,汉置中山国,治卢奴县,后魏为中山郡,置定州,高齐改州治卢奴县,曰安喜,隋改定州曰博陵郡,唐仍曰定州,宋升为中山府,明初复改定州,以州治安喜县省入,清为直隶州属直隶,民国改县,宋时州人以造瓷著,世称定窑,宣和政和间,窑尤佳。

北魏 李先,中山卢奴人,本字同魏高祖名,改字容仁。先少好学,善相卜及兵法风角。师事清河张御,御奇之。初为苻丕尚书右主客郎,慕容永闻其名，迎为谋主。劝永据长子城，永遂称制，以先为黄门郎秘书监，封高密侯。及垂灭，永乃徙中山。皇始初，先于井陉归顺，魏太祖召问久之，曰："朕久闻长子城，有李先者，即卿耶？"先起谢，太祖曰："卿知朕否？"先曰："陛下圣德膺符，泽被八表，臣安敢不知？"太祖后问先祖父，及先所服官，先具言之。未几，以先为丞相卫王府左长史。《魏书·本传》《光绪畿辅通志·杂传》

元 田忠良，字正卿，中山人，好学，通儒家杂家言。刘秉忠荐于世祖，召见，谓侍臣曰："虽以阴阳家进，必将为国用。"令试星历遁甲诸书，官之司天。帝问："用兵江南，困于襄樊，累年不决，奈何？"对曰："在西平矣。"十一年甲戌，问南征将士，能渡江否，奏曰："明年正月，当奏捷。"二十年癸未，帝将征日本，召忠良择日出师，忠良曰："僻陋海隅，何足劳天戈？"不听，后果无功。延祐中，历官光禄大夫，卒赠太师，谥忠献。《清一统志·定州·人物》

440　深泽县

汉置深泽县，属中山国。又置南深泽县，属涿郡。后汉省深泽，以南深泽为安平国，后魏曰深泽，故城在今直隶深泽县东南三十五里，北齐废。隋复置深泽县，徙今治，清属直隶定州。

清 王植，字槐三，深泽人，康熙辛丑进士，官至邠州知州，撰《皇极经世书解》十六卷，广引诸家之说，以相发明，其考究颇为勤挚。邵子之数，虽于《易》为别派，然有此一家之学，亦不可磨灭于天地之间也。《四库·子部·术数类一》

441　深州

隋置，治安平，即今直隶安平县治，寻废，唐复置深州，治陆泽，在今直隶深县北，改曰饶阳郡，寻复为深州。宋移治静安，在今深县南二十五里，金元因之。明省静安入州，徙治吴家庄，即今深县治。清为直隶州，属直隶省，民国为深县。

清 马金西，杜家庄人，姿英异，幼业儒，兼精骑射，尤通占卜诸书，与一时士大夫游，咸敬礼之。康熙间，授辕门千总，后归，专力占验，谈言皆中。州侯郭为额旌之，曰"知未来事"。雍正初，寿七十三岁而终。《道光深州志·方技》

清 赵云孙，字瑶草，深州人。髫年入学，嗜古好奇，旁通奇门、六壬，尝云："武侯木牛流马，亦人所能耳。"见观象台浑天仪，别为积算一法，简而能精。卒祀乡贤。《畿辅通志·列传》

442 安平县

汉置，高帝封鄂千秋为侯邑，自晋至北齐，皆为博陵郡治，清属直隶深州。

隋 李德林，字公辅，安平人。幼聪敏，年数岁，诵左思《三都赋》，十余日便度，高隆之见而叹异之。年十五，诵五经及古今文集，日数千言。俄而赅博坟典，阴阳纬候，无不通涉；善属文词，核而理畅。北齐天保中，举秀才，累官通直散骑侍郎，典机密。周武帝克齐，授内史上士，后佐隋文帝定大计，及即位，授内史令，陈平授柱国，爵郡公，被谮，出为怀州刺史，年六十一卒于官，著《文集》五十卷行于世。《隋书》《北史·本传》

443 饶阳县

本越饶邑，后汉置饶阳县，故城在今县东北，北齐移治鲁口城，在今县南。隋移今治，清属直隶深州。

清 刘元龙，字凝焉，饶阳人。父君前，早卒；母患痛，口吮之，居丧尽礼。初应童试不利，即弃去，笃志经学，撰《先天易贯》五卷，自称历三十年乃成书。首卷即数以言理，首河图，次洛书，附以妙合而凝之图；次卷即象以言理，首变卦图，次八卦图，综卦图，附以致知格物图；四卷五卷，即六十四卦以言理，标举伏羲大象，孔子大象传，附以错卦互卦之解，盖惟讲陈邵之学者也。其谓《易》不为卜筮而作，所言似高，而实不然。夫圣人立教，随时寓义，初不遗于一事一物，三代以上，无鄙弃一切，空谈理气之学问也。故《诗》之教，理性情，明劝戒，其道至大，而谓《诗》非乐则不可；《春秋》之教，存天理，明王政，其道亦至大，而谓《春秋》非史则不可。圣人准天道以明人事，乃作《易》以牖民，理无迹寓以象，象无流准以数，数至博而不可纪，求其端于卜筮，而吉凶悔吝，进退存亡，于是见之，用以垂训示戒。曰蓍，曰龟，《经》有明文；曰揲，曰扐，[①]《传》亦有成法，岂取尽性至命之书，而亵而玩之哉！俗儒但见抛珓掷钱之为卜筮，[②]又见夫方技之流，置义理而谈趋避，遂以为侮我圣经，乃务恢其说，欲离卜筮而谈《易》，然则四圣人中，周公居一；公作周官，以三《易》掌之太卜，无乃先不知《易》乎？是犹观优伶歌曲，而谓圣人必不作乐；观小说传奇，而谓圣人必不作史也。乾隆元年丙辰，卒，门人私谥曰"纯静先生"。《四库·经部·易类存目三》《畿辅通志·列传》

444　南乐县

汉乐昌县，后汉废，后魏改置昌乐县，隋省，唐复置昌乐县，五代唐，改曰南乐，明清皆属直隶大名府。

清　魏养志，南乐人，方正自守，精君子业，且善医，游卜于市，每多奇中。工小楷，动必以礼，乡党中，凡与接谈，皆悚然起敬。

清　高激扬，字清宇，南乐生员，精堪舆术。先世以单丁，激扬病之，于雾雨星月之下，杖履策蹇，觅得一地，父卒葬其中，后遂举五丈夫子。其长子，亦育五男。以上《咸丰大名府续志·方技》

445　长垣县

本魏之首垣邑，汉置县，故城在今长垣县东北十里。隋时移置故匡城北，改名匡城。唐分匡城置长垣县，寻省。宋初改匡城为长垣，在今县西南，金初迁县于柳家村，在今县东北。明又迁于蒲城，即今县也。清属直隶大名。

唐　李嗣真，匡城人，博学，晓音律，兼善阴阳推算之术。弱冠明经，时贺兰敏之受诏于东台修撰，奏嗣真弘文馆，参预其事。敏之恃宠骄盈，嗣

[①] 扐，音勒。著者，着蓍指间也。
[②] 珓，音教，杯珓占吉凶之器，古以玉为之，今用两蚌壳，或竹根为之。亦作筊。

真知其必败，谓所亲曰："此非庇身之所也。"因咸亨年，京中大饥，乃求出补义乌令。无何，敏之败，修撰官皆连坐流放，嗣真独不预焉。调露中，为始平令，风化大行。万岁通天年，至桂阳，自筮死日，预托桂阳官属备凶器，依期果卒。撰有《明堂新礼》《孝经指要》《诗品》《书品》《画品》等书。《旧唐书·方技》

清 侯静远，字玉书，生员，读书明理，克己爱人，精堪舆，家言，识者多礼聘之。《长垣县续志稾》《嘉庆长垣县志·方技》

446 邢台县

商时邢都，周初为邢国，秦置信都县，项羽改曰襄国，晋并作任县，隋改龙冈邢州，宋又改曰邢台。明清皆为直隶顺德府治，京沪铁路经之。

唐 李元凯，邢州人，博学，善天文律历，然性恭慎，口未尝言人过。乡人宋璟，年少时师事之，及作相，使人遗元凯束帛，将荐举之，皆拒而不答。景龙中，元行冲为洺州刺史，邀元凯至州，问以经义，因遗之衣服，元凯辞曰："微躯不宜服新丽，但恐不能胜其美，以速咎也。"行冲乃以泥涂污而与之，不获已而受。及还，乃以己之所蚕素丝五两，以酬行冲，曰："义不受无妄之财。"年八十余终。《唐书·隐逸》《太平御览·逸民》

元 刘秉忠，初名侃，字仲晦，其先瑞州人，曾祖官邢州，因徙家焉。年十七，为邢台节度府令史，旋弃去，隐武安山中，从浮屠法，更名子聪。世祖在潜邸，僧海云邀与入见，大悦之，屡承顾问。秉忠于书无所不读，尤邃于《易》，及邵氏《经世书》，至于天文地理律历三式六壬遁甲之属，无不精通，论天下事，如指诸掌。癸丑，从世祖征大理，明年征云南，每赞以天地之好生，王者之神武不杀。故克城之日，不妄戮一人。己未，从伐宋，复以云南所言，力赞于上，所至全活不可胜计。中统元年庚申，世祖即位，问以治天下之大经，养民之良法，秉忠采祖宗旧典，参以古制之宜于今者，条列以闻。于是下诏建元纪岁，立中书省宣抚司，朝廷旧臣，山林遗逸之士，咸见录用，文物粲然一新，时人称之为总书记。至元元年甲子，拜光禄大夫，位太保，参预中书省事，更赐今名，诏以翰林学士窦默之女妻之，赐第奉先坊。秉忠既受命，以天下为己任，事无巨细，凡有关于国家大体者，知无不言，言无不听，帝宠任愈隆。燕闲顾问，辄推荐人物，可备器使者，凡所甄拔，后悉为名臣。十一年甲戌，秋八月，秉忠无疾端坐而卒，年五十九。帝闻惊悼，谓群臣曰："秉忠事朕三十余年，小心慎密，不避艰险，言无隐情。其阴阳术数之精，占事知来，若合符契，惟朕知之，他人莫得闻也。"赠太傅，封赵国公，谥文贞，后改谥文正，追封常山王。秉忠自幼好学，至老不衰，虽位极人臣，而斋居疏食，终日淡然，不异平昔。自号藏春散人，每以吟咏自适，其诗萧散闲淡，类其为人，有《长春集》《玉尺经》行世。无子，以弟秉恕子兰璋后。《元史·本传》《四库提要·子部·术数类存目二》

清 张成瀚，字濂滋，幼有异禀，经史之外，医卜星相，靡不殚究，尤邃于天文。同治壬戌，中第十七名举人。铨授舒城，瀚日坐堂皇，案无留牍。解组后，著有《四书辑解》《纲鉴摘要》等书，藏于家。《光绪邢台县志·列传》

清 包仪，字羽修，拔贡生。自顺治辛卯，至康熙己酉，七经下第，贫不自存，薄游麻城，获《皇极经世书》。至江宁，寄食僧寺，玩求其旨，著《易原就正》十二卷。仪之学，既从邵子入，故于陈抟先天图信之甚笃。其书发挥明简，词意了然，谓洛书无与于《易》，每爻皆注所变之卦，用左氏筮法。其学虽兼讲先天，而实则发明易理者为多。其盛推图学，特假以为重焉耳。《四库全书提要·经部·易类六》《光绪邢台县志·列传》

447 广宗县

汉王国，后汉为县，后魏置广宗郡，治广宗县。中兴中，又分立南北二广宗，寻罢。北齐郡废，隋改县曰宗城。故城在今直隶威县东二十里，元分平乡广宗县，明清皆属直隶顺德府。

明 檄大经，字守道，广宗人。少聪明，日记数万言，笃志圣贤之学，尝言学不在寻行数墨，当自身心始。举正德丁卯乡试，先后郡守，高其行谊，以礼敦聘，皆谢不往，年三十二卒。凡经史百家兵农医卜之说，皆究极精微。尤深于《礼》，著《家礼注释》诸书，皆未脱稿，所遗诗文几五百篇。《畿辅通志·列传》

清 郑映，字光斗，油堡人，监生。天资颖悟，博览卜筮星相堪舆各家言，皆能窥其奥旨。邻里偶有争执，力为排解，不辞劳怨。值岁荒，有鬻妻子者，映闻而阻之，代为抚养。《同治广宗县志·列传》

448 沙河县

本汉襄国县地，随析龙冈地，置沙河县，以县南沙河为名。故城在今县东一里，五代梁移今治。明初为河水冲圮，移治西山小屯，寻还故治。清属直隶顺德府。

元 张文谦，字仲谦，沙河人，幼聪敏，善记诵。早从刘秉忠，洞究术数；晚交许衡，尤粹于义理之学。累官左丞，以安国便民为务。后拜枢密副使，以疾卒于位，年六十八。《元史·本传》

清 裴升明，字宜中，岁贡生，赞善人，竭力事亲，母尝病卧九年，晨昏扶持，未尝稍衰；衣服茵褥有垢秽，必亲浣濯。母卒后，事父尤勤，冬温夏清，供馔必精；欢言笑语，以悦亲心，父寿九十余乃终。性笃学，壮岁穷经，惟精于《易》，远方多有问卜者。持躬严谨，不衣冠，不见客，身不入城市者四十余年。初艰于嗣，晚得三子，论者以为孝之所感焉。邑尊温公、广文赵公，闻其品望，议举乡饮大宾，而公旋卒，年七十有八。《乾隆沙河县志·孝友》

清 王钟玉，字昆圃，与弟钟秀，同列邑庠，性明敏，而志又甚锐，肄业龙冈书院者七载，赴秋试者十三次，终不得悉于有司，仅以明经终。平生博览群书，尤邃于《易》，又旁精歧黄堪舆卜蓍等术，晚年辟庐象山之北，优游终老。《乾隆沙河县志·乡贤》

449 巨鹿县

汉南䜌县地，隋置巨鹿县，旧治东府亭，城在今县北，唐移于今县南。宋大观二年河决，陷巨鹿县，诏迁于高地，即今治。明清皆属直隶顺德府。

汉 路温舒，字长君，巨鹿人，父使牧羊，截泽蒲为牒，编用写字，稍习善，求为狱小吏；又受《春秋》，通大义，举孝廉，累官临淮太守，治有异迹，卒于官。温舒从祖父，受历数天文，以为汉厄三七之间，[①]上封事，以豫戒成帝。时谷永亦言如此，及王莽篡位，欲章代汉之符，著其语焉。《汉书·本传》《艺术典·术数部·纪事》

北魏 魏宁，巨鹿人，以推禄命，征为馆客。武成帝，以己生年月，托为异人问之，宁曰："极富贵，今年入墓。"武成惊曰："是我。"宁变辞曰："若帝王自有法，又有阳子术语人曰：谣言，卢十六，雉十四，犍子拍头三十二。且四八天之大数，太上之祚，恐不过此。"既而武成崩，年三十二。《北史·艺术》《北齐书·方技》

450 唐山县

春秋时，晋柏人邑，汉置柏人县，东魏改为柏仁，唐改曰尧山，金改唐山，明清皆属直隶顺德府，民国十七年，改为尧山县。

清 樊腾凤，字凌虚，西良村人，像貌魁梧，声若洪钟。嗜学，不屑时艺，倚易数占休咎，验如桴鼓。[②] 时当明季，四海鼎沸，凤有拨乱反正志；然静验己运，难以有为，遂闭户潜修，留心韵学，著有《五方元音》，学者宗之。《光绪唐山县志·学行》

451 内丘县

汉置中丘县，避讳改曰内丘，明清皆属隶顺德府，京汉铁路经之。

明 乔中和，字还一，内丘人。崇祯中，由拔贡生，官至太原府通判，撰《大易通变》六卷，一名《焦氏易林补》，取焦赣《易林》，删其词之重复者，而以己意补缀其阙，凡一千余首。《四库·子部·术数类存目二》

452 曲周县

汉侯国，寻置县，晋省，后魏改曲安县，北齐省，隋复置曲周县，寻废，唐复置。

[①] 张晏曰：三七二百一十岁也。自汉初至哀帝元年，二百一年也。自平帝崩，二百一十一年。

[②] 桴，音浮，击鼓杖也。

故城在今直隶曲周县东北四十里,盖宋时移今治。明清皆属直隶广平府。

清 刘逢源,字津逮,贡生,少好读书,经史星数河洛之学,悉能解会。喜谈兵,好击剑,一时名士,皆从之游,所著有《积书岩》及《漫兴》等稿。《同治·曲周县志》

453 邯郸县

春秋时卫邑,后属晋,战国属赵,敬侯自晋阳徙都于此。秦置邯郸郡,汉高帝立张耳为赵王,都邯郸。邯,山名;郸,尽也。邯山至此而尽,故名。后汉仍为赵国治,东魏时废,改易阳为邯郸。故城在今直隶邯郸县西南十里,呼为赵王城,隋复置,徙今治,明清皆属直隶广平府。

清 杨上林,字御园,赋性聪敏,家道寒窘,安贫知命。平日研究气功,得道家修养之术,故年逾古稀,而精神壮健。素精易学,手不释卷者二十余年,深明吉凶消长之理,其推造命卜休咎多奇中,远近交誉为神卜,且为人占算时,每言因人发,勉其向善消祸,大有成都君平之风。

清 高德亮,字采邦,庠生,少潜心奇门遁甲等书,得其深奥。乡人每以岁之丰歉,事之吉凶,请其占验,无不谈言微中。此外于子平堪舆诸书,亦颇有研究云。《乾隆邯郸县志·艺术》

清 王天河,素精《周易》,善占卜,为人筮休咎,辄有奇验。其子青田,字葵心,庠生,继父业,亦以卜名于时。

清 王朝清,字真庵,庠生,性敏捷,少习举业,因不第,遂潜心于星沙龙脉之学。知命之后,阅历既深,经验亦富,心即有所独得。每为乡人看地,辄取远大之势,绝不沾沾于小巧局面。察视日久,所有邯武一带之山川形势,罔不罗列胸中。故经其所看之地,所点之穴,虽无巨大富贵之表征,然亦莫不平正通达,家道称小康焉。以上《乾隆邯郸县志·艺术》

454 斥丘县

春秋时,晋乾侯邑,汉侯国,后为县。阚骃云:地多斥卤,故曰斥丘。高齐改置成安县,而故城废,其地在今成安县东南三十里。

晋 黄泓，字始长，斥丘人。父沈，善天文秘术，泓习其业。永嘉之乱，避居幽州，闻慕容廆①法政修明，虚怀引纳，乃率宗族归之。廆待以宾礼，引为参军，指说成败，事皆如言。及皝嗣位，②迁左常侍，领史官。石季龙攻皝，将走辽东，泓曰："贼有败气，不过二日必溃，宜严为追击之备。"皝曰："今寇盛言败，何也？"泓曰："勿疑。"及期季龙果退，皝益奇之。及慕容儁僭号，署为进谋将军、太史令、关内侯。许敦害其宠，谄事慕容评，设异议以毁之，乃以泓为太史灵台诸署统。泓待敦弥厚，不以毁己易心。慕容暐败，以老归家，叹曰："燕必中兴，其在吴人，恨吾年过不见耳。"年九十七卒，卒后三年，伪吴王慕容垂兴焉。《晋书·艺术》《雍正河南通志·方技》《光绪畿辅通志·杂传》

455　成安县

春秋晋乾侯邑，汉置斥丘县，北齐置成安县，唐复曰斥丘，五代后唐，复曰成安，明清皆属直隶广平府。

后唐 刘叟，成安人，后唐庄宗敬皇后父。黄须，善医卜，自号刘山人。《五代史·唐家人传》《光绪广平府志·艺术》

456　武城县

战国时赵邑，汉置东武城县，晋去东字曰武城。故城在今山东武城县西北，齐移县于故信成县，在今北平清河县西。

北魏 崔长谦，武城人，休弟，頠子，名愍，以字行。幼聪敏，为青州司马，贼围城二百日，长谦读书不废。凡手抄八千余纸，天文律历医方卜相风角鸟言，靡不开解。晚颇以酒为损，兼散骑常侍，使梁将行，谓人曰："我厄在吴国，③忌在酉年，今恐不免。"及还，未入境卒，年二十八，赠南

---

① 廆，音汇，廯也。廯，音壁，墙也。
② 皝，户广切，音幌，气容貌。
③ 厄，音厄，困也。

青州刺史。《北史·附崔逞传》

北魏 崔浩，字伯渊，[1] 武城人。少好学，博览经史，玄象阴阳，百家之言，无不该览；研精义理，时人莫及。弱冠为通直郎，转著作郎，后擢为司徒。太宗好阴阳术数，闻浩说《易》及《洪范五行》，善之，因命浩筮吉凶，参观天文，考定疑惑。浩综核天人之际，举其纲纪者数家，多有应验，恒与军国大谋，甚为宠密。是时有兔在后宫，检无从得入，太宗怪之，命浩推其咎征，浩以为当有邻国贡嫔嫱者，[2] 善应也。明年姚兴果献女。《魏书·本传》《图书集成·术数部·名流列传》

北齐 崔㢸，[3] 字法峻，武城人，景哲子。幼好学，汎览经传，多技艺，尤工相术，仕魏为司空参军。齐武平中，为散骑常侍，假仪同三司，从幸晋阳，谓中书侍郎李德林曰："比日看高相王以下，文武官人，相表俱尽，其事口不忍言。惟弟一人，更应当贵，当在他国，不在本朝，吾不及见也。"㢸性廉谨，恭俭自修，所得俸秩，必分亲故，终鸿胪卿。临终诫其二子，曰："夫恭俭福之舆，傲侈祸之机。乘福舆者，浸以康休；蹈祸机者，忽而倾覆，汝其戒之！"吾没后，敛以时服，祭无牢饩，棺足周尸，瘗不泄露而已。及卒，长子修，遵父命。《北史·附崔逞传》《宣统山东通志·艺术》

457 威县

汉巨鹿县地，后汉广宗，石赵建兴，隋宗城，唐宗州，金改洺水县，元自井陉移威州来治，省洺水，入威州，明降为威县，属广平府清因之。

清 徐隽甲，威县武庠生，性温和拳勇堪舆卜筮，悉精通。《光绪广平府志·艺术》

---

[1] 《北史》云：字伯深。
[2] 嫱，音墙，妇官名。
[3] 㢸，俱永切，与炯同，光也。

458　清河县

后汉清河国，故城在今直隶清河县东，北齐始移清河县于故信成县，改曰武城。隋改武城县曰清河，在今县北，唐徙今治。明清皆属直隶广平府。

北魏　魏道虔，清河人，长于阴阳卜筮之术，肃宗时，为奉车都尉。赵法逯，显祖高祖时，以占卜知名。张裕，以占相之术名。《魏书》《光绪广平府志·艺术》

459　滏阳县

北周置，明省，今属北平磁县治。

唐　李杰，本名务光，滏阳人，擢明经，好读相人书，观色察形，难逃神鉴；听断精详，人吏爱之。为河南尹时，有寡妇告其子不孝者，杰物色非是，谓妇曰："子法当死，无悔乎？"答曰："子无状，宁其悔？"乃命市棺还敛之，使人迹妇出，与一道士语，顷持棺至。杰命捕道士按问，乃与妇私，不得逯，杰杀道士，内于棺。杰官至御史大夫，封武威县子。开元六年戊午卒，帝悼之，特赠户部尚书。《新唐书·本传》《相法证验》

460　冀州

古九州之一，今河北山西二省，及河南黄河以北，辽宁辽河以西之地。《释名》："冀州地有险易，帝王所都，乱则冀治，弱则冀强也。"周汉皆有冀州，后汉冀州刺史治鄗，故城在今河北柏乡县。北汉末治邺，故城在今河南临漳县西南。魏移置信都，即今河北冀县治。晋治房子，故城在今河北高邑县西南。南朝宋治历城，即今山东省治，后魏复治信都，历代因以其地为冀州。清时州属直隶，民国改为冀县。①

后唐 周元豹，燕人，世为从事。元豹少为僧，其师有知人之鉴，从游十余年，尽悴无惮，师知其可教，遂传其秘旨。既长，还乡归俗。时卢程犹为道士，与同志二人谒焉，元豹退谓乡人张殷衮曰："适二君子明年花发，俱为故人。唯彼道士，他年甚贵。"来岁二子果零落于赵魏间。又二十年，卢程登庸于邺下，后归晋阳，张承业信重之，言事数中。明宗时，为内衙都指挥使，承业俾帝易衣，列于诸校之下，以他人诈之，曰："此非也。"元豹指帝于末缀曰："骨法非常，此为内卫太保欤？"咸服其异。或问帝之前程，惟云末后为镇州帅。时懿皇后夏氏，方侍巾栉，时有忤旨，大犯槚楚，②元豹偶见之，曰："此人有藩侯夫人之位，当生贵子。"赫怒因解，其言竟验。太原察判司马撲，不同舍，留其居，忽谓撲曰："公五日之内，奉使万里，未见回期。"撲数日后，酒酣，坐为衣领扼之而卒。明宗自镇帅入纂，谓侍臣曰："周元豹昔曾言朕事，颇有征，可诏北京津置赴阙。"赵凤曰："袁许之事，元豹所长；若诏至辇下，即争问吉凶，恐近于妖惑。"乃令就赐金帛，官至官禄卿，年八十而卒。又尝与蜀高祖预说符命嗣主之事，至于云龙将相，其言无不符验。《光绪顺天府志·方技》

北魏 殷绍，长乐人，③少聪敏，好阴阳术数，游学诸方，达九章七曜。世祖时，为算生博士，给东宫西曹，以艺术为恭宗所知。太安四年夏，集成《四序堪舆》，具表上之，遂大行于世。《魏书·艺术》《光绪冀州志·艺术》

辽 乐先生，居燕山，④设卜肆。常胜军校庞太保妻耶律氏，特就乐问命，卦成，乐惊曰："平生所阅人，无如夫之贵，非后妃不足以当之，今服饰若此，何也？"耶律笑曰："吾夫一营卒耳，近以微功，方迁首队，犹未免饥寒，安望王侯？"乐曰："夫人不大贵，吾当焚五行之书。"既而金人灭辽，首领乌珠至燕，见耶律氏美，纳之，而杀其夫，后封越国王妃。妃方颐修颔，明眸华发，权略过男子，乌珠惊畏之。先公在燕时，熟识其状，予奉使日，接伴使曰："工部侍郎庞显忠，盖耶律在庞氏时所在也。"《夷坚志》《光绪

---

① 鄡，音皓。
② 槚，音贾，或作榎，楸也。槚楚，二木名，古用为扑挞之具，字亦作夏楚。
③ 长乐，即今河北冀县治。
④ 燕山，在河北燕山县东南。

畿辅通志·方技》

辽 王白，冀州人，明天文，善卜筮，晋司天少监，太宗入汴得之，应历十九年己巳，即保宁元年壬子札穆，原作只没。以事下狱，其母求卜，白曰："此人当王，未能杀也，毋过忧。"景宗即位，释其罪，封宁王，果如其言。宋太祖收晋，水浸河东之军，晋危，使殿直程再荣，入辽求援，叩于白曰："敝邑危蹙不保。"白曰："晋必无患，南兵五月十七日当回，晋次日必大济。"再荣因问他日安危之数，白曰："后十年晋破，破即扫地矣。"是年宋师果不克晋，迨后十年，当太平兴国四年己卯，方平晋垒。凡决祸福多此类。保宁中，历彰武兴国二军节度使，撰《百中歌》行于世，年八十卒。《辽史·方技》《光绪畿辅通志·杂传》

明 陈后，字启光，号厲斋，诗文书画，与兄复齐名，尤精堪舆之学，用荐任钦天监博士，子汉，继其业焉。《光绪畿辅通志·方技》及《画史汇传》

461 南宫县

汉置，吕后封张敖子偃为南宫侯。齐废，隋复置。故城在今直隶南宫县西北，明时县城为漳水所圮，迁于旧城东三里之飞凤冈，即今县。清属直隶冀州。

清 牛秀山，字蔚然，大屯村人，简朴浑厚，精通易数，为人卜休咎辄奇中，时有君平之目。

清 杜延球，邑庠生，字碧玉，孝昌村人，品格卓异，生平训徒，多所成就。后研穷《周易》，格太乙经、六壬，尤探其妙。同治壬戌，乡党避乱，问卜，言东南吉，后果如其言。与胞姪孙纪墀，批四柱，摩其顶曰："早入泮池。"后果然。以上《道光南宫县志·方技》

清 刘芳，字信庵，岁贡生，幼聪颖，笃志好学，生平于书无所不读，而性情高旷，不慕荣利。四赴京兆试，三荐不售，每值大比，或有劝驾者，则曰："功名身外物，得失何关，吾岂老死而后止者，比也。"设帐授徒，计六十年，游其门者，多所成就。尤邃于《易》，旁通六壬奇门之学，人有疑难事就决，辄奇中，然初不欲以此见也。生平著有《易学入门》《左传提纲》待梓，年八十三卒，人称通儒。《道光南宫县志·列传》

清 王松龄，字鹤筹，天资聪敏，业歧黄，外科尤精。烧五色丹，独得《金鉴》不传之秘，兼通术数，以指诀符咒救人急。又神于《黄帝宅经》，及青乌子所授诸书，为人卜吉无不验，殆古方士之流亚也。《道光南宫县志·方技》

462 新河县

汉堂阳县，后晋蒲泽，宋初为新河镇，置县于此，寻省，元初复置，故城在今直隶新河县西，河溢城圮，因移今治，清属直隶冀州。

清 焦日茂，善卜易，断无不验，人比之严君平、管公明云。

清 刘君佑，字顾三，精歧黄术，断生死无或爽者。又习青乌术，为人迁葬地，亦有验《光绪新河县志·艺术》

463 枣强县

汉置，亦作枣强，为侯邑，后汉省，其地枣木强盛，故城在今直隶枣强县东南。北齐自故城移于今县东三十里广川城，隋又移于今县东南，金河溢城圮，移今治，清属直隶冀州。

清 张希载，字又厚，性温厚，终身与人无争，以读书作文为乐。尤工书法，得之者如获珍璧。然数奇，屡试不售，遂弃举子业，习奇门术，以卜休咎，十不失一。年逾九十，犹为蝇头书。道光初，与族弟克玉，族子元修，族弟际盛，皆年逾九十，元旦四人同堂，人称四老，以为盛朝之人瑞云。《嘉庆枣强县志·补正》

清 王昌，字禹闻，宁绍台道坦，弟也。候选州同，性行醇粹，六龄丧母，哀毁如成人。父疾，侍汤药，衣不解带。比殁，遍择吉壤，安于高原。著有《地理八书》，事兄如父，虽隔数千里，有吉凶事，必禀命而行。家居务勤俭，读书通大义，时与人谈忠孝节义事，如县河东沔，人皆乐听之。居恒以名义自敦，常曰："时无古今，在人自立耳。矜己长，莫若称人善；扬

人恶，莫若摘己过。"语多为儒者所未至。《嘉庆枣强县志·列传》

464　广川县

汉置，城中有长河为流，故名，汉为侯邑，后汉置广川王国。后燕慕容垂，尝于此置广川郡，寻废。北齐县废，故城在今枣强县东三十里。

汉　董仲舒，广川人，少治春秋，孝景时，为博士，下帷讲诵，三年不窥园圃。武帝时以贤良对天人三策，为江都相，后为胶西王相，以病免。仲舒治国，以春秋灾异之变，推阴阳所以错行，故求雨闭诸阳纵诸阴，其止雨反是。行之一国，未尝不得所欲。尝言："仁人正其谊不谋其利，明其道不计其功。"为汉醇儒。免官家居，朝廷如有大议，常遣使及廷尉，就其家问之，年老以寿终于家，著有《春秋繁露》行于世。《前汉书·本传》

465　赵州

后魏置，赵郡，隋置栾州，唐改曰赵州，寻复曰栾州，又改赵州，寻曰赵郡，复曰赵州。宋升为庆源府，金复曰赵州，改曰沃州。元复曰赵州，治平棘，明省平棘入州。清为直隶州，属直隶省，民国改为赵县。

北魏　耿玄，巨鹿宋子人，善卜占，坐于室内，有客叩门，玄已知其姓字，并所赍持，及来问之意。其所卜筮，十中八九，别有林占，世或传之。而性不和俗，时有王公欲求其筮者，玄则拒而不许，每云："今既贵矣，更何所求而复卜也，欲望意外乎！"代宗法禁严切，王公莫不惊悚而退，故多见憎忿，不为贵盛所亲。官至巨鹿太守，显祖高祖时有渤海高道悝，并有名于世。世宗肃宗时，奉车都尉周恃、魏郡太守章武、高日光、任玄智、雍州潘掠，并长于阴阳卜筮，故玄于日者之中，最为优洽。《魏书·艺术》《光绪赵州志·方技》

宋 马韶，赵州平棘人，① 习天文三式。开宝中，太宗以晋王为开封尹，禁私习天文。太宗亲吏程德玄与韶善，以禁故，不与韶往来。九年丙子冬十月十九日，既夕，韶忽造德玄，德玄恐甚，诘其所以来，韶曰："明日乃晋王利见之辰，韶故以相告。"德玄惶遽，入白太宗，太宗命德玄，以人防守之，将闻于太祖。及诘旦，太宗入谒，果受遣践阼，② 韶以赦获免。踰月，擢韶为司天监主簿。太平兴国二年丁丑，迁太仆寺丞，改秘书省著作佐郎。历太子中允秘书丞，出为平恩令，召还，复旧断，判司天监事，就迁太常博士。淳化五年甲午，坐事谪博兴令，移长山令，秩满归乡里，卒于家。《宋史·方技》《光绪畿辅通志·杂传》

466 平棘县

汉封林挚为侯邑，后为县，后汉时谓之南平棘，晋亦曰平棘。故城在今直隶赵县南，后移今赵县治，明省。

隋 李士谦，字子约，平棘人，少孤，事母以孝闻。年十二，魏广平王，辟为参军。后脱身诣学，研精不倦，遂博览群籍，兼善天文术数。北齐时，屡征辟，皆不就。及隋有天下，毕志不仕，家富于财，躬处节俭，每以赈施为务。有兄弟分财不均，至相斗讼，士谦出财补其少者，令与多者埒；兄弟更相推让，卒为善士。尝出粟数千石，以贷乡人。值年谷不登，悉召债家，对之燔契。岁大饥，罄家资为糜粥，全活万计；收埋骸骨，所见无遗，赵郡民德之，抚其子孙曰："此李参军遗惠也。"开皇八年戊申，卒于家，会葬者万余人，相与树碑于墓。《隋书·隐逸》《清一统志·人物》

467 高邑县

汉鄗县，后汉改为高邑。故城在今直隶柏乡县北，北齐徙高邑于汉房子县界，即今

---

① 平棘，故城，在今河北赵县北。
② 阼，音祚，遇韵，天子之位曰阼，言为天下主。

治。清属直隶赵州，京汉铁路经之。

北魏 睦夸，一名旭，高邑人，少有大度，不拘小节。耽好书传，未曾以世务经心。好饮酒，浩然物表，高尚不仕，寄情丘壑。少与崔浩莫逆之交，浩为司徒，[1] 奏征为中郎，辞疾不赴。或谓夸："吾闻有大才者必居贵仕，子何独在桑榆乎？"遂著《知命论》以释之。及卒，葬日，赴会者如市，无子。《北史·隐逸》《图书集成·人事典·命运部·纪事》

○明四村畸人《小隐书·敬虚子》曰：予尝考论古今隐逸传，至《北史》见睦夸，著《知命论》，于是喟然叹曰："呜呼，命也者，禀于有生之初者也。死生寿夭，贫贱富贵，以至存亡得丧，荣辱显晦，盖皆一定，人不可得而易，亦非人之可能而易也。知命则不怨天尤人，而修身以待之，由是于一切傥然之遇，来莫之迎，去莫之将，且复安于命，而无所用《易》矣。是故知命者大快活法也，安命者大休歇事也。小隐者未达乎此，而欲与天为徒，得乎？

---

[1] 浩通玄象百家之言，官司徒，诏总理史务，作图书三十卷，立石以彰直笔，国人愤嫉，称于帝，诛之。

中国历代卜人传卷二十三

山东省

山东省在我国东部，为沿海各省之一，古青兖二州，兼徐豫二州之地。春秋时为齐鲁诸国地，故别称曰鲁。秦置齐郡，汉为青兖徐三州地，唐分属河南、河北两道，宋初分属京东、河北两路，金改京东为山东，始有山东之名，以在太行山之东也。元置燕南、河北、山东诸道，直隶中书省，明置山东布政使司，清置山东省，民国仍之。其地突出海中，北临渤海，东北及东南皆滨黄海。南界江苏，西南界河南，西北界河北，省会曰历城县。

468 历城县

战国齐历下邑，汉置历城县，明清皆为山东济南府治，民国废府，仍以历城为省治，今道废，有商埠在城西五里沟，清光绪三十年，自行开放，津浦铁路经之，胶济铁路终点于此。

明 周继，字志斋，嘉靖乙未进士，授任丘知县，历任太仆卿，应天巡抚，刱条鞭法，[①] 疏奏报可，天下便之。时刘汝国叛，旋经勦复，上赐银币劳之。迁南京户部侍郎，历官爱士恤民，本诸天性，课试诸生，讲艺谈道无倦期，士习翕然丕变。尤精阳宅之术，万历丙戌，署应天府印，谓儒学文庙，坐乾朝巽，而学门居左属震，庙后尊经阁高大主事；庙门与学门，皆受乾金之克，阳宅以门为气口，生则福，克则祸，于是以抽爻换象补泻之法修

---

① 刱，音创，通作创，造法创业也。

之。于坎位起高楼,曰青云楼,高于尊经阁,以泄乾金之气;而以坎水生震巽二木,以助二门之气。又于庙门前竖巨坊,与学门之坊并峙,以益震巽之势,于离位造聚星亭,使震巽二木生火,以发文明之秀。又以泮池河水不蓄,于下流造木桥以遏之,修理甫毕,迁应天巡抚,语人曰:"十年间,春闱必首占三榜,秋试必中至十余人。"及戊子乡试,中者仅三人,榜出继愕然,乃下檄委一县佐,撤去学门砖屏,易以木,语人云:"来春口都不发大魁,吾即不信吾术。"己丑,焦竑果殿试第一;乙未,朱之蕃亦殿试第一;戊戌,顾起元亦会试第一,殿试第三,人皆以为神,著阳宅书若干卷。《乾隆历城县志·方技》

清 贾延龄,字宇九济南府历城县人,九岁而孤,赖母马氏,抚以成立,警才骏发,每思以文学继家声。授室后,食指日繁,乃弃儒就商。虽改业,而上承母训,课子读书,未尝宽假。延龄在蓰纲,垂三十年,为历任运司所倚重。性慷慨,好施与,于地方善举,无不为众人之倡;费数千金,不少吝。如建义学,舍棺木,施义田,建节孝祠,皆相继举办。添建学院考棚号凳,改修贡院号舍,费款尤巨。大吏为请于朝,加级纪录,至今士林尤感颂之。其他轻财好义,难以枚举。平居肆力学问,精医卜善堪舆,著有《地理切要》《阳宅知要》若干卷,藏于家。子二,长懋官,利津县训导;次重熙,道光甲辰科举人。《宣统山东通志·人物补遗》

清 严祖璋,字笠樵,历城人,咸丰戊午第二名举人。屡上春官不第,进效力神机营,以功叙知县,分发安徽,历署庐江、芜湖、石埭、霍丘,补来安等县知县,尽心民事,案无留牍,所在循声卓著。洊保直隶州,[①]遂引疾归家,以著述自娱,有《四书讲义》。兼通医卜,尤精星学,光绪癸卯卒。《宣统山东通志·人物》

469 章丘县

汉阳丘管二县地,北齐徙置高唐县于此,隋改曰章丘,取县南章丘山为名。宋置清

---

① 洊,音荐,再也。

平军，后军废，仍为县。明清皆属山东济南府，胶济铁路经其南境。

明 张可寿，字福同，李氏旧仆也。李氏原籍江南海州，其先人为方正学之友，永乐初癸未遇祸死。幼子显，甫离襁褓，可寿窃负逃，居章丘大沟挨，复徙旧军镇，始至无以为生，乃卖卜以给。显长，居人知其故，无敢与为婚者。其妻田氏欲子之，可寿曰："乘人之危不仁，干主之分不义，不仁不义，吾不为也。"以女妻之，家亦稍裕。其后李氏子姓蕃衍，春秋奉祀，必及于张。《道光章丘县志·义行》

470 邹平县

汉置晋省，故城在今山东邹平县北，隋自梁，邹城移平原县，入邹平城，改为邹平。唐移于今县北孙家镇，宋移治济阳城，即今治汉梁邹城也。明清皆属山东济南府。

元 安仁甫，邹平人，家黄山下，乐耕读，训子孙以农圃医卜，不习词章之学。尝建二亭，一曰山朝，一曰野市，年七十余而卒。《道光邹平县志·隐逸》《宣统山东通志·隐逸》

471 长山县

汉於陵县地，南朝宋，侨立武强县，隋改曰长山，明清皆属山东济南府，胶济铁路经其南。

元 张公直，苑城人，通诸子百家，尤精晓天文地理之学，好吟咏，县举为阴阳训术。未几辞去，杜绝人事，隐居南村，种植槐柳成行，人号其所居为槐行。至正间，累征不起，诏旌其门，仍复其家。

明 李第，黄山前里人，幼嗜学，精形家言。尝遇异人，得黄白术，子孙求其道，辄拒之，曰："人富则侈，侈则忘其性之所有，恐尔等祸及身也。"卒不传，抱道自重。刘相国、安岳阳曾贻以多金，坚辞不受，年八十余终于家。子万祚，为诸生，亦艺园隐居，寿九十六。

清 聂庭，字子清，泽远子，居城南长白之东麓，世业儒。庭独善青乌家言，能不惑于祸福之说，乃弃举业，以布衣终。晚好艺菊，每风日晴佳，招二三知旧，相与吟赏为笑乐，视世间荣利泊如也。子三人，皆有行谊。长兆元，邑庠生。以上《嘉庆长山县志·隐逸》

472 新城县

元以长山县之驿台地置，明清皆属山东济南府，民国改为桓台县。

清 齐克昌，字骏发，性聪颖，精天文地理、壬遁风角诸书。弃诸生，入钦天监，以漏刻科博士，与修《协纪辨方》。布算精确，占次多奇中，累升至监副。在监折奏多秘，人不得闻，亦不令子孙习星卜事。年老退休，著有《朱注详解》，卒年八十一岁。《民国新城县志·人物》

清 陈源长，字子鲁，新城人，诸生，负奇气，精风角占，及六壬太乙之术。鄂文端，勤黔省诸苗时，尝与参军事，晚年绝口不以语人，年八十余卒。

清 何观光，字子尚，号太痴，新城人，廪生，幼有神童之目，精于星卜之学。何端简，甫垂髫，为卜其科第官阶，一一不爽，布算至六十四，掷笔曰："惜不能逾此。"后果如其言，自谓终于某时，至期无疾而逝。

清 王恂，字诚庵，新城人，清癯恬淡，好老子书。有道士来居宅畔庙中，人呼麻道人，多异迹。恂师事之久，出书四卷授恂，竟去不见。恂试其术辄验，逢大旱，为坛诚祷，是日天无纤翳，正午有云如片席冉冉至，仰叱之，倾刻四布，大雨如注。济上旱甚，桑中丞招之往，甘澍应时降，酹以金帛不受，渔洋山人以"神麻立应"额其门。北平黄昆圃，廷为卜地，有灵验。殁之前日，戒其养子勿他出，晨饭后沐浴衣冠，卓午仰卧而瞑。以上《道光济南府志·方技》

○珊按：河北省唐县之王恂，乃是元人，与此迥异，不得以姓名相同而忽之。

473 齐河县

汉祝阿县地，唐禹城县地，宋置耿济镇，金分置齐河县，明清皆属山东济南府，津浦铁路经之。

明 王思理，字东泉，孝友端方，尤精星学。子二，泽禄、泽福，均有行谊。

清 袁泉，字朝宗，廪生，研穷《周易》，孜孜不倦。年六十，两目忽盲，而数学愈精，与人言休咎多验。以上《民国齐河县志·儒行》

474 济阳县

春秋齐著邑，汉置著县，北齐省，隋唐为临济县地，宋为章丘县地，金初析章丘、临邑二县地，置济阳县，明清皆属山东济南府。

清 张尔岐，字稷若，号蒿庵，济阳人，明季诸生。入清，隐居教授，不求闻达。身愈困，学愈笃，凡天人性命，无不毕究；旁通壬遁，又善风角。尝曰："学者一日之志，天下治乱之源，生人忧乐之本。"尤精三礼，有《仪礼郑注句读》《仪礼考注订误》《周易说略》《春秋传义》《夏小正传注》《蒿庵集》《蒿庵闲话》等书，又著有《风角书》八卷，载入《清史稿·艺文术数类·占卜之属》。《清史稿·儒林》《山东通志·人物》

清 王祖兰，优廪生，邃于《易》，精六爻课，每为人卜未来事，所谈休咎无不应。《民国济阳县志·艺术》

475 长清县

汉置卢县，北齐废，隋改置长清县，故城在今山东长清县东南三十里，宋徙城于县之刺榆，即今治。明清皆属山东济南府，津浦铁路经其东。

元 李坚，长清人，号麻衣先生，长于风鉴，尝卖卜于长安市，寿夭穷通，无不切中。来游长清，每以药济人，或预告人休咎，无不验。年逾百岁，一日过石涧铺，谓人曰："某日吾葬此。"至期果化去。按长清县东山有麻衣洞，是其隐处。《道光济南府志·方技》

476 泰安县

汉博、嬴、奉高三县地，宋曰奉符，金为泰安州治，明省县入州，属山东济南府。清雍正十三年，升州为府，设泰安县为府治。民国废府留县，津浦铁路经之。

晋 汶上老人，善风鉴。羊祜，字叔子，泰山南城人，尝游汶水之滨，遇老人谓之曰："孺子有好相，年未六十，必建大功于天下。"既而去，莫知其所之。祜后建平吴之策，卒时年五十八。后二岁而孙皓平，群臣上寿，帝执爵流涕曰："此羊太傅之功。"因以克定之功，祭告祜庙。以此而验汶上老人之言，则已素定于六十年前矣；功名之际，岂可侥幸其或成哉！又尝有善相墓者，言祜祖墓，有帝王气，若凿之则无，祜遂凿之，相者见曰："犹出折臂三公。"后祜因堕马折臂，位至三公，信乎墓之有吉凶，不诬也。《晋书·羊祜本传》《古今类事·相兆墓兆门》

宋 开怀道民，精星命之学，东平王编修赠诗有云："开怀道民，以只履为标榜，鬻命资身，其旷达妙趣，有起人者。达磨只履投西归，一只乃为汝所持。汝持此只将奚为，十方三世包无遗。大挠十干十二支，衍作六十花参差。释迦佛亦不出斯，丈六身外还属谁。七十九年略可推，无始劫来何从知。可满盛著瑯琊儿，任汝胎年月日时。乌窭披上粗缯衣，龙尾引入黄金埤。平川夌野观游丝，东西南北随风飞。水流云在俱迟迟，凡度眼者都忘机。一物今古常光辉，无头无尾无骨皮。无男无女无妾妻，无肝无胆无心脾。大率一切皆无之，太空赤立孤凄凄。珞琭忽见全如痴，何况吕李杨徐奚。我命居申西南维，我身在未正值西。腊月三十日到来，此身此命成烟霏。俙起卦盘收卦蓍，梅轩共看花阴移。"宋王质《雪山集》

清 郭载骙，字御青，古博人，[①] 怀庆府推官，究心六壬二十年，汇集《六壬大全》十二卷，康熙甲申刊印行世。其自序云："六壬向无嵩刻，抄本皆鲁鱼膺字，不堪入目；较正刊行海内者，自旸谷关先生三式始，路阻，难

[①] 博，春秋齐邑，在今山东泰安县东南，《左传·哀公十一年》："公会吴子伐齐克博。"汉置博县。

购得。余究心此道，业二十年，汇集《大全》一书成帙，因旅橐萧然，难以行刻。梓人徐振南者，愿求其稿以登梨，因缮写付之。余奉简书，复有中州之役，不知其刻能竟否？若集中《毕法赋》，正舛订讹，分类抬头，使观者较若列眉。又《课经集》，汇括诸家，更无剩义。余之心血，几为呕尽，壬书中从无此精研者矣。友人览是编曰：'汝素研精此道，能占之百不失一乎？'余曰：'不然。占有应否，中有说焉。余揣以经尝事理为主，不过信杳茫也。现前事理，苟属一定；其宜行宜止，观事理为动静，其成败听之天而已。如舍定理而别图，即为妄占。妄则不诚，不诚则不明。事有宜占者，有不宜占者。宜占者，事理有两在者也。不宜占者，事理无两，在者也。又事关鸿巨，疑心亟切，则宜占；事属缓慢，心不亟切，则不宜占。尝有人以不紧要之事，因闲谈而漫求占；问者之心已不诚，占者亦漫应之；两人之心俱不诚，是无物也；无物则无形见，所以课体亦茫无端绪。大约天下事，皆象心为之，未有无心而有事者也。如人闭目凝神，虽坐静一室，而室外步履音响，洞垣如见；如心偶他驰，人过吾前而不见，声震吾耳而不闻。是心一不在，虽面前形声，且不见不闻，而况传课中隐深之义乎？卜筮家每云心不诚则神不告，非幻冥之神不告，乃吾自心之神不出现也。上彻九天，下透重渊，皆人心灵为之，舍自己心灵，而求课象，必不得之数也。余持是说以告占验家，百不失一矣。请以质之海内同志者。'"《六壬大全自序》

○《四库提要·子部·术数类》云："《大六壬大全》十二卷，编修励守谦家藏本，不著撰人名氏，卷首题'怀庆府推官郭载騋校'，盖明代所刊也。"珊家藏原刻本，有自序，载"明康熙甲申季秋，古博郭载騋御青肯，题于白门邸中"字样，具见励藏之本，佚去载騋自序，故提要疑为明刊也。

清 张永爵，字锡侯，学青乌家言，天文地理星纬诸书，研心考究，占验无不奇中，年九十余，步履视听，如少壮时，晚号竹溪老人，有《奇门真机》四卷，今佚。《民国泰安县志·方技》

477 莱芜县

春秋齐嬴县，唐移置莱芜县于此，清属山东泰安府。

明 董从，字大同，邑诸生，工诗，善书法，为人豪迈亢简，不合时趋，耻为占毕饾饤之业。喜投壶围棋，又善形家言，间尝卖浆鬻卜，卒年六十有二。彭城吴某题其墓曰："词坛高士"。《民国莱芜县志·隐逸》

478 肥城县

汉置肥城县，后汉省，晋复置，后魏曰肥城，唐省，元复置，清属山东泰安府。县境产桃，俗名肥桃，实大味甘，液亦较常桃为多。

清 尹汇瀛，字福山，幼读书，端重若成人。道光丁酉拔贡，旋举顺天乡试，成进士，官工部主事。请假归里，遂不复出，博览群书，肆力于诗古文词。经史而外，于天文占卜堪舆星相之书，无所不究。晚年尤通医理，居恒兀坐斗室，如对大宾；及与人接，盎然太和，溢于眉宇，乡党奉为矜式。年六十二卒。《光绪肥城县志·文学》

479 惠民县

汉厌次县地，宋移置信阳县于此，明省，改置武定州。清雍正十二年，升武定为府，属山东省，置惠民县为府治。

清 李寿渊，字静洲，年十五，补弟子员，雍正壬子举人。博学多才，自经史诗赋文词外，旁及阴阳象纬卜算堪舆之学，多手录成篇，莫不究其奥旨。年五十一岁卒。《乾隆惠民县志·文学》《宣统山东通志·人物》

480 阳信县

汉置，在今山东无棣县界，北齐移治马岭城，在今阳信东，隋时又移治阳信县南七里，宋徙今治，清属山东武定府。

宋 王讷，阳信人，通星历。太宗时，王赞宁充史馆编修，寿八十，讷推其命孤薄无贵寿，谓宁曰："君生时其有贵星临乎？"宁曰："然。予母尝言生我时，有王侯贵人，避雨门前，移时方去。"《图书集成·星命部·名流列传》

宋 杨知，阳信人，少遇异人，传以风鉴。太宗微时，散行遇知，知谓曰："君其治世主乎？"太宗却避，及登极，乃诏号真人，即泰山为庵以居，后莫知所之。

明 张希儒，字太宇，阳信人，由岁贡任临清训导。出游陌上，遇一贫衲，邀与共饮，衲感之，授以风鉴术，言人休咎皆奇验。邑绅李如桧，迁冏卿，亲友郊饯，希儒归语人曰："可惜此老登鬼录矣。"闻者惊愕，后旬日而讣至。邑人曾明昌为诸生时，希儒见而奇曰："年非大比，而面有桂花，其瓣不完。"既而泰昌改元，昌得恩拔。马素融、刘进吉为诸生，同砚席，希儒异曰："两贡同时，为不解也。"后顺治辛卯，马准恩贡，刘以岁贡，同时之言果验。以上《咸丰武定府志·艺术》

清 朱崇英，字映阳，邑增生。其父庠生百揆，通晓地理。崇英能世其学，精管辂课，每于大比年，元夜起课，问科第，毫发不爽。寿八十三而终。《乾隆阳信县志·方技》

481 厌次县

秦置，汉改曰富平，后汉复故。《明统志》载厌次在陵县东北三十里。即今神头镇，此秦及西汉之厌次也。《山东通志》云：富平在阳信东南三十里。乃今桑落墅，此东汉之厌次也。

汉 东方朔，字曼倩，厌次人。武帝初，朔上书，高自称誉，帝伟之，令为常侍郎。帝欲为上林苑，朔进谏，乃拜朔为太中大夫、给事中，复为中郎。复上书，陈农战强国之计，不见用，因著论设客难己，又设非有先生之论。朔之文辞，此二篇最善。朔待诏金马门，稍得亲近。上尝使诸数家射覆，置守宫盂下，射之，皆不能中，朔自赞曰："臣尝受《易》，请射之。"乃别蓍布卦而对曰："臣以为龙又无角，请之为蛇又无足，跂跂脉脉善缘壁，是非守宫即蜥蜴。"上曰善，赐帛十匹，复使射他物连中，辄赐帛。《前汉书·本传》《图书集成·艺术典·射覆部·纪事》

482 无棣县

即春秋时齐之无棣邑，《管子》所谓北至无棣者。隋置县治此，在今山东无棣县北三十里，唐因之，宋仍治此。治平中移于今城，即五代周所置保顺军也。金废军，元分其地属沧棣二州，俗谓之东西二无棣也，而县治入于棣州。明初以东无棣，改置海丰县；又以直隶之西无棣，改置庆云县，清因之。民国改海丰县为无棣县。沿海鱼盐殷富，其地亦日拓，有移治大山街之议。

明 王守分，字西安，精历算及形家言，充阴阳学训术。进士高知彰赠诗有曰："士庶喜吾谈造化，鬼神畏我破天机。"年至八十终，子希哲嗣其职。《民国无棣县志·隐逸》

483 滨州

五代周置，宋曰滨州勃海郡，金曰滨州，明属山东济南府，清因之，民国改为滨县。

后汉 郭凤，渤海人，官博士，好图谶，善说灾异吉凶占应。先自知死期，豫令弟子市棺敛具，至其日而终。《后汉书·方术·附谢夷吾传》

清 薛嵋，字对峰，居家以孝友著，读书三月，即弃去。博通诗古文词，兼及堪舆易象篆刻诸技，寡知交，而交必以诚。尝有故人子废学者，减餐以供，勿恤也。每为人相地，必度其德克堪舆否；利不能动，势亦不为之屈。暇时布衣草屦，行吟城隅，有古隐士风。一日有以私事相干者，投数十金，摈弗受，其高风亮节类如此。《咸丰滨州志·隐逸》

484 利津县

汉湿沃县地，隋蒲台县地，唐渤海蒲台二县地，金为永利镇，寻升为利津县，清属山东武定府。

明 李登仙，字见田，仁义乡一图人。自幼即好谈玄讲易，究心康节数学诸书；长而遨游四方，寄情山水。得异人传授，遂出口诗文，随风珠玉，每意到即笔不停写，言言奇中，不占验而前知，有不可徒以数学测者。登仙尝游晋中，与太史朱沧起交，指点何地吉，何方得全。至逆闯变起，与数符合，朱氏得全家无恙，为著《异人传》以行世。时田都督宏遇闻其名，延之署中，适流寇掠河陕诸省，拨马日驰数百里，报军中机宜，登仙曰："安用是？"今日寇攻某城，击某寨，我兵与战，胜负若何，皆远在千百里外报知，悉如登仙言，都督得以奏之。上大喜，进都督服俸。都督欲奏登仙姓名于上，登仙不许。《光绪利津县志·仙技》

清 李神仙者，利津人，占卜多奇中。顺治间，沾化李吉津、宫詹呈祥，寓京师日，尝问以前程事，李书一联云："洗耳自同高士洁，披襟不让大王雄。"后半载，吉津以建言流徙出关，途次永平，有一秀才迎道侧，具刺，自言贫苦求资助，视其名则高士洁也，大骇叹。及出关，一守备王姓，远来相迓，因为诵联句，王骇曰："雄即某小字也。"吉津太息，以为定数不爽如此。康熙壬寅，诏许生还，一日偶举此事语长洲尤展成太史，尤又骇曰："此诗乃余昔年戏作《论语》诗中之一也。"清王士禛《池北偶谈》

485 沾化县

隋浦台县地，宋置招安县，金改名沾化，清属山东武定府。

清 温其中，不知何许人，善相宅。至一家云："墙横曲木，北堂病母。"其家惊以为神，至家，应手而母病愈。王令君宅多鬼，延其中至，遍相其宅，以手画地，命掘之，得白骨二合，棺而窆，妖遂寂然，其术之神异皆此类也。

清 范峻，字景坡，庠生，服习象纬堪舆阴阳方脉律吕诸书。邑城旧有五门，南门东有小南门，久塞，峻请于邑令复旧制，曰："利文明也。"著有《易经讲义》十卷，邑令童均为之序，藏于家。

清 郭景曜，字普照，下鄼庄人，庠生，性好静，与人无争，处乡里，恂恂时，人皆敬之。入庠后，手不释卷，尤邃于《易》，凡《易》之注释，多所发明。善风鉴卜筮，非有意习其业，盖自天文地理之学推测而得者也。
以上《民国沾化县志·方技》

486 商河县

隋置滴河县，宋改曰商河，清属山东武定府。

清 苏云山，三教堂人，精堪舆学，有延请者，无论远近，辄步随之，不索谢。又多识前言往事，喜剧谈，言必忠孝节义，能令人鼓舞感泣。家素丰，自奉俭约，戚友称贷无难色。适病甚，合家惶惧，欲备后事雪山曰："勿须，吾命今未合终，后十年乃其时耳。"至时忽偃卧不起，召家人至，悉取积年债券令焚之，或劝其以遗后人，曰："为后人断此葛藤，即所以遗之也。"举首环顾，家人俱在，连曰"好，好"，遂卒，寿七十三岁。

清 李毓华，字协庵，胡家营人，天资颖敏，弱冠游庠，旋补增广生。乡试屡荐未售，遂无志进取。精星命学，为人推算，无不应验。

清 李怀敬，字修斋，胡家营人。幼业儒，中年废读，精数学，尤善卜筮，言辄验。

清 刘宝玮，字剑南，燕庄人，岁贡生，任莱芜教谕。年老致仕，闭户修养。精奇门，能驱六丁六甲之神。谈未来之事，无不应验，无疾而终，人以为仙去，著有《数学正宗》。

清 李爽，精于数学，知人死生先时，知年岁丰歉，寿九十四岁。以上《道光商河县志·方技》

487 高苑县

战国齐千乘狄邑地，汉置千乘县，南朝宋，侨置长乐县，北齐移县治被阳城，隋改曰会城，又改曰高苑。宋改曰宣化军，寻废军为县，明清皆属山东青州府。

清 何一凤，高苑人，邑庠生，年二十七，弃妻子，游名山。尝寓蒙城西阳埠口，晦迹隐名，以卖卜养身，号百开子，著《丹台鹤韵》一卷，后不

知所终。《康熙青州府志·方技》

488 博山县

本淄川县之颜神镇地,汉为莱芜县地,北魏以后,为贝丘县地。元初,尝置行淄川县于此,寻县废,以镇淄益都,明设通判驻此。清雍正十二年,始析益都淄川莱芜地,置博山县,属山东青州府。胶济铁路之支线,自张店经淄川达此,今有自辟为商埠之议。县境产制玻璃之原料白沙,故于清光绪三十二年,创办玻璃公司。所出之货,虽不能与欧美各国较,而在中国,却为绝大之玻璃厂,与江苏之耀徐并称。所出之平面玻璃及玻璃器,曾于南洋劝业会得一等奖。惜用人滥而开支巨,所出玻璃,又莹洁不足,损失太多,连年亏折,至清宣统二年遂停办。地亦产煤,旧时并产铁。

明 赵祜,字玉沙,岁贡生,性简淡,读书深默,甚有检裁。父应时,尝以贡士为兰阳主簿。家故淡薄,祜又耽读,不措意生产,益贫落。或至斋时已过,妻孥尚悬釜以待,有不堪者,辄顾笑曰:"姑徐徐,无妨我读也。"居常晏坐一室,冬夏不谢衣冠,禹步徐行,意闲闲,既无惰容,亦无窘步,以此人未或窥其际焉。晚好青乌家言,虽已策名,闭户不仕,追摹伏读,著《地理紫囊书》传于世。四世孙其昌,中康熙己酉亚魁,己未成进士。《民国博山县志·隐逸》

489 济宁州

春秋任国,汉任城县,后汉置任城国,后魏任城郡,金移济州治任城。元初仍曰济州,徙治巨野;又升为济宁府,迁治任城,寻复徙。后复置济州,属济宁府,升为济宁路。明改为府,又降为州。清升为直隶州,属山东省。民国改县。地滨运河,南通江淮,北连河济,为南北水陆之襟要。民国十年,自辟为商埠,津浦铁路,有支线自滋阳县达此。

明 王泰,济宁卫人,尝遇一老妪,授以《阴阳大旨》一篇,由是言人祸福,屡发屡中,人以为神。都御史马昂,尝微服访泰,泰愕然,以为大贵人也。公某月日,必升兵部尚书,果然。漕运都御史王洪就问,泰曰:"此去赴京，必有大祸。"后洪以笏击死乱政毛长随于朝，果被谪戍远方。泰又曰："公至某处，当有诏命，仍理漕运。"果如所言。指挥卢彬，金带自束复开者三，泰曰："今夕决有锋刃之祸。"是夕彬入舍人王鸾家，为鸾所杀，其神妙如此。《图书集成·艺术典·卜筮部·名流列传》

清 郭一标，号次立，业儒有行。教授生徒，夏一葛，冬一褐，所食不过粗粝，所居仅蔽风雨，数十年如一日，泊如也。庭花窗草，簷鸟盆鱼，悠然有得。精于《易》，晨夕把玩，手自编摩。每谓弟子郑与侨言："《大易》三百八十四爻，总不外一潜字；会得乾之初体，六十四卦一以贯之可也。"为文尔雅温醇，自成一体，然每试多不利，或劝其刓方技俗，① 则曰："文心声也。违心殉人，可乎？"以此终不遇，终不悔。年老病终，常作笑容，家人问所笑何事，复大笑而卒。有《大易日抄》传于世。《民国济宁州志·隐逸》

490 兖州

属山东省，故治即今滋阳县。

唐 伊慎，字寡悔，兖州人，通《春秋》《战国策》、天官五行书，以善射为折冲都尉，授连州长史，讨梁崇义、李希烈，署慎汉南北兵马使，不受。襄汉平，希烈爱其才，数馈遗，欲縻止之，卒以计免。明年希烈反，嗣曹壬皋，得而壮之，拔为大将，以功封南兖郡王，卒谥壮缪。《宣统山东通志·名臣》

491 曲阜县

鲁周国名，姬姓，文王第四子，周公旦所封也。周公位冢宰，留相天子，乃封其长子伯禽为鲁侯，都于曲阜，即今山东曲阜县。伯禽十三世，传至隐公息姑元年，《春秋》记始于此。又二百四十有二年，为哀公将之十四年，西狩获麟，《春秋》以终。后九君至

---

① 刓，音元，削去廉隅也。

项公雠，为楚所灭。

周 楚丘之父，掌龟卜，鲁季友，庄公母弟也。将生，桓公使卜，楚丘之父卜之，曰："男也。其名曰友，间于两社，为公室辅。季氏亡则鲁不昌。"又筮之，遇大有䷍之乾䷀曰："同复于父，敬如君所。"及生，有文在手，曰友，遂以名之。嗟夫，季友之生，为鲁国辅佐，固系于天命；而友之名，先见于楚丘之卜；与季友之手，自然成文，名亦由天定耶！《春秋左传·闵公二年》《古今类事·卜兆》

492 宁阳县

春秋鲁阐邑，汉置宁阳侯国，后为县，故城在今山东宁阳县南。晋省，北齐移置平原县于此。隋改曰龚丘，宋又改曰龚县，今复曰宁阳县，即今治。明清皆属山东兖州府。

明 王贤，字惟善，宁阳人，幼遇异人，授以青囊书，遂精其术。永乐中，为成祖卜寿陵，后累官至顺天府尹。《宣统山东通志·方技》

493 滕县

周时滕、薛、小邾三国地，战国时为齐地。汉置蕃县，隋改曰滕县，宋兼置滕阳军，金置滕阳州，改滕州，仍治滕县。明州废县存，属山东兖州府，清因之。津浦铁路经之。

明 王恭临，字南轩，别号海华子，才敏异，书读一过即上口。乾隆丙午，施食拯饿者，时岁荐饥，劫掠蠢动，相戒不入王善人村。既入赀为国学生，因究心周易六壬天官灵枢青乌之籍，尤精于占数。《道光滕县志·方术》

清 刘有源，字宗海，滕县人，嘉庆丙子举人。邃于经学，尤精四子书，于宋元以来诸说，析剔輶轇，独标要义。尝言读书贵心得，不然纵多记先儒传注，犹糟粕耳。少习六甲壬遁甘石星经，及灵枢素问等书，皆不以此自炫。邹峄之士及其门者，多知名于时云。《宣统通志·儒林》

494　平陆县

战国时齐邑，孟子之平陆即此。汉置东平陆县，南朝宋去东字曰平陆，故城在今山东汶上县北。元嘉中，移乐平县寄治于此，隋复改乐平为平陆。唐改名中都，即今汶上县治。

后汉　王辅，字公助，平陆人。学《公羊传》，授神契，常隐居野庐，以道自娱。辟公府，举有道，对策，拜郎中，陈灾异，甄吉凶，有验，拜议郎，以病逊。建光元年辛酉，公车征辅不至，卒于家。《后汉书·樊英传》注

495　鱼台县

春秋鲁，棠邑地，战国为宋方舆邑，秦置方舆县，唐改曰鱼台。因县北有鲁君观鱼台，故名。清属山东济宁州。

后汉　单扬，字武宣，山阳湖陆人，① 以孤特清苦自立。善明天官算术，举孝廉，迁太史令侍中，出为汉中太守，公事免。后拜尚书，卒于官。初熹平末戊午，黄龙见谯，光禄大夫桥元②问扬："此何祥也？"扬曰："其国当有王者兴，不及五十年，龙当复见，此其应也。"魏郡人殷登密记之。至建安二十五年庚子春，黄龙复见谯，其冬魏受禅。《后汉书·方术》《宣统山东通志·艺术》

496　沂州

秦置琅邪郡，后魏置北徐州，北周改曰沂州。隋废郡，寻改州为琅邪郡，后复曰沂州。雍正二年，升为直隶州，十二年又升为府，置兰山县，为山东沂州府治。民国废府，改县曰临沂。

---

① 后汉置湖陆县，故城在今山东鱼台县东南六十里。
② 《通志》桥作乔。

后汉 赵彦，琅邪人，少有术学。延熙庚子，琅邪贼劳丙，与泰山贼叔孙无忌，杀都尉，攻没琅邪属县，残害吏民。朝廷以南阳宗资为讨寇中郎将，杖钺将兵，督州郡，合讨无忌。彦为陈孤虚之法，以贼屯在莒，莒有五阳之地，① 宣发五阳郡兵，② 从孤击虚以讨之。资具以状上，诏书遣五阳兵到，彦推遁甲，教以时进兵，一战破贼，燔烧屯坞，徐兖二州，一时平夷。《后汉书·方术》《宣统山东通志·艺术》

后汉 王成，乃南郑李固门生。固官太尉，受梁冀虚诬，死于狱中。成有古人之节，遂将固幼子燮，乘江东下，入徐州界内。时燮年甫十三，令变姓名，为酒家佣，而成卖卜于市，各为异人，阴相往来，燮从受学。酒家异之，意非恒人，以女妻燮，燮专精经学。十余年间，梁冀既诛，大赦天下，并求固后嗣，燮乃以本末告酒家。酒家具车重厚遗之，皆不受，遂还乡里。后王成卒，燮以礼葬之，感伤旧恩，每四节为设上宾之位而祠焉。《后汉书》附《李固传》《清一统志·山东省·沂州府·流寓》

刘宋 颜延之，字延年，少孤贫，好读书，文章之美，冠绝当时。累官始安、永嘉二郡太守，秘书监光禄勋，孝建三年丙申卒，时年七十三，谥曰宪。著《大筮箴》云："余因谈易，偶意蓍龟；友人有请决，游宦务志，卦有咎占，故作《大筮箴》以悟焉。先王设筮，大人尽虑。卦遭同人，变而之豫。先号后笑，初暧未遇。时至运来，当在三五。功毕官成，几乎衍数。庆在坤宫，灾在坎路。不出产庭，独立无惧。违此而动，投足失步。无惰尔仪，宁骨有知。无曰余逆，神筴不豫。南人司筮，敢告驰骛。"《宋书·本传》《颜光禄集》

刘宋 王微，字景元，临沂人，少好学，善属文，工书，兼解音律及医方卜筮阴阳术数之事。宋文帝以其善筮，赐以名蓍。初为始兴王友，父忧去职，微素无宦情，服阕，辞不就辟。又妙解天文，知当有大故，常住敝屋一间，寻书玩古，遂足不履地，床席皆生尘埃，惟当坐处独净，如此者十余年。所著文集传于世，卒赠秘书监。《宋书·本传》《南史·附王宏传》

清 宋之韩，字奇玉，沂州人，孝弟，嗜学，精天文地理，以明经教授东昌，称职，升滤州通判。五子诸孙，俱显于时。《乾隆沂州府志·文学》

---

① 谓城阳、南武阳、开阳、阳都、安阳，并近莒。
② 郡名有阳，谓山阳，广阳，汉阳，南阳，丹阳郡之类也。

497 蒙阴县

春秋鲁蒙邑，汉置蒙阴县，故城在今山东蒙阴县西南十五里。后魏置新泰县，东魏改曰蒙阴，故城在今县东十里，元复置今治，清属山东沂州府。

明 公家臣，字东塘，蒙阴人，隆庆戊辰翰林编修，谪广平推官，升南户部主事。过里中，转墓至黄山下，谓子鼐[①]曰："此佳地，殁而葬此可矣。"鼐言怪之，既抵南，病作，鼐往迎，至徐州，见梦曰："吾不归矣。黄山葬地，无过赵氏北墙下。"鼐大惊，起赴，家臣已卒滁州，盖即见梦之夕也。既寻得地，葬有日矣，即不知所言赵者何。鼐卧枢侧，梦一苍头驰告，曰："阙前过一石桥，奈何？"相与往视之，俨然古塚，堂宇宏丽，朱扉四启，隙中见一灯荧然；已而朱扉开，灯爆有声，光大起如昼，北壁有铭，而阙其角，曰："宋贵主葬处也。"生嘉祐至道间，一转为某官，再转为户部主事，推官云："旁有书四厨，剑四。"鼐拔剑舞，遂觉，觉而悟宋贵主之为赵氏也。越数日方葬，而甘泉出，芝草生。至万历辛丑，鼐成进士，改庶吉士，授编修，累官礼部侍郎，引疾归，卒谥文介。《明史·附公鼐传》明朱国祯《涌幢小品》

498 莒州

周为莒国，汉置莒县，文帝封朱虚侯章为城阳王，以莒为都，金置城阳州于此，后改名莒州。明省县入州，清因之，属山东沂州府，民国改州为县。

明 赵同，汀水人，少力学，有远志，研穷经术，尤邃于《易》，縻聚汉宋传注，冥思若索者三年，夜梦两人至榻前，扣之，曰："子犹未悟耶？"其一曰："兹悟矣。"遂笑而去，既寤，思之洞然，遂善《易》，卜休咎奇中。乃携一童，游淮海徐扬，仿君平垂帘故事，得赀盈数，归而鸠工凿石，筑桥于村东五里许，宽平坚实，行旅便之。工甫竣，无疾而逝。初自筮终身，遇

[①] 字孝与。

同人，辞曰"同人于野"，遂取名同，字子野。著有《易解心悟》，今佚。《民国莒县志·艺术》

499　东莞县

汉置为侯国，晋时属慕容燕，亦曰团城，魏改为南青州，仍治团城，隋改为沂水，即今山东沂水县治。

北周　孙僧化，东莞人，识星分，案天占，言灾异，时有所中。普泰中，尔朱世隆，恶其多言，遂系于廷尉，免官。永熙中出，帝召僧化，与中散大夫孙安都，共撰兵法，未就，而帝入关，遂罢。元象中，死于晋阳。《北史·附张深传》《宣统山东通志·方技》

500　阳都县

春秋时阳国，汉置阳都县。永和十二年，徐州刺史荀羡攻阳都，克之，县寻废。故城在今山东沂水县南。

蜀汉　诸葛亮，字孔明，阳都人，少孤，避难荆州，躬耕陇亩。先主诣亮，三往乃见。后从先主，败曹操于赤壁，收江南。及成都平，策为丞相；先主崩，受遗诏，辅后主。建兴初，封武乡侯，领益州牧，志在攻魏，以复中原。乃东和孙权，南平孟获，而后出师北伐，六出祁山，与魏相攻战者累年。后以疾，卒于军，年五十四，谥忠武。亮性长于巧思，损益连弩，作木牛流马，推演兵法，作八阵图，咸得其要。著有《诸葛武侯十六策》一卷，《将苑》一卷，《平朝阴府二十四机》一卷，《六军镜心诀》一卷，《八阵图》一卷，《兵机法》一卷，《六壬类苑》一卷，《相书》一卷，《相山诀》一卷，《大堂明鉴》一卷，惜均罕见矣。《三国·蜀志·本传》宋郑樵《通志·艺文略》

○《蜀志·本传》注：《蜀记》云，曹公遣刺客见刘备，方得交接，开论伐魏，形势甚合，备计稍欲亲近，刺者尚未得便。会既而亮入，魏客神色失措，亮因而察之，亦知非常人。须臾客如厕，备谓亮曰："向得奇士，足以助君补益。"亮问所在,备曰:"起者其人也。"亮徐叹曰:"观客色动而神惧,视低而忤数,奸形外漏,邪心内藏,必曹氏刺客也。"追之,已越墙而走。

○《图书集成·艺术典·术数部·纪事》:《上先主书》云,亮算太乙数,今年岁次癸巳,罡星在西方,又观乾象,太白临于雒城之分,主于将帅多凶少吉。原注:《太乙飞钤》云,先主自倍攻雒城,亮遣马良上先主书,已而军帅庞统中流矢死。

○《阴符经注》云:亮曰,天垂象,圣人则之。推甲子,画八卦,考蓍龟,稽律历,则鬼神之情,阴阳之理,昭著乎象,无不尽矣。

501 曹州

春秋曹国,后魏置西兖州。北齐改为曹州,在今山东曹县西北七十里,今移治古乘氏,即今荷泽县。明移州还治曹县,界安陵镇,又徙治盘石镇,寻降州为曹县,别置曹州,以曹县属之,即今曹县治。清雍正十三年,升州为曹州府,置荷泽县为府治,民国废府为县。

隋 萧吉,字文休,梁武帝兄也。博学多通,尤精阴阳算术。江陵覆亡,遂归周,为仪同。周宣帝时,吉以朝政日非,上书切谏,不纳。及隋受禅,进上仪同,兼太常。考定古今阴阳书,开皇间,帝阴欲易太子;吉先上言,太子当不安位,帝异之,由是每被顾问。献皇后崩,上令吉择葬所,历筮山原,至一处,曰:"卜年二千,卜世二百。"图而奏之,退告族人平仲曰:"二千者,三十字也。二百者,取三十二运也。太子得政,隋其亡乎?当有真人出治之矣。"炀帝嗣位,拜太府少卿,加开府。尝行经华阴,见杨素冢,上有白气属天,密言于帝曰:"其后素家当有兵祸灭门。"未几而元感以反族诛,其言果验。著《五行大义》,《金海》《相经要录》《宅经》《葬经》《乐谱》《相手版要诀》《太一立成》,并行于世。《隋书·艺术》《宣统山东通志·艺术》

元 郭翁,曹州人,以卖卜南游定远。有富人女瞽而卜所偶,翁占之曰:"此贵人也,当在腹,请娶之。"期年而生子子兴,兴从明太祖攻常州宁国,下之;又从徐达取中原,克汴梁,封巩昌侯。《宣统山东通志·方技》

润德堂丛书全编 ⑦

中国历代卜人传（下）

[清] 袁树珊 ◎ 撰

谢路军 ◎ 主编

郑同 ◎ 校

中国历代卜人传卷二十四

山东省 二

502 单父县

春秋时鲁邑,秦置单父县。南朝宋,改为离狐县。北齐废,隋复置单父县。故城在今山东省单县南一里,明为单县,徙今单县治。

汉 吕公,名文,字叔平。① 单父人,善沛令,避仇,从之客,因家沛焉。沛中豪杰吏,闻令有重客,皆往贺,萧何为主吏,主进,② 令诸大夫③曰:"进不满千钱,坐之堂下。"高祖为亭长,素易诸吏,乃绐为谒,曰:"贺钱万",实不持一钱。谒入,吕公大惊,起迎之门。吕公者,好相人,见高祖状貌,因重敬之,引入坐,萧何曰:"刘季固多大言,少成事。"高祖因狎侮诸客,遂坐上坐,无所绌。酒阑,吕公因目,固留高祖。④ 高祖竟酒后,吕公曰:"臣少好相人,⑤ 相人多矣,无如季相,愿季自爱。臣有息女,⑥ 愿为季箕帚妾。"⑦ 酒罢,吕媪怒吕公曰:"公始常欲奇此女与贵人,沛令善公,求之不与,何自妄许与刘季?"吕公曰:"此非儿女子所知也。"卒与刘季。

---

① 《史记索隐》引《相经》。
② 《索隐》郑氏云:主赋敛礼钱也。
③ 《正义》曰:大夫,客之贵者总称之。
④ 《正义》:不敢对众显言,故日动而留之。
⑤ 《集解》,张晏曰:古人相与语,多自称臣,自卑下之道。若今人相与语,皆自称仆。
⑥ 《正义》:息,生也,谓所生之女也。
⑦ 妾乃妇人谦卑之称,不得泥作副室为妾解也。

吕公女，乃吕后也。生孝惠帝鲁元公主。《史记·高祖本纪》《宣统山东通志·艺术》

503　聊城县

本齐聊摄地，汉置聊城县，故城在今山东聊城县西北十五里，宋徙今治，明清皆属山东东昌府治。

清　郭从风，精于卜数，言无不中。世人每钦仰之，盖其懿行，尤有足多者。《宣统县志·懿行》

504　堂邑县

汉发干县地，隋置堂邑县。故城在今山东堂邑县西十里，宋圮于水，因东徙今治。明清皆属山东东昌府。

晋　步熊，字叔罴，阳平发干人。少好卜筮数术，门徒甚盛。熊学舍侧，有一人烧死，吏持熊诸生，谓为失火，熊曰："已为卿卜得其人矣。使从道南行，当有一人来问得主未者，便缚之。"吏如熊言，果是耕人，自言草恶难耕，故烧之，忽风起延烧，实不知草中有人。又邻人儿远行，或告以死，其父母号哭制服，熊为之卜，克日当还，如期果至。赵王伦闻其名，召之，熊谓诸生曰："伦死不久，不足应也。"伦怒，遣兵围之，熊使诸生著其裘南走，伦兵悉赴捉之，熊密从北出得脱，后为成都王颖所辟。《晋书·艺术》《宣统山东通志·艺术》

505　茌平县

汉置，应劭曰：茌，山名。县在山之平陆，故曰茌平。故城在今山东茌平县西三十里。

清 纪法程，字宪书，乡饮大宾，精堪舆术。学师张存素，赠以诗云："德沛茌山驿，风高重丘城。于今称大老，自昔重耆英。"盖纪实也。《康熙茌平县志·方技》

506 清平县

汉置贝丘县，北齐省，隋复置，又改曰清平。故城在今山东清平县西四十里，宋漯河决，坏城，徙治明灵寨，即今治。明清皆属山东东昌府。

唐 吕才，清平人，少好学，善阴阳方技之书。贞观己丑，魏征等盛称才学术之妙，即征才，令直引文馆。太宗尝览周武帝所撰《三局象经》，不晓其旨；太子洗马蔡允恭年少时尝为此戏，太宗召问，亦废而不通，乃召才，使问焉。才寻绎一宿，便能作图解释，允恭览之，依然记其旧法，与才正同，由是才遂知名。累迁太常博士，太宗以阴阳书，近代以来，渐致讹伪，穿凿既甚，拘忌亦多，遂命才与学者十余人，共加刊正，削其浅俗，存其可用者，勒成五十三卷，并旧书四十七卷。十五年书成，诏颁行之。《旧唐书·方技》

○《图书集成·卜筮部》引《梦溪笔谈》云：吕才谓卜宅、禄命、卜葬之说，皆以术为无验。术之不可恃，信然，而不知彼皆寓也。神而明之，存乎其人。故一术二人用之，则所占各异。人之心本神，以其不能无累，而寓之以无心之物，而以吾之所以神者言之，此术之微，难可以俗人论也。

明 邢修业，嘉靖辛卯举人，遇异人授象纬占候，谈休咎辄验，海内名人过清者，必访之。曾襄愍巡抚时，以边材荐，弗就。

清 张君胜，善卜筮。同里有张钦者，娶妇，入室却走，父母问故，曰："吾入室，吾见厉鬼，不见新妇也。"强之不可，如是者年余，父母忧之，请君胜卜。君胜曰："此亲迎日，犯凶煞耳，用雌雄二鸡，庚辛西方土，甲乙东方水，如法镇之。"令钦入房，则嫣然一新妇也。始重行婚，礼未久生子女矣。以上《民国清平县志·方技》

507 莘县

春秋时，卫莘邑，汉置阳平县，晋省入乐平，后魏复置，北齐改为乐平，隋复改曰阳平，又改曰清邑，置莘州。旋废州，改县曰莘县，唐复置莘州，旋亦废，县仍曰莘，明清皆属山东东昌府。

明 敖山，字静之，莘县人，登乡试第一，成化戊戌进士，官江西提学副使。江西故多文学，山采撷诸子百家之疑，及古今变故之难，汇为文目，以策诸生，其说多先儒所未及。晚年日手《皇极经世》一编，妙契邵子不传之旨，著有《先天手册》，灿然稿。《宣统山东通志·儒林》

508 高唐州

汉灵县地，后魏分置高唐县，唐改曰崇武，寻复故。五代梁，改曰鱼丘，后唐复故。晋又改曰齐城，汉初复故。元置高唐州治此，明初省县入州，属山东东昌府，清因之，民国改州为县。

晋 华峤，字叔骏，高堂人，少有令闻。武帝以峤博闻多识，凡治礼音律，天文数术，南省文章，门下撰集，皆典统之。初，峤以汉纪烦秽，慨然有改作之意，会为台郎，典官制事，由是得遍观秘籍，遂就其绪，成汉后书，文质事核，有迁固之规。元康三年癸丑卒，追赠少府，谥曰简。《晋书·附华表传》《清一统志·山东省·济南府·人物》

唐 乙弗宏礼，高唐人，当隋炀帝居藩，召令相已，宏礼贺曰："大王骨相非常，必为万乘之主，所戒在德而已。"及即位，召天下道术人，置坊以居之，乃令宏礼总摄，帝见海内寖乱，内怀忧恐，尝谓宏礼曰："昔卿相朕，其言已验。且占相道术，朕颇自知，卿更相朕，终当何如？"宏礼逡巡不敢答，帝迫曰："不言且死。"宏礼曰："臣本观相书，凡人之相，有类于陛下者，不得善终。臣闻圣人不相，知凡圣不同耳。"自是帝尝遣使监之，不得与人交言。初泗州刺史薛大鼎，隋时尝坐事没为奴，及贞观初，与数人诣之，大鼎次至，有请于宏礼，曰："君奴也。欲何所相？"咸曰："何以知之？"宏礼曰："观其头目，直是贱人，但不知余处何如耳。"大鼎有惭色，乃解衣视之，宏礼曰："看君面不异前言，占君自腰以下，当为方岳之任。"其占相皆此类也。贞观末己酉，卒。新旧《唐书·方技》《宣统山东通志·艺术》

清 华玉书，字素文，贡生。德州封大受述其《卜地论》云："择地必先论其主势之强弱，风气之聚散，水土之浅深，穴道之偏正，力量之全否，然后可以较其地之美恶。"其说盖本于考亭已。《光绪高唐州志·方技》

509 恩县

汉东阳县地，晋以后为武城邹二县地，隋析置历亭县。金徙恩州治此，在山东恩县西四十里，俗呼旧县城。元以州治历亭，县省入，明降为恩县，移今治，清属山东东昌府。

汉 宋景，清河人，以历纪推言水灾，从学者甚众。

清 杨兰芳，字典庭，廪贡生，精于阴阳象数之学。弟春芳，增生，与兰芳同生，倡修族谱，为宗党所推重。以上《宣统恩县志·方技》

510 德州

元置陵州，明降为陵县，永乐间，改德州为陵县，以故陵县为德州，属山东济南府，清因之，民国改为德县。

明 李诚明，字思伯，本商河人，自其祖始迁于德，中万历举人。博极群书，以至天文地理、战阵推步、术数之学，无不通晓，皆有独解，与世俗所守师说不同。而内行纯备，孝友过人。《乾隆德州志·人物》

明 鲍云凤，德州人，少以奇童称，精究天文地理，推验如神。隐居不仕，自号云峰先生。《宣统山东通志·艺术》

清 李源，字星来，德州人，① 顺治丙戌进士，授河间令，有能称，罢归。为人和易谦退，好读书，至老不倦。于古今河渠漕屯、兵农诸事、诗论尤精。《济南府志》称源归里后，筑退庵，因以自号，植花竹，购图书，善谈易数。昆山顾先生闻而叹曰：今之管辂也。鄞陈康祺《郎潜二笔》

511　德平县

汉置平昌县，后汉曰西平昌，晋因之，后省，后魏复置平昌县，五代唐，改曰德平，宋省为镇，寻复置，明清皆属山东济南府。

清 葛传鳌，字景溪，增生，具轶才，殚洽赅艺术。凡君平景纯所著，以及五行三命之书，靡不讲求。问卜者日踵其门，无倦色，时多德之。子本徽，廪生。《光绪德平县志·人物》

512　平原县

古平原邑，齐西境地，属赵，赵惠文王封弟胜为平原君。汉置县，并立平原郡于此。后魏并省，寻复置县。故城在今山东平原县南二十五里，今县治城，北齐所筑也。清属山东济南府，津浦铁路经之

周 平原君，对赵王②曰："渑池之会，③ 臣察武安君之为人也，小头而锐，瞳子黑白分明，眠瞻不转。④ 小头而锐者，断敢行也。瞳子黑白分明者，见事明也眠。眠瞻不转者，执志强也。可与持久，难与争锋。廉颇为人勇鸷而爱士，知难而忍耻，与之野战，则恐不如守，足以当之。"王从其计。《图书集成·相术部·纪事》引《春秋后语》

---

① 亭林称源，为北李家。
② 赵惠文王，封弟胜，为平原君。
③ 渑，音绳，蒸韵，俗读如泯，误。战国韩邑，后属秦。《史记·六国年表》云："赵惠文王二十年，与秦会渑池。"汉置渑池县，亦作黾池，与渑池水源南北相对。曹魏移西蠡城，在今河南洛宁县西，唐移于双桥，即今治，陇秦豫海铁路经之。
④ 眠音嗜，与视通。

魏 管辂，字公明，平原人。少神颖，与邻儿戏，辄画地作天文图象，夜观星辰，不能寐，父母禁之不止。常曰："家鸡野鹄，犹尚知时，况于人乎？"父为琅邪即丘长，辂年十五，从之官。太守单子春闻其名，召之，置酒高会，子春及众士论难锋起，各欲穷折之，而辂人人剖对，沛若有余，四坐咸服。及长，体性宽大，多所含受，憎己不仇，爱己不褒，每欲以德报怨，常谓："忠孝信义，人之根木，不可不厚；廉介细直，士之浮饰，不足为务。自言知我者稀，则我贵矣。安能断江汉之流，为激石之清？乐与季主论道，不欲与渔父同舟，此吾志也。"然貌粗丑，无威仪而嗜酒，故人多爱之而不敬也。始从利漕人郭恩字义博。学易数十日，论难踰于师，分蓍布卦，言辄奇中；又从恩学仰观，曰："君但告我墟落处所耳。至推运会，论灾异，知不可以言。"传未一年，恩反从辂问《易》及天文事，太息言："闻君至论，忘我笃疾。明暗之不相逮，何其远也。"清河太守华表召辂为文学掾，安平赵孔曜荐辂于冀州刺史裴徽，曰："辂仰观天文，则同妙甘公石申；俯览《周易》，则齐思季主。今明使方垂神幽薮，流精九皋，辂宜蒙阴和之应，得及羽仪之时。"徽于是辟为文学从事，引与相见，大友善之；徙部巨野，迁治中别驾。正始九年戊辰，年三十六，[①] 举秀才，十二月二十八日，至洛，吏部尚书何晏请之，邓扬在坐，晏谓辂曰："闻君蓍神妙，试为一卦，知位当至三公否？"又问："连梦见青蝇数十头，来在鼻上，驱之不肯去，有何意故？"辂曰："夫飞鸮天下贱鸟，及其在林食椹，则怀我好音。况辂心非草木，敢不尽忠？昔元凯之弼重华，宣慈惠和；周公之翼成王，坐而待旦，故能流光六合，万国咸宁。此乃履道休应，非卜筮之所明也。今君侯位，重山岳，势若雷电，而怀德者鲜，畏威者众，殆非小心翼翼，多福之仁。又鼻者艮天中之山，高而不危，所以长守贵。今青蝇臭恶而集之焉，位峻者颠，轻豪者亡，不可不思害盈之数，盛衰之期。是故山在地中曰谦，雷在天上曰壮，谦则裒多益寡，壮则非礼勿履，未有损己而不光大，行非而不伤败。愿君侯上追文王六爻之旨，下思尼父象象之义，然后三公可决，青蝇可驱也。"扬曰："此老生之常谈。"辂答曰："夫老生者见不生，常谈者见不谈。"晏

---

① 六，当作九。

曰："过岁更当相见。"辂还邑舍，具以此言语舅氏，① 舅氏责辂言太切至，辂曰："与死人语，何所畏耶！"舅大怒，谓辂狂悖。岁朝，西北风大，尘埃蔽天十余日，晏扬皆诛，然后舅乃服。辂随军西行，过毋丘俭墓下，倚树哀吟，精神不乐，人问其故，辂曰："林木虽茂，无形可久；碑诔虽美，无后可守。玄武藏头，苍龙无足；白虎衔尸，朱雀悲哭。四危皆备，法当灭族；不过二载，其应至矣。"卒如其言。后得休，过清河倪太守，时天旱，倪问辂雨期，辂曰："今夕当雨。"是日昳燥，昼无形似，府丞及令在坐，咸谓不然。到鼓一中，星月皆没，风云并起，竟成快雨。于是倪盛修主人礼，共为欢乐。辂以课卦知鬼神变怪，以鸟言知前物，诸堪舆、骨相、占梦、射覆，无不奇中。至正元二年乙亥，弟辰②谓辂曰："大将军待君意厚，冀当富贵乎？"辂长叹曰："天与我才，不与我寿。恐四十七八间，不见女嫁儿娶妇也。"辰问其故，辂曰："吾额无生骨，眼无守睛，鼻无梁柱，脚无天根，背无三甲，腹无三壬，此皆不寿之验。天有常数，不可得讳，但人不知耳。"是岁八月，为少府丞，明年丙子二月卒，年四十八。③《三国·魏志·方技》《宣统山东通志·艺术》

○《辂别传》，松之案：辂自说云：本命在寅，则建安十五年庚寅生也。至正始九年戊辰，应三十九，而传云三十六；以正元三年丙子卒，应四十七，传云四十八，皆为不相应也。

○《辂别传》曰：既有明才，遭朱阳之运，于时名势赫弈，若火猛风疾；当涂之士，莫不枝附叶连，宾客如云，无多少，皆为设食；宾无贵贱，候之以礼，京城纷纷，非徒归其名势而已，然亦怀其德焉。向不夭命，辂之荣华，非世所测也。弟辰，尝欲从辂学卜及仰观事，辂言：卿不可教耳。夫卜非至精不能见其数，非至妙不能睹其道。《孝经》《诗论》，足为三公，无用知之也。于是遂止，子弟无能传其术者。辰叙曰：夫晋魏之士，见辂道术神妙，占候无错，以为有隐书及象甲之数。辰每观辂书传，惟有易林风角及鸟鸣仰观星书三十余卷，世所共有。然辂独在少府官舍，无家人子弟随之，其亡没之际，好奇不衰，丧者盗辂书，惟余易林风角及鸟鸣书还耳。夫术数有百数十家，其书有数千卷，书不少也。然而世鲜名人，皆由无才，不由无书也。裴冀州、何邓二尚书及乡里刘

---

① 夏大夫也。
② 刘侯云：辰，孝廉才也。仕宦至州主簿从事，太康之初物故。
③ 八当七。

太常颍川兄弟，以辂禀受天才，明阴阳之道，吉凶之情，一得其源，遂涉其流，亦不为难，常归服之。辂自言与此五君共语，使人精神清发，昏不暇寐，自此而下，殆白日欲寝矣。又自言当世无所愿，欲得与鲁梓慎、郑裨灶、晋卜偃、宋子华、楚甘公、魏石申，共登灵台，披神图，步三光，明灾异，运蓍龟，决狐疑，无所复憾也。辰不以暗浅，得因孔怀之亲，数与辂有所谘论，至于辨人物，析臧否，说仁义，弹曲直，拙而不工也。若敷皇羲之典，扬文孔之辞，周流五曜，经纬三度，口满声溢，徽言风集，若仰眺飞鸿，漂漂分影没；若俯临深溪，杳杳分精绝；俪以攻难，而失其端；欲受学求道，寻以迷昏，无不扼腕椎指，追响长叹也。昔京房虽善卜及风律之占，卒不免祸；而辂自知四十八当亡，可谓明昧相殊。又京房目见佞谮之党，耳听青蝇之声，面谏不从，而犹道路纷纭；辂处魏晋之际，藏智以朴，卷舒有时，妙不可求，愚不见遗，可谓知机相邈也。京房上不量万乘之主，下不避佞谄之徒，欲以天文洪范，利国利身，困不能用，卒陷大刑，可谓枯龟之余智，膏烛之末景，岂不哀哉！世人多以辂畴之京房，辰不敢许也。至于仰察星辰，俯定吉凶，远期不失年岁，近期不失日月，辰以甘石之妙不先也。射覆名物，见术流连，东方朔不过也。观骨形而审贵贱，览形色而知生死，许负唐举不超也。若夫疏风彩而探微候，听鸟鸣而识神机，亦一代之奇也。向使辂官达为宰相大臣，膏腴流于明世，华曜列乎竹帛，使幽验皆举，秘言不遗，千载之后，有道者必信而贵之，无道者必疑而怪之，信者以妙过真，夫妙与神合者，得神则无所惑也。恨辂才长命短，道贵时贱，亲贤遐潜，不宣于良史，而为鄙弟所见，追述既自暗浊，又从来久远，所载卜占，事虽不识，本卦据拾残余，十得二焉。至于仰观灵曜，说魏晋兴衰，及五运浮沈，兵甲灾异，十不收一。无源何以成河，无根何以垂荣；虽秋菊可采，不及春英，临文慷慨，伏用哀惭，将来君子，幸以高明，求其义焉。

〇阜读《管辂传》后，曾妄记数语，录存就正：著爻神妙早知名，可惜尚书恶贯盈。苦口常谈难救药，先生未免太多情。

〇《一统志·山东省·济南府·祠墓》，引《元和郡县志》云：管辂祠，在平原县西南一里。

〇《安徽通志徽州府·流寓》，引《江南通志》云：汉管辂，平原人，尝学道祁门山中，今有管公庙。

梁 刘峻，字孝标，本名法武，平原人。好学家贫，耕读不辍。齐永明中奔江南，闻有异书，必往借，崔慰祖谓之书淫。天监初壬午，典校秘书。安成王秀引为户曹参军，使撰《类苑》，未成，以疾去。因游东阳紫岩山，筑室居焉。吴会人士，多从之学。为《山栖志》，文甚美，武帝引见，峻占对失旨，不见用，乃著《辨命论》《相经序》以寄怀。普通二年辛丑，卒，时年六十，门人谥曰"玄靖先生"。《辨命论》曰：命也者，自天之命也。定于冥兆，终然不变。鬼神不能预，圣哲不能谋。触山之力无以抗，倒日之诚弗能感。短则不可缓之于寸阴，长则不可急之于箭漏。至德未能踰，上智所不免。是以放勋之世，浩浩襄陵；太乙之时，焦金流石。文公鼫其尾，① 宣尼绝其粮。颜回败其丛兰，冉耕歌其苤苢。夷叔毙淑媛之言，子舆困臧仓之诉。圣贤且犹若此，而况庸庸者乎？至乃伍员浮尸于江流，三闾沈骸于湘渚，贾大夫沮志于长沙，马都尉皓发于郎署。君山鸿渐，铩羽仪于高云；敬通凤起，摧迅翮于风穴。此岂才不足，而行有遗哉！近世有沛国刘瓛，瓛弟琎，并一时之秀士也。瓛则关西孔子，通涉六经，循循善诱，服膺儒行；琎则志烈秋霜，心贞昆玉，亭亭高竦，不杂风尘。皆毓德于衡门并，驰声于天地；而官有微于侍郎，位不登于执戟，相继殂落，宗祀无飨。因斯两贤，以言古则。昔之玉质金相，英髦秀达，皆摈斥于当年，韫奇才而莫用；候草木以共凋，与麋鹿而同死；膏涂平原，骨填川谷，堙灭而无闻者，岂可胜道哉！此则宰衡之与皂隶，容彭之与殇子，猗顿之与黔娄，阳文之与敦洽，咸得之于自然，不假道于才智。故曰死生有命，富贵在天，其斯之谓矣。又曰：所谓命者，死生焉，贵贱焉，贫富焉，理乱焉，祸福焉，此十者天之所赋也。愚智善恶，此四者人之所行也。《相经序》曰：夫命之与相，犹声之与响；声动乎几，响穷乎应，虽寿夭参差，贤愚不一，其间大较，可得闻矣。若乃生而神睿，弱而能言，八彩光眉，四瞳丽目，斯实天姿之特达，圣人之符表。洎乎日角月偃之奇，龙栖虎踞之美，地静镇于城缠，天关运于掌策，金槌玉枕，磊落相望，伏犀起盖，隐鳞交映，井宅既兼，食匮已实，抑亦帝王卿相之明效也。及其深目长颈，颓颜戚齃，② 虵行鸷立，猥啄鸟咮，筋不束体，血不华色；手无春荑之柔，发有寒蓬之悴，或先吉而后凶，或少长乎穷乏，不其悲欤！至如姬公凝负图之容，孔父眇栖遑之迹，丰本知其有后，黄中明其可贵。其间或跃马膳珍，或飞而食肉，或皂隶晚侯，初形未正，铜岩无以饱生，玉馔终乎饿死。因斯以观，何事非命？《梁书·文学》《刘户曹文集》

隋 明克让，字弘道，平原人。少儒雅，善谈论，博涉书史，所览将万

---

① 鼫，音至，顿也。踣也。仆也。
② 齃，音频，鼻茎也。

卷，《三礼》《论语》，尤所研精，龟筴历象，咸得其妙。年十四，释褐，湘东王，法曹参军，历官散骑侍郎。高祖受禅，拜太子内舍人，转率更令，进爵为侯，诏与太常牛弘等，修礼议乐，当朝典故，多所裁定。卒年七十，上甚伤惜焉。《隋书·本传》《北史·文苑》《清一统志·山东省·济南府·人物》

明 赵见庚，字又白，姿性颖迈，博涉群书，于天文地理六壬遁甲等家，靡不该贯。崇祯丙子，选贡，时国步多艰，竞欲辟赞幕府，经略范志完，延请尤殷，见庚，以亲老坚辞。甲申三月十九日，忽恸哭几绝，人怪问之，曰："国亡君殉矣。"奈何，不数日，惊问果至。尝制浑天仪，运之室中悉合。《乾隆平原县志·方技》

清 周廷琳，诸生，善风鉴卜筮，每赴省考试，不携川资；择地设卜肆，得资约数一日之需，即止，名动一时。

清 徐元吉，道光年间人，才学见称一时。精堪舆术，说理多纯正，不专为术家言。①

清 王德纯，庞庄人，善奇门六壬之术。尝赴戚友之约，席未终，匆遽欲归，主人留之不得，须臾倾盆雨至，过日问之，则其时已到家，衣并未湿也。以上《民国平原县志·人物》

513 陵县

汉置安德县，后魏于县置安德郡，隋郡废，置德州，改为平原郡，唐宋皆置德州平原郡。金曰德州，明改陵县为德州，而以故德州为陵县，属山东济南府，清因之。

明 康漟，字孔昭，号晴峰，丕扬三子。年十二，补博士弟子，明末，不应举，于天文地理阴阳术数诸书，无不通晓，医卜尤精。一日决王生于七月七日应卒，至期无恙，生曰："先生得无遗算乎？"及暮，生与弟果俱毙于贼。《道光陵县志·人物》

---

① 皋按：比与湖南临湘县之徐元吉不同，盖彼为明人，此为清人也。

514　临邑县

汉洁阴县，南朝宋侨置临邑县于此。故城在今山东临邑县北三十五里，宋移治孙耿镇，即今治。明清皆属山东济南府。

后汉　襄楷，字公矩，平原隰阴人。[①] 好学博古，善天文阴阳之术。桓帝时，宦官专朝，政刑暴滥，又比失皇子，灾异尤数。延熹九年丙午，楷自家诣阙上疏，言灾异频仍，皆臣下作福作威，拒谏诛贤，刑罚急刻所致；宜修德省刑，以广螽斯之祚。书奏不省，十余日，复上书，言宜承天意，理察冤狱，为刘瓆成瑨除罪，追录谏臣李云杜众等子孙。又天官宦者星，不在紫宫，而在天市，明当给使主市里也。今反处堂伯之位，实非天意。诏下有司处正，尚书奏楷，假借星宿，伪托神灵，造合私意，诬上罔事，请下司隶正罪。收送洛阳狱，帝以楷言虽激切，然皆天文恒象之数，故不诛。灵帝即位，太傅陈蕃，举方正，不就，乡里宗之。每太守至，辄致礼请。中平中，与荀爽、郑康成，俱以博士征，不至，卒于家。《后汉书·本传》《宣统山东通志·艺术》

清　李至果，字光阳，以拙于举子业，年七十，未能掇一芹，而应童子试，不少沮，一题下，沈思独往，至欹侧其冠，顶童然秃，犹爬搔不止，学使者怜之，请之朝，以耆寿荣其身。顾独精易理，凡飞符纳甲卦气之说，靡不洞晓，占验辄奇中。人有以星学叩者，据易理以断，不为诡随语，以是名重搢绅间。《同治临邑县志·方术》

515　东平县

汉置须昌县，晋徙东平国来治，南朝宋，为东平县，北齐郡徙县徙，隋复置须昌县。宋曰东平府，元改为东平路，明降为州，清属山东泰安府。

[①] 今临邑境内。

后周 王朴，字文伯，东平人。幼好学，善属文，少举进士，为人明敏，多材智，非独识当世之务，至于阴阳律历，莫不通焉。事周世宗为枢密使，世宗用兵所向克捷，朴之筹画为多。所著有《大用钦天历》及《律准》，并行于世。又著《太清神鉴》六卷，所引各书篇目，大都宋以前本。其综核数理，剖晰义蕴，亦多微中。《新旧五代史·本传》《四库提要·子部·术数类二》

516 东阿县

春秋齐谷邑，后汉谷城县，宋移东阿县治南谷镇，在今山东阿县南十二里，又移利仁镇，亦在今县境，金又徙新桥镇，在今县北八里，明徙今治，清属山东泰安府。产阿胶，为补剂上品，名著全国，商标用东阿县印。

明 崔勉，东阿诸生，有相人术，奇中。以贡至京师，大雪，饮酒市楼，有夫妇行乞者上楼，勉相其夫曰："尔贵人也。当系玉带，奈何行乞？"相其妻，亦贵人夫人，乃探囊中金数铢与之，曰："第以为一飧费，即当贵，无忘我。"乞者乃袁都督彬也。① 时隶禁旅，贫极，问勉姓名，顿首谢去。后彬以校尉扈驾北征，还为都督。一日有指挥，走谒勉求相，勉闻其叩门声，即匿不出，其仆怪之。勉曰："此人已无头矣，尚何可相？"不数日北边警至，指挥战死。又道中尝逢一屠儿妻，勉相其当贵受封，同行者笑，勉曰："君他日第访之。"问其姓名而去。已而屠死，一贫生取之，生后来登第。他如此类甚众，不可殚述。《图书集成·相术部·名流列传》

517 平阴县

春秋时齐邑，汉为肥城与卢县地，后汉为卢县地，隋析置榆山县，改曰平阴，清属山东泰安府。

---

① 袁彬，江西新昌人，字文质，正统末，以锦衣校尉，扈驾北征。土木之变，从官奔散，独彬随侍不离左右。比入沙漠，夜与帝同寝。及还京，代宗仅授锦衣试百户。英宗后辟，以平曹钦功，历擢都指挥佥事。彬在职久，行事安静，官终前军都督，著有《北征事迹》。

金 王广道，字醇德，平阴人，能文章，精禄命。东阿阎生少从广道学，广道尝告之曰："汝今年二十五，却后二十年当丧明。作举子不济，辛壬癸甲之术可养生，试以吾言学之。"阎即学禄命，年五十，果丧明，而艺亦精。自言七十当有子，得年八十，卒如其言。金元好问《续夷坚志》

明 张继业，字东山，居大留村，为王府审理，谢事杜门，有亭园花木之乐。善相阳宅，著有《阳宅十书》。

清 张春滋，字兰畹，谈天道人其别号也。少应童子试，不售，慨然曰："何须此浮名为哉！"遂弃制艺，致力于古文经史之学，于诸子百家之说，靡所不览。晚年精星象数术之学，取古人天文诸书，会其意而变通之，作《星象图》《星象说》，能发前人所未及，故号谈天道人云。以上《光绪平阴县志·隐逸》

518　寿张县

汉东郡范县地，隋唐宋为寿张县地。故城在今山东东平县西南，金大定间，迁于今寿张县之竹口镇，寻复旧治，元因之。明初始迁今治，属山东兖州府，清又因之。

清 孙性存，字泰初，廪生，精通先天昼卦，太极两仪，四象八卦，口讲指画，为一乡易学之先。《光绪寿张县志·杂志》

519　范县

汉置范县，北齐废，隋复置。故城在今山东范阳东南二十里，明徙今治。清属山东曹州府。

宋 张昭，字潜夫，范县人，未冠，遍读九经，尽通其义。后至赞皇，遇程生者，授以史学，五七年间，能驰骋上下数千百年事，著《十代兴亡论》。处乱世，躬耕，负米养亲。后唐庄宗时，署府推官。同光初癸未，加监察御史。天成戊子，拜右补阙史馆修撰，为《纪年录》二十卷、《庄宗实录》三十卷。历周、晋，累迁兵部尚书，尝撰《周祖实录》及《五朝实录》。

宋初,拜礼部尚书,封陈国公,致仕。开宝五年壬申,卒,年七十九。昭博通学术,书无不览,兼善天文风角太乙卜相、兵法释老之说,尤好纂述,自唐晋至宋,专笔削典章之任,著《嘉善集》五十卷、《名臣事迹》五卷。《宋史·本传》

清 兑裕庵,增生,嗜易学,旁通风角,问卜者踵相接。咸丰十一年辛酉,土寇欲幕之,不食卒。注解东方朔《太乙数》、《六壬毕法赋》等书。《光绪范县志·孝义》

520　文登县

汉不夜县,后汉省,北齐置文登县,明清皆属山东登州府。

明 丛兰,字廷秀,文登人,幼嗜读书,自天官三式兵钤医术算术,靡不讨索。登宏治进士,官户科给事中,论中官梁芳、陈喜、汪直、韦兴罪,芳等以废。正德初,进左通政,出理延绥屯田,奏陈十事,刘瑾大恶之,矫旨严责。瑾诛,擢户部左侍郎,巡视庐凤滁和,击斩赵景隆,召还论功,增俸一级。历迁南京工部尚书,卒赠太子少保。《明史·本传》《清一统志·山东省·登州府·人物》

521　掖县

春秋莱国地,战国齐夜邑,汉置掖县,唐以后为莱州治,明清皆为山东莱州府治。

汉 费直,字长翁,东莱人,治《易》为郎,至单父令。长于卦筮,亡章句,徒以《彖》《象》《系辞》十篇《文言》,解说上下经。授琅邪王璜平中,① 其本皆古字,号古文易。《前汉书·儒林》《光绪掖县续志·经儒》

---

① 师古曰:中读曰仲。

522　平度县

汉郁秩县，后汉为胶东侯国，北齐为长广县，隋改曰胶水。明于县置平度州，省胶水县入之，属山东莱州府。清因之，民国改州为县。

后汉　公沙穆，字文义，① 北海胶东人。家贫贱，自为儿童，不好戏弄。长习《韩诗》《公羊》《春秋》，尤锐思河洛推步之术。游太学，无资粮，乃变服为陈留吴祐赁春。祐善知人，与穆语，大惊，遂定交杵臼间。后举孝廉，为缯相，缯侯刘敞多不法，穆苦辞谏敞，敞涕泣，多从所规。迁宏农令，县界有螟虫食稼，百姓惶惧，穆设坛以身祷天，暴雨霁，而螟虫消。永寿元年乙未，霪雨大水，三辅以东，莫不湮没，穆明占候，顶告百姓，徙居高地，故宏农人独得免害。迁辽东属国都尉，善得吏人欢心，年六十六卒官。子孚，字允慈，亦为善士，举孝廉，至上谷太守。《后汉书·方术》《宣统山东通志·艺术》

523　都昌县

汉为侯国，后为县，故城在今山东昌邑县西二里。建安初，北海相孔融，以黄巾之乱，出屯都昌，南朝宋徙治清州，此城遂废。

后汉　逢萌，字子庆，都昌人，家贫，给事县为亭长。时尉行过亭，萌候迎拜谒，既而掷楯② 叹曰："大丈夫安能为人役哉！"遂去之长安，学通《春秋经》。时王莽杀其子宇，萌谓友人曰："三纲绝矣。不去祸将及人。"即解冠挂东都城门，归将家属浮海，客于辽东。萌素明阴阳，知莽将败，有顷，乃首戴瓦盎，③ 哭于市，曰："新乎新乎！"④ 因遂潜。及光武即位立，

---

① 义亦作义。
② 亭长主捕盗贼，故执楯也。
③ 盎，盆也。
④ 王莽为新都侯，及篡号新，萌故哭之。

乃之琅邪劳山，① 养志修道，人皆化其德。后诏书连征不起，以寿终。初萌与同郡徐房、平原李子云、王君公相友善，并晓阴阳怀德秽行。房与子云，养徒各千人；君公遭乱独不去，侩牛自隐。② 时人谓之诏曰："避世墙东王君公"。③《后汉书·逸民传》

524 胶州

春秋介国，汉置黔陬县，后汉为黔陬侯国，隋置胶西县，元于县置胶州，明省胶西入州，属山东莱州府。清因之，寻为直隶州。民国改县，胶济铁路经之。

明 朱震，字东野，卫人，精堪舆。高密李时中、日照卜宁一、德州宋弼、景州张芝馨、任丘李堪，皆称其理明学博，得先儒宗风，异乎时师。年九十六，见客不扶杖，迎送如常。

明 杨廷玉，字凤冈，祖居治南石梁庄，以先世兄弟五人，御流贼，皆被害，因专习形胜及卜筮之术。④ 崇祯壬午之变，廷玉与守州城，城中乏水，廷玉指三处掘之，俱获甘泉，无饥渴之患，众心始安；趋避之方，尤多奇验，后举乡饮大宾。元孙永昆，字裕亭；父巨，专攻相宅术。永昆自幼得指授，言休咎，无不奇中。以上《道光胶州志·艺术》

525 高密县

故齐邑，汉文帝十六年，封齐悼惠王子邛为胶西王，都高密。隋末废，故城在今山东高密县西南。唐于义城堡置高密县，寻并南密胶西两县，移就夷安城，即今治。明清皆属山东莱州府，今胶济铁路经之。民国十二年，自辟为商埠。

---

① 在今莱州，即墨县东南，有大劳小劳山。
② 侩谓平会两家买卖之价。
③ 嵇唐《高士传》曰：君公明《易》为郎，数言事不用，乃自汙与官婢通，免归诈狂，侩牛口无二价也。
④ 正德六年辛未，流贼刘六等，寇胶州，陷灵山卫，过石梁，杨文绪与弟文表、文斜、文礼、文线，截杀贼数人，贼众被执，俱焚死。

后汉 郑玄,字康成,北海高密人。八世祖崇,哀帝时尚书仆射。玄少为乡啬夫。① 得休归,常诣学官,不乐为吏,父数怒之,不能禁。遂造太学受业,师事京兆第五元先,始通《京氏易》《公羊春秋》《三统历》《九章算术》。又从东郡张公祖,受《周官》《礼记》《左氏春秋》《古文尚书》。以山东无足问者,乃西入关,师事扶风马融。融素骄贵,玄在门下三年,不得见,乃使高业弟子传授于玄。玄日夜勤诵,未尝怠倦。会融集诸生考论图纬,闻玄善算,乃召见于楼上,玄因从质诸疑义,问毕辞归,融喟然谓门人曰:"郑生今去,吾道东矣。"年七十,尝疾笃自虑,以书戒子益恩曰:"吾家旧贫,不为父母昆弟所容。去厮役之吏,游学周秦之都,往来幽并兖豫之域,获观乎在位通人,处逸大儒,得意者咸从捧手,有所授焉。遂博稽六艺,粗览传记,时亲秘书纬术之奥。年过四十,乃归供养;假田播殖,以娱朝夕。及举贤良方正有道,吾自忖度,无任于此,但念述先圣之元意,思整百家之不齐,亦庶几以竭吾才,故闻命罔从。今我告尔以老,归尔以事,将闲居以安性,覃思以终业,家事大小,汝一承之。资尔茕茕一夫,曾无同生相依,其勖求君子之道,研钻勿替,敬慎威仪,以近有德。显誉成于僚友,德行立于己志;若致声称,亦有荣于所生,可不深念耶!可不深念耶!吾虽无绂冕之绪,颇有让爵之高,自乐以论赞之功,庶不遗后人之羞。末所愤愤者,徒以亡亲坟垄未成,所好群书,率皆腐敝,不得礼堂写定,传于其人,日西方暮,其可图乎?家今差多于昔,勤力务时,无恤饥寒,菲饮食,薄衣服,节夫二者,尚令我寡憾,若忽忘不识,亦已焉哉!"年七十四,知命当终,遗令薄葬。注有《易》《书》《诗》《礼》,又著《中候乾象历》《天文七政论》等书,凡百余万言。子益恩,举孝廉,孔融为黄巾所围,益恩赴难陨身。孙名小同,高贵乡公时,为侍中,尝诣司马文王,文王有密疏,未之屏也。如厕还,问之,乡见吾疏乎,答曰:"我不见。"文王曰:"宁我负卿,无卿负我。"遂酖之。《后汉书·列传》《乾隆潍县志·高士》

---

① 《前汉书》曰:"乡有啬夫,掌听讼收赋税也。"

526　即墨县

汉不其县地，隋置即墨县，明清皆属山东莱州府，胶济铁路横贯西南境，设有车站四处。

后汉　王仲不其人，好道学，明天文。文帝时，济北王兴居反，欲委兵师，仲推验天象深知不可，乃脱身浮海，奔乐浪山家焉。后兴居败，祀乡贤。《后汉书·循吏·附王景传》《宣统山东通志·方技》《同治即墨县志·隐逸》

527　益都县

汉置广县，晋废，寻于县界筑东阳城，为青州治所，北齐始置县，曰益都。明清皆属山东青州府治，胶济铁路车站在城北八里。

东晋　郭大夫，齐人，善相水土。刘裕既夷广固城，① 大夫劝羊穆之，筑东阳城为青州，后人为大夫立庙于灵门山前。今弥水东岸有郭璞墓碑，土人以为即大夫之茔也。光绪益都县志·艺术

宋　傅霖，青州人，少与张咏同学，霖隐居不仕，咏既显，求霖者三十年不可得。真宗时，咏知陈州，乃来谒，阍吏曰："傅霖请见。"咏责之曰："傅先生，天下贤士，吾尚不得为友，汝何人，敢名之？"霖笑曰："别子一世尚尔耶！是岂知世间有傅霖者乎？"咏问："昔何隐，今何出？"霖曰："子将去矣，来报子尔。"咏曰："咏亦自知之。"霖曰："知何言。"翌日别去，后一月而咏卒。《宋史·附张咏传》

宋　李之才，字挺之，青州人。② 天圣庚午，同进士出身。为人朴且率，自信无少矫厉，师河南穆修，③ 性庄严寡合，虽之才亦频在诃怒中。之才事

---

①　广固城，在今山东益都县西北八里，尧山之阳。广固城有大涧甚广固，故谓之广固。隆安中，南燕慕容德，都于广固。刘裕克广固，毁其城隍，而改筑东阳城。

②　《宋史》为青社人。

③　穆修，字伯长，郓州人，详见《宋史·文苑》。

之亦谨，卒能受《易》。修之《易》，受之种放。① 放受之陈抟，源流最远。其图书象数变通之妙，秦汉以来，鲜有知者。之才初为卫州获加主簿，权共城令，时邵雍居母忧，于苏门山百源之上，布裘蔬食，躬爨以养父，之才叩门来谒，劳苦之曰："好学笃志，果何似。"雍曰："简策之外，未有适也。"之才曰："君非迹简策者，其如物理之学何？"他日则又曰："物理之学学矣，不有性命之学乎？"雍再拜，愿受业，于是先示之以陆淳《春秋》，意欲以《春秋》表仪五经；既可语五经大旨，则授《易》而终焉。其后雍卒以《易》名世，之才器大，难乎识者。后龙图阁直学士吴遵路调兵河东，辟之才泽州签署判官。泽人刘羲叟从受历法，世称羲叟历法，远出古今，上有杨雄、张衡所未喻者，实之才授之。在泽转殿中丞，暴卒于怀州官舍，庆历乙酉二月也。之才归葬青社，邵雍表其墓，有曰："求于天下，得闻道之君子李公以师焉。"《宋史·儒林》《乾隆齐乘·人物》

明 翟珂，字荆阳，益都人，父进贤，鸿胪寺序班。万历中，以攻江陵得罪，下狱几死。珂为人尚气节，兄子有逋债，尝鬻田产偿之，教诸子姪，多成立。出游洛间，遇一羁官不能归，倾囊助之，其人感泣，曰："无以报厚德，有家传《相地秘诀》一书，今以奉子。"珂一览即通解，随试辄验。有滨州生员刘镇鲁者，负文名，久不售，家贫，父死无以为葬，珂为购一地，曰："葬此遇丙则发。"岁丙子，果举于乡。晚年隐居山中，诗酒自娱，著有《俯察秘旨》《青囊注解》藏于家。《咸丰青州府志·艺术》

明 王起阳，益都人，生员，学《皇极经世书》，天文地理星纬诸家，研心考究，占验无不奇中。尝编竹作浑天仪，玑衡旋转，一如铜盖，识者称之。《康熙青州府志·方技》《咸丰青州府志·艺术》

清 刘公言，益都人，字德白，明季诸生，肆力诗古文辞，尤邃于星命之学，推人寿夭贵贱，不失毫发。晚年卖卜自给，所著五行之书数种，镂版行世者，惟《投老吟》一卷、《斗数九辨》一册而已。《耆献类征初编》

清 薛凤祚，字仪甫，北海人。② 少从魏文魁游，主持旧法。顺治中，

---

① 种放，字名逸，洛阳人，详见《宋史·隐逸》。
② 《天步真原》自序，北海即今山东益都县治，《清史稿》据《畴人传·国朝三》，谓薛为淄川人非是；又《西洋附三》，谓薛为青州人尚确，益益都清属青州府也。

与法人穆尼阁谈算，始改从西学，尽传其术，因著《历学会通》十余种，又序刻《天步真原》三卷，其言曰："鱼生于水，而鳞介马波纹之象；鸟生于林，而羽毛有枝叶之形。又土脉纡曲，皆作本地北极出地之度；木理迥旋，皆向本地北极出地之方。有形有生皆然，而况于人？夫养生者吐故纳新，欲令形气不朽；呼者饮食之气，亦即人原禀两间之气也。吸者天地之气，亦即随时五行推移之气也。则原生吉凶，与其流运祸福，有所从受，概可睹已。谈命多家，除烦杂不归正道者不论，近理者有子平五星二种。子平专言干支，其法传于李虚中，近世精于其道者，谈理微中，可以十得七八。至于五星出自钦察，而所传之法甚略，如论格不过有日出扶桑、卯日朝北户、巳日帝居阳、午日遇白羊、戌日帝朝天、亥五法，论午宫格，不过有日帝居阳、太阴升殿、月南枝向暖、木水名荣显。水孛骑狮子、李木蔽阳光木六法外，顾寥寥也。予于诸书多曾讲求，终不能自信于心也。窃思其法传之西域，尝读洪武癸亥，儒臣吴伯宗译西法天文，似称稍备；而十二宫分度，有参差不等者，乃独秘之。予久求说而不解，不知其玄奥正在于此。壬辰，予来白下，暨西儒穆先生，闲居讲译，详悉参求，益以愚见，得其理为旧法所未及者，缕晰细分，皆指诸掌，岂非为此道特开生面乎？命之理圣人不轻言，而为益世教，未尝无也。穷通有定，择术在人，或为五帝之圣焉而死，或为操莽之愚焉而死；凉薄时有益坚之念，赫弈时有饮冰之思。人能知命，即可寡过，予喜得其理，恐写本流传易湮，勉力付梓，有志此道者，尚留意于斯。"《天步真原自序》《畴人传·国朝三》《清史稿·畴人》《宣统山东通志·儒林》

528 临淄县

古营丘地，周封太公望为齐国，献公自薄姑徙都此。秦灭齐，因故城置齐郡，其后项羽封田都为齐王。汉有天下，封庶长子肥为齐王，皆即故城都焉。汉置临淄县，为齐郡治，后汉作临菑，并为青州治。后魏废，隋复置，明清皆属山东青州府。胶济铁路经之，车站在淄河店，距城南二十里。《清一统志》云：县北八里有故城，即齐城也。

周　太公望，姜姓，吕氏，名尚，字子牙，东海上人，其先为唐虞四岳，佐禹治水有功，封于吕，尚其苗裔也。从祖封，曰吕，尚穷困年老，居东海之滨，闻西伯善养老，乃西归周，钓于渭。西伯将出猎，卜之，曰："田于渭阳，将大得焉。非龙非彲，非虎非熊，所获霸王之辅。"遂猎渭滨，至磻溪，见老父坐茅以渔，西伯问曰："叟乐此耶？"尚曰："君子乐得其志，小人乐得其事，今吾甚有似也。"西伯曰："何谓也？"尚曰："缗微饵明，小鱼食之。缗调饵香，中鱼食之。缗隆饵丰，大鱼食之。夫鱼食其饵，乃牵于缗；人食其禄，乃服于君。故以饵取鱼鱼可杀，以禄取人人可竭，以家取国国可拔，以国取天下天下可毕，微哉！"西伯曰："若何而天下归之？"尚曰："天下非一人之天下，乃天下之天下也。同天下之利则得天下，擅天下之利则失天下。天有时，地有财，能与人共之者仁也。仁之所在，天下归之。免人之死，解人之难，救人之患，济人之急者，德也。德之所在，天下归之。与人同忧同乐同好同恶者义也，义之所在，天下赴之。凡人恶死而乐生，好德而归利，能生利者道也。道之所在，天下归之。"西伯悦，谓左右曰："得毋是乎？"因载以归，曰："吾先君太公云，当有圣人适周，周以兴，子真是耶？吾太公望子久矣。"号曰太公望，西伯曰："王人者何上何下，何去何取，何禁何止？"望曰："上贤下不肖，取诚信，去诈伪，禁暴乱，止奢侈，故民不尽力非吾民，士不诚信非吾士，臣不忠谏非吾臣，吏不平洁爱民非吾吏也。相不能调和阴阳，以安万乘之主，正群臣，定名实，明赏罚，乐万民，非吾相也。"又曰："王国富民，霸国富士，仅存之国富大夫，将亡之国富仓库。"西伯于是发仓廪，赈孤独，以望为师。望左右西伯，虞芮质成，诸侯来归，天下三分有二，犹服事殷。西伯薨，武王即位，号太公望为师尚父，观兵孟津，左仗黄钺，[①] 右秉白旄。[②] 以誓曰："苍兕苍兕，[③] 总尔众庶，与尔舟楫，后至者斩。"遂渡河，诸侯不期而会者八百，皆曰纣可伐也。武王曰："未可。"还师，居二年，纣恶益甚，十三年正月甲子，王复会诸侯，誓师牧野伐纣，纣师倒戈攻于后以北，纣反走，登鹿台自焚。明日武王立于社，大告武成，散财发粟，封墓释囚，凡所与天下更始者，师尚父之谋居多。诸侯尊武王为天子，践位三日，问曰："恶有藏之约，行之得，万世可

---

① 黄钺，天子仪仗，钺，斧也。以黄金为饰，三代通用之以断斩。
② 旄，注牛尾于竿首，军中持以指挥者。
③ 兕，音祀，苍兕，舟楫官名。

为子孙者乎？"尚父对曰："黄帝颛顼之道，志在丹书，王欲闻之，斋三日。"王端冕，尚父亦端冕，奉书人，负屏而立，尚父道书之言曰："敬胜怠者吉，怠胜敬者灭；义胜欲者从，欲胜义者凶。凡事弗强则枉，弗敬则弗正。枉者灭废，敬者万世。藏之约，行之得，可以为子孙常者，此言之谓也。且臣闻之，以仁得之，以仁守之者量百世。以不仁得之，以仁守之者，量十世。以不仁得之，以不仁守之者，不及其世。"王闻书之席，惕若恐惧，退为诸铭以自儆。封尚父于营丘曰齐，太公就国修政，因其俗，简其礼，通商工之业，便鱼盐之利，人民多归之。成王时，管蔡作乱，淮夷叛周，王使召康公，命太公曰："东至海，西至河南，至穆陵，北至无棣，诸侯九伯，汝实征之。"齐由是得专征伐。太公薨，年百六十岁，子丁公吕伋嗣位，世为侯。《史记·齐太公世家》《道统录》

○阜按：《史记·齐太公世家》、《正义·括地志》云：天齐池，在青州临淄县东南十五里。《封禅书》云：齐之所以为齐者，以天齐。据此，太公望应载入山东临淄县，至《乾隆河南汲县志》载太公望为《流寓》，殆别有所考耳。

○汉王充《论衡·卜筮篇》云：传或言武王伐纣，卜之而龟㸰，占者曰凶，太公曰："龟㸰以祭则凶，以战则胜。"武王从之，卒克纣焉。㸰，《字汇补》音未详。

○《晋书·戴洋传》引《太公阴符》云：六庚为白兽，在上为客星，在下为害气，年与命并必凶，当忌。

○《太公兵法》云：凡出军征战，安营阵，量人地之宜，表十二辰，将军自居九天之上，常背建向破、太岁、太阴、太阳、大将军。

汉 甘公，① 齐人，② 善说星者。陈余悉三县兵，袭常山王张耳，耳败走，欲之楚，甘公曰："汉王之入关，五星聚东井，东井者秦分也，先至必王。楚虽强，后必属汉。"耳乃走汉，汉亦还定三秦，方围章邯废丘，耳谒汉王，汉王厚遇之。《前汉书·附张耳陈余传》《宣统山东通志·艺术》

○阜按：世传《星经》二卷，载甘公石申著，据此，甘公似字石申也。

汉 田何，字子庄，③ 齐人也。自孔子受《易》，五传至何。及秦焚学，

---

① 应劭曰：甘石。
② 即今山东临淄县。
③ 《前汉书·儒林传》，子庄，作子装。

以《易》为卜筮之书，独不焚，故何传之不绝。汉兴，何以齐诸田徙杜陵，①故号曰杜田生，以《易》受弟子东武王仲、②周王孙、丁宽、齐服生、梁项生等，皆显当世。惠帝时，何年老家贫，守道不仕，帝亲幸其庐以受业，终为易者宗。皇甫士安《高士传》

汉 淳于意，临淄人，为齐太仓长，世称仓公，少喜医方术好数。③高帝时，师同郡元里公乘阳庆，年七十余，无子，使意尽去其故方，更悉以禁方予之，传黄帝扁鹊之脉书，五色诊病，④知人死生，决嫌疑，多验。《史记·本传》

晋 左思，字太冲，临淄人，博学，兼善阴阳之术，作《齐都赋》，一年乃成。复赋三都，构思十年，门庭藩溷，皆著纸笔，偶得一句，即便疏入。自以所见不博，求为秘书郎，及赋成，张华叹为班张之流。于是豪富之家，竞相传写，洛阳为之纸贵。《晋书·文苑》

529 乐安县

汉广饶巨定二县，隋初移置千乘县于此，金改曰乐安，明清皆属山东青州府，民国改曰广饶。

魏 周宣，字孔和，乐安人，为郡吏，善占梦。太守杨沛，梦人曰："曹公当至，必兴君杖，饮以药酒。"使宣占之，是时黄巾贼起，宣对曰："夫杖起弱者，药治人病，八月一日，贼必除灭。"至期贼果破，后东平刘桢，梦蚍生四足，穴居门中，使宣占之，宣曰："此为国梦，非君家之事也。当杀女子而作贼者。"顷之，女贼郑姜，遂俱夷讨，以蚍女子之祥，足非蚍之所宜故也。文帝问宣曰："吾梦殿屋两瓦堕地，化为双鸳鸯，此何谓也？"宣对曰："后宫当有暴死者。"帝曰："吾诈卿耳。"宣对曰："夫梦者意耳，苟以形言，便占吉凶。"言未毕，而黄门令奏宫人相杀。无几，帝复问曰："我昨夜梦青气自地属天。"宣对曰："天下当有贵女子冤死。"是时帝已遣使

---

① 杜陵县，在今陕西长安县东南。
② 《汉书》王仲作王同子中。
③ 《索隐》谓好术数也。
④ 《正义·八十一难》云：五藏有色，皆见于自。

赐甄后玺书，闻宣言而慎之，遣人迫使者不及。帝复问曰："吾梦摩钱文，欲令灭而更愈明，此何谓耶？"宣怅然不对，帝重问之，宣对曰："此自陛下家事，虽意欲尔，而太后不听，是以文欲灭而明耳。"时帝欲弟植之罪，偪于太后，但加贬爵。以宣为中郎属太史，尝有问宣曰："吾昨夜梦见刍狗，其占何也？"宣答曰："君欲得美食耳。"有顷出行，果遇丰膳。复又问宣曰："昨夜复梦见刍狗，何也？"宣曰："君欲堕车折脚，宜戒慎之。"顷之，果如宣言。后又问宣："昨夜复梦见刍狗，何也？"宣曰："君家欲失火，当善护之。"俄遂火起，语宣曰："前后三时，皆不梦也。聊试君耳，何以皆验邪？"宣对曰："此神灵动君使言，故与真梦无异也。"又问宣曰："三梦刍狗而其占不同，何也？"宣曰："刍狗者祭神之物，故君始梦，当得饮食也。祭祀既讫，则刍狗为车所轹，① 故中梦当堕车折脚也。刍狗既车轹之后，必载以为樵，故后梦忧失火也。"宣之叙梦皆类此，十中八九，世以比建平之相。明帝末卒。《三国·魏志·方技》《乾隆山东通志·方技》

530 寿光县

汉置，后汉为侯邑，故城在今山东寿光县东，南朝宋省，改置博昌县，北齐废博昌县，隋复于博昌城，置寿光县，即今治，明清皆属山东青州府。

晋 刘敏元，字道光，北海人。② 厉己修学，不以险难改心，好星历阴阳术数，潜心《易》《太玄》，不好读史。常谓同志曰："诵书当味义根，何为费功于浮辞之文。《易》者义之源，《太玄》理之门，能明此者，即吾师也。"永嘉之乱，自齐西奔，同县营平，年七十余，随敏元西行，及荥阳，为盗所劫，敏元已免，乃还谓贼曰："此公孤老，余年无几，敏元请以身代，愿诸君舍之。"贼曰："此公于君何亲？"敏元曰："同邑人也。穷窭无子，依敏元为命。诸君若欲役之，老不堪使；若欲食之，复不如敏元，乞诸君哀也。"有一贼嗔目叱敏元曰："吾不放此公，忧不得汝乎？"敏元奋剑曰："吾

---

① 轹，音历，车所践也。
② 北海郡，后汉徙治剧，在今山东寿光县东南三十一里。

岂望生耶，当杀汝而后死？"前将斩之，盗长遽止之，而相谓曰："义士也，害之犯义。"乃俱免之，后仕刘曜，① 为中书侍郎，太尉长史。《晋书·忠义》《清一统志·山东省·莱州府·人物》

531　昌乐县

宋初析寿光县置，元废。故城在今山东昌乐县西北十里，明初复置，移今治，属山东青州府。清因之，胶济铁路经之，产绸颇著名。

清　赵希谦，字六吉，性耿介方正。家贫业儒，弗竟，去而学医，尤精痘疹。凡遇险症，他人神手不治者，每易危为安。中年生计益窘，乃卖药于市，日得百钱，粗粝外，则为课儿诵读资。尤邃丁易学及六壬诸书，为人卜祸福多奇中。年七十三，偶染时疾，以册授子而卒。其子开视，乃自择葬期，及示其子安贫读书之遗嘱也。

清　张汝美，字秀甫，性狷介，② 精堪舆术，时称张仙眼。没后乡人高其行，为立碑表墓，邑举人阎兆麟撰文纪实。

清　王曰琅，字环亭，诙谐好德，邃于《易》，及星象六壬之术，占水旱吉凶多奇中。

清　赵滋凤，字翔千，增广生，精堪舆，博览青乌葬经，而尤以杨救贫四大局水法为主。术益工，敦请者亦益众。游热河，历览山水形势，爱其风俗厚朴，遂家焉。

清　张允诚，字君实，性恬淡，博雅淹贯，精堪舆，四方聘请无虚日。然公雅不以此自喜，每劝人尽人事云。以上《嘉庆昌乐县志·方技》

532　安丘县

汉侯国，后为县，故城在今山东安丘县西南。隋改置牟山县，改曰安丘，唐移治昌

---

① 十六国，汉刘曜。
② 狷，音绢，褊急也。介也。有所不为曰狷。

安，故城即今治，仍曰安丘，改曰辅唐。五代梁，复曰安丘，后唐复曰辅唐。晋改曰胶西，宋复曰安丘，明清皆属山东青州府。

后汉 郎宗，字仲绥，北海安丘人，学京氏易，善风角星算，六日七分，① 能望气占候吉凶，尝卖卜自奉。安帝征之，对策为诸儒表，后拜吴令。② 时猝有暴风，宗占知京师当有大火，记识时日，遣人参候，果如其言。诸公闻而表上，以博士征之，宗耻以占验见知，闻征书至，夜悬印绶于县庭而遁去，遂终身不仕。子颛，少传父业，兼明经典，隐居海畔，延致学徒，常数百人。昼研经义，夜占象度，勤心锐思，朝夕无倦。州郡辟召举有道方正，不就。《后汉书·郎𫖮传》《宣统山东通志·艺术》

533 诸城县

汉置东武县，隋改曰诸城，明清皆属山东青州府。

春秋 卜楚丘，鲁掌卜太史，成季之将生也。桓公使卜，楚丘之父卜之，曰：男也。其名曰友，在公之右，间于两社，为公室辅，季氏亡，则鲁不昌，又筮之，遇大有☰之乾☰曰：同复于父，敬如君所。及生，有文在其手，曰友，遂以命之。《左传·闵公二年》

春秋 梓慎，鲁大夫，③ 精于占候。昭公十八年夏五月，火始昏，见丙子风，梓慎曰："是谓融风，火之始也。七日，其火作乎？戊寅，风甚，壬午大甚。宋卫陈郑皆火。"梓慎登大庭氏之库以望之，曰："此宋卫陈郑四国也。"不数日，四国皆来告灾。《左传》《宣统山东通志·方技》

汉 梁丘贺，字长翁，琅邪诸人也。以能心计为武骑，从大中大夫京房受易。④ 房者，淄川杨何弟子也。房出为齐郡太守，贺更事田王孙，宣帝时，闻京房为易明，求其门人，得贺。贺时为都司空令，坐事论免为庶人，待诏

---

① 京氏，京房也，作《易传》。风角，谓候四方四隅之风，以占吉凶也。星算，谓善天文星算数也。《易稽览图》曰：甲子卦气起中孚，六日八十分日之七。郑玄注云：六以候也，八十分为一日之七者，一卦六日七分也。

② 吴县名，今苏州县。

③ 春秋鲁邑，在山东诸城县西南。

④ 此非焦延寿弟子，为课吏法者。

黄门，数人说教，侍中以召贺，贺入说，上善之，以贺为郎。会八月，饮酎行祠孝昭庙，先殿旄头剑挺堕坠，首垂泥中，刃向乘舆车，马惊，于是召贺筮之，有兵谋不吉。上还，使有司侍祠，是时霍氏外孙，代郡太守任宣，坐谋反诛。宣子章，为公车丞，亡在渭城界，中夜玄服入庙，居郎间，执戟立庙门，待上至，欲为逆，发觉伏诛。故事上常夜入庙，其后待明而入，自此始也。贺以筮有应，由是近幸，为大中大夫给事中，至少府，年老终官。《前汉书·儒林》

534 日照县

汉置海曲县，后汉改为西海县，晋省。金置日照县，清属山东沂州府。

金 张行简，字敬甫，莒州日照人，学淹经史，大定己亥进士第一，累官礼部尚书，翰林学士承旨，太子太傅，赠银青禄大夫，谥文正。行简世为礼官，于天文术数之学，皆所究心，著作颇多，有《人伦大统赋》一卷，专言相法，词意颇为明简。薛延年序，谓其提纲挈领，不下二三千言，囊括相术殆尽，条目疏畅而有节，良非虚誉。《金史·列传》《《四库提要·子部·术数类二》》

清 丁守存，字心斋，山东日照人，道光乙未进士，授户部主事，充军机章京。守存通天文历算、风角壬遁之术，善制器。时英吉利兵犯沿海数省，船炮之利，为中国所未有，守存慨然讲求制造，大学士卓秉恬荐之，命缮进图说，偕郎中文康、徐有壬，赴天津监造地雷火机等器，试之皆验。《清史稿·艺术》

中国历代卜人传卷二十五

山西省

山西省在我国中部北境，黄河之东，古并州地，春秋时为晋国地，故别称曰晋。秦置太原、上党、河东等郡，汉置并州，三国及晋仍之。唐置河东道，宋置河东路，元置河东及山西道，直隶中书省，山西之名始此。以在太行山之西，故名。明置山西布政使，清置山西省，民国因之。其地东界河北，西界陕西，南界河南，北界绥远，省会曰阳曲县。

535 阳曲县

汉末移置，在今山西太原北四十五里。应劭曰："河千里一曲，当其阳，故曰阳曲。"后魏又移于今县南四里，隋改为阳直，又移于今县东北四十里，改名汾阳县。炀帝复改为阳直，移理木井城。① 唐改为阳曲县，仍移置阳曲废县。宋太宗灭北汉，隳太原城，移阳曲治唐明镇，为太原府治，即今所。民国废府，仍以阳曲为山西省治。

清 傅山，初名鼎臣，字青竹；后改名山，字青主，一字仁仲，别字公之它，亦作公他。亦曰朱衣道人，又字啬庐。阳曲人，明季诸生。提学袁继咸为巡按张孙振所诬，孙振，阉党也，山约同学曹良直等，诣通政使，三上书讼之。巡抚吴甡，亦直袁，遂得雪，山以是名闻天下。山工书善艺，通百家之技，甲申后，衣朱衣，居土穴养母，上下大定，始稍稍出，隐于黄冠。

---

① 东魏孝静帝筑城，中有井，以木为甃，因名。

康熙戊午，[①] 年七十余，征举鸿博至京，坚卧城西古寺，不与试，授中书舍人，以老病辞归。家传有禁方，乃以医自活，著有《霜红龛集》及《女科》等书。《清史稿·隐逸》《女科书序》丁宝铨《傅山年谱》

○清廷琯《鸥陂余话》云：诗文字画，皆有中气，行乎其间，故有识者即能觇人穷通寿夭。王椒畦、文学浩尝述傅青主征君一事。征君偶于醉后作草书而卧，其子眉，字寿髦，亦能书，见而效之，潜以己书易置几上。征君醒而起，见几上书，愀然不乐，眉请其故，征君叹曰："我昨醉后偶书，今起视之，中气已绝，殆将死矣。"眉惊愕，跽白易书事，征君曰："然则汝不食麦矣。"后果如言。盖征君精于理气数之学，故能识微知著如此。

536 太原县

古唐国地，春秋为晋阳邑，秦置晋阳县，北齐分置龙山县，隋改龙山曰晋阳，改旧晋阳曰太原。故城在今山西太原县东北，宋改置平晋县，明复曰太原县，移治故唐城之南，即今治也。明清皆属山西太原府。

春秋 辛廖，晋大夫。初，毕万卜筮仕于晋国，遇屯䷂之比䷇，辛廖占之，曰："吉。屯固比入，吉孰大焉！其后必蕃昌。震为土，车从马，足居之，兄长之，母覆之，众归之，六体不易，合而能固，安而能杀，公侯之卦也。公侯之子孙，必复其始。"后献公赐毕万魏，以为大夫。及春秋之后，三家分晋，而魏为诸侯，后人以为筮之验也。《左传·闵公二年》《史记·晋世家》及《雍正山西通志·艺术》

春秋 史苏，晋卜筮之史，献公卜伐骊戎，史苏占之曰："胜而不吉。"公曰："何谓也？"对曰："遇兆挟以衔骨，齿牙为猾，[②] 戎夏交捽。[③] 卒捽是交胜也，臣故云。且惧有口惛民，国移心焉。"公曰："何口之有？口在寡人，寡人弗受，谁敢兴之？"对曰："苟可以惛，其人也必甘受，逞而不知，胡可壅也？"公不听，遂伐骊戎，克之，获骊姬以归。有宠，立以为夫人，

---

① 《年谱》误作己未。
② 猾，音滑，乱也，黠也，狡也。
③ 捽，音卒，手持也，交对也，触也。

卒致祸乱。《左传·僖公十五年》《雍正山西通志·艺术》

春秋 卜偃，晋掌卜大夫。献公伐虢，① 围上阳，问于卜偃曰："吾其济乎？"对曰："克之。"公曰："何时？"对曰："童谣云，丙之晨，龙尾伏辰，均服振振，取虢之旂；鹑之贲贲，② 天策焞焞，③ 火中成军。虢公其奔，其九月十月之交乎？"如期灭之。《左传·僖公五年》《雍正山西通志·艺术》

春秋 史援，赵史。初，赵盾梦见叔带持要而哭，甚悲，已而笑，拊手且歌，盾卜之兆，绝而后好。史援占之，曰："此梦甚恶，非君之身，乃君之子，然亦君之咎，至孙赵将世益衰。"后盾卒，子朔嗣，为屠岸贾所诛，赵氏绝。十五年，景公立盾孙武。《史记·赵世家》《雍正山西通志·艺术》

春秋 史赵、史墨、史龟，皆晋史。宋公伐郑，晋赵鞅卜救郑，遇水适火，④ 占之诸史。史赵、史墨、史龟曰："是谓沈阳，⑤ 可以兴兵。⑥ 利以伐姜，不利子商。⑦ 伐齐则可，敌宋不吉。"史墨曰："盈，水名也。子，水位也。名位敌，不可干也。炎帝为火师，姜其后也。水胜火，伐姜则可。"史赵曰："是谓如川之满，不可游也。郑方有罪，救郑则不吉，不知其他，乃止。"《左传》《雍正山西通志·艺术》

春秋 姑布子卿，⑧ 时为大夫，善相，见赵简子，简子遍召诸子相之。子卿曰："无为将军者。"简子曰："赵氏其灭乎？"子卿曰："吾尝见一子于路，殆君之子也。"简子召子毋恤，毋恤至，则子卿起曰："此真将军矣。"简子曰："其母贱，翟婢也，⑨ 奚道贵哉！"子卿曰："天所授，虽贱必贵。"自是之后，简子尽召诸子与语，毋恤最贤，简子乃告诸子曰："吾藏宝符于常山之上，先得者赏。"诸子驰之常山，求无所得，毋恤还曰："已得符矣。"简子曰："奏之。"毋恤曰："从常山上临代，代可取也。"简子于是知毋恤果

---

① 虢，音国，周时虢名。
② 鹑，读如纯，鸟名，形如鸡雏。
③ 焞，音暾，焞焞，无光耀也。
④ 水火之兆。
⑤ 火阳得水故沉。
⑥ 兵阴类也，故可以兴兵。
⑦ 姜，齐姓也。子商谓宋。
⑧ 姓姑布，字子卿。
⑨ 翟，音狄，翟者，乐吏之贱者也，姓也。本音狄，后改音宅。

贤，乃废太子伯鲁，而以毋恤为太子。《史记·赵世家》《雍正山西通志·艺术》

春秋 师旷，字子野，晋主乐太师，能辨音以知吉凶。《左传·襄十八年》：晋人闻有楚师，师旷曰："不害。吾骤歌北风，又歌南风，南风不竞，多死声，楚必无功。"师旷又见太子晋曰："汝声清浮，汝面色赤，火色不寿。"王子曰："后三年，上宾于帝，汝慎毋言，殃将及汝。"师旷归，未及三年，告死者至。旷著有《禽经》。《左传·襄公》《御览·方术·相上》

后晋 马重绩，字洞微，少学数术，明太乙五纪、八象三统大历，居于太原。唐庄宗每用兵征伐，必问之，重绩所言无不中，拜大理司直。晋有天下，拜太子右赞善大夫，迁司天监，卒年六十四。《新五代·杂传》《道光太原县志·艺术》

后晋 卢岳，太原人，少学星历，且工相人。李周年十六，为内丘捕贼将，以勇闻。① 是时梁晋兵争，山东群盗充斥，道路行者，必以兵卫。适岳，将徙家太原，舍逆旅，徬徨不敢进。周意怜之，为送之西山，有盗从林中射岳，中其马，周大呼曰："吾在此，孰敢尔耶！"盗闻其声，曰："此李周也。"因各溃去。周送岳至太原，岳谓之曰："子方颐隆准，眉目疏彻，身长七尺，真将相也。吾占天象，晋必有天下，子宜留事晋，以图富贵。"周后仕唐历晋，终开府尹，卒年七十四，赠太师。《五代史·附李周传》《图书集成·相术纪事》

宋 石普，其先幽州人，徙太原，累官军卫大将军，有胆略。凡遇讨伐，闻敌所至，即驰赴之，颇通兵书、阴阳六甲、星历推步之术，太宗厚遇之。《道光太原县志·艺术》

537 晋阳县

古唐国，相传帝尧始都此，周初灭唐，成王封其弟叔虞于此，后改国曰晋。《左传·定公十三年》，赵鞅入于晋阳以叛。汉置县，故城即今山西太原县治。高齐移汾水东于此，置龙山县。隋废龙山县，移晋阳县理焉。唐高祖自晋阳起义，遂定天下，宋时县废。

---

① 内丘，县名，汉置中丘县，避讳改曰内丘，明清皆属直隶顺德府，京汉铁路经之。

周 尹皋，赵史也。见月生齿，齕毕大星，①占有兵象。赵君曰："天下共一毕，知为何国也。"下史于狱。其后公子牙谋杀君，如史所言。②王应麟按：太史公《天官书》，昔之传天数者，赵尹皋，又谓皋唐、甘石，因时务论，其书传尹史，尹皋也。其占验仅见于此，《赵世家》不载。《困学纪闻》

晋 郭琦，字公伟，晋阳人，博学，善五行，作《天文志》、《五行传》，注《谷梁》《京氏易》百卷。乡人王游等，皆就学，武帝以为佐著作郎。及赵王伦之乱，遂终身处于家。《清一统志·太原府·人物》

北魏 郭景尚，字思和，晋阳人，祚子，涉历书传，晓星历占候，言事颇验。初为彭城王，中军府参军，累迁太尉从事中郎。孝明时，迁辅国将军、中散大夫，转中书侍郎，未拜而卒。《魏书·附郭祚传》

北魏 王叡，字洛诚，自云太原晋阳人。六世祖横，张轨参军，晋乱，子孙因居于武威姑臧。③父桥，字法生，解天文卜筮，凉州平，④家贫，入京以术自给。历仕侍御史中散，卒赠平远将军，凉州刺史显菱侯，谥曰敬。叡少传父业，而姿容伟丽，景穆见而奇之。兴安初，擢为太卜中散，稍迁为令，领太史。《魏书·本传》《雍正山西通志·艺术》

538 榆次县

春秋晋魏榆邑，战国属赵曰榆次，汉置榆次县。后魏省入晋阳，寻复置。北齐改置中都县，隋复曰榆次，明清皆属山西太原府。

五代 敬涤心，五代时隐居南赵，能诗，精于《易》，常谓人言某岁真主当兴，天下自此大定。及宋太祖龙飞，与涤心所说，无不相应，其年七十余，尚健，能饮酒斗许不醉，骑牛行山谷间，或卧石上，有出俗之意。《涤心诗》数篇，张丞相士逊家有之，记一联云："水禽依钓客，风叶扑龛僧。"亦有幽昧也。《同治榆次县志·隐逸》

---

① 齕，音纥，啮也。
② 《困学纪闻·天道》引《天文注》、《李氏家书》。
③ 姑臧，县名，汉置，即今甘肃武威县治。
④ 凉州，汉置，今甘肃是。

元 党志善，陕西华阴人，通五经，尤精三命之术。仕元，至河南中书省参政，元末避乱，更名鼎新，徙家榆次，占籍县东阳里。《雍正山西通志·寓贤》

539 祁县

春秋时，晋大夫祁奚邑，晋灭祁氏，分为七县，以贾辛为祁大夫，汉置祁县，明清皆属山西太原府。

明 阎子贵，祁县人，精通六壬，言无不应。又阎大节，通艺术，尤精于医卜。《光绪山西通志·艺术》

540 文水县

后魏置受阳县，隋改为文水县，因县西文谷水为名。唐改武兴，寻复为文水。故城在今山西文水县东十里，宋因水患，徙南漳沱村商阜，即今治。明清皆属山西太原府。

唐 武攸绪，则天皇后兄，惟良子也。恬淡寡欲，好《易》、庄周书，少变姓名，卖卜长安市，得钱辄委去。后更授太子通事舍人，累迁扬州大都督府长史，鸿胪少卿。后革命，封安平郡王，从封中岳，固辞官，愿隐居。后疑其诈，许之，以观所为。攸绪庐岩下，如素道者。后遣其兄攸宜敦谕，卒不起，后乃异之，盘桓龙门少室间，冬蔽茅椒，夏居石室。所赐金银铛鬲野服，[1] 王公所遗鹿裘素幛瘿栖，尘皆流积，不御也。市田颍阳，使家奴杂作，自混于民，开元十一年癸亥卒。《新唐书·隐逸》《光绪文水县志·隐逸》

541 兴县

汉汾阳县地，北齐置蔚汾，隋改临泉，唐曰合河县，金升为兴州，明降为县，清属

---

[1] 铛，音当，䰞，有足曰铛，䰞奉甫切，糜韵，与釜同，鬲音历，鼎属。

山西太原府。

清 康文铎，字声山，一字振之，兴县人，嘉庆庚申举于乡，以校官用，中怀抑塞，托艺自遣，遂精于占卜，尤精六壬，名噪京师。林清之变，①仁宗询问朝士，孰为精数学者？军机大臣以文铎名对，立召，使之占，得课敬呈，后果应。遂拜文绮之赐，至今子孙，犹什袭珍藏。《光绪山西通志·术数》《道光河南河内县志·流寓》

542 介休县

汉置界休县，故城在今山西介休县东南十五里。晋曰介休，后省。后魏复置，后周省介休，入平昌。隋改平昌曰介休，明清皆属山西汾州府。

东汉 郭泰，字林宗，②介休人。③家世贫贱，早孤，母欲给事县廷。林宗曰："大丈夫焉能处斗筲之役乎？"遂辞，就成皋屈伯彦学。三年业毕，博通坟籍，善谈论，美音制，乃游于洛阳，与河南尹李膺相友善，于是名震京师。后归乡里，诸儒送者车千乘，林宗独与膺同舟而济，众宾望之，以为神仙。尝遇雨，巾一角折，时争效之，称为林宗巾，其见慕如此。林宗善天文，精藻鉴。④或劝林宗仕进者，对曰："吾夜观乾象，昼察人事，天之所废，不可支也。"虽举有道，不就。或问汝南范滂曰："郭林宗何如人？"滂曰："隐不违亲，⑤贞不绝俗，⑥天子不得臣，诸侯不得友，吾不知其他。"后遭母忧，有至孝称。林宗虽善人伦，而不为危言覈论，故宦官擅政，而不能伤也。及党事起，遂闭户教授，子弟以千数，惟林宗及汝南袁闳得免焉。⑦

---

① 嘉庆十五年，李文成在河南，林清在直隶山东，各集徒党，假名为天理教徒，上下人等，颇尊信之。于是林清贿其内监之徒弟，于北京宫廷内应，一时炮火相交，教徒大败，林清被捕伏法，李文成后亦事败焚死。

② 范晔以父名泰，故改作太。

③ 《高士传》，介休作太原。

④ 蔡邕撰《郭泰碑》云：考览六经，探综图纬。

⑤ 介推之类。

⑥ 柳下惠之类。

⑦ 袁闳，字夏南，汝南人，累征聘辟召，皆不应。朋党事作，乃筑土室不为户，自牖纳饮食，潜身十八年。黄巾贼起，攻没郡县，闳诵经不移，贼相约不入其间。

初林宗始至南州，过袁奉高，[①] 不宿而去，从叔度，累日不去。[②] 或以问林宗，林宗曰："奉高之器，譬之泛滥，虽清而易挹。叔度之器，汪汪若千顷之波，澄之不清，挠之不浊，不可量也。"已而果然，林宗以是名闻天下。卒年四十二，会葬者千余人，同志为共刻石立碑，蔡邕为文，既而谓涿郡卢植曰："吾为碑铭多矣，皆有惭德，唯郭有道无愧色耳。"《后汉书·列传》《雍正山西通志·艺术》《嘉庆介休县志·艺术》

○《郭林宗传》载：王柔，字叔优；柔弟泽，字季道，太原晋阳人，少时闻林宗有知人之鉴，往候之，请问才行所宜以自处，林宗笑曰："卿二人皆二千石才也。虽然，叔优当以仕宦显，季道当以经述进。若违才易务，亦不能至也。"叔优等从其言，叔优至北中郎将，季道代郡守。

○《漫笑录》载：李宾王利用，鄱易躬行君子也。尝云：郭林宗作《玉管通神》，有四句云："贵贱视其眉目，安否察其皮毛，苦乐观其手足，贫富观其颐颊。"

543 临县

汉离县地，北周置乌突县及乌突郡，隋改郡县，俱曰太和，寻废郡。唐改县曰临泉，金又改县曰临水，元仍曰临泉，升为临州。明初降为临县，属山西太原府，后改属汾州府，清因之。

清 曹席珍，临县人，顺治戊子举于乡。康熙癸卯，知竹溪县，居十一年，迁知彝陵州，未赴任，而吴三桂反。湖南诸郡，同日告陷。席珍设法捍御，力尽被执，及至房陵，将杀之，至期传释放。席珍采食豆花水芹等物，寻卖卜于市。《民国临县志·文物》

544 长治县

汉壶关县，隋置上党县，明省，后复置，改曰长治，为山西潞安府治，清因之，县

[①] 奉高名阆，汝南人，为郡功曹，阆数辞公府之命，不修异操，而致名当时。
[②] 黄宪，字叔度，汝南慎阳人，初举孝廉，又辟公府，人劝其仕，宪亦不拒，暂到京师而还，竟无所就，天下号曰征君。

境产绸，世称潞绸，又产参，即所谓潞党参也。

唐 韩凝礼，上党人，明易学，揲蓍奇中。明皇如京，命凝礼揲，一蓍翅立，三起三偃，凝礼曰："此龙飞之象，本占有孚，应在仲冬，一阳动，当登大位。"后果验，凝理起家五品。《图书集成·艺术典·卜筮部·名流列传》《雍正山西通志·艺术》

元 靳德进，潞州人，① 为人材辨，幼读书，通大义，父殁，益自刻励，尤精星历之学。金末兵乱，与母相失，母悲泣而盲，详访得之，舐其目百日复明，人称其孝。世祖命太保刘秉忠选太史官属，德进以选，受天文星历卜筮、三科管句，凡交蚀躔次，② 六气侵沴，③ 所言休咎辄应。后从征叛王纳廷揆，度日时，率中机，会诸将欲勤绝其党，德进独陈天道好生，请缓师以待其降。俄又奏言叛由妖惑，遂谋为不轨，宜括天下术士，设阴阳教官，使训学者，仍岁贡有成者一人，帝从之，遂著为令。德进又时因天象，以进规谏，多所裨益，累迁资德大夫，领太史院事，以疾卒于位，赠魏国公，谥文穆。《元史·方技》《雍正山西通志·艺术》《畿辅通志·列传》

明 刘征，字文献，号耕乐处士，性介直，有才辩，善于诱掖，劝人以讲学修德、涉猎书史为务，且通星历之学。明太祖特诏征隐逸，与壶关杜斅，同被宠命，征辞不就，益笃行谊，躬耕乐道，邑人咸尊礼云。《光绪山西通志·隐逸》

清 刘天名，字文灿，长治人，以年跻九十，恩赐七品。颇知书，精堪舆术，家贫，楸迁为业，忠厚性成，人乐就之，寿一百三岁，无疾而终。

清 周汝明，长治人，善六壬，凡卜逃失之物，言无不验。一日赴壶关，偶憩道旁，见一老人入麦场中，语家人曰："休，休，未时有大雨。"汝明曰："雨当在场西四十步外。"老人奇之，款于家，雨毕出验，果如其言。

清 李腾龙，字耀云，长治人，习堪舆，且精于医，性廉介，慎交游，虽以艺名，而视世之蝇营竞逐，迎合势利者，蔑如也。著有《闻见录》十六卷，皆劝善规过之语，卒年七十七。以上《光绪山西通志·艺术》

---

① 潞州，即今长治县。
② 躔，音廛，践也，次也。
③ 沴，音丽，水不利也，害也，妖也，恶气也。

545　长子县

汉置县，后魏仍为长子县，北齐废，隋置寄氏县，又改为长子。故城在今山西长子县西，金徙今治，明清属山西潞安府。①

北魏　李兴业，长子人，少耿介，志学精力，负帙从师，不惮勤苦；耽思章句，好览异说。晚乃师事徐遵明，于赵魏之间，后复博涉百家，图纬风角，天文占候，无不讨练，尤长算历。虽在贫贱，尝自矜负，若礼待不足，纵于权贵不为之屈。后举孝廉，为校书郎，累官国子祭酒，出除太原太守，武定七年卒，年六十六。《魏书·本传》《北史·儒林》

北齐　李遵祖，习父业，星历尤精，著名一时。《乾隆长子县志·方技》

546　屯留县

春秋赤狄邑，谓之留吁。后为晋邑，谓之纯留。战国谓之屯留，汉置屯留县，北齐废入长子，隋复置。故城在今山西屯留县南，唐徙今治。明清皆属山西潞安府。

晋　崔懿之，屯留人，精相法，与崔游友善。刘元海游上党，懿之见而惊，顾语游曰："此人非常，大贵。"元海闻其善相，引至别所，解衣观之，当心有三赤毫，长三尺六寸，懿之拜曰："须与此齐，则表里相应，大贵必矣。"元海称尊号，辟懿之，起家中书监，崔游为御史大夫。《晋书·载记》《雍正山西通志·艺术》

明　申九宁，屯留人，精天文数学。洪武初，授五官挈壶，能逆占吉凶。上召问，应对如响。

清　刘绳武，字象贤，屯留人，专心堪舆之学。一日佃息树下，遇异人指授，业遂精。尝之沁州，道经襄垣之太平村，遇村人邢某，语以多备水器，某从之。其夜火起，即时扑灭，群惊为神。子德懋，诸生，传其学，又习医，卜亦多验。以上《雍正山西通志·艺术》

---

① 长子，颜师古《汉书注》：读曰长短之长，今俗为长幼之长，非也。

547　潞城县

汉潞县地，隋置潞城县，唐改潞子，五代唐复故，明清皆属山西潞安府，产党参著名。

宋　苗光义，潞城人，精象纬舆图之学。宋艺祖微时，多资其秘谋。及受禅后，征辟皆不就，自卜葬地于县西北原，后子孙皆徙居鹿村。《光绪潞城县志·耆旧》

548　壶关县

后魏置，故城在今山西壶关县东南五十里，今犹称曰故县。隋废，唐复置，移置高望堡，在今壶关县西七里，后徙今治。明清皆属山西潞安府。

元　王大利，① 邑人，精于阴阳术数，为壶关阴阳教授，著《三元正经》《三元节要》行世。子履道、宏道，与父齐名。《道光壶关县志·方技》

549　凤台县

汉置高都县，隋改曰丹川，唐置晋城。清雍正六年，改置凤台县，为山西泽州府治。民国改为晋城，即今晋城县治。

宋　刘羲叟，字仲更，晋城人，精算术。欧阳修使河东，荐其学术，试大理评事，累迁著作佐郎，终崇文院检讨。羲叟强记多识，尤长于星历术数，皇祐间，陕西铸大钱，羲叟曰："此所谓害金。"再与周景王同占，上将感心腹之疾，其后仁宗果不豫，事皆验。及修唐史，令专修律历、天文五行志。羲叟未病，尝曰："吾及秋必死。"自择地于父冢旁，占庚穴，以语其妻，如其言葬之。著有《十三代史志》《刘氏辑历》《春秋灾异》诸书。《宋史·儒林》

元　李俊民，字用章，泽州人，得河南程氏传受之学。金承安中，举进士第一，应奉翰林文字。未几，弃官不仕，以所学教授乡里，从之者甚盛，

---

① 《乾隆潞安府志》，大利作天利。

至有不远千里而来者。金源南迁，隐于嵩山，后徙怀州，俄复隐于西山，既而变起仓猝，人服其先知。俊民在河南时，隐士荆先生者，授以邵雍皇极数。当时知数者，无出刘秉忠之右，亦自以为弗及也。世祖在潜藩，以安车召之，延访无虚日，遽乞还山，世祖重违其意，遣中贵人护送之。又尝令张仲一问以祯祥，及即位，其言皆验，而俊民已死，赐谥庄静先生。《元史·附窦默传》《图书集成·术数部·名流列传》

清 袁尔梅，凤台人，坦率无文。尝于道旁拾遗金，还其主，人重其义。生平精六壬，占验多奇中。其卖卜日以三课为度，备一日所用，不复为人卜，虽强之弗告也。某绅为县令所诬，逮赴省，祸且不测，尔梅为成一兆，曰："天赦星照命宫，不出十里，罪可解。"行至七里岭，遇赦获免，时以为天纲复生云。《光绪山西通志·艺术》

550 高平县

汉晋为泫氏县，后魏置高平，故城在今山西高平县西北二十里。北齐徙置泫氏，故城即今治。清属山西泽州府。

明 王友古，高平人，博物洽闻，尤精天文及九章法，且布算而知人之隐。尝集浑天敬器、铜乌漏刻、候风诸巧制，并图之以为准。《雍正山西通志·艺术》

清 赵云汉，字景略，性鲠直，不慕荣利。家贫，好读书，深于易理；精卜筮，决疑如响，自决寿终。其于六十四卦，悉楷书绘图，一字不苟。将终，命子孙曰："字可习耳，非欲汝精卜筮也。"《同治高平县志·人物》

清 祁项，字竹轩，高平人，嘉庆丙辰进士。道光辛丑，官至两广总督，癸卯以病乞休，甲辰卒，优诏依尚书例赐恤，谥文恪。《清史稿·本传》。道光二十三年辛丑，文恪公时督两广，请于乡会试策问五道，定为五门发题，曰博通史鉴，曰精熟韬钤，曰制器通算，曰洞知阴阳占候，曰熟谙舆图情形，经礼部议驳。鄞县陈祺按：是时海禁初开，文恪此奏，可谓识微见远。今当国诸公，求才太切，至欲狗屠马贩中，储边材使节之选，何如因时改制，仍与儒官儒服者议天下事也。祁疏具在，愿有心人物色而辉光之。《郎潜纪闻》卷十一

551 阳城县

汉濩泽县，后汉为侯国，唐置泽州，改曰阳城，寻省。故治在今山西武乡县西。

元 王翼，字辅之，阳城人，性颖悟，勤于学。七岁尝从师行，有诵杜牧华清官诗者，后师举试，历历能道之，师颇奇焉。既长，日记千言，应进士举，因感疾，遂留意于医。尤精于《易》，占无不应。自著有古律诗三百余篇。《光绪山西通志·隐逸》

552 陵川县

汉泫氏县地，后魏高平县地，隋析置陵川县，元省，寻复置，清属山西泽州府。

元 徐贵，字仲平，云中人，① 卜隐陵川。《光绪陵川县志·寓贤》

553 沁水县

战国赵端氏邑，汉端氏县，后魏分置东永安县，北齐改永宁，隋改沁水。故城在今山西沁水县西三十里，今名故城镇。宋后移今治，清属山西泽州府。

元 郑莘岩，沁水人，少读书，旁通天文地理之学。泰定间，知天下兵将起，隐于历山后，不知所终。

清 谈炳，沁水人，中岁薄游江淮，学《皇极内经》于叶莲溪，善青乌之术，尤精卜筮。随笔一物令占，能知不言之隐，决休咎皆验。以上《光绪山西通志·艺术》

554 辽州

汉上党郡地，隋置辽州，治乐平，即今山西昔阳县，寻废。唐复置，移治辽山，改曰箕州，又改曰仪州，又改曰乐平郡，寻复曰辽州。宋曰辽州乐平郡，金曰南辽州，寻

---

① 云中即云梦泽，在今湖北安陆县。

去南字。元亦曰辽州，明省辽山县入州，直隶山西，清因之，民国改为辽县。

清 曹更新，字焕然，辽州诸生，精堪舆学，著有《省克引》《九畴理数》，州牧沈极推重之。子之让，克继父业，独步一时。《光绪山西通志·艺术》

555　榆社县

汉涅氏县地，晋置武乡县，后魏为乡县地，隋析置榆社县。唐于县置榆州，寻州废。宋元时，县皆既省，复置，清属山西辽州。

清 王彦之，榆社诸生，品格古峭，不谐流俗。习青乌术，而不妄为人择地，尝晓人曰："地理通乎天理，性理即是地理。若汨没性理，虽地理效灵，天理恐难昧也。"闻者以为名言。《光绪山西通志·艺术》

556　沁州

隋置寻废，唐复置，改曰阳城郡，寻复曰沁州，治沁源，即今山西沁源县。宋于铜鞮县置威胜军，省沁州入之。金复置沁州，明省铜鞮县入州，以州直隶山西，清因之，民国改为沁县。

清 茹桂，沁州人，以医名，兼通堪舆之术，尤精于数。一日晨起自卜，谓当获钱三千，少顷，有戚白某邀视疾，促之行，桂曰："姑少待，当得一醉之资。"果复有相延者，便道为诊视，立方而去。次日归，出钱示白曰："昨岂妄哉！"立治具，尽欢而罢。骈姓者以腹痛遣人招桂，桂出门，复返，曰："病者已自尽矣，何相欺？"招者力白非欺，桂与方，令速归，果如其言。一日有客策蹇来迎，甫入坐，谓之曰："君来为茔地计耳，葬已多年，何须再问！"出课示之，且告以数世兴败之由，客惊异而去。由是善卜之名大噪，然不妄言祸福，有求者则谢之曰："人事所在，即数所在，又焉用卜？"后得疾，亲友候者，约以某月日话别，至期扶杖出门，谓家人曰："天气清朗，风色甚佳，游观止于是矣。"入室而逝。《光绪山西通志·艺术》

清 孟必达，字泰交，郡庠生，为人忠厚寡言，与人谈一二语即止，不为文饰也。善六壬数，可以前知。《乾隆沁州志·方技》

557　武乡县

汉涅氏县，后汉曰涅县，后魏更置乡县及乡郡，唐武后时，改曰武乡县，元省入铜鞮县，后复置，明属山西沁州，清因之。

唐　风雷将军，姓焦氏，武乡人。唐懿宗朝，父为掾吏，有阴行。咸通九年戊子，生将军，七岁不语，两手不展，父母欲弃之，忽元日手展能言，性颖异。及长，凡天文地理易象遁甲，咸臻其妙。《雍正山西通志·仙释》

558　平定县

汉上艾县，后魏石艾，唐改曰广阳，宋改广阳县曰平定县，为军治。今改军为州，元省县入州，明因之。清时直隶山西省，民国改州为县，今正泰铁路经之。山西之煤，以平定出产为最多，煤质亦最良，为产无烟煤之中心点，产铁亦富。又产磁器，色如玉，以定窑著名。

唐　王子贞，卜者也。唐贞观中，平定魏金母失明，子贞曰："明年三月一日，有青衣从东南来，疗必愈。"至期见一人著青衣者，遂邀入内，重设饮食以相待，其人曰："仆不解医，但解作犁耳。"为主人作之，持斧绕舍求犁辕，见桑曲枝临井上，遂斫下，其母两眼焕然见物，此曲桑盖井所致。《光绪山西通志·艺术》

元　吕义，字伯宜，平定州人，善易学，尤精卜筮堪舆星历诸术，勅授晋宁路教授。子豫，有父风，世其业，授饶州路阴阳教授。《雍正山西通志·艺术》

559　乐平县

汉置，晋兼置郡，隋时即废，清废县为乡，民国复置县，寻又改为昔阳县，属山西省。

宋 马端临，字贵与，乐平人，咸淳中，漕试第一，博极群书，以荫补承事郎。元初，起为柯山书院山长，终台州教授，乡里远近师之。所著《文献通考》，贯穿古今，赅博过于杜佑《通典》。又著有《蓍卦辨疑》，详言少阴少阳之数，隐于老阴老阳之中，如是则七九皆为阳，六八皆为阴，其画为奇为耦，皆同圣人画卦，初未必以老少阴阳为异，也。《艺术典·卜筮部·艺文》

560 盂县

古仇犹国，隋置原仇县，改盂县，金升为盂州，元亦曰盂州。明降州为县，清属山西平定州。

清 张大亮，字韫轩，盂县人，国学生，习堪舆家言，兼善岐黄术，远近延请，不令以一钱酬；贫者随证予药，无所靳，终其身如一日焉。《光绪山西通志·艺术》

561 大同县

汉平城县，北周以后为云中路，辽析云中置大同县，元省云中入大同，明清皆为山西大同府治。平绥铁路自张家口至此，北折以通绥远，有支路自此经平望，至口泉镇。

清 郭桂，字天香，大同诸生，性严介，有才名，通晓医卜，尤精六壬，每有占断多奇验。医术以眼科著，年未五十卒，时论惜之。

清 车戴文，大同人，郡文学，性孤介，有才，精堪舆学。尤善丹青，尝以绘事为黄左田学使所奖，晚年益以形家著名。以上《光绪山西通志·艺术》

中国历代卜人传卷二十六

山西省 二

562 代州

战国，赵雁门郡地，秦因之，汉亦为雁门郡，北周移肆州来治，隋改州为代州，治雁门县。元省雁门县入州，明废州为县，寻复曰代州，清直隶山西省，民国改为代县。

晋 范隆，雁门人，字玄嵩；父方，魏雁门太守。隆在孕十五月，生而父亡，年四岁又丧母，哀号之声，感动行路，无缌功之亲；疏族范广，愍而养之，迎归教书。隆好学修谨，奉广如父，博通经籍，无所不览，著《春秋三传》，撰《三礼吉凶宗纪》，甚有条义。惠帝时，天下将乱，隆隐迹不应州郡之命，昼勤耕稼，夜诵书典，颇习秘历阴阳之学，知并州将有氛浸之祥，故弥不复出仕，后依刘渊为大鸿胪。《晋书·儒林》

北魏 陆旭，俟曾孙，性雅淡，好易纬侯之学，撰《五星要诀》，及《两仪真图》，颇得其指要。太和中，征拜中书博士，稍迁散骑常侍；知天下将乱，遂隐于太行山，累征不起。《清一统志·山西省·大同府·人物》

隋 魏先生，宋人，逸其名。隋初太常议乐如聚讼，先生为调律，乐遂和，太常欲荐而官之，先生不可，受帛二百段，归寓雁门，以帛市酒，旦夕欢饮。时李密败黎阳，亡命雁门，先生见之，曰："子气沮而目乱，心摇而语偷，方今捕署山党，得非长者乎？"密惊曰："既知我，能免我否？"先生曰："子非帝王之相，又非将帅材略，吾望气，晋汾有异人出，能往事之，当不失富贵。"密终不用其言而败。《清一统志·山西省·代州·流寓》

宋 张宗诲，字习之，司空齐贤第二子，少喜学兵法，阴阳象纬之书无不通究。齐贤守代州，尝预计画，遂有土镫砦繁峙之捷。《雍正山西通志·寓贤》

563　怀仁县

辽置，因阿保机与晋王李克用，会于东城，有怀想仁人之语，故县取名，在今山西怀仁县西。金徙今治，明清皆属山西大同府。

明 王瑛，怀仁人，学黄老术，筑室西山之阳，去县百余里，坐卧一小楼，日玩煮石飧霞，猨经乌翼之说，农圃医卜，无不究心，终岁足迹不入城市。年七十七，无疾而卒。《光绪山西通志·隐逸》

564　左云县

明置正朔卫，后改设大同左卫，又移云川卫并入，名左云川卫，清初名左云卫，雍正三年升为县，属山西朔平府。

清 王利仁，左云人，善医，尤精于针灸。好读《易》，遂习卜筮，研精殚思，三年面壁，颇有所得。家贫，性孤介，敝衣藿食，处之宴如。《光绪山西通志·艺术》

565　朔州

后魏侨置，北齐置北朔州，隋废置代郡，寻改为马邑郡。唐曰朔州，复曰马邑郡，后改为朔州。宋改曰朔宁府，寻入于金，仍为朔州，清属山西朔平府，民国改州为县。

北魏 皇甫玉，不知何许人。善风鉴，举目见人，皆有富贵之表，以为必无此理，遂燔其书，而后悉如其言，乃知相法不虚也。《北齐书·方技》《雍正朔州志·方技》

566　恒州

后魏道武帝都平城，置司州，孝文帝迁洛，改置恒州，故治在今山西大同县东。后州陷，侨治肆州秀容郡城，即今忻县。

北魏　高崇祖，恒州人，善天文，每占吉凶有验。永安中，特除中散大夫。《雍正山西通志·艺术》

唐　张果，隐恒州中条山，讳乡里世系以自神，往来汾晋间。尝自言生于尧丙子岁，武后使使召之，果诈死。开元中，遣使迎至京，欲以玉贞公主降之，大笑，不奉诏，寻还山，号通玄先生。著《星宗》一书，征引《聿斯经》颇多，如《岁星交会章》云："巨蟹宫中如会遇，少年荣折桂枝香"云云，盖谓木孛也。新旧《唐书·方技》清文廷式《纯常子枝语》

567　静乐县

北齐于今岚县地，置岢岚县，隋移县治此，改曰汾源，又改曰静乐。元废，明复置，清属山西忻州。

清　韩达学，静乐人，廪贡，精青乌术，肄业园子监，博稽典籍，嗜古敏求，屡荐不售，卒。《光绪山西通志·艺术》

568　临汾县

春秋晋平阳邑，汉置平阳县，隋改为临汾，为临汾郡治。唐移置故平阳城，后迁今治。明清皆属山西平阳府治，清太原镇总兵驻此。

清　彭銮，字晓荷，临汾人，颖悟好学，能诗，于天文地理，皆所通晓；工篆刻，尤善鼓琴。官兰州府通判，著诗草尺牍、星象医卜等书。而诸生赵铭，精卜易，晚得导引术，或言仙去。《光绪山西通志·艺术》

569　洪洞县

汉置扬县，隋改曰洪洞，明清皆属山西平阳府，今县北六里，有洪洞故城，《括地志》云：县有洪洞镇，故名。

清　卫仰璠，字奂如，工画花卉牡丹，菊花尤佳，兼长医卜之术，名闻解梁间。《民国洪洞县志·艺苑》

570　翼城县

春秋晋都翼邑，亦曰故绛，汉绛县地。后魏置北绛县，隋改曰翼城，故城在今山西翼城县东，唐改曰浍州县。五代仍曰翼城，徙今治，宋因之。金升为翼州，又升翼安军节度。元初复曰翼城县，明清皆属山西平阳府。

清　焦腾凤，南尧都人，善丹青，精于河图洛书之数，著有《句股图解》四卷，刊印行世。曲沃县令王公筠，为序其书以传。《光绪翼城县志·方技》

清　赵春曦，别号琴山，四川射洪拔贡。幼好古文词，后因事为墨吏所陷，安置斯邑，旋以左相国见援获释。其人好学，令长有敬之者，必言邑之利弊。善医，精风鉴，无贤愚贵贱，求必为尽心。所著有《周易郛说说余》共六卷，诗文有集。《光绪翼城县志·寓贤》

571　太平县

后魏置泰平县，在今山西汾城县东北二十七里。北周改为太平，隋时移治今县东北三十里。唐移于今治东北二十七里，即魏故治；又移于敬德堡，即今汾城县治。明清皆属山西平阳府，民国改名汾城。

清　孙梦祥，太平诸生，精堪舆家言，绛州尚书庄，在九原岭，求水艰难，相地穿井，得甘泉，为人相墓亦多验，年八十五卒。

清 王宗炎，字已峰，太平人，通天文推测之学。咸丰初辛亥，言粤逆必入晋境，至三年，果验。后游陇西，时测西方不靖，遂束装行，每有寇警，辄望气知之。究心武略，尝手录《武经》，自为辑注，名曰《审鹄》。以上《光绪山西通志·艺术》

572 襄陵县

汉置，故城在今山西襄陵县东十五里，北齐省，北周自临汾移禽昌县于此。隋又改禽昌为襄陵，宋移治汾西宿水店，在今县西南十里；后又移治晋桥，即今治。明清皆属山西平阳府，《史记·世家》云：文侯三十五年，齐伐我，取襄陵。《汉书注》，师古曰：晋襄公之陵，因以名县。

晋 公孙彧，本县人，与屯留崔懿之皆善相。及见刘元海，惊相谓曰："此人形貌非常吾所未见也。"于是深相崇敬，推分结恩，后元海僭号，果如所言。①《光绪襄陵县志·方技》

清 李根畅，字涵初，襄陵人，尝遇异人，授青乌术。魏文清公大奇之，又受知于土阮亭，一时名重都下，王侯争为前席。庄亲王以"山水引年"赐之，名公巨卿赠诗文满箧。《光绪山西通志·艺术》

573 永济县

古虞舜都，战国，魏蒲坂邑，汉置蒲反县，隋以后为河东县，明省。清雍正六年，置永济县，为山西蒲州府治。出产以蒲柿蒲麟蒲纸等，而以蒲麟为最著名。

唐 孟羽，河中人，隐居永乐，占候望气，往往甚神，然不肯轻言。工相术。李怀光未叛时，尝私谓所亲，言城中有反气，比怀光举逆，知羽名，遣使问之，曰："作天子否？"羽答以不识，怀光怒，将擒斩之，羽先知，即

---

① 《平阳府志》谓元海为刘渊，僭号谓渊称尊号。

遁去，十余日复还，曰："吾夜观天象，反气已渐灭，贼当自就诛翦矣。"后果然。《光绪山西通志·艺术》《光绪永济县志·方技》

宋 伊宪文，河中府人，[①] 精星命之学。宣和中，熙州永洛城寨卒吴祈，因数与夏羌战，立功至指挥使，所部兵坐不战，为寨主挞治。祈天性宽仁，御众不尚威罚，或有过失，多全活之。既反，遭杖责，颇羞愤，值宪文经由到门，漫访以年命，亦姑欲陶写抑郁，初无荣望也。卦成，宪文曰："君此去当发，然所谓白骨封侯，身后方贵。"祈笑而不信，宪文问曰："有子乎？"曰："有两子，颇习学武艺。"遂出长子庚甲示之，宪文惊曰："贵不可言，成治国功名，异日当享王爵。"至问次子，又曰："此尤胜前者，生当封侯。"祈愈不信，送之去，回首言，我姓伊，名宪文，河中府人，隐居首阳山下，今海内将乱，吾不可久此，善记吾言，无忘忠孝。祈竟以战殁，二子延恩得官，长即价，官至使相，死赠益王；次即璘，至太傅，新安郡王，死追封信王；祈累赠至太师极品。《夷坚志·辛集上》

宋 苗训，河中人，善天文占候之术，仕周为殿前散员，右第一直散指挥使。显德末甲寅，从太祖北征，训视日上复有一日，久相摩荡，指谓楚昭辅曰："此天命也。"夕次陈桥，太祖为六师推戴，训皆预白其事。既受禅，擢为翰林天文，寻加银青光禄大夫检校工部尚书，年七十余卒。子守信，少习父业，补司天历算，与吴昭素等造新历，赐号《乾元历》，颇为精密。淳化二年辛卯，守信上言：正月一日，为一岁之首。每月八日，天帝下巡人世，察善恶。太岁日，为岁星之精，人君之象。三元日，上元天官，中元地官，下元水官，各主录人之善恶。又春戊寅，夏甲午，秋戊申，冬甲子，为天赦日，及上庆诞日，皆不可以断极刑。事下，有司议行。未几转殿中丞，真授少监。咸平三年庚子卒，年四十六。子舜卿，为国子博士。《宋史·方技》《雍正山西通志·艺术》

[①] 明改府为蒲州，即今山西永济县治。

574　临晋县

春秋，晋解梁邑，汉解县，后魏改曰北解县，北周省隋置乐泉县，唐更曰临晋，清属山西蒲州府。

清 李则星，临晋人，精易理，善卜筮。村人某亡牛，就占之，李令晨起向南而直行，遇白衣妇人骑驴者，问之必得，某如其言，果有妇策蹇来，一人遥伴送之，某骤问妇见牛否，妇不答，方再问，而伴送者已至前矣，詈其无赖，挥拳相向。某惧奔逸，仓皇间，投一废园，则牛在焉。其奇验类多如此。又精于医，亦应手取效。

清 李兴让，临晋人，为诸生，好读书，旁及堪舆家言，尤精于奇门，有所悟，辄笔为书。其徒请以付梓，兴让不可，谓数学不出理学，理学未明，可言数学乎？盖不欲以术名也。以上《光绪山西通志·艺术》

清 王世魁，习天文之学，得《管窥辑要》一书，每夜观星象，昼绘星图，久之遂精占验。道光乙未，言晋省必有兵革，应在三月，已而果有赵城之变。《光绪临晋县志·乡贤》

575　解梁县

春秋晋地，《左传僖公十五年》"晋侯赂秦伯以河外列城五"，内及解梁城。杜注：今河东解县。今山西临晋县西南，五姓湖北有解城。

唐 卫大经，解梁人，以文学闻，卓然高行，口无二言。武后时，召之，固辞疾。开元初，毕构为刺史，使县令就谒，辞不见。大经邃于《易》，周知天文历象，豫筮死日，凿墓自为志。《唐书·隐逸·逸民传》《雍正山西通志·艺术》

576　荣河县

战国，魏汾阴邑，汉汾阴县，唐改曰宝鼎，宋改曰荣州，明清时作荣河，属山西蒲州府。

隋　侯生，汾阴人，天下奇士也，王度常以师礼事之，临终，赠度以古镜曰："持此则百邪远人。"度受而宝之，作《古镜记》，具其异迹。文中子尝曰：汾阴侯生善筮，先人事而后说卦。《光绪山西通志·艺术》

清　王恩奎，字云卿，叙州公星生第三子也。晚年精堪舆，尤通岐黄术，恒备药材，如法炮制，凡乡里患病，诊后照方付药，不取其值，至今人皆德之。《民国荣河县志·方技》

577　猗氏县

周，郇国，春秋，晋郇瑕氏之地。《孔丛子》云："猗顿，鲁之穷士，陶朱公教之适西河，大畜牛羊于猗氏之南，十年赀拟王公，以富兴于猗氏，故曰猗顿。"汉置猗氏县，故城在今山西猗氏县南二十里，晋魏间移今治。西魏改猗氏为桑泉，北周复改为猗氏，清属山西蒲州府。

清　张建斿，[①] 猗氏人，善占，往往未卜先知。问者虽不识，辄留饮食，或金帛求之，转不可见。其占词，或数字，或数句，初多不解，事过辄验，竟莫知其操何术也。《光绪山西通志·艺术》

578　解州

五代汉置，治解县，明省县入州，清直隶山西省，民国改州为解县。

---

① 斿，音由，旌旗之末下垂者，与旒同。

北魏 关朗，字子明，河东解州人，有经济大器，妙极占算，浮沈乡里，不求官达。太和末戊寅，王虬封晋阳尚书，署朗为公府记室，虬与谈《易》，各相叹服。虬谓朗曰："足下奇才也，不可使天子不识。"入言与孝文帝，帝曰："张彝、郭祚尝言之，朕以卜算小道，不之见尔。"虬曰："此人道微言深，殆非彝、祚能尽识也。"诏见之，帝问老、易，郎发明玄宗，实陈王道，讽帝慈俭为本，饰之以刑政礼乐。帝嘉叹，谓虬曰："先生知人矣。昨见子明，管、乐之器，岂占算而已！"虬再拜对曰："昔伊尹负鼎干成汤，今子明假占算以谒陛下，臣主感遇，自有所因，后宜任之。"帝曰："且与卿就。"成《筮论》，既而频日引见，际暮而出，会帝有乌丸之役，勒子明随虬出镇并州，军国大议驰驿而闻。故虬之易筮，往往如神。俄帝崩，虬归洛，踰年而卒，郎遂不仕。景明四年癸未，虬子彦服阕，援琴切切然，有忧时之思。朗闻之曰："何声之悲乎？"彦曰："彦诚悲先君与先生，有志不就也。"朗曰："乐则行之，忧则违之。"彦："彦闻治乱损益，各以数至。苟推其运，百世可知，愿先生以筮一为决之，何如？"朗曰："占算幽微，多则有惑，请命蓍卦，以百年为断。"于是揲蓍布卦，遇夬之革。兑上乾下☱，兑上离下☱，舍蓍而叹曰："当今大运，不过二再传尔。从甲申二十四岁戊申，大乱而祸始。宫掖有蕃臣秉政，世伏其强。若用之以道，则桓文之举也；如不以道，臣主俱屠地。"彦曰："其人安出？"朗曰："参代之墟，有异气焉。若出，其在并之郊乎？"彦曰："此人不振，苍生何属？"朗曰："当有二雄举，而中原分。"彦曰："各能成乎？"朗曰："我隙彼动，能无成乎？"彦："请刻其岁。"朗曰："始于甲寅，卒于庚子，天之数也。"彦曰："何国先亡？"朗曰："不战德而用诈权，则旧者先亡也。"彦曰："其后何如？"朗曰："辛丑之岁，有恭俭之主，起布衣而并六合。"彦曰："其东南乎？"朗曰："必在西北。平大乱者，未可以文治，必须武定。且西北用武之国，东南之俗，其弊也剽；西北之俗，其兴也勃。"彦曰："东南之岁，可刻乎？"朗曰："东南运历，不出三百，大贤大圣，不可卒遇，能终其运，所幸多矣。且辛丑明王，当兴定天下者，不出九载，己酉，江东其危乎？"彦曰："明王既兴，其道若何？"朗曰："设有始有卒，五帝三王之化复矣。若非其道即终骄冗，而晚节末路，有桀纣之主出焉。"彦曰："先王之道，竟亡乎？"朗曰："何谓亡也？夫明王久旷，必有达者生焉，行其典礼，此三才五常之所系也。"

故王道不能亡也。"彦曰："请推其数。"朗曰："乾坤之策，阴阳之数，推而行之，不过三百六十六；引而伸之，不过三百八十四，天之道也。噫，朗闻之，先圣与卦象相契，自魏已降，天下无真主，故黄初元年庚子，至今八十四年；更八十二年丙午，三百六十六矣，达者当生。更十八年甲子，其与王者合乎？用之则王道振，不用洙泗之教修矣。"彦曰："其人安出？"朗曰："其唐晋之郊乎？"彦曰："厥后何如？"朗曰："自甲申至甲子，正百年矣，过此未或知也。"彦曰："先生所刻治乱兴废，果何道也？"朗曰："文质递用，势运相乘，稽损益以验其时，百代无隐；考龟筴而研其虑，千载可知。未之思欤，何远之有？"彦瞿然惊起，因书策而藏之，退而学《易》。其后宣武正始元年，岁次甲申；至孝文永安元年，二十四岁戊申，而胡后作乱，尔朱荣起并州，君臣相残，继踵屠地；及周齐分霸，卒并于西，始于甲寅，终于庚子。明年辛丑，高祖受禅，果以恭俭定天下，皆如其言。文中子《中说》录关子明事，《雍正山西通志·艺术》

○明王鏊《震泽长语》云：观于魏王彦问关朗百年之数事，其后魏之乱，自胡后始，尔朱荣、高欢、宇文泰分霸，隋平陈，炀帝之世，天下大乱，皆如其占。然则左氏所载，周太史筮陈敬仲，知其后必将代齐；史苏占晋伯姬之嫁，而及怀惠之乱，岂可谓诬乎！

南齐 柳世隆，字彦绪，解人也。读书折节，涉猎文史。宋时，以平沈攸之功，封贞阳县侯。齐高帝践阼，进爵为公。居母忧，寒不衣絮，杖而后起。性清廉，惟时事坟典，在朝不干世务，垂帘鼓琴。官终尚书令，永明九年辛未卒，年五十，谥忠武。世隆善卜，永明初癸亥，世隆题州斋壁曰："永明十一年癸酉。"因流涕谓典签李党曰："九年我亡，亡后三年，某崩，齐亦于此大乱，汝当见，吾不见也。"世隆又晓术数，于倪塘创墓，与宾客践履，十往五往，常坐一处。及卒，墓工图墓，正取其坐处焉。所著《龟经》二卷行于世。《南齐书·本传》《南史·附柳元景传》

北周 柳敏，字白泽，解人，九岁而孤，事母以孝闻。性好学，涉猎经史，阴阳卜筮之术，靡不习焉。年未弱冠，起家为员外散骑侍郎，累迁河东郡丞。文帝克复河东，见而器异之，乃谓曰："今日不喜得河东，喜得卿也。"累拜礼部中大夫，出为郢州刺史，复拜礼部。敏操履中正，性又恭勤，每日将朝，必夙兴待旦；又久处台阁，明练故事，为武宣二帝所优礼。开皇初辛丑，进位上大将军卒。《周书·列传》

579 夏县

战国魏都，汉置安邑县，后魏改县曰北安邑，又改曰夏县，后置安邑郡，随郡废，清属山西解州。

宋 司马光，字君实，夏县人，生七岁，凛然如成人。闻讲《左氏春秋》，爱之，退为家人讲，即了其大指。自是手不释书，至不知饥渴寒暑。仁宗宝元初戊寅，中进士甲科，历同知谏院。仁宗时，请定国嗣。英宗时，与议濮王典礼，均力持正论。神宗时，为御史中丞，以议王安石新法不合，去居洛十五年，绝口不论时事。哲宗初丙寅，起为门下侍郎，拜尚书左仆射，悉去新法之为民害者。在相位八月卒，年六十八，赠太师温国公，谥文正。光于物淡然无所好，于学无所不通，著有《资治通鉴》《独乐园集》及《涑水纪闻》《温公易说》《潜虚》等书。其《潜虚》乃拟太玄而作，以五行为本，五行相乘为二十五，两之为五十，首有气体性名行变解七图，大旨以吉臧平否凶决之。又云：不信不筮，不疑不筮，不正不筮，不顺不筮，不蠲不筮，不诚不筮，必蠲必诚，神灵是听。又云：玄以准易，虚以拟玄；玄且覆瓿，而况虚乎？其弃必矣。然子云曰：后世复有杨子云，必知玄；吾于子云，虽未能知，固好之矣，安知后世复无司马君实乎？《宋史·本传》《潜虚》及《四库总目·子部·术数类一》

○《辨志文会初集》载余姚叶秉钧《涑水弟子考》云：晁说之，字以道，昭德人，元丰中进士，湛深经术，从涑水游。涑水著《潜虚》未成，命说之补，说之谢不敏。然说之著有《易玄》《星纪谱》，足以传涑水太玄之学矣。牛师德，字祖仁，著有《先天易铃》《太极宝局》二卷，盖为邵子之学，而专于术数者。惟师德自言从温公传康节之学，亦涑水弟子云。

○阜按《老学笔记》云：晁以道，明阴阳卜筮之学，官明州船场，因是《卜人传》亦另载之。

580 河北县

汉置河北县，一名魏城，后魏县废，故城在今山西芮城县东北，县在河之北，故曰河北。

宋 贾众妙，道士，河北人，善相，以为人能得龙之一体者，皆贵极人爵，见豫章黄庠手，曰：左手得龙爪，虽当魁天下，而不仕，若右手得之，则贵矣。庠果为南省第一，不及廷对而死。《图书集成·相术部·纪事》

581　芮城县

周初，魏国，春秋晋，毕万邑，汉置河北县，西魏置安戎县，北周改曰芮城，隋于县置芮州，唐州废，清属山西解州。

春秋 子顺，善相，魏安厘王问子顺曰：马回之为人，虽少才文，鲠鲠亮直，有大丈夫之节，吾欲以为相，可乎，答曰：知臣莫若君，何有不可，至于亮直之节，臣未明也。王曰：何故，答曰：闻孙卿云，其为人也长目而豕视者，必体方而心圆，每以其法相人，千百不失，臣见回非不伟其体干也。然甚疑其目，王卒用之，三月，果以谄得罪。《图书集成·相术部·纪事》

明 万蓬头，嘉靖时，居芮城东滩狼窝之佛窑，素工谈论，精风鉴堪舆术，言吉凶多应，妇孺皆称为蓬头师，至今有王老人井遗迹。一日告人曰："吾将远行，可泥封吾窑门。"数日启视如故。他日又使加封固，越数日，复敌视，空诸所有，咸以为仙去云。《雍正山西通志·仙释》

582　安邑县

夏禹所部，春秋时，魏绛自魏徙此，战国为魏都。汉置县，今夏县安邑县之地。后魏分安邑为南安邑、北安邑二县，旋改北安邑为夏县。故城在今山西夏县北，即汉旧县，禹所都也。隋改南安邑为安邑，即后魏分置之县也。清属山西解州，民国移治运城，寻复故。县境有盐池，为山西省惟一产盐之区，《左传》谓"郇瑕氏之地，沃饶而盐"，即指此地而言。池水不流，凝成固粒，朝取夕复，终无减损，其利甚溥。

北魏 祖纤，河东人，善相术，世祖贤之，拜为上大夫。《雍正泽州府志·技术》

北齐 王春，河东安邑人，少精易占，明阴阳风角，齐高祖引为馆客。韩陵之战，四面受敌，从寅至午，三合三离，将士皆惧，高祖将退军，春叩马谏曰："比至未时，必当大捷。"遽缚其子诣军门为质，若不胜，请斩之，俄而贼果大败。后从征讨，恒令占卜，其言多中，位东徐州刺史，赐爵安夷县公，卒赠秦州刺史。《北齐书·方技》《北史·艺术》《光绪山西通志·艺术》

583 闻喜县

本古桐乡，汉置闻喜县。故城在今山西闻喜县西南，后汉徙治左邑，即今治也。北周移治柏壁，在山西新绛县西南二十里。隋移于甘泉谷，在今县东二十里。五代时又迁左邑故城，清属西绛州。

晋 裴秀，字季彦，闻喜人。少好学，弘通博济，八岁能属文，时语曰："后进领袖有裴秀"。仕魏，为散骑常侍，改定官制，文帝司马昭未定嗣，而属意武阳侯攸；武帝司马炎惧不得立，问秀曰："人有相否？"因以奇表示之。秀后言于文帝，曰："中抚军人望既茂，天表如此，固非人臣之相也。"由是世子乃定。及武帝受禅，封巨鹿郡公，为司空，著《易》及《乐论》，又画《禹贡地域图》十八篇，传行于世。泰始七年辛卯卒，年四十八，谥曰元。《晋书·本传》《太平御览·方术部·相上》

晋 郭璞，字景纯，河东闻喜人。父瑗，尚书都令史，时尚书杜预有所增损，瑗多驳正之，以公方著称，终于建平太守。璞好经术，博学，有高才，而讷于言论，词赋为中兴之冠；好古文奇字，妙于阴阳算历。有郭公者，客居河东，精于卜筮，璞从之受业，公以青囊中书与之，由是遂洞五行天文卜筮之术，禳灾转祸，通致无方，虽京房管辂，不能过也。惠怀之际，河东先扰，璞筮之投策，而叹曰："嗟乎，黔黎将湮为异类，桑梓其翦为龙荒乎！"于是潜结姻昵及交游数十家，欲避地东南，抵将军赵固，会固所乘良马死，固惜之，不接宾客，璞至，门吏不为通，璞曰："吾能活马。"吏惊入白固，固趋出曰："君能活吾马乎？"璞曰："得健夫三二十人，皆持长竿，东行三十里，有丘林社庙者，便以竿打拍，当得一物，宜急持归，得此马活矣。"固如其言，果得一物似猴，持归，此物见马死，便嘘吸其鼻，顷之，马起，奋迅嘶鸣，食如常，不复见向物。固奇之，厚加资给。行至庐江，太守胡孟康被丞相召为军谘祭酒，时江淮清晏，孟康安之，无心南渡，璞为占曰："败。"康不之信，璞促装去，后数旬而庐江陷。璞既过江，宣城太守殷祐引为参军，王道字处仲深重之，又引参己军事，尝合作卦，璞言："公有震厄，可命驾西出数十里，得一柏树，截断如身长，置常寝处，灾当可消矣。"道从其言，数日，果震柏树粉碎。璞著《江赋》，为世所称；后复作《南郊赋》，元帝见而嘉之，以为著作佐郎。于时阴阳错缪，列狱繁兴，璞数言便宜，多所匡益，优诏报之，迁尚书郎。明帝之在东宫，与温峤、庾亮并有布衣之好；璞亦以才学见重，埒于峤、亮，论者美之。然性轻易，不修威仪，嗜酒好色，时或过度。著作郎干宝常诫之曰："此非适性之道也。"璞曰："吾所受有本，限用之恒恐不得尽，卿乃忧酒色之为患乎？"其后元帝崩，璞以母忧去职，卜地于暨阳，去水百步许，人以近水言，璞曰："当即为陆矣。"其后沙涨，去墓数十里，皆为桑田。未期，王敦起璞为记室参军，是时颍州陈述为大将军掾，有美名，为敦所重，未几而没，璞哭之哀甚，呼曰："嗣祖嗣祖，焉知非福！"未几而敦作难。时明帝即位，踰年未改号，而荧惑守房，璞时休归，帝乃遣使赍手诏问璞，璞乃上疏，请改年肆赦。璞尝为人葬，帝微服往观之，因问主人："何以葬龙角？此法当灭族。"主人曰："郭璞云，此葬龙耳。不出三年，当致天子也。"帝曰："出天子邪？"答曰："能致天子问耳。"帝甚异之。璞素与桓彝友善，彝每造之，或值璞在厕间，便入，璞曰："卿来他处，自可径前，但不可厕上相寻耳，恐客主有殃。"彝后因醉诣璞，正逢在厕，掩而观之，见璞裸身被发，衔刀设醊，① 璞见彝，抚心大惊，曰："吾每属卿勿来，乃更如是，非但祸吾，卿亦不免矣。天实为之，将以谁咎？"璞终婴王敦之祸，彝亦死苏峻之难。王敦之谋逆也，温峤、庾亮使璞筮之，璞对不决。峤、亮复令占己之吉凶，璞曰："大吉。"峤等退，相谓曰："璞对不了，是不敢有言，或天夺敦魄，今吾等与国家共举大事，而璞云大吉，是为举事必有成也。"于是劝帝讨敦。初璞每言杀我者山宗，至是果有姓崇者，构璞于敦，敦将举兵，又使璞筮，璞曰无成。敦固疑璞之劝峤、亮，又闻卦凶，乃问璞曰："卿更筮吾寿几何？"答曰："思向

---

① 醊，音啜，以酒酹地也。连祭也。

卦，明公起事，必祸不久。若往武昌，寿不可测。"敦大怒，曰："卿寿几何？"曰："命尽今日日中。"敦怒，收璞至南岗斩之。璞临出，谓行刑者欲何之，曰："南岗头。"璞曰："必在双柏树下。"既至，果然。复云："此树应有大鹊巢。"众索之不得，璞更令寻觅，果于枝间得一大鹊巢，密叶蔽之。初，璞中兴初行经越城间，遇一人呼其姓名，因以袴褶遗之，其人辞不受，璞曰："但取，后自当知。"其人遂受而去，至是果此人行刑，时年四十九。及王敦平，追赠弘农太守。[①]璞撰前后筮验六十余事，名为《洞林》；又抄京费诸家要最，更撰《新林》十篇。《卜韵》一篇，注释《尔雅》，别为音义图谱；又注《三仓方言》《穆天子传》《山海经》及《楚辞》《子虚上林赋》，数十万言，皆传于世。所作诗赋诔颂，亦数万言。子骜，官至临贺太守。《晋书·列传》参《四库提要书目》及《雍正山西通志·艺术》

〇明娄东张溥序《晋郭弘农集》曰：神仙传言郭河东，得兵解之道，今为水仙伯，其然与否，吾不敢知；亦足见烈士殉义，虽死可生，乱臣贼子不能杀也。景纯才学见重明帝，埒于温峤庾亮，余谓其抗节王敦，赞成大事，匡国之志，峤可庶几，亮安敢班哉！双柏鹊巢，越城伍伯，绝命之期，先知之矣。犹然解发衔刀，祈祥幽秽，非苟求活，欲观须臾，得一当以报国家耳。陈迹早亡，呼之为福，景纯亦纵酒色，自灭精神，李陵惜死，若所耻也。负豫让之忠，蹈嵇生之祸，岂非天乎！阮嗣宗厌苦司马，以狂自晦，彼亦无可如何，不得已而逃为酒人；景纯则非无术以除敦者也，令桓彝不窥裸袒，生命不尽日中，勤王之帅，义当先驱，其取敦也，犹庐江主人家婢耳。南冈断头，遗文弥烈，今读其集，直臣谏诤，神灵博物，无不有也。如斯人而不谓之仙乎！不可得也。

〇明余姚朱之瑜《舜水遗书·读古文奇赏札记》云：郭璞客傲，景纯于富贵死生，无不前知。且桑梓龙荒，丘山长顺，或远或近，无不周知。亦以才高位卑，为著客傲，所不解也。

〇清遂安方象瑛渭仁《建松斋文集·使蜀日记》云：郭景纯故里，在闻喜县，古桐邑。汉武帝过此，闻破南越因名。又闻喜道中诗云：无端风雨遽经句，三晋河山入望频。驿舍阴森云外树，碑题惆怅路傍人。荒祠每忆裴中立，故里谁哀郭景纯。往事不须萦客抱，褒斜遥指隔三秦。

〇《清一统志·江苏省常州府·古迹》：郭璞故宅，在江阴县东北。《太平寰宇记》云：在黄山北，去县七里。

---

① 阜拙句有云：阴阳卜筮尚寻常，论政匡君道最长。谋逆王敦安足责，南冈尽节姓名香。

○清高平祁汝奘龖山《带经山房诗草》，题郭景纯读书处云：先生号博学，亦尝精卜筮。如何因直言，而触逆敦忌。岂真数难逃，抑以知大义。漫吟游仙诗，凭吊几挥涕。

○《清一统志·湖北宜昌府·流寓》：郭璞永嘉之乱，避地东南，今湖北省东湖县城中，有尔雅、明月二台，东有洗墨池，相传璞著书遗迹。

○《广舆记》云：郭璞寓四川嘉定州乌尤山，著《尔雅》，洗墨山下，鱼吞墨水，其头俱黑，至今有乌头鱼。

○宋王十朋龟龄《梅溪后集·咏尔雅台诗》云：隐迹江山郭景纯，① 学兼儒技术通神。虫鱼草木归笺注，何害其为磊落人。

○《一统志·福建省建宁府·山川》：七星井，在蒲城县西，俗传晋郭璞所凿。

○《江西省鄱阳县志》：县东一百十里，有郭璞峰，相传璞炼丹于此，犹有丹灶遗迹。

○《野客丛谈随笔》云：世说郭景纯过江，居于暨阳，② 墓去水不盈百步，时人以为近水。景纯曰：将当为陆。今沙涨去墓数十里，皆为桑田，此说盖以郭为先知也。

○《图书·艺术典》引《日知录》云：郭璞墓在今江阴县界，不在京口。又京口所葬者璞之母，而非璞也。

○清丹徒张崇兰狩谷《悔庐诗钞·润州杂诗》云：宏农埋骨近潜蛟，乱石惊涛迹不淆。墓表绝无人可挟，有时怪鸟与爬抓。③

○清俞樾荫甫《乙甲编·题扬子江诗》云：中原一堑自天开，日夜波涛走怒雷。千古英雄淘浪去，半江楝柳渡春来。风从郭璞坟前打，灵在焦山洞口陪。莫笑欲登还未果，此游终拟补南回。④

○长沙陈乃勋《新京备乘·陵墓》：晋赠宏农太守郭璞墓，在玄武湖中，世名郭仙墩，与南冈相近。《吕府志》按：璞见杀于桓温，正在南冈，盖此可信。

唐 丘延翰，字翼之，闻喜人。永徽时，有文名。游太山，于石室中，遇神人授玉经，即《海角经》也。洞晓阴阳，依法扦择，罔有不吉。著有《天机素书》《天皇鳌极镇世书》。《四库提要·术数类存目二》《雍正山西通志·艺术》

○《图书集成·艺术典》引《地理正宗》云：延翰师事范越凤，越凤乃杨筠松高弟，杨乃僖宗时人，而《通志》以延翰为高宗时人，未知正宗何据，姑依原本次之。

---

① 注：邵南有郭道山，乃景纯学道处。
② 注：暨阳晋置，在今江苏江阴县东。
③ 注石簰山上，相传为郭璞墓，人迹罕到。
④ 注：时守风二日，因雨阻，未及登金焦也。

唐 裴行俭，字守约，闻喜人。贞观中举明经，为长安令，累官礼部尚书，兼检校右卫大将军，封闻喜县公，卒年六十四，谥曰献。行俭通阴阳历术，每战预道胜日。善相人，李敬玄盛称王勃、杨炯、卢照邻、骆宾王之才，引示行俭。行俭曰："士之致远，先器识，后文艺。如勃等，虽有文名，浮躁衒露，才高性傲。傲乃相中最忌，文人败相，多由于傲；千罪百恶，皆由傲上来。象之不仁，丹朱之不肖，未尝言相恶，皆只是一傲，便结局无成。故子傲不孝，弟傲不恭，臣傲不忠，友傲不信，妻傲不贤，谦字乃傲字对症之药。四子不能成远大之器者，傲也。惟杨炯稍沈静，应得令终，余三子不得其死。"后勃溺南海，照邻沈颍水，宾王被诛，炯终盈川令，行俭言皆验。《唐书·本传》《相法证验》

明 王斅,[①] 闻喜人，伟干修容，能诗。宏治间，以天文授钦天监台官，与当时名公倡和，胥推重焉。《雍正山西通志·艺术》

584　绛州

后魏置东雍州，及南太平郡，治柏壁，城在今山西新绛县南二十里。寻改郡曰征平，又废州，改郡曰正平。东魏复置东雍州，北周改曰绛州，移治玉璧，在今山西稷山县西南二十里。隋初郡废，移绛州，治正平县，即今山西新绛县治。旋废州，改曰绛郡。唐罢郡，置绛州，亦曰绛郡，旋复为绛州。宋曰绛州绛郡，金升为晋安府，元初复曰绛州，明省正平县入州，清时州直隶山西省。

唐 王勃，字子安，绛州龙门人。祖通，隋蜀郡司户书佐，大业末丙子，弃官归，以著书讲学为业，著《元经》《中说》等书，皆为儒士所称。义宁元年丁丑，卒，门人薛收等，相与议谥，曰"文中子"。[②] 勃聪警绝众，于推步历算尤精，未及冠，应幽素举及第，久之，补虢州参军。勃尝读《易》，夜梦若有告者，曰："易有太极，子勉思之。"寤而作《周易发挥》五卷。又谓王者乘土，王世五十，数尽千年；乘金，王世四十九，数九百年；

---

① 斅，音效，觉悟也。教也。
② 阜按，据龙门县王龙传所载，通为开皇四年甲辰生，至义宁元年丁丑卒，寿仅三十四。

乘水，王世一十，数六百年；乘木，王世三十，数八百年；乘火，王世二十，数七百年。此天地之常期，符历之大数也。自黄帝至汉，并是五运真主，五行已遍。土复归唐，唐应继周，汉不可承周，魏晋至于周隋，咸非正统，皆五行沴气，遂作《唐家千岁历》。上元二年乙亥，勃往省父，度南海，坠水而卒，时年二十八。[1] 著有文集及次论等书。《旧唐书·本传》《新唐书·文艺》《太平御览·律历》《艺术典·术数部·纪事》

○明张萱疑耀云：王勃以推步自名，作《大唐千岁历》，其言五行之运，以土王者五十代，一千年，以金王者四十九代，九百年；水王者一十代，六百年；木王者三十代，八百年；火王者二十代，七百年。夫五德相禅，岂有参差？若土德独长，或亦分旺之说，而水德独短，何也？勃或有见，惜其书已亡，不得而诘。清德清俞樾按：此乃邵子《皇极经世》之滥觞。

585 正平县

汉临汾县，后魏于县置南太平郡，改为征平，又改为正平。隋郡废，改临汾县为正平。明省，故城在今山西新绛县西南。

宋 薛化光，正平人，善数术，尝以平晋策，干太宗行在，召见，罢归。适子奎始生，抚其首曰："是子必至执政。"后果第进士，由陉州推官，累历中外，咸著政声，仁宗朝擢参知政事，卒谥简肃。奎善知人，时范仲淹、庞籍方在下位，皆以公辅许之。《雍正山西通志·艺术》

586 稷山县

汉闻喜、皮氏二县地，后魏分置高凉县，隋改县曰稷山，清属山西绛州。

清 韩光，稷山人，以儒术通阴阳五行之学，于相宅有神授。阳湖孙星衍序《相宅》书，备引其说，所著有《地理或问》。《光绪山西通志·艺术》

---

[1] 阜按《旧唐书》云：父福时为雍州司户参军，坐勃，左迁交趾令。杜淹撰《文中子世家》云：勃父福畤，《旧唐书》作福时，恐误，《新唐书》作卒年二十九。

587 龙门县

汉皮氏县，后魏改曰龙门，置龙门郡，隋郡废，宋改曰河津，故城在今山西河津县西二里。

隋 王隆，字伯高，河东龙门人，善筮。开皇四年甲辰，文中子始生，筮之，遇坤之师，献兆于安康献公。① 献公曰："素王之卦也，何为而来？地二而居天一，上德而居下位，能以众正，可以王矣。虽有君德，非其时乎？"曰："是子必能通天下之志。"遂名曰通，字仲淹。隆官国子博士，待诏云龙门，时国家新有揖让之事，方以恭俭定天下，隋文帝尝从容问隆曰："朕何如主？"隆曰："陛下聪明神武，得之于天，发号施令，不尽稽古，虽负尧舜之资，终以不学为累。"帝默然，有间曰："先生朕之陆贾也，何以教朕？"隆乃著《兴衰要论》七篇奏之，帝虽称善，亦不甚达也。隆出，历为昌乐、猗氏、铜川令，所治著称。秩满退归，遂不仕，教授卒于家。宋司马光撰《文中子补传》《清雍正山西通志·艺术》

○隋杜淹撰《文中子世家》云：开皇九年己酉，江东平，铜川府君叹曰："王道无叙，天下何为而一乎？"文中子侍侧，十岁矣，② 有忧色，曰："通闻古之为邦，有长久之策，故夏殷以下数百年，四海常一统也。后之为邦，行苟且之政，故魏晋以下数百年，九州无定主也。上失其道，民散久矣。一彼一此，何常之有？夫子之叹，盖忧皇纲不振，生人劳于聚敛，而天下将乱乎？"铜川府君异之，曰："其然乎？"遂告以元经之世，文中子再拜受之。阜按：详见《绛州王勃传》。

588 霍州

南朝梁置，北齐废，故治在今安徽霍山东，清直隶山西省，民国改州为县。

清 李清溪，字锦川，深堪舆，未尝资以为利，每劝人曰："人能积德，

① 献公，降之父，通之祖。
② 十当作六。

便有造化。"《康熙霍州志·方技》

589　赵城县

赵造父邑,《史记·赵世家》云:"周缪王赐造父以赵城。"隋置赵城县,故城在今山西赵城县西南。明稍移东北,即今治,清属山西霍州。

元　田忠良,字正卿,其先赵城人。金亡,徙中山。忠良好学,通儒家杂家言,尝识太保刘秉忠于微时。秉忠荐于世祖,帝视其状貌步趋,顾谓侍臣曰:"是虽以阴阳家进,必将为国用。"后果建言屡效,位至光禄大夫,领太常礼仪院事。延祐四年丁巳,卒,是年七十五,封赵国公,谥忠献。《元史·方技》

590　隰州

隋置,寻废,唐复置,改曰大宁郡,又改隰州。宋曰隰州大宁郡,金曰南隰州,寻去南字,治隰州。明省隰川入州,清直隶山西省,民国改为隰县。

明　贺良爵,隰州人,初为郡诸生,后慕道归隐,与物无竞,以道自绳,人咸重之。通星相医卜之术,尤精于《易》,能预决通塞。万历丁巳,春夏亢旸,良爵登东山祈祷,食不下咽,衣不解带,七日而雨,麦禾成熟,州人德之,携帛酒旌酬,不受。《光绪山西通志·艺术》

中国历代卜人传卷二十七

河南省

河南省在我国中部，以大部分在黄河之南，故名。古为豫州，故别称曰豫。豫州居九州之中央，故又别称曰中州。自五代梁晋汉周，以迄北宋，皆建为都，遂又有汴京之称。秦置南阳、颍川等郡，汉属司隶豫等州，唐置河南、淮南诸道，宋分置京东、京西诸路，元置河南江北行中书省，明置河南布政使司，清置河南省，民国仍之。其地东北界山东，河北，东连江苏、安徽，南界湖北，西界陕西，西北界山西，省会曰开封县。

591　开封县

战国时，魏大梁，汉置浚仪县，唐分置开封县与浚仪，并为汴州治。宋改浚仪曰祥符，明省开封入祥符，清因之。民国废府，改祥符入开封，仍为河南省治，陇秦豫海铁路经之。

战国　尉缭子，大梁人，① 生魏惠王时，有贤名；治商君学，著《尉缭子》二十五篇。曩说秦始皇，以并天下之计；始皇从其策，与之亢礼，衣服饮食，与之齐同。缭曰："秦王为人隆准长目，鸷喙鸟膺，豺声少恩，虎视狼心，居约易以下人，得志亦轻食人。我布衣也，然见我常身自下我，诚使秦王得志，天下皆为虏矣，不可与久游。"乃亡去，王觉，固止之，以为秦国尉。《尉缭子》汉王充《论衡·骨相篇》《太平御览·方术·相上》

---

① 大梁，今河南省开封县，战国魏所都。《史记·魏世家》：惠王三十一年，徙都大梁。

唐 丁重，处士，善于相人吉凶，屡有奇验。驸马于都尉，方判盐铁，频有宰弼之耗。时路相国岩秉钧持权，与之不协。一日重在新昌私第，值于公适至，路曰："某与之宾朋，处士垂箔细看，此人终作宰相否？"备陈饮馔，留连数刻，既去，问之，曰："所见何如？"重曰："入相必矣，兼在旬月之内。"路公笑曰："见是帝王密亲，复作盐铁使耳。"重曰："不然。请问于之恩泽，何如宣宗朝郑都尉？"相国曰："又安可比乎？"重曰："郑为宣宗注意久之，而竟不为相，岂将人事可以斟酌？某比不熟识于侍郎，今日见之，观其骨状，真为贵人。其次风仪秀整，礼貌谦揖，如百斛巨器，所贮尚空其半，安使不受益于禄位哉！苟逾月不居廊庙，某无复更至门下。"路曰："处士可谓弘远矣。"其后浃旬，于果登台铉。路相国每见朝士，大为称赏。由兹声动京邑，车马造门者甚众，凡有所说，其言皆验。后居终南山，好事者亦至其所。《图书集成·相术部·名流列传》唐康骈《剧谈录》

唐 李老，卖卜于汴京西市。开元中，有一人姓刘，不得名，假廕求官，数年未捷。忽一年铨试毕，造李老问之，老曰："今年官未合成。"生曰："有人窃报我，期以必成，何不然也？"老人曰："今年必不成，来岁不求自得矣。"生既不信，果为保所累，被驳，生乃信老人之神也。至明试毕，自度书判微劣，意其未遂，又问李老，李老曰："勿忧也。君官必成，禄在大梁，得之复来见我。"果为开封县尉，又重见老人，老人曰："君为官不必清俭，恣意求取，临满，谓为使入城，更为君推之。"生至州，果为刺史委任，生思李老之言，大取财贿，及满，贮积千万，遂谒州将，请充纲使，州将遣部其州租税至京，又见李老，李老曰："公即合迁官。"生曰："某今向秩满后，选之，今是何时，岂得更有官也。"老曰："但三日内得官，官亦合在彼郡，得之更相见也。"生疑之，遂去，明日纳州赋于左藏库，适有凤凰见其处，敕云："先见者与改官。"生即先见，遂迁授浚仪县丞，生益见敬李老，又问为官之方，云："一如前政。"生满岁，又获千万，还乡。居数年，又调集，复诣李老，李老曰："今当得一邑，不可妄动也。固宜慎之。"生果授寿春宰，至官未暮，坐赃免。又来问李老，老曰："今当为君言之，不必惭讳。君先代曾为大商，有二千万资，卒于汴州，其财散在人处，故君于此复得之，不为妄取也，故得无尤。此邑之人，不负君财，岂可过求也。"生大服焉。《太平广记·卜筮类》

宋 吕蒙正，字圣功，河南人。太平兴国中，擢进士第一，累官中书侍郎，兼户部尚书平章事。咸平中，授太子太师，封蔡国公，卒谥文穆。昔富韩公弼之父，名言，贫甚，客蒙正门下，一日白曰："某儿子十许岁，欲令入书院，事廷评太祝。"蒙正许之，其子即韩公富弼也。蒙正见之，惊曰："此儿他日名位，与我相似。"亟令诸子同学，供给甚厚。蒙正两入相，以司徒致仕；后韩公亦两入相，以司徒致仕，文穆知人之术如此。吕文靖公夷简，文穆公姪也，亦受其术。文潞公彦博，曩自兖州通判代归，夷简一见奇之，问彦博曰："有兖州墨，携以来。"明日彦博进墨，夷简熟视久之，盖欲相彦博手也。荐彦博为殿中侍御史，为从官，平贝州，出入将相五十余年，以太师致仕，年逾九十，天下谓之文富。《宋史·本传》《图书集成·艺术典·相术部纪事》

宋 李端懿，字元伯，开封人，喜问学，颇通阴阳医术、星经地理之学。七岁授如京副使，侍真宗东宫，尤所亲爱，尝解方玉带赐之。累官宁远军节度使，知澶州，端懿为政，循法度，民爱其不扰。又能自刻厉，闻善士，倾身下之，以故甚得名誉。卒赠侍中，谥良定。《宋史·本传》

宋 胡易鉴，能以易卦拆字知吉凶。于"咸其辅颊舌"，得癸丑状元；于"臀无肤"，得丁未探花。盖《说文》臀，即屍也，殿谐其声，乃以无肤去肉，为殿头之祥，而以卦爻第三，知其名次，此拆字法也。易鉴有《易说》行于世，必有可观，惜今不传矣。

宋 艾评事，设卜肆于汴京，都官员外郎。谢颐素常言，既过南省，就殿试讫，独诣相国寺，求艾筮命，艾布卦言曰："君必及第。"谢密告曰："昨日殿试赋，只作七韵，忘作第八韵，必不得也。"艾曰："据卦足下年命俱合乃第，不管其他。"后果于蔡齐状元下及第，竟不知何以得之，岂非命乎！《古今类事·卜兆门》

宋 程杰，知休咎，善相人，东坡赠诗有云："火色上腾虽有数，急流勇退岂无人。"似相其不寿，而欲以早休当之，故又曰："我似乐天君记取，华颠赏遍洛阳春。"然坡公生平居官，起而复踬，未得遂急流勇退之愿，而

卒于毗陵。①寿虽六十有六，未尝一日享林下之乐，相者之言悉验。《坚瓠八集》

○阜按：《坚瓠集》误谓东坡年仅五十有五，兹据其年谱正之。

宋 杨钦时太史，见靖康改元，即密语人曰："后十二个月康王立。"盖靖字，是从十二月立，又有康字也。后如其言。宗泽知其术数之精，荐之于朝，遂在涂而卒。宋张知甫《可书》

宋 孙黯，卖卜汴京。何文缜丞相在太学时，诣孙黯处问命。黯袒衣踞坐，既布算，黯正襟揖曰："此命极贵，不惟状元魁天下，且位极人臣。"文缜笑曰："何相侮邪？"黯愠曰："黯老矣，薄有生计，今诣一秀才，所获几何？然命实中格。"文缜又曰："当至何年作状元？"曰："乙未岁？"问入相，曰："不出一纪。但有一事绝异，君拜相后，当死于异国。寻常奉使绝域者，不过侍从官，何由宰相出使？殊不可晓耳。"乙未岁，廷试果擢第一，后十二年靖康丙午，拜少宰，从二帝北狩，死于异域，皆如黯言。《图书集成·星命部·名流列传》《汴京勼异记》②

宋 楚衍，开封人，少通四声字母，又于《九章》缉古缀术、池岛诸算经，尤得其妙；明相法及《聿斯经》，善推步阴阳历书之数，间语休咎无不中。召试宣明，补司天监学生，迁保章正。天圣初癸亥，造新书，擢衍为灵台郎，与宋行古等九人，制《崇天历》，进司天监丞，入隶翰林天文。皇祐中，同造《司辰星漏历》十二卷，卒无子，有女，亦善算术。《宋史·方技》《雍正河南通志·方技》

宋 陈彦，知星命，卖卜于相国寺。徽宗在潜邸，密使人持诞生年月，俾彦论之。彦一见，问谁使若来，再三诘之，乃告以实，彦曰："覆大王，彦即今下帘闭肆，六十日内望富贵。"后以随龙官至节钺。政和全盛日，彦尝以运数中微，密告于上，徽宗为作石记，埋宣和殿下。《图书集成·艺术典·星命部·纪事》

宋 王俊明，蜀人。宣和初，在京师，谓人曰："汴都王气尽矣。吾夜

---

① 毗陵郡，晋置，在今江苏丹徒县东南十八里，寻移治，改曰晋陵郡，即今武进县治。隋废郡，置常州。

② 勼，音鸠，尤韵，聚也。《释诂》曰：鸠，聚也。《左传》作鸠，《古文尚书》作述，《庄子》作九，今字鸠行，而勼废矣。

以盆水直氐房下望之，皆无一星照临汴分野者。更于宣德门外，密掘土二尺，试取一块嗅之，枯燥索莫，不复有生气。天星不照，地脉又绝，而为万乘所都，可乎？"即投匦上书，乞移都洛阳。宋洪迈《夷坚志》

宋 韩宪符，不知何许人，少习三式，① 善察昧辰象，补司天监生，迁灵台郎，累加春官正，又转太子洗马。显符后，改殿中丞，兼翰林天文，六年卒，年七十四。《宋史·方技》

辽 魏璘，不知何郡人，以卜名世，太宗得于汴。天禄元年丁未，上命驰马较迟疾，以为胜负，问王白及璘孰胜，白奏曰："赤者胜。"璘曰："臣所见骢马当胜。"既驰，竟如璘言，上异而问之，白曰："今日火旺，故知赤者胜。"璘曰："不然，火虽旺，而上有烟，以烟察之，赤者必胜。"上嘉之。五年察割谋逆，私卜于璘，璘始卜谓曰："大王之数，得一日矣。宜慎之。"及乱，果败。应历中，周兵犯燕，上以胜败问璘，璘曰："周姓柴也，燕分火也，柴入火必焚。"其言果验。一日节度使召璘，适有献双鲤者，戏曰："君卜此鱼，何时得食？"璘良久答曰："公与仆不出今日，有不测祸，奚暇食鱼？"急命烹之，未及食，寇至，俱遇害。《辽史·方技》《图书集成·卜筮部·名流列传》

明 李淑通，河南人，登进士，官詹事府通事舍人，撰有《五行类事占征验》九卷。大旨祖《汉书·五行志》所引董仲舒、刘向、刘歆之说而衍之，故其体例近古，不似五行家之猥鄙也。《四库总目·子部·术数类存目二》

明 董痴者，开封人，忘其名，曾应武科中式，人亦呼为董武举。为人落拓，好饮酒，醉后向人言祸福，多奇中。常州薛寀②以郎官出守开封，开封贵人有在京师者，出饯之郊外，临别执薛君手曰："董武举虽痴，其言祸福多奇中，不可忘也。"薛至开封，以礼延至，然特以京师贵人之言，未之奇也。居五年，薛以病罢守去，董痴追送至河干，曰："公能以礼待某，然揣公意，固以庸人畜之，未能深知某也。某有片纸奉公，别后幸屏人密视之。"遂去，薛亦置其书不省。一日饮酒欢甚，忽忆之，引烛取视，惟书曰"后二年，开封破；又二年，北京破；又一年，南京破"此十八字而已，时

---

① 三式，谓太乙，遁甲，六壬。
② 寀，音采，官地为寀。

崇祯庚辰岁也。薛大惊,即烛上烧之,无何开封破,如其言,薛固已奇之矣。客有自开封逃至吴者,薛坐而问之,且曰:"董武举近若何?"客曰:"董武举未破城前数月,忽饮酒大醉,周行市中,见市人辄语曰:'董痴今日死,诸君盍来观乎?然诸君他日死,亦当如董痴也。'遂跃入河中死。"而开封之破也,实以援师引黄河水自蔽,贼因盗决水灌城中,城遂陷,死于水者数万人。继而两京相,继破,皆如董痴言。呜呼,异哉! 明葛芝撰《传》

清 刘禄,河南人,善风角,圣祖召直蒙养斋,欲授以官,屡辞。从上北征,会粮饷乏济,命卜之,曰:"不出三日必至。"果如其言。后从幸热河,一日跪舱至宫门,请上速徙高阜,以避水厄。时方晴霁,夜山水涨发,果冲没行宫。又善相人,谓张廷玉、史贻直皆异日太平宰相。六十一年,壬寅冬,乞假归。至十一月望日,忽命家人制缞服,北向哭;未几诏至,正圣祖崩之后二日也。后卒于家。《清史稿·艺术》

592 祥符县

战国时,魏大梁,汉置浚仪县,唐分置开封府。宋大中祥符中,改浚仪曰祥符。明初,省开封县入祥符,清因之。民国改祥符曰开封,即今河南开封县治。

战国 唐举,① 善相,梁人。蔡泽游学于诸侯,大小甚众而不遇,因从唐举相,曰:"吾闻先生相李兑,曰:百日之内,持国秉政,有之乎?"曰:"有之。""若臣者何如?"唐举熟视而笑曰:"先生曷鼻巨肩,② 魋颜蹙齃膝挛。③ 吾闻圣人不相,殆先生乎?"蔡泽知唐举戏之,乃曰:"富贵吾所自有,吾所不知者寿也,愿闻之。"唐举曰:"先生之寿,从今以往者,四十三岁。"蔡泽笑谢而去,谓其御者曰:"吾持梁啮肥,跃马疾驱,怀黄金之印,结紫绶于腰,揖让人主之前,食肉富贵,四十三年足矣。"《史记·附蔡泽传》《光绪祥符县志·方技》

---

① 一作唐苣。
② 曷假借为蝎。蝎音褐,曷韵,木中虫名,又名蝤蛴。曷鼻,谓鼻如蝎虫也。
③ 魋,徒回切,音膇,灰韵,同䜅,额突出也。齃,何葛切,音遏,曷韵,鼻茎也,与頞同。蹙齃,谓鼻蹙眉。

唐 申屠生，善鉴人，自云八十已上，颇箕踞傲物；座虽知名之士，未尝与之揖让。天宝元年壬午冬，乔琳自太原赴举，至大梁，舍于逆旅，时天寒雪甚，琳马死，佣仆皆去，闻浚仪刘彦庄喜宾客，遂往告之。彦庄客屠生，适在座，及琳至，则言款甚狎，彦庄异之。琳既出，彦庄谓生曰："他宾客，贤不肖，未尝见生与之一言。向者乔生一布衣耳，何词之密欤？"生笑曰："此固非常人也。且当为君之长吏，宜善视之，必获其报。向与之言，盖为君结交耳。然惜其情反于气，心不称质；若处极位，不至百日；年过七十，当主非命，子其志之。"彦庄遂馆之数日，厚与车马，送至长安，而申屠生亦告去，且曰："吾辱君之惠，今有以报矣，请从此辞。"竟不知所在。琳后擢进士登第，累佐大府；大历中，除怀州刺史，时彦庄任修武令，误断狱，有死者为其家讼冤，诏下御史劾其事，及琳至，竟获免。建中初，征拜中书侍郎平章事，在位八十七日，以疾罢。朱泚构逆，方削发为僧，泚知之，竟逼受逆命，及收复，亦陈其状。太尉李晟，欲免其死，上不可，遂诛之，时年七十一矣。《艺术典·相术部·纪事》

宋 赵修己，浚仪人，少精天文推步之学，晋石敬塘天福中，滑州节制李守贞，表为司户参军留门下。每从守贞出征，占候军事多中，奏试大理评事，赐绯。后守贞镇蒲津，阴怀异志，修己屡以祸福谕之，不听，遂辞疾归。明年守贞果叛，幕吏多伏诛，独修己得免。周世祖郭威镇邺，奏参军谋，会隐帝后汉刘承祐诛杨邠等，将害世祖，修己知天命所在，劝世祖曰："今幼主信谗，大臣受戮，公虽欲杀身成仁，何益于事？不如引兵南渡，诣阙自诉，则明公之命，是天所与也。"世祖然之，遂决渡河之计。及即位，改鸿胪卿，迁司天监，世宗朝柴荣累加检校户部尚书，宋初赵匡胤迁太府卿判监事，建隆三年壬戌卒，年七十一。《宋史·方技》《雍正河南通志·方技》《乾隆仪封县志·方技》

清 周亮工，字元亮，一字缄斋，又号栎园，祥符人。明崇祯进士，官御史，入清累官至户部右侍郎，著有《赖古堂诗钞》及《字触》等书。《字触》有云：陆君士冲，病垂危，友人书"好"字视栎，栎曰："但余子女矣，奈何！"卒不救。有书"可"字视栎者，栎曰："男一丁，女一口，询婚姻必矣。"对曰："然。"栎曰："成则必成，但男族盛，有易视女性之心，究且女为男克，以丁字太旺，口不足以敌之也。"数年后验。又云："拆字之学，不始于谢石。《元命包》之士力干乙为地，两人交一为水，八推十为木，两口衔士为喜；《说题辞》之日生为星，十夹一为士，西合米为粟；《考异邮》之虫动几下为风，《春秋说》之人十四心为德，《诗说》之二在天下为酉。《风俗通》云：丘之字，二人立一上，一地也，四方高，中央下，象形也。《孝经古契》之卯金刀字，《禾予说文》之推一合十曰士，以一贯三曰王。又孔子曰，禾可为酒，禾入水也；以禾人水三字，合而为黍。中垒校尉之三田一土，阿瞒署合字为人一口，阚泽知曹丕之为不一，孔融嘲氏仪之民无上，蜀赵直之占牛角，及口之为公字，王恭之黄头小人，郭之尸下至为屋；萧道成谶曰：戌丁之人，与道俱晋。襄国谣，古居左，月在右，让去言，或入口，后石勒竟都焉；符坚之左水右马之为冯，张亮知山上丝之为幽州，梁武帝书贞字为我与上人；《贵耳集》嘉泰之为士大夫皆小人，有口者喜；又袁康吴平之《越纽录》，魏伯阳之《参同契跋》，孔北海之《离合诗》，陶隐居真诰之《清灵真人诗》，《定录》中侯告，此类不缕举，皆盲史氏止戈皿虫二义，逗此一派耳。又云：人字左画向上，阳也；右画向下，阴也。水火土金皆具，此二画者，盖阴阳之义也。土则何以不尔？以阴阳之义著于四物耳。故五行皆有土，而土于四物咸备焉。中央一直，非水之体乎？偏傍一点，非火之体乎？一直一横，非木之体乎？全体所具，非金之体乎？《礼》曰：人者阴阳之交，五行之秀气也。周子曰'五行一阴阳'，以此。"《字触》

清 徐光第，字春衢，俞太史樾庚戌同年也，善推禄命。丁巳秋，太史初罢河南学政，寓居汴梁，嘱徐推算，曰："君不久当仍掌文衡。"太史笑而不信，然自丙寅以后，主江浙讲席二十余年，虽不足言文衡，要不离乎文字也。乃叹术者之言，于后事不尽无见，但如雾里看花，云中见月，不甚了了耳。故其自述诗云：春风绛帐对诸生，竟验前言徐子平。批尾生涯从此定，居然还我旧文衡。俞樾《自述诗》

清 戴泽同，字师木，河南贡生，善堪舆。代余即麟庆在广渠门外东南三里许，新卜圹穴，初官豫臬时，荐师木于杨海梁中丞，奏请委员资送入都，相度万年吉地称旨，赏六品衔，以知县用。师木感荐举意，常言愿得一佳城奉报，嗣函寄地图三，据云："一富一贵，兹最秀。西南望见城内法藏寺塔，北地多风，塔皆实，此独中空可登，为文笔，他年东南望，若见架松顶，必出鼎甲，请以斯言为券。余闻而愿安于此，属即购地定向。会师木卒，不果。岁辛丑，命大儿崇实，长女妙莲，保扶内子程佳夫人榇入都，倩杜梅庵①相定，仍用癸山丁向，安窀穸焉。崇实，乃建丙舍，开月河，培土山，植垣树。癸卯五月，余阅生圹，得二律，曰：地师几度费经营，儿女先来幸卜成。凤起敢希开鼎甲，牛眠或者是佳城。英雄事业天涯迹，眷属团圆地下情。东望蟠松青郁郁，苍龙秀气接蓬瀛。绰楔居然表墓门，到门相对已忘言。青围丙舍培新树，绿涨丁溪验旧痕。佛法拈花谁证果，人生落叶此归根。他年我亦来高卧，爱护全凭子与孙。"长白麟庆见亭《鸿雪因缘图记·架松卜吉》

593 陈留县

春秋郑留邑，后为陈所并，故曰陈留。秦置陈留县，晋废，隋复置。明清皆属河南开封府，陇秦豫海铁路经之。

后汉 蔡邕，字伯喈，陈留圉人。父棱，有清白行，谥贞定。邕性笃孝，与叔父从弟同居，三世不分财，乡党高其义。少博学，师事太傅胡广，好词章数术天文，妙操音律。建宁三年庚戌，辟司徒，迁议郎。邕以经籍去圣久远，文字多谬，俗儒穿凿，疑误后学，熹平四年乙卯，乃与五宫中郎将堂谿、典太史令单扬等，奏求正定六经文字，灵帝许之。邕乃自书册于碑，使工镌刻，立于太学门外，于是后儒晚学，咸取正焉。光和中，召引入崇德殿，问灾异；又特召邕，指陈政要，邕言皆直，帝览而叹息，左右皆侧目思报。中常侍程璜，飞章陷邕与家属，徙朔方。会赦还，董卓辟之，累拜左中郎将，封高阳乡侯。及卓被诛，王允收邕付廷尉，遂死狱中。允悔，欲止而弗及，得年六十一，缙绅诸儒，莫不流涕。所著诗赋碑铭、《独断》、《女训》，凡百四篇传于世。《后汉书·本传》《河南通志·文苑》

○《图书集成·艺术典·卜筮部·纪事》引《蔡中郎集》：汉蔡邕，贞节先生，范史云碑有云：性多检括，不治产业，以为卜筮之术，得因吉凶道达民情，以受薄偿，且无咎累。乃鬻卦梁宋之域，好事者觉之，应时辄去。

---

① 名魁百，直隶人。

○汉梁国，后魏改梁都，隋废郡置宋州，寻复故，唐复曰宋州，故治在今河南商丘县南。

594 杞县

在京兆昌平县，产金。周初杞国，武王封禹后东楼公于此。春秋宋雍丘邑，秦置雍丘县，五代晋，改曰杞县，汉初仍曰雍丘，金复为杞县。明清皆属河南开封府，陇海铁路经之。

北齐 许遵，雍丘人，明易善筮，兼晓天文风角占相，其验若神。齐师武引为馆客，自言禄命不富贵，不横死，是以任性疏诞，多所犯忤，神武常容惜之。芒阴之役，谓李业兴曰："贼为水阵，我为火阵，水胜火，我必败。"果如其言。其子晖亦学术数，遵尝谓曰："汝聪明不及我，不劳多学。"唯授以妇人产法，预言男女及产日，无不中。武成时，以此数获赏焉。《北史·艺术》《雍正河南通志·方技》

宋 邢敦，字君雅，雍丘人。太平兴国初，尝举进士，不第，慨然有隐遁意。性介僻，不妄交友，耽玩经史，精于术数，或游市廛，过客有询以休咎者，多不之语，里中号为邢夫子。大中祥符七年甲寅，真宗幸亳回，邑人列上其事，诏授许州助教，敦让而不受。乾兴元年壬戌，无疾而卒，年七十四。《宋史·隐逸》《雍正河南通志·人物》

明 边彦骆，字国龙，杞县人，才思敏给，博学能文，凡图纬书数，靡不精掌。嘉靖朝，登进士第，授行人。时修内殿，命采木江南，乃尽力经营，复捐金五百，以襄国事。内殿告成，帝优诏褒之。著有《使职昭鉴》《阴阳图说》《元会运世解》行世。《乾隆杞县志·文苑》

明 霍昂，字时举，以博雅著名。嘉靖中，以明经授盱眙簿，寻弃归。好读书，精研字学，妙达卜筮之理。时大盗师五寇归德，声言取杞邑，令惧，召昂卜之，启匮，蓍散堕地，昂喜曰："卜者主也，蓍者敌也，主敌兵溃散之象。"蓍成果吉，寇寻灭，令大奇之，尝谓人曰："今人学识字，譬如瞽者认人，其曰：某为谁，某为谁，但闻名而已，其人之长短肥瘦，颜色性体，则概乎未之见也。"因著《字学正传》一书，起金部，终日部，凡四百

四十有四，从字母次第也，览者谓为博大精详云。卒年八十八。《乾隆杞县志·方技》

595　尉氏县

汉置，郑大夫尉氏之邑，故遂以为名。北齐省，隋复置，明清皆属河南开封府。

梁　阮孝绪，字士宗，尉氏人。父彦之，宋太尉从事中郎，以清干流誉。孝绪七岁，出继从伯胤之。① 胤之母周氏卒，遗财百余万，应归孝绪，孝绪一无所纳，尽以归胤之姊。琅琊王晏之母，闻者咸叹异之。外兄王晏贵显，屡至其门，孝绪度之，必至颠覆，常逃匿，不与相见。及晏诛，其亲戚咸为之惧，孝绪曰："亲而不党，何坐之及？"竟获免。后于钟山听讲，母王氏，忽有疾，兄弟欲召之，母曰："孝绪至性冥通，必当自到。"果心惊而返，邻里嗟异之。时有善筮者张有道，谓孝绪曰："见子隐迹而心难明，自非考之龟蓍，无以验也。"及布卦，既揲五爻，曰："此将为咸，应感之法，非嘉遁之兆。"孝绪曰："安知后爻不为上九？"果成遁卦。有道叹曰："此为肥遁无不利象，实应德心迹并也。"孝绪曰："虽获遁卦，而上九爻不发升遐之道，便当商谢许生。"乃著《高隐传》，上自炎皇，终于天监末，斟酌分为三品：言行超逸，名氏弗传，为上篇；始终不耗，姓名可录，为中篇；挂冠人世，栖心尘表，为下篇。南平元襄王闻其名，致书要之，不赴，曰："非志骄富贵，但性畏庙堂，若使麇麂可驂，② 何以异夫骥騄？"③ 初，建武末戊寅，清溪宫东门，无故自崩，大风拔东宫门外杨树，或以问孝绪，孝绪曰："青溪皇家旧宅，齐为木行，东者木位，今东门自坏，木其衰矣。"鄱阳忠烈王妃，孝绪之姊，王尝命驾，欲就之游，孝绪凿垣而逃，卒不肯见，诸甥岁时馈遗，一无所纳，人或怪之，答云："非我始愿，故不受也。"大同二年丙辰正月，孝绪自筮卦，吾寿与刘著作同年及，刘杳卒，孝绪曰："刘侯逝矣，吾其几何？"其年十月卒，年五十八。门徒追论德行，谥曰文贞处士。初，

---

① 胤，疑胤字之讹，音孕，子孙相承续也。继也。嗣也。
② 麇，音君，同麋。麂同麂，牝鹿也。驂，音参，覃韵，驾车之马，在两旁者。
③ 骥，音冀，千里马也。騄，音录，周穆王八骏之一。

孝绪所撰《高隐传》中篇所载一百三十七人，刘敲、刘訏①览其书曰："昔嵇康所赞，缺一自拟，今四十之数，将待吾等成耶！"对曰："所谓荀君虽少，后事当付钟君。若素车白马之日，辄获麟于二子。"敲、訏果卒，乃益二传；及孝绪亡，訏兄絜，录其所遗行次篇末，成绝笔之意云。《南史·本传》《图书集成·卜筮部·纪事》

596　鄢陵县

春秋郑鄢邑，汉置鄢陵县，北齐省，故城在今河南鄢陵县西北。隋复置，即今治，明清皆属河南开封府。

明　刘阶，字思善，②号易庵，大司寇璟季子。少聪敏，无书不阅，尤精医卜算法，旁通绘事。性刚直，虽面斥人过，人罔不服。《道光鄢陵县志·艺术》

597　中牟县

春秋郑，原圃地，汉置中牟县，隋改曰内牟，又改曰圃田。唐复曰中牟，故城在今河南中牟县东。明徙今治，属河南开封府。清因之，汴洛铁路经之。

宋　赵进，字从先，号三翁，中牟白沙镇人，精堪舆。密县陆门山道友席洞云，筑室于独纥岭，瀑水潭侧，慕其清峭高爽，落成甚喜。既迁入，百怪毕见，未及一年，祸变相踵。席谒翁，且告之故，翁曰："得无居五箭之地乎？"席曰："地理之说多矣，素不闻五箭之说，敢问何谓也？"翁曰："峰颠岭脊，陵首陇背，土囊之口，直风当门，急如激矢者，名曰风箭；峻溪急流，悬泉泻瀑，冲石走沙，声응雷动，昼夜不息者，名曰水箭；坚刚烁燥，斥卤沙碛，不生草木，不泽水泉，硬铁腥锡，毒虫蚁聚，散若朽坏者，名曰

---

① 敲，巧平声，击也。訏，音吁，大也。
② 阶，音械，言善也。

土箭；层崖叠巘，峻壁巉岩，锐峰峭岫，拔刃攒锷，耸齿露首，状如浮图者，名曰石箭；长林古木，茂樾丛簿，翳天蔽日，垂萝蔓藤，阴森肃冽，如墟墓间者，名曰木箭。五箭之地，射伤居人，皆不可用。要在回环纡抱，气象明邃，形势宽闲，壤肥土沃，泉甘石清，乃为上地，固不必一一泥天地星卦也。子归依我言，去凶就吉，当自无恙。"席悉遵其教，居止遂安。郭象《睽车志》

清 较第，字振川，中牟人，年三十，始游泮，或诮之曰："使君攫巍科，当为十九人中最少年。"第徐曰："实不足，而名及之，可耻孰甚焉。吾方核实未能，岂迟我耶！"七岁就外傅，读书至《孝弟章》，塾师曰："此是开宗明义第一义。"曰："如此，何不列篇首？"师未及答，曰："学习，想也。只是学习这孝弟。"师大奇之，及长以孝闻。第于书无所不读，尤精天文地理，推测之术。父殁，自卜宅兆而安厝之，吉凶祸福，言无不验。尝独步旷野间，相其形势，夜则仰观天象，漏下四鼓始归，及就寝，血流透履韈，乃知芒刺入两甲间，其专意如此。晚年德愈进，邑士多游其门者，然未易量其学之浅深也。年六十二，卒于家。《碑传集·孝友下之下》

清 万金铎，字宣化，事亲能先意承志，不仅为口体奉。从兄弟六人，同炊四十余年，怡和无间。赡顾戚族，里党赖举火者，常数十家。喜究心典籍，精医卜，尝有酹以数十百金者，辄谢之曰："余岂以此射利耶！"概不受。

清 岳所钟，字冠山，岁贡生，少孤，事孀母，色养备至。母疾，汤药必亲尝。家贫甚，以授读为生计，凡医相星卜，无所不精，然从不假此以干谒卿大夫。闭户潜修，晚年学业益进。及卒，邑人编修张鸿远，砌碑以志其行。以上《民国中牟县志·孝友》

598 兰阳县

春秋户牖邑，汉东昏县，宋置东明县，金徙东明县于河北，后以故地改置兰阳县，在今河南兰封县东北五里。明徙今治，清改为兰仪，以仪封县并入。宣统间改为兰封，属河南开封府，陇秦豫海铁路经之

明 王乾福，字师道，徐州砀山人。幼颖异，日记数万言，自经史及阴阳卜筮之书，罔不博究。元季，中土多故，用荐者言，授宁陵阴阳学教谕。尝摄邑事，民怀其德，父老上治状，升虎贲卫经历，寻迁山东乐安州同知，境内荐饥，民多流亡，度不可为，弃官之兰阳，资医自养，因家焉。孙澍，中正统初进士。《康熙兰阳县志·流寓》

明 王巽，自号秦台子，兰阳人，官钦天监五官司历。永乐中，命巽撰《遁甲吉方直指》一卷，其书推演遁甲，删除凶时，专注吉门以利用，盖亦《壬遁历》之略例也。《四库·子部·术数类存目二》

599　济阳县

《竹书纪年》云：梁惠成王三十年，城济阳。汉置县，唐省，故城在今河南省兰封县东北。

后汉 王长，卜者也。皇考南顿君，[①] 初为济阳令，以建平元年乙卯，十二月甲子夜，生光武于县舍，有赤光照室中，钦异焉。使长占之，长辟左右曰："此兆吉不可言。"是岁县界有嘉禾生，一茎九穗，因名光武曰秀。《后汉书·光武本纪·论》

600　仪封县

《论语·八佾篇》"仪封人请见"，郑注云：仪，盖卫邑也。《释地续》云：仪邑城，乃卫西南境，距其国五百余里，在今河南兰封县北。元置仪封县，在今兰封县东北六十五里。明圮于河，徙治日楼村，在今兰封县东北三十里。清乾隆时，升为厅；嘉庆时，废为仪封乡。民国初，有县佐驻之。

明 陈清，邑诸生，正统丁卯举于乡，任淳化训导。踰年，去官归里，安贫自守，不撄俗累。尝遇异人，授以风鉴术，虚心默契，尽得其精微。不

---

① 光武帝之父。

轻品题人物，偶有评论，则休咎吉凶，如持左券。及殁，有司尝诣其家求遗书，得《相法》一卷，语意多不可解，书存而秘竟不传。

清 张休复，字恒吉，邑庠生，淹通五经，尤精易理。每研究爻象，融会古人揲蓍遗法，手定《占卜约编》，尝有言曰："《易》本圣人教人寡过之书，凡言贞者皆吉，不贞者皆凶，与《尚书》所载'惠迪吉，从逆凶'之理，隐相符合；而于吉凶两途，又以悔吝居其中间。朱子考亭《本义》有云：'悔自凶而趋吉，吝自吉而向凶'，旨哉！言乎！明示人以趋避之方，而开以转移之路，此人事之所以日起而有功也。后人不知反己修省，徒执一定之吉凶，坐观后效之成败，是易数虽存而易理已亡；易理既亡，而易数亦复不求必应。"其所言祸福，如操左券，性廉介，不苟取与；虽身处穷约，陶然自得，其高致雅似严君平。以上《乾隆仪封县志·方技》

601 禹州

古夏禹国，金初于县置颍顺军，寻改军为颍顺州，又改为钧州。明改为禹州，清属河南开封府，民国改州为县。县产瓷器，以钧窑著名。

蜀汉 司马徽，颍川人，[①] 清雅，有知人鉴。庞统弱冠，往见徽，徽采桑于树上，统在树下共语，自昼至夜，徽甚异之，称统为南州之冠冕，由是渐显。《蜀志·庞统传》

明 张翼，少业儒，长精数学，游于洧上。范太常守己[②]贫而孤，翼奇其造，躬教之学。范起家进士，以文名世，传其数，更加精研，占验有准。诏以太常少卿，修《大统历》，终身事翼。翼三十余始游庠，未五十即弃去，隐居颍水北村，颍水，出河南登封县。不入城市，几三十年，自号颍滨居士。年八十余卒，预知来生事，人尤异之。《道光禹州志·隐逸》

明 张宗鲁，钧州人，四岁失明，二十遭乱，负母路氏逃难，其妻扶掖以行。岁饥，宗鲁卖卜以养，不足则令妻采野菜继之。天下既定，宗鲁奉母

---

① 颍川郡，秦治，汉因之，治阳翟，故韩都，即今河南禹县治。
② 范守己，字介儒，河南洧川人，万历进士，官至按察司佥事，著肃皇外史、御龙子集等书。

还故乡，竭力供养，母卒，仍求其前母曹氏、沈氏、吴氏三人遗骸，合葬父墓。洪武十七年甲子四月，诏从礼部请，表其闾曰"孝行"。《雍正河南通志·孝义》

602　新郑县

韩，战国时国名，春秋时，晋封韩武子于韩原，在陕西韩城县南十八里，其后世为大夫。周威烈王二十三年，与赵魏分晋，列为诸侯，都平阳，今山西临汾县治。景侯徙阳翟，今河南禹县。哀侯徙新郑，后灭于秦，即今河南新郑县，京汉铁路经之。

汉　张良，字子房，其先韩人也。秦灭韩，良悉以家财求客刺秦王，为韩报仇，得力士，狙击始皇于博浪沙中，① 误中副车。② 秦求贼甚急，良更姓名，匿下邳圯上。③ 有一老父衣褐，④ 至良所，直堕其履圯下，顾谓良曰："孺子，下取履！"良愕然，欲殴之，为其老，强忍下取履，父曰："履我！"良业为取履，因长跪履之，父以足受，笑而去，良殊大惊，随目之。父去里所，复还，曰："孺子可教矣。后五日平明，与我会此。"良因怪之，⑤ 跪曰："诺。"五日平明，良往，父已先在，怒曰："与老人期，后何也？去！"曰："后五日早会。"五日鸡鸣良往，父又先在，复怒曰："后何也？去！后五日复早来。"五日良夜未半往，有顷父亦来，喜曰："当如是。"出一编书，曰："读此则为王者师矣。后十年兴，十三年，孺子见我济北谷城山下。⑥ 黄石即我矣。"遂去，无他言，不复见。旦日视其书，乃太公兵法，良因异之，常习诵。后高祖起兵，良尝为画策，灭项羽，定天下，及帝即位，封留侯。晚好黄老，学神仙辟谷之术，以功名终，谥文成侯。良始所见下邳圯上老父与书者，后十三年，从高帝过济北，果得谷城山下黄石，取而宝祠之。及良死，并葬黄石，每上冢伏腊祠黄石。《前汉书·本传》

---

① 在河南阳武县东南，民国二十五年，有与原武县合并，改置博浪县之议。
② 副，谓后乘也。
③ 圯，音怡，左从辰巳之巳，桥也。
④ 褐，音曷，毛布也。
⑤ 怪，怪俗字。
⑥ 谷城山，在山东东阿县东北五里，一名黄山。

○宋郑樵《通志·艺文略·杂占》载《灵棋经》一卷，张良撰。

○宋刘敬叔《异苑》云：十二棋卜，出自张文成，受法于黄石公，行师用兵，万无失一。逮至东方朔密以占众事，自此以后，秘而不传。晋宁康初，襄城寺法味道人，忽遇一老公，著黄皮衣，竹筒盛此书，以授法味，无何失所在，遂复传流于世云。

○明陈继儒《枕谈》云：张文成太卜判，有"枫天枣地"之语，初不省所出，后见乃六典三式云：六壬卦局，以枫木为天，枣心为地，乃知文成用此。

北周 黎景熙，字季明，河间郑人，少好读书，性强记，尝从清河崔玄伯，受《字义》。又好占玄学，颇知术数，而落魄，不事生业，有书千余卷，虽穷居独处，不以饥寒易操。《周书·艺术》

603　宋城县

秦睢阳县，隋改曰宋城，金复曰睢阳，故城在今河南商丘县南。明改为商丘，稍徙而南，今商丘南门，即故城北门废址也。

汉 焦延寿，字赣，梁人。① 少贫贱，以好学得幸梁王，梁王供其资用，令极意学，既成，为郡史；察举，补小黄令，以候司先知，奸邪盗贼不得发，爱养吏民，化行县中，举最，当迁，三老官属，上书乞留，诏许增秩留之，卒于小黄。延寿尝从孟喜问《易》，撰《易林》十六卷，京房受学焉。《前汉书·京房传》《四库·子部·术数类二》

宋 王洙，字原叔，宋城人，举进士甲科，累官翰林学士。洙汎览传记，至图纬方技、算数音律、诂训篆隶之学，无所不通。卒谥曰文，著《易传》十卷，杂文千余篇。《雍正河南通志·儒林》

604　宁陵县

古葛国，战国属魏为宁邑，安釐王以弟无忌为信陵君，而食邑于宁，即此。汉置县，

---

① 梁，周国名，在陕西韩城县南，而雍正河南通志儒林，载有延寿。

曰宁陵，北齐废，故城在今河南宁陵县南。隋复置，金徙今治。明清皆属河南归德府，陇秦豫海铁路经之。

宋 刘熙古，字义淳，宁陵人，博通经史，旁究阴阳象纬等书。唐长兴中擢第，补夏邑令。入宋，累迁参知政事，虽贵显不改寒素，以疾求解，拜户部尚书致仕，著有《历代纪要》十五卷。《雍正河南通志·人物》

明 乔宏杞，字楫航，幼为诸生，厌制艺，无益经济，遂入赀辟雍，执经于吕新吾先生门墙。肆志博览，于诸子百家，无所不窥，如天文律吕字学算法，皆有著述；更多巧思，如小戎战车、璇玑玉衡，胥能按图制之。凡《周礼》所载古制，人有读之不能解者，则手画其图，命工成器，无不如法。《光绪宁陵县志·隐逸》

605　真源县

汉魏皆为苦县，晋置谷阳县，唐改真源，又改仙源，寻复为真源。故城在今鹿邑县东十里，相传老子生是邑，故以为名。宋改为卫真。

宋 陈抟，字图南，真源人。后唐长兴中，举进士，不第，遂不求禄仕，以山水为乐。自言尝遇孙君仿、麞皮处士二人者，语抟曰："武当山九宝岩，可以隐居。"抟往栖焉，因服气辟谷，历二十余年，但日饮酒数杯。移居华山云台观，每寝处，多百余日不起。周世宗好黄白术，有以抟名闻者，显德三年丁巳，命华州送至阙下，留止禁中，从容问其术，抟对曰："陛下为四海之主，当以政治为念，奈何留意黄白之事乎？"世宗不之责，命为谏议大夫，固辞不受，放还所止；诏本州长吏，岁时存问。太平兴国中来朝，太宗待之甚厚；九年甲申，复来朝，上益加礼重，赐号希夷先生，令有司增葺所止云台观。上屡与之属和诗赋，数月，放还山。端拱初戊子，忽谓弟子贾德升曰："汝可于张超谷，凿石为室，吾将憩焉。"二年己丑秋七月，石室成，抟手书数百言为表，其略曰："臣抟大数有终，圣朝难恋，已于今月二十二日，化形于莲花峰下，张超谷中。"如期而卒。抟幼聪悟，长通经史百家之言，尤好读《易》，手不释卷，常自号扶摇子，著《指玄篇》，及

《三峰寓言》、《高阳集》、《钓潭集》，诗六百余首。善风鉴，① 能逆知人意。斋中有大瓢挂壁上，道士贾休复心欲之，抟已知其意，谓休复曰："子来非有他，盖欲吾瓢尔。"呼侍者取以与之，休复大惊，以为神。有郭沆者，少居华阴，夜宿云台观，抟中夜呼令趣归，沆未决，有顷复曰："可勿归矣。"明日沆还家，果中夜母暴得心痛，几死，食顷而愈。又有张乖崖，因考试被黜，未得大魁，愤毁儒服，欲从抟学道，以弟子礼事之。抟一见之，谓曰："子当贵为公卿，一生辛苦。如人家张筵，方笙歌鼎沸，忽中庖火起，座客无奈，惟赖子灭之。然禄在后年，此地非子栖憩之所。"乖崖坚乞入道，抟曰："子性度明躁，安可学道？"果后二年及第，抟以诗遗之云："征吴入蜀是寻常，鼎沸笙歌救火忙。乞得江南伏丽地，却应多谢脑边疮。"初不甚晓，后果两入蜀；定王均李顺之乱，又急移余杭，剪左道僧绐伦夭蛊之叛，此征吴入蜀之验也。屡乞闲地，朝廷终不允，因脑疮，乞金陵养疾，方许之。《宋史•隐逸》

○《群谈采余》：艺祖召陈抟至阙，问天下始终事，抟对曰："一汴，二杭，三闽，四广。"再问，对曰："非臣之所知也。"明郑铉题诗云："驴背无心大笑还，壶中有药卧空山。三闽四广英雄恨，都付先生一梦间。"

○宋魏泰《东轩笔录》：宋太宗以元良未立，虽意在真宗，尚欲遍知诸子，遂命陈抟，历抵王宫，以相诸王。抟回奏曰："寿王真他日天下主也。臣始至寿邸，见二人坐于门，问其姓氏，则曰张旻、杨崇勋，皆王左右之使令者。然臣观二人，他日皆至将相，即其主可知矣。"太宗大喜，是时真宗为寿王，异日张旻侍中，杨崇勋使相，皆如抟之相也。

○种放隐于终南山，往华山访陈抟，抟闻其来，倒屣迎之，既即坐，熟视曰："君他日甚显，官至丞郎。"种曰："我之来也，求道义之益，而乃言及爵禄，非我意也。"陈笑曰："人之贵贱，莫不有命。贵者不可为贱，亦犹贱者不可为贵也。君骨法合为此官，虽晦迹山林，终恐不能安耳。今虽不信，异日当自知之。"放不怿而去。至真宗时，以司谏召至阙下，及辞还山，迁谏议大夫，东封改给事中，西祀改工部侍郎而卒，竟如抟之相也。

○宋王辟之《渑水燕谈录》：希夷先生陈抟，语人祸福，合若符契。王世则与韩见素、赵谏同诣先生，世则伪为仆，拜于堂下。先生笑之曰："侮人者自侮也。"揖世则坐

---

① 《直斋书录解题》，有《希夷先生风鉴》一卷。

于诸坐之右："将来科名，君为首冠，诸君之次，正如此会。"明年世则举进士第一，余如坐次。

606　睢州

春秋宋襄牛邑，秦置襄邑县，宋于县置拱州，金改曰睢州，明省襄邑县入州，属河南归德府，清因之。民国改州为县，陇秦豫海铁路经之。

清　余愉然，字君谐，乡饮大宾。① 性朴实，闭户读书，足不履城市者四十年。事母至孝，邃于星学，善推算，吉凶悔吝，无累忝差。凡《渊源》《管鉴》《辟谬》诸书，皆手录成帙，藏之箧，一时名士赠以诗，有"矫矫云中鹤"之句。《光绪睢州志·方技》

607　考城县

春秋戴国，秦置甾县，后汉改曰考城，晋初省，寻复置。后魏改置考阳县，北齐改曰成安，隋复曰考城，五代梁改曰戴邑，后唐复曰考城。故城在今河南考城县东南，明徙今治。清属河南卫辉府。

明　底义，长于阴阳风水之术，选地一区，告其子曰："阳拱而阴向，美哉，土也。吾老，可葬于斯。"比卒，果葬其地，后生孙蕴，字汝章，正德进士，官至都御史。

清　张蓉，考城县人，原任黄平吏目，通六壬，占验奇中。妻死，安厝，朱书一砖，暗置棺后，十余年，蓉故，子等启母圹合葬，取砖视之，即蓉卒葬年月日也。其术之精有如此者。以上《乾隆卫辉府志·方技》

---

① 古制三年大比，诸侯之乡大夫，献贤者能者于其君，将行之时，以宾礼待之，与之饮酒，谓之乡饮酒礼。

中国历代卜人传卷二十八

河南省二

608 淮宁县

古宛丘地，秦置陈县，后魏省入项，北齐移项县于故陈城，隋改曰宛丘，明省。清雍正十二年，置淮宁县，为河南陈州府治。民国废府，改县曰淮阳。

周 周太史过陈，陈厉公使卜完，① 完始生，卦得观之否："是为'观国之光，利用宾于王'，此其代陈有国乎？不在此，而在异国乎？非此其身也。在其子孙，若在异国，必姜姓，姜姓四岳之后，物莫能两大，陈衰，此其昌乎，"后皆如其言。《史记·田敬仲完世家》

后汉 郄巡，② 字仲信，陈郡人。和帝时，南阳樊英习京氏易，兼明五经，善风角，算河洛七纬、推步灾异，隐于壶山之阳，受业者踵至。巡传其业，仕为郡博士，会魏郎亡命，从受《春秋图纬》焉，官至侍中。

宋 杨山人者，逸其名，蔡新州确，黄大夫好谦，为陈诸生。闻其善相，过使相之，曰："蔡君宰相也。似丁晋公，然丁还而君死，黄君一散郡耳，然家口四十，则蔡贬矣。"元丰末，蔡为相；黄由尚书郎，出为蔡州，过蔡而别，问其家曰："四十口矣。"蔡大骇曰："杨生之言验矣。"其后有新州之窜。

---

① 陈完者，陈厉公佗之子也。
② 郄，音隙，从大不从谷，姓也。

清 孙溯沔。[①] 字石言，自号三元老人，卖卜于西月城，多奇中，尤善梅花数，有问数者，得旅上九，"鸟焚其巢"，色沮，老人曰："问名则吉，鸟焚巢，飞腾之象也。"其人一战果捷。

清 彭天纶，字道合，幼读父书，工堪舆，有延之者，虽风雨必往，后精数学，尝为知县耀占疾，奇中，给额曰"可以前知"。以上《道光淮宁县志·方技》

609　淮阳县

民国以淮宁县，改曰淮阳。

明 龚尚德，字景纯，以歙之俊秀入南雍，善古文草书，喜作山水，点墨落纸，有神工天巧。司业季道统，以大雅推之。尤精奇门太乙，明九边形势，通诸方译语。天启丙寅，颍川大司马张鹤鸣，奉命视师，币聘从事，题授山海关守备。视事期月，境内咸宁，辞归寓陈，号柳庄居士，卒年六十四。《民国淮阳县志·流寓》

清 雷汉卿，明数学，通三元，耳目聪明，寿百岁。

清 齐亮采，字悦众，庠生，善风鉴，为人卜地，不受金，一生坦白容众，胸无宿物，年九十一卒。

清 李英相，字殿选，善占卜，疏财息讼，乡人称之。

清 刘玉衡，字仰斗，精医学，通命理，卜筮星相之书，无不旁及，贫家延诊，不索药资，稍有余资，捐人善局，年八十三卒。

清 朱旺春，字来木，性刚直，精青乌术，四方来聘者，数百里，或酬金帛，毅然却之，年八十二卒。

清 宋殿文，字华国，习堪舆，为人卜壤，不受金，兼善卜筮有验，年八十一卒。

清 王锡五，字聘三，国学生，精堪舆，庠生顾富春，附贡王海润等，刊碑志云：吾乡完人。以上《民国淮阳县志·方技》

---

① 沔，音缅，水名。

610　西华县

汉置，后汉为侯邑，故城在今河西华县南，隋改置于颍水北，曰鸿沟县，即今治，寻复为西华。唐改曰箕城，又改置武城，复曰箕城，后又曰西华。清属河南陈州府。

明　张若星，字共辰，甫冠入庠，颖异磊落，博览多识，以易学世其传，专精理数。闯贼之乱，避难睢州，演《易》设卜以糊口，踵门甚众；馈金帛者酌取之以足用，不多取也。数日后，告其家人曰："睢城人数万，何以问卜者皆无禄？当今盗贼蜂起，睢城其不免乎？"挈家走河朔。[①] 越三日，贼果屠睢州，而张氏一门，卒免于难。迨中原底定，归老林泉，躬耕养亲，融融无间。后出其所学，教授子姪，科第蝉联，弦诵不绝云。《乾隆西华县志·方技》

611　南顿县

故顿子国，《左传·僖公二十三年》：楚伐陈，城顿而还。汉置南顿县，晋惠帝时，置南顿郡。北齐郡废，改县曰和城，隋复故。唐省入项城，寻割置光武县，又复为南顿，明省。故城在今河南项城县北五十里。

后汉　童彦兴，[②] 许季山外孙也。[③] 其探赜索隐，穷山知化，虽睢孟京房，无以过之；然天性偏狭，羞于卜筮。太尉桥玄，字公祖，初为司徒长史，五月末，夜卧，见东壁正白如开门，呼问左右，左右莫见，因起自往，手扪摸之，壁如故，还床复见，心大恐。其旦应劭适往候之，语次相告，劭遂畅言乡人彦兴之神奇，[④] 玄立命迎请之。公祖虚礼盛馔，下席行觞，彦兴辞，公祖让再三，尔乃应之，曰："府君怪见白光如门明者，然不为害也。

---

① 河朔，谓黄河以北之地也。
② 《广博物志》，童作董。
③ 季山名峻，许曼之祖，河南平舆人，详见《曼传》。
④ 应劭南顿人。

六月上旬鸡鸣时，闻南家哭即吉。到秋节迁，北行，郡以金为名，位至将军三公。"到六月九日，太尉杨秉薨，七月拜钜鹿太守，钜边有金焉；复为度辽将军，遂登三事。《太平御览·方术》《广博物志·方技》

612 太康县

秦置阳夏县，清改曰太康，清属河南陈州府。

隋 袁充，字德符，太康人。祖昂，父君正，俱为梁侍中。充性好道术，颇解占候，年十七，仕陈为秘书，历太子舍人，晋安王文学散骑常侍。陈灭，归隋，领太史令，屡以天文讲陈于文帝，拜秘书令。帝每欲征讨，充辄赞成有功焉。《北史·本传》《隋书·本传》《乾隆陈州府志·方技》

清 刘璐，字石渠，父祖向，以进士知福建光泽县。县俗妇供徭役，与男无异，向为革免；民间不爱女，生女或溺之，向严谕禁止，其俗一变。时逆耿之商，私债重利，飞刑拷比，十室九空，向封民间仓廒，除食用纳粮外，不得私动，逆商束手，无敢犯者，由是民间积储颇裕，呼为慈母，建立生祠。逆耿遂藉言藩商生事，差牛禄弹压，实怀逆谋，欲城水口，以塞要害。向力陈上宪，逆耿计阻，因阴谋中伤，诬以过山催夫，未经核减，坐以亏空，没产入官。璐时为廪生，贫困，痛父被诬，言辄泣下，然训蒙为生，莫能白也。后遇异人授以麻柳天文六壬躧病之术，躧，色倚切，纸韵，亦作屣，踪屦不著跟曰躧。平日见人容貌言语，或为人卜，辄预知其寿夭穷通，吉凶祸福；偶发一语，久必奇验，不可胜录。康熙四十一年壬午，由岁贡登贤书，旋考授中翰。① 四十七年戊子，圣祖召见，躧病即愈，谘以麻柳天文六壬之术，言无不中。圣祖御乾清门，谕诸王大臣曰："朕病全愈，璐之力也。"诸王大臣奏，愿各减级加璐，璐以年老辞，不受，自此名重海内，供奉一年告归，前后赐赉甚厚，璐每辞之，而泣白父冤，圣祖曰："俟有覃恩，即赦复

---

① 明清制，府州县学生员，食饩久者，每岁或数岁，选一二人贡诸京师，入国子监肄业，谓之岁贡。《周礼·地官·乡大夫》，谓"举荐贤能之书，献之于王"，将藉此而受爵禄也。后世谓乡试中式者曰登贤书，清代称内阁中书为中翰，谓其掌阁中翰墨也。

之。"五十九年庚子，召定六壬书。雍正四年丙午，召与怡亲王躔病，时璐已八十余，率其仲子劳，使代之，病愈，复白父冤，王为奏复，其父祖向原官，赠文林郎。璐天性孝友，晚居林下，益敦睦姻任恤之行，捐修文庙，助人婚葬，施粥赈饥，舍药济贫，孜孜不倦。有求卜者，辄语之曰："邵子言数，程子言理，数不可逃，理当自尽，诸君但尽其分之所当为而已，何以卜为哉！"制军以望隆，朝野表其闾，自刻时日，寿终于家，年八十五。子劳，笃于孝友，父母殁，弟勤在襁褓，抚养婚娶，皆劳任之。以上《乾隆陈州府志·方技》

613 扶沟县

汉置，后汉为侯国，故城在今河南扶沟县东北五十里，北齐移于今治清属河南陈州府。

清 刘一鹏，少落魄，游燕蓟间，逢海内异能士辄师事之。久之，博通诸家，凡天文地理、太乙奇门，以及五运六气之术，靡不精研。尝以策干某将军，不合，去游河朔濮上，与诸缙绅谈医，间以诗相唱和，其诗亦逸旷有侠气。

清 严炳寰，字代明，邑庠生，颖悟绝伦。游泮后，不求仕进，肆力于易学，占断如神，晚年尤精于奇门遁甲天文等书。尝作浑天仪、武侯八阵图说，多有心得。时粤西乱耗日逼，中州骚然，或问于炳寰，应之曰："若辈直孤注九族，以求富贵耳。"后数年乱果平，凡事前知类如此。疾将革，尽焚其著述，其子请之曰："欲读书则有经史在，此等不善用之，徒累身家耳。"识者韪之。以上《光绪扶沟县志·方技》

614 许州

北周于颍州郡置许州，隋废，唐复置改曰颍川郡，寻复为许州。宋曰许州许昌郡，升为颍昌府，金元皆曰许州，治长社，今河南许昌县治。明省长社入州，清直隶河南省，民国改为许昌县。

汉 刘讽，字伟节，颍川人也。师司马季主，服日月精华，得道后，归乡里，托形杖履而去。《真诰》云：颍川刘伟惠，汉景帝时，公车司马刘讽也。事司马季主，为入室弟子，道成，晚归乡里，托形杖履，身死桑树之下，今墓在汝南安成县。《道光许州志·方技》

唐 张憬藏，长社人，少工相术，与天纲齐名。太子詹事蒋俨，有所问，答曰："公厄在三尺土下，尽六年而贵。六十位蒲州刺史，无有禄矣。"俨使高丽，为莫离支所囚，居土室六年还。及为蒲州，岁如期，则召掾史妻子告当死，俄诏听致仕。刘仁轨与乡人靖贤请占，憬藏答曰："刘公当五品而谴，终当位冠人臣。"谓贤曰："君法客死，仁轨为尚书仆射。"贤猥曰：①"我有三子，皆富田宅，吾何客死？"俄丧三子，尽鬻田宅，寄死友家。魏元忠尚少，往见憬藏问之，久不答，元忠怒曰："穷通有命，何预君耶！"拂衣去，憬藏遽起曰："君之相在怒时，位必卿相。"姚崇、李迥秀、杜景佺从之游，憬藏曰："三人者皆宰相，然姚最贵。"郎中裴珪妻赵，有美色，见之，憬藏曰："夫人目长而慢，法曰猪视者淫。"又曰："妇人目有四白，五夫守宅，夫人且得罪。"俄坐与卢崇道奸，没入掖廷。裴光廷当国，憬藏以纸大书"台"字投之，光廷曰："吾既台司矣，尚何事？"后三日，贬台州刺史，憬藏相术之妙皆此类，竟不仕以寿终。新旧《唐书·方技·袁天纲传》《艺术典·相术部·名流列传》

宋 杜生，颍昌人，不知其名，县人呼为杜五郎。所居去县三十里，有屋两间，与其子并居，前有空地丈余，即为篱门，生不出门者三十年。黎阳尉孙轸，往访之，② 其人颇洒落，自陈村人无所，知官人何为见顾？轸问何以不出门之因，笑曰："以告者过也。"指门外一桑曰："忆十五年前，亦尝纳凉其下，何谓不出？但无用于时，无求于人，偶自不出耳，何足尚哉！"问何以为生，曰："昔时居邑之南，有田五十亩，与其兄同耕，迨兄子娶妇，度所耕不足赡，乃尽以与兄，而携妻子至此。蒙乡人藉屋，遂居之，惟与人择日，又卖医药，以给饘粥，③ 亦有时不继。后子能耕，荷长者见怜，与田

---

① 猥，音腲，賄韵，顿也。苏俗言气弱不任运动，曰委顿。
② 轸，音诊，轸韵，星名，二十八宿之一，今春分节子正初刻十分之中星。
③ 饘，音毡，元韵，音旃，先韵，同饘。

三十亩，使之耕；尚有余力，又为人佣耕，自此食足。乡人贫，以医术自业者多，念己食既足，不当更兼他利，由是择日卖药，一切不为。"问常日何所为？曰："端坐耳。""颇观书否？"曰："二十年前，曾有人遗一书策，无题号其间，多说浮名。经当时极爱其议论，今忘之，并书亦不知所在矣。"时甚寒，布袍草履，室中枵然，而气韵闲旷，言词精简，盖有道之士也。问其子之为人，曰："村童也。然性质甚淳厚，不妄言，不敢嬉。惟间一至县买盐酪，① 可数行迹，以待其归，径往径还，未尝旁游一步也。"轸嗟叹留连，久之乃去。后至延安幕府，为沈括言之，括时理军书，追夜半疲极未卧，闻轸谈及此，乃顿其劳。②《宋史·隐逸》

○《贫士传》赞曰：杜生野寄，逾纪潜门。让亩敦睦，俗室裕贫。严卜韩方，以粒以薪。孙尉惠绥，聆厥条陈。

○阜按：此与《新唐书·方技》所载许州杜生不同。

615 襄城县

战国时魏邑，秦置襄城县，晋于县置襄城郡，隋郡废，清时县属河南许州。

宋 楚芝兰，襄城人，初习三礼，遇有道之士，教以符天六壬遁甲之术。属朝廷博求方技，诣阙自荐，得录为学生，以占候有据，擢为翰林天文，授乐源县主簿，特迁员外，赐五品服。卒年六十余，录其子继芳，为城父县主簿。《宋史·方技》《乾隆襄城县志·方技》

明 李绍，襄城人，通星历推步之术，正统间，授钦天监监正。《道光许州志·方技》

616 郾城县

春秋楚，召陵邑，秦置召陵县，又置郾县，东晋省郾县，隋置郾城县，省召陵入郾

---

① 酪，音洛，浆也。酒类也。
② 顿，敦去声，蹷也。犹俗言立时也。又止也。俗亦谓略停曰顿。

城，清属河南许州，京汉铁路经之。

宋 掌禹锡，字唐卿，郾城人，中进士第，为道州司理参军，试身言书判第一，丁度荐为侍御史。英宗即位，以尚书工部侍郎致仕，卒。禹锡喜命术，自推直生日，年庚寅，日乙酉，时壬午，当易之归妹困震，初中末三卦，以世应飞伏，纳五甲行，析数推之，卦得二十五，年分三卦，合七十五年，约半禄秩算，数尽于此矣。著有《郡国手鉴》《周易集解》，并预修《皇祐方域图志》《地理新书》，及校正《类篇》《神农本草》，载药石之名状，为图经行世。《宋史·本传》

617　召陵县

汉置县，隋废，唐复置，又废，故城在今河南郾城县东三十五里。

后汉 谢甄，字子微，汝南召陵人，明识人伦，虽郭林宗不及甄之鉴也。见许子将兄弟弱冠时，① 曰：平舆之渊，有二龙焉。仕为豫章从事。《汝南先贤录》

618　荥阳县

战国韩邑，汉置县，故城在今河南荥泽县西南十七里。后魏移治大栅城，即今县治。清属河南郑州，陇秦豫海铁路经之。

隋 刘祐，荥阳人，开皇初，为大都督，封索卢县公，其所占候，如合符节，文帝甚亲之。初与张宾、刘辉、马显定历，后奉诏撰兵书十卷，名曰《金韬》，帝善之。又著《阴策归正易》等书数十种，并行于世。《隋书·艺术》《北史·艺术》《雍正河南通志·方技》

---

① 许劭，字子将，年十八，时子微见之，叹曰：此希世之伟人也。弟许虔，字子政，皆平舆人。

619 郑州

隋置管州，改曰郑州，在今河南汜水县西北，寻徙治管城，即今河南郑县治，改曰荥阳郡。唐徙郑州治虎牢，复置管州，寻又移郑州治管城，改曰荥阳郡。金曰郑州，明省管城县入州，清属河南开封府，后升为直隶州，民国改州为县。

周 裨灶，郑大夫。灵王十八年，灶与子羽，晨过伯有之门，见其门上生莠，子羽曰："其莠犹在乎？"于是岁在降娄，降娄中而旦，灶指之，曰："犹可以终岁，不及此次也已。及其亡也，岁在娵訾之口。"① 其明年乃及降娄，至是郑人杀伯有，如其期焉。又景王十二年陈灾，是时陈已为楚所灭，灶曰："五年陈将复封，封五十二年而遂亡。"子产问其故，灶曰："陈，木属也。火，水妃也，而楚所相也。今火出而灾陈，逐楚而建陈也。妃以五成，故曰五年。岁五及鹑火，而后陈卒亡，故曰五十二年。"及敬王四十一年，楚公孙朝果灭陈。《左传》《雍正河南通志·方技》

620 卫州

北周置，治朝歌，在今河南淇县东北，隋废为汲郡，唐复置卫州，治汲县，即今河南汲县治，改曰汲郡，寻复为卫州，宋曰卫州汲郡，金曰卫辉路。

唐 高定，卫州人，贞公郢之子。定辩慧，七岁读《尚书》至《汤誓》，跪问郢曰："奈何以臣伐君？"郢②曰："应天顺人，何云伐邪？"对曰："用命赏于祖，不用命戮于社，是顺人乎？"郢异之。长通王氏易，为图合八出，以画八卦；上圆下方，合则为重，转则为演，七转而六十四卦，六甲八筹备焉。著《外传》二十三篇，仕至京兆府参军。两《唐书》俱附《高郢传》，唐李肇国《史补》

---

① 《尔雅·释天》："娵觜之口，营室、东壁也。"《左传·襄公三十年》："及其亡也，岁在娵訾之口。"《

② 郢，音颖。

621　汲县

战国魏邑，《史记》秦庄襄王三年：蒙骜攻魏汲，拔之。汉置县，北齐省，故城在今河南汲县西南二十里。东魏置伍城县，隋改汲县。明清皆为河南卫辉府治，京汉铁路经其西，道清铁路经其南。

唐　尚献甫，汲人，善占候，武后召见，擢太史令，辞曰："臣梗野，不可以事官长。"后改太史局，为浑仪监，以献甫为令，不隶秘书省，数问灾异，事皆符验。又于上阳宫，集术家撰《方域》等篇。长安二年壬寅，献甫奏曰："臣本命纳音在金，[①] 今荧惑犯五，诸侯太史之位，荧，火也，金之仇，是臣将死之征。"后曰："朕为卿厌之。"迁水衡都尉，谓曰："水生金，卿又去太史之位，卿无忧矣。"至秋，献甫果卒，后嗟异之。《新唐书·方技》《雍正河南通志·方技》

622　武陟县

汉怀县，隋置武陟县，寻废，移修武县来治，唐又改曰武陟。宋金时，亦作武陟，明清皆属河南怀庆府。

清　申维清，字涟如，好读书，不喜为经生之学，习日者言，断人富贵穷通，多奇验。又工《火珠林》卜法，有妇人占夫病，谓当寅日死，医者曰："不然，应在一月以外。"及五日戊寅，果死。童子卜失牛，曰："在西北。"童子言："昨夜人见适东方。"曰："初适东，今在西北矣。"越二日，果从西北得之。后以家乏恒产，遍游天下，南至吴越，西穷秦蜀，遇名山水辄留，在外十七年，归家甫数月，适族人外出无耗，有人至禹州来，具言此人被禹人殴死，隐其尸，无可寻觅，维清立占之，曰："吾去，此冤可白。"当夜即行，至其境，未及一月，遂得其实。《道光武陟县志·方技》

---

① 此用纳音看命。

623　安阳县

战国魏邑，汉为侯国，晋始置安阳县，东魏并入邺县，隋又改为安阳县，明清皆为河南彰德府治，京汉铁路经之。县西北有六河沟煤矿，产烟煤，色甚光黑。

唐　傅奕，邺人，① 素究阴阳术数，尤晓天文。隋开皇中，以仪曹事汉王谅。谅反，问奕，今兹荧惑入井，果若何？对曰："天上东井黄道所由，荧惑之舍，不为怪异。若荧惑入地上井，乃为灾。"谅不悦，俄谅败，由是免诛。徙扶风，高祖为扶风太守，深礼之。及践祚，召拜太史丞，迁太史令。贞观十三年己亥卒，年八十五。遗言戒子："六经名教言，若可习也；妖胡之法，慎勿为。"② 注《老子》，并撰《音义》行于世。《旧唐书·本传》

清　许三礼，字典三，号西山，安阳人，顺治辛丑进士，官海宁知县，累擢兵部督捕右侍郎。其学以程朱为纲，礼乐兵刑阴阳律历、勾股测望为目。喜延揽人才，上自贤豪名世，下至地巫星客，一艺之长者，莫不罗而致之幕下。故四方之客，日至北海之座，讲道论文，不以碍其簿书，其天性然也。生于天启乙丑正月二十五日，卒于康熙辛未正月初九日，年六十七。著有《圣学直指》《易贯》《怀仁堂遗稿征存》等。《西山许先生墓志铭》，黄宗羲撰。

清　李振文，县西北洪河屯镇人，幼从师读，日百行，因贫辍学，昼农耕，夜居牛屋披书，渐通医卜星相之术。性奇巧，常剪皮人作影戏，改良织布机，尤留心机器，谓仿制易易也。《民国安阳县志·方技》

清　李克岐，字颖庵，安阳人，诸生。性孝，事寡母以色养，读书不务章句，喜邵子书，皇极理数，究极精微，教人以朱子小学为法。家赤贫，虽饔飧不给，终日鸣琴在堂，吟哦自得，有春风沂雩之意。所著《绿窗诗草》，藏于家。《彰德府志·儒林》

---

① 邺郡，即今河南安阳县治。
② 奕，指佛道为妖胡。

624　汤阴县

战国魏荡阴邑，汉置荡阴县，后魏并入邺县，隋复置荡阴县，唐改置汤源县，后复曰汤阴，明清皆属河南彰德府。

宋　岳珂，字肃之，号倦翁，汤阴人，飞孙，霖子。宁宗朝，权发遣嘉兴军府，兼管内劝农事，有惠政。尝居郡治，西北金陀坊，痛其祖飞为秦桧所害，作《金陀粹编》。嘉定间，又为《籲天辩诬集》《天定录》，上之。又著《九经三传沿革例》《愧郯录》《桯史》，又补注《三命指迷赋》一卷，所论大抵专主子平，于夹马，夹禄，拱库，拱贵，辨论详尽，往往为他家所未发，而拱库一条，尤称精晰。惟专以月建及胎元为推测之本，则不为定论。盖月建是行运所主，要必当以日时参之。《宋史·附岳飞传》《四库·子部·术数类·三命指迷赋提要》

625　临漳县

春秋晋邺邑，汉置邺县，三国魏建邺都，晋改曰临漳，后复曰邺，石虎慕容儁皆都此。东魏迁都于此，分邺东界置临漳县。北齐亦都此，故城在今河南临漳县西南十八里旧县村。明避漳水患，移理王店，即今治，属河南彰德府，清因之。

北齐　赵辅和，临彰人，明易善筮，为齐高祖馆客。高祖崩于晋阳，葬有日矣。文襄令文宣，与吴遵世等择地，频卜不吉。又至一所，遵世筮之遇革，咸云凶。辅和少年，在众之后，进云：革卦于天下人皆凶，惟王家用之则大吉。《革·象辞》云：汤武革命，应天顺人。文宣遽登车，顾云：以此地为定，即义平陵也。《北齐书·方技》《雍正河南通志·方技》

清　杜会，临漳西关里人，幼双瞽，习子平，事母孝，不知其父。既而知贸易客死，乃辞母各邑访之，以星命为资费，誓得父骨乃归。一日出古北口，至八沟，店主人陈说其父姓氏里居，且言与生前交好，示以墓，遂扶榇还。《彰德府志·孝友》

626　内黄县

战国魏黄邑，汉置内黄县，应劭曰："陈留有外黄，故加内。"东魏并入临漳，故城在今河南内黄县西北。隋于故城东南十九里重置，即今县也。清属河南彰德府。

宋　傅珏，① 有知人鉴，或坐都市门，公卿车骑之过者，言地位所至，无毫发爽。初不能相术，每曰：予自得于心，亦不解也。尝寓北海，王沂公曾，始就乡举，② 珏遇于棘闱之外，明日以双笔要而遗曰："公必冠多士，位宰相，他日无相忘。"闻者皆笑，珏不为怍，遂定交，倾资以助，沂公赖之。既而如言，沂公与其二弟，以兄事之，终身不少替。《乾隆内黄县志·方技》

627　武安县

战国赵邑，汉置武安县，清属河南彰德府，李兆洛谓汉以后县治即今治。

隋　马光，字荣伯，武安人，少好学，从师数十年，昼夜不息，图书谶纬莫不涉览；尤明三礼，为儒者所宗。《雍正河南通志·方技》

明　宋之韩，字元卿，号敬斋，武安人，生有夙慧，举止异凡儿；于书无不读，五经大义，皆悉诵解，诸子百家，以及医卜杂技，亦靡不究晓。嘉靖辛酉举于乡，乙丑成进士，授襄陵令，累官刑科都给事中，卒年六十九。著有《主敬堂文集》《三才要览》行世。新旧《唐书·本传》

---

① 珏，音觉，二玉相合为一珏。
② 王曾字孝先，益新人，微时咏梅花曰：未须料理和羹事，且向百花头上开。又曰：平生志不在温饱。咸平中，由乡贡试礼部廷对皆第一，累拜中书侍郎，同中书门下平章事，封沂国公，谥文正，著有《王文正笔录》。

628　新乡县

汉获嘉县，北齐废，隋改置新乡县，明清皆属河南卫辉府。京汉铁路经之，道清铁路自汲县由此横过，京汉铁路西达清化镇。

明　李承宝，号信斋，新乡人，素喜谈兵，有封狼居胥志。抚院本兵尝欲聘之大用，不果。采览图志，善卜，推验如响，尤精于脉理，每危疾，诸医敛手，宝玉辄起之。然性耿介，富贵家不乐往，里巷贫窭招之乃趋往，与之金不受，短衣曳杖自若也。著有《医卜闲谈》诸书，后以岁贡授灵山卫教授终焉。《乾隆卫辉府志·方技》

629　朝歌县

周武王灭殷，封康叔为卫国。汉置县，三国魏置朝歌郡于此，故城在今河南省洪县东北，隋移治，改为卫县。

春秋　端木赐，字子贡，卫人，孔子弟子，少孔子三十一岁，好比方人物，智足以知圣人，得闻一贯之旨。善言语，尝说吴出师敌齐以存鲁，越因以霸。又善货殖，废贮鬻财于曹鲁之间，七十子之中，最为富饶，卒终于齐。《史记·仲尼弟子》

○汉王充《论衡》云：鲁将伐越，筮之得"鼎折足"，子贡占之以为凶，何则？鼎而折足，故谓之凶。孔子占之以为吉，曰越人水居，行用舟，不用足，故谓之吉。鲁伐越，果克之。

○清盐城蔡云万选青《蛰存斋笔记》云：子贡精相地之学，为孔子卜葬地多处，并曾至江西龙虎山望气，称其山脉雄厚，色孕宏深，可以历千数百年而不变，复于夜深详察之，似觉其气邪而不正，姑置之。仍回鲁卜地，卒在曲阜昌平乡得之。葬后，子贡筑庐于场，独居三年，论者或谓为尽弟子心丧三年之谊，此犹浅之乎测君子矣。此三年中，子贡分植树木，移栽花卉，大半系采自远方，意匠经营，别饶机趣，望之蔚然苯秀，气象郁葱。子贡又续居三年，当时曾论及墓基已成，详观四周之朝拱，于水源稍觉其缺，容徐图之。至秦始皇时代，于鲁东开凿大河，有勘定之界线一段，碍及孔墓，群臣谏阻弗听，遂开工凿濬，后凿至距孔墓数里地方，掘得大石碑一，上刊七字"自有秦人送水来"，始皇见之惊骇，即对众云："孔子信为圣人，及门诸弟子，亦均属贤人；数百年后事，竟能先知。"即令抵此停工，而孔墓于水抱山环之地理，遂臻完备。可见子贡当日独居于场，不仅在外观上多所布置也。后经列代帝王，谒圣瞻陵时，又复划地附益墓道，遂袤广有四十里之遥，自足与河山并永也。

○阜按：子贡卜地之说，襄曾于某书见之，今不及检查，《蛰存斋》所记虽详，惜未指明出处耳。

后汉 向长，[1]朝歌人，隐居不仕，性尚中和，好诵《易》，老贫无资食，好事者更馈焉，受之取足而反其余。王莽大司空王邑，辟之，连年乃至，欲荐枝于莽，固辞乃止。潜隐于家，读《易》至损益卦，喟然叹曰：吾已知富不如穷，贵不如贱，但未知死何如生耳。[2]建武中，男女娶嫁既毕，勅断家事勿相关，当如我死也。于是遂肆意与同好北海禽庆，[3]俱游五岳名山，竟不知所终。《后汉书·隐逸》

○明敬虚子《小隐书》云：富不如贫，贵不如贱，此山林一种逸味，细细含嚼，方觉美出；若对世俗言之，鲜不嗤笑。未知死何如生，疑辞也。元人有李道纯者善言此，李之言曰：有生即有死，欲知死必，先知生。子路问死，子曰：未知生，焉知死。大哉圣人之言也！《系辞》所谓"原始要终，故知死生之说"，学人欲要其终，先原其始；欲明末后，究竟只今；只今洒脱，末后洒脱；只今自由，末后自由，只今做底工夫，便是末后大事也。呜呼！小隐者读此而解，则死生之疑，脱然释矣，非出世之第一义耶！

630 辉县

周共伯国，汉置共县，北齐废，隋复置共城县，金改曰河平，又改曰苏门，于县置辉州。元省苏门县入州，明初改州为辉县，属河南卫辉府，清因之。

清 李元良，生员，精于占卜，尊信邵子，手画《皇极经世图说》二本。又精韵学，衣冠朴质，有古人风。《道光辉县志·方技》

---

[1] 《高士传》，字作尚。
[2] 《易·损卦》曰：二簋可用享。损益盈虚，与时偕行。《益卦》曰：损上益下，人说无疆也。
[3] 字子夏。

631　滑县

殷豕韦国，春秋卫曹邑，秦置白马县，隋置杞州，改滑州。明初省白马县入州，降为滑县，清属河南卫辉府。

汉　京房，字君明，治《易》，师事梁人焦延寿，其说长于灾变，分六十四卦，更直日用事，以风雨寒温为候，占验尤精。初元四年丙子，以孝廉为郎。永光建昭间，西羌反，日蚀又久㫰无光，① 阴雾不晴，房数上疏，所言屡中，天子悦之。数召见，房奏考功课吏法，朝臣皆以房言烦碎，不可许。数因灾异，指陈时政得失，石显辈嫉之，出为魏郡太守，治郡有声。房请岁竟乘传奏事，天子许焉。后显诬房"与张博通谋，诽谤政治，归恶天子，注误诸侯"，房博皆弃市。房本姓李，推律自定为京氏，著有《京氏易传》。《前汉书·列传》《同治滑县志·方技》

唐　薛颐，善天步律历，尤晓杂占。贞观中，太宗将封禅泰山，有彗星见，颐言考诸玄象，陛下未可东封，会褚遂良亦言其事，于是乃止。颐后上表，请为道士，太宗为置紫府观于九嵕山。② 拜颐中大夫，又勒于观中建一清台，候玄象，有灾祥等事，随状闻奏。所奏与京台李淳风，多相符契，后数岁卒。《旧唐书·方技》《同治滑县志·方技》

明　吕朗，滑县人，负相术，数从蒲州王大司马游。瀚时自闽至京，王与吕偕来，吕左右顾瞻，久之，曰："明公当为冢宰。"瀚哂之，因询王，云："已目为大司马矣。"瀚曰："此言遥远，未足凭，试语其近者。"吕云："近者王参知不出半月为宪长，张宪长不踰冬至为方伯矣。且二公大有同处，不出三年俱为开府，尚同抚一方，至为冢宰司马，亦同时也。"瀚曰："冢宰当朝第一官，瀚貌何以踰人？"吕曰："五官六府，皆应大贵。至如印堂宽广，可容三指，世所稀有，冢宰正印，非明公谁属哉！"后瀚为方伯巡抚，

---

① 㫰，音省，梗韵，目病生翳也。灾也。
② 嵕，音骏，东韵，九嵕，山名，在今陕西省醴泉县东北，有九峰俱峻，文选《西京赋》作㚇。

如期而至于关中，迨至铨部，王入为司马，询其人，已物化矣。[1] 王司马尝述其人，始遇于蒲之东门，时与杨虞坡冢宰、张凤磐阁老同步，吕自道傍物色之，尽目为一品贵人，而相杨尤奇中。杨时以参知，忧居方数月，吕以旬日内当召用，出即为开府。时庚戌达虏内犯，世宗夺情起用，至则虏退，遂擢开府。后杨为少傅，张为少师，王为少保，皆至一品。吾杭日者贾勋，受业于吴氏日章，推吾母病，当以子贵；及推瀚命，贾署云："五行仿佛一璠璵，廊庙圭璋可待时。中道峥嵘轰烈甚，争看腰下佩金鱼。父母好，昆仲不少；妻妾三贤，儿郎四宝。戌酉运之交，准拟步青霄。"语皆奇中。明仁和张瀚《松窗梦语》

清 刘燃，滑县人，增生，博学多通，尤精太乙六壬术。尝有劫盗占获之，一日见两雀斗队簷下，占知盗伙复仇，命仆伺于门，果二人贸贸然来，问曰："刘先生在否？"仆曰："来意主人已知，速去，勿及祸。"二人失色而退，其神验多类此。《同治滑县志·方技》

清 韩鸣岐，滑县人，嘉庆己卯科学人，历任济源、荥阳教谕，著《卦爻便省管窥录》《地理一隅》《等韵指掌》诸书，由截取班，以知县用，嗣以事旋里，有劝驾者辞不就。优游林下，以训子弟终。《滑县志·人物》

632 河内县

春秋晋野王邑，汉置野王县，隋改河内县，明清皆河南怀庆府治，民国改为沁阳县。

北齐 解法选，河内人，明相术，又受《易》于权会，筮亦颇工。东郡袁淑德，不愿之官，以亲老言于执政杨愔，愔语云："既非正除，寻当遣代。"淑德意欲留其家在京，令法选占云："不踰三年得代，然亦终不还也。"劝其携家而行。又为淑德相云："公毋恛，终为吏部尚书。"后皆如言。《北齐书·方技》《北史·艺术》《乾隆怀庆府志·方技》

北齐 张子信，河内人，性清净，颇涉文学，少以医知名，恒隐于白鹿山，时游京邑，甚为魏收、崔季舒等所礼。后魏以太中大夫征之，听其所志

---

[1] 吕朗已逝。

还山，不常在邺。又善易卜风角之术，武卫奚永洛与子信对坐，有鹊鸣于庭树，斗而堕焉，子信曰："鹊言不善，今夜有人唤，必不得往，虽勅亦以病辞。"子信去后，是夜琅邪王五使切召永洛，且云勅唤，永洛欲起，其妻苦留之，称坠马折腰。诘朝而难作，子信齐亡，卒。《北齐书·方技》

元 许衡，字平仲，河内人，幼有异质，七岁入塾授章句，问其师曰："读书欲何为？"师曰："取科第耳。"曰："如斯而已乎？"师大奇之，稍长，嗜学如饥渴，值世乱，且贫无书，尝从日者家，见《尚书注疏》，因请寓宿手抄以归。避难徂徕山，始得王辅嗣《易说》，夜思昼诵，身体而力践之。后从姚枢得程朱《易传》、《四书集注》《或问》及小学书，益大有得。初移家苏门，依枢以居，便讲习，凡经传子史礼乐名物、星历兵刑、食货水利之类，无所不讲。及枢被征，衡独处苏门，慨然以明道为己任，凡丧祭嫁娶，必征于礼，以倡其乡人，从学者寖盛。元世祖王秦中，召为京兆提学，教化大行。及即位，命为国子祭酒，又命议事中书省，衡乃疏陈五事，世祖嘉纳之。又令定朝议官制，后以集贤大学士兼国子祭酒，其教谆煦恳至，而从学者尊师敬业，日改月化，虽至童子，亦知三纲五常为人生之道。又尝领太史院事定《授时历》，历成，以疾乞还，卒于家，年七十三，谥文正，封魏国公，诏从祀孔子庙庭，著有《读易私言》《许鲁斋集》。《元史·本传》《雍正河南通志·理学》

633　济源县

周原国，春秋晋原邑，汉置沁水轵二县，隋分轵县置济源县，元改置原州，寻复为济源县，明清皆属河南怀庆府。

唐 骆山人，长庆辛丑，王庭凑使河阳，回及沇水，① 酒困，寝于道。山人熟视之，曰："贵当列土，在今年秋。"既归，遇田宏正之难，军士拥为留后，访山人待以函丈之礼，乃别构一亭，去则县榻，号骆氏亭，报畴昔也。《乾隆济源县志·方技》

---

① 沇，音尹，水名，水出今山西垣曲县东北一百里王屋山，即济水之东流也。

634　温县

因为畿内邑，汉置温县，亦曰苏城，故城在今河南温县西南三十里。北齐省，隋复置，即今治。唐改曰李城，寻复故。明清皆属河南怀庆府。

汉　许负，河内温人，善相人。周亚夫为河内守，时负相之，曰："君后三岁而侯，候八岁而将相，持国柄，贵重矣，于人臣无两，后九年而君饿死。"亚夫笑曰："臣之兄已代父侯矣。有如卒，子当代，亚夫何说侯乎？然既以贵如负言，又何说饿死指示我？"许负指其口曰："有从理入口，① 此饿死法也。"居三岁，其兄绛侯胜之有罪，孝文帝乃择绛侯子贤者，皆推亚夫，乃封亚夫为条侯，续绛侯后。景帝时以太尉击吴楚，迁为丞相。居无何，条侯子为父买工官尚方甲楯五百被可以葬者，取庸苦之，不予钱。庸知其盗买县官器，怒而上变，告子事，连汙条侯。书既闻上，上下吏，吏部责条侯，条侯不对，景帝骂之曰："吾不用也。"召诣尉廷尉，廷尉责曰："君侯欲反耶！"亚夫曰："亚所买器，乃葬器也，何谓反耶？"吏曰："君侯纵不反地上，即欲反地下耳。"吏侵之益急。初吏捕条侯，条侯欲自杀，夫人止之，以故不得死，遂入廷尉，因不食五日，果饿死。负所著有《德器歌》《五官杂论》《听声相形》等篇。《史记·外戚世家》《图书集成·相术部·名流列传》《乾隆怀庆府志·艺术》》

○《史记·本传》及《相法证验》云：汉张苍，阳武人，求许负相，曰："我口不生一齿，恐防天寿。"负曰："凡始气所成，在所不论。"苍曰："《相经》云：齿乃骨之余，精壮则坚，衰则落，可辨筋骨盛衰，可定寿命长短。我口不生一齿，焉能有寿？"负曰："相中虽取齿为寿，然论寿更有七法：'一曰眉高长，二曰耳厚大，三曰年寿丰满，四曰人中深阔，五曰齿密坚固，六曰神完气足，七曰声音逮震，盖求全在声也。'老子曰：'世所难知惟寿焉，最要紧者心。'心行阴隐，寿可延也。"苍秦时为御史，主柱下方书，后归汉，从攻臧荼，曾救九郡生灵，封北平侯。苍又精通律历，明习图书计籍，萧何为相，苍以列侯居相府，领主郡国上计者十四年。孝文初，为丞相，后谢病免，卒谥文。

○《清一统志·怀府·陵墓》云：许负墓在温县西，鸣雌城内，高祖封负为鸣雌侯。

---

① 从理，横理也。

明 李星井家聚，东温人，善六壬奇门梅花诸数，尝卖卜河阳。一日晨起，立郭门下启关，而一人前揖，曰："我欲有请也。"井曰："失驴乎？"其人愕然，井曰："归矣，驴已系门矣。"及归家而果然，则大喜，复来谢，因问："君何以知我失驴耶？"曰："汝问时，适有牵马䭾门扇而过者，①是非驴乎？""然则何以知在门内也。"曰："子方问，而马已入门，故知之。"其奇中多类此。

清 张四斗，温人，精天文六壬诸术，明季尝言汴当灾，后果被流寇决河淹没。又通内养法，寿九十有四，无疾而卒。

清 王子湘，字裔韩，温邑庠生，都督信，季子，善六壬奇门之术，尤工于求雨，设坛步祷，辄四野沾足。邻封旱魃为虐，多迎之者，酬以金帛，终弗受。以上《乾隆怀庆府志·艺术》

635 阳武县

秦置，故城在今河南阳武县东南二十八里，北齐移治汴水南一里，今无遗址。隋复理此城，唐又移理汉原武城，即今治。清属河南怀庆府。

清 张世勋，字柱标，汲县人，年八十，为本县训导，言人休咎多奇中。一日过谕署，逢一斗役名吴璧者，惊之曰："汝速归家。"役言该直，归恐见责，勋遂言于学谕吴，令其速归，迟则不能至家矣。吴笑而遣之，移时忽有斗役自外入，言璧归家而死，此亦一异事也。《乾隆阳武县志·方技》

636 雒阳县

汉置，故城在今河南洛阳县东北二十里，详见洛阳县注。

东周 苏秦，字季子，雒阳人，东事师于齐，而习之于鬼谷先生。学终辞归，道乏困行，以燕人蠱卜传说自给，各解臧获之裘以赏之。后为从约

---

① 䭾音驼，走也。

长，并相六国，于是散千金，以赐宗族朋友，并遍报诸所尝见德者。《史记·列传》《太平御览·方术部》《图书集成·卜筮部·纪事》引《春秋后语》

宋 程颢，字伯淳，雒阳人。生而神气秀爽，眉目清峻，语声铿然，异于常儿。未能言时，叔祖母任氏太君，抱之行，不觉钏坠，后数日，方求之，颢以手指示，随之往，果得钏。年十五，与弟正叔，同受学于周茂叔，遂慨然有求道之志。年二十六举进士，调鄠县主簿。熙宁初，为御史里行，神宗数召见，颢前后进说，大约以正心窒欲、求贤育才为言，务以诚意感悟主上。后与王安石议新政不合，出签书镇宁军判官，知扶沟县。哲宗立，召为宗正丞，未赴卒，年五十四。谥纯公，封河南伯，从祀孔庙，今祀称先儒程子。颢家素清贫，僦居雒城，族大人众，菽粟仅足，而老幼各尽其欢，世称明道先生。所著有《定性书》，阐明圣学之秘，与莲溪《太极图说》相表里，其微言精论，具在《语录》，学者咸传诵之。《宋史·道学》《道统录》

○《二程粹言》：子曰：卜筮将以决疑也，今人独计其一生穷通而已，非惑夫！子曰：有理而后有象，有象而后有数，因象以明理，由象而知数，得其理而象数在其中矣。又曰：理无形也，故因象以明理。理既见乎辞，则可以由辞而观象，故曰得其理则象数举矣。又曰：作《易》者自天地幽明，至于昆虫草木之微，无一不合。又曰：知命者达理也，受命者得其应也。天之应若影响然，得其应者常理也。致征而观之，未有不应者。自浅狭之所见，则谓其有差矣。天命可易乎？然有可易者，惟其有德者能之。又曰：西北与东南，人材不同，气之厚薄异也。又曰：人莫不知命之不可迁也。临患难而不惧，处贫贱而不变，视富贵而不慕者，吾未见其人也。或问：命与遇异乎？子曰：遇不遇，即命也。曰：长平死者四十万，其命齐乎？子曰：遇白起则命也。有如四海九州之人，同日而死者，则亦常事尔；世之人以为是骇然耳，所见少也。

宋 程颐，字正叔，年十四，与兄颢同受学于周茂叔，仕终直秘阁，世称伊川先生。卒年七十五，谥纯公，封伊阳伯，从祀孔庙，今祀称先儒程子。颐学本于诚，以《大学》《语》《孟》《中庸》为标指，而达于六经。动止语默，一以圣人为师。尝言今农夫祁寒暑雨，深耕易耨，播种五谷，吾得而食之；百工技艺，作为器物，吾得而用之；介胄之士，被甲执锐，以守土宇，吾得而安之；无功泽及人，而浪度岁月，晏然为天地间一蠹，唯缀缉圣人遗书，庶几有补尔。于是著《易传》《春秋传》，以传于世。《易传》序曰：易，变易也。随时变易，以从道也。其为书也，广大悉备，将以顺性命之理，通幽明之故，尽事物之情，而示开物成务之道也。圣人之忧患后世，可谓至矣。去古虽远，遗经尚存，然而前儒失意以传言，后学诵言而忘味，自秦而下，盖无传矣。予生千载之后，悼斯文之湮晦，将俾后人，沿流而求源，以传之所以作也。易有圣人之道四焉，以言者尚其辞，以动者尚其变，以制器者尚其象，以卜筮者尚其占。吉凶消长之理，进退存亡之道备于辞，推辞考卦可以知变，象与占在其中矣。君子居则观其象，而玩其辞，动则观其变，而玩其占，得于辞不达其意者有矣。未有不得于辞，而能通其意者也。至微者理也，至著者象也，体用一源，显微无间，观会通以行其典礼，则辞无不备。故善学者求言必自，近易于近者，非知言者也。予所传者辞也，由辞以得其意，则在乎人焉。《宋史·道学》《道统录》

中国历代卜人传卷二十九

河南省 三

637 洛阳县

周之成周，战国时更曰洛阳。秦灭东周，置三川郡，封吕不韦为文信侯，食河南洛阳十万户。汉高帝即位，初都洛阳，置雒阳县，寻西都长安，以县为河南郡治。世祖又都之，故城在今河南洛阳县东北二十里。晋曰洛阳县，石勒以洛阳为南都，后魏太和间，亦定都之。隋自故洛城西移十八里，置新都，仍曰洛阳县。唐徙治金墉城，又移治都内之毓德坊，即今治。明清皆为河南河南府治，陇秦豫海铁路经之。其地北负邙山，南临涧洛，古来有事中原者，皆以此为枢纽。城垣旧极广，隋唐时尚周六十九里三百二十步，今城仅八里有奇。今洛阳城，乃隋唐东南一隅也。

周 叔服，周大夫，识相。襄王二十六年乙未，鲁文公即位，王使叔服如鲁葬僖公。公孙敖闻其能相人也，见其二子焉，叔服曰："谷也食子，难也收子。谷也丰下，必有后于鲁国。"后皆如其言。《左传·文公元年》《雍正河南通志·方技》

周 王孙说，周大夫，善相。简王八年癸未，鲁成公来朝，① 使叔孙侨如先聘，且告。② 见王孙说，与之语，说言于王曰："鲁叔孙之来也，必有异焉，其享觐之币薄而言谄，殆请之也。若请之，必欲赐也。鲁执政唯强，故

---

① 简王八年，鲁成十三年也，成公将与周晋伐秦而朝也。
② 使侨如先修聘礼，且告周，以成公将朝也。

不欢焉，而后遣之。① 且其状方上而锐下，宜触冒人，王其勿赐。"《国语·周语中》

周 卫平，官博士，元王二年丙寅，② 夜半龟来见梦，惕然而悟，乃召卫平而问之，曰："今寡人梦见一丈夫，延颈而长头，衣玄绣之衣，而乘辎车，来见梦于寡人，曰：'我为江使于河，而幕网当吾路，泉阳豫且得我，我不能去，身在患中，莫可告语，王有德义，故来告诉'，是何物也？"卫平乃援式而起，仰天而视月之光，观斗所指，定日处乡；规矩为辅，副以权衡；四维已定，八卦相望；视其吉凶，介虫先见，乃对元王曰："今昔壬子，③ 宿在牵牛；河水大会，鬼神相谋；汉正南北，④ 江河固期；南风新至，江使先来；白云壅汉，万物尽留；斗柄指日，使者当囚。玄服而来乘车，其名为龟。王急使人问而求之。"王曰："善！"于是王乃使人驰而往问泉阳令，使吏按籍视图，上流之庐，名为豫且，乃与使者驰问豫且，豫且曰："夜半时举网，得龟，今在笼中。"使者曰："王知子得龟，故使我求之。"豫且即出龟献使者，使者载行，出于泉阳之门，正昼无见，风雨晦冥；云盖其上，五采青黄；雷雨并起，风将而行；入于端门，见于东箱；身如流水，润泽有光；望其元王，延颈而前，三步而止；缩颈而却，复其故处。元王见而怪之，问卫平曰："龟见寡人延颈而前，以何望也？缩颈而复，是何当也？"卫平对曰："龟在患中，而终昔囚，王有德义，使人活之，今延颈而前，以当谢也；缩颈而却，欲亟去也。"元王曰："善哉，神至此乎！不可久留，趣驾送龟，勿令失期。"《史记·龟策》

汉 皇甫嵩真，常自算其年寿七十三，于绥和元年癸丑，正月二十五日晡时死，书其屋壁以记之："二十四日晡时死"。其妻曰："见算时常下一算，欲以告之，虑脱有旨，故不告，今果先一日也。"真又曰："北邙青冢上，孤榅之西四丈，所凿之入七尺，吾欲葬此地。"⑤ 及真死，依言往掘，得古时空

---

① 鲁执政之人，唯畏其强御，难距其欲，故不欢悦而后遣之。
② 《史记》元王上有一宋字。
③ 《索隐》：今昔，犹昨夜也。以今日言之，谓昨夜为今昔。
④ 《正义》：汉，天河。
⑤ 北邙山，在河南洛阳县东北，榅，音贾，马韵，木名，山楸也。木之美者。

梣,① 即以葬焉。《广博物志·方技》引《西京杂记》

东汉 刘辅,光武帝次子,郭皇后生,封沛献王,矜严有法度,好经书,善说《京氏易》《孝经》《论语传》及《图谶》,作《五经论》,时号之曰《沛王通论》。在国谨节,终始如一,称为贤王,显宗敬重,数加赏赐,立四十六年薨。永平五年壬戌,京师少雨,显宗孝明帝②向云台自作卦,以《周易林》占之,其疏曰:"蚁封穴户,大雨将至。"明帝以问辅,辅上书曰:"蹇,艮下坎上,艮为山,坎为水,山出云为雨,蚁穴居之,雨将至,故以蚁为兴。"③《后汉书·沛献王辅传》《艺术典·卜筮部·纪事》

后汉 尹轨,字公度,太原人,博学群书,晚乃学道,尤明天文星气,河洛谶纬,言天下盛衰,安危吉凶,未尝不效。常服黄精,年百余岁,后隐居太和山。太和城北,左右深松列植,筠柏交阴,其隐处也。《太平御览·道部》《河南府志·流寓》

后汉 王宗,以卖卜自奉,安帝以博士征,耻占验见知,悬绶于县庭而逃。《华阳国志》

魏 曹植,字子建,操子,封陈王。十岁善属文,援笔立成,甚为操所爱。文帝丕素忌其才,欲害之,令作诗,限七步,植应声曰:"煮豆燃豆萁,豆在釜中泣。本是同根生,相煎何太急?"既就国,每欲求别见,幸冀试用,终不能得,怅然绝望,遂发疾卒,时年四十一,谥思,世称为陈思王。所著赋颂诗铭杂论,凡百余篇。其《相论》曰:"世固有人身瘠而志立,体小而名高者,于圣则否。是以尧眉八彩,舜目重瞳,禹耳三漏,文王四乳。然则世亦有四乳者,此则驽马一毛似骥耳。④ 宋臣有公孙吕者,身长七尺,面长三尺,广三尺,名震天下。若此之状,盖远代而求,非一世之异也。使形殊于外,道合其中,名震天下,不亦宜乎!语云:'无忧而戚,忧必及之;无庆而懽,乐必随之。'此心有先动,而神有先知,则色有先见也。故扁鹊见桓公,知其将亡;申叔见巫臣,知其窃妻而逃也。"《三国·魏志·陈思王传》

---

① 梣,与淳通,外棺也。
② 讳庄,光武第四子,母阴皇后。
③ 兴,许应切,径韵。情之感物而发者谓之兴,故《诗》之先言他物以引起所咏之事者曰兴,《诗》六义之一也。
④ 阜按:此说非有卓识奇才者不能道。

《曹子建集》

魏 爰邵，读易明理，起至干吏，位至卫尉长。初，邓艾当伐蜀，宁坐山上，而有流水，以问爰邵。时邵官殄虏护军，① 邵曰："按易卦，山上有水曰蹇。蹇繇曰：蹇利西南，不利东北。孔子曰：蹇利西南，往有功也。不利东北，其道穷也。往必克蜀，殆不还乎？"艾怃然不乐，后悉如其言。《三国·魏志·邓艾传》②

晋 潘滔，官洗马，见王敦而目之曰："处仲③蜂目已露，但豺声未振，若不噬人，亦当为人所噬。"敦后果怀异志，明帝起兵讨之。敦病死，发瘗出尸，焚其衣冠，跽而刑之，④《晋书·王敦传》

晋 董仲道，洛阳隐者也。王弥，有才干，博涉书记，少游侠，仲道见而谓之曰："君豺声豹视，好乱乐祸，若天下骚扰，不作士大夫矣。"惠帝末，弥果从妖贼刘伯根。伯根死，聚众为群贼，人号为飞豹，寻归刘元海，以战功，进征东大将军，与刘曜、石勒破京师，纵兵大掠，城府荡尽；幽帝于端门，杀太子诠。石勒恶其骁勇，伏兵袭杀之。《晋书·王弥传》《太平御览·方术部·相上》

唐 张諲，字五弟，王维酬以诗序云："故人张諲，⑤工诗善易卜，兼能丹青草隶，顷以诗见赠，聊获酬之。张弟五车书，读书仍隐居。染翰过草圣，赋诗轻子虚。闭门二室下，隐居十年余。宛是野人野，时从渔父渔。秋风自萧索，五柳高且疏。望此去人世，渡水向吾庐。岁晏同携手，只应君与予。"《河南府志·人物》王维《赠张五弟诗》

唐 胡卢生，善卜筮，宝应年中，员外郎窦庭芝，分司洛邑，常敬事之，每言吉凶，无不必中。如此者往来甚频，长幼莫不倾盖。一旦凌晨入门，颇甚嗟惋，庭芝问之，良久乃言："君家大祸将成，举族恐无遗类，即未在旦夕，所期亦甚不远。"既而举家涕泣，请问求生之路，云："非遇黄中君、鬼谷子，不能相救。然黄中君造次难见，但见鬼谷子，当无患矣。"且

---

① 殄，镇上声，尽也，绝也。
② 《太平御览·方术部·筮上》误作袁绍。
③ 敦，字处仲，司徒道，从父兄也。
④ 跽，音技，跪也。
⑤ 諲，音因，敬也。

述形貌服饰，仍约浃旬求之。于是宝与兄弟群从，泊妻子奴仆，晓夕求访于洛下。时李邺侯有艰，居于河清县，因省觐亲友，策蹇驴入洛，至中桥南，遇大尹避道，所乘驴忽惊逸而走，径入庭芝所居，与仆者共造其门，值庭芝车马罗列将出，忽见邺侯，皆惊眙而退。① 俄有人出来云："此是分司窦员外宅，所失驴，收在马厩，请客入座，员外当修谒。"如此者数四，邺侯不获已，就其厅事，庭芝既出，降阶而拜，延接殷勤，遂至信宿，至如妻孥孩稚，咸备家人之礼。数日告去，赠送殊厚，但云贵达之辰，愿以一家为托。邺侯居于河清，信宿，旁午于道，及朱泚构逆，庭芝方廉察陕服，车驾出幸奉天，遂陷于贼庭，乃銮舆返正，德宗首命诛之。邺侯自南岳征迴，至行在，便为宰相，因第臣僚罪状，遂请庭芝减死，圣意不解，云："卿以为宁王懿亲乎？以此论之尤不可，然莫有他事，俾其全活否？卿但言之。"于是具以前事上闻，特贷其死，德宗曰："曩言黄中君，盖指于朕，未知呼卿为鬼谷子何也？"《艺术典·卜筮部·名流列传》

唐 钱知微，术士，天宝末尝至洛，遂榜天津桥，表柱卖卜，一卦帛十匹，历旬，人皆不诣之。一日有贵公子，意其必异，命取帛如数卜焉。钱命蓍，布卦成，曰："予筮可期一生，君何戏焉！"其人曰："卜事甚切，先生岂误乎？"钱云："请为韵语，两头点土，中心虚悬；人足踏跋，不肯下钱。"其人本意卖天津桥，绐之，其精如此。《艺术典·卜筮部·名流列传》唐段少卿《酉阳杂俎》

后晋 徐幼文，得索紞占梦之法，为人断休咎，多奇中。南唐冯僎，尝梦登崇孝寺幡刹极高处，打方响，诣幼文叩之，幼文曰："虽有声价，至下地耳。"明年僎举进士，或诮其无验，幼文曰："后当知之。"未数日，主以取士不当，退榜覆试，僎果被黜。《河南通志·方技》

五代 王处讷，洛阳人，少时遇老叟至舍，煮洛河石如面，令处讷食之，且曰："汝性聪悟，后当为人师。"处讷因留意星书占候之学，所言多验。晋末之乱，避地太原，汉祖刘暠时领节制，辟置幕府，即位擢为尚书博士。周祖郭威尝与处讷同事，汉祖雅相厚善，及自邺举兵入汴，遽命访求处讷，得之甚喜，因问以刘氏祚短事，对曰："人君未得位常务宽大，既得位

---

① 眙，笞去声，直视也。

即思复仇。汉氏据中土,承正统,以历数推之,其太祀犹永;第以高祖得位之后,多报仇杀人,及夷人之族,结怨天下,所以运祚不长。"周祖蹴然太息,适发兵围汉大臣苏逢吉、刘铢等家,待旦,将行拏戮,遽命止之,逢吉已自杀,止诛刘铢,余悉全活。广顺中迁司天监,卒年六十八。子熙元,习父业,宋赵匡胤开宝中,补司天历算;景德中,授司天少监,奉诏《纂阴阳事》十卷,真宗制序,赐名《灵台秘要》,授监正卒。《宋史·方技》《雍正河南通志·方技》

宋 邵雍,字尧夫,其先范阳人。① 祖德新,徙衡漳,父古,徙共城。② 后徙洛,为洛阳人。雍少以才自雄,欲树功当世,于书无所不读。始为学,即坚苦,庐于苏门之百泉山,时北海李之才,摄共城令,授以易图。雍弥刻厉自进,冬不炉,夏不扇,夜不就枕席数年,遂抉先天之秘;探天根,蹑月窟,尤精数学,占往知来,为有宋诸儒所不及。既复叹曰:"昔人尚友千古,吾独未及四方,其可已乎?"于是踰河汾,涉淮汉,周流齐鲁宋郑之墟,久之幡然来归,③曰:"道在是矣。"遂定居洛阳,蓬荜环堵,不蔽风雨,躬爨以养父母。时富弼、司马光、吕公著诸贤,退居洛中,雅敬雍,恒相从游,为市园宅。雍岁时耕稼,仅给衣食,名其居曰"安乐窝",春秋佳日,乘小车,游城中,士大夫争迎致之,或留信宿乃去;好事者别作屋如其居,以候其至,名曰"行窝"。程颢每见之,退辄太息,以为内圣外王之学。远近学者,从问经义,精深浩博,应对不穷;间与深知论天下事,虽究心世务者不及也。时司马光兄事雍,而二人纯德,尤乡里所向慕,每相戒曰:"毋为不善,恐司马端明、邵先生知。"举遗逸,补颍川团练推官,不就。④熙宁十年丁巳卒,年六十七,赠秘书省著作郎,赐谥曰康节。所著有《皇极经世书》《观物内外篇》《渔樵问对》。晚尤喜为诗,平易而造于理,有《伊川击壤集》,自为之序。咸淳元年,从祀孔子庙庭。子伯温,字子文,博学,通时务,以荐授大名助教。徽宗初,上书数千言,欲复祖制,辨宣仁诬谤,解元

---

① 范阳,即今河北涿县。
② 共城,今河南辉县。
③ 幡,音翻,与翻通,变动之貌。
④ 诏三下,答乡人不起之意,有诗云:生平不作皱眉事,天下应无切齿人。断送落花安用雨,装添旧物岂须春。幸逢尧舜为真主,且放巢由作外臣。六十病夫宜揣分,监司无用苦开陈。

祐党禁，惜不能用也。出知灵宝县，累迁转运副使，所著有《河南集》《见闻录》及《皇极》《观物》诸解。《宋史·道学》《濂洛风雅》《雍正河南通志·理学》《乾隆洛阳县志·列传》

○《宋稗类钞·方技》云：邵尧夫在洛中，尝与司马温公论易数，推园中牡丹，云："某日某时当毁。"是日温公命数客以观，日向午，花方秾盛，客颇疑之，斯须两马相踶，绝衔断辔，自外突入，驰骤栏上，花果毁焉。尝言天下不可传此者，司马君实、章子厚尔，盖君实不肯学，子厚不可学也。

○《清波杂志》云：辉尝过庭，闻祖父奉直，得于陆农卿左丞，欧阳文忠公有一记事册子，亲题"丙午年，不入蜀，则入吴"。后见洪成李文宪公之孙，言文宪尝问邵泽民："康节知数，公所闻如何？"曰："无他语，临终但云丁未岁，子孙可入蜀。然建炎初，吴地亦不免被兵，独西蜀全盛，迄今为东南屏蔽，益信斯言。"康节先天之数，世可希万一耶。

○宋魏了翁《鹤山文集》载，跋康节逢春诗云：先生妙极道数，从容于义理之会；虽形诸余事，无间精粗，莫非实理；秦汉以来诸儒，鲜能及之，此所谓豪杰之士也。陵阳年君铉，得其所书逢春诗，尝以遗临邛魏某，辞不敢有，仍书而归之。

○宋朱弁《曲洧旧闻》云：欧阳公在政府，闻康节之名，子棐叔弼之官，道经洛下，曰："汝至洛，可往谒邵先生。"叔弼既到门，尧夫倒屣出迎，延入，说话终日，又自道平生所见人，所从学，所行事，已而又问曰："君能记否？"棐虽敬听之，不晓其意。逮元丰间，尧夫卒，有司上其行应谥，而叔弼为太常博士，当作谥议，乃始怳然悟。世以比郭景纯之于青衣，虽其事不同，而前知实相类也。

宋 刘烨，字耀卿，洛阳人，进士及第，官至龙图阁直学士，知河南府，徙河中府卒。烨初未第前，娶赵尚书晁之长女，早亡，而赵氏尝有二妹，皆未适人，既而烨登第，晁已捐馆，夫人复欲妻之，使媒妇通意，烨曰："若是武有之德，则不敢为姻；如言禹别之州，则庶可从命。"盖烨不欲七姨为匹，意欲九姨议姻故也。夫人诘之曰："谚云，'薄饼从上揭'，刘郎才及第，岂得便简点人家女？"烨曰："非敢有择，但七姨骨相寒薄，非某之对，九姨乃宜匹。"遂娶九姨，后生七子，皆至大官。七姨后适关生，竟不第，落泊寒馁，暮年刘氏养之终身。《宋史·附温叟传》宋吴处厚《青箱杂记》

宋 李建中，西京留台，博雅多艺，其子宗鲁，善相人。一年春榜之京师，命择婿，行次任村逆旅，方就食，有丈夫，荷布囊从驱驴，亦就食于逆旅，宗鲁一见，前揖寒温，延之共案，询其所自，曰："今春不第，将还洛也。"宗鲁不复之京师,与之同归洛中,其父诘之曰:"今既得贵婿,可复回矣。此人生不出选调,死封真王。"于是婿之,乃张尧封也。实生温成皇后,天圣中,登进士第,终亳州军事推官,后封清河郡王。宋张舜民《画墁录》

宋 杨可试、可弼、可辅,兄弟读书,精通易数,明风角鸟占、云浸孤虚之术,于兵书尤邃。利和间徽宗朝,自热山回,在西京山中,遇出世人,语甚款,老人颇相喜,劝杨勿仕,隐去可也。杨问何地可隐,老人曰:"欲知之否?"乃引杨入山,有大穴焉,扶服以入即渐宽,出穴即田土,鸡犬陶冶,居民大聚落也。至一家,其人来迎,笑谓:"老人久不来矣。"老人谓曰:"此公欲来,能相容否。"对曰:"此中地阔而居民鲜少,常欲人来居而不可得,敢不容耶!"乃以酒相饮,杀鸡为黍,意极欢至,语杨曰:"速来居此,不幸天下乱,以一丸泥封穴,则人何得而至。"又曰:"子果来,勿携金珠锦绣等物,在此无用,且起争端,徒手而来可也。"指一家曰:"彼来亦未久,有绮縠珠玑之属,众共焚之,所享者惟米薪鱼肉蔬果,此殊不阙。惟计口授地,以耕以蚕,不可取衣食于他人耳。"杨谢而从之,又戒曰:"子来或迟,则封穴矣。"迫暮,与老人同出。杨氏兄弟遂休官以往,乃尽捐囊箱所有,易丝棉布绢,先寄穴中人,可试后即幅巾布袍卖卜,二弟筑室山中不出,及至天下扰攘,三杨所向,不可得而知也。宋康誉之《昨梦录》

明 毕宗羲,中丞亨,少子,究心术数,常过新茔,叹曰:"此地甚凶,后祸缠绵矣。"主人闻之,召地师与相质,师曰:"地卧牛形,山水皆合局,何云凶?"毕曰:"地形诚如所言,奈系牡牛,性好觝触何?"问其验,曰:"去穴若干步,下三尺许,应有异物,去此则无事矣。"如其言掘之,果得二石卵,大如升,众皆叹服。

清 刘恭,洛阳人,好《易》,兼通六壬奇门,有占问者,无不奇验。

以上《民国洛阳县志·方技》

638 阳城县

古阳城邑。《孟子·万章》:禹避舜之子于阳城。《世本》"夏后居阳城"即此。汉置县,晋尝置阳城郡,清废郡。五代唐改曰告城,后避朱温父讳,更名阳邑。唐复曰阳城,周省，今为告成镇，在河南登封县东南三十五里。

周 王诩，① 隐居颍川阳城之鬼谷，因以自处。② 苏秦、张仪，尝之学纵横术，在世数百年，后不知所之，著有《鬼谷子》三卷。其遗书责苏秦张仪曰："二君足下，功名赫赫；但春到秋，不得久茂；日既将尽，时既将老。君不见河边之树乎？仆驭折其枝，波浪激其根，此木非与天下人有仇怨，所居者然也。子不见高岱松柏，华霍之树，上叶凌青云，下根通三泉，上有玄狐黑猿，下有豹隐龙潜，千秋万岁，不逢斧斤之患。此木非与天下人有骨血，盖所居者然也。今二子好云路之荣，慕长久之功；轻乔松之永延，贵一夕之浮爵。痛哉！悲夫二君。痛哉！悲夫二君。"元《宗像传》

○《浙江通志》云：鬼谷尝游鄞太白山南，沧螯水帘洞有鬼谷先生祠。③

○《四库全书提要·子部术数类·李虚中命书三卷》：惟《永乐大典》所收，其文尚多完具，卷帙前后，亦颇有次第，并载有虚中自序一篇，称"司马季主于台山之阳，遇鬼谷子，出逸文九篇，论幽微之理，虚中为掇拾诸蒙，注释成集"云云。

○《鬼谷子·决篇》：故夫决情定疑，旧事之机，以正乱治，决成败难为者，故先王乃用蓍龟者以自决也。注：夫以先王之圣智，无所不通，犹用蓍龟以自决，况自斯以下，而可以专己自信，不博谋于通识者哉！

639　偃师县

殷西亳地，春秋时为周尸氏邑，汉置偃师县，武王伐纣，于此筑城，息偃我师，因以为名，晋省，隋复置，明清皆属河南府，陇秦豫海铁路经之。

魏 王弼，字辅嗣，山阳人，王粲族孙，居偃师，注释老子，尤精易学，初与钟会并知名，为尚书郎，年二十四卒，葬于偃，后封偃师伯。《魏志·钟会传》并注

---

① 诩，音语，和也，大也，普也。
② 《广博物志》引《录异记》："鬼谷先生者，古之真仙也。云姓黄氏，自轩辕之代，历于商周，随老君西化流沙。洎周末，复还中国，居仆滨鬼谷山受道，弟子百余人。惟苏秦、张仪不慕神仙，好纵横之术。"○《上古三代文》载："鬼谷先生，不知何许人，或云姓留，名务滋，楚人。"
③ 螯同奥，地名。

640 巩县

周巩伯邑，秦置巩县，北齐废，故城在今河南巩县南三十里，隋复置，移今治，明清皆属河南府，陇秦豫海铁路经之。

唐 黄贺，巩洛人也。唐昭宗时，因避地来，涉河游赵，家于常山，以卜筮为业，而言吉凶必效。时赵王镕方在幼冲，而燕军寇北鄙，王方选将拒之，有勇士陈立、刘干，投刺于军门，愿以五百人尝寇，必面缚戎首，王壮而许之。翌日，二夫率师而出，夜击燕垒，大振捷音，燕人骇而奔退，立卒于锋刃之下，干即凯唱而还。王悦，赐上厩马数匹，金帛称是，俄为阉人所谮，曰："此皆陈立之功，非干之效。"王母何夫人闻之曰："不必身死为君，未若全身为国。"即赐锦衣银带，加钱二十万，擢为中坚尉。初干曾诣贺，卜卦成而谓干曰："是卦也，火水未济，终有立也。九二之动，曳轮贞吉，以正救难，往有功也。变而之晋，明出地中，奋发光扬，恩泽相接。子今行也，利用御戎，大获庆捷，王当有车马之赐，其间小衅，不足忧之。"又有段诲者，任棠城镇将，曾夜宿邮亭，马断辔而逸，数日不知所适，使人诣肆而筮之，贺曰："据卦，睽也。初九动者，应有亡失之事，无乃丧马乎？勿逐自复，必有絷而送之者也。"迴未及舍，已有边鄙恶少，牵而还之。贺所占卜，皆此类也，时人谓之易圣公。<small>唐张鷟《耳目记》</small>

明 赵迎，巩县人，嘉靖丙戌进士，官南京工部主事，撰有《范围数》，嘉靖壬辰自序，其法本之河洛，以干支配合先后天成数，推人禄命，相传以为出于陈抟。盖自甲己子午九，乙庚丑未八之数，为先天为范；天一生水，地六成之之数，为后天为围，故用《易·系辞》"范围天地"之义以命名，起于一百一十一数，而极于二千三百五十四数；其起大小运流年，悉如星平家例，盖又以图书之学，窜入禄命者也。考元贾颢先有此法，集诸家论说为书，其文颇繁，今犹存《永乐大典》中。是书自图式至流年断诀，凡十五门，详其体例，盖即约贾书以成编耳。<small>《四库提要·子部·术数类存目二》</small>

641　永宁县

汉渑池县之西境，后魏置北宜阳县，改为熊耳县，又改永宁。故城在今河南洛宁县东北，唐移置同轨城，又移置鹿桥，金徙今治。明清皆河南府，民国改为洛宁。

陈　陈周史，永宁生员，研究方术。灵宝未变之前，占天象，语所亲曰："杀运方行，人皆无首。"闻者惊以为诞，未几果验。同治河南府志·艺术

642　新安县

东晋置垣县，北周于东垣置新安郡，隋郡废，省新安县入东垣，寻改东垣曰新安。故治在河南新安县东，唐徙今治，陇秦豫海铁路经之。

宋　钱若水，字淡成，一字长卿，河南新安人。幼聪悟，十岁能属文，华山陈抟见之，谓子神清，可以学道，不然当富贵，但忌太速尔。雍熙中举进士，累迁谏议大夫，同知枢密院事。真宗时，从幸大名，陈御敌安边之策，后拜并代经略使，卒年四十四，谥宣靖。若水美风神，有器识，能断大事，事继母以孝闻；雅善谈论，尤轻财好施，所至推诚待物，委任僚佐，总其纲领，无不称治；汲引后进，推贤重士，襟度豁如也。精术数，知年寿不永，故恳避权位。其死也，士君子尤惜之。有集二十卷。《宋史·本传》

清　吕衍高，字顾天，新安庠生，乾隆丁巳举孝廉方正。早失怙，事母以孝称。性聪慧，博览经籍，星卜家言，莫不通晓；终身里居，不忍一日离母膝下，著有《藏山集》。《河南府志·孝义》

643　渑池县

战国韩邑，后属秦，汉置渑池县，亦作黾池，与渑池水源，南北相对。曹魏移西虢城，在今洛宁县西，后魏移于今渑池县理西十三里故县治，隋又移于今县东二十五里新

安驿,复移理大邬城;唐移于双桥,即今治。金置韶州,元仍为渑池县,明清皆属河南河南府,陇秦豫海铁路经之。①

清 李士林,通医卜,施药济人。有嵩县少年,瞽且病,士林唤至家,调治病愈,教以卜,始遣去,捐修治南谷水桥,里人为立善桥碑,倡修治东第一桥,暨玉皇三清药王等庙,享寿八十五。子廉,好善亦如之。《嘉庆渑池县志·孝义》

644 阌乡县

秦湖关地,汉置湖县,后魏更名湖城县,隋始改置阌乡县,唐作闅乡,《宋史》仍作阌乡,即今治。清属河南陕州。其地东接幽谷关,西达撞关,为省西要隘。

〇闅,无分切,音文,文韵。阌,古闅字,《后汉志》云:宏农郡湖有闅乡,故城在今河南阌乡县西四十里。

清 田秉德,字子懿,品学端方,通《周易》,识天文,兼精岐黄风水之学,设教有年,多所成就。凡有建置,辄捐赀督工,不辞劳瘁。同治壬戌,粤匪陷邑城,预告乡人以趋避之方,得活数千人,贼扰害数次,卒未入其乡,寿七旬有二。《光绪阌乡县志·人物》

645 伊阳县

古伊川地,汉为陆浑、新城、梁县、鲁阳四县地,唐置临汝县,五代周废,明始析汝州,及鲁山嵩县地,置伊阳县,故名。属河南汝州,清因之。

明 张应斗,字昆北,廪生,家世传《易》,尤精于占。有藏金而失其地者,筮之,得乾之九四,曰:"上不在天,下不在田,中不在人,必墙间隙处也。"见之果然。明末避兵叶县,授徒村舍中,流贼来去不常,其占皆不爽期,邑人视为趋避。时有贼梳兵篦之谣,附近居民,独免蹂躏,皆公之

---

① 渑,音渑,水名,在河南渑池县,西入洛水。

力也。《道光伊阳县志·方技》

646　信阳州

春秋楚冥随地，汉置鄳、钟武二县，后汉省钟武，增置平春县，东晋改平春曰子阳，隋改县曰义阳，寻复置义阳郡。宋为义阳军，改曰信阳军，并改县曰信阳。故城在今河南信阳县南四十里。元升信阳府，降为州，明省县入州，又降州为县，徙今治。清复为信阳州，属河南汝宁府，民国改州为县。地当省南门户，京汉铁路通过之，预定之瓜信路线，亦与京汉交点于此。

明　何弈家，字成大，号石城，生而敏异，十岁能属文，十四食胶庠饩，试辄首拔，声动两河间，顾屡试不捷，因长笑曰："天能夺吾科名，能夺吾老蠹鱼乎？"乃益肆力于古文词，以及阴阳医卜百之书，著《竹如草》六卷行于世。《乾隆信阳州志·文学》

647　南阳县

周初申国，春秋楚宛邑，汉置宛县，后魏分置上陌县，周改曰宛，隋始改南阳县，明为河南南阳府治，清因之。县西南七里，有卧龙冈，诸葛草庐在焉。其地有明碑，辨武侯宅，当在襄阴县西隆中者，字多为人所毁。

后汉　李休，字子材，南阳宛人也。少好学，游心典谟。既综七经，又精群纬，钩深极奥，穷览妙旨；居则玩其辞，动则察其变；云物不显，必考其占，故能独见前识，以先神意。若古今疑义，剖判靡不明晰，凡朝臣优礼请者，皆不就。永寿二年丙申卒，年五十，谥玄文。《蔡中郎集·李子材碑》

后汉　朱祐，字仲先，南阳宛人，少孤，归外家复阳刘氏，往来舂陵，世祖与伯升皆亲爱之。伯升拜大司徒，以祐为护军，及世祖为大司马，讨河北，复以祐为护军，常见亲信。祐侍讌，从容曰："长安政乱，公身长七尺三寸，美须眉，大口隆准，日角之相，①此天命也。"世祖曰："召刺奸收护。"②祐乃不敢复言。世祖即位，拜为建义大将军，积功封鬲侯，建武二十四年戊申卒。祐为人质直，尚儒学，将兵率众多受降，以克定城邑为本，不存首级之功；又禁制士卒，不得虏掠百姓，军人乐放纵，多以此怨之。《后汉书·本传》《御览·方术·相上》

后汉 樊英，字季齐，南阳鲁阳人，少受业三辅，习京氏，兼明五经；又善风角河洛七纬，推灾异辄效。隐居于南阳壶山之阳，前后征辟皆不至。汉顺帝备元纁征之，复固辞，诏责州郡，趣驾上道。至京，复称疾不起，强舆入殿，犹不为礼。帝怒谓英曰："朕能生君，能杀君，能贵君，能贱君，能富君，能贫君，君何为慢朕也？"英曰："臣受命于天，生尽其命天也，死不得其命亦天也。陛下焉能生臣，焉能杀臣？臣见暴君如仇雠，立其朝犹不肯，况得而贵之乎？布衣环堵之中，宴然自得，虽万乘不与易，又何得而贱之？臣非义之获，万钟不受；伸其志，箪食豆羹不厌，陛下焉能富臣贫臣哉？"帝不能屈，而重其名高，为设坛席，具几杖待之，以师傅之礼，延问得失，拜五官中郎将。数月，称疾笃，诏以光禄大夫，赐告归。朝延每有灾异，诏辄下问变复之效，所言多验。年七十余，卒于家。《后汉书·方术》《康熙南阳府志·流寓》

金 胡德新，河北士族，寓居南阳，往来宛、叶间，嗜酒，落魄不羁，言祸福有奇验。正大七年庚寅夏，与燕人王铉，邂逅于叶县村落中，与铉初不相识，坐中谬以兵官对，胡曰："此公在吾法中，当登科甲，何以谓之兵官？"众愕然，遂以实告，二人相得甚懽，即命家人具鸡酒以待，酒酣，集大白以相属曰："君此去事业甚远，不必置问。某有所见，久不敢对人言，今欲告子。"遂邀至田野，密谓之曰："某自去年来行宛叶道中，见往来者，十日八九有死气；今春至陈许间，见其人亦有大半当死者。若吾目可用，则时事可知矣。"铉惊问应验迟速，曰："不过岁月间耳，某亦不能逃此厄，请密志之。"明年大元兵由金房入，取峭石滩渡汉，所过庐舍萧然，胡亦举家及难，其精验知此。《金史·方技》《光绪南阳县志·杂记》

---

① 隆，高也。许负云：鼻头为准。郑玄《尚书·中候》注云：日角，谓中庭骨起，状如日。
② 王莽，置左右刺奸使督奸猾。

648　西鄂县

汉置，南朝宋省，故治在今河南南阳县南。

后汉　张衡，字平子，西鄂人。少善属文，因入京师，观太学，遂通五经，贯六艺，虽才高于世，而无骄尚之情；常从容淡静，不好交接俗人。永元中，举孝廉不行，连辟公府不就。时天下承平日久，自王侯以下，莫不踰侈，衡乃拟班固《两都》，作《二京赋》，因以讽谏，精思傅会，十年乃成，中有"圣人明审律历，以定吉凶；重之以卜筮，杂之以九宫；经天验道，本尽于此；或观星辰逆顺，寒燠所宜；或察龟策之占，巫觋之言；其所因者，非一术也"云云。大将军邓骘奇其才，累召不应。衡善机巧，尤致思于天文阴阳历算，常好玄经，谓崔瑗曰："吾观《太玄》，方知子云妙极道数，乃与《五经》相拟，非徒传记之属，使人难论阴阳之事，汉家得天下二百岁之书也。①　复二百岁，殆得终乎？②　所以作者之数，必显一世，常然之符也。汉四百岁，玄其兴矣。"安帝雅闻衡善术学，公车特征，拜郎中，再迁为太史令，遂乃研覈阴阳，③ 妙尽璇玑之正，作浑天仪，著《灵宪算罔论》，言甚详明。顺帝初，再转，复为太史令。永和初，出为河间相，视事三年，上书乞骸骨，征拜尚书。年六十二，永和四年己卯卒。著有《周官诂》《诗赋铭》等，又欲继孔子《易说》彖象残缺者，竟未能就。《后汉书·列传》

649　邓州

后魏置荆州，隋改曰邓州，又废州为南阳郡，唐仍曰邓州，又改南阳郡，寻复为邓州。宋曰邓州南阳郡，金亦曰邓州，治穰县，即今河南邓县外城东南隅。明省穰县入州，属河南南阳府，清因之，民国改为邓县。

---

① 子云：当袁帝时，著《太玄经》，自汉初至袁帝，二百岁也。
② 自中兴至献帝，一百八十九年也。
③ 覈，音核，验也。考事得实曰覈。

汉 蔡少公，[①] 光武尝与兄伯升及邓晨俱之宛，与穰人蔡少公等谶语。少公颇学图谶，言刘秀当为天子，或曰："是师国公刘秀乎？"光武戏曰："何用知非仆耶！"坐者皆大笑，晨心独喜。《后汉书·邓晨传》《乾隆邓州志·方技》

刘宋 张虚白，邓州人，通太乙六壬术，留心丹灶，遇异人得秘诀。徽宗闻其名，召管太乙宫，恩赉无虚日。官太虚大夫，金门羽客，出入禁中，终日论道，无一言及时事，曰："朝廷事，有宰相在，非予所知也。"金人尤重之，忽一日语人曰："某年月日，吾化期也。"已而果然。《雍正河南通志·仙释》，宋误作五代人

650　棘阳县

汉置为侯国，应劭曰："在棘水之阳，故名。"后魏置汉广郡，治南棘阳，兼领西棘阳县，西魏改郡曰黄冈，以西棘阳省入，而改南棘阳为百宁县。北周废郡又省百宁入新野县，故城在今河南新野县东北，西棘阳亦在今新野县境。

唐 岑文本，字景仁，棘阳人，性沈敏，善文辞，多所贯综。贞观中，擢中书舍人，诏告皆所草定，迁侍郎，封江陵县子，踰年为中书令，从伐辽东，至幽州病卒，谥宪。马周，擢拜给事中时，文本曾为所亲，曰："马君论事，会文切理，无一言可损益，听之纚纚，纚，音罗，纚纚索好貌。令人忘倦。苏张终贾，正应此耳。然鸢肩火色，腾上必速，恐不能久。"俄迁中书令，兼太子右庶子，年四十八卒，盖预决其不克享大年也。《唐书·本传》《唐书·马周传》

651　新野县

汉置，晋置新野郡，北周郡废，改县曰棘阳。隋复曰新野，唐省，宋金为新野镇，

---

① 旧志作恭，误。

在今河南新野县南。元复置县，徙今治，明清属河南南阳府。

隋 庾季才，字叔弈，新野人。幼颖悟，八岁诵《尚书》，十二通《周易》，好占元象，居丧以孝闻。梁湘东王绎，重其术艺，引授外兵参军，累迁中书郎，领太史，封宜昌县伯，季才固辞太史，元帝曰："汉司马迁，历世尸掌，魏高堂隆，犹领此职，不无前例，卿何惮焉？"帝亦颇明星历，因共仰观，从容谓季才曰："朕犹虑祸起萧墙，何方可息？"季才曰："顷天象告变，秦将入郢，陛下宜留重臣，作镇荆陕，整旆还都，以避其患。"帝初然之，后与礼部尚书宗懔等议，乃止，俄而江陵陷灭，竟如其言。周文帝一见季才，深加优礼，令参掌太史，每有征讨，恒预侍从。初，郢都之陷也，季才散所赐财物，购求亲故，文帝问其故，季才曰："仆闻魏克襄阳，先昭异度；晋平建业，喜得士衡；伐国求贤，古之道也。今郢都覆败，君信有罪；缙绅何咎，皆为购隶？鄙人羁旅，不敢献言；诚切哀之，故赎购耳。"周文乃悟，曰："吾之过也，微君遂失天下之望。"因出令，免梁为奴者数千口。及隋开皇元年辛丑，授通直散骑常侍。仁寿三年癸亥卒，年八十八。撰《灵台秘苑》《垂象志》等书行世。《隋书·艺术》《北史·艺术》《四库提要·术数类》《雍正湖北通志·方技》

隋 庾质，字行修，季才子，少而明敏，早有志向。八岁诵梁世祖玄象言志等十赋，拜童子郎；大业初，授太史令。立言忠鲠，每有灾异，必指事面陈，以忤帝意，下狱死。子俭，亦传父业，兼有学识，仕历襄武令、元德太子学士，恭帝初为太史令。《隋书》《北史·艺术》

652 汝阳县

周蔡国，汉上蔡县地，晋为上蔡之悬瓠城，东晋移汝南郡，治悬瓠；隋改曰汝阳县，五代后因之。明清皆属河南汝宁府，今改县曰汝南。

后汉 袁良，字周卿，太尉安之祖也，习孟氏易。平帝时，举明经，为太子舍人。建武初，举孝廉，为成武令。历官广陵太守，讨贼张路，威镇徐方，病归，使者持节安车，请为国三老，顺帝赐宴九龙殿，寻赐钱十万，杂缯二十端，年八十五，永建六年辛未卒。居无室庐，殡于假馆，有行父平仲

之风。子光，博平令；次腾，尚书郎，蜀郡太守；次璋，谒者。《后汉书·袁安传》《康熙汝阳县志·人物》

后汉 袁满来，太尉公之孙，司徒公之子，逸才淑姿，实天所授；明习易学，从诲如流；百家众氏，过目能识；事不再举，问一及三；具始知终，情性周备；夙有奇节，孝智所生；顺而不骄，笃友兄弟；和而无怨，气决泉达，无所凝滞，虽冠带之中士，校材考行，无以加焉。《蔡中郎集·袁满来墓碑》

明 赵毅，字孟宏，汝阳人，尚书好德子也。博雅多才，凡六经子史，天文历数等书，无不精诣。善属文，工草书，颇有晋人风度。隐于鹤庄，与处士张一中、金子龄时相过从，忘情势利。永乐初，征为工科给事中，历工部左侍郎。太宗尝召与语，随问进规，多见采纳。一日上召侍弈，时盛暑亭午，流汗浃背，即以手中扇赐之。亡何，以内艰归，起复原官，兼詹事府少詹事。上欲作木牛流马，问群臣无应者，毅独得其法，就便殿制之，能行数步，上曰："昔武侯因蜀道之难作，今四海一统，舟车之便，安用此为？"并将其法纳于内府，八年，奉使交趾，卒于途。《康熙汝阳县志·列传》

明 方日中，[①] 郡之诸生，少有操行，父所遗美田园，尽让诸兄弟，而独取其薄者。偶得邵康节《皇极数》一书，潜心推算，遂洞其术，为人决事辄验。友人李一儁，岁试毕，从日中占得一蛛落帽之象，继曰："当有一人居其首，而君次之。"后果然。周生基问病象，"见一牛无首，安得生乎？于字为午月乎？"仲夏基竟死。他如李太守复初之领解，赵方伯寿祖之登第，无不奇中；宾客辐辏，户外之履常满，预定其死期，至日端坐而逝。

明 秦潮，汝阳人，早脱俗累，隐于汝郎之间，孝弟力田，绝迹城市。壮年妻丧，遂不娶，慕乔松之术，南游衡岳匡庐，西抵终南太华，遇异人授以秘诀，兼通太乙奇门诸数，于天地风云，人生休咎，占验无爽。或为人卜葬有所得，辄随手散给贫儿。太史李本宁，尝赠以诗，有"长谢一丘游五岳，手挥白日拂苍烟；终南匡庐采幽秘，遂有仙人授奇字"之句。年九十六，无疾而终。孙镐，国学生，以诗文名。以上《嘉庆汝宁府志·方技》

明 袁永基，字绵祚，汉邵公裔，明以祖勋，世职汝宁千户。性刚直，

[①] 汝南县志作日升。

才异过人，博奇门，观象书，偶占多中，城陷，与母拜决。① 束甲短兵，战贼城上，手刃贼级，寻以众围被害。仲子世允，并殉。② 长子世振，清朝戊子拔贡，有文名，考授通判未仕，卒。《明史·附忠义刘烟传》《康熙汝阳县志·列传》

清 桂继攀，字世叔，汝阳人，万历己酉举人，九上公车不第，授山海通判，军饷发输得当，经略范志完奏，改军前赞画，议多奇中，屡奏捷功。革命后，③ 授宣府同知，迁大同知府，尤多建立。寻升陕西洮岷兵备副使，晋参政，恬淡自守，饬体宽大，致仕归里，囊橐萧然，生平嗜古金石遗文，医药星舆诸书，靡不搜讨，年八十一，著作多藏于家。《康熙汝阳县志·列传》

653 汝南阳

汉置汝南郡，河南旧汝宁陈州二府，及安徽旧颍州府皆是，治平舆，在今河南汝阳县东南六十里。晋移汝治悬瓠城，即今汝南县治。

汉 蔡父，汝南人，善相人术。翟丞相方进，幼孤，给事太守府为小史，号迟钝，不及事，数为掾史所詈辱。方进自伤，乃从蔡父相，问己能所宜。④ 蔡父大奇其形貌，谓曰："小史有封侯骨，当以经术进，努力为诸生学问。"方进既厌为小史，闻蔡父言心喜，因病归家，辞其后母，欲西至京师受经，后母怜其幼，随之长安，织屦以给。方进从博士受《春秋》，积十余年，经学明习，徒众日广诸儒称之，以射策甲科为郎。永始中，屡擢丞相，封高陵侯。《前汉书·列传》《嘉庆汝南府志·方技》

后汉 郭宪，字子横，汝南人，少师事东海王仲子，明阴阳推步之学。时王莽为大司马，召仲子，仲子欲往，宪谏曰："礼有来学，无有往教之义。今君贱道畏贵，窃所不取。"仲子曰："王公至重，不敢违之。"宪曰："今正临讲业，且当讫事；仲子从之，日晏乃往。"莽问："君来何迟？"仲子具以

---

① 永基母王，亦死之。
② 《明史》世允作世荫。
③ 入顺治朝。
④ 言从何术艺，可以自达。

宪言对，莽阴奇之。及后篡位，拜宪郎中，赐以衣服，宪受衣焚之，逃于东海之滨，莽深忿恚，讨逐，不知所在。光武即位，求天下有道之人，乃征宪，拜博士。建武七年辛卯，再迁为光禄勋。八年车驾西征隗嚣，宪谏曰："天下初定，车驾未可以动。"宪乃当车，拔佩刀以断车靷。① 帝不从，遂上陇。其后颖川兵起，乃回驾而还，帝叹曰："恨不用子横之言。"时匈奴数犯塞，帝患之，乃召百僚廷议，宪以为天下疲敝，不宜动众，谏争不合，乃復地称眩瞀不复言，帝令两郎扶下殿，宪亦不拜，帝曰："常闻关东觥觥郭子横，竟不虚也。"宪遂以病辞退，卒于家。《后汉书·方术》《雍正河南通志·方技》

654 平舆县

汉置县，北齐县废，隋重置，元省，故城在今河南汝南县东南六十里。

后汉 许杨，字伟君，平舆人，少好术数，王莽召为郎，迁酒泉都尉。莽篡位，乃变姓名为巫医，逃匿他界。莽败，方还乡里。太守邓晨，欲复鸿郄陂，② 闻杨晓水脉，召与议。杨曰："大禹决江疏河，以利天下；明府兴立废业，富国安民，童谣之言，有征于此，愿以死效力。"因署杨为都水掾使，典其事，杨因高下形势，起塘四百余里，数年乃立，③ 百姓得其便，累岁大稔。豪右潜受赇赂，晨收杨下狱，而械辄自解，狱吏恐遽，白晨，晨惊，即夜出杨遣归。时天大阴晦，道中若有火光照之，时人异焉，后以病卒。晨于都宫，为杨起庙图像，百姓思其功绩，皆祭祀之。《后汉书·方术》《乾隆东州府志·方技》《康熙汝阳县志·方技》

后汉 廖扶，字文起，汝南平舆人，习韩诗欧阳尚书，教授常数百人。父为北地太守，永初中，坐羌没郡，下狱死，扶感父以法丧身，惮为吏，及服终而叹曰："老子有言，名与身孰亲，吾岂为名乎？"遂绝志世外，专精经典，尤明天文谶纬、风角推步之术，州郡公府辟召皆不应，就问灾异，亦无

---

① 靷，音引，引轴也。车上驾牛马之具，在胸曰靷，所以引之前行也。
② 陂在今豫州汝南县东。
③ 塘，堤堰水也。

所对。扶逆知岁荒，聚谷数千斛，悉给宗族姻亲，又敛葬遭疫死亡不能自收者。常居先人冢侧，不入城市，人称北郭先生，卒年八十二。子孟举、伟举，并知名。《后汉书·方术》《光绪安徽通志·儒林》《乾隆陈州府志·方技》《民国福建南平县志·方技》

后汉 许曼，汝南平舆人。祖父峻，字季山，善卜占之术，多有显验，时人方之前世京房。自云少尝笃病，三年不愈，乃谒泰山请命，① 遇道士张巨君，授以方术，所著《易林》，至今行于世。曼少传峻学，恒帝时，陇西太守冯绲始拜郡，开缓筒，有两赤蛇，分南北走，曼筮之曰："三年后，当为边将，地有东名。"复五年，更为大将军南征，延熹元年戊戌，绲出为辽东太守，讨鲜卑；至五年，拜车骑将军，击武陵蛮贼，皆如占，其余多类此云。《后汉书·方术》《光绪安徽通志》《乾隆陈州府志》《康熙汝阳县志·方技》

后汉 许劭，字子将，汝南平舆人，少峻名节，好人伦，多所赏识。尝云悬丝于牖，望之百日，则其丝久而愈大；又悬五彩丝，望之百日，久而颜色愈明，然后可以观人之形气。曹操微时，常卑辞厚礼，求为己目，劭不肯对，操乃伺隙胁劭，劭不得已，曰："君清平之奸贼，乱世之英雄。"操大悦而去。劭从祖敬，敬子训，训子相，并为三公，相以能谄事宦官，故自致台司封侯，数遣请劭，劭恶其薄行，终不候之。司空杨彪，辟举方正敦朴，皆不就，或劝劭仕，对曰："方今小人道长，王室将乱，吾欲避地淮海，以全老幼。"乃南到广陵，徐州刺使陶谦，礼之甚厚，劭不自安，告其徒曰："陶恭祖外慕声名，内非真正，待吾虽厚，其执必薄，不如去之。"遂复投扬州刺使刘繇于曲阿，其后陶谦果捕诸寓士，及孙策平吴，劭与繇南奔豫章而卒，时年四十六。兄虔，亦知名，汝南人称平舆渊有二龙焉。《后汉书·本传》《古今类事·相兆门上》

655 安城县

汉置为侯国，后汉作安城，北齐废，故城在今河南汝南县东南七十里。

---

① 泰山，主人生死，故请命也。

晋 周浚，汝南安城人，性果烈，有人伦鉴识。乡人史曜，素微贱，众所未知，浚独引之为友，遂以妹妻之，曜竟有名于世。《汝南遗事》引《晋书》

656　上蔡县

故蔡国，叔庭所封，汉为侯国，故城在今河南上蔡县西。南朝宋徙上蔡县，治悬瓠城，即今汝南县治，隋复移上蔡县于今治，明清皆属河南汝宁府。

明 张儒，字中道，上蔡人，家有邵康节《皇极数》，一览即悟，为人决休咎，无不奇中。领宏治壬子乡荐，三场题目，皆预书置一函中，戒家人勿泄，及发封悉验，众惊异以为神。年三十三卒，当未卒时，妻孥环泣，以门户为忧，儒张目曰："吾家已有灵芝矣。"盖其犹子惟恕方在孕也。后惟恕官至御史。《嘉庆汝宁府志·方技》

657　新蔡县

秦置，汉为汝南郡新蔡，晋立新蔡郡，北齐改广宁，后复曰新蔡。元省，明复置，属河南汝宁府，清因之。

晋 干宝，字令升，新蔡人，少勤学，博览书记，以才器召为著作郎，平吴殁有功，赐爵关内侯，累迁散骑常侍。著《晋纪》二十卷，直而能婉，咸称良史。性好阴阳术数，撰集古今神祇灵异人物变化，名为《搜神记》，及《周易周官杂文集》等，行于世。《晋书·本传》

658　西平县

春秋时柏国，汉置西平县，隋废，故城在今河南西平县西四十五里，唐复置，徙今治，明清皆属河南汝宁府，京汉铁路经之。

后汉 郅恽,① 字君章,西平人,治《韩诗》《严氏春秋》,明天文历数,谓人曰:"汉必再受命。"乃上书王莽曰:"汉历久长,上天垂戒,欲悟陛下以就臣位,天为陛下严父,臣为陛下孝子,父教不可废,子谏不可拒。"莽大怒,收系诏狱,会赦得出。建武中,客居江夏,教授,举孝廉,马上东城门侯,后坐事左转芒长,②又免归。避地教授,著书八篇,以病卒。《后汉书·本传》

659 确山县

周为道国,汉置朗陵县,后魏改置安昌县,隋改曰朗山,宋改曰确山,明清皆属河南汝宁府,京汉铁路经之。

清 金景珠,字西园,号云坡,性嗜古,通医卜,尚玄虚,好洁成癖,风神潇洒,其清标高志,如秋水澄澈,不染半点尘埃,工书法,善画人物山水,雅有李公麟、米元章衣钵。《民国确山县志·艺术》

660 光州

南朝梁置,东魏因之,隋废,唐复置,宋因之,亦曰光山军,改为蒋州,寻复故,治定城。明省定城入州,清直隶河南省,民国改州为潢川县。

清 吴续,字嗣甫,光州人,年十七岁,受业于其师胡明襄,训以《周易》,即能窥其奥旨,其师奇之,凡天官六壬之书,悉令博览。一日见诸葛武侯木牛流马式,曰:"此不足奇也。"仿为之,木盈寸许,于几案间负砚而行,生动如飞。偶为其季父占某日应灾,届期无恙,责以妄谈,亡何,坐客起行,其季父挥扇送之,遂为客骑踶伤。③凡占晴雨及休咎,亦百不失一。《光绪光州志·方技》

---

① 郅,音质,质韵,姓也。
② 芒县,属沛国,故城在今亳州永城县北,一名临睢城。
③ 踶,音弟,蹋也。

661 光山县

春秋弦国地，南朝宋，以豫部蛮民置光城县，隋置光山县，宋改曰期思，寻复故，后废。元复置，清属河南光州。

明 王相，字梦弼，光山人，正德戊辰进士，官御史。丁丑，巡按山东，镇守中官黎鉴假进贡苛敛，相檄郡县毋辄行，鉴怒，诬奏于朝，逮系诏狱，谪高邮判官，未几卒。相素善相术，张孚敬，初名璁，字萝峰，以落第候除，相一见奇之，谓曰："子有异相，他日所就，奚止科第？"因厚贻之，劝勿就选。① 正德庚辰，张复入试，果登第。嘉靖丁亥，以议礼入相，而相已卒。张乃上疏曰："相以忠耿蒙诬，宜恤诏。"赠光禄少卿谕祭。《明史·附张文明传》《坚瓠五集》

清 胡煦，字沧晓，号紫弦，光山人，初以举人，官安阳教谕，治《周易》，有所撰述，康熙壬辰成进士，散馆授检讨。圣祖闻煦通易理，召对乾清宫，问河洛理数，及卦爻中疑义，煦绘图进讲，圣祖赏之曰："真苦心读书人也。"甲午，命直南书房，上方纂《周易折中》，大学士李光地为总裁，命煦分纂，寻命直蒙养斋，与修《卜筮精蕴》。戊戌，迁洗马，与修《卜筮汇义》，转鸿胪寺少卿；壬寅，迁光禄寺少卿，再迁鸿胪寺卿。雍正癸卯，擢内阁学士，丁未擢兵部侍郎，兼署户部，又协理礼部侍郎。庚戌，充《明史》总裁，乾隆丙辰，煦疾作，卒于京师。煦正直忠厚，所建白，必归本于教化。尝奏请敕州县，岁举孝子悌弟，督抚旌其门免徭役，见长官如诸生，其有慈惠廉节，笃于交友，下逮仆婢，行有可称，皆得申请奖劝，庶化行俗美，人知自爱。乾隆间，高宗诏求遗书，征煦著述，时幼子季堂，官江苏按察使，以煦著《周易函书》进。甲寅，特命追谥，谥文良，煦又撰《卜法详考》四卷，首列周礼尚书之文，次列《史记·龟策传》，次列《古龟经》，次列《全赐三图》，次列杨时乔《龟卜辨》，次列《龟繇词》，皆参考以求古义；次列《玉灵秘本》，次列《古法汇选》，皆近代术士之所传，旁稽以尽其变。

---

① 时张久困礼闱，拟谒选于天曹。

盖古占法之传于今，与今占法之不悖于理者，大略已见于此；虽非周官太卜之旧，然较之卜肆鄙俚之本，则具有条理，其驳唐李华、明季本杨时乔卜用生龟之说，亦极为明析；存此一家，亦可见古人钻灼之梗概也。《清史稿·本传》《四库提要·子部·术数类二》

662　固始县

春秋蓼国地，汉置蓼县，东魏复曰固始，故治在今河南固始县东，隋徙今治，清属河南光州。

清　吴其泰，字希郭，号橘生，固始人，嘉庆癸酉举于乡，庚辰成进士，授编修。咸丰间，任江西储道，迁江苏按察使，以母丧归。诗文咸名家，区其类，为《一蒂十七实斋》全集若干卷，又熟于形家言，辑《地理纂要》等书。母丧，尝躬行崖壑，详审卜视，果得吉兆于阎家大庄而葬焉，其诚求必应类如此。《续碑传集·道光朝监司》

663　新息县

古息国，汉置新息县，应劭曰："县故息国，其后东迁，故加新也。"后汉封马援为新息侯，南朝宋分置南北二新息县。北新息县在今河南息悬东，南新息县即今息县治。北齐省北新省，改南新息仍为新息，元省，民国改为新息县。

后汉　高获，字敬公，新息人，为人尼首方面，① 少游学京师，与光武有旧，师事司徒欧阳歙。歙下狱当断，获带铁冠，带铁鑕，② 诣阙请歙，帝虽不赦，而引见之，谓曰："敬公，朕欲用子为吏，宜改常性。"获对曰："臣受性于父母，不可改之于陛下。"出便辞去，后太守鲍昱请获，既至门，令主簿就迎，主簿但使骑吏迎之，获闻之即去。三公争辟，皆不就。获善天

---

① 尼首，象丘山，中下，四方高也。
② 鑕，音质，椹也。斩要之刑。

文，晓遁甲，时郡大旱，太守鲍昱自往问，① 何以致雨？获曰："急罢三郡督邮，② 明府当自北出三十里，亭雨可致也。"昱从之，果得大雨。每行县，辄轼其庐。③ 获遂远遁江南，卒于石城。④ 石城人思之，共为立祠。《后汉书·方术》《雍正河南通志·方技》

○《古今图书集成·神异典·神庙部》载：南府君庙，在严州府，神名获，汉时人。素善天文，晓遁甲，与严子陵有旧。尝自石城适富春，访其庐，时值大旱，获曳剑登坛严叱曰："此地有蛟龙，当起行雨。"未几雷雨交作，秋遂大熟，邑人感其应，立庙祀之。

---

① 昱，音毓，日明也。
② 《续汉书》曰：监属县有三部，每部督邮，书掾一人。
③ 轼，所以礼之。
④ 石城在今苏州西南。

中国历代卜人传卷三十

陕西省

陕西省,在我国中部北境,黄河之西,古雍州及梁州之地,战国时为秦国,故别称曰秦。汉为三辅地,东汉为益州,晋为雍梁二州,唐置关内及山南道,宋初曰陕西路,以其在陕原之西,故名。元为陕西等处行中书省,明置陕西布政使司,兼辖今陕西、甘肃二省。清康熙间,置陕西省,别置甘肃省,民国仍之。其地东界山西及河南,东南界湖北,南界四川,西界甘肃,北界绥远,省会曰长安县。

664 长安县

汉置,高帝自栎阳徙都长安,即此,后汉、魏、晋、苻、姚、后魏及北周皆因之,故城在今陕西长安县西北十三里,隋迁都龙骨川,即今治。唐时亦都此,明清时与咸宁县并为陕西省治及西安府治。民国废府,省咸宁入之,仍为陕西省治。清拳匪之乱,两宫西狩,曾驻跸焉。城为唐代遗址,汉回杂居,贸易繁盛,东南商货之转输西北者,皆出此途。

周　尹喜,周大夫也,为关令。少好学,善天文秘纬,鬼神无以匿其情状;瓌杰不检,荣戚不形于色,志怀逍遥,天性元湛。忽登楼四望,见东极有紫气西迈,喜曰:"夫阳气数度尽九,星宿值合,① 岁月并王,应有异人过此。"乃斋戒扫道以俟之。及老子度关,喜先诫关吏曰:"若有翁乘青牛薄板车者,勿听过,止以白之。"果至,吏白,愿少止,喜带印绶,设师事之礼。老子重辞之,喜曰:"愿为我著书,说大道之意,得奉而行焉。"于是著《道德经》上下二篇,喜于是与老子俱之流沙西,服巨胜实,莫知所终。《太平御

---

① 《关令内传》星宿作星度。

览·道部·真人》引《三一经》《广博志》引《关令内传》

秦 樗里子，名疾，秦惠王之弟也，滑稽多智，秦人号曰智囊。及秦惠王卒，太子武王立，以樗里子为相。樗里子疾，室在于昭王庙西，渭南阴乡樗里，故俗谓之樗里子。昭王七年卒，葬渭南章台之东。曰："后百岁，当有天子之宫夹我墓。"至汉兴，长乐宫在其东，未央宫在其西，武库正值其墓，秦人谚曰："力则任鄙，智则樗里。"《史记·本传》《图书集成·艺术典·堪舆部·名流列传》

○元陈世隆《北轩笔记》云：樗里子者，秦惠王异母弟也。历事武王昭王，战胜攻取，号曰智囊，显赫尊重，卒以寿终，可谓人臣之极矣。独可异者，其卜葬渭南章台之东，尝谓人曰："后百岁，当有天子之宫夹吾墓。"至汉兴，果建长乐宫于东，未央宫于西，而武库正当其墓。夫秦自惠文至庄襄，越百年而始为始皇；始皇在位，又三十七年；樗里子之后，秦方自王而帝，开代以来，大一统之盛，而汉宫之地，已嘿定于一丘墓之间，盛衰倚伏，孰非前定？语曰："力称任鄙，智称樗里"，自非神圣，恶能前知若此哉！

汉 司马季主者，楚人也，[①] 卜于长安东市。宋忠为中大夫，贾谊为博士，同日俱出洗沐，[②] 相从论议，诵《易》先王圣人之道术，究遍人情，相视而叹。贾谊曰："吾闻古之贤人，不居朝廷，必在卜医之中。今吾已见三公九卿，朝士大夫皆可知矣。试之卜数中，以观采其人。"[③] 二人即同舆之市，游于卜肆中。天新雨，道少人，司马季主闲坐，弟子三四人侍，方辩天地之道，日月之运，阴阳吉凶之本。二大夫再拜谒，司马季主视其状貌如类有知者，即礼之，使弟子延之坐。坐定，司马季主复理前语，分别天地之终始，日月星辰之纪差，次仁义之际，列吉凶之符，语数千言，莫不顺理。宋忠、贾谊瞿然而悟，猎缨正襟危坐。[④] 曰："吾望先生之状，听先生之辞，小子窃观于世，未尝见也。今何居之卑，何行之污？"[⑤] 司马季主捧腹大笑曰："观大夫之貌，类有道术者，今何言之陋也！何辞之野也！今夫子所贤者谁也？所高者何也？公何以卑污长者！"二君曰："尊官厚禄，世之所高也，贤者处之。今所处非其地，

---

① 《索隐》按：云楚人，而太史公不序其系，盖楚相司马子期、子反后姓也。季主见《列仙传》。
② 《正义·汉官仪》：五日一假，洗沐也。
③ 《索隐》：卜数，犹术数也，音所具反。刘氏云：具数筮之。亦通。筮必以《易》，《易》用大衍之数也。
④ 《索隐》：猎，揽也。揽其冠缨而正其衣襟，谓变而自饰也。危一作晁，谓符俛为敬。
⑤ 《索隐》：音乌故反。

· 656 ·

故谓之卑；言不信，行不验，取不当，故谓之汙。夫卜筮者，世俗之所贱简也。世皆言曰：'夫卜者多言夸严，以得人情；① 虚高人禄命，以说人志；擅言祸灾，以伤人心；矫言鬼神，以尽人财；厚求拜谢，以私于己。'此吾之所耻，故谓之卑污也。"司马季主曰："公且安坐。公见夫被发童子乎？日月照之则行，不照则止；问之日月疵瑕吉凶，则不能理。由是观之，能知别贤与不肖者，寡矣。贤之行也，直道以正谏，三谏不听则退。其誉人也，不望其报；恶人也，不顾其怨，以便国家利众为务。故官非其任不处也，禄非其功不受也，见人不正，虽贵不敬也；见人有汙，虽尊不下也。得不为喜，去不为恨，非其罪也，虽累辱而不愧也。今公所谓贤者，皆可为羞矣。卑疵而前，② 孅趋而言，③ 相引以势，相道以利，比周宾正，④ 以求尊誉，以受公奉，事私利，枉王法，猎农民；以官为威，以法为机，求利逆暴，譬无异于操白刃劫人者也。初试官时，倍力为巧诈，饰虚功，执空文，以誷主上用，居上为右。⑤ 试官不让贤陈功，见伪增实，以无为有，以少为多，以求便势尊位，食饮驱驰，从姬歌儿，不顾于亲，犯法害民虚公家。此夫为盗不操矛弧者也，⑥ 攻而不用弦刃者也，欺父母未有罪而弑君未伐者也，⑦ 何以为高贤才乎？盗贼发不能禁，夷貊不服不能摄，奸邪起不能塞，官秏乱不能治，四时不和不能调，岁谷不熟不能适。⑧ 才贤不为，是不忠也。才不贤而托官位，利上奉，妨贤者处，是窃位也。⑨ 有人者进；有财者礼，是伪也。子独不见鸱枭之与凤皇翔乎？⑩ 兰芷芎䓖，弃于广野，蒿萧成林，使君子退而不显众，公等是也。述而不作，君子义

---

① 索隐，谓卜者自矜夸而庄严，以得人情也。
② 《索隐》：疵音赀。
③ 《索隐》：孅音纤。孅趁，犹足恭也。
④ 徐孚远曰：宾正，犹摈正也。
⑤ 右，于救切，宥韵，尚也。高也。
⑥ 弧，户吴切，音胡，虞韵，木弓也。
⑦ 伐，房越切，音罚，月韵，自称其功曰伐。
⑧ 《索隐》：适音释。适，犹调也。
⑨ 《索隐》：奉音夫用反。
⑩ 鸱，称脂切，音摛，支韵，怪鸟也。《山海经·西山经》：王危之山有鸟焉，一首而三身，其状如鹨，其名曰鸱。枭，希幺切，读如晓，平声，萧韵，不孝鸟也。故日至捕枭磔之，见《说文》段注。《汉仪》：夏至赐百官枭羹。《汉书音义》：孟康曰：枭，鸟名，食母。破镜，兽名，食父。黄帝欲绝其类，使百吏祠皆用之。如淳曰：汉使东郡送枭，五月五日，作枭羹以赐百官，以其恶鸟，故食之也。

也。今夫卜者，必法天地，象四时，顺于仁义，分策定卦，旋式正棋，① 然后别天地之利害，事之成败。昔先生之定国家，必先龟策日月，而后乃敢代；正时日，乃后入家产子，必先占吉凶，后乃有之。② 自伏羲作八卦，周文王演三百八十四爻，而天下治。越王勾践仿文王八卦，③ 以破敌国，霸天下。④ 由是言之，卜筮有何负哉！且夫卜筮者，扫除设坐，正其冠带，然后乃言事，此有礼也。言而鬼神或以飨，忠臣以事其上，孝子以养其亲，慈父以畜其子，此有德者也。而以义置数十百钱，病者或以愈，且死或以生，患或以免，事或以成，嫁子娶妇或以养生，此之为德，岂直数十百钱哉！此老子所谓'上德不德，是以有德'。今夫卜筮者，利大而谢少，老子之言，岂异于是乎？庄子曰：'君子内无饥寒之患，外无劫夺之忧，居上而敬，居下而不为害，君子之道也。'⑤ 今夫卜筮者之为业也，积之无委聚，藏之不用府库，徙之不用辎车，负装之不重，止而用之，无尽索之时。持不尽索之物，游于无穷之世，虽庄氏之行，未能增于是也，子何故而云不可卜哉！天不足西北，星辰西北移；地不足东南，以海为池。日中必移，月满必亏，先王之道，乍存乍亡。公责卜者言必信，不亦惑乎？公见夫谈士辩人乎？虑事定计，必是人也，然不能以一言说人主意，故言必称先王，语必道上古；虑事定计，饰先王之成功；语其败害，以恐喜人主之志，以求其欲，多言夸严，⑥ 莫大于此矣。然欲强国成功，尽忠于上，非此不立。今夫卜者，导惑教愚也。夫愚惑之人，岂能以一言而知之哉！言不厌多，故骐骥不能与罢驴为驷，⑦ 而凤皇不与燕雀为群，而贤者亦不与不肖者同列。故君子处卑隐以辟众，自匿以辟伦，微见德顺，以除群害，以明天性，助上养下，多其功利，不求尊誉。公之等喁喁者也，⑧ 何知长者之道乎？"

---

① 《集解》徐广曰：式音栻。《索隐》：按式，即栻也。旋，转也。栻之形，上圆象天，下方法地，用之则转天纲加之地之辰，故云旋式。棋者筮之状，正棋，盖谓下以作卦也。
② 张照云：生子必视其时日，占其吉凶，其后亦俱有应。
③ 《索隐》：仿音方往反。
④ 阜按：越王勾践，仿文王八卦，破敌国，霸天下，此诚善用八卦者也。
⑤ 阜按：当今之世，不可能矣，为之一叹！
⑥ 《集解》徐广曰：一作险。
⑦ 驷，息利切，音四，寘韵。驷者，一乘四马，两服两骖。
⑧ 喁，元俱切，音愚，虞韵，声相应和也。庄子，前者唱于，而随者唱喁。

宋忠、贾谊忽而自失，芒乎无色，① 怅然噤口不能言。② 于是摄衣而起，再拜而辞行，洋洋也。出市门，仅能自上车，伏轼低头，卒不能出气。居三日，宋忠见贾谊于殿门外，乃相引屏语，相谓自叹曰："道高益安，势高益危。居赫赫之势，失身且有日矣。夫卜而有不审，不见夺糈；③ 为人主计而不审，身无所处。④ 此相去远矣，犹天冠地屦也，此老子之所谓'无名者万物之始'也。天地旷旷，物之熙熙，或安或危，莫知居之，我与若何足预彼哉！彼久而愈安，虽曾氏之义，⑤ 未有以异也。"⑥ 久之，宋忠使匈奴，不至而还，抵罪；而贾谊为梁怀王傅，王堕马薨，谊不食，毒恨而死，此务华绝根者也。⑦ 太史公曰："古者卜人所以不载者，多不见于篇，及至司马季主，余志而著之。"

○《索隐·述赞》曰：日者之名，有自来矣。吉凶占候，著于墨子。齐楚异法，书亡罕记。后人斯继，季主独美。取免暴秦，此焉终否。

○褚先生曰：臣为郎时，游观长安中，见卜筮之贤大夫，观其起居行步，坐起自动，誓正其衣冠，而当乡人也，有君子之风；见性好解妇来卜，对之颜色严振，未尝见齿而笑也。从古以来贤者避世，有居止舞泽者，有居民间闭口不言，有隐居卜筮间以全身者。夫司马季主者，楚贤大夫，游学长安，通《易经》术、黄帝、老子，博闻远见。观其对二大夫贵人之谈言，称引古明王圣人道，固非浅闻小数之能及；卜筮立名声千里者，各往往而在。《传》曰："富为上，贵次之。"既贵，各各学一伎能立其身。黄直，丈夫也；陈君夫，妇人也，以相马立名天下。齐张仲曲成侯，以善击刺学用剑，立名天下。留长孺以相彘立名，荥阳褚氏相牛立名，能以技能立名者甚多，皆有高世绝人之风。凌稚隆《史记考证》引吕东莱《考订》云：《日者传》乃太史公所作。刘辰翁云：观其辨肆浅深，亦岂褚生所能。

○以上《史记日者传》参《太平御览·卜筮》。

○唐茅元仪《野航史话》：司马季主曰："伏羲作八卦，周文王演三百八十四爻而天下治；越王勾践，仿文王八卦以破敌国。"勾践深于《易》，典籍中惟见于此。即《吴越春秋》，亦只载范少伯六壬神验耳。

---

① 《索隐》：芒音莫郎反。
② 《索隐》：怅音畅，噤音禁。刘氏：音其锦反。
③ 《集解》徐广曰：糈音所。骃案《离骚经》云：怀椒糈而要之。王逸云：糈，精米，所以享神。
④ 《索隐》：糈者，卜求神之米也。言卜之不中，乃不见夺其糈米；若为人主计不审，则身无所处也。
⑤ 《集解》徐广曰：曾一作庄。
⑥ 阜按：当今之世，卖卜者，安乎？否乎？
⑦ 《索隐》：言宋忠、贾谊皆务华而丧其身，是绝其根本也。

○《蜀汉诸葛丞相集》载季主墓碑云："玄漠太寂，混合阴阳；天地交泮，万品滋彰。先生理著，分别柔刚；鬼神以观，六度显明。"本泮作判，明作名，清武威张澍介侯按《真诰》云"司马季主墓，在成都升盘山之南。诸葛武侯，昔建碑铭志于季主墓前，碑赞末"云云，是此碑文不传，仅存铭词数语也。阜按：检阅《道藏·真诰》，升盘作升迁，未知孰是，容再考证；或托成都行政长官，饬属查报，始可明了。

○陶宏景《真诰·稽神枢·第四篇》云：季主一男一女，俱得道。男名法育，女名济华。

○明湘潭周圣楷楚实《方技》：史怀曰：《日者传》止述司马季主与贾谊宋忠议论，往复一段，似史迁未著手之书。① 然其论宦途危险，及士大夫浮诈，亦已刻骨汗颜矣。贾谊曰："古之贤人，不居朝廷，必在卜医之中"，毕竟是高识人语。又曰："今吾见三公九卿，朝士大夫皆可知矣"，分明料此中之无人也。一见季主之人，听其言，业以圣贤待之矣。所谓居之卑，行之污，藉此发难耳。第二子之意，以为至人身隐于卜，尝游于卜筮之外；季主以为道在于卜，当求于卜筮之中，一间未达，特为点破。非惟二子遇季主难，季主遇二子亦难。季主于二子，犹苏门之于叔夜，管辖之于何邓也。

○《四库提要·术数类》载唐《李虚中命书·自序》云：司马季主于壶山之阳②遇鬼谷子，出逸文九篇。幽微之理，虚中为撷拾诸家，注释成集。是以后世传星命之学者，皆以虚中为祖。

○宋梅尧臣圣俞《宛陵集·读日者传答俞生诗》云：宋忠为大夫，贾谊为博士。同与休沐下，访卜长安市。吾不如二人，读书如举跬。藉曰当乘肥，乘肥非我指。惟思泉石间，坐卧松风美。③ 梅尧臣《读司马季主传赠何山人遁诗》云：长安新雨，九陌少行人。同舆有宋贾，游市怀隐沦。日闻古贤哲，必与医卜邻。来过季主室，再拜语逡巡。矍然悟辞貌，何为居埃尘。捧腹乃大咲，吾道非尔臻。骥惭罢驴驷，凤岂燕雀亲。筮占聊助上，功利傥及民。大夫与博士，登车若丧神。今我见何遁，始验太史真。顺性诲善恶，不离义与仁。言孝谕为子，言忠谕为臣。又得蜀严比，宁将日者均。京都盛龟筴，坐肆如鱼鳞。喋口不正言，唯能辨冬春。鸿冥复所慕，安得鸡鹜驯。

○阜仰止季主，异于寻常，俚句有云：贾谊宋忠世所钦，长安卜肆也光临。教愚导惑利家国，季主声华冠古今。

汉 田文，长安人，工相术，与韦丞相贤、魏丞相相、邴丞相吉，微贱

---

① 阜按：作此语者，未读《史记考证》也。
② 壶山在云南水北县东三里，峰峦竦立，宛如壶状，清流环抱，潺潺有声，吴道子观音石刻在此山后。
③ 跬，奎上声，纸韵，半步为跬。司马法，凡人一举足曰跬，跬三尺也。两举足曰步，步六尺也。故君子跬步而不敢忘孝也。

时会于客家。田文言曰："今此三君者，皆丞相也。"其后三人，竟更相代为丞相，何见之明也！《史记·附邴吉传》

汉 谷永，字子云，长安人。父吉，为卫司马使，送郅支单于侍子，① 为郅支所杀。永博学经书，御史大夫繁延寿，举为太常丞。建始三年辛卯冬，日食地震，同日俱发，诏举方正直言极谏之士。太常举永待诏，公车时，对者数十人，永为上第，擢光禄大夫。元延元年己酉，为北地太守。时灾异尤数，永当之官，上使卫尉淳于长，受永所欲言，永对奏，天子甚感其言。永于经书，汎为疏达，② 与杜钦、杜邺略等，不能洽浃，如刘向父子及扬雄也。其于天官京氏易最密，故善言灾异，前后所上四十余事，专攻上身与后宫而已。永所居任职，征入为大司农，卒于家。《汉书·列传》《雍正陕西通志·文学》

汉 王朔，善望气，李广就之语，云："自汉击匈奴，广未尝不在其中，而诸妄校尉已下，③ 材能不及中，④ 以军功取侯者数十人。广不为后人，然终无尺寸功，以得封邑者，何也？岂吾相不当侯耶！"朔曰："将军自念，岂尝有恨者乎？"⑤ 广曰："吾为陇西首，羌尝反，吾诱降者八百余人，诈而同日杀之，至今恨独此耳。"朔曰："祸莫大于杀已降，此乃将军所以不得侯者也。"元狩四年壬戌，广从大将军卫青又击匈奴，以失道责广幕府对簿，广遂自刭死，一军皆哭，百姓闻之，无不垂涕。《前汉书·李广传》

汉 孙宾，卖卜长安，武帝因与越王为亲，曾遣东方朔泛海求宝，惟命一周迴，朔经二载乃至。未至时，帝问左右："朔久不至，今寰中何人善卜？"对曰："有孙宾者，极明易筮。"帝乃更庶服潜行，与左右赍绢二疋，往卜，叩宾门，宾出迎而延坐，未之识也。帝乃启卜，卦成，知是帝，惶惧起拜，帝曰："朕来觅物，卿勿言。"宾曰："陛下非卜他物，乃卜东方朔也。朔行七日必至，今在海中，面西招水大叹，到日请诘之。"至日朔至，帝曰："卿约一年，何故二载？"朔曰："臣不敢稽程，探宝未得也。"帝曰："七日前，卿在海中，面西招水大叹，何也？"朔曰："臣非叹别事，叹孙宾不识天

---

① 郅音质。
② 汎，音信，水盛曰汎。
③ 妄，犹凡也。
④ 中，谓中庸之人也。
⑤ 恨，悔也。

子,与帝对坐,因此而叹。"帝深异之。晋干宝《搜神记》

隋 来和,字弘顺,长安人,少好相术,所言皆验。高祖微时,诣和相,和谓高祖曰:"公当王有四海。"及为丞相,拜仪同,既受禅,进爵为子。和同郡韩则,尝诣和相,和谓之曰:"后四五当得大官。"人初不知所谓,则至开皇十五年乙卯五月而终。人问其故,和曰:"十五年为三五,加以五月为四五。大官,椟也。"和言多此类,著《相经》四十卷。

隋 临孝恭,京兆人,明天文算术,高祖甚亲遇之,每言灾祥之事,未尝不中。上因令考定阴阳书,官至上仪同,著《欹器图》《地动铜仪经》《九宫五墓》《巡甲月令禄命书》《九宫龟经》《太乙武经》《孔子马头易卜书》等二百余卷,并行于世。以上《隋书·艺术》《清一统志·陕西省·西安府·人物》《陕西通志·方技》

唐 王希明,开元时,以方技为内供奉,待诏翰林,奉敕撰《太乙金镜式经》十卷。其大旨乃仿《易》《历》而作,其以一为太极,因之生二目,二目生四辅,犹易之两仪四象也。又有计神与太乙合之为八将,犹易之八卦也。其以岁月日时为纲,而以八将为纬,三基五传十精之类为经,亦犹夫历法也。其法以八将推其掩迫囚击关格之类,占内外灾福;又推四神所临分野,占水旱兵丧,饥馑疾疫;又推三基五福,大小游二限,易卦大运,占古今治乱。故《汉书》已载有阳九百六之语,《南齐书·高帝纪赞》所引太乙九宫,占自汉高祖五年,推至宋祯明元年,几数百年,而其术遂大显于世。至希明承诏纂次,参校众法,益为详备。观李焘《续通鉴长编》称"夏主元昊通蕃汉文字,尝推《太乙金鉴》",则其书且行于四裔矣。《四库提要·子部·术数类》○又著有《聿斯歌》,见《宋史·艺文志》。

唐 韩滉,① 字太冲,长安人,宰相休子,善治《易》《春秋》,著《通例》及《天文事序议》各一篇。以荫补左威卫骑参军,累官至礼部尚书,出为镇海军节度使,卒年六十有五,赠太傅,谥忠肃。滉尤有知人之鉴,杨于陵年二十,登第后,初为浙江观察使,滉见之甚悦。滉有爱女,方择佳婿,谓其妻柳氏曰:"吾阅人多矣,无如杨生,贵而有寿,生子必为宰相。"于陵秩满,寓居扬州,而生嗣复,后滉见之,抚其首曰:"名位果踰于父,杨门之庆也。"后嗣复官至吏部尚书,谥孝穆。《唐书·本传》《唐书·杨嗣复传》

---

① 滉音慌,养韵,水深广貌。

唐 冯存澄，道士，通六壬。上皇始平祸乱，在宫所，与存澄射覆，得卦曰合因，又得卦曰斩关，又得卦曰铸印乘轩，存澄敛谢曰："昔此卦三灵为最善，黄帝胜炎帝而筮得之，所谓合因、斩关、铸印乘轩，始当果断，终得嗣天。"上皇掩其口曰："止矣，默识之矣。"后即位，应其术焉。唐柳宗元《龙城录》

唐 李泌，字长源，魏柱国弼六世孙，徙居京兆。七岁能文，玄宗召试禁中，张说称为奇童，张九龄尤所奖爱。及长，博学，善治《易》。尝出游得管辂书《天阳诀》，又得一行所授《铜钹要旨》，占人吉凶极验。泌以是传之李虚中，推衍用之。天宝间，泌以翰林供奉中宫，太子遇之甚厚，杨国忠疾之，因隐居颍阳。①肃宗即位灵武，②泌至进谒，处以宾友；中兴方略，悉与谋议，为李辅国所疾，去隐衡山。③代宗立，复召之，又为元载常衮所疾，出历楚州杭州刺史。德宗在奉天，召赴行在，旋拜中书侍中，同平章事，遇事多所匡救。德宗欲废太子，感泌泣谏而止。封邺侯，年六十八卒。《唐书·本传》《濯缨笔记》

唐 梁凤，善相人。裴冕为河西留后，就凤相，凤曰："下半载兵起，君当以御史除宰相。"又言："一日向蜀，一日向朔方，此时公当国。"冕妖其言，绝之。俄而安禄山反，冕以御史中丞召，问以三日，答曰："雒日即灭，蜀日不能久，朔方日愈明。"肃宗即位，而冕遂相。又谓吕諲曰："君且辅政，须大怖乃得。"諲责驿吏，榜之，吏突入射諲，两矢几中，走而免，明年知政事。李揆、卢允殷服给谒凤，不许二人许以情，凤曰："李舍人阅岁而相，卢不过郎官。"从揆已相，乃擢卢吏部郎中，凤之术可谓神矣。《古今类事·相兆门》

唐 张初雏，精风鉴，时薛邕侍郎有宰相望，崔造为兵部郎中，与前进士姜公辅，三人同会，适张来谒薛，问张曰："只此座中有宰相否？"答曰："崔姜二公宰相也，且同时。崔反在姜之后。"已而姜为京兆功曹，俄为翰林学士。时朱泚帅泾原，得军民心，姜上疏，请为之防，疏入不报；及泚反，德宗悔不纳姜言，于行在骤拜姜为给事中、平章事，崔更后半年，累拜相，与姜同时，竟终于列曹而已。《古今类事》引《唐宋遗史》

唐 王生，善易筮，设卜肆于京师宣平坊。适李相国揆，以进士调集在

---
① 颍阳，县名，故城在今河南许昌县西南。
② 灵武，县名，故城在今宁夏灵武县西北。
③ 衡山，五岳之一，在湖南。

京，特往问之。王生每以五百文决一局，而来者云集，自辰至酉不得次，而有空反者，揆时持一缣晨往，生为之开卦曰："君非文字之选乎？当得河南道一尉。"揆负才华，不宜为此，色悒怼而去。王生曰："君无怏怏，① 自此数月，当为左拾遗，前事固不可涯也。"揆怒未解，生曰："若果然，幸一枉驾。"揆以书判不中第，补汴州陈留尉，始以王生之言有征，后诣之，生于几下取一缄书，可十数纸，以授之曰："君除拾遗，可发此缄，不尔，当大咎。"揆藏之，既至陈留，时采访使倪若冰以揆才华族望，留假府职，会郡有事须上请，择与中朝通者无如揆，乃请行。开元中，郡府上书，姓李者皆先谒宗正，时李璆为宗长，适遇上尊号，揆既谒璆，璆素闻其才，请为表三通，以次上之。上召璆曰："百官上表，无如卿者，朕甚佳之。"璆顿首谢曰："此非臣所为，是臣从子陈留尉揆所为。"乃下诏召揆，时揆寓宿于怀远坊卢氏姑之舍，子弟闻诏，且未敢出，及知上意，欲以推揆，遂出，既见，乃宣命宰臣试文词。时陈黄门为题目三篇，其一曰《紫丝盛露囊赋》，二曰《答吐蕃书》，三曰《代南越献白孔雀表》，揆自午及酉而成，既封，请曰："前二首无所遗恨，后一首或有所疑，愿得详之。"乃许拆其缄，涂八字，旁注两句，既进，翌日授左拾遗。旬余乃发王生之缄视之，三篇皆在其中，而涂注者亦如之，遽命驾往宣平坊访王生，则竟不复见矣。《图书集成·艺术典·卜筮部·名流列传》

唐 白衣乌帽老人，卖卜于长安春明门外。明皇将平内难之前，迟疑未决，特请占之，俄有蓍一茎，突然飞出，挺于空中，老人笑曰："大吉，此卦只宜卜取天下，余悉凶，然利在三日之内。"上乃与刘幽求、钟绍京等入平内难，安北军，捕逆党，诛韦后，尊睿宗为君。上使人访前老人，莫知其处，遂于所见地立庙，号阿父神，上亲制碑词及书，以表其异焉。夫蓍龟之灵，于人何也？曰："蓍龟不与于人，圣人用之所以兼人物之智耳。卿士从，庶民从，兼人之智也。龟从筮从，兼物之智也。明皇既谋于幽求等，而又卜于老人，其亦兼人物之智欤！"《古今类事·卜兆门》

唐 路生，长安人，卖卜于市，有赵自强来选，就生卜焉。生云："公之官若非重日，即是重口。"后又卜，生云："公官九日不出，十二日出。"至九日宰相果索吏部由历，至十二日勅出，为左拾遗。拾、遗字，各有一

---

① 怏，央去声，漾韵，怅也，情不满足也。

口。又补阙王冕，访卜，生云："九月当入省，官有礼字。"时礼部员外陶翰在座，乃曰："公即替人。"九月陶病请假，勑除王礼部员外。后又令卜，云："必出，当为仓字官。"果贬温州司仓。《雍正陕西通志·方技》

后汉 罗尊师，长安人，深于相术。罗隐在科场，恃才傲物，尤为公卿所恶，故六举不第。隐以貌陋，恐为相术所弃，每与尊师接谈，常自大以沮之，及其屡遭黜落，不得已始往问焉。尊师笑曰："贫道知之久矣，但以吾子决在一第，未可与语；今日之事，贫道敢有所隐乎？且吾子之于一第也，贫道观之，虽首冠群英，亦不过簿尉尔；若能罢举，东归霸国以求用，则必富且贵矣。两途，吾子宜自择之。"隐憬然不知所措者数日，邻居有卖饭媪，见隐惊曰："何辞色之沮丧如此，莫有不决之事否？"隐谓知之，因尽以尊师之言告之，媪叹曰："秀才何自迷甚焉！且天下皆知罗隐，何须一第，然后为得哉！不如急取富贵，则老婆之愿也。"隐闻之释然，遂归钱塘。时钱镠方得两浙，置之幕府，使典军中书檄，其后官给事中，年八十余终于钱塘，师尊之言悉验。《旧五代史·梁书·罗隐列传》注引《五代史补》。

宋 张衍，长安人，年八十，以术游士大夫间。章子厚、蔡持正官州县时，许其为宰相；蒲传正、薛师正未显，皆以执政许之，无一不如衍言。绍圣初，邵伯温官长安，因论范忠宣公命，衍曰："范丞相命，仅作参知政事耳。今朝廷贵人之命皆不及，所以作相。"又曰："古有命格，今不可用，古者贵人少福人多，今贵人多福人少。"余问其说，衍曰："昔之命，出格者作宰执，次作两制，又次官卿监，为监司大郡，享安逸寿考之乐，任子孙，厚田宅，虽非两制，福不在其下，故曰福人多，贵人少。今之士大夫，自朝官便作两制，忽罢去，但朝官耳，不能任子孙，贫约如初。盖其命发于刑杀，未久即灾至，故曰贵人多，福人少也。"后衍病，伯温见之，则曰："数已尽，某日当死，凡家事悉处之矣。"已而果然。邵伯温《闻见前录》《雍正陕西通志·方技》

宋 王勋，日者也，长安人。韩王赵普，初罢陇西判官，到京，至王勋卜肆问命，次帘下，看范鲁公驺殿之盛，叹曰："似此大官，修个甚福来得到此。"勋曰："员外即日富贵，更强似此人，何足叹羡！将来便为交代，亦未可知。"后果如其言。《丁晋公谈录》《宋稗类钞》

宋 何遁，卖卜京都，声华远著。梅直讲尧臣读《司马季主传》后，特赠以诗，有句云："今我见何遁，始验太史真。顺性诲善恶，不离义与仁。

金 李茂，相者，自南中来，相人，言休咎殊验。完州守杨秀实，正大中权刑部主事，供输关陕，与茂熟狎，私自言此人言休咎，或寿永，末路荣显，差以自慰；如言前途不远，或日久有他难，只增忧挠耳。因与茂食次问曰："休咎不愿知，但某离老母十月，见面当在何时？"茂且食且笑，曰："君三日当拜太夫人矣。"杨窃谓关陕去京千里余，三日何缘得到？食未竟，平章芮公急召杨，驿奏边事，三日未日中至家，杨至今以为奇。茂后入京，寓惠安寺，朝士争往叩之，近侍焦春和甫入门，茂即言："五品五品，恨来处不高耳。"焦本世宗家童，闻茂言，深耻之。茂未几被害，年三十三。金元好问《续夷坚志》

元 李钦夫，号五羊道人，长安人，撰《子平三命渊源注》一卷。泰定丙寅，翰林编修官王瓒中序称：子平《三命渊源》，得造化之妙，自钱塘徐大升后，知此者鲜，五羊道人李钦夫，取子平《喜忌》《继善》二篇，特加注解，括以歌诀，消息分明，脉络贯通矣。《四库提要·子部·术数类存目二》

元 郝升，陕西人，深究易理，卖卜于市。王嘉入其肆，升异之，遂从嘉至朝元观，嘉授之二词，以发至意。升大感悟，乃执弟子礼，赐名曰璘，号恬然子。《长安县志·方技》

明 熊庠，江西人，精星命，游陕西，都御史某公，谪为参政，庠推算云："某月中，当复旧任。"公不信，曰："如吾言不验，责四十，验则赏以匹帛。"公笑而许之。至期，果复官。先外祖值庵盛公，时为左辖，庠谓公曰："七月，当擢西川都御史。"公笑曰："升擢则有之，至于地方，非尔所知也。"庠言："不验，请如某公约。"公亦未信，曰："金星旺，知在西方。"及七月三十日，谓熊妄言必矣。自察院归，道有人报公升四川巡抚，公大异之，复令庠究，言："九天新雨露，两省旧黎民，有官无禄者半岁。"退谓吾舅氏云："相公于庚辰年不利。"至庚辰，公丁内艰，自蜀奔丧抵家，而新制以边方重任，必俟交代，公知之，复自吴入蜀，竟治事半岁而不食禄，其验如此。明陆延枝《说听》

清 赵舒翘，字展如，长安人，同治甲戌进士，授刑部主事。居刑曹十年，多所纂定。其议服制及妇女离异诸条，能传古义，为时所诵。光绪丙戌，出知安徽凤阳府，皖北水浸，①割俸助赈，课最，擢浙江温处道，再迁布政使。甲午，擢江苏巡抚，捕治湖匪，弊风渐革。明年，改订日本条约，牒诸总署，重民生，言皆切中。是时朝廷矜慎庶狱，以舒翘谙律令，召为刑部左侍郎；戊戌晋尚书，督办矿务铁路；明年充军机大臣，拳匪据涿州，舒翘被命驰往解散，匪众坚请褫提督聂士成职，刚毅踵至，许之。匪既入京，政使馆联军至，李秉衡兵败，太后乃令王文韶与舒翘诣使馆，通殷勤，为议款计。文韶以老辞，舒翘曰："臣望浅，不如文韶。"卒不往，旋随扈至西安，联军索办罪魁，仍褫职留任，寻改斩监候，次年各国索益亟，西安士民集数百人，为舒翘请命，上闻，赐自尽，命岑春煊监视。舒翘故不袒匪，又痛老母九十余，见此惨祸，颇自悔恨，初饮金，更饮以鸩，久之乃绝，其妻仰药以殉。舒翘生平以服膺宋学著称，而酷信命相家言。抚苏时，元和陆凤石相国润庠以祭酒丁艰回里，服阕入都，赵饯行于署，酒酣，赵频顾陆而叹息，陆疑赵心有不愉，坚叩其故，赵慨然曰："某所以不乐者，以君为末代宰相耳。"陆愤然曰："君既知相，自视如何？"赵曰："此无他，某终不得善终。"及赵内用，果如其预言。《清史稿·本传》《清稗类钞·方技》

清 张延已，好占卜，弱冠游四方，光绪辛丑，两宫将自西安回銮，②时适馆临潼洪氏，以风角风闻于上。某日昧爽，以一骡车入行在，礼毕，孝钦后宣旨，令在溜下设坛，问善后事，筮得家人之九三，其爻曰："家人嗃嗃，妇子嘻嘻，终吝。"张曰："家人嗃嗃，③刚严者也。妇子嘻嘻，喜乐过也。终吝，险蹶难遵也。卦直家人，其有顺阴道而至美者乎？九三之爻，君道也，亦夫道也，而位未大正，其有妇人而专制者也。"时侍郎陈某在侧，见多忌讳，不敢上闻，乃别易他爻之吉详者入奏。孝钦亟赏之，赐银千两，鲈鲊两尾。延已方惴惴待罪，至是乃殊慰。《清稗类钞·方技》

665 万年县

汉太上皇葬栎阳北原，因于栎阳置万年县，以奉陵寝。故城在今陕西临潼县东北，

---

① 浸，进平声，又去声，阴阳气相侵也。
② 西安，即今长安县。
③ 嗃，黑各切，药韵，严厉貌。

北周移置,即今长安县治。隋迁都,改为大兴县,唐复为万年。五代梁改为大年,唐复旧名。宋改为樊川,金改为咸宁,民国废入长安县。

北魏 唐文,善相人。寇赞未贵时,尝从文相,文曰:"君额上黑子入帻,①位当至方伯,封公。"及贵也,文以民礼拜谒,仍曰:"明公忆民畴昔之言乎?尔日但知公当贵,然不能自知得为州民也。"赞曰:"往时卿言杜琼不得官长,人咸谓不然,及琼被选为盩厔令,卿犹言相中不见,而琼果以暴疾未拜而终。昔魏舒见主人儿死,自知已必至公,吾尝以卿言琼之验,亦复不息此望也。"乃赐文衣服良马,赞在州卜七年,甚获公私之誉,卒年八十六。《魏书·寇赞传》

唐 韦夏卿,字云客,万年人,少邃于学,善文辞。大历中,举贤良方正,官至工部尚书,东都留守,辞疾,改太子少保,卒年六十四,赠尚书左仆射,谥曰献。夏卿通简好古,有知人之鉴,人不知也。因退朝于街中,逢再从弟执谊,从弟渠、牟、丹三人,②皆第二十四,并为郎官,簇马良久,夏卿曰:"今自逢三二十四郎,辄欲题目之。"语执谊曰:"汝必为宰相,善保其末耳。"语渠牟曰:"弟当别承主上恩,而速贵为公卿。"语丹曰:"三人之中,弟最长远,而位极旄钺。"由是竟如言。《唐书·本传》《大唐传》载

唐 韦顗,③字周仁,谔弟,益之子,万年人。生一岁而孤,事姊称为恭孝。性嗜学,通阴阳象纬,博知山川风俗,论议典据。少以门荫,补千牛备身,历御史补阙。裴垍、④韦贯之、李绛、崔群、萧俛,皆布衣旧,继为宰相,朝廷典章,多所资逮。尝曰:"吾侪五人,智不及一韦公。"累迁御史中丞,为户部侍郎,徙吏部,卒。所著《易缊解》,推演潜亢终始之义,甚有奥旨。《旧唐书·韦见素传》《雍正陕西通志·文学》

666 奉元县

元置,治咸宁,今陕西长安县治。

---

① 帻音责,韬发之巾也。
② 韦丹,字文明。
③ 顗,音恺,静也。
④ 垍,音忌,坚土也。

元 杨恭懿，字元甫，奉元人，力学强记，日数千言，虽从亲逃乱，未尝废业。年十七，西还，服劳为养，暇则就学，书无不读，尤深于《易》《礼》《春秋》。后得朱熹集注四书，叹曰："人伦日用之常，天道性命之妙，皆萃此书矣。"至元七年庚午，与许衡俱被召，不至；又数年，太子下教中书，俾如汉惠聘四皓者以聘，恭懿乃至京师。既入见世祖，遣国王和童，劳其远来。十二年乙亥正月二日，帝御香殿，以大军南征，使久不至，命筮之，其言秘。时议设取士科，恭懿言："宜敕有司举有行检通经史之士，试以经义，则民俗趋厚，国家得才矣。"寻归乡里，又诏改历，授集贤学士，兼太史院事。十八年辛巳，辞归；后凡三召，皆不至。三十一年甲午卒，年七十。《元史·本传》

元 萧㪺，音冈，挹也，抒也。字维斗，奉元人，性至孝，出为府史，上官语不合，即引退。《雍正陕西通志·儒林》

667 杜陵县

古杜伯国，秦置杜县，汉以杜东原上为初陵，更名杜陵，晋改为杜城，后魏改杜县，北周废，故城在今陕西长安县东南。

隋 史万岁，杜陵人，少英武，善骑射，好读兵书，兼精占候。逢周齐战于芒山，万岁从父在军，旗鼓正相望，万岁令左右趣装急去，俄而周兵大败，其父由是奇之。及平齐之役，其父战没，万岁袭爵太平县公，从击尉迟迥，每战先登，迥平，拜上大将军。万岁为将，不治营伍，令士卒各随所安，敌亦不敢犯，号为良将。《清一统志·陕西省·西安府·人物》

隋 韦鼎，字超盛，京兆杜陵人，少通脱，博涉经史，明阴阳逆刺，尤善相术。仕梁，遭父忧，哀毁过礼，殆将灭性。侯景之乱，兄昂卒于京城，鼎负尸出，寄于中兴寺，求棺无所得，鼎哀愤恸哭，忽见江中有物流至，鼎异之，往视，乃新棺也，因以充殓。元帝闻之，以为精诚所感。侯景平，历中书侍郎。陈武帝在南徐州，鼎望气知其当王，遂寄挈焉。因谓曰："后四岁，梁其代终天之历数，当归舜后。明公天纵神武，继绝统者，无乃是乎？"帝大喜，因而定策，及受禅，拜黄门侍郎，转廷尉卿。大建中，为聘周主使，至德初癸卯，鼎尽货田宅，寓居僧寺，友人问其故，答曰："江东王气，尽于此矣。吾与尔当葬长安，期运将及，故耳。"初鼎之聘周也。尝与高祖相遇，鼎谓高祖曰："观公容貌，故非常人，神鉴深远，亦非群贤所逮。岁一周天，老夫当委质，愿深自爱。"及陈平，待遇甚厚。高祖命鼎还杜陵，鼎考校昭穆，自楚太传孟以下二十余世，作《韦氏谱》七卷。开皇壬子，除光洲刺史，以仁义教道，务弘清静，部内肃然，咸称其神。《隋书·艺术》《清一统志·陕西省·西安府·人物》《雍正陕西通志·方技》

668 咸阳县

即古杜邮亭，隋置县，寻废，故城在今陕西咸阳县东十三里。唐徙今县东五里，在渭河北。明移治今所，属陕西西安府，清因之。

周 卜徒父，秦太卜，秦伯伐晋，卜徒父筮之吉，涉河侯车败，诘之，对曰："乃大吉也。三败必获晋君，其卦遇蛊䷑，曰：'千乘三去，三去之余，获其雄狐。'夫狐蛊，必其君也。蛊之贞风也，其悔山也。岁云秋矣，我落其实，而取其材，所以克也。实落材亡，不败何待？"三败及韩，战于韩原，秦获晋侯以归。《左传·僖公十五年》《雍正陕西通志·方技》

669 平陵县

汉置，三国魏改为始平，故城在今陕西咸阳县西北十五里。

汉 苏竟，字伯况，平陵人，平帝世，以明经为博士，讲书祭酒，善图纬，能通百家言。建武五年己丑，拜侍中，病免，初延岑护军邓仲况，拥兵据南阳阴县为寇，刘龚为其谋主，竟以书晓之，仲况与龚遂降，竟终不伐其功。

汉 张仲蔚，扶风人，[①] 少与同郡魏景卿，隐身不仕，明天官，学问宏博，尝好为诗赋，常居穷素，所处蓬蒿没人，闭门养性，不治荣名。以上《清一统志·陕西省·西安通志·隐逸》《雍正西安府志·人物》

670 安陵县

周，程邑，汉置安陵县，以惠帝安陵所在，故名，晋废，故城在今陕西咸阳县东。

---

① 扶风郡，在今陕西咸阳县东。

汉 棓生，① 安陵卜者。袁盎心不乐，家居多怪，乃之棓生所问占。棓生秦时贤士，善术者也。《前汉书·袁盎传》注参《雍正陕西通志·方技》

汉 班固，字孟坚，安陵人，彪子。年九岁，能属文，及长，遂博贯载籍，九流百家之言，无不穷究。② 所学无常师，不为章句，举大义而已。明帝奇之，召诣校书部，除兰台令史，续父所著《汉书》，积思二十余年，至建初中乃成，当世甚重其书。后迁玄武司马，帝会诸儒，讲论五经，作《白虎通德论》，令固撰集其事，其论五行有云："水位在北方，北方者，阴气在黄泉之下，任养万物，水之为言准也，阴化沾濡任生木。木在东方，东方者，阴阳气始动，万物始生，木之为言触者，阳气动跃。火在南方，南方者，阳在上，梦物垂枝，火之为言委随也。言万物布施，火之为言化也。阳气用事，万物变化也。金在西方，西方者，阴始起，万物禁止，金之为言禁也。土在中央者，主吐含万物，土之为言吐也。"固又深于《易》，故《汉书》叙传，多用《易》义。述《哀纪》云："雕落洪支，底迟鼎臣，大过之困，实桡实凶。"述《礼乐志》云："上天下泽，春雷旧作，先王观象，爰制礼乐。"述《刑法志》云："雷电皆至，天威震耀，五刑之作，是则是效。"述《五行志》云："河图命苞，洛书赐禹，八卦成列，九畴攸叙。"述陈胜项籍云："上嫚下暴，惟盗是伐。"述魏豹、田儋、③ 韩信云："枯杨生华，曷惟其旧。"述眭孟、京房等云："占往知来，幽赞神明。苟非其人，道不虚行。"其《幽通赋》云："震麟漦于夏庭兮，④ 币三正而灭周；巽羽化于宣宫兮，弥五辟而成灾。"又似习闻京氏说者。永元初已丑，大将军窦宪，出征匈奴，以固为中护军，行中郎将事，宪败，洛阳令种兢，捕系固，遂死狱中，时年六十一。《后汉书·附彪传》《白虎通德论》清江都蒋超伯南《湑月楂语》

671 茂陵县

《汉书·武帝纪》：后元二年，葬茂陵。木槐里之茂乡，初置茂陵邑。宣帝始为县，

---

① 棓，音培，姓也。
② 《后汉书注》云：九流谓道、儒、墨、名、法、阴阳、农、杂、纵横。
③ 儋，担平声，覃韵。
④ 漦，音厘，支韵。

在今陕西与平县东北，晋并入始平，司马相如病免，家居茂陵，即此。

后汉 马融，字季常，茂陵人，才高博洽，为世通儒。初应邓骘召，拜郎中，校书东观。时邓太后临朝，融以讽谏遭禁锢。安帝时，召拜郎中，历武都南郡太守。曾上疏陈："星孛参毕，参西方之宿，毕为边兵，至于分野并州是也。① 西戎北狄，殆将起乎？宜备二方。"寻而陇西羌反，乌桓寇上郡，皆卒如融言。后复拜议郎，重在东观著述，以病去官，教养诸生，常有千数。涿郡卢植、北海郑玄，皆其徒也。玄在融门下，三年不相见，高足弟子传授而已，常算浑天不合，问诸弟子莫能解，或言玄，融召令算，一转便决，众咸骇服。及玄业成辞归，融心忌焉，玄亦疑有追者，乃坐桥下，在水上据屐，融果转式逐之，告左右曰："玄在土下水上而据木，此必死矣。"遂罢追，玄竟以免。融年八十八，延熹九年丙午，卒于家。《后汉书·本传》《艺术典·术数部·纪事》

672　兴平县

周，大丘邑，秦曰废丘，汉为槐里、茂陵、平陵三县地。三国魏，改平陵为始平，唐改曰金城，又改曰兴平，明清皆属陕西西安府。

清 吴寿贞，太夫村人，刘健庵某村人，精医道，善堪舆。《民国兴平县志·文学》

673　高陵县

秦置，昭王同母弟曰高陵君，即此。后汉为左冯翊治，三国魏改高陆，故城在今陕西高陵县西南一里，后魏徙今治。隋复曰高陵，明清皆属陕西西安府。

元 高傅，字宗伊，四川泸州人。弘治三年庚戌，以举人任教谕，身颀长，② 美姿容，博雅端正。兼通五经，下至医卜书画，亦皆嘉妙。勤于训诲，五经轮日讲解，士子课业无长少，皆逐首改正。其奖善化恶，如春风解冰。《明嘉靖县志·官师》

---

① 参在申为晋分，并州之地。
② 颀，音祈，长貌。

中国历代卜人传卷三十一

陕西省二

674　泾阳县

符秦置，今陕西泾阳县东南三十里，有故县邺，即故县也。隋陡今治，明清皆属陕西西安府。

元　袁思义，明《道德》《庄》《列》等书，兼通佛教，及医术阴阳卜筮之学，有《道德经》《庄》《列》等书引证。《宣统泾阳县志·仙释》

明　柴定向，字少池，泾阳人，善识风水，能于数十里外望地气，知休咎。尝过学宫，见育才坊废，请于县令曰："此坊复建，必科第蔚兴。"次年丙子，果中乡榜十人，为殁祤太学生王仲伯公卜地，[①]其山峰峻拔，占者以为不利，向曰："此将军山也，当有以武成名者。"后果验，年九十七岁，发色如童。《雍正陕西通志·方技》

675　三原县

汉地阳县地，后魏改置三原县。故城在今陕西三原县东北三十里。唐改曰池阳，又改曰华池，元徙今治，明清皆属陕西西安府。

---

①　殁，音掇；祤，音羽。殁祤，县名，汉置，在今陕西耀县东北。

唐 李靖，字药师，三原人，通书史，精风角鸟占孤虚之术。其舅韩擒虎，每与论兵，辄叹曰："可与语孙吴者，非斯人尚谁者！"高祖时，拜行军总管，平萧铣。太宗践阼，授刑部尚书，兼检校中书令，寻破突厥，取定襄斥地，自阴山北至大漠。封代国公，迁尚书右仆射，恳乞骸骨，帝嘉美德之。吐谷浑寇边，复起为西海道行军大总管，进兵残其国，更立其王而还，改卫国公。卒年七十九，谥景武。《唐书·本传》《艺术典·术数部汇考·奇通》

明 马尚宾，名贵，以字行。生而颖敏，祖母徐，教之学，即奉书昼夜读，能尽识大义。及长，祖母语曰："吾闻汝外曾王父云：道在中庸。"尚宾遂专心《中庸》。时处士师敏，深于《中庸》，因与研究其理。吉士解栖霞尝就问，退而叹服。永乐中，诏求遗逸，有司以应，不就。尚宾用《周易》《六壬》《皇极》诸书，占事知来皆奇验，说者谓当与君平尧夫并传，著有《周易杂占》《中庸讲义》《靖川语录》。《靖川集》

明 雷鸣，字大震，由贡生，任四川芒部军氏大同二府同知，博学多能，卜筮阴阳医书，皆诵习精熟，为举子业，恒不属草。试尝冠多士，选日，吏部考，亦首冠。年七十，致仕归，读书犹二鼓始寝。《光绪三原县志·文学》

清 刘淓，① 字学海，幼聪颖，弱冠腾声庠序，奉继母尽欢，事伯兄澜如父，家人化之。于书无所不通，医卜象数，胥臻精妙。终身布衣，子弟奉丝纻，则置之箧中，未尝著体。啖饭踰常人，惟罗蔬果；嘉肴列前，不一举箸。学使吕云藻叹曰："古所谓淡泊宁静者，其殆是欤！"著有《蓬窗杂咏》十卷。以上《光绪三原县志·方技》

676　盩厔县

汉置。山曲曰盩，水曲曰厔。后汉省，后魏复置，故城在今陕西盩厔县东北，周移于今所，唐更名宜寿，寻复故，明清皆属陕西西安府。②

---

① 淓，音方，水名，《山海经》云：箕尾之山，淓水出焉。
② 盩音舟，厔音实。

唐 鲍该，贞元中人，精于星历。曹士蔿与该[①]同时，亦精星历。《民国三原县志·方技》

677　莲勺县

汉置，隋省，故城在今陕西渭南县东北七十里，即来化镇是。莲勺县有盐池，纵广十余里，其乡人名为兰中。

汉 张禹，字子文，河内轵人，[②] 至禹父，徙家莲勺。禹为儿时，数随父至市，喜观于卜相者前，久之，颇晓其别蓍布卦意，时从旁言，卜者爱之，又奇其面貌，谓禹父："是儿多知，可令学经。"及禹壮，至长安学，从沛郡施雠受《易》，举为郡文学。初元中，迁光禄大夫，成帝即位，征禹，赐爵关内侯，领尚书事。鸿嘉元年辛丑，以老病乞骸骨，上加优再三，乃听许，数加赏赐，愈益敬厚。禹见时有变异，若上体不安，择日洁斋露蓍，正衣冠，立筮得吉卦则献其占，如有不吉，禹为感动忧色。成帝崩，禹及事哀帝，建平二年丙辰薨，谥曰节侯。《后汉书·列传》《图书集成·艺术典·卜筮部·名流列传》

678　华原县

三国魏泥阳县，隋更名华原，唐改永安，寻复故，元省，故城在今陕西洁县东南。

唐 孙思邈，华原人，通百家说，善言老庄，独孤信，见而叹曰："此圣童也，顾器大，难为用耳。"周宣帝时，思邈以王室多故，隐居太白山；隋文帝辅政，乃征为国子博士，称疾不起。尝谓所亲曰："后五十年，有圣人出，吾且助之。"及太宗即位，召诣京师，年已老，帝嗟其容色甚少，将授以爵位，固辞不受。显庆四年己未，高宗复召见，拜谏议大夫，又固辞不

---

① 蔿，读如蒍。
② 轵，音纸，故城在今河南济源县东南十三里。

受。上元元年甲戌，称疾还山，特赐良马，假鄱阳公主邑司以居之。思邈于阴阳推步，医药无不善，孟诜、卢照邻等师事之。照邻有恶疾，不可为，感而问曰："高医愈疾，奈何？"答曰："天有四时五行，寒暑迭居，和为雨，怒为风，凝为雪霜，张为虹霓，天常数也。人之四肢五藏，一觉一寐，吐纳往来，流为荣卫，章为气色，发为音声，人常数也。阳用其形，阴用其精，天人所同也。失则蒸生热，否生寒，结为瘤赘，陷为痈疽，奔则喘乏，竭则燋槁，发乎面，动乎形，天地亦然。五纬缩赢，孛彗飞流，其危诊也。寒暑不时，其蒸否也。石立土踊，是以瘤赘，山崩土陷，是以痈疽。奔风暴雨其喘乏，川渎竭涸其燋槁，高医道以药石，救以砭剂。圣人和以至德，辅以人事，故体有可愈之疾，天有可振之灾。"照邻曰："人事奈何？"曰："心为之君，君尚恭，故欲小。《诗》云：'如临深渊，如履薄冰'，小之谓也。胆为之将，以果决为务，故欲大，《诗》云：'赳赳武夫，公侯干城'，大之谓也。仁者静，地之象，故欲方，《传》曰：'不为利回，不为义疚'，方之谓也。智者动，天之象，故欲圆，《易》曰：'见几而作，不俟终日'，圆之谓也。"复问养性之要，答曰："天有盈虚，人有屯危，不自慎，不能济也。故养性，必先知自慎也。慎以畏为本，故士无畏，则简仁义；农无畏，则堕稼穑；工无畏，则慢规矩；商无畏，则货不殖；子无畏，则忘孝；父无畏，则废慈；臣无畏，则勋不立；君无畏，则乱不治。是以太上畏道，其次畏天，其次畏物，其次畏人，其次畏身。忧于身者，不拘于人；畏于己者，不制于彼；慎于小者，不惧于大；戒于近者，不侮于远，知此则人事毕矣。"初，魏征等修齐梁周隋等五家史，屡咨所遗，其传最详。永淳初壬午卒，百余岁，遗令薄葬。孙处约，常以诸子见，思邈曰："俊先显，侑晚贵，佺祸在执兵。"① 后皆验。太子詹事卢齐卿之少也，思邈曰："后五十年，位方伯，吾孙为属吏，愿自爱。"时思邈之孙溥尚未生，及溥为萧丞，而齐卿徐州刺史，凡诸异迹，多此类也。自注《老子》《庄子》，撰《千金方》三十卷，又撰《福禄论》三卷，《摄生真录》及《枕中素书》《会三教论》各一卷，行于世。新旧《唐书·隐逸》《雍正陕西通志·方技》《嘉庆四川通志·仙释》《清一统志·陕西省·西

---

① 俊，子峻切，与儁、隽并通，才智过人者曰俊。侑，音又，佐也，相助也。佺，音铨。偓佺，仙人名，唐尧时人。

679 同州

后魏置华州，西魏改曰同州，《元和志·禹贡》云："漆沮既从，澧水攸同。"言二水至此同流入渭，城居其地，故曰同州。隋改为冯翊郡，唐复曰同州，宋曰同州冯翊郡，金曰同州。清升为同州府，民国废，故治即今陕西大荔县。

唐 桑道茂，韩人，游京师，善太乙遁甲、五行灾异之说，言无不中。代宗召之禁中，待诏翰林。建中初，上言国家不出三年有厄，臣望奉天有王气，宜高垣堞为王者居，① 使可容万乘者。帝从之，发众数千，及神策兵城之，时盛夏趣功，人莫知其故。及朱泚反，帝蒙难奉天，赖以济。时藩镇擅权，地无宁岁，道茂曰："年号元和，寇盗剪灭矣。"至宪宗乃验。新旧《唐书·方技》《光绪同州府续志·方技》

○《清一统志》，陕西省乾州南门外，有桑道茂墓，乾州西南三百一十步，又有桑道茂祠。

宋 王湜，② 同州人，潜心康节先生之学，作《太乙肘后备检》三卷，为阴阳二遁，绘图一百四十有四。上自帝尧以来，至绍兴六年丙辰，凡三千四百九十二年，皆随六十甲子，表以分野，如通鉴编年；前代兴亡，历历可考。然自古及今，应者虽多，不应者亦或有之。杨维德修《五福太乙占书》，考验行度，亦为精详。《图书·艺术典·术数部·纪事》

明 张曰炳，字晦叔，同州人，知府守训季子，性醇笃好学，凡图纬书数，至稗官医卜，靡不综猎。恬于势利，不就有司试，或讽之，傲然不屑，与马林友善，日夕扬挖古文辞，③ 郡中风雅一振，为文典古华瞻，卓有矩矱，著《晦叔诗》八卷、《武成考》一卷。《雍正陕西通志·隐逸》

---

① 堞，音牒，城上女墙也。
② 湜，音直，水清见底也。
③ 挖，音骨，摩也。

680　大荔县

秦取大荔戎，筑其地曰临晋，汉置临晋县，晋改名大荔，后魏改为华阴县，西魏改名武乡，隋改为冯翊，元省县入同州，清升同州为府，置大荔县府治，民国废府存县。

清　史景玉，字朗山，华阴岁贡生，幼颖悟，读书数行并下，自六经百氏，以及医卜杂技，无不通晓，而尤工诗古文，凡一稿出，人争传抄之。道光元年辛巳，朝廷行孝廉方正，当道将以景玉应，而景玉于五月遘疾卒，所著有《周易注》《医学正宗》《奇门一得》等书。《咸丰同州府志·方技》

681　朝邑县

汉临晋县地，后魏置南五泉县，西魏改曰朝邑，以北据朝坂为名，唐改名曰河西，寻复旧名，清属陕西同州府。

唐　严善思，名譔，朝邑人，少以学涉知名，尤善天文历数及卜相之术，举销声幽薮科及第，隐居十年。武后时，擢监察御史，方酷吏构大狱，以善思为详审使，平活八百余人，原千余姓。长寿中，按囚司刑寺，罢疑不实者百人。来俊臣等诬以罪，谪交趾，五岁得还。是时李淳风死，候家皆不效，诏善思以著作佐郎，兼太史令。开元己巳卒，寿八十五。新旧《唐书·方技》《清一统志·陕西省·同州府·人物》《雍正陕西通志·方技》

○《旧唐书》：神龙初，善思迁给事中，则天崩，将合葬乾陵，善思奏议曰："谨按《天元房录葬法》云：'尊者先葬，卑者不合于后开入。'则天太后，卑于天皇大帝，今欲开乾陵合葬，即是以卑动尊，事既不经，恐非安稳。臣又闻乾陵玄阙，其门以石闭塞，其石缝隙锢铁，以固其中，今若开陵，必须镌凿。然以神明之道，体尚幽玄，今乃动众加功，诚恐多所惊跳；又若别开门道，以入玄宫，即往者葬时神位先定，今更改作，为害益深。又以修筑乾陵之后，国频有难，遂至则天太后，权总万几二十余年，其难始定。今更加营作，伏恐还有难生。但合葬非古，著在《礼经》，缘情为用，无足依准。况今事有不安，岂可复循斯制？伏见汉时诸陵，皇后多不合葬；魏晋已降，始有合者。然以两汉积年，向余四百；魏晋之后，祚皆不长。虽受命应期，有因天假，然以循机享德，亦在天时。但陵墓所安，必资胜地；后之胤嗣，用托灵根，或有不安，后嗣亦难长享。伏望依汉朝之故事，改魏晋之颓纲，于乾陵之傍，更择吉地，取生墓之法，别起一陵，既得从葬之仪，又成固本之业。臣伏以合葬者人缘私情，不合葬者前修故事。若以神道有知，幽途自得通会；若以死者无知，合之复有何益！然以山川精气，上为星象，若葬得其所，则神安后昌；若葬失其宜，则神危后损。所以先哲垂范，具之《葬经》，欲使生人之道必安，死者之神必泰。伏望少迴天眷，俯览臣言，行古昔之明规，制私情之爱欲，使社稷长享，天下又安，凡在怀生，莫不庆幸！"疏奏不纳。

明 赵天秩，字仲礼，泊村人。生而灵异，性端方，行不左右顾，未尝妄与人立谈。五经子史，一过目辄不忘；《周易》《尚书》两经，能为举子业，尤精易占。六岁时，父世荣遣其兄天叙就师，天秩亦欲往，世荣不许，乃不食，世荣遣之。每诵读，虽暑夜不辍；世荣将农获，而灯犹未熄，每夺其灯令寝焉。年十五，从韩苑洛先生游，惊以为神童，先生每语诸生，古人建功立业，多在少年，如孙策没时，才二十七。他日再言之，仲礼曰："所遭之不同也。使天秩当其际，岂肯令孙权保有江东哉！"先生叹曰："此武侯志也。"年二十，为诸生，寻卒，时明嘉靖癸卯岁也。《康熙朝邑县志·闻人》

明 程济，朝邑人，通术数之学，官四川岳池教谕。洪武三十一年戊寅，建文初即位，削藩之议起，冬十月济忽上书，言北方兵起，在某年某月日，上以为妄言，逮至，将僇之。① 济大呼曰："陛下幸囚臣，臣言不验，死未晚。"诏下之狱，已而燕王兵竟起，如所推月日。遂释出，使为军师，护诸将北行，同退北军，俄有徐州之捷。及北师入金川门，乃随建文出走，莫知所终。《七修类稿》引《余冬序录》

明 韩邦奇，字汝节，号苑洛，朝邑人，正德戊辰进士，除吏部主事，进员外郎，终以南兵部尚书致仕，卒谥恭简。邦奇刚直，尚节慨，性嗜学，自诸经子史及天文地理、乐律术数兵法之书，无不通究，著《易学启蒙意见》《洪范图解》《易占经纬》《乐律举要》《苑洛集》。《明史·列传》《四库提要》

---

① 僇，音六，同戮，辱也。

682　夏阳县

即魏少梁，秦置夏阳县，后魏省，故城即今陕西韩城县南，韩信从夏阳，以木罂渡军，袭魏安邑，即此。

汉　司马谈，夏阳人，秦蜀司马错八世孙。谈为太史公，[①] 学天官于唐都，[②] 受《易》于杨何，[③] 习道论于黄子，[④] 仕于建元元封之间。学者不达其义而师悖，乃论六家之要指，曰："《易大传》曰：'天下一致而百虑，同归而殊涂。'夫阴阳儒墨名法道德，此务为治者也。直所从言之异路，有省不省耳。尝窃观阴阳之术，大详而众忌讳，使人拘而多畏，然其叙四时之大顺，不可失也。儒者博而寡要，劳而少功，是以其事难尽从。然其叙君臣父子之礼、列夫妇长幼之别，不可易也。墨者俭而难遵，是以其事不可偏循，然其强本节用，不可废也。法家严而少恩，然其正君臣上下之分，不可改也。名家使人俭而善失真，然其正名实，不可不察也。道家使人精神专一，动合无形，赡足万物，其为术也，因阴阳之大顺，采儒墨之善，撮名法之要，与时迁徙，应物变化，立俗施事，无所不宜，指约而易操，事小而功多。儒者则不然，以为人主天下之仪表也。君唱臣和，主先臣随，如此则主劳而臣佚，至于大道之要，去健羡，[⑤] 黜聪明，[⑥] 释此而任术。夫神大用则竭，形大劳则敝，神形早衰，欲与天地长久，非所闻也。"太史公既掌天官，不治民，有子曰迁，生龙门，[⑦] 耕牧河山之阳。十岁诵古文，二十南游江淮，

---

① 如淳曰：《汉仪注》：太史公武帝置，位在丞相上。宋祁曰：迁《与任安书》，自言仆之先人，文史星历，近乎卜祝之间，故上所戏弄，倡优畜之，流俗之所轻也。若其位在丞相上，安得有此言耶！师古：谈为太史令耳，迁尊其父，故谓之为公。

② 师古曰：即《律历志》所云方士唐都也。

③ 师古曰：何，字叔元。

④ 师古曰：景帝时人也。《儒林传》谓之黄生。

⑤ 服虔曰：门户健壮也。如淳曰：知雄守雌，是去健也。不见可欲，使心不乱，是去羡也。晋灼曰：善闭者无关楗。严君平曰：拆关破楗，使奸者自止。服说是也。

⑥ 如淳曰：不尚贤，绝圣弃知也。严君子曰：黜聪弃明，倚依太素，反本归真，则理得而海内钧也。师古曰：黜，废也。

⑦ 在山西河津县西，韩城县之间。

上会稽，采禹穴，窥九疑，浮沅湘，北涉汶泗，讲业齐鲁之都，观夫子遗风，过梁楚以归。于是迁仕为郎中，奉使西征巴蜀，以南略邛笮昆明，还报命。是岁天子始建汉家之封，而太史公留滞周南，不得与从事，发愤且卒。而迁为太史令，抽石室金匮之书，述陶唐以来，至于麟止，著十二本纪，十表，八书，三十世家，七十列传，凡百三十篇，成一家言。迁死后，其书稍出，宣帝时，迁外孙平阳侯杨恽祖述其书，遂宣布焉。至王莽时，求迁后，封为史通子。《前汉书·本传》《雍正陕西通志·文学》

683　韩城县

本古梁国，战国初，魏大梁邑，秦置夏阳县，后省，隋改置韩城县，唐改名韩原，五代唐复曰韩城，金升为桢州，元废州，徙治今县西北四十里，明还故治，清属陕西同州府。

周　卜招父，梁太卜。① 惠公之在梁也，梁伯以其女妻之。梁嬴孕，过期，卜招父与其子卜之，其子曰："将生一男一女。"招曰："然男为人臣，女为人妾。"故名男曰圉，女曰妾，及子圉西质，妾为宦女焉。《左传·僖公十七年》参《史记·晋世家》

清　强岳立，字健齐，韩城人，嗜学蓄书，经史而外，凡阴阳堪舆、星相卜筮等古籍，尤好探讨。后从李颙弟子王心敬游，以学行自励，一时名辈，多为师友，乾隆中卒。《韩城县志·儒林》

684　华阴县

《禹贡》华阳地，战国魏，阴晋邑，秦惠文王更名宁秦，汉改曰华阴，以在华山之阴也。故治在今陕西华阴县东南，唐改曰仙掌，寻复曰华阴，又改曰太阴，旋亦复故，移今治，清属陕西同州府。

---

① 梁，周国名，今陕西韩城县南二十里，有古少梁城。

秦 杨硕，华阴人，隐居华山，交结名士，洞习天文，知秦将亡，汉当兴，生八子，俱从高祖征伐。第八子喜，击杀项羽有功，封赤泉亭侯，余皆将军，乃赐硕太史公。《雍正陕西通志·隐逸》

唐 车三，华阴人，善卜相。进士李蒙宏词及第，入京注官，至华阴县，官令车三相，诸公云："此是李蒙，宏词及第，欲注官去，看得何官。"车云："公意欲作何官？"蒙云："爱华阴县。"车云："此官可得，但公无此禄，如何？"众皆不信，及至京毕，注华阴县尉，授官，相贺于曲江舟上，宴会诸公，令蒙作序，日晚序成，史翩先起于蒙手取序看，[①] 裴士南等十余人又争起看序，其船偏，遂覆没，李蒙、士南等，并被没溺而死。《雍正陕西通志·方技》

清 史口口，精于风角之术，人以神仙呼之。雍正间，大将军年羹尧征准夷，闻其名，招致军中，青海之役，占验多奇中。察年恃功，有跋扈状，托病而归，不复言人休咎。《乾隆华阴县志·艺术》

清 王宏撰，字无异，号山史，华阴人。康熙己未，尝举荐博学鸿词，撰有《周易筮说》八卷。宏撰以朱子谓《易》本卜筮之书，故作此编，以述其义。其卷一曰原筮，曰筮仪，曰蓍数。筮仪本朱子，并参以汴水赵氏。其卷二曰揲法，其卷三曰变占，尊圣经，黜《易林》，稽之《左传》，与朱子大同小异。其卷四曰九六，曰三极，曰中爻。中爻即互体。其卷五曰卦德，曰卦象，曰卦气。卦气本邵子朱子，并附《太乙秘要》。其卷六曰卦辞，其卷七曰《左传国语占》，曰余论。其卷八曰推验，采之陆氏，其涉于太异可骇者弗载。《四库提要·经部·易类六》

685 商州

北周置，治上洛县，隋改为上洛郡，唐复曰商州，改曰上洛郡，宋曰商州上洛郡，金为商州，元省上洛入州，清直隶陕西省，民国改为商县。

东晋 台产，字国俊，少传京氏易，善图谶秘纬、天文洛书、风角星

[①] 翩，灰，去声，翩翩，飞声。

算、六日七分之学，尤善望气占候推步之术，隐居商洛南山，不交当世。刘曜时，[①] 灾异特甚，命公卿各举博识直言之士。大司空刘均举产，曜亲临东堂策问之，流涕献欷，具陈灾变之祸，政化之阙，辞甚恳至，曜改容礼之，署为博士祭酒，谏议大夫，领太史令。至明年而其言皆验，曜弥重之，转大中大夫，岁中三迁，官至太师少保，封关中侯。《晋书·艺术》《清一统志·陕西省·商州·人物》《乾隆商州志·艺术》

686　蒲城县

秦置重泉县，晋废，后魏置南白水县，西魏改曰蒲城，唐改曰奉化，宋复曰蒲城，清属陕西同州府。

宋　郭绪，字天锡，蒲城人，幼而岐嶷，[②] 读书如素习。晚调上杭簿，留意邵雍象数之学，兼取扬雄所据列山易，以章会统元推之，久而成书，名《易春秋》，按图布卦，计二十万言，分二十卷，综之以图。隆兴纪元癸未，以其书上，方议推恩而卒。《雍正陕西通志·儒林》

明　王文炜，诚意里人，善太乙遁甲术，为县令朱一统所重。崇祯十五年壬午，总督汪乔年延居戎幕，所陈多不听，遂归，是年冬，朱令将入觐，文炜言，不出三年，京师将有变果验。李自成据西安，授司天监伪职，乃遁去。《光绪蒲城县志·方技》

687　凤翔县

春秋时雍邑，为秦都，后置雍县，唐改曰凤翔县，又析置天兴县，寻省凤翔县入天兴，金改天兴县曰凤翔，明清皆为陕西凤翔府治，民国废府存县。

清　李律师，凤翔人，精卜医，尤邃地理学，中岁为道士，居兴平，称

---

① 十六国汉。
② 岐，音奇。嶷，音逆。岐，知意也。嶷，识也。

杜师。后寓乾州，复姓李。邑人车龙光，往受业焉，称之为律师，尝言其已得仙道。《光绪乾州志·方技》

688　岐山县

汉雍县地，北周置三龙县，隋移于岐山南十里，改为岐山县，唐移于今治，明清皆属陕西凤翔府。

唐　李淳风，岐州雍人，其先自太原徙焉。父播，隋高唐尉，以秩卑不得志，弃官而为道士，颇有文学，自号黄冠子。注《老子》，撰《方志图文集》十卷，并行于世。淳风幼俊爽，博涉群书，尤明历算阴阳之学，贞观初丁亥，以駮传《仁均历议》，多所折衷，授将仕郎，直太史局，制浑天仪，诋撼前世得失，著书七卷，名为《法象志》，奏之，太宗称善，置其仪于凝晖阁，加授承务郎。十五年辛丑，除太常博士，寻转太史丞，预撰《晋书》及《五代史》，其《天文律历》《五行志》，皆淳风所作也。又预撰《文思博要》，二十二年戊申，迁太史令。初太宗之世，有《秘记》云：唐三世之后，则女主武王，代有天下。太宗尝密召淳风，以访其事，淳风曰："臣据象推算，其兆已成，然其人已生在陛下宫内，从今不踰三十年，当有天下，诛杀唐氏子孙且尽。"帝曰："疑似者尽杀之，如何？"淳风曰："天之所命，必无禳避之理；王者不死，徒使辜及无辜。①且据上象，今已成，复在宫内，已是陛下眷属，更三十年，又当衰老，老则仁慈，虽受终易姓，其于陛下子孙，或不甚损；今若杀之，即当复生，少壮严毒，杀之立雠，若如此，即杀戮陛下子孙，必无遗类。"太宗善其言而止。② 淳风于占候吉凶，若节契然，当世术家意有鬼神相之，非学习可致，终不能测也。以劳封昌乐县男，奉诏与算博士梁述，助教王真儒等，是正五曹孙子等书，刊定注解，立于学官。龙朔二年壬戌，改授秘阁郎中，撰《麟德历》，代《戊寅历》，候者推最密。咸亨初庚午，官名复旧，还为太史令，年六十九卒。所撰《典章文物志》

---

① 辜，音姑，虞韵，罪也。
② 阜旧句有云：太宗密召问何如，枉及无辜祸不除。直待优容三十载，仁慈复见又唐书。

《乾坤秘奥》《乙巳占》《秘阁录》，并演《齐人要术》等，凡十余部，多传于代。子谚，孙仙宗，并为太史令。新旧《唐书·方技》《雍正陕西通志·方技》

○《四川通志·绥定府·流寓》：唐李淳风，知星象，访袁天纲于蜀，曾寓宕渠。

○《清一统志》：李淳风墓，在四川成都府简州西五十里。《元统志》：在平泉故县乾封镇东十里。又云：李淳风墓，在山西省太原府，徐沟县北十里同戈村。又云：在陕西西安府，盩县西二里。又云：在河南省河南府新安县西。又云：在陕西省凤翔府岐山县，墓旁有祠。阜按岐山墓旁有祠，当较别省者为确。

689　宝鸡县

秦陈仓县，北周废，隋复置，唐改曰凤翔，又改曰宝鸡，以昔有陈宝鸡鸣之瑞，故名，明清皆属陕西凤翔府。

清　陈备恪，字子敬，宣明里人，少补武生，通《周易数》，占岁雨旸丰歉不爽，凡所占候，至没后数十年，无不验，卒至七十，预知死期。《民国宝鸡县志·方技》

690　扶风县

汉美阳县地，唐初为岐山县地，分置围川县，又改扶风县，属岐州，宋因之，金初改曰扶舆，寻复故，元明清皆属陕西凤翔府，民国废府。

北魏　王伯逵，《御览·方术·相中》逵作远。扶风人，善相。卢渊年十四，[①] 初诣长安，将还，诸相饯送者五十余人，别于渭北，伯逵曰："诸君皆不能如此，卢郎虽位不副实，然德声甚盛，望蹑公辅。后三十余年，当制命关右，愿不相忘。"后渊果为南安将军，督关右诸军事，伯逵年过八十，诣军门请见，言叙平生焉。《魏书·卢元传》《乾隆凤翔府志·方技》

---

① 《魏书》误作四十。

691 郿县

汉置郿县，三国迄晋因之，魏初废郡县，改平阳县，西魏更名郿城，五代周废，改曰周城。隋唐及宋金元，虽间有变更，仍为郿县，明清亦皆为郿县，属陕西凤翔府治。

宋 张载，字子厚，长安人。[①] 父迪，仁宗朝，官殿中丞。载少孤自立，年二十一，以书谒范中淹，仲淹劝读《中庸》，载犹以为不足，反而求之六经。尝坐皋皮，讲《易》京师。嘉祐间，举进士，为云岩令。熙宁初戊申，为崇政院校书，寻屏居南山下，终日危坐一室，与诸生讲学，告以变化气质之道。吕大防荐以太常礼院，以疾归，卒年五十八，赐谥明公，封郿伯，从祀孔庙，今祀称先儒张子。其学尊礼贵德，乐天安命，以《易》为宗，以《中庸》为体，以孔孟为法，既知医，亦喜谈命，著《正蒙》《西铭》及《易说》，世号横渠先生，传其学者称为关学。《宋史·道学》《道统录》《康节外纪》。

明 郭伯郁，郿县人，精通天文历数，善谶讳之术，任钦天监春官正，名重京师。《雍正陕西通志·方技》

692 乾州

唐末置，宋因之，寻废，后复置醴州，金复为乾州治奉天，元省奉天县入州，清直隶陕西省，民国改为乾县。

明 马神仙，明末时，寓乾，与缙绅先生游，言多奇中。夏月闭户卧，累日不起，或劝之出，答曰："行当助邻人芸田也。"次日，邻人各言田内有一马神仙，计时皆同，乃相与骇异。按《醴泉县志》：崇祯间，有马象乾者，尝往来醴泉，邃精易学，言皆征验，人呼为马神仙，殆其人欤？《光绪乾州志·方技》

[①] 一云：郿县，横渠镇人。

693　武功县

汉䣕县，后汉移置武功县于此，故治在今武功县西南。后魏省，寻于美阳县置武功郡，北周郡废，改美阳置武功县，今改曰武亭。元复曰武功，清属陕西乾州。①

唐　马禄师，武功人，善相，长安主簿萧璿，与县尉李峤，李全昌，同诣求决，马生云："三人俱贵达。大李少府，位极人臣，声名振耀，南省官无虚任，三入中书；小李少府，亦有清资，得五品以上要官，位终卿监；萧主簿晚达，亦大富贵。从今后十年，家有大难，兄弟并流，唯公与一弟获全。又十年之后，方却得官，遇大李少府在朝堂日，当得引用；小李少府，入省官时，为其断割。"后璿离长安，任作秘书郎，则天既贵，皇后王氏破灭，萧璿是其外姻，举家流窜岭南，唯璿与弟瑗配辽东，无何有处置流移使，出岭南者俱死，唯辽东者获全。兄弟二人，因亡命十余年，至神龙初乙巳，再蒙洗涤，其时李峤作相，于街中忽逢璿，使人问是萧秘书耶？因谓之曰："公岂忘武功马生之言乎？"于是擢用，时小李少府作刑部员外，判还其家，萧公竟历中外清要。《雍正陕西通志·方技》

明　康海，字德涵，武功人，弘治十五年壬戌，进士第一，官修撰，与李梦阳辈倡复古学，号正德中七才子。梦阳忤刘瑾，下狱，海诣瑾求释。瑾败，坐落职。海工于乐府，兼通历象太乙六壬医经算书。《清一统志·陕西省乾州·人物》

694　武乡县

蜀汉侯国，封诸葛亮为武乡侯，即此，后魏置县，西魏废，故城在今陕西襄城县东。

隋　杨伯丑，武乡人，好读书，隐于华山。开皇初辛丑，被征入朝，见公卿不为礼，无贵贱皆汝之，人不能测也。高祖召与语，竟无所答，上赐之

---

① 䣕，音胎，灰韵。

衣服，至朝堂舍之而去，于是被发佯狂，游行市里，形体垢秽，未尝栉沐。尝有张永乐者，卖卜京师，伯丑每从之游，永乐为卦有不能决者，伯丑辄为分析爻象，寻幽入微，永乐嗟服，自以为非所及也。伯丑亦开肆卖卜，有人尝失子，就伯丑筮者，卦成，伯丑曰："汝子在怀远坊南门道，东北壁上，有青裙女子抱之，可往取也。"如言果得，或者有金数，两夫妻共藏之，于后失金，其夫意妻有异志，将逐之，其妻称冤，以诣伯丑，为筮之曰："金在矣。"悉呼其家人，指一人曰："可取金来。"其人赧然，应声而取之。道士韦知常，诣伯丑问吉凶，伯丑曰："汝勿东北行，必不得已当早还，不然者杨素斩汝头。"未几，上令知常事汉王谅，俄而上崩，谅举兵反，知常逃归京师。知常先与杨素有隙，及素平并州，先访知常，将斩之，赖此获免。又有人失马，来诣伯丑卜者，时伯丑为皇太子所召，在途遇之，立为作卦，卦成曰："我不遑为卿占之，卿且向西市东壁门南第三店，为我买为作脍，当得马矣。"其人如此言，须臾有一人牵所失马而至，遂擒之。崖州尝献径寸珠，其使者阴易之，上心疑焉，召伯丑令筮，伯丑曰："有物出自水中，质圆而色光，是大珠也，今为人所隐。"具言隐者姓名容状，上如言，薄责之，果得本珠，上奇之，赐帛二十匹。国子祭酒何妥，尝诣之论《易》，闻妥之言，倏然而笑曰："何用郑玄、王弼之言乎？"久之，微为辩答，所说辞义，皆异先儒之旨，而思理玄妙，故论者以为天然独得，非常人所及也。竟以寿终。《隋书·艺术》《图书集成·艺术典·卜筮部·名流列传》

695 梁州

古九州之一，今陕西之汉中道，及四川省是，应劭曰："西方金刚，其气强梁。"一说汉中有梁山，州以此名。周合梁州于雍州，三国蜀汉，复置梁州治汉中，在今陕西南郑县东二里，晋因之。东晋大兴初，寄治襄阳，今湖北襄阳县治，咸康中寄治魏兴，在今陕西安康县西北。建元初，戍西城，亦在安康县西北。太元初，复镇襄阳。义熙初，又移魏兴，后治苞中，在今陕西褒城县东南十里。南朝宋，初治南城，今陕西褒城县治，元嘉中，还治南郑。梁初因之，天监中梁州降魏，侨治梁州于西城，大同初，攻后魏，梁州降，复治南郑，后复入于魏。隋废，唐复曰梁州，改曰襄州，寻复故。

唐 梁虚舟，道士，梁州人，开元甲寅，以九宫推算张鷟云："五鬼加年，天罡临命，一生之大厄，以《周易》筮之，遇观之涣，主惊恐，后风行水上，事即散。"又安国观道士李若虚，不告姓名，暗使推之，云："此人今年身在天牢，负大辟之罚，乃可以免。不然，病当死，无有救法。"果被御史李全交致其罪，敕令处尽，而刑部尚书李日知、左丞张庭珪、崔玄升、侍郎程行谋咸请之，乃免死，配流岭南。二道士之言，信有征矣。《太平广记·卜筮类》

696　南郑县

秦南郑邑，城为秦厉王所筑，项羽立沛公为汉王，王巴蜀汉中，都南郑，即此，后置县。蜀汉时，先主克汉中，称汉中王，魏延、蒋琬、费樟相继镇此，号为重镇。故城在今陕西南郑县东二里，宋徙今治。明为陕西汉中府治，清因之。城滨汉水，北取褒斜道，以通长安，西取金牛道，以通巴蜀，为古来兵事上之要区，浮汉而下，水盛时可通夏口，药材多由此输出。南郑之号，始于郑桓公，桓公死于大戎，其民南奔，故以南为称。

后汉 李郃，[①] 字孟节，南郑人，游太学，通五经，善河洛风星，外质朴，人莫之识，县召署幕门候吏。和帝即位，分遣使者，皆微服单行，各至州县，观采风谣，使者二人，当到益部，投郃候舍。时夏夕露坐，郃因仰观问曰："二君发京师时，宁知朝廷遣二使邪？"二人默然，惊相视曰："不闻也。"问："何以知之？"郃指星示云："有二使星，向益州分野，故知之耳。"[②] 后三年，其使者一人，拜汉中太守，郃犹为吏，太守奇其隐德，召署户朝使。时大将军窦宪纳妻，天下郡国皆有礼庆，郡亦遣使，郃进谏曰："窦将军椒房之亲，不修礼德，而专权骄恣，危亡之祸，可翘足而待。愿明府一心王室，勿与交通。"太守固遣之，郃不能止，请求自行，许之。郃遂所在留迟，以观其变，行至扶风，而宪就国自杀，支党悉伏其诛，凡交通宪者皆为免官，唯汉中太守不豫焉。郃岁中，举孝廉，官至司徒，封涉都侯，

---

① 郃，音合，合也。
② 觜参，益州之分野也。

辞让不受，年八十余，卒于家。门人上党冯胄，独制服心丧三年，时人异之。《后汉书·方术》

后汉 李固，字子坚，南郑人，司徒郃之子。少好学，改易姓名，常步行负笈，追师三辅，积十余年，博览古今，明于风角星算，河图谶纬，仰察俯占，穷神知变。每到太学，密入公府，定省父母，不令同业诸生知是郃子。阳嘉二年癸酉，公卿举固对策，顺帝多所纳用，得拜议郎，出为荆州刺史、南阳太守。冲帝质帝时，历官太尉，因立嗣事，固据位持重，与梁冀力争大义，冀又畏固名德，终为己害，遂虚诬固罪，致死狱中，时年五十四，所著章表、奏议、教令、对策、记铭，凡十一篇。《后汉书·本传》

697 洵阳县

战国楚郇阳邑，《国策·楚策》苏秦说楚威王曰："楚北有郇阳。"汉置旬阳县于此，故城在今陕西洵阳县北。

清 邵嗣尧，郇阳人，康熙庚戌进士，官至江南提学副使，撰《图易定本》一卷。其言《易》以河洛之数，一乘一除，小圆图即小横图之顺往逆来，大横图即小横图之因重成爻，大圆图即小圆图之运行寒暑，方图即大圆图之乾君坤藏，文王二图实由此变而通之，盖本于《皇极经世》者为多。末附以揲蓍之法，凡四易橐，刻于康熙甲戌，始为定本云。《四库·经部·易类存目三》

698 城固县

汉置城固县，蜀汉谓之乐城，晋仍为成固，南朝宋，更名城固，故城在今陕西城固县西北十八里，宋徙今治，明清皆属陕西汉中府。

明 李必达，万历甲午举人，精于奇门遁甲之学，官遵义副使。天启间，奢贼陷重庆，达时谪臬司幕下，能画谋决胜，随迁监军，出奇计，贼平，升副使。达在蜀十余年，残孽不敢复逞。后罢职，蜀人感慕立祠，为之

尸祝。《康熙城固县志·贤达》

699　横山县

唐置奢延县，晋省，后魏置岩缘县，唐改曰朔方，宋没于西夏，明置怀远堡，清雍正九年，置怀远县，属榆林府。民国改为横山县。明季流贼李自成，倡乱于此。

清　刘泽，博学多通，尤精太乙六壬堪舆诸术，推相奇验，远近争传。《民国横山县志·方技》

700　定边县

汉马领县地，唐为盐州地，明置定边营，清雍正九年，置金边县，属陕西延安府。县境与静边县正当大盘山脉北断处，长城横于上，最为要隘。

清　赵圣治，庠生，明于易课占卦，简重有德，寿几八旬而终，其数学亦秘而无传。《嘉庆定边县志·方技》

701　靖边县

汉北地郡地，后魏，置山鹿、新囧①二县，隋置长泽县，宋为西夏城，明置靖边营，清初为靖边所，雍正九年置县，属陕西延安府。

清　王有会，道光时人，善青乌术，凡阴阳风水，奇门遁甲均涉及，所试辄效。子王璠、王纲，亦传其术。《光绪靖边县志·技艺》

---

① 囧，俱永切，与炯同，光也。

702　米脂县

汉肤施、龟脂二县地，西魏置抚宁县，宋初属西夏，后收复，置米脂砦，金末升为县，清属陕西绥德州。

清　高桢，少颖悟，喜读青乌书，为民间观风水，言休咎辄验，寿八十余。《光绪米脂县志·方技》

703　洛川县

后魏置洛川县，以县界有洛川水，为名，故城在今陕西洛川县北，隋徙今治，明改洛为雒，清又改雒为洛，属陕西鄜州。

清　贺登甲，字乙然，性敏，嗜学能文，为诸生，不沾沾举子业，圣经贤传，身体力行，必求有得，一言一动未尝苟。尝训子弟曰："人若行一违心事，虽读书五车无益也。"设塾成就乡里，沐其教者，率淹博端士，诸子百家及医卜星相，有问未尝不知，寿八十余而殁。《嘉庆洛川县志·学业》

704　中部县

东晋时，姚秦置，是城在今陕西中部县南，隋改曰内部，徙今治，唐改曰中部，清属陕西鄜州。

明　宋宾，字大贤，体貌魁梧，方正刚果，老年精易学。举天顺三年己卯乡试，癸未，当会试，不赴公车，曰："必有火灾。"已而果验。《嘉庆中部县志·人物》

中国历代卜人传卷三十二

甘肃省

甘肃省，在我国中部西境，位黄河流域之上游，地当陇山之西，故别称曰陇西，又称陇右，或简称曰陇。《禹贡》雍州之域，春秋战国属秦及西戎。秦置陇西、北部二郡，汉为凉州，唐置陇右、关内、山南诸道，宋属陕西、秦凤等路。元分置甘肃等处行中书省，境内有甘州、肃州，故名。明属陕西布政使司，清分置甘肃省，民国仍之。其地东界陕西，南界四川，西及西南界青海，北与东北界宁夏，省会曰皋兰县。

705 皋兰县

汉置金城县，后魏省金城，寻复置子城县。隋改曰金城，又改曰五泉。宋置兰泉县，全省。清乾隆三年，置皋兰县，为甘肃省及兰州府治。民国废府，仍为省治。其地土田腴美，植烟尤良，汉回同城，贸易甚盛。由此东经平凉，以入陕西西北，出嘉峪关以达新疆，凤为通西域大道。汉口砖茶，亦自此以输出俄境。今陇秦豫海铁路，以此为终点。城外旧有浮桥，跨黄河上，世有"天下黄河一道桥"之谚。清时长庚督甘，改建铁桥，人多便之。

清 李芬皋，兰人，少孤贫无依，因入行伍，从定西将军兆文毅公惠，平伊犁，擢千总，为行营传宣。方大兵之征回部也，未抵业尔羌，遇贼首霍集占，率众掩至，环营积土为城，城高三丈许，外濬深濠，削木为枪，林立濠底，贼踞城施炮，昼夜巡守，而大兵遂无一人得出。逾月，粮且尽，兆束手坐帐中，李进曰："兵饥矣，将军盍急以粮济之？"兆怒曰："若知无粮而故倡斯言，欲蛊军心耶？"李曰："军自有粮不取耳，营东南土中有三百余石，请遣兵发之。"兆曰："掘地无粮，当以军法诛汝，姑试之。"乃命家僮，曰六十三者，荷锸随李去；顷之，二人握米以献，兆大奇之，促往掘，果如其数，因问他处有之乎？李曰："西北角尚有二千七百余石。"亦如言，无毫发爽，众皆惊叹，兆诘其故，曰："以占得之也。"兆曰："何日出围？"李曰："占之矣。某日援兵至，次日当溃围出。某日大功成，将军当进封公爵。"已而皆验。《清稗类钞·方技》

清 李璇，官甘肃参将，但视人一物便知休咎，自称李半仙。南昌彭文勤公元瑞与沈云椒，同往占卜，彭指一砚问之，李曰："石质厚重，形有八角，此八座象也。惜为文房之需，非封疆之材。"沈以所悬手巾问之，李曰："绢素清白，自是玉堂高品，惜边幅小耳。"方笑语间，云南同知某亦来占卜，取烟管问之，李曰："管有三截，镶合而成，居官亦三起三倒，然否？"某曰："然。"李曰："君此后亦须改过，不可再如烟管。"某问何故，李曰："烟管为最势利之物，用则全身火热，不用则顷刻冰冷。"某大笑，惭沮而去。逾三年，彭督学任满回京，李亦入都引见，彭故意再取烟管问之，李曰："君又放学差矣。"彭问何故，李曰："吸烟不饱，学差试差，非可大富。且烟管终日替人呼吸，督学终年为寒士吹嘘，再得文衡，意中事耳。"已而果然。大兵平定回部时，李亦从军，有兵士遗火，焚辕前草地，主帅使占吉凶，即对曰："无他，公不日当有密奏耳。火得枯草，行最速，急递之象也。烟气上升，上达之象也。余所以知为密奏者，因密奏当焚草也。"主帅曰："我无密奏事。"李曰："遗火无心，非预定也。"既而果然。《清稗类钞·方技》

清 李钟麟，字仁甫，庠生，勤于学，向嗜宋儒性理书，意有所得，辄日记而手抄之，医卜星相奇门俱妙，青乌术尤精，著有《四子鉴略》。《光绪皋兰县志·人物》

清 贺嘉祥，精于地理，博读诸家书，给事中郭亮甚奇之，平凉道武全文命遍相诸州县，江西督学宋法不远数千里延致之。《宣统甘肃新通志·方技》

清 李绍晟，① 道光癸卯举人，咸丰辛亥举孝廉方正。文章德行，望实并隆，工医术善琴，且精象纬学，仿浑天仪式制小球，图星辰其上，承以木架而运转之，雅与天行相合。后选平凉县教谕，未赴任卒。

清 谢历，兰州人，岁贡生，与萧光汉同师。光汉精易理，历精洪范五行，佐大将军岳钟琪戎幕，占贼事多奇中，议叙同知，未仕卒。

---

① 晟，音盛，又音成，明也，日光充盛也。

清　徐一奎，字星五，道光乙未举人，官永昌县教谕。幼聪颖，有至性，母殁，时甫六岁，见父病，辄啜泣不食；父卒，蔬食三年。平生于书无所不读，星卜尤精妙。

清　梁桧，字泗选，兰州人，岁贡生，与弟梃师事萧光汉。光汉门多端士，而桧为最著，教授生徒，正襟危坐，竟日无惰容，穷经独得要领。尤邃于《易》，精占卜，用酌禾稼早晚及岁之丰歉率奇中，然终不及他事。

清　姚宝善，字楚卿，明于医术，尤精易理。尝谓顺理者，数虽凶亦吉；逆理者，数虽吉亦凶。嗜《明儒学案》及李中孚《反身录》，与及门论说，一以二书为准。

清　刘鸇举，① 字翙九，② 岁贡生，性孝友，嗜读书，尤精青乌歧黄术，掌修学社，时有藉端侵夺铺租者，鸇举力持之，社得无废。以上《光绪皋兰县志·人物》

706　安定县

宋安西城，金升为县，元省，移定西州治此，后改安定州，明降为县，清属甘肃巩昌府，民国改为定西县。

明　张铭，安定人，得秘书于耕地，心解其义，遂精谶纬之术，奉诏引见，赐金玉带各一，授钦天监监职。《宣统甘肃新通志·方技》

707　漳县

后汉漳县，后魏曰彰县，隋曰彰县，唐复曰彰县，改曰武阳，寻复故。广德后，陷于吐番。宋置盐川砦，③ 金为盐川镇，元改置彰县，明改曰漳县，清废思陇西县地，有县丞驻此，民国复改为县。

清　陶明儒，字席珍，孝廉方正，性醇朴，务敦本根，置祭田，建家祠，每岁冬至，奉祀先祖，一遵古礼。通堪舆之学，卜相宅地，多获应验。

---

① 鸇，音广，凤类。
② 翙，灰，去声，翙翙，飞貌。
③ 砦，音寨，藩落也。山居木栅为砦。

《民国漳县志·群材》

708 天水县

秦邽县,汉曰上邽,晋为天水郡治,秦州亦治此。宋移成纪县来治,明省入秦州,民国改秦州为天水县。县扼关陇巴蜀之咽喉,为省南都会,居民善制毛毡及鬃缨。附近诸山,林木修茂,麦积峰风景尤胜。①

晋 赵仁美,字明甫,天水人,选三传擢第,授江表太兴县尉,累以政闻,迁授蒲县令。仁美素晓三命,能自知官禄寿元,常谓人曰:"余官不过邑长,寿不过六旬。今吾五十四岁,其为不远可知。"一日忽有某相士趋谒赵令,判其禄寿,尽如仁美所言,令曰:"某亦自知耳,然余有一女,尚未适人,此为急务。拟于属邑中,选德行学业较佳者配之,俾免遗憾,余无他念。"当快婿未入选时,令即预觅一女使,偶命其洒扫庭阶,忽然涕泪交下。令异之,详询其故,乃知女使姓王,父名德麟,昔曾为此邑令,女使即生于此署,后因幼丧父母,复遭兵革离乱,被人掠卖,遂致于斯。令闻悉,不禁为之感怆,乃谓其妻曰:"吾女不忧嫁遣,且辍吾女粧奁,先嫁此女。"于是即以女使为姪女,择有识见之邑客配之。其所生之女犹未嫁,而某相士复来谒令,见之大骇曰:"前观君容,其命将沮;今观君容,福禄与寿,皆不可量。得毋在政别有异能,或为民雪冤保命乎?"令曰:"某别无异能,近惟遣嫁女使而已。"相士曰:"只此便是大阴隲,安用他求耶!"晋干宝《搜神记》

唐 秦詷,卖卜于柳州,② 赵来章,天水人,父矜,由明经为舞阳主簿,后迁襄阳县丞。贞元中,弃官客柳州卒,野葬无标识。元和十三年戊戌,来章始壮,自襄阳徒行至柳,询求葬所,土人无知者,哭于野十九日不绝声。人事既穷,乃虔心问卜,秦詷兆之曰:"其墓直丑,在道之右。南有贵神,冢土是守。乙巳于野,宜遇西人。深目长髯,其得实因。"明日适野,有叟荷杖来问曰:"尔非故赵丞儿耶?吾为曹信是,迹吾墓,直社之北,二百举武,吾为子蒳焉。"③ 如其言往,启土发棺,衣衾故物皆在,观者皆为出涕,

---

① 邽,音圭,鬃音茅,与牦通,亦作旄。
② 詷,音洞,同也。又音同,共也。
③ 蒳,音撮,朝会,束茅表位曰蒳。

来章遂以柩归葬。州刺史柳宗元，为其铭曰："恳恳来章，神实恫女。锡之老叟，告以兆语。百越蓁蓁，羁鬼相望。有子而孝，独归故乡。"盖哀之也。《光绪秦州新志》

○阜按：此与广西柳州秦谚同为一事，证以《新唐书》卜人秦谚云云。具见谓字非是，因此条所载较详，故存之。

前蜀 赵延义，字子英，秦州人。曾祖省躬，通数术，避乱于蜀。父温珪，事蜀王建，为司天监，为建占吉凶，小不中，辄加诘责。温珪临卒，戒其子孙曰："数术吾世业，然吾仕乱国，得罪而几死者数矣。子孙能以佗道仕进者，不必为也。"然延义少亦以此仕蜀，为司天监；蜀亡，仕唐为星官。延义兼通三式，颇善相人，契丹灭晋，延义随晋至镇州，李筠白再荣谋逐麻答归汉，犹豫未决，延义假述数术赞成之。周太祖自魏以兵入京师，周太祖郭威。召延义问："汉祚短促者天数耶？"延义言："王者抚天下，当以仁恩法泽，而汉法深酷，刑罚枉滥，天下称冤，此其所以亡也。"是时太祖方以兵围苏逢吉、刘铢第，欲诛其族，闻延义言悚然，贷其族，二家获全。延义仕周，为太府卿判司天监，以疾卒。《新五代·杂传》

清 陈翊运，[①] 字元吉，秦州学增广生，学究术数，喜为人拯厄救灾。道光辛巳，客游兰州，卖卜于市，一人持年庚帖问病，翊运曰："死矣。"问者曰："来时病人尚端，坐自写年庚授我，何遽至此？"翊运促之曰："急归，或尚得见，迟必无及也。"其人趋归果然，自是神卜之名大噪。杨遇春，出征回疆，将聘翊运入戎幕，有忌而沮之者，遂归卧家园，焚香读书，绝口不谈休咎，年九十七而卒。卒后数十年，里人每有急难，辄思之曰："使陈元吉在，当不至是也。"

清 雷逢源，字守妙，号天然子，秦州人，性沈静简默，精于医内科，兼好道术，手写医书道经数十卷。晚遇蓝道人，授以太乙遁甲之学，所得益深邃，医道亦进。其后子孙世用医显，全济无算。以上《宣统甘肃新通志·方技》

709 礼县

汉嘉陵道地，后汉为上禄县地，后魏分置兰仓县，西魏改汉阳县，隋改曰长道，宝

---

① 翊，音弋，飞貌，敬也，辅也。

应中陷废，后复置长道县。元废，改置礼店军民府，在今甘肃礼县东四十里。明改置礼店千户所，移今礼县治东，后设礼县于所城之西，清省所入县，属甘肃秦州。

清 赵燕阳，字子青，父艺林，以增广生举介宾。性恺悌，事继母及胞兄以孝友闻。经史外，兼通岐黄堪舆之学。《光绪礼县新志·人物》

710 武都县

古白马氏地，汉置武都道，后改为县，故城在今甘肃成县西八十里。

明 龙正，光弟也。幼英敏，受《易》于陈主事，精于易学，遇金牌道人，传授六壬密书，占验多应。所著有《八阵图》《太乙成局》《奇门集要》《六壬书》凡若干卷行于世。

明 樊让，幼博群书，工词翰，常云游，遇异人授奇门遁法及吐纳之术，年九十二，无疾作赞而逝。赞曰："九九之九，玄门立久；混合乾坤，斡旋生斗。保精气以息神，思无中以生有。无无无，天地原来一虚窟；有有有，天地能长而且久。吾今返本含真道，朗朗明明原不朽。咦，赤身无挂碍，飞上白云头。"

清 蹇逢泰，善古文词，通天文地理、星相医卜之术，授中卫训经略，表闻其名，征解不赴，终汉南。以上《同治武阶州备志·人物》

711 合水县

隋置，县南有水，合北川瓦罐川为合水，故名。唐又分置蟠交县，又复曰合水。五代周，省合水，入乐蟠。宋省乐蟠，复置合水，属庆阳府。金元明清因之，今为甘肃庆阳县治。

明 杨沛生，合水人，善风鉴，凡遇人一相，能言其心术，生死可预决，更数十人，无或爽者。时人喜其论断，且畏服焉。《宣统甘肃新通志·方技》

712 崇信县

汉，泾阳县地，唐置崇信军，宋置崇信县，清属甘肃泾州。

清 张汉英，附生，阎家湾人，磊落有奇气。通禅理，崆峒龙门大白诸名胜，雅好履巅，资斧穷，则卖卜济之。有托仙道惑世者，不远数百里，以望见颜色为快，并举丹经以难之，语人曰："安有神仙，皆伪托耳。"人有索隐行怪议，曰："我穷其理，非炫其术。"藏书甚富，日手一编，首倡大足风，子女皆擅文名，先游历汉南，佣工制丝厂，得烘茧缫丝、种桑饲蚕之法，归为乡人倡，仿制新式织纺机，一庭聚诵，书声与机声相唱答，乡人贤之。《民国崇信县志·群材》

713　临泾县

汉置，更始末，平陵人方望，立前孺子刘婴为天子，居临泾，更始遣李松等击灭之。后魏废，故城在今甘肃省镇原县南五十里，隋置秋谷县，改曰临泾，元废，即今镇原县治。

后汉　王符，字节信，临泾人，少好学，有志操，与马融、张衡、崔瑗等友善。和安二帝后，世务游宦，当涂更相荐引，而符独耿介，隐居著书，终于家，号曰《潜夫论》，其叙相有云：诗所谓天生烝民，有物有则，是故人身体形貌，骨法角肉，各有分部，以著性命之期，显贵贱之表。一人之身，而五行八卦之气具焉。故师旷曰："赤色不寿，火家性易灭也。"《易》之《说卦》，巽为人多白眼相，扬四白者兵死，此犹金伐木也。《经》曰："近取诸身，远取诸物，圣人有见天下之至颐，而拟诸形容，象其物宜。"此亦贤者之所察，纪往以知来，而著为宪则也。人之相法，或在面部，或在手足，或在行步，或在声响。面部欲薄平润泽，手足欲深细明直，行步欲安稳覆载，音声欲温和中宫，头面手足身形骨节，皆欲相副称，此其略要也。夫骨法为禄相表，气色为吉凶候，部位为年时德行，表有显微，色有浓淡，行有薄厚，命有法就；是以吉凶期会，禄位成败，非聪明慧智，用心精密，孰能以中？然其大要，骨法为主，气色为候。《后汉书·本传》《潜夫论》

714　固原州

汉高平县，后魏置原州，宋置镇戎军，金升为镇戎州，改开成府，又降州，明降为县，寻改置固原州。清直隶甘肃省，陕西提督驻此，民国改县，地势南据六盘山，东扼陇坻，以扼萧关，秦陇之户键也。①

汉 嵩真，安定人，明推演，精占卜。成帝时，真常自算其年，寿七十三。绥和元年癸丑，正月廿五，日晡时死，书其壁以记之，后于二十四日晡时死。其妻曰："见其算时，长下一筹，欲告之，虑拂其意，今果信矣。"真又曰："北村青陇山上孤榇以西，② 有灵穴，凿七尺，葬吾于此地中。"及真死，依其言往掘，得石榔然，即以葬焉。《光绪固原州志·方技》

715　镇番县

汉置武威宣威二县，晋省武威为宣城地，后魏改置武安郡，西魏废入姑臧县，唐置白亭军，后陷吐番。明始分置镇番卫，清雍正二年，改置镇番县，属甘肃凉州府，民国十七年，国民政府改为民勤县。

明 丘耀，嘉靖戊午岁贡，山西蔚州训导，擢直隶景州学正，善颐养，兼通术数。

清 张登第，与弟登甲，俱精于易，占验如神。性友爱，痛登甲早卒，不希仕进，遂以诸生老。

清 李绍菠，乾隆壬申岁贡，少聪慧，博极群书，通数术，尤精于医，决吉凶生死，率多不爽，著有《医经》若干卷。以上《道光镇番县志·技术》

716　张掖县

汉觻得县，③ 晋改曰永平，隋改曰酒泉，复改张掖，唐中叶，后陷吐番。宋入于西夏，元置甘州路，为甘肃行省治，明置甘州左右中前后五卫。清雍正二年，复置张掖县，为甘州府治，甘肃提督驻此。县境因山水灌溉，收获颇丰，附近草地，牧羊尤甚。

清 陈清，秦双湖门人也。幼工书，兼善推子平。后游山东，受业于邢退庵门下，朝出卖卜，人争问之，计足一日资，旋入塾，肄业三年，归里即采芹。越岁余，父久病，家人计口办孝服，清泣曰："我先死，我妻同死，

---

① 坻，音底。陇，坂也。秦人谓坂为坻。
② 榇，立贾，木名，山楸也，材木之美者，古人亦以之为棺榔。
③ 觻，音禄，兽角锋曰觻。

不得为父服丧。"众叱为狂，未半月，清寝疾，四日而殁，妻亦继亡，方叹其术之精焉。《乾隆甘州府志·技艺》

○阜按：此与《河南仪县志》所载之方技陈清迥异，盖彼为明人，此为清人也。

清 王世俊，字子千，性笃挚，好古通天文精六壬，不苟嚬笑，州里奉为矜式，即市井异趣，咸爱且畏之。读书穷理，泊老不衰，究心河图，得先天精谛，行年七十，以明经卒于家。《乾隆甘州府志·文学》

717　山丹县

汉删丹县，后魏改曰山丹，隋复曰删丹。宋时属西夏，元复曰山丹，明置山丹卫。清雍正二年，改置山丹县，属甘肃甘州府。

清 陈志炳，故明山丹卫，世袭指挥裔也。性敏博学，尤善天官，及卜筮之术。明季弃官，隐于高台之双泉堡，当事者重之，每造访谘时务焉。米刺印之叛也，炳卜之，知靡就预订败期，期已届矣。忽心动卜之，诧曰："奈何欲浼我？"浼，音每，污也。仓皇避去，而米使至。翌日，归谓使者曰："米已死，师已破矣。汝其亟归为计，毋溷我为也。"使者素知炳，乃去，而米刺印已毙于巩昌城下。《乾隆甘州府志·技艺》

718　燉煌县

亦作敦煌，汉置为敦煌郡治。应劭曰："敦大煌盛也。"北周改为鸣沙，隋复敦煌。唐武德初为瓜州治，建中间，陷吐番，宋入西夏。元为沙州路治，明置沙州卫，清乾隆二十五年，改置燉煌县，为安西府治。后府废，属甘肃安西州。

晋 索紞，[①] 字叔彻，燉煌人，少游京师，受业太学，博综经籍，遂为通儒。明阴阳，善术数，司徒辟除郎中，知中国将乱，避世而归。乡人从紞占问吉凶，门中如市，紞曰："攻乎异端，戒在害己，无为多事，多事多患。"遂诡言虚说，无验乃止，惟以占梦，惟无悔吝，乃不逆问者。孝廉令狐策，梦立冰上，与冰下人语，紞曰："冰上为阳，冰下为阴，阴阳事也。

---

① 紞，耽上声，冠冕县瑱之绳，垂于冠之两旁者也。

士如归妻,迨冰未泮,婚姻事也。君在冰上,与冰下人语,为阳语阴,媒介事也。君当为人作媒,冰泮而婚成。"策曰:"老夫耄矣。不为媒也。会太守田豹,因为子求乡人张公征女,仲春而成婚焉。"郡主簿张宅,梦走马上山,还绕舍三周,但见松柏,不知门处。紞曰:"马属离,离为火,火祸也,人上山为凶字;但见松柏,墓门象也。不知门处,为无门也。三周三期也。后三年必有大祸。"宅果以谋反伏诛。索克,初梦天上有二棺落克前,紞曰:"棺者职也,当有京师贵人举君,二棺者类再迁。"俄而司徒王戎书属太守使举克,太守先署克功曹,而举孝廉。克复梦见一庑,脱上衣来诣克,紞曰:"庑去上中,下半男字,夷狄阴类,君妇当生男。"终如其言。宋桷梦内中有一人著赤衣,桷手把两杖极打之,紞曰:"内中有人,肉字也。肉色赤也,两杖箸象也。极打之,饱肉食也。"俄而亦验焉。黄平问紞曰:"我昨夜梦舍中马舞,数十人向马拍手,此何祥也?"紞曰:"马者火也,舞为火起,向马拍手,救火也。"平未归而火作。郡功曹张邈,尝奉使诣州,夜梦狼啮一脚,紞曰:"脚肉被啮为却字。"会东房反,遂不行,凡所占莫不验。太守阴澹,从求占书,紞曰:"昔入太学,因一父老为主人,其人无所不知,又匿姓名,有似隐者,紞因从父老问占梦之术,审测而说,实无书也。"澹命为西阁祭酒,紞辞曰:"少无山林之操,游学京师,交结时贤,希申鄙意,会中国不靖,欲养志终年,老亦至矣。不求闻达,又少不习勤,老无吏干,蒙汜之年,弗敢闻命。"澹以束帛礼之,月致羊酒,七十五卒于家。《晋书·艺术》《清一统志·甘肃·安西府·人物》

前凉 索袭,字伟祖,敦煌人,虚静好学,不应州郡之命,举孝廉贤良方正,皆以疾辞。精于阴阳之术,著天文地理十余篇,多所启发,不与当世交通,或独语独笑,或长叹涕泣,或请问不言。燉煌太守阴澹,奇而造焉,经日忘返,出而叹曰:"索先生硕德名儒,真可以谘大义。"卒年七十九,澹素服会葬,曰:"世人之所有余者,富贵也。目之所好者,五色也。耳之所悦者,五音也。先生弃众人之所收,收众人之所弃,味无味于恍惚之际,兼众玄于众妙之内;宅不弥亩,而志忽九州;形居尘俗,而栖心天外,虽黔娄之高远,庄生之不愿,蔑以过焉。"乃谥玄居先生。《晋书·隐逸》《清一统志·逸民》《甘肃安西府志·人物》

唐 李虚中,字常容,魏侍中李冲八世孙,进士及第。元和中,官至殿中侍御史。韩愈为作墓志云："虚中最深于五行书，以人之始生年月日，所直日辰枝干，相生胜衰死旺相斟酌，推人寿夭贵贱利不利，辄先处其年时，百不失一二。"又云："其说汪洋奥美，万端千绪。"并未言有所著书。至《宋志》始有《李虚中命书格局》二卷，郑樵《艺文略》则作《李虚中命术》一卷、《命书补遗》一卷，晁公武《读志》又作李虚中命书三卷，焦氏《经籍志》又于《命书》三卷外别出《命书补遗》一卷，世间传本久绝，无以考正其异同，惟《永乐大典》所收，其大尚多完具，卷帙前后亦颇有次第，并载有虚中自序一篇，称司马季主于壶山之阳，① 遇鬼谷子出逸文九篇，论幽微之理，虚中为掇拾诸家，注释成集，是以后世传星命之学者，皆以虚中为祖。《四库全书提要·子部术数类》

〇阜按《阅微草堂笔记》云：世传推命，始于李虚中，其法用年月而不用时，盖据昌黎所作中墓志也。其书《宋史·艺文志》著录，今已久佚，惟《永乐大典》载《虚中命书》三卷，尚为完帙，所说实兼论八字，非不用时。考虚中墓志，称其"最深于五行，以入始生之年月日所直日辰枝干，相生胜衰死旺，互相斟酌，推人寿夭贵贱利不利"云云。按天有十二辰，故一日分为十二时，日至某辰，即某时也，故时亦谓之辰，《国语》"星与日辰之位，皆在北维"是也。《诗》："跂彼织女，终日七襄。"孔颖达疏："从暮七辰一移，因谓之七襄"，是日辰即时之明证。《楚辞》"吉日兮良辰"，王逸注："日谓甲乙，辰谓寅卯"，以辰与日分言，尤为明白。据此以推，似乎所直日辰四字，当连上年月日为句，人误属下文为句，故有不用时之说耳。余撰《四库全书总目》，亦谓虚中推命不用时，尚沿旧说，今附著于此，以志吾过，观此足破世人谓虚中论命不用时之惑矣。

〇江宁邓之诚文如《骨董琐记》云：星命之说，始于唐贞元初李弥乾，字虚中，其法以日干为主，以人所生年月日，合看生克制化，旺相休囚，取立格局，推寿夭贵贱。至宋徐居易，字子平，并生时参合，谓之八字。子平与麻衣道者陈图南，同隐华山，元耶律楚材又云："以甲火、乙字、丙木、丁金、戊己土、庚辛金、壬癸罗推命，曰天官五星法，世多信之。"

〇阜按宋王伯厚《困学纪闻》载：唐李弥乾，精星命，并无字虚中字样。至云徐子平，并生时参合谓之八字，尤误，证以纪文达《笔记》，即爽然矣。

---

① 壶山，在云南永北县东三里，峰峦竦立，宛如壶状，清流环抱潺潺有声，吴道子观音石刻，在此山之后。

青海省

青海省，在我国中部之西，为长江、黄河发源地，以境内有大湖曰青海，故名。古为西戎地，历三代至汉为西羌所居。东晋以后，为吐谷浑所据。唐入吐蕃，明时为蒙古族所占。清雍正间，罗卜藏丹津据其地叛，年羹尧等平之，置西宁办事大臣治其地。民国改大臣为长官，十七年置省。其地东界甘肃，东南界四川，南界西康，西南界西藏，西北界新疆，省会曰西宁县。

719　西宁县

后汉末，置西都县，宋置西宁州，明初，改置西宁卫。清雍正二年，改置西宁县，为甘肃西宁府治。城濒湟水南岸，清海额鲁特蒙古，及阿里克等，四十姓土司，与汉人互市于此，为西边一大都会。

明　王锐，西宁人，年十一二，即明易理，精于卜筮，闾巷之间，往往奇中非一。一日于城外三里许，为人家占病，方转式推案，大呼贼至，跟舱走，举座皆瞠目相讶其狂，然素知多验，有随之而出者。甫及城闉，[①] 则贼已入病者之家矣，未走者悉歼焉，然后卫人乃服。明隆庆辛未，年八十，寝疾，其寝亦善卜，锐令卜其终期，兆成，曰："酉日申时。"锐曰："月时俱戌。"酉日亭午前一日，婿往候之，锐呼笑曰："勿错，明午来别。"至期果绝，锐貌丑而嗜酒，言笑不择人，管公明之风类也。《乾隆西宁府新志·方技》

---

①　闉，音因，城内重门也。

中国历代卜人传卷三十三

福建省一

福建省在我国东南境，为沿海各省之一。《禹贡》扬州之域，周为七闽地，故别称曰闽。春秋属越，汉为闽越国，晋为晋安、建安两州，唐泉、建二州，改闽州，又改福州，属江南东道。宋改福建路，元置福建行中书省，明置福建布政使司，清置福建省，民国仍之。其地东濒东海，与台湾相望；南濒南海，西界江西，东北界浙江，西南界广东，省会曰闽侯县。

720 闽县

汉初东冶地，为闽越王都，后置冶县，汉改曰侯官，三国属建安郡，晋析置原丰县，隋改曰闽县，清与侯官县，同为福建省及福州府治，民国并为闽侯县，仍为省治。城当闽江下游北岸，负山面水，形势雄秀，一名榕城，城中榕树成荫，故名。城南江中有南台岛，清道光二十二年，与上海宁波同时开为商埠，有江南万寿雨桥，跨江以接省城，贸易甚盛。城东三十里江滨有地名马尾，清同治初设厂于此，中法之役，毁损甚多。

五代 黄岳，福州人，博通经典，尤邃易象历数之学。唐末，由乡贡入太学，王审知称王，必欲仕之，岳度力不能拒，自投于渊，邦人为立祀祠其地。《清一统志·福州府·人物》

宋 林霆，闽县人，精历数之学，尝作致日经，推阴阳历数，以资占决多灵验。理宗朝得召见，金华吴莱诗："昔在江左国，闽人有林霆；白衣召上殿，口诵致日经。"《光绪福州府志·艺术》《民国闽县志·术数》

宋 赖先知，闽县人，长地理水城之学，漂泊嗜酒，客临川罗豫章所，罗敬爱之，言丧妻，命卜地，得一处，正穴前小涧水三道平流，唯第三道不过身，而径入田，赖笑曰："此三级状元城也，恨第三不长，若子孙他年赴试，正可启于榜眼耳。"罗子邦俊，挟十三岁儿在旁立，拊其顶而顾赖曰："足矣足矣！若得状元身边过也得。"所谓儿者，春伯枢密也。年二十有六，廷唱第二人。赖竟没于罗氏，水城文字虽存，莫有得其诀者。

宋 黄拨沙，闽县人，善相冢，画地为图，即知休咎，因号拨沙。婺人有世患左目者问之，曰："祖坟木根，伤葬者左目。"发冢果然，出之即愈。

明 任纲，字必用，闽县人，精堪舆，所著存《阴阳述》。赋性耿介，乡人有居官巨富者，以厚币求卜宅，兆纲深拒之，退告人曰："若得吉壤，岂天道耶！吾术固择人耳。"以上《乾隆福建续志·方技》《民国闽县志·术数》

明 高凤，闽县人，以善卜名，遇物辄以意推辄中。宏治己酉，福州傅鼎，求占科名，曰："君第一人也。"既而果然，人问其故，曰："吾适剖椰子，而傅适至，[①]其象解圆，故知为解元。"后闽县林士元，亦举第一。又戊午科镇守内臣，欲豫知解元所在，书一"兴"字命占，凤曰："尊意得无在兴化乎？但所书兴字，从俗省写，其人在中，而八府俱下，必省垣矣。"及揭晓，榜首乃侯官林克仁，解元也。凤时语人曰："卜若可信，吾当至五品京职，不审何从。"后蒙诏占验，果授工部郎中。《乾隆福建续志·方技》

○福州梁章巨《归田琐记》云：乾隆丁卯，孟瓶庵师于榜前请人测字，以余茶书一"因"字于桌上，其人曰："此为国中一人之象，君必为此科解首矣。"旁一友跃然曰："我亦就此因字，烦君一测。"其人曰："君此科恐无分。或后上有恩科，亦必中。盖彼因字系无心，君因字系有心，以因加心，有恩字象也。"旁又有一友以所执折扇拍桌曰："我亦以此因字，烦君一测。"其人敛眉蹙然曰："君之扇，适加因字，正中有困之象，其终一矜乎？"后三君皆如其言，惜不传姓名，殆亦高凤之流亚矣。

明 简尧坡，闽人，精堪舆术，王渔洋门人。全椒吴昺[②]述其曾祖体泉翁，为父卜吉壤，延致尧坡于家，廪饩甚厚。尧坡日为择兆域，三年不可得，辞归，翁固留之。一日同往梅花山中，遇大雪，同饮陈家市酒楼，尧坡倚槛远眺，久之，罢酒起曰："异哉！吾远近求之，三年不得，乃在此矣。"

[①] 椰，音耶，木名，生于热带，高五六丈，直似樱榈，实大者长尺许，孤如凝雪，核大约三寸，中心空虚，有清液，味甘美，类牛乳，谓之椰子浆。

[②] 昺，音丙，同炳，亮也。

遂同往三里许，审视良久，曰："是矣。"雪晴更往观之，喜曰："天赐也。得此地足报君矣。然葬后君子未即发，至孙乃入发，发必兄弟同之。对面文逢秀绝，发必鼎甲，然稍偏，未必鼎元，或第二第三人，亦不仅一世而止。"翁如言卜葬，其后孙国鼎，字玉铉，中崇祯癸未进士；国缙，字玉林，顺治戊戌①进士及第，一甲第三人，官翰林侍读。国对、国龙孪生，国对中探花，国龙成进士；至晃兄弟，亦先后成进士，而晃今辛未科则中榜眼。尧坡之术，亦神矣哉！李调元《制义科琐记》余全《阳明新语》

明 白都阃，闽侯人，灵棋卜甚验。仁和张瀚，适在闽为藩参，闻其名，择日斋戒以往。白俨衣冠，俟于中庭，瀚执棋向神祷毕，白受而三掷，卜得乾卦，白口占曰："乾六爻皆龙，有飞腾之象，公自此飞腾矣。乾天西北，今当晋擢西北。乾首诸卦，后当位列班首。时介秋冬之交，公当莅任西北无疑。"后皆悉验。② 明仁和张瀚《松窗梦话》

明 钟志，字汝持，闽县人，世精阴阳地理之术，号乐寿山人，楷书得欧阳询笔意，为人刚中，少容量，作事必依礼法。《福州府志·艺术》

清 林森，字药樵，其先闽人，性韬晦，有山水癖，自号深山野人；佳句妙楷，时与丘壑争奇，凡天文术数地理方药，无不精贯。康熙初，著《痧症全书》三卷，授毘陵王养吾，丙寅刊以行世。《痧症全书原序》

清 廖春山，字仲果，闽县人，早岁事儒业，厄于遇，遂潜心于星命卜筮风鉴诸书，游历四方，决人祸福多验。同治甲子，营萃群言，纂辑《形神相法》四卷，其言曰："相人体貌，固宜观其形局；然形局外也，精神内也。如徒观其形局，奚能一一应验？盖人之形犹灯也，灯无油，不能光通四表，人无神，不能运用万事；灯油俱备，光辉自达；形神两全，富贵自然，故此编名为《形神相法》，舍其粗而求其精也。合形局精神、言行坐立而观，以此相天下士而无不当。"《形神相法·陈澜序》

清 蔡璵，字玉汝，闽人，以明经仕为粤东令，罢官不归，流寓山寺。一日于市肆独饮，忽有道人虬髯伟干，顾盼甚异，蔡揖之，坐询其姓名，

---

① 一云己丑。
② 又云：古人卜筮以蓍龟，别有灵棋卜，乃张良所受于黄石公者，其法以十二子分上中下掷之，据所得按验，以考吉凶。

曰："秦人李坤，字果成，居华山数十年矣。"因延至寺寓，见蔡案上有《周易》，曰："颇读此乎？"蔡曰："然。"试举一卦，蔡为述其师说，曰："全未全未。"蔡因拜求其学，曰："可斋戒拜天四十九日，拜老夫亦如之，然后可教。"如其言，乃为剖晰河洛精义，皆出程朱之外；蔡因旁及天文乐律、奇门太乙六壬诸术，曰："此皆《易》之一端耳。"出一小箧，随所问刺取诸家之书，为蔡指示，书凡几百卷，皆出箧中，箧才方寸，而书不穷，竟不能测也。留止五年，竟得其奥，将别去，语蔡曰："此后二十年癸丑岁，汝必游京师。是岁十二月二十日，即当扃门户百日，不见一人，否恐不免，慎之慎之！更几载，某岁某日，与汝相见房山。"康熙十二年癸丑，蔡客京师，如其所戒，是时果有妖人杨起龙之变，都门戒严，多所刑戮，至二三月始定。又二年乙卯，某月日，忽有童子扣门云："师在房山相待。"蔡疾驰往，道人独坐树下，与语移晷，别去，云将归华山旧居，蔡以易卜垂帘都门，名动公卿，学《易》者率莫测其蕴也。王士禛《池北偶谈》

民国 林学衡，字庚白，号众难，自称观瀑主人，闽侯人。束发受书，酷嗜歌咏；及长，游学法国，声誉溢洋，归来为众议院秘书长，既复委身党国，则数数出入兵间，为诸侯客。公余尝研究禄命之学，谓为中国命学之论五行，与科学家所谓原子七十余种，佛家所谓地水火风，虽数量殊名称异，而实无别，岂可以迷信概之？著有《人鉴》《新命》行世，畅发厥旨，并于沪上创立命学院，举科学之精神，阐五行之真理，发挥光大，革故鼎新，非仅以觇人命吉凶祸福之末焉而已。民国壬午，卒于香岛，年四十有九，识者多以长才未展惜之。《人鉴序》

○《新命》发刊辞云：夫新命之义，何自昉乎？《书》曰："周虽旧邦，其命维新。"《经》曰："不知命，无以为君子。"又曰："知命者不立于岩墙之下。"凡所谓命，盖兼道与器而言者，非仅仅乐天知命之命所得而尽也。故命之界域，自有其广义，必欲以狭义囿之，浅矣。形而上之哲学，与形而下之科学，皆当在命之界域。列子有《力命篇》，似明其式，实则多舛，何者力之所至，即命之所至，宇宙间一切事物，莫能外乎力之操纵，亦莫能外乎命之操纵，其致一也，惜列子未之知耳。今之持唯物论者，以物质为社会重心，殊不知与言物质，犹诸言命，何者？吾侪之所谓命，力在其中，物质之作用，力之作用而已。岂仅如中国古代学说，所谓乐天知命，止于唯心之义哉！此必之广义言命者也，此又《新命》之所由作也。曷观乎洪炉之炭，投于江河则灭；楮人之刀，施诸巨木则伤，水盛而火自焚，木强而金反缺，力有不敌也。往者古代传统之学说，以一定旺弱生克，言五行、言命，皆昧于此义，知其常而不知其变，非吾侪之所谓命也。吾侪之所谓命，所谓五行，与科学家所谓原子七十余种，佛家所谓地水火风，虽数量殊，名称异，而实无别也。抑中外哲学家，皆重理论，科学家皆重实验，吾侪之言新命也，本二者之义而融会贯通之，而发挥光大之，尤以后者为主；五行生克旺弱，一系于质与力之均衡，乃可与命相通，此吾侪之说也。

721　侯官县

一作候官，汉置冶县，后汉改为侯官，南朝梁改为东侯官，隋更名原丰，又改闽县，故治在今福建闽侯县冶山之麓。唐又于福州西北三十一里，置侯官县，清与闽县，同为福建省及福州府治，民国废并为闽侯县。

清　谢震，字甸南，侯官人，宋江东提刑枋得之裔，乾隆已酉举人。治经宗汉学，尤熟三礼，读史传百家之言，必实事而求可用，旁逮篆隶金石、星卜形法医术，靡不通晓。尝约闽县林方林等，倡为通经复古之学，号会所曰殖榭，思以功名自见，后以大挑补顺昌教授，困甚，将调台湾，遽病胀卒，年四十。著有《礼案四书小笺》《四圣年谱》《谢氏家谱》《诗集》各一卷。《碑传集·经学下之下》

清　沈葆祯，字幼丹，侯官人，道光丁未进士，授编修，迁御史。咸丰时洪杨兵起，以功游擢江西巡抚，后官两江总督，卒谥文肃。葆祯以赣抚丁内艰，时在籍守制，适左文襄创办马江船政局，制造轮舰枪械，议甫定，文襄移节督关陇，乃举葆祯自代。葆祯令官绅分司厂事，官曰委员，绅曰委绅。同治某科，秋试榜前，集局绅之与试者浇榜，且曰："诸君请拈一字，吾用拆字法占之，卜今年本局售者当有几人。"某绅拈"毅"字，葆祯曰："毅者其左体为豖字，豖为亥，二首六身，几字其船字之一股，又字复得政字之半股，船局委绅，固有获售者，其数殆六乎？"是秋果中六人。浇榜者，榜前群饮之谓也。《清史稿·本传》《清稗类钞·方技》

清　郭柏苍，字兼秋，又字青郎，侯官人，道光庚子举人，由训导晋内阁中书及主事。柏苍识见恢廓，时有新议论，餍人听闻，不慕禄仕，殚心有

用之学，旁及堪舆星卜，事之有益宗族乡党者，皆规画久远，锐意为之，必善其后乃已。《民国福建通志·文苑》

722 古田县

汉冶县地，唐置古田县，清属福建福州府。

清 邹式金，字子度，诸生，精易卜，庚午文战后，士人问卜者环座听，独有陈姓者厅上徐行，式金揲蓍，得履虎尾，即断曰："陈兄履得著，决中榜尾。"果如其言。

清 张耀垣，字其范，诸生，精河洛数。陈清端公建奎光阁，使之择吉，范以四恩星临度，三星属文，一星属武，是年壬午，果如其言。且云三科一停，后科甲蟾联，至今有明征云。以上《乾隆古田县志·艺术》

723 长乐县

汉冶县地，隋闽县地，唐分置新宁县，改曰长乐，五代梁时王氏改曰安昌，唐复旧，晋改安昌，寻复长乐，清属福建福州府。

宋 赵以夫，字用父，宗室子，居于长乐。嘉定十年进士，撰《易通》六卷，是书前有自序，皆自称臣，未有不敢自秘，将以进于上，庶几仰裨圣学缉熙之万一，则经进之本也。其书大旨，在以不易、变易二义，明人事动静之准，故其说曰：奇耦，七八也；交重，九六也。卦画，七八不易也；爻画，九六变易也。卦虽不易，而中有变易，是谓之亨；爻虽变易，而中有不易，是谓之贞。《洪范》占二用贞悔，贞即静也，悔即动也。故静吉动凶则勿用，动吉静凶则不处；动静皆吉，则随遇而皆可；动静皆凶，则无所逃于天地之间。于圣人作《易》之旨，可谓深切著明矣。《四库·经部·易类三》

清 蒋垣，字用崇，其先本邑人，久迁省会。康熙壬子，由侯官籍举于乡，值耿逆变，逼授伪职，垣服药毁形，不告妻子，逃屿头，托星卜治生。事平将归，语族弟用乾曰："吾半生心血，纂集《八闽理学》一卷，钞以示

后，不无少补。"后付梓，学者争购之，今用乾家犹有遗稿云。《同治长乐志·流寓》

清 梁运昌，初名雷，字春山，一字曼云，又字曼叔，晚号江田田父，长乐人。父上宝，字叶所，邑诸生，精星命之学，于其诞之前数日，语家人曰："若生于某日某时，必非凡格。"已果应期，实乾隆辛卯年、辛卯月、已卯日、丁卯时也。幼虑其弱，不督之学，十龄即可应童试，禁弗使出，未几诸季父私纵之，遂补弟子员；嘉庆已未成进士，入翰林。是秋开实录馆，座主大兴朱珪领其事，择儒臣二十八人，奏为纂修，运昌以新庶常获与，所仅见也。在馆日，屡被纱葛瓜果之赐，又内发折叠扇，勑馆臣之工楷法者分书之。运昌亦在选，散馆授编修，旋丁内忧，又体中多病，遂不复出。性落落，里居与曾会春、廖英为贫贱交，二人皆能诗，英早卒，运昌为营墓山中，督工四十日不倦，执杵者皆感激，相劝用力。在京师，惟与同年萧山汤金钊、高邮王引之、涿州庐坤、通州白镕、桐城吴赓枚、武威张澍为道义文字之交，归里后，亦断绝音问，数人中有持节来闽者，亦不通一刺。闭户读书，于医卜堪舆之学，无不宣究。卒年五十有七，著《难经发明》《秋竹斋诗存》。福州梁章巨《归田琐记》《民国福建通志·文苑》

724 连江县

晋温麻县地，宋齐以后，为侯官县地，唐置温麻县于此，寻改连江，清属福建福州府。

宋 郑思肖，连江人，字所南，一字忆翁，初名某，宋亡，改思肖，即思赵；所南忆翁，皆寓意示不忘赵也。初以太学上舍，应博学弘词科，会元兵南下，叩阙上书，不报。宋亡，隐居吴下，自称三外野人，坐必南向，岁时伏腊，辄望南野哭，再拜乃还。工画墨兰，自易代后，为兰不画土，或诘之，则云："为番人夺去，汝犹不知耶！"终身不娶，浪游无定迹，疾亟，属其友唐东屿，为书一牌位，曰："大宋不忠不孝郑思肖。"语讫而卒。有诗文集，所言多种族思想语，其题严君平垂帘卖卜图云："多是垂帘自养神，仅能了日即安贫。不离忠孝谈玄妙，岂是寻常卖卜人。"至《送吴山人远游观地理序》，及《答吴山人问远游观地理书》，辨阴辨阳，论山论水，引经据典，说理谈玄竟有一万三千余言，直是阐发郭璞之《葬经》，虽杨曾廖赖，亦无以过之。《所南诗文集》

清 章鼎，字子台，邑诸生，因族姓于连籍，从无领解者，闻赣州人多善青乌术，往师事焉，数年尽得其秘归。卜筑松岭，又营三世坟，子姓始登科第。间为亲友择善地，无不奇验，谢以金不受，人多称之。《乾隆连江县志·方技》

清 黄明庄，鹤屿人，精风鉴，有优伶至其乡，稔庄名，诣问之，庄一见颦蹙曰："噫，殆矣！尔家何许，可速归，见乃尊，迟恐无及矣。"伶果于是夕暴卒，其侣反疑庄妖魔，将诉之官，庄罄赀为殡殓，事始寝。由是忿悒，不复相天下士，且尽焚其书。《民国连江县志·方技》

清 游苹，著有《奇门图注补》，其自序云："奇门有二法，各家皆以九星顺转八卦，惟《协纪辨方》以九星飞布九宫，反复推求，则顺转非而飞布是。以九星飞布九宫，宫周而星亦周，恰好将星配宫；若以九星顺转八卦，卦周而星未周，不得不去星而就卦矣。池本理《奇门五总龟》有《三元歌注解》，芜杂舛错，阅者茫然，是以《三元歌》至今解人难索，不得不舍法而取图。今《协纪辨方》仅备四图，而《三元歌》无注，致飞布之法，不见用于世。余谨遵四图之法，一一补之，以为用者捷径，并补注《三元歌》，合为一书，名曰《奇门图注补》云。"《宣统福建通志·子部术数类》

725　福宁县

元置福宁州，明废为县，复升为州，清升为福宁府，属福建省，民国废，治所为今福建霞浦县。

明 叶森，字廷茂，福宁人，精研天文地理医卜之说；尤工诗，尝著《梅花百咏》。宏治中，以贡生授肇庆训导，与同僚游乔齐名，时称叶诗游论。《民国福建通志·高士》

726　霞浦县

晋温麻县地，唐长溪县地，元升县为福宁州，明初废州为福宁县，寻复为州，清升州为府，置霞浦县为府治，福宁镇总兵驻此，民国废府存县。

清　黄瑞鹤，蜀西充人，由乾隆丙辰进士，知长乐县，潜心古学，脱略事故，以此去官，囊空如洗；兼通地理，糊口漳泉间。福鼎令萧克昌，闻其淹雅，延为山长，教授诸生，多所成就。《乾隆福宁府志·流寓》

清　陈逢尧，字庚堦，竹江人，恩贡生。家贫力学，读书往往发前人所未发。尤深于《易》，医筮堪舆诸书，精通底蕴，卒年七十有三。

清　吴可泮，号藻山，柘洋东源人，庠生，品学兼优，颇孚乡望。尤精天文，以历日酬世，所谶吉课神验，远近遵行。迄今传五代，与泉州洪潮和相媲美，著有《星象》《地理》藏于家。以上《民国霞浦县志·方技》

727　厦门厅

宋以前隶同安县，曰嘉禾屿，明始城厦门，设中左所。郑氏于此立思明县，清收台湾置厦门厅。民国改厅为县，复曰思明。人民善于航海，港深水静，可泊巨舰，为香港上海之中枢；外与南洋诸岛，海通声气，南洋贸易之要冲也。市肆多在本岛西南隅，各国领事及诸局所，则在对岸之鼓浪屿，有厦漳铁路，西达龙溪县。①

明　蔡鼎，字可挹，号无能，晋江诸生，精易学，深明象纬，能知未来，出而走遍九边。孙承宗督师蓟辽，征鼎参谋，赞襄区处，数年安静，帝赐号曰"白衣参军"，因疏陈魏忠贤之奸，触怒潜避。庄烈帝即位，命绘像访求，复原职辞，帝称为蔡布衣，见国患日深，发愤伏阙陈疏，极论边事，与时柄凿，竟为所格。乙酉，唐王驰诏三聘，拜左军事师，值邓芝龙跋扈，

---

① 明景泰二年辛未，纪元前四六一年，葡萄牙人来厦门，求通商，许之，我国与西人第二通商港也。清道光二十年，《南京条约》订定，开放为沿海五口之一，贸易颇盛，输出品以红茶糖烟丝为大宗。

退隐入岛,日从纪许国寻幽选胜,仙洞虎谿间游展折焉。乙未秋,自知死日,洁身凭几而卒,著有《易蔡集解》《万远堂稿》。《道光厦门厅志·流寓》

728　莆田县

隋置,寻废,唐复置,故城在今福建莆田县东南,宋徙今治。明清皆为福建兴化府治,盛产桂圆荔枝。

宋　郑樵,字渔仲,莆田人,博学强记,搜奇访古,遇藏书家必借留读书乃去。初为经旨礼乐文字、天文地理、虫鱼草木之学,皆有辨论。绍兴己巳,以荐召对,帝曰:"闻卿名久矣,数陈古学,自成一家,何相见之晚耶!"授右迪功郎,为枢密院编修官。金兵犯边,樵言岁星在宋,金主将自毙,后果然。高宗幸建康,命以《通志》进,会病卒,年五十九。樵居夹漈山,学者称夹漈先生。《宋史·本传》《清一统志·兴化府·人物》

宋　林霆,字时隐,擢政和进士第,博学,深象数,与同郡郑樵为金石交,林光朝尝师事之,聚书数千卷,皆自校雠,谓子孙曰:"吾为汝曹获良产矣。"绍兴中,为勅令删定官,力诋秦桧和议之非,即挂冠去,当世高之。《宋史·附郑樵传》[①]

明　陈昂,字云仲,又号尔瞻,邑诸生,隆万间,避倭难,携妻子客南昌,旋爱匡庐,旅于九江瑟琶亭侧,以织草屦为业,继之以卜,得钱辄沽酒。复由楚入蜀,登峨眉,遍历三峡剑门之胜,后卒于金陵,有《白云先生诗集》。《光绪江西通志·寓贤》《乾隆莆田县志·隐逸》

○阜按:陈昂卖卜秦淮河,卒于金陵,是以江苏省上、江两县志,亦载之者旧。

清　吴天民,字非予,莆田人,顺治间布衣,读书不遂,以星卜隐会城,士大夫多与游,所言祸福辄验,自知死期,归卒于家。林衡称其诗足以颉颃陶谢,曰"后有太史公,当于司马季主、严君平外立佳传"云。《民国福建通志·高士》

[①] 阜按:本书所载闽县林霆,与此莆田林霆,姓名虽同,而时代与事实迥异,盖彼为布衣,此为进士,彼于理宗朝始召见,此于绍兴朝即挂冠,前后相悬百余年矣。

729　仙游县

汉冶县地，唐初为莆田县地，寻析置清源县，改曰仙游。明清皆属福建福州府，城濒木兰溪，物产颇富，商业亦发达。

元　林雷龙，字口雨，隐士大有之子也。魁梧坦易，博通经史，天文地理，贯穿融液，甚为枢密陈韡所奇。[①] 咸淳初，预乡荐，仙游寇起，逃难郡城北山，方应发檄为参军，迁莆田令，寻以宣教郎通判兴化军。至元改物，以治中署郡事，安集流离，震撼以定，年余弃去，自号清逸处士，著有《耕吟前稿》。《明弘治兴化府志·文苑》

清　林蒙亨，字宿四，宋卿孙，两举于乡，博通天文地理、诸子百家，莆泉学者多从之游，王迈尤敬重之。后以子有之贵，赠朝请郎。《乾隆仙游县志·文苑》

730　晋江县

东甫安县地，唐析置晋江县，在晋江之北，故名。城大于省城，其形如鲤，故曰鲤城。其初尝环植刺桐，故又名刺桐城。明清皆为福建泉州府治，清福建提督驻此。

明　丁衍夏，号云浮叟，又号适适生，晋江人，弘治乙丑进士，仪乙曾孙也。隐居清泰山，家贫不能蓄书，闻人所有，必远致之，自经史下逮阴阳占卜、肘后青乌，悉究其大指。山故有三十六洞，考图经，索其处，哀为志；有梅岩址没矣，索得之，每风日清美，辄从樵人衲子，为汗漫游，世高之。《民国福建通志·文苑》

明　郑毓季，泉州海滨人，萧然蓬荻，朝夕不给，入郡城，托于禄命之业，寄居旅店，人知其治禄命，而不知其工于诗。毓季之诗，于风得其趣，于雅得其体，于颂得其质，读史谈经，皆有意致，盖贤而隐者也。著有《郑毓季诗》，何乔远为之序。

[①] 韡，音伟，华盛貌。

清 庄肇泫，① 字腾伯，晋江人。家贫自得，事父母诚孝竭致甘旨。性好施与，急人危困。为诗多性真语，以卜筮为业，所占验动辄奇中，远近至者，重茧踵接，自署曰下帘子，人亦以君平归之。晚年清斋绣佛，持《金刚经》《楞严》，万行专谨，而世味淡然，所著有《谦斋集》。以上《乾隆泉州府志·艺术》

731　南安县

汉冶县地，三国吴置东安县，晋改名晋安，隋又改曰南安，明清皆属福建泉州府。

清 黄士炯，字木生，南安人，尝掇武庠，弃弗就，复入晋江文庠。凡天文地理遁甲诸书，研究有得，值海氛不靖，防范布置，井里倚为长城。有稔其才略者，招之不动，强之即他遁。曾被山贼掳入寨，胁为参谋，不从，夜逃归，室已被焚，乃悬"草室微论"四字，托星卜自晦，谈祸福辄中，占者踵至，以所得散给穷乏，或邀朋从饮。手著《竹溪逸稿》五十余编，皆身心切论，仿袁了凡，力行功过格，四十余年不懈。临殁，数月前，自撰行略，预填月日不差。子允肃，进士，官知县。《乾隆泉州府志·艺术》

732　惠安县

唐晋江地，宋析置惠安县，故城在今福建惠安县东北，后徙于罗山之阳，即今治，明清皆属福建泉州府。

明 郑仰田，惠安人，忘其名，以所居呼之。少椎鲁，不解治生，父母恶之，逃之岭南，为寺僧种菜，僧复逐之，无所归，号泣于野，有老僧遇之曰："吾迟子久矣。"偕入山，授以青囊壬遁射覆诸家之术，于是言皆奇中，遇人无贵贱，一揖而外，箕倨啸傲，若不知有人。步行可逐奔马，遍游海内，尝至京师，公卿皆重其术，争延接之。有为奸利诡僻者，辄以微词刺其隐，其人面发赤，不敢怒，惟惧其尽言。魏奄闻仰田，召问休咎，仰田蓬头补衣，长揖就座，时奄览一方镜，指以为询，答曰："四国一人也。"奄大

———
① 泫，音宏，无舟涉水也。

悦，赠以千金，出谓人曰："吾诡词以逃死耳，向所占者乃囚字也。"时有断绳挂梁间，指示曰："魏其如此乎？"未几忠贤缢死。《乾隆泉州府志·艺术》

733 安溪县

陈隋，南安县地，五代南唐分置清溪县，宋改曰安溪，明清皆属福建泉州府。

明 潘景，字慎熙，号缉寰，留山人，生嘉靖年间，博览外书，尤精于星历堪舆，隐居教授，人仰春风，尝著有地理等书。《乾隆安溪县志·技术》

清 李光地，宇晋卿，号厚庵，安溪人，顺治壬辰成进士，选庶吉士，授编修。乙未，乞假在籍；丙申，耿精忠反，置疏蜡丸，间道陈破敌策，又言施琅习海上形势，可重任。用其言，遂平台湾，累官直隶巡抚，文渊阁大学士，康熙戊戌卒，年七十七，谥文贞。撰《周易通论》，于占筮挂扐，正变环互，无不条析其义。又有《周易观象大旨》《尚书解义》《洪范说》《历象本要》《古文精藻》《榕村全集》等书。《清史稿·本传》及《艺文四库·经部·易类六》

○《啸亭杂录》云：噶尔丹叛，时仁皇命李文贞公占《易》，得复之上六，文贞变色，仁皇笑曰："今噶尔丹背天犯顺，自蹈危机，兆乃应彼，非应我也。"因立下亲征召，果大捷焉。

清 李清时，字授侯，安溪人，大学士光地从孙，乾隆壬戌进士，选庶吉士，授编修，累官山东巡抚，长于治水，精经济义理之学，尤深于《易》，所纂有《周易经义合编》《朱子语类或问》，著《蚕书》《汎脽约言》《治河事宜》。又旁通堪舆家言，能得前人秘奥，人莫能窥其蕴也。《清史稿·本传》，钱仪吉《碑传集·乾隆朝督抚上之下》

清 王严龙，登康熙丙戌武进士，任江淮中军守备，居官镇静，颇娴文墨，会同事激兵鼓噪，免归，著《卜筮方书》七十二卷，《诗韵解》十卷。《乾隆安溪县志·仕迹》

清 白美振，安溪人，为诸生，善属文，兼精青乌家言，相度修治，改设门楼，自是令多迁擢，年九十六，两膺恩赏。

清 周士长，安溪人，居燕岫傍，涉猎奇书，精堪舆，尤善风鉴。李光地未第时，决为宰辅，后果验。光地为题赞其像，年八十四卒。以上《乾隆泉州府志·艺术》

734　马巷厅

在福建同安县东南三十五里，接南安县西南界，为往来之冲。清时泉州府通判照磨驻此，今改置县佐，亦作马巷镇。

清　洪伯寿，翔风柏埔人，得秘传，究阴阳妙理，凡选择所用日辰，生克制化，别有精妙。乾隆戊子，同安重修圣学，邑令用以选择，众术家莫能及。《光绪马巷厅志·方技》

735　同安县

汉冶县地，晋安县地，陈隋及唐为南安县地，五代王闽分置同安县，明清皆属福建泉州府。

宋　苏绎，字课甫，同安人，颂之叔，年十七，举进士，以病臂不克赴试，遂弃词业，专精文史，阴阳星历，占筮术数，百家之言，靡不精造。善推考人生年月日时，以五行星数，参验休咎，合若符要。《宣统福建通志·高士》

清　洪潮和，字元池，精通星学，著通书，滨海数十郡及外洋，无不购之。子彬海，能习父业。《同治同安县志·艺术》

清　施瑚琏，字文琏，同禾人，精麻衣法，言休咎辄验。当渡，指一舟子曰："此儿不逾腊矣。"比返，腊且终，无恙，舟子责其诬，施曰："待尔饮屠苏酒不死，然后言。"越日其人竟溺于海中。又有司马沙某，既罢官，施于旅邸见之，曰："公三年后，当位方伯。"已而果然，召置幕下，使时观气色，忽一日凌晨，谓"沙公三日内，应有犹子之丧"，未几果得凶讣，其言屡中有如此。《民国同安县志·方技》

736　德化县

唐尤溪县地，五代王闽置德化县，清属福建永春州。

宋　陈朗，字子彝，杨梅中人，遇仙授以草履，受而著之，行疾如飞，百里立至。精察地理，择其家之当发达者，为之造葬辄验，邑中称为陈朗仙。今葛坑山石土，有陈仙迹。

清 李兴禹，字简轩，蓝田人，少孤力学，以二亲未葬，往游江西习地理，得杨廖之传，归遂善相冢。以上《乾隆德化县志·方技》

737 龙岩州

汉冶县地，晋新罗县地，隋龙溪县地，唐置新罗县，改曰龙岩。清雍正十二年，升为龙岩州，直隶福建省，民国改为县。县南有高岩如屋，其石壁有纹如龙，头角鳞须皆具，故名之曰龙岩。地当群山之中，形势甚为扼要，产绒、木植、茶叶甚富。

宋 叶琇卿，龙岩人，精堪舆术。龙岩学宫肇建城东，旋迁于溪南，宋建炎间，后移东关外，开禧丙寅，琇卿择地今所，请于县尹赵汝勉而改建焉。自是文明大启，人材辈出，形家以为应学宫离明之象，琇卿相度之功不可没云。

清 章贡云，字芳修，龙岩人，邃于星术阴阳五行医卜等书，无不讨源溯流，窥其蕴奥。壮年浪迹云游，适元旦在湘江舟中，见日蚀，忽大悟，知张果老看宫度之谬，遂自号为番果老。寻游京师，往来公卿间，名宿多为折倒。著有《番果老集》，卷帙甚伙，惜无传人。蠹朽之余，惟存《名理星案》二卷，其中附著《罗经奇门脉诀》诸篇，自谓独出已见，非勦袭臆说。康熙间，侨寓都门十余年，受业者几遍海内。以上《道光龙岩州志·艺术》

738 长汀县

晋置新罗县，宋以后废，唐置长汀县，明清皆为福建汀州府治。

清 蔡承让，字举元，世居宣河蔡家庄，生质颖异，幼业儒，洞澈易理，遂精堪舆，目穷千里，推测皆符应，故人称为神仙。著有《博古集》《知来集》《龙穴砂水辨作法总诀》等书。

清 罗德龙，号明轩，监生，世居宣河塘背，为人质直好义。少业儒，长习天官家言，游通都，遍访名师，得中西秘法，名振江广，四方诹吉者，目不暇给。子姪联章辈，犹世其业焉。以上《光绪长汀县志·方技》

739　宁化县

唐初沙县地，后置黄连县，改曰宁化，故城在今福建宁化县东，宋徙今治，明清皆属福建汀州府。

明　鲁轲，字最立，得游僧授法遁甲。嘉靖丁巳，广贼顾子传作乱，知县邵道南委轲捍御，半月间贼擒乱平。或请其术，轲谬应曰："本无术，偶中耳。"虽子孙无传者。

明　谢宪时，字用周，居翠华山麓，西城之偏，按八阵图，究三奇五遁之术，著书二卷，皆有图列，思有所用之。又按用天度，作四大洲图，视古今所著，各有差别。书成，冀遇胜人商之，乙丑病剧，卒年三十八。以上《同治宁化县志·逸行》

清　伊元复，字顺行，宁化廪生，淹贯经史，泛及天星堪舆、医卜禽遁诸书，诗文极典雅。同乡李元仲、黎愧曾交推之，国初诏举鸿博，仪封张抚军，檄郡伯，造庐征之，以疾辞。所著有《焦桐集》。《乾隆汀州府志·文苑》

740　上杭县

唐龙岩县地，宋分置上杭县，故治在今福建上杭县东，后屡移徙，最后迁今治，明清皆属福建汀州府。

清　邓天林，潜心经史，深通奇门遁甲之术。顺治初，乡里未靖，有弟为贼掠去，天林潜至其营，默授弟以时日，遂逃归。著《易义》数卷，今佚。兼精堪舆，自号休休者言。《同治上杭县志·艺术》

中国历代卜人传卷三十四

福建省 二

741 永定县

唐龙岩县地，宋上杭县地，明分置永定县，属福建汀州府。

清 廖冀亨，字瀛海，永定人，康熙庚午举人，戊子授江苏吴县知县，值岁旱，留漕赈饥不足，自贷金易米以济，士人感其诚，相率捐助赈以无乏。吴中赋额甲天下，县尤重，冀亨减火耗，用滚单，民皆称便。知收漕弊多，拘不法者重治之，凡留难勒索、踢斛淋尖、高扬重筛诸害，扫除一清。太湖中有芦州，或垦成田，或种莲养鱼，官吏辄假清丈增粮名以自利，冀亨曰："湖荡偶尔成田，未可久持，今增其赋，朝廷所得几何，而民累无尽期。"一无所问。初冀亨莅任时，有吴人语之曰："吴俗健讼，然其人两粥一饭，肢体薄弱，凡讼宜'少准、速决'，更加二字，曰'从宽'。"冀亨悚然受之，收词不立定期，民隐悉达，尝自谓讼贵听，听之明，乃能速决，而无冤抑。在吴三年，非奸盗巨猾，行杖无过二十，盖守此六字箴也。有庠生，授徒盐商家，自刎死，勘得实，或有谤其受贿者，冀亨无所避，释盐商勿罪。冀亨既有声于吴，他县疑狱，往往令推治。会有宜兴知县诬揭典史故勘平民为盗、刑夹致死，冀亨奉檄按验。知县者，总督噶礼之私人也。或告宜稍假借，冀亨不为动，检踝骨无伤，原揭皆诬，狱上，噶礼屡驳诘，再三审，卒如冀亨议，以是忤总督。时巡抚张伯行以清廉著，深契冀亨，布政使陈鹏年尤重之，而噶礼不怿于伯行，① 尤恶鹏年。庚寅，鹏年被劾，并及冀亨，以亏帑夺职。② 逾年，噶礼败，冀亨始复原官，以病不赴选，遂卖卜苏城，藉星平糊口，别号"平江旧吏"，又号"青溪逸叟"，著有《求可堂自记》《求可堂家训》及《天官五星正传》八卷、《子平集腋》六卷，雍正戊申刊行。及卒，吴人祀之百花书院。殁后家留于吴，入籍嘉定，曾孙文锦，嘉庆辛未进士，由翰林出为河南卫辉知府，有惠政，祀名宦。文锦子惟勋，道光癸巳进士，亦由翰林为贵州镇远知府，抚苗有法，终贵阳府。《清史稿·廉吏传》《子平集腋序》

○《平江旧吏子平集腋自序》云：曩辑《天官五星正传》八卷，自以为深得天官之秘，乃即六家五星参究之，解终不能归一，故未敢梓以问世。迩年羁困苏城，藉星平糊口，因五星解多歧出，益取子平诸书，细加详绎，始知子平之理，确有把握；较之五星，尤为深奥。无论造物本体，器完根基，八法关键，五气开端，其理未易测度，即就日干以看体象，年干以观统摄，同气以辨浅深，时座以定权衡；再就干以察所坐支神，就支以审所战干物，专就天干以论生克制化，专就地支以取刑冲破害，又合天干以别去留舒配，而支干互乘，错杂纷纭，其格其用，已千变万化，而莫可穷极矣。况扩而充之，逢六则合，于合而知化气，逢七则冲，于冲而知天地穷数；逢十则刑，于刑而知天道恶盈，至于岁前马前诸神煞，莫不各出于数，莫不各出子平之干支，而六神杂格以及诸外格，皆干支之变化，即子平之神妙，盖五星之理，已备于八字中矣。

○阜按《清史稿·艺文·术数类·命书之属》载：廖翼亨，撰《五星聚腋》十卷，《续编》一卷，殆即《子平集腋》六卷之误。

清 廖鸿章，字羽明，号南崖，永定人，乾隆进士，官检讨，著有《南云书屋文集》。郭侍讲凤池肇锽，以艰归，服既阕，诸要人俱寄书促其行，束装有日矣。过其同年友鸿章，以行期商之。鸿章素精子平之学，为推步毕，惊曰："一年之内，慎勿入都，若入，祸且不测，尽一年则无害矣。"郭犹豫未决，后促者踵至，且闻圣意向用甚隆，遂买舟而北，涂次某镇，姻家邀之饮，郭已有酒所，而此家复强之，其地觞政甚虐，不饮如韦昭者，亦必以巨觞沃之。是日，郭酣醉过度，归至舟中，急甚，延医无及，及旦而卒。

清阮葵生《茶余客话》

---

① 怿，单罩，不悦也。
② 帑，汤上声，金币所藏之府也。

742 龙溪县

晋晋安县地，南朝梁置龙溪县，明清皆为福建漳州府治，清漳州镇总兵驻此。其地以印泥漳绒著名，糖业尤盛，由厦门输出为一大利源，并有漳厦铁路，通鼓浪屿对岸之嵩屿。

宋 康庶，字达先，家贫，博览经史，通邵氏数学，善观天文，占休咎，郡守欲以学职延之，不受。生平一介不妄取，隐居名第山，果实有生者，皆预知其数。一日自题于壁云："某日太守至。"及期傅伯寿果至。尝谓人曰："某日朝廷有变。"既而光宗遗诏至。又曰："庚午诏，乡里不荐士。"其年场屋不靖，所言无不验。

明 林存祥，善医术，用药不拘方类，推详性味而变通之，凡经其治疗者多愈，其星命亦多奇中。以上《乾隆龙溪县志·艺术》

明 黄钟选，字公乾，诸生。国变后，卖卜京中，得钱即召邻里痛饮悲歌，所作诗秘不示人。

明 张士楷，字端卿，幼颖异，稍就外傅，即通星纬学，为诗歌古文词，超然独往。会鼎革，父与季父偕隐丹山，士楷乃一意屏弃举子业，潜心性命之学，以主敬为根本，尝谓精一之传，九思尽之，作《九思注录》《太极图说》《定性书》《西铭敬斋箴》，各为题词；参《曲礼》《内则》《小学》诸书，为敬学科条，务合天则，而不苦于拘挛，以授学者，为言行准，漳南学者争师之。尝托资卜游郡市中，意有所触，亟还山，遂杜门不出。晚岁不屑屑文艺，然文益深造，诗直迈少陵，凡天文地舆历律无不览，卒年四十有七。

清 蓝斌，字郁人，号文庵，继善仲子，九岁通《六经》《史记》《左氏传》，以能文见称。比长，益刻励，理学经济，诸子百家，以及天文地理、礼乐律历、韬钤行阵、奇门星卜诸书，靡不讲究，欲以措诸世用。为邑诸生，数下第，父笑谓曰："人生何必科名，学圣贤焉足矣。汝读书太博，宜专讲求理学经济，教授生徒。"初台湾未靖，闽督姚启圣驻漳筹海，设修来馆，以招携郑氏将士，凡归诚者无真赝皆纳之，视其才可用，实授以官。有荐斌于姚者,大悦,将附入归诚例授官,斌辞。同邑黄太常某,时参姚军事,以此重斌,延礼于家,俾族子受业焉。继善尝言王仲淹为晋来隋唐数百年间第一学者,无师无友,崛起尘浊之际,可不谓豪杰之士乎?中说大有意思,天生此才,不予之寿,亦独何哉?隐以自况也。后果不永年。子鼎元。

以上《宣统福建通志·高士》

743　漳浦县

　　汉冶县及揭阳县地,晋分置绥安县,隋并入龙溪,唐改置漳浦县,兼治漳州,即今福建云霄县治,寻移李澳川,即今治。徙州治龙溪,以漳浦为属县,明清皆属福建漳州府。

唐　黄矩,字妙应,莆田人,从谈空禅师落发,携一小杖入西院,院僧数百人,皆染时疾,师以杖次第点之立起,闽王异之,赐号慧日禅师。景福壬子,肇建兴教寺及法云塔。生平精地理,著有《传山经》行世。《康熙漳浦县志·人物》

明　黄道周,字幼元,一字螭若,[①]漳浦人,天启壬戌进士。崇祯中,官至少詹事。明亡后,伪唐王聿键、礼部尚书督师出婺源,师溃,被执,不屈死,事绩具《明史·本传》。乾隆乙未,赐谥忠端,撰有《三易洞玑》十六卷,盖约天文历数,归之于《易》,其曰"三易"者,谓伏羲之易、文王之易、孔子之易也。洞玑者,玑衡古人测天之器,谓以《易》测天,毫忽不爽也。一二三卷,为伏羲经纬上中下,即陈邵所传之先天图;四五六卷,为文图经纬上中下,即《周易》上下经次序;七八九卷,为孔图经纬上中下,即《说卦传》出震齐巽之方位;十卷十一二卷,为杂图经纬上中下,则《杂卦传》之义;十三卷,为余图总纬,则因《周官·太卜》而及于占梦之六梦、眠寝之十煇。[②]以及后世奇门太乙之术;十四、十五、十六卷,为贞图经纬上中下,与杂图相准,有衡有倚有环。衡者平也,倚者立也,环者圆

---

① 螭,音痴,旧说若龙而黄无角,亦作彲。
② 眠,音嗜,与视通。

也。其自述曰："夫子有言，书不尽言，言不尽意。"史称其殁后，家人得其小册，自推终于丙戌，年六十二，则其于彰往察来之道，盖非徒托空言者。《明史·本传》《四库提要·子部·术数类一》

744　长泰县

隋南安县地，五代南唐，分置长泰县，明清皆属福建漳州府。

明　林廷擢，字元功，崇祯末诸生，善堪舆，明亡，足迹不至市阛，惟以著述为事，有《地理新解》。《宣统福建通志·子部术数类》

745　平和县

元南靖县地，明析置平和县，明清皆属福建漳州府。

明　卓晚春，字上阳，自号无山子，有神算，能知未来事。蓬头跣脚，而身材短小，不知何许人。尝居莆，莆人呼为小仙，与小溪张美相友善，共居芝山寺。寺僧见其丑，多狎侮之。会郡守欲到寺修斋，上阳乃潜卧香几下，忽虫从窍出，臭秽不堪，寺僧苦之，慌告张美，美往呼立应，有异香喷出鼻间，大笑而起。郡守奇之，延之署中，问事不答，但示以意，事后皆验。又时际端午，人竞龙舟，上阳见之，歌曰："乐兮乐兮，乐极哀生。"人以为狂，俄而舟覆。《光绪平和县志·方外》

746　诏安县

唐置怀恩县，寻省入漳浦县，零明析置诏安县，取南诏靖安之义，属福建漳州府，清因之。

明　吴朴，字子华，初名雹，貌不扬，而博洽群书，于天文方域、黄石阴符之秘，无不条析。《康熙诏安县志·人物》

747　海澄县

南朝梁以后,为龙溪县地,明割龙溪及漳浦县地,置海澄县,属福建漳州府,清因之。

清　詹明章,字莪士,号兼山,海证人,生于明季,入清,隐居不出,精于河洛之学。魏荔彤守漳郡,筑景云楼以优礼之。康熙末卒,年九十三,著有《易义》及《河洛解》等书。

清　张德春,字敬之,中岁游庠,精禄命书,谈多奇中。宫保壮毅许公素相善,雍正壬子冬,于朋侪坐处,闻许公病,泫然流涕。坐客问故,曰:"许公星命,难涉冬月。今闻其病,恐不能起,不禁为之涕下也。"后竟如其言。生平兼通医理,测星命能知人病症。秋闱省试,朋侪有病皆为之急,其笃于友义如此。

清　吴邦基,字畅侯,海澄庠生,乾隆间,徙居龙岩之王庄村,精堪舆,博通群说,著《玉函辑要》三卷,分天元、地元、人元,凡罗经理气形体及阴阳架造诸法,颇为详备,刊行于世。

清　黄怀人,少失怙恃,抚弟妹,笃念鞠哀,年四十余,始授室。族有二寡母,孤贫无依,怀人迎养之,数十年不懈。宫保壮毅许公提师厦岛,旌以匾曰"孝友可风"。居恒尝习青乌家业,不甚以福利惑人,凡所卜葬及识别多征应云。以上《乾隆海澄县志·方术》

748　南平县

汉末置,晋改曰延平,故城在今福建南平县西南,五代时闽王延政,置龙津县,南唐改置剑浦县,元复改曰南平,明清皆为福建延平府治。地当闽江上游诸溪之会口,为西北冲途,溪流来自山峡中,至此方漫为平流,东达闽海。

清　乐斌,字文先,究心河洛易旨,尤邃于三式五戊之学。当耿逆袭爵时,斌弘语其徒曰:"岁甲寅,必有变,我亦遭其迫胁,然不能为害也。"后果如其言，逸归。又尝于万福精舍落成后，斌占某年月，当有七命横死，康熙辛未，有佣人暮置毒僧饭，被害者五，懒谁、别山二僧老病，饭随呕出，二犬食之而毙，其奇中每如此。所著有《古今太乙纪鉴》，子云鹗亦能守其传。

清 谢震，字御六，邑庠生，师事乐斌，尽得其传，预知休咎。尝为施中营葬，下山即自题云："行年五十五，河图数有阻。今朝一别后，谁与分今古？"所著有《河洛理数》三卷、《七律梅花诗》、《百首同韵》，又有《天马记传奇》。以上《民国南平县志·方技》

○阜按：此与《光绪江苏武进阳湖县志·艺术》所载之谢震字墨青者固异，观"福建侯官师事乐斌"一语，即知此谢震字御六，为康熙朝人也。

749 延平县

后汉末置南平县，晋改名延平，南朝宋省，故城在今福建南平县西南。

宋 池惠师，延平人，垂帘卖卜，人皆钦仰。尝谓世之阴阳家流众矣，然论五行者外星数，谈星数者或以五行为迂，予盖兼而通之，以推世人之祸福休咎，故无不中焉。真文忠公德秀曾撰文赠之，亦可见其学有本原也。《真文忠公集·送池师惠序》

750 永安县

唐沙县尤溪二县地，明析置永安县，属福建延平府，清因之。

明 邓华山，永安五港人，精形家言。明景泰年间，县凡建邑立学，筑城开市，皆其指画。事竣，大吏免其子孙差徭。①

明 高平川，永安人，精星术，得云谷道人断袁了凡意。叶台山、李九我二公微时，川与语，二公骇之。已而二公入相，言皆验。每怜其贫，讽令以子小就一职为禄养，川曰："宁日不再食，勿以薄分辱名器也。"李益重

---

① 徭，音遥，役也。古力役之征。

之。年八十，卒于郡郊四鹤桥，不能举殡，适叶驰驿至，为赙丧具。①

明 冯继功，永安人，精堪舆禽遁。明末，山寇羁发，功临卒，作谶语云："木鸡空有毁，火豕定无遗。"及乙酉，邑大灾，丁亥城陷，人皆谓其言之验，有手辑遁甲诸书藏于家。以上《乾隆延平府志·方技》

751 建州

唐置，改曰建安郡，寻复曰建州，宋曰建州建安郡，升为建宁府，故治即今福建建瓯县。

五代 吴翁，建州人，以卜隐于五夫里。先是有张陈二将者，以事奔南唐，天德时②从唐师攻建州，屯军于其地，召翁占之，翁曰："吉。"未几，天德帝降，二将班师，道复经五夫里，召翁与语，因名其山曰"居贤山"，谓翁曰："吾欲弃人间事，与公为林泉交，可乎？"翁乃为二将卜居于山旁，学长生久视之道，后皆百余岁而卒，今其地犹称曰将军岩。《宣统福建通志·高士》

明 熊汝岳，字宗岩，精堪舆术，万历戊午间著有《报德肯綮》《罗经解》二书。《罗经解新·安吴天洪序》

752 建安县

后汉东候官县地，孙策于建安初分置建安县，即以年号为名。明清时，与瓯宁县并为福建建宁府治，并二县为建瓯县。

宋 黄晞，字景微，年少时，以有道称闽中。晞学无不通，尤游心《春秋》《周易》，其说以左氏凡例得圣人之微，郑康成象数极天地之蕴，学者校量攻击，莫能穷奥窔也。尝仿《论语》《法言》，著书十篇，发明圣贤道义之隐微，与古今治理得失，自题曰《聱隅子歔欷琐微论》。景祐中，年四十矣，

---

① 赙，音附，以财助丧仪也。
② 天德，乃五代时闽王延政年号。

始随乡贡至礼部，俱以后时不得与试，叹曰："老大不偶，岂能复从诸少年场屋间乎？然欲阅天下义理，观未见书，当居京师。"遂僦舍僻处，而士子竞造其门。枢密使韩琦表荐之，诏授太学助教，致仕，嘉祐二年丁酉，无疾卒于僦舍，囊无余资，惟蓄书数万卷。晞子挈椟载遗书返，不能归，橐殡于江都扬子寺后圃，晞交游故人，因共为复土，就葬其地。江都宰罗适为作聱隅先生祠堂，而请苏颂记之。《建安县志·儒林》

宋 滕峻，字两华，岁贡，性至孝，事母曾氏，承欢无所迕。居孔道，兵猝至，峻负母逃深山，宅毁伤不顾，曰："吾得母无恙足矣。"叔早逝，遗一女，峻视若同怀，竭其产衾之，而一无所私。建安学久毁，为白当事，纠同志，竭力经营，学落成，好鼓琴赋诗及作古文词，旁通象纬地理歧黄，又好奖士类，家有馆曰"天游"，延名师教子弟，亲友来学者，饮食敦勉之，子弟多贤肖，同学亦皆成名去，年八十，屡举乡饮不赴，寻卒。《建安县志·孝义》

元 雷德润，字志泽，一名逢辰，学邃于《易》，旁通诸子及律历术数之学。举明经，历除福州路教授，撙节租入，崇建殿宇，及买田立义庄以赡士，调长乐主簿卒。《建安县志·文苑》

明 林浤，[①]字淡若，建安人，徙居福州，廓落负奇气，精壬遁家言，旁及青乌歧黄、鉴别书画金石。崇祯癸酉，曾异撰、李世熊乡试报罢，二人露不平色，浤慨然曰："丈夫何恨于此，即捷两闱魁天下，不循格例，即阻门篱，候得志乘权，而天下事去矣。丈夫挟尺剑囊矢伏阙下，片言移人主意，即长万夫、洒多垒之辱，与天下更始，功成身退，寻故水故丘，钓游以老，斯可哉！"浤即以是年应武试，举于乡，三应会试不第。甲申，流寇陷全秦，逼畿甸，浤叩阍上疏曰："臣昧死，痛国家田武三十年，曾无一人知兵，能操分合之变者，名州大郡，画疆雌守，后不救前，左不顾右，使贼常合而我分，贼主攻而我守，备多力分，无战而屈，今不反此，几幸坚壁以待贼衰，是肉豢豺狼，而祝其饱僵也。今贼志骄满，窃据城邑，复深入中原，东欲牵我边劲，南欲阻我飞输，则贼不得不分，而我势固不得不合，臣愚谓当急挈三边近镇精锐，合为虎旅，直捣贼窟；择知兵之将，一军军临清要地为犄角，以护粮道；一军军太原要地为批捣，以遮云谷之项脊。臣愿假一

[①] 浤，音宏。浤浤，海水腾涌貌。

旅，随地观变，出奇重突，使贼情憃跋，我势率然，舍此不为，直候寇党渡河，烽交畿甸，临时集兵以御之，则旁午披露，事不忍言。"疏上，帝壮之，下部议，格不行，未踰月而都城陷。浤归，乃绝口不言天下事，会兵燹之余，闽大苦疫，浤市药治方，躬自诊视，存活者无算，以此终老。

明 黄生，字宗道，建安人。祖某，仕元为建宁路总管。生四岁，能诵诗，长而博通诸书，长于《易》，阴阳卜筮、医药杂说，亦皆涉猎。辟一轩，多藏古书名画；轩前植竹数百竿，日焚香兀坐其中，以吟咏自娱。或劝之仕，曰："自顾何所取材，且幸有田园，足仰事俯育资矣。"有举其材于吏部，檄下，引疾归。以上《宣统福建通志·高士》

清 任元衷，字上畀，博学能文，为诸生时，尚气节，淹通经史，尤精《周易》《洪范》。明末，隐于家，不通宾客，著《易镜天文考》《边志明纪全录》若干卷，卒年八十有三。《建安县志·隐逸》

753 瓯宁县

宋置，明清时与建安同为福建建宁府治，民国并建安瓯宁，为建瓯县。

明 谢纯，字梅歧，瓯宁人。性聪颖，能文章，善画，谙兵法星占。正德举人，仕为海州守，仿造木牛流马，一鞭可行数十步，邑人奉若神明，卒以清廉，为上官所嫉，遂致仕。《建安县志·文苑》

754 建阳县

汉，冶县地，三国吴，置建平县，晋改曰建阳，隋省，唐复置，宋改曰嘉禾，元复曰建阳，明清皆属福建建宁府。

宋 蔡元定，字季通，建阳人，游于朱子之门。庆元中，伪学禁起，坐党籍，窜道州，卒于谪所。后韩侂胄诛，[1] 追赠迪功郎，赐谥文节。元定之学，

---

[1] 侂，音托，寄也。

旁涉术数，而尤究心于地理，所著《发微论》一卷，大旨主于地道一刚一柔，以明动静观聚散，审向背，观雌雄，辨强弱，分顺逆，识生死，察微著，究分合，别浮沉，定浅深，正饶减，详趋避，知裁成，凡十有四例，递为推阐；而以《原感应》一篇，明福善祸淫之理终焉。盖术家惟论其数，元定则推究以儒理，故其说能不悖于道，如云水本动欲其静，山本静欲其动；聚散言乎其大势，向背言乎其性情；知山川之大势，默定于数理之外，而后能动，顺游于咫尺微茫之间，善观者以有形察无形不善观者，以无形察有形，皆能抉摘精奥，非支离诞漫比也。《地理大全》载有此书，题曰"蔡牧堂撰"，考元定父发，自号牧堂老人，则其书当出自发手，或后人误属之元定，亦未可知。然勘核诸本，题元定撰者为多。元定又著有《大衍详说》《皇极经世太玄潜虚指要》《八阵图说》，朱子为之序。① 《宋史·儒林》《四库总目·术数类》

宋 蔡渊，字伯静，元定子，号节斋，清修苦学，有父风。躬耕不仕，邃于《易》，著有《周易训解》《易象意言》。《宋史·儒林·附元定传》《总目·术数类》

宋 蔡沈，字仲默，少师事朱熹，熹晚欲著书传，遂以属沈，洪范之数，学者久失其传，父元定，独心得之，然未及论著，曰："成吾书者，沈也。"遂成《书经集传》《洪范皇极内篇》，发明先儒之所未及。从元定谪道州，父子相对，常以义理相怡悦。元定殁，徒步护丧还，屡荐不就，隐居九峰，学者称九峰先生，明代追谥文正。同上

明 徐之谟，字试可，建阳人，万历中诸生，撰有《罗经顶门针》二卷。是书专论指南针法，以当时堪舆家罗经之制，仅主二十四向，而略先天十二支之位为非，因著论详辨，复绘之为图，分三十三层，各有详说，后附图解一卷，其门人朱之相所作也。《四库全书·术数类存目二》②

明 熊宗立，字道轩，从刘剡，学阴阳医卜之术，撰《天元雪心二赋注》《洪范九畴数解》《金精鳌极》《难经脉诀》《药性赋补遗》《素问运气图括定局》，并集《妇人良方》等书行于世。《四库·子部·术数类存目一》又《医家类存目》《民国建阳县志·方技》

---

① 《宣统福建通志·子部术数类》旧注云："詹体仁撰蔡发墓表，发书名《地理发微》"，或别是一书。

② 又删补《地理天机会元》三十五卷。

755　浦城县

汉东候官县地,建安初分置汉兴县,三国吴改曰吴兴,隋省,唐复置,改曰唐兴,武后改曰武宁,寻复曰唐兴,又改曰载兴。五代同光中,始改浦城,明清皆属福建建宁府。

宋　杨亿,字大年,浦城人,年十一,太宗闻其名,诏送阙下,试诗赋,授秘书省正字,后赐进士第。真宗时两为翰林学士,累官工部侍郎,兼史馆修撰,卒年五十七。亿天性颖悟,自幼及终,不离翰墨,文格雄健,尤长典章制度,勅与王钦若等纂《册府元龟》一千卷,所著有《括苍》《武夷》等集。亿又得钱若水之传,精研相法,故当时称此二人有知人之鉴。仲简,扬州人也,少习明经,以贫佣书大年门下,大年一见奇之,曰:"子当进士及第,官至清显。"乃教其诗赋,后简果于天禧中举进士第一甲,官至正郎,天章阁待制以卒。谢希深为奉礼郎,大年尤喜其文,每见则忻然延接,既去则叹息不已。郑天休在大年门下,见其如此,怪而问之,大年曰:"此子官亦清要,但年不及中寿耳。"希深官至兵部员外,知制诰,卒年四十六,皆如其言云。《宋史·本传》《图书集成·相术部·纪事》

宋　郑瑞,字彦祥,浦城人,精堪舆之术,真文忠公为文赠之,有云:"始余谋窆吾亲,及更窆吾兄,若吾妇氏,挟图书,矜技能,以登吾门者,无虑什伯数,卒之营吾亲之封于银山之麓者,彦祥也;迁吾兄若吾妇氏之柩于屏山之阳,桐山之坞者,又彦祥也。邑之士闻之曰:'偶然尔。'彦祥闻之,亦笑曰:'是诚偶然也。曩吾求之而弗获,获之而弗吾售者,虽自以为功,得乎?夫既幸而获之,又幸而主人惟我之听,而吾之术得用焉,此非偶然,何哉!'因自号曰'偶然居士'。"《真文忠公集·送偶然居士序》

宋　欧阳可夫,以听声法观人,百不失一。真西山先生曾赠序勉之,其言曰:"客有问余曰:'听声与相形,异乎?'予曰:'人之类,一也。而哲愚,丰悴,修夭,有万之不同者,气也。气有清浊,故为哲愚;气有盈缩,故为丰悴;气有深浅,故为修夭。相形者因形以察之,听声者因声以察之,术虽不同,其求之气一也。虽然,观人之高低,犹觇师之胜负,吹律而知之者,上也；望车旗，视行列而知之者，次也；求矜著者易，而察诸微者难，此听声之所以为妙欤！''然则因声而观人，其得于天者，举不可易乎？'曰：'死生有命，富贵在天者，数也。惟圣罔念作狂，惟狂克念作圣者，理也。数不可以力而胜，理可以学而明，孟子曰：居移气，养移体，气体犹可移，性其不可以复乎？故夫富贵贫贱，不安于定命，而求以易之者惑也。刚柔明暗，安于所禀，而不求有以胜之者贼也，可夫？术神而辞辩，有问者以是语之，庶乎其有益。'客曰：'然。'退笔之，以为《送欧阳处士序》。"《真文忠公文集》

宋 华仁仲，工相善弈，真文忠公德秀赠以序云："华仁仲，以相与弈，游缙绅间，或诮之曰：'夫二者于工为贱工，于技为小技，子书生也，而胡此焉嗜？'仁仲笑曰：'子徒知吾技之小，而未知吾法之妙也。且子亦识其所自起乎？洙泗于人，察其所安；孟氏亦云，眸子是观。足不步目，目不存体，昔人于此，知其将毙；执玉之容，一俯一卑，昔人于此，知其俱危，是非相法欤？故吾之相也。不求诸貌，而求诸心；不阒其形，而阒其神；嬉怡微笑，妩媚可亲，吾独识其不仁；拱手行步，退若处女，吾独许其孔武。推吾之法，可以知人；不惟知人，可以用人。分立画井，有熊始之；经野沟封，仓籙成之。车徒卒乘，罗布从衡，入可以守，出可以征。关中为基，力拋荥阳，而项籍以亡；入洛鸣鼓，委粱绝馕，而吴楚以丧。此非弈法欤？故吾之弈也，不迩之攻，而远是图；必先其中，而后四隅；据其全势，而偏方不计，要其大成而小胜勿争，推吾之法，可以御敌；不惟御敌，可以蹙敌。① 吾法之妙若此，子方贱而小之，不亦异乎？'闻者抚然，曰：'昔之人因解牛面得养身法，因种树而得养人法，今吾于子，获此二诀，姑珍藏之，将以语当世之杰。'"《真文忠公集·赠华相士序》

宋 郭小山，专以相字判人吉凶，真希元先生赠文以阐其义云："相字知吉凶，古无此法，而今有之。小山郭道人，其尤精者也。然则果可信耶，曰：'世间万法，不出阴与阳，以字画求之，凡其清者劲者为阳，浊者顿者为阴；从则上阳而下阴，衡则左阳而右阴，即阴阳而视强劣，吉凶判矣。非惟字画为然，凡世之所谓技术，若簭与卜、② 相与命莫不然。非惟技术为然，

---

① 蹙，音促，迫也。
② 簭，音誓，与筮同，以蓍占休咎也。

自吾一心之正衺,① 推而至于世道之泰否,亦莫不然。故勉善而去恶者,一身之吉也;进君子而退小人者,天下之吉也。人知问相字者以吉凶,而不知反诸心,以求所以为吉凶者。'故命志道书以遗之,有问者其以是告之。"《真文忠公集·赠相字郭道人序》

明 詹奇,字文桢,湛心邵雍先天之学,凡问卜者,则与论羲文周孔之《易》,所言祸福休咎皆验,当时士大夫以詹尹名之。至老犹静室垂帘,焚香读《易》,潘少卿赐称其"饱图画于胸中,妙琴书于象外"云。

明 詹淙,字子元,博问强记,地理星命卜筮诸书,无不通晓,善画竹,绘菊尤工。②

清 刘日开,字既白,祖凤轩,父华宇,皆精易理。顺治初,王祁援建州,月余未克,邑候李葆贞、守帅李绣召开卜,如期报捷,其他占验多奇中。以上《光绪浦城县志·技术》

清 祝畤,字桐君,原名凤嗜,又号子九,博雅好古,通奇门六壬青乌之术,其言有曰:"窃读地理书,陟支垅,阅名墓,考其所以,要在于龙穴沙水之形势,是皆峦头中事。间有言理气者,惟地学与正宗,所论形势之理,形势之气,统属一义,非有二说。即朱子所谓气以成形,而理亦赋焉者。《青囊经》云'理寓于气,气囿于形',是也。其别有八卦干支等例,为理气之说者,是以峦头为一事,理气为一事,分而为二矣。余窃以理气一说,盖为平原旷地市镇场,居既无峦头形势足式,即以方隅而论,原河洛之理数,推其气之流行,故曰理气,因设罗经之用,所以辨方位也。后世以之寻龙觅穴而傅会之,则愈远矣。其于山谷之居,仍辨峦头形势,则不以理气主司可知。且如峦头,得以龙真穴的之形势,虽理气不合,未有不发;若理气纵合其例等吉,③ 而于峦头形势失宜,无不致祸何也。盖峦头乃天地生成自然之形势,非人力所能强也。而此理气则从河洛,配以先后天八卦,隶以十二支,以为发用,或言卦气,或言三合,理非不精,义亦至当,出于后天,犹藉人力为转移,则与先天生成者有别,故曰'峦头为体,理气为用',

---

① 衺,音斜,不正也。通作邪。
② 淙,音崇,水声。
③ 此指名家各例,是非真伪者。

顾不可舍本而逐末也。"识者以为名论，著有《造命挈要》八卷。《挈要序》

756　松溪县

汉治县地，三国以后为建安县地，五代南唐，置松源县，宋改松溪，明清皆属福建建宁府。

明　魏孟坚，精专星学，县举乡饮，不就，奉恩例冠带，寿一百岁，无疾而终。《康熙松溪县志·方技》

757　邵武县

三国吴置昭武县，晋改邵武县，宋置邵武军，元升邵武路，明曰邵武府，清因之，属福建省，治邵武县，民国废府存县。

宋　黄伯思，字长睿，邵武人，元符庚辰进士，河南府户曹参军，自幼警敏，不好弄，日诵书千余言。为秘书郎时，纵观册府藏书，至忘寝食。自六经及历代史书，诸子百家，天官地理，律历卜筮之说，无不精诣。其学问慕扬雄，诗慕李白，文慕柳宗元，著有《文集》《翼骚》，卒年四十。《宋史·本传》

清　张文瑾，字玉堂，号素先，邵武人，邑诸生，力学嗜古，自周秦金石文字、经传诸子暨天官地志医卜诸书，靡不究心钻研，尤嗜《三易洞玑》，占辄奇中。《宣统福建通志·文苑》

758　建宁县

汉治县地，东晋末，析置绥成县，宋齐因之，后省。唐复置绥成县，寻又省。宋初南唐，分置建宁县，明清皆属福建邵武府。

明　张时杰，字钓鳌，富田保人，明天启间，著有演禽穿壬透易书百卷，凡二十八宿之玄微，百千万事之机兆，天时地利人事动静，无不该洽。

惜其书为有力者取去，未得遍传于世。《民国建宁县志·方技》

明 甘茂富，精堪舆术，性爱幽闲，于赤岸山结庵而居，闭户著书，云有异人，授以方术，故能洞见土脉，人号"法眼先生"，著有《地理求真》六十卷。

清 余明升，字治生，精禄命书。建邑自明季李春熙后，百年无登第者。明升长子永权生孙敏绅，长女生外孙徐时作，推算当第，尝夸于众曰："不意两进士生吾子女家。"人多笑之，后果如其言。

清 徐家瑄，字浩山，少游京师，精六壬数学卜易，居琉璃厂，决人官爵升迁，无不奇验，倾动一时。以上《光绪邵武将志·艺术》

台湾省

台湾省在福建省之东，中隔台湾海峡，日本古称为高沙岛，西人称为弗尔漠沙，言其美丽也。其地本属我国，明季为荷兰人所据，郑成功逐荷人而有之，郑氏亡，归于清，属福建省，后改建行省。光绪甲午，中日战后，割让于日本。民国乙酉秋八月，战胜收复，仍归我国版图。岛长五百余里，最广处二百里，有山脉纵贯南北，山以西为广大之平原，山以东地峻林密，大半为生番所居。属岛二十九，海岸无凹凸，故无良港。气候半入热带，地肥沃，富于农产，物产木材、茶叶、樟脑、牛皮、沙糖、米谷，产煤尤富，以基隆煤矿为最著。

759　台湾县

<small>清置为台湾省，及台湾府治。</small>

清 曾明训，字泗滨，号曰唯，凤山庠生，居东安坊，天分高朗，得异传，精占验，为人择地选课有奇中，宁靖王雅器重之。《嘉庆台湾县志》

中国历代卜人传卷三十五

广东省

广东省在我国南境,当粤江流域东部,《禹贡》扬州徼外地,春秋时为百粤地,故别称曰粤。以别于粤西,又称粤东。秦置南海郡,汉增置苍梧、合浦等郡,晋为广、荆、湘、交等州。唐置岭南道,寻分置岭南东道,宋置广南东路,元属湖广等处行中书省,明置广东布政使司,清为广东省,民国仍之。其地东界福建,西界广西,南临南海,北界湖南、江西,省会曰番禺县。

760 番禺县

秦置,以番山禺山名,晋析番禺置怀化,南宋析番禺置熙安,隋改置南海县,唐复兼治番禺县,明清时与南海并为广东省治及广州府治。民国废府,移南海治佛山,改省治为广州市,番禺仍留省城,寻市废,南海亦仍回省治。今复置广州市,南海拟迁佛山,番禺则拟迁治市桥。

宋 戴生,番禺人,以术游临安,时陈圣观为常博,戴许以必当言路,且与郭阁为代,既而圣观果代郭云。《图书集成·星命部·名流列传》

清 陈仲良,字希亮,大岭人。幼聪慧,日诵二千余言,九岁毕十三经,家有藏书积万卷,日夜披阅,经史而外,凡天文地舆壬禽奇乙以及风角术数,莫不通晓。嘉庆戊辰举人,道光丙戌,大挑一等,签发四川,历署蒲江、安岳、清神等县,擢河南南阳府知府。《同治番禺县志·列传》

清 陈应选,字子性,广州诸生,精日者家言,子性著《藏书》十二卷，知钦天监，邵太史泰衢甚称之。同时有梁星朗，名斗焕，亦以选择名。《四库提要·子部·术数类存目二》《同治广东通志·方技》

清 曹九锡，号游南子，东粤人，隐于市，卜物无匿形。康熙朝，辑有《易隐》八卷，征引书至百余种之多。子濬演，字横琴，世其业，亦笃行君子也。《易隐序》

761 香山县

宋绍兴二十二年，析东莞香山镇，置香山县，明清皆属广东广州府，民国改为中山县。

明 李秩，字叔典，香山榄都人，擅相墓术，以"缩动平拦"四字为宗旨。性尤敦义，乡里穷者，隐周恤之。嘉靖丙申大饥，乡人失业，乃计口给粥，或以钱谷与之，存活者众，邑令奖以羊酒，著有《辟径集》四卷。

明 贾薀，① 香山下员山人佣也。万历间，至江西，习形象言，数载归，邑中巨族名墓，多其所择，当时以其婆人子藐之，历久二百余年，人犹传颂也。以上《光绪广州府志·方技》

明 黄畿，字宗大，香山人，郡庠生，隐居粤山之椒，乃研九流通三才五行之蕴，撰《三五元书》，著《贯道论》，始犹杂于释老，继而读邵子《皇极经世》，深造其奥，叹曰："自箕子以来，合术于道，其尧夫乎？"乃尽弃其宿习，稽元微，订律历，作《皇极管窥》十三篇。《道光广东通志·列传》

762 南海县

秦置番禺县，隋放置南海县，明清时，与番禺并为广州府治，广东省亦治此，民国初废府，移南海治佛山，寻仍回省城，今以省城为广州市，又造县于佛山。

南海 胡万顷，五代时人，幼神悟，精九宫三元之法，古事多奇验，撰《六壬军鉴式》三卷，《太乙时纪》《阴阳二遁立成历》二卷，术数家多宗之。《同治广东通志·方技》

---

① 薀，泥台切，奈平声，广东谓老人所生幼子曰薀。

宋 周克明，字昭文。曾祖德扶，唐司农卿。祖杰，开成中进士，解褐获嘉尉，历弘汶馆校书郎，中和中，僖宗在蜀，杰上书言治乱万余言，擢水部员外郎，迁司农少卿。杰以天文占之，惟岭南可以避地，乃遣其弟鼎，求为封州录事参军。杰天复中，亦弃官携家，南适岭表。刘隐①素闻其名，每令占候天文灾变，杰自以年老，尝策名中朝，耻以星历事僭伪，乃谢病不出。龑袭位，②强起之，令知司天监事，因问国祚修短，杰以《周易》筮之，得比之复，曰："卦有二土，土数生，五成于十，二五相比，以岁言之，当五百五十。"龑大喜，赏赍甚厚。龑以梁贞明三年丁丑僭号，至宋开宝四年辛未国灭，止五十五年，盖杰举成数以避害耳。大有中，迁太常少卿，卒年九十余。杰生茂元，亦事其学，事龑，至司天少监，归未授监而卒，即克明之父也。克明精于数术，凡律历天官、五行谶纬及三式风云龟筮之书，靡不究其指要。开宝中，授司天六壬改台主簿，五迁春官正。克明颇修词藻，喜藏书，景德初，尝献所著文十编，召试中书，赐同进士出身，累官太子洗马殿中丞，皆兼脩翰林天文，属脩两朝国史，其天文律历事，命克明参之。天禧元年八月卒，年六十四。《宋史·方技》《同治广东通志·方技》

宋 何时，字了翁，抚州乐安人。③天祥同年进士，调庐陵尉。故城在今江西吉水县东，民国改为吉安县。寻入江西转运使幕府，还临江军司理参事，改知兴国县。④天祥起兵，辟署帅府机宜，带行监文思院；天祥入卫，时任留司分司吉州。⑤饷运平江，宋置平江军，后升为府，即今江苏吴县治。天祥奏时，知抚州。⑥吉州下，时脱身归乡里。益王立，天祥开府南剑。⑦时，起兵趋兴国接引。以时，带行监江西提刑时，聚兵复崇仁县。⑧未几，大军奄至，兵散，削发为僧窜迹岭南，⑨卖卜自给，变姓名，自号"坚白道人"。《宋史·列传》《清一

---

① 即南汉刘䶮之父。
② 䶮，音俨，南汉高祖初名岩，九年更名䶮。
③ 宋置乐安县，明清皆属江西抚州府。
④ 宋太平兴国间，析赣县置，以年号为名，明清皆属江西赣州府。
⑤ 即今江西吉安县。
⑥ 故治即今江西临川县。
⑦ 故治，即今福建南平县。
⑧ 明清皆属江西抚州府。
⑨ 即广东省。

统志·广州府志·流寓》《道光广东通志·流寓》

明 谈明，字廷鉴，南海人，幼习举业不偶，乃潜心六壬太乙、奇门三式，易卦多奇验。必以早卜，故问者不惮百里，辄黎明候于门巷。《道光广东通志·方技》

明 方权，字用中，南海人，生而聪慧，日记万言。既长，肆力稽古，自六经子史百家，以及天文地理医卜技艺，靡不研究。尝借人《宋史》，二日还之，已尽识其大义，强记博学，侪辈咸以为弗及，尝曰："禄仕无所用之。"绝意仕进，而图所以不朽者。声闻日起，从游者日众，横经质疑者，日数十人，权以次条达，各因其质而造之。年八十卒，所著《亭秋集》十卷行于世。《道光广东通志·列传》

清 何梦瑶，字报之，南海人，雍正庚戌成进士，出宰粤西，治狱明慎，终奉天辽阳知州，引疾归。性长于诗，兼通医卜音律算术，著有《医砭》《皇极经世易知录》《算法迪》《三角辑要》《菊芳园诗文钞》《庄子故》《赓和录》等书。《清史稿·文苑二》《畴人传三编》《医砭序》

763 顺德县

秦汉为番禺县地，隋以后为南海县地，明景泰三年，析南海南境，置顺德县，属广东广州府，清因之。

清 李文田，字仲约，号芍农，广东顺德人，咸丰己未一甲三名进士，官至礼部左侍郎，其学出于郑夹漈、王深宁、金元故实。西北水利，旁及医方壬遁形家言，靡不精综；词章书翰，特其余事，著有《撼龙经注》二卷，《清史稿·艺文·术数类》，载入《相宅相墓之属》。又有《宗伯诗文集》，卒谥文诚。同治甲戌，奉旨重修圆明园，顺德疏请停止园工，约三千余言，大旨以近日彗星见戌亥之交，为天象示警先言今有三大害，一民穷已极，二伏莽遍天下，三国家要害，尽为西夷盘踞，中言焚圆明园之巴夏里等，其人尚存，昔既焚之而不惧，安能禁其后之不复为？常人之家，或被盗刦，犹必固其门墙，慎其筦钥，未有更出其财物，以夸富于盗贼之前者？重修之议，皆内务府诸臣，及左右宵人，荧惑圣听，道皇上以朘削穷民，为其自利之计，大学言聚敛之臣，不如盗臣。又言小人为国家，菑害并至，说者谓菑者天灾，害者人害，今天象已见，人事将兴，彼内务府诸人，岂知顾天下大局，借皇上之威，肆行朘削，以固其宠，而益其富，其自为计则得矣。皇上亦思所剥克者，固皇上之民，所败坏者，固皇上之天下，于皇上何益哉！使自来为人君者，日朘削其民，而无他患，则唐宋元明，将至今存，大清又何以有天下乎？后言皇上亦知圆明园之所以兴乎？其时高宗，西北拓地数万里，俄罗斯、英吉利、日本诸国，皆远震天威，屈伏隐匿，又物力丰盛，府库山积，所有园工，悉取之内帑，而民不知，故天下皆乐园之成。今俄罗斯诸夷出没何地乎？国帑所积何在乎？百姓皆乐赴园工乎？圣明在此，皆不待思而决者云云。嗣即奉旨将圆明园一切工程，均行停止。《清史稿·本传》汪楑窗《杂记》

清 陈寿，字启强，顺德人，有才知，善推测，巡抚李士祯器重之，委招抚花山贼首梁文荫等，荐入钦天监授职，年八十四。《同治广东通志·方技》

清 温锡生，孝廉重怡之父也，精六壬。其胞兄宜生尝患病，以拆字卜其吉凶，拈得兄字，惊曰："兄字内加十字，为鬼字，殆不起矣。"又拈弟字，复惊曰："愈凶，弟字形为八为吊，其十日八日之内乎？"后其兄果于第十日卒。又其甥女周阿翠，与孝廉同岁生，六七岁时，每同嬉戏，忽一日诧曰："勿与小媳妇同戏也。"其妹詈之，答曰："此女非死寡，乃生寡耳。"及长，适同乡邓氏，夫妻反目，终身不与同衿，则生寡之言亦验矣。《民国顺德县志·杂录》

清 杨麟高，字石人，桂州里村人，少聪敏，文词诗赋，宏丽渊深，出其余力，旁及历象医卜游艺之学。尝与里贤结诗酒交，诗思敏捷，顷刻千言，四座为惊。暇则竹杖芒鞋，徜徉山水间，视功名富贵泊如也。性孝而慷慨，赡族人，恤贫姊，抚孤甥，力行不怠。生平撰著多散佚，其哲嗣砺山、勉斋，亦豪于诗文，时人以比眉山三苏。

清 周梦菱，① 字湘渔，少承家学，工文词。咸丰辛亥，膺乡荐，著有《古智囊》《周氏易谱》《环球志略》《梅雪庐诗钞》；而于堪舆医卜星相兵书及三教典籍，亦罔不详加诠释，多所发明。子莱英，邑庠生，世继其业。以上《民国顺德县志·列传》

---

① 菱，音陵，芰也。四角三角曰芰，两角曰菱。

764　东莞县

汉博罗县地，东晋东官，南朝宋宝安，唐至德二载以宝安更名东莞，明清皆属广东广州府，广九铁路经其东。

明　尹遂祈，字镜阳，东莞人，幼颖异，抗志高远。年十五，喜读《参同契》，凡河洛图纬、天文律历，以至风角望气、六壬太乙之书，靡不研究。既乃逊志江门之学，以致虚守静为要，于世故淡如也。年二十一，举万历戊子乡荐；辛丑，南宫奏名十二。初授闽令，寻改同安，洁己爱民，绝请托，虽权贵不能夺，商税累民，力请蠲免，至与税监动色诤之，以此见忌落职，祈怡然，归至赣州而卒。所著有《天文备考》《阵法源流》《玑衡要旨》《天元玉策解》，及《丛桂堂集》藏于家。《道光广东通志·列传》

明　彭谊，字景宜，东莞人，正统中乡举，历官右佥都御史，提督紫荆诸关。成化戊子，以右副都御史，巡抚辽东。谊好古博学，通历律占象水利兵法之属，平居谦厚简默，临事毅然能断，镇辽八年，军令振肃。年未老，四疏告归，家居四十余年卒。《清一统志·广州府·人物》

明　刘杰，字春沂，城东人，警敏多艺能，万历中，以岁失度，诏求岩穴知历者，杰献所著《历考刍言》。御史田生金闻于朝，部牒征之，杰以老疾辞。尝夜观天象，语人曰："今岁奎躔牛女，粤其出状头乎？"已而黄士俊果魁天下。著有《尺五谈天》，《罗经解略》《造葬全书》《奇门指示》《天文图》《罗经图》，又创作百刻香、袖中日晷、马上罗经。《嘉庆东莞县志·方技》

明　周觉，字了元，东莞人，性好测验，精天文术数之学，尝言旱干水溢，皆本五星盈缩凌犯；① 而星之失度离次，直可预计于百年之前，人初迁之，久而四时晴雨，一一服其臆中。崇正初，觉告人曰："主上英敏震厉，而紫微暗，白狼晶晶芒角，赖弧矢张镝注之，② 今恐不可遏矣。贯索内有星，主多罪臣，元象凌替如此，杞人之忧，其在癸甲间乎？"时两广总制熊文灿，善谈兵，以礼聘不应，强之始出，草冠破履，不修容止，熊与语大悦，馈以

---

① 凌，音陵，犯也。姓也。借作凌。
② 镝，音的，矢锋也。即箭镞。

百金，出遇贫者辄赠之，及抵家则金尽矣。熊使侦之，敝缊如故，益奇之。丁亥度岭，不知所终。《同治广东通志·方技》

清 袁文桂，字香舟，袁家涌人，屡试列前茅，数奇弗售，究心术数之学，著有《续邵子皇极经世图》《青囊宝照经注》。工画，墨蝶尤佳。邻患鼠，尝戏画一猫使悬之，鼠即不至。《宣统东莞县志·方技》

清 林蒲，字鳌洲，东莞人，始就塾，即日诵数千言，十龄丧父，哀毁如成人。经术湛深，天文律吕医卜诸书，靡不穷究，尤工书法。雍正庚戌进士，选庶吉士，授编修，历翰林院侍读及江西督学。性耻奔竞，退食之暇，闭户著述，蔚然如寒素，著有《读史录》《诗文稿》等书。《道光广东通志·列传》

765　新宁县

明洪武十一年析新会置新宁县，属广东广州府，清因之，民国改为台山县。

清 李文曜，字象珍，德行都人，性敏好学，居一室，左图右书，究心易学，著《易学详原》三卷。自序谓童年受《易》于其大父，后反覆求详，废寝忘食，越四十八年而成，其用力可谓勤矣。尤究心于星象，著《天地理论》四卷，又著《河洛理数》一卷。生平不求名，不治产，年七十余，寓县西门，以日者术自给，人谓有严君平之风云。《光绪新宁县志·人物》

766　新会县

汉四会县地，三国吴分置平夷县，晋改曰新夷，南朝宋分置盆允县，属南海郡，后分属新会郡，以盆允县为治。隋废郡，为新会县。明清皆属广东广州府，新宁铁路经之。县境产橙极佳，称新会橙，顶有纹如圆圈，土人以此辨真伪。

清 屈杰，新会县廪生，笃学研经，尤精于阴阳术数。乾隆初，王邑侯植以经学课士，题为"图书异同考"，杰作，竟发前人所未发，录取第一，文载冈州课录，世罕传本。其略云：善乎程子之言，曰："见兔可以画图，则亦可以叙书，其殆深知图书之理者乎？窃谓图书，为天地自然之理数，非惟物有之，即近取诸身，人面可准乎河图焉。鼻其五十之中土而居中，不动者也。柱之一者，中五之奇乎？窍之两者，中十之偶乎？其下为一六之水则口应之，一之阳在内，六之阴在外，故能入而吸。以其处下而为阴地，则受之以五味，味亦阴也。所以上不动而下动者，润下之势则然耳。其上为二七之火，则目应之，二之阴在内，七之阳在外，故能出而视，以其处上而为阳。天则受之以五色，色亦阳也。所以下不动而上动者，炎上之势则然耳。至于三八之木，四九之金，列于两旁，而左右之耳取象焉。木能去塞，① 耳所以通也。金能作声，耳所以听也。水火多动，口目象之而动；木金常静，则两耳亦象之而静矣。更可准乎洛书焉。大抵有窍者阳，故能嗅能视能听能言语饮食也；须眉之类为阴，则静而无所取于物矣。中五虽阳而不动，其象为鼻耳目皆阳，则何以别之？洛书之点，一在下，为老阳位；九在上，为老阳数，老阳能动能变，口目之动以之。三居左，为少阳位；七居右，为少阳数，少阳不动不变，两耳之不动以之。于是又以二四之在角者为两眉，二火固有炎上之势，然忧则聚而喜则舒，又有四金从革之义焉，于是又以六八之在下角者为髭须，六水固有润下之势，然髭旁溢，而须直垂，又有八木曲直之义焉。"王侯评曰：人多撷拾《启蒙》剩义，无独得之趣，此独从人面上发明图书之理，纵横推衍，各有妙诠，河南见兔画图之说，想亦尔耳。

清 陈元力，字焕德，号巧亭，水东人，少灵悟，博猎群书，尤善《易》，兼通天文，洞休咎，娴击技诸术，举乾隆辛卯乡荐。尝入京宿泷船，② 舟子瞯其装，欲害焉，元力知之，篝灯蹲踞，持剑伺舱内，俄闻大声裂磔，③ 元力开灯赫视，乃舟人力持巨镬，④ 覆于枕傍，元力持剑大呼，问欲何为？舟人色战，诺诺曰："聊相戏耳。"元力大恚，欲杀之，虑贾祸，乃亦戏曰："若以镬，吾以剑，请演之以破岑寂。"乃舞剑舟中，锋铓四飞，舟人益惧，曰："请止技，小人拜下风矣。"元力舞剑曰："止，竖子琐琐不足数也。"遂去。元力少寒蹇，性倜傥宏达，于读书击剑棋酒外，世味淡如也。有屠者曰武煦，奇元力才，往往资给之，遂获隽。以上《道光新会县志·杂录》

---

① 塞字疑误。
② 泷，音双，奔湍也。
③ 磔，音摘，裂也。分裂肢体谓之磔。
④ 镬，音获，釜属，所以煮食物者。

767　三水县

汉番禺四会二县地，唐宋以后为南海高要二县地。明嘉靖五年，析南海北境高要地，置三水县。西江为一水，北江为一水，合流而达省城，又为一水，故名。属广东广州府，清因之。

宋　张谦光，胥江人，母妊时，彩云集庭除，俄而生光，奇伟特甚，喜曰："兴吾清河门者，必此儿也。"年将十岁，能诵《孝经》，作诗警句；及冠，躬履纯诚，潜心洙泗理学，精究渊微，凡兵刑律历数术方技释老外书，靡不通究。宋绍兴间，魁南省第一人，时金虏入寇，宰相黄潜善、汪伯彦用事，窃弄威福，异己者不诛则窜，知光负气节，遣人唆以高爵，光曰："枉己狥人，非吾志也。"既而叹曰："渐不可长，祸且及天下矣。"或告之汪、黄，度其必入庭对，日中害之，公即上章引疾归，杜门谢客，以书史自娱。未几太学生陈东、欧阳澈疏谏二臣，怀奸误国之罪，果为所杀，众莫不服光之先见，明哲保身焉。卒年六十有三，所著《濯缨丛稿》七卷、《春秋传注》十卷。《嘉庆三水县志·人物》

768　四会县

汉置，明清皆属广东肇庆府，县产乳柑极有名。

清　吴显时，字达朝，号宝书，相魁铺东门人，例贡生。父伯熊，早卒。祖一鸣，特爱之，临终属二子仲彪、叔骅曰："长孙性颖异，宜教之读。"然以家贫故，叔骅携往省城学孖毡。[①] 孖毡者，习外国语，为中外交易经纪，译言通事者也。显时，恶洋人倨，不肯学，学占卜星命相宅相墓，皆叔骅能教之。念谋食道迂，转专执工艺，以己少孤，不获读书应试，见文人辄欣慕，街邻有蒙馆师，必进见，尊礼之，乐为执役不倦。及生子大猷，年六岁，即移居佛山，教之读。大猷再赴郡试归，请于父曰："或言儿命可致富，不可成名，家綦贫，盍早习工艺，尚可谋升斗以为养。"显时喟然曰：

---

① 孖，音兹，双生子也。

"予方以知命称，果如若言，犹减衣节食备束修，俾汝就外傅胡为者，若术不精，毋为若误。"大猷年十七，果以文宗，咸丰癸丑岁试附县学，丙辰为增广生，戊午补廪膳生，辛酉遂以选拔生，中式本省乡试举人。显时性刚直，好面折人过，而人亦不怨；族内子姪，虽疏远，管教不少贷，子姪皆严惮之，其他利济事，无不竭尽心力，家贫如故，晚年好相地，著有《地理指要》一卷，年六十有五卒、以子大猷，赠奉直大夫。《光绪四会县志·人物》

769 开平县

南朝宋分新会置义宁县，宋改曰信安，寻省、明初置开平屯，其后割恩平新兴新会三县地，置开平县，属广东肇庆府，清因之。

清 何彬，字公度，号秋客，高要人，岁贡生、读圣贤书外，通星算，娴丝竹，尤精鼓琴、既不得于时，乃纵意所之，倏而市廛，倏而僧舍，往往匿姓名自晦、嘉庆丁卯戊辰间，由新宁来长沙卖卜，居数月，人无知者、阳春谈敬昭，遇之于市，握手还舟中，于是长沙富人梁树棠、梁维祺、梁维斗等，以大宅舍之，令其子弟与之游。彬所著有诗，诗成，口诵示客，客无论识不识，辄持去，彬亦不复省，其诗超远粹和，妙中人心。彬卒，同邑彭泰来，辑其散佚而序之。其出资刻之者，长沙梁维斗也。《民国开平县志·寓贤》

清 吴尔康，字荓泉，楼冈人，光绪乙亥恩科举人，任潮阳县儒学，平日于阴阳家言，冥悟有心得。光绪中叶，南皮张文襄督粤相地于西郊，欲建一大书院，以造就两广士，而方址未定。文襄固亦精阴阳家言者，乃博询省内名师，潮阳令张璇，以尔康荐，延见，大加赏识，遂与定广雅院址。文襄以贡院逼近城根湫隘，少开明，思有所改作，尔康相地于东郊之牛鼻冈上，节略备陈其优势，嗣文襄调任，不果行。晚年居家，不入衙门，不接吏胥，于乡族间龌龊事，恒若不介意，卒年七十有八。以上《民国开平县志·人物》

770 鹤山县

本新会开平二县地，清割置鹤山县，城内有鹤山，因名。属广东肇庆府。

清 施通一，竹荫人，博通易理，精堪舆术。嘉庆丙寅，双附两都，议建文昌阁于邑城南门外罩山，古劳都争之，卜于神，延高明区丕烈为断。通一先作鹤城形势论以示众，区见之曰："此定论也。"既而卒成之。城中多火灾，邑令屡缘事去官，道光癸未毁，人始服通一之先见焉。《道光肇庆府志·方技》

771 德庆州

汉置端谿县，宋于县置德庆府，元立德庆路，明为德庆府，降为州，以端谿县省入，属广东肇庆府，清因之，民国改州为县。

清 谈翀霄，精堪舆术，著《挨星秘窍》一卷。《光绪德庆州志·方技》

772 罗定县

汉，端溪县地，南齐置广熙郡，治龙乡县，梁改置平原郡、平原县，兼治泷州。隋废郡，改平原曰泷水。大业初，改置永熙郡。唐复置泷州，改曰开阳郡，复曰泷州，清因之。直隶广东省，民国改州为县。

清 陈五云，大户村人，通鸡卜之法。清光绪癸未，某武童列州考案首，拆一"也"字，五云判之曰："地无土不能生物，池无水不能养鱼，若问功名事，拱手让与他人。"旁人闻之，哗然曰："岂有案首不进武庠之理？"后竟被学使叶大焯以不中箭黜之。有东安诸生应岁试，以"卜"字问之，判曰："不上不下，君其考列二等乎？"揭晓果然。

清 林启燊，号熙园，金鸡人，精堪舆，道光初，著有《率性地学》二卷行世。①

清 杨文晖，号晴村，光绪丙子岁贡，好吟咏，善堪舆，所作《纬千金赋》万言，明人多以为中肯綮。以上《民国罗定县志·方技》

773 乐昌县

汉曲江县地，南朝梁析置梁化县，又分梁化县置平石县，隋改曰乐昌，在今广东乐

① 燊，音莘，盛貌，从焱在木上。

昌县正南二里，明徙今治，属广东韶州府，清因之。

明 邓容，字伯昂，乐昌人，慷慨有志节，不肯诡随；于书无所不读，旁通星命术数之学，所言亦或奇中。及登进士第，观政户部，尝奉命使湖湘劳军事，不受私馈，时称其廉。事竣回，授永丰知县。县当闽浙之交，时邓茂七反于闽，弃宗留，啸聚于浙江以西，相煽不靖，永丰尤切近。容至率民拒之，于其境接战十数，众寡不敌，为贼所执，骂不绝口而死，归葬于乐昌戴上平，又名飞凤岐，事闻朝，命赠光禄寺少卿，谥忠毅，命有司祠于乡郡及治所。《同治广东通志·古迹略》

774　翁源县

汉曲江县地，南朝梁分置翁源县，因县界翁水之源为名，明清皆属广东韶州府。县治凡五徙，《翁源县志》云：梁时故址在今县东北六十里，横江头岭下，今犹称南门坪；宋淳化中迁下窖，在今县北五十里；景祐五年迁曲汀县蒙㴶驿，在今县西北九十五里；建延三年又迁细草冈，在今县东南四十里；元时县治江镇，在今县西北三十里，俗称旧县场；明初县治长安乡，即今治也。

宋 成倬，翁源人，年二十余，始读书，通悟经术，尤深易数。熙宁间，王安石荐为阁门祗候，终西京左藏库使。《清一统志·韶州府·人物》

775　英德县

汉置浈阳、含洭二县地，五代南汉于浈阳县置英州，宋名浈阳郡，升英德府，元置英德路，降为州，省浈阳、含洭二县入之。明初降州为县，属广东韶州府，粤汉铁路经之。

宋 石汝砺，英德人，精通五经，尤深于《易》，尝进所著《易解》《易图》于朝，为王安石所抑。苏轼谪惠州，与论易理，竟日不忍别。又以琴准乐律，著《碧落子琴断》，郑樵称之。《清一统志·韶州府·人物》

776　连州

汉置桂阳县，南朝梁置阳山郡，隋罢郡为连州，又改州为熙平郡，唐复曰连州，属岭南道，宋曰连州连山郡，元升连州路，寻仍为连州，清时为直隶州，属广东省，民国改州为县。

明 何洲，海州人，仕建文朝，与宋和、郭节友善，素以忠义相勖。金州失守，约弃官为卜筮。丁亥，与史仲彬至连州访郭节，竟客死异域。《同治连州志·流寓》

777 澄海县

晋以后为海阳县地，明析海阳县及揭阳县地置澄海县，属广东潮州府，清因之。

清 余执中，南洋人，放诞不羁，善堪舆术，所言辄中，人号曰半仙。尝为许龙祖卜穴，时龙尚幼，余语之曰："愿富贵无忘。"余自卜穴，穴前有大隄，或以为嫌，余笑曰："无虑，我葬后，当有为我改之者。"后龙贵，往省余墓，闻其遗言，曰："先生其命我矣。"因改筑焉。《嘉庆澄海县志·方技》

778 归善县

隋置，故城在今广东惠阳县东北五里，南汉时徙置，明清皆为广东惠州府附郭县。

明 骆斌，字禄元，归善人，精于箕畴太极、阴阳二气之理，事父母以孝闻，友爱甚笃。一日过解犀桥，有叟堕桥下，众援之，亡其金，叟窘急，复欲自投，斌探囊金与之，叟谢而去。《道光广东通志·列传》

清 刘炘，字孔光，归善人，善堪舆，尤精六壬术，每一占决，辄多奇中。用己意制浑天仪，能旋转有度，预知死日，戒家人治丧具毕乃逝，故人呼为半仙云。《光绪惠州府志·方技》

779 博罗县

汉置傅罗县，晋太康地志作博罗，明清皆属广东惠州府。

明 张萱，字孟奇，号九岳，别号西园，博罗人，万历中，举于乡，官至平越知府。生平无他嗜，独癖书，老而弥笃，藏书万卷，丹铅无不遍者。自天地阴阳以及兵农礼乐、元乘韬钤，无不探讨淹贯，所著述已梓行者，

《西园存稿》《古韵疑耀》《六书故》《云笈七签》《八宅周书》《阴宅四书》等。《道光广东通志·列传》

780 海阳县

汉揭阳县地,晋置海阳县,隋省,寻复置,南滨大海,故曰"海阳",明清皆为广东潮州府治。民国废府,改海阳为潮安,今县东有海阳故城,盖晋置县,初治此,后移今治。

宋 刘允,字厚中,海阳人,胸臆夷旷,于经史百家,以至天文地理医卜诸书,莫不该贯。甫冠,四荐礼部,登绍圣丁丑进士,为循州户曹,改知程乡。岁旱,州督租如故,允力争之得免。复权知化州,岁市玳瑁翠羽以万计,允至,悉罢之。吴川盐户,蓄戎器以戒不虞,令悉捕为盗,以微功赏,狱成,允为辨其冤,全活有五十余人。《道光广东通志·列传》

明 柯望,海阳人,甘贫嗜学,凡天文地理卜算之类,无不通晓,尤精于《易》,穷约终身,人咸称其清介。《海阳县志·方技》

明 黄慎,字仲修,海阳人,撰《堪舆类纂人天共宝》十二卷,其书刊于崇祯癸酉,分经传、论状、书记、篇说、诗赋、歌诀、问答、杂录、辨断、穴法、葬法、序、表等目。《四库·术数类·存目二》

781 揭阳县

汉置,故城在今广东揭阳县西,晋废,宋复置,即今治,明清皆属广东潮州府。

清 程定山,揭阳人,自幼精青乌术。大埔杨洪葬车头坪,定山曰:"此地不亟迁,必覆宗。"洪有子四人,果以奢侈、结匪人致败,洪竟无后。又为杨淮营寿域于下坑石,谓淮曰:"公得此佳城,子孙富贵绵远,第恐丁男稀少耳。"继指近山一穴曰:"亟图之,丁旺必矣。"因预名其山曰"百子窠",迨淮葬下坑石,子墩义葬百子窠,后果繁昌,皆如定山言,今大埔杨氏发祥处也。《乾隆潮州府志·方技》

782 长乐县

宋分兴宁长乐镇置，故城在今五华县东北，明徙治，清属广东嘉应州，民国改为五华县。

清 徐启隆，顺治辛卯岁贡。当明之季年，学者叛程朱，谈释道，士风靡蔓，启隆恪守《蒙引》《说约》诸书，县令黄景明特器重之，从学者满户庭。清兴乡荐，多出其门，自膺岁贡，念母老家贫，茹素终身。明医及形家言，性方介，足未尝登长吏庭。

清 连卓琛，黄龙约人，事孀母孝，年二十六，即茹长素。善技击，距跃如飞，然从不与人争竞。集《跌打方书》二十卷，详注通身骨节，及十二时用药节候，其方甚验，兼以形家言，游广惠间皆知名。以上《道光长乐县志·方技》

783 石城县

唐析石龙置，以县有石城冈而名，改曰廉江。宋废，寻复置石城县。故治在今广东廉江县北，元徙今治。明清皆属广东高州府，民国改为廉江县。

清 江应元，号梅阁，岐岭人，少聪敏，博通经史，旁究医卜星算诸书，以廪贡两任灵山学，士林爱戴，知县林赠"化雨均沾"额。归里后，凡属义举，惟恐或后，著有《伦常楷模》十卷待梓。《光绪石城县志·人物》

784 琼山县

汉初珠崖郡地，后置朱卢县，后汉田朱崖县，三国吴复曰朱卢县，梁陈时省，隋初为武德县，改置舍城县。唐于县置崖州，宋州废，寻省舍城，移琼山县来治。清为广东琼州府治，雷琼镇总兵亦驻此。明丘濬为此县人，学者称琼山先生。

宋 刘逋，琼山道士，精术数，丁晋公谓：旧有园在保康门外，园有仙游亭、仙游洞，与逋往来，逋作诗赠之云："屡在仙游亭上醉，仙游洞里杳无人。他时鸣鹤归沧海，同看蓬莱海上春。"谓初莫解其意，后南迁，逋往

见于崖州，方思其诗，知为异人也。《同治广东通志·方技》

明 冯明，字南高，琼山人，少聪敏，通子史百家言，尤精星术。《同治广东通志·方技》

785 文昌县

汉珠崖郡地，唐分置平昌县，改曰文昌。故城在今广东文昌县北，元徙今治。明清皆属广东琼州府。

明 林广，号观澜，明初举经明行修，任本学训导，复以监生中洪武甲子，应天乡试，任庐陵教谕，造士有方，出其门者多取高第。晚年精形家言，著有《地理秘要》。

清 林士者，字眉生，白延图禄笃人，精堪舆学，远近争聘，屡辞不就，闻其人长厚始就之，卒不受谢，著有《地理集要》。以上《康熙文昌县志·儒林》

786 儋县

汉置，儋耳郡，寻并入珠崖郡，梁置崖州，隋始置义伦县，于县置珠崖郡，又改儋耳郡。唐改曰儋州，又改为昌化郡，寻复曰儋州，五代因之。宋改县曰宜伦，废州为昌化军，改曰南宁，元因之。明复改为儋州，以州治宜伦县省入，属广东琼州府。清因之，民国改为儋县。

清 郭有经，字其养，桄榔村人，精青囊术，寻龙定穴，皆得杨廖真谛。《民国儋县志·方技》

787 昌化县

汉儋耳郡地，隋分置昌化县，故城在今广东昌江县东南，宋移治县南十里，明又徙治，民国改为昌江县，南有昌江，故名。

清 郭元任，贡生，人品端正，星学精通，晚年废书推算，无有差忒，阖邑宗之。

清 柏松年，邑廪生，深知大义，明星学，通地理，乡人有求者，惟尽其所长，不取值。以上《光绪昌化县志·方技》

广西省

广西省在我国南境，为粤江流域之中部，《禹贡》荆州南徼，春秋时为百粤地，以别于粤东，故又称粤西。秦置桂林郡于此，故别称曰桂。汉置苍梧、郁林等郡，晋为广州地，唐属岭南道，寻分置岭南西道，宋置广南西路，元置广西等处行中书省，明置广西布政使司，清置广西省，民国仍之。其地东舆南界广东，东北界湖南，北界贵州，西界云南，西南界法属安南，省会曰桂林县。

788 临桂县

汉置始安县，唐改临桂县，明清皆为桂林府治，广西旧时省会也。民国改为桂林县，仍为省治。

明 朱永吉，字飞之，桂林人，精天文术数。初客黔，投傅宗龙幕中，安邦彦围黔，永吉解围有功。又随宗龙至滇崇祯间，滇抚王位，讨普名声，题授游击，屡破贼众，为名声所惮，后以吴必奎通贼，永吉身被重伤，力战不已，会诸军皆溃，自刎死。偏将赵能、冯忠，葬于路侧，赵能亦自刎，事平，题请荫一子，世袭百户。

明 陈邦修，字德卿，邦称从弟，少孤，究心经史天文地理律历诸书，登嘉靖乙未进士。初授行人，改刑科给事中，历户礼两科，劾朔国公郭勋、尚书严嵩、张瓒、都御史胡守忠等不职，又极论楚世子逆悖等疏，上皆嘉纳。内艰归，庐墓三年，复补工科，迁南太仆寺少卿致仕。以上《嘉庆广西通志·列传》

清 陈宏谋，字汝咨，临桂人，雍正元年癸卯，举乡试第一，成进士，改庶吉士，授检讨，由知府累官工部尚书，卒谥文恭。宏谋早岁刻苦自励，治宋五子之学，而易学尤精，占休咎辄验，然不轻卜。抚山西时，韩城王文端杰，客其幕中，乾隆己卯，将旋陕乡试，宏谋先夕潜为之卜，次晨告文端曰："子此行必售，余已为子卜得佳兆，且知名次之高下矣。"文瑞固请示之，宏谋曰："余书诸笺，缄字某幕客手中，待君捷后验之。"文端就试，榜发中副车，仍至馆，谓卜不验，宏谋曰："息壤在彼，可证也。"因问某幕客，索观拆封，则有"中式副榜第八名"七字，文端大奇。次年庚辰，举行恩科，复归试，乞再卜，卜后，告之曰："今科正榜无疑，但似元非元耳。"迨榜发中式第七，是科解元为雷尔杰，盖文端名杰，与解元名稍雷同也。辛巳春，文端入都应礼部试，复先期为之卜，语之曰："此行必可连捷，然万不宜得会元。倘中十名以外，则大魁可必，自此前程远大，福寿无量。"文端谢曰："杰年四十矣。敢妄想耶？公其善颂善祷乎？"宏谋曰："有数在，决不诳子，子其勉之。"是年春闱，文端中第十一名，廷对果第一，后官至东阁大学士，享全福，臻上寿，果如所言。《清史稿·本传》《清稗类钞·方技》

○阜按：此与浙江省会稽县所载王先生云云似为一事，可参观之。

民国 张其锽，字子武，号无竟，临桂人，敏悟异常，才华芬出，涉猎成学，博览为豪，旁通技艺百家，尤精子平六壬三式之学。光绪甲辰成进士，历官湖南芷江等县知县，民国戊午入湘，佐谭延闿军，尝率兵一团，扼永州险要，与吴佩孚死战，吴卒不得入永州，吴以是大赏其才，罗为己用。吴自衡州退，遂随北去，参戎机。癸亥，特任广西省长，在桂四月，辞去。吴既败，避鸡公山，复往依焉，信任益专。遂为专使居京师，主联奉攻冯之计，煊赫一时。吴再失势，见部曲多引去，独追随不离，劝吴入蜀依杨森，行次新野之灰店，遇匪被害，时丁卯五月，年五十一。《新命第一集》

789 灌阳县

汉零陵县地，三国吴置观阳县，隋改为灌阳，故城在今广西灌阳县西，后徙今治，明清皆属广西桂林府。

清 严亨，灌阳人，为阴阳学训术，请筑都江四十四堰，蓄水以资灌溉，邑人德之。《同治广西通志·列传》

790 永福县

汉始安县地，三国吴，为始安，永丰二县地，唐分置永福县，清属广西桂林府。

明 章润，字良玉，永辐人，宏治甲子举人，刻意文翰，尤长诗律，虽阴阳医卜之术，靡不精究。历任德庆、海阳、四会教谕，所至日，进士于庭，诲以明体适用之学，于声利泊如也。解官家居，赋诗饮酒，怡然终日，所著有《荆石吟稿》。《嘉庆广西通志·列传》

791 柳州

唐置昆州，又改为柳州，寻亦曰龙城郡，又改为柳州，即今广西马平县治。

唐 秦誧，柳州人，卖卜于市，赵弘智曾孙，名矜，举明经，调舞阳主簿。吴少城反，矜以县归，徙襄城主簿，历襄阳丞，客死柳州，官为殓葬。后十七年，子来章始壮，自襄阳往求其丧不得，野哭再阅旬，秦誧为筮曰："金食其墨，而火以贵。其墓直丑，在道之右。南有贵神，冢土是守。宜遇西人，深目而髯，乃得其实。"明日有老人过其所，问之，得矜墓直社北，遂归葬。时人哀来章孝，皆为出涕云。《新唐书·赵弘智传》《艺术典·卜筮纪事》

○阜按：《甘肃秦州新志》所载秦誧云云，与此同为一事，惟误誧作誧非是。誧，直廉切，音芡，盐颜，言美利也。

792 宾州

汉置宾州，五代梁置领方郡，隋废，唐又置宾州，天宝初曰安城郡，至德三载又改曰领方郡。宋曰宾州安城郡，元初升宾州路，后降为州。明曰宾州，属柳州府。清曰宾州，属思恩府。民国废府，改为宾阳县。

清 雷友兰，湖广人，清康熙间来粤，精青乌白鹤之术，所相地，百不失一。同时有梁爱，与之齐名，梁游府江，雷游大江。《康熙宾州志·流寓》

793 平乐县

汉荔浦富川二县地，三国吴置平乐县，故城在今广西平乐县四南，宋徙今治，明清皆为广西平乐府治。桂江至桂林，凡三百六十滩，以平乐为中分之地。自此以上，险恶尚少，下则两岸悬崖，中多碎石，水甚湍急，溪洞林樾，猺人深据。自明嘉靖间，深入搜讨，随山刊木，开通道路，土族失险，始渐驯服。

明 莫遗贤，字宾廷，平乐人。① 少以孝闻，邃精易学。嘉靖辛卯举人，授武缘教谕，日与诸生讲求象数，于吉凶消长，尤致意焉。擢上海知县，以母老不赴。《嘉庆广西通志·列传》

794 钟山县

旧为富川县治，明时，县徙置钟山镇，民国析置钟山县，并以昭平县，防乐地方入之。

清 廖笃坚，字罗石，喜读孙吴司马及三式诸书，有韬略。吴逆作乱，大将军傅宏烈，带领随征有功，匾其门曰"黄石青箱"，授平乐协副总戎职衔，未补而卒。《民国钟山县志·乡贤》

---

① 一作苍梧人。

中国历代卜人传卷三十六

云南省

云南省在我国西南部，据长江上游，地当云岭之南，故名，境有滇池，故别称曰滇。古百濮之地，秦为西夷滇国，汉置益州郡，三国蜀汉分置云南郡。唐没于南诏，号大礼国，五代时改大理。元灭大理国，立云南行中书省，明置云南布政使司，清置云南省，民国仍之。其地东界广西、贵州，东北界四川，西北界西康，西与西南界英属缅甸，南界法属安南，省会曰昆明县。

795 昆明县

汉建伶，谷昌二县地，唐置益宁县，元置昆明县，明清皆为云南云南府治，云南省亦治此，今仍为省治。县治在滇池之北，山川之胜，甲于全省，地味颇沃，法人所筑之滇越铁路，自劳开入云南境，至此为终点。商埠在城之东南，清光绪三十一年自行开放。

明 江天水，昆明人，善数学，奇中如神，居罗汉山蝙蝠洞。及沙酋将叛，天水预告亲识曰："某年月为始，此地当作战场四十年，可居此危险中乎？"遂隐去，卒如其言。

清 张发潜，字见五，昆明人，诸生，性纯孝，喜读书，每多心得，而于数学尤精，人莫知也。但慕六壬名，而来者随求随决无不应。尝见重于当道，有大疑必延之决。年逾八十，无疾而逝。以上《光绪云南通志·方技》

清 李应麒，云南昆明人，遘乱，与其父相失，被略至迤东，乞食归，丧母，劝父再娶。后母至，遇应麒虐，愿麒卖卜以养，失后母意，辄笞楚，跪而受杖。后乃被逐，事父母愈谨。父生日，卖卜得鸡米，持归为寿。佃人田，方耕，闻后母病，辍耕走三十里求医药。后母生三子，友爱无间，后母久乃悟，卒善视焉。《清史稿·孝义》

796 宜良州

汉滇池县地，唐为昆州地，后蛮酋罗氏，筑城于此，号罗裒龙。元立太池千户，升宜良州，治太池县，寻罢州为县，省太池入焉。明属云南云南府，清因之。

明 刘福成，字一德，一号元崖山人，浙江开化人，善风角推步，正统初丙辰，从王骥征麓川，再从侯璡征贵州，多所赞画。寇平，予之官不受，附籍宜良，年八十余卒。《光绪云南通志·寓贤》

清 孔兴东，宜良人，嘉庆庚午举于乡，精星学，通邵子数，为人卜休咎皆奇效，里中咸以神仙呼之。《光绪云南通志·方技》

清 谢诏，字丹书，临安人，少业儒，长学道，精岐黄堪舆术，兼工诗画，中年往来三迤间，既而云游海内，遍历名山。晚年回滇，鹤发童颜，飘然有神仙之度，常隐居汤池迎仙庵以寿终。《民国宜良县志·隐逸》

清 罗万福，贵州广顺人，嘉庆间游幕至滇，历二十余年，所交皆知名士，诗酒唱酬，蕴藉风雅，尤工画，善抚琴，精易理，卜筮多奇中。尝著书自娱，有知音便览、天星月会、地舆诸图。后以疾，卒于滇，诸名流重其品学，悉以诗悼之。《光绪云南通志·寓贤》

797 呈贡县

汉滇池县地，有呈贡故城，元立呈贡千户，寻置呈贡县，属晋宁州，明属云南云南府，清因之。康熙八年，裁归化县入焉。

明 文祖尧，字心传，号介石，呈贡人，天启辛酉选贡，操履严正，敦崇实学。初任四川名山县训导，刊进修日程，以古道训士，士习为之丕变。崇祯癸未，晋江南太仓州学正，首辑黉宫，整祭器，修祀典，刊儒学日程颁诸生，俾日记善过，月朔考其进退，躬行以率之，一时咸谓安定复生。甲申国变后，人情汹汹，孺人郭氏，仓卒偕女赴水死。先生弃官，从中峰寺，苍雪师游。侨寓昙阳庵，服僧服，以青乌术自给，娄人无贤愚贵贱，愈益敬爱，周以粟帛，吴浙独行君子争相延致，岁会讲学。后还乡，士大夫竞为诗歌送行，绘像作传，以志思慕，既闻先生道，卒因就其所常居室，为位以哭，颜曰"思贤庐"以祀之，私谥贞介先生。《师范滇系人物》

798　易门县

汉乌蛮所居，宋大理高智升，使高福守其地，元立夷门千户，改为易门县，故城在今云南易门县南三十里，明徙今治，清属云南云南府。

明　柳逢阳，易门人，善堪舆术。万历二年甲戌，巡抚邹应龙平乔甸贼，至马头山，曰："此山雄峻，后必有复为寇者，当扼其要以制之。"遂埋金环于地，明日召逢阳，谓曰："吾昨埋环为兆，汝以金针试之。"逢阳插针启视，已在环中，但稍偏耳，应龙笑而谓曰："可遂斩一马首与贼首共瘗，立石柱以镇之。"《光绪云南通志·方技》

799　杨林县

本杂蛮枳氏、车氏、斗氏、麋氏四种所居之地，城东门内有石如羊形，故又作羊林，唐羊林部落即此。元立杨林千户，改为县。明省，故城在今云南嵩明县南。

明　兰茂，字廷秀，杨林人，潜心理道，淹通经史术数之书，靡不穷究，后尚书王骥征麓川，茂佐以方略，遂成功，所著有《元壶》等书。《清一统志·云南省·云南府·人物》

800　晋宁县

汉置滇池县，南朝梁后没于蛮，隋置昆州，寻废。唐复置晋宁县，天宝后，入于蒙氏，为阳城堡部，段氏因之。元置阳城堡万户，改为晋宁州。明属云南云南府，清因之，民国改州为县。

明　黄拱斗，字文极，晋宁人，性颖异，多读书，旁及百家技艺，无不精究。初以计偕游京师，遇隐者授以观象之秘，及归，每豫书雨旸风雷地震妖异之事，无不符合。将卒，先知月日，遍别亲识，尽焚其书而没。《光绪云南通志·方技》

801　安宁州

汉置连然县，南朝梁后，没于蛮，唐置安宁县，元改为安宁州，明属云南府，清因之，民国改为安宁县。

清　段縶，安宁人，诸生，通天文地理，阴阳律吕诸书，著述甚富，尤精岐黄术，多有奇验。《光绪云南通志·方技》

802　武定州

唐姚州地，天宝后，入于南诏，元内附，后为武定路。明改为武定府，在今云南武定县东七里，后移建狮山之麓，即今县治。清因之，属云南省。乾隆三十五年，改为直隶州，民国改州为县。

清　张璜，元谋人，精青乌术，游历四方名山五十余年，其术愈精，为人营葬卜地，决休咎，皆奇验。《光绪云南通志·方技》

803　禄劝县

唐为羁縻州，蛮名洪农碌券甸，杂蛮所居。元置禄劝州，清改为县，属云南武定州。

清　董懿，字千美，禄劝之缉麻人，少有隽才，尤精于术数，为人慷慨，喜功名，顾不遇，康熙甲午，举恩贡，齿已艾矣，而意气不衰。庚子二月，大兵三路进西藏，懿请于当事，自备鞍马口粮从军，于时都统五哥、副都统吴纳、噶锡总兵赵坤、马会伯，咸器重懿，有事必曰请董先生卜，无不神。其年八月，遂破走策凌敦多布，复西藏，董先生功多，而限于阶议，叙予县丞。雍正甲辰，谒选丞浙之常山，历署常山令，移署淳安。而宫保李卫督闽浙，尤重懿，举卓异，权秀水令，已改平湖，未三年，告归。年八十六，乾隆已巳卒，懿性廉明，在官多异政，网罟漏规，漕粮积弊，胥吏视为利薮者，革除殆尽。邻邑有疑狱，数年不决，懿治办，立雪其枉。邑尝旱，祷之即雨；尝火，祝之即灭。其去也，民建祠立像，且著其治行于碑，时人以为实录。钱仪吉《碑传集·雍正朝守令中》

804　南宁州

本三国蜀，建宁郡，晋改宁州，唐曰南宁州，改郎州，寻复故，后没于蒙氏，故治在今云南曲靖县西十五里。

明　傅秉忠，江西人，寓居郡城，精天文，预推算来年水旱丰歉，毫发不爽。其弟秉安，亦精其术，后徙居武当山。《咸丰南宁州志·方技》

清　胡官礼，南宁人，善数学，精六壬，知府某入觐，濒行就决休咎，筮定，惊曰："大凶。"戒以豫防，弗听，后果遇难。其平生所占者，百无一爽，时人称之曰胡半仙。《光绪云南通志·方技》

清　戴泽溥，字均仁，号古味，邑人，岁贡生。官云南府训导，宏通该洽，工书诗，善画，旁及医卜音律青乌之术，皆融会而贯其通，研究而尽其妙，而于天文历数为尤精。《咸丰南宁州志·文学》

805　沾益州

唐初置西平州，改为盘州，天宝末，入于蛮，爨剌二种居之，后又为摩弥部所据。元改置沾益州，故城在今云南曲靖县东北二百十三里，明徙交水县，即今治，属云南曲靖府，清因之，民国改州为县。

唐　闭珊居集，沾益乌蛮也。精卜筮之学，其法用细竹四十九枚，以代蓍草，或以鸡骨为之，占验如神，夷中称为筮师。《光绪云南通志·方技》

806　马龙州

晋置西安县，唐天宝末，浚于峦，为撒匡部爨剌①居之，寻为盘瓠蛮纳垢所据。元初置纳垢中户所，穆改为马龙州，明属云南曲靖府，清因之，民国改州为县。

唐　阿畹，② 马龙纳垢酋之后，弃官职，隐山谷中，撰爨字形如蝌蚪，二年始成，字母一千八百四十号，曰韪书，爨人至今习之，占天时人事，亦多验。《光绪云南通志·方技》

清　朱承谟，马龙人，业儒，兼习日者术，言人穷通寿夭奇中。《光绪云南通志·方技》

807　陆凉州

汉平夷县地，晋置同乐县。唐初置平夷县，天宝末，入于蛮。南诏时号落温部，元初置落温千户所，改置陆凉州。故城在今云南陆良县北二十五里，明增置陆凉卫。清康熙初，州城废，而卫城坚完如故，后裁卫移州洽于卫城内。

清　刘毓麟，陆凉人，贡生，精卜筮堪舆术，屡验。《光绪云南通志·方

---

① 爨，字典不载。
② 畹，青畹，畹町，西南夷也。

技》

808 罗平州

汉漏卧宛温二县地,唐天宝后,入于蛮,名塔敝纳夷甸,寻为罗雄部。元初内附,改为罗雄州。明改土设流,为罗平州,属云南曲靖府。清因之,民国改州为县。

清 刘飞云,罗平人,国初时,居享召村里,有毒龙为祟,病者辄祷之,飞云:"持巨斧伐潭上古树一株",树流血,潭为之赤,患遂息。当龙川阴雨时,水漫河深不可测,飞云乘骑自水而过,如履平地,人皆奇之。尤精堪舆术,凡罗平世家吉壤,飞云所卜者居多。《光绪云南通志·方技》

809 河阳县

南诏置河阳郡,元置州,降为县,故城在今云南澂江县东。明徙治澂江府治,清因之,民国改为澂江县。

清 叶文波,原名觐光,河阳人,少应童子试,有星士推曰:"君当因名而入庠,旋因名而被黜。"文波未之信,后学使见其名,为更觐光,果游泮。次年学使为郑觐光,怒其同名,黜之。文波遂弃家游中州,遇前所识星士,尽得其术,返里,终身不娶,以星命隐肆中,日得钱数十即下帘,与友人谈,皆洞达性命之言。平居惟劝人行忠孝事,萧然自得,一日诣一达官曰:"愿与一棺,明日辞公去矣。"次日果沐浴更衣而逝。《光绪云南通志》

810 东川县

宋时段氏置东川部,后乌蛮阔畔据之,号阔畔部。元初内附,置万户府,寻改东川路。明改为东川军民府,清因之,为东川府,属云南省,置会泽县为府治。民国废府,改会泽为东川县,寻又复故名。

清 朱应元，字子楷，东川营参将亮之父，精岐黄术，所遇虽奇疾必愈。尝以药饵济人，且精数学，有问吉凶，教之趋避多奇中，将卒，豫知其期，作对联于门，曰："奉贬来丁未，呼回去甲辰。"盖生于丁未，果卒于甲辰也。平日与亲友往来诗最多，皆有应验。先卒之二年，与其妻舅诗曰："傲骨几根坚且重，抛在他乡抬不动。准于明年自负归，烦君挖下埋人洞。"后悉如其言。《光绪云南通志·方技》，参《滇南杂志》

811　会泽县

汉堂琅县，南齐后，没于蛮。雍正五年，清置会泽县，治巧家，寻移东川府治，民国废府改县为东川，寻复故名。

清 吴桂良，浙江绍兴人。咸丰间，为知府汪之旭幕宾，因遭乱，流寓东川，日与郡人为文字交，学问渊雅，善诗古文词，尤精天文地理。尝为举人彭启商，卜地葬母，书钤记以付之，后皆验。乱平归里，不知所终。《光绪云南通志·寓贤》

812　寻甸州

汉滇国地，后爨剌蛮居此，号仲扎溢原部，晋为乌蛮之裔，号新丁部，语讹为仁地。唐蒙氏时，为仁地部，乌蛮居此，宋时段氏因之。初置仁地万户府，改为仁德府，故城在今云南寻甸县东五里。明改寻甸军民府，寻改设流官，为寻甸府，徙今治。清降为州，属云南曲靖府，民国改州为县。

明 张神卜，不详其名，寻甸人，精数学，触物能知其终，不失时刻。与人言，初若不经意，后悉验。人遂以神卜呼之。

清 马百良，寻甸人，精数学并堪舆术，相坟卜居，决吉凶，无不奇验。人有求为卜地者，必先观其德行，然后徐为指授。尝服习吐纳，晚年愈见矍铄，人呼为马半仙。以上《光绪云南通志·方技》

813　镇雄州

周时为乌蒙子芸部所居，汉属牂牁县，唐宋为乌蒙所据，元置芸部路，明设芸部府，后改镇雄军民府，属四川故治，在今云南镇雄县西南七里。清雍正五年，改隶云南移今治，六年降为州，属昭通府，后升为直隶州，民国改州为县。

清　傅姓，失其名，镇雄人，善风鉴。雍正间，居罗海场，言人休咎，无不奇中，谒者接踵。一日方隐几卧，一人席帽帀衫，① 来呼之相。傅惊觉，凝视久之，谓曰："君神清气爽，得非仙乎？"其人大笑数声，倏不见，市中咸啧啧称异。《光绪云南通志·方技》

814　楚雄县

唐时南诏置威楚县，后为㝅蛮所据。元初置千户所，改置威州，降为威楚县，明改曰楚雄县，为云南楚雄府治。清因之，民国废府留县。

清　张维焯，楚雄人，举人，生平好学，坊表自饬，且精岐黄，堪舆家术。主讲凤山书院，生徒景从。年八十，会试赐国子监学正，九十岁卒。《光绪云南通志·方技》

815　琅盐井

在云南盐兴县东，本定远县之宝泉乡，明初置琅井盐课司，分属安宁里井二提举，寻裁，移云南安宁州之安宁提举于此，改为琅井提举司，属云南楚雄府。清康熙时，改直隶提举，民国于黑盐井置盐与县，以琅井属之。

清　王体元，琅井人，诸生，精天文地理，望气占云之术，兼工诗画，

---

① 帀，作答切，音浃，合韵，谓倒之也。凡物顺逆往复，则周遍矣。

士林中称多艺焉。《光绪云南通志·方技》

816　建水县

汉贲古县地，唐时乌蛮地。元和间，蒙氏筑城名惠国，汉语曰建水。元改建水州，故城在今云南建水西半里，明徙今地，为云南临安府治，清因之。乾隆三十五年，改州为县，民国废府改县为临清。

清　刘德厚，建水人，诸生，精于易卜。《光绪云南通志·方技》

817　通海县

唐置通海镇，后为阿僰蜥所居。蒙氏于此置通海郡，段氏改为秀山郡，寻复为通海郡。元立通海千户所，改通海县。明属云南临安府，清因之。

清　陈文藻，通海人，少贫，躬耕养亲，比壮游四方，学天文地理，阴阳星卜之术，俱得其解。晚归乡里，专以医活人，药不望酬，视有病者，如痛在己身，惟恐除之不速。后孙浩，以康熙甲午；涵，以雍正甲辰，先后举于乡。《光绪云南通志·方技》

清　李维新，通海人，诸生，家贫，授徒弥勒，遇异人传以六壬术，卜之多奇验。舅父沈熹官蔚州时，有卖油者被杀于涂，捕贼久不获，维新至，令卜之，曰："贼匿东南村中，未走也。赃亦现藏土窟内，宜遣亢姓隶，从阴人探消息，捕之必获。"隶果有亢某者，如言遣之往，亢夜宿处，即贼姊家，侦得其迹，果赃贼并获。以上《光绪云南通志·方技》

818　石屏州

汉益州郡地，蛮曰旧欣，汉言林麓。唐时，乌蘑蛮居之，段氏时阿僰蛮夺据，辟地得石坪，聚为居邑，因名石坪。元改邑为州，明改曰石屏州，属云南临安府，清因之。

清 龚布，字黄石，四川人，任思南府同知，弃官游滇，善相地，数学尤精。一日报贼警，龚在坐，曰："当获贼首四。"暮望军书不至，龚曰："戌时至，当有印信文书五。"悉如其言，著有地理诸书。

清 刘腾蛟，号潜庵，进士，精天文地理术数，博涉《三易洞玑》《勾股算法》，兼通诗赋。以上《乾隆石屏州志·方技》

清 毕山人，初不言其生平，游至屏，爱异龙湖岛，遂寓焉。常为人相地，许得科甲，有奇验，人比之赖布衣云。一日危坐，对人言曰："予逝矣"，拣书籍诗草焚之，仍遗《阴符》《南华》《庄》《老》诸手钞。同乡友江泳，窆之黑龙坡。山人歙县人，名熙宁，字坤一，乱后废产弃家，曾官武岗知州，后程封铭其墓云："毕君熙宁，新安巨族；官于武岗，殁于莱玉。高义江君，迁圹而哭；树之丰碑，移之墓木。勿侵坏土，勿驱黄犊；鸣呼毕君，尔子若孙，可能招其魂，舁其骨，返而葬之，乌聊之麓。"

清 游席珍，字龙潭，四川人，明季游临安，有观风望气之术，其相地甚精。康熙年间，修临安天王寺，于龛顶得其遗书十数纸，皆言临安及屏中形胜，至今传之。以上《乾隆石屏州志·流寓》

819 广南县

元为广南西路宣抚司，明置广南府，清增置宝宁县，仍为广南府治，民国废府，改宝宁为广南。

唐 夏侯生，别号罗浮处士。广南刘仆射崇龟，常有台辅之望，必谓罢镇，便期直上。崇龟重夏生有道，因问将来之事，夏生言其不入相，发后三千里，有不测之事。洎归阙，至中路得疾而终。刘出甫亦蒙夏生言，示五年行止，事无不验，盖饮啄之有分也。《太平广记·相术》

820 景东厅

唐时南诏蒙氏，立银生府，为六节度之一，寻为金齿白蛮所陷，移府治于威楚，白蛮遂占其地，历大理段氏莫能服。元平之，置开南州，明改为景东府。清乾隆三十五年，改为直隶厅，属云南省，民国改厅为县。

清 饶时佐，字辅堂，性率直坦易，人乐近之。精堪舆术，有延之者，虽百里遥，皆徒步往，年八十卒。《光绪云南通志·方技》

821　腾越厅

唐时南诏蒙氏置软化府，后白蛮徙居之，改腾冲府。元内附，改腾越州，又置腾越县，寻增置腾冲府，仍置藤越绵。后州废，府县如故，寻又省县入府，改腾冲守御千户所，升为腾冲军民指挥使司，又改置腾越州。清为腾越厅，属云南省，腾越镇总兵驻此。民国复名腾冲府，寻改为县。地当槟榔口支流，与英领缅甸之八莫，遥遥相对，为云南与缅甸陆路通商之埠，本省四部门户也。冈峦环绕，中抱平原，土地肥沃，鸡犬相闻。清光绪二十三年，中英续议《缅甸条约》，允英驻扎领事，并允英人居住贸易，与通商各口无异。出口货以四川黄丝为大宗，硫黄次之。

清 许尔超，字子经，腾越人，性简默，得异传奇门术数，精堪舆术。嘉庆癸酉，游京师，诣王府，验旧陵屡效，上闻，赐检讨职衔。旋里后，间为人卜地，皆奇验。年八十余，无疾而终。《光绪云南通志·方技》

822　永昌县

在云南保山县南百里，唐时蒙氏，为银生府北境。宋时段氏，置广夷州。元置石甸长官司，后讹为施甸。明因之，土官莽姓。清省，改设永昌县，民国改为保山县。

明 畅元，字务本，永昌人，潜心理学，沈默静坐，顿悟邵子先天数，学人有叩者，应验如响。为诸生，游太学归，隐居不仕，从学者甚众。当道重其为人，时有馈遗，悉辞不受。强之，则封识以待其去任还焉。所著有《纳甲图》《九圭数》《学基指南》行世。《师范滇系人物》

清 李应宣，字明南，郡贡生，精奇门，多应验。前郡守稽玫，以维西

兵饷告急，遣使赍助，① 召宣卜之，果有奇验。今其子点与、明经率傷，② 俱衍其传焉。《道光永昌县志·方技》

清 吴观国，施甸人，文生，精天文望气观星，所占必验。咸丰辛酉岁，彗星见西方，占之，谓城不久当失，须十年后，方能克复，遂远游，不知所终。后蔡逆果于是岁陷城，至同治辛未克之，竟符其言。《光绪云南通志·方技》

823　太和县

元置，明清皆为云南大理府治，民国改为大理县。

清 杨增，太和人，诸生，博洽经书，尤专言《周易》，及《星学大全》《天象算术》。

清 董以忠，字行之，太和人，幼业儒，父策，精天文，以忠继其业，益研究，由是悟河洛秘奥，占卜辄应，尤能望气占云，著有《天机总括》《地理发秘》。以上《光绪云南通志·方技》

824　云南县

汉置，晋兼置郡，齐因之，唐置匡州，后没于南诏，为云南州。元仍之，寻降为县。故城在今云南祥云县南八十里，明徙今祥云县治，属云南大理府，民国改为祥云县。

明 杨体仁，字向春，别号野崖，世居云洱之北门。少而颖悟，志在道德，不慕声华，为邑增广生员，潜心易学，上绍五圣心传，近接尧夫正派，盖先天后天之数，固已得之心悟，而非言说所能尽矣。极深研几，言必有中，然人犹未之奇也。明学宪出巡，于报优劣，最为紧要，故凡报劣者，俱被笞革焉，时值岁试，行催报劣甚严，邑学师欲以贫者当之，体仁曰："嘻，

---

① 赍，同赍，音跻，与资同。
② 傷，音俊，慧也。

彼贫士也，何可当此累，自愿以身代之。"学师曰："汝品行端方，报劣无可措词。"体仁曰："但言左道惑众，擅吃民间鸡酒，足矣。"学师然其说以报之，迨学宪按临榆郡，岁试甫毕，于报劣者严加考询，一见体仁，即作色言曰："汝为士子，左道惑众，可乎？"体仁答曰："生员非左道惑人者，若谓生员左道惑人，《易经》不该命题。"学宪色和，曰："汝知易数，其能明吾意乎？"体仁曰："请书一字。"学宪于案上书一"由"字，体仁曰："是问六甲，盖由字倒看，则甲字也。"学宪故意喝之，曰："非也。"体仁曰："恭喜老宗师，所生是个公子，但这声喝得不好。"稍顷，报信人至，果举一男，惟经过观音塘，马忽折足，学宪怃然[1]曰："世俗讥评，何足为定，吾几屈一佳士。"此后报劣之令遂弛，但存其意而已。由是名闻省会，沐上公尤重之，即军旅大事，亦与相商，于贼败之期皆定焉。体仁又预卜云邑路当孔道，五十年后，必罹兵燹，遂挈家属迁于姚城，后乃云游不返，莫知所终，著有《心易发微》六卷，隆庆间已行世。《周易发微·野崖传》

○阜按《康熙大理府志·隐逸》载：杨向春，号野岩，云南县人，初为诸生，习举子业，久之，弃去，究邵子先天之学，遂能前知，著有《皇极经世心易发微》《格物篇》诸书。后遍游名山，自称孔道人，遇袁了凡，授以易学，至武当，不知所终。观此足证撰府志者，未见《心易发微·野崖本传》，故所叙详略不同也。

825 赵州

唐时蒙氏，使赵康居此，因名赵川睑，置赵郡，寻改为州。段氏时，曰天水郡。元复置赵州，明清因之，属云南大理府。民国改县，寻又改为凤仪县。

清 苏于垣，字巩之，赵州人，贡生，多闻博学，精于天官书、皇极数，为人占卜，无不应验。

清 许超，赵州诸生，精易学，遭回乱，挈家避难，所至辄卜之，以决休咎，乡人赖以脱祸者甚夥。

清 沈德全，字耀西，赵州人，精卜易，尤善堪舆术。知州赵摺丞，署

---

[1] 怃，文甫切，音武，怃然失意貌。

内失金环，疑婢窃之，寻诘几穷，使人卜于德全，占曰："为婢误倾盆水，失于东北，物尚存，寻之立获。"其卜验神妙率类此，卜葬亦屡著奇验。以上《光绪云南通志·方技》

826 剑川州

唐时为罗鲁城，又名剑川，显庆初，浪穹与南诏，战不胜，走保剑川，后为南诏所并，置剑川节度。宋段氏时，改为义督睑。元初置义督千户，改为剑川县，故治在今云南剑川县南，明升为州，徙今治。清属云南丽江府，民国改州为县。

清 杨纁，号蓼村钓叟，剑川人，少慕丹术，精道养，尤深于算数，踵其门者，占靡不验。乾隆间，某大帅西征，抵剑川，澜沧江水暴涨，不能渡，当事谋造巨艭，① 延纁卜其事，纁端策前决，曰："无须此"，随书"江未过，敌先破"二语以进。不数日，捷音果至，神其术，因厚赠之，年八十余，无疾而终。

清 赵东周，字润岐，剑川诸生，精青乌术，为人卜地，必告以"修德为先，心田阴地，相为表里，积善之家，自能获福，否则虽有言壤，亦属无济"。尝著《地理论》，以仁义忠信配龙穴砂水，识者韪之。以上《光绪云南通志·方技》

827 中甸厅

唐吐番铁桥节度使地，元为丽江路地，明为丽江府地。清雍正五年，移剑川州判，驻防其地。乾隆二十六年，改同知，名中甸厅，属云南丽江府，民国改县。

清 阿吉，中甸人，幼时入山樵采，遇异人授以方术，及长遂精卜筮，所断吉凶皆奇验。《光绪云南通志·方技》

---

① 艭，音双，船也。

828　姚州

唐置姚州都督府，故城在今云南姚安县北。天宝末，没于南诏。宋时大理段氏仍置姚州，元移今姚安县治，明为姚安府治。清废府，以州属云南楚雄府，民国改为姚安县。

清　郭先生，名失考，姚州人，精奇门六壬，为人卜休咎有奇验，人呼为郭半仙。后迁省垣，寓武候祠，问卜者盈门，及乱不知所终。《光绪云南通志·方技》

829　镇南州

南汉益州郡地，扑落蛮所居地，名欠舍，有城曰鸡和。唐置西宗州，后没于蒙氏，置石鼓县，又置俗富郡于此。元置欠舍千户，改为镇南州，明属云南楚雄府，清因之，民国改州为县。

清　陈砺才，字若金，州平黄家山人也。读书有能悟，性静寡言，遇事从容能断，日以讲学授徒为事，门下士入泮者以数十计。又精占卜之学，言事果应验。光绪丁亥，以岁贡授训导，未几卒于官。《光绪镇南州志·文学》

贵州省

贵州省在我国西南部，据西江上游，殷为鬼方地，战国时为黔中地，故别称曰黔。秦属黔中郡，汉初为南夷地，寻置牂牁、武陵两部，晋属荆、益、宁三州。唐置黔中道，宋属夔州路，元置贵州、思州等宣抚使，明置贵州布政使司。清为贵州省，民国仍之。其地东界湖南，南界广西，西界云南，北界四川，省会曰贵阳市。

830　贵筑县

汉故且兰县地，隋置牂柯县，唐改建安县，元置贵州等处长官司，明初改为贵筑长官司，改置新贵县。清康熙二十六年，改置贵筑县，与新贵同为贵阳府附郭县。三十四年省新贵入贵筑，① 民国改贵阳府为县，移贵筑治札佐，又移治息烽城，改名息烽。

明　顾璇，字良玉，郡人，明敏，工诗文，凡医卜诸书以及绘事，靡不精究。以亲老侍养，不求闻达。晚年尤好黄老，构来仙楼以居。巡抚孔镛尝造其家，为作《东楼记》。《康熙贵阳府志》

清　刘子章，字道暗，别号豹南，贵筑人。康熙辛酉，以第一人举于乡，两试春官不第，出知襄城县，有循声，擢监察御史，年五十二卒。子章，少贫，读书萧寺中，炊爨不继，常从僧寄食饮，益发愤攻苦，博极群书。久之，其学益进，经史大家，外以及星命地理，皆能通晓，著《同声堂文集》《耐堂诗集》若干卷。钱仪吉《碑传集·科道下之上》

831　贵定县

汉故且兰县地，宋为麦新地，改曰新添，元置新添葛蛮安抚司，明置新添卫，又置贵定县，属贵州贵阳府。清康熙二十六年，省新添卫，入贵定县。今贵定县西南四十里，有贵定旧城，明时置县于此，地名旧县场，清康熙时，始移今治。

明　黄凤，卫廪膳生，需次将贡太学，以母老辞，不试，侍养终身，人称孝焉。凤又精医，卜之业有奇效，当道皆知其术精，咸欲致之，凤绝不与见，曰："不幸而多能，岂可复持以为赘乎？"遂逃入林中，人以此高之。《钞本贵定县志·隐逸》

---

①　筑，竹亦切，音逐，屋韵。

832　广顺州

元置金竹府，明改置金筑长官司，寻升为安抚司，后置广顺州，清属贵州贵阳府，民国改州为县，今广顺县东北北冈，有新广顺城，明万历中置州无城。崇祯二年，始建土城，寻复议废土城，而改建新城于北冈上。清时州仍治旧城，而以新城驻防兵。

清　潘清逸，庠生，性刚直，遇事敢言。乾隆间大旱，率众开义仓以济饥民，州主怒，详抚宪三司，会讯，清逸上公堂，讲《孟子·齐饥》一章，大宪以疯魔了之。后与马洞神仙往来，得遁甲之术，占风雨、卜吉凶甚验。乙未岁，清逸作《古风》一篇，中藏玄语，验后始知。将卒，一切丧祭事宜，书单藏箧，后人如命，果无或遗。《道光广顺州志·方技》

833　瓮安县

宋绍兴初，开瓮水寨，为黄平府地，明置瓮水安抚司，改置瓮安县，清属贵州平越州。

清　傅瑶光，字灵川，性敏，多技能，自象纬医卜，乐律书画之属，皆所通晓。尤工诗赋及骈俪之文，入县庠后，再应乡试不售，著《白云诗赋集》。《民国瓮安县志·文苑》

834　湄潭县

本播之苦竹坝三里七牌地，明万历十八年，以眉潭川当川贵之险要，置湄潭县，清属贵州平越州。

清　任开泰，经里任家桥人，性善行端，精青乌术，凡为人造葬，无不尽心，享年九十三，一方称仰。

清　夏正邦，经里人，生平乐善，精青乌术，并精岐黄。兵燹时，与曾

祖芳，立砦东溪，① 施药济人，著有《产科心法》行世，年八十无疾终。以上《光绪湄潭县志·方技》

835　遵义县

汉置鳖县，宋齐后废，唐置恭水县，改曰罗蒙，又改曰遵义。宋建遵义军及遵义县，寻废为砦。故城在今贵州遵义县西，明置播州长官司，后复置遵义县，为贵州遵义府治，清因之，即今治，民国废府存县。

清　赵廷华，字重宣，遵义平水里人，生员，精堪舆术，为人易户树冢门，刻日而取验，人称曰赵神仙。遭乱，避去贵阳，人争奉贽，不责厚报，曰："同丁乱世，吾以是济人耳，何报之足"云。子弟艳请其术，则曰："四书五经，尔辈所宜读，胡及此！"绝不轻示人。年七十余，无疾而卒。《民国续遵义府志·术数》

836　桐梓县

汉牂牁郡地，后没于蛮。唐开山洞，置夜郎县，宋没于蛮，后复置夜郎县，寻废。明置桐梓驿，后改驿置县，属贵州遵义府，清因之。

明　文和道人，不知何许人，游至桐梓，精堪舆说，常见负一神像，曾于鼎山寺，题迥文诗云："闲云野乌宿村烟，唳鹤惊眠不似眠。参细细功禅密密，坐深深地露涓涓。三更五会空抛像，半夜初钟火出莲。关外不行修佛事，南岩寄兴写诗篇。"后不知所往。《道光遵义府志·方技》

837　仁怀县

宋置，寻废，明复置，即今贵州赤水县，清移仁怀县于李博里之亭子铺，属贵州遵

---

① 砦音寨，藩落也，山居木栅为砦。

义府，即今仁怀县治，民国因之。

清 杨书台，字钟山，仁怀布衣，苦学积行，治家有法。事继母罗，数十年无间言，罗尝曰："书台之事我，过于其父。"家贫，恃授徒，作事畜，课余，杂家人操作，历三十余年，家渐裕。其教人也，以端本力行为主，故从之者，多成谨厚之士，暇辄殚心术数之学，尤精堪舆，好施与，有告贷，家虽无多储，亦必腾挪与之，贷而弗偿，亦弗问。遇灾歉，则集饥民，或修治道路，或穿濬沟渠，而供其日食；力不足，则劝募助之，颇少流亡。里中有争者，多方劝息，匙成讼事，人称为善士。书台之先，本湖北麻城人，展转徙家于县之南乡，家谱散亡，至是书台乃远征近绍，纂修家乘，稿未刊，无疾卒，年七十四，殡葬日期，皆其预定，从容以逝，其数理之精如此。《民国续遵义府志·文学》

清 张大虚，仁怀人，常披虎皮，行乞市中，与人谈休咎辄应。后死，乡人共舁葬之，未几人复于蜀之綦江见之，仍披虎皮乞于市。《道光遵义府志·方技》

838 天柱县

唐朗溪县，南獠地，宋为会同县地，明置天柱千户所，又置天柱县。崇祯十年，移治龙塘，在今县东十里，改名龙塘。清并天柱所入焉，属贵州镇远府。县北十五里，有柱石山上有石如柱，县以此名。

明 萧云山，城坊人，万历初年，少得异人，授以奇门之法，知人世吉凶。本所千户徐苗捉去地良山中，云山止众勿惊，乃于某日统军数十，作法夜行，越数寨，直抵山中，取回千户徐弘，鸡犬不惊，归始日出，苗人骇以为神。其家清贫，毫无所取，冬不炉，夏不扇，日惟歌吟。后尸解，有人从黔中来，见其飘然而去，归而言之，始知其仙游也。《诸仙录》有云：萧云山，住天柱峰。《康熙天柱县志·仙释》

839　黄平州

汉唐为牂牁蛮地，宋为黄平府地，明初改黄平府，为黄平安抚司，后改为黄平州，故治在今贵州黄平县西北三十五里，今名老黄平。清康熙二十六年，徙州治于兴隆卫，即今治，属贵州镇远府，民国改州为县。

明　张怀阳，绵竹人，有道术，云游至黄平，视病即知死生，可疗者药之立愈。年八十三，将卒，前三日，谓门弟子曰："某日某时，吾当逝矣。"至期谈笑而终。《清一统志·贵州省·平越府·仙释》

840　黎平县

宋诚州地，元置上黎平长官司，明改置黎平、新化二府，后省新化入黎平，清因之，属贵州省，民国改府为县。

清　王建极，郡庠生，性仁孝，力学不倦，凡经史子集，星历诸书，悉究其奥；生平砥德励行，纤毫不苟。梅友月、何腾蛟与为莫逆交，当道咸钦慕之，称曰古之玉界尺也。《光绪黎平府志·儒林》

841　永从县

唐为溪洞福禄州，宋改福禄永从军民长官司，元因之。明初改永从蛮夷长官司，后改为永从县，属贵州黎平府，清因之。

清　向昌国，永从人，为永邑诸生，弃衿，学堪舆，得青囊秘诀，凡阡葬皆能预识吉凶。① 《光绪黎平府志·艺术》

---

① 尤精易卦先天之数。

842　铜仁县

唐置万安县,改曰常丰。唐宋没于蛮,宋置锦州砦,明初改铜仁长官司,寻置铜仁府,后置铜仁县为府治。清因之,后移铜仁县洽江口汛。民国改铜仁为江口县,改铜仁府为铜仁县。

明　徐宰六,字北楼,江西临川诸生,嘉靖初游铜,喜其山水佳胜,乃迁居焉。生平善青乌术,于铜得吉壤二,一葬陈行人珊之父,① 四世科甲蝉联,为一郡冠。一自葬后,以孙穆贵,赠按察使,累代簪缨,较陈氏尤绵。远郡学宫官署,皆宰六所酌定,著有诗集未梓行。《黔诗纪略》录其二章,今读其诗,殆亦高士之流欤。《光绪铜仁府志·流寓》

清　张潜光,号蓟门,生数岁,神姿秀澈,读书过目不忘。其父宫谕公,字之曰小农,盖不欲其卿相富贵,而望以带经挂角,相随于东阡南陌间也。同时汪退谷、周相垄、缪湘芷诸公,皆赋小农诗以赠。年十七,宫谕卒,遗书数万卷,潜光下帷自励,甫数年,诵览已遍,与武陵杨孟班辈,作竹林游,往往以议论倾座客。学既博,气益豪,遇事慷慨,间托之诗歌。阮嗣宗、刘公干,殆所心追而力摹者也。好堪舆医卜之术,星学尤精,不计生产,不愿婚娶,不习举子业,尝慨然有慕于司马子长,欲纵览名山大川,以充拓其怀抱,乃历湘衡,过洞庭,浮江而东,未几,以母太宜人病,遂匍归。居尝怏怏,忽析产置湖田数顷,自驾扁舟,往来湖上,贩鱼为业,或有以非计言者,潜光曰:"若真谓我学陶朱,作贩竖耶!吾特爱浮家泛宅,如家志和,绿蓑青笠,放迹于烟波耳。"是时年二十有奇,太宜人亟谋娶妇,潜光固沮之,曰:"儿与世相遗者,且寿短,无富贵子女相,徒琐琐何为,待过三十四娶未晚也。"后竟卒于是年,著有《远游草》未梓。《光绪铜仁府志·隐逸》

---

① 陈珊,字鸣仲,嘉靖进士,授行人,以不附严嵩,官终兖州郡丞,尝铭其座右曰:"士大夫能以居乡之心居官,天下必无冤民;能以居官之心居乡,天下必无请托。"人以为名言。

843　婺川县

隋置务川县，唐置高富县，后废，宋复置务川县，元曰婺川县，阴属贵州施南府，清因之。

明　胡学礼，婺川人，庠生，素精邵尧夫数学，志向清洁，淡泊自如，不求仕进，有古隐士风。《道光思南府志·隐逸》

844　安顺县

本安顺府直辖地，清时安顺府，与普定县同城，民国移普定治定南，改府为县。县境山谷幽深，林箐蓊郁，城在渚鱼河南，商货自广西输入，必先集此，然后输入贵阳。

明　周大行，籍无考，精地理，相传郡城基址，方位阴阳，为大行所定。《光绪安顺府志·方技》

845　安平厅

唐宋罗甸国地，元金竹府地，明置平坝卫。清康熙二十六年，改为安平县，属贵州安顺府，民国改为平坝县。

○德诚按：《清一统志·贵州省·安顺府》载有安平县，并无安平厅，兹据道光朝《安平厅志》所载。至改县为厅，究在何时，容再考证。

明　严俊，明末湖广公安人，别号冷水，博通经史，尤精天文，居平坝数年，士人多宗之。后寓遍侨之云台山，从学者益众。一日与诸生立阶下，见日边一星，诸生曰："知此星否？"对曰："此所云太白画见者耶！"曰："非也。此名天狗星，汉七国之变，此星昼见，今复见，西南其有事乎？"遂飘然不知所往。① 未几，天启间，有奢崇明、安邦彦之乱；崇正间，有李自成、张献忠之乱，贵阳平坝之间，焚毁殆尽。《贵州通志·道光安平厅志·流寓》

846 普安县

元普安路地，明置新城新兴二千户所，清顺治十八年，置普安县，初治新城所，属安顺府，即今贵州新仁县治。康熙十一年，移治新兴所，即今治，属贵州南龙府。

清 田泽霖，字雨村，二区鹇鸪村人，贡生。初失怙，贫不就外傅，既长，伯兄泽海、季兄泽深，送盘城肄业，勤愤猛进，为同侪冠，竟绩学成名，书法松雪道人，举业力追天崇，蹭蹬不售，凡医卜星相堪舆杂学，无不窥其门径。性耿介质直，不堕流俗，舌耕养母，独力负责，教人以孝弟忠信，修德行仁，而后致力于文艺，年七十六，卒于家。《民国普安县志·文学》

847 兴义县

旧为普安州地，清移平越府治之平越县来治，改为兴义县，属贵州兴义府。②

清 刘钟峤，贞丰州人，性颖异，好读书，以能文隶州学，旁览医卜诸书，医术尤精，医人辄活，不受谢，卜亦多中。衣冠整肃，步履不苟，里有端人之目。《咸丰兴义县志·艺术》

---

① 一云"薙发遁去"。
② 德诚按何炳《舆览》云：兴义府，国朝南笼府，改今名，又云：兴义县，苗疆，国朝建置。查《清一统志》，乃乾隆二十九年敕撰，故是书只载有南笼府，并无兴义府，而亦并无兴义县也。

中国历代卜人传卷三十七

辽宁省

辽宁省，我国东三省之一，古青、幽二州之域，汉辽东、辽西、玄菟三郡地，唐入渤海，五代及宋入契丹，后入于女真蒙古。清初曰盛京，顺治十四年，置奉天府府尹。乾隆初，设盛京将军，光绪三十一年，裁府尹；三十三年，裁将军，设巡抚，并设东三省总督驻焉。民国十八年，又改省曰辽宁。其地东界吉林，东南以鸭绿江界朝鲜，南临黄海、渤海，西界热河，北界黑龙江，省会曰沈阳县。

848 满洲

即今东三省，本名满住，乃文殊之音转，以佛名为名也。明之中叶，有建州卫酋长李满住者，由朝鲜咸镜道移居兴京，其后清太祖统其部落以满住为尊号，是为满州汗，至太宗始以满洲为部族之名，后又用为国号。世人因东三省为太祖太宗所侵略，遂称其地为满州，今又分称南北满洲，以吉林长春县为分界线。

清 德格勒，字子谔，满洲人，康熙初，著称理学，以翰林入直内廷，清风亮节闻天下。所与友则徐文定公元梦、汤文正公斌、李文贞公光地、文贞榕村语录，自云其学问过德子谔、徐善长两先生而后有进。尝扈从巡行，明珠奉万金为装，固辞。天久不雨，上命筮之遇夬，深言小人在上之当去；又以京师地震，与魏明果相继言二相植党之应，明尤憾之，会格勒删定《起居注稿》，明嗾人劾其私抹起居注，论死。会时公主出降科尔沁，乃使尽室以从，遂死于塞外。震钧《天咫偶闻》

清 高其倬，字章之，号芙沼，汉军镶黄旗人，康熙甲戌进士，改庶吉士，散馆授检讨，历官云贵闽浙两江总督，所至有学，后官工部尚书，调户部，卒谥文良。雍正丁未入觐，上以其倬通堪舆术，命诣福陵相度，其倬还奏，陵前左畔水法，因溢流，更故道，弓抱之势，微觉外张；当顺道河流，方为尽善，下大学士等，如所议修濬。庚戌复召至京师，令从怡贤王勘定太平峪万年吉地，进世职三等。其倬少时又以诗名，称一代作手，著有《奏疏及味》《和堂诗集》。《清史稿·列传》

849　沈阳县

秦以前肃慎氏地，汉晋迄唐属挹娄国，后为渤海沈阳地，辽金仍之。元属沈阳路，明置沈阳卫。清天命十年，自辽阳迁都于此，称曰盛京。入关后，顺治十四年，叠置奉天府尹、盛京将军守之。康熙三年，设承德县附郭；光绪三十一年裁府尹，设奉天府知府；宣统二年裁承德县，以府直辖。民国初，裁府，仍置承德县，寻改今名，为奉天省治。十八年，改奉天省为辽宁省，仍以沈阳为省治。地在沈河之阳，北宁辽海南满安辽诸铁道，交会于此，商务甚盛。清光绪二十九年，《中美通商条约》《中日通商航海条约》均订定开作商埠。

清　范宜宾，字寅旭，沈阳人，好藏古籍，研究堪舆，辑《乾坤法窍》三卷。乾隆庚辰，果亲王为之序刊行世。乾隆《法窍序》

850　铁岭县

周秦肃慎氏地，汉晋属挹娄，隋属越喜。唐渤海取越喜地，改富州，属怀远府。辽改银州富国军，金改新兴县，属延平府。元省县。明洪武中，置铁岭卫于铁岭城，属辽东都指挥使司，在今县南五百里，后徙今治。清康熙三年，置铁岭县，属奉天府。光绪三十二年，依三十一年《中日新约》，开为商埠。民国初，属奉天辽沈道，今属辽宁省。地据辽河东岸，南满铁路经此，凡由辽林往吉林者必过之，为省北门户。附近产铁，故制铁业甚盛。凡大豆杂谷等，聚集于比，旧时必在城西辽河畔之马风口，由水路输出营口，今则多由南满致路运载。

清　金世鉴，字万含，铁岭人，以门廕入仕，历官有声，凡八迁而至工部侍郎，及诖误左迁，又四迁而为京兆尹，甫一载，遘疾而卒。世鉴少秉粹姿，卓荦不群；既长，好读书，诸子百家，无不博涉，尤精于天官家言。康熙戊午地震，世鉴条上五事，具言阴阳灾沴，由人事怨郁于下，而后天变感应于上；今大小臣工，不可谓不上负朝廷，下负生灵矣。请乾断，劝善惩恶，以弭天变。人皆服其敢言。张文贞公《松荫堂集·金公神道碑》

851 辽阳州

秦置辽东郡，汉因之。晋大兴初为慕容廆所据，后燕时地入高句丽，至隋因之。唐贞观中克高丽，以其地为辽州。辽初，建东平郡，治辽阳县，后升为南京，寻又改为东京，置辽阳府，金因之。元改辽阳路，明初废县，设辽东都指挥使司。清顺治十年，设辽阳府，领辽阳、海城二县。十五年罢府为辽阳县，康熙四年升县为州，属奉天府。民国仍改县，属辽宁省。地滨太子河，东距南满州铁路仅里余，繁盛亚于沈阳，汽船自营口溯太子河达此。清光绪三十二年，依三十一年《中日新约》开为商埠，日俄之役，剧战于此。

汉 王仲，琅邪人，① 好道术，明天文。诸吕作乱，齐哀王谋讨之，尝决于仲。及济北王兴居反，又欲劫仲为将，仲乃浮海东奔乐浪山中，因家焉。《乾隆盛京通志·流寓》

○阜按：此即山东省即置县之王冲，可参观之。

北魏 高谦之，辽东人，少事后母以孝闻，精天文历算。孝昌中，为河阴令，有囊盛瓦砾，诈市人马，逃去，诏令追捕。谦之乃伪枷一囚立于市，宣言是前诈马贼，密遣腹心，察市中有二人忻曰："无复忧矣。"执究之，悉获其党。后奏复县令，面陈得失疏、将帅非才疏，修《梁书》十卷行于世。《明嘉靖全辽志·人物》

北魏 闵宗，辽东人，善占候，高扬时居东裔，生孝文昭皇后。幼时恒梦在堂内立，而日光自窗中照之，灼灼而热，避之不得，如是数夕，以白其父扬。扬以问宗，宗曰："此奇征也。日者君人之德，帝王之像，光照女身，必有恩命及之。避犹照者，主上来求，女不获已也。此女必将被帝命，诞育人君。"后果入掖庭，生世宗。《乾隆盛京通志·方技》

辽 呼拉布，善卜，常为耶律庶成卜，曰："官止林牙，因妻获罪。"后

---

① 故城在今山东诸城县东南一百五十里。

庶成官至林牙，果为妻呼都克所诬，夺官，使吐番十二年，清宁间始归，仍为林牙，悉如所占。①《乾隆盛京通志·方技》

元 石抹继祖，字伯善，辽人，条剌曾孙，袭父职，为沿海上副万户。驭军严肃，平宁都寇，有战功，且明达政事，讲究盐策，多合时宜。为学本于经术，而兼通名法、纵横、天文地理、术数方技、释老之说，见称缙绅间。《元史·附石抹也先传》

清 黄雅林，初名俊，字石咸，辽阳人，学问渊博，矜才使气，医卜艺术之书，无不周览。诗画仿郑板桥，有意矫俗，馆于宁邸。时贝勒承福已袭封，雅林督责甚严，时有倨色，乃勃然曰："尔冠则朝庭贵爵，尔身犹吾弟子也。"命免冠，重责数十，至跽谢罪乃已，其古道如此。汉修主人《啸亭续录》

852 襄平县

战国燕地，筑长城自造阳至此，汉置县，为辽东郡治，后汉晋皆为郡治。永嘉后属慕容氏，亦谓之辽东城。慕容廆使其子翰镇辽东，即是城也。后入高句丽，故城在今辽宁辽阳县北七十里。

北魏 晁崇，字子业，襄平人，家世史官，崇善天文术数，知名于时。为慕容垂太史郎，从慕容宝败于参合，获崇后乃赦之。太祖爱其技术，甚见亲待，从平中原，拜太史令。《魏书·艺术》《乾隆盛京通志·方技》

853 辽中县

向为新民、辽阳、海城分管地，清光绪间，析置辽中县，治辽阳州之阿司牛泉镇，属奉天府。民国因之，今属辽宁省。

清 史易，字卜堂，邑东北小新民屯人，清乾隆丙戌科进士，历任教授，官至直隶知州。学精于《易》，阐阴阳之理，穷体用之微，著有《遁甲吾学编》及《测量算数》等书，板存沈阳萃升书院文昌阁，后奉天督部堂依

---

① 国语，呼拉布，令其呼唤也。原作胡吕不，今译改。

尚为之印刷，传行于世。《民国辽中县志·文学》

清 靳鸿发，字振芳，世居邑北二道冈子村，兄弟二人，鸿发居次。七岁失恃，家贫无力读书，为人牧羊，稍长，习农事于垅亩，间尝携鼓词本，向人问字。识字既多，渐通讲义，并习医书，因业岐黄，亦通地学。清同治壬戌，疫大作，医者不肯临病者之门，惧传染也。鸿发则有求必往，先施以针，继之以药，无不霍然，以是昼夜无暇，全活甚众。《民国辽中县志·乡贤》

854 盖平县

周属朝鲜，秦时为燕人卫满所据，汉属元菟，魏属平州，晋隋属高句丽，为盖牟城地。唐置盖州，辽改辰州，金为盖州奉国军，元为盖州路，明置盖州卫，属辽东都指挥使司。清康熙三年，置盖平县，属奉天府，民国因之。有轻便铁路，由此接南满铁路。

清 耿昭忠，字信公，号在良，世籍山东，后徙辽东盖州，继藏次子，康熙间授镇平将军，驻福州，代兄精忠治藩政，官至太子太保、光禄大夫。昭忠技勇猷略，超迈绝伦，又雅擅文章，旁及书法绘事、琴弈医筮之类，往往精诣。至于敦念旧故，虚己下贤，拯困救难，汲汲如不及，即千金列驷，赠之不惜也。康熙丙寅卒，得年四十七，谥勤僖。《清史稿·列传·附耿仲明》钱仪吉《碑传集·践初功臣下》

清 于葆中，字柄衡，邑南三道沟村，宿儒于华春<small>字天墀</small>之族孙，千总于九龄之子也。为人沈毅寡言，有宿慧，冲龄失怙，寄养外祖家，从舅氏马文贵学《易》，研钻天文，归家遂与堂侄兆铎<small>字金声</small>同习卜筮堪舆经纬数理诸学，两人各有心得，不同俗学，而人未之知也。先是其祖天墀在时，著有《经书评注》及《天文学遗稿》，葆中得而读之，学究天人，获益良多，而犹以为未足；于是远游博访，垂三十年，学术益进。如观天象，卜风雨晦明，灾变祸福之微，各尽其能事。前清将军依克唐阿见而奇之，赏予五品职衔，后侨居海龙县黑咀村。民国戊辰，与前洮南县知事张光亚谈政变，预测多奇验，遂爱其才，曾荐之恳殖委员会。著有《堪舆流别略说》一篇，剖析分明，义扼宗要，而谓蒋平阶之书，专以元运对象为主，偏重虚理，以致用蒋盘者，奉为神圣，而薄用汪盘者为伪学；不知蒋盘理象虚悬，殊无实用，每屡按验，遵蒋盘名地师所用之地，多属平常，可见蒋盘之空理玄虚，反不若汪盘之确合古法，自有实验也。堪舆家当悉心探索，勿徒为蒋说所误为是。

清 丁显鸿，字化南，邑南老虎峪村人，性直爽，持公道，通地理阴阳星命各学。后经湖北枣阳人何玉册，传授蒋学。早岁遇异人，得养生术，茹素数十年，以是年逾古稀，鹤发童颜，精神矍铄，想见调摄功深，洵非偶然。

清 孙步云，字阆仙，邑北曹家窝堡人，性质直，少习儒者业，博通五经。数应试未遇，设教多年，偶从秦刚烈藏书中，检得《三才揭要》一编，上论治国，下及艺术，读之灼然识其纲要，洞悉堪舆诸书之真伪。涵泳久之，出其术为人度地相宅，往往奇中。遇有营造犯凶煞者，可拆毁则拆毁之，以是人每呼为孙爬房，妇孺犹能道之。居常怏怏，痛恨数术家半习伪书，先入为主，不自知其非，误人每至数世。虽极口诋之，以冀破除迷信，而资挽救，究之足迹所至，难遍寰区，即舌敝唇焦，所济者终鲜耳。每思将《三才揭要》所载，何书为真本，何书为赝造，何法宜确守，何法不可用，印本传观，俾彼谈风水阴阳者，知其得失，辨其是非，庶免贻害于无穷矣。

清 邢崇阳，字煦庭，邑城厢人，习数术，设先觉卦馆多年。光绪戊戌，土人陈翰升来占，路见一蛤蟆，因写一"蛙"字，测曰："蟾宫折桂，利于求名。"答问考试，复用奇门占之，本命值开门，得鸟跌穴格，许应试必获售。陈生言，王兆林师屡促赴考，因父有恙，特来决疑，断云："按令尊命在死门，夏间尚属旺气，入冬恐难免，可速去应试。"斯科果入泮，及冬其父故。又邑南孔家庄孔某占身命，得伏吟卦，不吉，告以切忌妄动，出入宜谨慎，不然有大凶，孔闻言忿忿去；行数武返，再占得返吟卦，回头克尽，更凶，断有性命之忧，宜速归休养。孔竟不以为然，终日在城，沈溺于酒。一日乘醉用巨盘行酒，沽酒家恐其醉，且盘非盛酒物，劝使他往，竟触其怒，酗酱奋拳，① 柜伙拒斗，足踢中其下部，立毙。宋祝三宫保军退盖平，县值亢旱，其哨官李象贤占雨，用六壬卦，得寅木初传发用，风伯雨师均透，预推至二十二日，先风后雨，届期果验。邑公安局高局长，因攻胡匪不下，其兄渤川系邢砚友，邀与卜之，选一时，以太乙奇门，演成一课，得太白入荧之格，示由某方惊门打入，必胜果毙匪数人，生擒匪首。占验多如此

---

① 酗音煦，遇韵，同酗，醉酱也。酱，音咏，敬韵，酒失也。

类，时人谓其浑身是卦，亦垂帘中之仅见也。

清 曲福厚，字忠堂，邑城厢人，得异人传授子平卜筮诸术，善摸骨相法，以尺度之，遂知其人贵贱穷通，妻室若何，子嗣贤否，均能确凿言之，往往奇中。以上《民国盖平县志·方技》

855 海城县

周秦属朝鲜，汉属玄菟，后改属乐浪，东汉置都尉，以封沃沮。魏属牟州，晋及隋，属高句骊，唐平高丽，属盖州，入渤海，为南海府。辽置南海军，金改澄州，元属辽阳路，明置海州。清顺治置海城县，属辽阳府，寻改属奉天府，民国因之。南满铁路经之。

清 戚士升，字允庵，城内人，原籍山东黄县。父全甲，始迁海邑，以商业起家，积资甚厚。士升束发受书，积学未售。年三十四，父殁，遂淡于进取，专营实业。家事无巨细，必承母命而行。母年九十余，士升已逾花甲，时在母前嬉戏，天真烂熳，有老来子之风。母殁，葬仪从丰，哀毁逾礼，里邻咸啧啧称之。从兄士铭，客死于外，嫂王氏青年励节，士升奉母命留养于家，并为立嗣。嫂年九十一卒，始终敬礼不衰。同母弟妇王氏守志，士升亦厚遇之。敦睦姻，尚任恤，凡宗族乡邻戚友有所求，无不立应，使之各如其意以去。贷不克偿者，即命宥讫。慕仁颂德，里巷讴思。遇人争讼，辄为排解，虽强悍者莫不折服，时人比之陈太邱云。本城山东会馆年久失修，势将坍塌，士升首倡捐资，重加修整，山左商民至今称道之。同治五年，马贼刘老好等陷牛庄，县城岌岌可危，士升请于邑宰郝佩芬，募民勇，办团练，关门固守，昼夜巡视，城赖以安。光绪初，邑侯贺壎重修文庙，建筑他山书院讲堂、校舍、文场，并修补城垣，士升为书院绅董，奉委督理工务。时当溽暑，日杂畚锸间，汗津津下，不少辍。工竣，贺令悯其劳，请大府嘉奖之。士升性耿介，临财不苟，为书院绅董数十年，出入官署，绝口不谈私事。历任县宰皆敬重之，而士林则仰若泰斗焉。士升多才艺，医卜堪舆诸书，无不通晓。尤擅长女科，凡产前后病，无不著手成春，历年施方，活人甚众。光绪六年，举人王耆龄等联名公举"孝廉方正"，奉旨允准，颁赐"孝廉方正"匾额。年八十卒，入祀乡贤孝子祠。子元桐、孙善卿，俱业儒。士升从嫂王氏、弟妇王氏、子妇曲氏、张氏，俱以节孝奉旨旌表。一门四

节,彤管流芳,人以为孝德所感云。《伪满康德四年海城县志·孝义》》[1]

清 矫晨憘,字子阳,号四大山人,又号卓卓子,原籍山东黄县。父一桂,业儒。晨憘少孤,事母孝,初习帖括,既而厌弃之,专务高远神奇之术,凡天文地理,及医卜星相诸书,无不窥其奥秘。尤邃于《易》,受数理于戚允庵先生,术益精。平生特立独行,与世不苟合,遂以卜隐于市,推测多奇中。日得千钱足自给,即闭市下帘,陶然以读书自乐,有严君平风。年六十五卒,著学术书甚多,经兵燹遗稿散失,仅存《奇门括囊集》待刊。

清 李玄真,邑北将军屯人,性聪慧,有异才,从江南某术士,受形象秘诀并卜筮针灸诸术,决疑多奇中,遇疾施砭,随手奏效,人称其术入神云。

清 姜乐园,城北甘泉铺人,初业儒,后娴堪舆卜筮诸术,为吾邑术学名家。以上《民国海城县志·方技》

856 徒河县

汉置,三国魏废,故城在今辽宁锦县西北,相传处舜时已有此城。刘恕《外纪》:"周惠王三十三年,齐桓公救燕破屠河",即徒河也。晋初慕容廆,迁于徒河之青山。

北魏 屈拔,徒河人,尚书道赐,子少好阴阳学,世祖追思其父祖,年十四,以为南部大夫。后献文帝又以其为功臣子,拜营州刺史卒。《魏书·附屈遵传》

857 广宁县

汉置无虑县,晋废,后魏为营州东境,唐置巫闾守捉城,辽置显州奉先军,金升为广宁府,元改广宁路,明置广宁卫。清康熙三年,改置广宁县为广宁府治,四年罢府存县,改属锦州府。民国废府,改为北镇县。

辽 耶律纯,为翰林学士,统和二年甲申,八月十三日,奉使高丽议地界,因得彼国国师传授星躔之学,著有《星命总括》三卷。其书议论精到,

---

[1] 注:此条为编校者补录。《鸣法体系校释》收有戚允庵先生墓志。

剖晰义理，往往造微，为术家所宜参考。《四库提要·子部·术数类二》

辽 耶律倍，太祖长子，幼聪敏好学，神册元年丙子春，立为太子，首请建孔子庙。天显间，从征渤海，破之，改其国曰东丹，命倍主之。太祖崩，倍知太后意，让位于弟德光，是为太宗。太宗既立，见疑，以东平为南京，[1] 徙倍居之，又置卫士，阴伺动静。倍既归国，命王继远撰建南京碑，起书楼于西宫，作乐田园诗，后唐明宗帝闻之，遣人跨海持书，密召倍，倍因畋海上。[2] 使再至，倍谓左右曰："我以天下让主上，今反见疑，不如适他国，以成吴太伯之名。"立木海上，刻诗曰："小山压大山，大山全无力；羞见故乡人，从此投外国。"携高美人载书浮海而去。唐以天子仪卫迎倍，既至汴，赐姓名李赞华，镇滑州，常与故国通问。为李从珂所害，时年三十八。世宗立，谥让国皇帝；统和中，更谥文献，庙号义宗。倍通阴阳，知音律，精医术，善画，尝市书万卷，藏之医巫闾山。《辽史·宗室列传》

元 耶律楚材，字晋卿，辽东丹王突欲八世孙，金尚书右丞履之子也。三岁而孤，母杨氏教之学。及长，博极群书，旁通天文地理律历术数及释老医卜之说。金贞祐乙亥，为中都行省员外郎，中都陷，太祖铁木真闻其名，召见之，处之左右。已卯夏六月，帝西讨回回国祃旗之日，雨雪三尺，帝疑之。楚材曰："玄冥之气，见于盛夏，克敌之征也。"庚辰冬大雷，复问之，对曰："回回国主，当死于野。"后皆验。壬午八月，长星见西方，楚材曰："女直将易主矣。"明年金宣宗果死。帝每征讨，必令楚材卜，帝亦自灼羊脾，以相符应，指楚材谓太宗窝阔台曰："此人天赐我家，尔后军国庶政，当悉委之。"甲申，帝至东印度，驻铁门关，有一角兽，形如鹿而马尾，其色绿，作人言，谓侍卫者曰："汝主宜早还。"帝以问楚材，对曰："此瑞兽也。其名角端，能言四方语，好生恶杀，此天降符以告陛下。陛下天之元子，天下之人，皆陛下之子，愿承天心，以全民命。"帝即日班师。丙戌冬，从下灵武，诸将争取子女金帛，楚材独收遗书及大黄药材。既而士卒病疫，得大黄辄愈。帝自经营西土，未暇定制，州郡长吏，生杀任情，至孥人妻女，取货财，兼土地。燕蓟留后长官石抹咸得卜，尤贪暴，杀人盈市，楚材闻之泣

---

[1] 东平郡，辽置，后升为南京，又改为东京，即今辽宁辽阳县治。
[2] 畋，音田，田猎也。

下，即入奏，请禁州郡非奉玺书，不得擅征发；囚当大辟者，必待报，违者罪死，于是贪暴之风稍戢。太宗时，拜中书令，事无巨细，皆先卜之。凡蒙古陋风，悉为改革。元之立国规模，皆楚材所定。卒赠太师上柱国，追封广宁王，谥文正，著有《湛然居士集》。《元史·本传》《民国北镇县志·耆旧》

清 艾向荣，字欣然，城内人，恩贡生，工帖括，尤好术数，凡堪舆医卜星相诸书，无不窥其奥旨。人有求其选茔地，建宅舍者，预言吉凶，每多奇中，为本邑术数名家。

清 李万春，字香阁，邑南甄台人，性洒脱，善恢谐，有东方曼倩遗风，于医卜堪舆，靡不宣究，而测字尤出人意表。有以妻病问者书一"合"字，万春曰："只賸人一口矣。"未几其妻卒。有欲诣贼巢者，不往恐失盗欢，往又恐陷不测，时值十三夜月，即书"月"字以问，万春曰："此行必得圆满结果，谓此后正月光圆满时也。"已而亦验，其灵敏类此。年七十余，偶得微疾，自知不起，凡身后事，悉预为料理。卒之日，忽问曰："日已中乎？"曰："中。"再抚之，已逝矣。

清 萧露浓，字本之，城西葨葨堡人，毕业军需学校，性好术学，凡壬遁堪舆诸书，无不博览旁搜，研究有得。尤精于地理之学，一时业堪舆者，多宗仰之。

清 孟昭谦，字益山，邑南黑鱼沟人，幼颖悟绝伦，于三式星命诸书，靡不涉猎，而尤邃于医。以上《民国北镇县志·方技》

858 义县

汉无虑县地，唐为营州地，辽置宜州崇义军，金改义州，元仍之。明改义州卫，隶东都指挥使司。康熙末，移锦州通判驻此。雍正十年，改设同知，十二年升为义州，属奉天锦州府。民国改县，锦朝铁路经之。

辽 焦希赞，① 宜州处士也。精堪舆，圣宗开泰间，相度风水于城之东北，建咸熙寺，② 又建塔于城之西南，相传为用意深远。后历金元明各朝兵

---

① 赞，纤纶切，音麋，真韵，美好貌。
② 即大佛寺。

燹，城果无恙。

清 陈世隆，字与斋，汉军旗人，以堪舆术知名，所言辄验。博多勒噶台亲王，曾赠匾额一方，文曰"行端术慎"。以上《民国义县志·方技》

859　绥中县

向为宁远州西境地，清光绪间，析置绥中县，治中后所，属奉天锦州府，京奉铁路经之。

辽 耶律乙不哥，字习撚，幼好学，尤精堪舆卜筮，不乐仕进，每为人择葬地，吉凶尽如其言。尝为失鹰者占，曰："在汝家东北三十里，滦西榆上。"求之果得。《辽史方技》《乾隆盛京通志·方技》

860　锦西县

本为锦县西境地，清光绪三十二年，析置江家屯抚民通判，改名锦西厅，属奉天锦州府，民国改县，今属辽宁省。

清 张恒春，字香风，清道光时人，聪明天亶，颖悟逾恒，读书目十行，精于天文艺术奇门等书。尝自制浑天仪一具，为锦县令周良卿携之而南，颇奖誉之，再制未就，以会试卒于京师，年仅二十有六。其平居驱役丁甲，占算未来，有奇验，偶失财物，浼恒春占之，无弗得者。相传恒春得有《奇门真传》一书，故研究有得，卒后其妻投烈火中，因不传焉。《锦西县志·方技》

861　安东县

唐属安东护府，明为镇江堡地，清初隶岫岩厅。光绪二年，析大东沟以东至鼗河地，置安东县，治沙河镇，属奉天凤凰厅，今属辽宁省。地濒鸭绿江，对朝鲜新义州，为自彼国渡江入我国之孔道，安沈铁路与朝鲜之釜义铁路衔接于此。光绪二十九年，《中美通商条约》及《中日通商航海条约》订定开为通商港，长白山之木材，浮江而下者，多自此输出。甲午、甲辰两役，日兵皆由此渡江侵入我境。宣统二年，且于鸭绿江上架铁桥以通车焉。

民国 刘世铭，字鼎三，一区太平村人，初学星命，熟于《渊海子平》《三命通会》等书，为人推休咎，无不奇验；继习堪舆术，初习《地理五诀》《地理秘窍》《入地眼》《铅弹子》诸书，后知其伪；终学《地理辨正疏》，识其隐语，究其真旨，深得河洛之理，于先天之精奥，九星之秘诀，既已明白晓畅，复习《古本峦头》《山洋指迷》等书。研究既久，于理气、峦头二端，皆了然胸中，兼以实地经验甚富，眼界扩充，于龙穴砂水，皆认得真切，而不茫然于目；相人墓宅，吉凶多奇中，有似管郭，与寻常形家迥殊。然深自矜慎，不轻出为人选择，凡经选择者皆吉壤。性廉介，不受人酬谢，家业富饶，不求闻达，惟课农教子，正道治家，有朱柏庐之遗风。民国甲子卒，寿七十有八，子长甲、长连、长第，均承庭训，能习其术，为堪舆专家。《民国安东县志·艺术》

862 凤城县

汉玄菟郡地，晋属平州，隋为高丽庆州地。唐平高丽，属安东都护；后渤海大氏据之，为东京龙原府。辽改置开州镇国军，金为石城县地，元属东宁路，明为东宁卫之凤凰城堡地。清顺治元年，置凤凰城城守官。乾隆四十一年，以岫岩理事通判，兼辖凤凰城。道光七年，改为岫岩凤凰城海防通判。光绪二年，改置凤凰直隶厅，民国改为凤凰县，又改今名。清甲午、甲辰，中日、日俄两役，皆以此地为战场。光绪三十二年，依三十一年《中日新约》开作商埠。旧时朝鲜贡使来华我国，常于此招待，今安泰铁路经之。

清 管文奎，居城北老黑山下，以堪舆名人争邀之，凡茔原无大凶煞，不轻令人迁移，与人得吉地，必以心地相劝勉。每年春出冬归，足迹所经，几遍关东三省，人称管平先生，卒年七十有二。子荜超，同治癸酉科举人，历任怀德、霸州等处教谕。

清 萨弼，本城正红旗夔伯人，兼通满汉文字，以蓍草占《周易》，多奇中。甲午乱将作，城守尉敬诣问吉凶，越三日卦成，按经文字句断之，后事悉应。以上《民国凤城县志·艺术》

863　复县

周秦为朝鲜地，汉属玄菟郡，魏属平州，晋至隋，属高句骊，辽置复州怀德军。元属盖州，后入辽阳路，明置复州卫，清初属盖平县。雍正五年，设复州通判；十二年升为州，属奉天府。民国改县。

清　张俸，字经池，隐于城市，精堪舆学。相地外，辄从事吟咏，一时名士如张乙青、陈笙伯，多与之倡和，著有《经池诗草》六卷。《民国复县志·隐逸》

清　李浩年，字丰廷，城东南窝落人，操医术甚精。侨寓省垣，时就诊者，悉应手奏效；于堪舆星卜诸学，亦有经验，世以此重之。《民国复县志·艺术》

864　庄河县

清时原为岫岩、凤凰两厅地，光绪间析置庄河直隶厅，属奉天省，治大庄河。民国改县，地在岫岩县西南海滨。

清　冯华国，字邦民，县东六区保安村冯家屯人也。于光绪癸卯，游上海吴淞口，于香焦港东门郭家疃，① 得识堪舆名家郝乐天、郭玉杰二先生，遂从学焉。专习三载，于峦头星学，理气演卦，俱得薪传，莫不各臻其妙焉。

清　王兆槐，字香三，邑西北长岭子兴元屯人，通堪舆之学，名著一方。善事嫡母，尤以孝称。以上《民国庄河县志·方技》

吉林省

吉林省，我国东三省之一，古肃慎地，汉晋挹娄地，唐渤海地，宋为契丹女真地，元开原路北境，清代即崛兴于此。清人入关定鼎后，历置将军及副都统镇守之。光绪末，置省。其地东界苏联，东南界朝鲜，南与西界辽宁，北界黑龙江，省会曰永吉县。

---

① 疃，土缓切，湍上声，禽兽所践处。

865　吉林县

在北京东北,古肃慎地,汉晋为挹娄地,后魏勿吉,隋靺鞨,唐渤海地,宋为契丹女贞地,元置军民万户府五,明初属建州毛怜等卫,其后满州崛兴于此。顺治十年,设宁古塔昂邦章京。康熙元年,改镇守宁古塔等处将军。十五年,将军移驻吉林,留副都统镇守宁古塔。光绪以后,始陆续增设府厅州县。迄三十三年,裁将军副都统等官,改设吉林巡抚,复分设各道,行省规模,于焉大备。是年又依《中日协约》,订定开作商埠。民国十八年,国民政府改为永吉县,仍为吉林省治。地势长白山脉及其相续之完达山脉,自西南绵亘于东北,为一大高原,中多森林,惟松花江下游两岸,平畴沃衍,宜牧宜耕。中东铁路自黑龙江逾松花江入境,东达俄境之海参崴,南达长春,以接于南满铁路;自省治西达长春,东南达敦化者,有吉长、吉敦两铁路。气候纯系大陆性,动物多虎豹熊鹿,松花江之鲑鱼、苏里江之鳇鱼甚饶,农产略同辽宁,森林尤多,金矿亦旺,惜多未开采。

清　戚麟祥,浙江德清人,康熙乙丑进士,改庶吉士,授翰林院编修,累官侍讲学士,值南书房。通数学,每祈祷晴雨,圣祖辄命占焉,不淹晷刻。世宗嗣位,尤重之,尝奉先皇帝遗砚以赐。既引疾归矣,乃以事谪戍宁古塔,至戍所,语人曰:"吾不能逆睹以免于祸,亦数也。虽然,某年吾当归。"及期,其第三子发文宰连江,请于大府,为之奏闻乞恩,果赐环。《光绪吉林通志·寓贤》《清稗类钞·方技》

866　双城县

金为上京会宁府之西南境,元为废地,明为阿怜部,清嘉庆间置协领于双城堡,管理驻京八旗移垦事宜,隶阿勒楚喀副都统。光绪间,置双城县通判,宣统初升府,属吉林省,民国改县。

清　姜永德,字郁周,行洁口讷,通儒也。岁科求试,虽未博得一衿,后专精青乌术,有特识,隐于乡,以术自闷。然人多挽求,相宅卜兆,咸庆安居,不计利,且不望报。《民国双城县志·艺术》

867　宁安县

古肃慎氏地，其后为挹娄，为勿吉。渤海时，置上京龙泉府。辽为天福城，旋移其民而墟其地。金置呼尔哈路万户，元初置呼尔哈军民万户府。明奴儿干都指挥使治此，统割野人诸卫。清太祖崛起于此，为清都发祥地。顺治十年，设宁古塔昂邦章京于今治西北五十里。康熙初改将军，从今治，十五年将军移驻吉林，改设副都统。雍正五年，置泰宁县，旋废。光绪间，移绥芬厅于此，后裁副都统。宣统初，升绥芬厅为府，属吉林省，寻改名宁安，民国改县。城滨瑚尔哈河之曲，中东铁路经其北，为水陆要冲，旧时气候酷寒，迩来殖民稍繁，气候已渐变温和。清光绪三十二年，依三十一年《中日协约》，与依兰同时开为商埠。

金　高仲振，字正之，辽东人，其兄领开封镇兵，仲振依之以居，既而以家业付其兄，挈妻子入嵩山，博极群书，尤深于《易》及《皇极经世》诸书，安贫自乐，不入城市，山野小人，亦知敬之。《金史·隐逸》《乾隆盛京通志·隐逸》《民国宁安县志·氏族》

清　李瑞昌，字克斋，以读书积善，闻于乡里，自幼颖异且孝，年八岁失怙，哀毁过于常人。继从冯进士游，冯固齐鲁名宿，见其慧，经史而外，以唐宋八家文授之，克斋辄领会，无问难。年十五，嫡慈宁、生慈杨相继谢世，家境不丰，不得已弃举子业，而究心灵素之学，尝慨然曰："大丈夫不为良相，当为良医，古人岂欺我哉！"遂取《内经》《难经》，及张长沙、刘河间、张子和、李东垣、朱丹溪、柯韵伯、赵养葵、张隐庵、叶天士、徐洄溪之书，朝夕寒暑，简练揣摩，五十年如一日。常语人曰："医虽薄技，实操生杀之权，惟在审证确，用药当，始能生死人而肉白骨也。且病万变，药亦万变，若拘古方以治今病，执死法以治活人，有不草菅人命者几希。"故其疗病时多奇验，然性慈好施，与人疗病，不较值，惟薄收药资而已。好藏书，凡经史子集、医卜杂家之书，及金石碑帖之属，靡不广为搜罗，至盈两屋。善《周易》，能扐蓍草，与人决疑。① 常谓世俗以钱代筮，乃权舆于《火珠林》，实非古法。光绪庚子，其子钟华明经，拟率其门人吴澂泉秀才，同赴顺天北闱乡试，克斋以为不可，因谓"汝师徒此去，功名不但无望，且有意外之虞"，复书一偈曰："山河四塞，遏流径路，欲前不得，复归故处"。明经未敢行，而吴径往，时三月初三日也。未几，义和团起，吴至都二日，仍即返宁，其先见多类此。并精于小楷，其秀逸处，已登松雪之堂。计手钞《医宗金鉴》一全部，《参同契》一部，《奇门秘旨》《六壬真传》各一部，均系端书正楷，无一字行书者。《民国宁安县志·耆旧》

868 长春县

辽黄龙府地，金济州地，明兀良合部，清内蒙古，郭尔罗斯前旗地。嘉庆间，因垦民日众，置长春理宁通判，设厅治于新立屯。道光间，移治宽城子。光绪间，改抚民同知升为府，属吉林省。民国改县，为南满洲铁路与中东铁路分界处，吉长铁路，亦交点于此。清光绪三十二年，依三十一年《中日协约》，辟作商埠。其地滨伊通河，水陆运输便利，吉黑两省货物，皆以此为集散，贸易之盛，过于省城。其北曰北满洲，南曰南满洲，附近土地平沃，面积亦广，为东三省五谷第一产地。

清 恒裕，字益亭，一字惇夫，满洲人，嘉庆进士，宫中允，性孤介，善诗及书，兼通医卜，有《墨卿堂集》。《尚友录》

热河省

热河省，在我国北部东境，省境有热河故名，古为山戎、东胡地。明初属北平府，后为察哈尔所并，清初内附。康熙四十二年，建避暑山庄于热河。雍正初，设热河厅，寻改设承德府，别置热河道统之。民国三年，划为热河特别区域。十七年，置省。其地东与东北界辽宁，南界河北，西与西北

---

① 扐，音勒，筮者著蓍指间也。蓍，音尸，又音脂，蒿属，生千岁三百茎，《易》以为数。天子蓍九尺，诸侯七尺，大夫五尺，士三尺，见《说文》。按《群芳谱》云：蓍，神草也。能知吉凶。苏颂云：上蔡县白龟祠旁，其生如蒿作丛，高五六尺，一本一二十茎，至多者五十茎，生便条直，秋后有花，出于枝端，红紫色，形如菊花，结实如艾实。

界察哈尔，省会曰承德县。

869　承德县

明初为兴州卫，后废入朵颜卫，清朝建都，名曰盛京。顺治十四年，设奉天府。康熙三年，设承德县为首邑。雍正元年，设热河厅，寻改承德州，属直隶布政司。乾隆初，罢州复厅，嗣复改设承德府热河道。民国改县，为热河之首邑。地滨热河，山多田少，乡无镇市，在热河区域为最瘠；然山峦耸秀，四时不同。清代因建避暑山庄于此，园林台榭，亘五十余里，热河遂为胜地，商业亦因之发达。

元　张庭瑞，字天表，庭珍弟，幼以功业自许，读书力学，经史之余，兵法地志、星历卜筮，无不推究，以战功累官潭州路总管卒。庭瑞初屯青居，[①] 其土多橘，时中州艰得蜀药，其价倍常，庭瑞课闲卒，日入橘皮若干升，储之，人莫晓也。贾人有丧其资不能归者，人给橘皮一石，得一钱以济，莫不感之。家有爱妾，一日见老人与之语，乃其父也。妾以告庭瑞，召视之，其貌甚似，问欲得汝女归耶？其人以为幸侍左右，非敢求与归，庭瑞曰："汝女居吾家，不过群婢，归嫁则良人矣。"尽取奁装书券还之，时人以为难。《元史·本传》《牧庵文集·张公神道碑》《承德府志·人物》

870　大宁卫

大宁故城，在热河平泉东北一百八十里，别有大宁新城，在平泉县北一百里，明洪武二十四年筑，留兵居守，置新城卫，永乐初废。

清　张翼星，字三明，大宁左卫人，崇祯丙子举人，精理学，尤长于《易》，受业者百余人。家贫不仕，隐于卜肆，日获百钱以自给，衣履常不完，盛夏犹峨冠毡笠，宴如也。从弟元锡官总制，屡迎不一往，有所遗，择小且劣者受之，曰："尔我见意尔。"常语人云："我静坐只思已往，不思未来。"其定力有如此。《乾隆河北志·隐逸》

---

① 青居卫，在四川东南三十里，为通武胜县孔道。

察哈尔省

察哈尔省在我国北部东境，古为荤粥地，汉为上谷、雁门诸郡地，东汉及晋为乌桓、鲜卑所居，唐为武新、妫云诸州外境，明为插汉部所据。清为察哈尔八旗驻牧地，嗣为直隶省口北道及山西省归绥道辖境。民国三年，置察哈尔特别区域；十七年，改置省。其地东界辽宁、热河，南界河北、山西，西界绥远，北界外蒙古，省会曰万全县。

871　万全县

张家口在直隶，今为万全县治。北接察哈尔张北县界，为外边长城之要口，京绥铁路之中枢，有上下二堡，皆明时筑。以与蒙古互市，下堡名张家口堡，宣德四年筑；上堡名来远堡，万历四十一年筑，开马市与蒙古贸易。清雍正十年，与我订《恰克图通商条约》，亦以此通蒙古军台，及恰克图陆路商场要道。至咸丰十年，《中俄新约》逐定开为商埠，划地五百万方尺，归俄专管为租界矣。有坦道西北通库伦，汽车可迳达其地，本为万全县之一镇，县治在西三十里，近以商务大盛，县遂移治下堡，察哈尔都统及兴和道则驻上堡。

明　皇甫仲和，睢州人，[①] 精天文推步之学。文皇北征，仲和以占从，一日师至漠北，[②] 不见寇，上意疑欲还，召仲和占之，曰："今日未申间寇至，自东南方。"问胜负何如，曰："王师始却，终必胜。"召袁忠彻问之，皆如仲和言，上怒械之，曰："今日寇不至，二人皆死。"日中不至，复召二人占，对如初，顷之，寇大至直前，以神鎗冲之，寇按兵不动，顷之，寇众齐发，上登高望之，召总兵谈广曰："东南不少却乎？"广率精兵舞牌，斫其马足，寇稍退，已而疾风扬沙，两不相见，寇始引去，诏欲乘夜班师，二人曰："不可，明日寇必来降，请待之。"至期果诣军门纳款，帝始神其术，授仲和钦天监正。英宗将北征，仲和时已老，学士曹鼐问曰："驾可止乎？胡

[①] 睢州故治，在今安徽宿县北二十里。
[②] 大漠之北，即外蒙古也。

王两尚书已率百官谏矣。"曰："不能也，紫微垣诸星已动矣。"曰："然则奈何？"曰："盖先治内。"曰："命亲王监国矣。"曰："不如立储君。"曰："皇子幼，未易立也。"曰："恐终不免立。"及车驾北狩，景帝遂即位。寇之薄都城也，城中人皆哭，仲和曰："勿忧，云向南，大将气至，寇退矣。"明日杨洪等入援，寇果退。一日出朝，有卫士请占，仲和辞，卫士怒，仲和笑曰："汝室中妻妾正相斗，可速返。"返则方斗不解，或问何由知，曰："彼问时，适见两鹊斗屋上，是以知之。"其占事率类此。《明史·方技》《乾隆河北三厅志·杂志》

872 赤城籐

汉，上谷郡北境，辽置望云县，元升为云州。明时州废，置赤城堡。清改置赤城县，属直隶宣化府，今属直隶口北道。

晋 卜珝，① 字子玉，匈奴后部人也。少好读《易》，郭璞见而叹曰："吾所弗如也，奈何不免兵厄。"珝曰："然吾大厄在四十一，位为卿相，当受祸耳，不尔者亦为猛兽所害，吾亦未见子之令终也。"璞曰："吾祸在江南，甚营之，未见免兆，虽然，在南犹可延期，住此不过时月。"珝曰："子勿为公吏，可以免诸？"璞曰："吾不能免公吏，犹子之不能免卿相也。"珝曰："吾此虽当有帝王，子终不复奉二京矣。琅邪可奉，卿谨奉之；主晋祀者，必此人也。"珝遂隐于龙门山，刘元海僭号，征为大司农侍中，固以疾辞，元海曰："人各有心，卜珝之不欲在吾朝，何异高祖四公哉！可遂其高志。"后复征为光禄大夫，珝谓使者曰："非吾死所也。"及刘聪嗣伪位，征为太常。时刘琨据并州，聪问何时可平？珝答曰："并州陛下之分，今兹克之，必矣。"聪戏曰："朕欲劳先生一行，可乎？"珝曰："臣所以来不及装者，正为是行也。"聪大悦，署珝使持节平北将军，将行，谓其妹曰："此行也，死自吾分，后慎勿纷纭。"及攻晋阳，为琨所败，珝卒先奔，为其元帅所杀。《晋书·艺术》

---

① 珝，音禹。

清 张文衡，字聚奎，赤城人，先世以指挥隶开平卫，早孤，事母以孝闻。通天官舆图风角之学，尤邃易术，能前知禨祥。① 顺治间，累官佥都御史，巡抚甘肃，总督孟乔芳，调狪兵往征川，其酋米喇印、丁国栋结连生羌，乘间至兰州为乱，执总兵刘良臣，文衡巷战，文武十余人俱不屈死。《清一统志·畿辅通志·列传》

873 蔚州

北周置，治灵丘，即今山西灵丘县，隋废，唐武德复置，寄治阳曲，又寄治繁时，又寄治秀容、北恒州城。贞观时，还故治，天宝初，移置安边县，改曰安边郡，寻复曰蔚州。宋以后因之，即察哈尔蔚县治。

北魏 燕凤，字子章，代人。② 好学博综文史，明习阴阳谶纬，昭成待以宾礼，后拜代王左长史，参决国事。又以经授献明帝，尝使苻坚，不辱命。苻坚存立道武，凤之谋也。道武拓拔珪即位，历吏部郎，给事黄门侍郎，行台尚书，甚见礼重。太武初，以旧勋赐爵平舒侯。《魏书·本传》《清一统志·山西省·大同府志》《乾隆宣化府志·人物》

北魏许谦，字元逊，代人，少有文才，善天文图谶之学。建国时，将家归附，昭成嘉之。擢为代王郎中令，兼掌文记，与燕俱授献明经，登国禄。丙戌，与张衮等参赞始基，累官为曲阳护军，赐爵平舒侯。皇始元年丙申，卒，时年六十三。《魏书·本传》《乾隆宣化府志·人物》

明 真中，山西人，出家五台山，戒行精严，尝募建桑乾渡口桥，行旅便之。后居蔚之东五台山，以寿终。工诗，于医卜阴阳星历，皆能通晓。《光绪蔚州志·杂记》

清 赵占鳌，字六峰，平定州人，岁贡，尝应京兆试，不得志，以医游蔚，乐其风土，遂家焉。博览多艺，精堪舆家言，而深自韬晦，有造请者虽重币弗往，曰："吾直以若为寄耳，乌能为人仆仆作葬师哉！"劬学至老，手

---

① 禨，音机，福祥也。
② 代为古国名，在今蔚州。

不停披，著有《地学集要》《医奥义》若干卷，《六峰诗》一卷，卒年七十。《光绪蔚州志·寓贤》

清 徐尔寿，字静岩，岁贡，博学多艺，精堪舆家言，尤喜读《易》，家徒四壁。有子慧而夭，妇乔氏以节著，井臼躬操，不以累翁。尔寿日焚香著书为娱，不知有西河之戚也，人以倜傥目之，著有《静岩易说》二卷。《光绪蔚州志·列传》

清 武之烈，自号奇穷子，南蔚州人，尚书魏象枢尝为作《奇穷子传》云：武之烈，字承之，号动忍子，性疏懒，见不义人辄狂笑。读书博古，汉魏以上，唐宋以下，年月姓氏，世系爵里，悉成诵。通术数学，与人卜多验，四方之人人蔚者，无不知有动忍子者。幼丧母，长事其父，备色养，父疾，昼夜侍牀榻，衣不解带。父卒，晨夕奉木主，一羹一菜，必整衣冠，揖而献之，既撤乃食，垂三十年如一日。作《五噫歌》，追念庭训，跬步不肯苟，尝指天问曰："性命形骸，皆主人翁予我者，我敢效贾客之营利而忘本耶！"论古今事，有才辨，颇类滑稽，闻人有过，面诤不少假，人多衔之。时携妻子居荒村，不入城市，独与魏象枢以道义相勉，偶来京师，不数日辄告去，曰："吾与飞狐山下耕者有约，亦不敢固留也。"柏乡魏裔介闻其名，每就而问之，得所著诗文一集，名曰《动忍斋小言》，为行于世，曰："荆卿梁鸿之俦也。"徐世昌《畿辅先哲传·高士》

874 保安州

辽奉圣州，金升为德兴府，元复降为奉圣州，又改曰保安州，清属直隶宣化府，民国改为涿鹿县。

清 汤昭，廪生，家贫，精君平之术，以卖卜为业，与人谈休咎，无不响应。日得钱数百，下帷读书，贫不计利，晏如也。

清 董崇德，庠生，善虚中之技，推五行生克，无不吻合。河洛精微之妙，言之凿凿可据。以上《道光保安州志·艺术》

宁夏省

宁夏省在我国中部之西，民国十七年，析甘肃省属宁夏，宁朔、灵武、盐池、平罗、中卫、金积、豫旺等八县，合西套蒙古之阿拉善额鲁特、额济纳土尔扈特二部之地，置宁夏省。东界绥远，自南及西界甘肃，北界蒙古，省会曰宁夏县。

875　宁夏县

汉北地郡，富平县地，北周置怀远县，宋入于西夏，元为宁夏路东境。明置宁夏前卫，及左右二屯卫，清初因之。雍正二年，改置宁夏县，为甘肃宁夏府治，有汽车路自绥远包头镇达此。地当甘肃之北，蒙古之南，黄河至此，漫为平流，流渠灌溉，收获丰足。黄河常为中国患，而宁夏独受其利，汉唐以来，常为重镇。西夏据此，南抗赵宋，东拒辽金，享国数百年，始为蒙古所灭。城中街市繁荣，贸易胜于兰州。西宁百货中以羊皮为大宗，产于黄河滩地者尤为珍品，有宁夏滩皮之称。

清　王觐光，字见青，原籍绍兴人，为宁夏道于从濂幕客，博涉多能，善谈论，尤精于堪舆。有言葬地吉凶者，或就其穴拨正之，辄有验。所著有《地学正误》《宁夏河西堪舆论》。

清　王生兰，宁夏人，精堪舆术，不受谢仪，持斋修行，门徒极众，五世同堂，一乡称之，寿八十余终。以上《民国朔方道志·技艺》

876　宁朔县

汉灵武县地，隋唐为怀远县西境，元为宁夏路西境，明分置宁夏右屯卫。清雍正二年，改置宁朔县，与宁夏县同为甘肃宁夏府治。民国废府，移宁朔县驻满城，与宁夏县分治。

清 张映槐，字树滋，朔邑增广生，嗜学多能，尤精《周易》课，卜事辄验。《民国朔方道志·技艺》

877　中卫县

后魏灵州地，隋灵武郡地，唐灵州鸣沙县地，宋没于西夏，元置应理州。明废，置宁夏中卫。清雍正二年，改置中卫县，属甘肃宁夏府。地当黄河北岸，有汽船自此东达绥远托克托县之河口镇。

明 刘宽，甘州中卫人，刻意经史，尤精于星历卜筮之学。尝建议开高台所，从学者甚众。《清一统志·甘肃甘州府·人物》

清 康绳周，任后卫教授，精风鉴，宁夏巡抚荐至京，视皇陵有功，赐银币，授钦天监博士。《民国朔方道志·技艺》引《中卫县志》

878　灵武县

后魏薄骨律镇，后改置灵州，故城在今宁夏灵武县西南，隋改为灵武郡。唐复置灵州，改曰灵武郡，又改灵州。宋陷于西夏，元复曰灵州。明置灵州，移今灵武县治。清又为灵州，属甘肃宁夏府，民国改为灵武县。

宋 斡道冲，灵武人，其先从夏主迁兴州，[①] 世掌夏国史。道冲通五经，为蕃汉教授，译《论语注》，别作《解义》二十卷，又作《周易卜筮断》，行于国。按《尚友录》作幹道冲，此从《奇姓通》。

---

① 兴州，西夏赵元昊置，号兴庆府，即今宁夏通南境。

新疆省

新疆省，在我国西部之北，古为雍州外地，汉时始通中国，号西域。全境以天山分山南、山北两路，汉时山南分三十六国，设都护统辖之；山北为匈奴、乌孙诸国地。唐时山北置北庭大都护府、山南设安西大都护府统之。中叶以后，尽入吐蕃，宋时尽入于辽。清初，山北为准噶尔部，山南为回部。乾隆时，次第收入版图，号曰新疆。光绪十年，置新疆省，民国仍之。其地东北界蒙古，东界甘肃，东南界青海，南界西藏，西南界克什米尔，西界帕米尔，西北界苏联所属之中亚细亚，省会曰迪化县。

879 迪化县

清初为准噶尔部东境，乾隆间平定准部，设屯堡，名乌鲁木齐，土名红儿庙。三十八年，设迪化州，直隶甘肃省。光绪七年，依俄约，开为商埠，十年建新疆行省，十二年升府，并置迪化县附郭。民国裁府留县，仍为省治。地当天山北麓，东南三峰，积雪莹白，入夏雪水下注，流为多数小渠，水草丰美，田畴垦辟，出关人民咸集于此，工商繁盛，市街整齐，有繁华富庶，甲于关外之称。城西一带，沙冈环绕，产煤甚旺。清光绪七年，中俄改订条约，准俄商前往贸易。县境大道四达，北由绥来而达承化寺，南由吐鲁番而达南路诸大城，东由奇台而达镇西哈密，西由绥来而达绥定。

元 阿锡贡，西域佛哩人，通诸部语，工星历医药二司后，改广惠司，仍命长之。至元十三年丙子，奉诏使西北，崇王鄂勒欢所还，拜同平章政事，固辞。擢秘书监，领宗福使。大德元年丁酉，授平章政事。《民国新疆图志·人物》

中国历代卜人传卷三十八

列女

晋 刘夫人，南阳人，尚书令耽之女，桓玄妻也。聪明有智鉴，尝见刘裕，因谓玄曰："刘裕龙行虎步，瞻视不凡，恐不为人下，宜早为之所。"玄曰："我方欲平荡中原，非裕莫可付以大事。待关陇平定，然后当别议之。"玄卒为裕所灭。《宋书·武帝本纪》《太平御览·术数相中》

唐 李夫人，子王珪，字叔玠，太原祁人。始隐居时，与房玄龄、杜如晦善，母李尝曰："而必贵，然未知所与游者何如人？而试与偕来。"会玄龄等过其家，李阚，大惊，敕具酒食，欢尽日，喜曰："二客公辅才，汝贵不疑。"珪后历官礼部尚书，谥懿。《唐书·王珪传》载珪世居郿，《旧唐书·王珪传》载珪太原祁人。

唐 刘夫人，南华人。① 父晏，官吏部尚书，乃侍郎潘炎之妻也，有知人鉴。京尹某有故，伺候累日不得见，遗阍者三百缣，夫人闻知，谓潘曰："岂为人臣，京尹颐一谒见，遗奴三百缣，其危可翘足而待也。"遽劝夫避位于其子孟阳。后孟阳为户部侍郎，夫人忧惕，谓曰："以尔人材相貌论，位列丞郎，官不称形，吾惧祸之必至也。"潘公解谕再三，乃曰："不然，试会同列吾观之。"因遍招同寅，客至，夫人垂帘视，喜曰："皆尔俦也，不足忧。"问末座绿衣少年何人，曰："补缺杜黄裳。"夫人曰："此人相貌全别，必至有名卿相，汝默志之。"后果如其言。《新唐书·潘孟阳传》《神相证验》

○阜按《新唐书》云："潘炎进礼部侍郎，以病免，殆夫人劝其避位于子孟阳也。及孟阳为侍郎，而夫人又忧其人材相貌不称，后果誉望大丧，年未四十而卒。"《唐书·本

---

① 汉，离狐县，唐改南华，金时为黄河淹废，在今河北东明县东南。

传》："杜黄裳，万年人，擢进士第，官至河中晋绛节度使，封邠国公，卒谥宣献。"

唐 卢母，范阳人，母琅琊王氏，于景龙二载戊申，撰《天宝回文诗》，凡八百一十二字。诫其子曰："吾殁之后，尔密记之，若逢大道之朝，遇非常之主，当以真图上献。"至元宗朝，东平薛太守始上之，高适代为之表，言其性合希夷，体于静默，精微道本，驰骛玄关；① 旁通天地之心，预记休征之盛；循环有数，若寒暑之递迁；应变无穷，类阴阳之莫测。果尔，则王氏不特词华巧思，亦且未事先知矣。《畿辅通志·列女》

唐 苗夫人，乃太宰晋卿之女，累代台铉，张延赏之夫人也，壶关人。时选子婿，无当意者，夫人幼习相人书，有慧鉴，别英锐。见韦皋秀才，②曰："此人五岳相朝，四渎连接，眉有伏彩，眼有真光，鼻既直，耳亦厚，口方声响，足短手长，乃是贵征。"遂以女妻之。韦初为殿中侍御史，权知陇州行营留后，连拒洙沘伪命，迭斩其使，拜奉义军节度使。贞元间，竟代延赏为剑南西川节度使，经略滇南，诸蛮皆内附，封南康郡王。顺宗立，诏检校太尉，卒赠太师，谥忠武。苗夫人预言其贵，诚不诬也。《新唐书·韦皋本传》《云溪友议》《神相证验》

唐 娄千宝、吕元芳，二女生，婺人也，有异术，所言辄验。浙东李尚书襄闻其名，发使召之，既到，李公便令止从事厅。从事问曰："府主八座，更作何官？"元芳对曰："适见尚书，但前浙东观察使，恐无别拜，千宝所述亦尔。"从事默然罢问，及再见李公，李曰："仆他日何如？"二人曰："稽山耸翠，湖柳垂阴，尚书画鹢百艘，③ 正堪游观。昔人所谓人生一世，若轻尘之著草，何论异日之荣悴？"自后李归义兴，未几物故，是无他拜也。又杜胜给事在杭州之日，问千宝曰："胜为宰相之事，何如？"曰："如筮得震卦，有声而无形也。④ 当此之时，或为阴人所谮，若领大镇，必忧悒成疾，可以修禳之。"后杜公为度支侍郎，有直上之望，草麻待宣，府吏以上，于杜公门构板屋，将布沙隄，忽有东门骠骑，奏以小疵，而承旨以蒋伸侍郎拜相，杜出镇天平，忧悒不乐去。乃叹曰："金华娄山人之言，果验矣。"欲令召千

---

① 骛，音务，奔驰也。
② 字城武，万年人。
③ 鹢，音逆，水鸟也。似鹚鹕而色白，善翔而不畏岚，人因画其象于船头。
④ 《周易》卜得震卦，如闻雷不见其形，凡事皆不成遂也。

宝、元芳，或曰："娄吕二生，孤云野鹤，不知栖宿何处。"杜寻亦终于郓州。①《图书集成·术数部·名流列传》《光绪浙江通志·方技》

唐 吴女士，父仁璧，少能诗，兼明玄象阴阳之学。天复中，仁璧登进士，居越中，甚贫困，闲常佯狂乞于市，女曰："大人慎出入，恐罹网罗。"已而钱武肃王命撰其母墓铭，仁璧不从，遂系。女泣曰："文星失位，大人其不免乎？"遂并女沉之东小江，女年十八。《康熙绍兴府志·方技》

宋 丁氏，司封员外郎之女，乃尚书右丞胡宗愈夫人，自幼颖慧，无所不能，其善相人，盖出天性。在西府时，尝于窗隙遥见蔡丞相确，谓右丞曰："蔡相全似卢多逊。"或以卢蔡肥瘠，色貌不同诘之，丁氏曰："吾虽不及见卢，但尝一睹其画像，与今丞相神彩相似。"其后蔡果南窜。又户部尚书李常，除老龙尹，成都途中贻右丞书，丁氏一见其字画，惊曰："此人身笔已倒，不久数尽，须病咽喉而死。"李公行次凤翔，中毒而卒，如此之类不一。宋方勺《泊宅编》

元 陈润，字汝玉，奉化人，乃慈谿黄正孙字长孺之妻也。润于夫妇之间，相成以道，执箕帚，侍巾栉，无违礼；治丝茧，缝衣裳，无废事；主馈食，共祭祀，无旷典。而又不惮劬勤，②致养于姑，得其欢心。《诗》《书》《语》《孟》及《女诫》《女则》等篇，皆能成诵。子男二人，长曰玠，次曰玮，年方幼，口授以书。程督严于外傅，尤喜观《易》，所占多验，间作小诗，亦有思致，尝为二子赋诗若干韵，有关于伦纪，可裨于治化，学士大夫咸称诵之。泰定丁卯卒，年六十三。元《黄潜文集·慈溪黄君墓志铭》

元 李金姬，名金儿，章丘人，③李素女也。明敏妙丽，诵经史仙佛百家书。父得张明远之传，精于医卜，悉以其术授之，遂极玄妙，言祸福皆响应。张士诚之乱，举家被浮，儿未及笄，侍伪大妃曹氏帐中，以卜艺见知。士诚据高邮，为元丞相脱脱所围，城垂破，李卜之，谓当固守，敌且退，更二夕，当时忽闻殷雷夜起，贺曰："阳气发城中，明日可以战矣。"登楼仰观良久，曰："龙文虎气，见我营上，急击勿失。"俄报，脱脱削官爵，铁甲军

---

① 郓，音运，郓州，在今山东郓城县境。
② 劬，音曲，劳苦也。
③ 章丘县，今属山东省。

皆散去，遂开门纵击，大破之。术既屡验，其父母皆受重赏。乙未，士诚将遣兵渡江，窥姑苏，问之，姑曰："江南不可居，且有大患。"并以隐语托为诗，讽士诚不悟，遂取常熟，破姑苏，改为隆平府。三月，士诚移兵赴之，召问，引古今兴衰成败大计以对曰："入吴之后，方将为国家深思耳。"姑见士诚横骄，每为高论动之，久不敢犯。及是，册为金姬，曰："事成进为妃，次皇后下。"姑知不免，往辞于曹，出而拜跪祝天，须臾闭目奄然，父母惊赴抱起，呼之已绝矣。士诚葬之福山江口，悉以珠玉殉。未几，大明兵来，士诚屡败，思其言，加封仙妃祠而卜之，其夜士诚妻刘氏，梦姬泣曰："国家举事大错，难为计矣。"他日又梦姬抚士诚二子曰："有不测，当阴祐之。"姑苏被围将破，刘以二子付姬母及二乳母匿民舍。兵事稍定，母出城，潜行如葬所，则先为乱兵所发，尸已蜕去，①惟衣衿存焉。掘其旁，珠玉尚在，尽取还章丘。二子长，冒李姓，亦不复知有张也。洪武末，其季乡荐赴都下，母诫子曰："京师某所，有盲姆，殆八十余，可密访问之。犹在，寄声我犹无恙，速报我。"如其言得之，盲姆闻声，扪其面，披二掌曰："何物小子，声音似我弟也。国亡，幸留此孽，敢不畏死来此耶！"即拥出，拒其户，盖姆即士诚姊，得赦不死，当时预闻托孤者也。明日，李遂称疾归，其子孙至今编章丘籍；而常熟西北二十五里有金鸡墩，盖讹以姬为鸡，遂妄言下有金宝，其气化为鸡，时夜鸣其上云。明朱国祯《涌幢小品》

明 马蓬瀛，邑女士，东光贡士刘公直，历官礼部主事，户部郎中，元季兵火，宦游过昌黎，娶之。蓬瀛幼聪慧，随父读书，精通历数天文。洪武壬申，差内臣陈二仔，捧宝二百锭、四表里，召授尚宫司宫正，授冠佩，县岁给米六十石。戊寅差内臣穆和，锡一女使，送还宁家。永乐即位，召二次，屡赐宝楮表里，官其子政，为本县儒学训导，终其身。《民国昌黎县志·方技》

清 王贞仪，字德卿，江宁人，宣化知府者辅孙女，锡琛女，宣城詹枚妻，记诵淹贯，最嗜梅氏天算之学，著书甚富。嘉兴钱给事仪吉，序其《术算简存》五卷，略云：予姑适吴江蒯氏者，尝侨居金陵，姑能诗画，信厚而

---

① 蜕，音税，霁韵。按《淮南·精神训》：蝉蜕，蛇解。《颜氏家训》：夫神灭形消，遗声余价，亦犹蝉壳地皮耳。

明达，贞仪一见如故，常以文字相往来。姑言真仪，于学无不闻，夜坐观天星，言晴雨丰歉辄验，尤精壬遁，且知医。其卒也，谓其夫曰："君家门祚薄，无可为者，妾今先死，不为不幸。吾平生手稿，其为我尽致蒯夫人，蒯夫人能彰我于身后。"夫如其言，则尽以致我姑，时嘉庆二年丁巳也。予省姑于黎里，得见之，著《德风亭初集》十四卷、《二集》六卷，《绣鉄余笺》十卷，《星象图释》二卷，《筹算易知》《重订策算证讹》《西洋筹算》《增删女蒙拾诵》《沈疴呓语》各一卷，及此书，姑总为一缄，囊珍贮之，未尝示人。其诗文皆质实说理，不为藻采。又有《象数竟余》四卷，《文选诗赋参评》十卷，则未之见也。贞仪殁时，年止三十，后数年，詹枚亦亡，无子。他日遗编不泯，其终赖我姑之彰之也。余不获遍录其书，惟存此种，序而识之，惠姬之后，一人而已。诸可宝《畴人传三编》

清 张屯，字丽然，娄县人，国子监生，褚念劬妻，精研易理，善卜筮，适念劬二载而寡，侍姑，抚遗腹子，教之成立。著《易道入门》二卷，《自箴语》一卷。与其第三妹昭、第四妹瑾相倡和，为《小华蕚集》二卷。宜兴吴德旋《初月楼续见闻录》

清 李素贞，唐县人，李愍肃公卿谷之女，武愍公孟群之妹也。幼知书，长工骑射，熟孙吴兵法，于天文占验之学，靡不穷究，父兄皆奇之。咸丰三年癸丑，武愍讨贼楚北，女在军中，戎装画策，累建奇功。武愍尝被围十余重，他将不能救，素贞怒马独出，于鎗林炮雨中，突围杀贼，护其兄以归，甲裳均赤，贼众惊为天神。后胡文忠攻汉阳，城坚不下，女与武愍谋夜袭之，孤军深入，中伏血战死，年二十余耳。《庸闲斋笔记》谓为忠孝家风，渐被闺阁，红颜碧血，允宜袝食崇祠。鄞陈康祺《郎潜二笔》

方外

汉 魏伯阳，吴人，性好道术，作《参同契》《五行相类》等书，详见《江南通志·方外》。

后汉 王远，字方平，东海人，举孝廉，除郎中，累迁至中散大夫，博学，尤明天文图谶河洛之要，逆知天下盛衰之期。汉桓帝嗣位，闻之，连诏不出，使郡国上载，以至京师，但低头闭口，不答诏，乃题宫门板四百余字,皆说方来。帝恶之,归乡里。同郡故太尉陈耽,为方子平道室,旦夕事之。方平在耽家四十余年,后语耽云:"吾当去,明日日中发。"至明日果卒,耽知仙去,曰:"先生舍我矣。"《太平御览·道部·引真诰》

后汉 左慈,字元放,庐江人,明五经,通星象,学道精思于天柱山,得石室中《九丹金液经》,是太清中经法也。曹操闻而召之,问学道之由,慈不答,操怒欲杀之,乃为置酒,俄失慈。建安末,渡江寻山入洞,在小栝山,颜色甚好。①《后汉书·方术》《光绪浙江通志·仙释》

晋 僧法愿,精卜筮,善相人,判吉论凶,每多奇中,详见《神僧传》。

晋 僧上蓝,明阴阳,精术数,详见《晋书·张华传》。

南齐 孔灵产,会稽山阴人,稚圭父,宋泰始中罢晋安太守,有隐遁之志,于禹井山立观,事道精笃,颇解星文,好术数。齐高帝辅政,沈攸之起兵,灵产白高帝曰:"攸之兵众虽强,以天时冥数而观,无能为也。"高帝验其言,擢迁光禄大夫,以篢盛灵产上灵台,令其占候,饷灵产白羽扇,素隐几,曰:"君有古人之风,故赠君以古人之服。"当世荣之。《南齐书·孔稚圭传》《光绪浙江通志·方技》《民国嘉泰会稽志·技术》

梁 刘勰,字彦和,莒人。早孤,笃志好学;家贫,不婚娶,依沙门僧祐居处,积十余年,遂博通经论。天监中,以东宫通事舍人,迁步兵校尉。昭明太子好文学,深爱接之,后与慧震撰经于定林寺,功毕,遂求出家,先燔须发自誓。敕许之,乃变服,改名慧地,未几卒。所撰《文心雕龙》,论古今文体,及文之工拙,沈约谓其深得文理。又著《新论》,论相法最精,其言曰:"相者或见肌骨,或见声色;贤愚贵贱,修短吉凶,皆有表诊。故五岳崔嵬,有峻极之势;四渎皎洁,有川流之形;五色郁然,有云霞之观;五声铿然,有钟磬之音。善观察者,犹风胡之别刃,孙阳之相马,览其机妙,不亦难乎?《梁书·文学》《新论》

北齐 僧昙迁,俗姓王氏,年十三,初学于舅氏权会,后以《周易》,随言即晓,始学其半,余半自通。有一妪失物,求会决之,得兑卦,会令迁试辨之,迁曰:"若如卦判,定失金钱。"妪惊喜曰:实如所辨。"迁曰:"兑是金位,字脚两垂,似于钗象耳。"舅曰:"更依卦审悉盗者为谁?"对曰:

---

① 小栝山在虎州府城西,真诰以为左慈元放所治。

"失者西家白色女子，奉口总角，可年十四五者，将去寻可得之。"后如言果获，有问其故迁曰："兑是西方少女之位，五色分方，西为白也。兑字上点，表总角之象；内有尖形，表奉口之相。推测而知，非有异术。"舅乃释策而叹曰："方验后生可畏，宣尼不诬矣。"《续高僧传》

北齐 僧元畅，金城人，① 往凉州出家，复至扬州，洞晓经律，深入禅要，占判吉凶，无有不验，游成都，止大石寺，入齐后山，结草为庵，齐太子遣使征迎，曰：吾数尽矣。至京而死。《清一统志·甘肃省兰州府·仙释》

五代 僧祖肩，善阴阳五行之术。杨行密将攻杭州，潜令至城下侦险易，反报曰："是腰鼓城也。"击之不下，又闻其鼓角声，曰："钱氏子孙贵盛，未易谋也。"后悉如其言。《清一统志·江苏省江宁府·仙释》

五代 僧贯休，字德隐，俗姓姜氏，婺州兰豁人，② 投本邑和安寺圆真禅师出家，日诵《法华经》一千字，耳所暂闻，不忘于心。受具之后，往洪州③传《法华经起信论》，皆精奥义。蒋环开洗忏戒坛，命贯休为监坛乾宁，交谒吴越武肃王，献诗云："满堂花醉三千客，一剑霜寒十四州。"武肃命改为四十州乃可相见，休曰："州亦难添，诗亦难改。④ 闲云孤鹤，何天不可飞？"遂担簦游荆南，⑤ 与吴融相遇，往复酬答，心相得也。已而入蜀，至成都，献诗孟知祥有云："一瓶一钵垂垂老，万水千山得得来。"又称得得和尚，知祥厚遇之，著有《西岳集》。《浙江通志·仙释》

隋 智山，河东人，刘氏女，为比丘尼，有戒行，沉静寡谈，成败吉凶皆验。文帝即杨坚初生于冯翊般若寺，紫气充庭，智山自河东至，谓皇妣曰："此儿所从来甚异，不可于俗间处之。"尼将帝舍别馆，躬自抚养。皇妣尝抱帝，忽见头上角出，遍体鳞起，大骇，坠之地。智山自外入，见曰："已惊吾儿，致令晚得天下。"帝既践阼，⑥ 每以神尼为言。殁后，即葬寺中，为起金浮图，仍令天下舍利塔内，各造智山像。《隋书·帝纪》《清一统志·山西省·

---

① 汉置金城县，故城在今甘肃兰县西南，应劭曰："初筑城得金，故曰金城。"后魏省，寻复置子城县，隋改为金城，又改曰五泉，即今皋兰县治。
② 兰豁县，属浙江省。
③ 洪州，即今江西南昌县。
④ 预言如此，故难添难改。
⑤ 簦音登，笠之有柄可手执以行者，如今之伞。
⑥ 阼，音祚，天子之位曰阼，言为天下主也。

蒲州府·仙释》

唐 吴峤,① 霅溪人。② 年十三,作道士。时炀帝大业元年乙丑,过邺中,③ 告其令曰:"中星不守太微,主君有嫌,而旺气流萃于秦地,子知之乎?"令不之信。至神尧即位,④ 方知不诬。峤精明天文,乃袁天纲之师也。
唐柳宗元《龙城录》《光绪浙江通志·仙释》

唐 王远知,系本琅琊,后居扬州。父昙选,为陈扬州刺史,母昼寝,梦凤集其身,因有娠。浮屠宝志谓昙选曰:"生子当为世方士。"远知少警敏,多通书传,事陶宏景,传其术为道士,又从臧兢游。陈后主闻其名,召入,甚见咨挹。隋炀帝幸扬州,远知谓帝不宜远京国,不省。高祖尚微,远知密语天命。武德中,平王世充,秦王与房元龄微服过之,远知迎语曰:"中有圣人,非王乎?"乃谂以实,远知曰:"方为太平天子,愿自爱。"太宗立,欲官之,苦辞。贞观乙未,诏润州即茅山为观,俾居之。远知多怪言,谓其弟子潘师正曰:"吾少也有累,不得上天,今署少室伯,吾将行。"即沐浴加冠衣若寝者,遂卒,或言寿盖百二十六岁云,著《易总》十五卷。高宗时,追赠大中大夫,谥升真先生;武后时复赠金紫光禄大夫,改谥升元。《新唐书·方技·附袁天纲传》《宣统山东通志·艺术》《光绪浙江通志·仙释》

唐 尼范氏,乃衣冠流也,善风鉴星命,知人休咎,鲁公颜真卿妻党之亲也。鲁公尉于醴泉,⑤ 因诣范氏尼问命,曰:"某欲就制科,乞师姨一言。"范氏曰:"颜郎事必成,自后一两月必朝拜,但半年内慎勿与外国人争竞,恐有遣谪。"公又曰:"某官阶尽得及五品否?"范笑曰:"邻于一品,颜郎所望,何其卑耶!"鲁公曰:"官阶尽得五品,身著绯衣带银鱼,儿子补斋郎,某之望满也。"范尼指坐上紫丝布食单曰:"颜衫色如此,其功业名节称是,寿过七十,已后不要苦问。"鲁公再三穷诘,范尼曰:"颜郎聪明过人,问事

---

① 《光绪乌程县志》峤误作乔。
② 霅,音沓,霅溪,在浙江吴兴县治南。
③ 今河南临漳县。
④ 即唐高祖。
⑤ 秦谷口邑,汉置谷口县,后汉废,后魏置宁夷县,隋改曰醴泉。以县界有周体泉官,因以为名。唐初废,寻复置。故城在今陕西醴泉东北十里之泔北镇,宋徙今县东稍南三十里。元末移今治,明清皆属陕西西安府。

不必到底。"逾月大酺，①鲁公是日登制科高等，授长安尉；不数月迁监察御史，因押班中有喧哗无度者，命吏录奏，次即哥舒翰也。②翰有新破石堡城之功，因泣诉玄宗，玄宗坐鲁公以轻侮功臣，贬蒲州司仓，验其事迹，历历如见。及鲁公为太师，奉使于蔡州，乃叹曰："范师姨之言，吾命悬于贼必矣。"《太平广记·相类》

唐 僧泓师，以道术闻。于睿宗时，常过李林甫，即李靖宅，谓人曰："后之人有能居此也，贵不可言。"其后久无居人，开元初，林甫官为奉御，遂从而居焉。人有告于泓师，曰："异乎哉！吾言果如是。十有九年居相位，称豪贵于天下者，一人也。虽然，吾惧其易制中门，则祸且及矣。"林甫果相元宗，恃权贵，为人觍望者久之。③及末年，有人献良马甚高，而其门稍庳，④不可乘以过，遂易而制。既毁焉，其簷忽有蛇千万数，在屋瓦中，林甫恶之，即罢，而不能毁焉。未几，林甫竟籍没。其始相至籍没，果十九年三月。泓师之术，可谓神矣。唐张读《宣室志》

唐 普满，大历中泽潞僧也，善相，言事往往有验。建中初庚申，题潞州佛舍曰："此水连泾水，双珠血满川。青牛将赤虎，还号太平年。"人莫能解，及贼泚称兵，方悟此水者泚字，泾水者自泾州兵乱也；双珠者泚与滔，青牛者兴元二年乙丑岁，乙木青丑牛也。明年改元贞元，岁在丙寅丙火赤，寅虎也。至是贼已平，故云。《光绪山西通志·方外》

唐 五明道士，不知何许人，长庆之代在邺中，⑤善阴阳历数，尤攻卜筮。成德军节度田弘正，御下稍宽，而冒于财贿，诛求不息，民众怨咨。时王庭凑为部将，遣使于邺，既至，忽有微恙，数日求医未能愈，因诣五明，究平生否泰，道士即为卜之，卦成，而三钱并舞，良久方定，而六位俱重，道士曰："此卦纯乾变为坤，坤土也，地也，大夫将来秉旄不远，兼有土地山河之分，事将集矣，宜速归乎？"庭凑闻其言，骇之，遽自掩其耳。是夜又梦白须翁，形容伟异，侍从十余人，皆手持小玉斧，召王公而前，谓曰：

---

① 酺，音蒲，大酺，饮酒作乐也。
② 次，次第也。凡言等第，最上者以下，皆曰次。
③ 觍，音决，不满也。
④ 庳，音卑，下也。
⑤ 邺郡即今河南安阳县治。

"患难将及，不可久留。"既觉，庭凑疑惧，即辞魏帅而回。比及还家未踰旬，值军民大变，弘正为乱兵所害，士大夫将校共推庭凑，庭凑再三推让，众不听，拥胁而立之，翌日飞章上奏，朝廷闻之大骇，征兵攻讨，以裴度为元帅，赵人拒命二年，王师不能下，俄而敬宗即世，文皇帝嗣位，诏曰："念彼生灵，久罹涂炭，虽元凶是罪，而赤子何辜？宜一切赦而宥之，就加节制。"仍诏庭凑子元逵入侍，因以寿春公主妻焉。庭凑既立，甚有治声，朝廷称之；五世六主，一百余年灭。初，庭凑之立也，遣人诣邺，取五明置于府，为营馆舍，号五明先生院，公曾从容问曰："某今已忝藩侯，将来禄寿，更为推之。"道人曰："三十年，愿明公竭节勤王，爱民恤物；次则保神啬气，常以清俭为心，必享殊寿，后裔兼有二王，皆公余庆之所致也。《春秋》所谓五世其昌，八世之后，莫之与京。"公曰："幸事已多，素无勋德，此言非所敢望。"因以数百金为寿，道士固辞不受，公亦固与之，载归其室，数日尽施之，一无留焉。二王，景崇封常山王，镕为赵王也。唐张鷟《耳目记》

唐 僧释云涉，长沙人，幼历大沩山门，① 参禅外，学《易》。光启年夏，遍游嵩华，回商山道中，见一人身貌魁伟，负空担一条，以绳绕两头，同行数日，云涉诘曰："长者行李负空担何用，又不担物？"答曰："有者即担，无如何担？"云涉不能对，问涉曰："吾师杖头结何文书？"答曰："筮卜书，拟往蜀中问《易》。"道人曰："仆近蜀中来，蜀自严君平后，少人知《易》。师切于问，依吾指一径而去，勿惮远近，必遇奇人。"云涉至依言而行，历水涉山，冲风犯雨，行两余月日，其径微微，望远百步，虚见似一人非人，靠一枯杉而坐，云涉行将近，其人遂起，入一草庵之中。云涉至庵侧，整顿衣帔，闻内将钱踯卦之声，卦成，曰："蒙之师复。"移时间消停卦曰："宗庙丙寅动木，世在丙戌土，应在戊寅木。曰：童蒙求我，我求蒙。师者，师贞丈人吉，无咎，君子以容民畜众。且寅木伏，癸酉金来，西字有木，边作目，移三点其旁，即湘字也。世归戊午火，七日，卦东南方，荆湘人也。世丙戌土伏，癸丑土来，属阴，飞伏相刑，八月卦建酉，酉自刑，又属阴，此毁形之人，可是僧也。既相刑克，来应不反，即云乃吾弟子，自湘

---

① 沩，音规，水名，湘水之支流，在长沙府。

南来也。"云涉伺断卦毕，遂入庵中，见一女子道士，结草为衣状云岐，遂问云涉曰："何由至此？"答曰："幼攻易道，未遇奇人，乃自湘中游历京阙，因自商山道中，遂至此，得遇仙者，喜忭交深。"又问："何人指示此来？"涉具对之，女真曰："识此人否？"对曰："虽同行数日，未知姓字？"曰："此乃华山学士王生，乃侠客之祖，亦吾学易弟子，近此自去，便轻指示生来，来甚当之。"因留涉坐，细论易道飞伏微妙之理，曰："吾师不可久住此间，便可速归湘楚。有人问《易》，当为决疑，便阴功延其夏腊。"涉稽首致谢，问曰："愿闻师之姓。"答曰："吾乃商山李五姊也。"涉辞之，遂归湘，栖止道林，大行易道，为高下所共仰。《夷坚续志》

唐 殷九霞道士，来自青城山。① 有知人之鉴。时张侍郎为河阳乌司徒从事，乌公问已年寿官禄，九霞曰："司徒贵极藩服，所望者秉持钧轴，封建茅土，惟在保守庸勋，苞贮仁义，享福隆厚，殊不可涯。"既而遍问宾僚，九霞曰："其间必有台辅。"时乌公器重裴副使，应声曰："裴中丞是丞相否？"九霞曰："若以目前人事言之，当如尊旨，以某所观，即不在此。"时夏侯相孜为馆驿巡官，形质低悴，乌因戏曰："莫是夏侯巡官否？"对曰："司徒所言是矣。"乌公抚掌而笑曰："尊师莫错否？"九霞曰："某山野之人，早修真道，无意于名宦金玉，盖以所见任直而道耳。"曰："如此，则非某所知，然其次贵达者为谁？"曰："张支使虽不居廊庙，履历清途，亦至荣显；其后谯公显赫令名，再居台铉。"② 张果践朝列，出入台省，廉察数州。《嘉庆四川通志·艺术》

唐 僧一行，姓张氏，先名遂，魏州昌乐人。③ 少聪敏，博览经史，尤精历象阴阳五行之学。时道士尹崇，博学先达，素多坟籍，一行诣崇，借杨雄太玄经，将归读之，数日，复诣崇还其书，崇曰："此书意指稍深，吾寻之积年，尚不能晓，吾子试更研求，何遽见还也？"一行曰："究其义矣。"因出所撰《大衍玄图》及《义决》一卷以示崇，崇大惊，因与一行谈其奥赜，④ 甚嗟服之，谓人曰："此后生颜子也。"一行由是大知名，武三思慕其

① 山在四川灌县西南。
② 谯，音樵，铉，音炫。
③ 昌乐县，即今河北南乐县治。
④ 赜，音责，幽深也。

学行，就请与结交，一行逃匿以避之，寻出家为僧，隐于嵩山，师事沙门普寂。开元五年丁巳，玄宗令其族叔礼部郎中洽，赍勒书，就荆州强起之。一行至京，置于光太殿，数就之，访以安国辅人之道，言皆切直，无有所隐。一行尤明著述，撰《大衍论》三卷，《调摄伏藏》十卷，《天一太一经》及《太一局》《遁甲经》《释氏系录》各一卷。开元末，灭度于嵩山，年四十五，赐谥曰大慧禅师。《旧唐书·方技》《雍正河南通志》《光绪浙江通志·仙释》

○《艺术典·相术部·纪事》云：唐一行尝语人曰：吾得古人相法，相人之法以洪范五福六极为主，观其所由，察其所安，可得大概。若其人忠孝仁义，所作所为，言行相应，颠沛造次，必归于善者吉人也。若不忠不孝，不仁不义，言行不相应，颠沛造次，必归于恶者凶人也。吉人必获五福之报，凶人必获六极之刑，不于其身，必于其子孙。若世于风骨气色中，料其前程休咎，岂能悉中也。

○金元好问《续夷坚志》云：刘太博机，贞祐兵乱后，自管湖州刺史，迁济州，民居官舍皆被焚，机复立州宅，掘一黄土坡，偶值古塚，乃唐一行禅师墓，有石记云："刘机当破吾墓。"

唐 僧处弘，习禅于武当山。① 王建。② 微时，贩鹾于均房间，仍行小窃，号曰"贼王八"。处弘见而勉之，曰："子隆眉广颡，骨相异常，他日位极人臣，何不从戎，别图功业，而夜游昼伏，沽贼之号乎？"建感之，投忠武军，后建在蜀，弘拥门徒入蜀，为构精舍以安之，即弘觉禅院也。《太平广记·相类》《蜀梼杌》

唐 司马头陀，名曦，唐时人，习堪舆家言，历览洪都诸山，铃地一百七十余处，迄今犹验。一日至奉新，参百丈，曰："近于湖南得一山，乃一千五百善知识所居。"百丈曰："老僧可往否？"曰："不可，和尚骨相，彼骨山也。"时华林觉为首座，询之，不许，见典座灵祐，曰："此为山主人也。"后往住山，连帅李景让率众建梵宇，③ 赐号同庆寺。天下禅学辐辏，竟如其言。《光绪江西通志·方术》

唐 僧道泓，黄州人，幼为沙门，与天官侍郎张敬之善，所言吉凶无不验。尝为燕国公张说相宅，见东北隅有三坎丈余，泓惊曰："公富贵一世而

---

① 山在湖北均县南一百里。
② 字光图。
③ 梵，帆去声，陷韵。梵呗，释氏诵经声也。

已,诸子将不终。"后说子均、垍①俱以汙安禄山贬斥死。道泓又云:"五害不侵,高山忌石巉然,平原忌水冲射,土脉膏润,草木畅荣,来龙迢遥,结穴端正,水环沙护,即吉地也。近泥天星卦例方向,不顾龙穴沙水多斜侧反背为之,主家徼福不悟也。且亲存享爽垲华居,殁葬形胜吉地,亲体安,子心安矣。"《新唐书·方技》《图书集成·堪舆部·纪事》《光绪黄州府志·艺术》

唐 僧子宙,精太乙数,其验如神,详见《同治南昌府志·方技》。

唐 僧神秀,善卜筮,有道行,详见《异闻集》。

唐 僧惟瑛,明经典,通术数,详见《雍正陕西通志·方技》。

后梁 广微者,华州僧也,②知术数。末帝瑱,在河中,广微尝密谓房暠③曰:"相公极贵,然明年丁未有大厄,如得济此,凡事不可言。"明年果有杨彦温之变。《雍正陕西通志·方技》

后周 僧麻衣,绵上人。④云游至紫岩山寺,日夜趺坐,人生之富贵贫贱寿夭遭际,一见立断如神。所著有《相书金锁赋》《银匙歌》行世,今寺内遗像尚存。《雍正山西通志·艺术》《乾隆襄垣县志·方技》

后周 麻衣和尚,姓氏不传,惟以好著麻衣,即以之为名焉。考寺碑云:"此寺为麻衣上人修住之地。"贞珉尚存,且上人昔在华山,相钱若水,人咸奇异之,因有《麻衣相法》,流传于今。然则麻衣为高人,此刹即为胜地也夫!《民国和顺县志·仙释》⑤

吴越 僧德韶,姓陈氏,龙泉人,能以山川冈垅形势,辨地之吉凶,凡作图以志浙东西州之宜为墓地者,千有三百。德韶既示寂,世罕传其图,葬而偶值其处,征应率与图合,何其神也。《元黄学士文集·地钤序》

宋 麻衣道者,钱若水,为举子时,见陈希夷于华山,⑥希夷曰:"明日

---

① 垍,巨至切寘韵,坚土也。
② 秦置郑县,后魏,置华山郡又置东雍州,西魏改为华州,隋州郡皆废,唐仍名华州,改曰太州,寻复故。宋曰华州华阴郡,金仍为华州,元以州治郑县,省人。清属陕西同州府,民国改州为县。
③ 暠,音皓,同皓,白也。
④ 绵上未详,襄垣乃汉置,赵襄子所筑,因以为应,后魏置襄垣郡于此,北齐郡废,故城在今山西襄垣县北,唐徙县于甘罗水南,即今治,明清属山西潞安府。
⑤ 和顺县,蜀山西省。
⑥ 华山,在陕西大荔县。

当再来。"若水如期往，见有一老僧，与希夷拥地鑪坐，僧熟视若水，久之，不语，以火箸画灰，作"做不得"三字，徐曰："急流中勇退人也。"若水辞去，希夷不复留。后若水登科为枢密副使，年才四十致政，希夷初谓若水，有仙风道骨，意未决，命老僧观之，僧云做不得，故不复留。老僧麻衣道者也，希夷素所尊礼云。《雍正陕西通志·方技》

○阜按《乾隆襄垣县志》及《雍正山西通志》，均载后周麻衣僧，云游至紫岩山寺《。民国和顺县志》载《考寺碑》云："此寺为麻衣上人修住之地"，又云："昔在华山，相钱若水，人咸异之"，与《雍正陕四通志》所载麻衣道者"相钱若水，以大箸画灰"不谋而合。以此证之，三者殆同为一人也。

宋 僧含晖道人，居凤翔重云山，临清王彦超，少事后唐魏王继岌，从继岌讨蜀，还至渭南。会明宗即位，继岌遇害，左右遁去，彦超乃依晖为徒。晖善观人，谓彦超曰："子富贵人也，安能久居此？"给资帛遣之。时晋祖帅陕，乃召至帐下，委以心腹，入宋为金吾卫上将军，封邠国公，雍熙三年丙戌卒，年七十三，赠尚书令。《宋史·王彦超传》《图书集成·相术部·纪事》

宋 僧化成，在京师卖卜，能推人命贵贱，魏泰尝以王安国之命问之，化成曰："平甫之命，绝似苏子美。"① 及平甫放逐，逾年复大理寺丞，既卒，年四十七，与舜钦官职废斥年寿，无小异者。《东轩笔录》

○宋徐度《却扫编》云：熙宁元丰间，有僧化成，以命术闻京师，蔡元长兄弟始赴省试，同往访焉，问命者盈门，弥日方得。语以年月，率尔语元长曰："此武官大使臣命也，他时衣食不缺而已，余不可望也。"语元度曰："此命甚佳，今岁便当登第，十余年间，可为侍从，又十年为执政，然决不为真相，晚年当以使相终。"然是年兄弟竟同登科，相继贵显，于元长则大谬，而元度终身无一语之差。清俞樾《茶香室四钞》云："余谓推命有验有不验，固事理所有；惟此僧于蔡卞则尽言之，于蔡京则幽谬其词，恐别有微意。"

宋 袁惟正道士，阆中人，其所住观，与余永泰山居，相距才百里。予昔在乡里时，已闻袁君能用六十四卦，推五行，配六神，使七十二煞，言人祸福，已发未兆之应，一一若目见，然竟未识袁君之面也。后余典校中秘书，幸与士大夫游，近日往往有为予言道士自蜀来者，善以爻象消息休咎，尝与某人占某事某事，约时指日，无不如其说，郭景纯、管公明之流也。予

---

① 子美，舜钦字。

虽旧闻袁君之术甚精，而未敢以是必为袁君以对之尔。暇日纳凉于城南道宇，有道士出西庑下，高颧广颡，状貌怪伟，肃予以入，坐堂上，予因问其所从来，曰："来自蜀。"问："何以居此？"曰："往年尝以占验得权贵人意，遂喜以紫服奏我馆我于是。"问其术谁师而如此，曰："自居蜀时，已得异人授秘记，后复走天下，东西南北殆遍，闻某所有某人善此术者，虽数千里必往咨焉，质吾所学而遂无疑。凡今所言，若牛刃虱镞，见则洞然矣。"问其姓，曰："袁氏。"乃予昔在乡里时所闻，与近日士大夫为予言者袁君是矣，遂与之往还。一日诣予言："诸友皆以字相称，我独无，敢以字请。"予曰："惟正者君名欤，夫正者道之所由立也，凡在天地间涉形迹，该事为者，莫不保之，以全其用者也；或失之，则倾侧邪辟，庞杂乖盭于不善，① 无不至矣。今君方以是术有名于时，为人信向，如能正以行之，守之以固，不为利欲挠其心，若庄遵季主之所为，君之道高矣。宜以'行之'为字。"袁君跽② 而言曰："方外之人，未闻此语，幸而君子字我，又因而规我，敢不佩服以终世！"书以赠之。宋文与可《丹渊集·袁惟正字行之序》

宋　僧达，姓刘氏，居安福下邨水南院，善地理，著有《撼龙经》《天元一炁》诸书。《光绪江西通志·方术》

宋　铎长老，俗姓辜，③ 南昌人，精形家术。尝为南昌刘长老相地，葬其夫妇，观者殊易之。久之，刘族繁昌。又为丰城李姓卜兆，初启土，铎辞去，且戒曰："返寺鸣钟，始可窆棺。"行未至，偶他寺鸣钟，遂窆棺，铎震死于途，李族自后始大。明初南昌刘子南，新建赵子方，丰城何野云，亦其亚也。《光绪江西通志·方术》

〇阜按：清万树华，字仁邮，刊有《地理入地眼》一书，据其《凡例》所云，即辜托长静老和尚遗著也。

宋　僧宗渊，紫阁院住持也。精相人术，颇为士大夫所钦仰。《古今类事·相兆门》

宋　僧克慎，相人术极精，详见《太平广记·相类》。

宋　僧妙应，六合人，姓李氏，受业于释迦院，诵经典，欲造佛殿，化

---

① 盭，音丽，与戾同，狠也。
② 跽，音技，跪也。
③ 一云托长静老和尚。

缘扬州市，有道人以相法授之，遂精其术，游京师，以"东明"二字赠蔡京，京始谓其字无益，后贬潭州，卒于东明寺始验。尝游湖湘间，都督张魏公遇于大梁，师一见奇之，请公必为国家建功立业，后公为作塔铭云："行纯而勤，心亦以诚，修有为果，证无漏身。岳之麓，湘之滨，是为师坟，我揭以铭，百世莫迁，考我以文。"《图书集成·艺术典·相术部·名流列传》

宋 僧智缘，[①] 精太素脉法，断人寿夭吉凶极验。详见《宋史·方技》

宋 白云片鹤，金明人，[②] 为道士，自称白云片鹤。宣和初，游汴，见赵鼎大呼曰："中兴名相也。"他日又遇鼎曰："吉阳相逢。"鼎绍兴五年乙卯为相，有重名，晚窀吉地，忽与道士相见，谓鼎曰："忆畴昔之言乎？公将归矣。"未几鼎果卒。《清一统志·陕西省·延安府·仙释》

宋 僧超善，善相人，陈去非与义《送超善归庐山诗》云："九叠峰前远法师，长安尘染坐禅衣。十年依旧双瞳碧，万里今持一笑归。鼠目向来吾自了，龟肠从与世相违。酒酣欲更烦公说，黄叶满山锡杖飞。"《简斋集》

宋 僧德光，俗姓彭，有道行，能相人，详见宋宝庆《四明志》。

宋 僧普明，闽人，喜为人相葬地，尤袤[③]父时亨卒，普明遍相吴塘山之阳而葬之，庐于墓者三年。其始葬方十日，月夜见万灯满湖，叱声震地，袤惧，与二三僮仆，栖隐乔松之下，空中问曰："此地发福三百年，彼人子有何德而界之，速令发去？"又闻空中高声应曰："尤时亨累世积德，袤又纯孝之子也。"空中又曰："世德纯孝，可当此地矣，其善护之。"此绍兴十四年甲子秋事也。袤服阕即登上第，祖孙皆尚书，凡六世，金紫未绝。杨家麟《史余萃览》

宋 于道士，朐山人，[④] 年已耄耋。李全据淮海时迎致之，全攻宋扬州，于初见全，即叹曰："我业债合在此偿。"全强之占事多验，尊为军师，及全因军败，焚诰敕，道士谓人曰："相公死明日，我无今日矣。"人问之，曰："朝廷以安抚提刑讨逆，然为逆者节度使也，岂有安抚提刑能擒节度使哉！诰敕既焚，则一贼尔，盗固安抚提刑所得捕，不死何为？"人见全曰："相公

---

① 缘疑作圆。
② 金明郡，在今陕西安塞县地。
③ 字延之，无锡人。
④ 朐，音劬，朐山，在东海县南。

明日出帐,必死。"全怒斩之,翌日果败见杀。《宋史·叛臣李全传》《嘉庆海州志·方技》

宋 布袍道者,不知何许人,贾似道尝驰马出游湖山,小憩栖霞岭下,道者瞪目视曰:"官人可自爱重,将来功名不在韩魏公下。"贾意其侮而去,既而醉博平康,至于破面,他日复遇,道者顿足,惊叹曰:"可惜可惜,天堂已破,必不能令终矣。"[①] 其后悉验。《图书集成·艺术典·相术部·名人列传》

宋 僧常泰,通术数,详见唐于逖《闻见录》。

宋 僧居简,善相人,言多中,详见《图书集成·艺术典·相术部·纪事》。

宋 僧癫,有相人术,敬仰者甚众,详见宋方勺《泊宅编》。

宋 僧月洲,识相知人,谈言微中,文信国公,有诗赠之,详见《文山全集》。

元 张留孙,字师汉,贵溪人,少时入龙虎山为道士,有道人相之,曰:"神仙宰相也。"至元丙子,从天师张宗演入朝,世祖与语,称旨,遂留侍阙下,建崇真观于两京,俾留孙居之,专掌祠事。十五年戊寅,授玄教宗师,锡银印,是时天下大定,世祖思与民休息,留孙待诏尚方,因论黄老治道,贵清净,圣人在,宥天下之旨,深契主衷。及将以谔勒哲又名完泽为相,命留孙筮之,得同人之豫,留孙曰:"同人,柔时位而进乎乾,君臣之合也。豫利建侯,命相事也。何吉如之?愿陛下勿疑。"及拜谔勒哲,天下果称得贤相。大德中,加号玄教大宗师,同知集贤院道教事,且追封其三代,皆魏国公,官阶品俱第一。武宗立,[②] 召见赐坐,升大真人,知集贤院位大学士,寻又加特进,进讲老子,推明谦让之道。及仁宗即位,犹恒诵其言,且谕近臣曰:"累朝旧德,仅余张上卿尔。"至治元年辛酉十二月卒,年七十四。天历元年戊辰,追赠道祖神应真君。《元史·释老·附宗演传》《图书集成·艺术典·卜筮部·纪事》

宋 玉泉长老,精相人术,颇著奇验,详见《图书集成·艺术典·相术部·纪事》。

---

① 德祐乙亥年,似道被杀。

② 至大元年戊申。

元 普㮈,① 抚州僧也。至元间人。初唐一行禅师,作星历书十有三家,誓曰:"国兴则见,未兴则隐。"后青城山僧号枯木,传此书于史弥远家,至普㮈,又得其传。其后四明慧月号琴堂者,挟斯文至大都,明南昌僧号普庵,复获此书于天界寺,授括苍季宗舒,遂扬其波,至今称《琴堂五星》云。《光绪江西通志·方术》

明 僧目讲,② 不知何许人,或云元进士,晦迹于僧;或云尝为陈友谅参谋,兵败逃为僧。明初,流寓于鄞,善堪舆术,为人卜葬,无不奇验,尝曰:"吾当以目讲天下。"故皆称为目讲云。邑中大家先世坟墓,多出其手,故久而益神之。《道光宁波府志·艺术》《乾隆鄞县志方外》

明 张三丰,洪武间以军籍戍平越尉。③ 蓬头草履,四时惟一破衲,行丐市上,人呼为挮𫓧仙。④ 自于高真观后隙地结茅亭,昼则闭户静坐,夜则礼斗,与指挥张信善,尝与弈,后指城南月山寺右地曰:"葬此必封侯。"信从之,后果以战功封隆平,尝自叙云:"幼年慕道,长岁求玄,识至人之奥旨,悟义理之深诠,所著大类《参同契》《内景》《黄庭》诸说,其人果道家者流乎?抑时之隐君子,有所托以逃耶?如世所云浮丘、洪崖、安期生、王方平辈,固未可知矣。亭前一池似石盂,泉出地中,澄泓不涸;旁有桂一株,挮𫓧手植,三百年故物。永乐间曾遣官征聘,竟莫知所之。说者谓金川之役,盖假访三丰之名,以侦逊国之逸踪也。即孙文恭望仙台诗,亦云:'望仙台迥草花笼,挮𫓧真仙落故踪。永乐当年书诰在,谁知不为觅三丰。'然传信传疑,皆不可考。最可异者,平越城西山,曰倒马坡,坡午见隔山石壁如屏,悬崖千仞,上有三丰遗影,首带华阳冠,侧身杖策西行,俨然画图,极可观,旁刊'神留宇宙'四字,余过而慕之。"济南田雯撰《黔书》

○武进沈乾一《丛书书目汇编》云:《张三丰著集》,空青洞天藏板,考纪类,乾坎艮震巽离坤兑。《吕祖年谱》,《海山奇遇仙迹》七卷,《纯阳诗集》九卷,《黄庭经附考纪征验》,《太上十三经注解》,《无根树二注》。

---

① 㮈,正字通,俗称字。
② 或作幕讲,非。
③ 汉至晋为且兰县,南齐为南牂牁治,隋初为牂州地,唐以为羁縻州,宋入于蛮,南宋始内附,元置平越长官司,明置平越卫,清初为平越府,隶贵州省,又改平越卫为县,为平越府治;后改县为兴义,移属兴义府,改平越府为州,直隶贵州省。民国改州为县,地当冲道,以产漆著名。
④ 挮,音辣。

明 三休，往来之破衲道人也。尝居桃源县灵岩僧室，摊书夜读，不燃烛，手持一珠照行间字，光达户外，僧伺之，时或不见形，惟龙首崚嶒在几案间，云露满室，叩之。徐笑曰："草为萤，鹰为鸠，人独不化耶？"不断酒，出怀中杯，三爵而罢，间有逸句，相人应举及卜贵贱寿夭如响。《雍正湖广通志·方技》

明 司马头陀，不知何许人，或云姓刘名潜，即形家著水法者，观其语，似非一人。所在见佳山水，辄留秘记。游公安最久，留记数十，亦异僧而隐于方术者也。①《同治公安县志·仙释》

明 姚广孝，长洲人，本医家子，年十四，度妙智庵为僧，名道衍，字斯道。事道士席应真，得其阴阳术数之学。尝游嵩山寺，相者袁珙见之，曰："是何异僧，目三角，形如病虎，性必嗜杀，刘秉忠流也。"道衍大喜。洪武中召通儒书僧，试礼部，不受官，赐僧服还。经北固山，赋诗怀古，其侪宗泐曰："此岂释子语耶！"道衍笑不答。高皇后崩，太祖选高僧侍诸王，为诵经荐福，宗泐时为左善世，举道衍。燕王与语甚合，请以从，至北平，住持庆寿寺，出入府中，迹甚秘。及太祖崩，惠帝立，以次削夺诸王，周湘代齐岷，相继得罪，道衍遂劝成祖举兵。建文元年己卯六月，成祖遂起兵，以诛齐泰、黄子澄为名，号其众曰"靖难之师"。道衍辅世子居守，及成祖渡江，即帝位，授道衍僧录司左善世。帝在藩邸，所接皆武人，独道衍定策起兵。及帝转战山东河北，在军三年，或旋或否，战守机事，皆决于道衍。道衍未尝临战阵，然帝用兵有天下，道衍力为多，论功第一。永乐二年四月，拜资善大夫，太子少师，复其姓，赐名广孝，赠祖父如其官。帝与语呼少师而不名，命蓄发不肯，赐第及两宫人，皆不受。常居僧寺，冠带而朝，退仍缁衣。出振苏湖至长洲，以所赐金帛，散宗族乡人，重修《太祖实录》，广孝为监修，又与解缙等纂修《永乐大典》，十六年三月入觐，年八十四矣。病甚，不能朝，仍居庆寿寺，车驾临视者再，问所欲言，广孝曰："僧溥洽系久，愿赦之。"溥洽者，建文帝主录僧也。初帝入南京，有言建文帝为僧遁去，溥洽知状，或言匿溥洽所，帝乃以他事禁溥洽，而命给事中胡濙等，②

---

① 阜按：江西南昌县司马头陀名曦，乃唐时人，与此迥异。
② 濙，音荧，小水貌。

遍物色建文帝，久之，不可得。溥洽坐系十余年，至是帝以广孝言即命出之。广孝顿首谢，寻卒，以僧礼葬，追封荣国公，谥恭靖，赐葬房山县东北，官其养子继尚宝少卿。广孝少好学，工诗，与王宾、高启阳、孟载友善，宋濂、苏伯衡亦推奖之，所著有《逃虚子集》及《道余录》，颇毁先儒，识者鄙焉。其至长洲候同产姊，姊不纳，访其友王宾，宾亦不见，但遥语曰："和尚误矣。"往复见姊，姊詈之，① 广孝惘然。《明史·列传》《乾隆江南通志·方外》

明 非幻和尚，宝陀庵住持僧，谙儒书，精地理，尝应召相地天寿山，锡以金紫。永乐十八年庚子，遣使者祭其墓，赠五官灵台郎，僧录司右阐教。《图书集成·堪舆部·名流列传》

明 僧如兰，富阳人，善相术。于肃愍公少时，博戏市中，如兰见之，曰："少年何不自爱，异时救世才也。"时有道人在傍曰："相如斯已乎？"如兰更熟视，曰："惜不令终。"道人曰："和尚可教矣。"问其姓名，不答而去。《图书集成·艺术典·相术部·名流列传》

明 玉峰长老，不知何许人，精地理学，见有德之家，乃为葬之，如风吹罗带、架上金盆、真武大座、金枧银槽、② 天鹅一只腿、金扁担、劈开莲蓬、美女铺毡等形，至今各姓子孙，俱征繁盛。《同治广信府志·方技》

明 叶绍袁，字仲韶，号天寥道人，吴江人，天启乙丑进士，官工部主事，不耐吏职，乞养归。妻沈宛君，工诗，五子三女，并有文藻，一门之中，更相倡和。乙酉之变，弃家为僧，自号粟庵，其所撰《年谱》，论揲蓍颇详，载有顾汉石令钱塘，留余，候有所获而归，余因揲蓍，当得几数；遇风火雷，卦爻俱不动，余曰："鼎三足也，亦有五鼎九鼎，从多则九耳。果得九十金，除去居间及家人辈十金，共八十数，则离三巽五为八也。卦名卦位，无所不验，亦奇矣哉！"又著《湖隐外史》《甲行日注》。《天寥年谱别记》

明 吴从善，鄱阳人，本道士，善相法。郡守宁某与弟貌相肖，初令假衣冠，坐廨中，试之，从善揖而不拜，曰："此非四品骨。"众皆失笑，见税课吕铭，曰："官当至二千石。"后果擢刑部郎，出知西安府，见鄱主薄孙

---

① 詈，音荔，骂也。
② 枧音见，栓也。

诞，曰："公本鸾凤，岂终枳棘之栖？"后官迁至山西按察金事，言无不验，人又呼为聋道士。《光绪江西通志·方术》

明 味玄子，黄冠也，卖卜于市，丹阳蒋晓从之游。《图书集成·卜筮部·名流列传》

明 铁笔和尚，峨嵋名僧也，道行高洁。崇祯初，知献贼将寇蜀，遂打包来利，于乾谿山之石峰寺，开乞放戒，陈守先率子世凯往叩之，曰："余小子，弱龄嬉游，克家无令名，祈和尚示一偈，以约生平。"和尚举笔书曰："鹤立松梢月，鱼行水底天。风光都占尽，不费半文钱。"是预知世凯后来必贵，和尚亦神矣。《同治利川县志·方技》

明 僧希稃，字广玉，善卜筮，预言奇验，详见《乾隆历城县志·方技》。

明 天如，不知何处僧，住鄂城修静寺，言未来祸福不爽，常受一宰官舟资数两，渡江即尽畀舟子，或曰："何多也！"师云："某予我舟资也，故与之。"又某施一衲，值十余金，遇寒乞，即以衣之。张献忠破省之前，指鄂东门，谓人曰："此灶窦也。"又曰："城内皆圈猪，张屠李屠将至矣。"每五更沿街呼云："谕檀越布施，大难到，盍早为计。"癸未元旦，忽不见，六月阖省及于难。《尾蔗丛谈》

明 僧道清，善卜筮，详见《白下琐言》，兹不细赘。

明 僧雪空，精堪舆之学，详见《光绪浙江通志·仙释》。

明 僧普庵，明阴阳，精星命，详见《同治南昌府志·方技》。

明 僧枯木，善推星命，详见《同治南昌府志·方技》。

明 僧慧月，号琴堂，精研星命之学，著有《琴堂五星命书》。《同治南昌府志·方技》

明 僧通源，善相人。河南杞县刘理顺字复礼作秀才时，晋谒通源请相，通源曰："观子之相，体单气弱，形清神寒，眼光无威，声音不畅，读尽诗书生得寒，文章传世不为官，恐无禄少寿，宜积德变相。"理顺曰："我教书寒士，惟附廓之地数亩，八口之家，甘于淡泊，勉强糊口，讵能有余行善耶？"通源云："行善不论有无，若是财主，或贪酷崛起，或谋夺致富，锱铢较尽，一文不舍，愈有愈贪，惟利是嗜，断难望其乐善好施。惟中等人家，常与穷亲友往来，知其苦况，遇有急难解衣分食以救之，费虽少，德颇大。若待富有行善，恐永无行善之期矣。子其勉力为之。"理顺自此受教，时行方便，即遇石块泥坑碍路，亦必俯拾填平；其他一切，大都见义勇为，当仁不让。年五十三，至崇祯七年甲戌，始登进士；及廷对，帝亲擢第一。帝还宫，喜曰："朕今日得一耆硕矣。"拜修撰，朝退，辄键户读书，非其人不与交。历右谕德，入侍经筵，兼中宫讲官。甲申之变，理顺大书曰："成仁取义，孔孟所传，文信践之，吾何不然。"书毕投缳，年六十三。群盗多中州人，入啃曰："此吾乡杞县刘状元也。吾乡厚德，何遽死？"罗拜号泣而去，后赠詹事，谥文正。《明史·刘理顺传》《神相识验》

清 李道士，正德时，住武当山，唯噉麦麸，人呼麸子，言吉凶多奇中。《民国夏口厅志·方外》

清 万寿祺，字年少，徐州人，明末贡士，[①]尝衣僧服，行淮阴市上，有日者他出，寿祺即其寓为卜筮，得钱二千文，留之而去，日者归茫然不知所以也。寿祺工诗文善画，著有《隰西草堂集》。《初月楼续闻见录》

○《碑传集·汪处士元履传》云：独万寿祺尚在，已为僧，以钓卜自给。

清 僧如玉，字莹澈，鄞县人，幼颖悟，得母舅金文华之传，精研堪舆。及长，削发于小溪东山，募建指归庵，静修彻悟，频以地理学酬世度人，所言祸福如响。著《直指原真》一书，详论水法，海内宗之。《康熙浙江通志·杂记》

清 邓和尚失其名，精六壬，多奇中，李制军卫特重之。《光绪金山县志·艺术》

清 黄半仙，佚其名。来访徐退，不远千里，馆其家，乘日出时，作导引术，乡先辈匄退接见，[②]演康节象数，百不失一。濒行时，与退约期遇，乃去。《民国兴化县续志·道释》

清 布袋和尚，嘉庆时，至吴江县城卖卜，居城东关帝庙，口操楚音，年可七十余，项悬黄布袋，不暂释，因以名之。袋广长尺余，每日所用之物，若杯若壶，若冠履，若纸墨笔砚，咸取之于此，未尝阙。和尚日卖卜，以十事为限，谈休咎辄中。既毕，则遍游村市，见字纸，必拾之投袋中，恒

[①] 一云崇祯举人。

[②] 匄，音盖，求也。

劝人惜字，自言每日所拾，暮则权之，必满一斤之数，如是者三十余年矣。庙中人有伺其睡熟，而探其袋者，止得龟壳一，长寸余，于是皆疑为仙，环而扣其术，和尚厌之，乃不恒至。一夕忽来，即阖户而寝，次日日中不起，呼之不应，破扉入，则圆寂矣。失其袋，大索不得，方共惊异，而西郭外之人麏至。①咸曰："和尚成神矣。"盖其地故有土地庙，是夕父老皆梦土地来别，曰："吾去矣。明日有悬布袋于项者，是代吾者也。"及旦，父老至庙中察之，则见神项下悬一黄布袋，诧曰："此布袋和尚之物，胡为而在此？"入城而和尚果死，故知其真成神也，众即葬之土地庙后。《清稗类钞·方技》

清　颠道士，不知何许人，道光季，行脚至兴山西关帝庙憩焉。②善风鉴，决人休咎无爽者，得钱辄分与贫饿，余则沽酒饮酌。室中不设卧榻，日夕危坐，面垢不洗，衣垢不澣，人近之，亦不觉其秽也。一夕无疾而逝，端坐如生时。《同治兴山县志·仙释》

清　老僧通慧，善相人，常住衡阳回雁峰。钱文敏公出差贵州时，特往访之，僧云："观公之相，必登台辅，两子亦得簪缨。然眉宇间稍露杀气，公能种德，则相可随心改也。公其勉之。"后文敏公因奉旨查办贵州威宁州刘标亏空一案，原前任廉访高积，曾办公表姪蒋牧，绞，公挟此私恨，加意苛求，竟斩高以报复之。时中铣已得内阁中书，中钰亦议叙中书科中书，两公子俱年方弱冠，状貌魁梧，聪明绝世，能诗，工六法，真善承家学者，不数年后，俱无疾而死。中铣死舟中，中钰死车中，云皆遇鬼祟活捉，其事甚确，而不知其何由致此。及公返衡阳，复见此僧，僧大惊曰："可惜！"余无一语，公亦默然。公有两孙，余亦曾见之，一中副举人，一有痰疾，不言不语，家道亦凌替矣。《池上草堂》

清　僧月山，万善寺住持也。精堪舆术，曾祖考勉斋公，昔曾卜吉壤于东直门外酒仙桥。时诸地师咸谓穴在东南，独月山上人指穴在此，言开圹三尺见砂及水，再下三尺见土，三十年后砂礓全变黄土，明德之裔，必有达人。掘验果然，遂用之。嘉庆庚午，曾祖妣戴佳太夫人入祔时，砂果变土

---

① 麏，音均，麇也。
② 汉秭归县地，三国吴置兴山县，南朝宋省，唐复置，故城在今湖北兴山县。南宋末曾徙今治，清属湖北宜昌府。

矣。道光癸未、癸巳，麟庆奉安先考曙堮公、先妣恽夫人合葬穸穴，今又十载，子孙莫不绳绳焉。长白麟庆见亭《鸿雪因缘图记·仙桥敷土》

清　僧依山，不知何许人，恒挂褡羊城之萨阿寺，高谈雄辩，清论时闻。精风鉴之术，于寒儒中识桂星垣，官可观察；于偏裨内知张翰生，位可都督，价重一时，以故户外屦恒满也。《同治番禺县志·仙释》

清　僧志愿，号逢春，漳州人，锐志苦修，居竹溪寺数十年，暮鼓晨钟，讽诵自警，虽大风疾雨不废也。又精风鉴，所品评者，皆有后验，士人重之。《嘉庆台湾县志》

清　陈真如，道士也。精通六壬课，善画梅花。《民国朔方道志·技艺》

清　僧广严，字福公，善卜筮，有奇验，详见《初月楼闻见录》。

清　僧印梅，善风鉴，能相人，详见《清稗类钞·方技》。

清　僧傅钵，傅，疑传字之误。号文素，精堪舆，好救贫，详见《民国英山县志》。

附录

东洋

　　高岛嘉右卫门，吞象，神奈川县士族也。幼受庭训，辄读四书五经，业务之暇，手不释卷，积年之久，略谙诵之，窥圣贤之旨，探道德之原。及安政六年十二月，当横滨开港之初，因过犯禁下狱，偶得《周易》一册，喜曰："此天赐也。"昼读夜思，烂熟贯通。七年而出狱，君如身生生翼，奋曰："吾出万死而得一生矣。自今吾唯当勇于行善而已。"乃开廛于横滨，勤于作事，能乘机会，性又忍耐，四年间，获金巨万。然其所入，尽用诸义举，不以丝毫自为退守计，苟利于人，则进而当其劳苦；每见善事，则必著之先鞭。始造铁路，自横滨至神奈川，以纳于官。尝有洋商谋将设街灯于横滨，君先机而造之，终不使赢利归于彼。常留心观天下之变，预卜其将来，故当其处事孔棘，他人惴惴束手无措，而君智谋横发，游刃有余。当事之难决则筮之，其解说奇中，揆诸人事，大小皆验。尝著《易断》《易占》二书，副岛种臣、中村敬宇、栗本锄云三君，皆为序赠之。明治三十四年，君又将旧著重订，别为六十四卷，名曰《增补高岛易断》，特请我国浙东王君治本，代为补正，译作汉文，俾可流传海外。君早晚又以此书译成英文，使之传于欧米各邦，其愿宏力毅，诚有非常人所可企及者。《高岛易断自序》《敬宇中村后跋》

西洋

穆尼阁西士，法国人也。顺治中，寄寓江宁，喜与人谈算术，而不招人入会，在彼教中，号为笃实君子。著有《天步真原》数种，青州薛凤祚尝从之游，为叙刻之。其书人命部曰："历数所以统天，而人之命与运，亦天也。故言天而不及人则理不备，言人而不本于天则术不真。凡人不可不知此学者三，日月星历，迟速常变，皆非不可知者，惟人能赋天地之全能，不明其理，是负天地之生也。在世水旱饥疫，人苦不知，若能知之，则凡事可以预备，诚持世者之急务。昔圣贤先务，以前民用，如取水于月，可愈病苦；求火于镜，可灼山林之类。物理可推，历法皆能旁通及之，诚便民之大者。"又云："命之时与星有不真，则吉凶大异，故安星不泛用台历，取时不泛用刻漏，必晰入细微，方能有准。"又云："推敲时辰，看其人吉凶事，或婚姻功名疾病，有几件验出真时。"又云："土星木星在东，主人性宽宏，能让人，读书达礼，恶邪淫，家丰，虽死不背为非。土星金星在东，好戏好色，有才能，喜洁净。土星在东，为人丑大；在西，粗俗狠恶，与黑人相似。土星火星在西，为人不爱人，有才能；土星金星水星在西，为人不善不恶，知书能文，能晓深奥之理。土星木星水星在西，好邪教，不论男女，皆能生子。木星金星在东，有才能，有主意，能文喜洁，能生利。木星在西，为人朴实爱人；在东，不悭吝，好朋友，喜经商。木星火星水星在东，人不老成，喜动，能经商，好作阴私恶事；火星木星在西，喜杀人救人，能担劳苦，与友不欺，喜作善事；火星金星在西，大好色，喜作奇异恶事，无信，胆大。火星在西，为人心狠好杀；在东，为人胆大不怕死，喜作乱，暗谋害人。火星金星在东，为盗贼行劫，但少有水星之气，更不吉；金星在西，好歌舞欢乐；在东，好歌舞，好诗文，大概有妇人之性。水星在东，为人聪明，喜书，喜天文，性浮。太阳不拘所在，为大人，善人，爱人，喜天文。太阴在东，妇人大胆好争，有才；在西，男子如妇人，惧内，善经商。"又曰："人之福有三，福从祖功世德来，必其人四强宫，有一二等大经星；福从文章勋业来，必其人五星归垣入庙；福从天生来，生使富贵寿考，必其五星在正四宫，又同太阳照。"又云："言运以太阳、太阴、官禄宫、命宫、福星共五处为照星，以木、金、水、火、土五星之本体，及五星各项之络照，共四十处为许星，照星为纬，许星为经，照星每年各右行一度，是为行运；其行值木金水之本体及络照，为吉隆之喜；其行值土火之本体及络照，为凶厄之患。木上吉，金次吉，水合土则益吉，水合火则不吉，中国人不忌土，夜生人不忌火，谈命者但知此法，而已无余蕴矣。"穆氏《天步真原》阮元《畴人传·西洋附》三温葆深《春树斋西法星命丛说》

○丙子年《新闻报》载：美国星相家，种类不同，有看水晶球的，有用纸牌占课的，有看手相的，有看茶叶的。纽约公立学校女教员披济达，今年三十五岁，长得黑而厚的头发，他厌倦粉条生活，学得算命秘诀，从此便以星命为业。他拟定计划，于上月廿七日，展览会开幕之时，在纽哲西州特兰吞地方，召集美国二十一个种类不同之星相团体，组织全国星相家，扩大会议，他自己担任主席，公开运动，在美国可谓最露头角者。

○美国最早的星相家，是一个女子，名叫亚丹姆，一八六八年生于哲西地方，年轻时极其聪明，从十九岁起便高谈相理。一八九九年到纽约，第一位主顾，是纽约第五号街文得沙饭店老板，他代得沙细推了一会，忽对得沙说："哎呀，不好，你有大祸临头，其凶无匹。"得沙半信半疑，告别而去，约数小时后，饭店突然失火，焚毁一空，得沙惊为神人，逢人便告，并向新闻记者游扬不已，不知不觉，而女相士变成全国知名之大人物，从此门庭若市。

○巴特女士，是美国另一个著名女相士，他是哥伦比亚法学院学生。欧战时，在法国战地医院服务，当他回到祖国时，便做亚丹姆的信徒。亚丹姆代他推算命理，说他命运极佳，便把毕生本领，传授给他。他现在年已四十四岁，身材短小，但好像有驻颜之术，一点不现苍老。他在纽约所租的写字间，从前是大厦高楼之一角，而现在已高坐于巍巍高楼华屋之中，有成群结队之专门助手，接谈代价，最高达二百五十美元；代一家公司看风水，酬金由千元至万元不等。有写信去质疑的，其答案要预收手续费，而股票商决疑定策，他要分取十分之二的红利。他现在已经发行一种星相杂志，销数达七万五千份。除此特字号女相士以外，差可与之比拟的，要算哥斯特诺女士，他是茶店的皇后，一个康萨斯州的女子，欧战时，为兵士募集巨款，学会用茶叶占休咎的本领。欧战后，他用自己的名字，开设一个茶店，以此问世，发财至百万之多。到现在他在全国有二十一个茶店，最大的当然是在纽约，他网罗了许多女门徒，寻常主顾，照例是派助手应付。

○一九一九年，有一个波士顿之男相士，名叫约旦，他预言一九四二年至一九四五年，美国当防内战，居然有一天接得航空信，达三万五千封之多，其主顾总计超过百万以上。

○阜按：一九四二年，即民国三十年辛巳；一九四五年，即民国三十四年乙酉，此乃第二次欧战之时，波士顿于一九一九年能预言之，可谓神矣。

○丙戌年古三月十四日上海《华美晚报》载，美国著名命相家约翰麦克卜伦特宣称，美国现有职业命相家八万人，计其每年所获，共达二万万美元，大部份皆悬心理分析专家之牌，或悬茶叶算命之牌。自参战后，算命论相先生，忽大见增加。据《礼拜六》晚邮杂志一九四五年三月号载称，纽约和芝加哥的大百货公司，均延聘女算命先生，以资号召，凡持有当日该公司之购货发票者，均得至该公司算命室，免费算命一次。其算命方法，异常奇特，乃用茶叶占卜，故称茶叶算命。街头巷尾，到处均有占卜赛女郎，为人算命。其中若干著名者，所占之卜，且有相当灵验云。

○阜按：报载茶叶算命，殊为简略，以理测之，大概觇其颜色浓淡，察其形势向背，辨其数量多寡，然后判阴阳，分奇偶，参伍错综，消息盈虚，以定吉凶从违而已。

○风萍生曰：卜易星相之术，流传甚久，东西所同也。综而分之，可得二种，一则从演绎的法则，卜人生之运命；一则从归纳的法则，判人心之性质。易术及阿施托罗吉、希腊古代之占星学属第一项。阿斯托罗吉行于希腊古代，配人事以星辰，预言人生祸福；易术发源河图洛书，演成八卦，以通造化玄秘，而卜知天命者也。第二项曰富雷诺吉骨相学及东洋相术，富雷诺吉殆与相术宗旨相同，盖一则借人类头骨形状，判断其禀性；一则相人类面貌骨格，或手掌等，从其特征以判人生祸福者也。二种之外，若东洋之推算干支九星、西洋之占术派，均发源于河图洛书，不遑枚举。

○阜按：此篇谓西洋从演绎的法则，卜人生之运命；从归纳的法则，判人心之性质，以及东洋推算干支九星、西洋之占术派，莫不发源于河图洛书。由是观之，谓为东西各国卜筮星相学，皆效法我国，实非附会扬己之言。盖河洛八卦，乃我国伏羲创作，非东西各国发明。南海康氏《日本书目志》有云："日本方技皆吾所传。"此不过仅就日本书目志言，假使康氏著有西洋书目，吾不知对于西洋方技书籍，作何评语也。

○风萍生曰：近世科学昌明，手相一科，人或以迷信妄言排斥之，第在手相学者方面，则固有其一定之论据，一定之证明，一定之基础，而非物质学者之所能攻破其樊篱者也。即如催眠一科，根据于心理生兜哲学诸科，在今日世界斯学应用范围之广大，超越于各学科之上，实为近代文明之产物，在专门以外之人士，莫测其底蕴也，宜矣。设有外科博士，见人之论催眠术者，诧为神奇，不可思议，遽以一己之智识，而下以判断，甚且指为妄诞，或以不可解谢焉，斯固当然之事，而论催眠术者，听此评断，去而之他，扬言曰："孰谓某博士能医者，彼且并催眠术之初步不能理解，斯庸医也。孰谓某博士能医者？"试思医者之不解催眠术，未习之故也。因未习之故，而不解之，亦固其所，况手相术之神秘，同于催眠，以不可见之法则之理论，判论人生祸福，性质生活，其神秘灵验，不可思议，实非理化学者所能知也。因不知之故，而斥为无稽，此岂平允之论乎？在三十年前，理化学者绝不信催眠术，且斥为妄言，今则如何？世之具有智识者，有敢斥催眠术为无稽者乎？手相学亦然，前此医者均以嘲笑之态度迎之，今则反是。各种病源，每因手相学而发见之，若手爪形状之研究，英法大医，群叩手相学者之门，而受其教益焉。

○阜按：仅以手爪形状，即知各种病源，致令英法大医，群来受教，手相学之有价值，于此可见一斑。所不解者，我国之相人书，论头面，论五官，论腹背，论四肢，论声音，论气色，论骨肉毛发，论行止坐卧，丝丝入扣，头头是道，古人谓为预知忠奸贤愚，贵贱寿夭，百不失一者，今人反视为迷信，敝屣弃之，惑已甚矣。幸我国医生，大半识相，盖望而知之谓之神，为医家四诊之首，此种学术，因是或不致完全消灭耳。

○风萍生曰：手相学发源于印度阿利安文明之初期，已成专门之学，以之研究手纹，判定人生祸福，而不背于科学原理，征之史籍，阿利安文明，实为欧西文化之源，衍而为西腊文明、罗马文明，故当时之古碑遗刻，断简残编，存在人间者，好古之士，每珍之如拱璧焉。又曰：纪元前四百二十三年，大哲阿拿古萨哥喇斯氏，为手相学教授以来；大哲西施巴拿斯氏，发见金字手相学书，于神使祭坛，进呈历山大帝，蒙其褒嘉，世人于以珍重焉。此外亚里氏多得氏、布利尼氏、卡尔大密斯氏、阿卡新大施大帝，一时之硕学名流，帝王君相，均加以拥护宣传，故能风行一世，研究愈精焉。近世各国学者所著之手相书，如英文书某某，德文书某某，法文书某某，中日文书某某，详载《述卜筮星相学》卷四，兹不赘列。

○阜按：吾读此篇，至一时硕学名流，帝王君相，均加以拥护宣传，研究愈精数语，不禁感慨系之。夫英文德文法文等论相书，吾不识，吾不能读，吾尤不敢言。若中日文之书，除上篇所载某某者外，论卜筮者，如《五行易活断》《易道详传》《八品神机幽玄术》；论星命者，如《四柱推命大奥秘传》《运命开拓秘传》，论相人者，如《神相全篇正义》《南北相法》《人心观破秘法》《六十四卦人相秘传》《三世相大鉴》《人相学精义》。论相宅者，如《家相宝鉴》《家相新编》《家相方鉴全书》，皆曾寓目，按其内容，莫不本诸我国旧有之学说，特彼国人士，宝之重之耳。他不具论，兹就日本大教正炳泽照觉著东京神诚馆发行之大正十六年《御寿宝历书》所载丁卯年年神方位，一白在中，二黑在乾，三碧在兑，四绿在艮，五黄在离，六白在坎，七赤在坤，八白在震，九紫在巽；太岁卯方，大将军子方，太阴神丑方，岁刑神子方，岁破神酉方，黄幡神未方，豹尾神丑方，岁德合丁方，岁干合壬方，岁支德申方，种种名目，以及逐月节气，逐日干支，吉凶宜忌，无一不效法我国历书。所异者中文间以日文，阴历改为阳历也。

○风萍生云：骨相学发源西腊，原语曰"精神论"之意也。不译称精神论，而曰"骨相学"，以"骨相学"之名称，似较"精神论"之意义，尤为醒豁，且系我国旧有之名称也。骨相学传衍千七百五十七年，日尔曼人徐赛夫科尔博士独承绝学，加以新发明，后更经学者推演，遂成完璧。方氏之学生时代，有同学某氏，记忆独优，而其前额则特为隆起，及观他友，均无此特征，而记忆较劣，此偶然之事，乃触起科尔博士研究之心，遂发明人类才智，均关系于脑，及后历多人，其前额隆起者，记忆力均皆优胜；推而及于其他才智性情，亦必关系头盖各部，于是就鉴查所得，潜心凝思，汇为统计，阅人既多，状态各异，甲之隆起，乙之陷下，丙之大，丁之小；再察其性质才能，则甲乙丙丁四人，各有短长，性质各异，氏抱此确信，精心独造，研究十二年，学乃大成。千七百九十六年，开讲堂于维也纳，以其所传绝学，授徒不倦。居无何，博士又赴巴黎，授徒如初，以研究斯学终其身，著述浩瀚。一千八百二十八年逝世，门弟子继其遗志，为骨相泰斗者，如奥之斯贝哈姆博士科布氏、奥多来科布博士，均是也。而尤以斯贝哈姆博士有出蓝之誉，所著书均根据生理解剖，以为证明，且应用于精神学，修身学竟前人未了之功，开后世研究之绪，功莫大焉。科布氏去之英美，著《骨相学》数卷，公于当世，兹学赖以普及。昂多留科布博士，应用骨相于医治精神病及小儿教育，使学理应用，互为考证，后来学者愈多。命古罗孙氏，更辟蹊径，创犯罪骨相学一科，裨益科举界，其功亦不小焉。日本十数年前，有佐藤正道氏由欧州归国输入此学，创设骨相学馆于大阪，从学者得数百人，刊行《骨相学讲义》全书传世。惜说明过于简短，读者颇难穷共蕴奥，斯为日本骨相学之始。近年高桥邦造氏，新自欧州返国，大开演说，为学者所欢迎，第向之习得斯术者，或秘传不肯示人，或传焉而不详，而斯学著述世鲜流传。

○阜按：骨相发源希腊，遍传英美德法奥日等国，此固诸大博士继长增高，努力精研之效果，未始非易术及阿施托罗吉、希腊古代之占星学家，从事我国河图洛书，演成八卦，有以致之。虽曰冰寒于水，青出于蓝，要知冰由水结，青自蓝生。吾推重英美德法奥日诸大博士，吾尤推重希腊古代之占星学家，否则，我伏羲大圣之河洛八卦，及历代先哲纯正之学术，不将一扫而空乎？至于幼慧者觇头额，犯罪者察眉目，以及精神何如，操行臧否，我国相书，莫不具载，亦未尝不可为精神学、修身学、犯罪骨相学之一助。独惜无佐藤正道氏及高桥邦造氏其人，远涉重洋，求学欧洲，一旦归国，广设学馆，公开演说，为世人所欢迎耳。

〇海澄丘菽园曰：岁丙辰，有欧州人某，挟术来游新加坡，寓大旅馆，牍门自鬻，一时哄动仕女好奇之心，怀赞而来，满意而去，顾其术甚简单，仅限于其入局部之掌纹，谈往知来，至今前后以观之，颇多验者。

〇阜按：好奇之心，人皆有之，而我国仕女为尤甚。观于衣必洋装，食必西餐，住必洋楼，病必西医，从可知矣。欧洲人某，挟术来游新加坡，仕女怀赞就教，满意归来者，亦犹是耳。惜吾国人，不能尽通欧洲语言，以致欧美相士，裹足不前，否则西相西卜，日相日卜，将满布于中国，与西医日医，后先辉映，岂止一新加坡已哉！

〇览沧《商余杂志》云：有人尝说外国人的脑袋中，没有甚么叫做迷信，因为他们的国家，科学发达，教育普及，人人都可受新学识的机会，所有的事物，都用科举方法去解判，所谓迷信都被科学去打破。其实他们迷信观念也深，有时候比我们还胜过几倍，览沧从西文杂志中，看出西人也是相信命运，他们专以生日为主；不像中国算命，以生时为主，于此可以证明西人，信仰命运之一斑。兹走笔译之，如一号生人，其人夭寿，但善于结交朋友；二号主人，其人性情殷勤，一生衣食不愁，俗所谓安乐命。三号至三十一号云云，详见《述卜筮星相学》卷四。

〇阜按：我国论命，以日为主，以时为辅之理，略见于《述卜筮星相学》卷五，孰精孰粗，兹不具论。若再参看《增订命理探原》论日主法、论生时法，则更详明矣。

〇泰西《事物原起》云：泰西人士，酾酒而祝善缘，担币而讯运命者，多矣。如古罗模乌惠尔氏，尝自定善缘之日，① 其中一日系氏之诞辰，曾于此日，获大战胜二次，鼐尔森自定白日即善缘之日，黑日即恶缘之日②该撒，信已之有福命。尝行船过暴风雨，令按针手催船前进，毋得犹豫，曰："汝非载该撒与该撒之福命乎？"拿破伦及英国硕学培根，皆以为偶然之事多本于运命，英国大将军麦尔保罗说运命不去口。此类颇多，不可胜述。

补遗

宋 高晞远，字照庵，通州人，咸淳德祐间通判平江府，城溃，家亦散亡，浮游江湖，往来九峰三泖间，馆于石浦卫参政泾家，以所学私淑诸人。

---

① 即吉日。
② 此与我国选吉之学相同。

晞远资禀秀朗，学问赅博，尤精邵子之学，谓邵子观物以色气味声，色气味有一万七千二十四，人之目鼻口不能尽其观嗅尝，惟一万七千二十四声可以字别，举声之一例，而色气味可推。由是而精通音律，尝手裁竹为管，以定五音六律，进反之间，疏数之节，细微之辨，毫发弗差。晚更嗜《参同契》，曰："语言近古，大抵以纳甲之说，寓其行持进退之度。"至如阴阳术数太乙六壬，咸究其妙，又因动闻声，可以验吉凶，定祸福。其学后无传者。《同治苏州府志·流寓》

明 葛天民，江阴人，元末避兵长洲。洪武二十四年，授大理府同知，辞归，教授于乡。天民通易学，尝卖卜江湖以养亲全其志，卒葬下雉渎。《同治苏州府志·流寓》

清 徐大椿，名大业，字灵胎，晚号洄溪，吴江人，釚之孙，[①] 养浩子也。生有异禀，倜傥英伟，有异人之概。初学举业，补邑诸生，弗屑，去而穷经，探研易理。好读黄老与阴符家言，既益泛滥，凡星经地志、九宫音律、刀剑技击、句卒嬴越之法，靡不通究，而于医理尤邃。其投药造方，辄与人异，卒年七十有九，著有《难经经释》《医学源流论》等八种。《同治苏州府志·艺术》

清 富开益，浙江海盐人，诸生，天姿敏达，凡天文地理、星卜壬遁诸书，无不流览，而尤精算学。以避仇故，至昆山托青乌术以自瞻，尝谓此事当辨形势情气，《毛诗》定之方中，篇云："升彼虚矣，以望楚矣；降观于桑，卜云其吉"；《笃公刘篇》云："陟则在巘，复降在原，相其阴阳，观其流泉"，为形家言之祖。今人但用子午盘以定向背形势，尚不能周知，遑论情气乎？平时衣短褐，入夏手挥羽扇，脚不袜，人以其青乌术奇中，呼为赤脚仙人。同治十一年卒，年七十余。《同治苏州府志·流寓》

明 邹彬，字文质，临洮人，乐吴之风土因寓焉。博物多识，凡天文地理，医药卜筮，皆旁通之。平生手钞百氏书，殆千卷，纸栏乌丝，字画不苟，矻矻笔砚间，至老益勤。性寡合，庄重可敬，尝论张仲景《伤寒书》，撰《运气或问》一卷；谓三奇六壬太乙之法，盖河图洛书之绪余，第多傅会，撰《疏略》一卷，卒葬长洲武丘乡。《同治苏州府志·流寓》

[①] 釚，音求，弩牙也。

清 魏荔彤，字念庭，直隶柏乡人，太傅裔介子，官江苏常镇道，著惠爱声，兼摄崇明兵备道，给饷以时，兵弁感其德。忤大吏意去官，赁屋濂溪坊，垂帘点勘四书七略，上自六经诸史，旁及天文地志稗官野乘、浮屠老子、医药卜筮之书，丹铅不去手。闻母讣，以负累不得归，擗踊号呼，丧逾常节，婴委痹疾，雍正四年还其里。《同治苏州府志·流寓》

明 林希灏，字敬生，景旸孙贡生，博学敦行。姚希孟典北闱，欲得希灏为首，希灏遂不入闱，研心濂洛之学，旁通星纬乐律，著书五百余篇。晚经世变自守，尝以术推择日辰铸镜，有得其一者，至夜有光，碎之则皆水。某寺悬一镜，每日有声，亦其所铸也。《光绪金山县志·义行》

清 谢小万，字雪斋，潭村人，迁吕巷，博通经史及星历医卜之书，善鼓琴，尤喜养生家言，或叩之，曰："我无他术，世竞其巧，予守其拙；人处其劳，我任其逸。不可以外伤内，不可以形役神。泊乎无欲，所以节性；冲乎常静，所以壹志；相忘人我，终身如是。"晚号餐霞山人。《光绪金山县志·隐逸》

清 顾观光，字宾王，钱家圩人，贡生，而颖悟，博极群书，其于舆地、训诂、六书、音韵、宋儒性理，以至二氏术数之学，靡不洞彻本源，而于算学尤精。尝举中西天文历算之术，抉其所以然，而摘其不尽然，蹈瑕抵隙，搜补未备。卒年六十四，平生著述甚伙，遭乱未尽付梓，已刊者惟《九数外录》等数卷而已。《光绪金山县志·文苑》

明 张世宝，字星元，苏州人，随其父，流寓苕上，生有凤慧。三岁以痘失明，独潜心于《易》，上自京房，下至康节，皆购得其书，令人读而卧听之，尽得其髓。乃垂帘市中，求卜者铁限为穿，凡遇子占父则引之孝，弟占兄则引之悌，妻之妒者教之娶妾则免灾，子弟之游荡者劝之读书则无咎，其感动人类如此。湖俗尚鬼，卜者不问医而问鬼，世宝不言鬼而言医。万历中，当事者奇其术，赐额给官带。《同治苏州府志·艺术》

清 任铁樵，浙人也，敦品力学，乐道安贫，当耄耋之年，精神矍铄犹垂帘卖卜，议论精湛，是以名动公卿。著《滴天髓阐微》四卷，学者莫不奉为圭臬。《滴天随阐微序》

中国历代卜人表 凡七百七十八人

袁德诚实功编次

江苏省

江宁县

晋	余自通	卜筮	《艺术典·卜筮部·纪事》
东晋	陈晃，官参军	相人	《广博物志·方技》
吴	尚广	卜筮	《太平御览·卜》引《吴志》
斋	王洪轨	相人	《御览·相中》引《齐书》
梁	宣修容	相人	《御览·相下》引《金楼子》
梁	陈冕，官参军	相人	《太平御览·方术·相中》
梁	王俭，官东阁祭酒	相人	《太平御览·方术·相中》
梁	虞履，太史令	卜筮	《南史》《御览》均见《方术》
梁	杜景豪	卜筮	《艺术典·卜筮部·纪事》
南齐	曹武	相人	《御览·方术·相中》
元	周相，官钦天监正	历数占候	《同治上江县志·方技》
明	王生	听声	同上
明	孙怡	卜筮	同上
明	贝琳，字宗器，天监正	天文占候	《同治上江县志·方技》
清	甘熙	卜筮	《白下琐言》

上元县

清	萧人官，字唐卿，诸生	卜筮	《玉井山馆文略》
清	董进，诸生	卜筮	《金陵先正言行录》

丹徒县

明	孙怡，字文顺	术数	《民国丹徒县志·方技》
清	杨大铨，字秉衡	奇遁	《丹徒县志·摭余·忠义》
清	袁桢，号笔生花	论字	张辰翼《闻见偶存》
清	钱邦韶	太乙	《光绪丹徒县志·书目》

句容县

清	戴钦荣，字贞白，诸生	堪舆	《光绪句容县志·方技》
清	戴溱	堪舆	《句容县志·艺文·书目》
清	王延兴	卜筮	《艺术典·卜筮部》
清	杨骧天	天文堪舆	《句容县志·书目》

溧水县

元	武弁，字功伯	堪舆	《光绪江宁府志·方技》

六合县

清	黄怀英	术数	《光绪六合县志·方技》

丹阳县

明	盛如林	卜筮太乙	《民国丹阳续志·书目》
清	张莱娱	相人	《民国丹阳续志·补遗·方技》
清	胡承高，字尔瞻	卜筮	《丹阳续志·补遗·孝友》
明	周庭嘉，例贡	星命	《民国高淳县志·隐逸》

金坛县

唐	王裕福	术数	宋方勺《泊宅编》
宋	钱弼，字舜俞	卜筮	《光绪金坛县志·方技》
明	庄从龙，字德化	卜筮	《乾隆金坛县志·方技》

溧阳县

宋	张登仕，号容山居士	卜筮	《光绪溧阳县志·艺术》
元	史春谷	星命	同上

清	汤道士	星命	同上

上海县

明	刘兆元，字德资，嘉靖举人	卜筮风角	《同治上海县志·人物》
清	侯孔释，字季如，号四末	堪舆	《同治上海续志·艺术》
清	张维纲，号邰雨，庠生	堪舆	《同治上海县志·人物》
清	汪森增，字柏甫，庠生	相人堪舆	《同治上海续志·艺术》
清	曹巨	术数	同上
清	陈行人	堪舆	同上
清	曹钟奭	堪舆	同上
清	曹树淦	堪舆	同上
清	陈祖欣，号憩堂	天文堪舆	同上
清	张学宽，号坡亭	堪舆	同上
清	施不矜，字履谦	堪舆	同上
清	吴磐	卜筮	同上
清	朱紫贵	卜筮	同上
清	朱安吉	卜筮	同上
清	俞朝宗，字杨渊	堪舆	同上
清	刘仁，字浩瞻	堪舆	同上
清	周白山，字双庚，余姚诸生	卜筮	王韬《瀛壖杂志》
清	丁大椿，字小仙，山东诸生	星命	同上
清	高枢，号慎斋，济南武生	卜筮	《同治上海县志·流寓》
清	俞宗海，徽州人	历数	同上
清	王睿章，字曾农	堪舆	《同治上海县志·艺术》
清	姜易，字荫台，诸生	堪舆	《光绪松江府志·艺术》
清	鲍文焰，字镜人，诸生	堪舆	《民国上海县志·艺术》
清	应文烈，字铭熏	堪舆	同上
清	朱书，字拥予，贡生附	堪舆	同上
清	应斗桥	堪舆	同上
清	乔迪潘，字秋亭	堪与	《民国法华乡志》

华亭县

元	孙德昭	相人	《东维子文集·卷十一》

元	杨懋昭		卜筮	同上
元	周仙客		星命	同上
明	徐守中		卜筮	《三冈识略占验》
清	陈明远		卜筮	《嘉庆松江府志·艺术》
清	沈上章	字天成	卜筮	《三冈识略占验》
清	龚修箕		卜筮	《三冈识略占验》

娄县

明	沈景旸		卜筮	《嘉庆松江府志·艺术》

南汇县

清	朱清荣	字雪鸿,诸生	堪舆	《乾隆南汇县志·艺术》
清	叶乘龙	字子渊	星卜	《松江府志·艺术》
清	朱凤笙	字荫松,廪贡训导	堪舆	同上

青浦县

清	方思名	号东林	堪舆	《光绪松江府志·艺术》
清	方功载	字淡如	堪舆	同上
清	徐棠		奇遁堪舆	《光绪青浦县志·艺术》
清	顾元辰	字兰泉	堪舆	同上
清	陈希尹	原名常附贡	堪舆	同上
清	宋绍景	诸生	六壬	《嘉庆松江府志·艺术》
清	邹简廷		卜筮	《清稗类钞·方技》

宝山县

清	邵日洙	字濂溪	堪与	《宝山县罗店镇志·艺术》
清	严荣		堪舆	同上
清	葛师日	字匡周	堪舆	《画史汇传》

崇明县

元	管玉衡	字孟璇	堪舆	《民国崇明县志·艺术》

吴县

春秋	吴市吏		相人	《艺术典》引《吴越春秋》
三国	葛衡	字思真	天文	《乾隆江南通志·艺术》

唐	周广	相人	同上
唐	吕知隐	卜筮堪舆	唐于逊《闻见录》
明	王仁美,字安之	相人	《艺术典·术部·列传》
明	裴庆	卜筮	明陆延枝《说听》
明	陈让	天文	《民国吴县志·艺术》
明	柳华岳,号山樵	卜筮	《同治苏州府志·艺术》
清	孙苹棠	堪舆	《辨正续解·温序》
清	张世宝,字星元	卜筮	《同治苏州府志·艺术》
清	陆云高,号竹海	堪舆	同上
清	王少泉	堪舆	同上
清	陆子云	堪舆	《辨正续解·温序》
清	朱某	论字	钱泳《履园丛话》

长洲县

明	刘溥,字原博	阴阳术数	《乾隆江南通志·文苑》
明	陈钥,字以可	阴阳学正	文征明撰《墓志铭》
清	曹炳,字晓亭	天文堪舆	《初月楼闻见录》
清	柯远峰,姜垚门人	堪舆	《心眼指要·卷一》

常熟县

明	缪元吉,廪生	星命	《常熟县志·方技》
明	李允熙,字文孺,廪生	堪舆	明龚立本《烟艇永怀》
明	王沐,字世沾,号春泉	太素相人	《海虞文征·缪宣墓志》
明	金松隐	星命	《海虞文征·王行赠序》
明	张敏政,字立诚	堪舆	《光绪常昭合志·艺术》
清	顾言远,字虚谷	星历	同上
清	柳君行	星卜	《康熙常熟县志·隐逸》
清	陆守弘,字子怡	六壬	同上

昭文县

明	吴邲,字岐山	堪舆	《雍正昭文县志·术数》
明	萧凤鸣	堪舆	《光绪常昭合志·术数》

昆山县

元	陆德润，字仲德	星历	《同治苏州府志·艺术》

吴江县

明	沈启，嘉靖进士湖广按察	星历	《同治苏州府志·艺术》

武进县

刘宋	暨生	卜筮	《光绪常州府志·方技》
明	张正道，号起闲，诸生	堪舆	《光绪武阳合志·艺术》
明	许其仁，字宅真	奇遁	同上
明	况鹤冈	堪舆	《唐荆川文集·卷十一》
明	毛升，字伯时	听声	光绪武阳合志·艺术》
清	汤洽名，字谊卿	天文	同上
清	唐本铨，字仲襄，诸生	天文占验	同上
清	项森，字木林	择吉太乙	同上
清	董以宁，字文友，诸生	天文	《清一统志·常州府·人物》

阳湖县

清	谢震，字墨青	六壬	《光绪武阳合志·艺术》
清	谢礼耕，字蓉汀	六壬	同上
清	盛久常，字仲恒	六壬	同上
清	魏企垂	六壬	同上
清	盛久肇，字孟谷	六壬	同上
清	吴礼后	卜筮	《清稗类钞·方技》

无锡县

东汉	王关，字选公，官陈留太守	天文卜筮	《乾隆江南通志·宦绩》
明	王若水，字一清	堪舆	《集成·艺术典·术数部》
明	唐古风	相人	《嘉庆锡金合志·方技》
明	李季富	相人	《锡金识小录·方技》
明	周柯峰	星命	同上
明	周柯峰	星命	同上
明	孙绍先，字振之	术数	《光绪锡金合志·艺术》
清	王国祯，字础臣	奇遁堪舆	《初月楼续闻见录》

清	丁山人	六壬	《锡金识小录》
清	高述夫	堪舆	《辨正续解·温序》
清	张云瞻	堪舆	同上

金匮县

清	钱荆山，姜垚门人	堪舆	《心眼指要·卷一》

宜兴县

清	吕钦文	六壬	《光绪荆宜合志·艺术》
清	陶五	相人	齐学裘《见闻随笔》
清	许肇篯，字墥友，诸生	术数	《碑传集·逸民》

如皋县

清	沈家燮，文生	堪舆	《同治如皋续志·方技》

泰兴县

清	季全仁，字由礼	堪舆	《崇川咫闻录·方技》

清河县

清	许高峰	堪舆	史震林《华阳散稿》
清	严光裕	卜筮相人	《清河县志·人物》

山阳县

明	沃士彦，顺治初授通山令	堪舆卜筮	《乾隆淮安府志·文苑》
清	王之藩，字振元	奇遁	《光绪淮安府志·人物》

阜宁县

明	胡静吾，庠生	卜筮	《光绪阜宁县志·方技》
清	胡琦	相人	同上
清	赵氏	壬遁	同上

江都县

唐	李该，广陵人	堪舆	《文苑英华》
宋	卫朴，淮安人	天文	《嘉庆扬州府志·艺术》
宋	石藏用，官羽林右大将军	历数	《艺术典·术数部·列传》
明	秦晓山	术数	《荆川稗编运纶》
清	史以甲，字子仁，诸生	方技	《雍正江都县志·隐逸》

清	陈我白		相人	张山来《虞初新志》
清	醋孝磋		卜筮	《碑传集补·文学》

仪真县

明	时宁，字彦谧五官保章		历数	《康熙仪真县志·艺术》

砀山县

清	姬珩，诸生		星命堪舆	《同治徐州府志文学》

东海县

晋	鲍靓，字太玄官南海太守		天文术数	《晋书·艺术》通志·艺术

浙江省

仁和县

明	张仑，字景嵩		星卜	《光绪浙江通志·方技》
明	姚巽之		卜筮	《张瀚松窗梦话》
清	张丽金，字贡牧，诸生		星命	《光绪杭州府志·艺术》
清	费观，字涛仁，诸生		堪舆	同上
清	庞启鲸，字春海		堪舆	同上

钱塘县

吴越	李咸		卜筮相人	《光绪杭州府志·艺术》
宋	朱晓容		相人	宋方勺《泊宅编》
元	耿听声		听声	《光绪杭州府志·艺术》
宋	戴厚甫		奇遁	同上
宋	张九万		论字	《艺术典·拆字部·纪事》
宋	徐渭礼，官上饶郡		卜筮	宋周密《齐东野语》
元	应本，字中甫		术数	元黄潜《应中甫墓志》
明	程山人，自玉泉山来		太乙六壬	《艺术典·名流列传》
明	虞世昌，字学仙		六壬	《民国海宁州志·方技》
清	王兆正，字圣俞		奇遁	《光绪杭州府志·艺术》

清	祝懋正，字东洲	堪舆	同上

海宁县

清	葛继常，字弈祺，诸生	堪舆	叶舟《再续印人传》

盐官县

清	黄堦，字秋嵋	堪舆	《理气三诀·卷下》
清	酆宫，字振宸	堪舆	同上
清	杨宫建，字千门	堪舆	《平阳全书·卷一》

余杭县

宋	王寿昌	堪舆	《艺术典·堪舆部·纪事》
清	费国暄	卜筮	《锡金识小录》

临安县

宋	白羊	卜筮	《宣统临安县志·方技》
清	于鸿仪	堪舆	《辩正直解·卷五》

昌化县

清	周霁，字止愿	卜筮	《画史汇传》

嘉兴县

明	董仲敬，钦天监挈壶正	天文	《光绪浙江通志·方技》
明	高岳，字彦高	卜筮	《光绪浙江通志·寓贤》
清	张菊人	卜筮堪舆	《清稗类钞·方技》
清	吴沛霖，字慕岩	堪舆	《光绪嘉兴县志·艺术》
清	沈良，字竹圃	壬遁	同上
清	朱福清	卜筮	《鸳湖求旧录》
清	王宗垣，字思正，诸生	堪舆	《画史汇传》

秀水县

清	冯蕴古	卜筮	《光绪嘉兴府志·艺术》
清	范安国，字冶全，庠生	相人堪舆	《画史汇传》
清	蔡景枚，字二皋，贡生	卜筮	《鸳湖求旧录》

嘉善县

明	顾朝升，字赞勿	揲蓍堪舆	《光绪嘉兴府志·艺术》

清	沈又彭，字尧峰	卜筮	《嘉善县志·艺术》

海盐县

明	贺台，字宪卿，诸生	卜筮	《光绪海盐县志·艺术》
明	俞瑶，字朝美，诸生	龟卜	同上
明	胡懋叔，字文社	卜筮堪舆	同上

石门县

明	丁先生	卜筮	《光绪嘉兴府志·艺术》
清	劳望龄，字西池	卜筮	《光绪石门县志·方技》
清	徐庚申	堪舆	同上

平湖县

清	陈虚舟	堪舆	《梦厂杂著》
清	夏鼎，字禹生，诸生	壬遁	《光绪嘉兴府志·艺术》
清	于琳，字贞瑕	六壬堪舆	同上
清	宋景洛，字绍程	星命壬遁	同上
清	屈天若	堪舆	《直指原真·僧如玉序》

乌程县

晋	姚信，仕太常卿	天文卜筮	《光绪浙江通志·方技》
宋	牧羊子	相人	同上
宋	史博，字约之	卜筮	《乌程县南浔镇志》
明	董说，字若雨，廪生	卜筮	《咸丰南浔镇志·人物》
明	沈渊鉴	卜筮	《光绪浙江通志·方技》

归安县

清	周思诚，初名超宗	卜筮堪舆	《光绪乌程县志·方技》

鄞县

宋	史弥远，官太师丞相谥忠献	相人	《艺术典·相术部·纪事》
元	胡琪，本姓费字伯玉	卜筮堪舆	元黄潜《文集·鄞胡君墓志》
明	王坡	六壬	《光绪乌程县志·方技》
清	黄德元，字茂椒	堪舆	《画史汇传》
清	钱廉，字东庐，号稚廉	壬遁	《初月楼续闻见录》

奉化县

| 宋 | 晁以道，官明州船场 | 卜筮 | 宋陆游《老学庵笔记》 |
| 朋 | 王贵，字天爵，官鸿胪寺卿 | 星命 | 《道光宁波府志·艺术》 |

象山县

明	蒋景鸾，字伯尚，一本作景高	星历	《乾隆象山县志·列传》
清	朱道备	星卜	《民国象山县志·艺术》
清	朱道揆，诸生	堪与	同上
清	张凌云，字广居	堪舆	同上
清	张捷，诸生	堪舆	同上

山阴县

汉	韩说，字叔儒，官江夏太守	图纬	《后汉书·方术》
宋	袁太韬	卜筮	清杨家麟《史余萃览》
刘宋	贺道养	卜筮	《南史·附贺瑒传》
明	韩先生	太乙壬遁	《嘉庆山阴县志·艺术》
清	胡焜，字倬云，副真教官	星命	《子平真诠序》
清	章君安	星命	同上

会稽县

| 晋 | 严卿 | 卜筮 | 《晋书·艺术》通志·方技》 |

萧山县

| 清 | 陈生 | 相人 | 王士祯《池北偶谈》 |

余姚县

宋	钱祐	卜筮	《太平御览·方术部·卜》
明	马成久，号季通，诸生	堪舆	同上
明	骆用卿，正德进士，兵部员外	堪舆	《康熙绍兴府志·方技》

嵊县

| 明 | 邢元恺 | 卜筮 | 《光绪浙江通志·方技》 |

黄岩县

| 元 | 王毅，字伯宏，官福州教授 | 天文 | 《民国台州府志·方技》 |
| 明 | 林益道，号心月 | 星命 | 《光绪浙江通志·方技》 |

天台县

元	杜本，字伯原	天文堪舆	《光绪浙江通志·文苑》
元	何心传，玉平山人弟子	堪舆	《东维子文集·卷十一》
明	周必达	卜筮	《明杨仪垄起杂事》
明	潘爵，字明秩	占气	《光绪浙江通志·方技》

宁海县

清	胡之珏，号岂石，福建闽县人	天文	《光绪宁海县志·流寓》
清	胡辰，字其贤	卜筮	《光绪宁海县志·方技》
清	胡光龙，字云川举人，官司铎	堪舆	《光绪浙江通志·文苑》

太平县

宋	叶仕充，字直荣	卜筮	《民国台州府志·隐逸》
明	黄思忠，字伯己	卜筮	《嘉庆太平县志·隐逸》

西安县

明	徐珙，钦天监监正	堪舆	《嘉庆太平县志·方技》

金华县

唐	陈昭	相人	《光绪浙江通志·方技》
宋	张允	相人	《宋北山文集》
宋	郑彦渊	堪舆	《艺术典·堪舆部·名流列传》

兰豁县

宋	钱道人	相人	《真文忠公文集》
清	周敏求，字殿士	堪舆	《理气三诀·卷一》

东阳县

唐	马生	揣骨	《光绪浙江通志·方技》
清	徐泳，增生	星命堪舆	《道光东阳县志·方技》

浦江县

元	戴士垚，字仲九	堪舆	《光绪浦江县志·方技》

建德县

吴越	方生	龟卜	《光绪浙江通志·方技》

| 宋 | 王升，宋字君仪，湖婺学官 | 卜筮 | 宋方勺《泊宅编》 |

遂安县

明	余温珠，字仲良	堪舆	《乾隆遂安县志·方技》
明	倪凯	堪舆	同上
明	倪以端，历钦天监冬官正	天文占候	同上
明	倪忠，钦天监监正	天文堪舆	同上
明	倪元宾	堪舆	同上
明	倪以善	堪舆	同上

永嘉县

唐	蒋直	卜筮	《乾隆遂安县志·方技》
宋	陈独步	星命	周密《癸辛杂志续集》
宋	张五星	星命	同上
宋	张神鉴	星命	同上
元	哄须建		
元	周颐真，字养元	卜筮壬遁	《光绪浙江通志·仙释》
明	谷宗纲，字以张	天文堪舆	《艺术典·名流列传》

丽水县

| 元 | 包容德，字子成，翰林直学士 | 卜筮 | 《丽水县志·文苑》 |
| 清 | 张沼照，字叔藻，诸生 | 堪舆 | 《丽水县志·方技》 |

括苍县

| 唐 | 叶法善 | 卜筮 | 《新唐书方技》 |

缙云县

| 唐 | 方十七，师事范越凤 | 堪舆 | 《艺术典·堪舆部·列传》 |
| 唐 | 张五郎，范越凤弟子 | 堪舆 | 同上 |

平阳县

宋	何生	卜筮	《民国平阳县志·方技》
元	何绍祖	卜筮堪舆	《苏平仲集·鲁山墓志》
元	杨琬，字子瑜	术数	《苏平仲集·子瑜墓志》
明	陈子盛，官五官司辰	术数	《乾隆平阳县志·方技》

安徽省

怀宁县

| 清 | 刘仕可，字经正 | 堪舆 | 《民国怀宁县志·道艺》 |

桐城县

清	方于济，字民怀	天文	《光绪安徽通志·文苑》
清	陈柳愚	术数	同上
清	张斌，字越万，诸生	天文卜筮	同上
清	方其义，字直之	卜筮	同上

宿松县

| 清 | 王荩臣，孝廉 | 卜筮 | 《民国宿松县志·方技》 |
| 清 | 宋琴堂，庠生 | 卜筮 | 同上 |

太湖县

| 明 | 蒋呈图，庠生 | 天文卜筮 | 《光绪安徽通志·文苑》 |
| 清 | 刘鋐，廪生 | 天文卜筮 | 同上 |

潜山县

| 清 | 王世荐，字见思，庠生 | 天文 | 《光绪安徽通志·文苑》 |

合肥县

| 清 | 任风子 | 相人 | 《嘉庆合肥县志·方技》 |

庐江县

| 明 | 谷滨，官太常少卿 | 天文占验 | 《光绪安徽通志·方技》 |

舒城县

清	钟承鼐，庠生	壬遁	《光绪舒城县志·艺术》
清	王荣怀	堪舆	同上
清	王克源，字庚白	堪舆	同上
清	刘代成	堪舆	同上

| 清 | 徐墉 | 星相 | 《光绪庐州府志·艺术》 |

巢县

| 明 | 许国泰 | 堪舆 | 《道光巢县志·方技》 |
| 明 | 孙侃 | 堪舆 | 同上 |

繁昌县

| 清 | 江舟,字卢舟 | 天文 | 《光绪安徽通志·方技》 |

当涂县

| 梁 | 龙渎老人 | 相人 | 《御览·相中》引《梁书》 |
| 清 | 曹台珪,字特臣 | 堪舆 | 同上 |

广德州

| 宋 | 洪德风 | 择吉占验 | 《光绪广德州志·方技》 |

歙县

宋	张扩,字子允	太素脉法	《民国歙县志·方技》
明	汪恩	堪舆	同上
明	李德贞	堪舆	同上
明	洪善祖	堪舆	同上
清	吴彦国,字长文	堪舆	《耆献类征续编》
清	王炜,字不庵	天文	《光绪安徽通志·文苑》
清	程嗣立,字风衣	奇遁	同上
清	詹汝震,字公远	卜筮	《光绪安徽通志·方技》
清	江云泰	择日	《民国歙县志·方技》
清	汪出附廷		
清	汪喆臣,字龙贞	卜筮	同上

新安县

| 清 | 罗捧日,字尔升,徽州诸生 | 术数 | 《光绪安徽通志·流寓》 |

休宁县

| 明 | 汪龙,字潜夫 | 卜筮 | 《光绪安徽通志·方技》 |
| 清 | 张腾光,字云青 | 堪舆 | 《嘉庆休宁县志·方技》 |

祁门县

明	陈伯齐	堪舆	《同治祁门县志·方技》
明	居文堂	堪舆	同上

宣城县

宋	周觉，字紫芝	相人	《同治宁国府志·文苑》
清	倪正，字方公	天文	《光绪安徽通志·隐逸》

泾县

明	翟视，字仲明，官石门县	术数	《嘉庆宁国府志·方技》

旌德县

宋	吕安世，官宣德郎	星历	同上

太平县

明	奚月川	堪舆	《光绪安徽通志·方技》
清	周登瀛，字汉升，恩贡	天文卜筮	《乾隆太平县志·文苑》

贵池县

明	吴仲宽	堪舆	《艺术典·名流列传》
清	吴邦彦，例贡	堪舆	《光绪贵池县志·方技》
清	姜尚周	奇遁堪舆	同上

建德县

宋	王升	术数	《光绪贵池县志·方技》
明	江杏，字君培，岁贡	天文	《光绪安徽通志·隐逸》

凤阳县

明	郭山甫	相人	《清毛奇龄彤史拾遗》

定远县

清	方苇川	星命	《蔗余偶笔》
清	刘菘秀，字南溪	卜筮	同上

凤台县

清	吴涤江	堪舆	《光绪凤台县志·方技》
清	孔庆南，字文化	堪舆	同上

寿县

清	王蔼轩，增生	星卜	《光绪寿州志·方技》

宿县

金	武亢，司天长行	卜筮	《四库提要术数存目》

太和县

清	岳明堂，庠生	堪舆	《民国太和县志·艺术》

涡阳县

清	周懋元，字俭斋，考取钦天监	天文占验	《民国涡阳县志·人物》

盱眙县

明	周行	天文卜筮	《光绪盱眙县志·人物》

滁州

明	汤铭，钦天监五官灵正	术数天文	《光绪安徽通志·方技》
明	孙一献，字元夫，诸生	堪舆	同上
明	汤序，字叔彝，侍郎，钦天监	天文	《光绪滁州志·方技》
清	何素，字周古	堪舆	同上

全椒县

明	彭敬昌	奇遁	《民国全椒县志·艺术》
明	盛应明，字诚复，庠生	堪舆	同上

江西省

南昌县

汉	周腾，字叔达	天文	《同治南昌府志·方技》
晋	雷焕，官丰城令	天文	同上
明	刘伯龙	堪舆	明叶绍袁《年谱续纂》
明	季宗舒，括苍人	星命	同上
清	徐寿山，庠生	堪舆	《地理入地眼序》

清	万长春	星命	《淡墨录》
清	万树华	堪舆	《地理入地眼序》
清	康范生	星命	《三冈识略》
清	梁翁	六壬	《夜雨秋灯录》
清	万承纪，字廉山，副榜，官同知	卜筮堪舆	《画史汇传》

新建县

| 宋 | 王孝友，字顺伯 | 星命 | 《光绪江西通志·列传》 |
| 明 | 曹家甲 | 堪舆 | 文廷式《纯常子枝语》 |

遵贤县

| 明 | 毛际可 | 天文 | 《同治南昌府志·方技》 |

南城县

| 宋 | 邓茂生，字秀实 | 术数 | 《光绪江西通志·列传》 |

南丰县

| 唐 | 曾道立，师事孙世南 | 堪舆 | 《艺术典·堪舆部·列传》 |
| 宋 | 丘公亮，师胡矮仙 | 堪舆 | 同上 |

临川县

宋	李大川	星命	同上
明	吴英，字士杰，官钦天监正	天文星卜	《光绪江西通志·列传》
明	吴昊，官太常少卿	天文	同上

金谿县

| 明 | 杨院使者 | 堪舆 | 《艺术典·名流列传》 |

上饶县

| 宋 | 叶宗山 | 星命 | 真文忠公撰文赠之 |
| 清 | 郑铭，号心斋 | 堪舆 | 《同治上饶县志·方技》 |

弋阳县

| 明 | 冯时近 | 堪舆 | 《同治弋阳县志·方技》 |

广丰县

| 清 | 俞棣辉，字咸泰 | 堪舆 | 《光绪广丰县志·方技》 |

854

清	潘廷庶,号七峰	堪舆	同上
清	周熙,字怀发增生	堪舆	同上

庐陵县

宋	冯椿	星相	《魏了翁全集·赠文》

宜春县

唐	彭云构	术数	《光绪江西通志·列传》

吉安县

宋	廖信甫,师刘种桃	堪舆	《艺术典·堪舆部·列传》

吉水县

宋	涂内明	星命	《文山全集·赠诗》
宋	曾兰谷	相人	《文山全集·赠诗》
宋	刘矮跛	相人	同上
宋	梅谷	相人	同上
宋	镜湖	相人	同上
宋	江神目	相人	同上
宋	闾丘	相人	同上
宋	舒片云	星命	同上
宋	余月心	星命	同上
宋	王金斗	星命	同上

永丰县

清	胡艺,字早春	六壬堪舆	《同治永丰县志·方技》

安福县

明	刘信,正统间钦天监夏官	天文	《同治安福县志·方技》

万安县

清	欧阳宗衡,字层阆	星卜	《同治万安县志·方技》
清	曾尚矫	术数	同上

莲花厅

清	王灏,字上一,考授钦天监	文天卜筮	《道光莲花厅志·方技》
清	贺廷勋,字复勤,阴阳学典术	卜筮	《道光莲花厅志·方技》

分宜县

明	谢作霖	堪舆	《同治袁州府志·方技》

新昌县

清	刘守昭,字隐斋	风角	《同治瑞州府志·方技》

赣县

唐	刘淼,字子先,杨公高弟	堪舆	《艺术典·名流列传》
唐	叶七,杨公带行人	堪舆	同上
唐	邵庭监,阳公高弟	堪舆	同上
宋	刘子猷	堪舆	同上

雩都县

唐	曾十七,曾文迪弟子	堪舆	同上
宋	刘元正	堪舆	同上
宋	萧才清,师刘谦	堪舆	同上
宋	李蓬洲,师谢和卿	堪舆	同上
宋	刘见道,名渊则字叔云	堪舆	同上
宋	刘二郎,师王禄道	堪舆	同上
宋	刘种桃	堪舆	同上
宋	刘子仙,师王禄道	堪舆	同上

兴国县

唐	李五牙,廖禹负笈人	堪舆	同上
唐	王应元,师事廖禹	堪舆	同上
唐	谢玢,师事王应元	堪舆	同上
宋	刘景清	堪舆	同上
宋	刘景明	堪舆	同上
宋	刘应宝	堪舆	同上
明	刘玉渊,钦天监漏刻博士	天文堪舆	《同治兴国县志·方技》
明	廖文政,钦天监博士	堪舆	同上
明	曾邦旻,字寅甫钦天监博士	堪舆	同上
明	曾鹤广,钦天监博士	堪舆	同上
明	廖胜槩	堪舆	同上

明	曾日茂	堪舆	同上
明	曾继烈	堪舆	同上
明	廖绍禄	堪舆	同上
清	廖尚鐈,字鼎知	堪舆	同上
清	曾永章,钦天监刻漏阵士	堪舆	同上
清	曾国瑞	堪舆	同上
清	廖应国	堪舆	同上

会昌县

宋	宋花师	堪舆	同上
宋	刘勾力	堪舆	同上
宋	刘七碗,号江东	堪舆	同上
宋	王禄道,刘七碗弟子	堪舆	同上
宋	第子骧,师刘七碗	堪舆	同上

南康县

明	刘潜	堪舆	同上

宁都县

唐	厉伯绍,师杨筠松	堪舆	同上
唐	刘雍,师事赖文俊	堪舆	同上
唐	孙世南	堪舆	《艺术典·堪舆列传》
唐	赖白须,廖禹之婿	堪舆	《同治兴国县志·方技》
唐	李鸦鹊	堪舆	同上
唐	钟可朝	堪舆	同上
唐	李普照,师事刘雍	堪舆	《同治兴国县志·方技》
宋	胡矮仙	堪舆	同上
宋	丁应之,师事胡矮仙	堪舆	同上
明	孙伯纲,字毅臣院判	堪舆	同上

瑞金县

清	丘佐周	星卜	《同治瑞金县志·方技》

建昌县

宋	游大有	星命	《白鹤全集·赠文》

宋	黄生	堪舆	《艺术典·堪舆部·纪事》

安义县

清	熊占鳌，荐任相度万年基地	堪舆	《同治南康府志·人物》
清	喻野樵	堪舆	临桂倪鸿《桐阴清话》

鄱阳县

元	李时茂，字诚仙	卜筮	《同治饶州府志·方技》
明	毛童	相人	同上
明	蔡福缘，郡学生	卜筮	同上
明	吴豹，诸生	卜筮	同上

浮梁县

元	操贵持，字子敬	卜筮	《光绪江西通志·方技》
明	查克元，一本克中	卜筮	《光绪江西通志·方技》

婺源县

明	汪梧	太素脉法	《光绪安徽通志·方技》
明	江仕从，应诏卜天寿山陵	堪舆	同上
明	程金	堪舆	《光绪婺源县志·方技》
明	李邦祥	堪舆	同上
明	查大宾，字省愚徐之镆门人	堪舆	《罗经顶门针·卷上》
明	江立本，字道生	堪舆	《光绪婺源县志·方技》
明	江凤，字羽皇	堪舆	同上
明	齐普渊，号黉溪	堪舆	同上
明	潘峦，字碧井	堪舆	《道光徽州府志·方技》
清	戴国恩，字永沾乾隆乡荐	术数	《光绪安徽通志·文苑》
清	詹天宠，字君锡	术数	《光绪安徽通志·方技》
清	李鳞章，字日功嘉庆举人	术数	《光绪安徽通志·文苑》
清	叶樵，字云客	堪舆	《山洋全书·卷首》

德兴县

元	郎庆和	堪舆	《同治德兴县志·方技》
清	傅鸿绅，字起鸣，庠生	堪舆	同上

义宁州

元	程以临，字至可	天文堪舆	《光绪江西通志·列传》
明	郑廷谦，官阴阳学正	天文卜筮	《同治南昌府志·方技》

修水县

明	俞文源，字逢之徐之镆门人	堪舆	《罗经顶门针·卷上》

湖北省

江夏县

北周	蒋升，字凤起	天文	《艺术典·名流列传》
明	卜梦熊	堪舆	《堪舆部·名流列传》

崇阳县

清	陈嘉润，字霁轩	星命	《同治崇阳县志·艺术》

沔阳州

清	魏麟	卜筮	《光绪沔阳州志·方技》
清	胡秋根	堪舆	同上

黄冈县

清	姚希伯	堪舆	《光绪黄冈县志·方技》
清	姚本沔	堪舆	同上

广济县

清	闵德裕，字崐冈	堪舆	《清稗类钞·方技》

安陆县

唐	马处谦，累官郎中	卜筮	《光绪德安府志侨寓》
后唐	胡恬	星卜	同上

云梦县

明	安大岂，字曲湖	天文	《雍正湖广通志·方技》

襄阳县

隋	庞晃如	相人	《御览·相中》引《三国典略》

| 清 | 张芝玉，字兰生，官典史 | 星命 | 《碑传集》 |

京山县

| 明 | 张竺庵 | 堪舆 | 《光绪京山县志·方技》 |

东湖县

| 宋 | 吕齐物 | 堪舆 | 《光绪宜昌府志士女》 |
| 清 | 田嵩南 | 堪舆 | 同上 |

宜都县

| 清 | 汪瑚 | 壬遁 | 《民国湖北通志·方技》 |

江陵县

刘宋	蔡鐵，鐵音尖，楚人	卜筮	《民国湖北通志·方技》
唐	向隐	射覆	《民国湖北通志·方技》
唐	卢山人	术数	《艺术典·术数部·纪事》
宋	薛亚，官少尹	相人	《太平广记·相术》
宋	金楼子	卜筮	《太平御览·方术部·筮》
宋	桃文烈	卜筮	同上

石首县

明	严正笏	堪舆	《荆州府书目·地理全书》
清	邹美中，字圣赞，庠生	天文	《荆州府志·文苑》
清	汪鹏，诸生	堪舆	《同治石首县志·方技》
清	陈辅公	天文	《荆州府志·文苑》

监利县

| 明 | 邓权 | 风角卜筮 | 《光绪监利县志·艺术》 |

湖南省

长沙县

| 宋 | 彭师右 | 星命 | 《宋真文忠公集·赠序》 |
| 清 | 周紫京 | 奇遁 | 黄钧宰《天河金壶浪墨》 |

湘阴县

| 清 | 李星科，字泳荪，官司马 | 星命 | 《子平真诠跋》 |

茶陵州

| 清 | 尹一第 | 星相堪舆 | 《湖南通志·人物》 |

新宁县

| 清 | 罗趄凤 | 术数 | 同上 |

武陵县

| 明 | 冷谦，字改敬 | 卜筮 | 《嘉庆常德府志·方技》 |
| 清 | 吴正蓉，号长斋老人 | 卜筮相人 | 同上 |

澧州

| 明 | 游登瀛 | 卜筮 | 《同治澧州志·流寓》 |

东安县

| 清 | 席上锦，字承裳 | 堪舆 | 《湖南通志·人物》 |

道州

| 明 | 何天衢，字道亨，官工部侍郎 | 皇极太乙 | 明朱国祯《涌幢小品》 |

永兴县

| 清 | 谢盛中，庠生 | 卜筮堪舆 | 《光绪永兴县志·方技》 |

汝城县

| 清 | 刘灿然 | 奇遁 | 《民国汝城县志·方技》 |

溆浦县

| 清 | 刘之典 | 堪舆 | 《同治溆浦县志·方技》 |
| 清 | 王先标 | 六壬 | 同上 |

绥宁县

清	李春显	堪舆	《同治绥宁县志·方技》
清	黄定略，一作定石桧生	堪舆	同上
清	杨大兴，阴阳学典术	堪舆	同上

永绥县

| 清 | 刘月亭 | 星命 | 《同治永绥厅志·方技》 |

四川省

成都县

东汉	段翳，字元章	风角卜筮	《后汉书·方术》
北周	卫元嵩	术数	《周书·艺术·褚该传》
前蜀	胡秀林，官司天监	星历	《嘉庆四川通志·艺术》
后蜀	胡蕴，官司天少监	天文	同上
宋	王朴	太素脉法	《嘉庆四川通志·艺术》
宋	魏汉津，赐号冲显，封嘉晟侯	术数	《宋史·方技》
宋	青城老人	轨革卦影	《同治成都县志·艺术》
宋	周从龙	星命	宋杨文节公《诚斋集·赠序》

峡川县

清	倪廷策，字京兆，诸生	堪舆	《嘉庆峡川续志耆旧》

郫县

清	罗亻，字半山	卜筮	《瘦石文钞·罗亻传》

绵阳县

清	车洪德	卜筮	《民国绵阳县志·方技》

绵竹县

明	贺朝用，官川滇	相人	明朱国祯《涌幢小品》

永川县

清	谢大櫄，字东琴，庠生	堪舆	《光绪永川县志·技艺》

合川县

清	萧珏，字蕴山	天文堪舆	《民国合川县志·方术》
清	刘万超，字正德	星卜堪舆	同上

奉节县

梁	蒋光济	卜筮	《梁书附邓元起传》

乐山县

清	杨展	奇遁	《民国乐山县志·技术》

荣县

清	刘纯杰，字鹏九，庠生	卜筮	《光绪荣县志·人物》

临邛县

宋	郭灏	相人	《宋魏了翁赠序》
宋	龚恢乙	星命	同上
宋	雍尧俞	卜筮	同上
宋	孙守中	星命	同上

资州

清	王澡	卜筮	《嘉庆资州志·方技》

井研州

清	熊嵩	六壬	《光绪井研州志·方技》
清	刘八卦	龟卜壬遁	同上

南充县

元	罗如意	堪舆	《民国南充县志·方技》
清	侯朋元	望气相人	《民国南充县志·方技》
清	王茂英	相人	同上

营山县

清	薛德望，字据于	堪舆	《嘉庆营山县志·方技》

广安州

清	杨顺恩	卜筮	《嘉庆广安县志·方技》
清	杨建午	卜筮	同上

河北省

涿州

| 北魏 | 刘弁 | 卜筮 | 《同治涿州续志·方技》 |

青州

| 清 | 刘桂林，字枝芳 | 星历堪舆 | 《民国青州志·艺术》 |
| 清 | 司元博，字绍周 | 堪舆 | 同上 |

沧县

清	朱绣，字云书	星命堪舆	《民国沧县志·方技》
清	朱昆龄，字鹤楼	卜筮	同上
清	狮道人，张氏	卜筮	同上

庆云县

| 清 | 王遽亭，字景瑗，庠生 | 堪舆 | 《民国庆元县志·堪舆》 |

宁津县

| 北齐 | 郑道谦 | 卜筮 | 《艺术典·卜筮部·纪事》 |

卢龙县

| 北齐 | 段长，官南中郎将 | 相人 | 《御览·相中》引《北齐书》 |

东光县

| 晋 | 孟观，字叔明，官积弩将军 | 天文 | 《一统志河间府·人物》 |

昌黎县

| 民国 | 董晋良，字秉直，附生 | 堪舆 | 《民国昌黎县志·方技》 |

乐亭县

| 清 | 倪上述，字又彭 | 天文 | 《光绪乐亭县志·文学》 |

元氏县

| 明 | 毛伯时，号兰竹 | 卜筮 | 《光绪元氏县志·方技》 |

易州

宋	李峤	相人	《艺术典·相术部·纪事》

大名县

宋	李含章	相人	《太平广记·相类》

濮阳县

春秋	孔成子	卜筮	《左传卫襄公》《御览·筮》

广宗县

北齐	宋景业，天保初封长城县子	卜筮	《北史·艺术》
北齐	荆次德	术数	《北史·艺术》附宋景业》

邯郸县

魏	张冏母，司徒氏	相人	《艺术典·相术部·纪事》
清	冯致中，字和厚	卜筮	《乾隆邯郸县志·艺术》
清	武济川，字卢舟，庠生	术数	同上
清	卢廷臣	堪舆	同上

赵州

北齐	李公绪	天文	《光绪赵州志·方技》

山东省

章丘县

元	张明远	卜筮	明朱国祯《涌幢小品》
元	李素，师事张明远	卜筮	同上
清	焦汝朗，郡增生	星卜	《道光章丘县志·方技》

长清县

晋	淳于智，字叔平	卜筮	《晋书·艺术》
明	王曰谨，庠生	卜筮	《道光济南府志·方技》

泰安县

晋	高堂隆，字升平	术数	《艺术典·术数部·纪事》

肥城县

| 清 | 朱丙书，字献之 | 堪舆 | 《光绪肥城县志·艺术》 |

阳信县

| 清 | 杨廷范，字洪九 | 星卜 | 《咸丰武定府志·艺术》 |
| 清 | 马素咸，字遵行，庠生 | 星历奇遁 | 《乾隆阳信县志·方技》 |

商河县

| 清 | 赵继芳，字子莲 | 术数 | 《道光商河县志·方技》 |

沂水县

| 明 | 王仲懿，字秉彝徐之镆门人 | 堪舆 | 《顶门针·卷上》 |

济宁州

| 清 | 楚裳，号百泉铁岭人 | 占候 | 《宣统山东通志·流寓》 |
| 清 | 杨映楷，字兰谷 | 卜筮 | 《咸丰济宁州志·隐逸》 |

滕县

| 明 | 渠仲宁，官钦天监本科训术 | 堪舆 | 《道光滕县志·方术》 |

曹县

| 南燕 | 宗正谦 | 相人卜筮 | 《艺术典·相术部·纪事》 |
| 宋 | 赵棠 | 卜筮 | 《宋史·方技·本传》 |

茌平县

| 清 | 焦锡麟，岁贡 | 堪舆 | 《康熙县志·方技》 |

甘陵县

| 汉 | 吴伉 | 风角 | 《嘉庆东昌府志·方技》 |

高唐州

| 清 | 张宝绅，字省三 | 相人堪舆 | 《光绪高唐州志·方技》 |

恩县

| 清 | 刘春台，字见青附贡 | 术数 | 《宣统恩县志·方技》 |

平原县

| 魏 | 刘邠，字令元 | 卜筮 | 《艺术典·射覆部·纪事》 |

魏	诸葛原，字景春	卜筮	同上
清	刘良田，字艺圃	卜筮	《民国平原县志·人物》
清	赵旸，字响生，庠生	术数	同上

临濮县

宋	王老志	卜筮	《宋史·方技通志·艺术》

益都县

清	赵神仙	卜筮	《光绪益都县志·方技》

昌乐县

清	杨瑞麟，字辑五	堪舆	《嘉庆昌乐县志·方技》
清	高思禹	卜筮	同上
清	刘暾，字旭邮	堪舆	同上
清	高培廉，字小圃，庠生	卜筮堪舆	同上
清	高连魁，字逊斋，庠生	堪舆	同上
清	孙尔周	堪舆	同上

山西省

太原县

周	董因	卜筮	《左传山西通志·艺术》
周	司空季子	卜筮	《国语·晋语四》
北魏	王延业，官青州司马	天文卜筮	《北史·附崔逞传》
北齐	庞仓鹰	相人	《御览·相中》引《北齐书》
唐	唐彬茂	卜筮	《乾隆太原县志·艺术》

介休县

金	马天来，字云章，进士，官编修	卜筮	《介休县志·文苑》

壶关县

元	魏文昌	奇遁	《乾隆壶安府志·方技》
清	赵兴仁	堪舆	《光绪山西通志·艺术》

凤台县

清	卫永耀，字径千	卜筮	同上

高平县

明	陈鲁	卜筮	《乾隆高平县志·艺术》

辽州

清	陈毅，庠生	卜筮	《雍正辽州志·方技》

沁州

明	陈善言	卜筮	《乾隆沁州志·方技》

大同县

明	刘桥东	卜筮	《光绪山西通志·艺术》

临汾县

清	崔景芬，字邵先，诸生	堪舆	同上
清	张永年，诸生	堪舆	同上
清	李古魁，诸生	堪舆	《光绪山西通志·艺术》

翼城县

清	段神仙	卜筮	《光绪翼城县志寓贤》

永济县

清	姬南唐	卜筮	《清稗类钞》

临晋县

清	陈仲谦，字受卿	卜筮	《乾隆临晋县志·方技》

荣河县

清	赵运兴，诸生	天文奇遁	《民国荣河县志·方技》
清	杨岐正	堪舆	同上
清	李东平	奇遁	同上
清	李定国，庠生	奇遁	同上
清	李友之，庠生	奇遁	同上

安邑县

明	仝寅	卜筮	《明史·方技》《山西通志·艺术》

河南省

开封县

唐	房安禹，开元进士，官南阳令	相人	唐钟辂《前定录》
唐	冯七	相人	《太平广记·相术》
唐	龙复本	听声揣骨	《艺术典·名流列传》
宋	蔡微远	卜筮	《太平广记·筮上》
宋	铁龟山人	术数	《艺术典·术数部·纪事》
宋	庾道敏	相筮	《太平广记·相术》
宋	周琮，司天中官正	太乙	《术数部总论》
宋	刘悟	卜筮	《宋史·附楚昭辅传》
宋	苗昌裔	堪舆	《艺术典·堪舆部·纪事》
宋	娄道者	术数	《夷坚续志》
宋	陈预知	术数	《术数部·纪事》
宋	刘神	相人	《古今类事·卜兆门》
宋	孟诊	卜筮	《汴京勾异记》
明	李夔，字一足	星历卜筮	清新安张潮《处初新志》

仪封县

明	戴绍，号潜斋	术数	《乾隆仪封县志·方技》
明	戴经，成化元年登贤书	术数	《乾隆仪封县志·方技》

禹州

明	李阐	卜筮	《道光禹州志·方技》

商丘县

唐	梁知人	相人	唐吕道生《定命录》

考城县

南齐	江谧，字令和，官镇北长史	棋卜	《南史附秉之传》

淮宁县

清	智思臻，字希天	卜筮	《道光淮宁县志·方技》

淮阳县

宋	何蓑衣,赐号通神先生	术数	《夷坚续志》
宋	王青,官仓门监	相人	宋孙升《谈圃》
清	田履斋,字恭俭,庠生	堪舆	《民国淮阳县志·方技》
清	蒋士英,庠生	卜筮	《民国淮阳县志·方技》

西华县

东魏	贾子儒,官御史	相人	《太平御览·相术中》
明	王多宁	堪舆	《乾隆西华县志·方技》

许州

后晋	庾嘉德	卜筮	《道光许州志·方技》
唐	杜生	卜筮	《新唐书》《雍正河南通志·方技》

襄城县

晋	常法和	灵棋术数	《艺术典·术数部·纪事》
明	何大川	术数同上	

荥阳县

北魏	麹绍	卜筮	《北史·艺术》《河南通志·方技》

武陟县

清	申会午	星命壬遁	《道光武陟县志·方技》

汤阴县

明	黄恺	星历	《汤阴县志·方技》
明	黄礼	星历	同上

临漳县

北齐	赵琼	相人	《北齐书·皇甫玉传》
北齐	陈昭	相人	《御览·方术部·相中》
北齐	吴士	听声	《北齐书·皇甫玉传》

朝歌县

周	史朝,春秋卫史宫	堪舆	《左传卫襄公》

辉县

清	郭宗林,字子中,庠生	堪舆	《道光辉县志·方技》

河内县

唐	王琚，官户部尚书	天文象纬	《唐书·本传》
清	正文灏	堪舆	《道光河内县志·艺术》

阳武县

明	卢橘，庠生	卜筮	《乾隆阳武县志·方技》

洛阳县

汉	曹元理	术数	《艺术典·术数部·名流列传》
汉	元菟	术数择日	同上
后汉	苏文	相人	《后汉书·和熹邓后传》
后汉	田戎，督师洛阳	卜筮	谢承《后汉书》
后汉	王长文，官蜀郡太守	卜筮	《华阳国志》
晋	柳休祖	卜筮	《广博物志·方技》
晋	弘景则，官宁远参军	卜筮	同上
魏	刘良	相人	《魏志·文帝甄皇后传》
梁	仇殷	术数	《旧五代史·本传》
北魏	元澄，拓跋氏字道真	卜筮	《魏书·本传》
唐	李仙药	卜筮	唐张鷟《朝野佥载》
唐	勾龙生	相人	《艺术典·相术部·纪事》
唐	邹生	卜筮	唐范摅《云溪友议》

宜阳县

汉	窦广国，字少君封章武候	卜筮	《汉书窦皇后传》

鲁山县

北魏	赵胡	卜相	《魏书·宣武灵后胡氏传》

阌乡县

清	王志熙，恩贡生	堪舆	《光绪阌乡县志·人物》
清	祝启丰，佾生	堪舆	同上

西平县

晋	郭麋，仕郡主簿	天文卜筮	《晋书·艺术》《御览·律历》

光州

| 清 | 王宸，字拱北 | 卜筮 | 《光绪光州志·方技》 |

陕西省

长安县

汉	青牛先生，字正方	风角星历	《陕西通志·流寓》
汉	王况	卜筮	《前汉书·附王莽传》
三国	扈累，青牛先生弟子	风角	《雍正陕西通志·隐逸》
晋	鸠摩罗什，天竺人	星算	《清一统志·陕西省西安府·仙释》
北魏	李顺兴	术数	《艺术典·术数部·名流列传》
北周	史元华	相人	《周书·孝闵帝本纪》
隋	赵照，照一本作昭	相人	《太平御览·方术部·相》
隋	张宾，官华州刺史	相人	《隋书·艺术》附来和传》
隋	焦子顺，官开府	相人	同上
隋	董子华	相人	同上
唐	崔巽	堪舆	《古今类事墓兆门》
唐	张约，号称白云先生	堪舆	同上
唐	高士廉	卜筮	《旧唐书·文德皇后长孙氏传》
唐	李参军	相筮	《太平广记·相类》
唐	李弥乾	星命	宋王伯厚《困学纪闻九》
唐	史良	相人	《艺术典·相术部·纪事》
唐	魏琮	相人	同上
唐	范希朝，官镇武节度使	相人	同上
唐	垣下生	卜筮	《艺术典·卜筮部·纪事》
唐	胡芦生	卜筮	《艺术典·卜筮部·纪事》

霸城县

| 晋 | 王堕，字安生，官司马 | 天文图纬 | 《清一统志·西安府·人物》 |

三原县

明	杜棠，字善政，官云南知府	星遁风角	《光绪三原县志·贤能》

韩城县

晋	童彦兴	卜筮	《太平御览·方术·筮下》
金	李懋	术数	《雍正陕西通志·方技》

华阴县

隋	郭弘道，字大宝，官尚食奉御	相人	《艺术典·相术部·纪事》

岐州

五代	张蒙	卜筮	《雍正陕西通志·方技》

宝鸡县

清	谈宗节	术数	《民国宝鸡县志·方技》

扶风县

北魏	鲁祈	术数	《雍正陕西通志·隐逸》

甘肃省

皋兰县

清	韩应春，岁贡生，官环县训导	星历堪舆	《光绪皋兰县志·方技》
清	赵守贞，字干卿，庠生	堪舆	同上
清	卢政，咸丰举人凉州教授	天文堪舆	同上
清	王允中，号南谷	卜筮	《道光皋兰县志·杂录》
清	刘尚杰，阴阳学训术	术数	同上
清	刘士延，阴阳学训术	术数	同上
清	赵道士，名贵	卜筮	《道光皋兰县志·杂录》

陇西县

明	李挺秀，字君实庠生	堪舆	《罗经顶门针·参校》

天水县

清	李珅，字果成秦人	卜筮	《清稗类抄·方技》

灵台县

明	刘志寿，字伯龄，官钦天监	卜筮	清彭文灿《画史汇传》

固原县

汉	公孙昆邪	卜筮	《光绪固原州·方技》
清	刘道士	壬遁	同上

西固县

晋	张秀，字文伯	相人	《御览·相中》引《十六国春秋》

福建省

闽侯县

宋	黄彻	相人	《民国闽县志·术数》
明	郭景夏	星命	《艺术典·星命部·名流列传》

古田县

清	林乔材，字世臣，诸生	卜筮	《宣统福建通志·文苑》

长乐县

明	谢廷柱	堪舆	《同治长乐县志循绩》
清	董捧日，诸生	卜筮	《同治长乐县志·隐逸》

莆田县

宋	林璧卿，号樵谷	卜筮	《乾隆莆田县志·隐逸》
明	周文靖，宣德间任阴阳训术	术数	清彭文灿《画史汇传》
清	王凤九，字而轩举人知涉县	天文术数	《莆田县志·文苑》

晋江县

宋	丘崇，字执礼	天文术数	《宣统福建通志·文苑》
宋	蒋明纪，字纲甫	揲筮	同上

安溪县

清	林乾，德化人	堪舆	《乾隆安溪县志·流寓》

同安县

明	蔡德征	堪舆	《民国同安县志·方技》
明	陈世胄，诸生	六壬	《艺术典·卜筮部·名流列传》

德化县

明	连惟深	堪舆	《乾隆德化县志·方技》

龙岩州

清	谢廷宝，字安卿，乾隆举人	堪舆	《道光龙岩县志·方技》

长汀县

清	李启南，字向明	堪舆	《光绪长汀县志·方技》
清	李忠征	堪舆	同上

南靖县

明	詹永达	星命	《明万历漳州志·方技》

建阳县

明	王祐，字彦真	堪舆	《民国建阳县志·方技》

建宁县

清	林贵远	天文	《同治建宁县志·艺术》

广东省

南海县

明	廖翼，字飞卿	堪舆	《同治广东通志·方技》
清	劳栱，字需大	卜筮	《同治南海县志·方技》

新丰县

清	刘前度	堪舆	《直指玄真僧如玉序》

顺德县

清	梁锦里	卜筮	《光绪广州府志·方技》

东莞县

明	李在公，字冰玉，诸生	天文	《嘉庆东莞县志·方技》

开平县

清	李海鹏，字连三附贡生	卜筮	《民国开平县志·人物》

罗定县

清	陈士彬，号金山	卜筮	《民国罗定县志·方技》

连州

南汉	陈代仁	卜筮	《道光广东通志·列传》

儋县

清	王博士，庠生	堪舆	《民国儋县志·方技》

昌化县

清	陈志灿，贡生	堪舆	《光绪昌化县志·方技》
清	陈晃彪	堪舆	同上

广西省

宾州

刘宋	宾公	堪舆	《康熙宾州志》

云南省

安宁州

清	杨注可	堪舆	《光绪云南通志·方技》

通海县

清	王日新，字诚明	堪舆	同上

石屏州

清	杨象震，诸生	卜筮	《乾隆石屏州志·方技》
清	高徽	堪舆	同上

永昌县

清	李成英，庠生	堪舆	《永昌县志·隐逸》

剑川州

清	王兆兴，字东周，诸生	卜筮	《光绪云南通志·方技》

贵州省

天柱县

明	罗公白头	卜筮	《康熙天柱县志·隐逸》

辽宁省

辽阳县

汉	殷馗	天文	《乾隆盛京通志·方技》

盖平县

清	王锡臣	星命	《盖平县志·方技》
清	姜云群	堪舆	同上
清	丁半仙	卜筮	同上
清	刘凤岐	堪舆	同上

北镇县

清	佟二峰	堪舆	《民国北镇县志·方技》
清	刘继荃，字幼斋	堪舆	同上
清	杜宗甫	卜筮堪舆	同上

复县

| 清 | 曲克文，字焕符，庠生 | 相人 | 《民国复县志·艺术》 |

庄河县

| 清 | 王书文，字聘园 | 相人 | 《民国庄河县志·方技》 |

吉林省

吉林县

| 金 | 兀钦仄 | 堪舆 | 《艺术典·青乌葬经注》 |

察哈尔省

蔚县

| 金 | 杨谷，字洞微道士 | 卜筮 | 金元好问《续夷坚志》 |

易数撷珠①

朔望弦晦之物候：《大戴礼记》云："朱草日生一叶，至十五日生十五叶。十六日一叶落，终而复也。"《路史》云："朱草者百草之精，状如小桑。栽子长三四尺，枝茎如珊瑚，生名山石岩之下，刺之如血。其叶生落随月晦。亦如萱荑之类耳。"《吕氏春秋》云："月也者，群阴之本也。月望则蚌蛤实，群阴盈。月晦则蚌蛤虚，群阴亏。月形于天，而群阴化于渊。"《埤雅》云："驴马驹，随母行。有在前者，有与母并者，有随后者，此由生时不同。月初生者在前，月半生者处中，月末生者居后。"

岁有四时之物候：徐铉《图经本草》云："象胆随四时，春在前左足，夏在前右足，秋后左足，冬后右足也。"淳化中一象春毙，太宗命取胆不获。铉以此对，果得于前左足。

岁有十二月之物候：李时珍《本草纲目》云：诸畜肝数皆定。惟獭肝一月一叶。十二月则十二叶。

曾文正云：古来圣哲名儒之所以彪炳宇宙者，无非由于文学、事功。然文学，资质居其七分，人力不过三分。事功，则运气居其七分，人力不过三分。念不知命、不知礼、不知言，三者，《论语》以殿全篇之末，良有深意。若知斯三者，而益之以孟子取人为善，与人为善之义，则将庶可为完人矣。

《后汉书·方术传》：② 仲尼称《易》有君子之道四焉：曰卜筮者尚其占。占也者，先王所以定祸福，决嫌疑，幽赞于神明，遂知来物者也。若夫阴阳推步之学，往往见于坟记矣。至乃河洛之文，龟龙之图，箕子之术，师旷之书，纬候之部，铃决之符，皆所以探抽冥赜，参验人区，时有可闻者焉。其流又有风角，遁甲，七政元气，六日七分，逢占日者，挺专须臾，孤虚之术。及望云省气，推处妖祥，时亦有以效于事也。

---

① 编者注：本节文字，原附于各篇之末。本次出版，结集于正文之前，单独成篇。
② 宋宣城太守范晔撰。

《金史·方技传》：[①] 太史公序九流，述日者、龟策、扁鹊、仓公列传。刘歆校中秘书，以术数、方技，载之《七略》。后世史官作方技传，盖祖其意焉。金世如武祯，武亢之信而不诬。刘完素、张元素之治疗通变，学其术者，皆归尊之，不可不记云。

清程树勋《壬学琐记》云："《吴越春秋》则载子胥、少伯、文种、公孙圣，《晋书》则载戴洋，《龙城录》则载冯存澄，《五代史》则载梁太祖，《夷坚志》则载蒋坚，《稗史》则载朱允升，《尧山堂外纪》亦载朱允升，《徽州府志》则载程九圭，《松江府志》则载陈雨化，《苏州府志》则载徐大衍、皇甫焯，《元史》则载刘秉忠。然古今善六壬者，当不止此数人。惜余孤陋，于书籍所见有限，未能一一详举耳。"

清汪中《述学》云：《左氏春秋·释疑篇》云："晋献公筮嫁伯姬于秦，史苏占之不吉。及惠公为秦所执，曰：'先君若从史苏是占，吾不及此。'韩简以为先君多败德，史苏是占，勿从何益。南蒯将叛，筮之得坤之比。子服惠伯以为忠信之事则可，不然必败。《易》不可以占险。由是言之，左氏之言卜筮，未尝废人事也。"

《晋书·艺术传》：艺术之兴，由来尚矣。先王以是决犹豫，定吉凶，审存亡。省祸福。曰神与智，藏往知来；幽赞冥符，弼成人事。既兴利而除害，亦威重而立权。所谓神道设教，率由于此。

《隋书·艺术传》：夫卜筮所以决嫌疑，定犹豫者也。相术所以辨贵贱，明分理者也。此皆圣人无心，因民设教。自三五哲王，其所由来久矣。然昔之叙卜筮，则史苏、严君平、司马季主；论相术，则内史叔服、姑布子卿、唐举、许负。凡此诸君者，仰观俯察，探赜索隐，咸诣幽微，思侔造化；或弘道以济时，或隐身以利物，深不可测，固无法而称焉。

《旧唐书·方技传》：夫术数占相之法，出于阴阳家流。自刘向演洪范之言，京序传焦赣之法，莫不望气视祲，县知灾异之来；运策揲蓍，预卜吉凶之会。固已详之《鲁史》，载彼《周官》。

格物致知十事：刘伯温《郁离子》云："天地之呼吸，吾于潮汐见之。祸福之素定，吾于梦寐之先兆见之。同声之相应，吾于琴之弦见之。同气之

[①] 元中书右丞相总裁脱脱等修。

相求，吾于铁与磁石见之。鬼神之变化，吾于雷电见之。阴阳五行之消息，人命系其吉凶，吾于介鳞之于月见之。祭祀之非虚文，吾于豺獭见之。天枢之中，吾于子午之针见之。巫祝之理不无，吾于吹蛊见之。三辰六气之变，有占而必验，吾于人之脉色见之。观其著以知微，察其显而知隐，此格物致知之要道也。不研其情，不索其故，梏于耳目而止，非知天人者矣。"

清圣祖《庭训格言》："吉凶军兵嘉，五礼之期，必选择日时者，乃古人趋吉避凶之义。"《诗》曰："吉日惟戊，吉日庚午。"《礼》曰："外事用刚日，内事用柔日。"朱子注《孟子》曰："天时者，时日之枝干，孤虚旺相之属也。要以五行之生克为用，干枝之刑冲合会为断耳，世俗相沿已久。而吉凶之理，推原于《易》。是故我等尊贵之人，凡有出行移徙之类，自宜选择日时。然而既用选择之日，则尤当用其选择之时。甚无以日之吉，而忽于时之吉也。选择家云：'选日必当选时，吉日不如吉时。'正谓此也。"

清左文襄公宗棠《家书·与孝宽为买寿藏事》：板石坳坟地甚佳，已将汝母及二姊改葬，极慰。克庵先生所相道林桥一穴，岳麓一穴，价均不昂，拟即买为寿藏，他年归蜕于此。岳麓脉自龙山分出，蜿蜒千余里，较南岳虽博厚不如，而盘折雄奇，实有独胜之处。张南轩与朱子，于此山游览殆遍，非无因也。可即请源圃先生，于此定穴作生基，死便埋我。湘山湘水，乐哉斯丘！凡此皆克公为能计画，至为深远，他日魂魄有依，犹拜故人之赐也。清彭刚直公玉麟《家书》"致弟，云退处是福"：昔与我共患难者，无论生死皆得令名。余以一儒生，而得虚名，最可愧。当今之世，退未必非福。阅历多年，见成功与名位，若由命焉，否则如我者岂无人。

又《禀叔云天命不可拗》：人之成大事、立大业者，识见为主，才学为辅。而事业之成否，愈须参酌夫天之理。人定虽可胜天，有时天命不可拗。

《易经图说》：右易之图九，有天地自然之易，有伏羲之易，有文王周公之易，有孔子之易。自伏羲以上皆无文字，只有图画，最宜深玩。可见作易本原精微之意，文王以下，方有文字，即今之《周易》。然读者亦宜各就本文消息，不可便以孔子之说，为文王之说也。

《周易傍训》：卦本伏羲所画，有交易变易之义，故谓之易。辞则文王周公所系，故系之周。至《系辞》之传，乃孔子所述，以其通论一经之大体凡例也。

《易经图说》：《系辞传》曰，河出图，洛出书，圣人则之。又曰，天一，地二；天三，地四；天五，地六；天七，地八；天九，地十。天数五，地数五，五位相得而各有合。天数二十有五，地数三十，凡天地之数五十有五，此所以成变化而行鬼神也。洛书盖取龟象，故其数戴九履一，左三右七，二四为肩，六八为足。

《易经图说》：蔡元定曰，图书之象，自汉孔安国、刘歆、魏关朗子明、有宋康节先生邵雍尧夫，皆谓如此。至刘牧始两易其名，而诸家因之。故今复之，悉从其旧。

《易经图说》：说卦传曰，天地定位，山泽通气，雷风相薄，水火不相射，八卦相错。数往者顺，知来者逆。邵子曰，乾南，坤北；离东，坎西；震东北，兑东南；巽西南，艮西北。自震至乾为顺，自巽至坤为逆。后六十四卦方位仿此。

《史记·龟策传》：自古圣王将建国受命，兴动事业，何尝不宝卜筮以助善。唐虞以上，不可记已；自三代之兴，奋据祯祥，涂山之兆从，而夏启世；飞熊之卜顺，故殷兴；百谷之筮吉，故周王。王者决定诸疑，参以卜筮，断以蓍龟，不易之道也。

《易经系辞上传》：天尊地卑，乾坤定矣。卑高以陈，贵贱位矣。动静有常，刚柔断矣。方以类聚，物以群分，吉凶生矣。在天成象，在地成形，变化见矣。

《易经系辞上传》：圣人设卦观象，系辞焉而明吉凶，刚柔相推而生变化。是故吉凶者失得之象也，悔吝者忧虞之象也，变化者进退之象也，刚柔者昼夜之象也。六爻之动，三极之道也。是故君子所居而安者，易之序也。所乐而玩者，爻之辞也。是故君子居则观其象而玩其辞，动则观其变而玩其占。是以自天佑之，吉无不利。

《大全》，朱子曰：卦虽八而数须十者，八是阴阳数，十是五行数，一阴一阳便是二，以二乘二便是四，以四乘四便是八。五行本只是五，而有是十者，盖一个便包两个。如木便包甲乙，火便包丙丁，土便包戊己，金便包庚辛，水便包壬癸，所以为十。

孔氏传《尚书》序：古者伏牺氏之王天下也，始画八卦，造书契，以代结绳之政，由是文籍生焉。伏牺、神农、黄帝之书，谓之三坟，言大道也。

少昊、颛顼、高辛、唐、虞之书，谓之五典，言常道也。至于夏、商、周之书，虽设教不伦，雅诰奥义，其归一揆。是故历代宝之，以为大训。八卦之说，谓之八索，求其义也。九州之志，谓之九丘，丘聚也，言九州所有，土地所生，风气所宜，皆聚此书也。《春秋左氏传》曰："楚左史倚相，能读三坟、五典、八索、九丘"，即谓上世帝王遗书也。

《周礼·春官》：大卜，下大夫二人。卜师，上士四人。卜人，中士八人，下士十有六人。府二人，胥四人，徒四十人。掌三兆之法：一曰玉兆，二曰瓦兆，三曰原兆。掌三易之法：一曰连三，二曰归藏，三曰周易。掌三梦之法：一曰致梦，二曰觭梦，三曰咸陟。

《北齐书·方技传》：《易》曰，定天下之吉凶，成天下之亹亹，莫善于蓍龟。是故天生神物，圣人则之。故太史公著《龟策日者传》，所以广其闻见，昭示后昆。

《周书·艺术传》：仁义之于教大矣，术艺之于用博矣。狥于是者，不能无非；厚于利者，必有其害。诗书礼乐，所失也浅，故先王重其德。方术技巧，所失也深，故往哲轻其艺。夫能通方术而不诡于俗，习技巧而必蹈于礼者，岂非大雅君子乎！

《史记·日者传》：自古受命而王，王者之兴，何尝不以卜筮法于天命哉。其于周尤甚，及秦可见。代王之人，任于卜者。太卜之起，由汉兴而有。

又《龟策传》：自古圣王将建国受命，兴动事业，何尝不宝卜筮以助善。唐虞以上，不可记已。自三代之兴，各据祯祥。涂山之兆从而夏启世，飞燕之卜顺故殷兴，百谷之筮吉故周王。王者决定诸疑，参以卜筮，断以蓍龟，不易之道也。

《清知不足斋》刊唐李淳风注释《孙子算经》云：今有孕妇行年二十九，难九月，未知所生。答曰：生男。术曰：置四十九，加难月，减行年，所余以天除一，地除二，人除三，四时除四，五行除五，六律除六，七星除七，八风除八，九州除九。其不尽者，奇则为男，耦则为女。

《礼记表记》：子言之，昔三代明王皆事天地之神明，无非卜筮之用，不敢以其私亵事上帝，是故不犯日月，不违卜筮。卜筮不相袭也，大事有时日，小事无时日。有筮，外事用刚日，内事用柔日，不违龟筮。子曰：牲牷礼乐齐盛,是以无害乎鬼神,无怨乎百姓。子曰:后稷之祀易富也,其辞恭,其欲俭,其禄及子孙。《诗》曰:后稷兆祀,庶无罪悔,以迄于今。子曰:大人之器盛敬,天子无筮。诸侯有守筮,天子道以筮。诸侯非其国,不以筮。卜宅寝室,天子不卜处太庙。子曰:君子敬则用祭器,是以不废日月,不违龟卜。以敬事其君长,是以上不渎于民,下不亵于上。

《北魏书·术艺传》:盖小道必有可观,况往圣标历数之术,先王垂卜筮之典,论察有法,占候有传;触类长之,其流遂广。

《尚书·洪范》:七稽疑,择建立卜筮人,乃命卜筮。曰雨,曰霁,曰蒙,曰驿,曰克,曰贞,曰悔,凡七。卜五,占用二,衍忒立时人作卜筮。三人占,则从二人之言。汝则有大疑,谋及乃心,谋及卿士,谋及庶人,谋及卜筮。汝则从,龟从,筮从,卿士从,庶民从,是之谓大同。身其康强,子孙其逢吉。汝则从,龟从,筮从,卿士逆,庶民逆,吉。卿士从,龟从,筮从,汝则逆,庶民逆,吉。庶民从,龟从,筮从,汝则逆,卿士逆,吉。汝则从,龟从,筮逆,卿士逆,庶民逆,作内吉,作外凶。龟筮共违于人,用静吉,用作凶。

《周礼·春官》:以邦事作龟之八命,一曰征,二曰象,三曰与,四曰谋,五曰果,六曰至,七曰雨,八曰瘳。以八命者赞三兆三易三梦之占,以观国家之吉凶,以诏救政。凡国大贞卜,立君卜;大封则眂高作龟,大祭则眂高命龟。凡小事涖卜,国大迁大师则贞龟。凡旅陈龟,凡丧事命龟。卜师掌开龟之四兆,一曰方兆,二曰功兆,三曰义兆,四曰弓兆。

《礼记·曲礼》:凡卜筮日,旬之外曰远某日,旬之内曰近某日。丧事先远日,吉事先近日。曰为日,假尔泰龟有常,假尔泰筮有常。卜筮不过三,卜筮不相袭。龟为卜,筴为筮。卜筮者,先圣王之所以使民信时日,敬鬼神,畏法令也。所以使民决嫌疑,定犹与也。故曰疑而筮之,则弗非也。日而行事,则必践之。①

《新唐书·方技传》:凡推步卜相,皆技也。能以技自显于一世,亦悟之天,非积习致然。若李淳风谏太宗不滥诛,严误谏不合乾陵,乃卓然有益于时者,兹可珍也。

---

① 弗非,无非之者。日,所卜筮之吉日也。与,读顷,践,读善。

宋沈括《梦溪笔谈》云：今之卜筮皆用古书，工拙系乎用之者。唯其寂然不动乃能通天下之故，人未能至于无心也，则凭物之无心者而言之，如灼龟璺瓦，皆取其无心也。

清顾炎武《日知录》云："舜曰官占，惟先蔽志昆，命于元龟。"《诗》曰："爰始爰谋，爰契我龟。"《洪范》曰："谋及乃心，谋及卿士，谋及庶人，谋及卜筮。"孔子之赞《易》也，亦曰"人谋鬼谋"。注云惠氏曰：古者卜筮，先用精凿之米以享神，谓之糈，《楚辞》云：巫咸将夕降兮，怀椒糈而要之。王逸注：言巫咸将下，愿怀椒糈要之，使筮者占兹吉凶之事也。管子云：守龟不兆，握粟而筮者屡中。

清程树勋《壬学琐记》云：宋仁宗最嗜六壬，故其时习此学者甚多，而以元轸、苗公达为最。至徽宗、高宗时，邵彦和一出，又驾诸人之上。理宗时有凌福之者，本邵公之法，著《毕法赋》，于是诸法咸备，至平至当，一扫疑神疑鬼之习气。至金朝，则以六壬三命诸术，考试司天台学生，时有徐次宾者，精于其学，著《一字玉连环》，皆六壬家一脉相传也。

《史记·日者传》：自古受命而王，王者之兴，何尝不以卜筮法于天命哉！其于周尤甚，及秦可见。代王之入，任于卜者；太卜之起，由汉兴而有。

《大全》朱子曰：五位相得，而各有合，是两个意：一与二，三与四，五与六，七与八，九与十，是奇偶以类相得；一与六合，二与七合，三与八合，四与九合，五与十合，是各有合。在十干甲乙木，丙丁火，戊己土，庚辛金，壬癸水，便是相得；甲与己合，乙与庚合，丙与辛合，丁与壬合，戊与癸合，是各有合，所以成变化而行鬼神也。

《易经图说·文王八卦次序》：乾父，坤母，震长男得乾初爻，坎中男得乾中爻，艮少男得乾上爻，巽长女得坤初爻，离中女得坤中爻，兑少女得坤上爻。

《太平清话》云：张南轩知星命，乃判朱晦翁"官多禄少"四字。晦翁点首云，老汉生平辞官文字甚多。

清程树勋《壬学琐记》云：读《杨忠愍公年谱》，知公通三式之学，可见此学为君子所不弃。晋之戴洋、唐之李靖、元之刘秉忠、耶律楚材，明之刘青田，亦皆精于此。诸公豪杰之资，小道不遗，固非浅见寡闻之辈所能窥测者也。

《魏志·方技传》：朱建平之相术，管辂之筮术，诚皆玄妙之殊巧，非常之绝技矣。

《辽史·方技传》：孔子称小道必有可观，医卜是已。医以济夭札，卜以决犹豫，皆有补于国，有惠于民，前史录而不遗，故传。

《金史·方技传》：太史公序九流，述日者，龟策、扁鹊、仓公列传。刘歆校中秘书，以术数方技载之《七略》。后世史官作《方技传》，盖祖其意焉。金世如武祯、武亢之信而不诬，刘元素、张元素之治疗通变，学其术者皆师尊之，不可不记云。

《明史·方技传》：明初周颠、张三丰之属，踪迹秘幻，莫可测识，而震动天子，要非妄诞取宠者所可几。张中、袁珙，占验奇中。夫事有非常理所能拘者，浅见鄙闻，不足道也。

宋王应麟《困学纪闻》云："定之方中"，《公刘》之诗择地法也。"我辰安在"，论命之说也。传云"不利子商"，则见姓有五音。诗"吉日维戊庚午"，则见支干之有吉凶。

《太平御览》卷十八《帝系谱》载：伏牺人头蛇身，以十月四日人定时生。

宋吴僧《能改斋漫录》：五行无绝之之理，盖本于京房易，传写之误耳。京氏曰四绝，巳为水土绝，申为木绝，亥为火绝，寅为金绝，绝乃系包字，两字合为一耳。唐左拾遗李鼎祚所修梁元帝陈乐产、唐吕才六壬书《名连珠集》，其论五行之所始终，水系包在巳，火系包在亥，木系包在申，金系包在寅，凡巳申亥寅，各称系包。盖五行既墓，其生也必有萌芽以先之，故始有所系，而继之以始，以明无绝之之理。清德清俞樾《茶香室续钞》按：此说可信，愿与精斯术者参之。

《文献通考·宗庙考》：太昊葬宛丘，在陈州。又祭法：夫圣王之制祭祀也，法施于民则祀之，以死勤事则祀之，以劳定国则祀之，能御大菑则祀之，能捍大患则祀之。

杭辛斋《学易笔谈·西教士易说篇》云：西教士花之安氏，颇注意于中国之经籍，曾著《自西徂东》一书，谓画卦之伏牺，乃巴比伦人、巴比伦高原为西洋文化策源地，伏牺八卦，以乾为天，以坤为地，至今巴比伦人犹称天为乾，称坤为地，此一证也。又巴比伦，亦有十二属相，与中国之十二辰，大略相同，此二证也。

晋挚虞《太常集·庖牺赞》曰：昔在上古，惟德居位。庖牺作王，世尚醇懿。设卦分象，开物纪类。施罟设网，人用不匮。

纪年：西藏不识天干，惟以地支属相纪年。亦以十二个月为一岁，以寅为正月，仍有闰月，但其闰月不同时耳。如雍正十年壬子闰五月，其地闰正月；雍正十三年丁卯闰四月，其地于甲寅年闰七月。更有闰日之异，而无小建。如闰初一则无，初二即初三矣。或于月内摘去二日，即不呼此二三日，假如二十六日，次日即呼二十八日。每月必有初一，十五，三十，其呼正月曰端郭，余月仍挨数呼之。纪日惟以金木水火土五行配，与《宪书》无异；推日月之蚀，亦纤毫不爽。云推算占验，皆唐公主流传者。

占卜：西藏占卜之术不一。有等喇嘛，以纸画八卦，书番字而占者；有以青稞排卦，抽五色毛线而占者，或数素珠而占者，或画地而占者；或烧羊骨，或看水碗，种种不一，然亦有颇验者，大抵在所学之精浅耳。妇女亦有会者，不能悉述。以上《西藏记》

《续文献通考·群庙考》：至元十二年，立伏羲庙于河中，武宗至大二年正月，诏三皇配位，依文庙从祀礼。

《续通典·礼典》：宋太祖，乾德元年诏云：先代帝王，载在祀典，或庙貌犹存，久废牲牢；或陵墓虽存，不禁樵采，其太昊氏等，各置守陵五户，岁春秋祀以太牢。

《续通典·礼典》，金制，前代帝王，三年一祭，以仲春之月，祭伏羲于陈州。又：洪武元年三月以太牢祀三皇，初仍元制，以三月三日，九月九日，通祀三皇。

《清朝通典·礼典》，圣祖仁皇，诏定祭典，上自伏羲，下逮有明，凡曾在位者，除无道亡国之君，皆得奉主入庙。

俞曲《园湖楼笔谈》卷七：尝读孟子，至孟献子，"有友五人焉，乐正、裘牧仲，其三人则予忘之矣"，未尝不废书而叹也。曰乐正、裘牧仲，幸而为孟子所记忆，从此姓名千古矣；其三人者，不幸而不为孟子所记忆，则遂湮没无闻矣。在孟子当日不过一沈吟间，而传与不传，即系乎此。人知富贵穷贱，有命存焉；而不知身后之名，亦自有命。不然彼五人者，何以有传有不传哉!

清俞樾《茶香室四钞》引宋陈昉《颍川小语》云：俗言三平二满，盖三遇平，二遇满，皆平稳得过之日；五角六张，五遇角，六遇张，其日不稳多乖。按：三平二满，余向不解，今乃知五角六张之例耳。

宋寇宗奭《本草衍义》：以针贯灯心，浮水上亦指南，然常偏内位。盖丙为大火，庚辛金受其制，故如是。

明郎瑛《七修类稿》：燕水鸟也，故名元鸟。其来去皆避社日，不以戊己日取土为巢，书戊己于巢则去，皆因土克水故也。

《曲园续钞》载宋范石湖《诗集》，有一题云："丙午新年六十一岁，俗谓之元命，作诗自觥。"按六十一岁为元命，今无此说矣。

宋俞琰《席上腐谈》：欲知时辰阴阳，当别以鼻。鼻中气，阳时在左，阴时在右。亥子之交，两鼻俱通，丹家谓"玉洞双开"是也。

宋邵康节公《击壤集》题为《乾坤吟》：用九见群龙，首能出庶物。用六利永贞，因乾以为利。四象以九成，遂为三十六。四象以六成，遂为二十四。如何九与六，能尽人间事。

《击壤集》题为"水火吟"：水火得其御，交而成既济。水火失其御，焚溺可立至。不止水与火，万事尽如此。只知用水火，不知水火义。

又云：火能胜水，火不胜水；其火遂灭，水能从火；水不从火，其水不热。夫能制妻，夫不制妻，其夫遂绝；妻能从夫，妻不从夫，其妻必孽。

《朱子语类辑略》：问，颜渊不幸短命，伯牛死，曰命矣夫，孔子得之不得？曰有命如此之命，与天命谓性之命，无分别否？曰：命之正者出于理，命之变者出于气质，要之，皆天所付予，孟子曰：莫之致而至者命也。但当尽其道，则所植之命，皆正命也。

宋王明清《挥麈第三录》：绍兴庚申岁，明清侍亲山阴，方总角，有学者张尧叟唐老，自九江来从先人，适闻岳侯父子伏诛。尧叟云："仆去岁在羌庐，正睹岳侯葬母，仪卫甚盛，观者填塞，山间如市。解后，一僧为仆言，岳葬地虽佳，但与王枢密之先茔，坐向既同，龙虎无异，掩圹之后，子孙须有非命者；然经数十年，再当昌盛，其识之。今乃果然，未知他日如何耳。"王枢密乃襄敏，本江州人，葬其母于乡里，有十子。辅道既罹横逆，而有名字者，为开封幕，过桥坠马死；名端者，待漏禁门，簷瓴冰柱折坠，穿顶而没。后数十年，辅道之子炎弼、炎融，以勋德之裔，朝廷录用以官，把麾持节，升直内阁。炎弼二子万全、万枢，今皆正郎，而诸位登进士第者接踵。岳非辜之后，凡三十年，满洗冤诬，诸子若孙，骤从缧绁，进躐清华，昔日之言，犹在耳也。

清纪文达公《晓岚家书》"寄从兄旭升，诸墓地风水"：墓地风水，由来尚矣。我家蚌珠崖老坟，形势得之天然，宛若老蚌吐珠，不独历来堪舆家都指为牛眠善地，即行人道出其间，亦莫不极口称誉。犹记弟辛巳乞假祭扫，有富室同堪舆家，在我家墓上相地绘图，弟思并无族人盗卖，彼何不惮烦若是？讶而问之，富室曰："贵墓风水之佳，莫与伦比。余欲得一相同之地，遍寻不得，今特倩堪舆家绘图作样，赴各省寻觅，庶或有得也。"其愚诚不可及矣，余家四世皆为士大夫，皆此墓之力也。所惜左向已有陆氏古墓，据堪舆家言，不利长房，而今先兄果与世长辞；弟之长子汝佶，亦已夭逝，不利长房之言，何应验乃尔？所以弟拟出重价，或易以五倍之地，与陆氏磋商，将古墓迁移。今得舍弟来函，云被陆伯英阻梗。伯英与吾哥有同学之谊，平日极相契合，特此专函奉托，请向伯英处设法疏通。夫求人迁墓，与剷平他人坟墓，截然不同，并不造孽；请其择相善地迁葬，一切费用，由余家任之。其古墓价值，曾经估计五百金，准于迁葬费外，如数照给，临颖不胜恳托之至。

《朱子语类辑略》：问，子罕言命，若仁义礼智五常，皆是天所命；如贵贱死生寿夭之命，有不同，如何？曰：都是天所命，禀得精英之气，便为圣为贤，便是得理之全，得理之正；禀得清明者便英爽，禀得敦厚者便温和，禀得清高者便贵，禀得丰厚者便富，禀得久长者便寿，禀得衰颓薄浊者，便为愚不肖，为贫为贱为夭。天有那气，生一个出来，便有许多物随他来。又曰：天之所命，固是均一，到气禀处，便有不齐，看其禀得来如何。

《高斋漫录》云：宋元丰中，王岐公珪位宰相，王和父、尹京上眷注甚渥，行且大用。岐公乘间奏曰："京师术士，皆言王安礼，明年二月作执政。"神宗怒曰："执政除拜由朕，岂由术士之言，他日纵当此补，特且迟之。"明年春，安礼果拜右丞，岐公曰："陛下乃违前言，何也？"上默然久之，曰："朕偶忘记，信知果是命也。"

《汴京勾异记》云：宋王冀公钦若，乡荐赴阙，张仆射齐贤，时为江南漕，以书荐谒钱希白。时钱以才名，方独步一时，适会客，延一术士，以考休咎，不容通谒，冀公局促门下，因厉声诉阍人，术士闻之，谓钱曰："不知何人邪，若形声相称，世无此贵者；但恐形不副声，愿邀入，使某获见。"钱诺之。冀公单微远人，神骨竦瘦，复赘于颈，而举止殊山野，钱蔑视之，术士竦然侧目注视。冀公起，术士稽颡兴叹曰："人中之贵，未有如此十全者。"钱戏曰："中堂内便有此等宰相乎？"术士正色曰："是何言与！且宰相何时无，此人不作则已，作则天下康富，君臣相得，至老死而有庆无吊，但无子耳。"钱戏曰："他日将陶铸吾辈乎？"术士曰："恐不在他日，即日可待，愿公勿忽。"后钱方为翰林学士，而冀公真拜。

《辽宁省绥中县志·方技序》云："人必具经天纬地之才，始足以治家邦而安内外。若夫一材一艺，非论世者之所许也。然而司马迁作传，不遗方技一门，以艺术之精，必由苦心孤诣而得之，苟没其所长，亦乖史家之沿例，因志方技。"

《清史稿·艺术传序》云：自司马迁传扁鹊仓公，及《日者》《龟策》，史家因之。或曰方技，或曰艺术，大抵所收多医卜阴阳术数之流，间及工巧。夫艺之所赅，博矣众矣。古以礼乐射御书数为六艺，士常所习，而百工所执，皆艺事也。近代方志，于书画技击工巧，并入此类，实有合于古义。圣祖天纵神明，多能艺事，贯通中西，历算之学，一时鸿硕，蔚成专家，国史跻之儒林之列；测绘地图，铸造枪炮，始仿西法，凡有一技之能者，往往召直蒙养斋，其文学侍从诸臣，每以书画供奉内廷，沿及高宗之世，风不替焉。《钦定医宗金鉴》荟萃古今，学说宗旨纯正，于阴阳术数家言，亦有《协纪辨方》一书，颁行沿用，从俗从宜，斯征微尚矣。

宋苏文忠公《东坡全集外纪》："退之诗云，我生之辰，月宿直斗，乃知退之磨蝎为身宫，而仆乃以磨蝎为命，平生多得谤誉，殆是同病也。"

明杨忠愍公《椒山全集·题为读易有感》：眼底浮云片片飞，吉凶消息只几希。自从会得羲皇易，始觉前时大半非。

清江西熊镜心《止善集》云：卜易之法，以龟蓍为贵。龟乃禽虫中之灵者，蓍乃草木中之灵者。龟之类，有甲卜、骨卜、鳞卜、角卜、羽卜、毛卜、革卜、牙卜，蓍之类，有核卜、茎卜、竹卜、枝卜、华卜、子卜、叶卜、蔓卜，此外又有水卜、土卜、瓦卜、石卜、碁卜、钱卜、纸卜、书卜、金卜、火卜，皆取其物之灵者。然精诚所通，无物不效其灵，非物本灵，心灵之也。用物必取灵者，盖谓精诚未至者言之耳。凡天下一切有用无用之物，皆可为占卜之具，以此法行之而此效，以彼法行之而彼效，法乎法而不滞乎法，法乎法而不废乎法，无法之法，万法所由出也。是以由法生故，种种心生，由心生故，种种法生，《诗》云"卜尔百福"。

《曾文正公涤生家书·谕纪泽研究天文学字谕纪泽》：二十五日寄一信，言读《诗经》注疏之法。二十七日，县城二勇至，接尔十一日安禀，具悉一切。尔看天文，认得恒星数十座，甚慰甚慰。前信言《五礼通考》中，《观象授时》二十卷，内恒星图最为明晰，曾繙阅否？国朝大儒于天文历数之学，讲求精熟，度越前古，自梅定九、王寅旭以至江、戴诸老，皆称绝学。书皆不讲占验，但讲推步。占验者，观星象云气，以卜吉凶，《史记·天官书》《汉书·天文志》是也。推步者，测七政行度，以定授时，《史记·律书》《汉书·律历志》是也。秦味经先生之《观象授时》，简而得要，心壶既肯究心此事，可借此书与之阅看。《五礼通考》内有之，《皇清经解》内亦有之。若尔与心壶二人，略窥二者之端绪，则足以补余之缺撼矣。

清圣祖《庭训格言》：河图顺转而相生，洛书逆转而相克。盖生者所以成其体，而克者所以宏其用。《大禹谟》，水火金木土谷惟修，以五行相克为次第，可见克是五行作用处。今术家或以相克取财官，或以相克取发用，亦此理也。

清高宗《御制诗初集·题为九月十八日立冬》：闰月催时序，① 秋深早立冬。候风因验政，② 辩日每占农。人迹霜华重，山峦黛色浓。园林零落尽，徒倚眄苍松。③

《宋范文正公仲淹诗集·题为赠都下隐者》：梅福隐市门，严平居卜市；乃知神仙徒，非必烟霞地。异哉西山人，逍遥京洛尘；门多长者车，察脉如有神。善医。轩皇万余载，此术了然在；精意洞五行，飞名落四海。善卜。结舍拟沧洲，东池接御沟；兰芳披幽径，琴樽在小舟。清夜泛月华，宛是江湖

---

① 是年闰六月十五日立秋七月节，七月以后节皆早。
② 钦天监每以交节时，风起何方，验政治得失。
③ 眄，莫见切，音面，霰韵，斜视也。

游；他日上云去，兹为黄鹤楼。

《清纪文达公晓岚家书》"训次儿，诰诫勿于旧壁间，擅辟窗櫺"[1]：风水之说，虽非君子所尚，然而堂堂翰林院中，尚且诸多避忌。相传翰林院堂，不启中门，启则不利于掌院。癸巳开四库全书馆于翰林院，质郡王临视，不得已启中门延之，俄而掌院刘文正公逝。又传原心亭中之西南隅，有父母之翰林，不可设座，坐则必有刑克。陆耳山学士，素恶风鉴，毅然设座，时未两月，竟丁母艰。其余步院，亦各有禁忌。相传礼部甬道屏门，旧不加搭渡，钱箨石前辈不信，偏设搭渡而行，以免旁绕，旋有天坛登杆之事。帝都部院尚如此，何况臣下门庭？尔因卧室中黑暗，拟将后墙拆去，改作窗户，既经风鉴相宅，力言东向不利，不宜改作，尔竟固执大寒无忌，竟置兄嫂之言若罔闻，顽固已极。古语云："暗房亮灶"，卧室愈暗愈妙，何竟独持异议？尔因夏令房中酷热，以致生子出痘而夭，然而此宅建自尔先高曾祖，在尔卧室中长大者，不下十余人；死生本属大数，岂能归咎于房屋耶！毕竟不愿居是室，尽可与兄嫂易室相居，勿许擅辟窗户，毋违特谕。

《宋史·方技传》：昔者少皞氏之衰，九黎乱德，家为巫史，神人淆焉。颛顼氏命南正重司天以属神，北正黎司地以属民，其患遂息。厥后三苗复弃典常，帝尧命羲和修重黎之职，绝地天通，其患又息。然而天有王相孤虚，地有燥湿高下，人事有吉凶悔吝、疾病札瘥，圣人欲斯民趋安避危，则巫医不可废也。

《乐城遗书》：欧阳文忠公尝语，少时有僧相我，耳白于面，名满天下；唇不着齿，无事得谤。其言颇验。耳白于面，则众所共见；唇不着齿，予亦不敢问公，不知其何故也。

宋邵康节公《击壤集·题为万物吟》：成败须归命，兴衰各有时。小人纵多欲，真宰岂容私。只此浪喜欢，便成空惨凄。请观春去后，游者更为谁。《又题有时吟》：龙不冬跃，萤能夜飞。小人君子，均各有时。

《清曾文正公家书·答意城书为父母葬地事》：先严先慈葬地，自须急求改卜，盖古人所称，利不什，不变法；害不什，不易制。先君葬地，人多谓其凶煞，果若所云，是在害什之科，而利什者，又不可以卒求，斯亦疚心之

---

[1] 櫺，音灵。

一端耳。又壬岁母丧，葬非佳壤；去年葬父，亦非吉域，今岁拟亲履各处，求稍可以安吾心者，而攻卜焉，庶几稍释歉衷，

宋真文忠公《德秀文集·送张宗昌序》：大道隐，而百家之学兴，人各以其所长，争惊于世。太史谈、刘歆所叙，至于儒者并列，夫儒道之大，犹天地也。百家众技之流，则穹壤间一物耳，可侪而论之耶！谈、歆所叙，盖失之矣；而后之学者，遂谓吾所知者道，它非所屑也。不知阴阳卜筮，皆《易》之支流余裔。微而百工之事，亦圣人实为之，一能一艺，莫非世用所急，而一切薄陋之，可乎？

出版缘起

本书著手于戊辰秋，至丙戌春始写成，无力付梓，尘封案头久矣。适云程马先生来晤，偶见存稿盈尺，取而阅之，跃然谓余曰："羲农轩辕，乃我国文化发明之始祖，载在历朝祀典，固为人所崇拜；尧舜禹汤十六字心传，及祷雨自责六事，乃治国齐家之要素。放之则弥六合，卷之期退藏于密，其味无穷，不独平民所当晓，至孝友廉吏、儒林、文苑、高士、逸民等，尤足为志士良好之模范，岂独申明卜筮之哲学，渊源有自已哉！吾虽学殖荒落，爰邀同好集资，为君刊布。昔张文襄公有劝刻书说，谓为乃利济之先务，积善之雅谈，吾不敢云利济积善，惟期此书行世，俾有目者共赏之耳。"今幸百宋印刷局诸君子，竭诚赞助，详校竣工，谨述其缘起如此，以志不忘，戊子孟冬袁阜识。

《润德堂丛书全编》提要

《润德堂丛书全编》前六册,即《养生三要》《新命理探原》《八字万年历》《命谱》《中西相人探原》《选吉探原》《述卜筮星相学》已由本社于2019年1月出版面世。此处提要,原为民国版所载,一并附后,供读者研究。

本书宗旨:寓道于艺,编次简明,无师自通,印刷精良。

《养生三要》:此为研究医学门径之书,欲求学习医法,及却病延年,多子多孙者,须读此书。

《增订命理探原》:此为研究命学完善之书,欲求预知人生富贵贫贱,及寿夭贤愚者,须读此书。

《标准万年历》:此为初步推命必需之书,欲求阴历月建大小,气节时间,而无讹误,及阳历某日为阴历某日者,须阅此书。

《命谱》:此为古今命造总汇之书,欲知圣贤仙释,帝后将相,忠孝节义,夕及贫富寿夭之命造,有何证明者,须读此书。

《中西相人探原》:此为知己知彼相人之书,欲求预知本身之幸福如何,及交友之心术邪正者,须读此书。

《大六壬探原》:此为探讨卜课简明之书,欲求决万事之疑,及动静从违,成败利钝者,须读此书。

《选吉探原》:此为从事选吉浅显之书,欲求选采良辰,举行上任开市及嫁娶造葬者,须读此书。

《述卜筮星相学》:此为卜筮星相学纲要之书,欲求知卜筮星相学之发源,及与国家社会有无利弊者,须读之书。

《历代卜人传》:此为我国卜人系统之书,欲求自羲农以下,迄于民国,发明阴阳术数,及卜筮星相学之名人者,须读此书。

自题小影

著者自题

吾貌吾神，吾固知不及司马季主。

吾品吾学，吾尤知不及西蜀君平。

然吾极羡季主之墓，有武乡侯碑。

《真语》云：诸葛武侯昔建碑撰铭，立于司马季主墓前，其碑在成都升盘山之南。

吾又极羡君平之宅，有士大夫保存。

《一统志》云：严君平宅在成都西南，今名严真观，雁桥东有君平卖卜台高数丈。

吾故不度德不量力，尚欲跋涉万里，成都一游。

惟愿天假吾年，绞吾脑汁，耕吾砚田，冀博锱铢，藉彰贤哲。

或重修季主之墓，或重修君平之宅。

究不知吾貌吾神，吾品吾学，对此区区，能否办到。

语云：当局者迷，旁观者清。爰不辞谫陋，妄列吾影于简端。

倘荷海内高明，从旁观测，有以教吾，则何幸如之！

甲戌仲夏镇江袁树珊自题。

周易书斋精品书目

书　名	作　者	定价	版别
影印涵芬楼本正统道藏 [典藏宣纸版；全512函1120册]	[明]张宇初编	480000.00	九州
影印涵芬楼本正统道藏 [再造善本；全512函1120册]	[明]张宇初编	280000.00	九州
重刊术藏[全6箱，精装100册]	谢路军郑同主编	68000.00	九州
续修术藏[全6箱，精装100册]	谢路军郑同主编	68000.00	九州
易藏[全6箱，精装60册]	谢路军郑同主编	48000.00	九州
道藏[全6箱，精装60册]	谢路军郑同主编	48000.00	九州
焦循文集[全精装18册]	[清]焦循撰	9800.00	九州
邵子全书[全精装15册]	[宋]邵雍撰	9600.00	九州
子部珍本备要（以下为分函购买价格）		178000.00	九州
001 峋嵝神书	宣纸线装1函1册	280.00	九州
002 地理啖蔗録	宣纸线装1函4册	880.00	九州
003 地理玄珠精选	宣纸线装1函4册	880.00	九州
004 地理琢玉斧峦头歌括	宣纸线装1函4册	880.00	九州
005 金氏地学粹编	宣纸线装3函8册	1840.00	九州
006 风水一书	宣纸线装1函4册	880.00	九州
007 风水二书	宣纸线装1函4册	880.00	九州
008 增注周易神应六亲百章海底眼	宣纸线装1函1册	280.00	九州
009 卜易指南	宣纸线装1函1册	280.00	九州
010 大六壬占验	宣纸线装1函1册	280.00	九州
011 真本六壬神课金口诀	宣纸线装1函3册	680.00	九州
012 太乙指津	宣纸线装1函2册	480.00	九州
013 太乙金钥匙 太乙金钥匙续集	宣纸线装1函1册	280.00	九州
014 奇门遁甲占验天时	宣纸线装1函2册	480.00	九州
015 南阳掌珍遁甲	宣纸线装1函1册	280.00	九州
016 达摩易筋经 易筋经外经图说 八段锦	宣纸线装1函1册	280.00	九州
017 钦天监彩绘真本推背图	宣纸线装1函2册	680.00	九州
018 清抄全本玉函通秘	宣纸线装1函3册	680.00	九州
019 灵棋经	宣纸线装1函1册	280.00	九州
020 道藏灵符秘法	宣纸线装4函9册	2100.00	九州
021 地理青囊玉尺度金针集	宣纸线装1函6册	1280.00	九州
022 奇门秘传九宫纂要	宣纸线装1函1册	280.00	九州

书　　　名	作　　者	定　价	版别
023 影印清抄耕寸集－真本子平真诠	宣纸线装1函2册	480.00	九州
024 新刊合并官板音义评注渊海子平	宣纸线装1函2册	480.00	九州
025 影抄宋本五行精纪	宣纸线装1函6册	1080.00	九州
026 影印明刻阴阳五要奇书1－郭氏阴阳元经	宣纸线装1函2册	480.00	九州
027 影印明刻阴阳五要奇书2－克择璇玑括要	宣纸线装1函1册	280.00	九州
028 影印明刻阴阳五要奇书3－阳明按索图	宣纸线装1函2册	480.00	九州
029 影印明刻阴阳五要奇书4－佐玄直指	宣纸线装1函2册	480.00	九州
030 影印明刻阴阳五要奇书5－三白宝海钩玄	宣纸线装1函1册	280.00	九州
031 相命图诀许负相法十六篇合刊	宣纸线装1函1册	280.00	九州
032 玉掌神相神相铁关刀合刊	宣纸线装1函1册	280.00	九州
033 古本太乙淘金歌	宣纸线装1函1册	280.00	九州
034 重刊地理葬埋黑通书	宣纸线装1函2册	480.00	九州
035 壬归	宣纸线装1函2册	480.00	九州
036 大六壬苗公鬼撮脚二种合刊	宣纸线装1函1册	280.00	九州
037 大六壬鬼撮脚射覆	宣纸线装1函2册	480.00	九州
038 大六壬金柜经	宣纸线装1函1册	280.00	九州
039 纪氏奇门秘书仕学备余	宣纸线装1函1册	280.00	九州
040 八门九星阴阳二遁全本奇门断	宣纸线装2函18册	3680.00	九州
041 李卫公奇门心法	宣纸线装1函1册	280.00	九州
042 武侯行兵遁甲金函玉镜海底眼	宣纸线装1函1册	280.00	九州
043 诸葛武侯奇门千金诀	宣纸线装1函1册	280.00	九州
044 隔夜神算	宣纸线装1函1册	280.00	九州
045 地理五种秘笈合刊	宣纸线装1函1册	280.00	九州
046 地理雪心赋句解	宣纸线装1函2册	480.00	九州
047 九天玄女青囊经	宣纸线装1函1册	280.00	九州
048 考定撼龙经	宣纸线装1函1册	280.00	九州
049 刘江东家藏善本葬书	宣纸线装1函1册	280.00	九州
050 杨公六段玄机赋杨筠松安门楼玉辇经合刊	宣纸线装1函1册	280.00	九州
051 风水金鉴	宣纸线装1函1册	280.00	九州
052 新镌碎玉剖秘地理不求人	宣纸线装1函2册	480.00	九州
053 阳宅八门金光斗临经	宣纸线装1函1册	280.00	九州
054 新镌徐氏家藏罗经顶门针	宣纸线装1函2册	480.00	九州
055 影印乾隆丙午刻本地理五诀	宣纸线装1函4册	880.00	九州
056 地理诀要雪心赋	宣纸线装1函2册	480.00	九州
057 蒋氏平阶家藏善本插泥剑	宣纸线装1函1册	280.00	九州

书　名	作　者	定　价	版别
058 蒋大鸿家传地理归厚录	宣纸线装1函1册	280.00	九州
059 蒋大鸿家传三元地理秘书	宣纸线装1函1册	280.00	九州
060 蒋大鸿家传天星选择秘旨	宣纸线装1函1册	280.00	九州
061 撼龙经批注校补	宣纸线装1函4册	880.00	九州
062 疑龙经批注校补－全	宣纸线装1函1册	280.00	九州
063 种筠书屋较订山法诸书	宣纸线装1函2册	480.00	九州
064 堪舆倒杖诀 拨砂经遗篇 合刊	宣纸线装1函1册	280.00	九州
065 认龙天宝经	宣纸线装1函1册	280.00	九州
066 天机望龙经刘氏心法 杨公骑龙穴诗合刊	宣纸线装1函1册	280.00	九州
067 风水一夜仙秘传三种合刊	宣纸线装1函1册	280.00	九州
068 新镌地理八窍	宣纸线装1函2册	480.00	九州
069 地理解醒	宣纸线装1函1册	280.00	九州
070 峦头指迷	宣纸线装1函3册	680.00	九州
071 茅山上清灵符	宣纸线装1函2册	480.00	九州
072 茅山上清镇禳摄制秘法	宣纸线装1函1册	280.00	九州
073 天医祝由科秘抄	宣纸线装1函2册	480.00	九州
074 千镇百镇桃花镇	宣纸线装1函2册	480.00	九州
075 轩辕碑记医学祝由十三科治病奇书合刊	宣纸线装1函1册	280.00	九州
076 清抄真本祝由科秘诀全书	宣纸线装1函3册	680.00	九州
077 增补秘传万法归宗	宣纸线装1函2册	480.00	九州
078 祝由科诸符秘卷祝由科诸符秘旨合刊	宣纸线装1函1册	280.00	九州
079 辰州符咒大全	宣纸线装1函4册	880.00	九州
080 万历初刻三命通会	宣纸线装2函12册	2480.00	九州
081 新编三车一览子平渊源注解	宣纸线装1函3册	680.00	九州
082 命理用神精华	宣纸线装1函3册	680.00	九州
083 命学探骊集	宣纸线装1函1册	280.00	九州
084 相诀摘要	宣纸线装1函2册	480.00	九州
085 相法秘传	宣纸线装1函1册	280.00	九州
086 新编相法五总龟	宣纸线装1函1册	280.00	九州
087 相学统宗心易秘传	宣纸线装1函2册	480.00	九州
088 秘本大清相法	宣纸线装1函2册	480.00	九州
089 相法易知	宣纸线装1函1册	280.00	九州
090 星命风水秘传	宣纸线装1函1册	280.00	九州
091 大六壬隔山照	宣纸线装1函2册	480.00	九州
092 大六壬考正	宣纸线装1函1册	280.00	九州

书　　名	作者	定价	版别
093 大六壬类阐	宣纸线装1函2册	480.00	九州
094 六壬心镜集注	宣纸线装1函1册	280.00	九州
095 遁甲吾学编	宣纸线装1函2册	480.00	九州
096 刘明江家藏善本奇门衍象	宣纸线装1函1册	280.00	九州
097 遁甲天书秘文	宣纸线装1函2册	480.00	九州
098 金枢符应秘义	宣纸线装1函2册	480.00	九州
099 秘传金函奇门隐遁丁甲法书	宣纸线装1函2册	480.00	九州
100 六壬行军指南	宣纸线装2函10册	2080.00	九州
101 家藏阴阳二宅秘诀线法	宣纸线装1函2册	480.00	九州
102 阳宅一书阴宅一书合刊	宣纸线装1函1册	280.00	九州
103 地理法门全书	宣纸线装1函1册	280.00	九州
104 四真全书玉钥匙	宣纸线装1函1册	280.00	九州
105 重刊官板玉髓真经	宣纸线装1函4册	880.00	九州
106 明刊阳宅真诀	宣纸线装1函2册	480.00	九州
107 阳宅指南	宣纸线装1函1册	280.00	九州
108 阳宅秘传三书	宣纸线装1函1册	280.00	九州
109 阳宅都天滚盘珠	宣纸线装1函1册	280.00	九州
110 纪氏地理水法要诀	宣纸线装1函1册	280.00	九州
111 李默斋先生地理辟径集	宣纸线装1函2册	480.00	九州
112 李默斋先生辟径集续篇 地理秘缺	宣纸线装1函2册	480.00	九州
113 地理辨正自解	宣纸线装1函1册	280.00	九州
114 形家五要全编	宣纸线装1函4册	880.00	九州
115 地理辨正抉要	宣纸线装1函1册	280.00	九州
116 地理辨正揭隐	宣纸线装1函1册	280.00	九州
117 地学铁骨秘	宣纸线装1函1册	280.00	九州
118 地理辨正发秘初稿	宣纸线装1函1册	280.00	九州
119 三元宅墓图	宣纸线装1函1册	280.00	九州
120 参赞玄机地理仙婆集	宣纸线装2函8册	1680.00	九州
121 幕讲禅师玄空秘旨浅注外七种	宣纸线装1函1册	280.00	九州
122 玄空挨星图诀	宣纸线装1函1册	280.00	九州
123 影印稿本玄空地理筌蹄	宣纸线装1函1册	280.00	九州
124 玄空古义四种通释	宣纸线装1函2册	480.00	九州
125 地理疑义答问	宣纸线装1函1册	280.00	九州
126 王元极地理辨正冒禁录	宣纸线装1函1册	280.00	九州
127 王元极校补天元选择辨正	宣纸线装1函3册	680.00	九州

书 名	作 者	定 价	版别
128 王元极选择辨真全书	宣纸线装1函1册	280.00	九州
129 王元极增批地理冰海原本地理冰海合刊	宣纸线装1函1册	280.00	九州
130 王元极三元阳宅萃篇	宣纸线装1函2册	480.00	九州
131 尹一勺先生地理精语	宣纸线装1函1册	280.00	九州
132 古本地理元真	宣纸线装1函2册	480.00	九州
133 杨公秘本搜地灵	宣纸线装1函1册	280.00	九州
134 秘藏千里眼	宣纸线装1函1册	280.00	九州
135 道光刊本地理或问	宣纸线装1函1册	280.00	九州
136 影印稿本地理秘诀	宣纸线装1函2册	480.00	九州
137 地理秘诀隔山照 地理括要 合刊	宣纸线装1函1册	280.00	九州
138 地理前后五十段	宣纸线装1函2册	480.00	九州
139 心耕书屋藏本地经图说	宣纸线装1函1册	280.00	九州
140 地理古本道法双谭	宣纸线装1函1册	280.00	九州
141 奇门遁甲元灵经	宣纸线装1函1册	280.00	九州
142 黄帝遁甲归藏大意 白猿真经 合刊	宣纸线装1函1册	280.00	九州
143 遁甲符应经	宣纸线装1函2册	480.00	九州
144 遁甲通明钤	宣纸线装1函1册	280.00	九州
145 景祐奇门秘纂	宣纸线装1函2册	480.00	九州
146 奇门先天要论	宣纸线装1函2册	480.00	九州
147 御定奇门古本	宣纸线装1函2册	480.00	九州
148 奇门吉凶格解	宣纸线装1函1册	280.00	九州
149 御定奇门宝鉴	宣纸线装1函3册	680.00	九州
150 奇门阐易	宣纸线装1函2册	480.00	九州
151 六壬总论	宣纸线装1函1册	280.00	九州
152 稿抄本大六壬翠羽歌	宣纸线装1函1册	280.00	九州
153 都天六壬神课	宣纸线装1函1册	280.00	九州
154 大六壬易简	宣纸线装1函2册	480.00	九州
155 太上六壬明鉴符阴经	宣纸线装1函1册	280.00	九州
156 增补关煞袖里金百中经	宣纸线装1函1册	280.00	九州
157 演禽三世相法	宣纸线装1函2册	480.00	九州
158 合婚便览 和合婚姻咒 合刊	宣纸线装1函1册	280.00	九州
159 神数十种	宣纸线装1函1册	280.00	九州
160 神机灵数一掌经金钱课合刊	宣纸线装1函1册	280.00	九州
161 阴阳二宅易知录	宣纸线装1函2册	480.00	九州
162 阴宅镜	宣纸线装1函2册	480.00	九州
163 阳宅镜	宣纸线装1函1册	280.00	九州

书　　名	作　者	定　价	版别
164 清精抄本六圃地学	宣纸线装1函1册	280.00	九州
165 形峦神断书	宣纸线装1函1册	280.00	九州
166 堪舆三昧	宣纸线装1函1册	280.00	九州
167 遁甲奇门捷要	宣纸线装1函1册	280.00	九州
168 奇门遁甲备览	宣纸线装1函1册	280.00	九州
169 原传真本石室藏本圆光真传秘诀合刊	宣纸线装1函1册	280.00	九州
170 明抄全本壬归	宣纸线装1函4册	880.00	九州
171 董德彰水法秘诀水法断诀合刊	宣纸线装1函1册	280.00	九州
172 董德彰先生水法图说	宣纸线装1函1册	280.00	九州
173 董德彰先生泄天机纂要	宣纸线装1函2册	480.00	九州
174 李默斋先生地理秘传	宣纸线装1函2册	480.00	九州
175 新锓希夷陈先生紫微斗数全书	宣纸线装1函3册	680.00	九州
176 海源阁藏明刊麻衣相法全编	宣纸线装1函2册	480.00	九州
177 袁忠彻先生相法秘传	宣纸线装1函3册	680.00	九州
178 火珠林要旨 筮杙	宣纸线装1函2册	480.00	九州
179 火珠林占法秘传 续筮杙	宣纸线装1函1册	280.00	九州
180 六壬类聚	宣纸线装1函4册	880.00	九州
181 新刻麻衣相神异赋	宣纸线装1函1册	280.00	九州
182 诸葛武侯奇门遁甲全书	宣纸线装1函2册	480.00	九州
183 张九仪传地理偶摘	宣纸线装1函1册	280.00	九州
184 张九仪传地理偶注	宣纸线装1函1册	280.00	九州
185 阳宅玄珠	宣纸线装1函1册	280.00	九州
186 阴宅总论	宣纸线装1函1册	280.00	九州
187 新刻杨救贫秘传阴阳二宅便用统宗	宣纸线装1函1册	280.00	九州
188 增补理气图说	宣纸线装1函2册	480.00	九州
189 增补罗经图说	宣纸线装1函1册	280.00	九州
190 重镌官板阳宅大全	宣纸线装1函4册	880.00	九州
191 景祐太乙福应经	宣纸线装1函1册	280.00	九州
192 景祐遁甲符应经	宣纸线装1函1册	280.00	九州
193 景祐六壬神定经	宣纸线装1函1册	280.00	九州
194 御制禽遁符应经	宣纸线装1函2册	480.00	九州
195 秘传匠家鲁班经符法	宣纸线装1函3册	680.00	九州
196 哈佛藏本太史黄际飞注天玉经	宣纸线装1函1册	280.00	九州
197 李三素先生红囊经解	宣纸线装1函1册	280.00	九州
198 杨曾青囊天玉通义	宣纸线装1函1册	280.00	九州
199 重编大清钦天监焦秉贞彩绘历代推背图解	宣纸线装1函2册	680.00	九州

书　　名	作　　者	定　　价	版别
200 道光初刻相理衡真	宣纸线装1函4册	880.00	九州
201 新刻袁柳庄先生秘传相法	宣纸线装1函3册	680.00	九州
202 袁忠彻相法古今识鉴	宣纸线装1函2册	480.00	九州
203 袁天纲五星三命指南	宣纸线装1函2册	480.00	九州
204 新刻五星玉镜	宣纸线装1函3册	680.00	九州
205 游艺录：筮遁壬行年斗数相宅	宣纸线装1函1册	280.00	九州
206 新订王氏罗经透解	宣纸线装1函2册	480.00	九州
207 堪舆真诠	宣纸线装1函3册	680.00	九州
208 青囊天机奥旨二种	宣纸线装1函1册	280.00	九州
209 张九仪传地理偶录	宣纸线装1函1册	280.00	九州
210 地学形势集	宣纸线装1函8册	1680.00	九州
重刻故宫藏百二汉镜斋秘书四种（一）：火珠林	宣纸线装1函1册	300.00	华龄
重刻故宫藏百二汉镜斋秘书四种（二）：灵棋经	宣纸线装1函1册	300.00	华龄
重刻故宫藏百二汉镜斋秘书四种（三）：滴天髓	宣纸线装1函1册	3000.00	华龄
重刻故宫藏百二汉镜斋秘书四种（四）：测字秘牒	宣纸线装1函1册	300.00	华龄
中外戏法图说：鹅幻汇编鹅幻余编合刊	宣纸线装1函3册	780.00	华龄
连山[宣纸线装一函一册]	[清]马国翰辑	280.00	华龄
归藏[宣纸线装一函一册]	[清]马国翰辑	280.00	华龄
周易虞氏义笺订[宣纸线装一函六册]	[清]李翊灼订	1180.00	华龄
周易参同契通真义	宣纸线装1函2册	480.00	华龄
御制周易[宣纸线装一函三册]	武英殿影宋本	680.00	华龄
宋刻周易本义[宣纸线装一函四册]	[宋]朱熹撰	980.00	华龄
易学启蒙[宣纸线装一函二册]	[宋]朱熹撰	480.00	华龄
易余[宣纸线装一函二册]	[明]方以智撰	480.00	九州
奇门鸣法[宣纸线装一函二册]	[清]龙伏山人撰	680.00	华龄
奇门衍象[宣纸线装一函二册]	[清]龙伏山人撰	480.00	华龄
奇门枢要[宣纸线装一函二册]	[清]龙伏山人撰	480.00	华龄
奇门仙机[宣纸线装一函三册]	王力军校订	298.00	华龄
奇门心法秘纂[宣纸线装一函三册]	王力军校订	298.00	华龄
御定奇门秘诀[宣纸线装一函三册]	[清]湖海居士辑	680.00	华龄
宫藏奇门大全[线装五函二十五册]	[清]湖海居士辑	6800.00	影印
遁甲奇门秘传要旨大全[线装二函十册]	[清]范阳耐寒子辑	6200.00	影印
增广神相全编[线装一函四册]	[明]袁珙订正	980.00	影印
龙伏山人存世文稿[宣纸线装五函十册]	[清]矫子阳撰	2800.00	九州
奇门遁甲鸣法[宣纸线装一函二册]	[清]矫子阳撰	680.00	九州
奇门遁甲衍象[宣纸线装一函二册]	[清]矫子阳撰	480.00	九州

书　名	作　者	定　价	版别
奇门遁甲枢要[宣纸线装一函二册]	[清]矫子阳撰	480.00	九州
遁甲括囊集[宣纸线装一函三册]	[清]矫子阳撰	980.00	九州
增注蒋公古镜歌[宣纸线装一函一册]	[清]矫子阳撰	180.00	九州
明抄真本梅花易数[宣纸线装一函三册]	[宋]邵雍撰	480.00	九州
古本皇极经世书[宣纸线装一函三册]	[宋]邵雍撰	980.00	九州
订正六壬金口诀[宣纸线装一函六册]	[清]巫国匡辑	1280.00	华龄
六壬神课金口诀[宣纸线装一函三册]	[明]适适子撰	298.00	华龄
改良三命通会[宣纸线装一函四册,第二版]	[明]万民英撰	980.00	华龄
增补选择通书玉匣记[宣纸线装一函二册]	[晋]许逊撰	480.00	华龄
阳宅三要	宣纸线装1函3册	298.00	华龄
绘图全本鲁班经匠家镜	宣纸线装1函4册	680.00	华龄
青囊海角经	宣纸线装1函4册	680.00	华龄
菊逸山房天函:地理点穴撼龙经	宣纸线装1函3册	680.00	华龄
菊逸山房地函:秘藏疑龙经大全	宣纸线装1函1册	280.00	华龄
菊逸山房人函:杨公秘本山法备收	宣纸线装1函1册	280.00	华龄
珍本1:校正全本地学答问	宣纸线装1函3册	680.00	华龄
珍本2:赖仙原本催官经	宣纸线装1函1册	280.00	华龄
珍本3:赖仙催官篇注	宣纸线装1函1册	280.00	华龄
珍本4:尹注赖仙催官篇	宣纸线装1函1册	280.00	华龄
珍本5:赖仙心印	宣纸线装1函1册	280.00	华龄
珍本6:新刻赖太素天星催官解	宣纸线装1函2册	480.00	华龄
珍本7:天机秘传青囊内传	宣纸线装1函1册	280.00	华龄
珍本8:阳宅斗首连篇秘授	宣纸线装1函1册	280.00	华龄
珍本9:精刻编集阳宅真传秘诀	宣纸线装1函2册	480.00	华龄
珍本10:秘传全本六壬玉连环	宣纸线装1函2册	480.00	华龄
珍本11:秘传仙授奇门	宣纸线装1函2册	480.00	华龄
珍本12:祝由科诸符秘卷祝由科诸符秘旨合刊	宣纸线装1函2册	480.00	华龄
珍本13:校正古本入地眼图说	宣纸线装1函2册	480.00	华龄
珍本14:校正全本钻地眼图说	宣纸线装1函2册	480.00	华龄
珍本15:赖公七十二葬法	宣纸线装1函2册	480.00	华龄
珍本16:新刻杨筠松秘传开门放水阴阳捷径	宣纸线装1函2册	480.00	华龄
珍本17:校正古本地理五诀	宣纸线装1函2册	480.00	华龄
珍本18:重校古本地理雪心赋	宣纸线装1函2册	480.00	华龄
珍本19:宋国师吴景鸾先天后天理气心印补注	宣纸线装1函1册	280.00	华龄
珍本20:新刊宋国师吴景鸾秘传夹竹梅花院纂	宣纸线装1函2册	480.00	华龄
珍本21:影印原本任铁樵注滴天髓阐微	宣纸线装1函4册	980.00	华龄

书　　名	作　者	定　价	版别
增补四库青乌辑要[宣纸线装全18函59册]	郑同校	11680.00	九州
第1种:宅经[宣纸线装1册]	[署]黄帝撰	180.00	九州
第2种:葬书[宣纸线装1册]	[晋]郭璞撰	220.00	九州
第3种:青囊序青囊奥语天玉经[宣纸线装1册]	[唐]杨筠松撰	220.00	九州
第4种:黄囊经[宣纸线装1册]	[唐]杨筠松撰	220.00	九州
第5种:黑囊经[宣纸线装2册]	[唐]杨筠松撰	380.00	九州
第6种:锦囊经[宣纸线装1册]	[晋]郭璞撰	200.00	九州
第7种:天机贯旨红囊经[宣纸线装2册]	[清]李三素撰	380.00	九州
第8种:玉函天机素书/至宝经[宣纸线装1册]	[明]董德彰撰	200.00	九州
第9种:天机一贯[宣纸线装2册]	[清]李三素撰辑	380.00	九州
第10种:撼龙经[宣纸线装1册]	[唐]杨筠松撰	200.00	九州
第11种:疑龙经葬法倒杖[宣纸线装1册]	[唐]杨筠松撰	220.00	九州
第12种:疑龙经辨正[宣纸线装1册]	[唐]杨筠松撰	200.00	九州
第13种:寻龙记太华经[宣纸线装1册]	[唐]曾文辿撰	220.00	九州
第14种:宅谱要典[宣纸线装2册]	[清]铣溪野人校	380.00	九州
第15种:阳宅必用[宣纸线装2册]	心灯大师校订	380.00	九州
第16种:阳宅撮要[宣纸线装2册]	[清]吴鼒撰	380.00	九州
第17种:阳宅正宗[宣纸线装1册]	[清]姚承舆撰	200.00	九州
第18种:阳宅指掌[宣纸线装2册]	[清]黄海山人撰	380.00	九州
第19种:相宅新编[宣纸线装1册]	[清]焦循校刊	240.00	九州
第20种:阳宅井明[宣纸线装2册]	[清]邓颖出撰	380.00	九州
第21种:阴宅井明[宣纸线装1册]	[清]邓颖出撰	220.00	九州
第22种:灵城精义[宣纸线装2册]	[南唐]何溥撰	380.00	九州
第23种:龙穴砂水说[宣纸线装1册]	清抄秘本	180.00	九州
第24种:三元水法秘诀[宣纸线装2册]	清抄秘本	380.00	九州
第25种:罗经秘传[宣纸线装2册]	[清]傅禹辑	380.00	九州
第26种:穿山透地真传[宣纸线装2册]	[清]张九仪撰	380.00	九州
第27种:催官篇发微论[宣纸线装2册]	[宋]赖文俊撰	380.00	九州
第28种:入地眼神断要诀[宣纸线装2册]	清抄秘本	380.00	九州
第29种:玄空大卦秘断[宣纸线装1册]	清抄秘本	200.00	九州
第30种:玄空大五行真传口诀[宣纸线装1册]	[明]蒋大鸿等撰	220.00	九州
第31种:杨曾九宫颠倒打劫图说[宣纸线装1册]	[唐]杨筠松撰	200.00	九州
第32种:乌兔经奇验经[宣纸线装1册]	[唐]杨筠松撰	180.00	九州
第33种:挨星考注[宣纸线装1册]	[清]汪童缘订定	260.00	九州
第34种:地理挨星说汇要[宣纸线装1册]	[明]蒋大鸿撰辑	220.00	九州
第35种:地理捷诀[宣纸线装1册]	[清]傅禹辑	200.00	九州

书　　名	作　者	定　价	版别
第36种:地理三仙秘旨[宣纸线装1册]	清抄秘本	200.00	九州
第37种:地理三字经[宣纸线装3册]	[清]程思乐撰	580.00	九州
第38种:地理雪心赋注解[宣纸线装2册]	[唐]卜则嵬撰	380.00	九州
第39种:蒋公天元余义[宣纸线装1册]	[明]蒋大鸿等撰	220.00	九州
第40种:地理真传秘旨[宣纸线装3册]	[唐]杨筠松撰	580.00	九州
增补四库未收方术汇刊第一辑(全28函)	线装影印本	11800.00	九州
第一辑01函:火珠林·卜筮正宗	[宋]麻衣道者著	340.00	九州
第一辑02函:全本增删卜易·增删卜易真诠	[清]野鹤老人撰	720.00	九州
第一辑03函:渊海子平音义评注·子平真诠·命理易知	[明]杨淙增校	360.00	九州
第一辑04函:滴天髓:附滴天秘诀·穷通宝鉴:附月谈赋	[宋]京图撰	360.00	九州
第一辑05函:参星秘要诹吉便览·玉函斗首三台通书·精校三元总录	[清]俞荣宽撰	460.00	九州
第一辑06函:陈子性藏书	[清]陈应选撰	580.00	九州
第一辑07函:崇正辟谬永吉通书·选择求真	[清]李奉来辑	500.00	九州
第一辑08函:增补选择通书玉匣记·永宁通书	[晋]许逊撰	400.00	九州
第一辑09函:新增阳宅爱众篇	[清]张觉正撰	480.00	九州
第一辑10函:地理四弹子·地理铅弹子砂水要诀	[清]张九仪注	320.00	九州
第一辑11函:地理五诀	[清]赵九峰著	200.00	九州
第一辑12函:地理直指原真	[清]释如玉撰	280.00	九州
第一辑13函:宫藏真本入地眼全书	[宋]释静道著	680.00	九州
第一辑14函:罗经顶门针·罗经解定·罗经透解	[明]徐之镆撰	360.00	九州
第一辑15函:校正详图青囊经·平砂玉尺经·地理辨正疏	[清]王宗臣著	300.00	九州
第一辑16函:一贯堪舆	[明]唐世友辑	240.00	九州
第一辑17函:阳宅大全·阳宅十书	[明]一壑居士集	600.00	九州
第一辑18函:阳宅大成五种	[清]魏青江撰	600.00	九州
第一辑19函:奇门五总龟·奇门遁甲统宗大全·奇门遁甲元灵经	[明]池纪撰	500.00	九州
第一辑20函:奇门遁甲秘笈全书	[明]刘伯温辑	280.00	九州
第一辑21函:奇门庐中阐秘	[汉]诸葛武侯撰	600.00	九州
第一辑22函:奇门遁甲元机·太乙秘书·六壬大占	[宋]岳珂纂辑	360.00	九州
第一辑23函:性命圭旨	[明]尹真人撰	480.00	九州
第一辑24函:紫微斗数全书	[宋]陈抟撰	200.00	九州
第一辑25函:千镇百镇桃花镇	[清]云石道人校	220.00	九州
第一辑26函:清抄真本祝由科秘诀全书·轩辕碑记医学祝由十三科	[上古]黄帝传	800.00	九州
第一辑27函:增补秘传万法归宗	[唐]李淳风撰	160.00	九州

书 名	作 者	定 价	版别
第一辑28函:神机灵数一掌经金钱课·牙牌神数七种·珍本演禽三世相法	[清]诚文信校	440.00	九州
增补四库未收方术汇刊第二辑(全36函)	线装影印本	13800.00	九州
第二辑第1函:六爻断易一撮金·卜易秘诀海底眼	[宋]邵雍撰	200.00	九州
第二辑第2函:秘传子平渊源	燕山郑同校辑	280.00	九州
第二辑第3函:命理探原	[清]袁树珊撰	280.00	九州
第二辑第4函:命理正宗	[明]张楠撰集	180.00	九州
第二辑第5函:造化玄钥	庄圆校补	220.00	九州
第二辑第6函:命理寻源·子平管见	[清]徐乐吾撰	280.00	九州
第二辑第7函:京本风鉴相法	[明]回阳子校辑	380.00	九州
第二辑第8—9函:钦定协纪辨方书8册	[清]允禄编	780.00	九州
第二辑第10—11函:鳌头通书10册	[明]熊宗立撰辑	880.00	九州
第二辑第12—13函:象吉通书	[清]魏明远撰辑	1080.00	九州
第二辑第14函:选择宗镜·选择纪要	[朝鲜]南秉吉撰	360.00	九州
第二辑第15函:选择正宗	[清]顾宗秀撰辑	480.00	九州
第二辑第16函:仪度六壬选日要诀	[清]张九仪撰	680.00	九州
第二辑第17函:葬事择日法	郑同校辑	280.00	九州
第二辑第18函:地理不求人	[清]吴明初撰辑	240.00	九州
第二辑第19函:地理大成一:山法全书	[清]叶九升撰	680.00	九州
第二辑第20函:地理大成二:平阳全书	[清]叶九升撰	360.00	九州
第二辑第21函:地理大成三:地理六经注·地理大成四:罗经指南拔雾集·地理大成五:理气四诀	[清]叶九升撰	300.00	九州
第二辑第22函:地理录要	[明]蒋大鸿撰	480.00	九州
第二辑第23函:地理人子须知	[明]徐善继撰	480.00	九州
第二辑第24函:地理四秘全书	[清]尹一勺撰	380.00	九州
第二辑第25—26函:地理天机会元	[明]顾陵冈辑	1080.00	九州
第二辑第27函:地理正宗	[清]蒋宗城校订	280.00	九州
第二辑第28函:全图鲁班经	[明]午荣编	280.00	九州
第二辑第29函:秘传水龙经	[明]蒋大鸿撰	480.00	九州
第二辑第30函:阳宅集成	[清]姚廷銮纂	480.00	九州
第二辑第31函:阴宅集要	[清]姚廷銮纂	240.00	九州
第二辑第32函:辰州符咒大全	[清]觉玄子辑	480.00	九州
第二辑第33函:三元镇宅灵符秘篆·太上洞玄祛病灵符全书	[明]张宇初编	240.00	九州
第二辑第34函:太上混元祈福解灾三部神符	[明]张宇初编	360.00	九州
第二辑第35函:测字秘牒·先天易数·冲天易数/马前课	[清]程省撰	360.00	九州
第二辑第36函:秘传紫微	古朝鲜抄本	240.00	九州

书　名	作　者	定　价	版别
子平遗书第1辑(甲子至戊辰,全三册)	精装古本影印	980.00	华龄
子平遗书第2辑(庚午至甲戌,全三册)	精装古本影印	980.00	华龄
子平遗书第3辑(乙亥至戊子,全三册)	精装古本影印	980.00	华龄
子平遗书第4辑(庚寅至庚子,全三册)	精装古本影印	980.00	华龄
子平遗书第5辑(辛丑至癸丑,全三册)	精装古本影印	980.00	华龄
子平遗书第6辑(甲寅至辛酉,全三册)	精装古本影印	980.00	华龄
子部善本1:新刊地理玄珠	精装古本影印	380.00	华龄
子部善本2:参赞玄机地理仙婆集	精装古本影印	380.00	华龄
子部善本3:章仲山地理九种(上下)	精装古本影印	760.00	华龄
子部善本4:八门九星阴阳二遁全本奇门断	精装古本影印	760.00	华龄
子部善本5:六壬统宗大全	精装古本影印	380.00	华龄
子部善本6:太乙统宗宝鉴	精装古本影印	380.00	华龄
子部善本7:重刊星海词林(全五册)	精装古本影印	1900.00	华龄
子部善本8:万历初刻三命通会(上下)	精装古本影印	760.00	华龄
子部善本9:增广沈氏玄空学(上下)	精装古本影印	760.00	华龄
子部善本10:江公择日秘稿	精装古本影印	380.00	华龄
子部善本11:刘氏家藏阐微通书(上下)	精装古本影印	760.00	华龄
子部善本12:影印增补高岛易断(上下)	精装古本影印	760.00	华龄
子部善本13:清刻足本铁板神数	精装古本影印	380.00	华龄
子部善本14:增订天官五星集腋(上下)	精装古本影印	760.00	华龄
子部善本15:太乙奇门六壬兵备统宗(上中下)	精装古本影印	1140.00	华龄
子部善本16:御定景祐奇门大全(上下)	精装古本影印	760.00	华龄
子部善本17:地理四秘全书十二种	精装古本影印	380.00	华龄
子部善本18:全本地理统一全书	精装古本影印	380.00	华龄
风水择吉第一书:辨方(精装)	李明清著	168.00	华龄
珞琭子三命消息赋古注通疏(精装上下)	一明注疏	188.00	华龄
增补高岛易断(简体横排精装上下)	(清)王治本编译	198.00	华龄
飞盘奇门:鸣法体系校释(精装上下)	刘金亮撰	198.00	九州
白话高岛易断(上下)	孙正治孙奥麟译	128.00	九州
润德堂丛书全编1:述卜筮星相学	袁树珊著	38.00	华龄
润德堂丛书全编2:命理探原	袁树珊著	38.00	华龄
润德堂丛书全编3:命谱	袁树珊著	68.00	华龄
润德堂丛书全编4:大六壬探原 养生三要	袁树珊著	38.00	华龄
润德堂丛书全编5:中西相人探原	袁树珊著	38.00	华龄
润德堂丛书全编6:选吉探原 八字万年历	袁树珊著	38.00	华龄
润德堂丛书全编7:中国历代卜人传(上中下)	袁树珊著	168.00	华龄

书　　名	作　者	定　价	版别
三式汇刊1:大六壬口诀纂	[明]林昌长辑	68.00	华龄
三式汇刊2:大六壬集应钤	[明]黄宾廷撰	198.00	华龄
三式汇刊3:奇门大全秘纂	[清]湖海居士撰	68.00	华龄
三式汇刊4:大六壬总归	[宋]郭子晟撰	58.00	华龄
青囊汇刊1:青囊秘要	[晋]郭璞等撰	48.00	华龄
青囊汇刊2:青囊海角经	[晋]郭璞等撰	48.00	华龄
青囊汇刊3:阳宅十书	[明]王君荣撰	48.00	华龄
青囊汇刊4:秘传水龙经	[明]蒋大鸿撰	68.00	华龄
青囊汇刊5:管氏地理指蒙	[三国]管辂撰	48.00	华龄
青囊汇刊6:地理山洋指迷	[明]周景一撰	32.00	华龄
青囊汇刊7:地学答问	[清]魏清江撰	58.00	华龄
青囊汇刊8:地理铅弹子砂水要诀	[清]张九仪撰	68.00	华龄
子平汇刊1:渊海子平大全	[宋]徐子平撰	48.00	华龄
子平汇刊2:秘本子平真诠	[清]沈孝瞻撰	38.00	华龄
子平汇刊3:命理金鉴	[清]志于道撰	38.00	华龄
子平汇刊4:秘授滴天髓阐微	[清]任铁樵注	48.00	华龄
子平汇刊5:穷通宝鉴评注	[清]徐乐吾注	48.00	华龄
子平汇刊6:神峰通考命理正宗	[明]张楠撰	38.00	华龄
子平汇刊7:新校命理探原	[清]袁树珊撰	48.00	华龄
子平汇刊8:重校绘图袁氏命谱	[清]袁树珊撰	68.00	华龄
子平汇刊9:增广汇校三命通会(全三册)	[明]万民英撰	168.00	华龄
纳甲汇刊1:校正全本增删卜易	郑同点校	68.00	华龄
纳甲汇刊2:校正全本卜筮正宗	郑同点校	48.00	华龄
纳甲汇刊3:校正全本易隐	郑同点校	48.00	华龄
纳甲汇刊4:校正全本易冒	郑同点校	48.00	华龄
纳甲汇刊5:校正全本易林补遗	郑同点校	38.00	华龄
纳甲汇刊6:校正全本卜筮全书	郑同点校	68.00	华龄
古今图书集成术数丛刊:卜筮(全二册)	[清]陈梦雷辑	80.00	华龄
古今图书集成术数丛刊:堪舆(全二册)	[清]陈梦雷辑	120.00	华龄
古今图书集成术数丛刊:相术(全一册)	[清]陈梦雷辑	60.00	华龄
古今图书集成术数丛刊:选择(全一册)	[清]陈梦雷辑	50.00	华龄
古今图书集成术数丛刊:星命(全三册)	[清]陈梦雷辑	180.00	华龄
古今图书集成术数丛刊:术数(全三册)	[清]陈梦雷辑	200.00	华龄
四库全书术数初集(全四册)	郑同点校	200.00	华龄
四库全书术数二集(全三册)	郑同点校	150.00	华龄
四库全书术数三集:钦定协纪辨方书(全二册)	郑同点校	98.00	华龄

书　　名	作　者	定　价	版别
增补鳌头通书大全(全三册)	[明]熊宗立撰辑	180.00	华龄
增补象吉备要通书大全(全三册)	[清]魏明远撰辑	180.00	华龄
增广沈氏玄空学	郑同点校	68.00	华龄
地理点穴撼龙经	郑同点校	32.00	华龄
绘图地理人子须知(上下)	郑同点校	78.00	华龄
玉函通秘	郑同点校	48.00	华龄
绘图入地眼全书	郑同点校	28.00	华龄
绘图地理五诀	郑同点校	48.00	华龄
一本书弄懂风水	郑同著	48.00	华龄
风水罗盘全解	傅洪光著	58.00	华龄
堪舆精论	胡一鸣著	29.80	华龄
堪舆的秘密	宝通著	36.00	华龄
中国风水学初探	曾涌哲	58.00	华龄
全息太乙(修订版)	李德润著	68.00	华龄
时空太乙(修订版)	李德润著	68.00	华龄
故宫珍本六壬三书(上下)	张越点校	128.00	华龄
大六壬通解(全三册)	叶飘然著	168.00	华龄
壬占汇选(精抄历代六壬占验汇选)	肖岱宗点校	48.00	华龄
大六壬指南	郑同点校	28.00	华龄
六壬金口诀指玄	郑同点校	28.00	华龄
大六壬寻源编[全三册]	[清]周螭辑录	180.00	华龄
六壬辨疑　毕法案录	郑同点校	32.00	华龄
时空太乙(修订版)	李德润著	68.00	华龄
全息太乙(修订版)	李德润著	68.00	华龄
大六壬断案疏证	刘科乐著	58.00	华龄
六壬时空	刘科乐著	68.00	华龄
御定奇门宝鉴	郑同点校	58.00	华龄
御定奇门阳遁九局	郑同点校	78.00	华龄
御定奇门阴遁九局	郑同点校	78.00	华龄
奇门秘占合编:奇门庐中阐秘・四季开门	[汉]诸葛亮撰	68.00	华龄
奇门探索录	郑同编订	38.00	华龄
奇门遁甲秘笈大全	郑同点校	48.00	华龄
奇门旨归	郑同点校	48.00	华龄
奇门法窍	[清]锡孟樨撰	48.00	华龄
奇门精粹——奇门遁甲典籍大全	郑同点校	68.00	华龄
御定子平	郑同点校	48.00	华龄

书　　名	作者	定价	版别
增补星平会海全书	郑同点校	68.00	华龄
五行精纪：命理通考五行渊微	郑同点校	38.00	华龄
绘图三元总录	郑同编校	48.00	华龄
绘图全本玉匣记	郑同编校	32.00	华龄
周易初步：易学基础知识36讲	张绍金著	32.00	华龄
周易与中医养生：医易心法	成铁智著	32.00	华龄
梅花心易阐微	[清]杨体仁撰	48.00	华龄
梅花易数讲义	郑同著	58.00	华龄
白话梅花易数	郑同编著	30.00	华龄
梅花周易数全集	郑同点校	58.00	华龄
一本书读懂易经	郑同著	38.00	华龄
白话易经	郑同编著	38.00	华龄
知易术数学：开启术数之门	赵知易著	48.00	华龄
术数入门——奇门遁甲与京氏易学	王居恭著	48.00	华龄
周易虞氏义笺订（上下）	[清]李翊灼校订	78.00	九州
阴阳五要奇书	[晋]郭璞撰	88.00	九州
壬奇要略（全5册：大六壬集应钤3册，大六壬口诀纂1册，御定奇门秘纂1册）	肖岱宗郑同点校	300.00	九州
周易明义	邸勇强著	73.00	九州
论语明义	邸勇强著	37.00	九州
中国风水史	傅洪光撰	32.00	九州
古本催官篇集注	李佳明校注	48.00	九州
鲁班经讲义	傅洪光著	48.00	九州
天星姓名学	侯景波著	38.00	燕山
解梦书	郑同、傅洪光著	58.00	燕山

周易书斋是国内最大的易学术数类图书邮购服务的专业书店，成立于2001年，现有易学及术数类图书现货6000余种，在海内外易学研究者中有着巨大的影响力。通讯地址：北京市102488信箱58分箱　邮编：102488　王兰梅收。

1、学易斋官方旗舰店网址：xyz888.jd.com　微信号：xyz15652026606
2、联系人：王兰梅　电话：13716780854，15652026606，(010)89360046
3、邮购费用固定，不论册数多少，每次收费7元。
4、银行汇款：户名：**王兰梅**。
　　邮政：6010063592001097964　农行：6228480010308994218
　　工行：0200299001020728724　建行：1100579980130074603
　　交行：6222600910053875983　支付宝：13716780854
5、QQ：(周易书斋2)2839202242；QQ群：(周易书斋书友会)140125362。

北京周易书斋敬启